中國通史

㊤

傅乐成◎著

夏德仪◎校订　许倬云◎序荐　周邦道◎题签

贵州出版集团
贵州教育出版社

图书在版编目（CIP）数据

中国通史 / 傅乐成著 . -- 贵阳 : 贵州教育出版社，2010.8（2024.12 重印）
ISBN 978-7-5456-0123-7

Ⅰ . ①中… Ⅱ . ①傅… Ⅲ . ①中国－通史 Ⅳ . ① K20

中国版本图书馆 CIP 数据核字（2010）第 161163 号

中国通史

傅乐成　著

责任编辑　阮　峻
特约编辑　王　超
出版发行　贵州出版集团
　　　　　贵州教育出版社
社　　址　贵阳市观山湖区会展东路 SOHO 区 A 座
　　　　　（电话 0851—86828567　邮编 550081）
印　　刷　艺堂印刷（天津）有限公司
开　　本　787mm × 1092mm　1/16
印　　张　45.5 印张
字　　数　630 千字
版次印次　2010 年 8 月第 1 版　2024 年 12 月第 11 次印刷

书　　号　ISBN 978-7-5456-0123-7
定　　价　128.00 元（上下册）

傅乐成简介

傅乐成，字秀实，傅斯年之侄，1922 年出生于山东聊城，1984 年病逝于台北。家学渊源，文史兼修，好古文，善唐诗，喜绘画，熟《文选》，精《通鉴》。少时爱慕魏晋风流，率真放浪；既长矢志历史研究，步武前修；盛年传道授业解惑，桃李芬芳；晚年疾病忧愁交织，心系故乡。一身傲骨，耿直狷介，嫉恶如仇，言史必辨忠奸，言事必分是非，严耕望曾赞曰："秉性刚直不阿，有鲁西贤豪之风骨"。

自 1949 年始，执教于台湾大学历史系，直至去世。其间，曾主持台大历史研究所博士班和秦汉史研究室的工作，还曾在 20 世纪 50、60 年代，应台湾师范大学、文化大学、辅仁大学、淡江大学、成功大学和中兴大学等高校敦聘，兼授秦汉史、隋唐五代史和中国西化史等课程。后来，台湾从事秦汉隋唐史的主要研究者，大多出自其门下，因而他被称为"台湾秦汉隋唐帝国的祖师"。

傅乐成才思不群，专志学问，治史三十余年，即已卓然有成，著有《隋唐五代史》《中国通史》《汉唐史论集》《时代的追忆论文集》《中国史论集》和《傅孟真先生年谱》等，为台湾地区极负盛名的史学家。其中，《汉唐史论集》为史学名著，至今仍为学者借鉴不已；《中国通史》更是广受赞誉，被视为比肩钱穆《国史大纲》的通史著作，成为港、台和东南亚地区许多高校学习中国史的必读书籍。

名家书评

傅乐成的《中国通史》一书，许多史学家对其评价甚高，为便于读者明了此书价值，兹择要录之于下：

（本书）为近三十年青年学子所必读。盖半个世纪来，中国通史之撰述不下二三十家，除无锡钱先生《国史大纲》识解卓异，一世巨擘之外，允推秀实此书，本之国史旧文，颇参时贤成绩，条理清晰，平实浅易，转较钱先生书易为青年学子所能接受也。

——历史学家严耕望

相对于钱穆先生的《国史大纲》，傅著并没有特殊的史观，却十分重视经过考订的历史现象。钱先生的大著，吸纳了顾炎武、顾祖禹、顾栋高、赵翼和钱大昕等人的著作，因此《国史大纲》中，埋藏了上百个可以作为博士论文的题目。傅先生的《中国通史》，则是综合已经成定论的许多研究发现，做个总结。两者各有长处。

——历史学家许倬云

他（傅乐成）是汉唐史名家，几十年的时间，与中国两个盛世相浮沉，著述虽未至丰硕，凡所论撰，皆有精辟之见。他早年写成的一部约六十万言的《中国通史》，尤其脍炙人口，畅销国内外。这部书的优点是文字简明，条理清晰，内容丰富。一般这类的书，事略语赘而层次不清。他是一位极为细心而且一丝不苟的人，处理资料，有条不紊，挥笔为文，字斟句酌。这部书问世以后，大受欢迎，大学或中学采用为课本者极多。

——史学家杜维运

本书的一大特色是：纲举目张、叙事清晰、文字浅易流畅，初学者易于阅读，对于当代史学界的重要研究成果，亦能加以吸收，融入著作之中。全书之中，对于秦、汉、魏晋、隋唐各章，内容尤为详细。

——史学家王仲孚

这部《中国通史》，是大学用书，文笔简练，材料新颖，条理清晰，约有六十万言，正是傅先生治史深邃精炼的表现。刊行后，大受欢迎，畅销国内外，例如韩籍弟子辛胜夏教授（已故）即将该书译成韩文版发行。迄今仍是各大专院校最受欢迎的中国通史教材之一，甚至连中等学校教师讲授历史时，犹以此书作为最佳的补充教材。

——台湾大学教授高明士

本书为作者任教台湾大学时所使用的教材，由于吸收了当时较新的研究成果，并特别重视政治社会的变迁、对外关系、制度及学术思想的来龙去脉，下笔严谨，内容丰富，成为广受阅读及参考的中国通史著作，其流行迄今不衰。大致而言，该书由原始述至战后分裂之局，其书之长在于叙史均能得其旨要，文辞简要易读，广受大众欢迎，尤其以叙汉唐之间的演变最为精彩。

——台湾大学教授古伟瀛

简体中文版序

傅先生的《中国通史》在1960年出版，1968年修订再版。这本书在中国台湾出版的中国通史之中，是大家公认为很好的一部作品。现在这本书也要出简体中文版了。傅先生在1984年故去，至今也有20多年，墓木已拱。此书，虽然旧了一些，但也呈现了实证史学的风格，让读者看到另一类的学术风格。

“中国通史”这种体裁，是中国近代史学史第一阶段就出现的叙述历史的方法。1905年，清朝改革学制，许多初中、高中都需要上历史课。当时的课本，不论什么科目，普遍受到日本明治维新以后新式教育的影响。历史课也不是例外，因此，当时第一批出现的历史教科书，都被日本学者那珂通世和桑原骘藏所写的东洋史的影响。主要的特色是将西欧历史的“古代－中世－近世”三分法带入了中国史。这一个时期的断代方式，无疑是削足适履，将不同的历史发展进程放在一个模子里面硬套。

稍后一个时期，尘埃逐渐落定，学者们回到中国的史学传统，编纂中国通史。柳诒徵和吕思勉这些国学大家，从《资治通鉴》和《通志》《通典》《文献通考》等这些所谓“九通”中汲取材料纂为通史。这一类的著作史料丰富，但是常常不带入自己的史观。章太炎和梁启超都曾经发过宏愿，要纂著有自己史观的通史，可是，都没有如愿完成。

其实，中国的通史传统源远流长。司马迁的《史记》就是初创体例的通史。断代史的《汉书》反而是《史记》之后的按照时代叙述的历史。上面所说的《资治通鉴》是编年的通史，九通是专题的通史。中国的学术传统，经史互补，以史证经，以经论史。所以，宋明的书院都有“刚日读经，柔日读史”的课程。《史记》《资治通鉴》等书，其为通史，既为修身也为经世致用。读史的目的是在求知之上，更加一层深层的意义，史家可以借此发舒自己坚持的人生价值。中国通史中，钱穆的《国史大纲》长久为大家所喜好，就是因为他在抗日战争期间，在通史中灌注了民族主义。

20世纪30年代以后，中国的史学，有了实证主义的传统，也有了如同西方史学最常见的专题论文，刊登于学术刊物，在一个一个专题内，用严谨的考证和编排，解决历史上的一些课题。这种实证史学的作品，一个一个解决问题，累积而为可信的历史叙述，不是上面所讲的几类中国通史可以比拟的。傅乐成先生是傅斯年先生的侄子，和他的从堂兄傅乐焕、从堂妹傅乐淑，都追随着孟真先生的实证史学，三人对于少数民族和中外文化交流的研究，各有专长。傅乐成先生在台湾大学任职，从助教到教授，他的研究专业是唐代历史，尤其注意安史之乱前后的民族关系。他对朔方兵和回纥马的研究，和东北、北方、西方与西南各种少数民族的起伏兴衰，有详细的分析，指出了安史之乱的本质……

他对于1930年以后许多历史专业研究的成果也非常熟悉。他的《中国通史》能在十几种市面流行的同类书籍中脱颖而出，获得特殊的地位，就因为他能够将几十年来史学界专业研究的成果，纳入通史的叙述中。例如：在隋唐史的部分，他不仅采用了陈寅恪先生的《隋唐制度渊源略论》和《唐代政治史略论》两篇名著的观点，也大量地采用了严耕望、全汉昇、赵铁寒、傅乐焕、傅乐淑和方豪等学者的意见。同样，在上古史部分，他采用了李济、梁思永、傅斯年、杨希枚和石璋如等人的研究。在其他各章节，无不如此，他广泛地收纳了抗战前后学者们的研究成果，也将台湾20世纪50年代以后20多年的学术研究，都提精摘要，融入他的《中国通史》。

相对于钱穆先生的《国史大纲》，傅著并没有特殊的史观，却十分重视经过考订的历史现象。钱先生的大著，吸纳了顾炎武、顾祖禹、顾栋高、赵翼和钱大昕等人的著作，因此《国史大纲》中，埋藏了上百个可以作为博士论文的题目。傅先生的《中国通史》，则是综合已经成定论的许多研究发现，做个总结。两者各有长处，而两者也正可以在几十年教条主义的框架下，提供另外一些读史的角度，对读者绝对是有益处的。可谓遗憾者，今天的环境，和史料的增加，尤其考古学领域出现大量的新史料，这两本书都已问世几十年，确实有点接不上情况的难处。不过，从另外一个角度看，半个世纪的教条主义框架，让这两本书提供一些不同的信息，也未尝没有阶段性的意义。

写这个序文时，我不禁回忆起和傅乐成先生在台湾大学的一段关系。我考入台湾大学时，他是助教；后来，我回校工作，又与他是同事。只是，二人作息时间，一朝一晚，难得碰头。他中风之后，我去问疾，看见他在台湾大学医院的病榻上，努力要学着将一根相当粗的线，穿过黄豆大的孔，而他居然屡次尝试，不能成功。那个景象，令人酸鼻，至今犹在目前。

聊城傅家，出过至少四位当代的中国史专家。傅孟真先生领袖中国的史学界数十年之久，自己的学术造诣，既有功夫，也有观点，确是一代人杰。1950 年，傅先生在台湾大学校长任上，勤勉工作，不辞辛劳。他为了学生福利，积极与相关机构和人员沟通交涉，付出了极大的努力。然而，由于过度劳累，傅先生不幸心脏病发作，最终以身殉职。傅乐焕先生专业是辽史和东北的民族关系。傅乐淑女士是中西交通史的专家，曾在美国匹兹堡的杜肯大学任教多年。她的《中西交通史编年》是这个领域的重要著作。我在 20 世纪 70 年代初到匹兹堡时，她也在匹兹堡，但是，她离群索居，不太与人来往，因此也没有向她请益的机会。后来，她迁往加州，也曾经回国在内蒙古教书。2003 年她在美去世，遗骨还是回到中国。傅乐成先生终身未娶，生活起居，乏人照料，刚过中年，就中风不起。聊城傅家，人物丧亡俱尽，实在令人伤感！

2010 年 9 月 5 日许倬云* 谨序

---

* 许倬云：历史学家，美国匹兹堡大学教授。

自 序

近人所著中国通史一类的书，目前在台湾流行的，约有十来种，它们各具特殊的风格和优点，但大都是二十年前的旧出版物。由于近二十年来，新的史料与研究结果不断发表，它们的内容已有若干应加补充之处；文字方面，有些也已不能完全配合一般读者的水准。因此，在学校里想为学习中国通史的学生们开列几种课本或参考书，是一件颇不容易的事。作者近年在台大讲授中国通史，便经常遭遇这种困难，其他学校讲授同样课程的教师们，想必也有同感。两年前，作者得到写这部书的机会，基于上述的理由，乃不揣浅陋，来做这个尝试，希望能够配合着当前一般大学生的程度，写一部比较适用的历史教本，自然也希望能对其他程度的读者们有些助益。但这部书究竟能否实现作者的希望，只有等待读者的评判。

这部书只是我国历史事实与演进经过的一个简要叙述，其重心共有四点：第一，政治社会的变迁。第二，对外关系。第三，各种制度的演进。第四，学术思想的渊源和流派。作者对这四点，都有系统的说明；其他方面的史实，则不详载。所据的资料，除了历朝的旧史，近二三十年来若干学人的研究结果，也颇有采用，尤以史前史和上古史居多，此外极小一部分是作者的心得。作者对于这些资料的整理和叙述，力求忠实谨慎，缺乏实证的见解和过分主观的议论，虽新颖动人，也尽量割爱。文字与章节的编排，则力求浅近简单，避免繁博的引征。重要的来源，则于每章的附注中标明。总之，读者如能从这部书获得一个对中国历史比较清楚而客观的概念，作者的心愿便算达成。

当今我国的史学研究，在方法上虽较清代有长足的进步，但在研究重点上，仍然承袭清代朴学的余风。以考据个别的历史问题为主，对于整个历史的通盘论述，则未曾著力。诚然，在若干历史问题未获明了以前，写通史无法臻于完善；但个别历史问题的解决，是一种无限期的工作，而通史一类的著作，则是当前一般读者的迫切需要；因此作者认为两者是不可偏废的。同时作者更虔诚希望当代知名的历史学者们，能抽暇写几部合乎理想的通史，以飨国人，来矫正当前史界偏枯的现象。

作者为才力所限，加以写作时间短促，写来颇感力不从心。书中谫陋谬误之处，自所难免，务请读者不吝指教。写书期间，曾得到不少友好的帮助；初稿写成后，承夏卓如先生详加校订，获益良多。谨在此一并志谢。

1960 年 5 月傅乐成于台北

新版自序

今年春天，大中国图书公司薛颂留先生与我商量，希望我把我的《中国通史》，再做增订；增订后决意重新排版，加人名地名及书名号，并力求印刷及纸张的改进。我对他这种求进步革新的想法，有点儿感到意外，因此欣然答应。

本书曾在 1968 年增订过一次，改正了其中若干小错。我在增订本《自序》中说过："硬把编排已就的章节字句中，加入若干文字，是一件非常困难的事。"这次的增订，也遭遇同样的困难。因为章节的限制，除非完全重写，简直无法做大幅度的更动，这一点要请读者原谅。这次增订，对原来的内容几乎完全保留。所加添的，主要仅是我个人对历史人物或事实的若干意见。这些意见，大部是我近十年来所做的历史研究的一些心得，老实说，也多半卑之无甚高论，较之"成一家之言"的著作如钱宾四先生的《国史大纲》等，还差得远。

本书的这次增订，帮助我最多的是周云锦棣。她为本书加列人名、地名及书名号，并誊清许多零散的增补文字，这些都是极其烦琐的事。她的热心，令我感激不已。此外承周庆光老师赐题封面，顿使本书增加不少光彩。庆光师是我高中时代的校长，道德学问，为世楷模，也是我平生最仰慕的良师。回忆抗战期间，他主持母校第三中学，以学校为家庭，爱学生如子弟。如果没有他的教诲，我能否有今天的这点儿程度，实不敢说。今庆光师已寿登八旬，而我因久病，常有"人生如寄"的感觉。此时能得到恩师的墨宝，使我获得无比的欢欣鼓舞，现在就以此书权充献给他老人家的寿礼吧！

1977 年傅乐成序于台北

目 录

第一章

从史前时代到信史时代

一、旧石器时代的人类

中国旧日的史家，一向把黄帝时代作为中国历史的起点。从黄帝到现在，还不到五千年。近几十年来，由于国内考古学的盛行，石器时代的人类化石和遗物在国内大量发现，中国史前时期人类的活动，乃有部分的显露。国人所大体相信的中国古史上所谓“三皇”“五帝”一类的传说，现在已渐被石器时代的观念所替代，这不能说不是一种进步。因此说到中国历史的开始，自然要提到史前人类的生活情形和文化状态。

旧石器时代的人类，已经被发现的，除了早在 1927 年至 1939 年出土的“北京人”和 1933 年出土的“山顶洞人”，近二十余年来，中国大陆上陆续有新的原始人类的遗骸和遗物出现。诸如 1965 年发现的“元谋人”，1964 年发现的“蓝田人”，以及 1954 年和 1976 年先后发现的“丁村人”。此外尚有绥远伊克昭盟*发现的“河套人”，湖北长阳县发现的“长

---

*原书地名皆沿袭自民国，如绥远省、察哈尔省等，今已不复存在。因地名变迁频仍，为准确呈现原书风貌及尊重作者计，对全书古今地名不做任何改动。——编者注

阳人”，广东曲江县发现的“马坝人”等。

元谋人的遗骸化石出土于云南元谋县，据说他们距今已有一百七十万年，且已知道用火。至于他们的年代和用火这一生活动态是怎样测定的，则不得而知。蓝田人的头骨化石出土于陕西蓝田县，据说他们约生于六十万年以前，较北京人尚早十万年。他们以狩猎为生，但已知用果谷为副食，并以石头、骨角制造猎具和兵器。他们也已知道用火，并以语言作为传达意见的工具，同时更能做集体行动。丁村人的牙齿、头骨碎片和大量石器出土于山西襄汾县（在临汾县南）的丁村，他们约生于十万年前。石器的类型有砍伐器、刮削器、尖状器和球状器，主要用摔砸法和碰砸法制成。有一种三棱尖状器，是旧石器的一种独特而进步的形式，被称为“丁村式”尖状器，也是“丁村文化”的代表。至于河套人、长阳人和马坝人，他们的时代都较丁村人略晚，都具有原始蒙古人的特征，这可以证明旧石器时代的中晚期，中国南北三大河流的流域，都已有人居住。

以上大陆新近发现的旧石器时代的原始人类，其遗骸及遗物既未公诸于世，即有关此类史前人类的考古报告，也零散不全，例如有关元谋人和1976年发现的丁村人的资料便仅见于新闻记载。因此仅凭“独家之秘”的纸上考古报告，其研究结果的正确性，自然可疑，无法尽信。旧石器时代的人类，其遗骸遗物早经公开，且曾经国内及国际不少学者长期研究，而其研究成果比较可信的，则为北京人、河套人和山顶洞人。*

（一）北京人

旧石器时代又可分早、中、晚三期。早期的人类，可以“北京人”为代表；中晚期则各以“河套人”和“山顶洞人”为代表。现在先说北京人。

北京人的遗骸，是在北平城西南约六十公里的周口店出土的。早在1918年便有人在那里采集化石，

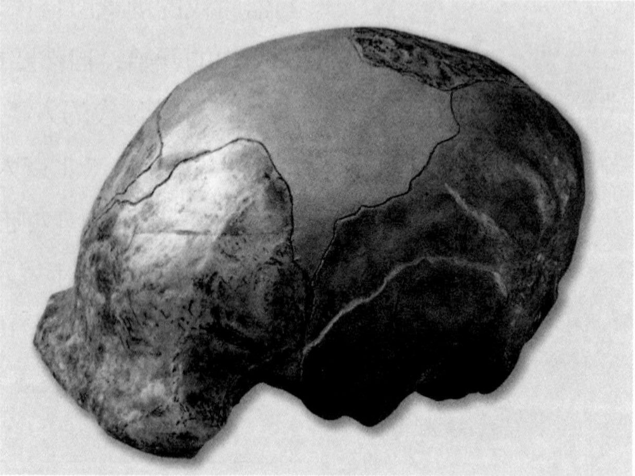

北京人头盖骨，旧石器时代早期，北京市房山区周口店第一地点出土。

* 本书成书年代较早，该结论基于当时考古研究所得。——编者注

此后续有发现。但大规模的发掘工作，则是从 1927 年至 1939 年由地质调查所主持的。这工作包括很复杂的国际组织与合作，工作团体内除中国人外，外国工作人员的国籍，达六七国之多。总计前后发现头骨化石十四件，牙齿化石一四七枚以及大腿骨、上膀骨、腕骨等化石十余件，这是世界学术界所公认的中国最早的人骨。

北京人所使用的石锤、石砧，旧石器时代早期，北京市房山区周口店第一地点出土。石锤为一天然砾石，制作石器时用以直接砸击石料；石砧为扁平的天然砾石。石锤敲击石料时，把它垫在石料下面，所以石锤和石砧表面都留有大小不一的坑疤。

根据研究的结果，北京人约生活在五十万年以前，那时华北的地面为红土所掩盖，现在厚达数十米至百余米的黄土层，那时还没有生成；甚至黄土层、红土层之间的砾石层，他们也没有见过。他们的身体，甚为矮小，男性的平均体高约一五六厘米，女性则只有一四四厘米。他们的四肢已与今人无异，但头部则大不相同。他们的前额倾斜，眉棱突出；鼻子远较现代人为宽阔，而且上下的宽度，也没有多大的区别；颧骨也很宽大，在脸盘上的位置，向前面的部分，远较向侧面的部分为多；嘴部前突，下颚长着巨齿，颈部肌肉极其发达。他们的头骨，几乎比现代人厚一倍。脑的容量很小，平均比近代人要少三百立方厘米，由此可以推知他们的智力必然较低。但他们确属于人类，则是无可置疑的。同时若干专家认为北京人的脸形与蒙古种人的脸形，颇相近似。

至于北京人的生活状况，可归纳成三点：第一，他们已会制造各种石器，如尖状器、刮削器等。这些石器虽然粗陋不堪，但可说明他们确实已具有最低限度的文化生活。第二，他们已会打猎。以发掘出来的兽骨为证，他们的猎获物以鹿为最多，其次为豹、穴熊、剑齿虎、土狼、象、犀、骆驼、水牛、野猪、马等。他们可能已会使用投掷的武器，不然恐怕无法获得这样丰硕的战果。第三，他们已会用火。从他们遗留下来的大量木炭、火烬、烧过的兽骨以及用过的器物看来，证明他们已能烤肉来吃。而他们用火的能力，可能有更早的传授。

由于打猎生活的危险性过大，因此北京人大都短命。据统计，三十九个北京人中，死于十四岁的占 39.5%，三十岁以下的占 7%，四十至五十岁之间的占 7.9%，五十至六十的占 2.6%，死亡年龄不明的占 41.9%。[参看李济《北京人的发现与研究之经过》（载《大陆杂志》五卷七期），《北京人之体质与生活》（载《大陆杂志》五卷十期）；克拉克（W. E. Le Cross Clark）作、杨希枚译《北京猿人》（载《大陆杂志》一卷一期）]

（二）河套人

旧石器时代中期人类的代表是“河套人”，他们分布于山西、陕西、绥远、宁夏、甘肃等省交界处的“河套”地区，亦即内蒙古的伊克昭盟一带。最初被发现的，只是他们所使用的石器和骨器。这类器物，形成了考古学上所谓的“河套文化”；而创造这种文化的主人翁的遗骸，近年才在大陆发现。

河套人的器具埋藏在红土层上面的砾石层，以及再上面的黄土层和带沙的黄土层中，这种情形正好说明河套人的生存时间是一段漫长的岁月。砾石层和黄土层是怎样形成的呢？我们已经知道红土层是北京人埋骨之地，从北京人时代到河套人时代，其间可能经过长期而大量的雨水，因此若干地区发生洪水，山上的石块被洪水冲下，随水流动而被磨成砾石，淤积于红土的平地上，造成砾石层。其后西北吹来的黄色细沙落在砾石层上，又造成了华北的黄土层。

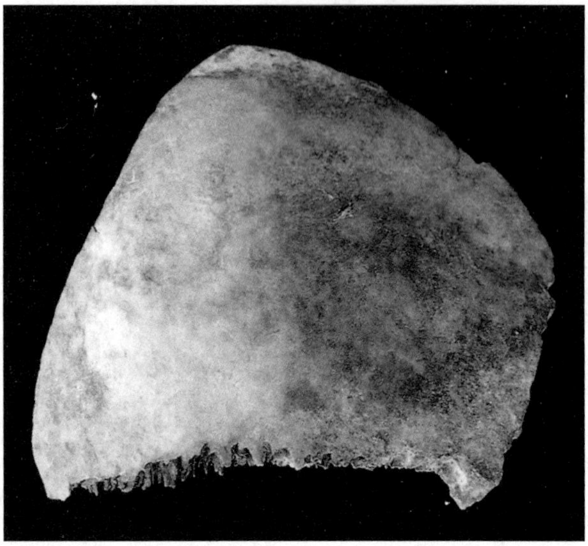

河套人左侧顶骨化石，距今约五万年，旧石器时代后期，鄂尔多斯乌审旗嘀哨沟湾出土。外层与断面均为褐色，里层为暗褐色，有四个边，边上带有锯齿形缝，是原来的顶骨接合缝。

至于出土遗物的形制，则因层别而略有不同。砾石层中的石器，大都是圆饼形或扁圆形的刮削器，质地为圆形石子状的石英岩，其制法是沿着石子的边缘打制而成。黄土层中的石器，制法略有进步，例如刮刀的制法，便是先将石子打成两半，然后沿着边缘加以修制。带砂的黄土层中所出的石器更为进步，有三角形和多边形的刮器及雕器，此外还有若干骨器。这类石器在考古学上被称为“细石器”，它们的时代已接近新石器时代。

（三）山顶洞人

“山顶”是在周口店范围内的一块高地，它高出当地地面约六十米。地质调查所于

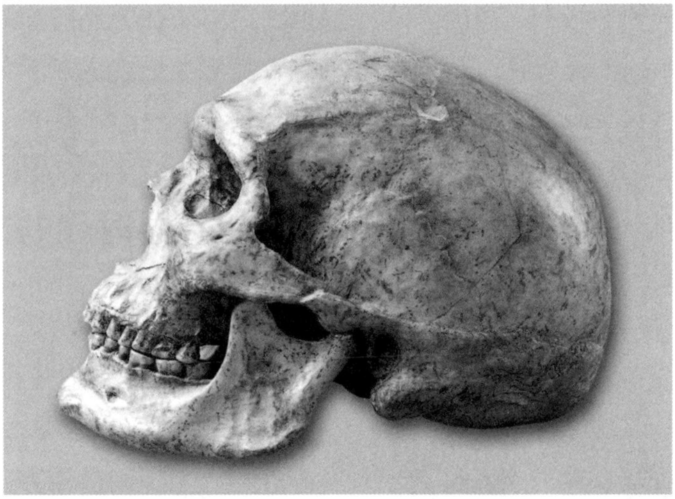

山顶洞人头骨，距今约一万八千年，旧石器时代后期，北京市房山区周口店龙骨山山顶洞出土。山顶洞人头骨已经具有现代人的形状，脑量约一千三百～一千五百毫升，在现代人脑量的变异范围以内。

1930 年发现了山顶洞，直至 1933 年才正式发掘。所得的标本，计有人类头骨、体骨化石数十件，人类遗物数百件，以及许多动物如鬣狗、猎豹、香猫、鸵鸟等的骨骼化石。根据这类遗骸遗物的研究结果，山顶洞文化当较河套文化为晚，山顶洞人大概生活在两万五千年以前。

山顶洞人和北京人的头骨有显著不同之处，前者头盖骨很薄，牙齿很短，后者则反是。就体形来说，山顶洞人没有一个可以代表“原始中国人”。至于文化方面，山顶洞人已远较北京人和河套人为高。他们营渔猎生活，爱好艺术，有装饰身体的兴趣，并且似乎已有埋葬死去亲属的习惯。从发现的骨针推测，他们可能已会缝缀鹿皮为衣服。他们用以作装饰品的兽牙，计有鹿牙、狐牙、獾牙等，并将其中若干染成红色。此外还有穿孔的小砾石、小石珠、骨坠等，这种钻孔的技术，是北京人所没有的。

山顶洞人的石器，其中一部是制造器物的工具，例如刮削骨角所用的石器，便是以火成岩制成的；钻石珠和小砾石等，则用极粗糙的石钻。这可看出山顶洞人工艺技术的进步。在他们的多种遗物中，最引人注意的，是一种由鹿角制成的短棒，表面被刮磨得非常平滑，并刻有纹饰。这种短棒颇像欧洲考古学家所称的“指挥棒”，是家族或种族的一种信物。如果这短棒真是“指挥棒”，则山顶洞人已可能有家族或社会组织。总之，山顶洞人的文化，较河套人又进一步，他们的时代已大致可与新石器时代相互衔接。

既然北京人是中国史前最早的人类，那么他与河套人和山顶洞人是否即是中国民族的远祖？这个问题的答案是悬疑的。因为我们无法肯定，他们与文字写成的中国历史，有无必然的连带关系。我们不但对从北京人到河套人和山顶洞人的人类演进过程毫无所悉，就连山顶洞人到黄帝这两个相隔两万年的时代，也没有足够的资料来贯穿。如果站在现代人的立场，说他们是我们的祖先，倒也未尝不可，但若说现代的中国民族是他们一脉相传的后裔，从而认定中国民族在五十万年前就占有中国的土地，这种说法充其量只能算是一种假设而已。

二、新石器时代的文化

从旧石器时代到新石器时代的过渡阶段，叫“中石器时代”。这个时代的遗物，出土的并不多。只有东北黑土地带“札赉诺尔原人”的文化，可为这个时代的代表。札赉诺尔是兴安省中国长春铁路西段的一个车站。这种原人的遗骸及器物，是从1933年至1943年由日本人陆续发掘的。他们头骨的形态为标准的圆头型，与现代蒙古人相同，其时代距今可能在一万年至两万年左右。他们的用具以石器为多，从工艺技术上看，虽较旧石器时代进步，但它们仍是新石器时代以前的产品。因为新石器时代文化最显著的特征是陶器和磨光石器的出现，而札赉诺尔原人的遗物中，却没有这两种器物。

札赉诺尔原人头骨化石，中石器时代，呼盟札赉诺尔矿区出土。

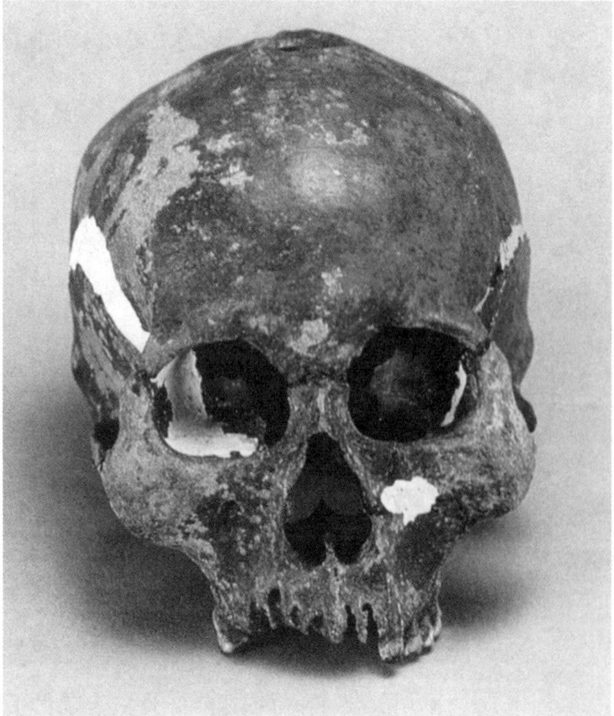

新石器时代的人口较前繁多，因此遗迹的分布也比较稠密，在许多不同的地区中，分布着不同系统的文化。新石器时代早期的人类，虽然已发明制陶技术，但仍大量的使用石器，而且一部分石器还是打制而成的。直到新石器时代晚期，人类才普遍应用陶器。

（一）细石器文化

这里所说的“细石器”，是和陶器混在同一地层的，它们属于新石器时代，而与旧石器时代中晚期的细石器不同。这种文化的分布，多在长城以北；创造这种文化的人，已渐由渔猎生活发展为农业生活。根据分布地区及其时代先后，这种细石器文化可分为龙江、林西、赤峰三期：

昂昂溪细石器，中石器时代前后，黑龙江齐齐哈尔昂昂溪出土。

龙江期的标准遗址为昂昂溪，昂昂溪遗址在嫩江昂昂溪车站附近。这一带的土质是黑沙层，出土的遗物以陶片为多，质地粗糙，纹饰简单。此外尚有骨器和石器，石器中有石钻、石刀、石斧、石镞等，均由细小的石片打制而成，是最标准的细石器。这类石器，有些经过磨制，但技术不精，看来只是磨光技术的开始。根据这些器物，可以推知它们的主人翁过的是渔猎生活，而渔的成分尤大。这是早期新石器文化的代表。

林西期因林西的遗址而得名，林西是热河省的一县，在它境内的黑沙层中，发现了新石器时代中期的遗物。这类器物，可分陶、石两大类，陶器具有多种不同的颜色，石器主要为农业用具，如石犁和石磨等。这一时期的石器，与龙江期的石器有显著的不同，它们的材料以巨大的砾石为多，技术多系磨制，细石器则较少。

赤峰期文化的遗迹，发现于热河省赤峰县英金河的南北两岸。此期的遗物，有彩色的陶器和属于细石器的各种石器。其中有一种是肩石锄，这可证明此期的人类，也过着农业生活。

（二）彩陶与黑陶文化

彩陶与黑陶，同是新石器时代晚期产生于黄河流域的文化，但两者不属同一文化系统，产生的地区也不同。

尖底彩陶罐，新石器时代，仰韶文化，陕西宝鸡市北首岭出土。

彩陶文化最早的发现者是瑞典人安特生（J. G. Andersson），他于1921年在河南渑池县仰韶村掘获大批彩陶及石骨等器。这类陶器，大致为淡棕色，上绘红黑及白色的纹饰。这种彩绘技术，是此种文化的特征之一，因此称它为“彩陶文化”。此后在辽宁、甘肃、河南、河北、山西、察哈尔、台湾、新疆等地区，续有发现，可见这种文化分布之广。至于这些地区的彩陶文化，是否同出一源，还是一个待决的问题。近年大陆以陕西、河南等省为中心，陆续发掘了不少彩陶文化遗址，像陕西西安市的半坡村、宝鸡县的北首岭、郃县的下孟村、河南三门峡庙底沟、洛阳王湾等，其考古报告自然都是“一家之言”。据近人的估定，彩陶文化的年代约当前6000年至前3500年。这种文化的形成，在中原一带曾有一段长时期的孕育。但它与初期的中原历史文化，并非直接衔接，其间尚隔着一大串史前文化。

继彩陶文化而发展传播的是黑陶文化。黑陶文化最初在山东省历城县龙子崖发现，所以又叫“龙山文化”。它是沿着海岸来分布的，分布区北达辽东半岛，南至杭州，而以山东半岛为重心。黑陶的特色为黑、光、薄、棱、多耳，但也有酱色的。黑陶文

黑陶单耳杯、黑陶双耳杯和黑陶盒，单色无彩，新石器时代，龙山文化，山东省胶州市三里河出土。

化所代表的时代，约当前 3500 年至前 1800 年，其时应在殷商以前，但它的遗址却又不在相传为夏代根据地的山西、河南两省。和陶器同时出土的，还有石器和骨器。骨器中有一种经过钻孔的牛骨，是占卜用的，但上面还没有文字，也许和殷商文化有些关联。［参看石璋如《史前篇》，载《中国历史地理》一；李济《史前文化的鸟瞰》，载“中央研究院”历史语言研究所集刊《中国上古史》（待定稿）第一本页四五五至四八二］

由于中国的幅员过广，近代发现的史前文化遗址，显然是零散的，所获的材料也不完全。总之，就目前研究所得的成果，尚不足构成完整的中国史前史，而且也不能与中国的有史时代有明确的衔接。但大体可以相信，新石器时代早期，人类虽仍以渔猎为主要生业，但已开始学习农耕，豢养家畜，并从磨光石器进而学习制造陶器。因人口繁衍而聚族以居，渐渐形成大小村落，遍布各地。到晚期，人类已普遍使用陶器，务农也成为本业。而由村落演进成的城邑，也大致在此时出现。

三、古史的传说时代

任何一个民族的初期历史，无不从追记而来，而且其中必然无法脱离传说和带有神话色彩的部分。中国古史的传说时代，最少要包括从黄帝至夏桀的一段时间，将近千年之久。这段时间历史的真实性，古人是大体相信的，今人则因为缺乏证据，而以传说视之。但一种传说，绝不会凭空而起，同时我国古代史家对历史的编订，态度是很严谨的，因此我们有理由相信，在这类传说之中，可能隐藏着许多的真实事迹。

（一）黄帝

第一位把黄帝作为中国历史起点的史家，是汉武帝时代的司马迁，在他的《史记·五帝本纪》里，把黄帝列为古代的第一位君主。不过这篇传记，含有浓厚的神话色彩，而司马迁本人对黄帝的事迹，也颇抱怀疑态度。

黄帝本已是位神化的古人，但据其他记载，黄帝以前尚有盘古和三皇。有关他们的说法，更为怪诞，例如盘古氏曾开辟天地，是一位年高一万八千岁，身体日长一丈的巨人。又如三皇中的伏羲、女娲，都是蛇身人首。这类神话，自然不能算作史料，同时它

黄帝，选自《乾隆年制历代帝王像真迹》。

们产生或流行的时代，更在五帝的传说以后。“五帝”一词，在春秋时代似已流行，孔子的弟子宰我，便曾有向孔子请教“五帝之德”的事，虽然不知道宰我所谓的“五帝”是指谁［见《史记》卷六七《仲尼弟子列传》］。到西汉，“五帝”的内容确定，是指黄帝、颛顼、帝喾、尧和舜，而且正式为史家有限度的承认。“三皇”的说法在秦始皇时已有，当时是指天皇、地皇、人皇（即泰皇），这是最早的说法。汉朝人因“三皇”毫无事迹可凭，就把战国时人的书中所说的远古人名如伏羲、神农、女娲、有巢、燧人等随便取三个，称为“三皇”，结果产生好几种不同的说法。不论真假，他们多少还有些事迹，例如伏羲画八卦，神农教民稼穑，燧人氏钻木取火等，但他们的时代，则渺茫得无法究诘。至于盘古的神话，在三国时才出现。据近人考证，这神话本源起于南方民族中，大概因吴国的开发南方而传入中国［参看徐亮之《中国史前史话》页十一至十三］。为了这些原因，无论盘古或三皇，都不能取黄帝的历史地位而代之。

据相传的说法，黄帝大约是前2700年到前2600年之间的人，他继业已衰微的神农氏的后裔而兴起。除去若干神话，可述的事，是他修德治兵，在阪泉和涿鹿（均在今察哈尔涿鹿县附近），先后击败了他的两大敌人炎帝与蚩尤，而被诸侯尊奉为天子。他过着军旅的生活，迁徙往来，未尝定居。他的行踪，曾东至海和岱宗（即泰山），西至崆峒（山名，在今甘肃省），南至于江（即长江），并曾会诸侯于釜山（今察哈尔怀来县北），而定都于“涿鹿之阿”。这类地名的考释，也曾引起世人的争论，但在黄帝本人的有无尚未得到考古上的证据时，这种辩论是无谓的。

古人又把黄帝时代作为中国文化的源头，战国末年的学者，把一切古代的发明制作，都归功于他。例如文字、算学、历法、阵法、音乐、军制、田制、政治区划、宫室、衣裳、货币、舟车等，这些文化上的重要贡献，莫不直接或间接地由黄帝发明或创立。但这种说法，到西汉已不为史家所接受。此外他又几乎是所有古代帝王的始祖，像

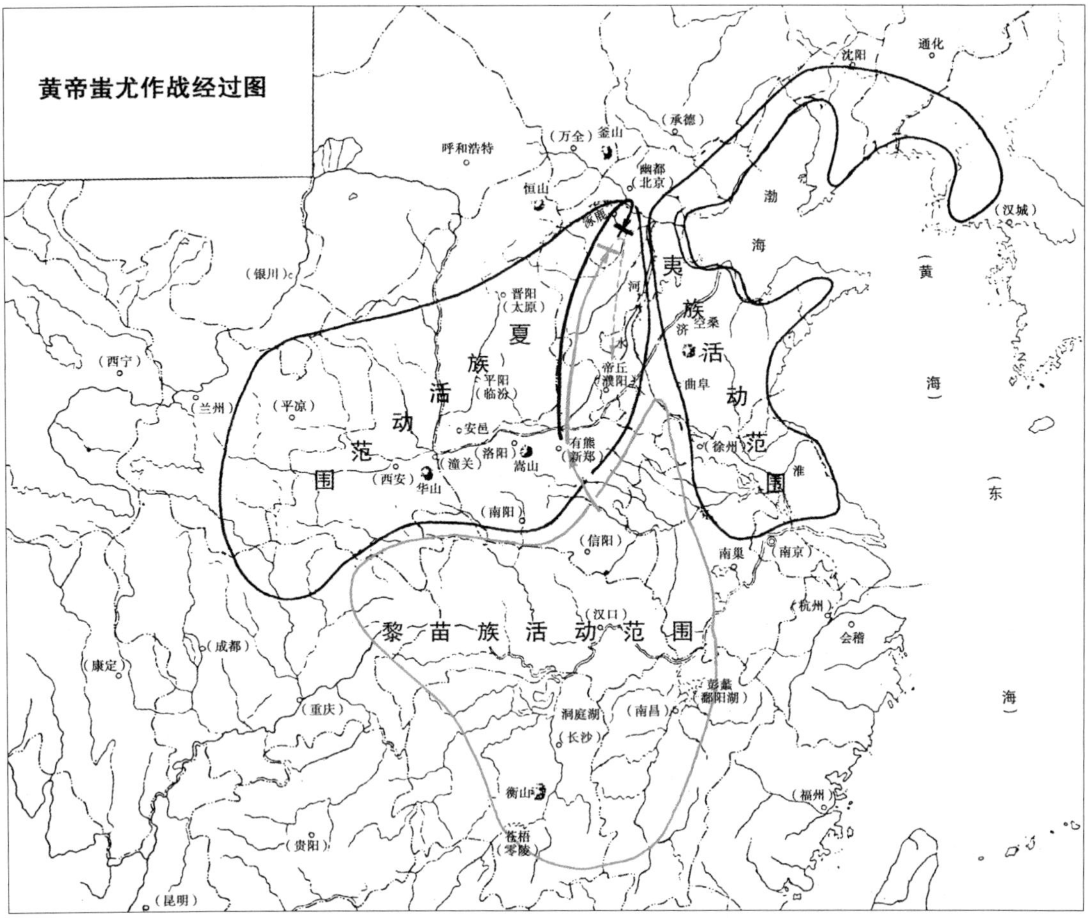

黄帝、蚩尤作战经过图。自旧石器时代末期至新石器时代初期，在黄河、长江流域，活动着夏族、夷族、黎苗三大部族。蚩尤为黎苗族共主，领八十一氏族，侵凌夏族区域，进而统治夏族。夏族当中一氏族领袖黄帝起而反抗。蚩尤部众自南向北攻击黄帝，黄帝本立国有熊，但考虑到蚩尤所领部众为南人，对北方地形气候多不明了，因此两军在有熊短暂接触之后，黄帝即主动向北引退。蚩尤领众跟进，至河北涿鹿时，蚩尤部众消耗甚大。这天狂风吹起尘沙，遮蔽天地，黄帝因有指南车指示方向，不致迷路，因此趁蚩尤部族昏迷彷徨之际，驱众攻击，将敌一举击溃，蚩尤亦被擒杀。夏族获有全胜，也创造了我国战争史上后退战略大获全胜的典型战例。

颛顼、帝喾、尧、舜、禹以及商的始祖契，周的始祖弃等，都是他的苗裔，自然还包括这些帝王的后代。

关于黄帝的传说，虽然没有考古的根据，但就《五帝本纪》中所描述的他的生活情形，却代表着一个阶段的文化。他本人迁徙无常，好像生活在一种狩猎或游牧的经济阶段。但《本纪》又附带说出他的另外两项事业，就是“时播百谷草木”和“淳化鸟兽虫蛾”，似乎又在说黄帝时代正是中国先民由游牧进入初期农业的一个过渡时代。

（二）尧和舜

尧和舜是传说中的两位中国古代贤君，他们同是中国传统政治思想中的理想君主，也是历代帝王的楷模。关于他们的事迹，虽然没有当时的史料来证实，但至迟生活在前500年左右的人，对他们的存在，即已深信不疑了。根据《史记·五帝本纪》的说法，尧是黄帝的玄孙，舜则是黄帝的八世孙，但他们却大致生活在同一时代中。他们的时代，据相传的说法，是前2357年至前2184年，也就是夏朝以前的一百七十余年间。

尧是一位仁慈宽大的君主，似乎对一切都抱着宽容的态度。他在位期间，人民各自过着自由安乐的生活，不受政府的干预，因此他们体会不到这位君主的才能，更无法描述他的德量。他毕生最伟大的也最为后世所称颂的事迹，莫过于他的以天下为公，而把帝位推让给舜的事了。舜本是历山（在今山东省）的农夫，他有一个极其难处的家庭，父母弟弟对他的仇视加害，使他遭遇多次生命的危险。但他凭着无比的谦让，终能以孝悌闻。他曾先后做过渔夫、陶匠和商贩，显示出多方面的才能。他的才德，感动了许多人，因此他每到一个地方，人们莫不踊跃地追随他，依附在他的四周，渐至变成一个都市。这一切都在说明他是一个理想的领袖。帝尧把他召到朝廷中任职，并把自己的两个女儿嫁给他，以试验他的持家治事的能力。结果事实证明他确是不凡，因此尧进一步把国政交付给他，后来终于继尧为天子。

帝尧，选自《乾隆年制历代帝王像真迹》。

舜的政治作风，似乎比尧严厉得多。当他佐理尧政时，便曾贬诛若干不才和渎职的人，并引用许多才德之士，像禹、弃、契、皋陶、益等，都是当时的名臣。尧的末年，洪水泛滥于全国。尧命鲧治水，鲧采用壅防堙塞的办法，九年而无功效，舜请尧把鲧处死。到舜即位，又命鲧的儿子禹继承治水的任务。禹改采疏导的办法，和洪水苦斗了十三年（一说八年），终于成功。在治水期间，他公而忘私，曾三过家门而不入，因此受到舜的赏识，命他摄理国政。舜死，他循例继为天子。

舜耕历山，选自《二十四孝图》，近代陈云彰绘。

尧舜的“禅让”，是传诵千古的美谈。但这故事常为后人用作他们自己政治理想的实例，因之故事的本身无疑也跟着变得有点理想化。有人认为这也许是古代部落间的一种君位推选制，尧、舜、禹分别代表的唐、虞、夏也许是三个比邻的强大部落（都在今山西省南部），由它们之间互推一个酋长，作为所有部落的共主。这种君位继承办法，在后来的许多民族中都曾出现过。［参看钱穆《国史大纲》上册页七至八］

据说禹在生前也曾选定益做继承者，但禹死后，百姓不拥戴益而拥戴禹的儿子启，于是启践登帝位。另一说法是禹死后益与启争位，为启所杀。总之，启既继位，“禅让”的旧例，便不再出现了。

（三）夏朝的大事

据旧史的记载，禹的踪迹是无所不在的，他不特是夏朝的创始者，并且是北方外族匈奴和南方外族百越的祖先。他的治水的传说，更流传于许多不同的部族和地区之间，令人怀疑到他好像不是单纯属于夏族系统的。夏朝的真正奠立者，似乎应该是启。因为春秋时代以前的书，对禹的称呼，只称“禹”而不称“夏禹”；从启开始，才称作“夏后”。其所以称“夏后”的缘故，大概夏境内尚有许多较小部落，而以夏为盟主，尊之为后。夏初的强盛，似乎没有问题，这可从“夏”“华夏”“诸夏”渐变成民族名称一事看出来，正如后来的“汉”也变成民族名称一样。

夏的年代，据后人推算，是从前2183年至前1752年，共四三二年。至于夏朝的版图，主要包括现在山西省的南半即汾水流域，和河南省的西部中部；西有今陕西省渭水

禹，宋马麟绘，台北“故宫博物院”藏。

下流的一部；东则大致在平汉铁路沿线一带，最盛时曾到今商丘一带；南到什么地方，则不得而知。夏人大致在上述的地区中活动，他们迁都频繁，禹的几个都城，都在今山西省的西南隅，至启始渡黄河而南，定居于今河南省中部的新郑、密县一带。此后除了启的儿子太康因失国而远窜外，夏主的迁徙，大抵不出今河南省的黄河以南，汝、颍二水以北。

夏初的大事，为启与有扈氏的战争。在此以前，又有舜禹讨伐“三苗”的事，但战争的详情不明。根据若干古籍的记载，只知道“三苗”盘踞在江淮湖湘一带，舜征讨他们，死于荒野。今日散居于川湘云贵深山僻壤间的苗族，也许就是他们的遗裔？启伐有扈氏的事，也同样模糊，有的古籍说是启即位后，有扈氏不服，启与之大战于甘，终于灭掉它；有的则说禹也曾讨伐过有扈。至于甘是现在什么地方，也是说法不一，有的说在今陕西省鄠县，也有说在河南省和山西省的。

夏朝中叶的最大事件，是与外族有穷氏的斗争。有穷氏是属于东方的夷人系统的，当时在今山东省全境，河南省东部，江苏省北部，以及安徽省东北角，甚至远到河北省渤海沿岸和辽东及朝鲜一带的地域中，有许多不同的部族存在，它们被统称作“夷”，与中原的夏东西对峙。这种形势，一直维持到殷商和西周，夏便曾与这些夷人，做过生死的斗争。[参看傅孟真《夷夏东西说》(载《傅孟真先生集》第四册)]

有穷氏的领袖羿，是一位好战的雄主，以善射著称于古史；他是东方夷人的共主，也是夏人的强敌。他以鉏（今河南滑县东）为根据地，乘夏主太康（启子）在洛水沿岸畋猎忘返的机会，攻占夏都斟寻（今河南巩县西南）。太康逃居于外，羿以次立太康弟仲康及仲康子后相为傀儡，而自身做夏的实际主宰。不久后相为羿所逐，而羿亦为其臣寒浞所灭。寒浞杀后相，继续掌握夏政，并命其二子浇和豷分据要地。后来后相的遗腹子少康，兴起于有虞（今河南虞城县），收聚夏的残余势力，灭有穷氏而光复故土。从太康被逐到少康复国，有穷氏统治夏境，前后达六七十年（一说四十余年），战争蔓延于黄河南北，是中国古史上的大事。

自此以后，夏的事迹反少留传，直至夏末，才又有较多的记录。夏的末代君主桀，虽然暴虐无道，但当时夏的政治势力，仍可到达今鲁西豫东一带。当时有一个原属于夏的小国有缗（今山东金乡县）叛变，桀举兵讨之，虽把有缗氏征服，却招来亡国的命运。因为在夏境的东南，尚有一个强大的部族存在，名叫“商”。商的领袖成汤，乘桀用兵疲敝之余，起兵推翻了夏朝。商也可以说是属于夷人系统的，至少夏人的看法是如此。根据旧史的记载，商的王室并非夷人，但曾抚有夷方，并凭着夷人的文化和人力灭夏。所以汤的伐桀，是夏人与夷人的最后一次斗争。

四、信史时代的开始（殷商时代）

从黄帝到夏朝末年九百多年的历史，因没有证物，只能称为“传说”而不能算作“信史”。所谓信史，必须“信而有征”，也就是说必须有当时的遗物可资与文字写成的历史相互验证。至于商朝的历史，则因有近代殷墟（今河南安阳县小屯村）出土的遗物以为佐证，已大体可以列入信史的范围。这类遗物包括铜器、龟甲、兽骨等，甲骨上并刻有大量文字，经近人的研究，知道这种文字是商朝后期君主们占卜休咎、祈求福祚的记录，故又称作“卜辞”。卜辞上有时载着若干商王的名字，拿这些名字与西汉人所写的商王系统来对照，其间的差异甚少。至于商朝的前半期，因为没有遗物的存留，严格说来仍不能算作信史，但亦有若干地方已为卜辞所证实。下面所说的有关商代历史，绝大部分是根据甲骨文的研究结果。

（一）商朝的建立及其兴衰

商人的发源地，可能是今河北省的渤海湾沿海一带。成汤的先世，累代为部族长，他的十四代祖契与禹同时，以蕃（今河北平山县附近）为根据地。契子昭明迁于砥石（今河北泜水流域），后迁于商（今河南商丘县），即“大邑商”，也是商朝得名的由来。昭明子相土，为一雄才大略之君，曾大启疆宇，其拓土的最远处可能到今朝鲜境内，并

成汤，佚名绘，台北“故宫博物院”藏。

在泰山下建立东都。相土以后的两三百年，商人的事迹无考，到成汤时代，才又有商人活动的记录。

成汤时，商人的力量已足以与夏抗衡，他以亳（今安徽亳县附近）为根据地［参看董作宾《卜辞中的亳与商》（载《大陆杂志》五卷一期）］，先消灭北方若干邻族如葛（今河南宁陵县）、韦（今河南滑县）、顾（今山东范县）、昆吾（今河北濮阳县）等，然后西征夏桀，败之于鸣条（今山西安邑县），桀被放逐于南巢（今安徽巢县）而死。汤乃代之为天子，并迁都于商，建立了商朝。

商朝自成汤创业以后，六百四十年间（前1751～前1111），国运曾经五度的盛衰，并曾五次迁都。第一度的由盛而衰，在第四代王太甲（汤孙）的时候。通常的说法是太甲无道，颠覆乃祖的典型，被开国功臣伊尹放逐于桐（今河南偃师县西南），三年后太甲悔过修德，伊尹又把他迎回复位。其后商朝的盛衰，总系于君主的英武或昏暗，盛时则诸侯归服，衰时则王室内乱或诸侯叛离。至于商朝的迁都，从汤所居的亳开始，其后又迁徙五次，皆不出今山东省的南半和河南省的东半。最后一次的迁都，是第十九代王盘庚于前1384年自奄（今山东曲阜县）迁殷（今河南安阳县）。其后直到商朝灭亡，二百七十余年间，商都始终在殷，因此商朝又名殷朝。

盘庚是一中兴之主，他死后，弟小辛、小乙相继嗣位，商政复衰。直到小乙的儿子武丁，商朝出现了最后的一次鼎盛时期。他在位五十九年，以傅说为相，国家大治。其间最可称述的大事，便是对外族鬼方的讨伐，在谈这件事以前，应先说明商朝的领域。

商王所统治的整个地盘，其范围至今仍不太清楚，仅能就卜辞所记的地名加以约略的推测。据近人研究，商朝的领土，以今中原地区为中心，东边可到沿海，西边可到今陕西省，北边可能到河北、山西两省，南方可能到长江。但在这个领域中，还有许多的诸侯国和文化远较商人落后的外族，其中以鬼方最为强大。鬼方最初可能服属于商，但在商的后期，变成了商的敌人。“方”是国的意思，除鬼方外，尚有人方、土方、羌方、盂方、井方等。鬼方的根据地大致在今山西省北部以及陕西省的北部和西部。武丁曾对

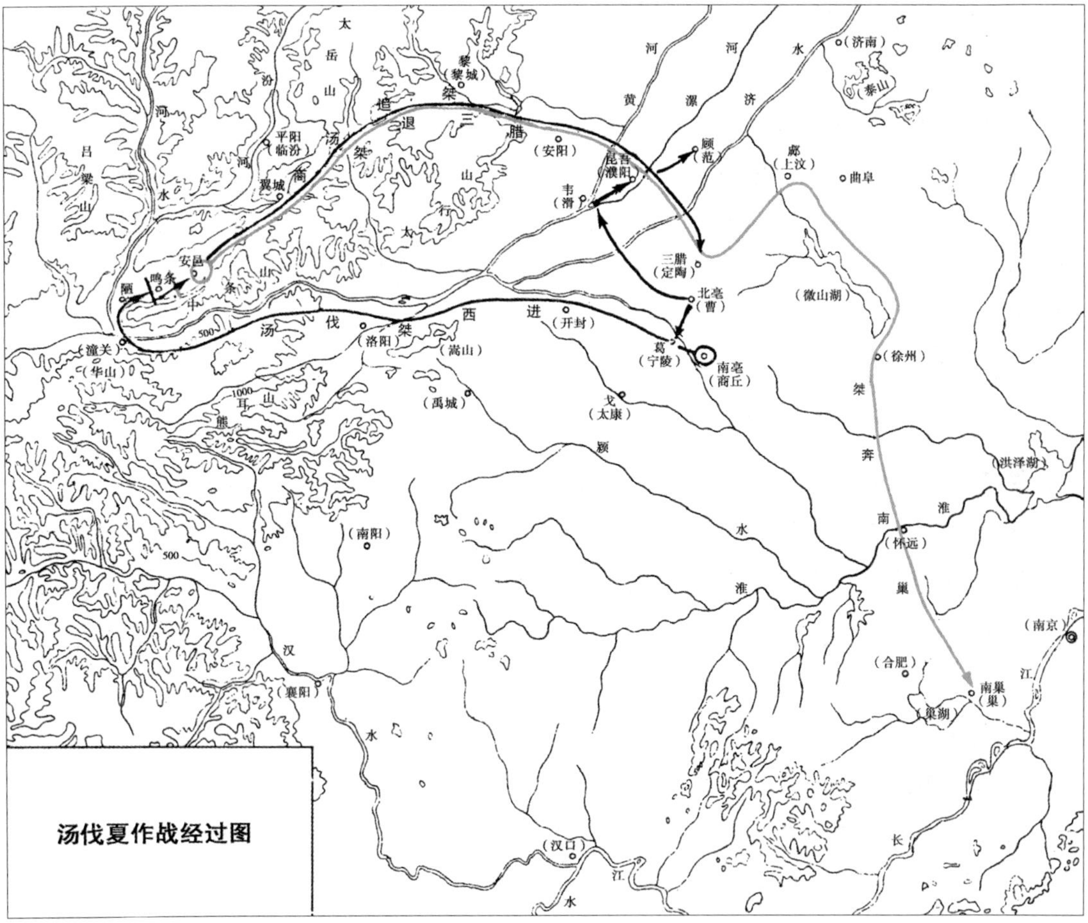

汤伐夏作战经过图

成汤伐夏作战经过图。前 1784 年，汤迁都于亳，然后开始对夏朝略地。最初西进伐葛，并占领之；随后北上至北亳，再向西北发展，降服韦；向东北讨平夏重地昆吾、顾，共计征伐十一次之多。至前 1766 年，夏之东部诸侯，均为成汤并灭，夏在形势上已被孤立；而夏桀残暴也变本加厉，政治上亦处于不利，成汤因此决意对夏都安邑进行直接进攻。前 1766 年，成汤起兵自南亳出发，沿黄河一路西进，至潼关附近渡河而北，到达陑地，然后向东攻击夏都城安邑。夏桀仓促率师西出拒敌，败于安邑之西鸣条，夏桀遂弃安邑向东入于山区，在安阳附近出太行，渡河，走至三腊。汤又移师伐三腊，桀不能立足，又一路奔走，至于南巢，战事宣告结束。汤之伐夏，先采取蚕食政策，吞并夏之诸侯，断夏东部羽翼，然后以大迂回之行动，突然出现在夏都安邑之西，断其归路，并攻击夏都之侧背，夏桀未能审时度势，据都城固守，而仓促出兵拒敌，终为汤所乘，丧师灭国。

鬼方用兵达三年之久，战争的情形，现已不知其详。但经过这次讨伐后，终商之世，鬼方似未再成大患。

武丁以后的八位君主，皆生长于安逸，不求振作，一味以畋游饮宴为事，因此政治日趋腐败。到商朝末年，商人的社会也充满放纵颓废的景象，从君主贵族到庶民，莫不以酗酒为乐，终致使国家走上灭亡之途。

（二）商代的政治和社会

商代的政治社会组织，以封建制度为主干，国境内有许多诸侯，商王便是四方诸侯的共主。一切庶政，也就是所谓“王事”，皆由王来直接处理。至于王位的继承，则与夏朝以子继父的办法不同，而以“兄终弟及”为原则。虽然有人怀疑这是商朝的定制，但商朝曾有多次王位传弟的记载，则是事实。[参看施之勉《古史摭疑》“殷人兄弟相及质疑”]

最初，汤用传子的办法，但他的长子太丁先卒，因此传位于太丁的弟弟外丙；外丙又传弟中壬，自此开始了传弟的办法。王子无嫡庶之分，皆有继位的资格，至无弟可传，然后传子。但传末弟之子或是长兄之子，似乎没有定制，就商王的系谱看来，多数是传末弟之子。不过也有不少例外，因此每有堂兄弟争位的事发生，而致造成王室的大乱。但到商朝后期，这种继位办法似已有所改革，虽然仍用“兄终弟及”的办法，但继位只限嫡长子。因嫡长子只有一人，无法兄弟相传，于是以立后为补救办法。一个王可以立几个后，她们所生的长子都是嫡长子，都具有继位的资格。例如武丁便曾三立嫡后，而先后以三后所生的祖己、祖庚、祖甲为太子；祖己早死，祖庚、祖甲便依例相继为王。最后四代的商王，都是以子继父，而嫡庶之分更严。例如末代商王帝辛（即纣），本有同母兄二人，即微子启和仲衍，但因其母于生二人时尚为妾，故微子启不得立为太子而帝辛得立。

从卜辞和商代铭刻中可以看到若干官名，如御史、卿事、宰、太史寮、亚、旅、士、畯、廪人、史、射、宅正、兽正、牛正、小臣、有司等。这些官名，多与周代典籍和金文中所载的官制相同，由此可以推知商朝的中央政府，组织已相当健全。至于军力，平时王有侍卫军，战时则自各地征调兵员服役，被征调者多是诸侯国各氏族的丁

环首刀，商代后期，辽宁抚顺望花村出土。这种大弧背、环首外缘饰乳突的刀，适于马上随身系挂，是北方式青铜器的代表器类。

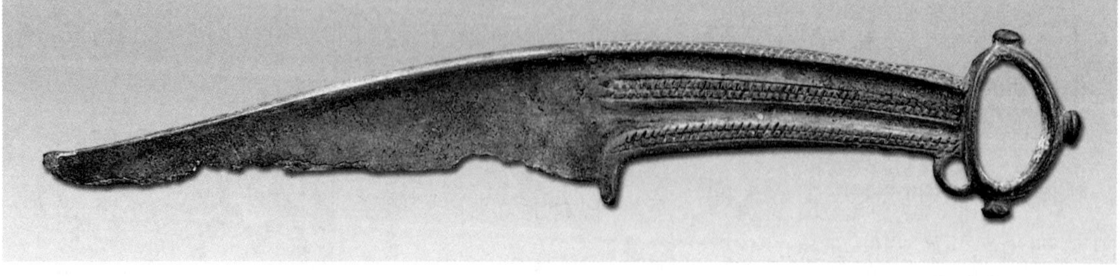

壮，平时以务农为业的。征兵有时多至三万人，出征有时远行至三四十日，杀敌有时多至两三千人。军队的组织，则仅知分步兵、马兵两种，每种又分左右中三队。武器则商人已有锋利的青铜兵器，如刀、箭、戈、矛和铜盔等。此外并有兵车，与后来周朝的兵车，形制上没有多大差别，一乘用四马，舆作半圆形，从后面升降。

商代的诸侯，名目甚多，有方、伯、侯、子、男、田等，他们多半为前世所封建，也有本来独立的部族而为商王所征服或自愿归服的，他们的数目，远较现今所知道的为多。另外一部分，可能是商王的臣下或亲戚而受分封的。诸侯对商王应负的义务，通常为征战、守边、纳贡、服役等。但有些诸侯叛服无常，他们彼此间有时也相互攻伐。其中的“方”，可能全是外族，他们常为商王征伐的对象，平时对商朝恐怕最多只是名义上的服从。又如商朝末年居于泾渭流域的周人，虽也曾臣属于商，但双方疏远如异国，最后竟以兵戎相见。

商代社会的经济形态，究竟到达什么阶段，是近人所争论的一个问题。较早的说法，认为商代犹为畜牧社会，农业方始萌芽，但这说法至今已不能成立。事实上商代已步入农业社会，商人的主要经济生活是务农，主要的食品是农产品，畜牧业只占次要地位。同时商人的豢养畜类，并不全为食用，主要是供给各种祀典做牺牲的。

随着农业的发展，商人建立了他们的家族制度、传子制度以及分别大宗小宗的宗法制度，都始于商朝末叶，而到西周时代成了定型。商代的社会，以族为单位，每族有它自己的名号，即所谓“氏”。商王征兵，也是以族为单位的。商人家族制度的根本精神是重男轻女，例如卜辞中占卜王后生育的文字，遇到生男便记一“嘉”字，生女则记“不嘉”。又如一夫多妻制，也在商代确立，王的配偶，正室的后在原则上虽只限一人，但妃嫔可以有数十人。

另外一个引起争辩的问题，是商代是否为奴隶社会。就近人的论断，商代是有奴隶的，见于文字者有奚、嬖、执等字，都是奴隶的称谓。他们或是罪犯，或是俘虏，数目并不多，同时他们的主要任务是供贵族祭祀做牺牲或用以殉葬。他们也许会被支配做其他小规模的劳动，但绝不是社会生产的主要阶层。

（三）商人的生活

这里所说的商人生活，分物质精神两方面，包括他们的衣食住行和宗教信仰。先说物质生活。

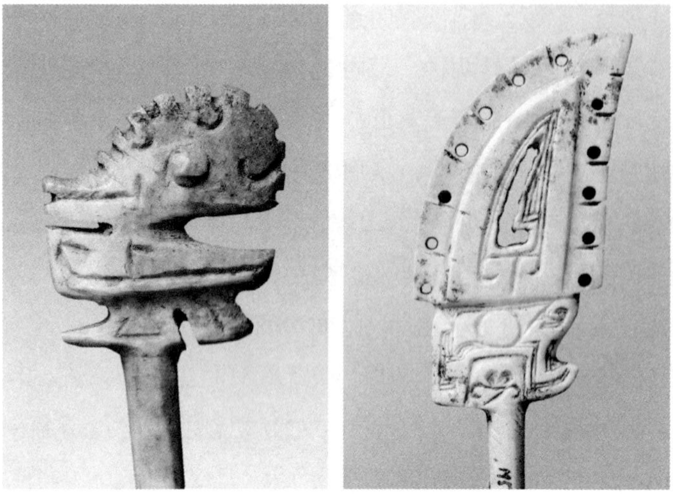

骨笄，商代后期，装饰品，1976年河南安阳殷墟妇好墓出土。图为骨笄笄头。

商人的食品，主要是黍、稻、禾（小米）、麦。他们又用黍造酒，商王的任何祀典，都离不开酒，商人的善饮，是著名于史册的。畜牧也是他们的食品来源之一，供食的家畜，有牛、羊、鸡、豕、狗等。王室祭祀的用牲，有时一次用牛羊达三四百头，这可看出当时畜牧业之盛。

商人的衣服，甲骨文中有衣、巾、裘、帛、蚕、丝等字，可知他们已有很好质料的服装；但丝裘之类，也许只有贵族才能穿着。从玉和石的人像雕刻品及其他遗物，更可看出当时一部分男子的服装为交领、右衽、短衣、短裙、束带，并穿着翘尖的鞋。女人则脸上涂朱，头戴高冠。她们的头饰，甚为复杂，两鬓和冠上，缀有松绿石组成的圆形饰物；发中夹一圆形骨器，插入许多玉或骨制的笄，有多至几十枝的；发上更戴有雕镂精美的象牙梳子。这些头饰的体积和重量，可以想见。此外男女都有佩玉的习惯，他们有各种式样的玉佩，经常佩在裙带间。这都是商人雅爱修饰的明证。

商代玉人，商代后期，装饰品，1976年河南安阳殷墟妇好墓出土。

至于居住，一般民众是半穴居。穴是圆形的，直径约四五米，深约三四米，平底直壁，有阶级可以上下。想象中当时的穴上必有围墙，墙上架木为顶，覆以茅草。只有王室的宗庙宫室，才能建筑在地面上。其筑法是先在地上用泥土做一坚实的低平台，然后用石或铜做基础，布列其上，用以竖柱。当时没有砖瓦，墙壁阶级，均用黄土筑成，屋顶想必也是草顶。这类建筑，现在只存基址，共发现五十多处，其中有的相当广阔，有长达三十米、宽至九米的，可想见其规模的宏伟。宗庙的形制，与宫室一样，建筑时并有奠基仪式，殉以大批的车马人物［参看董作宾《殷代的宫室及陵墓》（载《大陆杂志》一卷九期），《殷代建筑宗庙的隆重仪式》（载《大陆杂志》一卷十期）］。此外，商人席地而坐，这也是从雕刻品中看出来的。

交通方面，当时已有舟车等工具，此外商人并可能乘马。从殷墟出土的遗物，也可间接说明商代的交通情形。遗物中铜器、玉器的原料铜和玉，铜器中所含的锡，以及商人用为货币的贝，占卜用的龟甲等，都不产于商的本土中原地区，这些物品一定由远方辗转贩运而来。由此可见商代对外交通的发达，也可想象到这个国家的兴盛与繁荣。

“祭祀狩猎”涂朱牛骨刻辞，商代，河南安阳市殷墟出土。这是一块牛胛骨版记事刻辞，骨版刻有商王武丁与仲丁，及子寅用羌人十，举行宜祭等有关祭祀的事情。

再说商人的精神生活。他们的思想，几乎完全为宗教所笼盖，自然的各种现象都被神化，有无数神祇充满于天地间。人与神之间，并没有严明的界限，人死后，灵魂依然存在，需要子孙更虔诚的敬奉膜拜。总之，天神地祇人鬼，都是商人崇拜的对象，而人鬼更是商人的信仰中心。在他们的心目中，神鬼的世界和生人的世界有着密切的关系，神鬼操纵着整个人类的命运。所以商人在日常生活中每遇难决的事或无法解答的疑问，便照例出之于占卜，以求神鬼的指示。

商人认为天神中的最高主宰者是“帝”，他的地位好比人间的王。他具有多种的权能，如命令下雨，降福祐吉祥或饥馑灾祸等。地祇则有“河”“岳”的祭祀，有人认为是指泰山和黄河，有的则认为是指普通的山川。此外还崇拜大地之神（即“社”）、四方之神，以及风神、月神、星神等。对于祖先，则不论祖妣，每年都排定日程，虔诚祭祀，祀典用牲之多，令人惊异。但商人祭祖的主要目的，是在祈求祖先的降福以及防止其为祟。现存的十万片甲骨文字，大部分是祭祖时占卜用的。在卜辞里，可以看到他们向祖先求丰年、求雨、求治疾病、求生子的种种记载，也可看到因不雨或疾病而认为是祖先为祟的语句。奇怪的是他们求丰年和降雨，不直接向"帝"请求，而要托祖先转达。这类卜事，武丁时为最盛，到祖甲时便取消了。但崇拜祖先的宗法观念，却从商代一直延续到现在，形成中国文化的一个特色。

（四）文字艺术和科学知识

现有的商代甲骨文字，总数约有三千至三千五百字，但不同的单字不会超过两千，可识的字也不过一千三四百。但这只是商代文字的一部分，因为卜辞所应用的文字范围是有限度的。这些文字虽然在形体上与今字大有不同，但其意义和用法则大体上与今字无别，如以"六书"来分类，可以说六类的字都有。其中象形字占大部分，有时一个字具有若干不同的写法，好像那时还在造字的初期。但从另一方面看，若干象形文字已从原始的绘画演变成一种符号，例如有许多兽类象形字，应该平着画的，此时已直立起来。此外又有大量的会意、指事、转注、形声等类的字，似乎在商代以前，又有一段悠远的演进时期。除了契刻的甲骨文字，殷墟遗物中也曾发现上面写字的白陶，可以推知商人已使用毛笔。此外商人又有写在简册上的文书，《尚书》中的"盘庚"三篇，便是

陶埙，商，吹奏乐器，河南省辉县琉璃阁150号墓出土。这三件陶埙均为黑陶，顶部有吹口，腹有五个音孔，吹奏时依按孔不同可发出不同音阶。

商代刻干支表牛骨，河南安阳殷墟出土。商代的干支是用于记日的，干支记日法是把天干和地支相配合，用以记日，六十日一循环。干支法起源于夏代，商周沿袭，一直到近代，是中国古人所创造的，也是世界上使用最早的一种记日法。

比较可信的商人手笔。

商代的工艺，水准也相当高。商人已能铸造铜锡合金的青铜器，包括礼器、用器、兵器、装饰品等。技术的精巧，种类的繁多，都可证明当时正是铜器工艺的极盛时代。其铸铜技术最高的表现，则是王宫和宗庙里的各种容器，上面都有缛丽的花纹。这类花纹，大致以兽的正面形状为主，外加种种的装饰纹样；最精美的容器，全身镂有二十种不同的动物图案。此外商人并有牙、骨、玉、石等类的雕刻工艺。石器的制作，以白色大理石造的虎形、鸮形立体雕刻，最为精美。玉器则有碧绿、青、黄、白、灰、黑各色，大的有立体的碧玉象，小的有各种佩玉、头笄，做仪仗用的戈、斧以及其他小装饰品等。

绘画的遗留甚少，在商人陵墓中曾发现盾旗一类的东西，上有龙虎的图画痕迹。在甲骨上面，也偶有史臣作些写生画，已发现的有猿、象、鹿以及鹑等动物的图像。

音乐在文字中表现的，有“樂”“龠”等字。乐字从丝从木，代表弦乐；龠字则代表管籥。可知琴、瑟、笙、箫一类的乐器，在当时或已存在。此外发掘所得，还有磬、铙、埙、鼓等。磬为石制，铙为铜制；埙则有石制、骨制、陶制三种，大小不同而形制孔位无异；鼓的本身已化为泥土，但腔上的纹绘，以及面上的鼍皮纹理，还可辨识。［参看董作宾《中国古代文化的认识》（载《大陆杂志》三卷十二期）；陈丁合《卜辞综述》第二章“文字”（大通书局）］

从殷墟遗址和遗物，可以看出商人的建筑和矿冶知识已很丰富。除此以外，商人还有两项值得称许的科学知识，便是天文学和历法。他们曾在卜辞中记录若干星名，如“火”“鸟星”等，并可推测月蚀。历法也很完备，这大概与农业的发达有关。

商人以三百六十五又四分之一日为一年，他们称年为“祀”，是因为他们每年有一次大祀的缘故。一年十二月，月有大小，大月三十日，小月二十九日。他们已知道用闰，十九年中要有七个闰月。武丁时把闰月放在当闰之年的最后，称十三月。祖甲时改闰法，置闰于当闰之月，其名与当闰之月相同，不再称十三月。同时他们习惯把四时与月相连，例如八月称秋八月。记日则用干支，自甲子到癸亥凡六十日为一周，周而复始。这办法上承远古，从商到现在，经三千二百余年而毫无错误，真是世界文化史上的奇迹。武丁时，把白昼分为七段，即明、大采、大食、中日、昃、小食、小采。整个时间约从上午六时至下午六时，每段约为两小时。白昼称“日”，黑夜称“夕”；一天一夜合用一干支，如“甲子日”“甲子夕”，黑夜则不分段。到祖甲时又分白昼为十段，即妹（昧）、兮（曦）、明、朝、大食、中日、昃、小食、暮、昏。祖甲在位时是商的衰世，但在历法上却有革命性的改进。［参看董作宾《殷代的纪日法》（载《“国立”台湾大学文史哲学报》第五期）］

第二章
封建帝国的兴衰（西周时代）

一、周的灭商与封建

（一）周人的兴起

周是商朝末期在今陕西省渭水流域兴起的一个国家。它的王室的始祖名弃（姬姓），相传为帝喾后裔，与禹同时，曾受舜封于邰（今陕西武功县）。他是一位著名农师，死后为周人尊奉为农神，号为“后稷”。当时泾渭一带，满布着“戎狄”，弃子不窋因失官而投窜其间，辗转流徙。至不窋孙公刘，始定居于豳（今陕西邠县），其地仍与戎狄为邻。公刘九传至古公亶父（后来被追称太王），因受不了狄人的侵迫，自豳率众南迁，居于岐山（在今陕西岐山县）之下。这一带土地肥沃，加以周人的勤垦和古公的领导得法，因此国家迅速富强起来。古公在豳时，还穴地而居，至此乃大规模地营建宫室。到古公子季历（后来被追称王季），更大败狄人。这些都显示出周人自迁居岐下后，国力与生活方式，都大有改进。

自古公起，开始与商人往来，而为商的诸侯之一。季历和他的儿子昌，皆曾受商命为“西伯”，意即西方诸侯之长。周和商似乎不属于同一民族，周人常称商人为“夷”或“戎”，自然以异族视之；而双方的活动范围，又相距甚远。但自从双方有来往后，周人对商的文化，便尽量地吸收，季历和昌，都曾与商朝联姻，这事无疑大大促进了周人的商化。从古代遗留的文字篇籍看来，周人和商人用的同是一种语言文字；生活习惯也有许多相同的地方，例如周人和商人都是束发和席地而坐。此外若干器物如容器和兵器的形制，也大都相同。这自然是周人商化的结果。[参看徐中舒《殷周文化之蠡测》（载《“国立中央研究院”历史语言研究所集刊》第二本第三分）]

周人有一首诗，曾说到在太王之时，即有“翦商”的企图，这分明是周人的夸词[《诗经·鲁颂·閟宫》“后稷之孙，实维大王，居岐之阳，实始翦商”]。事实上古公时代，周国尚在草创阶段；不要说翦商，就是与周邻近的若干西陲小国，也无力翦伐。周人的东进与商对立，到昌时才有记载可寻。

昌便是后来周人所追称的文王，在他受商命为西伯之后，敬老尊贤，力行仁政，深为诸侯所拥戴。商王纣曾一度把他囚禁，由他的臣下向纣纳贿，昌始获释放。其后他的势力日盛，在他去世的前几年，曾大开疆土。他首先消灭了泾渭上游的小国密须（今甘肃灵台县）、阮（今甘肃泾川县东南）、共（今甘肃泾川县北），以巩固豳岐，免除后顾之忧；继而他东向发展，越过黄河，讨伐黎（今山西长治县西南）、邘（今河南沁阳县西北）等国，黄河以东的若干小国如虞、芮等，都归附他。周人的势力乃渐

“文王访贤”金带饰，元，江苏苏州吕师孟墓出土。图写周文王礼访姜太公事，图中姜太公正安坐在蒲团上垂钓，周文王坐于车上，派侍卫向姜太公招呼。

至威胁商人的中心地区。

这时在渭水以南，尚有一个商的诸侯国崇（今陕西鄠县东），它是周的仇敌，于是文王又灭崇而底定渭南。他于灭崇后经营新都丰邑（今陕西鄠县东），把首都自岐下迁到那里。他的东进意图，自此更为明显，但他并未达到“翦商”的最后目标。他于营丰邑的次年死去，未竟的事业，要待他的儿子来完成。

旧载文王曾受商纣之命，管领长江、汉水沿岸的诸侯。但从后来的史实看，周人的势力并未到达这些地方，倒是与在今四川省境内的一些小国，可能有所联系。

（二）武王伐纣与初期分封

文王死后，嗣子发继位，是为武王。他在位第十一年（前 1111）春初，周人向商发动大规模的攻击［参看董作宾《武王伐纣年月日今考》（载《“国立”台湾大学文史哲学报》第三期）］。武王的部队约有五万人，包括若干诸侯和西北西南的土族。他们自盟津（今河南孟县南）渡黄河北上，并在商行都朝歌（今河南淇县）附近的牧野誓师，宣布纣王的罪状。这篇誓师词，就是现存的《尚书·牧誓篇》。《牧誓》中所描写的纣，是一位暴虐人民、仇视贤士，而一味以小人女子之言是听的昏主。因之纣的军队虽多，但士气低落，结果被周人在牧野一举击溃，纣王回宫自焚而死。于是周人进入朝歌，那天是二月五日。纣在位六十三年，此时他的年龄，当在八十岁以上；他的自杀，可能在周人进入行都的前三天。周师克朝歌后，接着长驱入殷。

纣是中国史上与夏桀齐名的标准暴君，但从甲骨文的记载看，纣时的制作、征伐、田猎、祭祀，莫不整齐严肃，又好像是一位英明之主［参考董作宾《论商人以十日为名》（载《大陆杂志》二卷三期）］。春秋时代的读史者早已对纣的罪恶发生怀疑，也许他不致像《牧誓》说得那样昏暴。古籍中曾有“纣克东夷而殒其身”和“纣之百克而卒无后”的话，但克战的详情不明［见《左传》昭公十一年及宣公十一年］。近人根据卜辞，证明纣确有讨伐东夷的事。他于在位的第十年（前 1165）九月东征人方，前后费时凡十二个月；人方地区，大致在今淮河一带［参看董作宾《卜辞中的商与亳》（载《大陆杂志》六卷一期）］。从纣的亲自率军出征和来回的时间看，战争的规模可能不小；但伐人方是纣早年的事，商的亡国与这事恐没有关系。大概纣确是好战的，可能还有多次不为后世所知的战争，而致国力亏损，为周人所乘。再就纣的在位年岁看，他的老耄也是可以想象的。

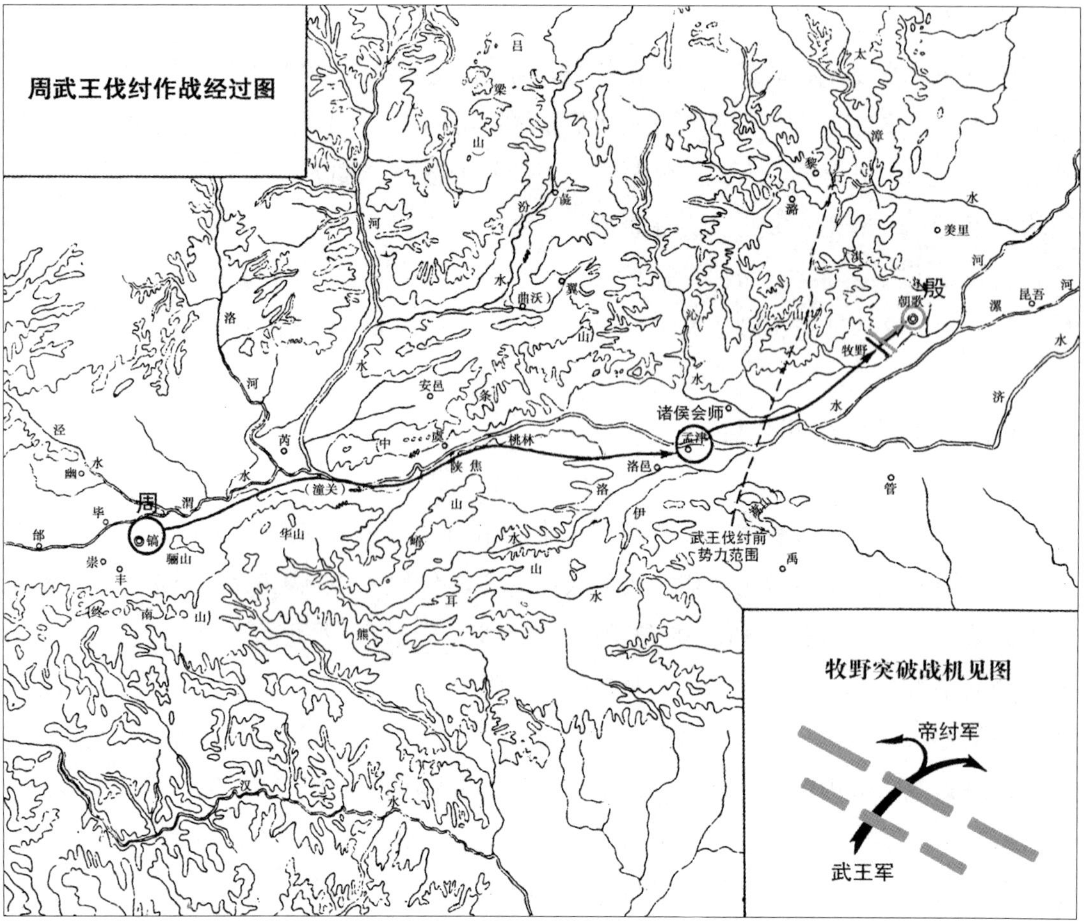

商周牧野之战作战经过示意图。武王在位第十一年，兴师伐纣，自镐出发，沿渭水循黄河东进，参与东征之西北、西南各部族，也先后分兵来会。一月底，周全师渡过黄河，集兵车三百乘，虎贲三千人，甲士四万五千人，进据牧野。纣王武装奴隶与战俘迎战，兵败，纣王退回朝歌，在鹿台自焚，周师长驱大进朝歌，殷商灭亡。

牧野一战，周人只是推翻商的中央政府。对于商朝的广土众民和旧有的诸侯国，并未能直接加以征服。因此周室在克商的初期，对商人采取怀柔政策，竟在文告里称商为大国而自称为小国，并赋予商人以高度的自治权。与怀柔政策同时并进的，是武装移民和军事占领，周室把一部分新得的领土，交给它的亲属、姻戚和功臣，由他们建立新国，并以武力做有效的控制。所以每一批这类的新国建立，周人的势力范围便向外扩展一次。这种分封并不限于周初，从武王起，直到西周末叶的宣王，分封一直在进行着。事实上武王时代的封国甚少，而以他的儿子成王之世为最多，这可见周帝国的事业，是累代经营的结果。

武王克殷后，不久又自动退出，而把殷的儿子武庚、禄父封在那里，以统治商遗民。并把自己的两个弟弟管叔鲜、蔡叔度封在黄河以南，另一个弟弟霍叔处封在黄河以北，对殷遥相监视。管蔡的封地，在今河南省的郑县和上蔡县，霍在今山西霍县。武王本人，则回到他的新都，丰邑以东不远的镐（在今陕西长安县西南）。此外他又封弟周公旦于鲁（今河南鲁山县），但周公因留佐朝政而未就封；功臣召公奭于燕（今河南郾师县），吕尚于吕（今河南南阳县西）。吕就是后来的齐，吕尚是牧野之战的大将，周人尊之为尚父，并与周室有姻戚关系［参看傅孟真《大东小东说》（载《傅孟真先生集》第四册）］。这些封国大部集中于今黄河南岸洛阳附近的地区，在商人势力中心的黄河北岸，只有一个霍。至于东方的广大地盘，仍是商朝旧势力的范围，周人可望而不可即。这种局面，无疑充满了危机。

（三）周公东征与重定封国

武王在位凡十七年，克殷后七年而死，嗣子成王年幼，由王叔周公旦摄政。管蔡二叔不服，散布流言，中伤周公；并挟持武庚、禄父，联合旧诸侯国奄（今山东曲阜县一带）和淮水下游的外族淮夷等，背叛周室。周公亲自东征，用兵三年，才削平这场大乱。用兵的经过，旧载不详。大概不外第一步先廓清黄河以南，然后渡河北上，平定殷地，再由殷东行经今山东省西部一带东南下伐奄及淮夷［参看《大东小东说》（载《傅孟真先生集》第四册）］。至于此役之艰苦，也是可以想象的。

大难削平之后，周公对当时的政治局面，做了如下的几项重要安排：1. 他以成王命把殷地及殷遗民七族封给武王的少弟康叔封，国号卫。2. 把商丘一带的土地及一部分殷

周公辅成王，汉画像石，山东嘉祥宋山。

遗民赠给纣的庶兄微子启，以存殷祀，建国曰宋。并以一批新建的姬姓封国环绕着它，计有曹（今山东定陶县）、滕（今山东滕县）、息（今河南息县）、蒋（今河南固始县西北）、蔡（今河南郑县东北）等国。3. 把鲁迁于奄国旧地，以周公子伯禽就国。又改封吕望的儿子吕伋于鲁之北，国号齐（都今山东临淄县）。又迁燕于齐之北，都蓟丘（今北平附近）。齐鲁两国都是殷遗民的聚居地［参看傅孟真《周东封与殷遗民》（载《傅孟真先生集》第四册）］。4. 在北方和南方加封一批姬姓国，计有晋（今山西太原县北）、邢（今河北邢台县）、郇（今山西临晋县）、随（今湖北随县）、聃（今湖北荆门县东南）等。5. 为加强对东方的控制，于洛邑（今河南洛阳县）建立东都，并把一大批“殷顽民”迁到那里。据传说洛邑城九里见方，外郭二十七里见方。洛邑又称“成周”，镐京又称“宗周”。这一来周的版图不但大为扩张，而商的残余势力，也在周人的严密控制之下，失去叛乱的机会。周人对殷民的强迫迁移分散，是战胜国处置被征服者常用的办法。

总计武王成王两世，周室封立的新国，共七十余，其中周的同姓封国五十余。但当时黄河下游和长江南北旧有的国家或部族，尚不知凡几，它们有的归附周朝，有的则因周的势力不能到达而仍处于独立状态。总计周初及中末期新建的国和旧有的国，至今可考者尚有一百七十多个。［参看陈槃《春秋篇》（载《中国历史地理》一）］

二、封建社会的阶级

“封建”两字，并无明确的界说。大体说来，封建社会至少要包含两个条件：一是土地的再分割。就是由最高统治者的王室把一部土地分给高级的封君“诸侯”，再由诸侯把自己的一部土地分给他本身的封君“大夫”，土地至少要经过这样的两次割裂。二是权力的分化。每一级封君，要对上级称臣，并履行若干方面的义务；但对他自己的封土而言，他是经济上的地主，政治上的世袭统治者，在他的封土内拥有最高的权力，内政几乎完全独立。这两个条件，造成了若干阶级。王室和两类封君以下，尚有一种没有封土的士。这四个阶级，可统称之曰贵族。贵族以下是平民阶级，他们一方面是贵族政权下的被统治者，一方面又是附着于贵族土地的农奴或佃户。此外，贵族又拥有较平民地位犹低的奴隶。在中国史上，只有周代的社会，曾有这样层次分明的阶级，也只有周代的社会，可以说是封建的社会。下面是这些阶级的个别叙述。

（一）王室

周人的诗说："溥天之下，莫非王土；率土之滨，莫非王臣。"［见《诗经·小雅·北山》］这几句诗，不知是赞颂、慨叹还是讽刺，总之并没有说出周王室在封建社会中的真实地位。先说"王土"，事实上周王所直接统属的土地只限于王畿。王畿的范围已不可确考，但必然包括镐京洛邑及其附近的地方，据周人估计有千里左右见方。大概王畿最北不过至泾水流域以及洛邑以北的黄河北岸附近之地，南不到汉水流域，东不到淮水流域，西则可能至岐山一带，这可从周代诸侯国和外族的分布情形看出来。

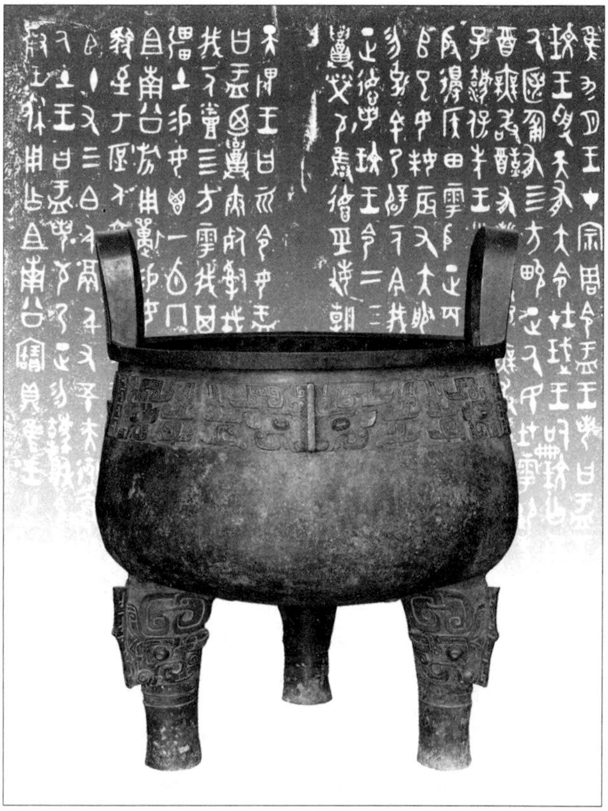

大盂鼎及其铭文，西周，陕西省眉县出土。鼎内铭文记载周康王册命贵族盂的史实。大意是向盂叙述周初先王的立国经验和商的亡国教训，告诫盂效法祖先，忠心辅佐王室，掌兵戎大事，慎处讼罚，治民保土等内容。

单是王畿，王室还不能完全直接统治，因为其中还有许多小封君，他们多属王族，爵位和数目均不详。真正归周王完全支配的，只是王畿的一部分，也就是周王的食邑。

至于所谓"王臣"，在名义上诸侯确是周王的臣，事实上诸侯对王室只履行简单的几项义务，大致不过按期纳贡朝觐，出兵助王征伐，以及救济王畿内的灾患而已。周王于诸侯，尚须有若干颁赐，例如周王祭祀后须赐祭肉给诸侯；诸侯的婚丧大事，周王照例也要赏赐礼品。至于嘉奖勤谨公职或有功王室的诸侯，更须赐服饰器用，赐田邑或赐命（即褒扬令）等。至于诸侯国的内政，可以说是完全自主的。而诸侯对王室也只有在开国初年比较听话，等到王室初期的威风过去以后，诸侯的义务也变成具文，履行与否，要凭他们的高兴。

总之，周王除拥有一个共主的名义，他的政治经济上的实权，实不比一个诸侯国的国君大上多少，这还是初期的情形。后来渐至诸侯国对王室公开抗命，王室有时尚须受庇护于强大的诸侯，甚至以爵位笼络诸侯国内僭越的大夫。王室的威信，自然也随之以尽。

至于中央政府的组织如何，因史料不足，不知其详。据后人的传述，王室的重要官吏有：冢宰，掌全国行政；司徒，掌赋税徭役；宗伯，掌礼乐教化；司马，掌军政；司寇，掌司法；司空，掌工务。

（二）诸侯

周朝的诸侯国，除了上述开国之初由宗室、姻戚、功臣建立的一大批封国，和商朝后裔的宋以外，还有两类国家：一类是西周中末期，王室划分畿内或近畿土地赐给功臣或宗室子弟而建立的，此类有秦、郑等国。秦的始祖为非子（嬴姓），因为周孝王养马有功，周室赐以渭水上游秦川东岸之地（在今甘肃天水县境），为周的附庸邑。宣王时，非子后人秦庄公以讨西戎有功，受周命为“西垂大夫”。郑的始祖是周厉王的少子友（即郑桓公），宣王时裂畿内地封之，在今陕西省华县。后来幽王政乱，郑友率众东徙，取郐及东虢两国十邑之地，别建新国，在今河南省新郑县一带。另一类是商代原有的诸侯国或独立国归附于周朝的，如陈、杞等。

周代诸侯的爵位，旧说分五等，即公、侯、伯、子、男。封土则公侯百里，伯七十里，子男五十里。但这办法有若干违背史实之处，恐不是西周的开国制度。例如周代鼎器的铭文中，载有周室以宋为客的话，宋既是周客，当然不在诸侯之列，自不会被封为公爵。此外周代称“伯”的，多属勋业彪炳的大臣，如宣王时的召伯虎等，其地位不应在公侯之下；又如郑伯、秦伯都是周室东迁时的元勋，当时王室衰微，恐不至于那样吝惜名器，仅颁给他们第三等的爵位。因此近人甚至怀疑周代曾有过这种班爵制度。［参看傅孟真《论所谓五等爵》（载《傅孟真先生集》第四册）］

按旧说，爵位最高的公，只有宋。称侯的几乎全是周初的宗室姻戚，如齐、鲁、卫、晋等。伯则多属后来封建的诸侯，如上面所说的秦伯、郑伯。旧有的诸侯国或独立国大抵为子，其中包括若干蛮夷如吴、楚等。男则是大国的附庸，就今所知，只有一个许（在今河南许昌县），它曾为鲁的附庸。至于诸侯封土的等级，似乎也不合事实，例如鲁国是侯，楚国是子，但楚国的领土却远较鲁为大。

诸侯们除了把一部封土分给大夫，他们在自己的土地上，可以建立都城，组织政府，并可训练军队，征收租赋。诸侯对王室的义务，前面已经说过，后来周室衰微，义务变成具文。但诸侯对王室态度的好坏，则颇不一致。大体说来，凡与王室关系较亲的国家，态度都较好，如齐、鲁、卫、晋等；齐、晋至东周后更成为王室的保障。外族或外族化的国家，则往往仇视王室，如楚在西周时便与王室为敌；秦虽在地域上与王室甚为接近，但因周室东迁后日与戎狄为邻，感情上乃与王室逐渐疏远。此外，还有若干国家与周室漠不相关。

大多数封国的朝廷，也有司马、司徒、司寇、司空一类的官，其职掌也和王室的这类官员相似。

（三）卿大夫

大夫是诸侯国中的小封君，也是封君的主要阶层，数目远较诸侯为多。他们最初大概全是国君的同族，即所谓“公族”，但这种局面到东周后便被打破。以大夫的资格辅助国君掌理国政的叫作卿，卿、大夫都有上下之分，但一国的卿至多不过六位，大夫则没有限制。卿和大夫，虽属于同一阶级，但卿的政治地位，较大夫为高。战时卿是统军的主将，平时则总理国家的政事，出使时卿的地位，也在大夫之上。大夫的地位可以世袭，卿在原则上不能世袭，但实际也有累代为卿的巨室。

大夫的家族，有一种特殊的徽识，叫“氏”。有以开宗大夫的别字或官职为氏的，也有以封地首邑为氏的，因此同姓者未必同氏。后人称大夫的继承系统为“氏室”，以别于诸侯的“公室”和周王的“王室”。姓和氏的分别，可能在商朝已有。姓是某一族的原始族号，某族因繁衍而成许多族，散居异地，为便于识别，每族又各取一特殊的族号，叫作氏。但原来的姓，仍然保持。西周时，氏只有贵族才有，而姓则人人都有。男子称氏而不称姓，女子则称姓而不称氏。姓氏与名字在当时是不并举的，因为在封建社会里，日常接触的人，大都是同姓氏，自无冠姓氏于名字上的必要，这种习惯一直沿袭到春秋时代。

各国大夫的总数，现已无法稽考。但一国有十余大夫的，并不罕见，例如晋和宋都是如此。氏室的领土，大都以邑计算，邑指城邑，自然也包括其附近的田地；大致小国的卿大夫不过领百邑或数十邑，大国则有领数百邑的。当时城邑的面积，大都很小，人口也很稀少，东周的初期，一个大夫的封邑有千户上下的，已算大邑。公室或较大的氏室均于各邑设宰，以征收租税，判理讼狱。除此以外，大夫的私属官吏，尚有总管家务的家宰，司祭祀文书的祝和史，管理商业的贾正，和掌兵的司马等。

大夫的土地，最初都受自国君，国君在名义上仍是这些土地的主人。但大夫可以自由处理自己的土地，例如大夫可以把食邑分一部给庶子，另立一个世家，叫作“侧室”或“贰宗”，或赏给其所宠幸的人。氏室属下的人民，也只对氏室负租税与劳役的义务。但氏室对国君每年须呈纳定额的贡赋，有时国君及其执政者尚可命大夫增加贡额。

大夫除了自己的土地人民外，更有自己的武力，其兵力的大小，当视其封土的大小而定。当时盛行车战，故军力以兵车的乘数计算。东周前半期，鲁、卫等国的大夫，有兵车百乘的已算不小。至于大国的氏室，则有时敢和另一大国开战，其兵力的强大可想而知。

氏室虽在名义上臣属于公室，但事实上每每与公室对立，强横的氏室，俨然为一独立国。到东周，若干国君的大权，落入强大的氏室之手，他们甚至操纵国君的废立。著名的有鲁国的“三桓”、晋国的“六卿”以及齐国的田氏等。

（四）士

士应作“武士”解，他们是受贵族禄养的职业军人，也是战场上的斗争主力。据传述的周朝兵制，王室有六军，大国三军，中国二军，小国一军；每一军约有兵车一千乘。至于每乘车包括多少士卒，一说每乘有甲士十人，步卒二十人；另一说每一乘有甲士三人，步卒七十二人。出战时士着甲胄佩弓矢坐在车上，战斗时则于车上放箭。车下有步卒助战，他们大都是临时被征发的农民。士也属于贵族阶级，他们虽然没有封邑，但有“食田”，只是食田不能世袭。据说士也有上、中、下之分，但详细区别已不得而知。

士是一种受特殊教育的人，他们必须经过一种严格的训练，才能获得士的资格。训练的主要课目是射箭、御车以及干戈的使用，此外尚有音乐、舞蹈及礼仪等。士的生活可以说浸润在音乐的空气中，琴瑟是他们经常弹奏的乐器，而在较射和会舞时也都有音乐相伴。较射是一种隆重的典礼，由周王或国君主持的大规模的较射叫“大射”，由大夫或士约集的则叫“乡射”。会舞多半是在祭祀和燕享的时候举行，并没有女子参加。至于乐曲的歌词，就是所谓的“诗”，其中有用于祭祀的颂赞，诗人的抒情作品，但大部是各国流行的民歌。王室和诸侯大夫的子弟，在原则上亦须接受这种教育。

士不仅只具有技艺，且须有超人的品德，他们的信条不外乎忠勇知耻。虽然他们所效忠的多半是一姓或一人，但他们却把责任和荣誉看得重于一切，在危难时，他们不惜以生命做孤注来抵拒无可奈何的命运。他们的悲壮事迹，到东周后曾被大量地记录下来。这里介绍一个春秋时代的士的故事。

二桃杀三士，汉画像石，出土于山东嘉祥宋山。

齐景公养着三个士，名叫公孙接、田开疆、古冶子。一天，大臣晏婴在他们身边走过，他们不起立为礼，晏婴便劝景公设法除掉他们。办法是拿两个桃给他们，说明赐予他们三人之中两个功劳最大的，叫他们论功食桃，显然是想借此引起他们之间的冲突。

公孙接拿起一个，说："某一次狩猎，我曾力擒猛兽，所以我该吃桃。"田开疆也拿起一个，说："某一次战争，我曾打败强敌，所以我也该吃桃。"古冶子拦住说："有一次主上（指景公）坐车在黄河边游玩，突然河中窜出一只怪物，把主上连人带马拖入河中。我奋不顾身，跳下河去，在水底与怪物恶斗，且战且游了几十里，终于救出主上。我比你们的功大，应该把桃让给我！"说着拔剑而起，一场厮杀看来已无法避免。

但奇怪得很，公孙接、田开疆竟把桃退还，同时对古冶子说道："我二人的功劳和勇敢都不如你，反而争先取桃，不知相让，未免太贪了。像这样还不死，简直是毫无勇气！"说罢，二人自刎而死。古冶子看到二人自杀，说道："他们二人死了，而我一个活着，这是不仁；夸耀自己而引起别人的羞愧，这是不义；既然不满意自己的行为，还要活下去，更是无勇！"接着也自刎而死。［见《晏子春秋·内篇谏下》］

不论这个故事的真实程度如何，但是士的精神，诸如知耻有勇和重视名誉等，却在这个故事里表现无遗。

（五）庶人

庶人就是平民，他们之中除了极少数的工人商人外，绝大多数是农民，他们所耕种的，全是贵族的土地。在各封区中，可能有若干田地是属于原来的农民的，但经周初裂土封爵的结果，土地的所有权便转移于那批新贵，所有的农民变成贵族的佃户。贵族把他们所有的田地，留下一小部分，直接派人管理，收入完全归自己，这种田便是所谓“公田”。公田一部分由奴隶耕作，大部分由贵族属下的农民兼尽义务，并且要尽先去做。贵族公田以外的大部田地，交给农民去耕，而向他们征课租赋和力役。农民可将佃耕权传之子孙，但不能转让或出售，这种田即所谓“私田”。传说周制公田和私田的分配办法，以“井”为单位，八家耕田一井共九百亩，其中公田百亩，其余八百亩为私田，每家百亩。田地的划分，恰如井字，共分九区，每区百亩，中心的一区，便是公田。这种说法曾有人怀疑。

庶人的地位，要较奴隶高贵些。他们至少比奴隶多享两种权利，即可有私蓄和自由迁居。但事实上他们的生活，未必比奴隶好。租赋虽有定额，但不会很轻，力役的征调更无限制。他们平时须为贵族修筑宫室宗庙和城郭，战时要供应军需，甚至于贡献生命。此外尚有无穷的杂役，例如酿制为贵族上寿的酒，猎取为贵族做皮袍的狐狸，冬天凿冰收藏以备贵族明年春夏之用等。像他们这样地劳瘁于“公事”，恐怕不会有什么私蓄。至于迁徙，除了发生灾荒，农民简直无法离开他们的田地。

当时的商业，大体仍然停留在“以货易货”的阶段。虽有贝和“金”（即铜）的货币，但直到东周前期，仍未见大宗或普遍的使用。都邑是商业的中心，商人大半往来于各城邑，但只有国都才设关收税。当时尚没有固定的商店，交易的场所也就是所谓的“市”，大约只是大道旁的空地，人民按时聚集进行交易。商人所贩卖的，大部是丝麻布帛和五谷等农产品以及家庭的工艺品。以雇佣或奴隶支持的工业，此时还没有出现。工人和商人最初可能为贵族所蓄养而专为贵族服务，到东周后，因商业发达，乃有豪奢的富商出现。但他们与贵族的关系，仍很密切，甚至借着这种关系踏上政治舞台。

庶人可以说是极其知足安分的，除非贵族给予他们不可忍受的压迫时，他们才起来反抗。厉王便因民众的暴动而被逐出都城，失去王位。封君以残虐人民而致失去势位或性命的，更属常见。若干聪明的卿大夫，深知民众的潜力，因此竭力施恩，邀其拥戴，用以削弱公室，甚至有以此而得君位的，东周列国中便不乏这类例子。

（六）奴隶

奴隶的来源，主要为战争中的俘虏。诸如周初的克殷及东征诸役，讨伐鬼方，以及诸侯国之间的战争，每次战争都产生大批的奴隶。俘虏为奴的，多属外族人，诸夏国家互获的俘虏可以赎回。另一来源则为罪犯，古籍中曾有贵族被废灭其妻孥充为奴隶的记载，例如栾、郤、胥、原等姓，本是晋国贵族，其后代则降在皂隶之列。庶人犯罪，其家属如何处置，虽无记载，想象中恐也难逃脱这种命运。此外尚有自卖为奴的，为数自然不多。奴隶除了极少数用作祭祀的牺牲外，大部被强迫为贵族服役，大国的阔大夫有拥有奴隶一万以上的。国君以奴隶百人乃至数千人赏赐臣下，都曾见于记录。奴隶在贵族左右服役的，有小臣（侍役）、婢、妾、仆、竖，和被刖足的“阍人”，被处宫刑的“寺人”等。但大部的奴隶则被用于生产工作，诸如衣服、用具、车舆、兵器、祭器、乐器等，多半由他们制造；此外如养马、牧畜、煮盐及樵渔等，也都是他们的事。用于种田的农奴，则称“隶农”。女奴在外工作的，有纺织或做其他女红的“工妾”和采桑养蚕的“蚕妾”等。

奴隶是主人财产的一部分，可以被抵押买卖，甚至生命也由主人随意处置，如以之殉葬等。他们之间，似乎也有高下之分，地位较高的，可做较省力的工作，并可为主人监督指挥其余的奴隶。只是详细的区别，已无法稽考。奴隶的身份是以家为单位，一个奴隶的家属也全是奴隶；而这种身份又是世袭的，他们很少有被解放的机会。

周王、国君以及其余贵族所拥有的奴隶，虽然很多，但绝对的数目，现已无从查考。同时奴隶大多服役于贵族的私生活和家事，虽然也有用于种田或纺织的，但他们并非主要的生产阶级，在整个经济上也没有多大作用。因此西周时代有奴隶阶级的存在，是不可否认的事实，却不能视之为奴隶社会。

三、家族制度和宗教信仰

（一）宗法

宗法是周人家族制度中的重要项目，也可以说是一种继承制度。这种制度与封建制度有着密切的关联，周人把这种家庭的继承制扩大到政治上去，把整个“天下”来个家庭化，即使说封建制度是靠宗法来维持的，也无不可。

周朝的贵族是以嫡长子继承的，上自周王，下至大夫，莫不如此。嫡长子又称“宗子”，地位之尊，远过其他嫡子，他不但是君位的继承者，而且是宗庙之主。因宗子与其他嫡子的地位悬殊，乃有大宗小宗的分别。周王以嫡长子为太子继承王位，太子的诸弟则封为诸侯，诸侯也以嫡长继位，而以余支为大夫；大夫也用相同的继承法，但余支已无封土，只列为贵族而已。凡王室、公室、氏室的长支，也就是有权继承君位的一支，叫作“大宗”，其余各支叫“小宗”。大宗永远是小宗的领袖，在各级贵族的宗庙里，大宗的灵位，是永远受祭享的，小宗则只限五世。

诸侯对周王言是小宗，但对其国内的大夫言则是大宗。例如鲁国公室是周公之后，是王室的余支，自然是小宗；但在鲁国国内，公室以长支继位，又变成大宗。所以周王是“天下”的大宗，要受天下的拥戴；诸侯是一国的大宗，要受举国的拥戴；大夫是一家的大宗，要受全家的拥戴。凡大宗宗庙所在地，也就是都城（包括京都、国都、首邑）的所在地，所以镐京也称“宗周”。

“宗”并不是一个空洞的名目，无论大小宗的宗主对其宗人都具有若干权威，而宗人对本宗也有其义务。就东周前期记载看，宗主有杀戮或放逐宗人之权，国家欲放逐某人，也要向被放逐者的宗主咨询意见。在战时，宗主又是宗人的统领；而宗人对其所属的宗必须恭敬，且不许反对同宗的人［参看李宗侗《中国古代社会史》第十章第二节“大宗与小宗”］。至于西周时代宗主的权威，也可以由此推想而知。

（二）婚姻

宗法制度造成男女不平等的现象，女子在母家没有宗法地位，没有任何继承权。母家只是暂居之地，夫家才是她们永久的家。她们于归之后，从夫之姓，而一生的贵贱苦乐，也自此决定。她们可能因夫君的宠爱而长享荣华，也可能因失欢而被幽废斥逐。总之，她们是无法决定自己命运的。

当时的贵族普遍有着多妻的习惯，他们的婚姻，大体遵守着一个戒条，便是“同姓不婚”。这戒条一方面为防止生理上的弊病，一方面也是在维持宗法的次序。此外还有一种奇异的制度，近人称为“娣媵制”。就是一个王后或国君大夫的夫人于归的时候，她的妹妹要跟一些去从嫁，有时侄女也可跟去，此外还有不少的婢女。“娣”是从姊共嫁的女弟的专称，“媵”则是所有陪嫁者的通名。这种制度，在东周时尚通行于鲁、卫、晋、齐、陈、宋、秦等国。

这种婚制，一次可适用于几个姊妹。如果姊妹都已达到婚姻年龄便一齐去，不然幼妹要停留在自己的国或家中，等到达适当年龄时，再往夫国或夫家。但陪嫁的女弟，有时可能只是嫡夫人女弟中的若干位，不一定非全部不可。也有嫡女出嫁，以庶妹而不以胞妹为娣的。离婚也有其连带性，如果嫡夫人被出，则娣也随着被出。这种随嫁的娣或侄，地位高出庶妾，她们所生之子，也都被视为嫡夫人之子，与庶妾之子不同［参看李宗侗《中国古代社会史》第六章第一节“娣媵制”］。更奇异的，一个国君嫁女，同姓或友好的国君按礼要送些本宗的女子去做媵。

贵族除媵女之外，还可随时把他所心爱的女子纳入宫中，他们的姬妾之多，可以想见。虽然当时贵族间的男女堤防，业已很严，但多妻的家庭，仍是乱伦和骨肉相残事件的制造场，这类事件在东周真是层出不穷。

庶人的婚姻，当时似已步入“父母之命，媒妁之言”的阶段，少年男女已不能直接决定自己的终身大事。但当时的男女社交，还算自由，这可从当时流行的许多诗歌上看出来；若干诗歌更可证明民间也流行着重男轻女的观念。

（三）宗教

周人的鬼神世界，除上帝和祖先外，尚有日月星辰的神，山川的神，土神和谷神等。在周人的信仰中，这些神多半由人鬼出身，他们的地位是上帝所封的。例如周人的谷神，便是王室的祖先。周人对上帝和祖先都崇拜，他们认为祖先的灵魂在上帝左右，有时也来往人间监护其子孙，这些都和商人的信仰相似。但在虔敬的程度上，却远逊于商人。他们一方面认为人世的一切命运都出于天意，但有时又怀疑天，以为不可信赖。对于祖先的祭享，平时也很热心，但到疾痛时，也会出怨言，甚至有时自伤忧乱，竟能唱出“先祖匪人”一类咒骂的诗句来。总之，他们已不像商人那样笃诚地崇拜上帝和祖先。

祀上帝的典礼叫郊祀，据史籍所载，只有周王和鲁君是举行郊祀的，上帝似乎和普通人不直接发生关系。其他的神祇则不然，他们多半直接主持若干人间的事；其中又以土神、谷神的任务为最重要，前者关系土壤的肥瘠，后者关系五谷的丰歉。土神叫作“社”或“后土”，谷神叫作“稷”或“后稷”，供奉社稷二神的地方也叫社和稷。诸神最与人民接近的是社，每年春间有一次社祭的赛会，热闹非常。商遗民也有他们自己的社，周人称之为“亳社”，在鲁国的都城里，便同时有亳社和周社。

除了上述列在祀典的鬼神外，有时还会有来历不明的精灵鬼怪，降附在巫觋身上。巫觋能和他们交通，知道他们的愿望，因此人民若有求于这些神灵，必得借重巫觋。在人们的心目中，巫觋能知过去未来。但巫觋所交通的神，只限于降附于他们身上的，此外便无能为力。王侯大夫也有供奉巫神的，但这类巫觋仅属于私人性质而非政府的职官，他们不能掌管宗庙社稷等正规的祭典。

王侯朝廷中管理和鬼神交涉事务的正式职官，有祝、宗、卜、史等。祝的主要任务为代表主祭者向鬼神致辞；宗管理宗庙，司祭礼的程序和布置等；卜则专管占卜吉凶；史的主要职务为保管文书，记录时事，占察天象，但也兼理卜筮和祭祀的事。这四种职官的首长，在王室的名称是太祝、太宗、卜正、太史，列国的名称大抵相同，他们大概均世有田邑。其下尚有低级的官员祝、宗、卜、史等，则都有食田。［参看张荫麟《周代的封建社会》七（载《张荫麟文集》）］

四、外患与东迁

（一）周室的衰落

夏、商、周本代表三个源流不同的民族，他们先后统治了中国北方的所谓中原地区。他们相互同化，同时又各与势力所及地方的土族同化，经过一千数百年的揉塑，渐而抟结成一大民族。他们对外族，觉得自为一整体，自称为“诸夏”，有时也被称或自称为“华”。至迟在西周末年，这种形态已经成立，显然是一种以文化为主的结合。所以华夏之与夷狄，主要是文化程度的差别，而种族的不同尚在其次。因为有若干被诸夏视为异类的部族，实际与诸夏同其种姓，例如羌戎（今山西介休县一带）与周王室母系的姜姓同族，骊戎（在今陕西临潼县一带）则与周室同姓，它们的被视为戎，自然因为文化上的差异。大体说来，诸夏文化已进至农业和城邦的阶段，所谓戎狄则尚处于游牧部落的状态。由于生活方式的不同，连带着礼俗、服饰、战术等也发生显著的区别。至于异族盘踞的地区，也并不全限于边疆，即使在诸夏的中心地区，也有若干尚未被同化的外族存在。

周室的盛衰与外族的叛服有着连环的关系。当王室盛时，内则诸侯辑睦，外则四夷宾服；至衰世，情形恰巧相反，诸侯不朝而戎狄披猖。为求对西周与外族的关系更易了解，特先在此一述西周王室盛衰的变迁。

西周时期的记载甚为缺略，甚至若干位周王在位的年数亦不可确考。简单说来，西周共十二王，武王成王以后，又有康、昭、穆、共、懿、孝、夷、厉、宣、幽十世。成康二世为西周全盛时期，至昭王，因南征而溺死于汉水。穆王喜出外巡游，踪迹所至者极远，但地名已无法确考，并且有若干关于他的神话流传。昭王的溺死和穆王的远游，可能影响周室的威信，至夷王时，周室渐衰，诸侯多不来朝，并且相互攻伐。厉王贪得嗜利，因积久暴虐，为人民放逐于彘（今山西霍县），居外十四年而死。在此期间，王位虚悬，由两位大臣共掌朝政，史家称为“共和时代”。共和元年正当前 841 年，此后的周代历史，才有正确的年代可凭。厉王死后，共和时期告终，由其子宣王（前 827 ~ 前 782）继位。宣王的初期，曾对异族大张挞伐，重振周室的声威，号称中兴。但不久政事又坏，诸侯强大难制，戎人屡次寇边。宣王最后败于戎人，周室从此一蹶不振。宣王死后，传子幽王（前 781 ~ 前 771），由于其本身的荒德，更加深王室的危机，终为戎人所杀，西周时期也随之结束。

（二）西周的外患

犬戎是西周时代北方最重要的外族，也是周室的最大敌人。当时戎族的分布地区甚广，几乎周的整个北西两方，都有他们的踪迹。犬戎当是戎族西方的一支，它也就是商末周初的鬼方，后来周人称为猃狁，继称为犬戎［参看王国维《鬼方昆夷猃狁考》（载《观堂集林》卷十三）］。它在周初屡次出没于丰镐以西和以北的地区，成王和穆王均曾对之讨伐，俘虏甚众。懿王时其势渐强，曾寇侵镐京，逼使周室一度迁都。到厉王末年，乘周室内乱，更形猖獗，不时寇略西陲，深入王畿。直至宣王时，才为周人所重创。但宣王死后，犬戎又复强大，终致攻陷镐京，杀死幽王，而迫使周室东迁。

北方的外族除犬戎外，尚有与犬戎同源异派的狄。狄有赤白之别，又各分为许多的部族。赤狄分布于今河北省西南部至山西省东南部的地区中；白狄大致分两部，一部在河北省西部，一部在陕西省北部。这类狄人到东周后为祸极烈。

南方的外族，可分几个区域。汉水西南直到长江两岸，为楚人的领域。今安徽省境内，西南地带有群舒，淮水以北地区则有徐戎。江苏省境内，北部有淮夷，长江以南有吴，吴地并跨有浙江以西之地。浙江以东为越人盘踞，越地并伸延至江西省鄱阳湖以东地区。周朝以前，这些地区的情形，几乎全无记载，直至周朝，才透露一鳞片爪。

群舒的历史，记载甚少，只知道它在东周时尝与鲁为敌，其后陆续为楚所灭。淮夷的历史很久，商朝末年曾为帝辛所讨伐，周初又联合徐戎，抵拒东向拓殖的鲁。徐戎当周穆王世，在徐偃王治下曾趋极盛，诸侯臣服于他的有三十六国，俨然东方的霸主。但他晚年好行仁义而不修武备，为楚人所败死，霸业也随之幻灭。厉宣之际，两族又乘机寇侵诸夏，终为宣王亲征平定。到东周后，徐戎已采用诸夏文字，于前 512 年为吴所灭。淮夷自前 515 年后即不见于历史，其结局无考，可能灭于吴或越。至于吴和越则入东周后才与诸夏接触，留待别章叙述。

楚在西周直至东周初年都称作“荆”，旧说谓其王族并非土著，而自北方迁来。其王族先祖为季连，季连长兄昆吾为夏朝诸侯之一，国于今河南省濮阳县，其后嗣称昆吾氏，昆吾氏之国为成汤于伐桀前所灭。季连之后裔亦趋衰微，散居于诸夏及蛮夷。周文王时，有熊鬻，乃季连后裔之君长于楚地者，归附文王。至其曾孙熊绎，始受周封，都于丹阳（今湖北秭归县东），那时已当成王末年。据近人考证，楚的先世当是一大民族，芈姓，分布于黄河、淮水、汉水等流域。历经夏商两朝的翦伐，结果一部分成为诸夏的附庸小国，一部分沦为蛮夷，熊氏实芈姓的一支［参看傅孟真《新获卜辞写本后记》跋“一、楚之先世”（载《傅孟真先生集》第四册）］。西周末期的夷王及厉王时，荆楚才强大起来，其王熊渠曾大肆开拓，徙都于鄂（今湖北武昌县），并封了许多王，成为南方的大患。周人的诗，曾把荆蛮和猃狁并列，可见其为患之烈。至宣王时，遣召伯虎南征，楚锋大挫，周室乃得开辟江汉。入东周后，楚人才又崛起。

楚国的语言和诸夏相差很远，例如楚人叫哺乳作“谷”，叫虎作“於菟”，直至战国时北方人还说楚人为“南蛮鴂舌之人”。但在西周时，楚人已使用诸夏的文字。

（三）平王的东迁

幽王时，不但朝政腐败，王畿内又发生了空前的天灾。大雷雨使“百川沸腾，山冢崒崩”；外加以剧烈而广阔的地震，地震的范围，包括都城附近的泾、渭、洛三条大水的流域，和周人发祥地的岐山。这些天灾不但给予周人物质上的巨大损害，对他们精神上的威胁之大也不可言喻。此外更有日蚀，象征着祸事的将临。

在朝廷中有七位大臣和幽王的艳妃勾结，紊乱朝政。这艳妃名褒姒，相传她是由周宫中的童妾遭遇怪异而孕生的，从宣王时便有童谣，影射着她为周室带来灭亡的命运。她极得幽王的宠幸，声势渐渐超越王后。后生太子宜臼，褒姒生子伯服，因而发生夺嫡的纠纷。终致幽王废后及太子而代以褒姒、伯服。太子出奔王后母家的申国（今河南南阳县），幽王欲得太子而杀之，申不与，幽王怒而伐申，后父申侯也起兵反抗，并求助于犬戎。这时的犬戎，可能因周室的衰落，早已进展至镐京的附近。周人在天灾与乱政的双重压迫下，已失去抵御外侮的能力，因此犬戎顺利地攻陷镐京，追杀幽王于骊山（今陕西临潼县东南）之下，大掠而去，这是前771年的事，历史上的西周时代，始于灭纣的次年即前1110年，到是年结束，共三四〇年。［西周年代，历来众说纷纭，此据董作宾说。又据屈万里考订，西周年代为前1027年至前771年，共二五七年。参看拙著《西周史事概述》（载《“中央研究院”历史语言研究所集刊》，四十二本四分）］

烽火戏诸侯，选自冯梦龙《新镌绣像列国志》。据史书记载，周幽王得褒姒后，极其宠爱，为讨其欢心，举烽火大集诸侯，以博其一笑。后来犬戎入侵，幽王再举烽火，诸侯又以为是幽王戏弄他们，因而未能往援，镐京因此被陷，幽王亦死于乱军之中。

当镐京陷落之时，申侯、许公、鲁侯等拥立宜臼于申，是为平王。但从后来鲁国对周室的冷漠态度看来，拥立平王可能不是鲁君的初衷，而是申许等国假借他的名义行事，用以增重平王的威望的。这时丰镐旧都，都已变成荒野，且是犬戎出没之地。唯有东方的洛邑完整如故，且北面有晋，东面有郑，西面有虢（即西虢，始封君为文王弟虢叔，旧都雍，今陕西宝鸡县东。约在平王前或同时东徙于上阳，今河南陕县东南），做王室的屏蔽。因此平王乃于次年（前770）定都于洛邑，东周时期于此开始。至于西部地区，则由周室托付给一个护驾功臣，承袭西垂大夫世职的秦襄公，许他若能逐退犬戎，便可领有其地。襄公果然完成了任务，就在那里建立了秦国，于是王畿的西半，不复为王室所有。

平王立后，虢公又立幽王子余臣于携（当在虢附近）。两王并立者凡二十一年，后余臣为晋文侯所杀，周室才复归统一。但王室因畿土大削，日见衰微，政治局面渐变为以列国为重心，封建共主的周王从此成了傀儡。

第三章

春秋时代与战国时代

一、春秋战国的分期

（一）分期的商榷

周自平王东迁洛邑，开始了历史上的东周时期；至赧王，为秦所灭，共历二十五君，五百一十五年（前 770 ~前 256）。东周灭亡后，原为周室诸侯而自东周前期即相互攻伐的七个强国，展开更剧烈的混战。这样又经过三十四年，才为其中之一的秦所统一（前 221）。

所谓“春秋时代”，大致指东周的前半期，从周平王四十九年（鲁隐公元年，前 722）起，至周敬王三十九年（鲁哀公十四年，前 481）止，凡二百四十二年。这个名词，来自《春秋》一书。这部书是鲁国的历史，据说是孔子删定的，其中所叙述的，便是这一段时间的事。

所谓“战国时代”，是指东周的后半期加上东周灭亡以后的三十四年，从周敬王四十年（前 480）起，至秦王政二十五年（前 222），也就是秦国统一的前一年止，凡二百五十九年。

在这段时间中，列国战争的方式，较前有显著的改变，战争规模远较以前为大，战况也更加惨烈，因此称之为战国时代。

如果完全按照这种分法来分，东周初的将近五十年便没法安置。但历史分期的目的，不过为便利研究，自不必过分拘泥，所以东周初的四十八年，未尝不可划入春秋时代。而且这几十年的历史，与后来春秋时代的历史，其间并未曾发生过剧烈的变化，也没有分开的必要。至于以前 481 年做春秋时代的终点，倒是大体不错的。前 5 世纪的上半期，确是中国历史上的一个剧变时期，春秋、战国两个时代也正好从这里分野。

另一分法，以周威烈王二十三年（前 403），作为战国时代的开始。这一年晋国大夫韩、赵、魏三家始受周命，列为诸侯，封建社会的政治秩序，开始被公开破坏。但从许多方面看，远在这一年以前，战国的局面便早已形成。就以三家分晋来说，事实上也在这一年前许久完成；三家的升为诸侯，只是周室承认既成的事实而已。所以这种分法，嫌太晚了些。[参看雷海宗《断代问题与中国历史的分期》（载“清华大学”《社会科学》二卷一期）]

（二）分期的必要

为什么东周必须分作春秋战国两个时代？因为这两个时代的历史，在若干方面有显然不同的地方，必须分别论述而不能混为一谈。现在列举几点，加以说明。

政治方面，春秋时代还大体维持着封建制度。当时周王室虽已衰微不堪，但诸侯中尚有打着“尊王攘夷”旗号的霸主。各国的内部，政权仍然操在贵族手中。若干诸侯国的大夫阶级，虽然强横，有的甚至与公室对立，但还没有取公室而代之的事发生。到战国便大不同，封建制度渐趋崩溃，王室不再为人所尊重，列国也发生强大氏室对公室的地位篡夺的事。新建的和旧有的国家，相率实行新的军国主义。国君们停止国内的分封，并积极扩军，以推行中央集权。国君的地位大为提高，但整个贵族阶级的权力却逐渐降低，他们已不能完全掌握政权。相反，平民阶级日渐抬头，至于攀登政治舞台，形成所谓“布衣卿相”之局。

春秋时代的经济状态，大体仍以农业为主。土地为贵族所有，农赋是他们最主要的经济来源。虽然也有少数的工人和商人，但他们大都专为贵族服务。到战国时代，由于各国贵族阶级的日趋没落，土地渐渐转移到平民手中，赋税则流入国君的政府。工商业也成为自由职业，因而商人阶级兴起，产生了许多富可敌国的商贾，他们甚至能左右一

铜柄铁剑，春秋，1957年甘肃省灵台县景家庄出土。这是中国迄今为止发掘出土的最早的人工冶铁制品之一，说明最晚在春秋早期，中国已经掌握了冶炼生铁的先进技术。

国的政治。工商业的兴盛，无疑使国君政府的收入更为增加，对他们军国主义的扩展，自然大有帮助。

春秋时代盛行车战，国与国间的战争，战期大都不过一天，伤亡也很有限，俘虏可以赎回。当时条约还有它的约束力量，一个盟约尚可维持相当长久的和平。虽然小国经常被灭亡，但大国还没有被灭的，这证明国际间尚没有大规模的战争。到战国，战术方面有了重大改革，战争以步兵为主，有时更有骑兵加入，这使战争的空间大为扩展。而铁制兵器的普遍使用，其杀伤力也较前为大。此外战场上动员的兵力，也远较以前为多。例如春秋著名的晋楚城濮之战，晋国出动的兵力，不过五万多人；但到战国末期的秦赵长平之战，赵国的士卒仅伤亡的便有四十五万。而阵地上所采用的筑垒战术，更使战争的时间大为延长。一场战争，往往非数十日不能解决。这时国际间已无所谓信义，条约已失去约束力，战争的主要目的便是灭亡敌国。前473年，吴灭于越，是东周以来大国被灭亡的第一个，也是战国式战争的首次出现。

从种族方面看，春秋时代“诸夏”的范围是相当狭小的，不但秦、楚、吴、越等国都被诸夏国家视为异类；即使诸夏地区中，也还有多种戎狄杂居着。到战国，内地戎狄大都被诸夏国家征服或同化，使诸夏内部的种族日趋单纯，而边疆的国家如秦、楚、越等，也因长期吸收诸夏文化，渐而进入诸夏集团，使诸夏的范围扩大了不少，这范围又被称为“中国”。由于这类种族与文化方面的混合，使列国的政治、经济等方面以及国际局势都起了变化，对学术思想也发生很大的影响。

在大部春秋时代，教育仍是贵族的专利品，平民并没有受教育的机会。但因封建制度的破坏，从春秋末年起，学术便开始流入民间，第一位把贵族学术引入民间的伟大学者便是孔子。到战国，平民受教育的机会更多，对政治的兴趣也日益浓厚，加以各国君主延揽人才，因而学术思想大为昌盛。平民攀登政治舞台的捷径是游说，游说者各有一套政治理想和策略，用以劝说各国君主以猎取官位，这风气也自孔子开创，到战国而大盛。这一套套的政治学说，便是所谓的“百家之学”。

二、春秋诸侯的争霸

（一）春秋初期的国际局势

周室东迁后所能控制的地盘，大致西起华山（今陕西华阴县），东南至嵩山，换言之，大致东到今郑州以西，南到今嵩县以北；北边则包括今黄河以北的沁阳、孟、温等县之地（前 635 年，周室又将黄河北岸的土地，送给晋国）。不特畿土大为削减，人民因丧乱而穷困流散，也可以想见。同时各诸侯国对周王室的态度，也日渐冷漠。一方面由于若干诸侯国与王室的亲戚关系，随着时间而日趋疏远；一方面也由于王室的衰弱，渐至无力维持君臣的名分。此外还有若干国家，根本与王室没有什么渊源关系，自然更不会热诚拥戴。

春秋时代的诸侯国，见于经传的有一百七十余国，但有些仅有国名，甚至连地理位置都无法确知。其中历史较详，会盟征伐都可考的，只有齐、鲁、曹、卫、郑、宋、陈、蔡、燕、晋、秦、楚、吴、越等十数国。比较拥护周室的，只有齐、晋、卫等国，鲁国似乎对周室不满，态度甚为冷淡。与周室敌对的则以郑、楚为最。此外大都采中立态度，与周室漠不相关。

因为王室的衰弱，政治重心也渐由王室转移到列国，从此开始有了个国际局面。在周室东迁后最初的一百多年，列国之间还没有所谓“霸主”出现，只是东方几个国家如鲁、卫、齐、曹、郑、宋、陈、蔡等相互攻战的局面。这段时间中大多数的战争，以郑宋两国为中心，它们的敌对，是造成当时国际局面动荡不安的主要原因之一。列国中陈、蔡经常是宋的与国，齐、鲁等国则有时助宋，有时助郑。郑国一度很强，它的君主庄公（前 743 ~前 702）是一位杰出人物，但因国土既小，又陷在宋、卫、陈、蔡的半包围圈里，虽然他能屡次击败各国，但终不能称霸。郑又与王畿相邻，因而常发生利害冲突。前 705 年，周桓王亲自率领诸侯伐郑，结果桓王中箭而大败，周室的威信也就更

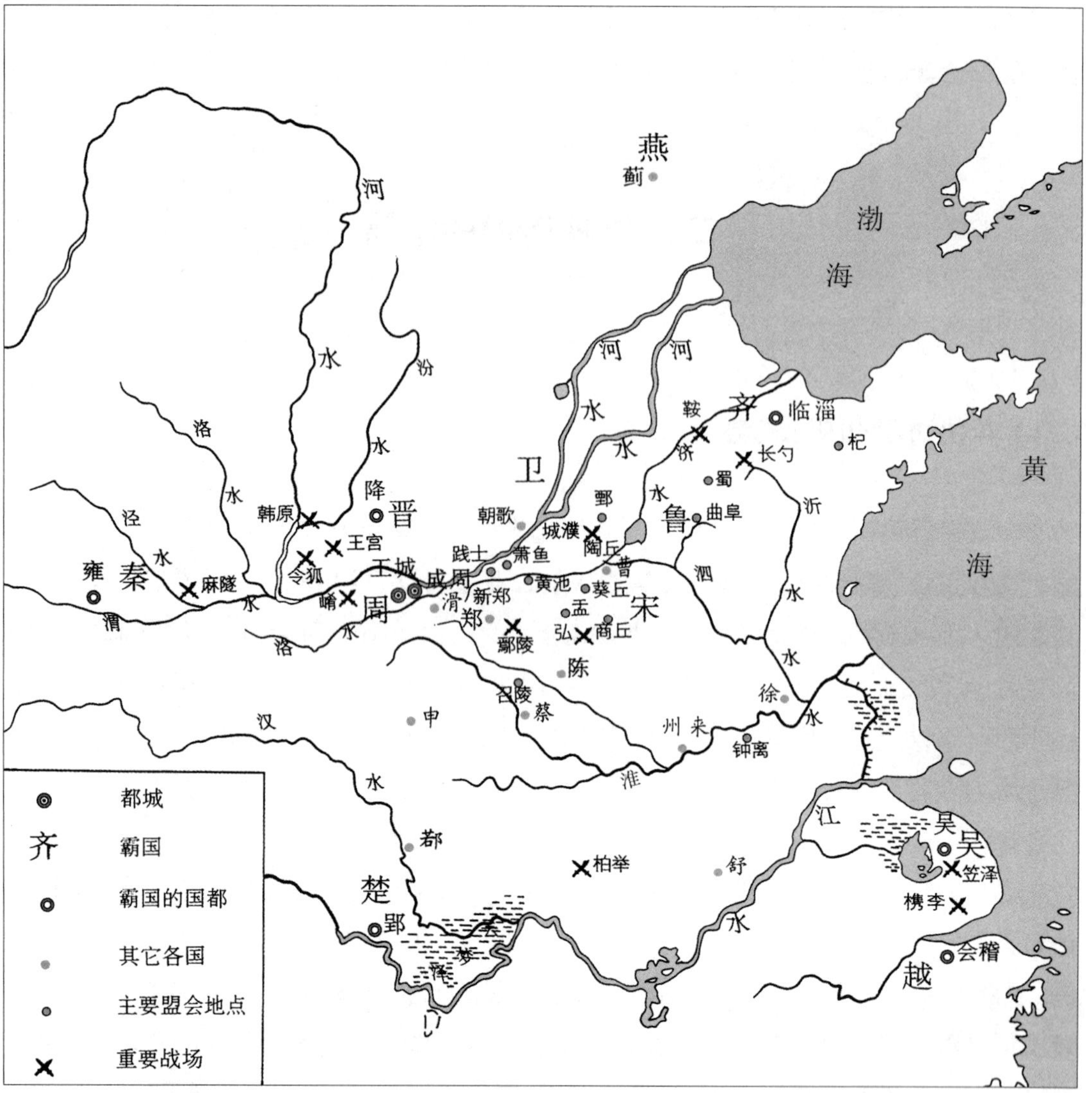

周室东迁后，诸侯争霸形势图。

加低落。周室既然久已不能维持诸侯间的秩序，自然而然便由强大的诸侯，也就是所谓霸主担负起这个责任。

霸主在郑庄公死后才出现。郑国自庄公死后，因诸子争立，发生一连串的内乱，国势日衰，而齐、晋、秦、楚四国，几乎同时崛兴起来。四国的位置，都处于边疆地区，与它们为邻的，多是些文化低落的部族，因此它们可以自由开拓领土，国力也随之增强。它们各据一方，而以中原的一批较小的国家作为争夺对象，这种争夺便是所谓“争霸”或“争盟”；能为中原多数国家所亲附拥戴的，便是霸主。当时的大小国家，在名义上都承认周王的共主地位，但周王的实权早已消灭，只有霸主才能左右当时的政局。小国对霸国，也有若干义务，例如霸国对某一个敌方讨伐时，亲附它的小国，也要出兵助战；此外尚有经济上的供应。所以争霸等于说是争取军援和势力范围。春秋时代的第一位霸主，是齐桓公。

（二）齐桓公的称霸

齐国最初的领土，是今山东省的北部，南以泰山与鲁为界；而现在的胶东半岛地区，则为莱夷所盘踞，与齐人不时斗争。春秋初年，齐国已很强大，桓公的父亲僖公，有“小霸”之称。僖公死于前 698 年，子襄公继位。他曾擅杀鲁桓公，并于前 690 年灭掉周初所封与齐同姓的纪（今山东寿光县南），强横可知。但他政令无常，加以行为淫

齐桓公称霸前齐国形势图

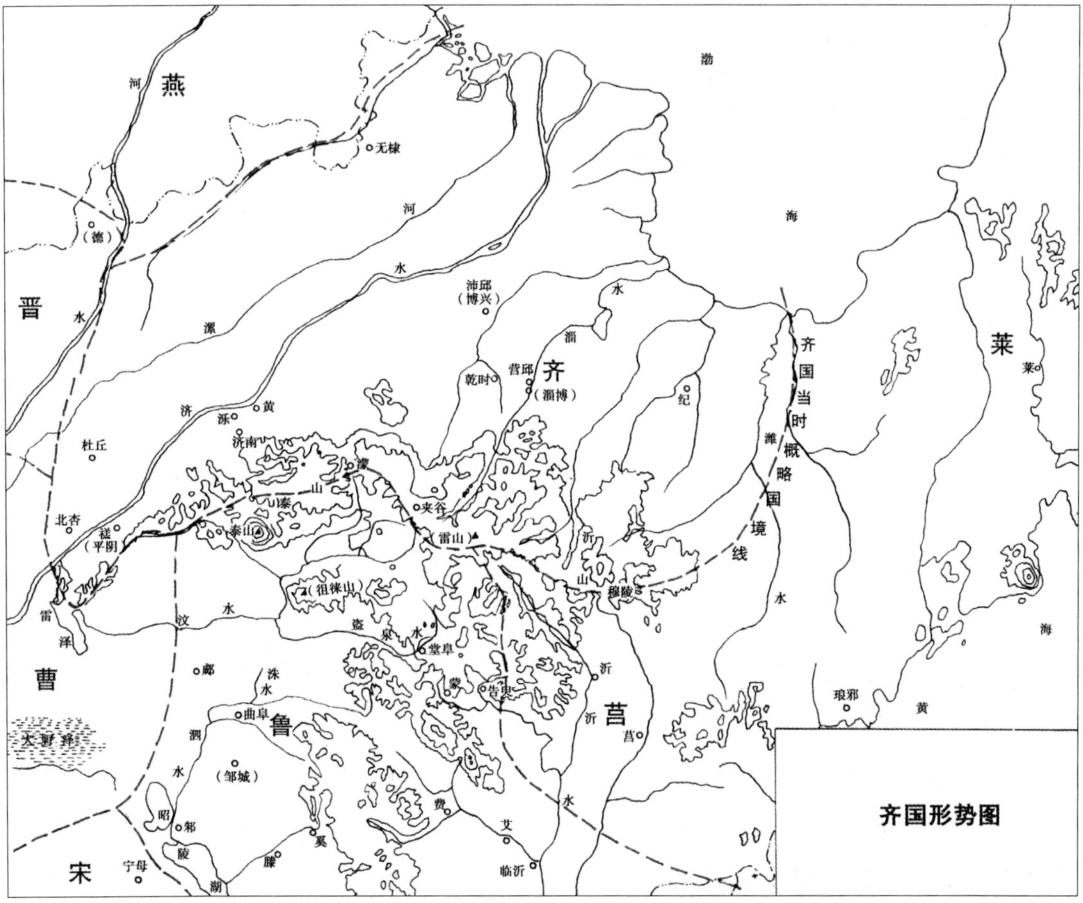

管仲，选自《历代名臣像解》。

乱，久为国人所不满，终于前 686 年为其从弟公子无知所弑。次年，齐人又杀无知，国内大乱。襄公有两弟，长名纠，由管仲、召忽傅佐；次名小白，由鲍叔牙傅佐。小白在襄公时投奔莒国（今山东莒县），纠也于襄公被弑后赴鲁。及无知死，鲁送纠返国，想扶立他；但齐国的巨室国、高二姓暗中迎接小白，因而得先入齐即位，是为桓公。桓公要求鲁国杀掉公子纠，召忽以身殉，管仲则因鲍叔牙的推荐，为桓公效力。桓公不念旧恶，付以国政，管仲乃得施展他的政治长才，于是齐国大治，不久便成为东方诸侯的领袖。

前 681 年，桓公初会诸侯于北杏（今山东东阿县），平定宋国的内难。其后二年，又两会诸侯于鄄（卫地，今山东濮县），从此奠定霸主的地位。参加这三次会盟的诸侯，总计有陈、蔡、曹、卫、宋、郑等国，可见当时齐国的势力，已到达今河南省的中南部。桓公一生所召集的这类诸侯盟会，共有十余次之多。

当时的霸主，大致负有两项任务，就是“尊王”和“攘夷”。在桓公以前，东方列国忙于互战，无暇攘夷；而郑庄公的箭射周桓王更谈不到尊王。真正能实现这两个目标的，从桓公开始。

先说一下桓公攘夷的功绩。入东周后，由于诸夏的内争，狄人日益猖獗，大为北方各国的患害。为患最烈的为赤狄，东方的白狄次之，齐、卫、晋、鲁、邢、宋、郑等国，均曾受狄人的侵略。此外在今河北省北部一带，尚有戎人支派的山戎，时常侵燕。前 664 年，桓公北伐山戎以救燕。前 662 年，狄人侵邢，桓公伐之，邢得以转危为安。到前 659 年狄又侵邢，桓公再联宋、曹等国救之。邢因首都距狄人过近，乃南迁夷仪（今山东聊城县西南），三国军队并助其修筑城垣。卫国也于前 660 年为狄人所侵，其君懿公战死，首都朝歌沦陷。桓公派兵保护卫的流亡军民，并助卫迁都至楚丘（今河南滑县），重建国家。其后卫又迁都帝丘（今河北濮阳县），国土大半丧失。如果没有桓公的救助，卫可能自此灭亡。桓公攘夷事业的另一成就，是抵拒楚人的北上。

齐桓公与御者，汉画像石，出土于山东沂南北寨。

周平王中叶，楚武王（前 740 ~ 前 690）在位，楚国历史自此才有较详的记录。他曾侵随（今湖北随县）灭权（今湖北当阳县东南），把汉水流域的诸姬姓国翦灭殆尽。至其子文王（前 689 ~ 前 677），自鄂迁都于郢（今湖北江陵县），更把屏藩中原的申（今河南南阳县）、邓（今河南邓县）、息（今河南息县）三国灭掉，势力渐及中原。中原国家，以郑为中坚，陈、蔡与郑交恶已久，因而附楚，于是郑国成了楚国侵略的目标。文王伐郑，未能得志。至其子成王（前 671 ~ 前 626）时，仍与郑为敌，郑亲齐，因此引起齐、楚的冲突。前 659 年，正当齐国援救邢、卫之际，楚人伐郑；其后两年中，又两次进攻。桓公于前 656 年，率齐、鲁、宋、陈、卫、郑、曹、许八国联军，首先伐蔡，蔡人溃败，大军乘胜侵入楚境，进抵陉（今河南临汝县南）。楚人不敢应战，请求会盟，联军乃退至召陵（今河南偃城县），在那里与楚人订盟。桓公伐楚时对楚的声讨，主要有两端：一是责楚不把祭祀用的包茅贡献王室，二是追究楚国对"昭王南征不复"一事应负的责任，这可看出桓公确是以尊王攘夷为号召的。召陵之盟后，终桓公之世，楚国不能得志于中原。郑虽一度叛齐，但不久仍成为齐的势力范围。接着桓公又在尊王的名义下操纵王室的内政，当时周惠王欲废太子郑而立王子带，桓公乃在伐楚旋师时会诸侯于首止（今河南睢县东南），阻挠此事，太子始安于位。前 652 年，惠王死，桓公率诸侯拥太子继位，是为襄王。前 649 年，王子带召戎人攻周，桓公命管仲平之，这是桓公霸业中的最后一件大事。此后的数年间，管仲和桓公相继去世，齐国因内乱而国势骤衰，霸主的地位，迅速为他国所取代。

（三）晋文公的继起（附宋）

前643年，齐桓公死，诸子争立，齐国大乱，列国也失去重心，宋襄公乃有继起称霸的企图。宋国虽小，但其国人甚为好战。齐桓公既死，公子无亏先立，宋襄公以桓公曾嘱托他立公子昭为理由，拒不承认，并联曹、卫、邾等国伐齐，大败齐人，遂立公子昭，是为孝公。其后襄公又威服滕、曹、邾等国，进而向楚要求分享霸权。自齐桓公死后，郑、陈、蔡等国，多附于楚，因此宋提出这种要求。但楚对宋并不畏惧，假意

宋楚泓水之战示意图。周襄王十四年（前638）春，宋襄公伐西邻郑国，意在立威中原。郑向楚告急，楚正欲进取中原，便立即出兵伐宋以救郑。宋闻楚来，命伐郑军东返，十月抵宋境上，此时楚军正在自陈向东北行军途中。宋军驻于泓水以北以待敌军，十一月一日，楚军抵达泓水后，即渡水攻击，楚军势大，宋襄公一不能击敌于中流，二不能击敌于未阵，而待楚军布阵完好后，方才从中路突击敌阵。楚军自东西两翼出奇兵包抄，宋师大败，向北逃归睢阳，楚军蹑踪追至濉水南岸。次日，即渡水追击，但渡河过程中濉水突涨，楚军大乱，于是自行撤退，泓水之战结束。

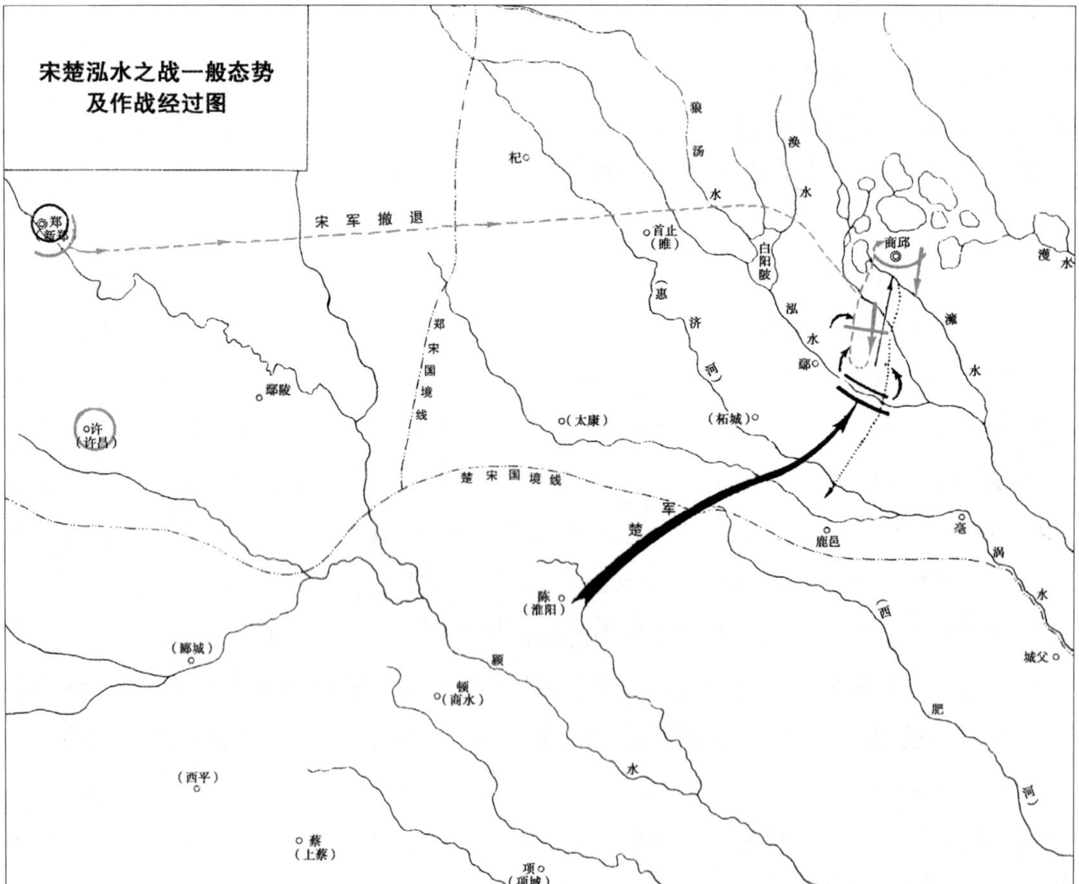

应承。前 639 年，襄公与楚、陈、蔡、郑、许、曹等国会于盂（今河南睢县），会中楚以伏兵擒襄公，挟着他去伐宋，宋屈服，楚才将他放归。但他仍不罢休，次年，因郑亲楚，又兴师伐郑。宋军与楚的援郑军相遇于泓水（在今河南柘城县），当时楚军尚未完全渡水，宋人劝襄公乘机进攻，但他不许；等到楚军尽渡，尚未列阵，宋人又劝他进击，他仍不准。直到楚军阵式列成，才下令进战，结果宋军大败，他本人并受箭伤，死于前 637 年。襄公失败后，楚的声势益张，但接着楚又遭遇一个劲敌。

齐桓公称霸时，晋、秦也开始强盛，奠立日后踵继桓公霸业的基础，在此先说晋的扩张以至称霸的经过。晋是成王封其弟叔虞而建立的国家，始都于唐，其地在今山西省太原市北，临汾水上游。其后晋人逐渐南向开拓，至西周末年，已迁都到汾水下游的绛（今山西翼城县）。周平王东迁时，晋君文侯曾以兵护卫，有功于王室。前 745 年，昭侯封其叔成师于绛都西南百余里的曲沃（今山西闻喜县东），晋国乃实际分裂为二。其后曲沃日渐强大，至前 678 年，曲沃武公以小宗篡晋，并行贿买得周室的正式册封。晋的国土，本处于戎狄中，至此乃四向开辟疆土。武公于受封两年后去世，他的儿子献公（前 676 ～前 651）继承了这个任务。献公正当齐桓公之世，他把武公时的一军扩为两军，灭虞（今山西平陆县）、虢（今河南陕县）、耿（今山西河津县）、霍（今山西霍县）、魏（今山西芮城县）诸国，此时晋国不特已大致占有整个汾水流域，并且扩展至黄河南岸。此外，他经常与接境的狄人和骊戎（今陕西临潼县东）作战。内政方面，他一意翦除宗室，以防旧事之重演，结果晋国公族只剩下他的几个儿子，国力非常集中。

献公晚年沉迷酒色，宠爱骊戎女子骊姬，骊姬生子名奚齐，她随嫁的娣生子名卓子。献公诸子中以太子申生和公子重耳、夷吾三人最贤，骊姬怀有夺嫡的野心，于前 665 年劝献公将三人及其他诸公子迁居远方，只准奚齐、卓子留居绛都。前 655 年，骊姬又用计逼申生自杀，重耳、夷吾也被迫逃亡。前 651 年，献公死，奚齐继位，大臣里克纠合申生三人的党羽作乱，杀奚齐；卓子继立，也被杀。夷吾乃请秦国助其返国，许以重赂，得以入立，是为晋惠公。但他即位后并不履行当初的诺言，因此秦穆公于前 645 年伐晋，惠公被俘，但秦不久将惠公放回，只取晋黄河以西的若干城。前 637 年，惠公死，子怀公立，因待异己过严，国内颇现不安。他的夫人是秦穆公的女儿，后来被他遗弃，这一点为秦所深恨，因此造成重耳返国的机会。

重耳自献公末年逃亡，在狄居住十二年后，又周流于卫、齐、曹、宋、郑、楚、秦诸国者凡七年。秦穆公为报对晋的夙憾，并想进而操纵晋国的内政，乃于前 636 年乘晋

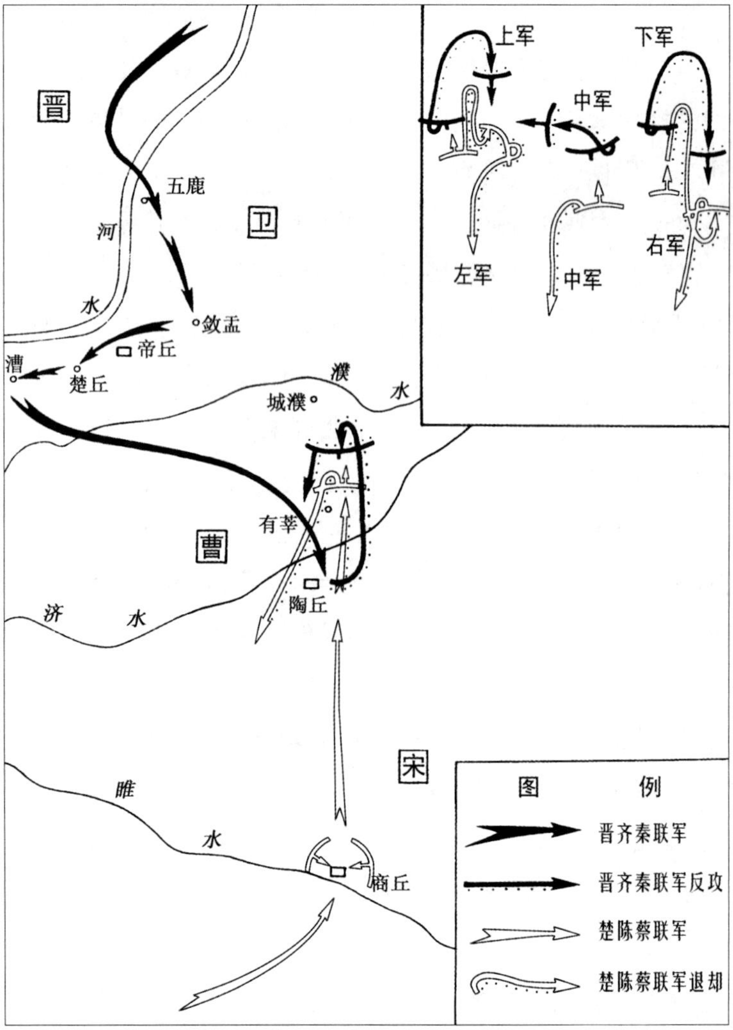

城濮之战作战经过示意图。周襄王二十年（前632），宋国因都城商丘被楚国围困，向晋文公求救，晋也有意于中原，便于正月出师南下，先攻下楚盟国卫、曹，以绝后患。楚闻卫、曹危殆，乃北上向曹都城陶丘进兵，以期与晋军决战。晋文公不欲在陶丘会战，因而向北退却，楚国尾随而至。四月六日，在城濮两军展开决战。两军遭遇后，晋先用下军精锐破楚右军，然后诱楚左军出击，晋再以中军生力横击溃之。楚中军见左、右军失利，不战而退，晋军追击，至楚军后方屯粮之地，因敌之粮草及营地休养三日后退师，战役结束。此一战，楚争霸中原的企图受挫，重返桐柏山、大别山以南地区。

内部不稳送重耳返国，晋人杀怀公而立重耳，是为文公。文公即位之初，正值宋襄公败死、楚国的势力严重威胁诸夏之时。文公以天赋的雄才，加上久经忧患的阅历，终能一举定霸，成为王室及中原诸国的保障。

晋文公即位的同年，周襄王废其狄后，王子带乘机率狄人攻陷成周，襄王出居于郑。次年（前635），文公独力勤王，杀带而迎襄王返都，这件事深为当时的诸侯所赞许。宋自襄公死后，不得已从楚，其他如郑、卫、鲁、曹、许等国，也都与楚“亲善”，当时楚国已具有席卷中原的声势。但自晋师勤王之后，宋转而亲晋。前633年，楚人围宋都。文公一面联络秦、齐，一面劝诱曹、卫绝楚，终于次年四月与楚大战于城濮（卫地，今山东濮县南，一说在今河南陈留县境）。这时晋已扩至三军，楚也有三军，其中并杂有陈、蔡二国的军队。结果楚军大败，主帅子玉自杀。文公献楚俘于周，襄王并命晋、齐、宋、蔡、郑、卫等国盟于王庭，勗以共奖王室，互不侵犯。如果这次战争楚人获胜，它势必进而宰制诸夏，那么“囊括四海，并吞八荒”的事业，恐怕无须等待数百年后的秦去实现，后来的历史，也将要完全换个面目。

晋楚的敌对并不因城濮之战而告终，此后数十年，双方时常发生战争，而秦国也于此展开其东进的雄图。但晋国始终是楚秦的劲敌，扼住他们的北上和东出之路。

（四）晋秦楚的角逐

周平王东迁时，秦襄公护驾有功，得以升格为诸侯。当时丰、岐一带，尚为犬戎所盘踞，平王委襄公以兴复之效，并将这块地方许给秦国。其后秦果能达成任务，因此秦人得据有王畿西部。至秦武公时（前 697 ～前 678），秦国的势力已东至华山之下；在西方，秦人又伐邽冀戎，辟土至今甘肃东境。至穆公（前 659 ～前 621），更向东方猛进。他曾乘晋国内乱操纵晋的内政，并取晋河西之地；其后他又灭掉黄河西岸的梁（今陕西韩城县）、芮（今陕西朝邑县南）等国，成了晋国的近邻。晋文公即位后，秦晋邦交敦睦，在国际上总是合作的。前 630 年，也就是城濮之战后的两年，晋、秦并力伐郑，穆公因受郑人游说，单独与郑媾和，晋也因而班师，从此两国发生了裂痕。但文公在位期间，秦国始终不敢积极推行他的东进政策。

前 628 年，晋文公死，子襄公立。次年，穆公想乘机潜师灭郑，但从秦到郑，中途要经过好几国，潜师是不可能的，果然师次中途，就为郑晋所知。秦因密谋泄露，急忙退师，被晋人截击于殽（今河南洛宁县），大败而回。前 624 年，秦伐晋获胜，得复前仇；但穆公的东进之路，终被晋所全力阻挡。穆公乃改变方针，尽力西向发展，并吞秦国西面的那些落后民族，结果灭国十二，辟地千里，成为西戎中的霸主。到他死时（前 621），秦人已占有渭水流域的大部。自殽之战后七十年间，秦晋所发生的战争，据史册所记，共有十余次，但晋国终不可动摇。等到秦人再展其东进的雄图，已是二百数十年以后的事了。

再谈楚国。楚自成王时与齐国订召陵之盟，不能得志于北方，乃东向发展，灭弦（今湖北蕲水县西北）及黄（今河南潢川县）。其后城濮之战，楚人的北上计划虽再度受挫，但他们在南方的开拓工作，却丝毫未受阻碍。成王子穆王（前 625 ～前 614），又灭江（今河南正阳县东南）、六（今安徽六安县北）、蓼（今安徽霍邱县西北）等国。这时晋人正忙于抵挡秦人的东进，因而穆王又兴经略中原的野心，于是郑、陈等国，都受到楚的侵略。

穆王死，子庄王（前 613 ～前 591）立。他灭庸（今湖北竹山县）、舒（今安徽舒城县）等国，并对中原国家宋、郑、陈及陆浑戎（今河南嵩县）等大张挞伐。晋则自襄公于前 621 年死后，因内忧间作，国势转衰。前 597 年，楚伐郑，郑人奋战三月而降；晋军渡黄河救郑，被楚人击败于邲（今河南郑县）。这一战奠立了庄王的霸业。

邲之战后，楚人虽得志于一时，但未能动摇晋的根本，双方仍不时发生战争。宋国因介乎两大之间，在晋楚的角逐中，饱受池鱼之殃，因而在国际坛坫上，又添了宋人倡和的一段插曲。前 579 年，宋大臣华元倡和平运动，由其拉拢晋楚订盟，互不侵犯。但条约只维持三年，便被楚撕毁。前 575 年，晋楚又战于鄢陵（今河南鄢陵县），结果楚败。鄢陵战后，晋悼公（前 572 ～前 558）一度称霸，但其时陈已亲楚，不复从晋，晋楚势力范围的分界，大致在今河南省许昌市一带。这时晋的攘楚政策虽然未变，但因国内大夫权势渐盛，忙于内争，不再注意对外的政策，这种形势促成后来晋楚的再订和约。

前 546 年，宋大夫向戌召开列国“弭兵”大会，与会者十余国，会中楚以诸侯盟主自居，晋也由它。大会的决议，凡未附从晋或楚的国家，此后对晋楚应尽同样的义务。这是楚代表令尹子木的提案，经过修改而后通过的。订盟的计有十国，除晋、楚外，尚有宋、鲁、郑、卫、曹、许、陈、蔡八国，八国中前五国亲晋，后三国亲楚。楚以三国换取五国的亲附，自然占了便宜。亲晋的齐和亲楚的秦，则做旁观者，并未与会。弭兵之盟后，晋国内部问题日趋严重，主权从公室移到几个氏室，它们对内争的兴趣远过于国际上的争霸，因此晋乃自争霸战中退却。这自然给楚一个极好机会，十余年后便撕毁盟约。前 534 年，楚灭陈，三年后又灭蔡，后来楚虽又使它们复国，但晋对这两件事始终不加闻问。论理楚在中原可以横冲直撞了，但此后不久，它的东邻，又崛起一个强敌，给予它莫大的牵制和打击，那便是吴国。

（五）吴越的崛兴

吴自商朝末年（前 12 世纪）泰伯立国后，其后数百年，吴国毫无历史的记录。直到春秋中叶泰伯的十九世孙寿梦（前 585 ～前 561）时，才有确切的年代可寻。前 584 年，楚大夫申公巫臣，因在国内制造桃色事件，无法立足而奔晋。那时晋正疲于争霸，

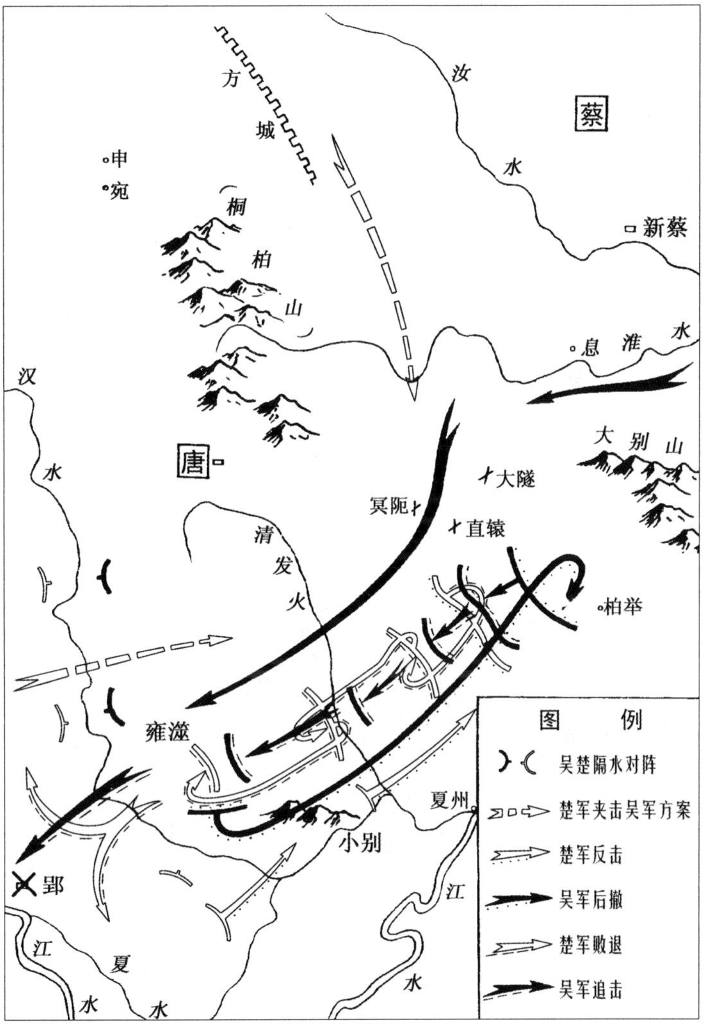

柏举之战作战经过示意图。周敬王十四年（前 506），吴王阖闾亲率伍子胥、孙武等，大举进攻楚国。吴军乘船沿淮河西进，登岸后迅速南下，破楚大隧、直辕、冥阨三关，与楚国隔汉水对阵。这时，楚军左司马沈尹戌建议统帅子常率兵与吴相持，自己征发方城以外的楚国兵力，抄袭吴军后路，阻塞三关，断其归路，不被采纳。楚军于是渡过汉水向吴军进攻，吴军向东北方向退后至柏举。同年十一月十九日，两军于柏举列阵，吴前锋主动出击，楚军一触即溃，吴军纵兵追击，在清发水和雍澨再大败楚军，接着五战五胜，直入楚国都城郢，楚昭王出逃随国。

巫臣乃献连吴制楚之策，并亲自使吴，劝寿梦叛楚，教授吴人射御阵战，大大改进了吴人的战术。吴本是附楚的，自叛楚后，经常以陆军在淮河长江之间，西攻楚的东北境。前 519 年，吴灭州来（今安徽寿县），它是楚的属国，也是楚的东方重镇。其后数年，吴又灭掉楚的其他属国巢（今安徽巢县）、钟离（今安徽凤阳县）、徐（今江苏萧县）等，予楚以严重的威胁。这时楚也连秦拒晋，但没有多大功效，而吴渐成为楚的心腹大患。至吴王阖闾（前 514 ~ 前 496），得楚臣伍员及军事家孙武的辅佐，国势益强。前 506 年，吴国由蔡人引导，大举伐楚。吴军溯淮水西上，至今河南省境，舍舟登陆，然后南下，大败楚师于柏举（今湖北麻城县），五战而攻入郢都。楚昭王奔随（今湖北随县），赖秦哀公出兵相助，共同击吴。吴以孤军深入，又因争夺战利品，军中发生不和的现象。而越国的军队，又乘机攻入吴境，因此吴军不得已而退。楚虽勉强复国，但这次所遭遇的创痛，却空前深巨。其后昭王迁都于都（今湖北宜城县），是为鄢郢。春秋时代的大战争，像城濮、邲、鄢陵等战役，战期大都为一日，接战只一次即决定胜负。但这次战役，自柏举之战至楚都沦陷，共历十余日之久，其间连续战斗多次。再从吴军的舍舟登陆看来，吴军中当有一大部的步卒。这些都在显示这次战争，已接近战国时代的战争形式。

越人的历史，到春秋末期才有较详的记载。春秋末，其王允常（前 510 ~ 前 497）在位时，国势渐强，楚国乃联越以制吴。其后吴师伐楚，允常即乘虚袭吴。吴王阖闾为报夙恨，于前 496 年伐越，时允常已死，其子句践在位，双方战于檇李（今浙江嘉兴

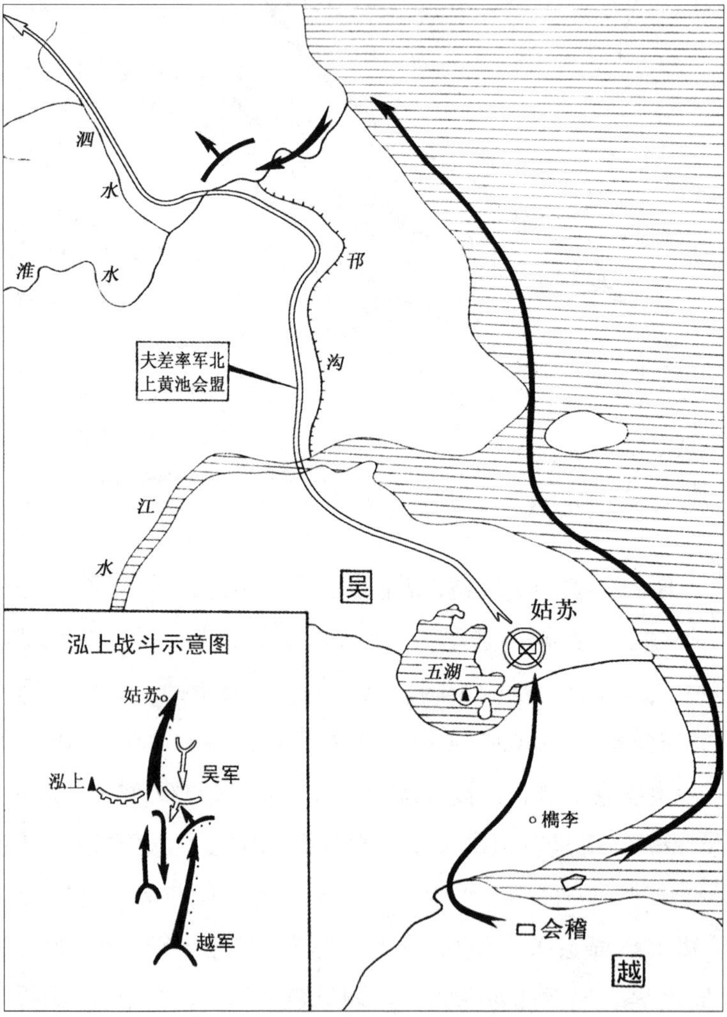

吴、越姑苏之战作战经过示意图。周敬王三十八年（前 482）六月，越国趁吴王夫差率精锐北上黄池会盟，决定出兵袭吴。范蠡率一部自杭州出发，出海后一直北向，入淮河河道，以水军阻止夫差自黄池返援；一路由越王句践亲率，自会稽出发，一路北向，从陆路进逼吴国都姑苏。吴军由太子友率军在姑苏近郊泓上拒守。越军势大，太子友本欲固守，但部下弥庸轻视越军，贸然出击，当日小胜越先头部队。第二天，句践大军继至，吴军溃败，越军直入姑苏，吴被迫求和。

县），吴军大败，阖闾伤足而死。子夫差继立为吴王，于前 494 年举兵报仇，败越军于夫椒（山名，在太湖中）。句践以甲盾五千，退保会稽（今浙江绍兴县），一面卑辞向吴乞和，夫差应允，越才得以保存。此后吴乃不以越为意，一心向北方发展，与诸夏的国家争霸。

吴的北上，第一个目标是鲁。前 487 年，吴大败鲁师，盟于泗水之上。其后又连续伐齐，威震北方。越王句践，则乘夫差兴高采烈之时，积极致力于生聚教训，准备报仇雪耻。前 482 年，夫差大会诸侯于黄池（齐地，今河南封丘县），鲁哀公及晋定公等皆亲自与会。就在这时，吴国传来越人攻陷首都姑苏（今江苏吴县）的消息。夫差狼狈而归，与越人展开长期的战斗。结果夫差屡战屡败，终于前 473 年自杀，吴也灭亡，这时已是战国初期。至此长江下游地区，入了越人的掌握。越灭吴是一场划时代的战争，因为一举而灭亡一个头等大国，在春秋时代是没有的。

句践灭吴后，也想循夫差旧轨，图霸中原。他曾与齐、晋会于徐州（今山东滕县），周王曾使人“致胙”，以示宠异。至于他的称霸事迹，详情不得而知，只知他于前 471 年曾废立邾君，其后又会合鲁、宋，纳卫出公而不果。鲁哀公想借越之力，抵制国内强横的氏室，也未成功。这些都可说明越人在干涉北方国家的内政，其强大也就可想而知。句践并迁都于琅邪（今山东诸城县东南），与邾、鲁为邻。其后六传至无疆而亡于楚，那时已是战国中期。

三、春秋各诸侯国的内乱

春秋时代，不特国际战争频仍，各诸侯国的内部也时有乱事发生。春秋初期，郑、卫、宋、鲁、齐等国，均有过内乱。前 722 年，郑庄公弟叔段曾谋乱未成。前 702 年，庄公死，诸子争立，内乱相继，庄公的功业遂衰。前 719 年，卫公子州吁弑其兄桓公自立，未及一年而被杀。宋殇公好战，立十年而有十一战，国人怨恨，于前 710 年为臣下华父督所弑。前 712 年，鲁公子翚弑其兄隐公而自立，是为桓公。前 686 年，齐有公子无知之乱，其后晋国也有内乱。这两件事演变成齐桓晋文的称霸，已于前面详说。

到春秋中末期，各国氏室，日益强横，公室的政权，为它们所操纵；若干国家的公室，渐走上没落之途。氏室与氏室之间，则以兼并为务，经常在战争中。国内的篡弑兼并，配合着国际的虎噬鲸吞，渐把历史带入一个新的时代。下面分述几件这种类型的内乱，借以说明春秋战国这两个时代的变换过程。

（一）鲁国的三桓

鲁桓公死，庄公（前 693 ～前 662）继立。庄公有三弟，名庆父、叔牙、季友，均为大夫，也就是孟孙氏、叔孙氏和季孙氏三家；因为三家都是桓公之后，故又称“三桓”。季友曾助鲁僖公（庄公子，前 659 ～前 627）即位，颇有勋劳，因此三桓之中，以季孙氏为最强。鲁文公（僖公子，前 626 ～前 609）时，三桓与僖公子仲遂（即东门仲襄）共掌鲁政。文公死，仲遂杀文公嫡子而立庶子，是为宣公（前 608 ～前 591），鲁国大权乃落于东门氏。但宣公死后，三桓乘机驱逐东门氏，共专鲁政，举动日益僭越，例如季氏舞八佾（鲁君礼乐）于庭，并致祭泰山等。鲁君对此自然无法忍受，因此便与其他贵族合谋除去三桓。

鲁昭公（前 541 ～前 510）时，三桓的势力益大，他们把公室的土地和人民加以瓜分，只对公室纳点小额贡赋。前 517 年，季孙氏与另一大夫郈氏因斗鸡而发生冲突，昭公助郈氏攻季氏，三桓联合击败昭公军，昭公奔齐，郈氏的大夫昭伯被杀。昭公在外七年而死，季氏立昭公弟定公（前 509 ～前 495）。定公在位期间，内政外交皆由三桓主持。而三桓的若干家臣如阳虎、公山不狃等，也用三桓对待鲁公室的手段，对付三桓。阳虎为季氏家臣，曾于前 505 年发动政变，挟制三桓独专鲁政达三年之久。三桓以内部不稳，也不敢积极扩展势力，危害公室，因此定公才得苟安于位。但到哀公（前 494 ～前 468）时，又与三桓冲突。当时鲁国公室的力量，已微弱不堪，因此不得不借重外力。前 471 年，哀公赴越，想借越的力量除去三桓，但因季孙氏纳贿于越而未成。鲁公室从此无法振作，直到它亡于楚国为止。鲁公室所以能始终保全其名位，也许因为三桓是鲁公族，多少要顾及一些宗法的约束。有些国家的异姓大夫，其强横尚不止此，他们一意要把公室消灭而后已。

（二）晋国的六卿

晋国自献公诛夷宗室，公族消灭殆尽。晚年遭骊姬之乱，他自己几个儿子，最后也只剩下一个晋文公。因此晋国可以说没有公族，结果只有以异姓为大夫，晋国异姓贵族之强，种因全在于此。自文公以后，晋国便有国君被弑的事。前 607 年，赵穿弑灵公，前 573 年，栾书、中行偃弑厉公，都是异姓贵族的杰作。厉公以后，诸氏室相互吞并。晋国的卿，原有十余族，到悼公（前 572 ~ 前 558），只剩下韩、赵、魏、知、范、中行六氏，共掌国政，其他的氏族，多已沦没。在此以前，不但掌政的卿族多，而卿的地位也不能世袭，因此各族的政权，均不甚固定。但到六卿专政，他们的权位变成世袭，力量也日渐深固，相反，公室也就日渐卑弱。晋国有一个最重要的官位叫“中军”，任中军者，战时是军队的元帅，平时是首席执政者，可以说集军政全权于一身。自悼公以降，六卿轮流任中军者达百年之久，但六卿之间的矛盾，也与日俱增。前 497 年，韩、赵、魏、知四家，奉晋定公（前 511 ~ 前 475）伐范、中行，至前 490 年，才完全消灭二氏的势力。此后晋政即由知伯瑶（即荀瑶）掌理，甚为专擅。前 458 年，四家分范、中行地，知氏所得最多。但他仍不满足，迭向韩、赵、魏三家求地，赵氏独不肯与。前 453 年，知伯联韩、魏伐赵，正在围困赵的重镇晋阳（今山西太原县）时，韩魏突然与赵联合，夹攻知氏。结果知伯被杀，其族尽灭，土地也为三家所分割。这时已是战国初年，三家也自此有了国的形态，事实上它们在此时已完成分割晋国的工作。

至幽公（前 437 ~ 前 420），晋公室所保有的土地，仅剩绛和曲沃，此外皆为三家所有。幽公反须亲自朝见三家的大夫，以博其欢。前 403 年，周威烈王升三家大夫为侯。至前 376 年，三家又把晋室仅余的土地分掉，早已不生作用的晋室，至此宣告灭亡。韩、赵、魏又称“三晋”，晋国在春秋时本为国际局面的安定力量，既遭分裂，局面自然大变。三晋的国土处于所谓“四战之地”，它们的君主又是以攘夺兼并起家的，其好战自无疑问。战国时代的无数次战争，几乎每次都由三晋扮演主要脚色，它们简直变成制造混乱的中心。

在此附带追述一下三晋的先世。据说赵的祖先本累代为周王御车，西周穆王时，造父以善御有功，封于赵城（今山西赵城县西南），后人乃以邑为氏。造父七世孙赵叔带，因不满幽王的荒乱，投效晋国。赵氏后人有赵夙者，为晋献公御戎车，毕万为副。其后献公把灭掉的两个小国耿（今山西河津县南）、魏（今山西芮城县东北）分给赵夙和毕万，以酬赏他们的劳绩，自此赵氏在晋始有地盘，魏氏也开始建立。韩氏本姓姬，其祖先武子受晋封于韩原（今陕西韩城县西南），受封的年代不可考，但可知略后于魏。至武子三世孙厥，才改姓韩，那时已是晋景公（前 599 ~ 前 581）在位期间。

（三）齐国的田氏

田氏是齐国的强大氏室，也就是后来取公室吕氏的权位而代之的，这个氏室的建立，在齐景公时代。田氏的祖先，为陈厉公子完。前 672 年，陈国内乱，完奔齐，齐桓公授以工正之职，遂以田为氏。完五世孙乞，事齐景公（前 547 ~前 490），始为大夫。当时齐国赋役繁重，乞施惠于民，并汲引齐国公族的失职者，因此举国上下，对田氏莫不称颂。他并与晋国大夫范、中行氏勾结，以为外援，从此势力日强。景公死，子荼立，田乞废之而立景公别子阳生，是为悼公（前 488 ~前 485）。当时齐国国内的其他大族，多已衰落，田氏乃得以独擅齐政。田乞不久死去，子恒（即田常）继续秉权。至简公（前 484 ~前 481），与田氏发生冲突，恒弑之而立其弟平公（前 480 ~前 456）。他并交好外国，诛除国内氏族和公族之强者，割裂临淄以东的广大地盘，作为自己的封邑，面积竟较公室的食邑为大。这时已入战国时代，事实上田氏的齐国也告成立。

田恒以后，田氏更向外发展，曾与晋、鲁等国作战。到齐康公（前 404 ~前 379）时，田恒的曾孙和（后来追称太公）专政，康公则纵情酒色而不闻国事。前 391 年，田和迁康公于海上，仅给他一城以奉先祀。其后他又托魏文侯向周室进言，求为诸侯。前 386 年，田和受周室正式册命，升格为侯。前 379 年，齐康公死，田和的儿子田剡，把康公所遗的一城加以吞并，完全统一齐境［参看《竹书纪年》］。享祚七百年的吕氏齐国，至此名实两亡。

四、战国七雄的争衡

春秋时代的一百七十余国，经过二百余年的兼并，小国已被消灭殆尽；到战国初期，只剩二十个左右的国家。它们仍是日以杀伐兼并为事，战国中期以后，开始形成了七个大国争雄的局面，这七国是齐、楚、秦、燕、韩、赵、魏，后世称之为“战国七雄”。春秋时代的重要国家，除了晋分裂为韩、赵、魏三国，齐、秦、楚仍具实力，而燕于此时崛兴外，其余大都遭遇灭亡的命运。幸而仅存的，也与时局无关轻重。春秋重要国家的灭亡年代，大致是曹于前 487 年灭于宋，宋又于前 286 年灭于齐，郑于前 375

年灭于韩，陈于前 479 年、蔡于前 447 年、鲁于前 249 年先后灭于楚，吴于前 473 年灭于越，越又于前 334 年灭于楚；卫于前 320 年自贬侯号而称君，实际上国已不国，直到秦二世时（前 209），卫君的空名，才被取消。至于七雄之间的斗争，以及它们势力的消长起伏，要在下面分节叙述。

（一）魏齐的迭盛

晋于战国初期分裂为韩、赵、魏三国。韩占有原来晋国的南部地区，当今河南省的中西部和山西省的一小部，疆域最狭。初都阳翟（今河南禹县），灭郑之后，建都于其

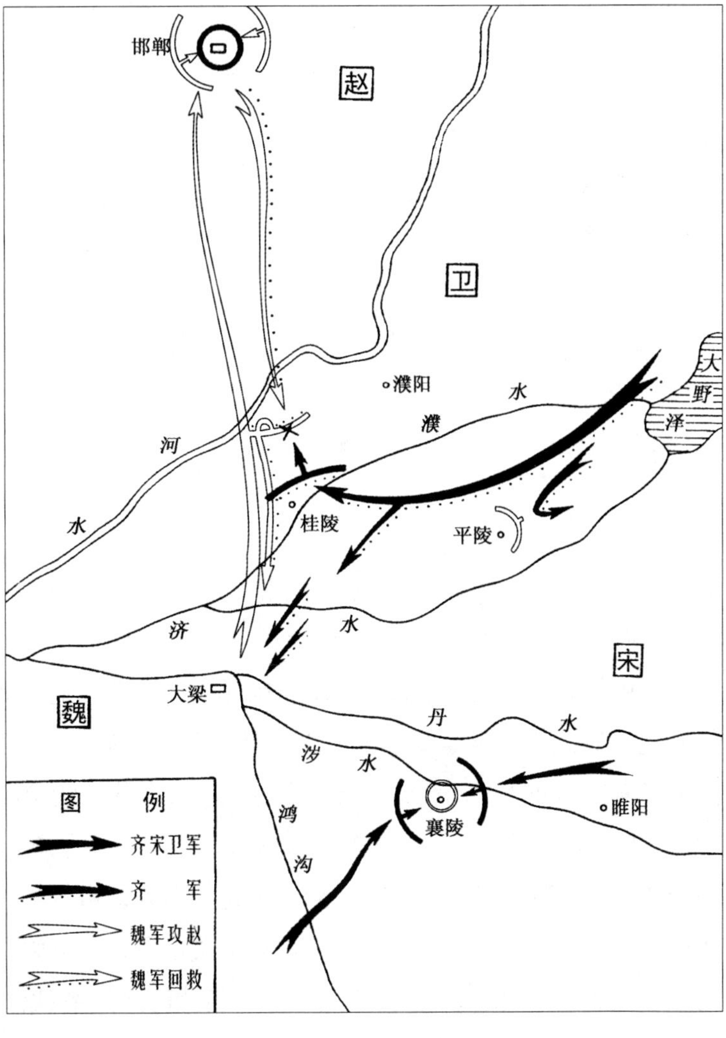

齐、魏桂陵之战作战经过示意图。战国中期，魏逐渐强大，不断对邻国用兵。周显王十五年（前 354），魏将庞涓引兵自大梁一路北向攻赵，围困赵都邯郸。赵向齐求救，齐以田忌、孙膑率军自齐国出发，不救围困当中的邯郸，而是一路西进，进入魏国境后，一部西南向佯攻魏都大梁，主力西北向，设伏于桂陵。庞涓闻大梁有警，南返驰救，在桂陵遇伏，魏军溃败，庞涓自己也被齐军擒获，齐军“围魏救赵”之战略大获成功。此役史称“桂陵之战”。

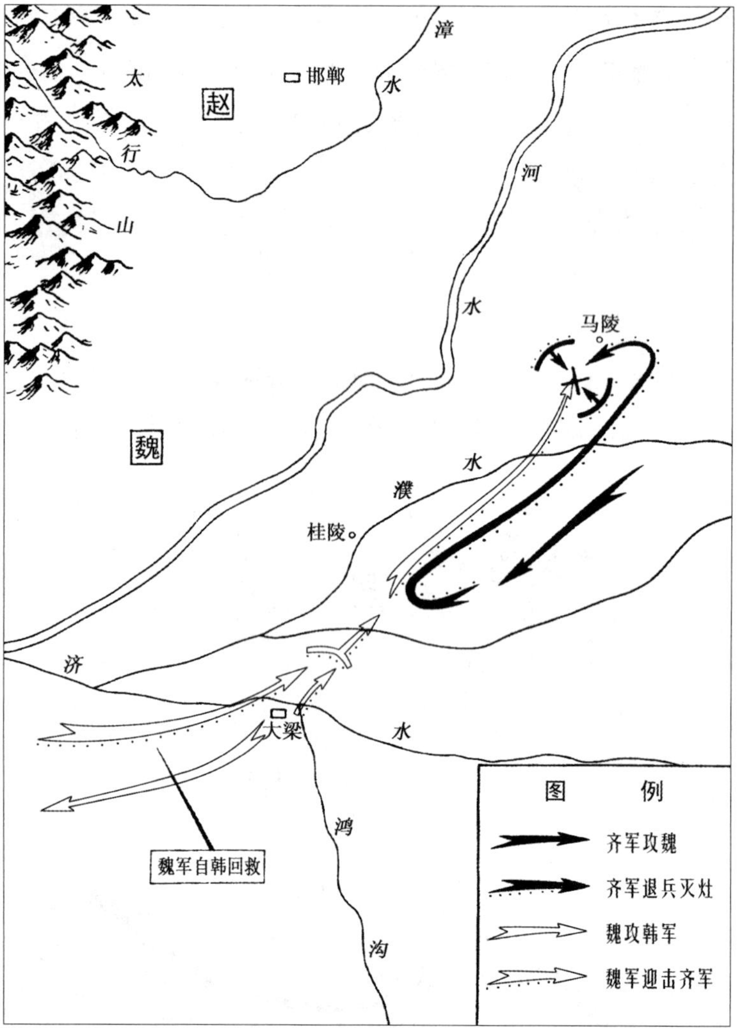

齐、魏马陵之战作战经过示意图。周显王二十八年（前341），魏派庞涓联赵伐韩，庞涓率军自魏都大梁西向攻韩，韩势危，求救于齐。齐以田忌、孙膑率军自齐西进，进逼与大梁近在咫尺的外黄，庞涓东返攻齐。闻庞涓西来，孙膑命齐军向东北方向撤退，并逐日减灶，庞涓误判齐军不战自溃，遂以轻军蹑踪突进。齐军到达马陵后，张网以待。等庞涓到达马陵，齐军伏兵发动，魏军大败，庞涓被齐军射死，史称“马陵之战”，称此计为“减灶之计”。战后，魏由盛转衰，转而向齐屈服。

地，是为新郑（今河南新郑县）。赵据有原来晋国的北部地区，包括今山西省中北部、河北省西南部。初都晋阳，后都邯郸（今河北邯郸县）。魏占有原来晋国的中部和西南部，大致包括今山西省南部、河南省东北部和陕西省的东北部，都安邑（今山西夏县）。魏的地盘最大，国势也最强，俨然以晋的正统自居。而三晋的开国君主中，也以魏文侯（名斯，前403～前397）最为英明，他师事孔子的弟子子夏，并任用大法学家李克（即李悝）和大军事家吴起。李克，魏人，曾受业于子夏，文侯任以卿相。他手定魏国的新法典，并改定税法，国家大治。吴起，卫人，曾受业于曾子及子夏，长于军事。他在军与士卒同甘苦，深得军心，曾将兵击败秦国；文侯以之为西河（今山西、陕西两省间之一段黄河）守，以拒秦韩，甚有威名。自文侯经武侯（前396～前371），直至惠王（前 370 ~前 319）初年，魏国一直维持着它的富强。

魏惠王时，西边的秦和东边的齐都勃兴起来。那时秦国已用商鞅变法，曾于前354年出兵击魏，但其势尚未至极盛。齐国自田剡篡吕氏后，再传至威王（前 355 ~前320），国势骤强。但惠王对这两个国家并没有充分注意，他的注意力集中在三晋的统一工作上。前 354 年，魏伐赵国邯郸。次年，齐国出兵救赵，败魏师于桂陵（山东菏泽县东北二十里），魏势一挫。至前 341 年，魏又伐韩，齐又救之，大败魏军于马陵（今河北大名县南），杀魏将庞涓。魏国经此两次挫折，势力大衰。前 334 年，魏惠王与齐威王会于徐州（今山东滕县一带），彼此尊称为王，从此魏失去独霸东方的地位。其后各国群起效尤，相率称王。

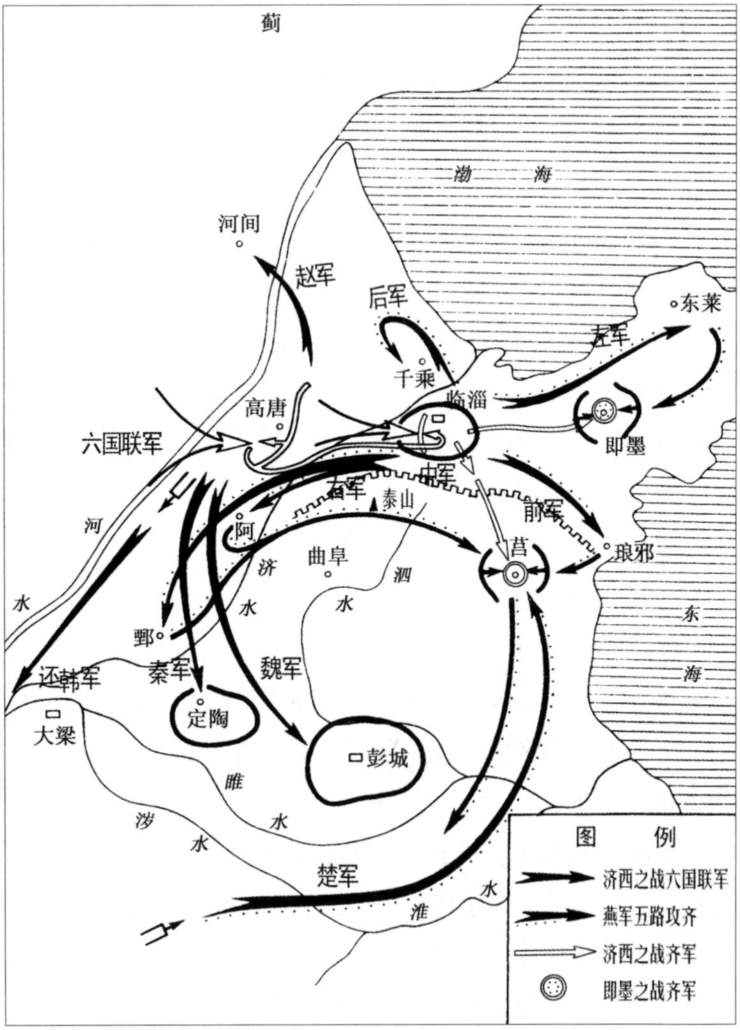

燕、齐济西、即墨之战作战经过示意图。周赧王三十一年（前 284），乐毅率六国联军渡黄河，东向进攻齐国，在济水之西高唐一带，大败齐军，齐军退保临淄。韩、秦两军撤走，乐毅派魏军南攻彭城，派赵军渡黄河，北取河间，自率燕军攻下齐都城临淄，齐湣王出逃至莒。乐毅占临淄后，分兵五路继续攻取齐地：左军自临淄，向东攻取东莱一带，然后西返围攻即墨；前军东南向，攻取琅邪，随后西返围攻莒；右军沿河向西南，进屯阿、鄄，以接应魏军，随后东北向，围攻莒；后军北向，然后回军进占千乘；中军据临淄以镇齐都。半年之内，下齐七十余城，只莒、即墨未下。楚为分占齐地，以救齐为名，派淖齿率兵北向入齐，在莒地杀齐湣王。前 283 年，齐臣袭杀楚将淖齿，另立齐湣王之子法章，据莒固守，楚军南返。战争进入胶着。

齐国自威王时与魏争衡，其后经宣王（前 319 ～前 301）、湣王（前 300 ～前 284）两代的经营，国势益盛。这时秦国已强，魏国大受其害，无力再起。因此齐秦便成了东西遥相对峙的两强。但两国之间，因有三晋的阻隔，始终未曾正面决战。与齐发生恶斗的，却是僻处东北的燕国。前 314 年，齐宣王伐燕，杀燕王哙。燕人另立哙子昭王（前 311 ～前 279），与齐相持。至湣王，曾于前 288 年与秦昭襄王同时称帝以自娱，但不久均去帝号。前 286 年，齐灭宋，齐的损失也大。湣王志气骄盈，转而侵楚和三晋，颇有混一天下的野心。但恰如以前的吴越战争一样，正当湣王的霸图伸展至中原时，燕国突然发动对齐的致命攻击。燕因昭王的贤明勤奋，日见富实。前 284 年，燕以乐毅为将，联秦、赵、韩、魏之师伐齐，联军长驱直入，攻陷齐都临淄。次年，湣王为臣下所弑，齐国七十余城皆陷，只余莒和即墨（均为山东今县）二城未下。齐人立湣王子法章于莒，以拒燕师，是为襄王。前 279 年，燕昭王死，子惠王立，因与乐毅有隙，即位后便将乐毅调换，齐乘机反攻，才得复国。但从此齐国元气大伤，仅足自保。这种局势，对秦国的东向发展，无疑大有帮助。

（二）秦国的强大

秦自穆公以后二百余年，内政无何显著进步，而晋国始终保持霸主地位，秦自然无法东向扩展势力。战国初期，秦公室更内乱迭生，魏人得以乘机夺回穆公时取自晋国的黄河以西之地。当时东方诸侯，对秦均以夷狄视之，耻与为伍。直到献公（前 384 ～前 362），才又开秦国复兴的机运。献公即位后，自雍（今陕西凤翔县）迁都于栎阳（今陕西临潼县东北），力图振奋，曾于前 364 年大败三晋之师于石门（今陕西三原县），表现出不可轻侮的实力。

到献公的儿子孝公（前 361 ～前 338），继续致力于国家的富强，他于即位之初，下诏求贤，于是公孙鞅自魏赴秦。鞅本卫国公子，游仕于魏，惠王不能用，因而投奔秦国，大得孝公的宠信。他以魏国的新法为蓝本，订立一套富国强兵的计划，以为秦国政治革新的准绳。

秦国于前 359 年开始颁布一部分新法，其后十年间，逐步加以补充和完成。新政的要目，大致不外：1. 励行法治。即彻底执行所订立的法律，使国内除国君外没有任何特殊势力。以严刑重赏，驱使人民为国服务。2. 严密保甲。把人民纳入组织，十家为一大组，五家为一小组，相互监视，连带负责。组内有奸人而知情不报者腰斩，告发奸恶的与斩敌首同赏，藏匿奸人的与降敌同罪。3. 倡导增产。每家有成年男子二人以上而不分居的，要加倍纳税；人民无分老少，俱要从事生产事业。并从事生产竞赛，凡耕田织布成绩优越的，终身免除徭役赋税；不事生产者，收为公家的奴隶。4. 奖励从军。有军功的，按等级给予最优厚的爵赏；从事私斗的，照情节的轻重处刑。宗室没有军功，取消其属籍。此外如服饰、居室以及私有田地奴隶，都以爵级定其享用的品质或数量；无军功的，虽富也不能享受。5. 整理土地。把全国的城邑和村落并为三十一县，铲平旧日封区的疆界。未垦的土地，人民可自由占耕，由政府对人民直接计田征税。此外并统一全国的度、量、衡。这两件事都是前 350 年施行的，那年孝公并把国都迁至咸阳（今陕西咸阳县）。6. 改易风俗。秦人因长期与外族接近，直至孝公时，还不脱戎狄之俗。那时秦人尚有男女老少同寝一室的习惯，这陋习被公孙鞅严禁才归消灭。秦人的陋习被强制革除的，恐不止此一端。

新政推行的结果，使秦国家给人足，社会安宁到道不拾遗，盗贼绝踪。外交方面，公孙鞅抛弃以往的闭关政策，利用地势，主动向东方各国进攻。秦国的民风本来是强悍质朴的，严刑峻法，养成他们服从命令恪守纪律的习惯。同时举国上下都以对外战争为主要出路，像这样一支具有高度战志的优良军队，倾全力向外发展，自然战无不胜。秦国首先攻击的目标，便是东方强国的魏，公孙鞅早已看出，秦和魏是不能两立的。前 352 年，他亲自领兵伐魏，攻破魏旧都安邑（魏惠王已于前 365 年迁都大梁，即今河南开封县），前 340 年，公孙鞅又亲自征魏，俘魏将公子卬，并夺回河西之地。自此秦与魏共黄河之险，对东向进攻更便利了许多。同年，孝公封公孙鞅于商（今陕西商县），因此后人又称他为商鞅。

前 338 年，孝公死，子惠王（前 337 ～前 311）继立。惠王因商鞅曾在其为太子时黥其师傅，久蓄怨恨，故即位后便族诛商鞅。但新法仍被保留，同时惠王更凭借商鞅为秦国奠立的富强基础，继续向外扩展。

惠王即位之初，东周洛阳人苏秦曾以策干秦而不见用，苏乃倡导“合纵”运动，劝六国合力御秦，但功效不大。苏秦的同学魏人张仪，于前 328 年相秦。这时秦国东境已进至函谷关以东的陕（今河南陕县）、曲沃（今山西闻喜县东）、平周（今山西介休县西）一带。前 316 年，秦灭蜀而并其地。蜀本是一个外族小国，据今四川成都市一带，那时它正与另一小国巴（今四川巴县）相互攻击，秦乃乘机取之，于是秦益加富强。

（三）楚赵的拒秦

楚国自春秋末年为吴所重创后，至战国初年，已显有起色。它灭掉陈、蔡、杞等国，疆宇大启，并将国都迁回郢邑。前 387 年，吴起因与魏武侯不合而奔楚，楚悼王以他为令尹，他把魏国的一套政策应用于楚，练兵增产，并大事削弱贵族的权利。其后贵族暴动，攻杀吴起，贵族也因之被诛灭殆尽。从此楚国的政治走上军国主义的新阶段，它的版图也日益扩展。

自楚国于西周兴起后，直到战国中期，始终不断地向四外扩展地盘。在一方的扩展受阻时，便转而开拓其他方面，好像从来没有停止过，因此它的地盘在列国中最为广阔。到前 334 年灭越以后，楚的领土，北到河南省中南部和山东省南部，东到江浙沿海，西到陕西省南部、四川省东部，西南至贵州省东北部，南到五岭一带。它不特掩有如此广阔的领土，同时从战国初期到中期，从未遭遇大战。当东方强国的魏已衰落残破，而齐又忙于与燕对垒之时，便自然轮到它做秦国的对手。

秦惠王时，楚怀王（前 328 ～前 299）在位，与齐交好。秦国当然不愿这两个强国连在一起，因此于前 311 年，派张仪至楚，以土地为饵，劝楚与齐绝交。楚照办，秦却不肯割地。怀王大怒，于次年遣兵伐秦，为秦所败，并丧失汉中郡（今湖北西北部及陕西南部一带）。楚兴倾国之师再战，又大败于蓝田（今陕西蓝田县西），楚势因而大挫。于是张仪乘时游说各国，提倡“连横”，劝六国与秦亲善，这种外交攻势，一时甚有效果，各国君主，多向秦输诚。这是前 311 年的事。同年，秦惠王死去，子武王立。张仪与武王不合，于前 310 年离秦赴魏，列国也跟着解散横约，再与秦抗。但秦国的实力，到此已无法动摇。

在魏、楚、齐等强国相继衰落之后，却又有一个国家兴起，撑持着战国末期的东方危局，那便是赵。赵国的勃兴，归功于赵武灵王（前 325 ～前 299）。他大致与楚怀王、齐宣王、秦惠王同时，他的末年又值秦昭襄王和齐湣王的初年。在楚国大败于秦之后不久，他为提倡尚武精神，下令国人必须胡服，以习骑射。他于前 307 年至前 306 年，北攻狄人所建的中山国（在今河北定县），拓地至今河北西部；其后他又北略胡地数千里，把赵的北境扩展到今绥远、察哈尔两省的南部；继而又与齐燕共灭中山。后来他虽死于内乱，但流风所及，赵人以勇武善战名于当时。这时正值齐秦称东西帝不可一世之际，赵国便在它们的夹缝中崛兴。

前 284 年，燕伐齐，“东帝”迅速被击倒。秦因之更目空一切，它屡次东侵三晋和楚，这时列国中唯一尚有抵抗能力的便是赵。前 270 年，秦伐赵，围阏与（今山西和顺县西北），为赵将赵奢所重创，是战国末年列国抗秦战中罕有的胜利。其后十年，双方又展开最后的决战。

五、秦国的统一

（一）昭襄王的大张挞伐

秦武王死，异母弟昭襄王（前 306 ～前 251）继立。昭襄王初年，外戚魏冉专政，仍以继续扩张版图为国策。秦用名将白起，连破韩、魏、赵、楚等国之师。到齐国衰落后，秦益无忌惮，侵略更为积极，韩魏的领土，几乎有一半沦于秦国。楚的失地也多，从前 280 年至前 278 年的几年中，楚连续丧失今湖北、湖南两省西部地区。郢都也为秦攻陷，楚北迁都于陈（今河南淮阳县）。赵国对秦的战争，虽也常失利，但战争规模不大。至前 270 年，双方才发生较大的冲突，结果秦败。也就在这一年，秦国改订了它的作战计划，昭襄王纳魏人范雎的建议，采取"远交近攻"的办法，尽先以全力进攻韩、魏，以占领土地为唯一的作战目标；不做越国远征，以减少不必要的浪费；并联络赵、楚等国，孤立韩、魏。这种战略实行后的十年间，受害最大的是韩国，黄河以北的韩国地盘，被秦席卷而去。秦国的兵锋，至此指向赵国，双方乃于长平（今山西高平县西二十里）展开史无前例的恶战。

长平之战发生于前 260 年。这一年，秦将王龁攻取韩上党郡（今山西省东南隅地区），韩人逃入赵境的极多，赵派廉颇屯军长平以安抚之，因而与秦军发生冲突。廉颇采坚守战略，偶尔一出应战，以期旷日持久，使秦自行退兵。秦虽时获小胜，但深以廉颇的战略为患。因而散布流言，使赵调换廉颇而代以赵奢之子赵括。赵括是一位军事理论家，实际上没有作战经验，他代廉颇为将后，立刻出击秦军。这时秦也秘密更换统帅，以白起代王龁。赵军出击的结果，竟为秦伏兵所袭，赵军被截为两部，各自筑垒而守。秦军一面包围赵军，一面征调河内地区（今河南省黄河以北地区）所有十五岁以上的男子，赶赴长平，以遮断赵的救兵及粮道。赵军被围四十六天，食粮罄

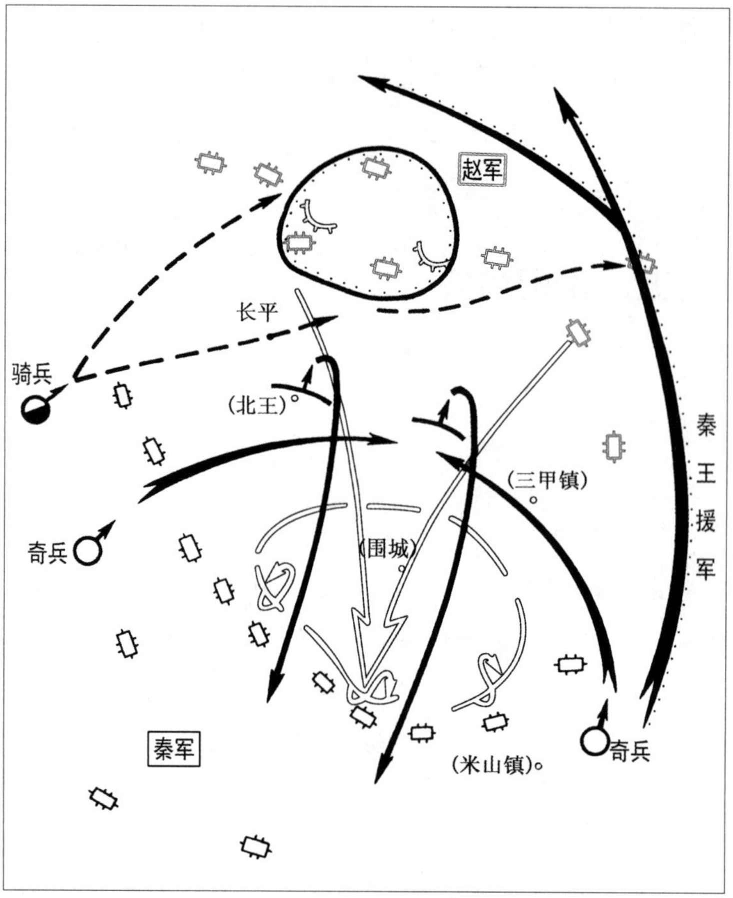

秦、赵长平之战决战经过示意图。周赧王五十五年（前260）七月，秦、赵两军在长平各筑营垒相持。秦将白起部署如下：一部在北王和三甲镇诱敌，待赵军出击后，向预设壁垒撤退；一部为奇兵，分置秦壁垒东西两翼；一部骑兵伏于赵营西侧；主力坚守营垒。八月，赵括果然大举向南进击，两路诱敌的秦军南撤，赵括挥军跟进，进入秦军预设包围圈。秦军两翼奇兵发动，自东西两个方向插入赵军突击部队后方，截断赵突击部队与赵军大营，并与秦军原设壁垒合围，将赵突击部队围住；秦骑兵也立即发动，一路东向，一路东北向，迅疾插入赵军大营，赵大营因此一分为二。秦王闻赵军被围，尽起全国兵力，大举北向进援，进占赵军北部及以东一带高地，阻断赵国援兵和粮运，以保障白起。九月，赵括突围被射杀，赵军全部投降，战争结束。

尽，屡次突围不成，最后赵括亲自率精锐出战，被秦军射死。赵军投降者四十万人，秦人只把幼弱者二百四十人遣回，其余尽行坑杀。总计此役赵军损失四十五万人，国力自然大削。这一战不但是赵而且是东方六国的存亡关键，赵国既败，六国的灭亡命运也大致决定。

长平战后，白起想直取邯郸，但因范雎受韩、魏的游说，主张退兵，因此韩赵乃得割地与秦议和，白起与范雎也种下嫌隙。前258年，秦以王陵攻赵邯郸，结果失利，昭襄王请白起代陵统军，起不肯，次年竟被赐死。而魏公子无忌（即信陵君）也在这一年率兵救赵，大败秦军，解邯郸之围，局面又暂告稳定。

前256年，秦又伐韩赵，取韩阳城（今河南登封县东南）、负黍（今河南登封县西南），逼临周室的都畿。周室本是“亲秦”的，至此周赧王乃联合东方诸侯攻秦。这时周室早已衰微不堪，王畿辖境不过今河南省洛阳、偃师、巩、汜水、荥阳等数县之地，而王畿内又有两个政权存在。这两个政权的由来，要上溯至战国初期。原来当周室东迁后，在洛邑建立王城，其地在周公所营的成周以西。到敬王（前 510 ～前 476）时，迁居成周。敬王下传五朝至考王（前 440 ～前 426），仍都成周。他于即位之初封其弟揭于河南（今河南洛阳县西）之地，定都于王城故地，是为河南桓公，亦即“西周君”。至桓公孙惠公时，又于前 426 年封其少子班于巩（今河南巩县），号“东周”惠公。因此在王畿内，又有东西二周君。到赧王（前 314 ～前 256），因王室微弱，迁居于西周，依西周惠公子武公。同时东西周各自为政，双方并时常发生冲突。到前 256 年秦伐韩，西周首先发生恐慌，因此以赧王出面与诸侯合纵，以锐师攻秦。秦军反攻，西周无法抵御，结果武公赴秦请罪，尽献所属城邑三十六，人民三万口，秦又把他送回西周。同年，赧王死，无人为他立后，周朝至此正式结束。次年（前 255），秦并西周。至前 249 年，东周也为秦所并吞。

邯郸之战作战经过示意图。周赧王五十八年（前 257），秦将王龁率军围困邯郸已然两年，不能攻克，秦派兵一部驻汾城声援，一部由郑安平率领驻邯郸以南，以助王龁。赵向楚求援，楚派兵渡过黄河向北进军，魏军原来驻邺地观望，信陵君到邺后，杀死魏将晋鄙，率军向邯郸进发，秦军不敌，败于邯郸城下，王龁率残部西逃，魏楚联军蹑踪追击，至河东又大败秦军，秦军残部渡黄河进入汾城。秦军被迫放弃以前所占魏地河东、赵地太原、韩地上党，战争结束。秦郑安平部未能逃出，被赵、魏、楚联军包围，率两万人降赵。

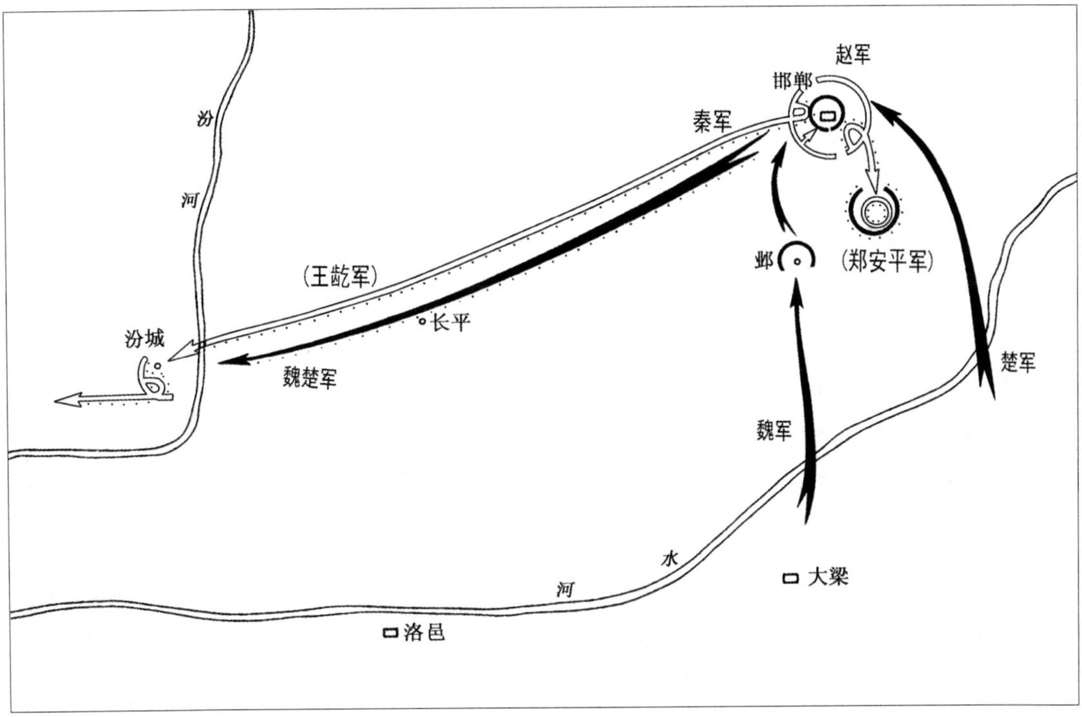

（二）秦王政的并吞六国

秦昭襄王后，孝文王、庄襄王先后继立，前者仅在位三天，后者在位也只有四年。前 247 年，庄襄王死，子政即位，年仅十三岁。因此国政落于太后和她的情人文信侯吕不韦的手中。不韦原为阳翟大贾，太后原是他的爱姬，当年名闻赵都的美女。长平战前不久，秦昭襄王孙子楚为质于赵，子楚为太子安国君（即后来的孝文王）之子，但非嫡出，其母又不得宠，因此赵人对之不甚优礼。不韦到邯郸经商，看到子楚，立即认为"奇货可居"。接着他与子楚交游，时加资助，并亲携巨款到秦国为子楚活动王太孙的位子，结果如愿以偿，不韦也变成王太孙的师傅。其后他又把他的爱姬献给子楚，不到一年便生下政。当时谣传赵姬离吕家时，已有身孕，政的父亲实际上是吕不韦，这事自然无法证实。子楚于前 250 年即秦王位，是为庄襄王，赵姬为王后，吕不韦也成为相国，并封文信侯，食邑十万户。庄襄王死后，他更利用政的年幼，独揽大权，并与太后重拾旧欢。这时秦国的东界，大致扩展到今东经 114° 附近，已掩有半个"天下"；东方各国，均已衰弱不堪。论理长平战后，秦国可以迅速地解决六国，但白起死后，秦国缺乏继起的将才；又因孝文王、庄襄王享国短暂，秦王政以冲龄践阼。这些事都无形中阻挠着秦国的对外发展，因此使秦统一大业的完成延迟了许久。

秦王政即位后的六国，比较有些力量的只有赵、楚二国。赵的士兵善战，并有名将李牧为干城。牧曾伐燕和匈奴，武功彪炳一时，甚为秦人所畏忌。楚则地盘广大，还有相当的实力。但六国久已失去个别对秦作战的能力，秦人的侵略，曾促成它们一度团结。前 241 年，楚、赵、魏、韩、卫合纵伐秦，楚王为纵长，而以楚相春申君主其事。联军攻至函谷关（今河南灵宝县西南），为秦军所败，楚乃迁都寿春（今安徽寿县），以避其锋。此后秦更积极攻魏，魏形势极危。但不久秦国内部发生变故，局面才又告缓和。

原来吕不韦因见秦王年龄日长，深恐自己与太后的事被发觉而遭祸，因此转介他的舍人嫪毐与太后，而想置身于事外。嫪毐伪充宦者，一时未被发觉，并受封为长信侯，专决国政。后经人告发，嫪毐乃于前 238 年于咸阳城中发动叛乱，但立即为秦王政所讨平。秦王政乃乘机夺回太后的政权，吕不韦也于次年被免职，两年后自杀。秦王政从此大权独揽，致力于扫定六合的伟业。

吕不韦当政时，养有门客三千，大都是三晋人。这种现象自然为秦人所不满，所以当不韦免相后，若干宗室大臣便主张把客卿一律驱逐出境，秦王从之。客卿李斯上书，缕述客卿对秦国的功劳，认为逐客是不智之举。结果秦王取消逐客令，李斯也从此为秦王所信任。李斯楚国人，因不满意本国的卑小官职而奔秦。他在获得秦王政的亲信后，便建议秦王，秘密派遣辩士游说各国，贿赂各国的名人政要，为秦做破坏其本国的工作；不能以金钱引诱的，便派人加以暗杀。务使各国的君臣之间，离心离德，然后以大军进攻。这个策略配合着军事行动，果然奏效，秦国于十年之间，把六国一一收拾。

六国第一个被灭的是韩。韩因地盘过小，人力物力都缺乏，同时与秦接境，因此首先被灭。前 230 年，秦以内史腾灭韩，虏韩王安。前 228 年，赵国被灭。秦军曾于前 234 年为赵将李牧所败，其后牧始终是秦人的劲敌。前 229 年，秦贿赂赵王嬖臣郭开，诬李牧欲反，牧竟被杀，赵国也接着灭亡。韩、赵既灭，秦军本应立即攻魏，但前 227 年，燕太子丹遣荆轲行刺秦王政未成，秦军乃先伐燕。燕虽于昭王时败齐，并曾击

秦灭六国战争示意图。至战国晚期，秦一国独强。始皇十一年（前 236），燕、赵发生战争，秦以救燕为名，出兵两路攻赵，拉开统一六国的序幕。赵一时不能下，秦转而攻东邻韩国，十七年（前 230），秦将内史腾自咸阳出发，东向攻入韩都阳翟，韩国灭亡；二十二年（前 225），秦将王贲自关中出发，包围魏都大梁，引黄河、鸿沟之水灌大梁城，魏王假出降，魏灭亡；次年，秦大集国中甲士，由王翦率领，出大梁，南下攻楚，下陈后，在平舆与楚主力遭遇，大破楚主力，杀楚将项燕，二十四年（前 223），王翦再次出击楚国，俘虏楚王，楚灭亡；同年，王翦自上地出，东出井陉，随即南下攻占邯郸，赵灭亡；二十五年（前 222），王贲进攻辽东燕国余部，燕王喜被俘，燕灭亡；二十六年（前 221），秦避开齐国防守重点的西面，自燕国南部出兵攻齐，直插齐都临淄，一面大军压境，一面以封地引诱齐王建，齐王建出降，齐灭亡。至此，六国统一。

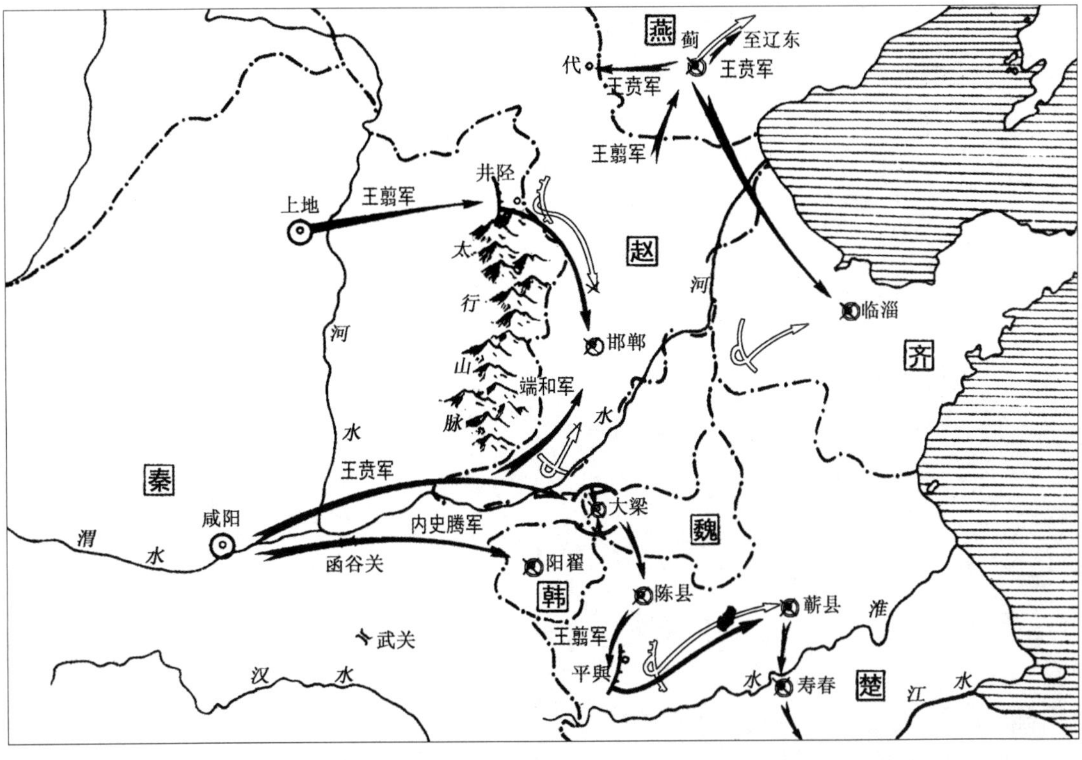

败东胡，拓地至今辽东半岛，但因它僻处东北，国力并不算强。秦既伐燕，先下燕国本土，燕王喜退保辽东，杀太子丹以和。前 225 年，秦军分两路进攻魏和楚。攻魏秦军由王贲率领，攻楚秦军由李信、蒙恬率领。同年，王贲军攻破大梁，杀魏王假，魏亡。李信则为楚军所大败，秦王改派王翦率六十万人攻楚。次年，王翦大破楚军，杀楚统帅项燕，楚人退保淮南。至前 223 年，楚国才告灭亡。前 222 年，秦以王贲攻辽东，虏燕王喜，燕也灭亡。当赵亡后，赵公子嘉逃至代（今察哈尔蔚县），自立为代王，赵人归之者甚多，也在这一年被秦人扫平。这时只剩下一个齐国，齐王建已在位四十余年，因事秦唯谨，又地居沿海，故能四十余年不被兵祸。但到前 221 年，王贲的军队，突然从燕南下，攻入临淄，轻易地灭了齐国。

综观六国的被灭，除了赵、楚还有些抵抗能力，其他国家简直像摧枯拉朽。六国既灭，亘古未有的大一统局面也随之出现。

第四章
春秋战国时代的学术思想

一、春秋战国的学术环境

（一）诸家并兴的原因

春秋战国是我国学术思想的鼎盛时代，自春秋末年儒家首先崛起，到战国诸家并兴，思想界澎湃到极点。造成这种盛况的原因相当复杂，下面只做个简括的说明。

谈到春秋战国学术思想的发达，不免要联想到春秋以前的文化，究竟达到什么程度。这一点因为史料缺略，很难断言。但可以相信，至少在西周末年或春秋初期，社会组织必已相当繁密，贵族生活必已相当奢侈，人文思想也必已相当发达，而且可能已有相当丰富的文物典籍。不然的话，诸家的思想都将无所附丽，也无由产生。

封建社会中，知识本为贵族所专有，但因封建制度的渐趋破坏，贵族的后裔降为平民的日渐增加，知识也因而流入民间。加以王室衰微，政治无主，传统的文化渐已不能支配人心，因此独立的思潮开始抬头，这情形在春秋末期已甚显著。而春秋时若干边疆国家，如秦、晋、齐、楚等，因开疆拓土，并兼异族，使经济和文化上产出好些新方面。诸夏文化的范围也随之扩大，并吸收相当成分的外族文化。这些新因素，更刺激新思想的产生。

到战国，因为社会组织的变化更大，新思想的要求也更急。例如军国主义抬头，自然会有法家出现。诸侯的生活日形富裕，自然会供养一批“谈天雕龙”的清客。国际战争的愈演愈烈，社会不安的加甚，自然会刺激人们寻求解决途径；主张清净无为的道家和创造新伦理系统的墨家，也就应时而生。同时不但人们受教育的机会较前为多，书写的工具也大有进步。春秋时，大概只有政府才有制作文书的力量；到战国，民间学者也可以著书，书籍的内容，渐由简而繁。从《论语》的简练，到《孟子》《庄子》的繁缛，便可看到这方面的进步过程。

（二）诸家的起源

据汉人的分类，春秋战国的各学派，主要共有十家，即儒家、道家、阴阳家、法家、名家、墨家、纵横家、杂家、农家和小说家。至于这些学派的起源，古人以为出于“王官”；也就是说某一家的形成，是由封建时代某一掌理有关这方面事务的政府机关演变而来。这些政府机关因封建制的崩溃而消灭，但其处理某方面事务的理论知识则散之民间，渐而演变成某一学派。例如道家出于“史官”，法家出于“理官”（司法机关）等。这种说法，十分牵强，久为近人所怀疑。但另一方面却也不能否认诸家与封建时代贵族文化的密切关系，假使完全没有旧日精神和物质方面的凭借，也不可能发生诸家并兴的现象。事实上某一家的兴起，大都有其特殊的历史传统和地理环境，并且凭借着一种特殊的职业而来。本章所要叙述的重要学派，有儒、道、墨、法、阴阳五家，现在谈谈它们的起源。

以上五家除墨家外，皆起源于某一种特殊职业。先谈儒家，所谓儒乃是一种以教书为职业的人，起源于鲁而后流行于各地。在孔子以前，便有这类靠相礼授徒为生的儒，孔子一生更是大部分时间从事这种职业。孔子除教书外，并有很大的政治抱负，且曾亲身涉历政治生活。他的门人弟子，有许多做官的，也有很多教书的。总之，这种“进则仕退则教”的生活，便是儒者的职业。何以儒家起源于鲁国呢？这与西周的沦亡有关。原来鲁国因与周室关系密切，典章文物，最称完备。西周末年镐京为犬戎所陷，礼崩乐坏，鲁国便成为当时的文化中枢。鲁人在列国中，本以讲究礼节著称，因此产生了以诗书礼乐为典训的儒家。同时鲁是个二等国，即使想矜功伐也不可能，因之形成发展这一学派的最好环境。

诸家之中，墨家的组织最为严整，它有具有无上权威的领袖，更有自己的法律。它的宗旨，也甚为明确固定。所以墨家绝不是以个人为单位的学派，而是一种具有浓厚宗教气氛的组织，墨家思想，也是一种有系统的宗教性的思想。古籍曾说墨子“学儒者之业，受孔子之术”，近人并考证墨子为鲁人。但他的个性及主张，绝不适于鲁国的环境，因此他的一生在宋国时为多。战国时，宋人以愚著名，大概宋人富于宗教性，心地质直，因此成为墨家的重镇。

法家的起源不是单元的，出于齐、晋、秦等地的学政习法和典刑者，这些自然都各是一种职业。战国时齐的商业发达，以富著称。三晋则是新兴的军国主义国家，同时具有周人尚法的传统。因此战国时的法家思想，可分东西两派，内容颇有不同。齐是东派，现存的书有《管子》《晏子》等，其论点着重于经济，即如何使国家人民致富用富等。三晋为西派，它们的法家言则着重在政治，即如何执法立信，加强政府的权威等。秦也是新兴的军国，它实行法家的政策时间最长，也最彻底；因为它要向外扩展，必须造成一种力大而易驱使的民俗；但是为它设计和执行政策的人，则来自三晋。

道家有的出于史官，但并非全出于史官。因为史官一方面可以看到官府过去的档案典籍，一方面为朝廷做记录，自然可以造就出一些博识古今、深明世故的人，老聃便是一例。此外尚有隐士一类的达观厌世者，也被列入道家。这类隐士大多产生于春秋战国时楚国的北部地区，这地区包括旧日的陈、蔡、许、邓、息、申等国一带之地，也就是周人所谓的“南国”。这地带在西周晚季文物殷盛，到春秋战国时，渐为楚所兼并。同时这地区与诸夏接境，楚与诸夏的战争，常在这个地区进行。受高度文化熏陶的人，又目击人世的惨变，自然会产生厌世的观念；但其文化素养，又驱使他们以“达观”来解决人生问题。像孔子周游列国时所遇到的长沮、桀溺、接舆等，以及后来的庄子，大致都是这一地区或其左近的人。

阴阳家大概出于习业星历卜祝的人，这一学派的发源地是齐国。春秋战国时，齐国以富著，而其君主又颇多礼贤下士的，因此构成了一个很大的文明区域，产生若干派的思想，阴阳家只是其中之一。大概因齐地近海，由海道交通而接触到若干异人异事，战国时，齐人便以谈荒诞不经的事著名。这类齐人又可分两种，一是侈谈神仙的方士，一是五行论者，后者便是所谓阴阳家。他们多是诸侯的清客，以异说奇谈侈言于诸侯的朝廷中。[关于春秋战国诸家兴起的原因，以及诸家的原始职业和地方性，可参看傅孟真

《战国子家叙论》第二至六节（载《傅孟真先生集》第二册）]

以上五家，除道家外，莫不希望人君用他们的学说来治平天下。但他们的学说大多偏重理想，有的不易实行，有的则因不能迅速收效而不为诸侯所采纳。最切实际而且最适合当时国君胃口的便是法家学说，秦国终以法家的学说强国，而至统一“天下”。

二、孔子与儒家

（一）孔子的生平

春秋时代最伟大的儒者是孔丘，他的远祖是宋湣公的太子弗父何，大致与周厉王同时，曾让国君之位予其弟宋厉公。弗父何曾孙正考父，于东周初年三受宋上卿之命，地位愈高而处事愈谨。考父子孔父嘉，仕宋殇公（前719～前710）为大司马，被太宰华父督所害，孔氏从此中落。至孔父嘉曾孙孔防叔，畏华氏之逼，乃迁居于鲁，世为鲁人。防叔生伯夏，伯夏生孔纥。纥字叔梁，故又称叔梁纥，他是鲁大夫臧孙纥部下的武士，饶有勇力，曾屡立战功。纥初娶施氏女，生了九个女儿；娶妾，生子孟皮，病足，为废人；晚年娶颜氏季女徵在，生孔子，名丘，字仲尼。

孔子于前551年（周灵王二十一年，鲁襄公二十二年）生于鲁国的郰邑（今山东曲阜县）。他幼年丧父，母亲也死得早，家境非常贫苦。他曾先后做过贵族的仓吏田吏，管理会计畜牧之事，都很称职，因此习得不少“鄙事”。此外借着与贵族接触的机会，也学得不少贵族的学识技艺，像诗、礼、射、御等。由于他的好学不倦，在他三十岁左右，便以礼学名动公卿。当他在学术方面有所树立后，便以传授知识为生，至于他的这种生活是什么时候开始的，则已不可确知。

鲁大夫孟僖子，对孔子甚为赏识。前518年，僖子死。临死嘱咐他的家臣，要他的两个儿子向孔子学礼，便是后来的孟懿子和南宫敬叔，这时孔子已三十四岁。次年，鲁昭公为三桓所逐而奔齐，孔子也于是年赴齐，做齐巨室高昭子的家臣。他在齐国一住七八年，齐景公对他虽甚优礼，却不用他。前510年，昭公死于齐。次年，鲁定公即位，孔子也于这时回到鲁国。

夹谷会齐，选自《孔子圣迹图》。

前505年，季孙氏的家臣阳虎，发动政变，囚季孙大夫桓子，桓子立誓屈服，才获释放。阳虎进而挟持鲁君，独专鲁政者达三年之久。阳虎在主政期间，想借重孔子，但他不应。其后阳虎为孟孙、叔孙所逐，逃亡齐国，三桓复握政权。这时孟懿子已是孟孙氏的大夫，孔子的另一弟子子路也继阳虎做季孙氏家臣，孔子便因这两个弟子的支持，踏上鲁国的政治舞台。

前501年，孔子受鲁定公之命为中都宰，这时他已五十一岁。此后又连续升迁为司空、司寇等职，他做司寇大约有三年（前500～前498），政绩斐然。前500年，他并曾辅佐定公，与齐景公会盟于齐国的边地夹谷。齐欲以莱兵威胁定公，但孔子早有戒备，齐不得逞，因此鲁国在订约时才没有吃亏。

前498年，子路为效忠季氏，发起“堕三都”运动。三都是季孙氏的费邑、叔孙氏的郈邑和孟孙氏的郕邑。费邑一向是季氏家臣的叛乱根据地，当时阳虎党羽公山不狃盘踞在那里，是季氏心腹之患。郈邑则曾于前500年被叔孙氏的马正侯犯盘踞为乱。孟孙氏的郕邑，并未曾发生过这类叛乱，它之在被堕之列，当是季氏想借此削弱孟氏的力量。孔子赞助子路的建议，乃由鲁定公出面主持。结果郕邑被放过，郈、费均被堕毁。堕费时，孔子受季氏倚任，以司寇代理鲁相。但堕费后，季氏的大患已除，不复优礼孔子，因此孔子仅代相三个月便辞职。

前497年，孔子离鲁赴卫，因鲁与卫接境，而卫又多君子，所以孔子去鲁后立即赴卫。这时卫都帝丘，它的国君灵公正迷恋夫人南子，无心国政。孔子初至，未能获见，因此他居卫十个月便离开。在他赴陈（前496）的途中，经过匡（卫地，今河北长垣县西南），为匡人所拘留。因为匡人误认他是曾经为暴于匡的阳虎。孔子脱险后，再度至卫。前495年，始见灵公，决意出仕，但灵公徒慕孔子的声名，虽甚礼遇，并不委以政

孔子周游列国，游说诸侯国王，选自清焦秉贞绘《孔子圣迹图》，（美）圣路易斯美术馆藏。

事。这时南子弄权，太子出奔，卫国政治已相当紊乱，而灵公却想以兵伐晋，扬武域外。前493年，他向孔子咨询军旅阵法，孔子以其不重礼而好武，因而拒答，并立即去卫。次年，孔子至曹，不久离曹赴宋，过宋时几乎为宋司马桓魋所杀。其后孔子至陈，遂仕于陈。前498年，因吴伐陈，孔子乃去陈。在陈蔡边境，因粮食断绝，几乎变成饿殍。同年，他自蔡（时已属楚）至叶（楚地），又自叶返陈，自陈至卫。次年，孔子再仕于卫。这时卫早已换了新主，正是卫出公在位的第五年。孔子在卫，一直住到前484年，才为季康子迎接回鲁。他在外凡十四年，经历数国，备尝艰困和危险，还经常遭遇若干隐者的讽讥，却没得到一位明君的信任，使他得以施展抱负。这时孔子已是六十八岁的皤然老翁，鲁国也久已更换了国君，其时正值鲁哀公在位的第十一年。［孔子周游列国之年代，系根据钱穆《孔子传》（载《综合月刊》六八至七〇期）］

孔子回国后，鲁哀公和季康子对他均甚优礼，但仍不让他参与实际政治，只是以国老的地位备咨询而已。在他回国后直到他去世的五六年间，似乎大部分时间用在古籍的整理上，他曾将《诗》三百篇的旧曲调加以修订，此外，现存的《春秋》，据说也是在这段时间内经他编纂而成的。他死于前479年（周敬王四十一年，鲁哀公十六年），享年七十三岁。

孔子的时代，中原局面因向戌的弭兵之盟而暂安，但南方的吴越却正做激烈的角逐，各国的氏室也日益强大专横。到他死时，齐国的田氏和晋国的韩、赵、魏三氏已奠立篡夺瓜分公室的基础。他死后不久而越灭吴，把历史引入一个新的时代。

（二）孔子的人格修养

孔子死后，他的弟子或再传弟子把他的生前言行，追记下来，集成一书，叫《论语》。《论语》究竟出于哪些人之手，现已无法确考。据宋人的看法，可能是孔子门人曾参和有若两人的弟子所写，因为书中对孔门弟子的称呼，只有他两人被特别尊称为“子”，其余都称其字。这说法大体可信，现存的《论语》有二十篇，据清人的考证，其中最末的五篇，最少有一部分已为战国末年人所窜乱，但这本书仍不失为描写孔子生活的原始资料。

这本书中所描写的孔子，是一位温良恭俭的君子，又是一位精勤博雅的学人。在政坛上，他是个才识兼备风度高尚的政治家；在野时，他又是个循循善诱诲人不倦的良师。他一方面栖栖遑遑寻求施展政治抱负的机会，一方面又能乐天知命，不因颠连贫困而易其操守。他有个毕生服膺的道德律，便是所谓的“仁”。仁不特助成他个人的完美人格，他并把这道德律加到政治和教育上去，创出新的政治思想和教育理论。

什么是仁？简单说来，是人与人之间的同情心真实而合礼的流露。孔子心目中的“君子”，是具有真性情而又能本之以行礼者。他认为仁是一切道德的实质，没有仁，一切道德都归于空虚。他本身也就是仁的实践者，在有丧事的人旁边吃饭，他从没有吃饱过，看到穿丧服或盲目的人，虽然熟识，也要改容相接。朋友死了无法安葬时，一切殡殓的事便由他来办。他处处为人着想，绝不把自己不喜欢的事，加诸他人。

仁也是孔子衡量人物的标准。他认为凡是言语说得过分好听颜色装得过分好看的人，很少能够得上仁；倒是刚强果毅质朴口钝的人，与仁还相近。他的弟子宰我，曾与他讨论“三年之丧”的问题，认为为父母守丧三年，学业为之荒废，不如改为一年。孔子问他如此是否心安，回答说：“安。”孔子说：“如果安，你便去做吧！”但孔子认为宰我不仁，因为他过分注重实利而忽略了情感。孔子另一个弟子颜渊聪明勤恳，外表却像是愚钝，孔子最欣赏他，曾对人说：“只有颜渊能连续三个月一心不违背仁，其他学生，只是偶尔能实行而已。”

孔子认为仁者必具有勇气，他曾说：“凡是有志于仁的人，只有牺牲性命而成全仁的，没有为求活命而损坏仁的。”这几句话，充分表露出孔子对这个道德律信仰的笃诚和实践的勇气。

孔子在生活中表现的另一种风格是达观。他虽然对政治有着浓厚的兴趣，但在宦海里仍能保持着高尚的风格。每逢国君对他不信任或是恶势力无法克服时，他便飘然远引，绝不贪恋权位，也不以暴易暴，与人做名利的争逐。在富贵与人格之间，他宁愿舍弃前者而保全后者。他不怕贫穷的生活，他曾说过："粗恶的饮食，简陋的居室，其中也有乐趣；不义的富贵，像天上的浮云，是起灭无常的。"

好学深思也是孔子的特点。他从幼年便立起为学的志向，一直精进不懈；他浸润在学术之中，忘却了饥饿，忘却了烦恼，甚至忘却老年的将临。直到他临死的前几年，还在整理古代典籍，他可以说是毕生为学的。因为好学，所以博学。更难得的是，他不但自己好学，又能诲人不倦，倾其所有地教导他人，一点没有隐藏。他对于不求上进的弟子，责备最甚，即是行为懒散的朋友也免不了受他的呵斥。虽然他的弟子中人才辈出，但孔子以为其中最好学的只有颜渊，似乎也只有颜渊最能理解孔子的学问。至于孔子为学的态度，可以从下面两句话里看出来："知之为知之，不知为不知。"

（三）孔子的政治理想

孔子的政治见解，是以复古为革新的。他希望"天下"能恢复武王周公时代的旧观，他对西周盛世的一切文物典章，除了若干小节加以修正外，可以说是全盘接受的。

达到这种政治理想的第一要务，便是"正名"。他的意思是，无论贵族或平民都应安守旧分，以使名实相符；僭越的诸侯、大夫、家臣，甚至不安分的平民，都应受到制裁，以期达到"君君、臣臣、父父、子子"的境界。他似乎尤其厌恶僭越的氏室，对季氏和齐国的田氏，均深表不满。他认为如果不正名，一切的政事都无法上轨道，刑罚与教育也都将无法推行，结果人民将无所适从。

此外，他主张把仁扩充到政治上去，以爱民为政治的目的。靠法律来维持的政治，不是最高水准的政治；必须要在法律以外，加上道德的教化。换句话说，政治不完全建立在法律之上，而主要建立在德教之上；法律只是在德教无法施行时不得已而用的东西。他认为"拿政令指导人民，拿刑法划一他们的行动，这只能使人民不敢犯法，但不能使他们知道羞耻；拿道德指导人民，拿礼节划一他们的行为，则人民不但知耻，还会越变越好"。

孔子德教的内容是什么呢？大体说来有两端：一是礼，使社会养成谦恭忍让的风气，以避免纷争。二是孝，使人民对父母能谨慎的送终，对祖先虔诚的祭祀，则他们的德行自然趋向仁厚，国家社会的基础也自然巩固。同时他认为在位者，更应首务修德，以为人民的表率。

一个国家的政治，在他看来，至少要具备三个条件，即是有足够的粮食，足够的兵和受人民信仰的政府，而第三个条件最为重要。一个政府，只要人民信仰它，即使是无兵无食，仍然可以站得住。此外，他认为国家的财富，不怕寡少，只怕不平均，人民的生活，不怕贫苦，只怕他们的生活不能安定。

对国际政治，孔子是推崇霸道的，霸道在当时并没有坏的意思。他盛赞管仲相桓公时所建的尊王攘夷事业，认为他是诸夏的救星。在他的时代，连管仲一类的人都不可得，所以他有这种想法，是很自然的。但他仍本着“正名”的原则，对管仲若干违反名分的地方，加以严厉的批评。

大体说来，孔子的政治理想，对内是整饬纪纲，对外是攘逐夷狄，把不上轨道的世界，带回西周的盛世去。

（四）孔子与教育

孔子的最大抱负在政治，但他的政治活动是失败的。他的最大成就在教育，在这方面，他给予后世绝大的影响。

孔子是大量而有系统地传播贵族学术到民间来的第一人，他把贵族宗庙里的知识变换成人类社会共有共享的学术事业。在他以前，儒者是贵族的寄生者，到他首先提倡“有教无类”，不分阶级，一律施教。他的弟子现有事迹可考者，大都出身贫贱，如颜渊、闵子骞、子贡、子路、有若、原思、子张等；以贵族来求学的，则只有孟懿子、南宫敬叔等少数的几位。这种教育态度，不但是后来学术平民化的开端，也是后来“布衣卿相”局面的根源。

孔子讲学图，清黎明绘《仿金廷标孝经图》。

孔子一生所教弟子达三千人，其中最贤的约七十人。他的门下拥有多方面的人才，不特对鲁国的政治社会有着巨大的贡献，其影响力并远及外国。他的大弟子中，以德行见称的有颜渊、闵子骞、冉伯牛、仲弓；以语言见长的，有宰我、子贡；政事则有冉有、子路；文学则有子游、子夏。在政治上有地位的，多是在他做鲁司寇以前所收的弟子，如子贡尝出任使节，四次与吴人一次与齐人折冲，均不辱使命；冉有、子路均曾为季氏宰，子路且曾出仕于卫；宰我曾受鲁哀公咨询，后曾仕齐之田氏。子夏是他晚年返鲁以后所收的学生，曾做过魏文侯师。他以个人在野的力量，能造就出这么一大批人才，这成就也是前所未有的。而他本人率领弟子，周游列国，做政治活动，又开战国的游说之风。

在学术的传授方面，孔子不但注重技艺教育，并首先实行人格教育，拿系统的道德学说和缜密的人生理想来教训生徒。孔门的课目，后世通称为“六艺”或“六经”，即《礼》《诗》《乐》《书》《易》《春秋》。但事实上《易》和《春秋》，孔子并不用来作课本，只是后儒所必须研读的古籍。六艺中的《乐》，久已佚失，其余的都在孔子以前即已存在，现在分述于后。

孔子所教授的礼，不外两方面，一是贵族交际中的礼貌仪节，一是贵族冠、婚、丧、祭的各种典礼。孔子曾说过：“不学礼，无以立。”可以证明当时的社会是非常讲究礼的。孔子少时便以礼学知名，他不仅懂得当时一切流行的礼，更注意到礼的沿革和本源，因而产生了一种新见解。他认为情感是“礼之本”，没有本的礼，便是虚伪。不仁的人，虽讲礼也没有意义。像丧礼和祭礼的举行，都是原于一种“反本报始”的心理，也就是孝悌之心。所以当宰我主张把三年的丧期改为一年时，孔子便告诉他只要安心就可以去做，因为对父母既无感激之心，就是行三年之丧，也是无意义的。对于祭祖，孔子也持同样的看法，认为只是一种对先人的敬意，祖先的灵魂并不一定临飨，所以他说“祭神如神在”。他对鬼神的存在，显然采取怀疑的态度，因此他绝口不谈鬼神生死等问题。至于他所相信的天，也已经不是偶像，或是牺牲玉帛可以贿买的天，而是冥冥之中主持公道的一种力量。

孔子所教的礼，并没有一定的课本。现存关于礼的儒家典籍有所谓“三礼”，即《仪礼》《周礼》《礼记》。三礼中只有《仪礼》的主要内容可能是孔子时代仪节典礼的条文，经孔子和他的信徒陆续增改而成，成书的时代当在西汉。《周礼》（又名《周官》）是叙述周代制度的书，其中并含有相当成分的理想，作者已不可考，其成书年代在战国中期以后。《礼记》则是孔子信徒追述孔子生前言行的书，也是在西汉成书的。所以后两部书与孔子当时所授的礼，并没有什么关系。

《诗》是民间歌谣和贵族庙堂诗歌的荟集，它的时代大致包括西周初年到春秋中期的五百年（前1100～前600）。据说古代所采集的诗共三千多篇，被孔子删去十分之九，只剩三百篇，便是今本的《诗经》。这个说法颇有可疑之处，因为孔子本人对古代遗留的典籍，常有“文献不足”之叹，却把诗删去十分之九，言行上未免矛盾。假如他真个删诗的话，何以他所最厌恶的“郑声”（郑国的歌谣）却不删去？

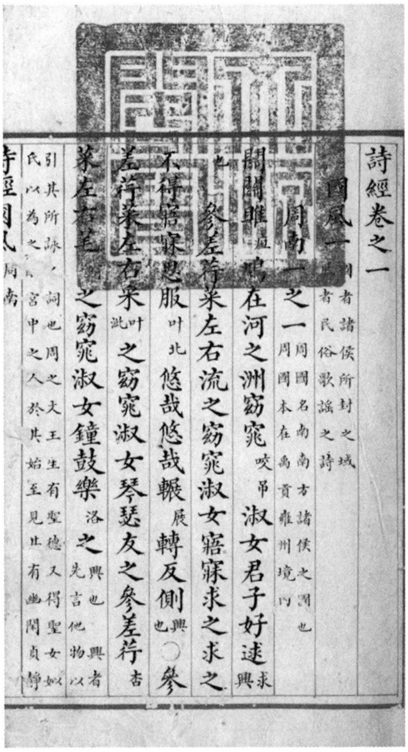
詩經卷之一
國風一 國者諸侯所封之域 風者民俗歌謠之詩
周南一之一 周國名南南方諸侯之國也 周國本在禹貢雍州境內
關關雎鳩在河之洲窈窕淑女君子好逑 興
參差荇菜左右流之窈窕淑女寤寐求之
求之不得寤寐思服 悠哉悠哉輾轉反側 興也 ○ 參
差荇菜左右采之窈窕淑女琴瑟友之參差荇
菜左右芼之窈窕淑女鐘鼓樂之 興也 興者先言他物以引起所詠之詞也
周之文王生有聖德又得聖女姒氏以為之配宮中之人於其始至見其有幽閒貞靜
詩經國風 周南

《诗经》书影，清道光年间内府朱丝栏精写本。

《诗》三百篇在春秋时代是有其实用性的，贵族的交际辞令，要引《诗》为装饰，朝廷宴享外宾时，照例择《诗》中的一首或一节命乐工歌诵，以为欢迎词，宾客也照样回敬；主宾间的情感愿望，也多借诗句表达。因此孔子曾说：“不学诗，无以言。”孔子所教的《诗》，自然仍着重其从政和识人论世的实用价值，但也以《诗》为人格修养之用。他对诗有道德上的要求，教人以学《诗》达到“思无邪”的境地。此外，他并教人从《诗》中得到启发，以体会人生的道理。

诗和乐在当时是不可分的，《诗》三百篇都有乐章，是当时的正宗音乐，同时是贵族教育的重要课程。孔子本身便是个音乐家，自然也连带着教授弟子。他讲音乐特别注重音乐的感化力，他确信音乐不但可以陶冶个人的性灵，而且可以改变社会的品质。为尽量发挥音乐的道德功用，他主张禁绝低劣的音乐。当时郑国的音乐最为淫荡，所以他倡议“放郑声”。他晚年曾将三百篇的旧曲加以修订，这是他平生引为得意的事。他说：“吾自卫返鲁，然后乐正，雅颂各得其所。”虽然他对于乐有一番制作，对于《诗》，则没有真的去“放郑声”。

《书》大部为西周的档案，其内容包括战争时的誓师词，周王封立国君时的册命词，周王对臣下的告谕，以及王室大典的记录等；另一小部为追记唐、虞、夏、商的故事和语言。西周的各篇是否由周室传流下来，颇有疑问，因为西周的播迁非常仓促，临时不大可能携出那么繁重的简册。因此，有人认为西周诸篇可能是鲁国所存的“副本”，因为其中有许多篇是关涉到周公的［参看屈万里《尚书释义》“叙论”］。旧史说孔子时《书》有一百余篇，孔子并曾加以编次。《书》和《诗》同是孔门教本，但《诗》在孔子以前，传诵者已甚多，《书》则从孔子开始，才被普遍应用为教本。孔子把旧有的档案加以编次取舍，以适合做教本之用，自然是可能的事。

今本《尚书》五十八篇，据清人考证其中出自伪造者达二十五篇。真的三十三篇中，其时代也有很晚的，如叙述唐、虞、夏、商事迹的各篇中，有若干篇的时代当在孔子之后。所以孔子所授的《书》，与今本《尚书》的内容，其差别是很大的。

《易》不是孔门课本，与孔子似乎也没有多大关系。今本《易》的内容，包括《卦》《爻辞》《象传》三部分。《卦》据说为伏羲氏所画，而由周文王加以推演，这是不可靠的。《爻辞》据说是孔子以前鲁太史所作。《象传》中的“系辞传”据说是孔子所作，也不可信；《象传》之成，似乎远在孔子之后。总之，《易》是一本累积而成的书，不是一人一时所完成的。《易》的内容是有关卜筮的知识，但从《论语》看，孔子是连“祷”都不肯为的，何况卜筮？因此近人以为《易》是齐国阴阳家之学，与儒术本不相干。到战国末年，儒生和术士合流，《易》才和儒家发生关系。［参看傅孟真《中国古代文学史讲义》（九）儒林（载《傅孟真先生集》第二册）］

《春秋》本是鲁国史官对时事流水账式的记录的总名，这类历史记录，各国都有，而以鲁国的最久最完全。《春秋》的文体非常特殊，字句简练，但记事并不完全依事直叙，有时以曲折委婉的笔法来表达，并暗含着褒贬之义。这或者因为当时写书的材料尚很缺乏，或者因为忌讳，才产生这么一种文体。这类史记在当时的贵族社会中，可能兼做伦理教育之用。据说孔子以这种笔法，把鲁史记隐公元年（前722）到哀公十四年（前481）的一段加以修订，而成为现在的《春秋》经。《春秋》也不是孔门的课目，但这部书的思想源泉却与孔子大有关系，因为其中含有浓厚的“正名”思想。从历史的眼光看《春秋》，诚然是一部后人所谓的“断烂朝报”，但从伦理原则上看，却是一部完整的著作。

（五）战国时代的儒家

春秋末年，儒仍然是一种职业阶级而不是学派，而且当时也没有其他独树一帜的学派。到战国，墨家与法家兴起，开始与儒家抗衡，儒家才自成一学派。但墨法两家都与儒家有着渊源关系，墨家的创始者墨翟，最初曾“学儒者之业，受孔子之术”；而初期法家的代表人物如李克、吴起等，又都是孔子的再传弟子。

孔子在生前已负盛名，又因其弟子多是名流，经他们的宣扬，孔子身后的声名也就更加提高。战国时，孔子已奠定“圣人”的地位；而在这个时期儒家又有两位代表人物继起，就是孟子和荀子。孔子以后的儒学，因他们的阐发而更形光大。

孟子名轲，字子舆，邹（今山东邹县）人。他大致与魏的惠王、襄王，齐的威王、宣王同时，至于他的生卒年代，则说法不一，一说他生于前 385 年，卒于前 303 年或前 302 年。他是孔子孙伋（子思）的再传弟子，一生游历宋、薛、滕、鲁、魏、齐等国，曾仕齐宣王为卿，致禄万钟。但不久去齐，此后即不再出仕，他死时已有八十余岁。

孟子的思想，具见于现存的《孟子》七篇中，这本书可能是孟子的弟子编纂而成的。《孟子》不如孔学的博大精深，但思想则较孔子为激进，这自然是时代使然。他的最大贡献，是有关人格教育的学说，其原理虽大致本于孔子的学说，但更加完密而有系统。现在分别说明孟子的政治和教育的思想理论。

孟子的政治原理，大体承袭孔子，主张所谓“仁政”，也就是把“不忍人之心”扩充到政治精神中去。他以为政治的最高理想，在谋全人类的幸福。因此他对天子的世袭制度，表示怀疑，认为天子必须是德智双全的圣人，不应世袭，而应禅位于后圣。他对贵族阶级的地位及若干特权是承认的，但同时又认为政府存在的唯一理由是保障人民的利益。君主的临民，以爱护人民为条件，并非具有绝对的权威；残虐人民的君主，人民得起而诛之。这是他的“民贵君轻”理论的大要。他有几句有关政治的名言：“乐民之乐者，民亦乐其乐；忧民之忧者，民亦忧其忧”“君视臣如草芥，则臣视君如寇仇”，这种见解是孟子以前的儒家所没有的。

孟子在政治措施中，最注重“养民”，他曾立有改善民生的具体方案。此外，他坚决反对君主的厚敛和好战，这可反映出孟子时代的世局。

孟子政治思想中的“仁政”，本于“仁心”，对此他有一套有系统的理论，即所谓“性善说”。他认为人性本善，因为人性隐藏着四种与生俱来的特性，那就是仁、义、礼、智的趋势，他称之为“四端”，也就是恻隐之心（仁之端）、羞恶之心（义之端）、是非之心（智之端）和辞让之心（礼之端）。人之有四端，也就是“人之所以异于禽兽”的地方，因此应该对这些特性加以发展。以全力发展此四端，便是“尽性”；尽性的修养积之既久，便养成一种“至大至刚，塞于天地之间”的浩然之气。凡具有浩然之气的人，便是“富贵不淫，贫贱不移，威武不屈”的“大丈夫”，而“大丈夫”也就是人生的最高目标。

孟子之时，杨朱和墨翟的学说最为盛行，据孟子说，当时“天下之言，不归杨则归墨”。而他的责任则是“拒杨墨”。孟子对他们的学说的攻击重点，是墨的“兼爱”和杨的“为我”。墨子的事迹和学说将在后面详述，杨朱的事迹无传，从战国人的称引中，知道他大约是孟子的前辈。他的“为我”和墨子的“兼爱”恰巧相反，兼爱是对世人一视同仁的爱，为我的思想则认为人生的最高目的，在乎求各自的舒适生活，不损己以利人，也不损人以利己。孟子对他们的批评是：“墨子兼爱，是无父也；杨子为我，是无君也；无父无君，是禽兽也。”无论孟子对杨墨的批评是否公允，但他对儒学的光大，确有一番功劳。

战国时代儒家的另一代表人物荀子，名况，赵国人。他的时代，较孟子稍后。他少年游学于齐，齐湣王时他去齐赴楚，为兰陵令。齐襄王时，又曾返齐国。此外，他并游秦、赵等国，在赵仕为上卿。他奔走列国，自壮而老，并未能行其道。他死后大约二三十年，秦国便统一“天下”。

从现存的《荀子》一书看，荀子的思想严格而有系统，他与孟子同为孔子的崇拜者，同样主张省刑罚、薄赋敛、息战争的王政。他的学说所不同于前儒的，大致有两方面：一是主张性恶，一是把法家思想注入儒学中。

荀子曾说过：“人之性恶，其善者伪也。”大意说，人生下来便具有若干恶性，诸如好利嫉妒之心，和耳目声色之欲等，如果顺性发展，则争夺残贼淫乱等恶行便会随之而起；必须加以后天人工的节制和教育（伪是人为之意），才可以使之向善。所以荀子教育学说的重点，全在用外在的功夫来克服人性的弱点。

荀子主张以“礼”来节制人的恶性，使其不能自由发展，但礼的最后目的则是养民，使人民生活改善。虽然他对于礼的涵义或内容，没有明确的说明，但他认为礼必须具有“别”的功能，要使贵贱长幼、贫富轻重先有等差，然后确定每人的权利和义务。权利义务既经确定，可以各安其分，社会自然安宁。至于等级的区别，则全视个人的贤能与否而定。国君是一国之最贤能者，并有其重要任务，因此应当被尊重。

荀子的理论，显然与法家有接近之处，因为礼和法并无十分明确的界限，广义的政治制度，既可称为礼，也可称为法；而且两者同是一种对个人的外来钳制，不容选择和怀疑。因此他的性恶说和礼宪说，配合着当时的世局，渐而演变成战国末年的法家之学。换句话说，法家思想因吸收了荀子的理论，而更加充实完备。他的弟子韩非，便是法家的集大成的人物；佐助秦始皇推行法家政策的李斯，也是他的弟子。

三、道家

老子授经图，任颐绘。老子见周将乱，乘青牛西出函谷关，关令尹喜请其著书，遂得《道德经》五千言。图中所绘为尹喜拜见老子的场面。

（一）老子

老子是先秦思想家中的神秘人物，他的事迹已无法确考。据旧史说，他是楚国苦县（今河南鹿邑县东）人，姓李名耳，字聃，做过周室的史官。他与孔子同时，但年辈较长，孔子且曾向他请教过礼的问题。他后来见周室日衰，便辞官隐去，不知所终。现存五千字的《老子》（即《道德经》）一书，便是他隐去时路过函谷关为关令尹喜写的。

《老子》一书是否老聃所著，曾有许多人怀疑过。因为书中有许多话，显然不像春秋时代人所说的。例如“六亲不合有孝慈”“民多利器，国家滋昏”等一类激烈的话，不大合春秋时代的思想。书中所表现的社会背景如“万乘之国”“取天下”一类的话，以及书中所说的制度，如“偏将军”“上将军”等，都非春秋时代所有。孔子是最喜称美古代和当代贤人的，但《论语》中却没有一句提到老聃。墨子、孟子都喜欢攻击反对派，像书中“绝圣弃知”“绝仁弃义”一类的话，和儒墨思想都根本不相容，但墨子、孟子却对老子毫无批评。因此有人不相信《老子》是春秋时代老聃的作品，认为可能出于战国时代，但也许有一部分思想是承袭老聃的。老学在战国末期尚不甚风行，到西汉初期，才风靡一世。

《老子》一书，虽然只有五千字，但其涵义之富和影响之大，都非同小可。它对人生、文明、政治、宗教等问题，都有特殊的看法。

《老子》认为世上万事万物的进行，其所遵循的法则是“物极必反”和“祸福相倚”。凡是事物在某一方面发展到极致之时，也就是它走向相反方向的开始；因此，祸与福在轮流地变换着。一个人要想免祸，必须不要把福发展到极致，所以它教人谦卑逊让，知足寡欲。

它认为文明是人类痛苦和罪恶的源泉。因为世上许多贪残诈伪的行为，每由智慧和知识而来。人类的智慧越高，知识越富，则其苦痛和罪恶也就越多越大。因此，它主张废弃知识和文字，以塞其源。一切由文明所产生的享受，也都在摒弃之列。

“物极必反”的法则，在人事的任何方面，都无例外。政治社会的各种制度的运用，也往往会发生与原来目的相反的结果。法令本在防盗贼，但因“法令滋彰”，反而“盗贼多有”。治天下者本欲有为，而结果反常不足有为。因此圣人治天下，法令仁义，皆应排除，以塞其乱源。即令有所制作，也不可让其发展到极点，而致产生反面的结果。在政治方面，《老子》主张小国寡民，认为政治统治者应当一切听人民自便，不加干涉。它认为最好的政府，仅是让人民知道它的存在就算了，一切不必过问。它说：“太上下知有之，其次亲之誉之，其次畏之，其次侮之。”这种不干涉政策，便是“无为”；它认为唯有“无为”，才能“无不为”。

对宗教方面，它已否定上帝的存在，认为宇宙并没有什么主宰，只是循着一定的法则运行，自然而然而已。

庄子，选自《历代名臣像解》。道家思想的集大成者，一生寂寞，所留《庄子》多采用寓言故事，想象瑰丽绝伦，文章恣肆汪洋、飘逸绝尘，鲁迅誉之“汪洋辟阖，仪态万方，晚周诸子之作，莫能先也”。

（二）庄子

庄子的事迹和老子一样缺略，只知道他名周，宋国蒙（今河南商丘县东北）人，与梁惠王、齐宣王同时。他不乐仕进，仅在蒙做漆园吏。楚威王曾聘他为相，被他谢绝。

庄周的作品，有《庄子》一书流传，它不特是哲学名著，也是文学杰作。他的思想，渊源于老子，对于人生和政治社会的看法，大体上都与老子相同，不过把老子的思想，做更精微的阐发而已。

庄子的避世思想，较老子更为明显。他认为世界是循着一个固定的自然律在流转变迁，万事万物在变动的巨流中，无所谓是非和贵贱。人和其他万物一样，由生以至于老死，都是自然的演变。要想获得至安至乐之生，便非顺乎自然，破除拘执不可。也就是说，应当超脱世界上一切欲望的束缚和情感的萦扰，把自身与天地万物合为一体，破除我与非我的界限，而达到绝对的自由平等。唯有这样才能得到最大的安适，具有这种修养的便是“至人”。准此而论，一切的政治制度，社会礼俗，都是一种束缚，都没有价值。所以庄子的政治思想，也是以“无为”为归宿的。

四、墨家（墨子）

（一）墨子的身世和墨家的组织

墨子名翟，鲁人，其生卒年代，均无法确考。大致说来，他的诞生约与孔子的死相连接。他的一生行事，流传于今者也甚少。他似乎以在宋居住的时间为最多，也许他的先世是殷遗民，但其门阀无考，可能是当时的“贱人”[一说墨氏即墨夷氏，宋公子目夷之后。见傅孟真《性命古训辨证》第七章（载《傅孟真先生集》第三册）]。他的职业，也很奇特，非农非商，而是一位善制器械的巧匠。据说，他少时在鲁曾习儒者之业，从墨学的内容看，他显然曾受过儒家的熏陶。战国时代的儒家，已经自成一种组织，有着自己的法度守则。墨家组织的严密可能受儒家的影响，但墨子

《墨子》，明正统道藏本。

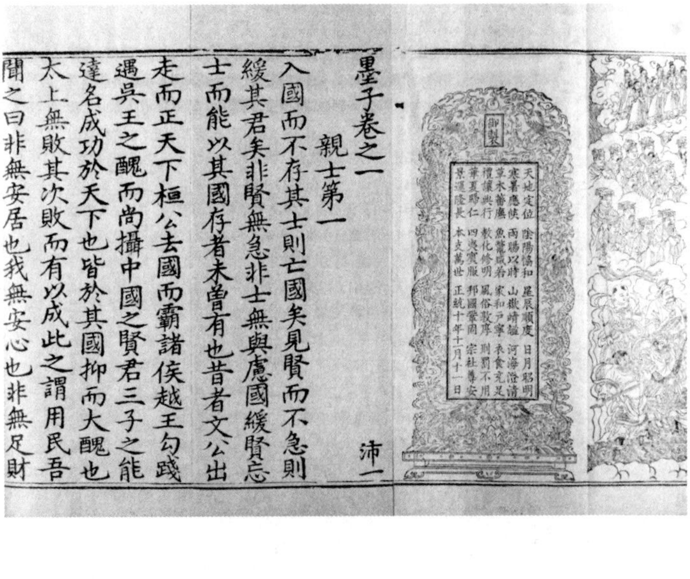
墨子卷之一
親士第一
入國而不存其士則亡國矣見賢而不急則緩其君矣非賢無急非士無與慮國緩賢忘士而能以其國存者未曾有也昔者文公出走而正天下桓公去國而霸諸侯越王勾踐遇吳王之醜而尚攝中國之賢君三子之能達名成功於天下也皆於其國抑而大醜也太上無敗其次敗而有以成此之謂用民吾聞之曰非無安居也我無安心也非無足財
沛一

对儒家的攻击却不遗余力。战国时，儒家所讲究的礼乐，演变成只重形式而全无精神，有时竟像是诈伪。墨子的反儒，自然是对这种儒家教育不满的结果，但他反儒的工具，却得自儒家。

墨子在鲁时，常与儒者相辩难，并曾受过鲁君的召问。但他的学说，在鲁国没有发生影响，这当是他去鲁的原因。他去鲁后，曾到过宋、卫、齐等国，晚年曾到过楚，他一生可能以布衣而终。他的学说，最初盛行于楚，到孟子时，已到“其言盈天下”的地步。

墨家是一个永久性的组织，它的业务是传授技术，以及受贵族的禄养，为他们守城等。所以墨家讲求守御技术，并擅长制造守御器械。但他们为人守城，只是为抵御侵略，绝不向人进攻，这是他们的信条。有时为援救弱小，也可以自动为人守城。例如前 445 年，另一位鲁国的巧匠公输般为楚国造云梯以攻宋，墨子一面命他的徒众在宋布防，一面亲自日夜跋涉赴楚，劝楚罢兵。

墨家的领袖称为“钜子”，钜子在整个团体中，具有绝对权威，他的意志便是全体的意志，徒众须绝对服从。墨子是第一任钜子，他有门徒三百人，据说他的命令可以使他们“赴汤蹈火，死不旋踵”。墨家本身并有它的特殊法律，由钜子执行，绝不宽纵。其条例大都不传，现在仅知道有“杀人者死，伤人者刑”的规定。

墨子虽可能是“贱人”，但他的学问的渊博，实不亚于任何士大夫。他的“有教无类”的教育宗旨，较儒家更为彻底，所以他的门徒中，有许多工匠和下层社会中人。墨家虽有浓厚的宗教气氛，但墨子自身实是一个学问之士和政治思想家，并不是纯粹的宗教家。

从战国直到汉初，孔、墨是并称的大师，但汉以后，墨学日渐衰微。墨子死后，墨家没有十分伟大的领袖像儒家的孟、荀者继起。前 381 年，墨家钜子孟胜为楚贵族阳城君守城，抗拒政府军，结果孟胜和弟子一百八十余人全部殉难，墨家大受打击。此后墨家分裂为三派，相互倾轧，因此声势渐衰。另一方面，墨家的生活，过分限制其徒众思想行动的自由和生活享受；而极端刻苦的生活，又为人情所不堪，自然无法受大众的欢迎。此外，墨家虽相信神鬼，但不是纯粹的宗教组织，因此没有纯粹迷信的宗教具有号召力。这些都是促成墨家衰微的原因。

（二）墨子的反儒

上面曾说过，墨子早年受儒家的教育，因不满儒家的若干学说，而创立反儒的理论。但他表达思想的工具却和儒家相同，例如他和儒者都谈《诗》《书》，都谈先王尧舜，都称美禹等。在立义上，则有许多地方对儒家痛下针砭。儒墨理论的不同，至少有下列十点：

1. 儒者认为亲亲的重要，在尚贤之前；墨子则纯主尚贤，认为圣王应唯贤是用，不党父兄。2. 儒者承认政治社会有阶级之分；墨子所主张的“尚同”，则含有平等之义。3. 儒者认为爱有等差，墨子则主张“兼爱”。4. 儒者把战争分为义与不义，赞成“义战”而反对不义之战；墨子则“非攻”，反对一切的攻战。5. 儒家虽反对过分的享受，但并不反对够水准的生活；墨者则主张绝对节用，恶衣粗食。6. 儒家主孝，连带主张厚葬久丧；墨子则主薄葬短丧。7. 儒者虽非自然论者，但不愿谈天道，对神鬼亦抱同样态度，“敬鬼神而远之”；墨子则把自己的理想托为“天志”，确信有鬼神。8. 儒者提倡音乐，仅反对其低劣者，墨子则主张禁绝所有的音乐。9. 儒家是宿命论者，虽然平时不谈“命”，但失败时则好委之于命，墨子则“非命”。10. 儒者卑视手艺，认为是“小人”之事；墨子则是机械巧匠，并利用机械实行其理想。

从上列各点看，墨与儒确有许多差异。但从另一观点看，墨儒之别，只是程度的问题，基本精神上仍有相通之处。例如，两者都主张尚贤，只是儒者认为应在亲亲之后，两者都主张爱人，只是儒者认为爱应有等差。但是持中论者与极端论者在精神上属于两种类型，因此相争每每最烈。有时两个绝对相反的极端论，在精神上反有较多的共鸣，孟子的视杨墨同为邪说，便是一例。

（三）墨子的思想

墨子是我国古代思想家中第一位对旧有文明的缺失明白指出的人，他有《墨子》一书传世，文体用演说体，是中国古代著作唯一用这种体裁写成的。他认为旧有文明有许多不合理和自相矛盾之处，例如杀人者死，而战争则为人歌颂，窃珠玉鸡犬者为盗贼，而夺人城池国家者则为功臣。此外对于贫富不均，政治世袭以及虚饰浪费等现象，均表不满。因此他认为社会要通盘改造，以建立社会的新秩序。下面便是他的新方案的重要内容。

墨子认为世上一切道德礼俗和制度的设立，应有一个目标，那就是为求“天下之大利”，而非谋少数阶级或一国的私利。所谓“大利”，即是使天下人均能丰衣足食，结婚生子。为达到此目标，所有的人均应过最低限度的生活；任何享受，均为掠夺。因此他主张节用，凡日常所需，无论饮食、衣服、宫室、器用，都必须加以节制。此外，如厚葬、久丧以及音乐的演奏，都与节用的原则不合，所以他也坚决反对。

战争在墨子看来，是达到“天下大利”目标的主要障碍，因此他反对战争。他随时随地阐述战争的“不利”，他认为战争多半由于侵略者认为战争有利而起，所以他要首先破除这种错误的估计。此外他认为攻伐有时起于好名，事实上武力侵略者是恶性最大的盗贼，其不仁与罪恶甚于攘人犬豕鸡豚者。为了对抗侵略，维护和平，他更讲求自卫自存之术。有时他更身率弟子，援助被侵的国家，以防止战祸的发生。

墨子认为世上的一切祸乱，起于人与人的冲突，推究其根本原因，则在于人类之自私而不能相爱。所以他主张“兼爱”，要人捐弃成见，爱人如己，不因亲疏而分等差。唯有如此，才能免除盗贼与战乱。他的兼爱论并不以品性或情感为出发点，而着重于效果，他认为“兼相爱”的报偿是“交相利”。

为达成他的理想社会，他主张彻底的圣贤政治。他认为政治制度的建立，始于选择天子，天子一定应由天下的最贤者来充任。天子分天下为万国，也以各国最贤的人充任国君。国以下的地方政区有乡里，乡里的首长也应是其乡里的最贤。若整个天下，上至最高的中央政府，下至最低的地方政府，都置于圣贤的领导下，实行着节用、非攻、兼爱、交利的原则，一齐向“天下之大利”的目标迈进，使整个社会泯除贫富贵贱的阶级，以及劳逸不均、浪费窘困、仇视争夺的种种现象。这种境界，叫作“上同”，便是墨子的理想社会。儒家的“大同”思想，便是以墨子的上同论为蓝本的。

墨子并借用宗教力量来推行他的学说，因此他有“天志”“明鬼”的主张。他认为天是人的榜样，也是全人类的唯一主宰。天具有无上权威，其赏罚虽天子也不能避免，所以人类对天应绝对服从。他曾举出古代的尧、舜、禹、汤、文、武等圣王皆因顺天之志而得赏，桀、纣、幽、厉等暴主皆因逆天之志而受罚。什么是天志呢？事实上，就是他本人的各项主张。他并确信有鬼神，认为鬼神也同样的赏罚善恶，统治君民。此外，他反对命定说，因为这种说法足以阻碍人类勤苦上进的意志，对社会是不利的。总之，墨子的一切学说，可以说全在“利”上着眼。

五、法家

（一）法家的流派

战国时代法家的发源地有二：一是齐国，一是三晋。而这两个地区的法学思想，其内容是截然不同的。齐国一派法家思想的书，现存的有《管子》《晏子》，其作者并不是春秋时代的管仲、晏婴，而是后人所假托的，但其中当有一部分是管晏的政治思想和施政方针。这派政治思想的重心在经济方面，因为齐国在当时列国中是最富庶的，既富之国，自然注重经济政策以利用其富。《管子》书中论理财的地方，几乎占全书的四分之一，无论在内政、外交、教育任何一方面，都以经济为着眼点。它认为人君当以政令的督禁，谋求人民的根本利益，办法则是以重农政策为中心，辅以节用、输财、济困诸端。人民必须享有充裕的衣食，但私人的财产不能积聚过多，以致贫富悬殊而发生危机，因此它主张将工商大利收归国有。人民的道德也须以经济做基础，它最为后世所传诵的两句话是："仓廪实而知礼节，衣食足而知荣辱。"晏子的主要的论点，在于杜绝大国的淫侈，如何使其富而不侈，庶而不淫。其中除了贬抑孔子的地方，大体与儒家学说并无相违背之处。

三晋的法家思想，着重在政治方面，即如何巩固政府的地位，加强君主的权力等。晋在春秋初年，便有实行军国主义的趋势，到三家分晋后，魏国更首先变法，成为战国时代第一个军国主义国家。因此三晋的法家最多，秦国的富强，几乎全仗三晋法家之力。晋在春秋时，和秦国历代联姻，同时两国邻近，也许风俗有若干相同之处。到战国，三晋习染中土的奢侈，渐渐衰弱，而秦国反以新兴之国，利用三晋的法家，致国家于富强。

三晋法家，又可分为三派：一派重"术"，即以权谋操纵臣下，暗别忠奸，加以莫测的赏罚，使臣下悚惧，不敢为非。这一派可以与商鞅同时的韩相申不害为代表，他本是郑的"贱臣"，韩昭侯（前 358 ~ 前 333）用之为相，内修政教外应诸侯者十九年。他著有《申子》二篇，久已亡佚，他的治术仅见于《韩非子》的间接叙述。一派重"法"，主张厘定法条，以严刑重赏为手段，促其彻底实行。战国初期的李克和中期的商鞅，都是这派的代表人物。李克曾相魏文侯，商鞅曾相秦孝公，使魏秦蔚为霸国。李克著有《李子》三十二篇，今已不传。商鞅有《商君书》二十四篇传世，但不是他本人的手笔。另一派重“势”，特别强调势位于君主之重要，认为君主只要掌握政府的权威，即可号令人民，莫敢不从。这派代表人物是赵人慎到，他与孟子同时，曾著《十二论》，但失传已久，今本《慎子》，则是伪书。集三派大成的人物是战国末年的韩非，他的学说，以势为体，以法术为用，更吸收道家的“无为”，构成法家思想最完备的系统。

（二）韩非的学说

韩非是韩国公子，口吃而善著书，他和李斯俱受业于荀子。他鉴于韩国的衰弱，曾屡次上书劝韩王振作，未被采纳，因此退而著书，力攻时弊。后来他的书被秦王政看到，激赏之余，以武力逼迫韩国把他交出。韩送他入秦，但不久秦王政因听信李斯的谗言，把他下狱，终于自杀于狱中，这是前233年的事。今存《韩非子》五十五篇，其中可能有后人增补的地方，但大体可信是他的作品。

法家论政，总是站在君主的一边，即使有时顾及人民，也是为君主打算，这是法家思想与其他诸家思想的基本不同之处。韩非的学说，便是告诉君主们如何使用法术和权势，来统治其国家和人民。对于儒家的政治学说，则极尽攻击的能事。

他反对儒家的贤人政治，因为世上的贤人太少了。他认为君主只要威权在手，中材之主便可以为治；即使桀纣一类的暴主，只要有权，臣民也得效忠，而不容违抗或批评。总之，君主是绝对的统治者，无论他的行为如何，臣民是必须服从的。

他反对儒家爱民的理论，君主的爱民，无非想借此取得人民的拥戴，但政府的基础若是建立在人民的拥戴上，则是非常危险的事。君主的爱民，不可能如父母的爱子女；即令能够，也不可靠。世上尽多违叛父母的子女，假若人民一旦对君主不愿拥护，又怎么办？因此他认为只有用严刑峻法，才可以使人民不敢不忠，不敢为非。法不但要严，还得周密，使歹人无所逃避。能如此，虽小人也可以有君子之行；不然，虽君子也会生小人之心。所以法也就是人民道德和教育的标准，他说：“明主之国，无书简之文，以法为教；无先王之语，以吏为师。”为君主的，只要严格信守着一套完密的法，使它不遭受破坏，便可以垂拱而治。此外，他认为“儒以文乱法，侠以武犯禁”，这两种人是国家之蠹，必须加以铲除。由此申论，一切不便于法令推行的名誉德行，也都是不足取的。

他认为君主所最需要的人民是兵和农，他们是富强的资本，国家必须对他们加以奖励优待，使他们戮力于农战，以达到“无事则国富，有事则兵强”的目标。奖励兵农的先决条件，必须首先除去游食坐谈之士，因为他们的存在，会妨碍兵农的振作。凡是不躬亲兵农的人，无论所谈的是什么，都是有害的。

君臣之间，他认为绝无仁爱信义存在，为臣的处心积虑觊觎君主的权位，为君的则处心积虑保持自己的权位，因此他主张君主要用术来控驭臣下。其要点是明察臣下的奸恶，削减私门的权势。要察臣下之奸，必须使明无所蔽，凡为君主者，万不可对臣下私宠偏听，因为这是奸臣培养势力的良机。所以，君主消极的应无所信任，不给臣下窥伺逢迎的机会；积极的应一切独断于心，不给臣下弄权窃势的机会。能够如此，臣下便会成为招之即来挥之即去的仆役，一切唯君主的意思是从了。

秦在列国中，是唯一长期而彻底实行法家学说的国家，它把效率看得重于人道，一切以富强为目标。因此国力能够高度集中，高度发挥，终能并吞六国，统一“天下”；但正因漫无节制地使用国力，又迅速地使它走上灭亡之途。

六、阴阳家

（一）阴阳家的兴起

中国古代，本是最重巫卜的，殷商的君主，几乎无事不卜，周朝的史官，也是以卜为最重要的职掌。到春秋战国，人们的理性大为发达，开始怀疑神鬼的存在，因而卜事大废，一切的神怪说法，也开始为学者所摒弃。但到战国末年，迷信的气氛，又笼罩思想界。这种迷信思想的发源地是齐国，它的民间迷信和哲学化的迷信，渐渐散播至整个中国，传布这两类迷信的便是方士和阴阳家。

前面已经说过，阴阳家的兴起与齐国的特殊地理环境有关，此外，也受了当时社会环境与政治局面的影响。战国末年，社会的变动越演越烈，富可以骤然变穷，强可以迅速转弱，暗示着人类社会在按照一个循环的规律进行着。两三百年的战乱局面，久已使人心对当前的时局感到绝望，在绝望之余，只有期待将来盛世的到临，阴阳家的学说，便借这种心理环境普遍地散布开来。

阴阳家的代表人物邹衍，是齐国人，旧史记载他的时代有若干谬误，但可确信他是战国晚期的人。他曾为燕昭王师，昭王对之极为景仰，为他筑碣石宫，执弟子之礼而受业。其后又曾为赵公子平原君的门客，据此，他可能死于长平之战以后。

（二）邹衍的学说

邹衍的著作都已亡佚，他的学说见于他人的著作而留传于今的有二，就是“大九州说”和“五德终始说”。

邹衍以前的学者，想象世界是一块大陆，四围是海，海尽处与天相接。儒家所说的“中国”（当时列国的总和），几乎就是大陆的全部，相传夏禹时曾划分为九州。邹衍则认为禹的九州并不就是“天下”，只是天下许多州的一州，名叫“赤县神州”。赤县神州以外，另有九州，每州各有海环绕之，各州的面积也远较赤县神州为大。禹的九州也就是儒家所谓的中国，只占全天下的八十二分之一而已。这就是大九州说，这种说法，无疑把前人想象中的世界的空间扩大了许多。

五德终始说起源于邹衍以前儒家的五行说。五行是构成万物的五种原素，即金、木、水、火、土。当时的儒者，又认为一年之中，五行势力轮流当盛，例如春时“盛德在木”，夏时“盛德在火”等。人事应与五行的运转相配合，因此为君王者，于一年中的某个季节便有应做与不应做的事，例如仲春应行庆施惠，不应出兵等。五行论是谁创的，不得而知；荀子认为子思、孟子所造作，大概不确。邹衍又把五行论加以推广，认为自天地剖判以来，人类的历史便为五行的势力（即五德）所轮流支配。在甲德轮值之时，人事上便有代表甲德的甲朝兴起，它的服色、制度以及政治精神，必须和甲德相配，例如周为火德，色尚赤等。到甲德既衰，乙德继之而盛；人事上则有乙朝兴起，取甲朝而代之。在两德相交替之际，照例要有祥征出现。战国末年，五德终始说已成为当时思潮的主流，并且做了当时列国诸王代周而兴统一天下的理论根据。同时谈这种学说的人，更混迹于儒家之中，许多方士和五行论者，竟都儒服儒冠。到汉朝，儒学中渗入大量的阴阳学，造成一个儒学其名阴阳学其实的学派，在两汉的政治社会上，大大地发挥了威力。甚至其后中国的一切信仰和方技，都多少受这种学说的影响。

第五章
集权帝国的发展与倾覆

一、秦始皇的事业

（一）始皇的为人

秦王政二十六年（前221），秦国统一“天下”的工作完成，出现了亘古未有的新政治局面。在此以前，无论名义上如何，中国实际是分裂的，到此乃有统一帝国的出现。在此以前，周室中央，除了那块小得可怜的畿土，微薄到不可想象的收入，对于诸侯国的内政，是无法过问的；到此集权的中央政府建立，直接号令着全国各地，雷厉风行，不但可以驱使帝国内任何角落的臣民，也可以攫取任何角落的财富，没有任何人或任何势力，敢与中央抗拒。这时的皇帝，是名副其实的“贵为天子，富有四海”。在此以前，“诸夏”或“中国”，都是个笼统的概念，并没有确切的范围和实际的组织；到此“中国”二字有了具体的表现，它代表着一个庞大帝国和它的土地人民。这些划时代的变革，都是秦王政的杰作。

秦始皇，佚名绘。

这里要对这位揭地掀天的雄主，做个简略的描写。他于前259年也就是长平之战后一年生于赵国，关于他的血统，曾有着微妙的流言，前面业已说过。他于十三岁时，继其父庄襄王践登王位。他生得孔武有力，自幼便养成自尊自大的脾气，例如荆轲行刺的事件，便是因为他对燕太子丹无礼而引起的。统一后，他自认为“德兼三皇，功过五帝”，因而自定尊号为“始皇帝”。同时他以为即使鬼神也该对他敬畏，他的责罚同样可以施之于人世以外，这种想法也是具有革命性的。例如二十八年（前219），他东游泰山，山上遇雨，曾在一株树下避雨，事后便封那株树为“五大夫”。同年他南巡，渡长江至湘山（即今洞庭湖中的君山），在他渡江时，遇到大风，他认为是湘山之神捣乱，便派刑徒三千人，把湘山的树木砍伐净尽，以示惩罚。在他的心目中，天地万物都必须逢迎他，人民自不必说。

他享尽人间的尊荣富贵，因此对人世极其留恋。他最怕死，没有人敢在他面前说个死字。他竭力寻求“不死之药”，甚至不惜派方士入海寻觅。另一方面，他戒备严密，以防他人的暗算。他规定朝会时，群臣在殿上的，不准携带任何武器，执兵的卫士只能站在殿下，非经他的命令，不能上殿；因此荆轲追刺他时，卫士们只好呆望着。在宫中，除了他的近侍，没有人能知道他的行踪。有一次他在宫中批评丞相李斯的随从车辆过多，李斯知道了，便减少车骑，他找不到泄漏他言语的人，便把当时在他身边的侍卫，一齐杀掉。

他不但希望自己长活在世上，还一心想把皇位，永远传之子孙。他之所以称“始皇帝”，意思便是从他开始，“二世三世，至于万世”。因此他想尽方法，来防止国内外反对势力的重起。他对外北逐匈奴，南平百越；对内销毁民间兵器，集中全国富豪，建筑驰道，焚书坑儒以及屡次巡游南北，沿途刻无数纪功碑等，这种种举动，全是以“子孙万世之业”为着眼点的。从根本上推究，也全是由他的极端自大自私的心理鼓动而成的。

但他又有一种天赋特长，作为他发展自大自私心理的凭借，便是他过人的精力。一方面他过着穷极奢靡的生活，浸润在销魂蚀骨的声色里；但另一面他仍能勤劳地处理政事。有一个时期，他自己规定每天要批阅一定分量的文牍，直到批阅完了，才肯休息。再看他不辞风尘地出巡，也可想见他精神的充沛。这对他本身声威和地位的保持，无疑是个重要条件。

总之，自大自私，精力过人，是始皇的特性，也似乎是古往今来所有大独裁者的共同特性。

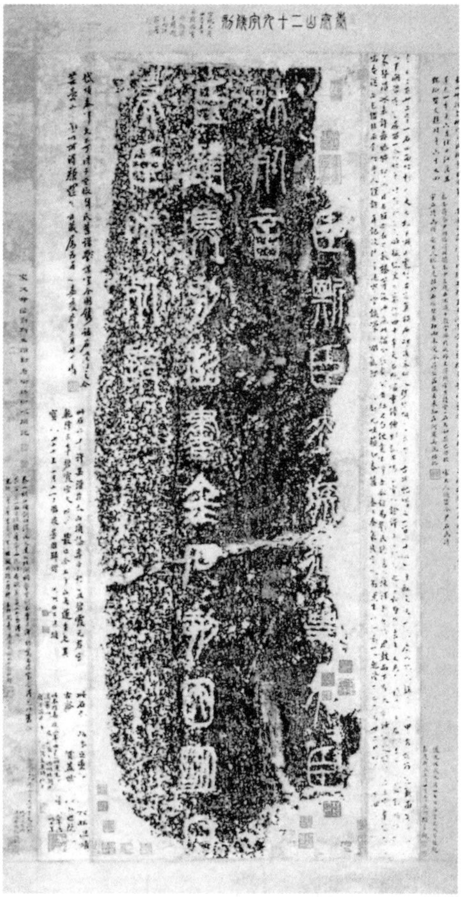

泰山刻石，亦称封泰山碑，是秦始皇东巡时为“颂秦德而立”，作者传为李斯。

（二）对内的措施

始皇统一之初，齐人把邹衍的五德终始论献上，始皇采纳了这种学说。因为周是火德，所以他认为继周而兴的秦应是水德。为了配合水德的开始，他做了若干方面的改革，诸如把岁首移至十月，年初的朝贺改在十月一日举行；衣服旌旗节旄都尚黑色；数目尚六，如天子乘舆六尺，车驾六马等。政治精神也以深刻严厉，一切准绳于法，来与水德相应。

接着是把秦国原有的各项制度推行到全国，重要的项目有统一度、量、衡，统一钱币及文字等。战国时，各国货币的形制，大体分圆形、刀形、铲形三种。周和秦用圆钱，齐用刀形钱，韩、赵、魏用铲形钱，至此一律采用圆钱，钱上并开一方孔，象征着天圆地方。至于各国的文字，也纷然不同。秦本西周故地，因此秦国流行的文字是西周的籀文，相传是周宣王时太史籀所创的。秦统一后，把籀文加以简化，称为“小篆”，颁布全国通行，而把原来的各国文字，加以废除。其后有程邈者，又简化小篆，称为“隶书”，取其简便可以“施之徒隶”，是秦代另一种通用的文字。

秦驰道示意图

政治制度自然也得划一，全国的大权集中在中央政府，它直接控制着每个地方政府。地方政区采郡县制，郡县的首长都非世职，更无世禄，县以下又有完密的乡里组织，控制着每一个“黔首”。这些还要在后面详述，这里暂不谈它。以下所说的，是始皇为加强对全国的统治所做的几项措施。

帝国初建，始皇便开始“销兵”，下令收没民间的一切武器，聚集咸阳，改铸成无数的大钟和十二个“金人”。金人每个重千石，放置在宫廷中。在收没武器之后，继而把全国的豪族富户十二万户强迫迁移至咸阳，以便集中管理，并用以繁荣首都。他并仿照六国的宫室规制，大肆营建；在以咸阳为中心的泾渭二水沿岸的数百里间，布满了离宫别馆。

二十七年（前 220），开始修筑“驰道”，据说它的命名，是取备天子驰车走马之意。驰道的干线可分东南二线，都以咸阳为起点，东线直通旧燕齐之地，南线直通旧吴楚之地。道宽五十步，路面甚为坚固，若干地段，并以金属的锟做路基；道旁每隔三丈，植青松一株。筑道的用意，虽是为了便于他本人的巡幸，但也兼有防制地方叛变的作用，因为一旦有事，可以利用驰道迅速地运兵平乱。

始皇于统一后他在位的大部时间中，对儒家思想，是采容纳态度的。他兼用儒生与法吏，禄养着七十位博士，以备顾问，据说这数目是特意仿照孔子弟子之数的。从他遗留下来的石刻铭文看来，他还俨然是礼教的护法。但他本人和他的政治措施，是绝对不许任何人批评的，儒生们却忽略了这一点。始皇三十四年（前 213），有博士齐人淳于越者，主张恢复封建制度。这建议立即为丞相李斯所反对，并认为儒生以私学非议政府法令，惑乱黔首，以立异鸣高，若常此下去，必至“主势降乎上，党与成乎下”，因此请求严禁议论政治。李斯更进一步建议由政府下令烧除民间政治性的书籍，这类书籍大体可分三类，即是秦国史记以外的历史记载，文学诗书和百家语。令下以后三十天不烧的，黥为“城旦”（黥面后服筑城的劳役，刑期四年）。医药、卜筮、种树之书，可以保留。此后有敢偶语诗书的弃市，以古非今的灭族；

秦始皇焚书坑儒，佚名绘。

想学习法令的可以吏为师。总之，除政府外，民间任何人不能再收藏或研讨上列禁书。始皇接纳了李斯的建议，于是民间藏书便沦入浩劫，但仍有极少部分漏网的。此外有些禁书的内容早已印入人们的脑海，避过了禁网；其后便有若干古籍，是凭了老年人的记忆复原的。

焚书的次年（前 212），又发生"坑儒"事件，这事件虽是偶然激起的，但可看出始皇对儒生的日益厌恶。前面已说过，始皇曾派遣许多方士入海寻求神仙及不死药，耗费许多金钱，但大都一去不返。这一年，方士侯卢二生，因不满始皇的行为，背地讥评了一番，相率逃去。始皇闻之大怒，又听说其他儒生也有不敬之言，因此把咸阳城中所有的儒生都召来审讯。诸儒生不肯认罪，而且互相指攀，一共牵连了四百六十余人，始皇下令把他们一起活埋。从焚书坑儒这两件事，可知始皇晚年，对人民除了军事政治的严密控制外，更努力推行着思想的控制。

（三）对外的战争

战国中期以降，燕、赵、秦三国的北边，有两种游牧民族为患，就是东胡和匈奴；二者总称为"胡"，但它们又包含若干散漫的部落。东胡出没于今河北省北部及辽宁一带，寇掠燕、赵。匈奴出没于今察哈尔、绥远、甘肃等省及山西、陕西二省的北边一带，三国均受其侵害。它们的历史非常茫昧，所以它们与春秋时各种戎狄的关系如何，至今无法确考，但也有人认为匈奴便是西周时代的猃狁［见王国维《鬼方昆夷猃狁考》（载《观堂集林》卷十三）］。它们曾于战国时大败于燕赵，二国并各筑城于北疆以防之。至战国末年，燕赵疲于中国的内战，无暇顾及塞外；始皇统一之初，注意力也集中于国内，因此胡人又猖獗起来。尤其是匈奴，因邻近秦的中心地区，给予秦的威胁更大。

始皇三十二年（前 215），因方士上言发现"亡秦者胡"的谶语，始皇乃派蒙恬率三十万人北伐匈奴，收复河套地区。战国时，赵武灵王伐匈奴，曾取得这地区的一部土地，但到战国末年，又陷于匈奴，至此再为秦所收复。接着秦军进展至套外，于其地设九原郡（治所在今绥远五原县东），并筑了三十四个县城。

为了确保北边的安全，秦在三十三、三十四两年间（前 214 ~ 前 213），又进行两大工程。一件是筑一条宽阔的大道，名叫"直道"，从九原郡直至咸阳西北百余里的云阳（今陕西淳化县），长一千八百里；从云阳到咸阳则有泾水可通。另一件便是筑长城。

战国时期，除燕、赵、秦筑有长城外，齐、魏、楚等国也各有它们的长城。齐长城横亘今山东省南部，目的在防楚；魏长城纵贯黄河以西地区，原意是防秦；楚也在其北境宛（今河南南阳县）一带筑有“方城”，但这些城垣都于秦统一后失去了作用，可能被铲平或自行倾圮。始皇时代所筑的长城，只是将燕赵秦三国原有的北边长城重加修葺连贯而已。燕于战国后期破胡后开始筑长城，大致自今察哈尔省南部的怀来县，东至今辽宁省辽阳县北。赵于肃侯（前 349 ~ 前 326）时已筑城，至武灵王时更大规模修建。赵长城大致自绥远省东部阴山一带，伸延至察哈尔省南部的蔚县，与燕长城的西端相距百余公里，其间有山（今名小五台山，高约二千至三千米），成为两段长城的天然连系；赵长城的西端则可能与魏长城的北端在固阳（今绥远固阳县）一带相接。秦长城则大致在今甘肃省东部和陕西省北部地区，西起临洮（今甘肃岷县），东端在陕北与魏长城相接。到匈奴被逐，秦又在套外筑城，以保护河套地区。由高阙（在今宁夏磴口县附近黄河以东）筑城，东北行至套外地区，与赵长城的西端相连（一说此段本为赵长城）。再把燕赵的长城，加以连贯，乃完成由临洮至辽东，“延袤万余里”的伟大国防线，它是有史以来人类最伟大的建筑物。[参看沙学浚《从地理观点看长城》（载《“国立”台湾大学十周年校庆专刊》页四八至五二）]

战国时，楚国南境与外族的越人为邻。越人种族甚多，分布地区也很广，大体说来，可分四区：今浙江省南部有东瓯，今福建省有闽越，今广东省及越南北部有南越，今广西有西瓯。秦时这些种族统称为“百越”，它们的文化甚低，过着半耕稼半渔猎的生活，尚须仰赖中国的铜铁器及马牛等。秦灭六国后，东瓯闽越顺利并入版图，秦在其地设闽中郡。对南越西瓯，则用武力征服。在灭楚后不久（可能是二十六年），始皇派屠睢率兵五十万，南征百越。秦军溯湘水至西瓯境，以粮秣运输困难，由监军史禄率人开凿了一条长六十里的渠，名曰灵渠，以沟通湘江和珠江上流的漓水，便利漕运。越人迎战而败，西瓯君被杀；但越人逃入山林，继续抵抗。秦军因长征久戍，士卒饥疲，越人乘机夜袭，大破秦军，屠睢阵亡。至三十三年（前 214），始皇再发兵南征，才将百越平定，于其地设桂林（今广西省大部）、南海（今广东省大部及广西省东部）、象（两广南部及越南北部）三郡。秦并遣罪犯五十余万人，戍守五岭地区，与越人杂居。至此，当时所谓“人迹所至”的地方，几乎完全列入秦帝国的版图。

二、政府与军队

（一）中央政府的组织

秦国中央政府最高级的官员有三，即丞相、太尉和御史大夫。丞相掌理全国政事；御史大夫是副丞相，并兼掌监察任务；太尉则掌全国军事。丞相居首，御史大夫和太尉只是丞相的辅佐。但实际上政权集中于皇帝，丞相只是受皇帝的委托处理万机，他的任免，都操在皇帝之手。这三个官职，各有其绵长的历史渊源，它们都是从封建时代政府的官职演变而来。

丞相起源于封建时代的相，相是诸侯朝聘宴享时辅导行礼的官。封建时代国际间的来往，最重礼节，其周到与否，常关系两国邦交的善恶，因此相在当时是一非常重要的职位，必以熟悉礼仪擅长辞令的人担任。相因职掌重要，受国君亲任，有时难免与闻国家的政事，于是渐由相礼的官，变为总理国政的官。这种变迁大致始于春秋时代，例如管仲、晏婴都以相的资格掌理国政，孔子也曾代理过鲁相。但相在当时的政治地位并不算高，管仲相齐桓公，官品仅是下卿；孔子则只是下大夫。到战国，贵族的势力没落，国君引近臣以抵制公卿，于是相的地位渐次提高，成为一国的最高行政长官。丞相这一官名，也并非秦国所独创，魏、赵、燕等国，都有丞相之官。秦国丞相始置于武王二年（前309），并分左右。昭襄王三十二年（前275）曾以魏冉为相国，名义较丞相更为尊崇。其后秦王政时，吕不韦也曾受过这种殊荣。至二世二年（前208）李斯被杀后，赵高以宦官拜为丞相，称“中丞相”。丞相有选用百官、执行赏罚和国家最高决策之权，大体说来，丞相的建议或请求，皇帝没有不听从的。丞相的重要僚属则有侍中、尚书、舍人等。

太尉起源于战国时的尉，是封建制度破坏后继贵族而掌兵事的官，他们最初只是君主的侍卫，其后渐变为国家的军官。尉的地位最高者称国尉，掌全国的武事，白起便曾于昭襄王时充任此职，此外赵国也有国尉。太尉一词，可能始于始皇统一之后。他的职掌，是主持全国的兵事。地位和待遇，与丞相同，两者同是金印紫绶，但权力仍不及丞相。

御史大夫是副丞相，因为他是御史（即侍御史）的领袖，所以称大夫。御史原是君主近臣，本司记事之职，战国时益为君主所亲信，用以监察百官，为人主耳目，渐至变成纠弹官邪的风宪之官。秦设大夫以领袖诸御史，始皇称帝以前，就已有这个名目。到秦并天下，乃成为中央政府最高级的官员之一。御史大夫的地位，次于丞相，银印青绶。他的职掌是佐助丞相，监察百官。御史大夫的重要僚属有御史丞、御史中丞各一，及侍御史十五人。御史丞掌府中对内事务，中丞则专管监察事宜。此外又有符节令、领符玺郎若干名，司保管皇帝印信等物之职。

其次的高级官员是“卿”，重要的有奉常、郎中令、卫尉、廷尉、内史、治粟内史、典客、宗正、太仆、少府、将作少府等。其职掌及属官如下：

1. 奉常，掌宗庙礼仪。属官有丞、太史令、太祝令、太乐令、太卜令、候星气、博士、占梦博士等。

2. 郎中令，掌宫殿门户，并统领在殿中侍卫的诸郎官。属官有丞、大夫、郎、谒者、仆射等。

3. 卫尉，掌宫门屯卫兵。属官有丞、卫令、公车司马令等。卫兵称“材士”，二世时，材士达十五万人。

4. 廷尉，掌刑法。属官有廷尉正及廷尉监等。

5. 内史，掌治京师。属官有廪牺令等。

6. 治粟内史，掌谷货财。属官有两丞及太仓令等。

7. 典客，掌归义蛮夷。属官有典客丞等。

8. 宗正，掌宗室事务。属官有宗正丞等。

9. 太仆，掌皇室舆马。属官有丞及中车府令等。

10. 少府，掌山海池泽之税，以供奉皇室。属官有丞、御府令、尚方令、尚书令、尚冠、尚衣、尚食、尚沐、尚席、太官令、宦者令、中书谒者令、乐府令、导官令、都水长丞、平准令等。

11. 将作少府，掌宫室之兴建。属官有两丞及左右中候等。

此外尚有中尉，掌巡游京师，禁备盗贼；詹事，掌皇后及太子家事；将行，皇后之卿，由宦官充任；主爵中尉，掌列侯事务等。

（二）地方官制

秦自孝公变法以来，对外侵略所得的土地，大都直隶于君主；大者置郡，小者置县。郡县的首长，都是流官。始皇沿袭成例，每灭一国，都以其地设置郡县。此外秦国

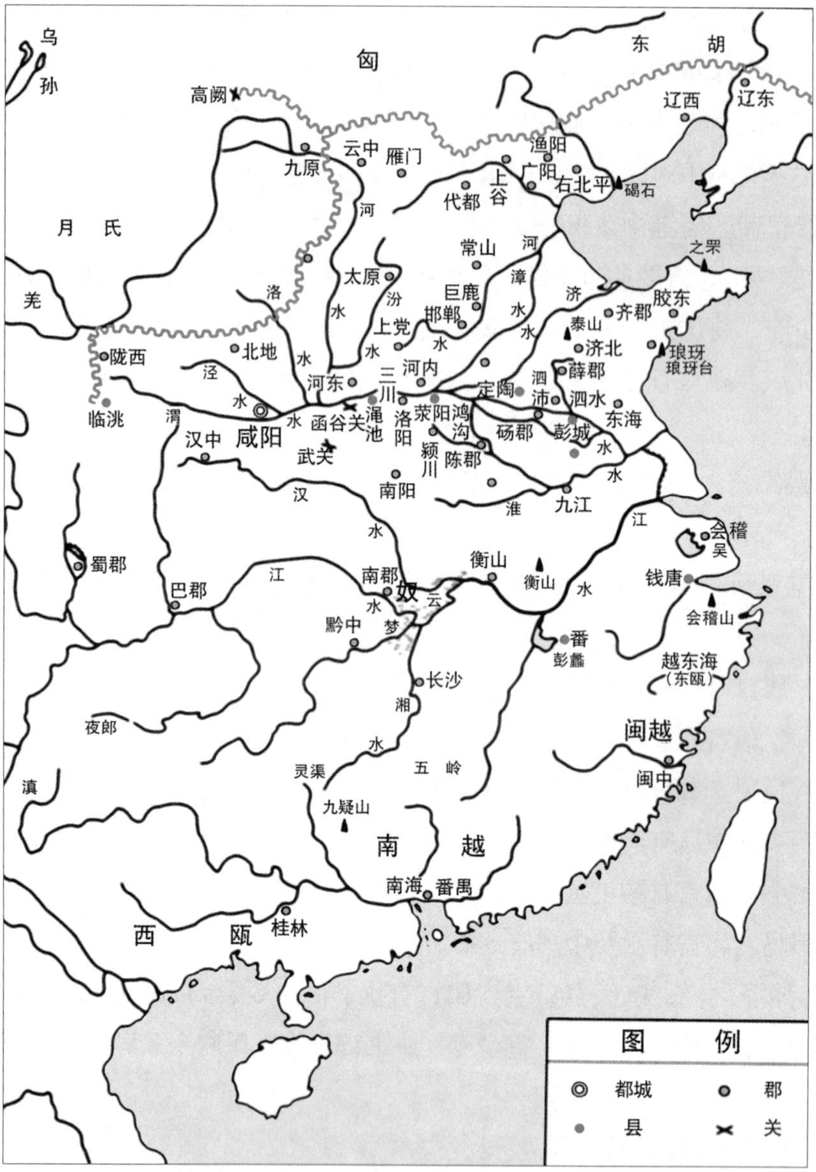

秦代疆域及长城图

本部尚有少数封区，也于嫪毐事件后完全铲除。到始皇统一，全国共有三十六郡，它们皆设置于统一之前或统一之初，最早可上推到惠文王时代。其中尚有若干郡原为列国所置，而为秦所沿袭的。三十六郡的名称，旧史记载不详，而致后人聚讼纷纭。经近人的考证，其名称和辖地，已大体无误，兹表列如下：

郡名	建置时代	辖区范围
陇西	昭襄王二十八年置	今甘肃省南部临洮县一带

北地	昭襄王时置	今甘肃省东部庆阳县一带
上郡	故魏置，惠文王十年因之	今陕西省北部
汉中	故楚置，惠文王后十三年因之	今陕西省南部
云中	故赵置，始皇十三年因之	今绥远省归绥县以南一带
蜀郡	故蜀国，惠文王后十四年置	今四川省西部
巴郡	故巴国，惠文王后十四年置	今四川省东部
邯郸	始皇十九年取赵置	今河北省西南部邯郸县一带
巨鹿	始皇二十五年灭赵置	今河北省南部邢台县一带
广阳	始皇二十一年取燕置	今河北省北部北平市一带
渔阳	故燕置，始皇二十一年因之	今河北、热河、察哈尔三省交界地一带
上谷	故燕置，始皇二十一年因之	今河北省西北部及察哈尔省南部一带
右北平	故燕置，始皇二十五年因之	今河北省东北部
辽西	故燕置，始皇二十五年因之	今辽宁、热河二省交界地一带
辽东	故燕置，始皇二十五年因之	今辽东半岛及安东省南部一带
河东	昭襄王二十一年置	今山西省西南部
太原	庄襄王四年置	今山西省中部
上党	故韩置，庄襄王四年因之	今山西省东南部长治县一带
雁门	故赵置，始皇十九年因之	今山西省北部大同县一带
代郡	故赵置，始皇二十五年因之	今山西、河北、察哈尔三省交界地一带
三川	庄襄王元年置	今河南省西部洛阳县一带
颍川	始皇十七年置	今河南省中部禹县一带
南阳	昭襄王三十五年置	今河南省西南部南阳县一带
南郡	昭襄王二十九年取楚置	今湖北省境
黔中	故楚置，昭襄王三十年因之	今湖南省西部沅陵县一带
长沙	始皇二十四年灭楚置	今湖南省东部长沙县一带
楚郡	始皇二十四年灭楚置	今山东省南部与江苏省北部交界地一带
九江	始皇二十四年置	今安徽省中部、西南部及江西省境
泗水	始皇二十四年置	今江苏省西北部与山东省交界地一带
薛郡	始皇二十四年置	今山东省西南部济宁县一带
砀郡	始皇二十二年置	今河南省东部及江苏、安徽二省交界地一带

会稽	始皇二十五年置	今江苏省南部及浙江省境
齐郡	始皇二十六年灭齐置	今山东省北部
琅邪	始皇二十六年灭齐置	今山东省东部胶州湾沿岸一带
东郡	始皇五年置	今山东、河南、河北三省交界地一带
闽中	始皇二十五年置	今福建省境

统一以后，始皇又于三十三年（前214）增设南海、桂林、象三郡，三十五年（前212）增设九原、东海（今江苏省东北部）二郡；前后共四十一郡。内史所辖京师及其附近地区，则不在郡数之内。[参看杨予六《中国历代地方行政区划》页二三至二七]

秦郡大体是根据自然区域而划分的，一郡或两郡就是一个自然区域，它们多半以平原或盆地为中心，边缘则为山地或高地。这四十一郡所构成的整个秦帝国版图，东北到辽东半岛，北方包括今河北、山西二省和绥远、宁夏二省的中南部，西有今甘肃、四川二省的大部，南有今湖南、两广和越南的中北部。所有的边疆地区，都占有险要的地形，构成天然国防线。和周的版图比起来，其大小真不可同日而语。中国的领土，到此已有个大致轮廓，秦的版图，也大致就是后来中国本部的范围。

郡的最高长官是郡守。其下有郡丞，掌全郡行政事宜；郡尉，掌兵役及军训等事。内郡郡守并无兵权，但在边郡，因与外族接壤，须经常屯驻兵马，郡守也有指挥军队之权。边郡郡丞则改称长史，掌管兵马等事项。又有断狱都尉，专司断理一郡的狱讼。此外中央有时派侍御史到各郡监察施政情形，称监御史，但不常置。县的人口在万户以上的，其长官称县令；不满万户的称县长。令长以下也有丞尉，职务与郡丞都尉相似。县的数目不可确考，估计当在一千左右。

县以下的地方政区是乡。乡官有三老（大乡称有秩），掌教化；啬夫，掌诉讼及赋税；游徼，司巡查盗贼。一乡辖十亭，亭有长；一亭十里，里有魁；一里则辖百家，五家为伍，十家为什。从地方行政组织的复杂，可以看出秦对地方控制的严密。

（三）兵役与爵赏

秦的兵制，因记载缺略，不能得知其详。仅大体知道从孝公变法开始，即采征兵制。大致全国男丁每百人中五十人务农，五十人当兵。服役年龄自二十三岁开始，先在所属郡县服役一月，叫“更卒”，然后赴首都任宿卫一年，叫“正卒”；还得屯边一年，叫“戍卒”。但长平之战，秦政府曾征调河内地区年十五岁以上的男丁开赴前线，可知战国末年，兵役法可能有所改动。秦国统一的前夕，大约有军队六十余万人。到统一后，兵员反更加扩充，仅北伐匈奴及南戍五岭的兵卒即有九十万，此外始皇为了修建自己的陵墓和阿房宫，每次役使七十万人。因兵员不足，乃又强迫征发本可不服兵役的人，诸如商人、罪犯、赘婿，以及“闾左”等（闾左是居于闾门左边的人家。秦制，人民富强者居于闾之右，贫弱者居左）。秦兵的战斗力也因之大为衰退，因此到末年叛乱一起，便无法收拾。

秦国的军队组织，也不可考。据说秦有三军之法。即壮男为一军，壮女为一军，男女的老弱者为一军。壮男军负责作战，壮女军负责构筑工事以及破坏敌人物质及设备等，老弱军则牧牛马羊彘以及采集菜果以供军食。这种组织真实性的程度虽无法断言，但秦人的役及老弱则是事实，长平之战，可以为证。就兵种而言，秦军除步兵外，尚有骑兵和水军。平时太尉掌理全国的兵事，战争时则另置将军，作为军队的最高统帅。将军有上将军及前、后、左、右将军之分，其下有裨将、都尉、司马等。战争结束，将军所统辖的军队即交还国家。此外政府并派人为监军，以监视出征的军队。

为了奖励有功，并有颁赐爵位的规定，这种办法在商鞅以前就有，到商鞅规定为二十级。这二十级爵位所应享的权利，无法详细划分。它们的名目是：1. 公士，2. 上造，3. 簪袅，4. 不更，5. 大夫，6. 官大夫，7. 公大夫，8. 公乘，9. 五大夫，10. 左庶长，11. 右庶长，12. 左更，13. 中更，14. 右更，15. 少上造，16. 大上造，17. 驷车庶长，18. 大庶长，19. 关内侯，20. 彻侯。大致一至五级用以颁赐士卒，六至九级颁赐军吏，十至十八级颁赐将军，十九二十两级则为最高爵赏。赐爵一级以上者，有罪可以减刑，年五十六免役。无爵位的称“士伍”，六十才能免役，有罪要尽其刑。功劳最高的始得为彻侯，二十级中只有彻侯可有食邑，大者食县，小者食乡、亭，其食邑中的吏民皆为臣属。商鞅便曾封彻侯，号商君。

秦人论军功，以斩获敌人首级的多少计，斩一首者即可受爵一级，斩二首者受二级。但大概只限于较低的几级，不能类推，因为绝不可能斩二十首便可为彻侯。因为秦“上首功”，所以秦人每次战胜，敌人的老弱妇孺都无幸免，战国时秦有“首功之国”的称号。此外并有悬赏杀敌的办法，常用于购求敌方的领袖或重要的罪犯。

三、秦的灭亡与汉的代兴

（一）二世即位与陈胜发难

三十七年（前210）初（十月），始皇开始他最后的一次出巡，这次行程甚远。他先到云梦（今湖北省境），遥祭帝舜，随即浮江东下至钱唐（今浙江杭县），渡浙水，登会稽山，祭大禹。再从海上北抵琅邪，登之罘山（在今山东福山县东北），然后西归。途次平原津（今山东平原县境），他忽染疾病，日益沉重，终于那年七月死于沙丘（今河北平乡县）。始皇生前并未立太子，他病危时，曾命宦官中车府令赵高代写一信给他的长子扶苏，那时扶苏正在上郡监蒙恬军，始皇要他赶回咸阳参与葬礼，然后继位。扶苏于三十五年（前212）坑儒事件初起时，曾为诸儒生说情，触怒始皇，因而出为监军。从这件事看，他的性格，是比较宽厚而开明的。但这封信还未发出而始皇已死，赵高因与蒙恬之弟蒙毅有隙，而蒙恬为扶苏所亲信，恐扶苏一旦即位，蒙氏得势，于己不利。这时始皇诸子，只有少子胡亥在侧，素与赵高相善，于是赵便劝胡亥自立，亥答应，赵又劝说丞相李斯，赞助此事，李为了长保权位，也愿效力。二人乃矫诏立胡亥为太子，并赐扶苏死。对始皇的死，则秘而不宣，一直到始皇业已腐臭的尸体运到咸阳后，才开始发丧。胡亥也正式即位，是为二世皇帝，年二十一岁。他少时曾就赵高习法律，因此与高最为接近，即位后又受高的愚弄，首先杀掉蒙氏兄弟，并杀诸公子十余人。当他的皇位稳固之后，便立即纵情于声色狗马，在这方面赵高又是他的得力助手。他继续修建始皇时未完成的阿房宫，宫的位置在渭水以南，原定的规制广阔达三百余里，南抵终南山，北面直通咸阳；仅它的前殿，便东西五百步，南北五十丈，其上可坐万人。至此，他要完成他父亲的未竟之志，其工程的浩大和役人的众多可以想象。此外，他豢养了无数的狗马禽兽，征取民间的豆粟刍稿以为饲料，弄得咸阳附近三百里内的人民，都没有粮食吃。

秦自始皇统一到二世即位，前后不过十三年，但这段时间内人民的遭遇，却空前惨痛。被战争和远戍所毁灭摧残的，不知有多少万家；幸而仅存的，被重赋和无穷尽的徭役所压榨驱使，也久无生人之趣。加以禁网严密，残酷的刑罚，名目繁多，仅死罪便有腰斩、车裂、戮尸、枭首、烹、绞等刑，此外更有夷三族、连坐之法，掌握着每个人的

阿房宫图卷，明，绢本，中国国家博物馆藏，佚名绘。

生命。政府及其措施，绝对不容许批评，有谁胆敢对时政微表不满，他得以他个人甚至全家人的生命为代价。原属秦国的人民，或许还能习于这种生活；但新受统治的六国人民，因为过惯比较自由的生活，对此却无法长期忍受。始皇凭着积久的声威以及对政事的注意，局面尚可勉强维持下去，二世却只把始皇的奢侈残暴加以发扬光大。他独居深宫中，公卿大臣难得见到他，一切由赵高把持，赵高的能事则是欺瞒上下，专权自恣；结果只有加速叛乱的爆发。

二世元年（前 209）七月，陈胜、吴广起兵于旧楚境泗水郡蕲县的大泽乡（今安徽宿县南）。他二人本是秦国的下级军官，因押送被征发的闾左兵九百人北戍渔阳，中途遇雨，道路不通，无法如期到达戍所。按当时的法律，军队误期，要全体处斩，因此二人杀掉统领的将官，激励士兵，一齐造反。陈吴起兵后，立即攻下大泽乡和蕲县，一面派人攻取蕲县以东的地区，一面亲自率兵西进，攻下不少城邑。到陈（今河南淮阳县）时，他们已有兵车六七百乘，骑兵千余人，步兵万余人。陈胜便在陈自立为王，国号张楚，以吴广为“假王”。

自陈胜首先发难，各地纷纷戕官杀吏，举兵响应。不多时整个秦帝国的东部陷于动乱之中，尤以旧楚境的起兵者为最多，声势也最大，这自然不是毫无原因的。战国时，就政治社会而论，秦和楚是相反的两个国家。秦是彻底的军国，人民一切没有自由；但楚政则较宽，同时因地大人稀，人民的生活自由安乐得多，这可从楚国的文学作品中看出来。楚国的境内，本有许多种外族存在，楚人与他们接近，因此若干地区的民风，非常慓悍。过惯比较自由的生活而性格又强悍的人民，自然不易接受过分的控制，遇事情感也较易冲动。此外秦楚两国人又有着深仇，楚怀王于前 299 年被骗至秦国，终于客

陈胜、吴广进军路线图。秦二世元年（前 209）七月，陈胜从大泽乡起事后，向西北发展，攻下陈，在此立都，号为张楚，先后分兵六路攻秦：一、主力由吴广指挥，自陈出发，一路由吴广直接指挥向西北，攻坚城荥阳，并向西分兵攻许、郏，以主力掩护周文径直西进函谷关；二、武臣率军三千向北攻取赵地，八月即入邯郸，继续北进，掠取燕地；三、周市向东北攻取原魏国地区；四、召平东攻广陵；五、邓宗向西南攻取九江郡；六、宋留率兵向西南攻南阳，企图通过武关由南面迂回进入咸阳。陈胜一经揭竿而起，便迅速出现了胜利发展的大好形势，但领导者只顾迅速进攻，而不知及时巩固胜利，对敌我双方实力缺乏分析，却贸然分散兵力进攻秦王朝的坚城雄关，以至主力顿兵坚城，形势陷于被动，终难逃失败命运。

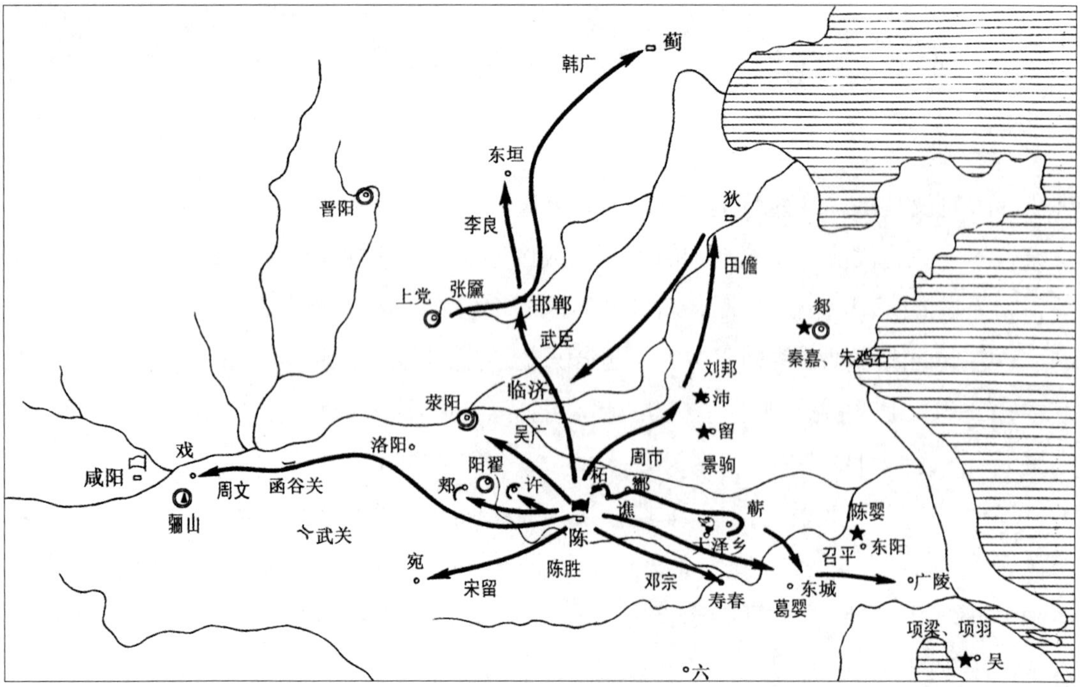

死，是楚人所最痛心的事。秦始皇末年，楚地已显然有不安的现象，始皇的最后一次南巡，可能与此有关。

陈胜称王后，立即遣将分途进兵，继续拓地。计北上者两路，一路是武臣、张耳、陈余等略赵地，一路是周市略魏地。西进者三路，一路是吴广攻荥阳（今河南荥阳县东），其他两路是周文攻函谷关和宋留攻武关（今陕西商县东），直指关中。武臣到邯郸，即自立为赵王，以陈余、张耳为将相。武臣又派韩广略取燕地，韩到燕后也自立为燕王。周市定魏地后，东进至齐，这时旧齐王室后裔田儋已自立为齐王，发兵拒市，市败还魏，立旧魏王室之后魏咎为魏王。周文也越函谷关进军至咸阳以西的戏（今陕西临潼县东），至此他的军队已有兵车千乘，卒数十万。这些都是陈胜起义后两三个月间的事。

当周文军逼近咸阳时，秦廷大震，仓促间无法征集军队，只得赦免在骊山工作的刑徒，并解放奴隶所生的男子，以少府章邯率领应战。结果周文大败出关，秦军直追至渑

陈胜、吴广失败经过示意图。秦二世元年（前209），进攻咸阳的周文部，被章邯所率秦军打败，退出关中，秦军得到喘息，调动防守长城的部队增援，在曹阳大败周文，追至渑池，击溃周文军，周文自杀。吴广攻荥阳不下，秦兵将至，吴广被部下田臧所杀，田臧命一部监视荥阳，自迎击秦军，兵败战死，余部也相继败灭。章邯转向南攻陈，陈胜率孤军迎敌，败退至城父，被叛徒所杀。南阳的陈留闻陈胜死，率军向新蔡撤退，途中率军降秦。

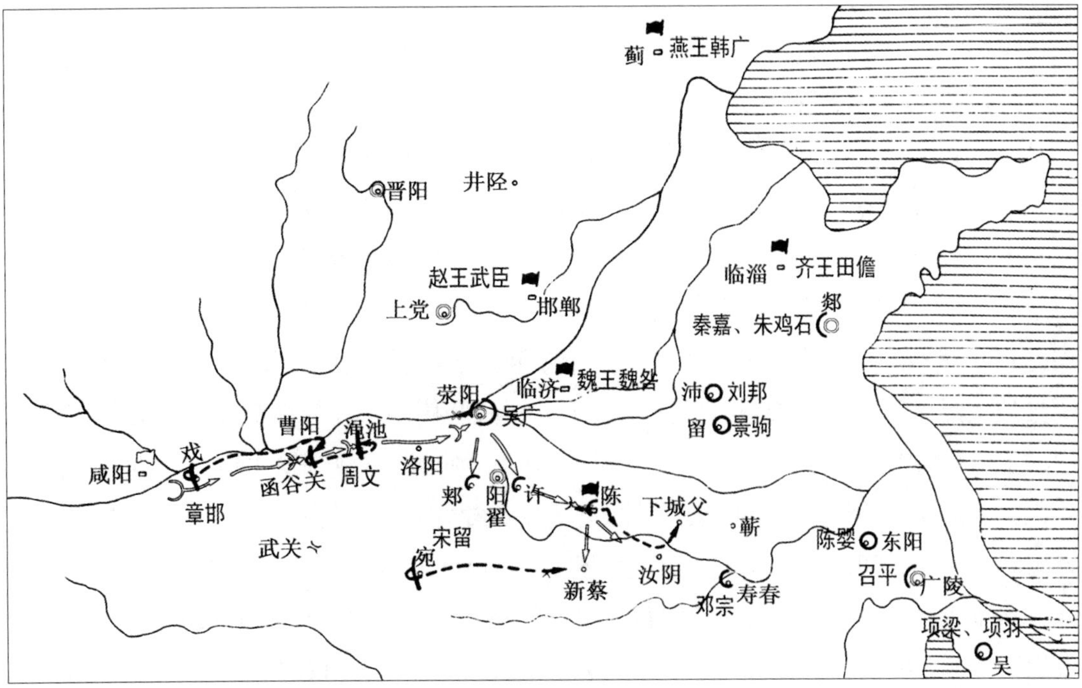

池（今河南渑池县），周文自刎死，所部也告瓦解。这时吴广正围荥阳不下，其部下田臧等以秦兵将至而广又骄不知兵，危在旦夕，因而假托陈胜的命令把广杀掉，陈胜乃以田臧为上将。臧一面以少数军队监视荥阳，自率大部精兵迎击章邯于荥阳西北的敖仓，结果一战败死。章邯乘胜东进至陈以西，陈胜亲出监战，军败遁走，被他的御者所杀。宋留的一支军队已定南阳，但陈胜死后，南阳又叛归秦。宋留也投降秦军，但仍遭秦人杀害。这些都是二世二年（前 208）头几个月的事。

陈胜的势力，虽然大体被消灭，但各地的起兵者却越来越多。章邯率领着一支孤军，东征西剿，成为秦末的风云人物。最初他连获胜利，但燎原的野火，使他顾此失彼，扑救不暇，终致逼他走上败降之路。

（二）巨鹿之战与刘邦入关

二世元年九月，也就是陈胜起兵后的两个月，在长江南岸会稽郡治的吴县（今江苏吴县），也出现一支义兵，由项梁和他的侄儿项羽为首领。项梁是楚国名将项燕之子，原家于下相（今江苏宿迁县），因杀人携项羽亡命于吴，甚受当地士大夫的推崇。项羽长成，也以勇力知名。当陈胜造反的消息传来，他们袭杀会稽郡守，由项梁取代其位。继而招收徒众，共得八千人，由项梁亲自统领，并以项羽为裨将。

次年三月，项梁叔侄率兵渡江北上，沿途收纳起兵的豪杰陈婴、英布等，至下邳（今江苏邳县）时，已有众六七万人。这时在彭城（今江苏铜山县）以东，尚有秦嘉率领的一支义军，他们奉旧楚贵族景氏的后裔景驹为楚王，也为项梁所并。此外，项梁又吸收了自称为沛公的沛（今江苏沛县）人刘邦的势力。刘邦本为秦泗水亭长，为人好酒色，不事生产，但轻财好施，和易近人。一次，政府命他押解刑徒，前往骊山服役，途中跑掉不少，经过丰县（今江苏丰县）西边的泽中时，他索性把他们一齐放走，自己则与愿意跟随他的刑徒十余人，亡命于芒（今河南永城县东北）、砀（今江苏砀山县南）两县的山泽中。到陈胜起兵，沛人杀沛令，开城迎接刘邦，并拥戴他为沛公，招收县中的子弟，共得二三千人。其后他连取沛、丰、砀等县，至此归附项梁。这时，陈胜的死讯也已证实。是年六月，项梁听从居巢（今安徽巢县）人范增的建议，求得楚怀王之孙（名心）于民间，立以为王，仍号楚怀王，用以激发楚人对秦的夙恨。怀王定都盱眙（今安徽盱眙县），项梁则自号武信君。此外项梁又采纳韩相后裔张良的建议，立旧韩宗室后裔韩成为韩王，以良为司徒。二人率千余人西略韩地，得数城，又被秦人夺回，因此在黄河南岸的颍川一带过着游击生活。

章邯灭陈胜后，接着便进击魏王咎于临济（今河南陈留县西北），齐王田儋和楚将项它连兵救之，为秦所败，田儋战死，魏王咎自杀，这也是二年六月的事。魏咎弟魏豹投楚，怀王给他数千人，命他再取魏地，结果下魏二十余城，怀王乃立豹为魏王。齐人也于田儋死后立故齐王建之弟田假为王，田儋弟田荣收余众东走，章邯追之，为项梁所败，田荣乃得平定齐地。继而田荣驱逐田假，假投奔项梁，荣乃立田儋子市为齐王而自为齐相。

项梁进击秦军，连获胜利，因而志气骄盈。九月，章邯得到关中援军，大破楚军于定陶（今山东定陶县），项梁战死。章邯既破项梁军，认为楚地不足忧，乃渡黄河北上

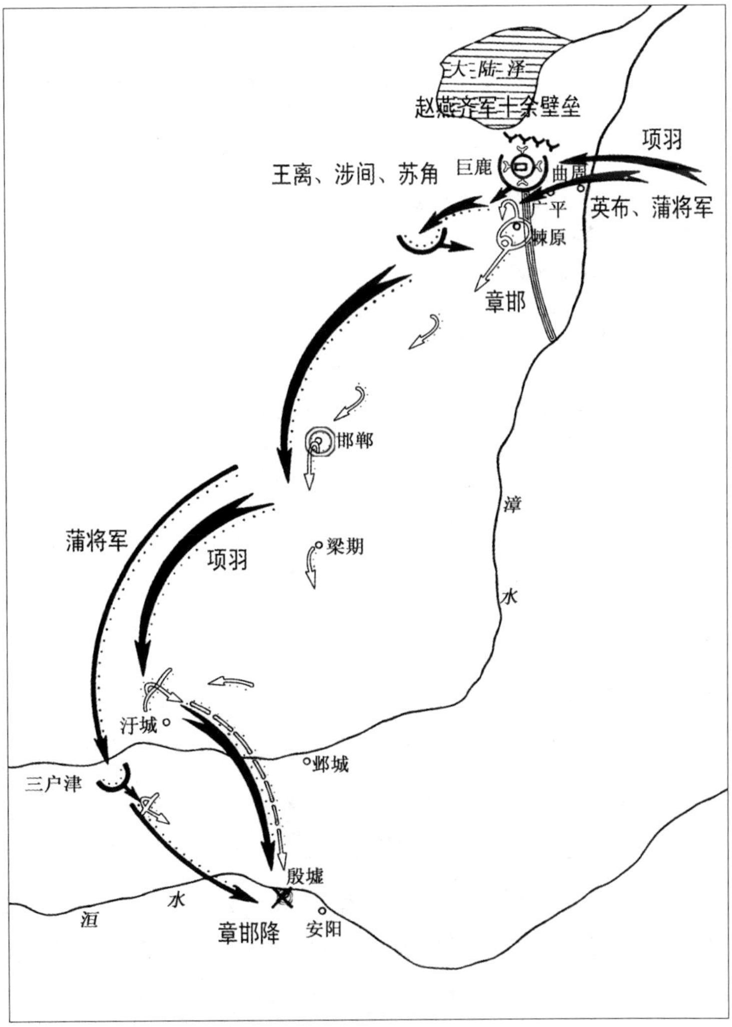

巨鹿之战作战经过示意图。秦二世二年（前208）九月，章邯率军攻赵，大破赵军，赵王歇困守巨鹿。章邯派王离、涉间率军包围巨鹿，自率主力驻兵巨鹿西南的棘原。赵王向楚怀王求救。怀王以宋义率军赴援。项羽杀宋义取得指挥权后，急派英布、蒲将军率两万人为前锋，向西急渡漳水。随后亲率主力渡河，迅速包围王离军，切断王离军与章邯军联系的甬道。消灭王离军后，项羽又屡败章邯军。章邯率军南撤。项羽派蒲将军急行军至三户津，切断秦军退路。项羽自率主力在汙城又大败秦军，迫使秦军在殷墟向项羽投降。此役，项羽“破釜沉舟”同秦军决一死战，又采取了“楚击其外，赵应其内”的内外配合方针，大破秦军，为刘邦乘虚入关创造了有利条件。

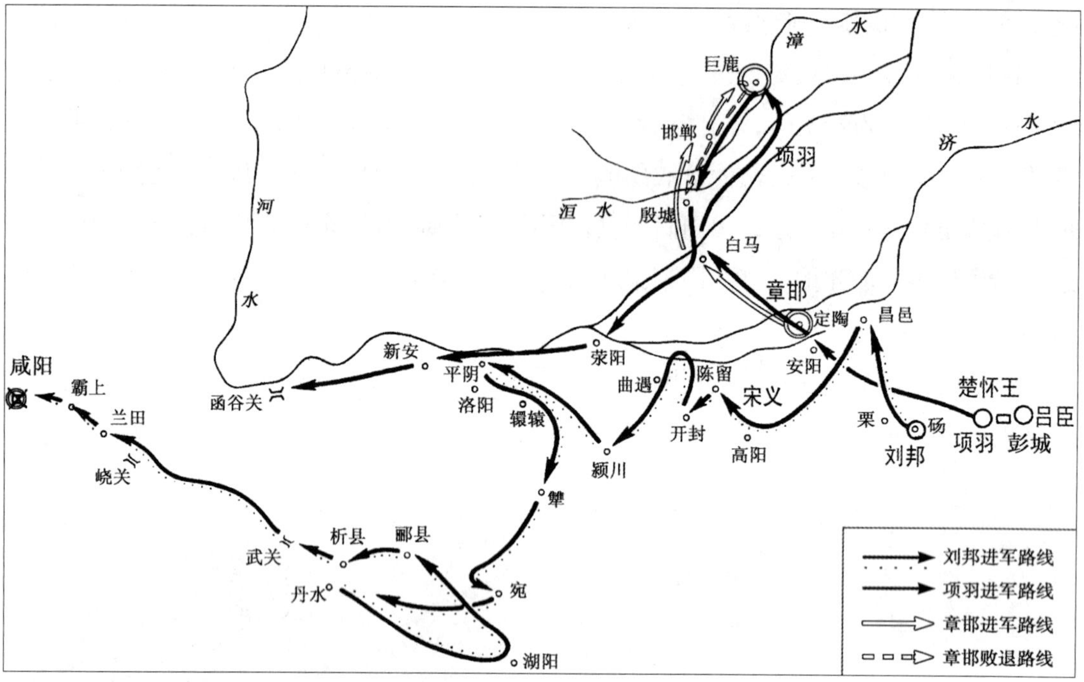

刘邦、项羽灭秦作战经过示意图。

刘邦方面：秦二世三年（前207）二月，刘邦乘巨鹿决战的时机，由砀北上，攻昌邑不下，转而向西，在高阳遇郦食其，采纳他的建议，下秦储粮地陈留。三月，攻开封不下，转而在曲遇大败秦军。四月，因荥阳难攻，南下攻占颍川，再北攻平阴，封锁黄河渡口，进至洛阳东，和秦军作战失利，遂向南迂回，出轘辕关，意在由武关入关中。六月，至犨，大破秦军，攻宛，迫降宛守将。七月，继续西进，进占湖阳、郦、析，肃清南阳秦守军。八月，攻破关中东南门户武关，绕过峣关，在蓝田大败秦军，进至霸上，子婴出降，秦朝灭亡。

项羽方面：在巨鹿决战大胜秦军，又在殷墟迫降章邯后，自荥阳经函谷关入咸阳。

刘邦西进时，不足万人，但一路收拾零星起义武装，搜罗人才，注意军纪，故能一路壮大。行军途中，攻开封、洛阳等要地不能下，即绕行，不顿兵于坚城。入关时不走秦军实力劲强的函谷关，而向南大迂回，自武关入关。在入武关前，先向武关佯动，然后出敌不意东返围攻宛城，肃清南阳之秦军，解决后顾之忧后，才自武关进入关中。这一切措施都十分成功。加上项羽在赵地牵制大部秦军，入关后安抚关中秦人措施得当，终于进入咸阳，一举灭秦。

击赵。赵自二世元年武臣自立为赵王后，二年初，武臣以内乱被杀，张耳、陈余访得旧赵王室之后名赵歇者，立为赵王，居信都（今河北冀县东北）。章邯北上后，大破赵军，并夷平邯郸城。赵王歇走入巨鹿（今河北平乡县）城，秦军围之。这时楚军集中于彭城附近，怀王也移节于此。赵屡次求救于楚，怀王乃以宋义为上将军，项羽为次将，范增为末将以救赵。宋义曾预言项梁必败，有知兵之名。此外怀王另派刘邦，收合陈胜项梁的散卒，西进伐秦。项羽本请求与刘邦一齐西征的，但怀王以他过于残暴，所过无不夷灭，恐失秦人之心，因而要他随宋义救赵。

三年（前207）初，宋义进军至安阳（今山东曹县东），逗留四十六日不进，想坐观其变。项羽主张疾速渡河，与赵夹击秦军，宋义不许，项羽便杀掉宋义，代理其位。怀王得讯，乃命羽为上将军。项羽受命后，先派二万人渡黄河北救巨鹿，获得小胜。接着项羽亲率全军渡河，渡河后破釜沉舟，以示决死之心。既而楚军进抵巨鹿，大败秦军，俘秦将王离，遂解巨鹿之围。这时章邯军屯巨鹿之南，楚军又连破之。章邯因外受楚军的压迫，内受赵高的忌视，心不自安，便投降项羽，羽立之为雍王，这时已是七月。当项羽救巨鹿之前，各国的援赵军到达巨鹿外围的有十余起，但都不敢与秦军一战，及见楚军英勇破敌，诸侯军的将领无不慑服，于是项羽成了诸侯联军的统帅。

再说刘邦，他自二世二年年底受命率军西进，当时秦军的主力被吸引在北方，因此他一路未遇劲敌。他横穿今河南省的东部，到三年中，已到达洛阳以东地区，在那里与张良会合，然后攻略南阳，西趋武关。八月，武关陷落。这时秦的中央政府，由赵高一手把持。赵高于二年末陷杀李斯，继任丞相，他对二世一味欺瞒，屡以关东的乱事不足忧为言。到武关陷落，他的谎言被拆穿，因惧祸而弑二世，立二世侄子婴，改称秦王。一面遣人向刘邦约降，邦不理，继续前进。九月，子婴刺杀赵高，刘邦也已进至蓝田（今陕西蓝田县西）以南，大败秦军，直指咸阳。次月，子婴迎降，秦朝乃正式结束。

秦历可以说终于二世三年九月，到十月子婴投降时，已进入历史上所谓的“汉元年”，因为秦历以十月为岁首，汉历则承袭秦历。但事实上那时汉朝还没有建立，尚须经过四年半的纷争，才有统一的汉朝出现，因此历史又把秦朝灭亡后的四年半称作“秦汉之际”。

（三）项羽分封与楚汉战争

刘邦到咸阳后，入居秦宫，但经张良等人的劝告，又退出秦宫，驻军于咸阳以东的霸上；对于秦的珍宝财物，也一无所取，专待各路诸侯前来共同处理。但当初怀王曾与诸将约，谁先入关中，便以其地封他为王，因此刘邦颇以关中的主人自居。他并以这种地位，宣布废除秦的苛法，仅约法三章：“杀人者死，伤人及盗抵罪。”于是秦人大悦。

项羽既定河北，率楚军、诸侯军和秦降军西向入关，行至新安（今河南渑池县东），听到秦降兵有怨言，虑其为变，便把他们全部活埋，据说数达二十余万人。刘邦听说项羽已封章邯为雍王，预备以他王关中，便派兵把守函谷关，拒外军入境。项羽到关而不得入，一怒把它攻下，进驻鸿门（今陕西临潼县东），与刘邦相距四十里。这时项羽的军队共四十万，刘军只有他的一半，项羽本拟进攻刘邦，因邦亲来谢罪，才未成事实。接着项羽进入咸阳，他入城后首先所做的几件事是：屠城，杀子婴，收集财宝妇女以及放火烧秦宫室，据说这场大火达三月不息。这时的项羽，已俨然是天下的主宰，无人敢抗拒他。继而在火光血影中，他凭着个人的意旨，裂土分疆，建立起政治的新秩序。

项羽对怀王无疑怀有甚深的恶感，其原因无法确考，可能由怀王对他不甚重视而起，诸如不许他与刘邦一同入关以及最初不以他任援赵军的统帅等。汉元年（前 206）正月，项羽尊怀王为义帝，但只给他湘江上游一块狭小的地盘，定都于郴（今湖南郴县）。二月，项羽自立为西楚霸王，王旧魏楚地九郡，定都彭城。“富贵不归故乡，如衣绣夜行”，便是他东都彭城的主要原因。此外他封了十八个王，如下表：

王号	姓名	原来地位	国都	领地
汉王	刘邦	楚将	南郑	汉中、巴、蜀三郡
雍王	章邯	秦降将	废丘	咸阳以西
塞王	司马欣	秦降将	栎阳	咸阳以东至黄河
翟王	董翳	秦降将	高奴	上郡
西魏王	魏豹	魏王	平阳	河东郡
河南王	申阳	张耳部将	洛阳	河南地区
韩王	韩成	韩王	阳翟	故韩地
殷王	司马卬	赵将	朝歌	河内地区
代王	赵歇	赵王	代	代郡
常山王	张耳	赵相	襄国	赵地大部分
九江王	英布	项羽部将	六	九江郡一带
衡山王	吴芮	百越君长从入关	邾	楚地一部分
临江王	共敖	楚柱国	江陵	楚地一部分
辽东王	韩广	燕王	无终	辽东郡
燕王	臧荼	燕将	蓟	燕地大部分
胶东王	田市	齐王	即墨	齐地一部分
齐王	田都	齐将	临淄	齐地一部分
济北王	田安	项羽部将	博阳	齐地一部分

项羽对原有的各国诸侯，甚为嫉视，因此他大封各国部将，以他们为王，分割其国。于是齐分为三，燕分为二，赵分为二，魏分为二，秦分为四，楚分为三（加羽本人

为四)，韩分为二。而各国部将封王后所领的土地，往往较旧有的诸侯为大。齐、赵、燕、魏等国，莫不如此。这些诸侯，当初随项羽入关，希望至少能保全旧日的领土，但结果不但领土缩小，其王也事实上受到黜降，其不满自可想见。此外，项羽公开破坏怀王的旧约，改封刘邦于巴蜀汉中，而以三个秦国降将分王关中地，他们曾丧失秦国健儿数十万于关外，把屠杀焚掠带进关来，最后却又在秦人的头上为王。所以这件事不但为刘邦所深恨，秦人的悲愤也可以想象。又如齐相田荣曾再造齐国，但因田假事与项氏有隙，这次也无封土；赵将陈余之功，与张耳相若，但只封侯；因此二人遂成为项羽的敌人。从这次分封看，项羽是没有统一思想的，他仍以列国分立为原则；他也不想做皇帝，因此只弄个不伦不类的霸王名义便已满足；而他本身所占的地盘，也不算大。同时所封的十八个王中，原属楚国势力集团的只有四个，如果说项羽的分封完全为私，也是不公平的。

四月，在咸阳受封的诸王分别就国，但项羽以韩王成无功，张良又辅佐刘邦，愤而挟韩王归彭城，废以为侯。刘邦则率领数万人前往汉中，并烧绝自汉中北出唯一的山径"栈道"，示无还心，以使项羽不疑；事实上他是处心积虑找机会打回老家的。

五月，田荣反于齐地，逐田都，杀田市，自立为齐王。他收编了一股以彭越为首约万余人的土匪势力，并命越攻济北王而杀之，因此尽有全齐之地。八月，刘邦乘齐地之乱，项羽无暇西顾，自汉中突入关中，围章邯于废丘(今陕西兴平县东南)，塞王司马欣、翟王董翳皆降。同年，韩广不肯就国辽东，为臧荼所击杀，其地也为荼所并。在分封后的几个月中，便已发生这么多的严重事件。

汉二年(前205)十月，义帝于就国的途中，被项羽派人击杀。同月，陈余得田荣之助，把常山王张耳赶走，迎赵歇于代，立为赵王。赵王以陈余为代王，余留佐赵王，而以夏说为代相国以守之。刘邦的势力也伸展至关外，河南王申阳降汉。韩王成前已被项羽杀害，刘邦乃遣故韩襄王孙信和张良将兵攻取韩地。次月，立信为韩王，汉并徙都于栎阳(今陕西临潼县东北)。情势至此，已逼使项羽非用武力解决不可了。

项羽首先亲自击齐，正月，大败田荣于城阳(今山东莒县)，田荣遁走，为百姓所杀。楚军北进，沿途焚掠烧杀，齐人相聚叛乱。三月，刘邦乘项羽伐齐，挥师东征。降西魏王豹，虏殷王印；并为义帝发丧，号召诸侯，讨伐项羽。四月，刘邦率领诸侯兵凡五十六万人伐楚，这时项羽尚在齐境，与田荣弟田横交战，因此汉军得入彭城。项羽闻讯，急以精兵三万人还战，汉军大败，损失达二十万人，刘邦带数十骑狼狈遁去。刘邦败后，诸侯又多背汉与楚。田横则乘项羽还师，复定齐地，立田荣子田广为齐王。

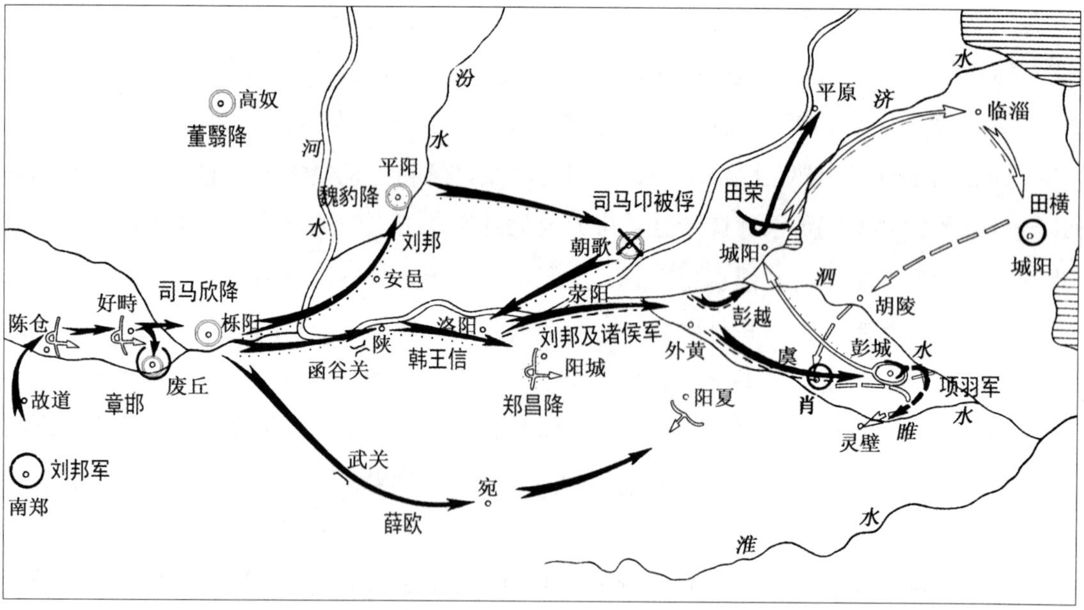

汉军出陈仓进攻时期作战经过示意图。汉元年（前206），刘邦乘项羽东部用兵，遂从故道暗度陈仓，一路东进，败雍王章邯，再攻好畤，进围章邯于废丘，又分兵迫降塞王司马欣、翟王董翳。同时以薛欧军出武关，直指彭城，被楚军阻于阳夏。刘邦假意写信给项羽，称志只在三秦，并不以楚为敌，项羽因此定下先齐后汉的方针，只派郑昌率少量兵力驻阳城，以备汉军东进。二年（前205），项羽在城阳大破齐兵，田荣败死于平原，但接着项羽进攻田横受挫，被牵制于齐地。刘邦乘机出函谷关东进，在阳城迫降郑昌，然后东渡黄河，俘虏殷王司马卬。再南渡黄河到达洛阳，以项羽杀怀王为借口，联合五路诸侯，向彭城进攻，进至外黄，彭越归汉，刘邦命他继续扰袭梁地，主力攻下彭城。项羽闻讯，亲率精兵出胡陵，至萧，由西向东袭破诸侯联军，再破汉军于睢水上，刘邦狼狈逃回荥阳。

刘邦收聚散卒，固守荥阳、成皋（今河南汜水县西北），赖萧何供给关中的壮丁及粮食，军势复振。而章邯也于此时势穷自杀，关中之地尽定。此后，汉即改采迂回战略，正面固守荥阳成皋，而侧击黄河以北地区。魏豹自刘邦败后，又复反汉，汉遣韩信击之。九月，信擒魏豹于安邑（今山西夏县），魏地遂定。继而信击擒代相国夏说于阏与（今山西和顺县西北）。

汉三年（前204）初，汉遣韩信、张耳击赵，斩陈余于泜水（今河北元氏县境）上，擒赵王歇，赵地亦定。继而汉以随何说降九江王英布，布只身投汉；项羽又中了汉的反间计，猜疑他最得力的谋臣范增，结果增愤而告退；这些都是项羽的大损失。但楚军在正面的进攻仍异常猛烈，五月，汉失荥阳、成皋，刘邦逃至赵，取得韩信、张耳的军队；一面命韩信东击齐，一面率兵南下，伺机再战。项羽本可继续西进，但因彭越的捣乱而回兵。彭于刘邦首次东征时降汉，汉拜他为魏相国，他率兵与楚作游击战，到项

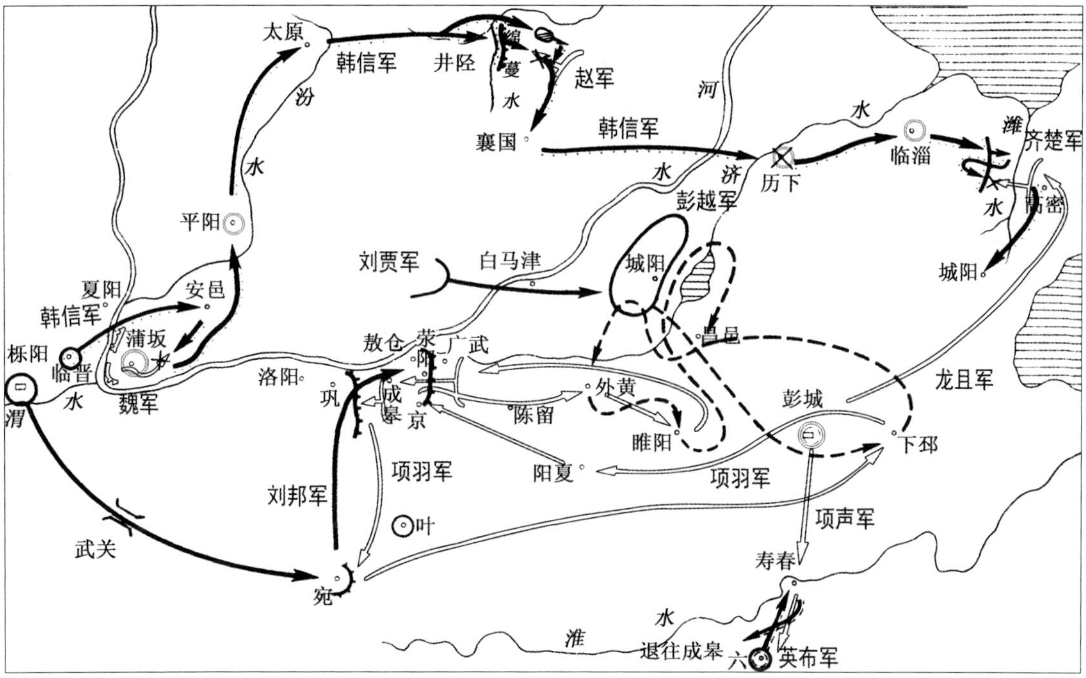

汉军防御时期作战经过示意图。

汉二年（前 205），刘邦在彭城遭遇大败后，诸侯纷纷背汉向楚。刘邦依张良策，重新部署：刘邦亲率主力坚守成皋、荥阳地区；彭越在梁地活动，牵制、疲困楚军；韩信率一部逐次歼灭黄河以北割据势力，争取英布，使其进攻楚军侧背。楚汉争战进入相持。

正面战场：得萧何关中兵员补充后，刘邦复出兵武关，进至宛、叶，项羽南下救宛，时当彭越袭楚军后方，陷下邳。项羽东还击之，刘邦乘机北上夺回成皋。楚军退彭越后，返军复破荥阳，进围成皋，汉退守巩县，两军相持。汉命刘贾率一部自白马津渡河，向西深入楚地，以助彭越游军，下外黄、睢阳等十七城，断楚军成皋、彭城联系。项羽又被迫率军东返击退彭越，但成皋又入汉军手中，楚军急返回救，汉将战线向东推进至广武。八月，楚粮尽，两军划鸿沟为界，地分东西。

北方战场：由韩信主持，为避开魏西面重兵防守，汉军佯出临晋，潜出夏阳，东进下安邑，再西返破魏王豹于蒲坂；九月，北上破代，东出井陉险隘，入赵后，背水结阵，诱敌出击，反攻大破赵军，平定赵国；派使臣至燕，燕国投降；继续东进，趁齐军准备归降，疏于防范之机，破历下，进占临淄，楚将龙且自彭城救齐，被韩信大破于高密，龙且战死，韩信完全占领齐国。韩信一路东行，黄河以北悉数入于汉军，在北面对项羽形成极大压力。

南方战场：刘邦派随何游说英布叛楚，项羽侧背又现新的威胁，命项声攻击英布，英布兵败，退走成皋。但汉军也达到在南面牵制、分散楚军的目的，减轻了正面的压力。

在相持作战中，项羽各方进军，均所向披靡，但局部胜利无益于大局，且屡被汉军调动，军力已然疲惫，形势转入不利。

羽西攻汉军，他乘机取魏地睢阳（今河南商丘县南）、外黄（今河南杞县东）等十七城，烧掠楚的军资，项羽不得已回师，亲自进剿。到四年（前 203）初，项羽夺回彭越取去的十余城，而成皋又被汉军乘机收复。继而韩信定齐地，并大败楚的援军，至此楚已显

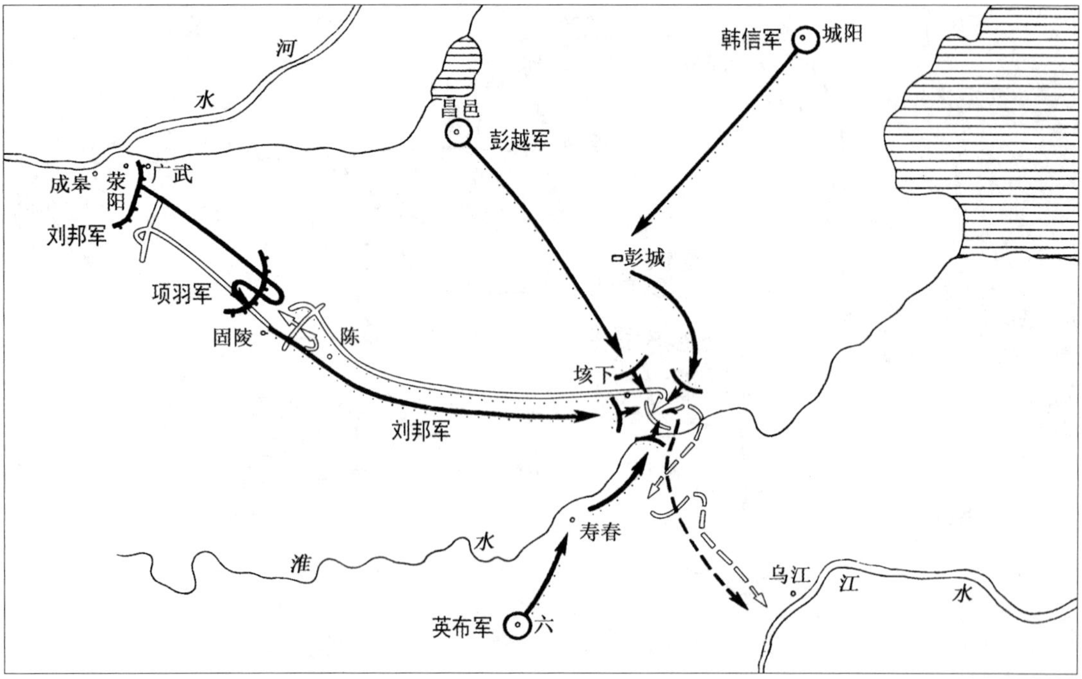

汉军追击楚军时期作战经过示意图。汉四年（前 203），项羽兵少食尽，主动求和，与汉“中分天下”后，东返。刘邦听张良、陈平建议，乘项羽不备，发兵追击至固陵。由于韩信、彭越未能前来会合，被楚军反击，汉军大败，刘邦被迫坚守。随后，大封韩信、彭越，韩信于是自齐下彭城，彭越亦自昌邑南下，刘贾、英布北上下寿春。这时，汉军复振，进逼楚军至垓下，其他诸军配合，在垓下合击楚军，项羽率八百骑突围，过淮河，奔乌江，被汉军追至，兵败自刎。楚汉相争结束。

然陷入劣势。到年终，楚与汉和，约定楚汉中分“天下”，以鸿沟（在今河南荥阳县境）为界，东边属楚，西边属汉。楚则归还刘邦的父亲太公和妻子吕氏，他们是于刘邦首次东征失败后为项羽所俘。约成后，项羽便罢兵东归。

刘邦则因张良等的力劝，于五年（前 202）初（十月）再度出兵追击项羽，并召韩信、彭越合兵进战，许以地盘。至十二月，汉军围项羽于垓下（今安徽灵璧县东南）。项羽率八百余骑突围，南至长江西岸的乌江（今安徽和县东北），从人殆尽，项羽惭愤自刎而死。诸侯遂拥戴刘邦为皇帝，同年二月，刘邦即位于定陶附近的氾水之北。最初他定都于洛阳，五月，迁都长安。扰攘数年的战局，自此告一段落。

第六章
汉帝国的盛世

一、汉初的封建及无为政治

（一）高祖的封建

汉高祖即帝位后，名义上虽是全国又告统一，但事实上仍是分裂的。秦末，举国苦于暴政，人们反而怀恋着战国时代的岁月，因此封建的理论又盛行起来。自陈胜吴广发难后，各地起兵者纷纷拥戴六国王室的后裔为主，重演七国时代的局面。其后项羽也迎合这种潮流，分封了十八个王。高祖也无法例外，楚汉战争时，已曾封过几个异姓王；到战争结束，他为诸侯拥戴为皇帝，为酬勋起见，异姓王有增无减。当时的异姓王有七，即韩王信、赵王张耳、楚王韩信、淮南王英布、梁王彭越、燕王臧荼、长沙王吴芮。这七国掩有黄河下游及长江中下游的广大地盘。此外他封了大批的侯，数目多至一百四十以上。王在当时称为“诸侯王”，侯称“列侯”，这两级封君的权威和封土范围，甚为悬殊。王国的领土，大都广至数郡，侯国领土则很少大过一县。王在其国中，除享

汉高祖刘邦，选自《乾隆年制历代帝王像真迹》。

有经济权如赋税及徭役等，并握有相当大的统治权，王国的官吏，除丞相外，其余概由国王任免。列侯则仅在其封国中享有定额户数的赋税徭役。从这些地方看，汉的封建与周的封建，实质上已大不相同。

也许有鉴于秦的速亡，高祖对封建制是抱有限承认态度的，因此他采用封建与郡县并置的办法。但他对异姓诸王却非常嫉视，处心积虑要把他们消灭，而代以刘氏宗亲。这种想法的产生也很自然，因为异姓诸王大都久经战阵，擅长军事，其中不乏具有野心的人。同时他们各自拥有广大的地盘和雄厚的兵力，对中央政府，实是一种严重的威胁。异姓诸王中，楚王韩信最为高祖所畏忌，因此成为第一个牺牲者。韩信本于汉四年（前 203）受封为齐王，次年徙封于楚，王淮水以北及以南的东部地区，都下邳（今江苏邳县）。六年（前 201）初，高祖伪称南游云梦（今湖北省长江南北一带），会诸侯于陈（今河南淮阳县）。就在陈将韩信擒住，带回长安，废为淮阴侯。至十一年（前 196），为皇后吕氏所杀。

此外几个异姓王国被消灭的经过，大致如下：韩王信（与楚王同姓名）于二年（前 205）受封，王韩故地，都阳翟（今河南禹县）。六年（前 201），汉北徙其国于太原郡，都马邑（今山西马邑县）。同年秋，匈奴围马邑，信降，高祖自将击之，信逃入匈奴，其国遂废。赵王张耳于四年（前 203）受封，王赵故地，都襄国（今河北邢台县）。次年，张耳死，子敖嗣立。九年（前 198），因其臣下谋反，汉废敖为侯，国除。梁王彭越本于五年（前 202）受封，王魏故地，都定陶（今山东定陶县）。十一年（前 196）春，梁太仆告越谋反，汉擒越杀之。淮南王英布于四年受封，王淮南地，都六（今安徽六安县）。至十一年，因见彭越被杀，怕轮到自己，也于其年秋天造反。次年初，布被杀，其乱乃平。燕王臧荼本为项羽所封，王燕故地，都蓟（今河北大兴县西南）。五年，项羽灭亡，荼乃反，高祖自将击擒之，改立卢绾为燕王。十二年（前

195），绾反，汉遣樊哙击之。四月，高祖死，绾亡入匈奴，国除。唯有长沙王因国小力弱，不为高祖所忌，得幸免于废灭。长沙王吴芮于五年受封，王洞庭湖附近地，都临湘（今湖南长沙县）。同年，芮死，子臣继位。臣三传至著，因无后，国除，其时已是文帝末年。

与消灭异姓诸王同时并行的，便是刘氏子弟的分封，他们的领地，大都是原来异姓诸王的国土。从六年到十二年的七年间，高祖先后分封了九个王国，即楚、荆（吴）、代、齐、赵、梁、淮阳、淮南、燕。楚、荆、代、齐四国都是六年分封的，那年楚王韩信被废，高祖分楚地为楚、荆二国，封弟交为楚王，统淮水以北三郡地，都彭城（今江苏铜山县）；又封堂兄贾为荆王，统淮水东南三郡地，都吴（今江苏吴县）。十一年，刘贾为英布所杀。到十二年初，汉更荆为吴，立高祖兄仲之子濞为吴王，都广陵（今江苏江都县）。代辖今自太原、雁门以东至常山境，凡三郡，都代（今察哈尔蔚县），其王为高祖之兄仲。七年，匈奴攻代，仲弃国逃归，更立皇子如意为代王。九年，徙如意为赵王。十年，代相陈豨自立为代王。十一年，汉定代地，更立皇子恒为代王，都晋阳（今山西省太原县）。齐王为高祖子肥，辖今山东省一带地，凡六郡，都临淄（今山东临淄县）。赵王张敖于九年被废，汉徙代王如意为赵王，统六郡地，都邯郸（今河北邯郸县）。梁王彭越于十一年被杀，汉分其地为梁、淮阳二国，以皇子恢为梁王，统二郡地，都睢阳（今河南商丘县南），以皇子友为淮阳王，统二郡地，都陈。淮南王英布于十一年反，高祖即立皇子长为淮南王，及布被诛，长乃继统其地，共四郡，都寿春（今安徽寿县）。燕王卢绾于十二年反，其地既平，汉乃以皇子建为燕王，统六郡地，都蓟。总之，到高祖临死，异姓王国除长沙王外，全为同姓所取代。

为了防止异姓王国的再起，高祖曾与心腹大臣们举行过一次秘密盟会，会中订立一项重要誓约，即“非刘氏而王者，天下共击之”，史书称之为“白马之誓”。参加盟会的有高祖本人及大臣王陵、周勃、陈平等，吕后也可能参加。这次盟会没有公开的仪式，时间也无法考知，但其确实性则无疑问。尽管如此，在高祖死后不久，这誓约便为吕后所破坏。

（二）吕后握政与诸吕事件

汉高祖于十二年（前195）四月去世，据说他享年六十三岁。子盈嗣位，是为惠帝。惠帝是高祖八子中的唯一嫡子，他生性忠厚，但相当懦弱，因此由他的母亲吕后主持国政。吕后为人刚毅，知人善任。惠帝之初，仍以功臣萧何为相国，至二年（前193），何死，另一功臣曹参继任，曹参原任齐国丞相，他信奉黄老学说（黄指黄帝，老指老子；战国人常好假借黄帝之名以立说，所谓“黄老”学说，实际上就是老子的政治论。）以“清静无为”作为理政的原则，结果齐国大治。他入相后，仍然固执着这个原则，一切遵循萧何所定的旧规，竭力避免苛烦的兴作，以休养生息；对外族保持和平关系，对诸侯王国也采放任政策。

汉初所以推行无为政治，原因约有二端：一是秦虽以尚法亡国，但其制度，甚为完备。汉初儒学衰微，除专治一经的秦国博士外，并无名动时君的大儒如孟子荀子一类的人，同时汉人更承袭了秦人的轻儒之风，例如高祖即经常对儒者横加轻藐和侮辱。道家在战国末年虽是显学，但其本身并无一套政治制度。至于汉廷君臣，大都出身于低层社会，本身没有创立制度的能力。因此汉廷除承袭秦法外，别无其他的途径可循。二是自秦统一直至汉初的二十年间，人民因处于暴政及战乱之中，财产及精力早已消耗殆尽，举国上下莫不希望获得喘息的机会，而道家的政治精神正合乎他们的心意。因此汉初实行无为政治，实有其情势上的必要。

惠帝死于前188年，在位凡七年。其后吕后连续立了惠帝的两个幼子恭和弘为帝，二人各在位四年，都称少帝（前187～前180），而由吕后临朝称制。据说这两位傀儡皇帝，实际上都是外人之子。

在吕后主政的十五年中，她始终遵循着无为的政治原则，与民休息。据史册说当时“天下晏然，刑罚罕用，罪人是希，民务稼穑，衣食滋殖”［见《史记》卷九《吕后本纪》］。不能说不是这项政策的成功。她的若干政治措施，也颇值得称述，例如惠帝即位之初，就把田赋减低为每年征收十五分之一。这办法虽在高祖时制定，但一度废除，至是又行恢复，比起秦代半数以上的征课来，不知轻了多少。此外秦代的苛法，也有若干被取消，如惠帝四年（前191）的废除“挟书律”，以及吕后元年（前187）的废除“三族罪”及“妖言令”等。

但吕后也把一个政治难题留给后人，因为她对母家吕氏子弟的加意提携，委以重权，以致造成朝廷间派系的对立，终于在她身后爆发了流血政变。吕氏子弟，自始即追随高祖，他们大都才调庸劣，但由于吕后的栽培，到高祖晚年，他们在朝廷中已隐然自成一派。惠帝为太子时，高祖一度想废掉他，改立宠姬戚夫人之子赵王如意，但未成功，据说诸吕便曾为保护惠帝尽过力。惠帝时，诸吕的势力日增，到吕后称制，他们的政治权位乃压倒功臣派。这种形势，自然由吕后一手造成。

吕后元年（前 187），吕后想立诸吕为王，功臣派的右丞相王陵引“白马之誓”，加以反对，因而去职。继而吕后又与继任右丞相的陈平和太尉周勃商议，二人虽也属功臣系统，但不敢再持异议。这一年，吕后首先追封她的父亲吕公、哥哥吕泽为王。接着封吕泽的儿子吕台为吕王，割齐的济南郡为吕国。四年（前 184），封妹吕嬃为临光侯。吕台于二年（前 186）死，子嘉嗣之，因居处骄恣，于六年（前 182）被废，改立吕台弟吕产为吕王。七年（前 181），赵王友（赵王如意于惠帝元年为吕后所鸩杀，同年，徙淮阳王友为赵王。吕后时，先后立“惠帝子”疆及武为淮阳王。）因不爱其后吕氏，为吕后幽死。同年，徙梁王恢为赵王，而以吕产为梁王，吕国除。恢也因受制于其后（吕产之女）而自杀，于是吕后另立其兄释之的儿子吕禄为赵王。同年，燕王建死，国除。八年（前 180），又立吕台子吕通为燕王，通弟庄为侯。这类措施，自然引起功臣们的无限妒恨。

八年（前 180）七月，吕后病重；病中命吕禄统辖拱卫都城的“北军”，吕产统辖禁卫宫廷的“南军”，以防制大臣的生事。是月，吕后死，遗诏以吕产为相国，吕禄女为少帝弘后。吕后于生前，曾把好几位吕氏女儿嫁给刘氏子弟，遗命又以吕氏女为皇后；她的目的，似在使刘吕相亲，并没有以吕代刘的意思。

功臣派早把诸吕当作敌人，吕后末年，陈平、周勃即密切合作，对诸吕暗加防备。此外他们更与反对诸吕最激烈的宗室朱虚侯刘章联合。刘章为刘肥之子，当时的齐王刘襄之弟，又是吕禄的女婿；他的反吕，目的是拥立他的哥哥做皇帝。吕后死后，局面立即动荡起来。首先是齐国出兵西指，以讨诸吕为辞。吕产派另一功臣灌婴将兵抵御，婴暗中与齐联络，要齐王还兵待变；而婴本人则屯兵荥阳，停止前进，这形势对诸吕是一种严重的威胁。九月，陈平等以计将吕产、吕禄骗离南北军，由周勃入统北军，然后讨诛诸吕，男女少长，尽行夷灭。功臣们所宣布诸吕的罪状是“欲为乱”，但据史书的描述，却看不出诸吕有什么“欲为乱”的迹象。

政变成功后，功臣们以少帝弘和惠帝其他几个封王的儿子，实际都是吕后取外人子而立的；他们既非刘氏之子，又怕他们将来为吕氏复仇，因而决定另立皇帝。当时齐王襄以高祖长孙，谋取帝位最力；但功臣以王舅驷钧横暴，恐再生事端，乃改立高祖的庶子代王恒。代王为人仁孝宽厚，母家薄氏也谨慎善良。九月底，代王到京即位，是为文帝。至于少帝弘等，则于代王到京的当晚，遭遇与诸吕相同的命运。

二、文景之治

（一）文帝时代的政局

文帝于入统之初，首收大臣的兵权，而以自己的旧属担负统领南北军及管理宫殿的任务，这一点表现出他的过人机智。此外他具有不少美德，例如他自奉俭约，经常穿着黑色绨袍，即使幸姬也衣不曳地；他谦冲为怀，容纳直谏，废除诽谤及妖言罪以求忠言。（妖言罪曾于吕后元年废除，其后可能又行恢复。）最难得的，是他的守法精神，他虽然具有绝对的权威，但能使法律不因个人的爱憎而遭到破坏。至于临民的慈爱，处事的精勤以及对人才的奖掖注意，也都是他的长处。总之，他几乎具有一个好皇帝的所有条件。

虽然如此，仍有些前代遗留下的难题，使他无法解决，这些难题，导源于汉初的“无为政治”。这种政治原则，虽然使人民得到苏息，国家日趋繁荣；但因过分的放任与松懈，而致内政外交随之发生严重的危机，如果不是文帝的贤能，大变乱可能在他的时代就要爆发。当时的最大难题，是诸侯王和匈奴的问题。

各诸侯王国，因为安定了一个时期，人口大为增加，实力也随之增强。在中央政府无为的政治原则下，列国的内政，不大受到干预，因而养成诸侯王的骄恣。同时文帝以诸侯入统，对原来地位与他相同的诸王，自不敢过分约束，如此更助长他们的野心。文帝即位之初，旧有的诸侯王国，只剩楚、吴、齐、淮南、长沙五国；吕后时改封诸吕的赵、梁、燕三国和改封“惠帝子”的淮阳国，均于诸吕事件后废灭；代也因文帝的入统而王位虚悬。文帝于元年（前179）立高祖堂弟刘泽为燕王，赵王友之子遂为赵王。二年（前178），又分赵地，立赵王友少子辟疆为河间王，分齐地，立朱虚侯刘章为城阳王，章弟兴居为济北王。泽曾与大臣计议，共立文帝，章、兴居则曾在讨诛诸吕时尽力，三人皆因功受封。同年，文帝又立皇子武为代王，参为太原王（分代地而立），揖为梁王。所以文帝初年，宗室诸侯王国已增至十几个，关东的广大地盘，几乎全为它们所掩有。诸王之中，颇有骄恣不法和敌视中央的。例如淮南王长（文帝异母弟），便直呼文帝为“大兄”，并曾擅杀大臣，自作法令。文帝曲予优容，他却益形骄妄。又如济北王兴居，以不满封地过小，于三年（前177）造反，事平国废为郡。诸国中最富强的要算吴国，辖有三郡五十三城。它的东境滨海，境内产铜，吴王濞（文帝堂兄）煮盐铸钱，因而国用富足；他并招致各地亡命之徒，密图不轨。在帝国内部，他可以说是中央政府的最大敌对势力，文帝虽然对他敷衍得相当得法，却不能消除潜在的危机。当时中央政府与诸王国的对立，俨然是秦与六国形势的重演。

另一严重问题是外族问题，当时汉的主要邻国，北有匈奴，东有朝鲜，南有东越、闽越、南越；除匈奴外，其余全是汉的朝贡国。对匈奴，汉从开国之初便屈居下风。高祖曾于七年（前 200）讨伐匈奴，几致全军覆没，此后汉廷即以子女玉帛结欢于它，叫作“和亲”。这政策到文帝时依然遵行着，但匈奴仍时常入寇。汉因内部的问题尚无法解决，对匈奴自然不敢发动大规模的战争，因此一直处于被动的守势地位。

此外如社会上仍然弥漫着秦代重势尚利的遗风，制度方面也依然保持着秦代许多不合理的地方；尤其是法律，虽已除去若干严刻的条款，但仍嫌残酷悖理。这些方面，文帝也同样无法做大规模的革新。文帝是赞成改革的，但前代交付他的任务过于沉重，使他无暇兼顾；而朝廷中的守旧势力和汉初以来的黄老思想，也是阻挠改革的主力。但他并非不知道问题的严重，因此他竭力充实国力，储备人才，以为来日之用。更值得注意的，是文帝时代虽未曾从事大规模的改革，但汉帝国全盘革新的计划，却在他的时代即已拟定了。

贾谊，选自《历代名臣像解》。

（二）贾谊的改革建议

西汉时代的洛阳，是一个大商业都会，曾产生过不少人才，贾谊便是其一。这位盖世聪明的洛阳少年，曾针对着文帝时代政治社会上的种种病象，提出了一套宏远深刻的革新建议。这建议可算是汉的建国大纲，在文帝及其以后的时代中，逐步实现，终使国家改头换面，成为一个名符其实的新朝代。

贾谊的思想，受儒家的影响最大，但也含有部分的法家色彩。他少时曾追随廷尉吴公，吴则曾受教于李斯；他的法家思想，也许是受吴的熏陶。文帝初即位，他因吴的引荐，被征为博士，当时不过二十几岁。文帝对他甚为赏识，一年之中，便超迁为太中大夫。他在太中大夫任内，曾建议文帝改革制度，悉更秦法。他的改革计划包括改正朔，易服色，定官名，兴礼乐等。文帝虽没有全部采纳，但也改定了部分法令。接着文帝想以他出任公卿，这一着却引起功臣们的恐慌，于是周勃、灌婴、张相如、冯敬一般老牌军人政客，都起而反对，指责他“专欲擅权，纷乱诸事”。文帝不得已，于四年（前 176）外放他为长沙王太傅。六年（前 174），调任为梁王太傅。同年，他上疏指陈政事，力主改革，那便是有名的“治安策”[见《汉书》卷四八《贾谊传》]。他不仅主张改革旧制度的条文，并要改革其精神；不仅要改良政治现状，而且要纠正社会风气。其见解的正确，可由后来的史实做证明。疏中讨论的项目甚多，诸如内政、外交、社会、法律、教育等方面的问题，都曾谈到，现在加以归纳叙述。

内政方面的最大问题，自然是诸侯王国的问题，疏中谈得也最详细。他认为诸侯王的不法，完全由于他们的国大力强。因此他主张“众建诸侯”，把大的国家分成几个小的，使他们的力量不足与中央抗衡，自然可以无事。

对匈奴他主张采取强硬态度，并自愿担负抵制匈奴的任务。在这方面虽然没有说出什么具体办法，但他是惠帝以来，致力于扫除“恐匈病”的第一人。

社会方面，他主张裁抑富豪，对于富人的奢侈行为，尤表不满，认为他们是破坏经济的主力。此外他主张以礼、义、廉、耻的道德律来改正社会上崇势尚利的颓风，同时他认为必须由“识大体”的人来负起这项任务。

法律方面，他也主张革除秦法的残酷精神，而把德泽注入法律，使它合乎礼义。因此，他力主刑罚宽简。

他主张注意太子的教育，使他将来在德行上做臣民的表率。这一点是针对太子启（即后来的景帝）而发的，太子的若干行为，显然有些不检。例如他曾于三年（前 177）与梁王同车入朝，因在司马门不下车而被劾。（太子并曾以棋盘击杀吴王濞的太子，这件事发生的时间不详，但也可以看出他的放纵。）

此外，贾谊认为君臣间应讲究礼节，大臣应受优礼。这一点是针对周勃于四年（前 176）被人诬告而致下狱的事而发的。自高祖以来，汉廷君臣一向不大懂礼节，常把低级社会朋友家人间的言语动作，搬到朝廷上来。因此他主张皇帝必须尊重臣下的人格，否则必将使臣下“犬马自为”，忘掉廉耻节操。以这话和陈平、周勃等人的媚吕而又反吕的事相对照，便可看出高祖狎侮大臣后果的严重。

文帝对贾谊的这次建议，也曾实行了一部。十一年（前 169），梁怀王揖死，贾谊又上疏建议徙淮阳王武为梁王，扞御山东，文帝从之。（武原为代王，文帝于五年徙武为淮阳王，而以太原王参为代王，太原亦并于代；至此又迁武于梁，淮阳除。）梁地北界泰山，西至高阳（今河南杞县西），共辖四十余大县，远较淮阳为大。这种以亲制疏，逐渐扩充地盘的妙策，也创自贾谊。十五年（前 165），齐文王则（襄子）死，无子。次年，文帝又用贾谊的遗策，分齐为六国，以封齐悼惠王肥的六个儿子，即将闾为齐王，志为济北王，贤为菑川王，雄渠为胶东王，卬为胶西王，辟光为济南王。同年，又分淮南为三，以封淮南厉王长的三子，即安为淮南王，勃为衡山王，赐为庐江王。（淮南厉王长于六年谋反，废处蜀中，中途死去，淮南无王者数年。十一年，一度徙刘章子城阳王喜为淮南王，至此再徙喜为城阳王，而分淮南为三国。）此外，文帝对臣下的礼节方面，也改善了许多；自贾谊上疏后，大臣有罪，皆自杀而不处刑。至于其他方面的改进，则是文帝身后的事了。

贾谊大约死于十二年（前 168），据说他的死与梁怀王揖的死有关。揖因坠马而死，谊自以为傅无状，感伤而死，年仅三十三岁。

（三）晁错的削地政策

晁错是继贾谊而起的政治改革论者，颍川（今河南禹县）人，少时习申商刑名，并曾习《尚书》于伏生，可以说杂儒法之学，这一点颇与贾谊相似。但他为人峭直深刻，与贾谊的才情扬溢大有不同。文帝时，他曾任太子家令，为太子启所亲信。文帝十一年（前 169），他上书论列匈奴与中国战术的长短，甚受嘉赏。他并建议徙民实边，以御匈奴。次年，又建议以爵位奖励人民，输粟于边塞，以充边卒之用，均为文帝所采纳。

文帝于后七年（前 157）死，太子启继位，是为景帝。他以晁错为左内史，时常私下与之商决国政，言无不听。当时政治上最大难题，仍是诸侯王国的控驭问题，在这方面，晁错建议景帝，采取硬性的削地政策，也就是随时找机会和借口来削除诸王国的支郡。他也曾料到会激起事变，但他认为诸国迟早要反，削地迫使它们仓猝发难，战争反易解决，要等它们一切准备妥善，局面便难收拾。文帝时，吴王濞以吴太子事件，称病不朝，他即曾建议削吴地以示惩罚，文帝不听，吴因此日益强横；至此，他再度提出这个办法。当时朝臣中，大都不敢持异议，唯有外戚窦婴（景帝母窦太后侄）反对；窦的门客袁盎，也与晁错有怨。窦袁二人均曾做过吴国丞相，袁盎且曾受过吴王濞的财物；

至于二人是否暗中与诸侯勾结，则不得而知。

景帝支持晁错的政策，这政策的实行，始于景帝三年（前154），这时错已升任御史大夫，他当然是这政策的主持者。这一年，汉以不同的罪名，削掉了楚的东海郡，赵的常山郡和胶西的六县；既而又下令削吴的会稽、豫章二郡，吴王濞乃起兵反于广陵（今江苏江都县）。他事先并与胶西王卬、楚王戊、赵王遂、济南王辟光、菑川王贤、胶东王雄渠相约，至此六国也起兵响应，一致以讨诛晁错为号召。此外，齐王将闾先与吴通谋而后反悔；济北王志、淮南王安为中央官吏所劫持，无法行动。也有一部分诸侯王国忠于汉室，如庐江、衡山等国，都坚守无二；尤其是梁，成了这次战乱的中流砥柱。

吴王濞起兵后，北上渡淮水，与楚兵会合，西向攻梁。梁军迎战大败，退守睢阳（今河南商丘县南）。汉廷则以周亚夫（勃子）为太尉，率兵击吴、楚；以郦寄、栾布分击赵、

汉平七国之乱示意图。景帝三年（前154）正月，吴自广陵西北向渡淮河，楚军自彭城南下，两军会合后，西进攻梁，破梁于棘壁，追击至睢阳，围攻不能下。朝廷以周亚夫自长安出击吴楚联军，因吴王在崤山、渑池之间有众多细作，周亚夫遂绕道出武关，经南阳北上洛阳，进占荥阳及敖仓。因吴兵精，周亚夫委梁于不顾，自东进至昌邑，坚垒固守，只派轻军南出淮泗口，然后向西迂回至吴楚联军背后，绝其粮道。吴楚联军攻梁受到相当消耗后，周亚夫将主力向南推进至下邑。吴楚久攻梁不克，遂转兵东向，进攻下邑，寻汉军主力决战，不果，引兵南走，周亚夫追击，大破楚军，楚王败死，吴王被东瓯诱杀。吴楚攻梁时，胶东等五路诸王亦举兵西进，齐王临时背约，其他四王转攻临淄，不能下。朝廷从容派栾布率军东进，至齐，四王全被击败。郦寄攻赵，进围邯郸，七月不克，栾布破齐后，返军西向，与郦寄会合，下邯郸，赵破，七国之乱平息。

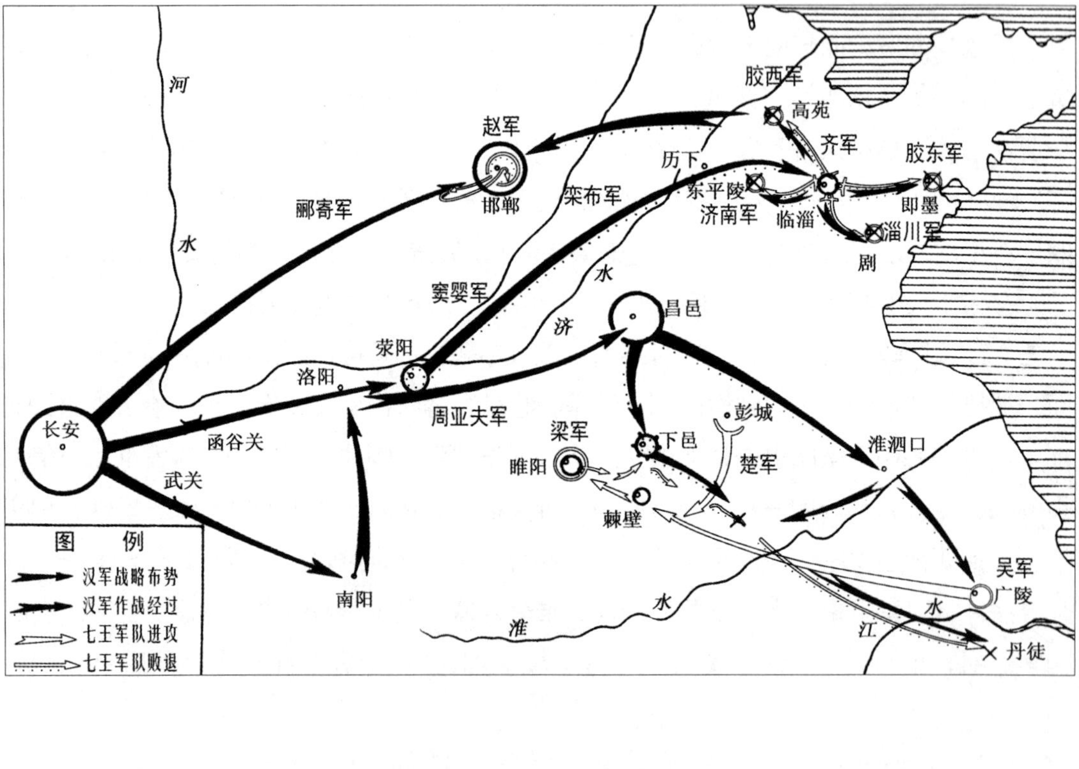

齐；并以窦婴为大将军，屯守荥阳（今河南荥阳县东）。但吴楚兵盛，景帝显然有些惊慌，袁盎便乘机献计，诛晁错以求诸侯罢兵。景帝从之，杀错后，并派袁盎出使于吴，以谋停战。吴王濞的谋反，已有多年，自然不会因此罢兵，谋和绝望后，景帝乃决心讨伐。

吴王濞继续攻梁，梁王武坚守睢阳，吴楚兵二十万人大部被吸引在睢阳外围，不敢西进。周亚夫到洛阳后，并不救梁，而引兵走昌邑（今山东金乡县西北），以为犄角；一面派轻骑绝吴楚粮道。吴楚攻梁不下，又不敢西进，因而转攻亚夫军，汉军坚壁不战，吴楚军以粮绝，自行退师。汉兵追击大破之，楚王戊自杀，吴王濞弃军南逃至东瓯，为东瓯人所杀。其余各国，也次第平服。总计这场战乱，前后不过三个月，即告平定。

战后，汉廷乘机收回诸国一部分土地，并对诸国的内部大加整顿，规定诸侯王不得亲理国政，王国的重要官吏由中央任命。王国的官员，也裁撤不少，例如王国丞相改称相，御史大夫、廷尉、少府、宗正、博士等官均予废除；未撤销的机关，在员额上也大打折扣；自此王国在行政上几等于中央直辖的郡县。另一方面景帝继续采用贾谊的分化政策，例如中六年（前 144）梁王武死，汉即分其国为五，以王其五子。总之，七国乱后，诸侯王已不再是政治上的严重问题。

文帝在位二十三年（前 179 ~ 前 157），景帝在位十六年（前 156 ~ 前 141）；这四十年，仍是汉帝国储备实力的时代。对外与匈奴仍维持着和亲，内部除了一场为时甚暂的叛乱外，也大体是安定的。政治日有改进，诸侯王国的问题，总算在这段时间内解决了。到武帝即位，汉帝国的内部已没有问题，因而能专意对外。武帝凭借着数十年培养的国力，开疆拓土，建立震古烁今的伟业。从这些地方看，文景时期，可以算得上是“治世”的。

三、武昭宣时代

（一）武帝的新政

景帝死于后三年（前 141），太子彻继立，是为武帝，时年十六岁。这位有为的少年皇帝，在他漫长的御宇期间，曾做过多方面的改革，汉朝从他开始，才成为一个名符其实的新朝代。他可以说是贾谊改革建议的实践者，诸如讨伐匈奴，分化诸侯，优礼大臣，专重儒术，改易历法，裁抑商人，惩戒游侠以及推广教育等主张，都为武帝所实行。武帝自然也有缺点，例如晚年的奢侈迷信以及敛财黩武等，但他对外的大启疆域，对内的改制革新，奠立汉帝国长期繁荣和平的基础，其功是不可没的。关于他北伐匈奴的伟绩，当于别章详述，这里只说他在内政方面的几项重要措施。

武帝于即位的次年（前 140），建立年号，称建元元年；这是中国帝王建元的开始，其后他并屡次改元。到太初元年（前 104），他接受朝臣公孙卿、壶遂、司马迁等人的建议，改易历法，废除秦制而改用夏正；秦历以十月（即亥月）为岁首，至此改为以正月（寅月）为岁首。此外，并规定“色尚黄，数用五”。

诸侯王国经景帝的一番整顿，虽然实力大为削弱，但它们的领土，依然相当广阔。武帝听从主父偃的计策，于元朔二年（前 127）颁布所谓“推恩之令”，准许诸侯王除以嫡嗣代立外，并可将土地分给其余诸子，由中央给予封号（侯），以其别属汉郡。这一来，诸侯王国越分越小，大都小于一郡了。对于列侯，武帝也不放过，常借微罪把他们废掉。汉制每年八月，皇帝大祀宗庙，诸侯必须献金助祭，名曰“酎金”。文帝时定“酎金律”，规定列侯各按其国的户口为标准，每千口献金四两，由少府收受。武帝便专在这件事上挑剔，凡列侯所献酎金，成色与数目稍有不合，便取消其爵位。总计武帝一代，以推恩所封的王子侯多达一七五人，而因罪被废的则达一一三人，其中以坐酎金失侯的占大多数。[参看《文献通考》卷二六七“西汉功臣”条]

武帝于建元二年（前 139），开始在长安西北渭水对岸营建他本人的陵寝“茂陵”，并于陵地置邑。至元朔二年（前 127），茂陵的工程完竣，主父偃建议徙全国各地豪族富户于茂陵，集中管理。武帝从之，并以事族诛当时的关东大侠郭解。这对汉初以来弥漫全国的游侠与养士之风，给予一个致命的打击。

武帝另外一件最值得称道的新政，便是所谓“罢黜百家，独尊儒术”。汉初的皇室和执政者，都崇信黄老，行无为之政。武帝即位前，因受他的舅氏田蚡和太子少傅王臧的影响，颇为爱好儒术。他即位后，便任用一批爱好儒术的大臣，除田、王外，有窦婴、赵绾等。建元元年（前 140），武帝下诏命大臣保举“贤良方正、直言极谏”之士，由他亲自策问，结果若干研习儒学的应对者如董仲舒等被任用为官，而其中习申韩、纵横之术的都被遣散。他并以一位年八十余的老儒申公为太中大夫，以备顾问。但武帝的祖母窦太后是黄老信徒，对此大为不满。次年，王臧、赵绾均因得罪窦太后而自杀，窦、田和申公皆被免职，儒家的活动，因而大受阻碍。当时中央政府尚有前代任用的博士七十余人，治经书和诸子百家的都有，武帝碍于窦太后，无法来个一元化，仅于五年（前 136）设置五经博士，以示提倡儒术。五经博士中的《诗经》博士，在文景二帝时代即已设立，武帝所增置的，只有《书》《礼》《易》《春秋公羊》四经。次年，窦太后死，武帝才开始将政府禄养的非儒家的博士，加以遣散，而儒学从此取得文化正统的地位。此外并设博士弟子员五十人，每年考课，成绩最优的可充任侍卫天子的郎官，次者可以补吏，因此儒家渐登仕版，越来越盛。

另外一种政治上的新气象，便是从汉初直到文景时代，丞相一职，几乎全由功臣或他们的子弟充任，别人无法染指，这个传统办法也被武帝所推翻。他用人不拘一格，他前后所任用的十三个丞相，有外戚，有儒生，有列侯，有退伍军人，有宗室，品类异常之杂，使政治呈现出蓬勃的朝气。

（二）武帝的晚年

武帝一生的行事，真是多彩多姿，但也充满了矛盾。他是尊崇儒家的，但他的好大喜功，穷极奢侈以及迷信神仙等，又无不与儒家思想相背驰。他招延才士常感不足，却又因小过而滥加诛杀。他有时表现得异常果敢，如痛惩匈奴及游侠；一方面却又非常怕死，时时提防别人的暗算。他有过人的聪明，但有时又被人愚弄如孩提，甚至造成巨大的惨案。他一生兴高采烈的致力于开边事业，最后却又在痛悔中结束。总之，在中国历代的帝王中，很难再找到像武帝这样一位矛盾人物。

在此要谈谈武帝新政的另一部分，它代表着武帝政治阴暗的一面，虽然这类措施在当时也许有其必要。

武帝虽然亲近儒者，但对实际的重要政治任务，却不大要儒家来担负，这自然因为儒家拘泥迂阔的作风，与他的好大喜功的性格无法配合。在政治上他所亲任的，乃是言利任法的法家。虽然他曾以儒家的公孙弘做丞相，但公孙弘实际也是文法吏，只是“缘饰以儒术”而已。当时的儒家，对于国家大事，尚谈不到什么决定作用；大体说来，武帝对儒家是尊而不用的。因此武帝时代的政治精神，外表像是文德并茂，实质却是刻薄严厉的。

武帝时代的丞相，只是摆设，实权却操在御史大夫手中，这现象到武帝末年，就更趋明显。当时御史大夫的人选，多是法家，可以赵禹、张汤、杜周、桑弘羊等为代表，他们大都具有过人的才力，办事凌厉无前。当时为了讨伐匈奴，必须使国力高度集中，他们便是这种政治原则的执行者。他们所负的最重要的任务有二：一是严密防止国内叛乱，一是尽量地开发利源。

为了达成国内的彻底控制，武帝首先改订法律。元光五年（前130），他命张汤、赵禹共定律令，务求深刻严厉。例如其中的“见知法”，便规定如看到或知道别人犯法而不检举者，便与犯者同罪，这等于秦法的复活。此风一开，官吏都竞以严酷相尚，因此产生了不少酷吏，最著名的有义纵、王温舒等，他们曾有一日杀数百人甚至一次毁灭千余家的纪录，其冤滥自然是无法避免的。至于大臣被诛杀的，也所在多有。武帝时代的丞相，有好几位是被罪而死的；此外地位稍次的大臣以及地方大吏被杀的，更不计其数；这现象以武帝晚年为最甚。

至于开发利源方面，更是花样百出，鬻卖官爵，便是重要的一项。这办法始于元朔六年（前123），由政府设“武功爵”十一级，每级定价十七万钱，人民买爵至第七级，政府即可任命为吏，有罪可减二等。此外纳财者可以为郎，纳粟者也可以补吏或赎罪。这办法对吏治的损害，不言可喻。但是最重要的，还是新经济政策的实施，包括国营贸易事业的经营，新税的征收，新货币的发行以及盐、铁、酒的专利等，这套新经济政策的设计者是桑弘羊、孔仅等。新政策的推行，大大增加了政府的收入，至于它的内容，将于别章详述。

严酷的刑罚加上无微不至的搜括，在这双层重压下，人民的生活如何，不难想象。本来这些措施，是为伐匈奴而起，但因武帝用人的失当，使军事将领间发生严重的派系斗争，而致于晚年对匈奴的战役中，遭遇重大的挫败。武帝于天汉二年（前99），以李陵率步兵五千人伐匈奴；征和三年（前90），又遣李广利率七万人北伐；结果都是全军覆没。因为国力的过分浪费，汉帝国的内部呈现出一片饥馑盗贼的乱象。据说武帝末年的全国人口，要较初年减少一半。

武帝的迷信行为，也造成了巨大的恶果。武帝一向信奉神仙，他曾为招延方士，建筑神祠，花费了无数的金钱；至晚年，信仰益笃。他的主要目的，是祈求不死之药，这可看出他对人世的眷恋。正因如此，他深恐被人暗算，尤其畏忌有人以邪术咒诅他，最后他的这种心理，竟为方士们所利用。征和二年（前91）的“巫蛊之狱”，便是武帝受方士愚弄所造成的大悲剧。这一年，武帝身体不适，朝臣江充，上言武帝的病系有人埋木偶（即所谓“蛊”）加以咒诅所致。武帝命充治案，被罪而死的前后达数万人，江充素与太子据有隙，便诬告太子与此案有关。太子被迫发兵，杀充而反，与丞相刘屈氂所领的军队，大战长安城中，死数万人。结果太子兵败而死，皇后卫氏（太子生母）也因此事自杀。

对外战争的失败，国内的不安，以及家庭的惨变，使武帝对一切感到心灰意冷。极度的痛悔，使他清醒过来。征和四年（前 89），他遣散所有的方士，不再相信神仙。此外他下诏罢除西域轮台（今新疆轮台县）的屯戍，以示不再务边功。诏中并提到禁止擅加租赋，以使百姓尽力农事；对于国防，也只求武备不乏而已；这就是著名的“轮台之诏”。此后即不再出击匈奴，一意与民休息，这起死回生的一着，挽救了汉帝国的危运。

后元二年（前 87）二月，武帝病笃，他立幼子弗陵为太子，并以霍光、金日磾（匈奴人）、上官桀等辅政。他本有几位年长的儿子如燕王旦、广陵王胥等，但多骄纵不法；而弗陵体健多智，因而立之。他事先并赐弗陵的母亲钩弋夫人死，以杜母后专政之源。立太子以后两个月，武帝便死去，这一着可以说是他最后的明智举动。他在位凡五十四年，享年七十岁。

（三）昭宣时代的承平

弗陵继位后，是为昭帝。他因年龄尚幼，无法亲政，由霍光以“大司马大将军领尚书事”的官衔摄政。他掌握国家的最高权力，丞相变成了他的僚属，为汉代政治史开一特例。他是武帝时名将霍去病的异母弟，以忠谨为武帝所赏识。昭帝即位后不久，金日磾死去，上官桀则渐与霍光发生冲突。元凤元年（前 80），上官桀与其子安，勾结燕王旦等，图谋不轨，并诈作燕王上书，诬告霍光不法。这时昭帝只有十四岁，竟能辨明伪诈，不为所惑。同年，上官桀等伏诛，霍光的政敌尽去，从此权任益专。

霍光大体以“轮台之诏”为施政方针，轻徭薄赋，与民休息；对外则与匈奴言和，避免战争，同时又加意于边务的修饬。匈奴有时寇边，因汉烽燧精明，总是失利而去。此外如东胡种的乌桓和西域小国楼兰等，也均以反汉而遭受痛惩。武帝时代所开拓的广大疆土，也因汉廷的加意垦殖而日趋富庶。总之，汉帝国由昭帝时代起，开始走上承平之途。

元平元年（前 74）四月，昭帝死。他在位凡十三年，死时才二十一岁。他没有子嗣，由霍光决定迎立武帝孙昌邑王贺（昌邑哀王髆子）入统。贺继位后，淫戏无度，并且把原来昌邑国的官属征到长安，分典要职，因此激起汉廷大臣的不满。六月底，霍光以太后（昭帝皇后上官氏）的诏书把他废掉。次月，霍光又立武帝曾孙病已（后改名询）。病已是太子据孙，父名进，死于巫蛊之狱。当时病已降生，仅有数月，为廷尉监丙吉所救，交给他的祖母家史氏抚养，其后汉廷也恢复了他的皇室资格。他聪明好学，及长曾习经术，但也喜欢纵游任侠。到昌邑王贺被废，他由丙吉等推荐而继帝位，这时他年已十八，是为宣帝。

宣帝的最初几年，仍由霍光专政。到地节二年（前68），霍光死，宣帝才得亲政。但霍氏的势力仍大，霍光的太太霍显、儿子霍禹、侄孙霍山等，都奢侈骄纵。四年（前66），霍氏谋反被诛，宣帝政治上的障碍，才完全驱除。

宣帝生长民间，因而深知百姓疾苦和吏治得失。他亲政后，励精图治，把国政交给丞相，亲信无间，自身则总其大纲，纠正了武帝以来不信丞相的缺点。当时的著名贤相魏相、丙吉等，可与汉初的萧何、曹参媲美。此外他对地方官如郡太守及王国相的选择，也极审慎，择定后即长期委用，不轻易更换。地方官如赵广汉、张敞、韩延寿、黄霸、朱邑、龚遂等，都贤能称职。宣帝理政的原则，虽是"综核名实，信赏必罚"的一派法家作风，但他本人也颇亲近儒士，如当时的丞相御史大夫蔡义、韦贤、萧望之等，都出身儒生。所以宣帝时代的政治，既不迂缓，也不严酷，堪称汉政的极致。政治人才之盛，也为历代所少见。而汉的强敌匈奴，也因天灾内乱，对汉屈服。甘露三年（前51），匈奴呼韩邪单于入朝，这是前世未有的殊荣。此外赵充国的平羌乱，也卓著勋绩。汉帝国的隆盛，至此达到最高峰。

不过宣帝在政治上，也承袭了前代一些缺点，如重用外戚和宦官等。汉代母后及外戚地位的尊重是历史所少见的。汉初，外戚与皇室几乎合为一体，因此产生了所谓"外戚政治"，吕后时代的诸吕便是一例。其后外戚干政的风气一直保持下去，诸如景帝时代的窦婴，武帝时代的田蚡，都位隆权重；尤其是霍光，简直成为皇帝的代理人。宣帝虽然诛灭霍氏，但仍重用祖母史良娣的弟弟史高和皇后许氏的从父许延寿。宦官的亲任，始于武帝。武帝因晚年游宴后宫，不常接近廷臣，常以宦者主持诏令及章奏的出纳，因而宦权渐重。宣帝时，也以宦官弘恭、石显典机要，他们曾于宣帝身后，在政治上掀起巨大的波澜。

宣帝死于黄龙元年（前49），在位凡二十五年。

四、外戚政治与王莽篡位

（一）外戚王氏的兴起

宣帝以后，历经元、成、哀、平及孺子婴五帝，凡五十五年（前 48 ～ 7），而后为外戚所篡。在这五十几年中，汉政虽然渐衰，但大体说来，仍不失为一个富强康乐的时代。这个时期的汉廷政治，有两个特点：一是儒家政治权位的提高，儒家出身的政客渐成为朝臣的主干。一是政权渐由外戚王氏一门所把持，王氏渐成为实际政治的最高领袖。这两种现象演变的结果，便是外戚王莽利用儒家学说和儒生的推戴，篡取汉室的地位。

儒家虽然在武帝时开始在政治上抬头，但武帝并没有大批的重用他们。武帝晚年，因奢侈黩武，国内发生乱象，引起国人的不满。到他死后，儒家便应时而起，因为儒家学说在“治国平天下”的手段上，与武帝是异趣的。昭帝时，儒生曾公开反对武帝的专卖政策。宣帝虽然也不崇儒，但当时儒家在政治上已有相当的势力，他临终并曾托孤于儒家出身的大臣萧望之、周堪等。所以儒家在政治上的得势，是武帝死后的一种自然趋势。元帝少时即好儒学，他做太子时，曾因劝宣帝任用儒生而受斥责。到他即位后，便亲任萧望之和周堪，更由他们汲引了一批儒生刘更生、金敞等，同心谋议。此外，元帝更把博士弟子的员额，大加增添，武帝时博士弟子仅设五十人，宣帝末增至二百人，到元帝更增至一千人。因此儒家的政治势力，日益隆盛。

元帝的重用萧望之等，引起外戚史高的不满，因此他和外戚许氏，宦官弘恭、石显相勾结，与望之等为敌。初元二年（前 47），望之为恭等所谮而自杀，但整个儒家的政治地位，并未遭受严重的打击。元帝时的宰相如贡禹、薛广德、韦贤、匡衡等，无一不是儒生，他们与萧望之的不同，只是他们肯听命于外戚宦官而已。渐渐地，儒家集团成为朝臣的主干。

竟宁元年（前 33），元帝死，太子骜继位，是为成帝。帝舅王凤（元帝皇后王政君兄）以“大司马大将军领尚书事”的名义辅政，当时成帝已十九岁，本有亲政的能力，但因耽于酒色而委政于凤。王凤颇有长处，他执政后，广收人才，奠定此后王家不可动摇的政治势力。当时的朝臣，虽以儒家为主，但也有若干具有法家色彩的人物如陈汤、陈咸、萧育（望之子）、朱博等，他们多是极好的吏材，自成集团，与儒家集团相对抗。成帝一代的吏治，颇赖他们维持［参看拙著《西汉的几个政治集团》“（六）外戚政治下的儒生派与现实派”（载拙著《汉唐史论集》页二九至三五）］。但这两派朝臣，对王氏却是一致拥戴的。阳朔三年（前 22），王凤死。此后终成帝之世，辅政将军一职由王家人轮流充任，继王凤的是他的几个弟弟王音、王商、王根，他们先后以“大司马车骑将军”“大司马卫将军”和“大司马骠骑将军”等官衔辅政。绥和元年（前 8），罢辅政将军号，仅称“大司马”。同年，王根病免，由他的侄儿王莽任大司马。

另一方面，朝臣的法家集团，为儒家所击败，于成帝末年瓦解，至此汉中央政府成了儒家集团的独占局面。进取人才的凋谢，象征着汉帝国声威事业的没落。

（二）王莽的辅政与篡位

王莽是王太后弟曼的儿子，曼早死，因此太后对莽甚为怜顾。成帝时，王氏子弟大都骄奢淫逸，唯有王莽恭俭好学。他酷好儒术，衣着也如儒生，毫无贵戚的恶习；同时他谦身下士，广施财物，以致弄得家无余资。他不特得到几位伯叔父的赏识，朝廷大臣，也多与他往还，因此朝野推重，声誉日隆。绥和元年（前 8）他任大司马时，只有三十八岁，却能选贤任能，勤于政事；皇帝的赏赐和封邑的收入，全分给部下及宾客，自身益加俭约。有一次他的母亲生病，公卿列侯的夫人群去慰问，他的太太出来迎接，因衣着朴素，被大家错认为女仆。

绥和二年（前 7），成帝死，由他的侄儿欣继位，是为哀帝。哀帝祖母傅太后刚暴擅权谋，过问政事，与王莽不合。同年，莽被罢免。建平二年（前 5），莽被遣返他的新都侯国（在今河南南阳县，莽于成帝时受封）。此后汉廷政治由外戚傅氏和丁氏（哀帝母家）把持，王家遭到暂时的顿挫。

哀帝初即位时，本想有一番作为，但因受制于傅太后，他本人又体弱多病，由是政事渐废。其后又宠爱幸臣董贤，以他为大司马，甚至想把帝位让给他，更使国人失望。丁傅虽然也有贤才如傅喜（傅太后堂弟）、丁明（帝母丁太后兄）等，但均不能久安其位，其余的则大都骄奢庸妄，因此使国人对王莽过去的表现益加怀念钦佩。王莽就国后，吏民为他上书讼冤者达百余起。到元寿元年（前 2），若干应举的士子，也于对策时称颂他的功德。哀帝乃把他征回京师，陪侍王太后。

二年（前 1），哀帝死。这时傅、丁两太后均已先死，王太后又成为宫廷的主人。

她立即复任王莽为大司马，并由莽选定一位九岁的宗室中山王箕子（元帝孙）继皇帝位，是为平帝。元始元年（公元元年），王莽进位为太傅安汉公，专决国政。四年，又加“宰衡”之号，效周公故事。到五年，那位年幼的傀儡皇帝突然死去，据说被王莽鸩杀的。

在平帝的五年中，王莽曾有不少“善政”。例如元始二年（2），他曾广封前代宗室诸王及功臣的后裔，凡一百一十七人；并捐田三十顷，钱百万，建房二百区以救济贫民。次年，他命令郡国县邑，下至乡聚，均设学校。四年（4），他扩充京师太学，为学者筑宿舍一万区；增加五经博士名额至每经五人，并立《乐经》博士。又征求通经术及学有专长的人，记述所学，前后达数千人。这些措施，无疑获得在朝和在野儒家的极度赞美。另一方面，在这五年中，不满意他的朝臣如孙宝、龚胜、邴汉等或辞职，或罢免；而与他敌对的势力如丁傅等家，早于平帝即位前罢黜殆尽。平帝母家卫氏，也于三年（3）为他夷灭。甚至他的叔父王立、长子王宇等，都因对他不满而被迫自杀。总之，到平帝末，朝中已找不到异己者。

平帝死后，王莽选了一位年仅两岁的宗室子婴（宣帝玄孙）为平帝嗣，而自为“假皇帝”，又称“摄皇帝”。他之加上皇帝的尊号，据说出于天意。因为平帝死后不久，武功（今陕西郿县东）县长浚井，得一白石，石上写着“告安汉公莽为皇帝”；他为顺从天意，才有此举。居摄二年（7），东郡太守翟义，起兵对他声讨，结果迅速败灭，这是他在“天与人归”的过程中的一点小波折。

三年（8），全国各地时有奇迹出现，这些奇迹都不外直接间接告诉世人“摄皇帝当为真”，因此王莽于这年十一月改元为初始。其后不久的一个黄昏，突有一位黄衣人出现于高帝庙中，他留下一个铜盒，然后离去。铜盒里有图和文字，大意都是说王莽应为真天子。王莽得知这个消息，亲到高帝庙拜受铜盒，然后宣布接受天命，即真天子位，改国号曰新。王太后虽表示反对，但为时已晚。至于那位送铜盒的黄衣人，名叫哀章，本是个无行游学者，却因此得到新朝极高的褒赏，位为上公。

王莽以外戚代汉，是空前未有的事。他的成功，固然由于伯叔的余荫、姑母的奥援以及他个人的人望等；但还有另一个重要的助力，便是儒家。西汉时代的儒学，已渗入大量阴阳家的学说，儒生们常好以自然现象来附会人事的祸福。武帝时的董仲舒，曾以灾异劝武帝改善政治，后人群起模仿，以天变灾异为借口来攻击所不满意的人或事，成了儒生们的惯技。此外邹衍的五德论也被他们用来解释政治，昭帝以后，便常有人指出汉运已衰，应禅位于新圣。虽然曾有若干儒者因而丧命，像昭帝时的眭弘，宣帝时的盖宽饶等，但此说深入人心，哀帝的想禅位董贤，可能也是受这种说法的影响。加上成帝与哀帝荒怠政事，更使举国上下有汉运将终的感觉，这给王莽安排下一个最好的篡位环境和理论根据。自成帝以来，王氏与儒家在政治上合作，双方本已有密切的关系；而王莽的好儒与优待儒生，自然更为儒家所感戴，他们终于成为王莽代汉的极大助力。

王莽的好儒，倒是真的。他具有浓厚的儒家思想，但这些思想已非孔孟之道的真面目，而大部是些荒唐的迷信和迂谬的复古论。他之喜欢人们向他献符瑞，以及篡位后许多“开倒车”式的措施，都是这种思想的具体表现。

（三）王莽的改制与灭亡

王莽的即真，只是他的政治理想初步的实现，继之而来的还有许多重大改革。他即真之初，除了改正朔、易服色等，还根据若干儒家经典，把官名大事更改。例如改大司农为羲和（后又改为纳言），太常为秩宗，郡太守为大尹，县令长为宰等。宫室和郡县也都改名，繁多到不可胜记。

他的最大一项改革，要算恢复所谓“井田”制了。这种制度曾否在古代实行，实已无法究诘。但自战国以降，社会上贫富不均的现象日益加甚，这种制度乃成为若干儒家政治改革的理论根据。汉武帝时，董仲舒曾上书建议限田。哀帝时，大臣师丹、孔光、何武等也曾有同样的主张，并建议以三十顷为私有田地的最大限度；但因遭受贵戚及幸臣们的反对，未能实现。董等的限田主张，本是因井田制不易实行退而求其次的办法，但王莽却以恢复井田为己任。他于始建国元年（9）下诏，把全国土地收为国有，更名为“王田”，不得买卖。限定男丁八口以下之家，占田不得超过一井，即九百亩，过限的田，须分给宗族乡邻。无田的人，由政府授田，授田的数目，虽没有说明，当是依井田制“一夫授田百亩”的办法。诏书中附带的另一项改革，是现有的奴婢，不得买卖。

这办法的施行，自然要遭到重重的障碍，诸侯大臣以及庶民因买卖田地奴婢而犯法的，不可胜数。大概最后陷于无法推行的地步，终于始建国四年（12）解除禁约。

经济方面的改革，着重于开发利源，增加生产，却也颇顾及到人民的生活。有些改革项目，是承袭前代而加以扩大的。例如国营专利事业，武帝时盐、铁、酒均由国家专利，王莽则扩大到连铜冶以及名山大泽资源的开发等，也都由国家独占。又如武帝时曾征收工商业货物税，王莽则扩大到征收工商业所得税，凡人民从事渔、猎、畜牧、巫、医以及养蚕、纺织等业的，均取其所得纯利的十分之一，叫作“贡”。

关于增加生产，有两项主要办法，即征课荒地税和强迫劳动。凡是荒弃的田地或城郭中的空地，均须征税，无业的人，也得纳税，不纳者则由政府给予衣食，强迫劳动。

救济贫民的重要措施是“赊贷”和“五均”，也就是国营的放款和平价事业。凡人民遇祭祀或丧事无钱举行时，可向政府借款，不取利息，但须按期归还。如为经营生业而贷款，则须按年纳息，息率为贷款者所获纯利的十一分之一。平价办法是凡五谷布帛等日用必需品，遇滞销时，由政府照本收购；政府并算出各地此类物品的平均价格，此后如遇此类货物的市价超过平均价，则由政府照平均价出卖；用以稳定物价，防止商人囤积居奇。

此外，王莽并改革币制。武帝时，开始由政府铸五铢钱（二十四铢为一两）；到他居摄时，更造大钱三种，与五铢钱并用。他即位后，定货币为六大类，即金、银、龟、贝、钱、布，计二十八品，严禁人民私自铸钱。

以上各项制度均是始建国元年至二年（9 ~ 10）陆续颁布的，其施行的程度如何，不可确知；但币制的改革，曾造成金融上巨大的紊乱。此外铜冶与山泽的专利，均先后废除，想必也遭遇困难。据史书说，王莽喜欢讨论制度的条文和名词，但对最重要的实际政务，却不措意。官吏任用非人，大都贪污残虐，有些县竟长期没有首长。在这种政治情况下所推行的新法，其效果也就可想而知。

另一项改革，引起外族的背叛。王莽因仿效周代的封建制，分“天下”为九州万国，并废除所有的王号，凡从前受汉封为王的四夷君长，一律降号为侯，并改玺为章。匈奴单于大为不满，于始建国二年（10）叛，王莽派兵数十万讨之，连兵数年。人民苦于征发，相聚为盗，盗患以新帝国的北边为最甚。四年（12），王莽征发高句骊（在今朝鲜半岛北部）兵以伐匈奴，高句骊叛，屡寇东北边。同年西南夷的句町（在今云南通海县一带），也因贬号而叛，王莽屡次派兵讨伐，战事一直拖延了十来年，弄得西南为之虚耗，却始终不能获胜。

大致从天凤四年（17）起，国内又连年发生旱灾和蝗灾，灾情最重的为青（今山东省东部）、徐（今江苏省北部）、荆（今湖北湖南二省大部及河南省南部）三州，三州的饥民由散漫的游掠渐变成有组织的暴动集团。青徐的饥民集团叫“赤眉”，因其分子把眉染赤，以别于官军而得名。荆州的饥民集团叫“绿林”，因窟穴于绿林山（在今湖北当阳县东北）而得名。其后绿林分裂为二支，一支南入南郡（治所在今湖北江陵县），号“下江兵”；一支北入南阳郡（治所在今河南南阳县），号“新市兵”。

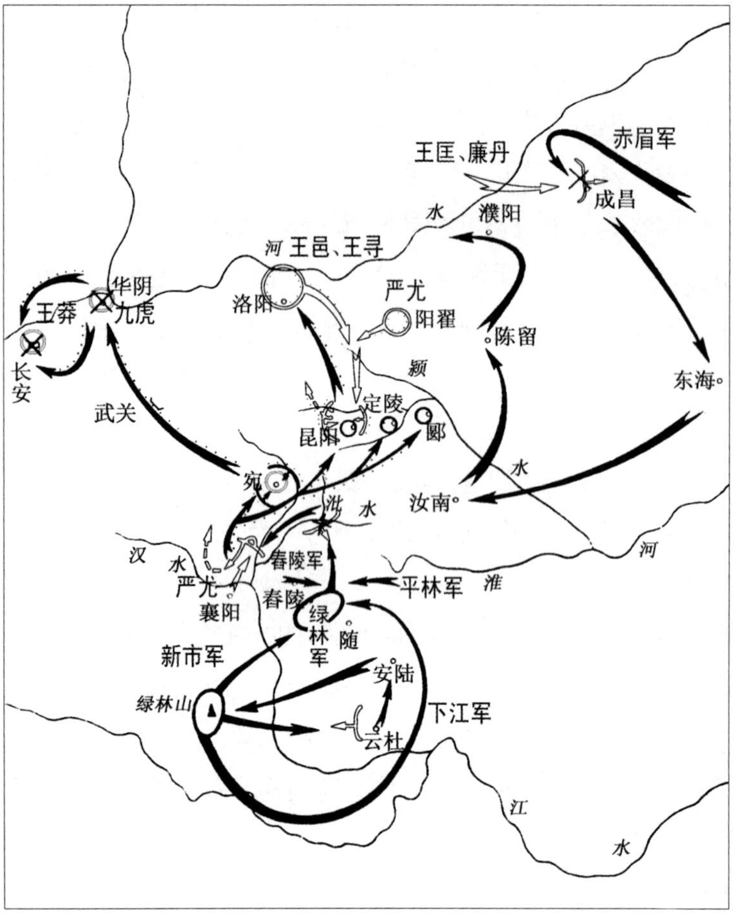

绿林军对王莽的战争经过示意图。天凤四年（17），荆州地区发生大饥荒，新市贫苦农民在王匡、王凤领导下，以绿林山为根据地，揭竿而起，史称“绿林军”。地皇二年（21）王莽派军攻打绿林军，王匡在云杜设伏，大败王莽军。地皇三年（22），王莽派太师王匡率兵攻打驻兵成昌的赤眉军，大败，赤眉军乘机推进到濮阳，威胁洛阳，与绿林军相呼应。王莽又派严尤自阳翟南下，攻击绿林军，绿林军分军离开绿林山，一部南下，称“下江军”；主力向北，为“新市军”，七月，到达随。平林人聚众呼应，称“平林军”，春陵刘縯、刘秀兄弟组军呼应，称“春陵军”。这时“下江军”也转移到随与主力会合，声势大振。地皇四年（23）正月，在沘水击溃王莽军，随即进围宛城。五月，拔宛，王邑、王寻大军自洛阳南下进剿绿林军，在昆阳大败后北返洛阳。

地皇三年（22），王莽遣兵讨击赤眉，连遭惨败。荆州的叛乱，也益形扩大，继起的叛众又有平林（今湖北随县东北）兵和春陵（今湖北枣阳县）兵，与下江、新市联合。春陵兵的首领是刘縯、刘秀兄弟，他们是汉景帝子长沙定王发之后，于元帝时迁到南阳郡，为当地望族，因此他们远较其他各支的叛众领袖具有人望。刘縯为人豪放，喜结宾客，起兵的事由他一手倡导。刘秀则为人谨厚，他曾于王莽时入太学，比较有政治头脑。刘縯御众过严，各支联军多不愿奉他为首，因此于次年（23）二月，大家拥立了汉室的另一支裔刘玄（縯族兄）为帝，改元更始。五月，更始拔宛（今河南南阳县）都之，而以王邑、王寻为帅的四十万新朝军也恰于此时来临。二王首先以十余万人围攻联军的据点昆阳（今河南叶县），刘秀引兵救之，大破莽军，王寻被杀，王邑率数千人逃回洛阳。这次战役震动了全国，各地纷纷举兵响应，群奉更始为主。王莽败灭的命运，到此已完全决定。接着更始遣军两路，一路进攻洛阳，一路从武关（今陕西商县东）

入，直指长安，沿途响应者益多。九月，更始军入长安，城中也发生暴动，结果王莽被杀于未央宫的渐台，死时六十八岁。历祚十六年（8 ~ 23）的新朝，至是倾覆。

据当时人说，王莽具有超人的智力、辩才和威严，也有重大的缺点，诸如过度自信，一味复古以及猜疑部下等。这可算是比较客观的批评。东汉推翻王莽政权而建立，东汉人对王莽的敌视，自所难免。东汉史家对王莽的长处，一概抹杀，目之为虚伪邪佞；把他的取得帝位，归之天时。同时认为他的提倡儒术，与秦始皇的焚书坑儒，同为儒家的罪人。东汉以后的史家，大都承袭这种论调，有时更变本加厉，例如清人论王莽的为人，虚伪之外，更加以“奸而愚”的恶评［参看王夫之《读通鉴论》卷五］，渐致使王莽变成不可饶恕的历史罪人。

王莽的行为，看来确似有些“伪”，也有些“愚”。事实上，西汉的伪风，并不始于王莽。武帝以后，士大夫好以儒术掩饰其劣行，日久形成伪风，至元成时代而极盛，王莽不过承袭此种伪风而扩充之。最初他以伪获得名誉，得意之余，乃至无往而不伪。其后他以伪取得帝位，而终又以伪失之。至于说他愚，则只是一种错觉。他有他的政治理想，同时他的变法，也绝非愚人所能了解。但他缺乏政治才能，以致失败；他不但迷信

昆阳之战作战经过示意图。更始元年（23），绿林军奉刘玄为帝后，声势大振，主力围攻重地宛城，五月，拔宛，预备由此进武关，进图关中。王莽派王邑率四十二万大军自洛阳南下进攻绿林军，王邑决意先下宛城屏障昆阳，于是团团包围昆阳。昆阳守军才八九千人，一面坚守城池，一面派刘秀等出城调集兵力。八月，刘秀亲率从郾县、定陵来的救兵千余人自城南向王邑军进攻，王邑只派数千人迎敌，大败；接着刘秀又趁敌人松懈，率三千人涉过昆水，迂回到昆阳城西，突袭敌指挥部，王邑仍盲目轻敌，只派万余人迎战，依然大败。且因王邑有令在先，不让诸军擅自行动，故各部不能互相救援，以致接战失利后，全军大乱，城内绿林军乘势冲出，内外夹攻，王邑军全军溃败。王邑不能救当救之宛城，却屯兵于小小昆阳之下，终致王莽主力遭到毁灭性打击，再不能崛起。

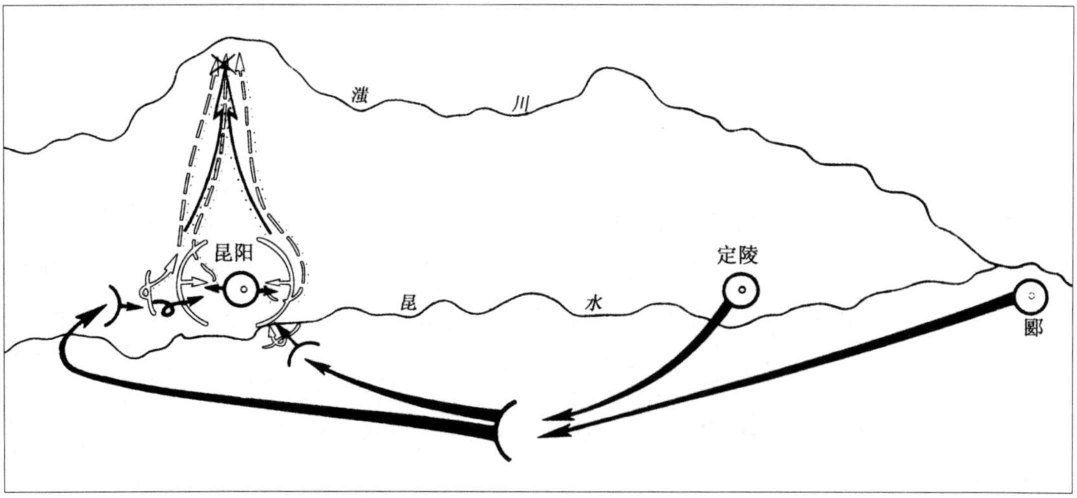

复古，而又事事行之以伪，因此看来令人有愚的感觉。

王莽的新法，是为整个西汉政治做一通盘的改革。战国中期，孟子即主张改革田制，西汉儒者虽也有不少主张均田的，但大都徒托空言。直到王莽，才使孟子以后三四百年的空论，见诸实行。他改革的勇气与理政的勤劳，都是少见的。他的新法，虽有若干处违背政治社会进化的原理（如建封、币制），但其中不乏针对当时的病象而制定的，其用意也大部是为救民的（如王田、五均、赊贷等）。这些地方，不能因他的失败而一概抹杀。[参看钱穆《国史大纲》上册页一〇七至一〇八]

战国时期，“禅让”思想大盛，但这种思想最后为秦国的“万世一系”思想所阻遏。到西汉，禅让思想又盛，王莽便是其力行者。虽然他取得皇位的手段有可议之处，但从若干事迹看来，他确以新圣自居。他的篡汉，除了为满足权位欲外，为实现他本人的政治理想与抱负，似也是原因之一。同时“让国传贤”的思想，也确实流行于西汉中期以后的士大夫之间。但因为他的失败，这种思想又告销歇。“禅让”一词，变成了一个权臣篡夺所借以欺世的手段。正因如此，“万世一系”的思想，遂又代之兴起，至清季而不绝。而后世帝王的“家天下”思想，也因而愈趋浓烈。

总之，王莽是实际政治的失败者，也是复古思想的殉道者。他在政治舞台上所表现的一切，虽然最后都归幻灭，但实在是不平凡的。

五、东汉的建立及其初期政治

（一）光武的统一

新朝覆灭后，更始自宛北驻洛阳。这时各地满布着割据势力，情势异常紊乱，更始以刘秀“行大司马事”，去安抚黄河以北的州郡。昆阳战后不久，刘縯因受更始猜忌而被杀，刘秀竭力韬晦，才得无事。至此更始派他招抚河北，当时他并没有什么实力，但渡河后，凭了他的人望和能力，接收了不少州郡。更始二年（24），他诛灭了抗命于邯郸（今河北邯郸县）的王郎，河北渐定。这一年，更始也自洛阳迁都长安，并封他为萧王。

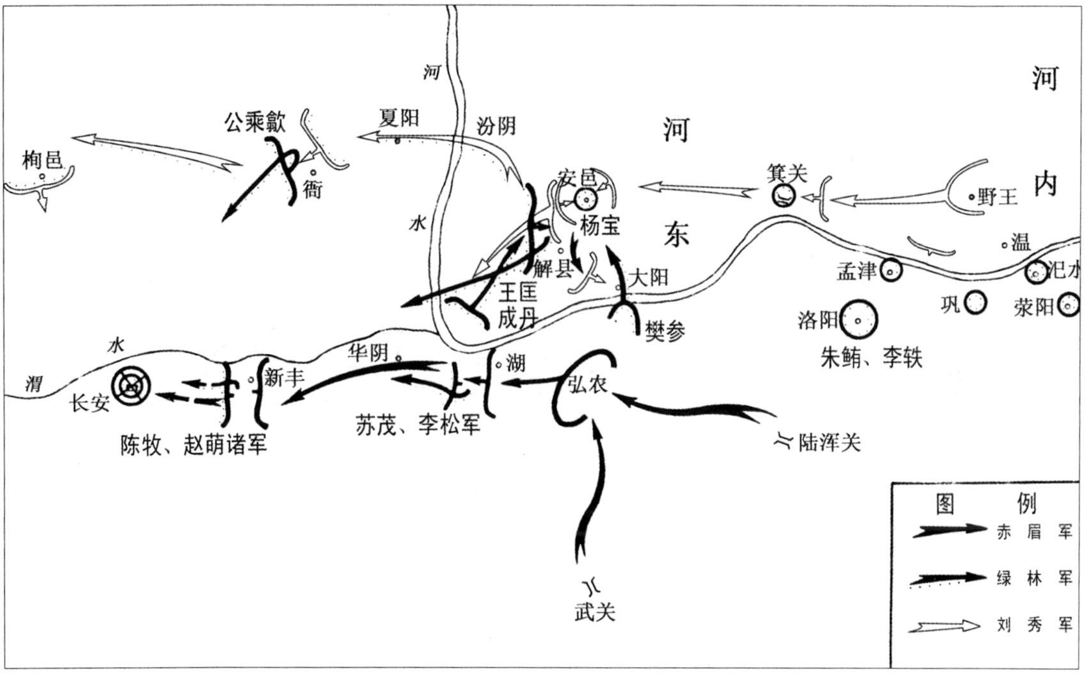

刘秀假手赤眉肃清绿林之战示意图。更始二年（24），绿林、赤眉两支义军关系破裂，是年冬，赤眉分别从武关、陆浑关向关中进发，进围弘农。刘秀见两强相争，意图从中取利，觊觎关中，并谋划解决绿林在关东、河西的力量。为此，他以邓禹率二万部众，自野王乘隙西进，寇恂守河内，稳定补给，另以一部守孟津，以备洛阳的朱鲔、李轶。三年正月，邓禹经箕关入河东，进围安邑，随后大破樊参和王匡、成丹两路绿林援军，解决安邑，全据河东。同时，赤眉也已攻下弘农，西进至华阴。七月，邓禹自汾阴西渡黄河入夏阳，在衙县破绿林公乘歙十万大军后，继续西进。九月，赤眉在新丰击破绿林军，进入长安，绿林军自此覆灭。邓禹见赤眉势大，不敢南下与之争锋，遂进占栒邑，控制上郡、北地、安定三郡，以休兵养马，窥伺关中。尔后，刘秀也迫降洛阳守将朱鲔，进入洛阳，绿林势力基本肃清，刘秀控制关东，为此后专力对付赤眉军，造成有利态势。

更始在长安，因御众无方，政治甚为紊乱，反使百姓怀念起王莽来。刘秀在他的辖区中，则务行宽惠，因而深得民心。更始开始对他怀疑，召他还京，但他未从。接着他又击破流贼多股，兵众益盛。更始三年（25）六月，他正式独立，即皇帝位于鄗南（今河北高邑县），改元建武，仍以汉为国号，是为光武帝。这时更始所在的长安，因赤眉的进逼，已危在旦夕。最初赤眉首领樊崇等投降更始，更始封他们为侯而不给国邑，因而复叛，窜扰黄河以南地区，其后更西向进攻长安，途中并立了一位年少的汉宗室后裔刘盆子（城阳王刘章之后）为帝。九月，赤眉入长安，更始降，旋为赤眉所杀。光武则乘机南下，攻下洛阳，并定都于此。后世称光武所建的汉为“东汉”或“后汉”，以别于建都长安的“西汉”或“前汉”。

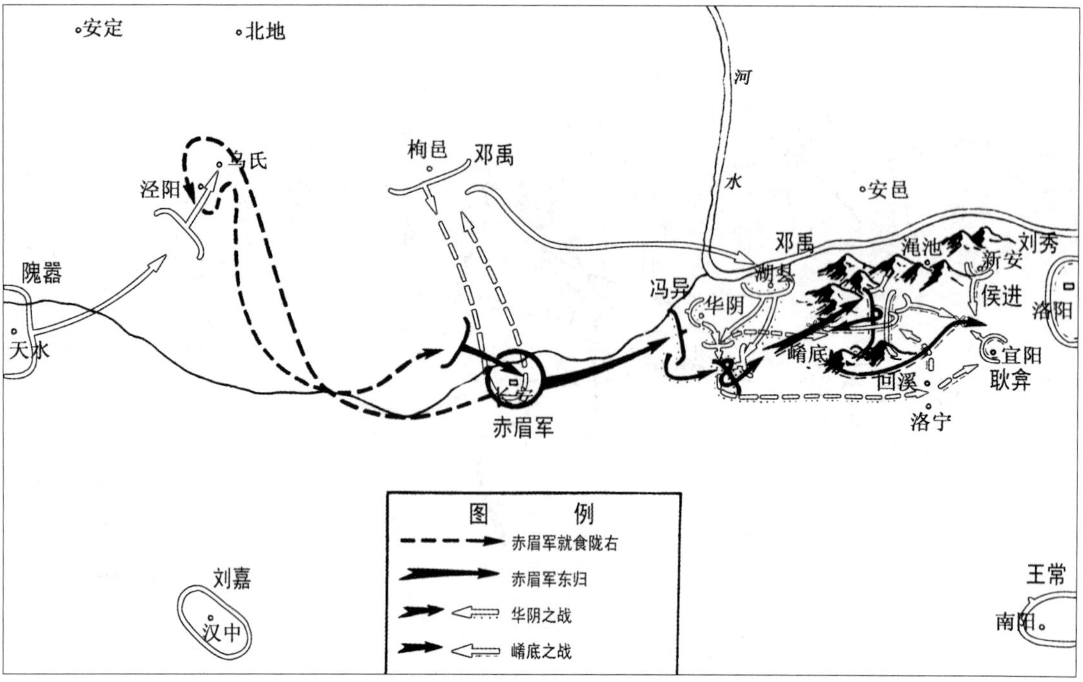

刘秀解决赤眉之战示意图。更始三年（25），赤眉军攻克长安，但未能及时安置绿林余众和各地义军，也未能与各地割据势力积极联络，关中豪强又隐粮聚众，坚壁清野，赤眉军补给发生困难，军纪逐渐废弛。同时，刘秀进占洛阳，赤眉军与东方联系中断；南阳王常、汉中刘嘉在东南扼制赤眉；隗嚣据天水、邓禹在栒邑，阻止赤眉向西北发展。次年二月，赤眉引兵西向陇就食，在乌氏和泾阳遭遇隗嚣的袭击及大雪阻拦，回军关中，击败袭占长安的邓禹，再入长安，但迫于粮尽，不得不舍长安东归。刘秀早有防备，先命冯异进占华阴，向西阻止赤眉东还；命侯进等屯兵新安，耿弇等屯兵宜阳，以断赤眉东归要道。冯异在华阴和东归赤眉遭遇，相持六十余日。建武三年（27）正月，邓禹率军自河西东返，回到湖县，与冯异合兵南下，向赤眉出击，遭赤眉突袭，大败。赤眉继续东归，二月，再与冯异激战，冯异先派部队着赤眉军服伏于路旁，继以轻军诱敌，赤眉中伏，激战之后溃败，被冯异追至崤底，迫降八万余人，余部十几万人折向东南，在宜阳被刘秀亲率重兵包围，粮尽，被迫投降。此一役，刘秀基本肃清赤眉军。

建武三年（27），赤眉为光武平定。但当时国内仍有若干割据势力，重要的有：秦丰据黎丘（今湖北宜城县东）等十余县，李宪据庐江（今安徽庐江县西）等九城，公孙述据益州（今四川省）地，隗嚣据陇西、天水、安定、北地等郡（今甘肃省东部地），窦融据河西地（今甘肃省西部），卢芳据五原、朔方、云中、定襄、雁门等郡（今绥远省南部及山西省北部地），张步据城阳、胶东二国及泰山、东莱、北海、济南、齐等郡（今山东省东部及中南部地），董宪据东海郡（今山东省南部及江苏省北部地），彭宠据渔阳、涿、上谷、广阳、右北平等郡（今河北省北部及热河、察哈尔二省南部地），刘永据梁楚二国及沛、济阴、淮阳、山阳、汝南等郡（今河南省东部，安徽、江苏二省西北部及山东省西南部地）；他们在割据区中，各自拥有帝王或将军之号。光武的战略是

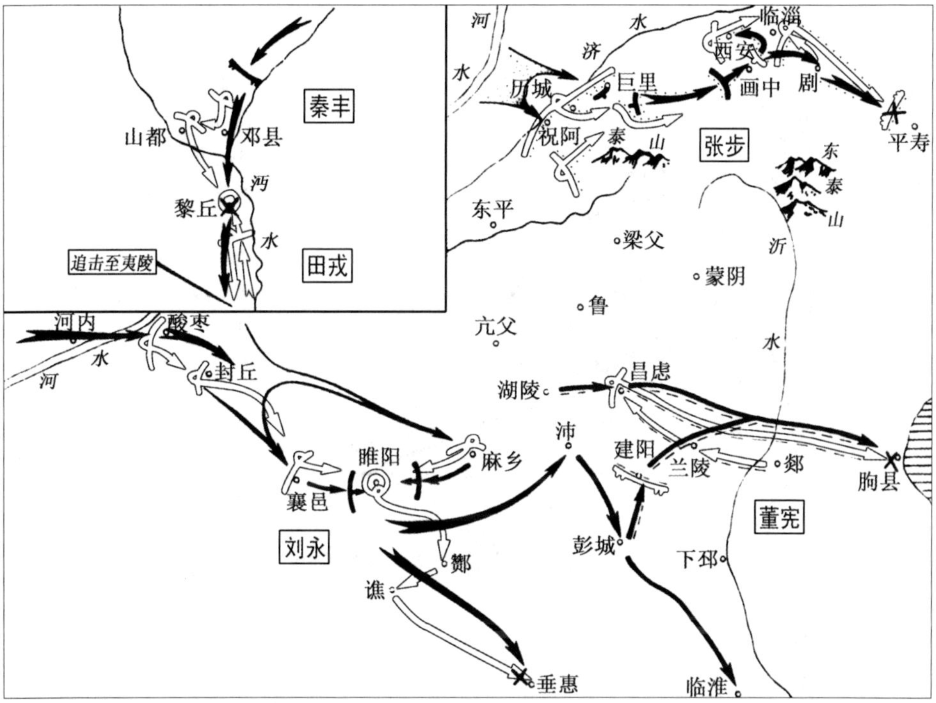

刘秀削平关东群豪经过示意图。刘秀在消灭赤眉、绿林后，占据黄河南北中原要地，兵力物资都较雄厚，但所据为四战之地，东西南北都为豪强割据。经周密分析，刘秀定下先关东、后陇蜀、由近及远、各个击破的战略。关东势力最大者为刘永、张步、董宪。

建武二年（26）春，刘秀命盖延率军五万东攻刘永，先后占领敖仓、酸枣、封丘；然后兵分两路，西路下襄邑，东路下麻乡，遂进围重镇睢阳，八月破城，刘永南逃至谯县；盖延乘胜东进，占沛、彭城、临淮；次年，刘永在袭占睢阳后，城复破，败死；建武五年（29），刘永残部在垂惠被全歼。

建武四年（28）七月，东海董宪攻占兰陵，汉军退保彭城。次年七月，董宪推进至昌虑，拥众数万，在建阳部署防务，以备汉军。刘秀亲率主力东进，避开张步在建阳正面的防守，直抵湖陵，又坚壁不出，趁董宪部因粮乏撤退时，进围董宪于昌虑，董宪退保郯城，再被攻克，再东退朐县，建武六年（30）二月，城破被杀。董宪部被肃清。

建武五年（29），刘秀命耿弇率军进攻关东最后割据势力张步。十月，耿弇连渡黄河、济水，破祝阿，佯攻巨里，主力设伏大破张步援军费邑部，费邑逃归张步都城剧县。耿弇追至画中，一部佯攻西安，主力袭破临淄，西安张蓝孤立，弃城归剧县。张步亲率主力二十万抵临淄城下，耿弇弱兵列城下诱张步来攻，主力突出，攻敌侧翼，重创张步。随后大张两翼，伏击再破敌军，乘势进入剧县，追击到平寿，张步投降。至此，关东割据势力基本肃清，刘秀势力直达东海。

（左上小图：建武三年（27），刘秀命岑彭率军南击秦丰。六月，秦丰在邓县阻击，岑彭以假信息调动秦丰部向西机动，得以偷渡沔水，直插秦丰王城黎丘，秦丰回师坚守；次年二月，夷陵田戎沿江而上增援秦丰。刘秀命一路围攻黎丘，主力邀击田戎，大败田戎，追至夷陵、秭归，田戎残部降公孙述，秦丰最后亦被迫降，刘秀因此控制江淮地区。）

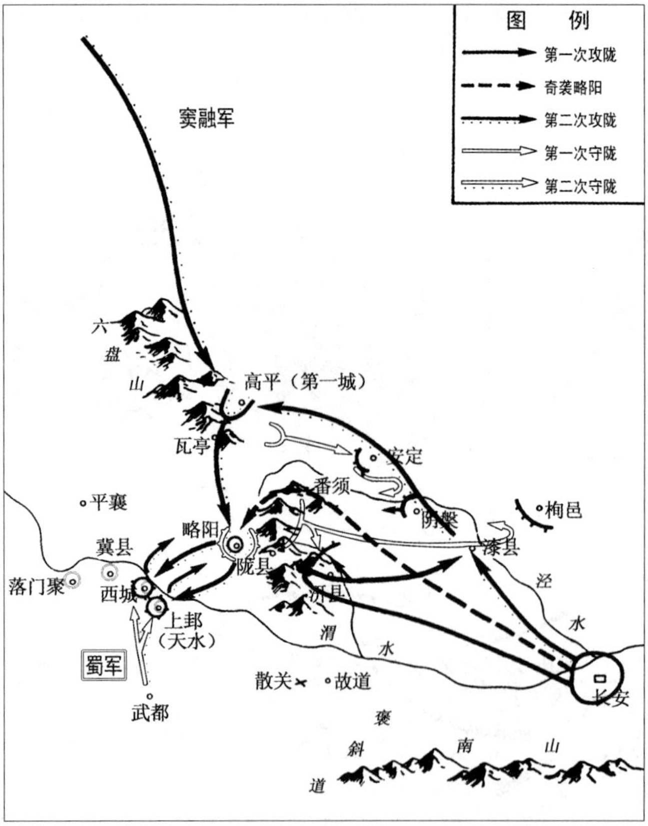

刘秀平隗嚣之战示意图。刘秀消灭关东各势力后，首选进攻陇西的隗嚣。建武六年（30）四月，刘秀命耿弇等自长安出发沿渭北平原越陇山西进，被隗嚣打败。乃于长安集结兵力，以资再攻隗嚣。隗嚣求和不成，转向蜀公孙述称臣，公孙述出兵援陇。

建武八年（32）春，刘秀派来歙率两千人秘密从番须伐山开道，南下袭占隗嚣战略要地略阳，隗嚣亲率主力围攻略阳，数月不能下。四月，刘秀乘陇主力被牵制，亲率大军自长安西进，由漆县经长武进至高平，河西豪强窦融亦率军南下策应，会师高平后，招降瓦亭守将，集中兵力由北向南直捣天水后背。隗嚣大败，和蜀援兵残部分占西城、上邽，十一月西城破，但隗嚣被蜀援军救走，次年病死，立少子隗纯。次年八月，刘秀再派军沿渭水攻陇，十月，隗纯投降，刘秀攻陇四年，于此胜利结束。

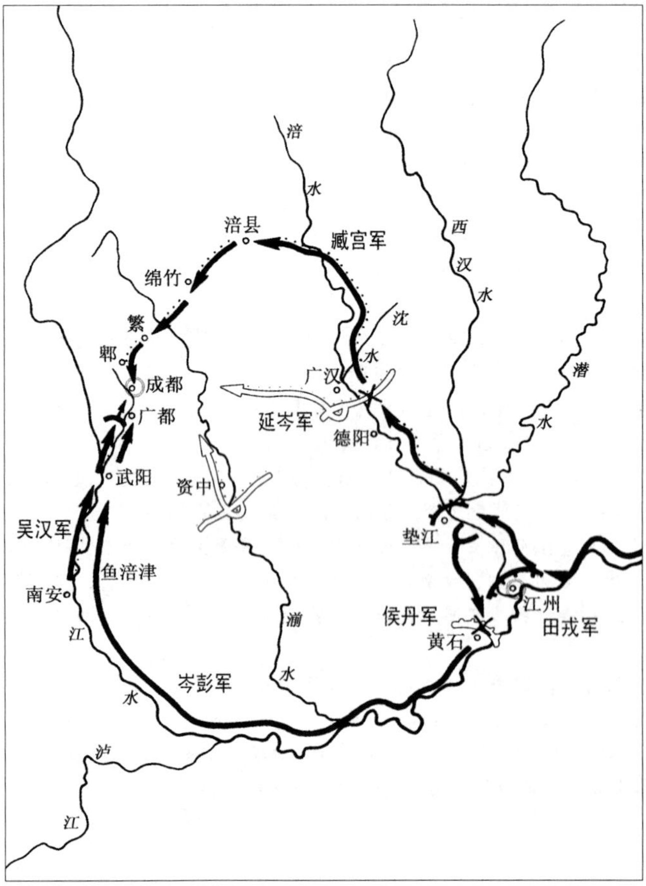

刘秀灭公孙述之战示意图。建武十一年（35），汉军由岑彭率领大举入蜀。一路沿三峡直上，留众监视江州坚城，自率主力北进，直指垫江，破平曲军。获大量军粮后，命臧宫率降卒进据平曲上游，自率军折回江州，溯长江西上袭破黄石，长驱大进二千余里，占领武阳。派轻骑袭击广都，迂回至成都背后。公孙述大为吃惊，后派人暗杀岑彭。刘秀命吴汉率三万人前往接替。臧宫沿涪江北上，在沈水大破蜀军延岑部，延岑西逃回成都，臧宫乘胜北进，然后向西南连破涪城、绵竹，南下直趋成都，与吴汉军夹击成都。次年秋与吴汉在成都近郊会师，合力攻城，公孙述败死，成都守军投降。至此，刘秀基本完成东汉王朝的统一。

先着手廓清东北及东南，然后西进。他于建武三年至六年（27 ~ 30）的四年间，先后讨平刘永、彭宠、李宪、秦丰、董宪等。东方大定后，开始经略西方，这时西方群雄之一的窦融，已于五年（29）降汉，剩下的最大割据势力是隗嚣、公孙述和北边的卢芳。光武于十年（34）完全肃清隗嚣的势力，十二年（36）平公孙述。十三年（37），卢芳亡入匈奴，统一之局也至此完成。

（二）光武的治术

光武是没有多大野心的，他少时游学长安，对于负责维持京师治安的“执金吾”的威风，甚为羡慕，认为能做到这样一个官，就可满足。同时他似乎又颇受老子学说的影响，时常阐发“柔弱胜刚强”一类的理论。他即位后的一切政治措施，目的只是在如何维持现状，也就是如何巩固他自身和子孙的权位而已。虽有一些制度上的变革，其用意仍不出上述的范围。例如把“三公”（司徒、司空、太尉）的重要职权转移至尚书，以防大臣的擅权；提高刺史的权力，以使他们更能严格的监督地方；取消各郡国人民的军事训练，以预防反侧等，都是在遵循着上述的目标而行。此外，他定都洛阳，目的也是在避敌远寇。洛阳不足与长安相比，因为其地局面不广，北阻黄河，而东、西、南三面环山，并无开拓的远景。西汉初年，高祖定都洛阳，张良即加以反对，其后又因娄敬的劝谏，终都长安。光武则决意都洛阳，结果仅成自保之局。因此东汉的开国气象，远不如西汉初年来得恢廓。但光武这种稳健拘谨的政治作风，却不是毫无长处，东汉初年的政治措施，也有不少值得称道的地方。

光武帝刘秀，佚名绘。

崇尚节俭，是光武的主要政治风格。他即位后，立求简化政务，撤销了许多官吏，虽然有些是必须设置的，例如每郡掌理兵役的都尉等。此外，他于建武六年（30）省并全国的县达四百余，其后并曾一度撤销边防要区的定襄、五原二郡。这类措施，虽然有其流弊，但人民也因裁员简政而得到适当的苏息。

御下宽厚，也是光武的特色。东汉的开国人才，远不如西汉之盛，当时的将相名臣，大都才具平庸，恰与光武宽厚谨饬的性格相配合。陇蜀平定后，大将如邓禹、贾复、李通等，都解除兵柄，以列侯就第。光武对他们均礼遇有加，始终保全。至于外戚如后族阴郭二家的子弟，也大都恭谨谦退；光武虽对他们异常优遇，却也不让他们掌握政治大权。

光武也提倡儒术，他建立太学，设置五经博士，三公也多以宿儒出任。与尊儒并行的便是表彰气节，这是西汉与王莽时代所未尝注意的。他鉴于王莽时代士大夫颂功德献符瑞的无耻作风，力谋矫正，因此特别尊重节行之士。例如王莽时托病告归的卓茂，不事公孙述的李业、谯玄，均曾受到他的封赏或追褒。此外如光武的老同学严光，以及太原周党、王霸、北海逢萌等，都秉其高节，隐居不仕；光武也尊重他们的意志，不强加征聘。因此士大夫竞以名节相尚，大大地改善了社会风气，为后来淳美的政教奠下了基础。

光武时代的政治，在手段上也颇承袭王莽时代的严猛，原则上则是保守恬退的，只以维持现状为满足。但缺乏进取与改革的政治现状，是无法长久维持的，尽管光武本人和其后的明章二帝都具有政治的才干和热诚，但东汉最初数十年的辉煌时期一过，帝国便步入衰运。

（三）明章的政绩

光武以后，紧接着是明帝（58 ～ 75）和章帝（76 ～ 88）时代，共三十一年，是东汉的盛世。这段时间，无论文治武功，都有巨大的成就。对外如窦固的伐北匈奴，班超的出使西域，都是史册大书特书的事，暂不在这里叙述。这里只谈谈这段时期汉帝国的内政。

明帝名庄，光武第四子。他的性情比较苛察，但他即位后，颇能秉承光武遗教，尊重儒术。他曾亲赴太学，主持“大射”“养老”等礼，为当时的盛举。外戚大臣，下至于宫廷卫士，也多习经学。他所坚持的光武遗留下的另一政治原则，便是不让外戚预政。他的皇后马氏（马援女）也谦肃明理，不以私家为念。此外他对于委任官吏，也非常审慎。馆陶公主（光武女）曾为她的儿子谋一“郎”的职位，但他不许。另一件可称述的事，是黄河、汴水于平帝时决口，历久不修，灾害日广。他于永平十二年（69）命王景加以修复，消灭了历时数十年的水患。

明帝的缺点，是用法较为严酷，这可以楚王英（光武子）之狱为例。英于永平十三年（70）因谋反被废，次年自杀，为这次事件牵连而被处死或流徙的便有数千人。

章帝名炟，明帝第五子。他即位后，听从尚书陈宠的建议，除去残酷法律五十余条，政事务从宽厚，一扫过去的严切作风。同时轻徭薄赋，因之民生益臻充裕。至于对儒术的尊崇，更不让前人。他曾亲赴阙里祭祀孔子；也曾召集当时名儒，集会于京师的白虎观，讨论群经的异同；并命曹褒定汉礼一百五十篇；都是当时的大事。章帝的简省刑罚，历代史书皆称善举，但究其事实，却也发生极大的流弊，其影响更远及于汉末。章帝秉性仁柔，本应以严法济之，既从宽典，遂至贵戚骄横，目无法纪。如外戚窦宪，以贱价夺取沁水公主（明帝女）田园，公主畏其势不敢与较。章帝虽曾以此事严斥窦宪，但终未置之于法。光武、明帝两朝所培养的法治精神，至此再度废弛。

章帝在位十三年死去，死时仅三十二岁。此后汉帝国虽日渐衰落，但光武、明、章三代所养成的优美世风，却一直持续下去，它维系住此后一百数十年的人心世道。汉帝国的政治，虽日趋腐败，但有了这种精神上的支柱，尚不致立即分崩瓦解。

第七章

汉代的武功

一、匈奴的讨伐

（一）汉初与匈奴的和亲

汉初的版图，已较秦时小了许多。南方的东瓯、闽越和南越等外族地区，在秦时都被夷为郡县，直接纳于中央政府的控制下；但汉初它们均已独立，汉对它们只是拥着一个空洞的共主名义。而北方大敌匈奴，自秦始皇时被逐远遁，北边安靖了十余年后，又乘秦末的大乱，南下侵入“河南”地区（今套内地），给予汉朝莫大的威胁。这局面从汉初一直维持了七十余年，到武帝才开始向外拓展。武帝开拓事业的成就，又远过秦始皇；他不但尽复秦的旧疆，而其他若干秦人势力所不达的地区，诸如东北的朝鲜，西方的西羌、西南夷和西域诸国等，也莫不收入版图或夷为藩属；使汉的领土，较秦时约大了一倍。武帝许多次的开疆战争中，规模最大、时间最久的，则莫过于北伐匈奴，这种两雄相遇的生死搏战，是武帝毕生最艰苦的奋斗。战争的结果，终使这个塞北强国为之衰弊，在他死后不久便对汉称臣。他不但奠立了汉帝国的富强基础，也为中国历史写下光辉一页。因此这里先叙述汉与匈奴的争衡。

秦末中国内部的大乱，是外族复兴的好机会。南方的越人相继独立，而北方的外族诸如中国北邻的匈奴，东北邻的东胡，和西北的月氏（今甘肃省西部地区），也都趋于强盛。匈奴于秦二世时即渐渐侵入河南地，到楚汉战争时，匈奴又崛起了一位雄主——冒顿单于。据近人考证，“冒顿”是“始”的意思，“冒顿单于”也就是“始皇帝”，这名号可能自“秦始皇帝”抄袭而来［参看方壮猷《匈奴王号考》（载《燕京学报》第八期）］。冒顿拥有控弦之士三十余万，他北服丁令（匈奴别种，居今西伯利亚叶尼塞河 Yenisey 上游一带地），东灭东胡，西破月氏，臣服西域（今新疆省及其以北和以西之地）三十余国。并继续南侵，把丧失于秦的河南地全部恢复，并夺取中国西北的若干关塞。东北的燕、代等国，也经常受其侵扰。给予中国的威胁之大，是可以想象的。

冒顿以前，匈奴内部的一切，非常茫昧。到冒顿，匈奴内部的情形，才开始为国人所明了。据汉人的记载，当时匈奴的政治阶级，共分二十四等，单于以下，地位最高的为左右贤王，其下有左右谷蠡、左右大将、左右大都尉及左右大当户等，各辖数千至万余骑。匈奴尚左，左贤王（即左屠耆王）常以单于的太子充任。冒顿又把国土分为三部：中部大致与汉的代郡（今山西、河北、察哈尔三省交界一带）、云中郡（今绥远省东南部）相接，由单于直接管辖，“单于庭”（匈奴首都）便设在这个区域内。东部与上谷郡（今河北省西北部及察哈尔省南部一带）及其以东的边郡为邻，并与朝鲜相接，由左贤王及其名衔上带“左”字的属官统治之。西部与上郡（今陕西省北部）及其以西边郡为邻，并与氐羌地区（今青海省一带）相接，由右贤王和带“右”字的属官统治之。此外尚有其他名目的王，如休屠王、昆邪王、日逐王等。这类的王，可能在冒顿以后才有，他们大都管理匈奴所征服的异族地区，例如昆邪王统领月氏的地盘，日逐王则管辖西域诸国。这可约略看出匈奴疆域的轮廓，其辽阔是空前的。

高祖六年（前 201），匈奴围韩王信于马邑（今山西马邑县）；九月，信以马邑降匈奴。冒顿乘胜南下，进抵晋阳（今山西太原县）。七年（前 200）初，高祖自将三十余万人击匈奴，被困于平城（今山西大同县）附近的白登山，几为匈奴所俘，因厚赂冒顿的阏氏（匈奴单于的夫人，通称阏氏），才得脱险。这一役汉军损失惨重，士卒因天寒而冻掉手指的，便有七八万人。高祖遭遇这次打击，对匈奴不敢再做用武的尝试。九年（前 198），他采纳刘敬的建议，与匈奴和亲，把一位宗室女儿嫁给冒顿；此外汉每年并须送给匈奴定数的絮缯酒食。此后冒顿的入寇虽然稍止，但这种和约自是非常屈辱的。

高祖死后，冒顿对汉益加轻视，曾写信向吕后求婚。吕后虽震怒，但对他无可如何，唯有婉言辞谢。文帝时，汉对匈奴继续采用和亲政策。前六年（前 174），冒顿死，子稽粥立，是为老上单于（“老上”为“二世”之意），汉再以宗女妻之。但匈奴并没有严格的守约观念，仍随时入寇，甚至它的堠骑有时竟窜扰至长安附近地区。汉只能做被动的防守，而不敢大规模出击，这固然由于畏惧匈奴武力的强大，而国内政局的不稳，也是主要原因之一。

文帝时，若干朝臣已对和亲政策表示不满，贾谊在他的《治安策》里，便主张强硬对付匈奴。晁错（当时做太子家令）也曾于前十一、十二两年间（前 169 ～前 168）数次上疏，论列匈奴问题。当时因匈奴屡次入寇，边民逃散一空，他建议政府用拜爵免罪的赏格，招募人民，屯垦于边塞地区；并加以军事训练，让他们为保产而战，长期与匈奴周旋，以代替每年换防不明敌情的戍卒。他并建议以同样的赏格，鼓励人民输粟于边，以充实边地的粮储。这些建议，文帝都曾实行过。

晁错的另一个奏疏中，曾对汉军与匈奴战术的长短加以比较。他认为匈奴的长技有三，即马好、骑术精、耐饥寒。汉军的长技有五，即善平原战、兵器精良、行阵严整、箭术精妙、擅长步战。因此他主张在险阻之区，可以用归降的外族与匈奴对抗，因为他们都具有匈奴的长技；平原地带则可以汉军制之。

景帝五年（前 152），汉再遣公主，嫁给匈奴的军臣单于（老上子），并与之互通关市。但匈奴仍时时做小规模的入寇，汉亦无法制止。一直到武帝元光二年（前 133），汉廷才开始对匈奴再度使用武力，接着便是为期数十年的恶战。汉廷对匈奴的和亲政策，从高祖起到武帝止，前后维持了六十余年。

（二）武帝的北伐

武帝即位后，数十年积蓄的国力与少年的勇气，驱使他对屈辱的和亲政策已不能再事忍耐，他开始企图以武力痛惩匈奴。但武帝的最初几年，双方仍保持和平状态，汉对匈奴照例给予种种优待，国际贸易上也让匈奴占尽便宜，但这只是暴风雨来临前的片刻平静而已。

元光二年（前 133），朝臣王恢献计讨伐匈奴，主和的朝臣韩安国反对，经过一番激烈辩论后，武帝决心支持王恢。同年，汉遣马邑人聂壹诈降匈奴，引诱匈奴南侵马

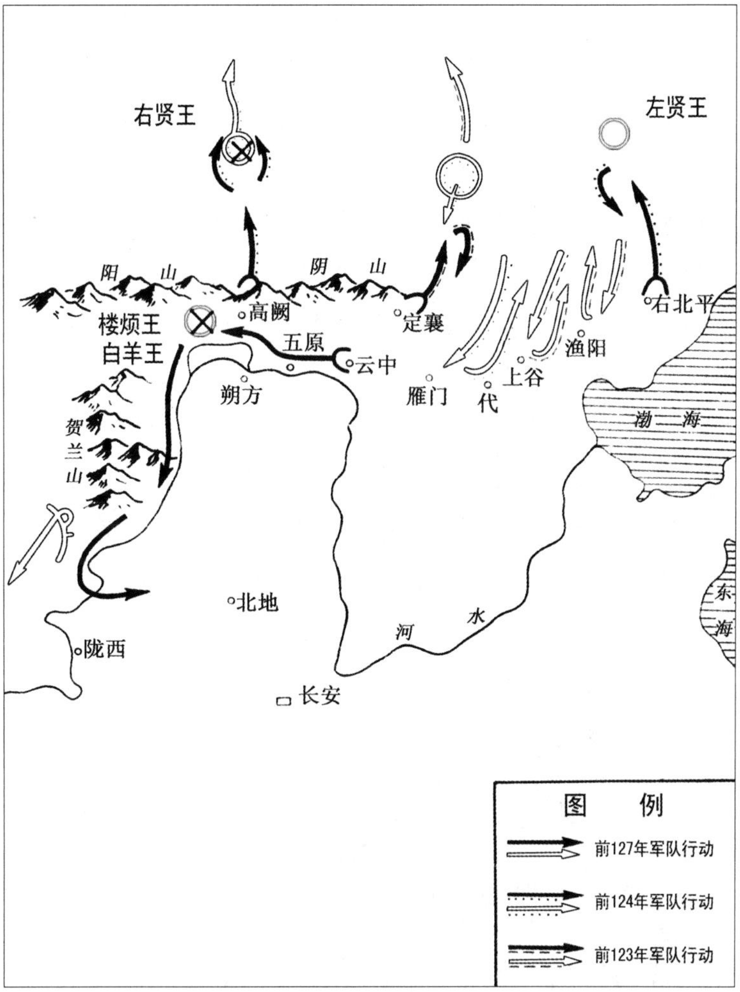

汉、匈河南之战作战经过示意图。汉武帝元朔二年（前127）春，匈奴袭扰上谷、渔阳，汉武帝考虑阴山、河套地区匈奴右贤王、楼烦王、白羊王在此驻军，是匈奴铁骑袭扰关中的军事基地，对长安构成很大威胁，因此决定不在上谷、渔阳与匈奴争锋，采取胡骑东进、汉骑西出的作战方针。同年，卫青、李息出云中，沿黄河西进，对匈奴楼烦王、白羊王实施突袭，乘胜进至高阙，沿黄河折而南下，直达陇西境内，歼敌数千，获牛羊百余万头，全部收复河南地区，使匈奴在漠南失去一块重要基地。此役，汉军避实击虚，舍小取大，集中力量攻取河南，并解除了匈奴对长安的威胁。

邑，一面埋伏大军三十余万于马邑附近的山谷中，准备匈奴来时加以聚歼。这事最初进行得非常顺利，匈奴军臣单于果然亲率十余万骑南下，但到距马邑不远的地方，竟识破汉朝的阴谋，迅速退走。汉兵追之不及，功败垂成。从此匈奴与汉断绝邦交，时时入寇，但仍维持着关市的交易。

自此以后，汉廷放弃诱敌深入的战略，改采主动的出击。元光六年（前129），武帝以卫青、公孙贺、公孙敖、李广四将，各率骑兵万人，分路出击匈奴。结果只有卫青一路略有斩获，公孙敖与李广均为匈奴所败，损失颇重，但这只是战争的开端。

此后汉军的战术略有改变。每次出征，多以一个或两个庞大的兵团深入沙漠，捕捉匈奴的主力，加以歼灭。一个大兵团包括好几个独立作战单位，诸如左翼、右翼、前锋、后距等，每个单位的兵力都由一位善战的将军来统领；但整个兵团的最高统帅，则照例由外戚充任。此后汉廷数次对匈奴的大规模进攻，都由外戚卫青（武帝卫皇后弟）、霍去病（卫青另一姊少儿子）出任统帅。

元光六年以后，卫霍大规模的讨伐匈奴，共有六次，战果最丰硕的则有下列四次：

元朔二年（前 127），汉以卫青伐匈奴，此役俘敌数千人，牛羊百余万头，并收复“河南”地，汉于其地置朔方郡，并于套外置五原郡（即秦九原郡，治所在今绥远五原县）。

元朔五年（前 124），汉以卫青统苏建、李沮、公孙贺、李蔡等，率兵分途自高阙塞（今宁夏磴口县附近）、朔方等地进军，汉军出塞六七百里，围匈奴右贤王。此役计生俘右贤裨王十余人，男女一万五千余口，牛羊数十万。

元狩二年（前 121）三月，汉以霍去病统万骑出陇西（治所在今甘肃临洮县东北），西过焉支山（在今甘肃山丹县东）千余里，斩匈奴首八千余级。同年夏，去病又出北地（治所在今甘肃环县东南），深入匈奴境二千里，至祁连山（在今甘肃张掖县西南），

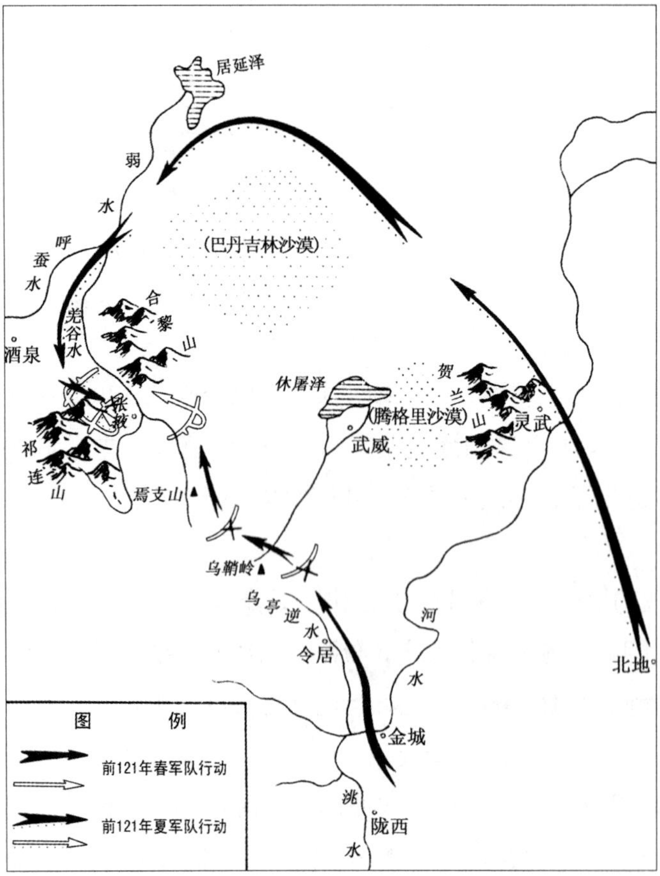

河西之战示意图。河西即今甘肃武威、张掖、酒泉等地，因位于黄河以西，自上而下称为河西，又称河西走廊，从来是内地通往西域的通道，汉廷为打通西域的道路和巩固西部地区，组建强有力的骑兵部队，进攻河西匈奴军。元狩二年（前 121）春，令霍去病率骑兵万人出陇西北上，经金城、令居，越乌鞘岭，沿途经过五个王国，打击抵抗者，安抚降服者，经过六天激战，越过焉支山千余里，与匈奴短兵相接，所向皆捷，歼敌九千余人。同年夏，汉廷为彻底消灭河西匈奴军，又令霍去病与公孙敖率数万骑兵出北地，在灵武渡过黄河，实行大迂回战略，越贺兰山，向西北挺进，绕道居延泽后，由北向南，然后转向东南，在祁连山和合黎山之间与匈奴浑邪王、休屠王的军队展开激战，获得了决定性的胜利，逼迫昆邪王和休屠王的部属四万余人投降汉军，从此西域的道路被打开。是役，汉军采用大迂回行动，由走廊以北深入两千多里，突然出现在匈奴军队的后方，给敌以歼灭性的打击，战略战术极为成功。

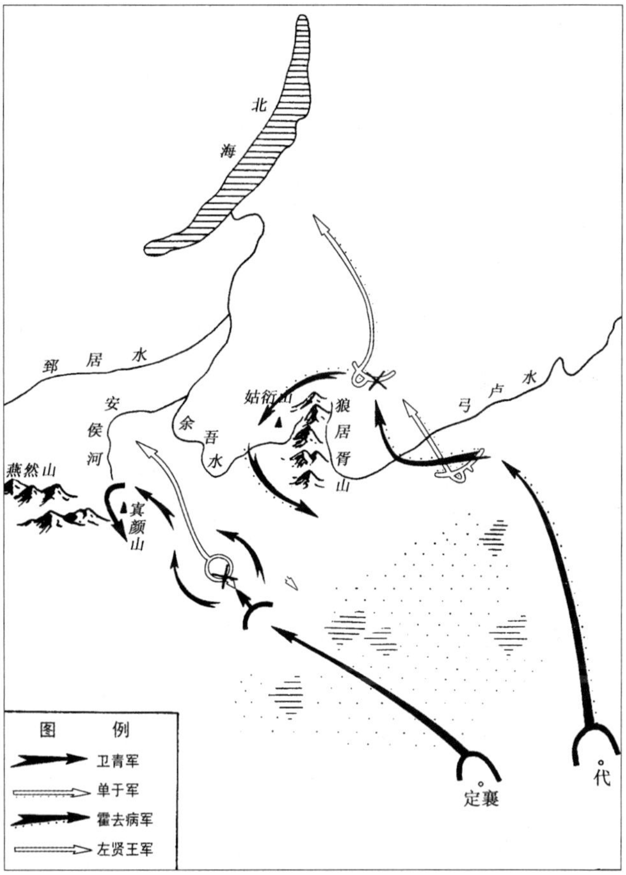

漠北之战作战经过示意图。元狩四年（前119），汉武帝命卫青出定襄，霍去病出代郡，东西两路进军。卫青从定襄出发，向西北进千余里，渡过大沙漠，与匈奴单于伊稚斜遭遇，汉军正面与胡骑对峙，两翼用精骑迂回包抄，单于自料不能胜，轻骑向西北遁逃，卫青连夜追击二百余里，进至窴颜山，获大批屯粮后返回，歼俘敌一万九千余人；霍去病出代郡，北进二千余里，越过大沙漠，与左贤王军队遭遇，交战获胜，追左贤王至狼居胥山而回，歼俘敌七万四千余人。漠北之战是汉匈战争的最大一仗，此役，汉军高度发挥骑兵作战的机动性，大胆深入，给匈奴以极大打击，战后，“匈奴远遁，而漠南无王庭”，匈奴实力日渐衰落。

斩匈奴三万余人，俘二千五百人。同年秋，匈奴昆邪王率其众四万人降汉，汉处之于陇西、北地、朔方、上郡、云中五郡的边外。此役汉得“河西”地（今甘肃省黄河以西之地，即原来月氏的地盘），后来于元鼎（前116～前111）时在这里设置武威、张掖、酒泉、敦煌四郡。

元狩四年（前119），汉以卫青、霍去病各将五万骑出击。青自定襄（治所在今绥远和林格尔县）出塞千余里，遇匈奴伊稚斜单于，激战竟日，单于遁走；汉军直追至窴颜山（当属今外蒙古都兰山南）而还，凡斩匈奴首一万九千级。去病军分道自代郡及右北平（治所在今热河平泉县）出塞二千余里，贯穿大漠，封狼居胥山（当在今外蒙古瀚海沙漠以北）而还，斩获匈奴七万余级。这次出兵汉方损失亦大，总计两军损失士卒二、三万人，战马十余万匹。匈奴虽然远遁，但汉军也因马少，一时不能再做大规模的进攻。

卫、霍的北伐，虽然功绩甚伟，但不必要的浪费也很大，尤以霍去病为甚。同时军队中又发生严重的派系磨擦，以致汉军未能发挥最大的威力。当时伐匈奴的军事将领多系关西（今陕甘一带）人，他们类皆勇武善战，爱惜士卒。武帝以他们作为军队的主干，担当实际的作战任务，而以外戚军人充任最高统帅。这批关西军人中以李广的声誉最高，武帝与卫青对他均有些嫉视。元狩四年伐匈奴之役，李广因受卫青的排挤，愤而自刎。李广的儿子李敢，本隶霍去病部下，因有憾于其父的死，把卫青击伤。其后李敢随武帝打猎，被霍去病以冷箭射死，武帝为去病掩盖，事情得以平息。但到武帝晚年，关西军人李氏与外戚军人再度发生磨擦，使汉军对匈奴的战役中，遭遇极大的败创。[参看拙著《西汉的几个政治集团》“（四）山西军人与外戚军人”（载拙著《汉唐史论集》页二〇至二六）]

自元狩四年卫、霍最后一次出师，其后二十年间，汉与匈奴未再发生大规模的战争。但武帝的开边事业并未中止，在这段时间中，他曾东征朝鲜，西通西域，南平东瓯、两越和西南夷，版图大为扩张。这类拓展，也同样给予匈奴严重的威胁。汉于元封三年（前108）灭朝鲜后，即招引辽东塞外的乌桓（东胡的一支），让他们寄居于东北诸边郡的塞外地区，以监视匈奴。六年（前105）以后，匈奴向西退缩，它的左部从辽东一直西移到今绥远省东部一带，与汉的云中郡相对（右部则与酒泉、敦煌等郡相对），这件事自与汉的经略东北有关。而汉的开辟西域，又使匈奴感到西顾之忧。武帝于元封三年，曾遣兵攻破与汉邻近的楼兰、车师二国。太初元年（前104），又遣外戚李广利（武帝李夫人之兄）讨伐葱岭以西的国家大宛；三年（前102）破之，威震西域，诸国纷纷入贡。这时匈奴的政治中心，业已西移，又因长期的休养，国力逐渐恢复，于是又开始入寇，并全力与汉争夺西域霸权。武帝也想借新定西域的余威，再伐匈奴。他仍然采取过去以外戚为军事统帅的原则，但卫、霍早已物故，这任务便自然地落在李广利身上。

李广利的才具远在卫、霍之下，伐大宛时，军纪败坏，屡遭破创；武帝全力支持他，费时三年，前后出动二十余万人，仅获胜利。因此对于出任讨伐匈奴的统帅，实在不能胜任，但武帝仍信用他。天汉二年（前99），武帝命他率三万骑击匈奴，而以李陵（广孙）为他押运辎重。李陵不愿，武帝改派陵率步兵五千人与广利分途出击。李广利出酒泉（今甘肃酒泉县），击匈奴右贤王于天山（在今新疆省境内），斩获万余级，自身则损失二万人。李陵出居延城（今甘肃省西北境），北行三十日，在浚稽山（在今外蒙古土拉河及鄂尔浑河之间）与且鞮侯单于亲统的十万匈奴军遭遇，汉军且战且退，毙伤匈奴万余人。但因无后援，于距塞百里处为匈奴所破，李陵投降，其部下逃回汉境者仅五百人。此役对汉是一个惨重的打击，也可以看出外戚军人与关西军人间的矛盾，依然存在。

天汉四年（前 97），汉对匈奴再做大规模的进攻，出动兵力达二十余万人。计李广利率步骑十四万出朔方，韩说率步兵三万出五原，公孙敖率步骑四万出雁门（今山西右玉县南），均无功而还。

征和三年（前 90），汉又以李广利率七万人出五原，商丘成率二万人出西河，马通率四万骑出酒泉，讨击匈奴。结果商丘成、马通二军无功而还，李广利则全军尽覆，投降匈奴。此后终武帝之世，汉朝无力再对匈奴做主动的进攻，他一生轰轰烈烈的开边事业，最后竟以这样凄凉的场面结束。

（三）匈奴的称臣

武帝的伐匈奴，虽然付出极大的代价，但匈奴损失也极其惨重。第一是人口的损失。高祖时，匈奴有控弦三十万，武帝时当不会有太大的出入，以这个数目来推测，匈奴的人口总数约为一百万至一百五十万，这比汉的人口要少得多。汉于平帝时，人口接近六千万，武帝时的人口虽无记载，当不会低于四千万。贾谊曾说匈奴整个的人口不过汉一大县，自是侈谈；但如果说匈奴人口不及汉一大郡，则是事实。西汉时的郡，人口在二百万以上的便有三个，这可看出双方人口的悬殊。在战争中，汉的兵员不虞匮乏，匈奴则相反。总计自元光六年（前 129）至元狩四年（前 119）的十年间，匈奴被汉军斩俘以及投降的便在二十万人以上，这数目占去了整个匈奴人口的七分之一到五分之一。元狩四年以后，汉军长期停止出击，匈奴虽得到休养机会，但全盛时代的国力，始终未能恢复。因此武帝末年，匈奴虽屡次战胜汉军，却不能再做大规模的寇侵。第二是畜类的损失。匈奴人以畜牧为生，畜类便是他们的财产。战时匈奴畜类为汉军所获的，动辄以数十百万

西汉时匈奴牧羊图，汉墓壁画。

西汉匈奴杂技图，汉墓壁画。

计；此外因汉军的深入穷追，匈奴牛马疲于奔避，竟普遍发生流产的现象，这简直使匈奴踏上破产之路。第三是领土的损失。匈奴于对汉的战争中，首先失去河南和河西两个大好的牧场，其后又被迫向西退缩，今华北及东北各地，不复为匈奴的势力范围，而乌桓等族更与之为敌。西方则一向臣属匈奴的西域诸国，也为汉的势力所伸入。因此匈奴的版图不但大为削减，同时又陷于三面受敌的不利形势。汉的国力虽然也因长期的战争而虚耗，但匈奴的困弊尤甚。因此武帝死后，匈奴便颇有恢复和亲之意。

昭帝时，匈奴因想与汉和亲，颇少入寇，并遣回羁留匈奴十九年的汉使苏武等，以表亲善。汉的边防也更加严密，匈奴有时犯塞，总是失利而去。到宣帝，汉帝国因经过十几年的休息，国力渐渐恢复，对外又趋积极。本始二年（前 72），西域的国家乌孙（今伊犁河及帖克斯河流域）为匈奴所侵，向汉求救。宣帝遣骑兵十六万人，五路出师；并派使者常惠监乌孙兵，共击匈奴。匈奴闻讯北逃，汉军所获甚少，唯常惠所领的乌孙兵战果丰硕，计斩匈奴四万人，获畜类七十余万头。同年，匈奴再击乌孙，因遇大雪，死数万人。于是匈奴的邻国丁令、乌桓、乌孙等群起而攻之，匈奴人死于战争与饥馑的，占十分之三，畜产则损失十分之五，至此匈奴已面临崩溃的边缘。

神爵二年（前 60），匈奴虚闾权渠单于病死，右贤王屠耆堂继立，是为握衍朐鞮单于。握衍朐鞮为人凶恶，匈奴日逐王与之有隙，率其众数万骑降汉。于是汉乘势经营西域，匈奴不敢争，汉乃取得西域霸权。接着匈奴又发生内乱。

神爵四年（前 58），虚闾权渠单于子稽侯狦自立为呼韩邪单于，起兵讨握衍朐鞮，握衍朐鞮兵败自杀。此后匈奴内部的动乱，愈演愈烈。匈奴各部君长纷纷自立，除呼韩邪外，尚有屠耆、呼揭、车犁、乌藉四单于，相互攻击，史称“五单于争立”。五凤二年（前 56），四单于相继败亡，呼韩邪虽入据匈奴王庭，但实力甚弱，部众仅数万人。而西边的休旬王（屠耆从弟）又自立为闰振单于；东边的左贤王呼屠吾斯（呼韩邪兄），也自立为郅支骨都侯单于。

五凤四年（前 54），闰振东攻郅支，兵败被杀。郅支并其众，乘胜攻呼韩邪，呼韩邪败逃，引兵南下，请降于汉，并愿入朝。甘露三年（前 51）正月，呼韩邪来朝，进谒时自称藩臣，宣帝赏赐甚厚。次月，汉遣呼韩邪归国，把他和他的部众，安置于五原郡的近塞地区。从此匈奴沦为汉的藩属，这荣耀是武、昭、宣三代八十余年间用无数生命和金钱换来的。

郅支既破呼韩邪，据单于王庭，势力日强。继而又并丁令、乌揭（居丁令以南）、坚昆（今新疆哈密县西北）等国，并徙都于坚昆。元帝初元五月（前 44），康居王迎郅支以制乌孙。郅支西迁康居后，数攻乌孙，强迫若干西域小国向之献纳，并困辱汉使者。建昭三年（前 36），汉西域都护甘延寿与副校尉陈汤矫制发胡汉兵四万人，攻杀郅支于康居，匈奴乃又定于一尊。竟宁元年（前 33），呼韩邪又入朝，汉赐给他一位美貌的宫女王嫱，以为其阏氏。此后匈奴对汉奉事唯谨，一直到王莽时代。

（四）东汉的再伐匈奴

自宣帝时匈奴称臣于汉，北边清静者达六十余年。直至王莽始建国二年（10），因改易匈奴单于的印信而激起叛乱，于是边祸再启。匈奴因长期的休养，实力大为增强；因此王莽虽屡派大军讨伐，始终未能奏功，反把人畜繁衍的北边，弄得一片荒凉。光武初年，北方的割据势力如彭宠、卢芳等均倚匈奴为援。建武六年（30），光武遣使赂匈奴以金币，以通旧好；但当时的呼都而尸道若鞮单于（名舆，呼韩邪幼子，以下简称“单于舆”）自比冒顿，甚为骄慢，并屡与卢芳侵扰北边。九年（33），汉遣吴汉击之，师久无功。匈奴的左部，自是更向东南发展，若干部落竟迁至东北诸边郡的塞内地区。汉大修边务以防之，但匈奴的寇掠，一直延续到二十一年（45）。

建武二十二年（46），单于舆死，二子相继立为单于。而匈奴因连年蝗旱为灾，人畜死耗大半，外又受乌桓的攻击，国势大衰。舆兄子比因其父曾在舆之前为单于，而已不得立，心怀愤恨；又因所领的土地与汉邻近，怕汉乘敝进攻，乃于二十四年（48）降汉。比并自立为“呼韩邪单于”，与北方的蒲奴单于（单于舆子）相攻战，自是匈奴分裂为南北两部。二十六年（50），南单于与北匈奴战失利，汉乃徙其部众于西河郡的美稷县（今绥远省南境鄂尔多斯左翼前旗地），并派兵保卫之，北单于也屡次遣使请和亲，但汉不许。

明帝时，北匈奴时常寇边，汉乃许其和亲。南匈奴闻讯甚恨，想联北匈奴以叛。汉得知其谋，乃于永平八年（65）设度辽营于五原，以隔绝南北两匈奴，防其交通。但北匈奴仍时常入侵，为患甚烈。十六年（73），汉以窦固、耿秉、祭肜、吴棠等数道出师，伐北匈奴。窦固出酒泉至天山，击走匈奴呼衍王，追至蒲类海（今新疆镇西县西巴里坤湖），取伊吾卢（今新疆哈密县）地，并置戍屯田。于是汉的威令，又行于西域，而北匈奴益衰。

章帝时，北匈奴内部乱起，它的四邻丁令、鲜卑（东胡的一支）、西域诸国和南匈奴都乘机向它进攻。元和二年（85），北匈奴为南匈奴大破于涿邪山（在今外蒙古西部），于是更向北徙。章和元年（87），鲜卑入北匈奴左地，斩优留单于，北匈奴大乱，部众降汉者二十万人。

章和二年（88），和帝即位，窦太后临朝。南匈奴单于想乘乱并北匈奴，因而请汉出兵伐之。永元元年（89），汉遣窦宪（太后兄）、耿秉率骑兵三万八千出朔方，大破北匈奴于稽落山（当在今外蒙古杭爱山附近），斩名王以下一万三千余人，获畜类百余万头，匈奴投降者前后达二十余万人。宪等出塞三千里，并于燕然山（今外蒙古杭爱山）勒石纪功而返。三年（91），窦宪又命部将耿夔等伐北匈奴，破之于金微山（当系今外蒙古阿尔泰山），斩八千人。北单于遁逃，不知去向，仅俘其部众数千口而返。此后匈奴的北庭空虚，只有若干残余部落不时寇扰西域。而南匈奴事汉益谨，汉的北边，自此再度获得长期的安定。至于北单于的踪迹，若干史家推测，他先到今中亚细亚，会合诸部，势力复振；其后日益盛大，渐向西侵，5 世纪中叶横行欧洲的“上帝之鞭”阿提拉（Attila），便是北单于的后裔。

二、南徼的开辟

（一）东瓯、两越的平定

汉初，它的南服有三个越族所建立的国家，即东瓯、闽越和南越。东瓯据今浙江省南部，闽越据今福建省，南越则大致据今两广和越南之地。这三国的土地，秦时皆被夷为郡县，秦末大乱，它们乘机独立。闽越的酋长无诸和东瓯的酋长摇，曾率越人从汉击项羽。高祖五年（前 202），汉立无诸为闽越王，王秦闽中郡故地，都冶（今福建林森县东北）。惠帝三年（前 192），立摇为东海王，都东瓯（今浙江永嘉县西南），世称东瓯王。南越王赵佗本为中国人，秦时为南海郡龙川县（今广东龙川县西北）令。二世时，郡尉任嚣死，佗继之，乃聚兵自守，与秦断绝往来。秦亡，佗又击下桂林、象郡，自立为南越武王。高祖统一后，因无力远伐，乃于十一年（前 196）遣陆贾立佗为南越王。三国虽然名义上都受汉封，实际等于独立。在汉初的无为政治原则下，只要它们不生事端，汉对它们是一切不过问的。

战国时期东瓯人使用的印纹双耳罐，浙江温州市苹塍下山根出土。

景帝时，吴王濞反，东瓯曾派兵助之。后濞失败，东瓯又把濞杀掉，因此汉未加以诛伐。濞子驹亡走闽越，时常劝闽越攻东瓯，以报父仇，后来闽越东瓯相攻，便种因于此。南越王赵佗曾于吕后末年僭号称帝，并进寇长沙国的边境，击下数县，吕后派兵讨伐，因遭遇疾疫，无功而罢，南越从此大盛。文帝即位后，对佗加意笼络，佗乃自去帝号，为汉藩臣。其后直至景帝，南越仍称臣于汉。总之，从汉初到景帝，三国在内政上是始终独立自主的。

武帝初年，闽越王郢在位，甚为嚣张。建元三年（前 138），闽越发兵围东瓯，东瓯告急于汉。武帝派严助发会稽郡（治所在今江苏吴县）兵，由海道赴援。闽越乘汉军未到，引兵而退。东瓯请举国内徙，汉迁其国人于长江和淮水间的地区。六年（前 135），闽越又击南越，汉派王恢等伐之，郢弟余善等杀郢以降。汉立无诸孙丑为越繇王，奉闽越祭祀。而余善威行国中，丑不能制，汉又封余善为东越王，与繇王并处，因此闽越分为二国。

南越王赵眜“文帝行玺”金印，1983年，出土于广东省广州市南越王墓。据证，赵眜即史传之赵胡。

南越王赵佗死于武帝建元四年（前137），孙胡继立，胡传子婴齐，婴齐传子兴。兴太后樛氏不贞，国人多不附，太后想借汉的势力镇压内部，因而劝兴入朝。其相吕嘉颇得众心，反对入朝，因与太后不合。元鼎五年（前112），吕嘉反，杀兴、太后及汉使者，别立婴齐孙建德为王。汉遣路博德、杨仆等分率水师自桂阳（治所在今湖南郴县）、豫章（治所在今江西南昌县）等郡出发，进击南越。次年，路、杨会师于石门（今广东广州市西北），进抵番禺（今广东广州市），吕嘉与建德逃入海，为汉所获，南越乃亡。汉分其地为九郡，即：南海（治所在今广东广州市）、苍梧（治所在今广西苍梧县）、郁林（治所在今广西贵县东）、合浦（治所在今广东海康县）、珠崖（治所在今海南岛琼山县东南）、儋耳（治所在今海南岛儋县西）、交趾（今越南北部地）、九真（今越南中部地）、日南（今越南中南部地）。

汉伐南越时，东越王余善持两端，暗与南越勾结。及南越平，杨仆请乘便击东越，余善闻讯举兵反，僭号“武帝”，汉乃遣杨讨之。元封元年（前20），越人杀余善以降。武帝以闽地险阻，屡生叛乱，为求一劳永逸，把闽越地区的人民，也全部迁到江淮之间。东瓯与闽越，经过武帝时代的两次大迁移，其地的空虚荒芜，可想而知。因此终两汉之世，这地区未再发生大乱。唯有南越，到东汉时再度掀起兵端。

南越玉舞人，广东省广州市南越王墓出土，为两个姿态不同的舞人形象，两人物头梳螺髻，长袖舞动，身姿十分优美。

光武帝建武十六年（40），交趾女豪征侧与其妹征贰反，九真、日南、合浦诸郡均响应，征侧攻下六十五城，自立为王。十八年（42），汉以马援讨之。汉军自合浦沿海岸穿山开路，西行千余里，大破叛军于浪泊（今越南东关）。次年，斩征侧、征贰，传首洛阳。马援所部二万人，因遭遇瘴疫，回来的仅有一半，此后直至东汉灭亡，汉的南疆未再发生大故。

自南越于武帝时置郡后，南海的商业与交通也大为增进。当时这个地区中最大的商业都市是番禺，它是珠玑、玳瑁、果、布的荟集地。其次如徐闻（今广东海康县）、龙编（今越南河内），也都是著名的商业都会。西汉时代的海上交通，可自上列各地到达今马来半岛的都元国、马来半岛克拉地峡的谌离国等。最远可到达黄支国，其地一说在今印度东海岸，一说在今苏门答腊。据此，西汉时代南方的对外交通，最远可能到印度，至少可到南洋群岛一带。东汉时，中国商舶已经常来往于今锡兰岛的师子国一带，与印度当也有直接交通，因此锡兰岛与南印度的佛教，也由海上传到中国南部，逐渐向北传播。桓帝延熹九年（166），大秦王安敦（即罗马王 Marcus Aulerius Antoninus），遣使由今印度洋经日南徼外来汉，贡献方物。这是大秦通中国之始，由此也可以看出当时南方海上交通的发达。

（二）西南的拓展

今云南、贵州两省，加上四川省的西部和南部，以及甘肃省的南隅，这一片广大的地区，在汉时为许多异族所盘踞，汉人统称之曰“西南夷”。它们有的已步入农业社会，有的则仍过着游牧生活，并且建立了数不清的国家。大体说来，今贵州省境内的国家，以夜郎为最大（今桐梓县一带）；今西康省境内的，以邛都（今西昌县一带）、徙（今天全县一带）、筰都（今汉源县一带）为最大；今云南境内的，以滇（今晋宁县一带）为最大；今四川省境内的，以冉、駹两族（均在今茂县一带）为最大；今甘肃省境内的，以白马（今成县一带）为最大。诸国中，以滇受中国文化的影响最早，它建国于战国末年。其时有楚将庄蹻者，远征至此，后因秦人占领黔中郡（今湖南省西部地区），归路断绝，遂据地称王，建立滇国。其后历经秦和汉初，中国的势力，未再到达西南夷地区，直到汉武帝，才开始加以注意。

武帝建元六年（前 135），汉初平闽越，武帝派番阳（今江西鄱阳县）令唐蒙，晓谕南越。蒙到南越，知南越西北有夜郎国，因此回朝后上书武帝，请通夜郎，以制南越。武帝乃派蒙率兵千人前往。蒙由筰关（今四川合江县）入夜郎，见其君多同，厚加赏赐，并谕以德威，劝其内属，夜郎听命。元光五年（前130），汉于夜郎及其附近之地置犍为郡（初治所在今贵州遵义县，后徙治今四川宜宾县），并于夜郎置夜郎县，以多同之子为令。同年，邛、筰、冉、駹等族，为贪汉赏赐，也请求内属，于是汉在其地置十余县，由都尉统之，隶属于蜀郡。但其后数年，西南夷屡次反叛，汉发兵讨击，糜费极大。最后武帝采纳公孙弘的建议，放弃西南夷的经营，以并力对付匈奴，已设的县，大都废弃，仍旧保存的，只有夜郎等两县。

元朔三年（前126），汉使张骞自西域返国，具言西域诸国的风土，并谓在大夏（今中亚阿姆河 Amu Darya 沿岸）时，尝见到邛都所产的竹杖和蜀郡所产的布。大夏人云自身毒（即印度）国购来，由此推断自蜀经西南夷，可通身毒。元狩元年（前122），武帝派遣使者分南北数路，出西南夷，求身毒国，但均受夷人的阻梗，无法到达。南路的汉使，尝至滇国，受阻而回。使者因盛言滇的广大，可加招徕，使之附汉，于是再度激起武帝经营西南夷的雄心。

元鼎五年（前112），南越反。汉发西南夷兵助征，且兰（今贵州平越县）不从，并杀汉使及犍为太守。次年，南越平，汉遣郭昌、卫广击西南夷，诛且兰及邛、筰诸君长，于且兰置牂牁郡（治所在今贵州平越县）。此役之后，西南夷皆震恐，群请内属。汉乃以邛都为越嶲郡（治所在今西康西昌县），筰都为沈黎郡（治所在今西康汉源县），冉駹为汶山郡（治所在今四川茂县），白马为武都郡（治所在今甘肃成县）。元封二年（前109），汉又遣郭昌等伐滇，滇王降，汉以其地置益州郡（治所在今云南晋宁县东）。新设诸郡辖区中的各部族，皆因其旧俗而治理之，不征赋税。地方政府的开支，则由内地各郡分摊供给之。西南夷至此可以说完全归入汉的版图，但武帝经西南夷通身毒以连大夏的企图，却未能实现。

西南夷内属后，仍不时做小规模的叛乱，但终西汉之世，未生大故。直到王莽，西南才大乱起来。光武兴起后，牂牁郡诸大姓，皆保境向汉；益州郡太守文齐，也竭力为汉守。后文齐死，益州及附近诸夷反汉，汉乃于建武十九年（43）遣刘尚率兵及朱提（今云南昭通县）夷往击之，诸夷散走。两年后，刘尚等追诸夷至不韦（今云南保山县北），斩俘甚众，诸夷悉服。明帝永平十二年（69），据今云南省西部的哀牢夷王柳貌，也率其民五万余口内附，汉于其地置哀牢（今云南省保山县东）、博南（今永平县东）二县，于是汉的西南疆，更为扩大。

此外，今湖南省西部一带地区，尚有一种“武陵蛮”，它兴起于东汉初年。光武建武二十三年（47），武陵蛮反，汉遣刘尚率军溯沅水入武溪（在今湖南泸溪、乾城二县境）讨之，因轻敌深入，全军覆没。次年，汉又遣马援讨之。二十五年（49），汉军至蛮区，蛮人乘山守险，与汉军相持。时值盛暑，士卒多染疾疫，死了许多，马援亦染病而死。但蛮人也饥困异常，监军宗均矫制劝令归附，并示以恩信，于是蛮人投降，其地悉平。

三、东北的经略

（一）朝鲜的征服

今朝鲜半岛的北部地区及我国安东省一带，据说是周武王灭殷后颁给殷宗室箕子的封地，箕子立国于此，名曰朝鲜。到东周，燕、齐等国人民，移殖朝鲜者日众。战国末期，箕子后人箕准僭称王号，但朝鲜和半岛南部的国家真番，都曾臣属于燕，燕人并于半岛上设置官吏以治理之。秦时对朝鲜的控制稍弛，在浿水（今鸭绿江）外筑障为界，朝鲜仅是名义上臣属于秦。汉初，仍以浿水与朝鲜为界。高祖末年，燕王卢绾叛，燕地大乱。燕人卫满聚众千余人，东渡浿水，居秦旧障；继而攻灭朝鲜，王有其地，并降服真番和其他邻近的东夷小国。箕氏国祀，凡历八百余年而绝。卫满定都于王险（今平壤），惠帝吕后时并与汉约，为汉藩臣，双方相安无事者数十年。

武帝时，卫满孙右渠在位，对汉的态度转强，他招诱逃亡的汉人，并阻挠半岛南部的真番、辰韩等国向汉朝贡。元封二年（前109），汉使涉何晓谕之，右渠不从。同年，汉以涉何为辽东东部都尉，防制朝鲜，为朝鲜所杀。至此武帝遣杨仆、荀彘率兵分水陆两路进讨，仆率水军自今山东半岛渡海前往，彘则率陆军由辽东郡（今辽东半岛及安东省南部一带地）出发。两军初战皆不利，次年，并力围王险，杨、荀二人又生歧见，以致久攻不下。其后汉使公孙遂拘捕杨仆，以其军属荀彘，攻城益急。朝鲜人不支，乃杀右渠而降，总计这次战役费时达一年之久。公孙遂和荀彘则分别以“专擅”和“争功乖计”的罪名，为武帝所诛。

朝鲜平定后，汉在其地设置了乐浪、玄菟、真番、临屯四郡。这四郡辖有朝鲜半岛大部的土地，玄菟在最北，掩有今鸭绿江沿岸之地，乐浪在玄菟以南；临屯在乐浪以东；真番则在乐浪以南（一说真番在乐浪北）。半岛上的民族，甚为复杂。半岛北部，除了来自中国的朝鲜人外，尚有濊貉（居半岛东部）、沃沮（居半岛东北部）等族。至于半岛的南部，尚有辰韩（半岛东南部）、马韩（半岛西南部）、弁韩（半岛南端）三国并立，通称“三韩”，它们于何时开始建国，不可确考。而附属于三韩的小国，竟达七十八个之多。三韩以马韩最强，常为三韩的共主。据说朝鲜旧王箕准被卫满逐出后，以其众千人浮海南来，攻破马韩，做了它的主人。

四郡中以乐浪为最重要，它的治所也就是朝鲜的旧都。它不但是汉帝国东部国际交通的枢纽，也是中国文化最东的重镇。昭帝始元五年（前82），汉罢临屯、真番二郡，以其地并入乐浪、玄菟。其后又把玄菟的治所，自鸭绿江南迁到江北的高句骊（今辽宁安东新宾县附近）。这措施说明汉廷对朝鲜的经营，改取退守的态度。

在玄菟郡东北今松花江上游一带，尚有一个夫余国，高句骊人便是夫余人的别支。元帝时，夫余人朱蒙率众南下至朝鲜旧壤，建高句骊国，以高为氏，蚕食汉玄菟郡地。半岛南部的“三韩”地区，也渐渐起了变化。宣帝五凤元年（前57），朝鲜遗族据辰韩地建国，号“徐罗伐”，后改称“新罗”，新罗不久便吞并了弁韩。到成帝鸿嘉三年（前18），高句骊王族据马韩地建国，号百济。西汉末年朝鲜半岛的形势，大致是西北部是汉乐浪郡辖区，东北大部为高句骊所据；新罗据东南部地，百济据西南部地。百济、新罗因居半岛南部，与汉没有多大关系，唯高句骊与汉接近，关系较密。它自建国后，对汉一直是称臣的。

到王莽始建国四年（12），莽征高句骊兵伐匈奴，高句骊人不愿前往，纷纷逃亡。莽派人诱杀其王驺，于是高句骊反，屡次犯边。东汉初，高句骊曾遣使朝贡，光武复其主号。光武末年，高句骊开始入寇，汉以恩信招之，乃又附汉。其后经明章二帝三十年，双方大体相安。到和帝末年，又大举进寇辽东、玄菟等郡。其后直至灵帝，高句骊时叛时降，为帝国的东北大患，汉始终未能给予它一个致命的打击。

（二）倭奴的来朝

倭奴国在今日本国境内，是倭族所建立的国家。据中国的传说，秦始皇时，派方士齐人徐市（即徐福）率童男女数千人，入海访求神山和仙药；他们找到这片海外乐土，定居下来，繁衍成为倭族。徐市入海求仙药的事，虽曾载于中国的古籍，但徐市等所到的地方是否就是现在的日本，实是一个无法解答的问题。日本虽也有若干史书记载徐市东来的事，甚至他的坟墓，至今犹存于日本，但同样不能使人确信真有此事。因为秦始皇时代，日本的历史尚处于传疑阶段，并无真正的历史记载。徐市的事，只是后来的揣测，甚至极可能是受了中国传说的影响。据日本的传说，倭国开国者是神武天皇，他即位于我国东周惠王十七年（前 660），与齐桓公同时，但是否确有其人，则仍是一个谜。

汉时，日本地区的国家，共有一百多个，皆是倭人建立的，汉人统称之曰倭国。倭奴则是诸倭国中的大国。它坐落于倭国的极南界，当在今日本南部的九州岛上。因倭奴的势力较大，且距大陆较近，所以它首先代表诸倭国与中国交通。据说当时倭人饮食以手抓取食物，并有文身、赤足、蹲踞的习惯；男子则盛行多妻，女子则不淫不妒。同时社会安定，极少盗窃争讼的事。

自汉武帝于朝鲜设四郡后，中国文化开始影响诸倭，诸倭通使于汉者达三十余国，倭奴也于此时开始对汉做岁时的贡献，纳贡的地点大概在乐浪郡。至于倭奴与朝鲜半岛南部诸国间的交通，当始于汉开四郡以前。但西汉时代倭奴对中国的这类贡献，并无确切的年代，直到东汉初年，倭奴的朝贡，才有年代可凭。

光武初年，辽东太守祭肜威震北方，若干外族国家闻声朝献。建武中元二年（57），当时正是日本史上所谓的垂仁天皇在位的时代，倭奴遣使奉贡朝贺，光武赐以印绶。光武赐印曾于清乾隆四十九年（1784）在九州北部发现，印系金质，上镌有阳文篆字“汉

护乌桓校尉出行图，内蒙古自治区呼和浩特市和林格尔县新店子小板申村一号汉墓壁画。护乌桓校尉乘坐的主车的前后和两侧，众多武士佩弓执戟相随，行列首尾飘动着羽葆、风候，场面十分宏大。

乌桓人牧马图，内蒙古自治区呼和浩特市和林格尔县新店子小板申村一号汉墓壁画。绘乌桓人牧马。图中的骏马，昂首挺胸，排列整齐，气势恢宏。乌桓人正是骑着这些战马，纵横四方，号称“天下名骑”。

委奴国王”的字样，但其真赝尚无法确定。此后倭奴又于安帝永初元年（107）和献帝建安六年（201）两度来朝。到三国时代，双方的交通乃更加繁盛。

（三）乌桓、鲜卑的归附

乌桓、鲜卑均属东胡族。东胡居匈奴以东，其活动范围，大致在今河北、内蒙古、辽宁一带。战国末期，东胡已甚强大，与匈奴同为中国的边患。到匈奴冒顿单于崛起，才击破东胡，东胡余众分保乌桓（约在今热河阿鲁科尔沁旗地）、鲜卑（约在今辽北科尔沁右翼旗地）二山，因以山名为其种号。汉初，二族皆臣属匈奴。武帝时，汉击破匈奴左部，徙乌桓于上谷、渔阳、右北平、辽东等郡的塞外，以为耳目，并设护乌桓校尉以统理之。昭帝时，乌桓渐强，不复听汉号令，并与匈奴交兵，为匈奴所破。元凤三年（前78），汉以范明友击乌桓，杀六千余人。乌桓因而反汉，屡寇幽州，但常被汉军击败。到宣帝时，乌桓又降，其后一直到西汉终了，未再生事。

王莽篡汉后，因讨伐匈奴，征乌桓兵屯代郡，并以其妻子为质。乌桓因不服水土，相率逃亡，莽尽杀其质，乌桓乃投降匈奴。光武初年，乌桓、匈奴屡次连兵入寇。乌桓因近塞而居，一日之内，便可到达汉北边的城郭地区，由是缘边百姓，大受患害，尤以代郡以东各郡，被祸最甚。建武二十年（44），汉以马援讨乌桓，乌桓闻讯先逃，援无功而返。其后乌桓乘乱攻击匈奴，匈奴被迫北徙数千里，促成南北匈奴的分裂。自此汉对乌桓改采怀柔政策，赂以金帛。二十五年（49），辽西郡（今辽宁、热河二省交界一带）乌桓九百余人入朝，汉封其首领为王侯君长者八十一人，布列于缘边诸郡的塞内，用以招徕其种人，并为汉侦伺匈奴。其后为防其生事，复置护乌桓校尉。自此以降，历明、章、和三朝五十年，乌桓始终为汉担负保塞的任务。

鲜卑居地与乌桓相接，言语风俗也与乌桓相同，但它在整个西汉时代，与中国没有交通。东汉光武初年，匈奴正盛，常率鲜卑、乌桓，寇抄北边。建武二十一年（45），鲜卑与匈奴入寇辽东，为辽东太守祭肜所破，斩获几尽，鲜卑对汉乃有畏惧之意。次年，匈奴南单于降汉，北单于孤立，鲜卑通使于汉，汉命其击北匈奴以自效。于是鲜卑与匈奴攻战，汉亦时加赏赐。三十年（54），鲜卑大人於仇贲、满头等率部人来朝，汉封於仇贲为王，满头为侯。于是鲜卑对汉益加亲附，而汉所颁给鲜卑的赏赐，每年竟达二亿七千万钱。其后经明、章二代，鲜卑均恭顺无事。到和帝初年，窦宪破走北匈奴，鲜卑转据其地，此后渐渐强盛，而为汉的边患。

四、西域西羌的平服

（一）西汉的初通西域

“西域”二字本是古代中国人泛指河西走廊以西地带的通名，它的范围因时而异，要以当时中国人对西域明了的程度和中国势力向西发展的远近而定。如果勉强给它定个范围，可以说它大致包括今新疆天山南北路以及葱岭以西直至里海沿岸或更西，南至今印度、阿富汗、伊朗三国北部的广大土地。但汉代在西域的势力，只到达天山南北路和葱岭以西附近之地。

从中国本部西北行，一过玉门关（今甘肃省的最西北端），便算踏上西域的土地。这片土地在战国时尚是一个神话的境地，秦国与西域有无往来，也不得而知。直到汉武帝时，才开始与西域有了交通。据汉人记载，当时西域共有三十六国，其后又分为五十余国。国有“居国”“行国”之分，居国国民为定居的，以农业为生，有城郭的建筑，故又称“城郭国”；行国的国民则主要以游牧为生。当时西域诸国，大部分布于今天山南路地区，在这地区中又有“北道”“南道”之分，北道指今大戈壁（即塔克拉玛干沙漠）以北之地，南道指其以南之地。北道的重要国家有车师（车师有前后二国，前国在今吐鲁番，后国在今孚远县南。史书所谓车师，通指前国）、危须（今博斯腾湖北）、尉犁（今博斯腾湖西南与尉犁县之间）、乌垒（今轮台县东）、焉耆（今焉耆县）、渠犁（今轮台县东南）、龟兹（今库车、沙雅二县间）、姑墨（今拜城县）、温宿（今温宿县）、尉头（今乌什县）、疏勒（今疏勒县）等。南道的重要国家则有楼兰（即鄯善，今罗布诺尔东）、婼羌（今婼羌县）、小宛（今且末县东）、且末（今且末县北）、精绝（今且末县西）、扜弥（今于阗县）、于阗（今和阗县）、莎车（今莎车县）等。在今天山北路地区的重要国家有蒲类（今镇西县）、郁立师（今孚远县西北）、卑陆（今迪化县西）、单桓（今迪化县）、东且弥（今阜康县）、西且弥（今昌吉县）、劫（今玛纳斯河南）、乌贪訾离（今绥来县）、乌孙（今伊犁河及帖克斯河流域之地）等。在葱岭地区即今帕米尔高原的重要国家则有蒲犁（今蒲犁县）、依耐（今英吉沙县）、无雷、难兜、乌秅、桃槐等。葱岭以西的重要国家则有大宛（今锡尔河 Syr Darya 上游一带地）、大月氏（今阿姆河 Amu Darya 上游一带地）、康居（今巴尔喀什 Balkhash 湖以西至咸海 Aral Sea 一带地）、奄蔡（今咸海至里海一带地）、罽宾（今印度克什米尔 Kashmir 一带地）、安息（今伊朗及其北地区）等。

汉初，西域附属于匈奴，匈奴西边的日逐王，设置“僮仆都尉”，管领西域，常居于危须、尉犁、焉耆等国，向诸国征课赋税，以资给其本国。而河西之地亦为匈奴占据，遮断中国与西域的通路。到武帝即位，准备讨伐匈奴，听说原居于河西地区的月氏国，自为匈奴吞灭后，一部分国人远遁西域，另建大月氏国，对匈奴时思报复。建元三年（前 138），武帝遣张骞通使西域，以便联络大月氏，夹击匈奴。但他刚离国境，即为匈奴所获，被拘留了十来年，才乘机逃出，西至大宛，然后至大月氏。月氏自高祖初年为匈奴冒顿单于所破，文帝时又经匈奴老上单于的彻底扫荡，国土尽丧。于是促成大批月氏人的西逃，没有逃出的则奴役于匈奴，称小月氏。西逃的月氏人最初建大月氏国于今伊犁河流域一带，其地本塞国地。到张骞为匈奴所拘时，大月氏又遭受一种游牧民族乌孙的猛攻，于是大月氏人更向西移，鸠占了大夏（Bactria）的国土，于妫水（今阿姆河）之北重建国家。大夏人则集中于妫水之南，臣属于大月氏。原先塞国地盘，遂为乌孙所据。及张骞至大月氏，月氏人因环境优裕，已失去复仇之念。骞在大月氏居留年余，返国途中又为匈奴所得，过了一年多才又逃出。他于元朔三年（前 126）返国，奉使前后凡十三年。他出国时，同行者有一百余人，回来时则只剩下他和一位胡奴。他虽然未达成使命，但西域内部的情形，却已大致为汉所明了。

（二）西域霸权的争夺

元狩二年（前 121），汉伐匈奴，取河西地，掌握了通西域的要道。四年（前 119），武帝再派张骞出使西域，目的是联络乌孙以断匈奴右臂。此行他率领副使和将士三百余人，并携带大批的牛羊金币。当时匈奴在西域的威风犹在，诸国对汉尚没有清楚的认识，因此张骞仍未能达到目的，于元鼎二年（前 115）返国，但乌孙也派遣使者随他来汉答谢。张骞并曾派遣副使往大宛、康居、月氏、大夏等国，诸国也多派使臣随行来汉。此后武帝经营西域的兴趣益浓，每年派往西域的使节团，少者五六起，多者至十余起，每起由百余人至数百人。元封元年（前 110），汉以公主嫁乌孙王，与之结为兄弟，但继而乌孙王又纳匈奴之女。这可看出当时的西域国家，是依违于两大之间的。

其后武帝曾两度用兵于西域，汉在西域才占优势。第一次用兵在元封三年（前 108）。因楼兰、车师二国，为汉通西域必经之地，汉使来往频繁，两国不胜其扰，乃攻杀汉使，并为匈奴耳目。武帝派赵破奴伐之，攻破二国，从此汉使西行，得以无阻。其后至太初元年（前 104），又以李广利伐大宛。大宛产良马，不肯奉献，并杀汉使者，故汉以武力解决。此役苦战三年，前后出动二十万人，才征服大宛，获良马千匹。从战果看来，虽然得不偿失，但汉的声威，因而西逾葱岭，震撼了整个西域，诸国纷纷派遣子弟入朝。汉并派兵数百，屯田于渠犁国，以供给汉使者，至此匈奴渐感到西顾之忧。

但匈奴对西域仍不放手，它继续怂恿楼兰拒汉，以遮绝汉通西域之道。楼兰也因不耐汉使及其吏卒的需索侵夺，屡次遮杀汉使。昭帝时，汉使傅介子诱杀楼兰王安，改立安弟尉屠耆为王，更其国名为鄯善；并遣

西汉鎏金大宛马，汉武帝茂陵附近出土，陕西兴平茂陵博物馆藏。此鎏金马气势轩昂，造型俊秀雄健，是张骞出使西域后，从大宛传入的优良马种。

司马率吏士四十人，屯田于其国中的伊循城以保护之，自此鄯善乃一心事汉。

宣帝时，匈奴与汉对西域的争夺益趋激烈。匈奴愤恨西域国家的向汉，因而时常出兵攻打西域。本始二年（前72），匈奴击乌孙，汉曾出兵十六万援之，已于前面说过。双方争夺的另一目标是车师，车师土地肥美，夙附于匈奴。地节三年（前67），汉以郑吉、司马憙率免刑罪人屯田渠犁。同年，郑等发西域城郭诸国兵万余人及屯田士千五百人，击破车师，车师请降。郑等返渠犁后，车师王怕匈奴来攻，出奔乌孙。匈奴更立一王，并收车师一部国民东徙。郑吉派吏卒三百人，屯田于车师故地，匈奴怕汉兵为害，屡次派兵攻击。元康二年（前64），郑吉率渠犁田卒七千人援救车师的汉兵，为匈奴所围。宣帝从丞相魏相之议，放弃车师，遣兵把郑吉及其部众迎回渠犁，并立寄居焉耆的车师太子为王，尽徙其国民于渠犁，车师故地乃为匈奴所得。此外，莎车曾于元康元年（前65）反汉，为汉使冯奉世发诸国兵讨平。

宣帝神爵二年（前60），匈奴日逐王先贤掸与握衍朐鞮单于有隙，率众数万归汉，至渠犁与郑吉洽商，吉发诸国兵五万人迎先贤掸至京师。先贤掸本是匈奴管领西域的首长，他既降汉，诸国莫不风从，匈奴不得不撤销僮仆都尉，汉乃取得西域的霸权。同年，汉置西域都护，以郑吉为都护，治乌垒城（今新疆轮台县东）。都护是汉廷派往西域的最高长官，其下有副校尉、丞、司马、候等官吏佐之。都护的职责主要是监护诸属国，不许它们交结匈奴，并维持它们之间的秩序。一旦有外侮或叛乱发生，都护可以征发诸属国兵以应变，所以都护可以说是诸属国军事外交实权的掌握者。但这里所说的诸属国，主要是指今天山南路的南北道诸国，至于其他距离较远的国家如乌孙、康居、月氏等，都护对它们只能遥相监视，防其蠢动而已。诸属国对汉的义务不外是纳质子，贡方物，有事时助兵马，平时迎送汉使者并助以牛羊刍茭等。遇有诸属国国王死亡或被废，皆由汉廷册立新王；国王所属官吏，也多由汉加授官号，以示宠异。

元帝时，又设戊己二校尉，分别屯田于车师的北部及南部。汉在西域势力，乃益趋稳固。

（三）东汉西域的通绝

王莽时，西域诸国多背叛新室而归附匈奴，当时的西域都护，局促于龟兹，仅能自保。到王莽败灭，西域乃完全与中国隔绝。光武时，西域诸国苦于匈奴的重敛，多愿附汉，请求再置都护。光武以国家新定，同时匈奴强盛，无力与之争衡，不允恢复。其后终光武之世，汉始终未曾经营西域，西域诸国距汉最近的鄯善、车师等，都投降匈奴，因而西域成了匈奴的囊中物。其后匈奴分裂，西域附属于北匈奴，诸国有时受北匈奴的胁迫，寇扰河西地区。

明帝时，因讨伐北匈奴，才开始再度经营西域。永平十六年（73），窦固伐北匈奴，屯田于伊吾卢（今哈密县），命部将班超等出使西域。超等先到鄯善，北匈奴使者也接着到来，超率吏士三十六人，乘夜袭杀匈奴使者及其随从一百数十人。鄯善王慑服，愿纳质属汉。同年，班超又威伏南道的强国于阗，并为北道的疏勒立王。于是诸国多遣质子来汉，与汉隔绝了六十五年的西域，至是复通。十七年（74），汉以窦固、耿恭等击破不从汉命的车师。此役后，汉复置西域都护和戊己校尉，以镇抚诸国。

永平十八年（75），明帝死。同年，焉耆、龟兹攻灭都护陈睦；北匈奴也乘机取车师，并围戊校尉耿恭于金蒲城（今迪化县附近）、己校尉关宠于柳中（今鄯善县）。章帝建初元年（76），汉决定放弃西域，遣兵迎回被围的汉军，罢都护及戊己校尉，西域乃再与汉绝。当时班超在疏勒，也被召返国，但疏勒人因畏龟兹的侵略，不放他回国。班超乃留在疏勒，凭他个人的威望，维护着一部分亲汉的国家，更利用他们的力量，发展他再定西域的雄图。

当时依恃匈奴反汉最力的国家是龟兹，莎车、温宿、姑墨、尉头等国皆以它为盟主。而最初的几年，班超孤守疏勒，实力薄弱，无法扭转这种局面。到建初五年（80），汉廷派徐幹率兵千人增援，军声才得稍振。元和元年（84），汉又以八百人助之。班超拟进击莎车，疏勒王忠又因受莎车的贿赂而叛，这场叛乱直

班超，选自《清刻历代画像传》。字仲升，东汉外交家、军事家，扶风安陵人。少家贫而勤奋不辍，怀抱大志，后奉命出使西域，历经艰苦，重新打通丝绸之路，后留在西域三十一年，以“宽小过，总大纲”治军施政，卓有成效。其用兵倚重谋略，善于利用矛盾，因势利导，以弱胜强，为收复西域建立了不朽功绩。

到三年（86）才平定，相当阻碍班超对外扩展的计划。

章和元年（87），班超发于阗诸国兵二万五千人击莎车，龟兹发温宿、姑墨、尉头兵五万人救之，被超击败，莎车投降。和帝永元二年（90），大月氏求尚公主，为班超所拒，月氏派七万人来攻，超收谷坚守，月氏饥困请降，从此岁奉贡献。三年（91），龟兹、姑墨、温宿等国皆降。汉于是复置西域都护等官，以班超为都护，居于龟兹的它乾城。六年（94），超又发兵讨平怀有异志的焉耆。至此西域五十余国，莫不纳质内属，班超终于完成了再定西域的大业。九年（97），超派部下甘英出使大秦，英至条支（今阿拉伯半岛北部地），受阻于大海（当为今地中海，一说今波斯湾）而还。

永元十四年（102），班超以年老求归，他于八月返回洛阳，九月便死去。他在西域前后达三十余年，深受诸国的爱戴。他返国后，汉以任尚继为都护，尚性格严急，不善驾驭。殇帝延平元年（106），西域诸国反，围攻尚于疏勒。汉以段禧继任为都护，诸国仍不亲附，禧仅保龟兹，与内地隔绝。安帝永初元年（107），汉撤销西域都护，遣兵迎回段禧及其他若干地区的屯田吏士，于是西域三度绝汉。此后汉仅于敦煌置西域副校尉，以示羁縻而已。

西域绝汉后，北匈奴余孽与车师屡次入寇河西，当时有人主张封锁玉门关和阳关（今甘肃敦煌县西南）以绝其患。延光二年（123），汉纳陈忠议，以班超子班勇为西域长史，率兵五百人，经营西域。三年（124），鄯善、龟兹、姑墨、温宿相继归附，勇并发诸国兵击破车师。至顺帝永建元年（126），又发诸国兵击走北匈奴的呼衍王，降其众二万余人。二年（127），又击定焉耆，降服龟兹、莎车、于阗等十七国。六年（131），汉复屯田于伊吾卢，以制西域。但汉在西域的声势，已远不如昔，乌孙和葱岭以西的诸国，皆不复听汉命。这是东汉时代第三次也是最后一次平定西域。

此后汉在西域的威令，维持甚暂。顺帝阳嘉（132 ~ 135）以后，朝政日坏，西域各国对汉也渐趋骄慢，它们相互攻伐，汉已不能维持西域的和平秩序。此后更转而侵犯汉的官吏，桓帝元嘉二年（152），西域长史王敬为于阗所没，便是一例。次年，车师也叛，汉对它始终没有办法，于是西域又无形中脱离了汉的羁勒。

（四）西域与中西文化的交流

汉通西域以前，中国与今中亚地区的交通情形，非常茫昧。自张骞通西域后，才有明确的记录。其后汉致力于开辟西域，中西的商务关系，随之发生。国际间的贸易，日益兴盛，因而促成了中西文化的交流。西方人开始享用中国特产的丝，同时西方的新奇事物也大量输入中国，对中国的文化发生无比的影响。

丝相传为黄帝后嫘祖所发明，就近代考古的证据来推断，至少在殷商以前，中国人已知用丝。汉代中国丝的主要顾客是大秦（即罗马帝国）人，西域便是中国丝输入大秦的主要孔道。这条商道西方人称之为“丝道”，大致以敦煌为起点，出玉门关，至楼兰，经“北道”的乌垒城和龟兹、温宿、疏勒等国，然后逾葱岭，经大夏、安息、条支，过今地中海而至大秦，这是当时世界最长的交通线。但当时的丝绢并非由中国人直接运到大秦，而是分若干段转运的，主要的丝绢掮客是大夏、安息等国人和地中海各海口的腓尼基人，中国的丝经由他们的转贩，才落入大秦人手里，因此中国商人并不知道他们出售的丝，最后运到什么地方。

丝道开辟后，若干新奇的事物也自西方传入中国。例如大批的植物，如葡萄、苜蓿、石榴、胡桃、胡麻、胡葱等，都是中国前所无有的。这类植物，相传大部由张骞自西域携回，但张骞于归国的途中，曾被匈奴拘留年余，似不可能携带这么多东西返国。此外若干乐器（如“横吹”）、曲调（如“摩诃兜勒曲”）和杂技幻术也自西域传入。

佛教的输入，是中国文化史上的大事。它的创始者瞿昙摩悉达（现译乔达摩·悉达多），本中印度迦比罗城（今尼泊尔西南境）净饭王太子，约为前560至前480年之间的人，大致与中国的孔子同时。当时印度境内，早已盛行一种多神教，名婆罗门，它注重祭神诵咒，仪式非常繁琐。同时社会阶级也极其森严，最尊贵的是婆罗门的僧侣，其次是统治阶级的刹帝利（贵族武士），再次是吠奢（商人，现译吠舍）和戍陀罗（农奴，现译首陀罗）。戍陀罗是最低也是最大的一个阶层，他们过着非人的生活，而且必须世代传袭，永远不能晋升到其他阶层。瞿昙少时的生活非常优裕，后来忽受刺激，深感社会的不平以及人生的痛苦，因而抛弃家庭，入山修道。数年以后，大彻大悟，乃创出慈悲平等的

森林中苦修的释迦牟尼，另外五个人是他的追随者。

教义，四出宣传。他自三十五岁起开始传教，死时约八十岁。他的信徒称他为释迦牟尼（“能仁”之意），又称佛陀（一作“浮屠”，觉悟之意）。他死后约二百年（周赧王时），印度孔雀王朝的阿育王，在国内大兴佛法，派遣僧侣四出布教，其布教范围，南到今斯里兰卡、缅甸，北到今中亚细亚。

佛教的传入中国，实由于汉的凿通西域；但其开始传入的年代，则无法确定，大约在西汉末年。史书曾载，哀帝元寿元年（前2），博士弟子秦景宪从大月氏使者伊存口授《浮屠经》。[见《三国志》卷三十裴注引鱼豢《魏略》及《魏书》卷一一四《释老志》]

这是佛经传入中国最早的记载。东汉明帝时，楚王英笃信浮屠，而明帝于永平八年（65）赐他的诏书中，也有“伊蒲塞”（居士）、“桑门”（即沙门、僧）等佛教名词，可知当时佛教在中国已颇流行。同年，明帝派蔡愔往西域求佛法，愔至大月氏，得佛经佛像，并偕僧人摄摩腾、竺法兰于十年（67）返抵洛阳。次年，明帝建白马寺，命二僧留居译经。此后外国的佛教僧侣，多由西域东来中国，他们大都是安息和月氏人。

（五）西羌的叛降

羌人分布于今青海省和甘肃省西南部、四川省北部一带。秦时羌人已盛，种类繁多，不相统一。他们北与匈奴的河西地区为邻，西北与西域相通。汉初，匈奴冒顿单于正强，诸羌服属于匈奴，中国与西域间的通路，完全为这两个民族所隔绝。

到武帝取河西地区设置四郡后，匈奴与诸羌间的交通也被隔断，汉兵并把羌人逐出湟水（在今青海省东境）以北地区，以维护河西通道。元鼎五年（前112），西羌反，叛众达十万人，与匈奴通使互应，攻安故（今甘肃临洮县南）、枹罕（今甘肃临夏县）。次年，汉遣李息平之，并置护羌校尉，驻临羌（今青海西宁市）以统领之。诸羌中以先零羌为最强，常是叛乱的发动者。

宣帝时，羌人自动迁回湟水北，郡县不能禁。他们这次迁徙，是受匈奴的引诱，目的是与匈奴连兵攻打河西地区，以绝汉道。羌人北移后，先零羌又与他种羌人解仇结盟，待机而动。汉闻讯后，遣使者至羌中调查，杀先零羌千余人，因而激怒诸羌，纷起叛变。神爵元年（前61），汉遣赵充国伐之。充国率军至羌中，采屯田进逼的战略，不求速战，以使叛羌穷困自降。这个战略非常有效，总计叛羌约五万人，除去为汉军所杀和饿死的以外，投降者达三万数千人。次年，羌乱完全平定，汉设“金城属国”以处降

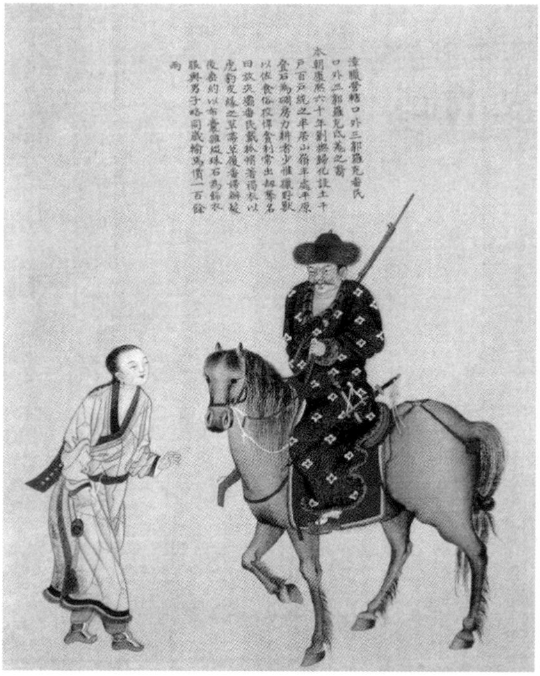
羌族先民，选自《皇清职贡图》。

羌，仍以护羌校尉统领之。至元帝永光二年（前 42），陇西郡（治所在今甘肃临洮县东北）彡姐等七种羌反，汉以冯奉世讨平之。其后终西汉之世，不再有羌乱发生。王莽辅政时，为炫耀德威，遣人讽谕诸羌，使其献西海（今青海）地，莽于其地置西海郡。王莽失败后诸羌还据西海，日益放纵，时寇金城（治所在今甘肃皋兰县西北）、陇西等郡，金城郡所属各县，多半为羌人所据。群雄之一的隗嚣，并利用他们与汉军相拒，因此羌人大量入居塞内。诸羌仍以先零羌为最强，光武建武十年（34），先零羌复入寇，汉以来歙大败之。次年，又为马援所破，羌祸暂息。其后诸羌内乱，自相攻伐。光武末年，烧当羌击破先零，夺居其地，其酋滇吾据大榆中（在今甘肃临夏县），雄视诸羌。建武中元二年（57），烧当羌寇陇西，塞内诸羌应之，于是羌祸复炽。

明帝永平元年（58），汉将马武等大破烧当羌，此后西边又安定了将近二十年。至章帝建初二年（77），滇吾子迷吾又叛。次年，汉以马防、耿恭击定之。元和三年（86），迷吾又率诸羌叛。章和元年（87），护羌校尉傅育伐之，中伏而死。同年，迷吾降，汉杀之，于是迷吾子迷唐又据大小榆谷（今甘肃临夏县西）而叛。和帝永元元年（89），迷唐大举入寇，汉大败之，斩获数千人，迷唐收余众西徙千余里，诸羌皆款塞纳质。九年（97），迷唐入寇失利，于次年率种人诣阙贡献。十二年（100），汉遣迷唐返其故地，迷唐复叛。次年，又为汉所破，种人瓦解，降者六千人，迷唐远遁，后病死。此后西海及大小榆谷一带，无复羌患，汉并缮修故西海郡，派兵屯田，西边暂告安定。但到安帝时，羌人又开始发动规模更大时间更长的叛乱。

第八章

汉的制度与学术

一、中央官制

（一）汉初的丞相制

汉初的官制，大体因袭秦代，中央政府的高级官吏，仍以丞相、太尉、御史大夫为主，汉人称之为“三公”。丞相仍是全国官吏的最高首长，掌理国家的大政；其他重要官员的职掌，也与秦时没有多大出入。所不同的，只是有若干官名更动，并且新添了一些职官而已。

高祖即帝位后，以萧何为丞相，末年改丞相为相国，仍以萧任之。惠帝时，曹参继任相国。惠帝五年（前190），参死，汉取消相国，改置左右丞相，名次以右丞相居先。文帝二年（前178），撤销左右丞相，改置丞相一人；其后直至哀帝时，始改名为大司徒。丞相金印紫绶，秩万石。其重要僚属有丞相司直一人（武帝时始设，秩二千石），司佐丞相纠举不法；丞相长史二人（秩千石），司领导群僚；其下又有丞相征事、丞相史等。丞相史原为十五人，武帝时增至二十人。

此外，低级属吏有少史（八十人）、属（一百人）、属史（一百五十人）等。丞相府共分十几个部门，统名曰“曹”，掌理全国的各项事务；每曹的主管叫“掾”，多由丞相史兼任。

太尉于秦时，掌全国武事。至汉，已不能握有军事全权，但其位望的尊崇并未稍减，地位与丞相等，同是金印紫绶，秩万石。又因实权不大，而致时废时置。武帝建元二年（前 139），废太尉官。元狩四年（前 119），改置大司马，但也只是一个虚衔，用以加在将军号上的。到东汉才又恢复太尉官，职权方面也不同于前。

汉代御史大夫的权力甚大，皇帝诏书先下御史大夫，然后转给丞相，丞相上书也由他转达，显然对丞相具有监视与制衡的作用。同时御史大夫一职，多由皇帝的亲信充任，因此其权力有时甚至超过丞相。像景帝时代的晁错，武帝时代的张汤、赵禹等，皆以御史大夫掌握重柄，其故即在此。秦时御史大夫尚有领导侍御史纠弹不法的责任，汉时侍御史另属御史中丞，专司监察，与御史大夫已不相干。御史大夫秩中二千石，成帝末，更名大司空，秩同丞相。哀帝时，一度复旧名，但不久又称大司空。

秦制的卿，也全部为汉所沿袭，除名称略有改变，职权则大体仍旧。奉常于景帝时更名太常；郎中令于武帝时更名光禄勋；内史于景帝时分左右，武帝时改置京兆尹、左冯翊、右扶风，号称“三辅”；治粟内史汉初称治粟都尉，景帝时更名大农令，武帝时又更名为大司农，典客于景帝时更名大行令，武帝时又更名为大鸿胪；将作少府于景帝时更名将作大匠；中尉于武帝时更名执金吾；此外，卫尉、廷尉、宗正、太仆、少府、詹事等均仍旧名。至于诸卿的属官，也与秦制大同小异。

汉时有所谓“九卿”，乃是指诸卿中最重要的九位，即太常、光禄勋、卫尉、太仆、廷尉、大鸿胪、宗正、大司农、少府。九卿为正卿，秩皆中二千石，其余的卿则称列卿。丞相兼综中外，九卿则主要管理皇室及中央政府本身的业务，九卿的业务与郡国有关的，皆须通过丞相，同时九卿又可直接接受皇帝的命令。所以汉的九卿，已不纯然是丞相的僚属。

此外，位尊而无实权的官，有太师、太傅、太保，合称“三师”，为皇帝顾问之官，用以优礼元老重臣。三师皆金印紫绶，位在三公之上，故又称“上公”。太傅始置于吕后时，太师、太保则始置于平帝时。又有太子太傅及少傅，皆辅导太子之官，约始置于景帝时。这些职官，秦时大都曾设置过。至于汉代新设的职官，则有水衡都尉（掌上林苑）和若干军官如校尉、中郎将等，多置于武帝时。

汉代官吏的等级，以所食俸米的数目而定高下。最高者为三公，皆为万石（西汉御史大夫为中二千石)。其下有中二千石(如九卿)、真二千石(如王国相)、二千石(如郡太守)、比二千石(如郡都尉);再下又有千石、比千石、八百石、六百石、四百石、比四百石、三百石、比三百石、二百石、比二百石、百石等阶级。但每月实际所得的俸米,则要大打折扣。最高的万石,每月可得俸米三百五十斛(斛与石同,均为十斗。汉制官级则称石,实发的俸米则称斛)。最低的一百石,则仅得十六斛。俸米以外,并有俸钱,也以官级的高下而定其多寡。

(二)内朝的产生

秦与汉初的丞相,虽掌握全国的大政,但丞相由皇帝委任,必须向皇帝负责,因此事实上皇帝是行政最高领袖。论理皇帝须经常视事,裁决国家的大计,但皇帝因不向任何人负责,所以他视事的范围和程度,全由他本人的意志或兴趣来决定。所以秦始皇可以事必躬亲,二世也可以一切不管。丞相的权力就因此轻重不一,遇到政治兴趣浓厚的皇帝,丞相除听命办事外,便没有多大权力;相反的,如果皇帝对政治不感兴趣,一切托付丞相,丞相便成为全国的主宰。大体说来,汉初的几位皇帝,因受无为政治原则的影响,对政治都不十分积极,虽也听事,却颇能持其大端,因此丞相权重。到武帝时,因为他本人想大有作为,亲自过问的事较前倍增,相权也就随之低落。

因为武帝要多管事,他的侍从和随员也增加了一大批,这批人便渐渐夺了丞相之权。而武帝晚年又把听事的地点,从外廷迁移至内廷,更低减了丞相的重要性。汉代的皇宫,可分前后两部,前部为“省中”,即所谓“外廷”,是皇帝与大臣决事之所,后部为“禁中”,亦即所谓“内廷”,是皇帝私人燕居之所。武帝既于内廷决事,丞相因位尊望隆,不便随时召入内廷,因此皇帝与丞相无形中疏远起来;而经常襄助皇帝处理国事的人,乃是一部分特许出入禁中的朝臣,以及经常侍从皇帝左右的士人和宦官,如侍中、尚书、散骑、中常侍、给事中等。这批人便形成了所谓的“内朝”,内朝的领袖便是武帝本人。内朝已决定的事,交给丞相去办,因此丞相渐变为听命于内朝的执行官,失去参与国家最高决策的权力。内朝的尚书原属少府,本是皇帝的一个私人秘书组织,其首长为尚书令,秩不过千石。但因有宣示诏令和阅读章奏的权力,乃渐变为发布命令的机关。武帝以后,尚书的权力益大,成为当政大臣所必兼的职务。

昭帝时,霍光以“大司马大将军领尚书事”的头衔辅政,又置前、后、左、右将军,成为内朝的最高决策集团,自此内朝从以皇帝为主变成以将军为主。在此以前,大将军本为出征时统帅的最高头衔，向例由外戚充任，如窦婴、卫青均曾出任此职。此外，又有骠骑、车骑等将军，地位不及大将军。最初这类名号，于战事结束后即予取消。武帝时，卫青、霍去病开始以将军开府于京师，位望虽隆，亦不大干涉政事。其后，重臣多加将军之号。到昭帝，大将军成为实际的摄政，丞相则变成大将军的部属；外朝官员，只有加侍中、给事中头衔的，才能参与内朝的决策，这是汉代政制的一大变革。其他名号的将军，如车骑、骠骑、卫将军等，也都从此成为辅政大臣的头衔。霍光以后，这类辅政将军，照例是外戚的禁脔。成帝时，罢辅政将军之号，仅称大司马，也都由外戚充任；只有哀帝时，以幸臣董贤为大司马，是个例外。由于外戚的辅政，造成王莽的篡位，结束了历史上的西汉时代。

（三）尚书权力的发展

东汉光武帝因鉴于西汉外戚的僭窃，不设辅政将军；同时为了皇帝更彻底问政起见，把大权集中于内朝的尚书，于是相权更形低落。东汉时，丞相改称司徒，掌考课民政建议制度等事；御史大夫改称司空，掌营建及水利；太尉改为常置，掌全国兵事的考课。总之，东汉的“三公”，已差不多是“坐而论道”，而尚书渐成为实际的最高行政机关。到灵帝时，尚书成为一个独立机关，称“尚书台”或“中台”，但名义上仍属少府。尚书令的地位也较公卿相去甚远，故其人选犹甚轻易。

尚书最高首长的尚书令，秩千石，次为尚书仆射，秩六百石。西汉时，尚书分为四曹，每曹有尚书（六百石）一人主之，成帝时增至五曹。到东汉，又增为六曹，即吏曹（主公卿事）、民曹（主吏民上书事）、南二千石曹及北二千石曹（主郡国二千石事）、南主客曹及北主客曹（主外国夷狄事）。每曹除尚书一人外，尚有侍郎（四百石）六人，主文书起草；令史（二百石）三人，主书写。此外有尚书左右丞各一人，地位与侍郎等，但不属六曹；左丞掌台中人事，右丞掌台中总务。

东汉光武、明、章三朝的外戚，均谨良守法，诸帝也不委以国政，因此无专擅之事。到和帝以幼冲即位，窦太后临朝，任其兄窦宪为大将军，重演外戚专政的故事。其后和帝渐长，与宦官郑众合谋，诛灭窦宪。既而和帝封郑众为侯，常与议事，于是宦官的权势，随之兴起。此后的汉廷，变成外戚与宦官的角逐场，直到亡国而后已。

宦官的得权，也要上溯到武帝时。前面已说过，武帝晚年因于后宫决事，以致形成所谓内朝，而尚书因职司出纳王命，渐握实权。尚书首长的尚书令，原由士人充任，但武帝有时以宦官典尚书事，改称为中书谒者令，有时亦称中书令，所以汉代的尚书令与中书令，只是同职而异名。宣帝时，宦官弘恭、石显任职中书，典掌机要，权势煊赫，曾于元帝时谮杀大臣萧望之等。成帝时，复以士人任之，称尚书令；于是宦官的权势大衰，而成外戚独盛之局。但假若不是王太后坐镇后宫，全力支持王氏，而她本人又年寿长久的话，宦官在西汉可能再度抬头。西汉的宦官必须充任中书令，才可握权；东汉的宦官则只做中常侍，便可问政。中常侍一职，也是沿袭秦的旧制，为皇帝侍从亲近之官，多以宦官任之，但有时也以士人参其选。到光武时，乃一律以宦官充任，其时中常侍的员额不过四人。和帝时，宦权渐张，乃增至十人，益受亲任。而尚书已渐变为行政机关，反与皇帝疏远。到桓灵二帝时，中常侍们愚弄皇帝，操纵着整个外朝，他们的贪污不法，直接促成东汉帝国的乱亡。

二、地方政府

（一）郡国的政府组织

汉初的地方制度，主要仍沿秦的郡县制；其不同点，即汉有王国和侯国的设置，其政府组织，不尽与郡县相同。

汉初的王国，地盘甚广，一国可辖若干郡。王都所在之郡由内史治理，各支郡则设太守，其下有县和乡，与普通郡县无异。内史及各支郡太守，由中央委派的王国丞相来统率。此外，王国的重要官吏有中尉，掌军事；并有御史大夫、九卿及博士等，简直是小型的中央政府。七国之乱后，汉改王国丞相为相，并撤销其大批官吏。武帝以后，王国支郡被减削殆尽，甚少有大过一郡的。王国的重要官吏最后也只剩下相和中尉，相相当于郡太守，中尉如郡都尉，因此王国组织与郡已差不多相同。侯国的地盘，最大只有一县，其行政长官也称相，实际只等于一县的令长。同时列侯极少就国，其所应得的赋税，由相转呈列侯。除这点以外，侯国的政务可以说与县一样。东汉王侯国的制度，仍与西汉后期相同。光武初年，封功臣为列侯，其封土有大至四县的，但为数极少。此外，光武时又有公国的设置。建武二年（26），封周后姬常为承休公；五年（29），又封殷后孔安为殷绍嘉公，封土各为一县。十三年（37），改封孔安为宋公，姬常为卫公；并降封宗室诸王数名为公。诸王降为公的，其封土仍为一郡。十九年（43），宗室诸公复进爵为王，自此公国只余宋卫，所食一县之地，与侯国同。

汉初郡国的总数，较秦时增多。高祖末年，郡国（指王国）共有五十六个。吕后时，曾增建了几国，但旋即废灭。文景二帝时，又分建了十几国。到武帝，因疆土大辟，又增设了许多郡。太初元年（前104），汉的郡国多至一百一十；计国二十一，郡八十九，是汉代郡国数目最多的时期［参看杨予六《中国历代行政区划》页四二至五五］。此后略有削减，到平帝元始二年（2），共有郡国一百零三，计国二十，郡八十三。东汉时代的郡国数目，也时有变化，以顺帝永和五年（140）为例，当时共有郡国一百零五，计国二十，属国六，郡七十九。属国始设于武帝时，是为归降外族所特设的政区，由属国都尉主之。但西汉属国，附属于郡，至东汉安帝时，命属国别领县，其地位乃与郡平等。此外，秦的内史不在郡数之内，而汉的“三辅”则列于郡数。

郡国以下皆有县，有异族寄居的县叫道，这些都与秦制相同。此外有些郡国，尚包括若干侯国或皇后、公主们的食邑。平帝元始二年（2）全国共有县、邑一千三百十四，道三十二，侯国二百四十一，共县、邑、道、侯国一千五百八十七。人口则有户一千二百二十三万三千零六十二，口五千九百五十九万四千九百七十八，是西汉人口数字的最高峰。东汉顺帝永和五年（140），全国共县、邑、道、侯国一千一百八十。人口则以桓帝时为最多，永寿二年（156），全国人口凡户一千六百零七万九百六十，口五千零六万六千八百五十六［西汉平帝时之郡国县邑及户口数目，见《汉书》卷二八下《地理志》；东汉顺帝时之郡国县邑数目及桓帝时之户口数目，见《后汉书》卷三二下《郡国志》及同书卷十九《郡国志注引帝王世纪》］。一县的人口，通常在万户上下；多者可至数万户，少者也有三四千户。县以下的组织有乡和亭，亭以下又分里、什和伍；五家为伍，十家为什，十什为里，十里为亭，十亭为乡，编制和秦完全一样，实际上自然不会这样整齐。例如亭的设立，虽以户口为标准，但为维持治安和巩固边防计，若干边远地区，虽人口稀少，也照样设亭。

郡的长官为太守，秩二千石，由中央委派。太守除处理郡务，每年并须“上计”于丞相。“计”指计簿，是一郡户口财赋的清册，太守每年遣吏上计于丞相，以为丞相施政的参考资料。太守以下的重要官员，有都尉及丞各一人，均为中央委派。都尉比二千石，掌一郡军事。丞六百石，襄助太守处理公务，并无实权。其余掾属，皆由太守选用本郡人充任，最重要的为功曹，总领郡府诸曹，主管群吏的进退赏罚，权力甚大。此外有督邮数人，分区督察各属县。

县的首长，通例是万户以上的县称令，秩六百石至千石；万户以下的县称长，秩三百石至五百石；但有时也以政务的繁简为设置标准。有丞署文书，尉掌甲卒治盗贼。太守每年春天巡行各县，视察农务，秋天也要出巡，考课县政。每县于秋冬季须上计于所属郡国，郡国则以之为县令长考绩的根据。

乡官则有啬夫（掌争讼及收赋税）、三老（掌教化）、游徼（掌捕治盗贼）。亭有亭长，职司护路捕盗，但也兼管亭区内的民刑诸事；其下则有里魁、什长、伍长，完全沿袭秦制。与秦不同者，只是没有连坐的规定而已。

（二）刺史制度的演变

刺史本是汉中央政府用以督察各郡的官。秦时，中央政府有时以侍御史临监各郡，但不常置，而监察区的大小，也不得而知。汉立国后，这制度停顿了一个时期，到惠帝时，才派遣御史巡视地方；文帝也有时派丞相史出巡，但尚不是常制。武帝元封五年（前 106），正式分全国为十三个监察区，名曰“部”；每部设刺史一人，以监督所属各郡国。但三辅、三河（河东、河内、河南）及弘农七郡，因系畿辅之地，不在十三部内。刺史有经常的治所，每年多以八月巡行各郡国，遇有郡国守相以及其境内的强宗豪右有不法情事，即向中央举劾。其所举劾的事共分六项：1. 强宗豪右田宅逾制，凌暴寡弱。2. 守相不奉诏书，贪污舞弊。3. 守相刑赏冤滥，烦扰刻暴。4. 守相选才署吏，阿私不公。5. 守相子弟，倚恃势力，请托官府。6. 守相阿附豪强，割损政令。畿辅七郡的监察事宜，最初仍由御史或丞相负责，至武帝征和四年（前 89），另设司隶校尉部以统之，自此监察区增至十四。十三部的名称以及每部所辖的郡国如下：

1. 豫州部　察颍川、汝南、沛三郡及梁国，今河南、安徽、江苏三省交界地。

2. 冀州部　察魏、巨鹿、常山三郡及清河、赵、平干、真定、中山、广川、河间七国，今河北省中南部地。

3. 兖州部　察陈留、山阳、东、淮阳、大河、泰山六郡及济北、城阳、济阴三国，今河南省东部及山东省西南部地。

4. 徐州部　察琅邪、东海、临淮三郡及泗水、广陵、楚、鲁四国，今江苏省长江以北及山东省南部地。

5. 青州部　察平原、千乘、济南、北海、东莱、齐六郡及菑川、胶东、胶西三国，今山东省中部及东北部地。

6. 荆州部　察南阳、南、江夏、桂阳、武陵、零陵六郡及长沙国，今两湖及河南省西南隅地。

7. 扬州部　察庐江、九江、会稽、丹阳、豫章五郡及六安国，今江苏省南部、安徽省中南部及浙江、江西、福建三省地。

8. 益州部　察汉中、广汉、犍为、越嶲、益州、牂牁、沈黎、汶山、巴、蜀十郡，今四川、贵州、云南三省大部及陕西省南部地。

9. 凉州部　察陇西、天水、武威、张掖、酒泉、敦煌、安定、北地、武都九郡，今甘肃省全部、青海省东端及宁夏省东南隅。

10. 并州部　察太原、上党、云中、定襄、雁门、代六郡，今山西省中北部、察哈尔省西南隅及绥远省东南部地。

11. 幽州部　察渤海、涿、上谷、渔阳、右北平、辽西、辽东、玄菟、乐浪、真番、临屯十一郡及燕国，今河北省北部，察哈尔、热河二省南部，辽宁、安东二省大部及朝鲜半岛北部。

12. 朔方部　察朔方、五原、西河、上四郡，今陕西省北部、绥远省河套地区、宁夏省东部及山西省东北隅。

13. 交趾部　察南海、郁林、苍梧、交趾、合浦、九真、日南、珠崖、儋耳、象十郡，今两广及越南北部地。

以上十三部所察各郡国，系以武帝时为准；其后虽郡国略有减削，但十三部范围并无多大变化。平帝时，王莽柄政，分全国为十二州，即将汉的朔方、司隶二部取消；并改凉州曰雍州，交趾曰交州。东汉仍省去朔方，而列司隶于州数，仍为十三部。

刺史秩六百石，地位较郡太守为低，刺史须任职多年，绩优者始可升任太守。但因其代表中央监察地方，权威甚重，渐至凭凌守相。成帝绥和元年（前 8），改刺史为州牧，秩中二千石，位在守相之上。哀帝时以州牧权过大，于建平二年（前 5）罢州牧，复置刺史，秩仍六百石。平帝时，复置州牧。东汉光武建武十八年（42），始再改州牧为刺史，其后一直维持到灵帝。但东汉刺史的权力较西汉为大，例如东汉时，刺史有考问人犯之权。刺史的这种权力，可能始于西汉末年，东汉时则更为普遍。又如刺史领兵出征的事，安帝时已屡有记载，这是西汉所没有的现象。因州较郡的范围为大，遇有较大规模的战事，一郡一国之力所不能胜任的，由刺史统筹，自然比较便利。正因如此，刺史的权威益形增加。顺帝时，更于诏书中明令刺史指挥诸郡，并把刺史名衔排在“二千石”之前，已等于是地方的最高行政长官。灵帝时，因四方寇起，汉廷于中平五年（188）在益、幽、豫等州设牧，以重臣出任，统领全州军政，与刺史并置。于是州牧之权益重，州部遂正式由监察区成为地方最高政区，往昔地方政区的郡县二级制，也变成州、郡、县三级制。［参看劳榦《两汉刺史制度考》（载《“国立中央研究院”历史语言研究所集刊》第十一本）］

三、兵制

（一）征兵法

汉代的兵制，大体沿自秦代，仍然实行全国普遍的征兵制，只是细节上有些改动。

汉代的兵役年龄，从二十三岁开始。凡及龄壮丁要负担两种兵役，一是充“正卒”，一是屯戍，期限各为一年。正卒在本郡服役，划分兵种，施以训练。屯戍又可分为两种：在京师或王国都城屯戍的称“卫士”，在边郡屯戍的称“戍卒”。服役期满后，役男即可返乡务其本业，但仍有随时应召服役的义务，直到五十六岁才可免役。至于两种兵役的服役，次序孰先孰后，虽史无明文，但以常理推之，正卒的服役当在前。兵役之外，又有徭役，即每年为郡县政府服力役一月，服役者称“更卒”，也是五十六岁免役。

京师的驻军分两种：一是屯驻于三辅地区拱卫京师的北军，一是保卫宫城和官署的南军。它们名称的来源，是因汉的长乐、未央等宫，都在长安城的南部，故宫廷卫军集中于城南，守城军队的重心则在城北，因此有南北军之称。所谓卫士，即是指南军士兵，由三辅以外的各郡役男轮番充任。但卫士是经过选拔的，并非所有的役男都充卫士，不充卫士的则充戍卒。北军的士兵，则由三辅的役男轮番充任，可能即是服正卒役。至于王国的卫士，则只在本国首都服役，不须屯戍京师。屯边的戍卒，大都是关东人，此外尚有少数当地人，他们在边塞城堡中，担任守望的工作。

服正卒役的役男，由各县集中于郡，划分兵种，加以训练。当时的兵种，主要有四，即步卒、材官（精选的步卒）、骑士、楼船士（水兵）。兵种的确定，皆依当地的环境为准。如西北产马，则当地役男多编为骑士；平原及山地区（如巴、蜀、三河、颍川诸郡）的役男，则多编为步卒和材官；东南沿海及江湖附近地区（如庐江、丹阳、会稽等郡）的役男，则多编为楼船士。此外还有一种车士，多用于丧仪。各郡的正卒统属于太守，而由都尉指挥监督。每年八月，由太守、都尉会同各县令长丞尉加以检阅，评定高下，名曰“都试”。都试的科目，以射为主，并加试其他技术。靠水的地方，则做水师演习；边郡地方，则由太守率领马队巡行塞障。王国的正卒，则统属于相，而由中尉率领。

至于免役，汉代虽没有固定的免役法，但也有若干免役的规定，由皇帝随时以诏令颁行。免役的条件，大体可分四类：一是有政治地位的人，可以免役。惠帝时，曾下诏规定官吏秩六百石以上与父母妻子同居的，或曾做过将军、都尉、二千石的，都可以免役。此外，如宗室、关内侯、博士弟子等的免役，也曾数见于诏令。二是用以奖励才德。惠帝时，曾下诏免除“孝悌力田”者的服役。元帝时，能通一经的儒者也可免役。三是有功的人，可以免役。如高祖时规定，凡曾随他入蜀汉定三秦的二千石吏，可世世免役；跟他参加平城之役的吏卒，可终身免役。宣帝时，也曾诏准霍光的后代免役。四是特殊情形下的免役。如民年九十以上只有一子，或是身材短小与染有疾病者，均可免役。

（二）编制与调发

这里所说的编制，可分三项：一是京师驻军的编制，二是边郡亭障的组织，三是战时的统率系统。

上面说过，京师驻军有南北军之分，其任务也不相同。南军由卫尉统领，守卫宫城。宫城以内各殿舍的守卫，则以卫郎担任，由郎中令（即光禄勋）统领。卫郎虽属南军系统，但其分子并非从各地的役男中抽调而来，而多半由二千石以上大官的子弟、有军功的良家子、郡国推举的孝廉和博士弟子员等来充任，此外还有不少富人子弟。这个集团可以说是皇帝最亲信的卫队，也是未来将相大臣的储备所。武帝时，于南军增置羽林、期门等兵，为皇帝的随从护卫，由光禄勋统领。

北军由中尉统领，它的职责是拱卫都城，维持京师的治安。武帝时，改中尉为执金吾，并增置八校尉（中垒、越骑、步兵、长水、射声、屯骑、胡骑、虎贲）及城门校尉，于是北军大为扩充。东汉分北军为五校，即屯骑、越骑、步兵、长水、射声，各由校尉率领；并另设城门校尉。

西汉彩陶骑马武士俑，咸阳市杨家湾出土，陕西历史博物馆藏。

汉代南北军的兵员数目，西汉因史无明文，无法确知。但武帝建元元年（前140）曾下诏裁去二万卫士中的一万，因此可以推知武帝以前的南军卫士为二万人，武帝以后是一万人。东汉时的南军，按编制卫尉以下共有官长公车司马令、卫士令、都候、宫掖门司马及丞、尉等十九人，员吏二百九十九人，卫士二千五百零七人。北军五校则有官长校尉五人，司马六人，员吏六百十四人，士兵三千五百三十六人［见《后汉书》卷二五及二七《百官志》］。西汉南北军的士兵，是按兵役法自各地征调而来，东汉则是招募来的。南北两军因是首都卫戍部队，都不负野战勤务。但从武帝起，时有以京兵远征的事。东汉因行募兵制，民不知兵，一遇有事，多以京兵出战。

东汉和帝以后，宦官权势日大，至灵帝时，竟然建立自己的武力，置西园八校尉，即上军、中军、下军、典军、助军左、助军右及左右八校尉，以宦官蹇硕为统帅。又因有皇帝的支持，原有的南北军自然无法与之为敌。朝中大臣，欲诛除宦官，只有依仗地方军队，因此造成董卓之乱。

屯边的戍卒，多在边防工事的亭障中服役。亭的防御设备有用土做成的高墩，为四方或六角形，上有通信用的旗杆。土墩叫烽台，又叫堠；四围有墙叫坞，坞高约合市尺一丈左右，每边长五丈余。烽台和坞合称曰燧。发现敌人时，则于烽台上点燃烽火，敌人逼近，则据坞以守。两亭之间，相距约十里。每隔三亭以上，有特备公务人员食宿的"传舍"，设于亭的附近。备有传舍的亭，称都亭。障较亭为大，亦有围墙，可容一二百人，也可以放烽火。亭多设于长城以外，障多设于长城沿线。障的首长为障尉；燧有燧长，由亭长兼任；均受太守、都尉的指挥。

汉代遇有征伐，多自各郡国调兵出战。战时的统率系统，最高者为大将军或将军，皆临时派定。将军之下有部，大将可统五部，每部的首长为校尉（比二千石）和军司马（比千石，其副称军假司马）。部下有曲，首长为军候（比六百石，其副称假候）。曲下有屯，首长为屯长（比二百石）。屯以下应当还有其他小组织如什伍等，但史无明文。至于地方的局部战争，则由郡都尉或县尉、乡官等统兵应战。东汉后期的刺史，也可以统兵。

至于军队的调发，其权操在中央政府。国家有事，由中央下令调兵，太守发兵，而由都尉率领；王国则由相发兵，中尉率领。至于中央下令时所颁的信物，高祖时用羽檄，是一块长一尺二寸的木简，上插羽毛，表示疾速。文帝时，以虎符及竹使符调兵，虎符是铜制的虎形，竹使符是五寸长的竹片，上刻篆书。两种符都是分成两半，一半存于中央，一半存于郡国，中央欲调某郡兵，则派使者持符前往征调，太守勘验属实，然后发兵。但这办法只限内郡，边郡因情形特殊，太守有自行发兵之权。汉代太守对军事所负的责任甚大，如有过失，即可被劾为“乏军兴”，其罪重则死，轻则免；汉代太守因“乏军兴”而获罪的，不知凡几。[参看劳榦《汉代兵制及汉简中的兵制》(载《“国立中央研究院”历史语言研究所集刊》第十本)]

（三）募兵的兴起

汉代的募兵，是东汉征兵制破坏后才普遍施行的，但西汉武帝时，即已兼用募兵。当时对外战争频仍，征兵不敷应用，因此必须于征兵之外，再加招募，八校尉的士卒，便由招募而来。此外，武帝并曾利用大量的刑徒及恶少年从军。武帝以后，募兵的事更为习见，有时甚至募用异族为兵，例如宣帝时代的羌骑，便是募羌人组成的骑兵。

东汉光武初年，值水旱为灾，中原残破，因而力图省吏减赋，与民休息。他于建武七年（31），以国家现有精勇士兵甚多，不必再事征兵为理由，下诏罢除都试。但各地壮丁的军籍，仍未取消，有事时仍可加以征发。百姓虽仍有随时应召当兵的义务，但平时没有受军事训练的机会，因此士兵素质大为降低。此外郡都尉也因省费而罢，各郡国的役政，乃陷于停顿状态。但这种情形只限于内郡，边郡则不废都尉和都试。当时汉廷所依赖的兵力，主要为屯兵，亦即职业军人；他们大都为光武旧部、绿林豪侠和投效的豪族部曲，其能征惯战自无疑问，东汉初期的武功，多由他们建立。但勇悍的人也会衰老，因此政府不能不以募兵来随时补充。

因为内郡征兵机构的撤销，有事时临时征兵远不如招募来得方便，因此征兵的事，越来越少。灵帝时，黄巾乱起，屯兵不敷应用，因而大举招募，皇甫嵩、朱儁等的平乱军队中，便有大量的募兵。其后大将军何进也曾招兵买马，以制宦官。总之，到东汉末年，法律上虽仍有征兵的条文，事实上已很少施行，人民似乎已不知兵役为何物了。

由于东汉政府提倡儒学，人民风从，假经术以取高位，对兵事自然厌弃。这种现象，以人口最多的山东地区最为显著。人民既厌恶从军，募兵的数目乃时感不足。而自光武以后，各种降胡聚集于近塞或塞内，他们仍保持其原有的勇悍习俗，于是汉廷又招募胡人为兵。招募的胡人，大都用来守边或以之攻伐不顺的外族。光武时，匈奴南单于投降，光武移之于塞内，命其捍卫边疆，兼拒北匈奴及鲜卑。终东汉之世，除南匈奴外，尚有大批投降的鲜卑、乌桓、羌，为政府招募为兵。汉采“以夷制夷”的政策，用这些降胡从事对外的战争，他们最后竟成为中国军队的主力。这种现象，较诸西汉国人的雄风，相去何远！它已显露出汉人尚武精神的没落以及汉帝国的危机。

募兵制的最大缺点，就是极容易把国家的军队化为私人武力。因为募兵多半为无家无业之人，没有家庭和产业的牵挂，也没有一定的服役期限；长官与他们经常在一起，只要待之以恩信，他们自然会视如父兄，为之效死；这样便形成一个以私人为中心的军事集团，乃有军阀的产生。东汉时，羌人强盛，屡次入寇；中叶以后，为祸益烈，政府不得不派大军长期戍守西边各郡。这些军队因经常与羌人作战，战斗力特强，与民不知兵的关东，成为一个明显的对照。因此东汉末年，凉州产生了不少军阀，董卓便是其中的巨头，他也就是后来摧毁东汉中央政府的人。

四、财经制度

（一）常赋

汉的常赋，以田租和丁税为主，由大司农掌其事。此外尚有山川园池市肆之税，由少府掌其事。大司农所收之税，供给政府公务上的开支；少府收入则供给皇室私用，不敷之数，由大司农拨给。皇室与政府收支的分开，是汉代财政较秦进步的地方；而其税率，更远较秦代为轻。

汉初的田租，税率是十五分之一，到景帝二年（前 155），改为三十分之一。武帝时虽然增加了不少新税，但田租仍保持三十税一，直到西汉末年，始终没有增加。东汉初年，因兵事频兴，田租一度提高到十分之一。建武六年（30）以后，因大举裁员，国家用度大减，乃又恢复三十税一，一直维持到东汉末年。桓、灵二帝时，税率虽仍旧，但桓帝曾于延熹八年（165）令郡国有田者每亩加课十钱；灵帝中平二年（185），也曾每亩加课十钱，以充修筑宫室的费用。献帝初年，全国混乱，遇事则随时由人民摊派。建安九年（204），曹操平定河北，国内粗安，于是改定税制，令全国每亩纳粟四升，每户输绢二匹，绵二斤，这办法开后世租、庸、调制度的先河。总之，两汉的田租，大部时间都是三十税一，税率可谓极轻；但一般贫苦佃农除交纳公租外，尚须交纳私租给地主，这种私租的税率，西汉时竟高到 50%。

丁税即人口税，分算赋和口赋两种。算赋是成年人的人口税，课税的标准是从十五岁起到五十六岁止。算赋的征课，始于高祖四年（前 203）。令各郡国课每人每年一百二十钱，是为一“算”；每算之中，须缴六十三钱于司农。商贾及奴隶加倍征收。当时这项税款的用途，是治办兵器车马。惠帝时，女子年至三十犹不嫁的，须课五算。文帝时，算赋减至四十钱。武帝时，又恢复百二十钱，其后宣帝和成帝时均曾减少。东汉也征算赋，但不见减算的记载，当仍征百二十钱。口赋是未成年人的人口税，最初规定征课年龄为三岁至十四岁，每人每年课二十钱。武帝时又增三钱，昭、宣二帝时则屡次减少。到元帝时，采贡禹的建议，把口赋的征课年龄缩短为七岁至十四岁。其后直到东汉，始终没有废除。

（二）杂税和国营事业

武帝时，因用兵四裔以及他本人生活的奢侈，政府和皇室的用度大增，因此不能不增辟利源。武帝时的敛财办法，主要可分两类：一是杂税的扩大征课，一是若干产业的国营。

武帝时所增加的杂税，名目繁多，主要的有车船税、工商业品税等。车船税是凡人民有轺车（一马轻车）者，年纳税一算，即一百二十钱，商人加倍；船五丈以上者，年纳一算。工商业品税的征课，当时称为“算缗钱”，商品价值每二千钱纳一算，工业品四千一算，也就是前者的税率为6%，后者为3%。车船税和工商业品税均由物主自行报值，匿而不报或报而不实者罚戍边一年，财物充公。同时政府并奖励告发（当时称为“告缗”），凡告发属实，政府把充公财物的一半奖给告发人。

国营事业有专利与非专利之分，专利事业又分三种，即盐、铁、酒。盐的专利，是政府以制盐器具供给盐商，再由盐商制盐出卖而课以重税，严禁民间私造盐具；政府并于各产盐地区置盐官，以主其事。铁是由政府在各产铁地区设置铁官，主持采冶铸造，严禁人民私铸铁器。酒是由政府在各地置榷酤官，设厂酿酒出售，以专其利，民间不得私酿。武帝死后，儒家的政治势力抬头，对此项专利政策甚表不满，认为与民争利，应予罢除。昭帝始元六年（前81），御史大夫桑弘羊与郡国所举的“贤良文学”之士为此事曾展开激辩，结果政府为尊重众意，罢榷酤官，允许民间酿酒。元帝初元五年（前44），又罢盐、铁官；但因国用不足，三年后又行恢复，此后一直维持到王莽时代。东汉初年，未设盐、铁官，直到章帝时才恢复。和帝即位，再行罢除。献帝建安初年，曾一度恢复盐的专利。至于酒的专利，自昭帝时罢除后，王莽时曾复置榷酤官，其后整个东汉，一直没有再设。

非专利的国营事业，有“均输”与“平准”。均输行之于各地，其办法是各郡国每年应献给皇帝的若干土产，不必直运京师，可交给当地的均输官，由它转运到市价最高的地方出卖，得钱归公。平准是于京师设局，网罗全国各地的货物，物价贵则卖之，贱则买之，以取其利。这两项事业，一直维持到西汉末年。

五、法律

（一）法典与司法机关

汉的法律，也承袭秦代，只是去掉秦法中少数最残酷的条文。因此汉代法律仍然保持秦法的严厉精神，终两汉之世，始终未完全消失。尤以西汉前期，用法最严。

高祖初入关后，与关中父老约法三章，本是一时权宜之计。全国大定后，便命萧何制律，何参照秦法，加以损益，作律九章。《九章律》的总目是具律、盗律、贼律、杂律、捕律、四律、兴律、厩律、户律。前六种律相传为战国时李克所制而为秦所采用，后三种则为萧何所加，但各律的细目至今已多不可考。此外，叔孙通作《傍章》十八篇，以补《九章律》的不足。其后武帝大加增添，张汤作《越官律》二十七篇，法典益备而禁网也益严。

律以外尚有所谓“令”，律与令的分别，据汉人自己的解释，是：“前主所是，著为律；后主所是，疏为令。”［见《汉书》卷六十《杜周传》］大体说来，律是有系统的成文法律，且有其传统性；令则是人主随时颁布的法律，与律有相同的效力。令以外又有“比”，或称“决事比”及“法比”，是无成法可援时用以比类决事的条例。武帝时，律、令多至三百五十九章，其中仅死刑项目便多至四百零九条，一千八百八十二款；死罪决事比多至一万三千四百七十二条。因法条过繁，司法者不能遍睹，而致决狱失平的事时常发生。同时条文既多，便难免有自相矛盾之处，更给官吏制造为奸的机会。其后宣帝有意更订律令而未果，元成二帝均曾下诏命朝臣集议，减轻刑罚；但官吏因循，始终未能做大规模的修改。

王莽时代，法令更为烦苛。西汉中期以后，儒家大盛，学者论法，多主以德为主，以刑为辅。到东汉，法家逐渐趋儒化。光武明帝，虽提倡儒术，犹崇尚法制。章帝时，采纳尚书陈宠的建议，除去惨苛的法律五十余条，并禁绝钻钻等酷刑。政既尚宽，而法纪渐坏。和帝时，陈宠为廷尉，也曾更订律令，删除死罪条例数百条，但未见施行。和帝以后，历朝虽间有删修，也只能做消极的补救。同时政治渐紊，外戚宦官，更迭擅权，他们率多违法干纪，视刑典如无物。至于若干“酷吏”，虽用法惨酷，但大都是外戚宦官的鹰犬，只能施其荼毒于正人君子而已。法家的儒化，使东汉政治趋于迂缓，丧失西汉盛时发扬蹈厉的政治精神。直至桓灵时代，汉政治终未走上法治之途，儒家虽盛，亦无补于国事，直至汉帝国瓦解而后已。献帝时，曹操当国，他用法尚严，可以说是儒家政治的反动者。献帝建安初，朝臣应劭删定律令，作《汉仪》二百八十篇，为一代巨制，这是东汉时代最后修纂的法典。献帝时，汉政虽再度走上法治，但不久汉室便因曹氏的篡夺而灭亡。

中央的最高司法机关是廷尉，重大案件均由廷尉审理。御史则司纠举不法，汉初并派御史监察地方。武帝时有绣衣直指使，督察地方，审理大狱，但不常置。此外成帝时曾于尚书设三公曹，主断狱。

地方的司法机关，三辅地区主要为司隶校尉，初设时辖官兵一千二百人，以捕治巫蛊，督讨奸猾。后来罢去属兵，专司监察。各郡则设有贼曹及决曹，专理刑罪案件，各有掾主其事，而太守有最后判决权。太守并于每年秋冬遣吏赴各属县按讯囚犯，平议其罪，以防冤滥。王国的相和内史，也均有司法权。至于各县府，也有类似郡府的司法机构，乡亭则由啬夫亭长听理讼事。此外东汉的刺史，也有审理部中重大案件之权。

（二）刑法总则

汉的刑法，几乎把秦代的残酷法条全部保存下来，所不同者，只是使用的程度，不及秦的彻底而已。但这也只限于几位比较宽厚保守的皇帝，如文、景、元、成诸帝的时代；若遇到严急有为的皇帝如武帝者，则其刑法的峻刻，并不亚于秦代。总之，汉具备秦的苛法，但其用法则因历朝皇帝性格的不同而有宽严的差异。有些重刑（如夷三族罪）于某一时期业经废除，而后来又行恢复，也是这个缘故。至于刑法的种类，主要可分徒刑、流刑、身体刑、死刑四种。

徒刑的刑期，分一年到五年五种。一年刑男子为“罚作”（东汉改称“输作”），罚戍边一年；女子为“复作”，罚服劳役。二年刑男为“司寇作”，罚充守卫；女亦如之。三年刑男为“鬼薪”，罚伐薪；女为“白粲”，罚择米。四年刑男为“城旦”，罚筑城；女为“舂”，罚舂米。五年刑男为“髡钳城旦”，罚如上，但去发并以铁束颈；女为舂，罚如上。

流刑即是将罪人谪戍边境，武帝时开始实行。身体刑可分四种，即黥（刻面额以墨涅之）、劓（割鼻）、刖左右趾、腐刑（割势）。前三种当时称为“肉刑”，文帝时废肉刑，以髡钳城旦、舂代黥，笞（以小杖决打）代劓及刖趾。腐刑也于文帝时废除，但景帝以后又复施用。

死刑可分弃市（杀之于市）、磔（车裂）、腰斩、枭首（斩首而悬之）、族数种。汉初死刑多用磔，景帝时改为弃市，但犯妖逆罪仍用磔。族也就是秦的“夷三族”，犯者本人及其亲属均须同处死刑。“三族”一说为父母、兄弟、妻子，一说为父族、母族、妻族，当以前说为是；因为景帝时晁错被族，便是“父母、妻子，同产无少长皆弃市”。至于族刑的执行，据说是“皆先黥、劓、斩左右趾，笞杀之，枭其首，菹其骨肉于市；其诽谤詈诅者，又先断舌。”[见《汉书》卷二三《刑法志》] 其残酷可谓达于极点。吕后元年（前 187），曾诏除“三族罪”，但景帝时的晁错，武帝时的李陵、江充，以及东汉献帝时的董承、韦晃等，均被族诛，所以族刑在两汉始终没有废除。

六、学校与选举

（一）太学的建立与扩充

中国古代封建时期，即有官学的设立，其名称散见于古代经典的，有辟雍（周王之学）、泮宫（鲁侯之学）、乡校等；至其内部组织，则已不可详究。所可知者，当时的教育有两个特点：一是官师合一。当时所有的典籍，皆藏于官府，只有掌某种典籍的官，才能熟知某种典籍而以之教人。例如太史掌有关礼的典籍，而礼又是当时最重要的教育科目之一，因此太史便是以官兼师的。二是受教育者只有贵族而无平民。春秋末年，封建制度破坏，私学兴起，从此平民也有受教育的机会。其后直到战国，私人讲学的风气越来越盛，这是古代教育的一大变局。

秦灭六国完成政治统一后，想进一步达到学术思想的统一，因此焚书坑儒，严禁私学，规定“欲学法令者，以吏为师”。当时秦政府并设有博士七十人，专门研究学术，以备顾问，等于又恢复了古代官师合一的教育制度。

汉沿秦制，于诸子百家各立博士，统属于太常，秩比六百石，其数多至数十人。但汉初朝廷所崇信的学术，黄老之外，便是申韩，对于儒家思想并不重视。到文帝时的贾谊，主张以礼乐教化转移风俗，儒家思想才渐渐抬头。武帝建元五年（前 136），增置五经博士，形成儒家独尊的局面。其后武帝又应公孙弘、董仲舒之请，于元朔五年（前 124）为五经博士置弟子员五十人，以受经术，期限为一年。弟子员的来源，主要选自民间十八岁以上的子弟，此外各郡县低级官吏品学兼优者，也可充任弟子。毕业后，能通一经以上的可补“文学掌故”，等第高的可充任郎官，但只限于白身受业者。地方官吏出身的，则多派充九卿、列卿或郡太守的属官。这是汉代太学最初的情形。

宣帝时，五经博士增至十二人。王莽时，增设《乐经》，共为六经，每经设博士五人。弟子员也代有增加，昭帝时已满百人，宣帝末至二百人，元帝时千人，到成帝时竟多至三千人。从太学的急遽扩充，可以看出西汉儒家教育的日益发达，和儒家政治势力的日益膨胀。东汉光武帝也于建武五年（29）设太学于京师，置博士十四人。太学生更不断增加，质帝时，太学生已多至三万人。

中央的太学之外，尚有地方的郡国学，也是武帝时开始明命令遍设的。东汉的郡国学也非常普及，但两汉郡国学所培育的人才，终不如太学为盛。

（二）选举制度的推行

选举制度是指政府选才任官的制度，这项制度大体可分两类：一是诏举，即国家有特殊需要时，下诏命官吏推举人才。二是孝廉之举，是由郡国按时向中央保荐当地的人才。秦代也曾有下诏征求人才的事，但其目的只是为富国强兵；汉的征求人才，范围则远较秦为广。秦也间或征延地方人才到中央做官，但并没有地方政府经常保举人才的办法。

汉初政治的最高阶层，是皇室和诸侯王；其次是从龙的淮泗军人，他们以列侯的身份，掌握政权，是汉中央政府高级官员的主要分子。此外还借重一部分秦代旧臣，如叔孙通、张苍等。至于中下级官吏的出身，主要为赀选，即是以财产达到某项标准的人为官。赀选的办法秦代已有，韩信少年时，便因家贫无行而不得推择为吏。还有一种考试为吏的办法，凡学童能诵书九千字以上，即可在政府机关充任办理文书的吏。此外丞相以下的各官府以及郡守，均可自行辟署掾属，也大都采赀选的方式。到选举制度兴起，朝廷用人，才开始以才德为重；布衣下吏的政治出路，也大为拓宽。

高祖曾于十一年（前196），下诏征求贤才，此举开汉代选举制的先河。其后文帝二年（前178），曾下诏命“二三执政”举“贤良方正、能直言极谏者”（简称“贤良”）。至十五年（前165），再度诏举上项人才，保举者的范围则扩大到侯王、公卿和郡守，由皇帝亲自策问，汉的选举制自此开始普遍推行。其后武、昭、宣等朝，也曾屡次诏举人才，都以贤良为主。西汉的名臣如晁错、董仲舒、公孙弘等都以贤良进身。汉代的诏举，除贤良外，尚有“文学高第”“茂材异等”“孝悌敦厚”“勇猛知兵法”“明当世之务、习先圣之术”“明阴阳灾异”等名目，被举者大抵为现任官吏。东汉时，诏举由特举变为岁举，又称茂材之举。选举的标准有四，即德行高超、经明行修、明晓法律和刚毅多略。每年由光禄勋、御史、司隶校尉及各州刺史等负责推举。

孝廉是“孝子廉吏”的简称，这种选举，因武帝时董仲舒的建议而起。仲舒于建元元年（前140）建议命列侯、郡守、二千石官各择其属下吏民之贤者，充任郎官，使其熟悉政事，来日授以官职。武帝从之，于元光元年（前134）初命郡国每年举孝廉各一人。但因保举人怕负责任，最初往往不举。到元朔元年（前128），武帝下诏命郡国必须举孝察廉，违者论罪，从此成为常科。西汉晚年，孝廉渐变为一项目，不再分开，但仍岁贡二人。东汉初期，仍举二人。和帝时改为以人口为准，郡国人口满二十万者，即可年举一人；依此则四十万者举二人，余可类推。不满二十万者，二年举一人；不满十万者，三年举一人。边郡则人口十万以上者，年举一人；不满十万者，二年举一人；不满五万者，三年举一人。顺帝时，因选举过滥，规定孝廉必须年满四十，始可推举，并由政府加以考试。滥举之风，得以纠正。但到东汉末年，选举又滥，被举者多为权势者的子弟，更没有年龄限制，如曹操二十岁便举孝廉，这自然是汉政败坏的结果。

七、学术思想

（一）汉初的学术概况

汉朝初建，承袭秦法，但其时的学术思想界，却恢复了战国时代的态势，成诸家并立之局。其盛况虽远不及战国，但其庞杂的情形则十分类似。这是因为秦已覆亡，学术思想上的枷锁业已解除，恢复了自由研究的风气。虽然秦时的“挟书律”及“妖言令”到惠帝、吕后时才废除，但事实上在未废除之前，政府对学术思想，仍是不大过问的。汉初值大乱之后，百废待举，政府既无暇奖励学术；民间也无力量从事学术上的大规模研究，因此在学术上造成一种类似战国，但具体而微的局面。战国时代的儒、法、道、阴阳、纵横五家，在汉初仍然活跃，但中期以后，由于政府的提倡，学术界变成以经学为主。[参看拙著《汉法与汉儒》（载拙著《汉唐史论集》页三七至六三）]

（二）经学的派别

秦代的焚书，中国古代重要文献典籍受害最烈的，首推史书；其次是《诗》《书》一类，即汉人所谓的“经”；损失最轻的，要算“百家语”，即诸子书。六国的历史记载，等于被秦火烧光，因此汉人所记古代的历史，虽时间接近如战国，其内容仍谬误百出。经书在汉初也没有完整的古本出现，全凭秦代学者的传述，以当时流行的隶书（即

伏生向晁错传授《尚书》，明崔子忠绘。伏生是秦代博士，精通《尚书》，秦焚书后，《尚书》也难觅踪迹，伏生将自己默记下来的《尚书》加以整理，成二十九篇，即后人所称的《今文尚书》，并将之传授给弟子晁错。图中伏生着白衣坐蒲团上，给晁错讲解《尚书》精义。

所谓“今文”），记录而成。

汉初的经书，全由私人传授，每个传授者对经典的解释，常有个人的见解，与其他的传经者不同。因此几乎每一种经都有若干家，每家都有其“一家之言”。汉初的传经者，有田何传《易》，伏生口授《尚书》，齐（辕固生）、鲁（申公）、韩（韩婴）三家治《诗》，高堂生传《礼》，胡毋生治《春秋公羊传》，瑕丘江公治《春秋穀梁传》，唯《乐》失传。自武帝置五经博士后，经学日盛，经学家也愈分愈多。于是《易》分为施雠、孟喜、梁丘贺、京房四家，《书》分为欧阳生、大夏侯（胜）、小夏侯（建）三家，《礼》（即《仪礼》）分为大戴（德）、小戴（圣）二家，《公羊》分为严彭祖、颜安乐二家，《诗》仍为齐、鲁、韩三家，共十四家，均为今文家。宣帝时，十二博士所治的经典，为《易》的施、孟、梁丘三家，《书》的欧阳、大小夏侯三家，《诗》的齐、鲁、韩三家，《礼》的后苍（大小戴的老师）一家，外加《公羊》《穀梁》，共十二门，每门由一博士主持。元帝又增置博士一名，治京房《易》，但旋即罢除。至于东汉十四博士所治之学，即前面所说的十四家［参看王国维《汉魏博士考》（载《观堂集林》卷四）］。学者都谨守其师承家法，世代不替，因此学派的区分，日益严格。

两汉的儒家，虽然推崇孔子，同时也受阴阳家思想的影响，因此他们的学说，充满宗教的迷信色彩。例如京房《易》专重卜筮，大小夏侯《尚书》也喜谈五行之说。武帝时，董仲舒治《公羊》，著《春秋繁露》一书，其中也有不少离奇的话。成帝时的刘向，治《穀梁》，也数以祸福附会其说。总之，他们都认为天降的祥征或灾异，全是受人事的影响，与人君的贤愚勤怠，尤有密切的关系。当时的儒家便经常用这种论调来攻击时政，蔚成一时的风气。到西汉末年，更有所谓“谶纬之学”的出现，内容更为怪诞。谶是一种预言式的文字或图画，以诡奇的隐语道出未来的大事。纬是取与经相辅之意，乃是假托经义以推究灾祥的书，书名繁多，大都充满神话。谶纬大都出于当时人之手，而伪托为古人的制作。这种神话思想的流行，到王莽时达到最高潮。光武在河北时，他的旧日同学从关中带给他一卷叫“赤伏符”的谶书，上面写着：“刘秀发兵捕不道，四夷云集龙斗野，四七之际火为主”；他的部下便根据这个符，把他拥上帝位。他本人也深信图谶，因此东汉初年以谶纬解经的风气，仍不稍衰。

西汉末年，发生了一次研讨古本经籍的运动。这个运动的倡导者是哀帝时的刘歆。他根据若干已经发现的古本经书，另立解说，与今文家相抗衡，引起所谓“今古文之争”。先是武帝时，秦代的遗书已陆续出现，政府广加收集。成帝时，又四出搜访，所获益多；连先有的书，都藏于宫廷中，并命刘向、任宏、尹咸等加以校阅。刘向负责校阅的是《六经》、传记、诸子、诗赋等类的书，校书前后达二十年。他于绥和二年（前7）死去，其子刘歆继任校书工作，发现藏书中有若干古文经书。古文即秦篆以前的“籀文”，汉时已不易识读，这些古文经书主要的有《春秋左氏传》《古文尚书》《逸礼》等。刘歆认为《左传》是孔子同时的左丘明所作，所以拿它解经最为可靠。《古文尚书》据说是武帝时鲁恭王因扩建宫殿，破坏邻近孔子旧宅的墙壁而发现的，天汉间，再由孔子的十二世孙孔安国献给政府，其内容较今文《尚书》多十六篇。《逸礼》则较今文《礼》多三十九篇。此外他并把《毛诗》列为古文，《毛诗》是汉初毛亨加以训传的，后传于毛苌，世称大小毛公。《诗》因协韵易于记忆，并未因秦火而失传，本无今古文之分；但因《毛诗》立说与今文家不同，也被列为古文。

刘歆不但提倡研究古文经书，并主张设置《左氏春秋》《古文尚书》《逸礼》及《毛诗》博士，大为当时的今文家所反对，立学官的事，终告失败。直到王莽时，才为上述四种古文经传设立博士。东汉时代的学官，仍为今文。古文各家，始终未置博士。但民间研究古文经传之风大盛，学者辈出，诸如明帝时的贾逵，桓帝时的马融，都以治古文名家。而马融的弟子郑玄，遍注诸经，以古文经为本而兼采今文经说，成为一代大师。到曹魏时代，崇尚今文的风气趋于销息，古文经传多列入学官，于是今文家的学术正统地位，为古文家所取代。古文家最大的功绩，是把经学从今文家的荒诞迷信的经说里带向考据训诂之途。如果没有刘歆的竭力提倡，若干古书，可能业已失传；而经学家们的头脑，也许还得在迷离惝恍的气氛中再浸润一个时期。

（三）黄老思想与道教会

所谓“黄老”思想，实际就是老子的政治论。从战国末到汉初，著名的黄老学者多出于齐国，而齐国又是阴阳家的发源地，因此二者难免相互影响。汉人以老子为道家，但汉代有些所谓道家者流，实际就是求仙采药的方士，他们多依附老子以自抬身价。因此使老子日趋神化，最后竟做了道教始祖。

汉初著名的黄老学者有田叔和盖公，都是齐人。曹参为齐相时，曾受教于盖公，其后他于惠帝时，继萧何为相国，便谨守无为的政治原则。文帝与其后窦氏，也都好黄老家言，因此文景两世的政治作风，也是恭俭恬退的。总之，从惠帝到景帝的五十几年，是黄老思想最流行的时期。

到武帝提倡儒术，黄老的政治思想开始消沉，但另一方面他崇信神仙，于是阴阳家一流的方士，也随之兴起。方士与道家本有久远的渊源，老子在古代名人中又是最具神秘性的，因此方士们便多自托为道家。但他们已不知老子的政论为何物，只知以神仙丹药猎官诈财而已。

张道陵，选自《清刻历代画像传》。

因方士们的依附，道家渐渐走向宗教之路，到东汉末年，道家的宗教色彩更浓，黄老便被尊奉为神。桓帝曾派中常侍左悺到苦县为老子立祠，宫中也立黄老祠。这类淫祀又渐渐被巫师所利用，因此道家于求神炼丹之外，又平添了许多中国传统的巫术，诸如祈雨、厌诅、捉鬼、以符水治病等；道家不仅本身的迷信程度加深，其流布也越来越广，终致民间有道教会的产生。

道教会的初创，始于顺帝时张陵所创的五斗米道。他曾客居蜀土，学道鹄鸣山中，造作符书，为人治病降魔，入道者须纳米五斗，故当时又称为“米贼”。张陵传子衡，衡传子鲁，盘踞汉中（今陕西南郑县)，深得下层社会的信仰。与张陵同时的，又有道士于吉，琅邪郡人，自称得神书百余卷，名《太平青领道》(即《太平经》)，内容多阴阳灾异之说。他也以符水为人治病，尤好结交士大夫。灵帝时，巨鹿郡(治所在今河北宁晋县西南)人张角，根据《太平经》创立太平道，也以符水治病，专以荧惑细民为事，因此信徒极众，终于酿成黄巾之乱。乱平后，太平道消灭，而张鲁尚雄踞汉中，自称师君，下设祭酒以治民，其法术与太平道相似。张鲁盘踞汉中达三十年，至献帝末年才为曹操所平，汉中的居民受他的影响，直到南北朝时还非常迷信。但五斗米道和太平道都还没有奉老子为始祖，老子正式被尊为道教始祖的时代，不可确考，大概是魏晋以后的事了。

(四)文学与史学

中国古代的文体，可分为韵文与散文两种。前者以《诗经》为代表，大体是一种纯美的文学；后者以《书经》《左传》及诸子书等为代表。其文体虽为后世所欣赏模拟，但其内容并不属于文学的范围。汉代文学自然是由古代文学演进而来，这里略述其演进过程。

《诗经》的体裁，主要为四言诗。继《诗经》而起的文体，是战国时代的《楚辞》。《楚辞》是一种不拘字数的辞赋体，有的是诗歌，有的则是略协声韵的散文，但大都是可以歌唱的。它的作者以屈原、宋玉为主，但其中若干篇可能是伪托的。汉初，文学仍盛行楚风，其后楚歌被文人宗衍成长篇的文章，渐不可歌，于是有赋的出现。

汉赋的开山者是贾谊，他不特为汉代的政治开一新途径，也为汉代的文学划一新时代。他的赋仅存《鹏鸟赋》和《吊屈原赋》两篇，文辞方面较屈原的作品为简练，同时在抒发情感之外，兼言哲理，也是屈作所没有的，这是文学由通俗体走向文人体的表现。贾赋气力雄劲，但文采不艳，他以后的赋家，则一味着重辞藻的铺陈，作品更趋文人化。武帝时代的枚乘、枚皋、东方朔等，都沿着这条路走，到司马相如遂产生文辞华丽的鸿篇巨制。这种赋后世称为“大赋”，王莽时代的扬雄和东汉的班固等，都是大赋的能手。但大赋的内容，愈变愈形繁琐堆砌。直到魏晋时代，乃有短篇的小赋出现。

五言诗也起源于汉，后世认为五言诗体为武帝时的李陵所创，他曾有与苏武赠答的五言诗，但那是不可信的。事实上西汉时代还没有完全的五言诗，仅有《戚夫人歌》《李延年歌》《杨恽歌》三首，其中夹杂些五言句子，有走向五言的趋势而已[《戚夫人歌》及《李延年歌》见《汉书》卷九七上《外戚传》;《杨恽歌》见同书卷六六《杨恽传》]。到东汉，才有完整的五言诗出现。此外，尚有一种“乐府诗”，亦即是专以入乐的诗歌。古代诗歌，本身都是乐章，但进化到汉赋，渐渐不能入乐。武帝时立乐府，搜集各地的歌谣乐章，并令词臣制作诗歌，协以音律，于是有乐府诗的产生。乐府诗多杂言，五七言诗都可能从乐府诗分化而成。东汉初期和中期，并没有伟大的诗人出现；直到末年的献帝时代，五言诗才趋于极盛，诗人辈出，形成所谓建安体诗。

汉代的散文，以书策一类的作品为最著名，这类文体是从诸子文演变而来；最杰出的作者，仍是贾谊。他的《治安策》，对文、景、武三朝政治关系的密切，不必重述；仅以文章而论，其辞理的畅达，剖析的深刻，以及气势的高抗，都为散文创一独特的境界。他又有《过秦论》，论秦之所以亡，体裁与赋相近，这篇论成为魏晋六朝人著论的模范。其他有名的书策作者有晁错、董仲舒、司马迁等。晁、董的作品，皆古畅适理；司马迁的文章，不特气雄辞达，同时字句间充满了情感，他的《报任少卿书》，可算作汉代散文的代表作。

司马迁，选自《清刻历代画像传》。

《史记》三家注合刻本书影，南宋黄善夫家塾刻本，中国国家图书馆藏。

五帝本紀第一　史記一

裴駰曰凡是徐氏義稱徐姓名以別之餘者悉是駰
註解并集衆家義。司馬貞索隱曰紀者記也本其
事而記之故曰本紀又紀理也絲縷有紀而帝王書
稱紀者言爲後代綱紀也。正義曰鄭玄注中候勑
省圖云德合五帝坐星者稱帝又坤靈圖云德配天
地在正不在私曰帝按太史公依世本大戴禮以黃
帝顓頊帝嚳唐堯虞舜爲五帝譙周應劭宋均皆同
而孔安國尚書序皇甫謐帝王世紀孫氏注世本並
以伏犧神農黃帝爲三皇少昊顓頊高辛唐虞爲五
帝裴松之史目云天子稱本紀諸侯曰世家本者繫
其本系故曰本紀紀者理也統理衆事繫之年月名之
曰紀第者次序之目一者舉數之由故曰五帝本紀
第一。又曰禮云動則左史書之言則右史書之正
義云左陽故記動右陰故記言言爲尚書事爲春秋
按春秋時置左右
史故云史記也

黃帝者徐廣曰號有熊。索隱曰按有土德之瑞土色黃
故稱黃帝猶神農火德王而稱炎帝然也此以黃

班固，选自《历代名臣像解》。字孟坚，扶风安陵（今陕西咸阳东北）人，班彪长子，九岁能文，十六岁入太学就读，所学无长师，不死守章句，只求通晓大义。及长，贯通群书，诸子百家之言无不穷究，任典校秘书、兰台令史，至汉章帝建初七年（82）成《汉书》，成为继司马迁之后最伟大的史家。

班昭，清金古良绘。一名姬，班固之妹，曹世叔之妻，通史学，擅文采，曾奉和帝诏命续补《汉书》。又被数召入宫，皇后贵人以其为师，故世称其为曹大家。另著有《东征赋》和《女诫》七篇。

汉代的史学，也非常发达。《尚书》与《春秋》，本是古代的历史文献，到汉被尊为经；汉代的史学，则是汉人本身的创作。经与史也自汉代开始有所区分，但事实上两者仍有极密切的关系。汉初，陆贾作《楚汉春秋》，已开史家著作的风气。到武帝时，乃有最伟大的史书出现，那就是司马迁的《史记》。

司马迁字子长，左冯翊夏阳人（今陕西韩城县），父谈，于武帝时任太史令。元封中，迁继父位为太史令，曾参与太初历的考定工作。天汉二年（前99），李陵降匈奴，迁为陵辩护，被处腐刑。其后发愤著书，完成《史记》巨制。《史记》最初叫“太史公书”，到魏晋时代才简称《史记》。内容包括上至黄帝下至汉武帝二千六百多年的史事，总计一百三十篇，五十二万余字。《史记》的体裁，是合古代编年（如《春秋》）、记事

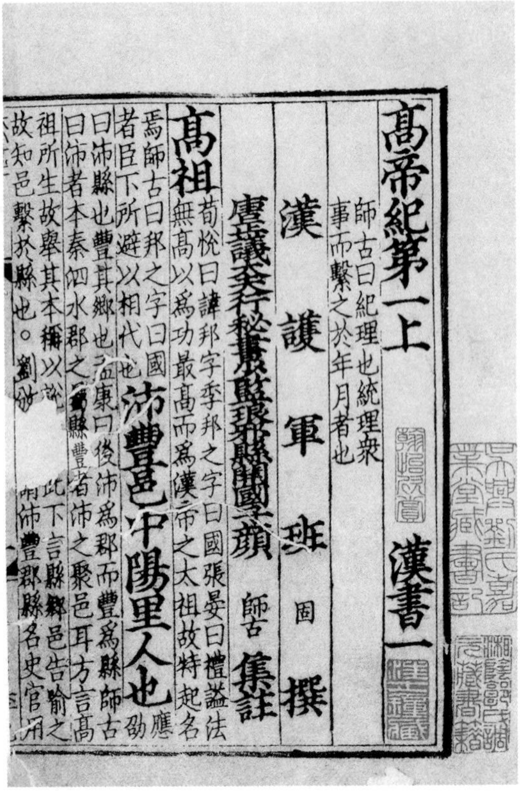

高帝紀第一上　漢書一

師古曰紀理也統理衆事而繫之於年月者也

漢　護軍　班固　撰

唐正議大夫行秘書少監琅邪縣開國子顏師古　集註

高祖 荀悅曰諱邦字季邦之字曰國張晏曰禮謚法無高以爲功最高而爲漢帝之太祖故特起名應劭焉師古曰邦之字曰國者臣下所避以相代也

沛豐邑中陽里人也 應劭曰沛縣也豐其鄉也孟康曰後沛爲郡而豐爲縣師古曰沛者本秦泗水郡之屬縣豐者沛之聚邑耳方言高祖所生故舉其本稱以說此下言縣鄉邑告諭之故知邑繫於縣也。劉攽

《汉书集注》书影，宋嘉定十七年（1224）白鹭洲书院刻本，中国国家图书馆藏。

（如《尚书》）二体为一而扩大之，成为以人物为中心的纪传体。其传记可分三类：一是“本纪”，为历代帝王传记。二是“世家”，为历代诸侯传记。三是“列传”，为历代名人传记。此外并以两个节目为辅：一是“表”，包括历代帝王、诸侯、将相、名臣的年表。一是“书”，为有关经济、文物制度方面的记录。《史记》的体裁，为历代正史所遵循，它可以说是中国历代正史的鼻祖。而其史笔的雄健，叙事的生动，更具有崇高的文学价值。

另一部史学杰作是《汉书》，这部书的作者是班固（超兄），实际是班固和他的父亲班彪、妹妹班昭合作而成的。班彪曾采集武帝以后的史事，作“后传”六十五篇，以续《史记》。彪死，固于明帝初年奉诏续父书，至章帝建初中，始大体完成。和帝时，固曾为大将军窦宪幕僚。永元四年（92），宪以专横伏诛，固也被牵连，死洛阳狱中。而遗稿散乱，且有一部分尚须增修，乃由班昭续成，名曰《汉书》，计前后费时三十余年。《汉书》叙事起于高祖，终于王莽灭亡，共十二世，二百三十年。其体例除把“书”改为“志”，及不列“世家”外，其余全仿《史记》。而从高祖到武帝一段的史实，也多采自《史记》。但其叙事以朝代为限，是中国断代史的始创；而文章赡详有体，实亦一代的良史。此外汉代续补《史记》的，尚有褚少孙、刘歆、冯商、扬雄等十余家，但其书皆已不存。

其他有名的史学著作有《汉纪》，献帝时荀悦作，其书是将《汉书》缩编为编年体，凡三十篇。又有《东观汉记》，叙述东汉史事，是明帝及其以后各朝史家的集体创作。

第九章
汉的衰亡与三国的分合

一、汉帝国的瓦解

（一）外戚宦官的斗争

东汉和帝一代（89 ～ 105），是汉帝国兴衰的转捩。在他以前的三百年间，汉帝国除了内部几次短暂的叛乱，国势始终是强盛的。但从和帝以降，帝国逐渐呈现出衰象。这种衰象的出现，主要由于政治的败坏。从和帝起，宦官开始抬头，与外戚角逐政权，而于桓灵时代（147 ～ 189）获得决定性的胜利。他们的贪污残暴，造成汉帝国内部好几次巨大的动乱，诸如党锢之祸，黄巾之乱，以及军阀们的称兵等。而武帝以后历代迁移至帝国边区的若干外族，至此也趁机向帝国内部发展，最后竟致使整个北部和西部的边区，变成他们的殖民地。外族中为患最烈的是羌人和鲜卑人，为抵御它们，汉廷必须屯重兵于边地，结果产生了不少军阀。若干军阀更利用胡人组成精强的军队，这象征着汉人的尚武精神已日渐消失。内忧外患，促使这个庞大帝国，走上瓦解之途。

东汉的皇帝，从和帝开始，大都幼小即位，并多夭折。因此皇位的继承，甚不固定。总计东汉一代，有四个皇帝是自外迎立的。因为皇帝幼冲，自然造成太后的临朝，东汉临朝的太后，竟达六位之多，于是又造成外戚的专权。东汉的外戚，在才能方面，远逊于西汉的外戚，而专横骄奢则远过之。皇帝年幼时，固可以由母后和外戚任意摆布，但到年龄渐长，对外戚感到不耐时，便借宦官的力量来排除外戚。外戚和宦官，便经常沿着这个公式斗争。就皇帝的立场而言，外戚权大时，可以威胁皇位，宦官则绝无做皇帝的资格，充其量只是贪污不法而已。同时宦官又经常与皇帝接近，自然比较容易得到皇帝的信任。外戚的权位，常因皇帝的更易或母后的死亡而发生变动，宦官则不大受上述情况的影响，地位较外戚为稳固。因此在双方的多次斗争中，宦官常能获胜。

东汉外戚宦官的斗争，始于和帝时代。和帝名肇，为章帝后宫梁氏所生，章帝后窦氏无子，肇于建初七年（82）被立为皇太子。章和二年（88），肇即位，年仅十岁，由窦氏以太后临朝。太后以其兄窦宪任侍中，权任日重。未几，宪因擅杀汉宗室都乡侯畅，率师击匈奴自效，立功归来，拜大将军，因而益加专横。宪女婿射声校尉郭举，得幸于太后，对和帝图谋加害。和帝知其谋，于永元四年（92），与宦官郑众定计，以兵大举捕杀窦氏党羽，并逼宪及其诸弟自杀。和帝念郑众之功，于十四年（102）封众为鄛乡侯，他是汉代宦官封侯的第一人。

和帝死于元兴元年（105），皇后邓氏无子，乃以诞生仅百余日的庶子隆继位，是为殇帝，邓氏也以太后临朝。次年，殇帝死，又立章帝庶子清河孝王庆之子祜，是为安帝，年十三岁。邓太后仍临朝，太后兄邓骘，以大将军辅政。骘素性谨饬，太后对诸邓也约束颇严，因此政事甚理。建光元年（121），邓太后死，宫人诬告邓骘兄弟曾有废立之意，于是诸邓皆被废黜，骘不食而死。继邓氏起而当权的外戚，是帝舅耿宝和皇后阎氏兄阎显等。此外宦官李闰、江京，也为安帝所亲信，都封侯任中常侍。宦官们时常诈作诏书，调发政府的钱谷器材和人工，以兴建自己的庐舍园池。当时的名臣太尉杨震，便因屡次进谏，做了这种政治的牺牲。

安帝太子保，非阎后所生，延光三年（124），江京等与阎后共谮废保为济阴王。次年三月，安帝死，阎后迎立济北王寿（章帝子）子北乡侯懿为嗣，自以太后临朝，并以阎显为车骑将军辅政。显乃贬死耿宝，并排除若干异己而独专大政。同年十月，北乡侯死，显与太后秘不发丧，更征王子入立。而宦官孙程、王康、王国等十九人，突然发动政变，迎立废太子保。太子即位后，是为顺帝，年十一。阎显和江京等都在这

邓太后临朝听政，清焦秉贞绘。邓太后名绥，东汉和帝后，新野（今河南新野）人。元兴元年（105），和帝死，出生刚满一百天的汉殇帝刘隆登基，邓太后临朝称制。八个月后，即延平元年（106）八月，刘隆病死，十三岁的安帝刘祜即位，邓太后继续执政，直至建光元年（121）崩逝，前后执政达十七年。邓太后崇尚宽简，不事奢华，执政其间兼用外戚、宦官，尊礼三公，调和各派势力，政治称为清明。

次政变中被杀，太后也被迁于离宫，孙程等十九人则因功都封列侯。这是东汉外戚宦官第二次火并。

顺帝阳嘉元年（132），立贵人梁氏为皇后。四年（135），以后父梁商为大将军。商谦恭好士，但性情柔和，对时政不能有所整裁。永和六年（141），梁商死，子冀继为大将军。冀为人贪残纵恣，荒淫无度，因而政治日坏。当时外则羌祸炽盛，内则扬、徐等州盗贼蜂起，乱象已渐显露。建康元年（144），顺帝死，太子炳继位，是为冲帝。帝年仅二岁，由梁太后临朝听政。太后虽信用贤臣李固、杜乔等，但不能约束梁冀，以致政治始终没有起色。次年，冲帝死，太后迎立渤海王鸿（章帝曾孙）之子缵继位，是为质帝，年仅八岁。质帝性聪慧，对梁冀的骄横颇为不满。本初元年（146），梁冀鸩杀质帝，改立河间孝王开（章帝子）之孙蠡吾侯志，是为桓帝，年十五，仍由梁太后听政。继而梁冀杀李固、杜乔，威势益盛。当时诸梁皆封侯，冀妹又立为桓帝后，国事无大小，皆由冀专决。而梁后也恃兄姊之势，奢侈嫉妒。和平元年（150），太后归政，不久死去。梁氏的势力虽未动摇，但桓帝对梁氏的不满，则日渐加深。

延熹二年（159），梁皇后死，桓帝与中常侍单超、具瑗、唐衡、左悺、徐璜等定议，以兵围梁冀府邸，免其大将军职。冀即日自杀，诸梁皆弃市，大臣受牵连而死者数十人，单超等五人则因功同日封侯。自此以后，桓帝不再信用外戚，而唯宦官之言是用，宦官乃成为实际政权的掌握者。他们以养子传国袭封，并以兄弟姻戚充任州郡首长，于是贪残之风，从中央散布到全国。继外戚与宦官抗衡的，是外廷士大夫中的若干正人君子，冲突的结果，发生了所谓党锢之祸。

（二）党锢之祸与黄巾之乱

东汉自光武提倡儒术，崇尚气节，历朝因之，逐渐蔚成风气。当时的士人，大都以名节相尚，他们经常砥砺的，不外久丧、让爵、推财、避聘、报仇、报恩、清廉一类的操行［参看钱穆《国史大纲》页一三四至一三八］。郡国的察举和中央的征辟，也大都以此为标准。士人除了在朝做官的，其在野的，则经常批评政治，造成所谓“清议”。首都的太学便是清议的重心。当时那种章句训诂的经学，已不能满足太学生们的求知欲。再加上政治现状的刺激，使他们的兴趣转移到实际的政治社会问题上去。他们并与朝中若干士人出身的大臣，相互推重，以张声势。朝廷遇有重大决策，有时也征求太学生们的意见，因此他们的言论，往往可以影响实际的政治。清议既在政治上形成一种力量，自然为敌对的势力所嫉视。清议的主要敌对势力，是外戚和宦官，而直接与外戚宦官发生激烈冲突的，则是为清议所拥戴的朝士。

李膺，选自《历代名臣像解》。字元礼，颍川襄城（今河南襄城）人，东汉名臣，人品高洁，太学生以他为“天下模楷”，凡能受到他赏识、接见的太学生都自认为“登龙门”，对东汉末期的清议风气影响很大。

和帝以降，外戚与朝士冲突的事，屡有发生。像和帝时的郅寿、乐恢、袁安，安帝时的杨震，顺帝时的张纲、陈蕃，都曾因弹劾外戚而震动朝野；他们有些因此获罪，甚至牺牲性命。到桓帝时，梁氏败灭，宦官势盛，于是清议所攻击与朝士所弹劾的对象，便由外戚转移到宦官。

桓帝时，太学生三万余人，以郭泰、贾彪为首。他们与太尉陈蕃、司隶校尉李膺等联合，主持清议，攻击宦官。而李膺更借其职权，对宦官的不法者，尽力制裁。当时宦官的子弟亲党，布列州郡，其为害地方者，也往往为严正的地方官所惩治。但宦官们的领袖是中常侍，中常侍为内朝官，受皇帝的庇荫，为外朝的权力法律所不及。因此朝士和地方官所制裁的，只是些次流的阉党，对宦官的主要分子，却无可如何。

延熹八年（165），中常侍张让弟朔为县令，因贪残为李膺所杀，宦官深恨之，桓帝也不满膺的擅杀。次年，有阉党张成，教子杀人，后虽遇赦，仍被膺处死。宦官乃使人上书告膺与太学游士及诸郡生徒，结为私党，讪谤朝政。桓帝下令郡国，逮捕党人，结果李膺与朝臣杜密、陈翔、范滂等二百余人皆被捕下狱，陈蕃也因上谏书而被免职。永康元年（167），桓帝后父城门校尉窦武和尚书霍谓，均奏请宽贷李膺等，宦官怕膺等牵引阉党，也认为宜赦。于是桓帝下诏赦党人罪，但均放归田里，禁锢终身，这是第一次的党锢。

同年，桓帝死，窦后遣使迎河间孝王开曾孙解渎亭侯宏入嗣，是为灵帝，年十二岁。窦后以太后临朝，并任窦武为大将军，陈蕃为太傅，委以国政。二人征召海内名贤，于是李膺、杜密等又复进用。至此外戚与朝士相结，与宦官的敌对更尖锐化。陈蕃劝窦武请太后罢斥宦官，并诛除其用事的曹节、王甫等。太后正犹豫间，事为曹节等所知，乃矫诏以禁军讨窦武，武自杀，陈蕃也为宦官所害。廷臣被牵连而族灭者数家，窦陈的门生故吏，都免官禁锢。这是建宁元年（168）的事。

二年（169），山阳郡督邮张俭，因中常侍侯览家属在郡横暴，上表劾览，被览遮截，无法上达。俭乃借故收杀览母及其家属宾客百余人，览使人告俭结党，图危国家。灵帝下诏捕俭，俭逃匿，宗亲皆被夷灭。宦官更利用这个机会诛除异己，凡平素与宦官不合的，都被目为党人，加以收捕。总计被害的朝士有李膺、杜密、范滂等百余人，流

西园卖爵，选自明刊本《帝鉴图说》。灵帝虽贵为天子，却常痛感前代皇帝没有为自己留下多少财富。为了改变这种状况，他把“西园”作为自己的私库，交给十二常侍看管，大肆聚敛。于光和元年（178），在西园公开明码标价卖官，所得之钱供皇室挥霍。官职买卖，迫使官吏贪污受贿以偿官债，民不堪忍受，六年之后（184），黄巾之乱暴发，天下大乱。

徙禁锢的也有六七百人，这是第二次的党锢。自此以后，朝廷善类一空，外朝完全入了宦官的掌握，灵帝也一直被宦官欺蒙了二十多年。灵帝于熹平五年（176）曾再申党禁，凡党人的门生故吏父兄子弟的在位者，均免官禁锢。直到中平元年（184），黄巾乱起，才大赦党人。

黄巾之乱形势图

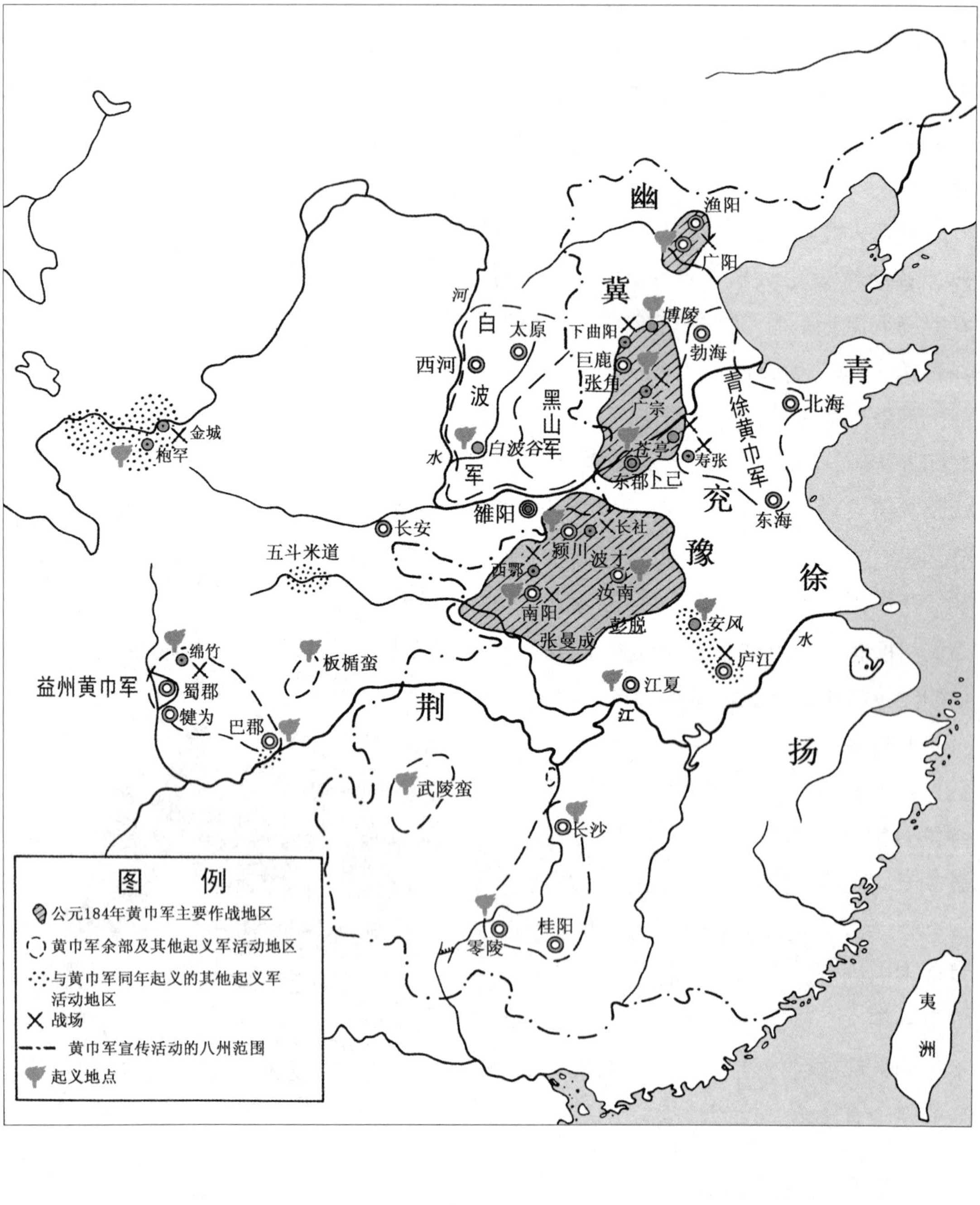

二次党锢之后，宦官益形放肆，当时各州郡遭受阉党的荼毒，已残破不堪。光和元年（178），宦官更怂恿灵帝设邸于西园，在那里鬻卖官位，上至公卿，下至刺史、郡守、县令，都有固定的价目。因此吏治益坏，民不聊生，终于爆发了大规模的叛乱。巨鹿人张角，创太平道，以妖言煽惑愚民，有信徒数十万人，遍布于青、徐、幽、冀、荆、扬、兖、豫八州。他把徒众分为三十六方，大方万余人，小方六七千人，各有首领；倡言“苍天已死，黄天当立”，准备于中平元年（184）三月五日举事于邺（今河南临漳县西）。但因事败露，提前于二月起兵，各地信徒纷纷响应。张角自称天公将军，角弟张宝、张梁分称地公和人公将军，部众头裹黄巾，以为标帜；因之时人称之为黄巾，又称为蛾贼。他们到处焚烧劫掠，旬月之间，闹得全国震动。

汉廷先后以卢植、皇甫嵩、朱儁等率军进讨黄巾，屡获胜利。同年，张角死。其冬，皇甫嵩破杀张梁于广宗（今河北威县东），又破杀张宝于下曲阳（今河北晋县西），二役共斩获十余万人。朱儁也击灭大股的黄巾于宛（今河南南阳县），局面始趋稳定。但各地盗匪蜂起，黄巾余党也蔓延不已，无法肃清。当时黄河下游以北地区，有“黑山贼”，由若干零星股匪会合而成，众将百万，以张燕为首，后由朝廷加以招抚。西北的金城郡，则有土豪边章、韩遂据地作乱。而黄巾余党，也于数年后复起于青徐等州。至此，汉帝国已呈现出瓦解的形势。

中平五年（188），太常刘焉以四方寇起，刺史威轻，且多不称职；建议改置州牧，选朝廷清名重臣出任，并授予大权，以安定地方。灵帝从之，选九卿尚书出任州牧，以刘焉为益州牧，太仆黄琬为豫州牧，宗正刘虞为幽州牧。不设牧的州，仍以刺史为首长。从此地方权重，渐至演成后来群雄割据的局面。

（三）边患之炽盛

东汉后期的边患，以羌为主。羌患可以说是与东汉相终始的，只是中叶以后，为患愈烈而已。前面已经说过，和帝末年，羌乱已大体弭平，边境暂安。但不过数年，羌乱又起。羌人的势力，并不能与西汉初期的匈奴相比。但因汉廷轻视西北，屡思放弃，加以兵制不善，遂至其祸历久不息。羌人种类极繁，分布地区也甚广，有不少居于塞内，其居于安定、北地、上郡、西河诸郡（今宁夏省东南隅，甘肃省东部，陕西省北部及山西省东北部一带）的，统称东羌；其居于陇西、汉阳二郡延及金城郡塞外（今甘肃省南部至青海省东部一带）的，统称西羌。塞内羌人，常为当地的吏民豪右所役使，积久生怨。安帝永初元年（107），汉廷调西部羌骑远征西域，羌人于中途多有散叛，诸郡发兵邀遮，于是群羌惊骇，同时奔溃。其时居于安定郡（今甘肃省东部）的烧当羌豪麻奴，率种人西走，与塞外的滇零羌（先零别种）及钟羌诸种联合，大举入寇。汉以邓骘、任尚统兵讨之，结果大败，羌势转盛。西北边郡，多被羌人盘踞；内地如河东、河内等郡，也都受其寇扰。汉廷屡次遣兵进讨，直到元初五年（118），叛羌才告解体。这场叛乱，前后达十余年，军旅不息，府库为之空竭，并凉二州也残破不堪。

顺帝时，羌势又盛。永和五年（140），西羌大举叛乱，汉以马贤讨之。次年，马贤败死，东西羌相合，寇掠及于三辅。其后汉又以赵冲讨之，奋战连年，羌势始衰。建康元年（144），赵冲战死，羌人也因死伤过多，无力再叛，而大举投降，于是陇右再定。

桓帝延熹二年（159），西羌烧当、烧何等八种又叛，寇陇西、金城塞，为汉将段颎所破。次年，颎再破西羌，出塞追击二千里。八年（165），颎又破西羌，进兵穷追，凡斩羌人二万余，生获数万口，降者万余落。到永康元年（167），西羌全定。东羌先零诸种，也于延熹四年（161）叛，汉以皇甫规讨之，降者十余万。但到九年（166），东羌又受鲜卑的引诱，入寇武威、张掖，缘边大受其害。汉以张奂讨之，未著大效，至西羌平定，东羌犹崛强。灵帝建宁元年（168），汉再遣段颎讨之。次年，东羌全平。此役颎与羌人凡一百八十战，斩首三万八千级，获杂畜四十二万余头，而汉也付出巨大的军费。

东西羌平定后，西北安定了十余年。到中平元年（184）黄巾乱起，北地郡（今甘肃省东端及宁夏省东南隅）先零羌又叛。陇西郡群盗，也乘机倡乱，拥胡人北宫伯玉为首，以金城人边章、韩遂主军政，杀金城太守，攻掠州郡。次年，入寇三辅，汉先后以皇甫嵩、张温、董卓等击之，大破叛众。四年（187），韩遂杀北宫伯玉及边章等，拥众十万，连下陇西、汉阳等郡。凉州刺史耿鄙因乱被害，鄙司马马腾也拥兵为乱，与韩遂联合，寇掠三辅。汉再以皇甫嵩、董卓击破之，但终不能将其彻底消灭。而西北长期用兵的结果，把董卓培养成当时首屈一指的大军阀。

东汉后期的另一边患是鲜卑。鲜卑人原居辽西、辽东等郡的塞外，光武时，匈奴强盛，他们常从匈奴入寇。其后归附中国，与北匈奴为敌，汉时加赏赐。直到和帝时，汉破走北匈奴，鲜卑人乘机进占北匈奴故地，吞并匈奴余种十余万落，日趋强盛。自永元九年（97）起，连年寇边者达三十余年，辽西、辽东、右北平、渔阳、代、云中等郡，皆受其害。直到顺帝阳嘉二年（133）以后，其酋长乌伦其至鞬死，鲜卑才稍稍敛迹。

桓帝时，鲜卑酋长檀石槐，统一各部，尽取匈奴旧地，建立了一个版图辽阔的大帝国。他北拒丁零，东却夫馀，西击乌孙，南与中国为敌。他于永寿二年（156）开始南侵，汉以张奂击之，岁久无功；饵之以和亲及爵位，也不接受。灵帝即位后，鲜卑连年寇边。熹平六年（177），汉遣夏育、田晏、臧旻各率骑兵万人，分道出塞进讨，均大败而回，士卒死者十之七八，于是鲜卑为寇益烈。光和四年（181），檀石槐死，子和连继立。和连才力不及其父，以亲攻北地郡为汉射死。和连死后，又发生子侄争国的事，鲜卑乃渐趋衰落。

鲜卑的寇侵方息，而幽州内部又发生叛乱。中平四年（187），曾任地方大吏的渔阳人张纯、张举，与乌桓联盟举兵，攻入右北平及辽东，杀二郡太守及护乌桓校尉；然后盘踞辽西，部众达十余万，举称天子，纯称王。次年，汉以公孙瓒击败之。六年（189）幽州牧刘虞到部，乌桓归附，叛众溃散，乱事始平。但继而公孙瓒又拥兵自雄，成为一大割据势力。

长期的边患，一方面使汉帝国的财政陷于困境，一方面又造成董卓、公孙瓒一类的军阀。中央政府既已衰弱不堪，军阀则拥有强兵，于是中央政权便轻易地落到军阀手中。

（四）军阀的称兵与割据

中平六年（189），灵帝死，皇子辩继位，是为少帝，年十四。辩为何皇后所生，灵帝生前以辩轻佻无威仪，欲以王美人所生的皇子协继承帝位，但事未决而病笃，乃以协托付于宦官蹇硕，当时硕是西园八校尉的统帅。皇后兄何进时为大将军，蹇硕本拟诛进立协，以事泄未果。及少帝即位，何太后临朝，何进以大将军辅政。当时司隶校尉袁绍，仇视宦官，何进以袁氏累世贵宠，素具威望，乃与绍相结，共图宦官。进首先杀掉蹇硕，尽领其屯兵；继而杀掉党助宦官的骠骑将军董重，重是灵帝母董太后之兄。袁绍又劝何进尽去宦官，进与何太后商议，太后不允。绍建议召四方猛将至京，以威胁太后，于是进乃征召驻守河东郡（治所在今山西夏县北）的董卓率部来京。

董卓自中平四年（187）以讨韩遂屯兵于凉州，因见国家衰乱，颇有拥兵自雄的野心。六年（189），汉廷征他为少府，他托故不就。到灵帝病笃，又拜他为并州牧，并

董卓，选自清皇家珍藏手抄善本绘图描金银《三国志演义》。

命他把军队交皇甫嵩统领；他又不从，反擅自引兵进驻河东，以观时变。同年七月，何进召他来京，他立即就道，同时上书数宦官之罪。当他尚在途中，京师已发生巨变，宦官因情势危迫，乘何进入宫与太后议事的机会，把进杀死。接着袁绍等领兵进宫，杀宦官二千余人，中常侍张让、段珪等携少帝和陈留王协等数十人乘乱出奔，北逃至黄河岸，张让等为朝臣所逼，投河自杀。群臣奉帝返宫，而董卓也适于这时赶到。董卓所部不过三千人，但因是凉州精兵，京师驻军竟不敢与之为敌。董以抵御羌人起家，他所统的凉州兵，并非全是汉人，其中尚杂有不少投降的匈奴和羌人，精锐为天下所畏。东汉帝国的命运，便断送在他和他的胡汉兵团手中。董卓到京后，吸收了何进的部众，又吞并骑都尉丁原所统的骑兵，声势大振。汉以卓为司空，掌握国政。九月，董卓以陈留王协贤，欲废少帝而立协。袁绍反对废立，弃职逃往冀州，卢植也因持异议免官，其余廷臣莫敢不从。于是少帝被废为弘农王，由协即帝位，是为献帝，年九岁，何太后则被酖杀。十一月，汉以董卓为相国。他为沽名钓誉，曾上书申理陈蕃、李膺等人的冤狱，并擢用大批名流为九卿、刺史、太守等显官；他本人则搜取财宝，恣意声色，并滥用刑罚，残杀不辜。他的军队，更是纪律废弛，使百姓饱受荼毒。

袁绍自逃亡冀州后，董卓因他具有号召力，怕他生事，乃以他为渤海郡太守。他便利用这个职位，招兵聚粮，准备讨卓。其时关东州郡，多想起兵，都与他联络。献帝初平元年（190）春，关东各州兵起，举兵者除袁绍外，尚有绍堂弟后将军袁术、冀州牧韩馥、豫州刺史孔伷、兖州刺史刘岱、陈留太守张邈、广陵太守张超、河内太守王匡、山阳太守袁遗、东郡太守乔瑁等。曾任典军校尉的曹操，也逃出洛阳，随张邈参加讨卓的大军。大家共推袁绍为盟主，绍并自号为车骑将军。当时关东大军，分屯于河内（治所在今河南武陟县西南）、颍川（治所在今河南禹县）二郡和陈留郡的酸枣

（今河南延津县北）、南阳郡的鲁阳（今河南鲁山县）等地，但皆畏惧卓军，不肯先进；独曹操率兵西向，大败而回。同年三月，董卓徙献帝于长安，并放火烧洛阳城，尽驱官民数百万口西行，积尸盈路，极人间之惨。董卓本人则留屯洛阳毕圭苑中，以备御东方。献帝到长安后，政务全委之司徒王允，允虽表面事卓，暗中则维护汉室。这一年，长沙太守孙坚也起兵讨卓，率军至鲁阳，与袁术合兵，他的兵为关东大军中最勇锐的一部。

初平二年（191）二月，汉以董卓为太师，位在诸侯王上。接着孙坚自阳人（今河南临汝县西）北进，击败董卓军，克复洛阳。卓以大兵屯渑池（今河南渑池县）、陕（今河南陕县）一带，而自回长安。此后东方联军，渐于无形中解体，若干起兵者，也开始忙于自身权位地盘的争夺，例如袁绍便在这年十月逼走韩馥而自任冀州牧。董卓回长安后，又滥杀官民，弄得人情汹汹。三年（192）四月，王允等与董卓的爱将吕布合谋，于上朝时把卓刺杀。既而董卓部下李傕、郭汜、张济等，因王允不下赦令，内怀疑惧，自陕起兵西攻长安。六月，长安陷落，王允为李等所杀，吕布则率数百人乘乱东逃，至此献帝再度落入军阀的手中。

接着军阀们展开混战，首先是李傕与韩遂、马腾的冲突。韩马二人于汉廷西迁后归附董卓，前来长安。李傕到长安后，遣马腾还金城，韩遂屯郿（今陕西郿县西北）。兴平元年（194），腾有求于傕，未能如愿，乃以军攻傕，并与韩遂联合。傕以樊稠、郭汜等击败之，腾等奔回凉州。次年，李傕杀樊稠，与郭汜相攻，并劫献帝居其营中，放火把长安城烧光。郭汜则劫留公卿多人为质，双方大战，数月不息。同年六月，双方经张济的调解，罢兵言和。八月，张济奉献帝东归，董卓的旧部董承、杨奉也都率兵随行。继而李傕、郭汜反悔，想抢回献帝；张济在途中也与董杨不合，乃联合李郭，共追车驾。幸因黄巾余党的“白波”首领韩暹、李乐等自河东郡率部接应，献帝始能东行。十二月，献帝至河东，暂居于安邑（今山西夏县）。建安元年（196）七月，献帝返洛阳。其时洛阳残破，州郡各拥兵不服，群臣饥乏不堪。董承因与韩暹等不合，暗召驻兵于许（今河南许昌县）的兖州牧曹操，操乃率兵赴洛阳，表奏暹等之罪，暹惧而出奔。八月，曹操迁献帝于许，汉以他为大将军，从此他成为汉廷的实际主宰。

二、三国的建立

（一）曹操的统一北方

曹操字孟德，沛国谯（今安徽亳县）人。父嵩，为桓帝时中常侍曹腾的养子，灵帝时官至太尉，贪污狼藉。操为人机警有权术，他曾于灵帝末年任骑都尉，以讨黄巾有功，迁济南相，继征为典军校尉。献帝即位后，董卓以他为骁骑校尉。但他不愿为卓所用，乘间逃走，至陈留郡（治所在今河南陈留县）募兵讨卓。其后与张邈投效袁绍，与卓军奋战失败。初平二年（191），袁绍为冀州牧，当时东郡（治所在今山东朝城县西）黑山贼猖獗，他以兵击破之，绍乃以他为东郡太守。次年，青州黄巾倡乱，攻入兖州，杀刺史刘岱，州吏鲍信等迎他代理兖州牧。他讨平黄巾，得贼降卒三十余万，男女百余万口。因以其精锐为兵，号“青州兵”。其后他与徐州牧陶谦交恶，攻战连年。兴平二年（195），献帝东迁，以他为兖州牧。次年，他为了迎接献帝，率兵至许。及至董承召他，始赴洛阳，继而迁都于许。这时率土分崩，到处军阀割据，汉廷的处境，仍非常危殆。

曹操，选自清皇家珍藏手抄善本绘图描金银《三国志演义》。

当时最大的割据势力，是雄踞河北的袁绍，他自领冀州后，声威益著。而幽州的公孙瓒，也于初平四年（193）杀刘虞，雄霸一方。这两大势力，时常发生冲突，争战不已。献帝东逃时，有人劝袁绍迎帝都邺，他未听从，因此大好机会落到曹操手中。建安元年（196）献帝都许后，曹操以袁绍势强，把大将军位让给他，而自任行车骑将军。绍也因受公孙瓒的牵制，无暇南顾，因此一时相安无事，但彼此的猜忌则日益加深。

袁绍公孙瓒以外的重要割据势力，尚有吕布据徐州（今江苏省北部一带地），袁术据扬州（今淮南江北一带地），刘表据荆州（今两湖一带地），孙策据吴会（今太湖流域一带地），张绣据宛（今河南南阳县），刘璋据益州（今四川省一带地），张鲁据汉中（今陕西省南部一带地），公孙度据辽东（今辽宁省一带地），韩遂、马腾据凉州（今甘肃省一带地）。下面略述他们割据的经过。

吕布自初平三年（192）东逃后，初依袁绍，后因军纪败坏，为绍所恶，乃转投河内太守张扬。兴平元年（194），曹操攻陶谦，操部下陈宫联张邈及其弟张超，共谋反操，并潜迎吕布为兖州牧，于是布引兵据濮阳（今河北濮阳县南）。操回兵讨之，相持不下。同年，陶谦死，临死把徐州牧让给奉公孙瓒之命来援徐州的刘备。次年，吕布为曹操所败，张氏兄弟也被消灭，布乃转投刘备。建安元年（196），刘备与袁术相攻，吕布乘机夺取徐州，自称徐州牧，居下邳（今江苏邳县东），而以刘备屯小沛（今江苏沛县东）。

袁术于董卓入京后，出奔南阳（今河南南阳县）。初平元年（190），关东兵起，术屯兵鲁阳，与卓敌对。其年长沙太守孙坚，举兵北上讨卓，杀荆州刺史王叡及南阳太守张咨，与术合兵，术乃取得南阳。王叡死后，汉以刘表为荆州刺史，治襄阳（今湖北襄阳县）。既而袁绍与袁术不合，绍连刘表为党援，术遂与表交恶。三年（192），袁术命孙坚伐刘表，为表部将黄祖的军士射死。次年，袁术为刘表所逼，引兵东屯封丘（今河南封丘县）；既而又为曹操所破，乃越淮据寿春（今安徽寿县），自为扬州牧。孙坚之子孙策，于兴平元年（194）投奔袁术，术把孙坚的旧部交给他。同年，汉廷以刘繇为扬州刺史，居曲阿（今江苏丹阳县）。次年，袁术派孙策率兵渡江击繇，取丹阳郡（治所在今安徽宣城县），繇兵败逃走。建安元年（196），策又渡浙水，击下会稽郡（治所在今浙江绍兴县），自任太守；此后他即以会稽为根据地，向外拓展。

张绣是张济的族子，济自与李傕郭汜追击献帝后，屯兵弘农（今河南灵宝县南）。建安元年（196），济率兵入荆州界，攻穰城（今河南邓县），中流矢死，绣乃降刘表，代领济众，屯驻于宛。刘璋是刘焉的儿子，焉自灵帝时任益州牧，于兴平元年（194）死，璋继任其位。张鲁为张陵的孙子，世奉五斗米道。他曾任刘焉司马，初平二年（191），奉焉命领兵击汉中，到刘璋继立，便拥兵自雄，不再听命。公孙度本玄菟郡吏，董卓入京后，以度为辽东太守。初平元年（190），他自立为辽东侯平州牧，并越海取东莱郡（治所在今山东黄县东南）诸县地。韩遂、马腾自与李傕、郭汜等交兵，败还凉州。其后两人部曲相侵，一变而为仇敌，连兵不解，直到献帝迁许，凉州仍在混战之中。

曹操对付这些割据势力的策略，是远交近攻，他曲意笼络袁绍、孙策、韩遂、马腾、张鲁，而以全力攻击吕布、张绣、袁术等。建安二年（197），曹操征张绣，绣降，既而复叛。同年，袁术称帝于寿春，自号“仲氏”。他与吕布交恶，为布所败。其后侵陈（今河南淮阳县），又为曹操所败，从此势衰。次年，曹操遣将灭李傕（郭汜已先为部下所杀），关中粗定。而吕布复与袁术和好，遣兵击刘备，备走依曹操；操擒杀吕布，遂取徐州。四年（199），袁术无法自立，欲北依袁绍，曹操派刘备邀击之，术走还寿春，气愤而死。同年冬，张绣也投降曹操。至此，黄河以南的割据势力已大体为曹操肃清，而袁绍也于这年春天讨灭公孙瓒于易京（今河北雄县西北）。当时袁绍据有

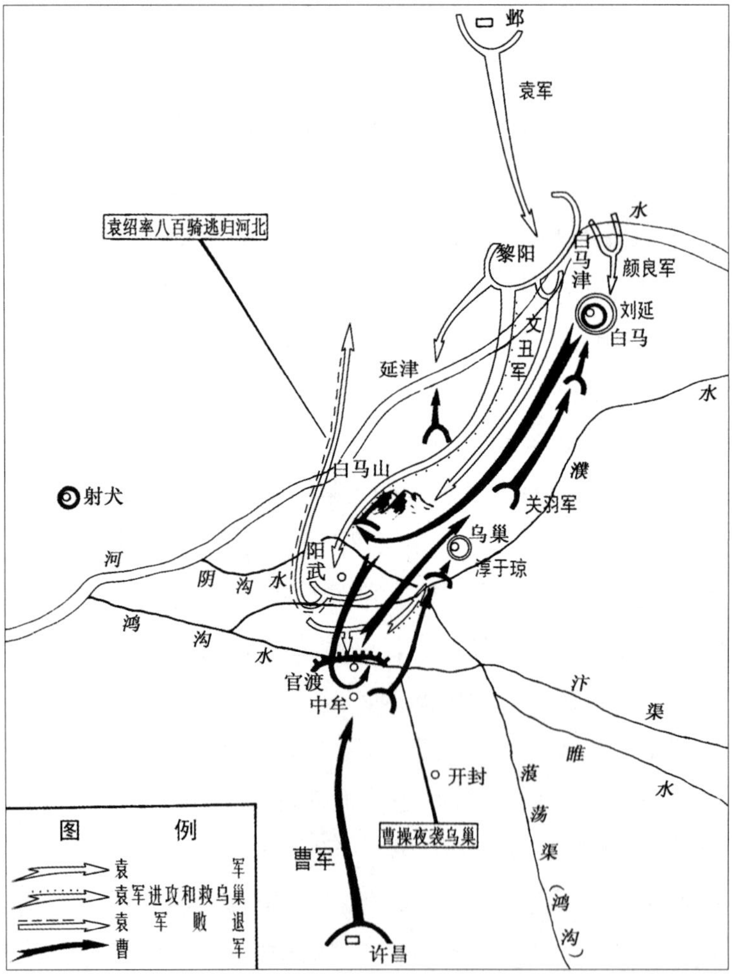

官渡之战示意图。建安五年（200），袁绍自邺南下进军黎阳，并以颜良部南渡，围攻黄河南岸要点白马。曹操亲率军由许都北上援救，以一部在东路佯渡延津，趁袁绍分兵延津，关羽在西路突袭白马，破袁军，杀颜良。袁绍又以文丑部自黎阳渡河南下至白马山，曹操以辎重引诱文丑军逼近，然后突然发动攻击，斩袁军主将文丑。袁绍遂亲率主力渡河南下，曹操乃向南撤退至官渡。八月，两军主力于官渡相持，达三月之久。曹操乘袁绍疏于防范，绕过袁营，向袁绍辎重所在地乌巢发起攻击。袁绍兵分两路，一路东北往救乌巢，却以主力南下攻击曹军营垒。结果两路均遭失利，袁军溃败，袁绍仅率八百骑逃归河北，战役结束。

冀、幽、并、青四州，地广兵多，成为曹操的最大威胁。五年（200），双方正面冲突，发生所谓“官渡之战”。这一战是曹氏政权的存亡关键，也是曹操统一北方过程中最重要的一次大战。

袁绍的势力虽大，但他本人的才识气度远较曹操为差，军队也外强中干。是年二月，袁绍进军黎阳（今河南浚县东北），遣将南下，曹操也北上迎战，败绍前锋。当时绍出动十万人，而操军尚不满一万。七月，袁绍渡黄河，屯兵阳武（今河南阳武县），与曹操对峙。九月，双方在济河北岸的官渡（今河南中牟县东北），展开大战。相持至十月，曹操奇袭绍军的粮秣集中地乌巢（泽名，在今河南延津县东南），尽烧其辎重，因此绍军惊扰，全部崩溃。袁绍狼狈返邺，损失达八万人。

袁绍虽然大败，地盘仍然完整，而曹操也一时无力大举北攻。但他经不起挫折，惭愤发病。七年（202），袁绍死，部下拥立绍少子尚，尚长兄青州刺史袁谭，屯兵黎阳，因不得立而与尚有隙。同年，曹操渡河攻谭，尚率兵赴援，鏖战数月。次年，袁氏兄弟败走还邺，操遂取黎阳。接着袁谭又与袁尚互攻，谭败奔平原（今山东平原县南）。九年（204），袁尚攻袁谭于平原，曹操乘机取邺。次年，操攻杀袁谭于南皮（今河北南皮县）。十一年（206），操攻袁绍甥并州刺史高幹，幹败死，遂取并州。袁尚于曹操拔邺时投奔其兄幽州刺史袁熙，既而熙因部下叛变，偕尚投奔辽西乌桓。次年，曹操击乌桓，熙、尚又投辽东太守公孙康（公孙度子），均为康所杀。至此，袁氏完全消灭，北方大致为曹操所统一。

（二）孙氏拓地与刘备入蜀

孙策自兴平二年（195）渡江后，所向克捷，地盘大扩。到建安四年（199），他已领有丹阳、吴、会稽及豫章（今江西省一带地）诸郡地，并分豫章地置庐陵郡。曹操曾于三年（198）以他为讨逆将军，封吴侯，以事安抚。五年（200），孙策为仇人刺杀，策部下张昭等拥立策弟权继位，年十九。当时江南人心浮动，而各地山险之区，尚盘踞着一种名叫“山越”的外族，时常四出骚扰，因此局势甚不稳定。赖权亲任贤能，以张昭、周瑜、程普、鲁肃等人，分主军政，才转危为安。这时刘表部下江夏太守黄祖镇西陵（今湖北黄冈县西北），与权有杀父之仇，因此权待江南粗安，便麾师西征。他于八年（203）伐黄祖，破其舟师，但因豫章、会稽等郡山越的叛乱，不得已回军。直到建安十三年（208）春，才破杀黄祖。孙权的势力至此到达长江中游地区，在夏口（今湖北武昌县西）以东，与刘表对峙。

建安十三年（208）的另一件大事，便是曹操的南伐刘表。表为汉室疏属，是当时的名士，又是一位能吏。他治下的荆州，物阜民安，为一时的乐土。因此引起群雄的垂涎，当时的智计之士，莫不以荆州为取“天下”的根本。但他并无远略，时人说他只是“平世三公才”，当中原纷争之日，他只知保境安民，丧失许多开疆立业的机会。建安六年（201），刘备投奔他，他虽知其才而不用。刘备涿郡（今河北涿县）人，为汉景帝子中山靖王胜之后，少与公孙瓒师事同郡人卢植。灵帝末，黄巾乱起，他纠合徒众，讨贼有功，曾任县尉、县令等职。其后，他任公孙瓒部将，助瓒党青州刺史田楷与袁绍作战，数有战功。曹操攻陶谦，谦求救于田楷，楷派他赴援。谦表荐他为豫州刺史，临死又以徐州牧位相让。建安初，他受吕布的攻击，走依曹操，操对他甚为器重，以他为左将军。其间董承受献帝密诏，与他谋诛曹操。建安四年（199），曹操派他邀击袁术，他乃袭取徐州。次年，董承谋泄，为曹操所杀，操并亲自伐他，他败投袁绍。及至绍败，又投刘表，表先后命他率兵屯新野（今河南新野县南）、樊城（今湖北樊城），对他日渐疑忌，因此抑郁数年。但其间他访得一位忠诚多智的少年名士诸葛亮来充任谋主，算是他在这段时期中的最大收获。亮字孔明，琅邪阳都（今山东沂水县南）人，寄寓于襄阳城西的隆中。他曾与刘备分析世局，认为中原与东吴已无发展的余地，唯荆、益二州有可乘之机。如跨有荆、益，内修政理，外与孙权结好，一旦时事有变，荆、益同时出兵北进，则霸业可成。这番话成为此后刘备建功立业的准绳。

蜀主刘备，唐阎立本绘。

建安十三年（208）六月，汉以曹操为丞相。七月，操亲伐刘表。八月，表病死，少子琮继位。九月，曹操大军进抵新野，刘琮遣使请降。当时刘备屯驻樊城，不知投降的事，到操军逼近，才仓皇逃奔夏口，往依刘表的长子江夏太守刘琦。继而刘备因鲁肃的介绍，投靠孙权，并派诸葛亮赴吴，共商大计。刘琮既降，曹操想乘胜灭吴，孙权决定迎战，派周瑜、程普率水军助刘备。当时曹操所统军队约二十五万人，而刘备、周瑜的兵力总共不过五万人。十月，曹操自荆州南下，与吴军相遇于赤壁（今湖北嘉鱼县东北），当时操军已有一部感染时疫，因而初战即告失利。既而瑜军以火攻烧操军战船，延及岸上营落，操军大溃；加以饥疫，士卒损失大半。曹操于是派将分守江陵（今湖北江陵县）、襄阳，自己引兵北还。战后，刘备乘机夺取荆州南部的武陵、长沙、桂阳、零陵四郡（今洞庭湖以南地区）。这场战争是曹操毕生未有的军事上的大失败，也是孙、刘二氏兴亡的关键。

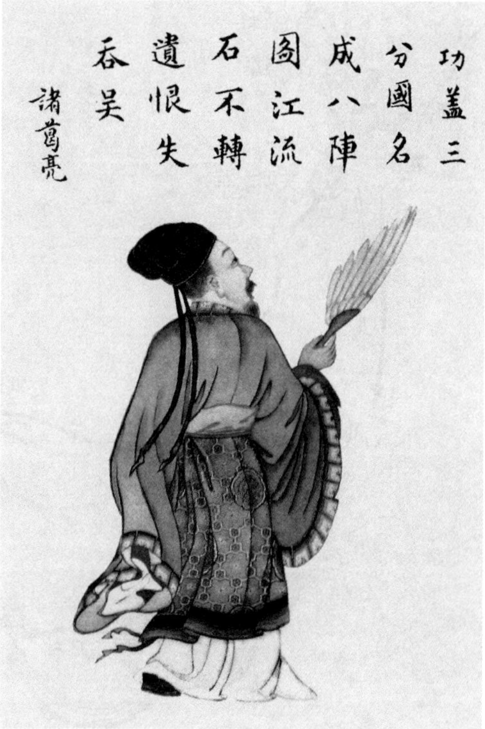

诸葛亮，选自清皇家珍藏手抄善本绘图描金银《三国志演义》。

十四年（209），周瑜攻下江陵，孙权以瑜为南郡太守，并以刘备为荆州牧。这时备虽取得四郡，但名义上仍隶属于孙权，且北扼于周瑜，并非独立的局面。次年，瑜死，孙权以鲁肃代领其兵。肃劝权把荆州借给刘备，以共拒曹操，权从之，于是南郡亦为备接管，从此才开始有个独立地盘。

十六年（211），刘璋听说曹操要伐张鲁，深恐蜀土被侵，乃遣使迎刘备入蜀，以讨张鲁，兼拒曹操。备乃命诸葛亮、关羽等守荆州，自率步卒数万赴蜀。备入蜀后，率军北上，滞留葭萌（今四川昭化县东南），不再前进。十七年（212），刘备回师据涪（今四川绵阳县）。次年，围雒（今四川广汉县），久攻不下。到十九年（214），诸葛亮率张飞、赵云等入援，溯江西上，击定沿江郡县。同年，雒城破，刘备进围成都（今四川成都县），刘璋出降，益州遂定。刘备的次一目标，便是与曹操争夺汉中的地盘。

曹操自赤壁之战失败后，他与孙权的战争重心，转移到巢湖沿岸的合肥（今安徽合

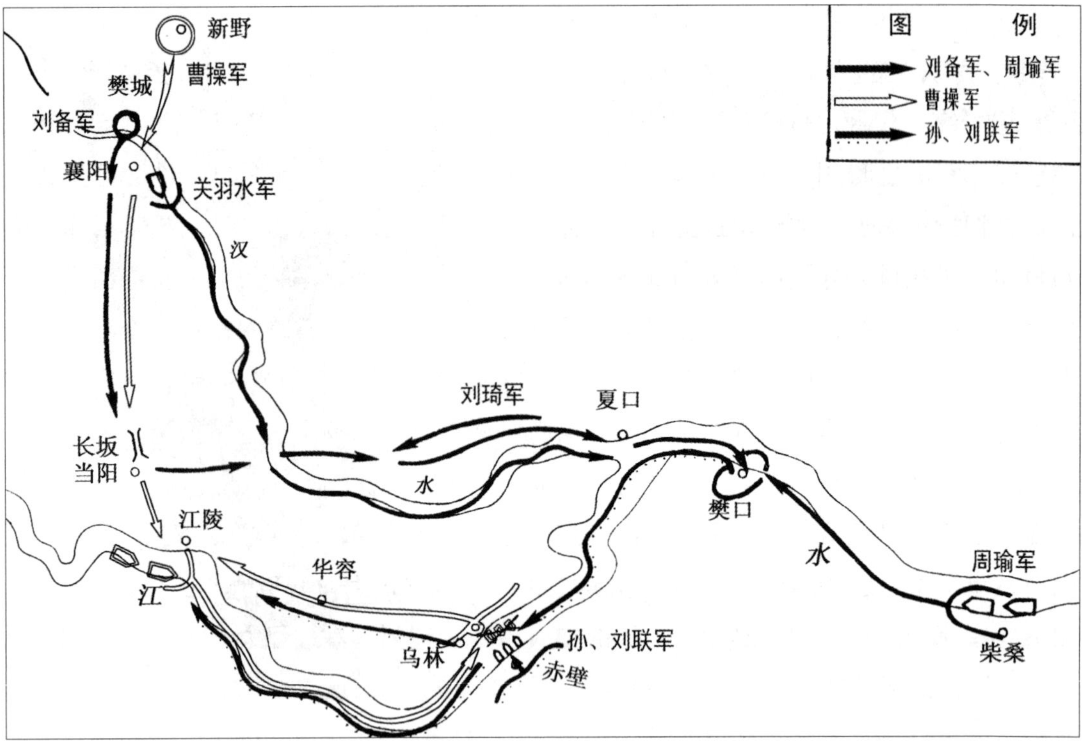

赤壁之战示意图。建安十三年（208），曹操率步骑十数万大举南下，进至新野，刘备弃樊城，亲率步卒南下江陵，关羽亦率水军沿汉水南下，以避兵锋。曹操亲率精骑五千急追刘备，在当阳长坂大破刘备。刘备放弃南下江陵计划，东渡汉水，得刘琦接应后，抵达樊口。曹军南下进占江陵，然后顺流而下，企图席卷江东。江东方面，孙权经过短暂犹豫后，决意联刘抗曹，命周瑜率东吴水军从柴桑沿江西进，在樊口与刘备军会合后，逆长江而上，到达赤壁。曹操军亦达，两军相持数月，孙刘联军得机会火烧曹营，大破曹军，曹操弃船登岸，向西北，经华容道逃向江陵，孙刘联军水陆两路追击至江陵，长江中下游全入东吴之手，曹军先前所占的荆州大部也落入刘备手中。此役后，曹操无力南顾，孙权乘机南下交、广，刘备则西取益州，终成三足鼎立之局面。

肥县北）一带。双方虽曾在这个地区发生多次恶战，但都没有多大收获。此外西北的韩遂、马超（腾子），也于十六年（211）起兵，反叛曹操。先是操于伐刘表前，曾派人游说马腾归朝，腾至京师，操以之为卫尉，而以超统腾部曲，但韩遂割据如故。十六年，操遣兵讨张鲁，韩马疑为袭己，乃举兵叛，屯据潼关。既而为操所败，奔回凉州，马腾则于次年为操所诛。十八年（213），马超再度举兵，杀凉州刺史韦康，复据陇右。同年，韦康部下杨阜起兵讨马超，超败奔张鲁，因见鲁不足有为，乃于次年转投刘备。其后不久，韩遂也为部下所杀。

韩马既败，曹操于二十年（215）亲击张鲁，鲁降。二十二年（217），刘备进兵汉中。次年，操亲自击备。二十四年（219），刘备大败操军，遂取汉中。其年七月，备自立为汉中王。至此“三分天下”的形势，乃大体完成。

（三）魏蜀吴的成立

曹操自建安十三年（208）任丞相后，独专汉政。十八年（213），汉以冀州十郡地为魏国，封操为魏公，定都于邺；并于邺建社稷宗庙，置尚书、侍中及六卿。于是汉的政治中心，由许都移至邺都，本来已是傀儡的献帝，至此更无足轻重。十九年（214），皇后伏氏因不满曹操的专横而被杀。次年，献帝以操的第三女为后。二十一年（216），曹操进爵为魏王，以钟繇为魏相国。这时曹操已是汉帝国事实上的皇帝，他却公言没有做皇帝的意思，并暗示要留待他的儿子去做。

建安二十五年（220）正月，曹操死于洛阳，太子丕嗣魏王位。同月，汉改元延康。十月，献帝“禅位”于曹丕。丕即位后，改元黄初，国号仍曰魏，是为魏文帝。十二月，魏徙都于洛阳。献帝则于禅位后被封为山阳公，直到魏明帝青龙二年（234）才死去。

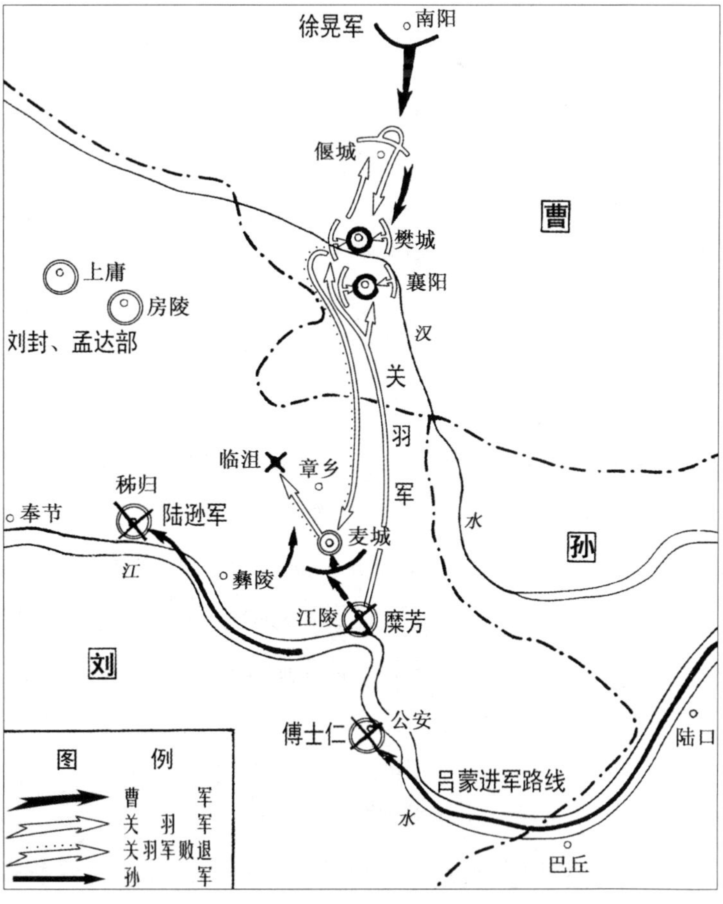

江陵之战示意图。建安二十四年（219），孙权在淮南与曹军作战，荆州主将关羽利用这个机会，派人守江陵、公安，自率主力北上进攻樊城。八月，破樊城北面守军，进围襄阳、樊城，并派出先头部队进占樊城以北的偃城，许昌为之震动。曹魏方面，一面令徐晃自南阳南下救樊城，一面遣使赴吴，使吴出兵攻关羽后方。关羽久攻襄阳、樊城不下，被迫从江陵抽调兵力，导致江陵空虚，孙权乘机命吕蒙自沿长江西上，逐次攻取公安、江陵。关羽失去后方，与徐晃军交战也不利，被迫南辙，上庸和房陵军队因势弱不敢出援。关羽自料不能回夺江陵，只好西走麦城。因城小难守，率兵北逃，在临沮被东吴所俘，不屈见杀。

继曹丕称帝的是刘备。自他取益州后，孙权屡次向他索还荆州，但他不允，因而时起纠纷。建安二十年（215），孙权派吕蒙攻取长沙、零陵、桂阳三郡，刘备也派关羽来争。后因曹操伐张鲁，备有北顾之忧，乃与权和；约定以湘水为界，湘水以东的地盘属权，以西属备。二十四年（219），刘备自立为汉中王。同年，关羽自江陵北伐，攻樊城，大破曹操军。继而围襄阳，兵势益震，曹操甚至想徙许都以避之。但孙权乘关羽围攻襄阳之时，命吕蒙袭取江陵，关羽的后方重镇既失，军心大乱，因而溃败，羽为吴军所杀。至此刘备的荆州地盘，全为孙权所得，双方于是结下深仇。其后，曹丕代汉，刘备也于魏黄初二年（221）三月称帝，改元章武，国号仍用汉，是为昭烈帝。后世通称刘备所建的汉为蜀汉，以别于它以前的西汉和东汉。

刘备称帝后的第一件大事便是伐吴，为关羽复仇。其年七月，刘备亲自率兵东征。三年（222）二月，蜀军自秭归（今湖北秭归县）进发，备命黄权督长江以北诸军，自率大军自江南翻山而进，深入吴境五六百里，屯于夷道猇亭（今湖北宜都县北），沿途

刘备攻吴双方作战示意图。黄初二年（221），刘备尽起水陆两军，东进攻吴，企图夺回荆州，以报关羽之仇。刘备以黄权节制江北各军，以备魏军，自率主力沿江东下。次年正月，推进至夷陵一线。东吴主将陆逊扼要坚守，蜀军屡次挑战，东吴不应。两军相持至六月，蜀军渐颓，被迫舍船上岸，屯于沿江一线。东吴乘机发难，以火攻蜀军陆上营寨，大破蜀军。刘备向西北逃至马鞍山，再沿江西逃，至于白帝。吴军追至巫山一带东返，黄权部全军投降魏军。此役，东吴主将陆逊采取先让一步、后发制人的作战方针，实行大胆的战略退却，扼守峡口要点，迫使对方兵力难以展开，坐待敌军师老军疲，然后火攻破敌，导演了一场以少胜多的著名战例。

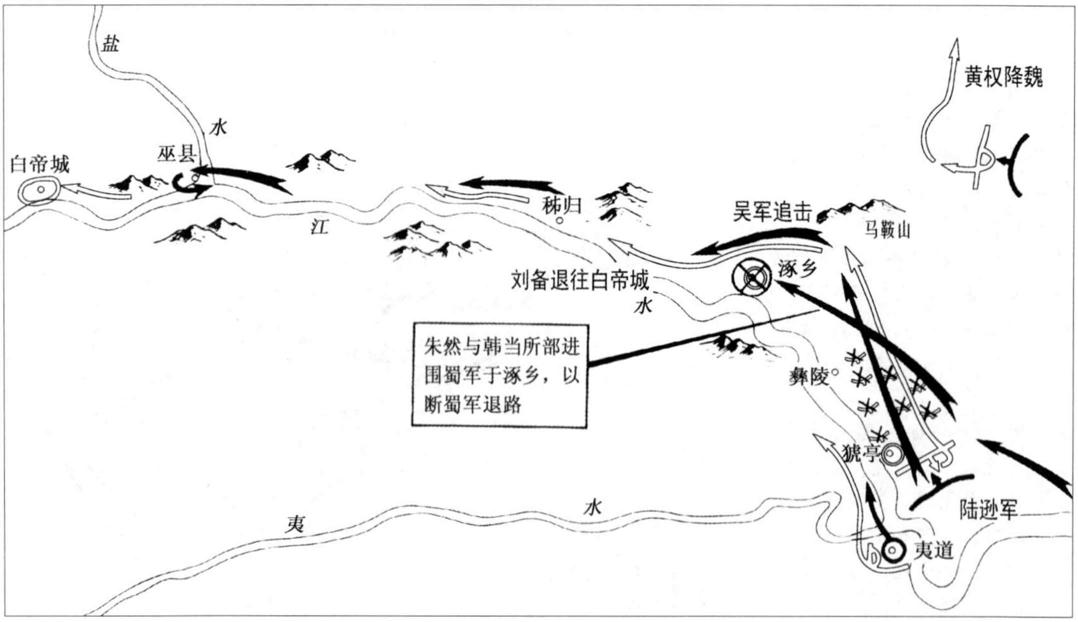

树栅结营，连绵不绝。孙权则以陆逊为统帅，率兵迎敌。逊力主守险不战，相持多日。至六月，陆逊突令士兵火攻汉营，诸军同时并发，汉军大败，损失数万人。刘备逃归永安（今四川奉节县东），黄权在江北无法退回，不得已降魏。十一月，吴蜀又复交通使。四年（223），刘备病死永安，他临死把太子禅托付于丞相诸葛亮，禅即位，是为后主。

孙权最后称帝，当建安二十四年（219）他准备袭取荆州时，曾上书向曹操称臣，劝操称帝，并愿讨关羽以自效。到黄初二年（221）刘备伐吴，权又向魏称臣，受魏封为吴王。次年，魏命权遣子入侍，他不从，乃建元黄武，临江拒守，并与蜀复交。终因境内蛮夷未平，仍卑辞求恕于魏。五年（224），魏文帝亲自伐吴，至广陵（今江苏江都县东北），遇暴风而回。次年冬，再度伐吴，仍无法渡江。七年（226），文帝死，太子叡继位，改元太和，是为明帝。是时蜀汉北伐，与吴邦交日固。太和二年（228），孙权以陆逊大破魏将曹休于石亭（今安徽潜山县东北）。次年，孙权称帝，改元黄龙，是为吴大帝。并与蜀汉结盟，约定灭魏之后，中分“天下”，以豫、青、徐、幽四州属吴，兖、冀、并、凉四州属汉；并平分司隶部地，以函谷关（今河南灵宝县西南）为界。孙权初居吴（今江苏吴县），建安十六年（211），徙居秣陵（今江苏江宁县南），次年改秣陵为建业。黄初二年（221），又徙都武昌（今湖北鄂城县）以御刘备。及至称帝，又迁回建业。

（四）三国的疆域与政治

三国时代疆域的区划，仍大体沿袭东汉的旧规，也就是将东汉旧日的版图分成三份。其不同者，只是若干局部的改变。

三国之中，魏的疆域最大。它辖有东汉的司隶部地（魏时改称司州）及冀、并、豫、兖、青、徐、幽七州的全部，凉、荆、扬三州的一部；又分司州及凉州土地设立雍州，共十二州。其中幽州的东北部即今辽东半岛及朝鲜西北部一带，于东汉末年为公孙氏所据，直至魏明帝末年灭公孙渊，其地始为魏有。以现在的地区来说，曹魏的版图，大致包括河北、河南、山东、山西、辽宁等省的全部，陕西、甘肃、安东、热河、察哈尔、安徽、江苏、湖北等省及朝鲜的一部。吴的疆域较魏为小，它据有东汉交州的全部，荆、扬二州的大部。后又分出交州一部土地，设立广州。包括今日的浙江、福建、江西、广东、湖南等省的全部，湖北、安徽、江苏、广西等省的一部及越南的东部。蜀汉的版图最狭，它仅辖有汉十三州中的益州，虽然也有凉州的设置，但只有东汉凉州的南隅之地。蜀地包括今四川的绝大部（吴国西部的建平郡在今四川省境内），以及陕西、甘肃、云南、贵州、广西等省的一部。至于三国所属的郡县，因说法不一，今不备载。

三国的人口，较东汉少得多。东汉桓帝永寿二年（156）的人口为五千零六万六千八百五十六人，是东汉人口最多的时期。其后经过一连串的内战，人口因之急遽减少。曹魏占据中原，在三国中人口最多。景元四年（263）魏灭蜀后，两国人口合计为五百三十七万二千八百九十一人，其中魏的人口占四百二十九万零八百九十一人，蜀的人口占一百零八万二千人。到太康元年（280）晋平吴，全国人口总数是一千六百一十六万三千八百六十三人，其中吴的人口占二百五十六万七千人［有关魏、蜀、吴、晋的人口记录，见《后汉书》卷十九郡国志一注，《三国志·蜀志》三后主禅传注，《三国志·吴志》三孙皓传注及《晋书》卷十四地理志上］。从上项数字，可以看出晋统一后的人口较一百二十五年前的东汉桓帝时，少了三千三百九十多万，平均每年减少二十八万人。但也可以看出，蜀灭之后，原来魏蜀二国地盘中的人口，在急遽的增加着。

至于三国的政治，大体说来都够水准。像两汉外戚宦官专权的事，魏和吴都始终没有发生过。只有蜀汉后主，晚年曾宠信宦官黄皓，但皓的贪横，实远不如东汉桓灵时代的中常侍。而蜀汉在诸葛亮任丞相的时代，政治极其清明。亮自汉建安十九年（214）入蜀，于魏黄初二年（221）任丞相，至青龙二年（234）去世，前后在蜀凡二十一年。他的治术是开诚布公，信赏必罚，朝野上下，莫不对他既畏且爱。吴国则有名相顾雍，他于黄初六年（225）任吴丞相，正始四年（243）死，为相凡十九年。他谦冲勤勉，知人善任，治绩亦著。魏没有诸葛亮、顾雍一类的政治家，但曹操本人长于治国，他生前政治已颇有基础，后人不过遵循他的旧轨而已。但曹操的治术颇有缺点，例如他用法严峻，有时诛杀过滥。同时他对人才的选拔，重能力而轻品德，这一点他曾屡次公开宣言过，因此魏的政治社会风气，日益败坏，对后世也发生若干不良的影响。

三国对其比邻或境内的外族，都曾以武力讨治。当时中国北方重要的外族，仍是匈奴、乌桓、鲜卑等。南匈奴自东汉初年入居塞内，渐移至今山西省中南部一带，与汉民杂居。曹操把他们分为五部，加以监护，他们事魏甚恭，始终未生事端。乌桓盘踞于今辽宁、热河两省及河北省北部的上谷、辽东、右北平等郡，汉末乌桓的领袖蹋顿与袁氏联合，曹操平河北后，于建安十二年（207）大破蹋顿于柳城（今河北昌黎县西），降其部落。曹操把一部乌桓人移至内地，施以军事训练，于是乌桓骑兵，名闻远近。鲜卑与乌桓邻近，也在幽州境内，对魏时叛时服。曹操以及魏文、明两帝，均曾对之讨伐，直到明帝青龙元年（233），才完全降服于魏。魏因受吴蜀的牵制，对于寄居边塞的降胡，始终未能尽心管理。因此，胡人得以自由发展，种类日繁，渐向四处扩张。原居于边地的汉人，受其侵迫，四散流徙，于是边郡人口为之大减，整个北边，变成胡人的殖民地。其后胡人不停地向内地蔓延，终于西晋末年，爆发不可收拾的大乱。

吴国境内重要的外族，有交州的南越，荆州西部的武陵蛮夷以及扬州的山越。其中为害最大的是山越，从汉兴平二年（195）孙策渡江开始，到魏正始三年（242）孙权讨平山越止，前后为患几达五十年。山越盘踞的地区达九郡之广，其范围大致是北至长江，南至闽江，东至沿海，西至赣江西岸的长方形地带，包括今江苏、安徽、江西、福建四省的一部和浙江省的全部，这个地带中的山地，大都为山越出没之所。孙权个人便与山越周旋四十年，因有此内忧，以致无力大举北伐，且不得不向魏称臣。到山越弭平，孙权已到暮年，不能再有所作为。但他的讨治山越，开发南方，对后世的贡献甚大，后来晋室便在孙吴的地盘上，建立起偏安的政权。[参看拙著《孙吴与山越之开发》（载“国立”台湾大学《文史哲学报》第三期）]

蜀汉内部的外族，是益州南部（今西康省东部及云贵一带）的蛮人（或称夷人）。刘备死后，他们乘机反叛，直到魏黄初六年（225）才为诸葛亮讨平，此后蜀汉一直对他们采用羁縻的政策。

三、晋的统一

（一）蜀汉的北伐与灭亡

蜀汉后主刘禅自魏黄初四年（223）即位后，诸葛亮以丞相辅政。后主为人忠厚平庸，政事无大小都取决于亮。这时荆州已失，亮的兴复汉室的计划已遭到严重的顿挫，但他仍不灰心，一面与吴修好，一面整军经武，待机伐魏。

黄初六年（225），诸葛亮讨平益州南部夷人的叛乱。国内既定，他于太和元年

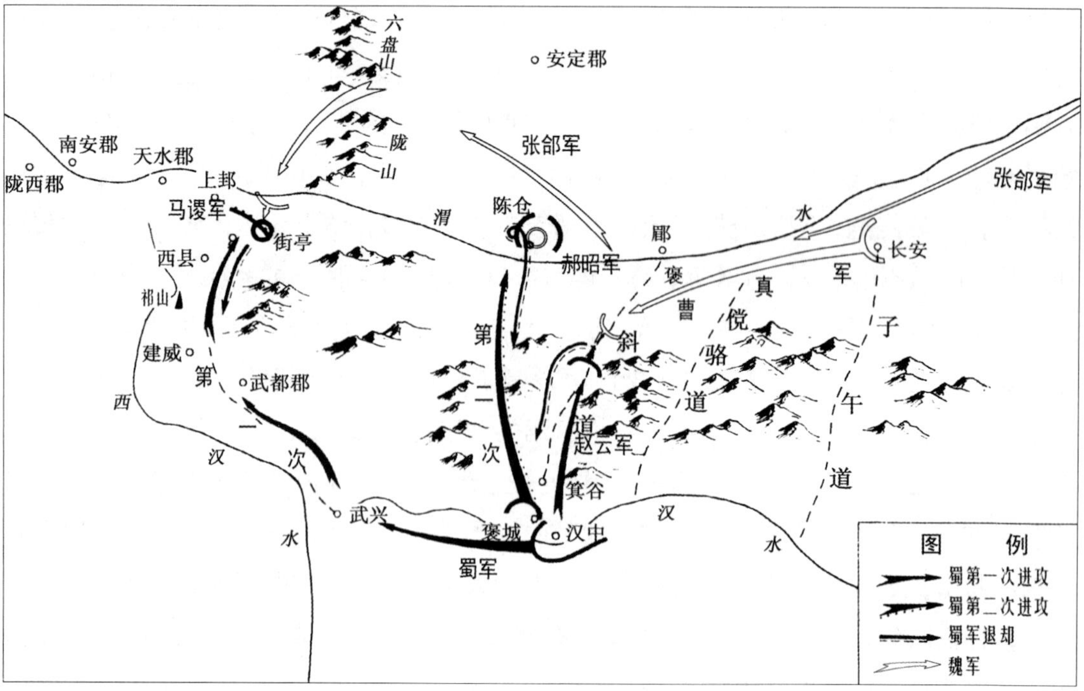

蜀汉第一、二次伐魏双方进军示意图。魏太和二年（228）春，诸葛亮第一次举兵伐魏，以“先取陇右，次取关中，次进图中原”为作战方针，命赵云率疑兵佯出斜谷攻郿，自率主力向西北开进，突袭祁山，天水、南安、安定三郡叛魏应蜀。魏先以曹真扼守褒斜道，闻蜀主力袭祁山后，魏派名将张郃西进助战，张郃越六盘山与陇山之间的山谷后，转向西南，在蜀军侧后重地街亭大破蜀将马谡，占据街亭。蜀军侧翼受敌，陇右势不可得，遂退回汉中。赵云也被曹真击败后返回箕谷，第一次伐魏以失败告终。
魏太和二年（228）冬，诸葛亮趁魏、吴作战，关中空虚，第二次举兵伐魏。十二月，诸葛亮率兵出散关，围攻陈仓，魏守将郝昭力拒，双方相持二十余日，蜀军不能攻克。又闻魏将张郃兼程进援，诸葛亮自料不能得逞，主动南撤，魏将王双出兵追击，被蜀伏兵全歼。

（227）三月，率军北驻汉中，上表北伐。次年初，他命邓芝、赵云守箕谷（今陕西褒城县西北），自率大军攻祁山（今甘肃西和县西北），今甘肃东部一带的天水、南安、安定等郡都叛魏响应，关中大震。魏明帝以曹真统理关中军事，并派张郃迎战，大败蜀军前锋马谡于街亭（今甘肃秦安县西北），亮不得已退师。亮退兵后，曹真平定三郡。同年十一月，亮得悉曹休为吴所败，魏兵东下，关中空虚，又上表做第二次的北伐。十二月，亮引兵出散关（今陕西宝鸡县西南），围陈仓（今陕西宝鸡县东）。陈仓守兵仅千余人，但已有备，蜀军数万，昼夜围攻二十余日，城终不下，蜀军以粮尽而退。

太和三年（229）春，诸葛亮派陈式攻魏武都（治所在今甘肃成县西）、阴平（治所在今甘肃文县西北），自率军至建威（今甘肃成县西北）助势，拔二郡而回。次年，曹真发兵伐蜀。诸葛亮率军至成固（今陕西成固县西北）以待魏军，并派李严赴汉中迎战。魏军因逢大雨，不战而退。五年（231），亮又率兵围祁山。这时曹真辞职，魏以司马懿为统帅，以御蜀师。懿自上邽（今甘肃天水县西南）往救祁山，亮分兵攻祁山，自率大军迎懿，遇于上邽之东，懿守险不战。六月，蜀以粮尽退兵。

诸葛亮退师后，休养士卒达两年余，又于魏青龙二年（234）率众十万，自斜谷（今陕西郿县西南）攻魏。四月，蜀军至郿，驻于渭水以南。司马懿引兵在渭南背水为垒，并采坚守策略，闭垒不战。双方相持百余日，蜀军毫无收获。亮因鉴于以往常因粮尽而退，这次至渭南后，便派兵屯田，以为长久之计。但到八月，亮因积劳致疾，病死于军中，年仅五十四，于是蜀军又退。

诸葛亮六次伐魏，后人称之为“六出祁山”，事实上蜀军是三出祁山，二越秦岭，尚有一次在秦岭以南待敌。他的师出无功，主要由于受地形的限制。从蜀地出兵北伐，

蜀汉第四、五次伐魏双方进军示意图。魏太和五年（231）二月，诸葛亮率大军从汉中出发，再出祁山，仍以陇右为目标，第四次伐魏，并把前进基地推到武都、阴平。魏军在祁山筑城固守，司马懿率军自长安西援。至祁山时，蜀军主力已北趋上邽，司马懿返军救上邽，与蜀峙于邽东，坚守不予应战。蜀引军再退到祁山，想在移动中相机歼敌。魏军却只是追逼，并不交战。蜀军无机可乘，又因粮草不继，只好向汉中返回。张郃率轻军追击，在木门道遭蜀军伏击，兵败身死。

魏青龙二年（234），诸葛亮采取“休士劝农”“教兵讲武”等措施，休兵三年，积蓄力量后，率兵十万，出兵斜谷，第五次伐魏。但由于魏司马懿先期到达渭水南岸，只做坚守。蜀军求战不得，便屯兵五丈原，一面寻求战机，一面分兵屯田，以做持久作战的打算。八月，蜀军统帅诸葛亮病死军中，蜀军退回汉中。

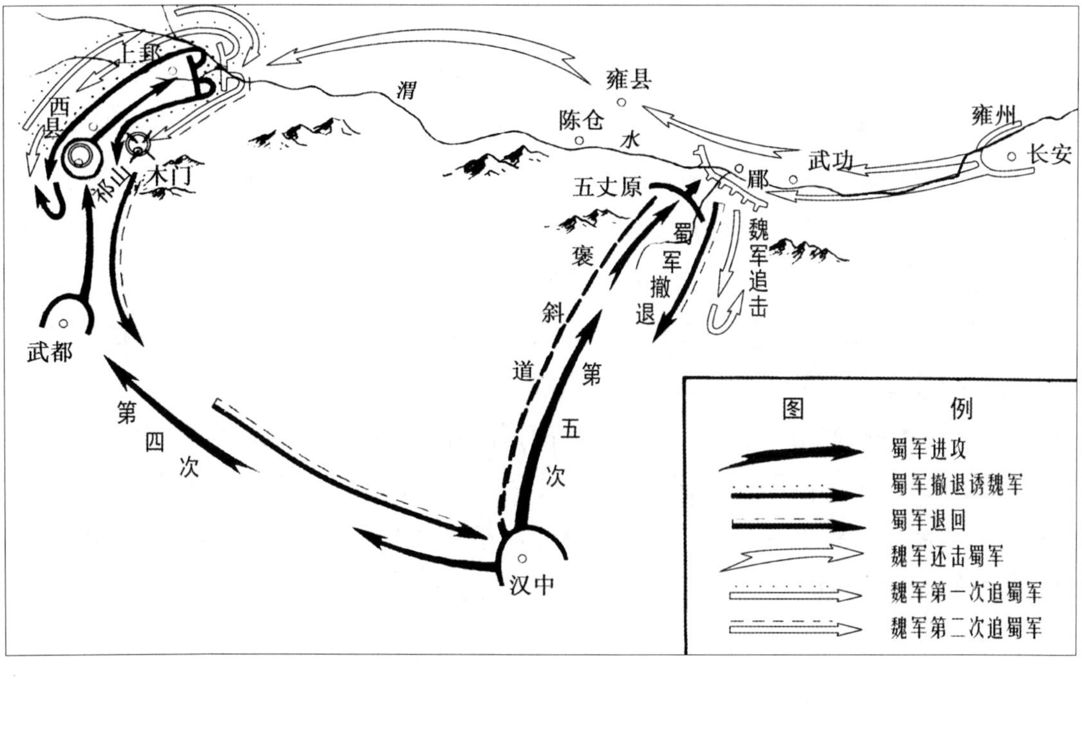

必须翻过广阔的山区，交通困难，粮食不易携带，因此蜀军常以粮尽而退。同时他指挥作战，过分持重，不肯出奇制胜，以致每次出兵，魏人事先都有准备。魏方的将领曹真、司马懿又都是优秀的军事人才，而魏的坚守战略，也非常正确。此外，他在军事行动方面，也显然与吴人没有很好的配合。但魏人对他是畏惧的，他是司马懿的生平劲敌；他死之后，蜀汉尚有三十年的安定，可以说是他的遗惠。

诸葛亮死后，蒋琬、费祎继掌国政，两人都是亮临死向后主推荐的。军事方面，则由姜维任统帅。姜维屡思北伐，但蒋、费二人持重，力主保境安民，不予赞助。因此，自诸葛亮死后，蜀汉未大举北伐者达二十年。直到蒋、费先后死去，姜维才得遂夙志。维自魏嘉平五年（253）开始北伐，攻战连年，功绩不立。这时后主信任宦官黄皓，国政渐坏。景元三年（262），姜维自前线还成都，请杀黄皓，后主不允。维惧而返回防地洮阳（今甘肃临潭县西南），要求种麦于洮阳附近的沓中，不敢再回成都，从此与中央发生显著的裂痕。

当时魏元帝曹奂在位，权臣司马昭（懿子）专政，见蜀汉政治日非，决心伐蜀。景元四年（263）八月，魏大举出兵。由钟会任统帅，以邓艾、诸葛绪各率三万人进击姜维，钟会自率十余万人越秦岭直捣汉中。出兵之前，朝臣连邓艾在内，多以为蜀不可伐，唯有钟会认为必克，劝司马昭出兵。昭以其不畏敌，乃付以伐蜀之任。蜀汉的兵力，约共有九万人，姜维统领的约五万，其余四万，分守各地。当时姜维远屯边地，不能统筹全盘战局，因此魏军最初进展甚速。同年九月，钟会攻下汉中，姜维闻讯，引兵南退，扼守剑阁（今四川剑阁县北）。十月，钟会攻剑阁不下，加以军食缺乏，准备退兵，但邓艾的迂道奇袭扭转了战局。艾自姜维撤退后，进至阴平，闻阴平有小路可通至剑阁以西百余里的涪（今四川绵阳县），其地离成都三百里。于是他率少数军士自阴平出发，经无人之地七百里，凿山通路，进抵涪以北的江油（今四川江油县东），长驱直入。后主派诸葛瞻（亮子，后主婿）率兵拒敌，战死于绵竹（今四川德阳县北），魏军进逼成都，后主乃降。姜维闻诸葛瞻败，自剑阁撤军，还救成都，途中得到后主的命令，也投降钟会，于是蜀汉灭亡。

蜀亡后，姜维犹力图复国，他见钟会怀有野心，因而劝会造反，自愿为其前驱。他的本意是等会反后，再伺机杀会以复国。钟会信之，于咸熙元年（264）陷杀邓艾，反谋益亟，并欲杀诸将以亲信代之。因此将士愤怒，攻杀钟会，姜维也在这次事件中罹难。后主则在这一年被迁往洛阳，受魏封为安乐县公。

（二）晋的篡魏

司马懿，选自清皇家珍藏手抄善本绘图描金银《三国志演义》。

蜀灭后的两年，司马氏篡魏，建立晋朝，这是司马氏世专魏政的结果。司马氏的得势，自司马懿始。懿字仲达，河内温（今河南温县西南）人，其先世曾在汉代任太守、京兆尹一类显职。他为人有权谋，擅军事，历仕曹操及魏文帝、明帝祖孙三代。曹操以他有“狼顾”（身不动而脸可正向后）之相，秉性猜忍，因此不加亲重，但文、明两帝则对他非常信任。明帝时，他曾镇守关中，屡拒蜀汉的进攻，功绩甚伟。其后又于景初二年（238），率师远征公孙渊（度孙）。自汉献帝初年公孙度割据辽东，至渊已达五十年，当时渊自称燕王，并诱引鲜卑侵扰北方，因此明帝以司马懿讨之。同年，懿破杀渊于襄平（今辽宁辽阳县北），重收辽东入版图。三年（239），明帝死，少子齐王芳继立，年八岁。司马懿与大将军曹爽（真子）受遗诏共同辅政。芳即位后，以懿为太傅。明帝病中，本决定以燕王宇（操子）及曹氏疏属曹肇（休子）、曹爽等辅政，而命懿自辽东屯守关中。但明帝临危，惑于近臣刘放、孙资，罢免宇、肇，改由懿及曹爽辅政。曹爽才调平庸，喜尚浮华，但好接近文人，当时名士如何晏、邓飏、李胜、丁谧等，都为他延揽，委以重任。司马懿无法与爽抗衡，乃称病家居，阴谋图之。嘉平元年（249），懿乘爽随帝芳外出，勒兵逼爽去职，继而族诛爽及其党羽。这次事件，是魏廷文人与军人的一场斗争，司马懿获胜后，魏的政权落入军人的掌握，魏室也开始步上灭亡之路。其时太尉王凌，方都督扬州军事，屯兵寿春（今安徽寿县），因帝芳受制于强臣，乃阴谋立楚王彪（操子）于许昌（今河南许昌县），以与懿抗。三年（251），凌事泄自杀，彪亦赐死。懿乃尽徙宗室诸王公于邺，严加监视，另以诸葛诞镇淮南。不久，懿也死去。

司马懿死后，子师以抚军大将军辅政。师及其弟昭，均有才干，且已久握军权，因此司马氏的基业，并不因懿的去世而受到影响。嘉平六年（254），师疑中书令李丰

司马懿诈病赚曹爽，选自清刊本《三国演义》。

与帝芳有密图，因而杀之，并诛与丰亲善的朝臣夏侯玄及后父张缉，张后也以牵连被废。帝芳甚感不平，欲杀师而不敢发。同年，师与弟昭勒兵废帝，更立明帝侄高贵乡公髦，年十四岁，并改元正元。时魏将毌丘俭镇淮南，因与李丰友善，心不自安。扬州刺史文钦，亦与司马师不合，于是相结起兵。正元二年（255），二人矫郭太后（明帝后）诏，起兵寿春以讨师，渡淮至项（今河南项城县东北）。师正在病中，闻讯力疾进讨，并遣军断叛军归路。继而文钦败于乐嘉（今河南商水县东北），南逃入吴。毌丘俭部亦溃，俭为人所杀，乱平后，魏复以诸葛诞镇淮南。

扬州乱定后不久，司马师病死，魏以其弟昭为大将军，继续专政。到甘露二年（257）四月，诸葛诞又叛。诞因与夏侯玄厚善，玄等既死，又见王凌、毌丘俭相继诛灭，也心怀疑惧。及至再督扬州，便阴谋叛昭。昭闻其谋，征诞返京。诞乃聚众十数万人，据寿春而反，并遣使求援于吴。昭挟帝髦及太后督诸军二十六万人讨诞，吴以文钦等三万人入寿春援诞，继而魏军围寿春，吴军多有降者，诞势大衰。次年正月，诸葛诞以意见不合杀文钦，势益孤弱。二月，魏师克寿春，诸葛诞被杀，吴军余众也全部被俘。

扬州再定后，司马昭权势益盛。甘露五年（260），魏以昭为相国，封晋公。帝髦见威权日去，不胜其忿。五月，帝髦亲率宫中僮仆，出宫讨昭，昭党贾充麾军迎战于宫门，帝为充部下成济所杀。昭以太后令宣布帝髦“罪状”，废为庶人，并归罪成济而族诛之。接着昭迎魏宗室常道乡公璜（燕王宇子）于邺，更名奂，入即帝位，是为元帝（又称少帝），时年十五。是年并改元景元。蜀汉灭亡后，司马昭又于咸熙元年（264）进爵为晋王。次年八月，昭死，子炎嗣为相国、晋王。十二月，魏元帝“禅位”于司马炎，炎即位后，是为晋武帝，改元泰始；魏元帝则被尊为陈留王，居邺；这是汉魏“禅让”故事的重演。

（三）晋的灭吴

孙权自魏太和三年（229）称帝，因内部不靖，始终未曾大举北伐。他在晚年，显然有些昏愦，曾做出不少失策的事，兹举两事为例。一是青龙元年（233），公孙渊遣使上表，称臣于吴，他遣太常张弥等率兵万人，并携大批的珍宝，由海道赴辽东，册封渊为燕王。弥等到达后，竟为渊所杀，并传首于魏以邀功，兵资珍宝全部丧失。另一件事是废太子和。他称帝后，最初以长子登为太子，正始二年（241），登死。次年，和立为太子。继而和与其同母弟霸各树党羽，渐成对立。嘉平二年（250），他废和为庶人，并赐霸死。同年，立幼子亮为太子，年仅八岁，并以诸葛恪为太子太傅以辅之。这件事成为日后政治上的乱源。

嘉平四年（252）孙权死，他称帝凡二十四年。太子亮继位，是为废帝，诸葛恪以太傅辅政，权势日隆。恪是诸葛瑾子，诸葛亮侄，他的才气干略，为当时所称，但刚愎自用，好矜己凌人。他辅政后，一心效法他的叔父，力谋北伐。同年，魏人以孙权死，乘机伐吴，进攻巢湖上的东兴堤（在今安徽含山县西南），恪亲自率师救东兴，大败魏军，魏军死者数万人。恪自这番胜利后，甚有轻敌之心，谋大举出兵，众议反对无效。次年，恪发兵二十万伐魏，围攻合肥。合肥守军仅四千人，吴人攻九十余日不下，因时逢盛暑，士卒多染疾疫，恪不得已退师，吴军损失达万余人。

诸葛恪回师后，因耻合肥不下，愈治威严，多所罪责，并征兵图再举，以致朝

吴主孙权，唐阎立本绘。

野怨愤。侍中孙峻，诬告恪欲为变，孙亮与之合谋，于宴会中杀恪。事后亮以孙峻为丞相，峻为人淫暴，较恪尤横。甘露元年（256），孙峻死，从弟孙綝继之辅政。綝辅政后，傲狠嗜杀，多行无礼。次年，诸葛诞据寿春叛魏，綝遣军援诞，损失惨重，百姓皆怨。孙亮也于这一年开始亲政，对綝多所诘问，綝乃称疾不朝。三年（258），亮欲诛綝，事泄，綝废亮为会稽王，改立孙权的另一儿子孙休，是为景帝。孙休即位后，对孙綝深为疑惧，同年十二月，休杀綝，距离休即帝位，不过两个月。

咸熙元年（264），也就是蜀汉灭亡的次年，孙休死，他临死把幼子灵托付给丞相濮阳兴及左将军张布。但吴人鉴于蜀的覆亡，思立长君，那时太子和及废帝亮均早已死去，于是兴、布迎立太子和子乌程侯皓。皓即位不久，便荒淫骄暴，以致朝野失望，兴、布二人也均为皓所杀。但皓还懂得用人，他曾以陆逊的族子凯为丞相，又以逊子抗

晋灭吴进军示意图。咸宁五年（279），晋六路并进，进攻东吴：东路司马伷自下邳南下，渡淮水，经堂邑，直指建业；王浑自寿春南下，向横江渡口进军；此两路意在牵制东吴主力，使其不能增援上游。中路王戎自豫州南下，指向武昌；胡奋出荆州，向西南，指向夏口；杜预自襄阳南下，向江陵方向移动，渡长江后，靖抚交、广；此三路意在夺取夏口以西要点，以策应主力王濬、唐彬部。王濬、唐彬出巴蜀顺江东下，以趋建业。贾充坐镇襄阳，节制六军。次年二月初，王濬军破丹阳，活捉吴将盛纪，随后连克西陵、荆门、夷道，在乐乡大败吴将孙歆，进克乐乡。随后，杜预克江陵，胡奋、王戎克夏口、武昌，贾充移屯项城，统领诸军。建业方面，吴主命丞相张悌渡江迎敌，进围杨荷，但不久全军覆没。吴军遂至瓦解，王濬部进至建业，吴主孙皓出降，东吴灭亡。

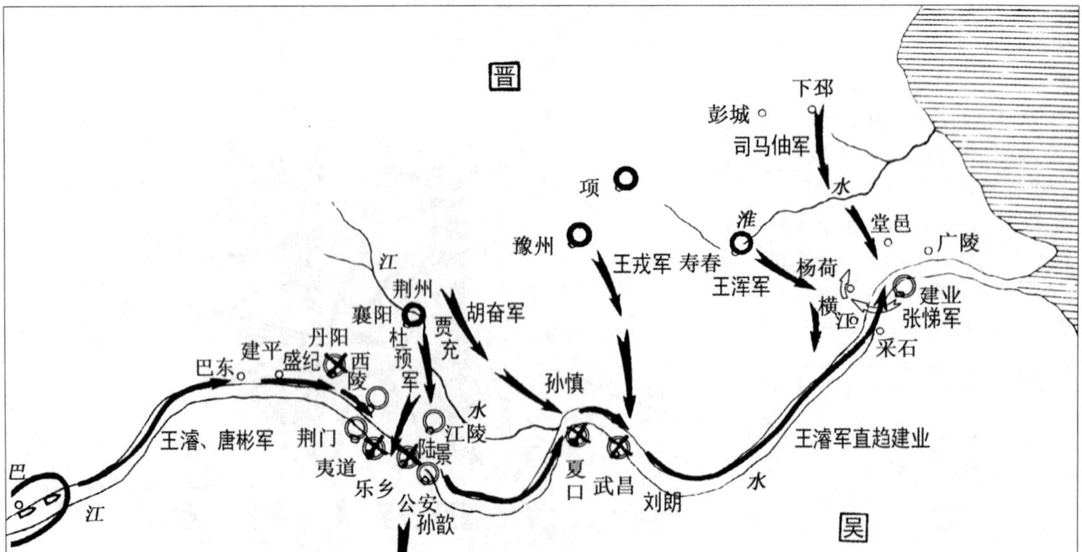

守荆州以御晋。凯为人忠壮质直，对皓屡做规谏，抗贞亮筹干，咸有父风；两人成为孙吴危局的最后支柱。

孙皓即位的次年，魏“禅位”于晋。皓不自量力，时思北伐。泰始二年（266），他自动与晋绝交，但又不修内政，穷极奢侈，于是晋遂有平吴之心。五年（269），晋以羊祜镇襄阳，欲以窥吴。次年，吴以陆抗镇乐乡（今湖北松滋县），与祜对峙。两人都是才德俱优的疆吏，因此一时势均力敌。继而晋命益州刺史王濬大造船舰，以充实战备。十年（274），陆抗病死。次年，羊祜上表请伐吴，朝议不许。咸宁四年（278），羊祜因病还朝，面陈伐吴之计，临死并荐杜预自代。五年（279），王濬、杜预均请伐吴，王濬上疏略谓孙皓荒淫凶逆，应从速征伐，如一旦皓死，更立贤主，则成强敌。臣做船七年，日有朽败，又臣年七十，死亡无日，良机一失，难以再图［**王濬疏见《晋书》卷四二濬传**］。至此晋武帝才决心出兵。

五年末，晋派兵二十万伐吴，六道出师，长江上中下游同时进兵，由贾充任最高统帅。上游由王濬率舟师沿长江东下，中游由杜预等率军分道进攻江陵、武昌（今湖北鄂城县）等地，下游则由王浑等分道进窥江南。太康元年（280），王濬舟师顺流而下，攻克沿江城戍。杜预也攻克江陵，吴西部州郡望风而降。下游王浑的军队也进至横江（今安徽和县东南），威胁建业。孙皓派丞相张悌率军渡江迎战，大败于牛渚（山名，今安徽当涂县西北），悌战死。继而王濬自武昌顺流东下，直抵建业，孙皓出降。自晋出兵到吴亡，前后不过五个月。从汉献帝初年起，中国陷于战乱分裂者九十余年，至此又告统一。

第十章
五胡乱华与晋室偏安

一、晋政的败坏

（一）晋初的颓风

晋武帝于太康元年（280）平吴后，论理“天下”一统，应有一番新兴气象，但事实大谬不然，举国上下竟浸润在一种奢侈腐败的暮气中。造成这种暮气的原因很多，而武帝的耽于淫逸，则是其主要原因之一。他于平吴前即曾大肆采择公卿子女，平吴后，更纳孙皓姬妾五千人入官，自此掖庭殆将万人。无限的旖旎风光，销尽了他的精力。他本人对当时的现状，似乎也非常满意，每次宴见大臣，总爱谈家常闲事，对国家大事却不感兴趣，其实晋帝国在许多方面都隐藏着严重的危机。

从汉末曹魏以来，政治风气日益败坏，其特点是绝大多数的政府首长，尚功利而无操守，重现实而乏理想。这种风气根源于汉末的党锢之祸，而曹操更是其助长者。曹操是宦官之后，因而仇视高门，他得志后便对当时的士族大姓如孔、袁、杨诸家，恣意摧残。东汉的士族，大都以经学传家，重视节行，蔚成独特的门风家法。士族的破落，使社会失去道德上的瞻依。同时曹操以法术治国，他曾三次下令征求人才，令中公然声明但求治术而不重名节。这种声明，对一般倾险好利之徒，自是莫大的鼓励，他们的登上政坛，当然不会有优美的政风出现。但曹操重才，政治上究竟还产生过几个才士，如何晏、丁谧、邓飏、夏侯玄等，都是具有政治才识的。这批人在魏末被司马氏诛除净尽，只剩下些无德而又无才之人，做了晋室的佐命功臣。

晋武帝司马炎，唐阎立本绘。

这里介绍晋代开国元勋贾充的事略，从他的若干行事，可以看出晋廷大臣的素质。他是魏室忠臣贾逵之子，但他自司马师时代起，即阿附司马氏。司马昭时，他曾奉命赴寿春窥探诸葛诞，并曾使成济刺杀魏帝髦。这些都是他为司马氏所立的勋绩。司马昭本意舍武帝而以武帝同母弟攸嗣晋王位，结果未成事实，颇与他的反对有关。因此武帝即位后，对他异常亲重。当时孙皓无道，朝臣张华、羊祜等都主张伐吴，唯有他始终反对，致使此事迁延了许久。后人推测他之所以如此坚决反对，可能是受了吴的贿赂。及至伐吴军兴，武帝仍以他出任统帅，但他不赴前线。孙皓投降时，他不知道，仍认为吴不可平，上表请求班师，结果他的表和前方告捷的文书同时到达武帝处。此后他却又以天下一统为由，屡请武帝封禅。

又如平吴将帅的争功，也充分表露出晋初的政风。当吴国初平，王浑以王濬先入建康，愧恨之余，想以兵攻濬。结果王濬把孙皓交给王浑，才算了事。其后，浑又屡次上书诬奏濬罪，濬也上书自理，争论不决。当时王浑子济，尚武帝女常山公主，宗党强盛，朝臣大都偏袒他。武帝也不问曲直，都加封赏，王濬不胜怨愤，每见武帝，总自陈功劳，结果双方形同仇敌。

金谷园图，清华嵒绘。石崇字季伦，石苞之子，少聪慧，勇而有谋，因军功封侯，在河阳置别墅金谷园，实美宝宠姬，骄奢淫逸，与世莫比，后终因巨富美妾而被杀。图中石崇居中高坐，正在倾听宠姬绿珠吹箫。

另一种颓风是奢侈，这种风气也有其渊源。曹操和魏的文、明二帝，以及明帝以后的曹爽，都以豪奢著名，渐至蔚成风气。而晋武帝的酒色自娱，对于这种风气更有推动助长之功。虽然他曾屡次下诏提倡节俭，但他本人不能以身作则，结果自然是徒托空言。晋初的贵戚公卿，莫不以奢侈相尚，有时达到悖乎情理的程度。石崇是当时朝臣中的首富，据说他的财富，是他在荆州刺史任内，经常遣人劫掠远使客商而来的。他有姬妾百余人，僮仆八百人，在金谷（今河南洛阳县西北）建立别馆，极花木园池之盛，日与友朋游宴其中。他曾与外戚王恺（武帝舅）斗富，恺做紫丝布步障四十里，他便做锦步障五十里，类此的荒唐举动，不一而足。此外勋臣外戚如何曾、王濬、王济、羊琇、贾谧（充孙）等，也都僭侈无度。奢侈与贪污是不可分的，因此当时的士大夫大都收贿聚财，贪纵不法。像石崇、王恺一类的人固不必论，即名贤如杜预，也不免赂遗权贵；当时一般朝臣的操守，自可想见。最上乘者，也只是些不为大恶与世浮沉的乡愿而已。

由于汉末曹魏以来政治作风的始终恶劣，有识之士，大多对政治感到灰心，转而致力于老庄之学，谈论玄理，以逃避现实，因而形成了所谓“清谈”之风。清谈中人，大都率性自然，不慕荣利。这种风气，自曹魏起愈演愈盛。到晋，在朝的士大夫也群起仿效，一方面置身于功名利禄之中，一方面又大做出世的玄谈。这种熔清高与卑污于一炉的作风，造就出一批既据高位，又无宦情，既求闻达，又想隐遁的人物，王衍便是其代表。这又是晋初政治上的怪相之一。

对这些政治社会的颓风，武帝始终没有振刷的决心，他不但自身怠惰，对勋贵也过分优容，因此积重难返。而异族的日益强盛，与晋室君臣的暮气，成为一个显明的比照。但武帝并未看出这种现象的严重性，即使连最关紧要的皇位继承问题，也未曾深思熟虑过。结果种种祸乱在他的身后一起爆发，几乎把整个国家断送给外族，对这一切，他是不能辞咎的。

（二）贾后的乱政

太熙元年（290），武帝死，太子衷继位，是为惠帝。惠帝赋性低能，武帝时即有若干朝臣，认为他不堪承继帝位。当时武帝同母弟齐王攸，甚有名誉，朝野倾心，但武帝终不能舍子立弟。由于惠帝的愚闇，乃有皇后贾氏乘机擅权乱政的事。

贾后名南风，贾充之女，为充继室郭槐所生。充为人险诈，槐性情悍妒，而贾后则兼备这两种性格。她于泰始八年（272）被立为太子妃，太子衷嬖而畏之。太子衷为武帝杨皇后所生，十年（274），杨后死，武帝又于咸宁二年（276）纳后叔杨骏之女为后。到太子衷即位，骏以太傅辅政，骏弟珧、济也都任显职，一门贵盛。骏为人刚愎，辅政后，知贾后性情难制，对她甚为畏忌，因而双方渐成对立。骏为巩固自身势力，遂多树亲党，以之统领禁兵。但这类举动，又遭受宗室诸王的不满。

宗室诸王是当时的重要政治力量，因为他们都拥有自己的军队。诸王的领兵，始于武帝时，武帝有鉴于曹魏苛待宗室，以致权臣得势，因此改变作风，对宗室加意优待。他于泰始元年（265）即位后不久，即分封诸王。其制是以郡为国，食邑至二万户者为大国，置三军，有兵五千人；邑万户者为次国，置二军，有兵三千人；五千户为小国，置一军，有兵一千五百人。是年受封的有二十七王，包括武帝的叔祖、叔父、堂叔伯和堂兄弟等。最初诸王都在京师任官，但他们既有兵权，且可自行选署其本国的文武官吏。咸宁三年（277），晋遣诸王之国，并以其中若干位都督诸州军事。同年，武帝又加封若干皇子为王。平吴之后，武帝更裁撤州郡武备，刺史只掌察举，不再领兵；大郡置武吏百人，小郡置五十人。这样一来，州郡的武力大衰，地方武力乃完全以王国为重心。同时诸王膺任方面，其权威由一国伸展至一州，势力愈强。到惠帝即位，诸王与杨骏、贾后便成为政治上的三大势力，各有其相互间的矛盾，随时可以酿成巨变。

首先爆发的是贾后与杨骏的冲突，贾后怀有预政的野心，但为骏所抑，无法如愿，因此势不两立。于是贾后利用诸王的力量，与骏为敌。当时汝南王亮（武帝叔）都督豫州诸军事，镇许昌（今河南许昌县），贾后教他举兵讨骏，但他不从。贾后改与都督荆州诸军事的楚王玮（武帝子）谋商，玮欣然允许，自求入朝。玮入京后不久，即勒兵诛骏及其党羽，死者数千人，杨太后也同时被废。杨骏死后，贾后征汝南王亮为太宰，与太保卫瓘共掌朝政。不久，亮以专断为贾后所不满，楚王玮也与亮有隙，于是贾后又利用玮杀亮及卫瓘。接着贾后又借“专杀”的罪名诛玮，然后以张华、裴頠与后兄贾模共同辅政。这些都是元康元年（291）的事，从这些事，可以看出贾后手段的毒辣高强。

张华为人儒雅有筹略，颇负时望。贾后以他非豪门望族，无逼上之嫌，因而用之。他辅政后，尽忠所事，贾后对他也还敬重。裴頠、贾模均为后党，但在当时也算贤才。三人同心协力，共济时艰，朝野安静者达七八年之久。贾模对贾后的过失，尤能尽言规谏，贾后渐感不耐，对他委任日衰。元康九年（299），贾模忧愤而死。从此贾后益无忌惮，日肆淫虐。同年，乃有废杀太子遹的事。

太子遹为惠帝妃谢氏所生，素受贾后嫉视。太子幼有令名，及长渐不好学，贾后更遣宦官引诱他奢靡嬉戏，因此名誉日衰。太子又与后党贾谧不合，谧在贾后面前谮毁太子，于是贾后谋害太子之意益坚。最后太子在她的巧妙布置下，以“谋反”的罪名被废为庶人，太子母谢淑媛也因而被杀。

永康元年（300），太子遹被徙置于许昌，太子无罪被废，朝野愤怒。贾后党赵王伦（武帝叔）时在京师，用其心腹孙秀计，怂恿贾谧劝后早除太子，其本人则准备于事后以为太子报仇为名，因而废后，以增威望。同年三月，贾后果遣人毒杀太子。四月，赵王伦遣齐王冏（齐王攸子）率兵入宫废后，并诛贾谧及贾氏亲党，张华、裴頠也都被害。其后不久，贾后亦被赐死。政变成功后，赵王伦自为相国，阴谋篡位。但他素性庸愚，而致大权旁落，受制于孙秀。秀贪淫嗜利，毫无远略，因此政治益坏。八月，淮南王允（武帝子）于京师起兵讨伦，失败被杀，夷灭者千余人。继而孙秀又以齐王冏在京师，有所顾忌，乃出冏镇许昌。但不久便因赵王伦的称帝，激起了更大的战乱。

（三）诸王的称兵

赵王伦于永宁元年（301）称帝，改元建始，并尊惠帝为太上皇，迁之于洛阳城东的金墉城。伦称帝后，孙秀专执朝政。当时齐王冏镇许昌，成都王颖（武帝子）镇邺（今河南临漳县西），河间王颙（武帝堂弟）镇长安（今陕西长安县西北），均为当时的雄藩。同年三月，冏首谋讨伦，与颖、颙及常山王乂（武帝子，后封长沙王）等同时举兵，进逼洛阳，伦迎战失败。五月，禁军将领王舆，攻杀孙秀，废伦而迎惠帝复位。既而诸王兵至，诛伦及其党羽，总计此役双方战死的士卒近十万人。

惠帝复位后，齐王冏以大司马专政，成都、河间二王，均返本镇。冏擅权骄奢，中外失望。当时惠帝子孙俱死，成都王颖有继位之势，冏欲久专大政，乃于太安元年（302）立清河王覃（武帝孙）为皇太子，而自任太子太师。颖乃与河间王颙相结，力谋反对。同年，颙上表陈冏罪状，主张废冏以颖辅政，并遣部将李含、张方等进军洛阳。时长沙王乂在京师，响应河间王，奉惠帝攻冏，擒而杀之，同党皆夷三族，死者二千余人。冏死，李含等遂退回长安。

齐王冏死后，成都王颖遥执朝权，朝中事无大小，都取决于他。但他较冏尤为骄恣，政事益加废弛。他以长沙王乂有才略，且在京师，诸多不便，因谋去之。太安二年（303）八月，颖与河间王颙共表乂罪状，请遣乂返国。颙并以张方率兵七万，东趋洛阳，颖亦率军二十余万南下。乂遣皇甫商拒张方，自挟惠帝拒颖。既而皇甫商为张方所败，洛阳失陷。乂则屡败颖军，并还讨张方，克复洛阳。其后，颖与张方复合军进逼洛阳，乂坚守不屈，前后斩获六七万人。时东海王越（武帝堂弟）在京师，以城中粮食日少，恐事不济，乃于永兴元年（304）潜与禁军将领拘乂，开门迎外兵入。张方杀乂，纵兵大掠而回，颖也班师返邺。继而颖等迫惠帝废太子覃，而以颖为太弟，兼领丞相，并以颙为太宰。

颖得志后，恣意刑杀，僭侈日甚，司空东海王越乃与禁军将领及长沙王故将等谋讨伐之。同年七月，越等挟惠帝讨颖，并复太子覃位。越军北进，大败于荡阴（今河南汤阴县西南），惠帝为颖军所俘，被留于邺，越奔东海（治所在今山东郯城县西南）。既而都督幽州诸军事王浚，并州刺史东嬴公腾（越弟）联兵讨颖，进逼邺城，颖拒之不胜，乃挟惠帝南奔。这时河间王颙已遣张方据洛阳，闻颖与惠帝南来，遂拥之赴长安。帝西迁后，颙专朝政。同年冬，颙废颖，改立豫章王炽（武帝子）为太弟。

永兴二年（305），东海王越与范阳王虓（武帝堂弟）等举兵讨河间王颙，颙遣颖率军拒之，越、虓军败，颖进据洛阳。光熙元年（306），东海王越等得王浚援兵，势力又盛。河间王颙杀张方乞和，越不许，遣军西进，连下洛阳、长安，颙逃走，越军乃奉惠帝还洛阳。颙于越军去后，复还长安，但关中皆服于越，颙仅保城而已。成都王颖则于军败后，辗转返邺，为范阳王虓所拘，其后为虓部下所害。同年十一月，惠帝食饼中毒而死，太弟炽继位，是为怀帝，东海王越以太傅辅政。继而越征河间王颙为司徒，而以南阳王模（越弟）代镇关中。颙就征，模遣将杀之于途。至此，晋室诸王骨肉相杀的惨剧，算是告一结束。从元康元年（291）起，到光熙元年（306）止，这幕惨剧的演出，前后达十六年之久，而以永康元年（300）以后的几年为最高潮。史书称它为“八王之乱”，八王是指：汝南王亮、楚王玮、赵王伦、齐王冏、长沙王乂、成都王颖、河间王颙和东海王越。

当诸王忙于内争之时，中国境内的若干胡族，也乘机脱离晋室的羁绊。永兴元年（304），匈奴酋长刘渊僭称汉王于左国城（今山西离石县东北），氐人李雄据蜀自称成都王。荆扬地区也屡生变乱，太安二年（303），义阳（治所在今河南新野县）蛮张昌据江夏郡反，其势力渐扩至长江下游，次年乱平。永兴二年（305），晋将陈敏叛于历阳（今安徽和县），略有江、扬二州，至怀帝永嘉元年（307），敏因内叛被杀，其乱始平。当时南方因安定日久，民不知兵，乱众多为乌合，因此尚易平定。但北方胡族，其部落团结坚固，又复骁勇善战，已非疲敝不堪的晋室所能克服。到怀帝即位，诸王的兵争虽然停止，胡族的侵迫，又接踵而来。终致十年以后，晋室中央被胡人赶到南方去。

二、胡族的叛乱

（一）胡族的种类

晋惠帝末年，胡族大举叛乱，史家名之为“五胡乱华”。所谓五胡，是指匈奴、羯、鲜卑、氐、羌，也就是当时胡族的主要种类。它们都是从西汉和三国时代陆续迁入中国的。它们原都降顺中国，中国政府为便于保护管理，迁之于边地。其后它们因中国衰乱，渐向内地扩张。东汉时，政府常以胡人为兵；三国时的魏蜀，也常利用胡人与对方为敌；胡人愈强，国人的尚武精神也愈衰。到晋，胡人种类繁衍，益向内逼，北起今辽东半岛、内蒙古及甘肃省，南至今河北省东北部，山西省中南部，陕西省北、西、南部和四川省北部，都是胡族的繁殖之地；对于晋帝国的中心地区，形成半包围形势。北方的重要战略地带，大都在胡人的势力范围之中；晋室的首都，处于胡人势力的直接威胁之下，充分暴露出危机；有识之士，早已引以为忧。武帝泰始六年（270），河西鲜卑秃发树机能叛，攻陷凉州，直至咸宁四年（278），其乱始平。其后吴平，侍御史郭钦曾上疏建议徙胡族于塞外，并以汉人实边境，严出入之防，帝不能纳。至惠帝元康六年（296），关中氐羌又叛，推氐帅齐万年为首，屯聚梁山（今陕西乾县西北）。至九年（299），晋始平之。乱后，山阴令江统著《徙戎论》，再申前议。但是想把三百年来陆续迁入内地的胡族，于短期内迁出，本是件极其艰巨的工作，何况晋室中央暮气已深，又忙于内争，更无力及此，因此终致造成不可挽救的局面。兹将五胡向中国内地扩展的经过，分述于后。

匈奴自西汉宣帝受呼韩邪之降，处其部落于五原、朔方等郡，开始与汉人杂居。东汉初年，又置南单于部于西河郡，其后南单于徙其庭于左国城。灵帝末，匈奴发兵助汉讨黄巾。至董卓乱起，匈奴屯聚于洛阳北面黄河彼岸的河内郡，种族日盛，大部散居于今山西省中部的汾水流域一带。至献帝时，曹操平定河北，分其众为左、右、南、北、中五部，凡三万余落。晋武帝时，塞外匈奴陆续降附，晋悉居之于内地。于是整个并州（大致当今山西省地），几乎无地无匈奴寄居。羯为匈奴别支，随同匈奴迁入中国，散居于上党郡的羯室（在今山西辽县境），号称“羯胡”，他们仍过着游牧生活。

鲜卑在五胡中种落最大，这是因为匈奴南移，他们据有匈奴故地恣意发展的结果。东汉桓帝时，鲜卑酋长檀石槐曾为中国大患。三国时，鲜卑部落渐成分立，互不统属，其重要者有慕容、拓跋、段、宇文、秃发、乞伏诸民，尤以慕容、拓跋二氏为最强。这些鲜卑部落，遍布于北边，从辽东直到河西，到处都有他们的踪迹。当时鲜卑人中，已颇有务农的。

氐于汉时属西南夷，在冉駹（今四川茂县）东北的武都郡（治所在今甘肃成县西）境内，凡十余部，以白马氐最大。此外，氐人亦有居于巴郡（治所在今四川江北县）者，以武落钟离种最盛。东汉末，曹操曾徙武都氐数万落于京兆（治所在今陕西长安县西北）、扶风（治所在今陕西泾阳县西北）、天水（治所在今甘肃天水县西南）等郡界内，以御刘备。蜀汉后主时，也曾徙武都氐四百余户于广都（今四川华阳县东南），因此氐人益入内地。晋时，氐人的主要根据地为武都、略阳（治所在今甘肃秦安县东南）二郡，而京兆等地的氐人，也安居如故，他们也有部分务农的。

羌为东汉的主要边患，尤以中叶以后为害最烈。东汉时，羌人已入居今甘肃省东部及陕西省北部一带，分东西两部。但因羌人于灵帝时遭受段颎的重创，而致势力大衰，在五胡中，它可以说是最弱的一环。氐和羌的人数，远较匈奴、鲜卑为少，但他们所沾染的汉化则较深。他们可能全会中国语言，他们的酋长，也大都具有汉人的性格。

五胡于晋惠帝末期开始大规模的叛乱，十余年后便掩有整个北方。从惠帝永兴元年（304）匈奴刘渊称王起，下至南朝宋文帝元嘉十六年（439）北魏统一北方止，在这一百三十六年间，它们陆续在北方建立了十几个国家，与南方的汉族传统政权相对峙。其间汉人也曾在北方先后建立了几个小国，但它们只是胡族世界中的一种点缀而已。史家把这段时间在中国境内，汉族传统政权版图以外的地区中所建立的国家，统称为“十六国”。这些国家大部为胡族所建，汉人所建者仅有三国。

十六国的名称，是匈奴所建的前赵、北凉、夏；羯所建的后赵；鲜卑所建的前燕、后燕、南燕、西秦、南凉；羌所建的后秦，氐所建的前秦、后凉、成（即汉），和汉人所建的前凉、西凉、北燕。十六国中只有前秦曾一度完全统一北方，但为时非常短暂，此外始终处于分裂的状态中。在同一时间内，常有两个以上的国家并立，但从无十六国并立的事。事实上在此期间兴起的国家，并不止十六国，例如鲜卑所建的西燕、辽西、代（北魏的前身），氐所建的仇池以及汉人所建的冉魏等，都不在十六国之列。这是因为十六国据地较大，国祚较长，并且遗有较多史料的缘故。十六国本身不但经常相互攻伐，其中若干国并与南方的晋发生过多次战争。其后晋为宋所篡，北方也继而为鲜卑人的北魏所统一，历史乃又步入一个新阶段。

（二）北方的沦陷

惠帝末年首先倡乱的胡族是巴氐李氏。李氏先世原居巴西郡（治所在今四川阆中县西），汉末，张鲁据汉中，其族有李虎者，率五百余家往依之。后曹操克汉中，迁虎及其部属于略阳，号曰巴氐。至晋，宗族渐盛，其酋李特、李庠、李流等（皆李虎孙），均有材武，为地方所附。惠帝时，齐万年反，关中大饥，饥民纷纷南走，李特兄弟也相率入蜀。永康元年（300），益州刺史赵廞据成都叛，以李庠为将军。次年，赵廞忌李庠得众，借故杀之，李特等遂攻杀廞，入据成都。晋以罗尚率兵入蜀，特等投降，晋加以爵赏。同年，罗尚欲遣流民返籍，李特屡为求情，流民多归附之，众至二万，屯于绵竹（今四川德阳县北）。继而特据广汉（今四川遂宁县东北），进攻成都。至太安二年（303），晋援军至，击斩李特，李流及特子雄收余众据郫城（今四川郫县北）。同年，李流死，众推李雄为首，罗尚攻之，失败而逃，雄遂入成都。永兴元年（304），雄自称成都王。光熙元年（306），改称皇帝，国号成。晋适值诸王交兵，无力远伐，于是梁、益、宁三州（今陕南、四川及云贵一部地）尽陷。但李氏据地较偏，尚未能牵动大局，因此史家通常以匈奴刘渊的起兵，为胡族叛乱的开始。

刘渊为东汉末年匈奴南单于於扶罗之孙，父豹为左贤王，冒姓刘氏。曹操分匈奴为五部，部帅皆姓刘，刘豹为左部帅，居于泫氏（今山西高平县）。晋武帝时，刘渊继父位，武帝以之为北部都尉，惠帝初，渊进为五部大都督，统领五部。时成都王颖镇邺，以渊自随。永兴元年（304），王浚、东嬴公腾攻颖，渊请还部发兵击敌，颖许之。渊到部后，即叛晋独立，继而自称汉王，都左国城。怀帝永嘉二年（308），刘渊称帝，并徙都平阳（今山西临汾县西南）。次年，渊遣其子聪等寇洛阳，失利而回。渊将石勒（羯人）、王弥等，则横行于冀、青、司、豫、徐、兖诸州，所过残破。四年（310），刘渊死，子和继位。同年，刘聪杀和自立。这时关东地区，大部为匈奴所有，洛阳已危在旦夕，但晋室君臣，仍矛盾丛生。东海王越因胡寇日盛，自请讨伐石勒，镇集兖、豫。同年，越率军屯项（今河南项城县东北），朝廷重臣以及名将劲卒，都为他罗致而去，于是洛阳益形单弱。

永嘉五年（311），怀帝因愤东海王越专横，密使将军苟晞讨之，越忧愤而死。太尉王衍等奉越丧还葬东海，石勒自许昌追之，大破晋军于苦县（今河南鹿邑县东）。晋军将士十余万，无一得免，王公大臣，也悉数被俘，晋室武力，至此等于全部丧失。这时洛阳饥困，百官流散，刘聪乘机遣军攻洛阳，晋军连战失利，洛阳遂陷，怀帝被俘。继而刘聪遣刘曜（刘渊族子）等西取长安，杀南阳王模，聪乃以曜镇关中。苟晞奉豫章王端（武帝孙）建行台于蒙县（今河南商丘县东北），为石勒所击擒。既而勒杀王弥而并其众，势力益强。

六年（312），晋安定太守贾疋、冯翊太守索琳及安夷护军麹允等起兵，攻下长安，刘曜败逃。疋等乃迎立秦王业（武帝孙）为太子，建立行台。次年，怀帝遇害，凶耗至长安，业即帝位，改元建兴，是为愍帝。其后刘曜连年西攻，至建兴四年（316），曜复攻长安，晋兵穷食尽，愍帝窘迫出降。这时晋帝国的北方已大部沦陷，只有三数地区，犹为晋守。一是并州刺史刘琨镇阳曲（今山西阳曲县北），北与鲜卑拓跋氏部酋猗卢相连，保并州北部。一是幽州刺史段匹磾镇蓟（今河北大兴县西南），保幽州。匹磾本幽州鲜卑，其父务目尘据辽西郡（治所在今河北抚宁县西）地，于惠帝时受晋封为辽西公。怀帝时，以务目尘为大单于，匹磾为左贤王，助晋征讨。建兴二年（314），王浚为石勒所杀，匹磾乃继任为幽州刺史。此外凉州刺史张寔镇姑臧（今甘肃武威县），也忠于晋室。寔父轨，于惠帝时为凉州刺史，其后遂保据河西，但对晋贡献不绝。愍帝时，轨死，寔继其位。但这三个势力，对抵御胡族，并未发生多大作用。

愍帝被俘的次年（317），镇守建康（今南京）的晋宗室琅邪王睿为臣下拥立为晋王，改元建武。睿是司马懿子琅邪王伷之孙，惠帝末，东海王越以他为平东将军，镇下邳（今江苏邳县东）。怀帝初，移镇建邺。他以王导为谋主，推诚信任，并汲引吴地名贤顾荣、贺循等，以固结当地人心。及洛阳失守，中原人士南来者甚众，他又延揽其贤能，与之共事。他为政清俭，不竭民力，由是南方诸州，次第归附。愍帝即位后，以他为丞相。及长安陷落，他曾移檄北征，但只是一种姿态。建武元年（317）冬，愍帝遇害于平阳。次年三月，他即帝位，改元太兴，是为元帝。从此晋室偏安江左，与北方的胡族国家相对峙。史书称武帝至愍帝一段时间的晋室为西晋，元帝及其以后的晋室为东晋。西晋始于武帝泰始元年（265），终于建兴四年（316），凡五十二年。

（三）胡族的混战

太兴元年（318），刘聪死，子粲继位。粲好酒色，委政于司空靳准。既而准勒兵杀粲，尽灭刘氏。时刘曜在长安，石勒在襄国（今河北邢台县西南），闻讯后均发兵讨准。石勒兵先至平阳，靳准为部下所杀，其乱遂平。刘曜则于东行的途中称帝，次年，还都长安，改国号为赵。石勒与刘曜不合，也即赵王位于襄国，与曜离绝。

太兴四年（321），石勒遣将石虎击段匹磾于厌次（今山东阳信县东），擒之。先是刘琨于愍帝建兴四年（316）为石勒所败，投奔匹磾，后为匹磾所杀。至此，匹磾又败，于是幽并全失，整个关东地区，全为石勒所有。他西与刘曜相持于河洛，南与晋对敌于淮北，声势日盛。刘曜也积极经营关中，击平上郡（治所在今陕西绥德县东南）氐羌及仇池（山名，在今甘肃成县西）氐杨氏。杨氏自东汉末据仇池，世有其地，曹魏时，曾封杨氏为百顷王，至是刘曜来攻，其酋杨难敌奔汉中。此外凉州张茂（寔弟），也向曜称藩。但曜荒淫无度，实力亦不及石勒。晋成帝咸和三年（328），石勒自率军与曜战于洛阳城西，擒曜杀之。曜被杀后，赵太子熙次年率百官奔上邽（今甘肃天水县西南），关中大乱。石勒遣石生取长安，石虎取上邽，杀赵太子。五年（330），石勒即帝位，国号仍用赵。勒为胡族雄材，剽狡绝人，因此能以羯胡小种，独霸中原。他以汉人张宾为谋主，稍知治体，对“衣冠华族”，尚能尊重。这时除凉州张骏（寔子）乘机自立，受晋封拜外，整个北方几乎全为赵有。史称石勒的赵为“后赵”，以别于刘曜的“前赵”。

咸和八年（333），石勒死，子弘继位，以石虎为丞相。次年，虎废弘杀之，自称

“居摄天王”。咸康元年（335），虎迁都于邺（今河南临漳县西）。三年（337），又自称“天王”。他既得志，穷极奢侈，恣意杀戮，因此政治日坏。穆帝永和五年（349），石虎称帝，不久死，子世继位。同年，世兄遵杀世而夺其位。既而大将石闵杀遵，立虎庶子鉴。闵汉人，本姓冉，因为石虎养子而改姓石。自胡族入据北方，其君主虽从汉制，自称皇帝，但常另设大单于，由子弟充任，以统领其族，这可看出胡汉双方的不能调和。当时石闵专政，深受汉人拥戴，但胡人不为所用，于是闵乃奖励汉人诛杀胡羯，前后凡杀二十余万人，这件事更显出汉人对胡人的仇视。

永和六年（350），石鉴谋诛石闵，事败为闵所杀。既而闵即帝位，国号魏，复姓冉。这时石虎之子祇在襄国，也称尊号，胡人的拥兵者多应之，屡与闵战。次年，石祇为其将刘显所杀，石氏的势力全灭。但就在赵魏交兵中原混乱之时，辽东鲜卑慕容氏，也乘机向南发展，冉闵在消灭石氏后，接着便与这个强敌遭遇。

慕容氏本为鲜卑中部大帅，魏明帝时，其部人莫护跋始入居昌黎棘城（今辽宁锦县西北）。至其曾孙廆，部族渐盛，晋武帝以之为鲜卑都督。怀帝时，廆自称鲜卑大单于，其后又击并辽东附近鲜卑，势力日盛。到晋室南渡，廆乘机攻下辽东，并击败高句骊兵。元帝以廆为平州牧辽东郡公，互为声援。成帝咸和八年（333），慕容廆死，子皝嗣。皝于咸康三年（337）自称燕王，迁居龙城（今热河朝阳县）。次年，后赵主石虎遣军来伐，为皝所败。既而皝灭辽西鲜卑段辽（务目尘曾孙），数年之间，辟地千里。穆帝永和四年（348），慕容皝死，子儁立。及后赵乱起，儁乘势南进。于六年（350）遣师拔蓟（今河北大兴县西南），以为都城。八年（352），慕容儁遣其子恪攻冉闵，闵与燕军战于魏昌（今河北无极县东北），兵败被擒，斩于龙城，燕人继而取邺。同年冬，儁即帝位，国号燕，史称“前燕”，并迁都于邺。前燕地盘，主要为辽东及关东地区。南在淮水以北与晋对峙；关中地区则于冉魏时为氐族苻氏占去。

（四）氐族的强盛

苻氏先世出略阳临渭（今甘肃秦安县东南），世为氐帅。前赵时，其族有蒲洪者，归降刘曜。前赵亡，洪降石虎，虎以他为将军，屯于枋头（今河南浚县西南）。及石虎死，洪乃降晋，晋于永和六年（350）以他为征北大将军，势力日盛。既而洪改姓苻氏，自称大单于三秦王。时赵魏交兵，洪思底定中原，然后西取关中，事未行，为其部将鸩死。其子苻健继立，乃率众入关，攻占长安。次年，苻健自称天王大单于，国号大秦，史称“前秦”。八年（352），苻健称帝。晋将桓温来伐，健拒退之。继而健平定关中，基业遂固。

永和十一年（355），苻健死，子生继立。升平元年（357），苻生堂弟苻坚弑生自立。坚爱好儒学。即位后，兴修学校，表彰节行，并委政于汉人王猛。猛富于韬略，为政明肃，专意于劝农讲武，因此国势大强。苻坚颇有“混一四海”的念头，这时秦东有燕，西有凉，南有晋，北有鲜卑拓跋氏的代，都是他要“混一”的对象。

当时燕是苻秦的最大敌人，也是它所要征服的第一目标。但燕人口达一千万，远较秦为多，物力也非常雄厚，因此秦一时无机可乘。升平四年（360），燕主慕容儁死，子暐继立，由儁弟慕容恪辅政，国势仍强。至晋废帝太和二年（367），慕容恪死，由慕容评（恪叔）执政。评为人贪墨昏庸，政治渐坏。继而评忌害燕名将慕容垂（恪弟），垂惧而奔秦，至此秦始决定伐燕。四年（369）冬，秦遣王猛率师伐燕。次年，秦军连取洛阳、晋阳（今山西太原县），大败慕容评于潞川（即今浊漳河），斩俘十五万人。继而秦军围邺，慕容暐及慕容评等出奔龙城，为秦所获，于是燕亡。

秦灭燕后，又于晋孝武帝宁康元年（373）攻灭仇池氐杨氏。仇池原为前赵所平，其酋杨难敌奔汉中，及至刘曜与石勒交兵，难敌乘机还取仇池。其后难敌后人，曾数度称藩于晋，内部则篡弑不已，至其主杨纂在位，为秦所灭。秦并徙其民于关中，其地遂空。

孝武帝太元元年（376），秦灭凉。凉自张茂降前赵，刘曜拜之为凉王。晋明帝时，茂死，张寔子骏继之，仍受赵封。晋以骏为大将军，自是每岁使者不绝。骏勤修政理，渐以富强。他掩有河西河南之地，并西伐龟兹、鄯善，西域诸国，多向其朝贡。骏死，子重华立，石虎遣兵攻之，不克，重华自称凉王。其后凉内乱相乘，国势渐衰。晋哀帝兴宁元年（363），重华弟天锡杀重华子玄靓自立，奉表于晋，晋仍以之为凉州刺史。及秦克仇池，天锡惧而称藩于秦。秦遣使命天锡入朝，天锡不从；秦伐之，天锡迎战失败，遂降秦。张氏的凉，史称“前凉”。

秦灭凉后，立即遣将伐代。代为鲜卑拓跋氏所建，拓跋氏世居北方，不通中国，因其俗以索辫发，故又称“索头部”。曹魏时，拓跋氏酋长诘汾，南迁匈奴故地，至其子力微，徙居盛乐（今绥远和林格尔县）。力微五传至猗卢，始与晋交通。晋并州刺史刘琨表猗卢为大单于，封代公，以盛乐为北都，平城（今山西大同县东）为南都。刘琨与匈奴抗衡，颇赖其支援。愍帝时，进其爵为代王。愍帝末，猗卢为其子所弑，代都大乱，部众离散。又七传至什翼犍，势力复振。他于成帝咸康四年（338）即代王位于繁畤（今山西浑源县西）北，其后复都盛乐，与燕联姻。燕为秦灭，代入贡于秦，及凉平，苻坚遣兵伐代，擒什翼犍，于是代亡。其后苻坚又遣吕光伐西域，击平龟兹，降者三十余国。至此，北方完全为前秦所统一。

对于南方的晋，苻坚也屡次入侵，但最初尚非大举进犯。康宁元年（373）秦灭仇池后，立即遣军南下，取晋梁、益二州（今陕西省南部及四川省地）。其后又于太元四年（379），取晋西部重镇的襄阳（今湖北襄阳县），俘晋梁州刺史朱序。至此秦的版图，大致掩有今安东、辽宁、河北、山东、河南、山西、陕西、甘肃等省的全部，及热河、察哈尔、绥远、宁夏、新疆、四川、湖北、安徽、江苏等省的一部，幅员的辽阔，在五胡所建的国家中是空前的。

苻坚颇沾染了中国的所谓“王道”思想，他每灭一国，对亡国君臣，都授以官爵，使统领旧部，以示宽大。鲜卑等族，虽是亡国降虏，但因受到这种优待，其种族反益滋盛。他又深以东晋不沾“王化”为憾，当北方底定后，便积极谋南侵。太元三年（378），王猛死，猛临死曾指出晋为中国正统，且国内安定，难以征服；鲜卑、羌则为心腹之患，宜渐除之；但他忽略了这番忠言。五年（380），苻坚以诸氐种类繁滋，效法中国古代的封建制度，把武都等郡氐人十五万户，分别迁至全国各冲要地区，以苻氏宗亲领之，如古诸侯。他的原意，也许是在镇压汉人及其他胡族，但结果大大分散了他的基本力量。此后他积极筹备大举南侵，终致发生了太元八年（383）的淝水之战。

三、东晋的政局

（一）初期的内乱

元帝于江左建国，王导及其从兄王敦翼戴之功甚大。王氏琅邪（今山东临沂县北）人，为北方望族。元帝最初对他们甚为亲重，以导专机政，敦总征讨，因此当时有“王与马，共天下”的谚语。元帝为人恭谨，但度量不宏，因王氏贵盛渐生疑虑。太兴二年（319），王敦自领荆州刺史。当时荆州辖今两湖一带地，为西部重镇，而荆州刺史又常兼督其附近诸州的军事，因此地广兵强。同时荆州又据长江上流，形势甚为险要。而王

王导，选自《历代名臣像解》。

敦为人桀骜，元帝对他深感畏忌，于是引用刘隗、刁协、戴渊等人，抑损王氏。他以戴渊镇合肥（今安徽合肥县北），刘隗镇淮阴（今江苏淮阴县东南），为京师犄角；并以谯王承（元帝族叔）镇长沙（今湖南长沙县），牵制王敦。敦属僚沈充、钱凤皆谄谀小人，乘机煽动，为敦划策，遂致激起变乱。

永昌元年（322）正月，王敦反于武昌（今湖北鄂城县），以讨刘隗为名。沈充也起兵吴兴（今浙江吴兴县），响应王敦。元帝下诏讨敦，并征戴渊、刘隗入卫京师。王敦进至建康，先攻江防要塞的石头城（今南京市内清凉山上），守将周札降。继而敦攻入建康，刁协、戴渊等被杀，刘隗逃亡后赵。谯王承起兵拒敦，也失败而死。从此王敦专制朝政，元帝几至不保。同年冬，帝忧愤而死。

元帝死后，太子绍继立，是为明帝。王敦萌篡位之志，乃于太宁元年（323）移镇姑孰（今安徽当涂县），自领扬州牧，积极布置。明帝为人英武，他与大臣郗鉴等，共商讨敦之策。次年，王敦染重病，明帝得知，乃决心讨伐，并召诸州军入卫。敦因病不能将兵，乃以钱凤等率军攻建康，并以其兄王含为元帅。双方隔秦淮水对峙，政府军乘夜袭击，王含大败。王敦闻败，不久死去。继而诸州援军大至，叛军攻城，屡次失利，王含乃烧营夜遁。其后，含及钱凤等均先后被杀。王敦虽谋叛，但王导并未附逆，仍受晋室重用，因此王氏依然是江左高门。乱后，明帝派陶侃出镇荆州。

太宁三年（325），明帝死，太子衍继位，是为成帝。王导、庾亮等同受遗诏辅政，明帝后庾氏以太后临朝。庾亮为太后之兄，时任中书令，颇专朝政，他忠于晋室，一意以强固中央为事。这时最强大的地方势力仍是荆州，荆州刺史陶侃为西晋末年荆州刺史刘弘部将，弘死，侃继其位，二人在州均有治绩。到元帝即位，因侃非嫡系，遽以王敦代之，左迁侃为广州刺史。及侃再镇荆州，明帝死，他不预顾命，疑庾亮从中作梗，甚表不满。亮乃以温峤为江州刺史，镇武昌（时陶侃镇江陵），并修石头城以为备御，于是双方恶感日深。此外为中央疑虑的地方势力，还有两处：一是历阳（今安徽和县）内史苏峻，一是屯据寿春（今安徽寿县）的镇西将军祖约。

苏峻掖（今山东掖县）人，永嘉之乱，他纠集乡人数千家，结垒于本县。元帝即位，他率部南下，晋以为淮陵（今安徽盱眙县西北）内史，后以讨王敦有功，始迁历阳，威望渐著，遂潜蓄异志。他本有锐卒万人，更复招纳亡命，扩充实力。对朝廷也甚骄蹇，稍不如意，便出怨言。祖约为名将祖逖之弟，以讨王敦有功，得镇寿阳。也因不预明帝顾命，加以求索不遂，而怨恨朝廷。咸和二年（327），晋征苏峻为大司农，峻不从，与祖约相约，共举兵诛执政。于是峻反于历阳，渡江而南，直攻建康，晋军连战皆败。次年，苏峻陷建康，劫持成帝，自专朝政。庾亮奔寻阳（今江西九江县），与江州刺史温峤谋共讨峻，陶侃因与庾亮不协，意存观望，后因温峤力劝，始允出兵。苏峻闻西军起，乃迁成帝于石头城。西军进抵建康外围，初战颇失利，其后大举进攻，苏峻迎战阵亡。峻部将任让等共立峻弟逸为主，闭石头城自守。先是苏峻初反，祖约曾遣兵相助，既而约为石勒所攻，南奔历阳。及峻死，历阳为晋军克复，约奔石勒，因此苏逸的外援全绝。四年（329），西军攻下石头城，擒斩苏逸，于是乱平。当时建康宫阙，为苏峻焚毁一空，有人主张迁都会稽（今浙江绍兴县），因王导的反对而罢。

苏峻乱后，庾亮请外镇以自效，乃出为豫州刺史，镇芜湖（今安徽芜湖县东），中央政府则由王导主持。咸和九年（334），陶侃死，亮代其位，镇武昌。亮以帝舅之尊，出镇重地，仍遥干朝政，因此与王导交恶，但幸未引起兵端。咸康五年（339），王导死。次年，庾亮也死，由弟翼代其位。但中央与荆州地方政府的矛盾，仍继续存在。

（二）晋人的北伐

东晋自江南立国后，曾发动多次的对外战争，大都失败而回。虽然北方的战乱曾给晋人不少重光故土的机会，但晋人未能把握时机，全力反攻。当时除少数苟安的士大夫外，晋人莫不希望早复中原，他们普遍抱有一种思想，认为谁能驱逐胡虏，谁便有称帝的资格，这种思想在东晋中末期尤为显著。因此若干野心家，都思北伐立功，以求名正言顺的称帝。正因如此，晋室中央及其执政者渐至视外战为畏途，不但不加支持，反处处掣肘。荆州是晋国最有实力的地区，这地区常为野心家所利用，作为发动内乱或外战的资本。而中央对荆州疆吏的防范，也无微不至，既防其内乱，又防其外战；因为就晋室中央的立场看，两者实在是一回事。这种中央地方相制相克的局面，从东晋初年一直维持到末年，是晋室不能有为的最大原因。[参看拙著《荆州与六朝政局》(载拙著《汉唐史论集》页九三至一一五)]

当刘曜、石勒混战之时，元帝曾遣祖逖北伐石勒。逖，范阳（今河北涿县）人，永嘉之乱，他率亲党数百家南来投效，元帝任以官职。他常有恢复之志，自请率师北伐，元帝乃于建武元年（317）以他为豫州刺史，相机进取。但元帝仅给他少数廪给，不予武器，命他自行募兵。这固由于晋室的财力不充，但元帝对他似乎也有些歧视。他北上后，沿途收募流民，势力日强。同年，克谯（今安徽亳县）。此后三年，他经略河南，攻下浚仪（今河南开封县西北），自镇雍丘（今河南杞县），黄河以南皆附。石勒来攻，屡为他所败。他与勒隔河为界，听任互市，以是公私丰赡。正拟进攻河北，而元帝于太兴四年（321）以戴渊为都督，镇淮阴，并以他归渊统辖。他以戴渊并无将略，恐不能合作，意甚快；又闻王敦与刘隗不合，内乱将起，因而感慨发病。同年，祖逖死，部众由其弟祖约统率，约御众无方，为石勒所迫，退屯寿春，终为叛逆。王敦久蓄逆志，因畏逖不敢发，及逖死，遂举兵反。总之，祖逖的北伐，可以说是功败垂成；他的死，对东晋政局，也有深巨的影响。其后晋虽仍有多次的北伐，但像祖逖那样忠义奋发的军事统帅，已不可复得。

祖逖，清周慕桥绘。祖逖字士雅，东晋最有才干的将领之一。以一千之众，北上以图恢复，数年即收复黄河以南的大部土地，外拒强赵，内部勒军纪，发展生产，增进贸易，历经丧乱的中原父老依为父母。图中祖逖闻鸡起舞。据《晋书·祖逖传》载，祖逖青年时，“与司空刘琨俱为司州主簿，情好绸缪，共被同寝。中夜闻荒鸡鸣，蹴琨觉曰：‘此非恶声也。’因起舞。”

祖逖以后，晋室疲于内战，更没有北伐之意。成帝时，庾亮镇武昌（今湖北鄂城县），颇思恢复。他于咸康五年（339），上表请率师十万，移镇石城（今湖北钟祥县），以为北伐准备，朝臣郄鉴、蔡谟等反对。同年，石虎遣将南寇，攻陷邾城（今湖北黄冈县西北），移镇之事，乃不果行。次年，亮死，弟翼继其位。翼亦有北伐之意，康帝（成帝弟）建元元年（343），他上表请移镇襄阳，以伐后赵；朝议不许，但他违诏北行。次年，晋将桓宣败于丹水（今河南淅川县西），继而康帝去世，翼以国遭大丧，乃自襄阳还镇夏口（今湖北武昌县西）。穆帝（康帝子）永和元年（345），庾翼死，临终表请以其子爰之继其位。中书令何充素与庾氏不合，改以徐州刺史桓温为荆州刺史，督西部诸州军事，从此荆州又成为桓氏的禁脔。

桓温为桓彝之子，彝曾为宣城内史，死于苏峻之乱。温有文武才，雄略过人。他既迁荆州，移镇江陵（今湖北江陵县），因急于立功，乃于永和二年（346）伐汉。自李雄于西晋末年倡乱，建国号曰成，至东晋成帝时，雄堂弟寿杀其主期（雄子）自立，改国号为汉。康帝时，寿子势继位，刑罚苛滥，民心解体，至是桓温伐之。温引军溯江而上，次年，进至彭模（今四川彭山县）。温自率步兵，直指成都，连战皆捷，李势降晋，于是汉亡。

桓温灭汉而还，声威日张，朝廷甚忌之。时会稽王昱（元帝少子）当国，以扬州刺史殷浩有盛名，乃引为心腹，欲以抗温，因此双方猜疑益甚。永和五年（349），石虎死，北方大乱。晋室以褚裒率三万人伐后赵，大败于代陂（当在今江苏沛县境），狼狈退还。桓温屡请北伐，晋室不准，其后晋室以殷浩经略中原，以抵制桓温。八年（352），殷浩北屯寿春，遣军伐秦，并以羌帅姚襄为前驱。秦主苻健遣军迎战，大败晋军于颍水之诫桥（在今河南许昌县）。次年，殷浩亲自率军北上，欲据洛阳，仍以姚襄为前导，中途为襄所袭，大败而回，粮械尽为襄所得。襄父弋仲，本南安赤亭（今甘肃陇西县东）羌帅，初降刘曜，继属石虎，及后赵乱，乃归降晋室。后弋仲死，襄为秦所败，南奔晋，至是又叛晋独立。

十年（354），桓温上疏数殷浩之罪，晋不得已废浩为庶人，从此内外大权，皆归桓温。同年二月，温率师四万人伐秦，自武关（今陕西商县东）入，大败秦军于蓝田（今陕西蓝田县西），进抵长安以东的灞上。既而秦悉锐师出战，晋军战败，又以缺粮，只好退兵，此役晋军损失二万余人。十二年（356），姚襄自许昌攻洛阳（时洛阳为冉魏故将周成所据），桓温自江陵伐之，大败襄众于伊水，襄奔平阳（今山西临汾县西南）。温遂入洛阳，修谒诸陵，置戍而返。

升平五年（361），穆帝死，由成帝子丕继位，是为哀帝。兴宁元年（363），晋以桓温为大司马。次年，又加扬州牧。三年（365），温移镇姑孰（今安徽当涂县），自此晋室等于入了他的掌握。同年，哀帝死，弟琅邪王奕继位，是为废帝。这时北方的秦和燕均趋强盛，洛阳也于此时为燕所据。太和四年（369），桓温率步骑五万人自姑孰出发，北上伐燕，至金乡（今山东金乡县）后，转入黄河，由水路进军。燕军迎战大败，晋军继进至枋头（今河南浚县西南）。燕以慕容垂迎战，桓温数战不利，又闻秦救兵将至，而粮食将尽，乃烧船自陆路奔回。晋军沿途遭燕军追杀及秦军邀击，几至全军覆没。

桓温的两次北伐，都因粮尽退兵，为敌所乘，而致大败，可知桓温是以孤军击敌，并无后援。晋室中央绝不与他合作，必使他失败而后快，因为假使桓温一旦成功，晋室也将不保。事实上桓温确有做皇帝的念头，他准备平燕归来后便篡位的。所以就晋室的立场来说，它之不协助桓温北伐，也自有其苦衷，但复兴大业，却因而断送。

（三）晋秦的淝水之战

桓温自枋头兵败后，声名顿挫。他的幕僚郗超，建议废晋帝以立威，温遂于太和六年（371）亲赴建康，以褚太后（康帝后）旨，废帝奕为东海王，而立丞相会稽王昱，是为简文帝，并改元咸安。同年，温杀废帝三子及若干政敌，并降封废帝为海西郡公。温废立后，仍还镇姑孰，遥制朝政。简文帝形同傀儡，时以废辱为忧。咸安二年（372），简文帝死。帝嫡子早逝，庶子昌明及道子均幼，因此桓温本望帝临终传位与他，以酬其翼戴之功。但帝遗诏仅命他辅政，而以昌明为太子继位，是为孝武帝。温大失所望，于宁康元年（373）入朝，京师人情汹汹，惧有非常之变。赖大臣谢安、王坦之、王彪之尽力撑持，始得无事。既而温染疾还姑孰，同年，温病死。晋室以温少子玄袭封南郡公，温弟豁为荆州刺史，弟冲为扬州刺史，豁子石秀为江州刺史，桓氏一门，仍贵盛无比。桓冲既代兄位，仍镇姑孰，他远不及桓温跋扈，以是朝廷尚能与之相安。

孝武帝即位后，谢安等执政，安为人沉着有识量，为时望所归。太元二年（377），桓豁死，安以桓冲为荆州刺史，又以谢玄（安兄子）为兖州刺史，镇广陵（今江苏江都县）。当时淮南江北一带，民风强悍，玄受任以后，募兵于江北，不数年而成劲旅，号“北府兵”。他以刘牢之为参军，领精锐为前锋。当时苻坚正盛，常遣兵南寇，牢之御之，战无不捷。从此中央军力，始趋强大，外重之局也逐渐改观。

这时前秦业已完全统一北方，苻坚决心大举伐晋。太元七年（382），坚集议出兵事，群臣均表反对，唯慕容垂赞成。坚自以兵力强大，必可获胜，因而力排众议，于八年（383）大举出兵。是年八月，他以苻融（坚弟）督慕容垂等军为前锋，自率大军随行。此外，幽冀的兵南下彭城（今江苏铜山县），梁益的兵沿长江、汉水顺流东下。总计出动步兵六十万，骑兵二十七万。九月，苻坚到项城（今河南项城县东北），后队的凉州兵才到咸阳（今陕西泾阳县）。苻融统兵三十万，先至颍口（今安徽颍上县东南），准备南攻。晋以谢石（安弟）为统帅，与谢玄等领兵八万人以抗秦军，当时晋举国震恐，唯有谢安力持镇定。

十月，苻融攻陷寿阳（即寿春，今安徽寿县）。苻坚留大军于项城，自率轻骑八千至寿阳，并派前所俘虏的晋将朱序向谢石劝降。朱序暗劝石不等秦兵全部结集，立即进攻。十一月，谢玄派刘牢之率精兵五千，越洛涧（今安徽定远县西）迎战，秦军大败，

淝水之战示意图。太元八年（383），前秦皇帝苻坚从长安出发，统八十七万步骑，南下攻晋。十月，秦前锋陷晋重地寿阳。随后秦军一面攻击晋硖石胡彬军，一面派梁成率军控制洛涧，在洛口设木栅横截淮河，阻止晋军沿淮河西援胡彬，但秦三十万大军也被牵制在寿阳附近的淝水一带，未能南下进逼建康。东晋见情势危急，命将领刘牢之急攻梁成军，梁成败逃，淮河封锁告破。晋军水陆并进，进屯淝水以北八公山一带，两军相持。随后晋军南渡淝水，并请求秦军退后一步，以待决战。秦本拟半渡击之，不料前军稍有移动，即告崩溃。晋军乘势追击，秦军大败。

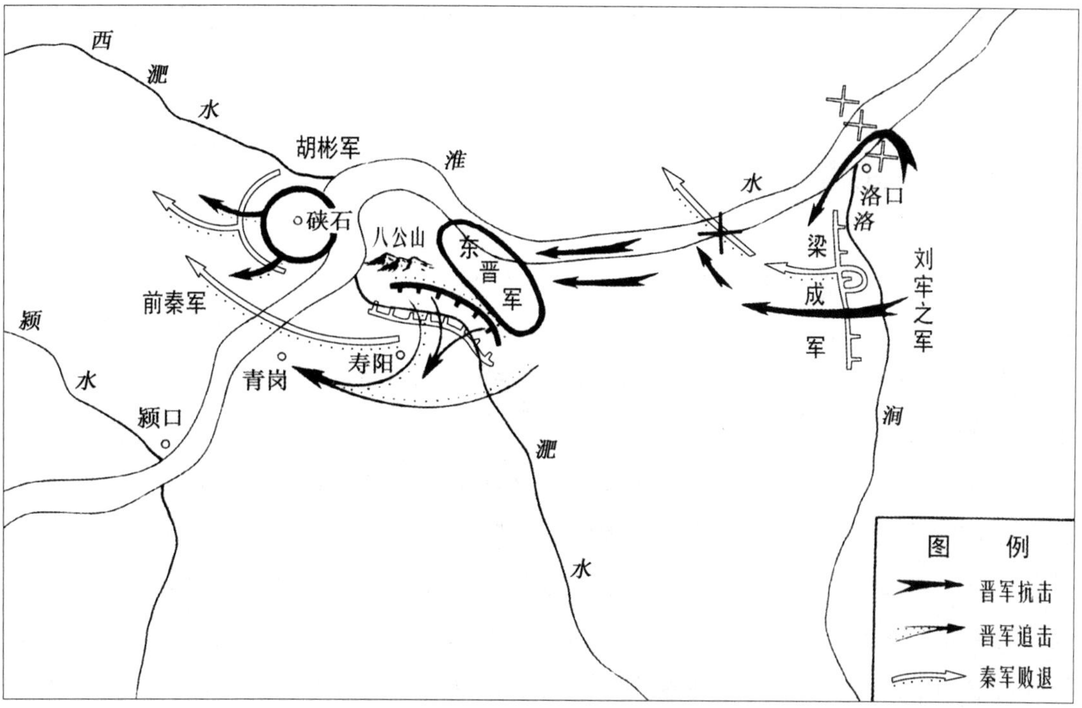

死一万五千人。晋军主力乘胜西进，秦军布阵于淝水（即今南肥河）以西待敌。谢玄派人要求秦军略向后撤，以便渡水决战。苻坚想趁晋军渡过一部时以铁骑冲之，因而应允。但秦军一退，无法停止，于是晋军渡水，急击秦军。苻融被杀，朱序又于阵后大呼秦军已败，秦军立即崩溃，四散奔逃。谢玄等直追至青冈（今安徽寿县西北），秦兵死者大半。晋军遂克寿阳，朱序及前凉主张天锡也自阵前逃归。苻坚单骑逃至淮北，是时秦诸军皆溃，唯慕容垂所率三万人独全，坚往投之，垂以其军卫坚，始得逃回洛阳，沿途收合离散，共得十余万人。

从这一次战役的经过看，秦军在数目上虽具有压倒的优势，但显然是乌合之众，部分将领如慕容垂等，又可能观望不进。同时秦军并未全部到达战场，与晋军作战的，大致只是苻融的三十万人。加以晋的北府兵骁勇善战，因而秦军不敌。此外，苻坚意气骄盈，他本人实无亲临前线的必要；而他的临阵自作主张，命令后退，更是最大的失策。

这一战对晋来说，实在是晋室甚至整个汉族决定历史命运的一战。晋时，汉族在南方的势力仍未十分深固，江南尚未完全汉化，汉人为数不多，蛮人仍有相当的势力。如果此战胡人得胜，则不但晋室倾覆，整个汉族也可能长久受胡人统治，无以复兴。但晋室的获胜，并未能重光故土，胡族仍然窃据北方，而占整个汉族绝大多数的北方汉人，为胡族统治，先后达三百年之久。在此期间，胡汉的血统，相互融合，胡人风俗和外国宗教，也大量为汉人所接受；终致使汉人在体质与精神上，无形中发生巨大变化，渐至形成一个新的汉族。

（四）淝水战后的局势

苻坚自淝水战败后，国内胡族，纷纷乘机独立，各据一方，从此北方又陷入分裂的状态。自太元九年至十一年（384 ~ 386）的三年间，北方先后兴起了七个国家，就是羌人的后秦，鲜卑人的后燕、西燕、西秦，北魏和氐人的后凉、仇池。在此略述这些国家建立的经过。

慕容垂自降秦后，时思乘变而起，淝水初败，他本可立即叛秦，但以苻坚待他素厚，因而护坚西归。行至渑池（今河南洛宁县西），他请求巡抚河北，并返邺祭扫庐墓，苻坚允之。当时苻坚子丕镇邺，对他防范甚严。适值丁零酋帅翟斌起兵于新安（今河南渑池县东），苻丕遣他率羸兵二千往讨，他行至河内（今河南沁阳县）而叛，与翟斌连和。继而自称燕王于荥阳（今河南荥阳县东）。太元九年（384），慕容垂率二十万人，长驱攻邺，苻丕坚守，数月不下。后因晋遣军援丕，垂乃解围北走。当垂攻邺，慕容暐弟泓时任北地郡（治所在今宁夏灵武县西南）长史，闻讯东奔，集鲜卑数千人，屯于华阴（今陕西华阴县东南）。平阳太守慕容冲（暐弟），也起兵叛秦，既而与泓并力，西攻长安。途中泓为谋臣所杀，冲继立为“皇太弟”，继续西进，秦军屡败。冲遂据长安西北的阿房城，于同年末称帝，史称其国为“西燕”。

慕容泓起兵时，苻坚曾遣其子叡率兵讨之，并以羌帅姚苌为副。叡为泓所杀，苌惧罪亡奔渭北，为羌豪推为盟主，苌乃自称秦王。继而进屯北地，以观时变。姚苌为姚襄弟，襄自为桓温败于伊水，奔平阳，其后西入关，秦人截击杀之，苌乃率众降秦，苻坚对之甚为亲重，至此叛秦而独立。太元十年（385），慕容冲屡攻长安，城内大饥，苻坚以太子宏守长安，自率数百骑出奔五将山（在今陕西岐山县东北）。继而宏亦出奔，慕容冲遂入长安。苻坚至五将山后，姚苌遣将擒之，不久遇害。这时苻丕在邺，欲西赴长安，行至晋阳，始知苻坚已死，遂发丧即皇帝位。而镇守勇士川（今甘肃榆中县东北）的秦将乞伏国仁，也于苻坚死后宣告独立，自称大单于，领秦河二州牧。国仁本陇西鲜卑，其父司繁，受前秦封为将军，世镇勇士川，至是自立，史称其国为“西秦”。至其弟乾归，迁都于金城（今甘肃皋兰县西南）。同年，仇池氐帅杨定（杨纂族人），也乘机自立为仇池公，并称藩于晋。

太元十一年（386），北方局势益趋复杂。这一年，慕容垂称帝于中山（今河北定县），国号燕，史称“后燕”。慕容冲为部下所杀，燕宗室慕容永率鲜卑男女四十万人东返，至闻喜（今山西闻喜县西南），闻慕容垂称帝，不敢再进，乃自立为河东王，称藩于垂。鲜卑东行后，姚苌遂据长安，即皇帝位，国号秦，史称“后秦”。同年，苻丕为慕容永所败，南奔东垣（今河南新安县东），晋军邀击杀之。慕容永遂进据长子（今山西长子县西），即皇帝位，史仍称其国为“西燕”。苻丕死后，其族子苻登即帝位于南安（今甘肃平凉县），与姚苌相持。此外又有两个新势力在这一年兴起，一是鲜卑拓跋珪（什翼犍孙）称代王于盛乐（今绥远和林格尔县），既而改国号曰魏，史称“北魏”或“后魏”，以别于三国时的魏。一是氐人吕光据姑臧（今甘肃武威县），称凉州牧酒泉公，史称其国为“后凉”。吕光本仕前秦为将，淝水战前，苻坚派他讨定西域，及归，苻坚已死，光乃自立。

总之，到太元十一年（386），前秦仅剩今陕甘两省交界处的一隅之地，其余地盘，均为新兴的后燕、西燕、后秦、西秦、北魏、后凉、仇池所占据。从这一年起，北方的八个势力，并立了九年之久。直到太元十九年（394），北方的局面才再度发生剧变。

再说东晋，淝水战后，晋室虽未能底定北方，却也收复不少失地。太元九年（384），谢玄统军北上，驻节彭城（今江苏铜山县），遣军取兖、青两州（今山东省大部及河南省东部地）。又遣刘牢之等北伐冀州，晋军进据碻磝（今山东茌平县西南）、滑台（今河南滑县）等地，威胁邺城，于是苻丕奉书请降。西部则由桓冲遣将取新城、魏兴、上庸三郡（今陕西省东南隅及湖北省西北隅地），继克襄阳。次年，刘牢之至邺以援苻丕，慕容垂撤围北走，牢之追之，为垂所败，晋室乃把他征回。但黄河以南地区，大部为晋收复。同年，晋又复梁益二州。

至于晋帝国内部的政治问题，则仍未解决。太元九年（384），桓冲死，其荆州刺史的遗缺，以勋望论，应由谢玄继任。但谢安恐为朝廷所忌，又恐桓氏失职怨望，乃以桓豁子石民继冲位，其后桓冲子谦又继石民，于是桓氏在荆州的势力日益深固，遂有日后的桓玄之乱。而中央政府本身，政治也日见腐败。孝武帝为人愚柔，即位后不久，即宠任其弟琅邪王道子（后徙封会稽王）。淝水战后，道子权威日盛，谢安受其排斥。十年（385），安出镇广陵（今江苏江都县），以避其逼。同年，安死，道子专权益甚。道子好酒色，又信浮屠，穷极奢侈，以致嬖幸用事，贿赂公行。十三年（388），谢玄又死。朝廷连续失掉这两个柱石，政事益不可问，于是内乱接连而起。而北府雄兵，也落入野心家之手，作为操纵内乱的资本。但到晋末，北府兵曾再度扬威于北方。

第十一章
南北朝的对峙

一、南北朝的形成

（一）晋末内乱与刘裕崛起

淝水战后，谢安死，会稽王道子专政。孝武帝对道子的专擅渐感不满，乃选拔时望，出镇大藩，以牵制道子。他于太元十五年（390）以皇后兄王恭为兖州刺史，镇京口（今江苏镇江县）；十七年（392）以殷仲堪为荆州刺史，镇江陵（今湖北江陵县）。又以王珣、王雅等任中朝要职，以分道子之势。道子也引佞臣王国宝及其从弟王绪以为腹心，由是朋党竞起，朝局益坏。但孝武帝因太后之故，对道子始终未采取激烈行动。

二十一年（396），孝武帝为其贵人张氏所弑。太子德宗继立，是为安帝。安帝天资愚钝，至于不辨寒暑饥饱，因此道子益形专横，王国宝兄弟，也参与朝政，大树威势。安帝隆安元年（397），王恭上表罪状国宝，举兵讨之，殷仲堪亦遥相呼应。王恭的武力，亦即旧日的北府兵。北府兵自谢玄死后，由刘牢之统领，此时牢之正隶王恭麾下。道子以王恭兵强，不得已杀国宝兄弟，并深自引咎，二镇之兵始退。

道子畏二镇再逼，引谯王尚之（谯王承曾孙）及其弟休之为腹心，相与计事。尚之劝道子密树党援于外，与二镇抗衡，道子乃于隆安二年（398）以王愉为江州刺史（治所在今江西九江县）。同年，王恭再度举兵，并与殷仲堪及桓温的少子桓玄联合。玄原袭父爵为南郡公，其国在荆州境内，他席父兄累世之威，在荆州甚有声望，他本人又素具雄心，时思乘变而起。至此乃与仲堪响应王恭，并推恭为盟主。道子世子元显，才气果锐，及王恭等兵起，道子乃委以军事。桓玄及殷仲堪部将杨佺期率军顺流东下，击擒王愉，进抵横江（今安徽和县东南）。而刘牢之为元显收买，还击王恭，恭为晋擒杀。既而西军进至石头，刘牢之率军驰援，仲堪等大惧，因而与中央讲和。晋廷以桓玄为江州刺史，杨佺期为雍州刺史（治所在今湖北襄阳县），殷仲堪仍为荆州刺史。次年，桓玄袭杀杨、殷，并吞荆、雍，遂兼有三州之地。

此后朝廷与桓玄相安无事者达三四年，但在此期间，东部沿海地区又有孙恩之乱。恩世奉五斗米道，叔父泰，仕晋为太守，以道术惑人，徒众甚多。隆安二年（398），泰为会稽王道子所杀，恩逃入海。次年，恩集众自海岛攻陷会稽（今浙江绍兴县）。晋以司马元显及刘牢之讨之，恩复入海。五年（401）孙恩率十万人，浮海掩至丹徒（今江苏镇江县东南），建康震骇。刘牢之遣部将刘裕自海盐（今浙江海盐县）入援，大破恩众，恩浮海北走，又为裕所破。于是恩势大衰，刘裕也自此渐露头角。

司马元显恐桓玄乘乱举兵，亟谋讨之。元兴元年（402），晋发兵讨桓玄，以元显为统帅，刘牢之为前锋，司马尚之为后部。桓玄闻讯，立即率军东下，直至姑孰（今安徽当涂县），司马尚之迎战而败。时牢之屯军溧州（在建康东南），阴有异志，竟率众降桓玄，于是玄得顺利进入建康。桓玄既至京师，杀司马元显、尚之等，并徙道子于外，接着便解除刘牢之兵权。牢之又欲叛玄，部下不从，牢之自杀。晋以玄为太尉，专制朝政。同年，桓玄出镇姑孰，以诸桓布列要津。他最初颇有兴革，但不久便豪奢纵逸，政令无常，因此渐失人心。

次年末，桓玄称帝于建康，国号楚。安帝被废为平固王，迁于寻阳（今江西九江县）。元兴三年（404），北府旧将刘裕、何无忌、刘毅等人自京口起兵讨玄，合众千余人，大败玄军，遂入建康。桓玄逃至寻阳，挟安帝西走江陵，纠集旧众，再度东下，又为刘毅败于峥嵘州（今湖北鄂城县东）。玄再回江陵，拟奔汉中，途中为人所杀。次年，安帝自江陵东返建康，荆州的桓氏余孽，也于是年被完全肃清。

接着又有卢循之乱。循为孙恩妹夫，恩于元兴元年（402）败死，余众奉循为主。其时桓玄已任太尉，欲安抚东方，乃以循为永嘉太守（治所在今浙江永嘉县）。循虽受命，仍寇暴不已，既而渡海南取番禺（今广东番禺县）。及桓玄平，晋以循为广州刺史。义熙六年（410），卢循乘刘裕北伐南燕，与其将徐道覆分途北进。道覆取豫章（今江西南昌县），循自巴陵（今湖南岳阳县）顺流东下，与道覆合兵，大败刘毅于桑落洲（今江西九江县东），乘势直趋建康。时刘裕已回，屯兵石头，循等进战，失利而退，刘裕自率众追之。次年，晋杀徐道覆于始兴（今广东曲江县），循奔交州，亦被杀，其乱全平。

卢循乱平后，刘裕功业益盛，晋以之为太尉，专掌朝政。荆州刺史刘毅，不甘居裕之下，阴谋图之。事为裕知，乃于八年（412）亲伐刘毅，毅兵败自杀，荆州遂定。次年，刘裕又遣军讨伐蜀地的割据势力谯纵。纵本益州部将，乘桓玄之乱而起，于义熙元年（405）据成都，自称成都王，并称藩于后秦。至此裕遣朱龄石攻之，纵兵败走死，蜀地再定。此后刘裕又消灭若干政敌，内部完全廓清。他本可轻易地取代晋室，但他为了名正言顺的称帝，仍遵循桓温故事，发动气吞万里的北伐。

（二）刘裕的北伐与篡晋

刘裕于篡晋之前曾有两次北伐，一次是义熙六年（410）的灭南燕，一次是十三年（417）的灭后秦，这是东晋对北方胡族国家作战所获的最大胜利。虽然刘裕所收复的土地，在他生前即有一部分丧失，在他死后更全部为后人丢掉，但其辉煌的战绩，仍炳耀史册，在叙述这两次战役之前，须先说明当时的北方情势。

前面已说过，淝水战后的三年间，北方先后兴起了七国，即后燕、西燕、后秦、西秦、北魏、北凉、仇池；前秦仅保今陕甘交界处一隅之地，其余土地都被他们瓜分。八个势力，相持了九年，到太元十九年（394），北方的局势又变。这一年，后燕主慕容垂击斩慕容永于长子（今山西长子县西），西燕遂亡。后秦主姚兴（苌子）也于同年擒杀前秦主苻登于马毛山（今甘肃固原县西南），登太子崇即位于湟中（今青海省东南境），为西秦主乞伏乾归所逐，崇联仇池主杨定攻乾归，均兵败被杀。于是前秦灭亡，而杨定叔父子杨盛仍据仇池。八个势力，至此剩下六个。

其后凉州乱起，先后建立了三个新国。安帝隆安元年（397），后凉将鲜卑人秃发乌孤独立，自称西平王，都于乐都（今青海乐都县），史称其国为“南凉”。同年，后凉匈奴豪帅沮渠蒙逊及其兄男成叛，拥后凉建康（今甘肃高台县南）太守段业为主。业自称凉王，都于张掖（今甘肃张掖县西北），史称其国为“北凉”。五年（401），沮渠蒙逊杀段业而继其位，并称藩于晋。同年，后凉主吕隆（吕光侄）为后秦姚兴所攻，不敌而降。元兴二年（403），后秦迁吕隆于长安，于是后凉亡。北凉段业时，晋昌（今甘肃安西县东）太守唐瑶叛，推敦煌（今甘肃敦煌县）太守汉人李暠为主，辟地数郡。义熙元年（405），暠自称凉公，并徙都酒泉（今甘肃酒泉县），史称其国为“西凉”。此外后秦朔方镇将匈奴人赫连勃勃于三年（407）自立为大夏天王，定都统万（今陕西横山县西），屡与后秦交兵。

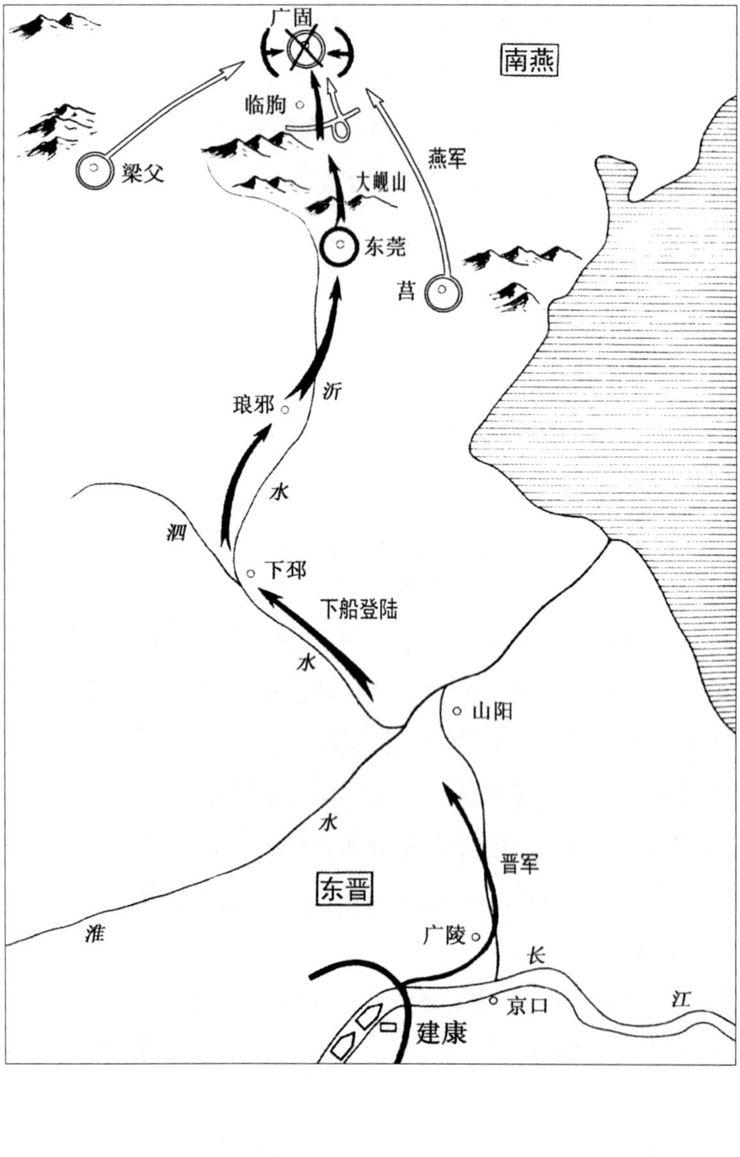

东晋灭南燕示意图。义熙五年（409）四月，刘裕率兵自建康北进攻燕，过长江、淮河，五月即到下邳。下船陆行到琅邪，自东莞轻易越过天险大岘山，在临朐以车阵大破南燕骑兵，并连夜进围南燕都城广固。围攻八个多月后，终于攻克，南燕灭亡。此一役，南燕主慕容超不能采用手下谋臣拒敌于大岘山以南的战略，而轻视晋军孤军，任其深入后，又不能坚壁清野，任其就食于本国。广固被围后，既不能巩固内部，提高士气，又不能在城外灵活机动，寻机歼敌，而消极死守，终难逃灭亡。

继后凉分裂的是后燕。自慕容垂并西燕，关东几全为后燕所有。北魏本属后燕，后见慕容垂年老，诸子非才，遂叛而独立，曾于太元二十年（395）大败后燕太子慕容宝于参合陂（今绥远丰镇县北）。次年，慕容垂亲征北魏，取平城（今山西大同县东）。既而垂以病重退师，死于途中。北魏主拓跋珪乘势反攻，于隆安元年（397）攻取中山（今河北定县），慕容宝北走龙城（今热河朝阳县），后燕地多陷于魏。次年，慕容德（垂弟）称燕王于滑台（今河南滑县），既而徙都于广固（今山东益都县西北）。四年（400），德称帝，史称其国为“南燕”。义熙元年（405）德死，子超继立。慕容宝自奔龙城后，为部下所杀，内乱不已。五年（409），后燕将汉人冯跋自立为天王，史称其国为“北燕”，于是后燕亡。

晋军灭后秦之夺取洛阳示意图。义熙十二年（416）八月，刘裕部署五路大军攻秦：王镇恶、檀道济所部为前锋，自寿阳出发，向西北渡淮、淝向许、洛进攻；沈林子、刘遵考部由彭城溯汴水西进，出石门，入黄河，直插洛阳以北，备魏军南下援救，保障前锋；朱超石、胡藩部由襄阳北赴阳城，配合前锋主力自南进攻洛阳；沈田子、傅弘之部由襄阳西北趋武关，牵制关中秦军，策应主力在洛阳、潼关、长安方面的作战；王仲德部总督前锋诸军，并由彭城溯泗水北行，开巨野泽后东进入黄河，保障晋军侧翼；刘裕率后续劲旅驻彭城，伺机而进。
晋诸路大军进展顺利，前锋主力王镇恶部连克项城、许昌；朱超石部进至阳城；沈林子部由汴水入黄河，克仓垣；王仲德部进占魏重镇滑台；各部均进逼洛阳。秦方面，从长安发一部东援洛阳，另一部驻于陕津声援，洛阳守将姚洸本来兵少不敌，却分兵在柏谷坞、巩城和洛阳三地固守，晋军一到，相继陷落，援军只得停止东进。此一役，晋军集中优势兵力，分进合击，得以迅速攻克重地洛阳，进而挥师西进潼关。

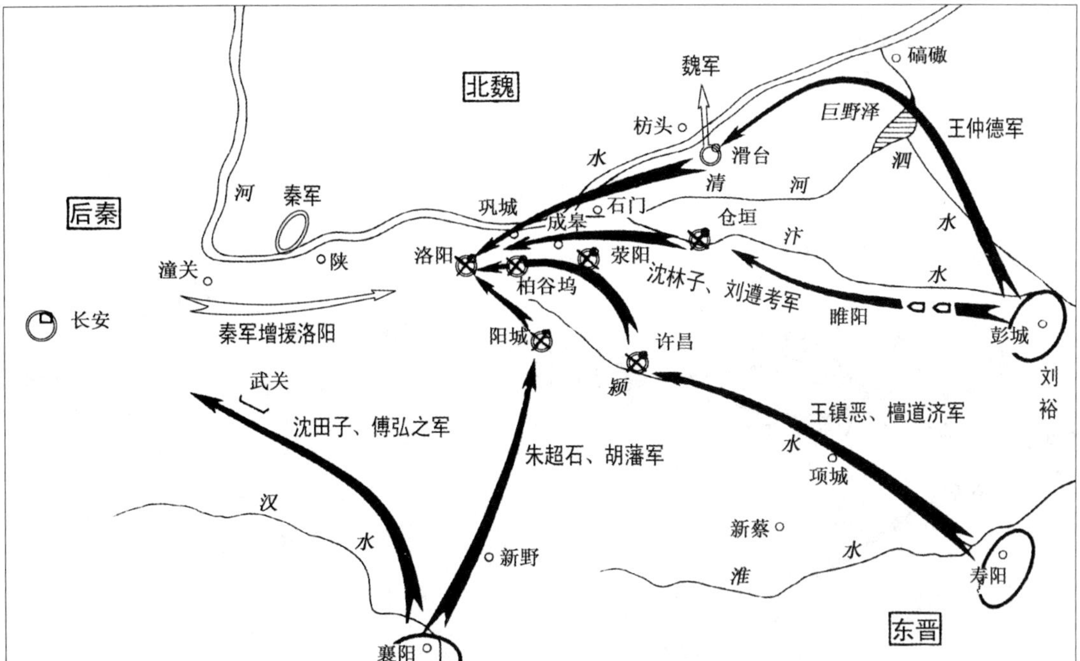

刘裕就在这一年北伐南燕，这时北方的形势是西有后秦、西秦、北凉、南凉、夏、仇池，东有南燕、北燕，北有北魏，共计十国。南燕的地盘大致北至黄河，南至泗水，东至海，西至今山东省西部。其首都广固，位于山区，形势险要。但慕容超信任权幸，荒于游猎，刘裕以其遣兵寇晋，因而伐之。裕率师北上，败燕师于临朐（今山东临朐县），进围广固。慕容超坚守，相持达九个月。至六年（410），广固始陷，超为晋所擒杀，于是南燕亡。

刘裕于灭南燕后的数年间，致力于内乱的戡定。内难既平，刘裕的权位已固，乃于义熙十二年（416）再度北伐，目标是关中的后秦。这时南燕已灭，南凉主秃发傉檀（乌孤弟）也于十年（414）为西秦主乞伏炽磐（乾归子）所灭，北方十国，只剩其八。后秦因屡为夏所败，国力大衰，又值其主姚兴新丧，其子泓在位，懦弱多病，因而刘裕乘势伐之。裕出师后，连克许昌、洛阳，秦人大震。十三年（417），后秦内乱，国势益危。晋将王镇恶、檀道济等攻潼关，沈田子、傅弘之等攻武关，长驱而入，进围长安。秦军拒战屡败，姚泓出降，斩于建康，后秦遂亡。

秦晋两军争夺潼关示意图。晋军攻克洛阳后，于义熙十三年（417）二月，分两路西进：一路由王镇恶率领，西进至渑池，袭占弘农，抵潼关城下；一路由檀道济率领，自陕渡黄河，进攻蒲坂，不克，又回师南下，与王镇恶并力攻潼关。秦出关迎敌，被晋军击溃，潼关被克，秦回师定城，两军进入相持。总指挥刘裕也于同年正月离彭城，自淮、泗、清，入黄河，魏军在黄河北岸沿途骚扰，刘裕派兵登岸大破魏军后，才得西进至洛阳，八月也进抵潼关。

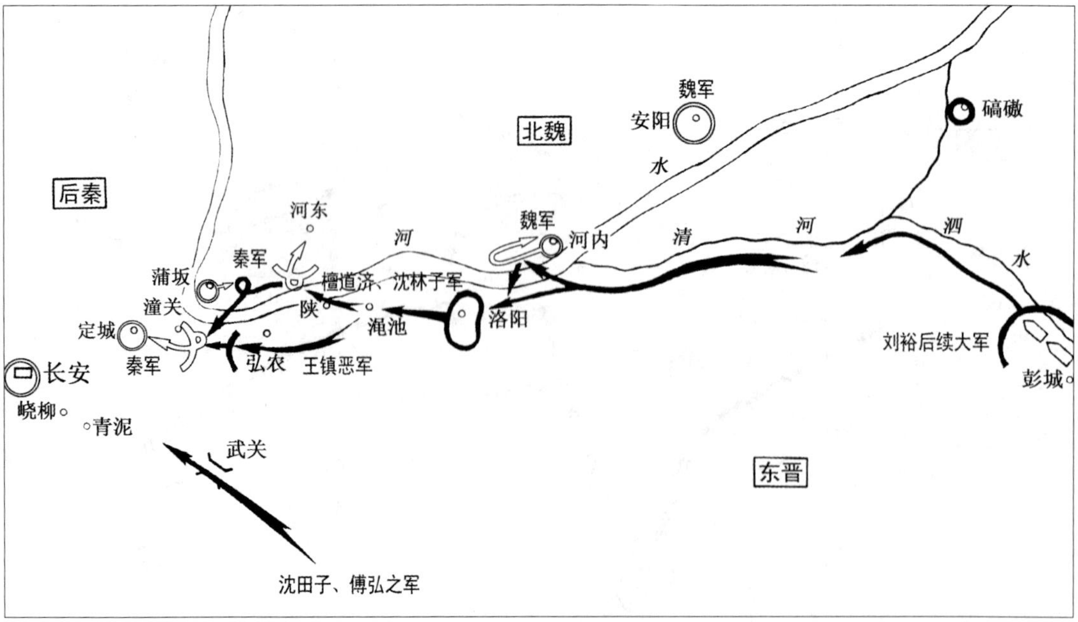

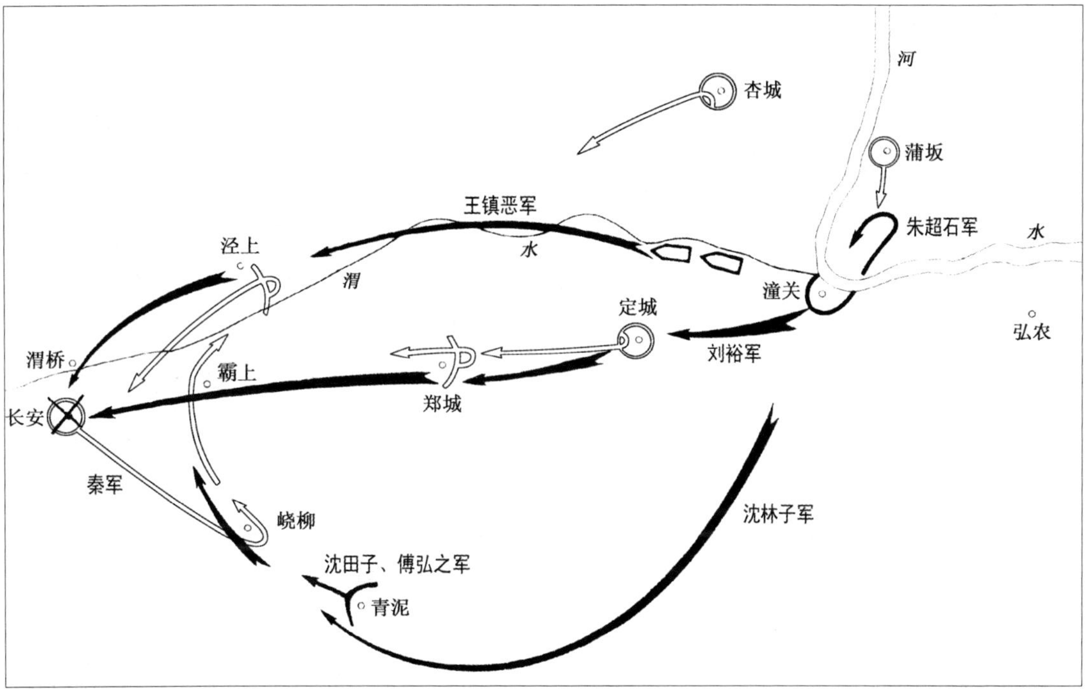

晋军奇袭长安示意图。义熙十三年（417）八月，刘裕到达潼关时，沈田子部已越过武关，进至峣柳附近的青泥与秦军相持。刘裕调整部署：主力由王镇恶率领，自潼关沿渭水西进；沈林子一部向西南增援沈田子；朱超石军北渡黄河，攻蒲坂，保护主力侧翼。沈田子在青泥大败秦主姚泓，姚泓退往霸上。王镇恶军在泾上大败秦姚难军，迫近长安，定城守军只得西辙至郑城，刘裕挥军跟进。八月二十三日，王镇恶抵达渭桥，弃船登岸，猛攻长安得手，秦主姚泓出降，后秦灭亡，洛阳、长安两京光复。

同年冬，刘裕留守建康的心腹刘穆之死，裕以根本无托，于是以王镇恶、沈田子等辅其子义真镇关中，自身东返。其后关中诸将不协，互相杀戮，内争甚烈，夏主赫连勃勃乃乘机南攻。十四年（418）冬，裕命义真东归，为夏军追及，全军崩溃，于是关中之地，又告失陷。而裕部下的百战精锐，也大部丧失，从此南方武力，渐趋不振。裕以一时无力再度北伐，乃亟谋篡晋。同年，他鸩杀安帝，立帝弟德文，是为恭帝。恭帝元熙二年（420），刘裕篡晋自立，国号宋，是为宋武帝，改元永初。恭帝则被奉为零陵王，一年后被害。

宋立国后，国史上的南北朝时代开始。但北方仍是列国并立的局面，要待十九年后，北方才完全为北魏所统一。

（三）北魏的统一北方

北魏自拓跋珪于淝水战后崛起，国势日强。其后连破后燕，版图大扩。他于晋安帝隆安二年（398）称帝，迁都平城（今山西大同县东），是为道武帝。他性情残忍，恣意杀戮，于义熙五年（409）为其子清河王绍所弑。同年，珪长子嗣诛绍而立，是为明元帝。明元帝在位期间，南朝的宋建立。宋武帝永初二年（421），北凉主沮渠蒙逊灭西凉主李恂（暠子），掩有整个凉州。三年（422），明元乘宋武帝之丧，南侵宋河南地。次年，明元帝死，子焘继立，是为太武帝。当时北方国家，关西尚有西秦、夏、北凉、仇池，关东则只有北魏和北燕，共计六国。此后北方的统一工作，便由拓跋焘来完成。

西秦主乞伏炽磐曾于后秦灭亡后受晋封为秦王，但不久降魏。宋文帝元嘉五年（428），炽磐死，子暮末立。七年（430），暮末为北凉所逼，内徙于魏，行至南安（今甘肃陇西县东北），部众叛离。次年，夏主赫连定（勃勃子）乘势击之，遂灭西秦。既而赫连定畏北魏之逼，拥秦民十余万口西走，欲击北凉而据其地，吐谷浑王慕璝邀击擒之，献之于魏，于是夏亡，其地遂为魏有。（吐谷浑国据今青海省一带，其创建人吐谷浑，为前燕主慕容廆的庶兄，因细故与廆不合，遂率部人西迁至洮水以西，建立国家。至其孙，始以吐谷浑为国号。）

北魏骑兵俑，1953年陕西省西安市草厂村出土。骑兵和马都身披重甲，神采奕奕，正是威风八面的鲜卑拓跋部骑士的真实写照。

北燕主冯跋为北方诸国中的贤主，勤政爱民。他死于元嘉七年（430），弟弘杀太子翼继立。弘北与漠北的异族柔然联婚，西通好于夏，独不事魏。魏既灭夏，遂于元嘉十三年（436）伐北燕，冯弘不能敌，奔高句丽，后被杀，北燕乃亡。

北凉主沮渠蒙逊于宋武帝时灭西凉，又数与西秦构兵。其时北魏势盛，蒙逊乃称藩于魏，魏封之为凉王。元嘉十年（433），蒙逊死，子牧犍继位，北魏仍以牧健为王，并尚公主。但他不久与魏启衅，元嘉十六年（439），魏师伐之，北凉亡。北凉是“十六国”中最后灭亡的一国，因此史家常以北凉灭亡的一年为北魏统一北方的一年。但事实上，仇池杨氏，直至元嘉二十五年（448）才完全为北魏所平定。

北魏虽能统一中国北方，但对它的北邻柔然（又名茹茹或蠕蠕），却无法征服。自鲜卑于东汉末年据匈奴故地，至西晋，鲜卑南移，大漠南北地区，乃为铁勒所据。铁勒又名敕勒，种类繁多，遍布于今中亚、西伯利亚及外蒙古北部一带，其邻近中国者，有高车等部落。东晋中叶，东胡族的柔然兴起，并吞高车，拓地西至焉耆（今新疆焉耆县），东至朝鲜，北越瀚海（今外蒙古沙漠），南临大碛（今内蒙古沙漠）。魏自道武帝时起，即常与柔然交战，明元帝时，也曾大举讨伐；但以塞外气候严寒，行军困难，而柔然人来去飘忽，因此不能予以重创。

至太武帝时，北方渐定，他曾屡次亲伐柔然，但柔然善于奔窜，避免正面作战，以致魏军时常扑空。只有两三次魏军采取奇袭，或与柔然正面遭遇时，始获得重大战果，其中尤以元嘉六年（429）一役，最为成功。是年，太武帝率军自平城出发，轻骑至栗水（今外蒙古翁金河），柔然纥升盖可汗猝不及防，仓皇西逃，人畜四散。魏军沿栗水西行，分兵搜索，足迹所至，东西五千里，南北三千里。柔然人降魏者三十余万，获马百余万匹，其他畜产数百万，魏主至涿邪山（在今外蒙古西部）而回。但魏并不能把柔然完全消灭，太武以后，柔然势力复振，仍经常入寇，而魏始终不能予以致命的打击。直至南北朝末年，柔然才为另一民族突厥所灭。

北魏的所以能立足北方，有效的控制其广大的地盘和众多的汉人，主要自然是靠武力。鲜卑人既有塞外民族的勇武秉赋，又因客居中国而加强其部族的团结，北方底定后，鲜卑人仍服兵役，他们构成魏国军队的主力。此外遇有大战役，有时也征调其他胡族为兵。魏军中也有少数汉人，但这类汉人大都世居北边，沾染了极深的胡化，与胡人已无二致。至于中原地区绝大多数的汉人，其主要职责则是耕田织布而已，这是魏人以武力维持其统治的办法。但另一方面，魏室也颇知笼络汉人，永嘉乱后北方世族之未能南迁的，大都与魏室合作。魏初最受倚任的北方世族是清河崔氏，其族有崔宏者，东

耕种图，魏晋画像砖，甘肃嘉峪关新城出土。图中所绘为魏晋时期男女老少分别犁地、播种、耱地的场景。

武成人（今山东武城县西），曾事道武帝，任吏部尚书等职，典掌机要，草创制度，甚受倚任。宏子浩，历仕道武、明元、太武三朝，曾于太武时为司徒。世族在南北朝的社会里，均有其崇高地位，为大众所瞻依。魏室的宠络世族，自是收拾人心的好办法。总之，魏人的统治北方，除了武力控制外，还采用“以汉制汉”的策略。

（四）南北朝的疆域与人口

所谓南朝，是指宋、齐、梁、陈四朝，它们均建国于中国南方，都建康（今南京）。南朝时代是从宋武帝代晋的一年（420）起，到陈后主降隋的一年（589）止，共一百七十年。北朝包括北魏、北齐、北周和隋平陈前的一段时间，从魏太武帝灭北凉的一年（439）起，到隋平陈的一年（589）止，历时一百五十一年。其中魏与周为鲜卑人所建，齐、隋的皇室则是胡化甚深的汉人。四朝均建国于中国北方，魏初都平城（今山西大同县东），后都洛阳；齐都邺（今河南临漳县西），周、隋则都长安。

南北朝的疆域，因双方始终处于敌对状态，不时发生战争，所以国界甚不固定。大体说来，北朝的版图是北至阴山南北的沙漠，东北至今辽东半岛，西至今甘肃西部，南与南朝接界。南朝则大致保有三国时吴蜀两国之地。南北国界虽时有变化，但大部时间，大致以淮河为界。至其变化的情形，总括说来是“越变越南”。宋初，南北国界在黄河以南，即今山东、河南等省的中部；西则以秦岭为界。自宋明帝（465 ~ 472）起，下至齐梁时代，国界退至淮河两岸及襄阳一带，即今江苏、安徽、湖北等省的北部。梁末，失陕南四川，云贵地区继以沦丧。但长江以南的其他地方，仍为陈所有。

据史书的记载，南北朝人口远较两汉为少。但南北朝时代有许多种人没有户籍，无从查考其确数。例如当时的军人，自有兵籍，不属于州郡民户，这种办法南北相同。又如僧尼道士以及他们所收养的徒众，也都没有户籍，这也是南北共有的现象。此外为豪强隐占或是因战争及暴政而流亡不报户口的，自也不在少数。因此南北朝的实际人口，当远较史书记载的数目为多。

南朝于宋孝武帝大明八年（464），计有户九十万六千八百七十，口四百六十八万五千五百零一。齐及梁武帝时代的人口数目不详，但这七十年间，南方相当安定，人口可能较宋时为多。到梁末，因侯景之乱，加以梁益失陷，以致人口锐减。据说梁元帝时（552 ~ 554），百姓有户籍的，尚不足三万户。陈降隋时（589）的户口，则是六十万户［南朝人口数目，见《宋书》卷三五至三八《州郡志》，《南史》卷八《梁元帝纪》及《隋书》卷二九《地理志》］。北朝的人口在魏孝明帝正光（520 ~ 524）以前为全盛时代，户口倍于西晋太康时。（晋太康元年平吴后，有户二百四十万九千八百四十，口一千六百一十六万三千八百六十三。）但到孝明帝孝昌（525 ~ 527）以后，魏因内乱，人口耗减大半。北齐为北周所灭时（577），有户三百三十万二千五百二十八，口二千万六百八十六。（一说周灭齐时，得户三百三万二千五百）。周的人口远较北齐为少，周静帝时，北方早已统一，而全国人口，不过四百万户，可知周齐对立时，周的人口尚不足一百万户。隋平陈后，全国只有四百六十万户，但自此人口开始剧增起来［北朝人口数目，见《魏书》卷一〇六《地形志》，《周书》卷六《武帝纪》，《资治通鉴》卷一七三及《文献通考》卷十“户口一”］。以上的人口数字，虽必然与其实数相去甚远，但可看出南北朝人口的大致变化。南朝的衰弱，与其人口的寡少，实有密切的关系。

南北朝时代人口的流动，非常剧烈，这是南北共有的现象，而以北朝为尤甚。这种人口流动，事实上是两晋时代汉族与胡族大迁移的延续。流动的主要原因，可分以下数类，几乎每类都与战争有关。一类是国与国之间，在战争时期，俘掠对方的军民，迁于自己境内，以充实力量。二是某些地方人民以勇悍著称，或其地多豪右强族，由政府把他们迁于易于控制的地方。三是以移民充实都邑或形胜之地。四是因某地过度残破，不可复守，而将当地人民迁到他地。从西晋末年起，直至南北朝，这些类型的人口迁徙，从未长期停止过。结果造成人口的内流现象，人口过度集中于内地，边地的人口，因而单弱。这种情形，对于一国的国防，影响甚大。北魏所以始终不能重创柔然，即与凉州兵民的单弱有关，其远因则种于魏初平凉州时的逼迁当地百姓。南朝的人口，集中于江南，淮水南北则甚为空虚，而致边防不固。不特对规复大计，无法实现；甚至屡受北朝的侵凌，以至于亡。虽然当时中国人也有移居海外的，但这种外流的人口，其数目微乎其微。

二、南朝的内政与外战

（一）宋元嘉之治与北伐

宋武帝刘裕，其先世彭城（今江苏铜山县）人，后徙居京口（今江苏镇江县）。他少起田间，长握兵符，以是为人刚毅俭朴。他于晋末专政时，整饬纪纲，豪强慑伏。即位之后，仍一本其“田舍翁”的素习，力求节俭，一时政风甚佳。但他半生戎马，老于军中，对子弟的教育，似乎未曾措意，又因托付非人，以致在他身后不久，宋室便发生巨变。

永初三年（422），武帝死，太子义符继立，是为少帝。大臣徐羡之、傅亮、谢晦等辅政。少帝性好嬉戏，所为失德。羡之等乃于景平二年（424）以皇太后令废帝为营阳王，继而弑之。武帝次子义真亦以交游名士，为羡之等所忌，于少帝被废前不久被杀。当时武帝三子宜都王义隆镇荆州，羡之等迎之即位，并出谢晦继续镇荆州，以为声援。义隆入立后，是为文帝，改元元嘉。徐傅二人仍执国柄，甚为专肆。文帝乃结北府名将檀道济，于元嘉三年（426）诛徐傅，并以道济讨灭谢晦，于是内外皆定。

刘裕，佚名绘。

文帝性宽仁，亲政以后，仍承武帝的俭德，力戒奢侈。并委任王华、王昙首等人，轻徭薄赋，澄清吏治。虽屡有外战，但军费出自府库，力避扰民。因此国内安定，百姓蕃息，蔚为南朝初期的盛世，史称“元嘉之治”。元嘉凡三十年，但二十七年（450）后，因大举伐魏，不得不重赋厚敛，既而魏人南侵，元嘉之政遂衰。

宋武帝死后不久，黄河南岸的洛阳、许昌等地，相继陷于北魏。文帝即位后，颇有恢复之志。当时北府精兵已大部损失于关中，名将只剩一檀道济，他掌握着北府的余众，曾自诩为“万里长城”。但文帝以他素有威名，对他甚为猜忌。元嘉七年（430）文帝以刘彦之、王仲德等统兵十万北伐。魏太武帝把河南诸军调往河北，准备冬季来临，再渡河攻宋，于是宋军不战而取河南之地。其年冬，魏军渡河而南，连陷洛阳、荥阳（今河南荥阳县东）等地。宋军迎战失利，不得已退师，损失甚重。这时临河的重镇滑台（今河南滑县），孤立无援，文帝遣檀道济救之。次年春，道济转战至济南（今山东历城县），因军队乏食而退。于是魏人攻克滑台，俘宋军万余人。

此次北伐失败后，宋的府库空虚，一时无法再举，以是与魏人相安者十余年。元嘉二十二年（445），魏出兵寇掠淮泗以北，自此边境再扰。文帝也以国力渐充，再谋北伐。但这时宋初的名将均已凋谢，檀道济也早已被杀，因此与文帝商讨北伐大计的，只是些不懂军事的“白面书生”如徐湛之、江湛等。二十七年（450）春，魏人寇悬瓠（今河南汝南县），不克而退。同年秋，宋遣王玄谟、庞法起、柳元景等统军分途伐魏，玄谟攻滑台，法起等攻弘农（今河南灵宝县南）。魏太武帝亲自率军渡河救滑台，号称百万，玄谟畏惧退师，魏人追击，宋兵死万余人。庞法起等攻下弘农，西攻潼关，以东路军败，退回襄阳。宋师既退，魏军进攻彭城，不克。魏主乃引兵南下，所过残破，城邑望风奔溃。魏军进抵瓜步（山名，在今江苏六合县东南），声言渡江，建康震动，但魏人实无渡江的准备。既而魏主向宋求和亲，文帝不许。次年初，魏人焚掠而去，途中进攻盱眙（今安徽盱眙县东北），欲夺城中储粮，以为北归之资。将军臧质固守，魏军攻之，经月不拔，死伤万人。魏以士卒多染疾疫，因而退兵，所过之地，杀烧虏掠，但魏兵也死伤大半。二十九年（452），魏太武帝为中常侍宗爱所弑，文帝又遣萧思话、鲁爽、臧质等分途北伐，均无功而返。此后，南朝的武力益趋不振，北强南弱的局面，也于焉告成。

文帝的北伐，虽然失败，但他对南方的经略，则颇有成绩，可以其用兵林邑为例。林邑本汉日南郡象林县之地，当今越南广南（Guang Nam）一带。东汉末年，中国内乱，象林县功曹区某之子，名连，杀县令自立为王，子孙相承。其后区氏为其甥范氏所代，至晋武帝时，始来朝贡。东晋时，其主范文，攻灭邻近小国，势力日强。穆帝永和三年（347），林邑攻陷日南（今越南顺化 Hue）。其后时服时叛，交州为之虚弱。宋文

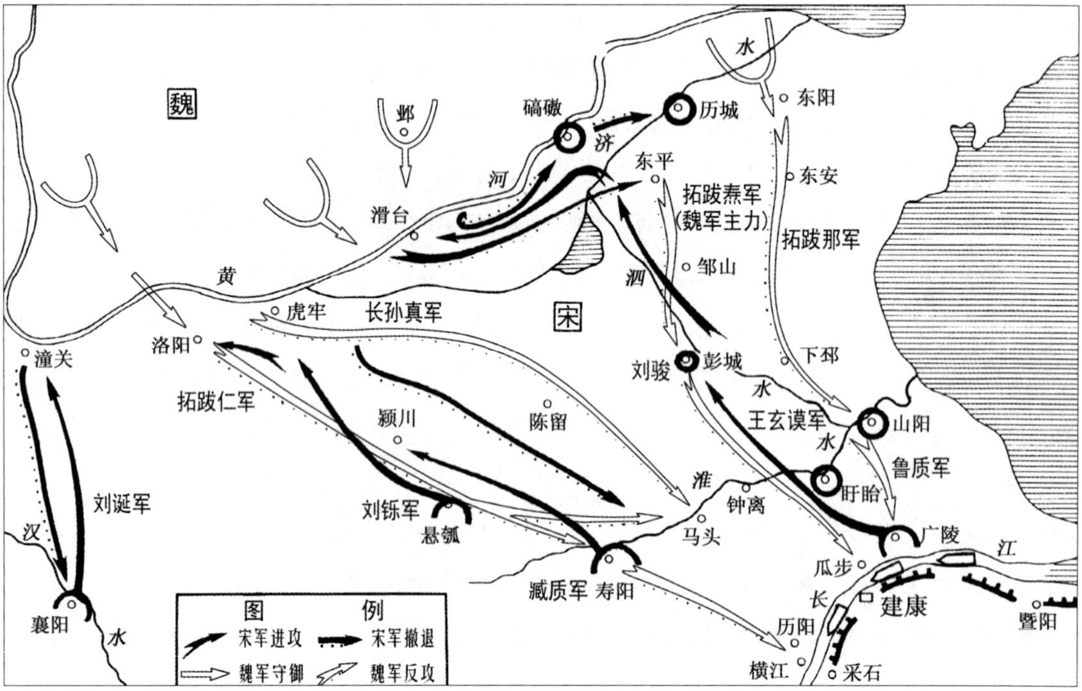

宋军第二次攻魏和魏军反攻示意图。宋元嘉二十七年（450）六月，宋主刘义隆兵分三路，大举攻魏：东路主力由王玄谟指挥，自广陵出发，一路北进，渡淮，沿泗水入黄河，归萧斌节制，主攻碻磝、滑台；中路臧质、王方部自寿阳出兵，向西北直指许昌、洛阳；西路刘诞部北出襄阳，直指潼关，威胁长安，以牵制魏军，策应主力；江夏王刘义恭进驻彭城，节度全军。九月，东路宋军进占碻磝，进围滑台；中路经许昌攻克洛阳；西路下弘农、潼关，一时进展俱顺。魏主拓跋焘闻讯，并不急于反击，待十月秋高马肥之时，才大集军马，亲率主力大举反攻，十月七日即进至枋头，前锋渡过黄河，威胁王玄谟军退路，随即大军渡河，直指滑台。王玄谟大惧，置水军不顾，仓皇东逃至碻磝。萧斌则退守历城。刘义隆见事不可为，召刘诞部退守襄阳，弘农、潼关得而复失。至此，宋军全线转入防御。拓跋焘则乘胜势，分三路南下。十一月，东路拓跋那自青州南下，进占山阳，随即下广陵；西路拓跋仁、长孙真军自洛阳经悬瓠、寿阳、马头，进至横江；拓跋焘亲率主力攻占邹山，进围彭城，久攻不能下，遂舍城南下至瓜步，建康一时急危，宋朝野震恐。至此，长江下游北岸地区尽为魏军所有。但魏军无水师可资渡江，又困于江北民众坚壁清野，更兼前有大江，后有坚城，终不能久逗，遂于次年正月率众北返。至此，宋第二次北伐以失败告终。此役，宋军统帅乏力，又三路全线出击，分散兵力，在北魏优势兵力打击下，终致全线溃败；魏军先收缩兵力，让开一步，再乘时反击，得手后又不失时机实施中路突破与侧翼迂回，得以长驱南下，战略战术极为成功。

帝时，林邑寇盗不已，元嘉二十三年（446），宋以檀和之击平之。此后林邑内乱，又受扶南（今柬埔寨）寇侵，无力侵犯边邑；直到梁陈，仍甚少入寇。

（二）宋的乱亡与齐的继起

元嘉三十年（453），宋文帝以其太子劭造作巫蛊，与廷臣谋废之。事为劭所知，与弟始兴王濬合谋，勒兵入宫弑文帝，并杀徐湛之、江湛等，然后自立。其时文帝三子武陵王骏方督军讨缘江蛮，军次五洲（今湖北蕲水县西），闻讯遣柳元景讨劭，四方州郡，多举兵响应。元景率军东下，大破劭军于新亭（今江苏江宁县南），骏乃于新亭即皇帝位，是为孝武帝。既而诸军克台城（建康宫城），擒劭杀之，濬及劭党亦均伏诛，内乱遂定。

刘宋诸帝对其皇室本身，有两大疏失之处，一是不注意教导皇子，一是猜忌宗室。武帝文帝，均以不善教子弟，而致祸乱相乘。文帝以后，宋室昏主迭出，其原因也大半由于家庭教育的不良。至于宋室的骨肉相猜，从文帝起，也是无代无之，这与宋室家教似也有密切的关系。文帝时，彭城王义康（文帝弟）以权势过盛为帝所忌，于魏人南下时赐死。孝武帝为人荒淫猜暴，即位之初，即杀其弟南平王铄。帝叔南郡王义宣，久镇荆州，帝淫其诸女。义宣愤恨，遂于孝建元年（454）举兵反，事败被杀。次年，孝武以细故杀弟武昌王浑；又忌弟竟陵王诞，命其出镇广陵（今江苏江都县东北）。大明三年（459），诞反，移檄远近，扬露帝丑。帝杀诞亲属左右在建康者千余人，并遣兵灭诞，杀广陵士民数千人。

大明八年（464），孝武帝死，太子子业继位，是为前废帝。帝时年十六，由江夏王义恭（文帝弟）、柳元景等辅政。废帝嗜杀无道，景和元年（465），校尉戴法兴以专擅被赐死，诸大臣内不自安，柳元景等密谋废帝而立义恭，事泄，帝自率兵讨杀义恭及元景。帝又诛杀若干大臣及宗室，没有被杀的宗室诸王，也备受侮辱。这时晋安王子勋（孝武帝子）为江州刺史，废帝忌之，子勋遂起兵反。既而湘东王彧（文帝子）与帝左右寿寂之等弑帝，彧继位，是为明帝，改元泰始。明帝即位后，子勋不服，传檄声讨，宗室诸王之出镇各地者，多起兵响应。泰始二年（466），子勋称帝于寻阳（今江西九江县），明帝遣沈攸之等讨灭之。明帝为人猜忌凶狠，子勋败亡后，又尽杀孝武帝子十余人，兄弟被杀者亦有数人。总计武帝九子，四十余孙，六七十曾孙，死于非命者达十之七八。

泰豫元年（472），明帝死，太子昱立，是为后废帝，时年十岁，由袁粲、褚渊等辅政。时桂阳王休范（文帝子）为江州刺史，自以尊亲不能为宰辅，甚为怨愤。元徽二年（474），休范举兵于寻阳，直趋建康，帝以右卫将军萧道成讨灭之。废帝渐长，凶狂失德。当时建平王景素（文帝孙）负有盛誉，朝野归心，深为帝亲戚及左右所忌。元徽四年（476），景素据京口（今江苏镇江县）起兵，失败被杀。自休范之乱平定后，萧道成权势日隆，阴有篡位之志，密与帝左右相结。次年，废帝为左右杨玉夫所弑。道成入宫，处理后事，迎立安成王準（明帝子），是为顺帝，并改元昇明。从此道成乃得独揽朝政。

时荆州刺史沈攸之，也有异图，乃发兵讨萧道成，责其擅自废立。袁粲亦谋讨道成，为褚渊所告，事败而死。沈攸之东攻郢城（今湖北武昌县），连遭挫败，士卒逃散甚多。昇明二年（478）初，攸之欲返江陵，而江陵已为萧道成心腹雍州刺史张敬儿所得，攸之进退失据，遂自杀，从他起事到失败仅三个月。攸之既死，宋朝再没有可与萧道成抗衡的人。次年，道成遂顺利篡宋。

萧道成祖籍兰陵（今山东峄县东），西晋末徙南兰陵（今江苏武进县西北），为当地望族。父承之，仕宋为右将军。道成篡宋后，改国号为齐，是为齐高帝。他为政颇务节俭，且崇尚儒家言，因此南齐初期，宗室猜忌杀戮之风，远不如宋世为烈。建元四年（482），高帝死，太子赜继位，是为武帝。武帝在位十一年，政俗甚美，史称“永明之治”。他对宗室也颇能保全，其同母弟豫章王嶷，高帝时几立为太子，但他对嶷仍能友爱，使之保功名以终。他的缺点，则是奢侈，例如后宫竟多至万人。永明十一年（493），太子长懋死，武帝立其长子昭业为皇太孙。同年，武帝死，昭业继位。

昭业即位后，宗室萧鸾（高帝兄子）辅政。昭业行为放荡，但不若宋两废帝的凶残。萧鸾阴谋篡位，于次年遣人入宫弑昭业，追废为郁林王，改立其弟昭文。自此萧鸾权势益隆，未几鸾又废昭文为海陵王，自即帝位，是为明帝。明帝得志后，即大事屠杀宗室诸王。齐高武两帝时，对宗室诸王，虽能保全，但管制甚严，诸王在外任刺史的，政府都为其置一“典签”的官，以之管理州政，监视诸王，权威超过刺史。及明帝欲除在外诸王，都命典签杀之，竟无一人相抗。

永泰元年（498），明帝死，太子宝卷继位，他狎昵群小，荒嬉无度。永元二年（500），齐将崔慧景据广陵叛，直扑建康。豫州刺史萧懿，时屯兵小岘（今安徽合肥县东），闻讯立即入援，击斩慧景；但萧懿为宝卷所忌，竟于同年被杀。萧懿弟雍州刺史萧衍，久蓄异志，闻懿死乃举兵反。雍州当今湖北省北部地，因系南北兵冲，故军力甚强。次年，萧衍奉荆州刺史南康王宝融为相国，既而宝融即帝位于江陵（今湖北江陵县），是为和帝。帝以衍为征东将军，率兵东下，所向克捷，直抵建康。宝卷遣军十万，结阵于秦淮水南，为衍所破。宝卷为将军王国珍所杀，衍遂入建康，追废宝卷为东昏侯。齐以萧衍为梁王，掌握国政，衍乃诛杀若干宗室，以为篡位的准备。中兴二年（502），衍废和帝为巴陵王而自即帝位，是为梁武帝，并改元天监，于是齐亡。

（三）梁的兴盛

梁武帝南兰陵（今江苏武进县西北）人，与齐室同宗，为人恭俭，即位后颇能勤政爱民。据说他每到冬月，四更即秉烛视事，膳食唯豆羹粗粝，身衣布服，摒除音乐。他亲任朝臣周捨、徐勉，捨参与机要者二十余年，性极俭素，勉也公而忘私，家无蓄积。由于武帝君臣的克勤克俭，因而政治清明，国内安定，蔚成江表的盛世。

武帝博学能文，对学术也加意提倡，他的最大功绩是扩充国学。南朝自宋文帝元嘉二十年（443）始建国学，至二十七年（450），以与北魏战争而废除。齐高帝建元四年（482），复立国学，有学生一百五十人，但同年即因高帝之丧而停办。其后齐武帝、明帝也曾两度兴建国学，但时间短暂，自不会有多大效果。到梁武帝天监四年（505），设置五经博士各一人，每人主持学馆一座，每馆有学生数百人，由国家供给其生活必需品，绩优者由政府任为官吏。七年（508），又正式建立国学，学生除公卿子弟外，皇太子、皇子及宗室王侯均须入学。大同七年（541），又于宫城西部设立“士林馆”，延集学者讲学。因为教育的发达，所以南朝文物，也以此时为最盛。

梁武帝初年，正值北魏宣武帝在位，其时魏室已自平城（今山西大同县东）迁都洛阳，鲜卑人正展开大规模的汉化。魏的国势，看来虽仍甚昌盛，但实际已开始走下坡路。其时南北国界，已移至淮水以南。宋初，南朝北境本在黄河以南，虽然文帝末年北伐失败，魏人南下，但不久退回，失地又为宋所收复。明帝时，徐州刺史薛安都以彭城（今江苏铜山县）降魏，宋遣军伐之，为魏所败，于是淮北及淮西之地，尽沦于魏。至齐东昏侯时，寿阳（今安徽寿县）守将裴叔业降魏，于是魏人势力，及于淮南。武帝将篡齐，齐宗室萧宝寅奔魏，请兵伐梁，魏不从。其后梁江州刺史陈伯之亦降魏，请兵自效，魏乃有南侵之意。

梁武帝萧衍，选自《乾隆年制历代帝王像真迹》。

天监二年（503），魏开始攻梁，二三年间，东拔淮南数城，西取义阳（今河南

信阳县南）及梁州（今陕西省南部）之地，益州几至不保，梁地大削。五年（506），梁大举伐魏，以临川王宏（武帝弟）督诸军北进，魏以中山王英拒之，梁师溃于梁城（今安徽寿县东北）。次年，中山王英围钟离（今安徽凤阳县东北），时魏师数十万，而城中梁军仅三千人，守将昌义之竭力拒战，魏军终不能克。既而梁先后以曹景宗、韦叡率军赴援，内外夹击，魏师大溃。英脱身走，魏军死于淮水者十余万，为梁所斩俘者又数万人。这是南北朝交兵以来，南朝前所未有的大捷。

钟离之役后，梁魏仍时有小战。至十三年（514），梁欲复寿阳，于是大战又起。魏将李崇，在寿阳十年，与梁战屡胜，梁多方谋去之，终未如愿。是年，武帝用魏降人王足计，发兵民三十万，于寿阳城外筑堰，用以截淮水灌城。十五年（516）四月，堰成。堰长九里，高二十丈，下阔一百四十丈，上广四十五丈；堰上树植杞柳，军队亦列营其上。至八月，淮水暴涨，堰突倾坏，军民漂流入海者十余万人。魏本拟出动大军攻夺淮堰，闻堰坏而止。此役之后，梁无力大举，魏亦以孝明帝幼弱，胡太后当权，内政不修，国力渐衰，以是双方能相安一时。普通元年（520），梁魏开始通好。

其后魏国内大乱，干戈四起，其势益衰。这时梁本有复兴的机会，但江左晏安已久，兵力不振；而武帝又非雄才大略，虽也曾乘时进取，但似乎并没有全盘计划，同时也没有全力以赴；因此用兵范围，总不出淮水两岸。武帝自普通五年（524）起，再度北伐，虽多克获，但也间有顿挫。至七年（526），梁克寿阳，凡下五十二城，要算淮堰之役后武帝北伐的最大收获。武帝经略北方的另一失策处，即是始终想借降人的力量为前驱，以期不劳而获。大通二年（528），魏孝明帝死，国内大乱，魏宗室元颢奔梁。武帝乃立元颢为魏主，以陈庆之率兵送之北归。颢等北上，克复洛阳，终以孤军无援，未能成事。元颢为魏人所杀，庆之间道逃回，梁军全覆。但此后武帝仍不放弃利用降人的念头，终致造成末年的侯景之乱。

（四）侯景之乱与陈的建立

武帝在位四十八年，他的前期，为南朝的盛世，但到晚年，政治日见腐败。他晚年崇信佛法，为政过于宽大，因此刑典废弛，纪纲不立。当时全国的僧尼道士以及他们所收养的徒众，数目几占全国户口的一半，仅建康一地，便有佛寺五百余所。他们都不负赋役，使国家财政，蒙受极大的损失［见《南史》卷七十《郭祖深传》］。同时政风不整，官吏类多贪残，奢侈之风，也弥漫于国中。此外武帝对子孙过分宽纵，因此宗室诸王，大都骄纵不法。当时诸王多出任刺史，分典要地，他们各握重兵，互不相下，政治既如此衰弊，武帝自然无法集中全力，大举北进。因此虽值北魏内乱，梁北伐之师，仍不能建立大功。中大通六年（534）后，魏分裂为东西二国，战乱益烈；而武帝佞佛益笃，不再积极的从事外战，只寄望于北方降人的来归。

太清元年（547），东魏大将侯景以河南地来降。其时梁与东魏和，边境无事，廷臣多不主纳降，武帝不从。于是封景为河南王，并遣兵北攻彭城（今江苏铜山县），东魏以慕容绍宗赴援，大败梁师。次年，侯景亦为绍宗所败，南下夺据寿阳。既而武帝用朱异之计，欲送还侯景以与东魏和，事为景所知，乃举兵反，南下历阳（今安徽和县）。梁以临贺王正德（武帝侄）御之，正德暗与景通，迎之渡江。景率众直逼建康，正德又开城门纳之。梁以羊侃守台城，景不能克，乃奉正德即位，自为丞相。三年（549），景以各地援军相继而至，伪表求和，以阻援兵。梁与之盟，但不久景又毁盟，猛攻台城，终于攻陷。景乃废杀正德，自为大丞相，专制朝政。而武帝为景所制，忧愤成疾，困饿而死。太子纲继立，是为简文帝，实际已等于傀儡。

这时虽然国遭大难，但镇守西部各州的宗室诸王，对之并不关心，反以内斗为务。湘东王绎（武帝子）时为荆州刺史，虽曾移檄讨侯景，但迁延不进。绎又与湘州刺史河东王誉（武帝孙）交恶，以兵伐之，誉求救于雍州刺史岳阳王詧（誉弟），詧自襄阳攻江陵，不克而还。詧遂遣使求援于西魏，愿为附庸，以与绎敌。大宝元年（550），西魏尽取汉水以东之地，进逼江陵，绎与之盟，并送质子，西魏始退兵。既而绎以王僧辩攻杀誉于长沙，又驱走郢州（治所在今湖北武昌县）刺史邵陵王纶。

二年（551），侯景亲自率军西上，攻湘东王绎，为王僧辩败于巴陵（今湖南岳阳县），遁回建康。景亟谋称帝，乃废杀简文帝，改立豫章王栋（武帝曾孙），不久废栋称帝，国号曰汉。次年，湘东王绎命王僧辩等东击侯景，会始兴（今广东曲江县）太守陈霸先于湓口（今江西九江县西），然后联兵东下。先是霸先于台城陷后，起兵讨景，遣使诣绎，愿受绎节度，至是引兵来会。西军大破侯景军于姑孰，直逼建康。景亲自拒战，兵败欲东逃入海，途中为人所杀，其乱乃定。

侯景既灭，湘东王绎遂即帝位，改元承圣，是为元帝。帝仍都江陵，并遣人杀豫章王栋，以绝人心。其时武陵王纪（武帝子）为益州刺史，亦拥兵称帝。承圣二年（553），纪伐江陵，元帝求援于西魏，擒纪杀之，益州遂为西魏所有。次年，萧詧引西魏兵伐江陵，杀元帝。西魏迁詧于江陵，立为皇帝，史称其国为“后梁”。西魏仅给詧荆州之地三百里，并派兵加以监视，而襄阳亦为西魏所有。

自侯景乱起，东部江北之地，多为东魏占去。简文帝初，东魏为北齐所篡，江北地复归齐。及元帝被杀，王僧辩、陈霸先奉晋安王方智（元帝少子）即位，是为敬帝。北齐则送梁宗室萧渊明（懿子）入立，先是渊明于武帝末年北伐东魏，兵败被执，至是北齐以兵送之。梁师拒之大败，王僧辩惧，迎纳渊明，渊明遂即帝位于建康。时陈霸先在京口，遣使争之不得，乃以兵袭建康，杀僧辩于石头城，复立敬帝，自此霸先独专梁政。太平元年（556），北齐来侵，渡江逼建康，为霸先所败。次年，霸先废敬帝自立，国号曰陈，改元永定，是为陈武帝。陈新承大乱之后，不但国土残破，文物储积都损毁一空；虽能乘北方分裂勉强立足于江南，但从此国势不振，直到为北朝灭亡而后已。

三、北魏分裂与南北统一

（一）北魏的汉化与衰乱

魏太武帝于宋元嘉二十九年（452）为中常侍宗爱所弑，其太子晃已先死，晃子濬年幼，爱乃立太武庶子南安王余。余以宗爱专恣，欲夺其权，又为爱所弑。同年，朝臣刘尼、源贺等拥濬继位，是为文成帝，遂族诛宗爱。文成帝在位十三年，于宋明帝泰始元年（465）死。太子弘继立，是为献文帝，年十二，丞相乙浑专政。次年，太后冯氏（文成帝后）诛乙浑，临朝称制，既而归政。献文好黄老浮屠，于七年（471）传位于太子宏而自称太上皇。宏即位，是为孝文帝，年仅五岁。冯太后汉人，猜忌多智，但内行不正，夙怨献文。献文禅位后五年而死，时言为太后所鸩。献文既死，太后复临朝，与南齐通好，政治尚为安定，但她颇有滥刑和奢侈的缺点。

齐武帝永明八年（490），冯太后死，孝文始得亲政。他可能受冯太后的熏陶，倾慕汉化，颇有“大一统”的思想。时魏的版图，已扩至淮水以北，其首都平城（今山西大同县东），距离魏的南境过远，且酷寒多风沙，人口稀少，又无漕运，不宜于南进的推动。因此他想迁都洛阳，又恐臣下不从，乃议大举伐齐，胁众南下。十一年（493），孝文率步骑三十万南下，止于洛阳。次年，遂定都之。魏的若干制度，本系参酌汉制而成，但孝文认为鲜卑人汉化的程度，尚不够彻底，因此迁都以后，遂即展开大规模的汉化运动。当时洛阳是北方汉化的中心，自然也是推行汉化的最好环境。在他迁都后的三年中（494 ～ 496），曾颁行许多有关汉化的措施，其重要者如下：

1. 禁止胡服。当时胡人衣狭而短，汉人衣宽而长，至是他本人袭服汉族帝王衣冠，一般士民也须着汉服。2. 禁止胡语。凡士民三十岁以下者均须屏绝“北语”（即鲜卑语），俱从汉音；官吏北语于朝廷者免官。3. 改变度量。改用长尺大斗，均依汉制。4. 推广教育。设国子学、太学及四门小学于洛阳，并征求天下遗书，以充秘阁。5. 禁止归葬。凡迁居洛阳的鲜卑人，死即葬于河南，不准还北，于是南迁者均改籍贯为河南洛阳人。6. 改变姓氏。改拓跋氏为元氏，其余功臣旧族，亦均改之。

孝文帝的汉化，大大提高了鲜卑人文化和生活的水准；但另一方面也使鲜卑人沾染了不少汉人的毛病，诸如奢侈、文弱等，这些缺点，在孝文身后，都逐渐暴露出来。孝文迁都后，除了在国内推行大规模的汉化运动，对外便是接二连三的伐齐。齐明帝建武元年（494），他遣师分道攻齐。东路魏军攻钟离（今安徽凤阳县东北）不克，他自率大军赴援，并遣军临江，数明帝之罪。但钟离终攻不下，不得已退师，其他各路魏军，亦皆无功而返。四年（497），孝文自率大军攻齐，欲取襄阳（今湖北襄阳县）。魏进军后，连陷要地，于次年围樊城（今湖北襄阳县北），不克。适值齐明帝死，而高车又兴师抗魏，孝文乃以“礼不伐丧”为由，引兵而还。齐东昏侯永元元年（499），齐以陈显达、崔慧景等北伐，孝文自将御之，大败齐师于马圈（今河南邓县东北），显达等南走，孝文也以病笃北还，死于途中。太子恪继立，是为宣武帝。次年，魏人取齐寿阳。

宣武即位后，外戚高肇（孝文帝后兄）及幸臣茹皓专权，所为横暴，政治渐坏。梁武帝天监十三年（514），魏以高肇率师攻梁、益州。次年，宣武帝死，朝臣于忠等迎立宣武次子诩，是为孝明帝，年仅六岁。高肇闻讯，中途回师，至洛阳后，为于忠所杀，而忠行为亦多不法。孝明年幼，由生母胡太后临朝。太后汉人，性情淫放，逼幸清河王怿（孝文帝子）而以之辅政，并信用妹夫元叉及侍中刘腾。她本人生活奢侈，崇信佛教，在洛阳大修寺院，加以赏赐无度，靡费极多。既而元叉等与清河王怿结怨，于普通元年（520），与刘腾合谋杀怿，并幽胡太后，由是二人专权，威震内外。叉好酒色，腾好财货，因而朝政益乱。四年（523），刘腾死。明帝与胡太后密谋黜叉，丞相高阳王雍亦参其谋。六年（525），太后复临朝，贬元叉为民，不久赐死。

从宣武帝到孝明帝初期的二十余年，是北魏衰乱的起点，政治与社会风气，在这段时间中，业已腐化不堪。奢侈之风，弥漫着整个首都，王公大臣，类皆穷极豪华。仅高阳王雍一家，便拥有僮仆六千，妓女五百，贵族的豪富，于此可见。至于他们财富的来源，当然离不开贪污。风气如此，纪律自然废弛。禁军官兵，因受文臣排抑，曾掀起变乱，公开杀戮大臣，朝廷亦不敢深究。胡太后再度临朝后，仍信用嬖宠，并与孝明帝不合，政治益形恶化。魏中央政府虽萎靡至此，但屯戍北边诸镇的少数鲜卑人，因汉化程度较浅，尚保有其原始的朴勇性格，因此魏的北方与首都，渐变成为两个截然不同的文化区。这两个区域，由隔阂而致对立，终致造成魏帝国空前的内乱。

（二）六镇之变与魏分东西

道武帝时，因有柔然之患，于北方边境设置六个兵镇，派重兵长期屯戍，以保卫首都平城，六镇是怀朔（今绥远固阳县）、武川（今绥远武川县）、抚冥（今地不详）、柔玄（今绥远兴和县）、怀荒（今察哈尔蔚县）、御夷（今察哈尔赤城县北）。道武以后设立的，又有沃野（今宁夏银川市东北）等镇。戍守六镇的官兵，主要为鲜卑人和少数胡化的汉人。最初魏政府对六镇异常重视，多简派亲贵，出为镇将，士兵也多是高门子弟。六镇官长，亦可随时返京任职。但自魏迁都洛阳，因与六镇距离辽远，中央政府待之渐薄。而六镇官兵，世代远戍，情感上也渐与中央疏淡。同时六镇地方贫瘠，文化低落，镇人仍保有鲜卑的原始习俗，与生活已经汉化的洛阳鲜卑，精神上的裂痕日深。加以洛阳鲜卑对之日益歧视，婚宦均不平等，以致六镇鲜卑的社会地位，大为降低。郁愤既久，遂爆发不可收拾的大叛乱。

梁普通四年（523），柔然入寇怀荒镇，镇民以请粮不遂，杀镇将于景而反。既而沃野镇民破六韩拔陵，也聚众杀镇将而叛，连败魏师，至七年（526），其乱始平。自破六韩乱起，六镇皆叛，盗贼蜂起，北边几尽成盗区。主要的叛乱集团，西有莫折念生、万俟丑奴等起兵秦陇，寇扰关中；东有杜洛周、葛荣等盘踞幽冀，横行河北。他们的势力虽大，尚不足颠覆魏室，当他们被一一消灭后，魏室却遭遇更大的灾难。

胡太后与明帝母子之间，积不相能，明帝思结外援以制太后，乃有召尔朱荣入京的事。尔朱氏世为鲜卑酋帅，累受魏封，显贵已久。自魏迁都后，晋阳（今山西太原县）成为北方重镇，代替了以往六镇的地位。当时尔朱荣正镇晋阳，拥有重兵，他与并州刺史元天穆等相结，密谋举兵，正太后之罪。明帝欲去太后幸臣郑俨、徐纥，乃于梁大通二年（528）密召尔朱荣入京。荣以高欢为前锋，行至中途，帝又诏止之。于是郑俨等与太后害帝，迎立临洮王世子钊（孝文帝曾孙）即位，年仅三岁。同年，尔朱荣举兵南下，中途潜迎长乐王子攸（献文帝孙），奉以为帝，是为孝庄帝。继而长驱渡河至洛阳，杀王公朝臣二千余人，并沉胡太后与幼帝于河。孝庄既立，尔朱荣自返晋阳，孝庄以荣为大丞相，并以其女为后。魏相州（治所在今河南临漳县西）刺史北海王颢（献文帝孙），以荣残暴，率左右奔梁。次年，梁人以兵送颢至洛阳，孝庄出奔，但颢不久为荣所灭。

尔朱荣平元颢后，声势益盛，于晋阳遥制朝政，尔朱后嫉妒尤甚。孝庄内外受迫，亟欲图荣。梁中大通二年（530），荣复至洛阳，孝庄伏兵袭杀之，荣从弟世隆，帅荣部北遁。荣从子兆，时为汾州（治所在今山西隰县东北）刺史，闻变移据晋阳。尔朱世隆至长子（今山西长子县西），尔朱兆来会，共推长广王晔（太武帝太子晃之曾孙）即帝位。继而兆轻骑掩袭洛阳，囚孝庄帝，送晋阳杀之。三年（531），尔朱世隆等以晔无人望而废之，改立广陵王恭（献文帝孙），是为节闵帝。

同年，魏河北大使高乾与弟敖曹据信都（今河北冀县），为孝庄举哀，声讨尔朱氏，以其地迎高欢。这时高欢正统六镇军，屯阳曲川（在今山西阳曲县），闻讯乃至信都，举兵讨尔朱兆，并奉渤海太守元朗（晃玄孙）为帝，欢为丞相。四年（532），高欢克邺，徙朗居之。继而大破尔朱兆于韩陵（山名，在今河南安阳县东北），兆逃奔晋阳。欢遂入洛阳，废元朗及节闵帝，改立平阳王修（孝文帝孙），是为孝武帝。然后北讨尔朱兆，兆不敌，大掠晋阳，退归其故乡秀容（今山西朔县西北）。次年，高欢再讨之，兆败死，欢乃留镇晋阳。高欢本汉人，为魏侍御史高谧之后，因世居怀朔镇，遂习染胡化，与鲜卑同。

孝武帝欲除高欢，乃与关中镇将贺拔岳相结，待机而动。高欢恐岳为患，于中大通六年（534）使秦州刺史侯莫陈悦杀岳。孝武以宇文泰统岳军讨悦杀之，遂以泰镇关中，恃为外援。贺拔岳、宇文泰均为尔朱荣旧部，泰起家武川，也属于北边鲜卑。同年，孝武下诏数高欢之罪，欢率师南下，孝武西奔长安，投宇文泰。欢追之不及，乃立清河王亶（孝文帝孙）世子善见，徙都于邺，是为东魏孝静帝。孝武至长安，以宇文泰为大丞相辅政。既而泰弑孝武，改立南阳王宝炬（孝文帝孙），是为西魏文帝。至此魏正式分裂为东西两国，两国政权，也分别落入高氏和宇文氏的掌握。

（三）北齐北周的交兵

魏自分为东西两国，大致以沿今山西陕西两省边界自北往南的一段黄河为界。东魏

西魏骑兵和步兵战斗图，甘肃省敦煌市莫高窟285窟壁画。从画面上可以看出西魏士兵使用各种武器作战的情形，是有关西魏难得的图像资料。

占有这段黄河以东及淮水以北的土地，西魏则占有黄河以西及秦岭以北的土地，亦即所谓关陇地区。东魏自孝静帝徙都于邺（今河南临漳县西），高欢自为相国，并以长子高澄掌政，还镇晋阳（今山西太原县）。此后屡与西魏交兵，洛阳附近的黄河南北地区，便是当时的主要战场，双方各拥有一部分善战的北边鲜卑，因此一时难分高下。

以整个的人力物力而论，西魏远较东魏为差，比南方的梁也有逊色。至于精神文化的凭借，东魏承受北魏孝文帝汉化以来的文明，梁则是中国正统文化之所在地，都非荒残僻陋的关陇地区所能及。因此宇文泰也制定一套政策，以弥补这些缺憾。一方面设法建立关中地区的文化正统地位，以祛除其辖境中人士在文化方面的自卑感；一方面设法使其麾下的北边鲜卑保有其勇武的性格，并使胡化的汉族军人继续保持其胡化，而不受汉族文弱风气的熏染。他的办法大体可分四点：一是附会古代的历史，把关中地区称为汉族文化的发源地，因为中国古代文物昌盛的周朝便兴起于关中。二是利用关中世族苏绰等，根据周礼，建立官制，表示继周而兴。三是仍保持鲜卑旧有的部落兵制，表面则缘饰以周礼，这种制度即所谓“府兵制”。把鲜卑人及少数胡化汉人纳入这种军事组织，使其成为专司战斗的集团，与务农的汉人隔离。四是把若干原籍关东的有功汉将，改为关中籍贯，或命他们冒充鲜卑部落的后裔。这些办法，一时颇有成效，奠定了后来北周的强大基础。

梁太清元年（547），高欢死，高澄当国，居于晋阳。三年（549），澄至邺，为其部下所杀，弟洋继掌国政。梁简文帝大宝元年（550），高洋废孝静帝自立，国号齐，是为文宣帝，东魏遂亡。文宣在位十年，初年颇有作为，国势甚强。其时突厥初兴于漠北，文宣亲击突厥降之，与西魏战，也常致克捷。但六七年后，嗜酒淫佚，凶狂暴虐，与前判若两人。他末年酗酒成疾，委政于朝臣杨愔，愔颇明治术，政业得以不坠。

西魏文帝死于梁简文帝天正元年（551），子钦继立，是为废帝，因谋诛宇文泰，于梁元帝承圣三年（554）为泰所杀。弟廓继立，是为恭帝。泰死于梁敬帝太平元年（556），他专西魏政事达二十三年之久。在他专政期间，东进虽无大功，在南方则大有收获。他曾乘梁末内乱，首取梁益诸州，继而杀梁元帝，立萧詧以为附庸。他死后，世子觉继之当国，自称周公。次年（557），觉废恭帝，自称天王，国号周，是为孝愍帝。南方的陈，也接着建立。孝愍即位后，堂兄宇文护辅政，甚为专擅，大臣赵贵、独孤信，均为护所杀。同年，孝愍谋诛护，反为护所害。护改立宁都公毓（宇文泰子），是为明帝。明帝继位时仍称天王，至陈武帝永定三年（559）始称帝。帝才识明敏，于陈文帝天嘉元年（560）为护所鸩，帝临死传位弟邕，是为武帝。

周武帝即位时，北齐势已渐衰。北齐文宣帝死于永定三年（559），子殷继立，是为废帝。次年，为文宣弟常山王演所废，演自立，是为孝昭帝。天嘉二年（561），孝昭死，弟长广王湛继位，是为武成帝。武成信用佞臣和士开、祖珽等，政治日坏。六年（565），武成传位于太子纬，是为后主。后主时，和士开、祖珽等仍相继专权，齐政益乱。周武帝则为人英明，他的初年，仍由宇文护专政，他对护一味隐忍，使之不疑。其时突厥已灭柔然，雄踞塞北，护曾于齐武成帝时联突厥攻齐，虽遭失败，但齐损失亦大。陈宣帝太建四年（572），周武帝诛宇文护，始得亲政。而齐名将斛律光适于同年因谗被杀，齐势顿弱，于是周武帝决心伐齐。

北齐仪卫，北齐武平元年（570），山西太原王郭村北齐墓壁画。

太建七年（575），周武帝下诏伐齐，数路出兵。武帝自率六万人攻下河阴（今河南孟津县东），齐人迎战，值武帝染病，周师乃退。次年，武帝又自将伐齐，先占平阳（今山西临汾县西南），齐后主自率十余万人来攻，为周所败。周师继进，齐后主传位于太子恒，自邺东逃，既而太子恒亦逃，周师又顺利取邺。后主及太子逃至青州，为周军擒获，于是齐亡，北方乃再度统一。

（四）隋的篡周与平陈

周灭北齐后，随即与陈发生冲突。陈自武帝建国，承丧乱之余，国内颇不安定。地方豪帅，多拥兵割据，叛乱时起。武帝无暇一一讨伐，乃采羁縻政策，曲予优容。永定三年（559），武帝死，侄蒨继位，是为文帝。其时国内尚多割据势力，他先后遣兵讨平之，政权始固。天嘉七年（566），文帝死，太子伯宗立，是为废帝。废帝于光大二年（568）为安成王顼（文帝弟）所废，顼自立，是为宣帝。宣帝欲恢复江北失地，于太建五年（573），遣吴明彻率师十万伐北齐。当时北齐内政不修，又以与周屡次作战，国力大衰，因此陈师一出，江北诸郡，次第克复，寿阳亦为明彻攻下。及至太建九年（577），北齐灭亡，宣帝欲乘势进取徐、兖，仍以吴明彻统军北伐。次年，陈师围彭城（今江苏铜山县）。其时齐地已尽为周有，周急遣王轨救彭城，大败陈师，明彻被擒。十一年（579），周师克寿阳，尽取陈江北之地，陈人乃又划江而守。至此，陈已朝不保夕，但因周新主的荒乱，暂时挽救了陈的危运。

周武帝死于太建十年（578），太子赟继位，是为宣帝。宣帝性情放纵，他即位后，诛杀重臣，委国政于东宫的旧僚郑译。次年，宣帝传位于太子阐，是为静帝。他本人则自称天元皇帝，行为乖谬，举朝为之不安。他有皇后五人，最先立者为杨后。后父杨坚，据说是东汉名臣杨震的十四代孙，其五世祖元寿，于北魏初年曾任武川镇（今绥远武川县）司马，遂世居之。坚父忠，为北周开国元勋，封隋国公，赐胡姓“普六茹”。坚于武帝时袭爵，其女也于武帝时立为太子妃。宣帝时，坚历居高位，但帝对他甚为忌视。太建十二年（580）五月，宣帝死。近臣刘昉、郑译等与杨坚有旧，见静帝幼冲，而坚有重名，乃矫诏命坚入总朝政。坚应命出任右大丞相，集军政大权于一身，宇文氏政权便轻易地归于杨氏。

杨坚专政后不久，相州（治所在今河南安阳县）总管尉迟迥举兵讨坚，关东诸州，纷起响应。既而郧州（治所在今湖北安陆县）总管司马消难，益州（治所在今四川成都县）总管王谦也相继起兵。这时杨坚所能控制的地盘仅有关中，他以韦孝宽、王谊等分别进兵平乱，至十月，乱事全定。乱后，又尽杀周室诸王。次年二月，杨坚废静帝自立，改元开皇，是为隋文帝。从他专周政到称帝，前后不过十个月，他之所以能迅速篡位，与周末军政大权潜移于汉人有关。

自北魏末年北边鲜卑叛乱，造成东西魏的分裂，高欢、宇文泰各拥有一部善战的北边鲜卑，作为创业的资本。但这类北边鲜卑，为数不多，而大部汉化的鲜卑，业已积习难改，不任兵事。其后，东西经常作战，鲜卑官兵渐至不敷应用，因此不得不借重汉人。齐文宣时，曾简拔汉人的勇武者戍守边境。周武帝时，周境的汉人已有一半当兵，至其末年，周的军事将领更以汉人占大多数。同时政治实权也潜移到汉人手中，鲜卑人

隋灭陈之战示意图。隋开皇八年（588）十月，隋文帝以五十余万大军，八路攻陈：秦王杨俊由襄阳沿汉水而南，进屯汉口；杨素舟师出永安东下；刘仁恩西出江陵接应杨素；这三路由秦王杨俊节制，意在牵制上游陈军，不令其向建康机动。晋王杨广自寿春，向东南进兵至六合；韩擒虎出庐江东进；贺若弼出广陵南下；王世积舟师出蕲春，攻九江；燕荣水师出东海，沿海南下，下太湖，攻吴县；以上五路由杨广统领，杨广兼任全军统帅，下游五路中，杨、贺、韩为主力，燕、王两军在东西两翼配合，并切断建康与外地联系。战事主要在长江上游与下游两处进行：杨俊水军进屯汉口后，杨素、刘仁恩两军配合，破陈军于狼尾滩、歧亭，长江上游陈军见势不利，欲东下守卫建康，被杨俊军阻于汉口及江夏以西，未能东援。下游：陈军恃江险，未能及时加强京口及采石守备，贺若弼乘机自广陵渡江，进占京口，一部进至曲阿，牵制陈军，主力西进至钟山；韩擒虎于横江夜渡，袭占采石，在新林与由南陵渡江的杜彦军会合，与贺若弼对建康形成东西夹击态势；陈军弃险不守，主力收缩至都城内外，正面布防，为贺若弼击溃一部，众师遂瓦解。次年正月，陈朝都城被陷，陈宣告灭亡。

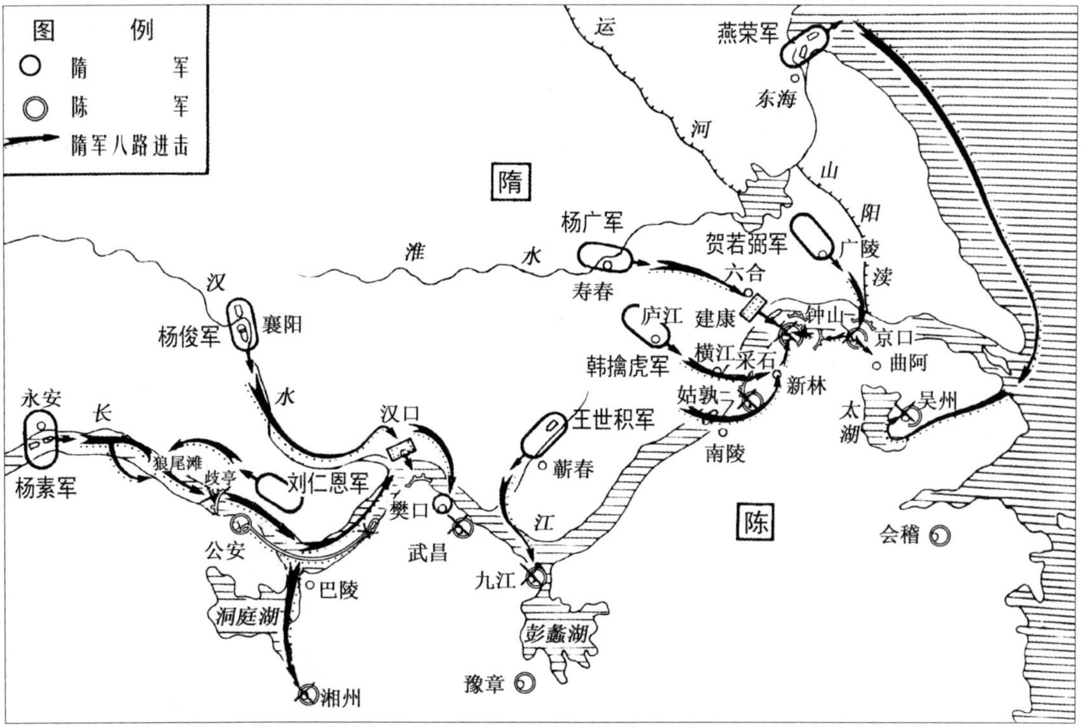

只是担任位高爵显的一类官职。周末朝廷中的文武两批汉人，大都拥护杨坚，他可能平日即是汉族官员所暗中拥戴的领袖，代周当是蓄谋已久的事。至于杨坚能够迅速讨平叛乱，则得力于府兵制。周的府兵是受过严格训练的庞大战斗组织，其重心在关中，杨坚便以这批久练的士众，迅速击溃了声势虽大实系乌合的反对势力。

隋文帝开皇二年（582），陈宣帝死，子叔宝继位，是为后主。后主善诗文，奢侈浪漫，不理政事。这时陈已衰微不堪，文帝久有灭陈之意，即位之初，即以贺若弼镇广陵（今江苏江都县），韩擒虎镇庐江（今安徽庐江县），暗中筹备。又用高颎计，每当陈秋收之时，遣兵扰乱，废其农时；并派人往陈境纵火，烧其积储；由是陈国日渐穷困。八年（588），文帝下诏伐陈，以晋王广出六合（今江苏六合县），秦王俊出襄阳（今湖北襄阳县），杨素出永安（今四川奉节县），三路进军，与陈邻接的其他地区也同时出兵，并以晋王广为全军统帅，总计此役隋凡动员士兵五十一万八千人。

次年初，贺若弼、韩擒虎相继渡江，贺下京口（今江苏镇江县），韩下姑孰（今安徽当涂县），分趋建康。贺军先至，陈以十万人迎战而败，全军瓦解。既而韩擒虎进抵城南，陈将任忠，引擒虎先入建康，擒陈后主。建康陷落后，陈将周罗睺、荀法尚扼守江夏（今湖北武昌县西南），上游隋军无法东下。晋王广命后主晓谕之，周等始降，其他各地也次第平定。隋的平陈，是中国中古史上的大事，自西晋永嘉之乱，中国境内的分裂战乱达三百年之久，至此隋文帝再造统一之局，并下开李唐的盛世。同时若不是他以汉人（虽然是累世胡化的汉人）篡周而统一，则首次征服中国的外族，极可能是鲜卑人的北周而不是蒙古人的元，这件事甚为后来的民族主义史家所称颂。

第十二章
南北朝的社会

一、社会阶级

（一）世族阶级的形成

南北朝的社会，有着严格的阶级区划，大体说来，可分四个阶层：上者为士人，其次为平民，再次为部曲，最下为奴隶。士人阶级中又有世族（亦称“士族”）与寒门之分，世族是社会的最上层，也是政治权位的把持者；而世族本身，又分若干等级，高下分明，不容混淆。他们的地位，是经社会公认和政府承认的，有时虽君主也不能加以更易。至于寒门出身的士人，虽然也有参与政治的机会，但他们的社会地位与声望远较世族为低，宦达的机会也远较世族为少，同时他们也永远不能升为世族。平民也就是从事农工商业的大众，他们虽是政治上的被统治者，但各有其独立的生业。部曲是大族豪门所豢养的家丁庄客，他们是豪族的寄生者。此外南朝有所谓“兵户”，也就是被政府勒令当兵的人家，大半出身于奴隶和罪犯，他们的地位已与奴隶相差无几。东晋时人民的丁壮大都依附豪强，政府因需要兵员，时常有发奴为兵或以罪犯为兵的事。到宋时，更强逼这类士兵世袭，因此有所谓兵户。至于真正的奴隶，则更是绝无自由可言。

整个南北朝时代，世族阶级始终存在，对后世也有甚大的影响。这种阶级的产生，是从东汉起经过数百年演变而成的。中国的社会自春秋末年封建制度破坏后，下至秦汉，已没有固定的阶级存在。汉初的功臣集团，虽然在政治社会上有其特殊地位，但为时甚暂，至文景二帝时，这现象已逐渐消失。至于功臣后裔之封列侯者，不但数目不多，不能构成一个阶级，而他们与平民的不同，主要只是贫富上的差异。外戚虽也有世掌国政的，但为数极少，更不能算作阶级，同时他们大多是旋起旋灭。汉武帝以后，因为太学的建立以及选举制度的推行，平民仕进的机会大增，阶级的流动性也愈烈，除了皇帝巍然在上外（当国的外戚，实际上可以算作皇室的一环），政治社会上，可以说已没有什么特殊阶级。

汉代政府崇尚儒术，因而经学昌盛。当时的若干老师大儒，对经学的研究各具独特的见解，因此有所谓“家法”；习经的学子，也各有师承。当时的儒者，对于学术的授受，限制甚严，不愿把独得之秘轻易教人，所以又有传子的习惯。常有某家之学，累世相传，历数十百年而不坠的，如孔氏（孔子之后）、伏氏（伏生之后）、桓氏，都以累世经学著名。当时政府以经学取士，朝廷的征辟和郡国的推举，大都以经学赡富者为上选，因此由累世经学造成累世公卿。如孔氏自孔霸（昭宣时人）至其七世孙昱，一家为卿相牧守者五十三人，列侯七人。桓氏自桓荣（明帝时人）起，一家三代，为五帝师。东汉中叶以后，累世公卿之家益多，如弘农杨氏自杨震起，四世为太尉，袁氏自袁安（和帝时人）起，四世有五人为三公。这种士大夫的传袭势力，造成所谓“门第”，在社会上有其特殊地位，已颇具南北朝世族的雏形。东汉末年，察举制度日坏，仕途也渐为此类权门所垄断，更加速特殊阶级的成长。虽然如此，东汉世族与寒门之分，尚不太严，寒士之做高官或显名于世的，仍不乏人。

汉献帝建安时代，曹操当政，他是宦官之后，为世所轻，因而仇视高门。他得志后，便肆意摧残望族，结果杨、袁、孔诸氏，都被他诛除，一时俱衰。但到魏文帝时，因推行九品中正制，却又造就出一批新世族。九品中正制为陈群所创，乃是一种政府选用人才的制度。其办法是政府于每郡设小中正，每州设大中正，各以在中央政府任职且才德充盛的当地人充任。先由小中正区别其辖区中的人物，定为上上至下下九等，以上大中正，大中正核实后以上司徒；再由司徒核实，然后付尚书选用。此制最初的用意，是在谨慎选才，以矫汉末滥选之弊，但末流所及，仍为权门所把持。权贵子弟，依恃其家庭地位及社会关系，本易获致名誉，膺列上品，而若干不肖中正更逢迎权贵，徇私舞弊，以是权门在这种制度下占尽上风。此外魏时大臣子弟，不必由中正推举，即可任官，如钟毓（钟繇之子）十四岁即任散骑侍郎。而寒士的进身之阶，则完全操在中正手里，他们自然没有与权门抗衡的力量。这制度演变到最后，造成“上品无寒门，下品无世族”的局面。

世族复盛的另一原因，便是司马氏的维护门阀。司马氏系出望族，因此专魏政后，复重门阀，如晋室的佐命功臣贾充、王沈、裴秀等，都是贵族世胄。到晋篡魏后，世族乃渐成为政治社会上的特殊阶级。他们的势力，并未因中原的丧乱而受到多大挫折。晋元帝江左立国，有赖于世族的拥戴，世族的政治权力与社会地位，也照样在江南维持着。北方的故家大族大批南渡，借着晋室的名义，各自占地名田，封山锢泽，做南方的新主人翁。没有南迁的世族，则大都与外族政府合作，以保持其门第；外族政府也利用他们以笼络汉人。因此无论南方与北方的世族阶级，都没有因战乱而衰落。

南方的世族，有“侨姓”与“吴姓”之分。侨姓是指自北方南迁的诸姓，以王（琅邪）、谢（陈郡）、袁（陈郡）、萧（兰陵）为大；吴姓为吴地土著的诸姓，以朱、张、顾、陆为大；但吴姓的地位，远不如侨姓。大体说来，东晋及南朝政府对南士采排斥态度，南士也不肯与之合作，因此土著与侨民之间，隔阂甚深。南朝政府的重要首长如“仆射”等职，绝少由南士出任。甚至梁人所撰的氏族谱，吴姓次序，尚不能列入百家之内。北方的世族，则有“郡姓”及“国姓”（唐人称为“虏姓”）之分，郡姓是指汉人的阀阅，可分关东、关中二区，关东以崔、卢、郑、李为大，关中则以韦、裴、柳、薛、杨、杜等为大。国姓是指魏孝文帝汉化时鲜卑人所改的汉姓，如元、长孙、宇文、于、陆、源、窦等。南方世族等次的划分，系根据其族的传统地位及声望，为社会所公认，政府无法左右之。北方大姓的等次，除由社会公认外，朝廷并为之划定标准，以为选任的参考。北魏时即分世族为膏粱、华腴、甲、乙、丙、丁六等，各以其家累世官职的大小为准而分高下。此外魏室并提携若干胡人的勋贵，承认某些姓氏在政治上的优越地位，因此也产生了若干胡人的世族。总之，南北朝时代，世族已发展成一种具体而完整的社会阶级，与其他阶级有着非常明显的区别。

（二）世族与寒门的对立

世族与寒门，虽同属士人阶级，但两者之间，却有极森严的界限。寒士经常遭受世族的压制歧视，久怀郁愤，因此双方在政治上显然处于对立的地位，这种现象，尤以南朝为甚。南朝的君主，大都提携寒士，以抵制世族，但因世族的根深蒂固，其位望并没有受多大影响。

世族为了保持高门的地位，因而高自标置，不与寒门为伍。对于婚姻，必选择门户相当之家，如南朝的王谢二家，便经常联婚。世族与寒门通婚，在当时是骇人听闻的事。梁武帝时，侯景初降，武帝对他竭力笼络，所求从未拒绝。唯独对景的求婚王谢，无法答应，命他“于朱张以下访之”。这可看出南朝世族对婚姻的重视，即皇帝也不敢为寒门做月老。但并非绝无例外，有时富有的寒门，可以重聘娶得破落世族的小姐。不过这种行为，在南朝为清议所不容，甚至有的世族因此而遭到弹劾的。北朝则尺度较宽，但有一种陋习，高门与卑族结婚，必多索聘礼。魏齐之世，渐成为一种普遍的风俗，凡婚嫁无不以财币相尚。这种颓风，曾为魏室所严禁。有时寒门攀婚世族而不得，如能设法娶得一位世族出身的罪人之女，也引以为殊荣。此外世族即于日常社交中，也矜持异常，与人有一种不可逾越的界限。南朝的寒门，虽官高势大，在社交场合中，也不能与世族平等，甚至寒士与世族同坐，有时也会遭到羞辱。如果寒士想周旋于世族之间而不受排斥，则必先取得世族的同意，朝廷对之无能为力。

世族在政治社会上是特权阶级，南北是一致的。但两者的境遇不同，因此其作风也有显著的差异。南方世族，在拥戴王室的名义下，视南土为殖民地，常借上凌下，压迫土著。对政治权利，采分占办法，各有独自的领域。同时他们环境优越，可以自由发展，没有外来压力的威胁，因此他们家族组织也趋向小家庭化，士大夫父母在而兄弟异居的占十之六七。甚至同族之中，也分高下，例如王氏便有清溪王氏与乌衣王氏之分。南朝的世家子弟，少年即可充任显职，但世族之居官者，莫不视政事为俗务，绝不亲自处理，一切交其低级的僚属去办，自身则只拥一个高官的虚名。对世务愈不关心，便愈显其雅量高致，因此造成所谓“胥吏政治”。他们日常所好的，只是文学艺术以及辩论玄理的“清谈”。南朝的世族子弟，擅长诗文书画的，代不乏人，清谈更蔚为当时的风气。这种舒适懒散的生活，使世族子弟们的体格日趋柔弱，精神日趋萎靡。

北方世族的境遇，与南方大不相同。他们处于胡族的压制之下，不得不厚结民众，借以增强自己的地位，而博得外族统治者的重视。同时因为他们处境艰苦，对同族也常抱温恤之情，团结互助。当时北人极重同姓，称之为“骨肉”，有远来相投的，莫不竭力相助。因此北方世族的家族组织，趋向于大家庭制。当时的北方强族，二三千家聚居一地的，所在多有。这类大族在北朝的地位，颇似刘渊、石勒之在西晋，外族政府对他们时有戒心，不敢轻侮。此外北方世族，大都思勉立功业，以图存全，因此相率以经术政务是尚。由于以上的原因，北方的世族与寒门之间的仇视，远不如南方为烈。

南朝的君主，颇多出身寒族。刘裕出身“田舍翁”，少时尝以伐荻为生；萧道成、萧衍虽同为兰陵望族，但其族为后起的，较之王谢诸大姓，犹为寒素；陈霸先则出身小吏。他们初起时，世族对之并不输诚拥戴，例如刘裕北伐，除其旧属刘穆之外，朝中大臣，并无心腹可托，穆之一死，便须立即赶回，而不能从容经略北方。他们对世族也深感不满，颇思力返两晋积习，裁抑名门，因此内朝常任寒士，以掌机要。而世族对此辈擅权的寒士，率以“恩幸”目之，每加轻视，寒士也以其道与之对抗。梁武帝时，朱异轻傲朝贤，不避贵戚，有人劝他，他说：“我寒士也，遭逢以至今日，诸贵皆恃枯骨见轻，我下之则为蔑尤甚，我是以先之。”［见《南史》卷六二《朱异传》］从这几句话，可以看出南朝世族与寒士相互间的仇视。

南朝君主虽然提携寒门，以推翻旧日政治上世族的独占局面，但寒士的声望无法与世族比拟，因此寒士终不能完全取代世族的政治地位。南朝君主虽裁抑世族，但他们本身对政治并无新的理想和办法，而他们的家庭更未曾沾染到世族的家法门风，皇室子弟的教育不良，昏主迭出，使政治益趋恶化。昏主所亲信的，大都是寒门出身的近习，这类寒士，虽也不乏有才之人，但求一品格完善者，却甚难得。有时他们的玩法弄权，营私收贿，较世族尤有过之。因此他们不但不能革新政治，反而使政事益加败坏，这自然由于寒士阶级的学行素养平均不及世族所致。总之，南朝世族的政治权位，并没有因君主们的提携寒门而遭到多大顿挫。他们所遭遇的最大打击，乃是梁末的侯景之乱，自这场空前的灾难后，南朝的世族才日趋没落。

（三）世族的衰落

南朝君主的提携寒门，虽未能把世族的势力摧毁，但世族本身则日趋腐化。事实上，世族本没有多大力量，外不能驱逐胡虏，内不能防止篡窃，连维持一个小朝廷的局面都很勉强。他们所靠的只是他们先世的名望以及传统的社会地位，与皇室政府相互利用，而形成一个特殊阶级。他们的从政只是为了保持门第，不是为报效国家，因此他们不以改朝易代为意。但两晋皇室，因出身高门，与当时的世族，尚能气类相合，休戚相关，世族对皇室，也还能尽力维护，如东晋时的王导、谢安，对晋室可谓忠心。但东晋灭亡后，新兴朝代的皇室与世族渊源不同，精神上难免发生隔阂。世族对皇帝既不能忠心翊戴，皇室对世族也不能推诚相亲，只是表面上相互应付。因此南朝的政局，甚不稳定，朝代的更迭，也大为加速。晋时，世族颇有长于政事者，知兵者也不乏人，谢氏一门便是其代表。但到南朝，世族的暮气益深，擅长政事的业已绝少，知兵者更不可得。因此军政实权都落入寒门之手，世族在政治上变成摆设。这现象到梁武帝时已非常显著，当时政权操于朱异等人，而统兵出镇的武将，更都出身寒门。因此最后世族所持以骄人的，便只剩下几片枯骨。这种情形，自然不能不使世族步入衰运。虽然如此，其优越的权利地位，都仍然保持着，直到侯景乱起，才遭遇致命的打击。

侯景在寿阳时，因请婚于王谢，梁武帝不许，景怒曰："会将吴儿女以配奴！"似乎早已立意要对南方世族加以打击。到他南下攻陷建康后，便恣意摧残世族，掳掠杀戮，无所不至；世族倾家荡产，流离死亡者不可胜数。此外侯景并解放奴隶，优予官赏，往日的阶级次序，至此完全颠倒错杂。而南方土著大姓，平日对侨姓积怨已深，自此也乘机而起，到处聚众为乱。南朝的社会组织，经此严重的破坏，再也无法复原。侯景乱平后，旧有的世族已面目全非，冠冕旧家的子弟，沦落到以耕田养马为业的，比比皆是。到陈武帝兴起，他的部下，又大都是南方土著，因此侨姓世族的势力，益加不振。隋平陈后，南方的世族阶级，乃与南朝的政权同归消灭。

北方从"五胡乱华"起，到北朝时代，大体说来，胡族君主对汉人世族是始终笼络的，其主要目的是借这批世族的社会地位与声望，以统治众多的汉人。北魏自开国之初，即信用清河崔氏。至太武帝时，曾以修国史事族诛崔浩，当时大姓如范阳卢氏、太原郭氏、河东柳氏，皆因与浩为姻亲而遭族灭，世族的声势，一时为之大挫。但其后不久，孝文帝倡导汉化，推崇门第，因此世族之势复炽。同时孝文又制造了一批鲜卑世族，从此胡汉都重阀阅，汉人世族，遂又多了一层保障。尔朱荣之乱，遭祸最烈的是居于洛阳的鲜卑贵人，汉人世族所遭的打击似不严重，因此他们仍有复起的能力。其后魏分东西，东西魏创建者的高氏和宇文氏，都起于胡化中心的北边，对汉化最初是仇视的。高氏对汉人世族的潜力，似乎并未十分注意，因此保持着较浓的胡化，篡东魏后，对汉人仍不亲任，而宠信西域人。宇文泰对汉人世族则加意连络，他曾利用出身望族的苏绰、卢辩为他草创官制，建立新的政治规模，其后终能击灭北齐，统一北方。由于关东是被征服的地区，而周政府更实行"关中本位"政策，因此关东世族的政治势力，较前大衰。

前面已说过，宇文泰新政的一项要目，即是把关东籍的有功汉将改为关中籍，或赐以胡姓，冒充鲜卑贵族的后裔。这些改籍的汉将中，其中也颇有出身于世族的，例如北周的佐命功臣李虎，其祖籍本为赵郡（今河北赵县），入关后改籍为陇西狄道（今甘肃临洮县东北），并改姓大野氏［参看陈寅恪《唐代政治史述论稿》“上篇、统治阶级之氏族及其升降”］。这种办法，使北方世族的谱牒，发生相当的紊乱。到周灭北齐，周人以战胜者的姿态君临关东，政治要津皆为关中的胡汉世家所盘踞，关东世族自然无法与之抗衡。其后关中的胡族世家，也日渐衰落，终由汉人世家的杨氏取代了胡族宇文氏的政权。隋时，政权仍握在关中世族手里，但从隋起，整个北方的世族阶级，开始走下坡路。这与隋的废除九品中正，改行科举有莫大关系。因为在科举制度下，平民可以考试得官，寒门仕进的机会大增，世族在政治上的特殊地位自然动摇。但世族具有数百年的传统力量，重门第的观念已深入人心，加以隋至唐初，科举制度尚不十分发达，因此世族仍具有崇高的社会地位。社会上重视门阀的风气，至唐代中叶依然存在，直至五代，世族的势力才完全消灭。

南朝世族对后世的最大贡献，莫过于他们遗留的优美的文辞书法以及玄远的谈论，但也带给社会不少的恶风，诸如奢侈、贪污、萎靡等。由于他们对政治的不能胜任，把南朝的汉族政权几乎断送给胡人，假如不是隋室篡周，汉族势必要完全为外族所征服。至于北朝的世族，也同样遗给社会若干不良的风气，但他们在异族的统治下，能屹立不摇，始终具有强固的力量。由于他们的存在，使胡族政权在中国不能建立绝对的威信和稳固的基础，终致使胡族夺自汉人的政权，再潜移到汉人手里。从民族的观点看来，北朝世族的贡献，远较南朝为大。

二、民生状况

（一）士庶的生活

贫富的过度不均，是南北朝最显著的社会现象。田地山泽集中于贵族阶级之手，他们的生活骄奢淫逸，而一般平民的生活则甚为艰困。虽然这种现象在魏晋时代即已非常显著，但南北朝时代更有变本加厉的趋势。政治上则是贪污成风，政事的败坏自可想见。这些虽都是南北共有的现象，但比较上说，北朝的风气仍略为俭朴，政治也较上轨道，这是因为北朝政府有时还有办法和魄力来从事革新。例如魏孝文帝便曾推行过均田制，在南朝则绝无类似的措施。南朝一切操之于豪门大族，而政治宽缓，禁令如同具文。至梁武帝末年，南朝的政治已腐败不堪，人民的生活如何，不问可知。

当时人民虽处于政治黑暗、战争频仍的境地，所以仍能维持最低的生活而不致全部崩溃者，则与当时粮食能充足的供应有关。当时南北双方虽不断作战，但只在黄河以南长江以北的地区中进行，北朝河北地区和南朝江南地区的秩序，大体还算安定；而这两个区域，又是南北朝主要的产粮地，因此对于粮食的供应，尚能不虞匮乏。大体说来，当时的粮价，无论南北，都还便宜。例如南齐时，荆湘诸州的谷价，每斛不到一百钱。南朝粮价最便宜的时候，要算梁武帝初年，史载天监四年（505），米一斛只值三十钱。东魏孝静帝元象、兴和时（538 ~ 542），北朝的谷价更便宜到每斛只值九钱。[南北朝粮价，分见《南齐书》卷二十二《豫章王嶷传》,《梁书》卷二《武帝纪》及《隋书》卷二四《食货志》]

当时北方人的粮食以豆麦为主，多用以做饼；南方人则以米为主，用以做饭及粥。平民佐餐之物，大都以盐菜为主。中国古代，习惯上唯有官宦和老年人才可食肉，普通人则颇少能有此口福，南北朝时代仍保有这种习惯。至于肉食，则北方以牛羊为主，南方以鹅、鸭、鸡、彘、鱼等为主。贵族馐馔的丰腆精美，与平民饮食的粗劣，成为极显明的对照。梁武帝躬行节俭，日食菜蔬，但他的御厨能够“变一瓜为数十种，食一菜为数十味”，可以想见其烹调之精。外国食法，也有若干传入中国。当时嗜酒之风也很盛，制酒多用黍米，有时杂以其他原料，制成佳酿，并有各种名目。北方胡人，至迟在东晋末年已会制葡萄酒。饮茶大约起于三国时代，南朝的贵族已颇有饮茶的习惯，北方胡族则以酪浆为主要饮料。此外，当时似乎还没有蔗糖，仅有蜜和米麦制成的糖。

衣服方面，大体说来，南方士大夫多尚长衣宽带，唯戎装始为短衣，这也是自古相沿的习惯。当时贵族如着短衣出入廛里，即为人所不齿。冠则仍承秦汉之制，凡十三种，但不完全施用。冠用于较正式的场合，此外有帽，较冠为简便。又有帻，是一种用以覆发的巾，多以缣制成。鞋类大体分履与屐两种，履是短筒鞋，屐是木屐。当时仍有席地而坐的习惯，登席者须先脱履，朝会和祭祀，更须赤足。北方的胡服，则为短衣，自然为的是便于骑射。胡服的另一特点是着靴，到唐代，靴渐变成中国的官服。衣料则以绢和布为主，绢以丝织成，布以麻织成。当时只有南边的交广地区种植棉花，但不普遍，其种法也还没有传至中土；同时交广输入的棉布，为数极少，莫不视为珍货。絮（丝绵）的价格极贵，普通人在冬天很难购置一套丝绵的卧具或衣服，因此北方人多用毡御寒。最奢侈的，要算锦绣一类的衣料，有“销金”“织成”等名目。

当时的房舍，普通士大夫，大抵有屋数十间，且多附有园圃。豪贵之家的住宅和园池则极其宏丽，而且时常发生侵夺他人田宅的纠纷。营建的材料以土木为主，奢侈者常以琉璃为装饰。琉璃的制法，于北魏初年自大月氏传入，其后虽日见流行，但价值甚贵。此外尚有用香料涂壁的。平民住宅，则多用竹茅造成。也有凿石掘地为窟室的，北地因土质黏韧，窟室尤为普遍。北边胡族多住毡帐，毡帐之大者，可容千人。当时虽仍有席地而坐的习惯，但已普遍使用胡床，胡床亦即后世所谓的“交椅”，用后可以悬挂。这种床何时自胡地传入中国，不得而知，但至迟在西晋时代，便已风行。

行的方面，因南方少马，士大夫多乘用牛车，甚至皇帝的乘舆有时也以牛牵引。北方的牛车也很盛行，但北方产马，因此北人也常骑马或以之驾车。此外尚有驴、骡、骆驼之类，但驴骡多半为地位较低的人所乘用，而南方人对乘马则视为畏途。除利用畜牲外，还有用人力负担的交通工具，南朝士大夫常使用肩舆代步，最阔绰的肩舆须用八人来抬，称“八掆舆”，此外有篮舆、板舆等。又有辇，是一种以人力推挽的车，又称“步辇”或“步挽车”。又有“马舆”，是一种用马抬的轿，较马车为安稳。

贵族们除了衣食住行等方面的享受外，对于赌博、弈棋、音乐一类的娱乐，也甚为好尚。南朝君臣，尤喜弈棋，甚至有时列为品第，以评定优劣。音乐方面，南北都竞尚淫靡之音，但南朝的清谈者，尚能不废古乐，颇有以弹琴著名的。北方则几乎成为胡乐世界，北朝晚年，西域的音乐歌舞，大为社会所欢迎，而胡族的乐器如羌笛、琵琶，也风行于全国。

（二）农商业与钱币

南朝的农业区域，以江南为主。自晋室南渡后，荆、扬二州的农业，大为兴盛，这自然与政府南迁人口增加有关。二州农业最盛的时期，要推晋安帝末年至宋文帝末年的四十年和梁武帝时代的四十余年间。当时主要的产粮区大致为今湖南、湖北两省的沼泽区，长江下游沿岸和太湖流域。江南是南朝的根本，南朝所以能维持长久的偏安局面，实有赖于江南的富庶。至于淮水南北地区，因接邻敌境，人少地荒，农业极为衰落。当时南朝淮水地区驻军的粮食，例须由江南运往。齐明帝时，朝臣徐孝嗣曾上表请政府辅助人民，垦荒于淮南，结果未行，从这件事可以看出淮南地区的荒芜。至于淮北地区的情形，更可想见。

东晋时代，北方诸胡国能留心农事者甚少，唯前秦苻坚、前燕慕容皝和北燕冯跋等，稍知劝课。北魏道武帝，对农业也颇能留意，他初起时，曾命东平公仪垦辟河北（今套外地），以为屯田。及与后燕交兵，攻取中山（今河北定县），又移当地居民十余万家于盛乐（今绥远和林格尔县），各给耕牛，计口授田。其后迁都平城（今山西大同县东），把平城及其附近数百里的地区，划为农业区，名为“畿内之田”，在这个区域中劝课农桑，从此连年丰收。但以战争频仍，收获仍不足以供消耗。明元帝时，以食粮不足，曾拟迁都于邺（今河南临漳县西）。太武帝因屡次亲征，委政于太子晃，晃颇注意农事，因之田地大为增辟，但也只限于畿内之田。直到孝文帝时，对农业才有全盘的改革。他于永明三年（485）开始行均田制，男丁及妇女，皆由政府授以定额的田地。并于建武元年（494）迁都洛阳，以利漕运。北魏分裂后，东魏政府勤力农务，因此孝静帝时，连年大穰，造成北朝谷价最低的纪录。至北齐末年，因政治不良，加以连年蝗旱，渐至民不聊生。而西魏及北周，则对农事始终注意。

关于商业，南北朝时，社会上仍抱有旧日重农轻商的观念。虽然如此，一般王公大臣以及重要地方官吏，仍有不少兼营商业的。这种风气，南北都很盛行，要人中颇有与商贾发生不解之缘的。例如北齐的奸佞和士开，便是一位官而商者，因此富商大贾在当时的社会上亦颇有势力。至于重要的商业地区，南朝以丹阳郡为盛，建康更是丹阳郡的商业中心，当时秦淮河为长江内港，沿河地区便是市场的集中地。此外广州、扬州，也都是著名的商业都市。北朝则以洛阳、长安、邺等地为最盛。

南北虽然对立，但双方商贾的交易，则通行无阻。北方所需南方的货物，主要为“羽毛齿革”之属；南方所需北方的货物，则为“漆腊竹木”等物；此外双方并常运米以通有无。而双方使节的往返，也大都趁机做笔生意。至于邻国或近塞外族部落之间的交易，也很通行，如库莫奚、突厥、吐谷浑等都与北魏有商务关系，而西域与北朝的商业往来，尤为频繁。当时河西诸郡，商贾云集，有时更通用西域的货币，可见贸易之盛。西域“商胡”留居中国经商的，为数亦多，甚至若干商胡，操纵北朝的政治，和士开便是西域商胡的后裔。南朝则与扶南（今柬埔寨）等国发生过商业关系。

畜牧业北朝较南朝为盛，北朝畜类的产量极丰，例如北魏末年鲜卑豪帅尔朱荣所有的畜类，便多到“色别谷量”的地步。手工业的情形，记载甚为缺略。矿业则南北均极贫乏，齐武帝曾一度开采南广郡（今四川珙县一带）的蒙山铜矿，后因功费太大而止。北魏也曾派官开采长安骊山等处的银矿，此外汉中有金户约千余家，经常在汉水淘金，至魏末废除。

至于南北朝时代的货币，则以钱币为主。中国最早的货币，当属商代的贝；金属的币，可能起于东周初年。战国时的货币，列国并不一致，例如周秦用圆钱，三晋用铲形钱，齐用刀形钱。到秦国统一，一律采用方孔圆钱，文曰“半两”。汉高祖时，以铜量不足，改铸三铢钱。武帝时改铸五铢钱，铜质及铸工均佳。其后王莽改易货币，金融大乱，光武时，又复五铢钱。东汉末董卓在洛阳时，曾铸大量的小钱，以是物价飞涨，民不聊生。曹操当政时期，复用五铢。魏文帝时曾废铜钱改用谷帛，流弊甚大，明帝时乃复铸五铢钱，此外吴蜀均曾铸大钱。东晋时，南方钱币缺乏，通用孙吴旧钱，民间也时有私铸。

到南北朝时，各代时有铸钱之举，南朝宋文帝元嘉七年（430），始铸四铢钱，重如其文，这是南朝铸钱之始。至孝武帝，又铸四铢钱。齐武帝时也曾派人入蜀铸钱，后以功费太大而止。梁武帝初年，改铸五铢钱，并别铸一种无周郭的“女钱”，二者并行，但历代古钱依然流通，无法禁绝。其后武帝尽罢铜钱，改铸铁钱。因铁钱易得，于是民间纷纷私铸，以致物价腾贵，紊乱不堪。陈时铁钱不行，至文帝，改铸五铢钱。宣帝又铸六铢钱。其后直至陈亡，仍行五铢。

北朝初期，交易以谷帛为主。魏孝文帝于建武二年（495），始铸五铢钱，但因工精质美，数量不多，故流行不广。宣武及孝庄之世，亦均铸钱，是为“永平五铢”及“永安五铢”。其后因私铸者多，渐又细薄。齐文宣时，废除永安钱，改铸“常平五铢”，重如其文，铸造甚精。文宣以后，渐多私铸，其风愈演愈甚，直至齐亡。北周最初仍用魏五铢钱，武帝时更铸“布泉”之钱，以一当五，与五铢并行。其后更行“五行大布钱”，以一当十。既而又废布泉。宣帝时又铸“永通万国钱”，以一当十，与五行大布及五铢并用。到隋文帝代周，更铸新钱，文曰五铢，重如其文，每一千钱重四斤二两。但周齐旧铸之钱，仍许通用。至开皇五年（585），钱币始告统一。

总之，南北朝时代，因不能大规模铸钱，而致新旧钱并行，加以私铸，种类愈演愈杂。至于不能大量铸钱的原因，主要由于铜的产量不足，且铜矿多远在边疆，铸钱工本过大，而分裂战乱，使南北政府均无法胜任这项艰巨的工作。隋初，统一之势已成，加上文帝的决心与魄力，才把东汉末年以来四百年间紊乱的币制，加以廓清，而树立了一个坚固的币制基础。

（三）国内与国际交通

南北朝的交通，以水路为发达。南朝江湖航运的繁盛，自不必论，就是北朝的水上交通，也很便利。北朝政府对于水运，一向注意，时常加以整理。所以如此，基于两点原因：一是为便于军队的运输。北朝政府是无时不思南伐的，而庞大军队及军需的运输，须仰赖水路，北魏曾为此订过详细的运输计划。二是为便于粮食的运输，亦即所谓“漕运”。北朝的首都地方，以人口集中，当地粮食的产量不够供应，须赖外地粮食的输入，魏的洛阳，隋的大兴，莫不如是，因此漕运成为北朝的大事。当时北方的主要河流为黄河、洛水、汴水、清河及淮水等，政府对其河道均加以修浚，使之相互畅通，构成宽广数千里的水上交通网。至于南朝的北伐，也多半利用水路运输军队，如宋王玄谟、陈吴明彻的北伐，即曾利用黄河及淮、泗等水。

陆上交通，史载不详，史书所特别记录开辟道路的事，大半不为行军，便为巡幸。南朝的道路，以“驰道”为最著名。驰道是当时的御路，也是京城建康的主要道路，建于宋孝武帝时。驰道有二条：一自阊阖门（京城西门）至朱雀门（在京城南五里秦淮水北）；一自承明门（宫城北门）至玄武湖，可知并不甚长。至于其路面，不过较为平坦，仍有尘沙，须用水洒之，也可看出当时筑路技术的不佳。北朝于魏道武帝时开辟过几条道路，如为伐后燕而开的井陉路（在今河北井陉县一带）；伐燕后北还时又用兵力修建“直道”，自望都（今河南望都县西北）凿恒岭至代（今山西大同县东），长达五百里；又为校猎开“沙泉道”。其后文成帝曾修治“河西猎道”，孝文帝曾开灵丘道（在今山西灵丘县一带）。每次动用人工，自数千人以至数万人不等。至于地方官民因便利交通而修的路，简直没有记载，可见其事之少。

当时的海上交通，也很便利。今辽东半岛、山东半岛地区，与南朝的首都建康，均可由海道交通。今朝鲜半岛上的新罗、百济、高丽诸国，以及日本地区的倭国，皆向中国遣使入贡；百济、倭国且均受过刘宋的册封。南海诸国如林邑、扶南，及天竺（今印度）等，皆曾与南朝有外交或商务的关系。当时有所谓“昆仑奴”者，是南洋群岛土人被掠卖为奴的，其人肤色甚黑，到中国的颇多。又有所谓“昆仑舶”，是昆仑人所操的船舶，时来中国贸易。由此可见当时南海诸国与中国交通和商务的频繁。

北朝与西域诸国的交通，也很发达。魏晋以降，中国与西域，为羌人所阻绝。至前秦苻坚统一北方，西域诸国最初朝献者十余国，继而鄯善及车师国王入朝，葱岭以西的大宛、康居等国，也均遣使贡献，计先后遣使朝秦者六十三王。其后苻坚想效法汉之设立都护，把西域置于直接控制之下，因此他于淝水战前不久，派吕光率兵七万，出征西域。秦军连下高昌（今新疆吐鲁番县）、焉耆（今新疆焉耆县）、龟兹（今新疆库车县），其余国家望风归附。吕光大搜西域珍宝，以骆驼二万头驮载而归，并带回奇伎异戏，殊禽怪兽千余种，骏马万余匹。其后北方大乱，西域再度与中国隔绝。直到北魏太武帝时，始遣使通西域，诸国贡献相继。到魏灭北凉，鄯善断西域通路，诸国贡献历年不至。其后魏平鄯善、焉耆及龟兹等国，西域再通，自中国西行直至葱岭以外，均畅行无阻。西域高僧，相率来华，佛教遂愈演愈盛。魏曾于洛阳城南伊、洛二水之间，设“四夷馆”，以招待诸异族及南朝的归附者，四馆中的“崦嵫馆”即用以款待西域人者。当时西域人归化北魏的达万余家，所居门巷修整，宝货填积。魏并立市于洛水南，名“四通市”，以为其贸易之所。北魏分裂后，寄居洛阳的西域人，大部为东魏、北齐所得，因此北齐的宫廷尤其在晚年最为西域化。北周虽未积极经营西域，但双方的商业交通，则一直在维持着。

汉代的亭传制度，到南北朝时代已等于废除。因旅客的需要，逆旅（即旅馆）之业乃大兴，但偏僻之区，旅馆仍不多见。旅馆纯为私人牟利而设，其设备颇为简陋，无法以之接待国家贵宾。而南朝的宾馆不修，士大夫又无馆客的习惯，因此使节往来，多寄居僧寺。南朝的贵人们有时也寓居僧寺，所以当时的僧寺即是变相的旅馆。至于货运，除了商人自营以外，尚没有专门为人运货的庞大运输机构。邮政也没有，信件多托人携带。至于政府文件的运送则仍恃驿传，驿道的设备，尚称完善。

三、宗教信仰与社会风气

（一）佛教的昌盛

佛教自东汉初年正式传入中国，但当时社会安定，佛教并没有多大的发展余地。到东汉末年魏晋时代，国内大乱，人民生活痛苦，精神上也缺乏寄托；而当时中国传统思想的儒学，久已变成没有灵魂的空架，因此佛教乘虚进入中国思想界。两晋南北朝的三百年间，佛教大盛。其发展虽曾遭遇若干顿挫，但其传布则始终未曾停止，佛教的若干重要宗派，也于此时萌芽。

汉时僧侣皆来自西域，多以译经为务，最初的译经大师，为桓灵二帝时的安世高（安息人）、支娄迦谶（月氏人）。魏文帝时，始准人民受戒为僧。其时南方的吴国境内，佛教也颇流行。西晋时有竺法护者，敦煌人，通晓多国语文，他是最早能自译梵文经典的中国人。西晋末年，西域僧人佛图澄来华，他善诵神咒，并精图谶先知之术，其后为石勒、石虎所崇信。至其弟子道安（常山人）起，始以传教为务。东晋南渡后，佛学开始影响中国的学术界，其时僧侣如竺法深、支道林等，与名士们辩论玄理，因此士流思想，沾染了不少佛家色彩。至东晋末年的慧远（361 ～ 443），尤为士大夫所崇奉。中国僧侣第一位入天竺求经的，则为法显，他于晋安帝隆安三年（399），自长安西行，经三十余国，至中天竺（今印度北部），游学数年，于义熙十年（414）自海道返国。佛教教义有大小乘之别，小乘专修个人，大乘则兼度他人。最初传译至中国的佛经，多属小乘，至晋安帝时，天竺僧侣鸠摩罗什受后秦姚兴的敦聘，前来长安，才开始传译大乘经典，并校正旧译之误。一时译经之风大盛，佛教也自此成为一种普遍性的宗教。

到南北朝时代，佛教益盛，南北都弥漫着佞佛之风。当时的君主，不少是佛门弟子。南朝如宋明帝、齐明帝、梁武帝等皆笃信佛教，其中梁武帝迷信之深，更为旷世希有。即以陈武帝的英明，也乐此不疲，这自然是风气使然。北朝则自魏道武帝入中原，便开始信佛，并建筑寺院。至太武帝，因改信道教，并怀疑沙门谋反，遂有灭佛之举，摧毁佛寺，坑杀沙门，佛法被废弃者达七年之久。到文成帝，又恢复佛法。其后献文、孝文、宣武诸帝，莫不信佛，对佛事的靡费也越来越大。北齐的几位君主都信佛，北周则到武帝时，又有灭佛之举。至于士大夫和平民信佛的，也极普遍，因此寺庙的建立，遍于南北。史载梁武帝时，仅建康一地即有佛寺五百余所，僧尼十余万人。而北魏孝明帝末年，寺院竟多至三万余所，僧尼二百余万人。由于佛寺的兴建，建筑雕刻的技术也大为进步，尤以魏代对佛像的营建，工费极大。如文成帝时，曾铸释迦立像五座，各长一丈六尺，共用赤金二万五千斤。又如北魏累世在龙门山（即伊阙山，在洛阳城南）镌刻石佛，为数极多，高者达六七十尺，形态不一，备极工巧。据说其造像法传自师子国（今斯里兰卡），具有崇高的艺术价值。

北魏佛像，敦煌莫高窟。

由于僧尼的众多，以及其素质的不齐，因此许多不良现象也随之发生，诸如僧尼与俗人间发生不道德的行为，僧尼的逃避赋役，以及建造佛寺佛像的靡费等。弊端既多，政府乃不得不对之加以限制。南朝宋文帝、孝武帝及齐武帝时，均曾屡申禁令，不准私建寺塔，并淘汰沙门。北朝也曾下过多次禁令，魏孝明帝初年，胡太后曾下令限制每州度僧的人数，但当时法禁宽弛，不能改肃。到孝明末年，国家多事，徭役繁兴，因此人民剃度者，更为踊跃，造成空前未有的数量。其后至周武帝时，以佛道靡费过多，欲革其弊害，乃于太建六年（574）禁断佛道二教，经像皆毁，沙门道士勒令还俗；寺观及其财货，均赏赐臣下。九年（577）灭齐后，关东佛教也遭遇同样的浩劫。总计武帝时寺庙被充公者四万所，僧尼还俗者三百万人。宣帝时，又复佛道二教。至隋，佛教乃恢复从前的盛况。

萧衍舍身佛寺，选自明刊本《帝鉴图说》。

南北朝时代的佛教宗派，主要可分六宗，即成实、净土、三论、律、禅、天台六宗；其中除成实为小乘教义，其余皆为大乘。成实宗得名于《成实论》，它的作者诃梨跋摩，生于佛灭后九百年。鸠摩罗什来华后，把它译出。齐梁之世，研究成实之风甚盛，梁武帝即皈依此宗。净土宗以念佛求生净土为宗旨，其主要根据为《无量寿经》《阿弥陀经》及《往生论》。汉桓帝时，已渐行于中国。至东晋，慧远结社庐山，其宗风仪式因而大著。北魏中期，有昙鸾者，为此宗大师，与慧远成南北二派。三论宗依据天竺佛徒龙树（约为 200 ~ 300 年间之人）所创的《中论》《十二门论》及其弟子提婆所创的《百论》而开宗派。鸠摩罗什为提婆三传弟子，他至长安后，尽译三论，遂成中国三论宗之祖。鸠摩罗什以后，三论宗渐衰，但尚流行于南朝。此宗主张破邪显正，归结于空，亦即破一切“有所得”之见，而以“无所得”为归。

律宗于东晋末年传入中国。佛教经典，统分经、律、论三部，佛的教法曰经，佛的教诫曰律，弟子学者研习经律而有所著述曰论；统谓之“三藏”。此宗以修持律藏为主，故名律宗。东晋末，中天竺人昙无谶来华，始译律宗经典。初入中国时，尚无中心准则，因而不盛，至唐基础始固。禅宗初祖为菩提达摩（天竺人），于梁武帝大通元年（527）至梁，后去北魏，曾于嵩山（在今河南省中部）少林寺面壁九年，其宗义的特点是屏弃仪式，不立文字，直指本心，见性成佛。但南北朝时，其义不显，至唐才发扬光大。天台宗的宗师为智者（即智顗，538 ~ 597），南北朝末期的人，他栖身于天台山（在今浙江省东部），因以为宗名。此宗为中国诸佛宗内首先对佛教经典作系统之整理判释的一宗，并首创“止观”的法门，以为吾人普通对于宇宙人生的见解，皆是迷妄，烦恼由是而生。欲破除迷妄，则须用修行功夫，以现本心中的净性。因它以《法华经》（即《妙法莲华经》）为旨归，故又名法华宗。

总之，两晋南北朝时代的佛教虽日见盛行，但当时的佛学大师多着重于佛经的翻译和教义的传播；至于发挥佛理，推陈出新，则功效不宏。所以当时虽有宗派萌芽，但基础尚不稳固。直到唐朝，信仰的狂热已减，一二流的思想家群趋佛学的研究，宗派才大为兴盛。

（二）道教与旧有迷信

道教于晋时称“天师道”，士大夫信奉的甚多，例如东晋名族王氏，便世奉天师道。当时道家可分丹鼎、符箓二派，丹鼎派以烧炼服食为事，符箓派以经咒醮祷为务。同时因玄学盛行，道家者流，常窃取《易经》《老子》的义理，以自文饰。晋初有葛洪者，著《抱朴子·内篇》，便是拿炼丹服药的理论，来附会易老。这类道书，甚合江左士大夫的脾胃。东晋东南沿海地区，道教尤为盛行，信徒极多，东晋末年的孙恩、卢循，都是以道教惑众而倡乱的。但道教在南方的势力，究不如佛教，南朝君主信道的也不多。梁武帝少年曾受道法，初即位时犹信道，崇道士陶弘景；陈武帝因世居吴兴（今浙江吴兴县），受当地风俗影响，也信道教，但二人后来均改信佛教。

北魏君主自道武帝起，开始奉佛。至太武帝，应崔浩之请，改信道教，并奉道士寇谦之为天师，于是道教盛行于北方。其时道教若干经典仪式，多取法于佛教，但其教义终不出符箓丹鼎的范围，不如佛法的渊微。太武曾亲至道坛受符箓，其后魏室每位君主即位时也必受符箓，成为故事。东魏末年，高澄崇道，曾置馆宇于邺，使道者居之。北齐君主，多不信道。北周则崇信道教，但到周武帝时，与佛教同遭摧残。其后直到唐初，道教始再度得势。

道教与佛教在北方同时盛行，因此双方屡次发生冲突。魏太武帝、周武帝的两度灭佛，都与道教有关。崔浩世奉天师道，因劝太武帝信道，遂有灭佛之举，其后更演为剧烈的政治斗争。太武太子晃笃信佛法，师事沙门玄高，高为崔浩及寇谦之所谮杀，于是太子晃深怨崔浩。其后崔浩以修国史事，开罪鲜卑，为太武所族诛，太子晃颇有构陷的嫌疑［参看牟润孙《崔浩与其政敌》（载《辅仁学志》十卷一、二期合刊）］。周武帝的灭佛，则系利用道士张宾之说，因沙门争之，乃并罢道教。南朝因道教的势力不敌佛教，因此没有发生剧烈的冲突。

南北朝时代旧有的宗教，除佛教和道教外，尚有许多由来甚久传播甚广的迷信，花样繁多，主要的有淫祀、厌诅、图谶、卜筮、占梦、相术等。淫祀即滥祀各式各样的神，这种风气，魏晋时即已盛行，至南北朝仍不稍衰。南朝宋武帝曾下诏禁淫祀，但到孝武帝时又开始修建各种祠庙，此后一直不衰。南朝最著名的祠庙，要算建康城外钟山的蒋子文祠。子文，东汉广陵人，为秣陵尉，逐盗钟山下，伤额而死。据说他曾于孙权时显形于道，权追封他为都中侯，改钟山为蒋山，以表灵异。南朝皇帝，一遇困难问题，便要求助于他。此外如吴兴郡的项羽神，也甚受时人的崇奉。北朝也有淫祀的风气，对所祀的神也不大选择，如常山郡有董卓祠，邺城有石虎庙，其荒唐可想。

厌诅就是命巫觋咒诅所欲加害的人，使其受祸。这种巫术在两汉宫廷中最为风行，咒诅的对象，多半是皇帝。两汉的皇后、太子、诸王、大臣因犯厌诅的罪嫌而遭祸败的，为数甚多。其后一直流行，到南北朝，厌诅仍是政治斗争者所常使用的武器。宋明帝曾于泰始五年（469）下诏宣布庐江王祎厌诅的罪状，诏中对厌诅的方法，有详细的说明："每觇天察宿，怀协左道；咒诅祷请，谨事邪巫。常被发跣足，稽首北极；遂图画朕躬，勒以名字。或加之矢刃，或烹之鼎镬。"［见《宋书》卷七九《庐江王祎传》］又如北齐后主时，河间王孝琬，因怨恨执政，做一象征的草人而射之，也是厌诅的一种。史载北魏制裁巫蛊的刑罚，极为严酷，也可看出这种迷信在北朝的盛行。

图谶的怪说，自汉朝以后，渐渐衰微。但到南北朝时，若干君主仍然拿它来骗人。尤其是开国的君主，在其决意篡夺之前，必然拿图谶来自抬身价；一般谄佞的臣下，更以为君主造作图谶为猎官的捷径，例如萧道成及萧衍篡位时，均有臣下陈献符谶，可见这种风气的弥漫。北朝也是如此，魏时所制作的若干图谶，荒谬处可令人喷饭。北齐文宣帝在篡东魏以前，也早已命应图谶。南北朝的若干君主既以图谶起家，一般对政权具有野心的人，也往往遵法炮制，以为号召，而求达成其政治阴谋。所以南北朝发生的若干叛乱或政变，也颇有利用图谶以壮声势的。此外还有人捏造类似歌谣的谶语，以求达到某种目的。如宋明帝以王景文外戚贵盛，张永久经军旅，疑其将来难信，因而自造谣言道："一士不可亲，弓长射杀人"，对二人发动心理战。似这一类的例子，简直不胜枚举。

卜筮在南北朝，有时仍用以决断军国大事。如梁元帝时，西魏师攻江陵，帝尚以筮卜判断自己的命运。又如齐文宣帝谋篡位，使人卜之，结果大吉。当时一般王公大臣，也多信卜筮，因而得祸的也不在少数。相术较有征验，因此士大夫信者较多。当时相术主要可分两种：一种是相外形，多半因袭古来旧说，因人而用之。一种是摸骨相，即揣其人之骨骼以断定其人的吉凶祸福。此外又有声相及器物相等。占梦是解释梦中所见的景象，以定吉凶，南北朝时亦甚流行。也有借梦征以惑人的，如南齐大将张敬儿，尝梦"社树直上至天"，以此诱说部曲，自云贵不可言。此外尚有望气、推命、借寿、代死一类的迷信，今不赘述。

（三）清谈及其他风习

"清谈"是魏晋南北朝时代流行于士大夫之间的一种风气，也就是一种抛开现实专尚理辩的谈论。这种风气初起于东汉末年及曹魏时代，其起因约有二端：一是因传统儒学的衰微。东汉时代的儒学，着重于烦碎的考据，已无义理可言，使思想界几乎变成真空状态；而儒者所讲究的名节礼法，也渐流于虚伪；都不足以餍学者之望。二是政治的黑暗。东汉末年，宦官军阀无恶不作，国事已到绝望地步，自然为有识者所不满。因此乃有两种反动思想发生，一是崇法务实的申韩思想，一是率性自然的老庄思想。曹操便是前派思想的代表，他一生始终以法术治国，摧抑豪强，整肃政风。而他的部下崔琰、毛玠之流，也都是法治的倡导者。后者在东汉末年虽然尚找不出一个标准的代表人物，但孔融、祢衡一般狂士的言论，已颇与儒家思想相背驰，例如孔融便曾否认父母与子女因血统关系而产生的情感。这种论调，已为魏晋人归依老庄的先导。至于正式提倡老庄思想的，则为魏正始时代（240 ~ 248）的王弼、何晏，二人立说均祖述老庄，并参以《周易》。《老》《庄》《周易》，号称"三玄"，便是清谈的主要内容。

由于魏晋政权的腐化黑暗，法治精神始终无法建立，申韩思想日趋衰落，相反的老庄思想却日益蔓延。一般学者，因灰心于现实政治，为免干犯忌讳，相率以谈论哲理为务，因而清谈之风大盛，事实上这也是对现实环境的一种消极反抗。王何二人虽为清谈的始祖，但何晏尚务实干，在政治上颇有成绩；王弼则因早死而无所表现。其后至嵇康、阮籍等人，正值魏晋易代之际，政风益坏，忌讳滋多，因而他们的清谈，渐变成纯务玄虚。同时清谈者在行为上也更流于放诞，他们通常的表现是纵酒和不遵礼节。例如阮籍曾一连沉醉六十日，母死尚与人弈棋；嵇康则“头面常一月十五日不洗”；甚至有的清谈者是经常裸体的。这类行为自然是对礼法的一种讽刺，而所谓礼法也正是当时的篡窃者及其佐命功臣们所加意提倡的。

清谈本是对现实政治的一种逃避，嵇阮等人在政治上均未负过实际责任。但到西晋时代，清谈之风竟蔓延到政治舞台上去，当时不少的达官贵人，一方面手握重权，一方面大谈玄理，把两种相反的事物糅合在一起，造成西晋政治上的种种怪相。从晋室南渡直到南朝时代，清谈竟与一般世族的日常生活无法分开，这种风气对政治的影响是苟且偷安，不务实际；对社会的影响是造成一种消极颓废的人生观。王羲之所作的《兰亭序》，充满人生哀乐相随的感慨，足可代表当时一般人的心理。东晋南朝的始终不能恢复故土，不能说与这种风气无关。

初期清谈的内容，以老庄为主，东晋以后，佛学也渗入清谈的范围中，与老庄相互发明，以求人生的理解。若干佛教僧侣，每每假借清谈，与士流周旋，如东晋中期的支道林，便以清谈著名于时，为胜流权贵所崇敬。至于对清谈不满的士大夫，也颇不乏人，西晋时的裴頠、江惇、范宁，东晋初年的应詹、卞壶等，都反对清谈；范宁甚至以为王弼、何晏之罪，深于桀纣。但习尚已成，非少数人的力量所能挽回。宋文帝时，设立玄学馆，与史、文、儒并列为四学，清谈益盛。梁武帝始崇经学，儒术稍振；但当时的经学，也受清谈的影响，只充作谈辩之资。直到隋朝统一，清谈才趋衰落，但其流风余韵，却一直传到唐朝中叶。

南北朝时代的社会风气，显然受老庄和佛学思想的支配，清谈如此，其他风习也多如此。但两者之外，还有第三种力量影响着当时的社会，便是胡人的风俗。整个东晋南北朝二百七十余年间，中国北方始终沦于外族，其间北方胡人虽曾大规模的汉化，但胡人风俗也在无形中感染着汉人。胡人习俗再与佛老思想相混合，形成了这个时代中若干独特的社会风气，这些风气都是以往儒家社会中所罕见的。兹举主要几点，分述于后。

残杀是南北朝时代主要的风气之一。胡俗本好武嗜杀，这种风气自西晋末年传入中国。南北朝所有胡族或胡化的君主，除了少数倾慕汉化的，其余莫不好杀。魏太武帝和北齐诸帝，是其尤著者。南朝君主，虽不及胡族君主的凶狠，但骨肉屠戮的事也层出不穷，尤以宋代为甚。南朝帝室惨变之多，与佛教有相当关系。佛教的主张出家，便是背弃伦理，根本否认血统上的情感。另一方面，佛教虽然戒杀，但有超度冤魂和赎罪的办法，为杀人者做护符；甚至有在杀人之前，先烧香火，以赎罪愆的，齐明帝便惯做这种事；似此自然无法止杀。

淫乱之风，也南北一致风行，这种风气的起因，北方主要受胡族影响，南方则受老庄思想的影响。胡族的伦理观念比较薄弱，因此北朝的君主及贵族，大都荒淫无度。北朝帝室最淫乱的，以北齐为最，其烝报丑行，为历代所罕见，而后妃失德的，也所在多有。但胡族的男女地位比较平等，影响所及，汉人女权也为之提高，这可以当时的“妒风”之盛为证。史称北齐时代的妇女，莫不“以制夫为妇德，能妒为女工”，这与儒家社会妇女以三从四德为信条相较，不能说不是一种解放。南朝虽是当时中国文化的正统，因环境优裕，人情耽于逸乐，又受老庄思想的影响，因而养成一种淫靡放荡的习气。当时的高门大家，虽犹知礼法，但内外的防闲，已较往昔为疏，名门妇女，有时也与士大夫接谈。帝室妇女，则多不讲礼法，行为淫乱者颇不乏人。在这方面最有名的是宋前废帝姊山阴公主，她公开拥有“面首”三十人。至于公主们的跋扈骄纵，凌制夫家，更为习见，以致当时士大夫以联姻帝室为畏途。

另一种风气是过度的功利主义。南北朝可以说是一个重功利轻仁义的时代，这种风气由来已久。当时的士大夫，大都不讲操守。南朝士大夫所最重视的，是门第和既得权位的保持，对改朝换代，则漠不关心；至于在位者的贪污好货，更属常事。北朝自魏孝文帝以后，风气渐坏，贵族们的贪污腐化，愈演愈烈，到北齐竟弄到官商不分的地步。社会上也弥漫着重利之风，所谓“财婚”，便是最好的例证。至于这段时间中杀父弑君的事特多，自然也是功利思想扩展到极致的结果。

总之，南北朝若干独特风气的形成，实与魏晋以来的思想潮流有关。从好的方面看，当时的思想界既已脱离儒家的束缚而得到解放，同时又注入胡族的勇敢进取精神，经数百年的揉塑混合，乃能下开隋唐的盛世，文治武功，均备极灿烂。但从坏的方面看，儒学究不失为维持社会政治秩序的较好办法，儒学既衰，由佛老与胡俗造成的社会政治秩序，始终动荡不安。后来的隋唐帝国，维持不久即告崩溃者，也正与此有关。

中國通史

㊦

傅乐成◎著

夏德仪◎校订　许倬云◎序荐　周邦道◎题签

贵州出版集团
贵州教育出版社

第十三章
隋帝国的兴亡

一、隋的建国规模

（一）文帝的政绩

隋自统一后，国势直线上升，声威远播，府库的充裕为亘古所未有；直到炀帝（文帝子）初年，富强达于极点。其后因炀帝的纵欲，使国家走上乱亡之途，总计隋的盛世，前后不过二十余年。但在此短暂的时间内，其政治及建设的各项成就，却极有光辉，后来唐代三百年的统一基础，也可说是隋替它奠定的。隋的富强，原因甚多，文帝的节俭务实，注意吏治，是其主要原因之一。史载文帝平居所食不过一肉，生活的俭素，可以想见。又如平陈之后，朝野都主张封禅，但他不允。自西魏以降，北朝君臣，大体尚知道注意吏治，文帝也承袭了这种习惯，处理政事，异常勤勉。另一个重要原因是全国统一，政治步入正轨，人民的生产建设不再遭受战争的阻碍和破坏。而魏晋以来的门阀，至此已不再是政治上的特权阶级，中央政府可以令行禁止，行政效率自然大为

隋文帝杨坚，唐阎立本绘。

提高。这些都可以说是统一的赐予。

文帝的政绩，可称述者甚多。例如他听从苏威（苏绰子）的建议，减轻赋役；于开皇元年（581）及三年（583）两度改定刑法，废除若干前代的酷刑；又于三年解除盐酒专卖之禁，以利民生；这些都是政治上的进步之处。此外文帝还有两项重大措施：一是整理户口，一是设仓贮粮；均与当时的国计民生，有着密切的关系。整理户口也是开皇三年实施的，主要的实施地区为关东地区。当时关东地区的百姓，习于北齐时代的腐败政风，丁壮之避役游惰者占十之六七，其他地区的人丁，也有诈老诈小，以规免租赋的。因此文帝下令举行户口普查，大索逃户；并鼓励检举，凡调查不实者，办事人员须受严重处分。结果查获没有户籍的百姓达一百六十四万余口，其中丁壮占四十四万三千人。这对政府的税收，自然大有增益。

文帝时所设的仓，可分两种，即官仓和义仓。官仓的粮储，用以供养军公人员。隋时，关中为中央政府的所在地以及重兵的屯驻区，食粮的消耗极大，因而需要关东的接济。设置官仓的目的，即是在增加关东漕运的效率；也就是把原来关东各州对京师个别直接的输粮办法，改为集中和分段运输的办法。开皇三年，文帝下诏命黄河及其若干支流如洛、汴、伊等水沿岸的关东十三州，设置专服运米任务的“运米丁”。并在黄河沿岸设置米仓，如卫州（今河南汲县）设黎阳仓，洛州（今河南洛阳县）设河阳仓，陕州（今河南陕县）设常平仓，华州（今陕西华阴县）设广通仓等，先把关东各州的食粮集中在这些仓里，然后利用黄河及广通渠运到京师。因此时间及人力物力，都节省不少。其后至炀帝大业二年（606），又在巩县（今河南巩县）东南设洛口仓，洛阳以北七里设回洛仓。洛口仓城周围二十余里，共穿三千窖；回洛仓城周围十里，有三百窖；每窖可容食粮八千石，总计仅两仓的容量即达二千六百余万石。至于规模较小的仓，更不知凡几。据唐人的估计，文帝末年诸仓所存的食粮，已可供政府五六十年之用，这样富裕的政府，真是史所罕见。

义仓又称社仓，设置于乡间，其储粮由人民捐纳，以备饥荒时赈济灾民。文帝于开皇五年（585）采纳工部尚书长孙平的建议，设置义仓。命诸州的百姓军人，到农作物收获时，以贫富为比例，捐出若干粟或麦，最高限度为一石。捐出的粮食，存入当地的社仓里，由“社司”专管账目和储存等事宜。如遇某地收成不好发生饥馑之时，便以某地社仓中的储粮赈济饥民。其后因社仓发生浪费现象，文帝曾命若干边州将社仓食粮交纳本州，或将社仓移设在县里，以便集中管理。至十六年（596），并规定民户捐粮于社仓的标准：“上户不过一石，中户不过七斗，下户不过四斗。”义仓之设，对人民的生活来说，自是一项有力的保障。

据史书说，炀帝大业五年（609）是隋帝国富强的顶点。但隋的富强基础，全由文帝一代所奠定，炀帝不过是坐享其成。文帝初年，民户不满四百万，平陈之后也只有四百六十万，但此时人口竟达八百九十余万户，四千六百余万口。文帝开皇九年（589），全国田地共有一千九百四十余万顷，也大致在此时增至五千五百八十五万余顷。这时隋帝国的版图，共有一百九十个郡，一千二百个县，东西九千三百里，南北一万四千八百一十五里［隋代人口田地及郡县数目，见《隋书》卷二十九《地理志上》，《文献通考》卷二，《资治通鉴》卷一八一］。但自此以后，隋就开始走上衰运。

隋之所以迅速乱亡，与文帝也颇有关系，他虽然励精图治，但因学识过差，行事有许多不达大体之处。例如开皇初年，遇有水旱凶饥，文帝常以官仓的储粮放赈。但后来他日渐吝啬，开皇十四年（594），关中大旱，人民饥困，当时仓储充溢，竟不许赈。他对政治，本无多大理想，而又轻视教育，因此当时的政治精神，仍是彻底的功利主义，并无宏远的建国规模。加以他资性刻薄，猜忌臣下，以致奸佞用事，终于被奸臣劣子所愚弄，变易储位，覆其宗社。他生前所辛勤聚集的财富，结果只是供给他的继承者恣意挥霍；其所挥霍不完的剩余财富，最后也变成隋末若干起兵者扩充实力的资本。

（二）政府的组织

隋虽然继承北周的政权，但在文物制度方面，却主要承袭北齐和梁陈，仅有一小部分采自北周。南朝文物是中国文化的正统，北齐文物则是北魏文物的一脉相传。北魏文物是指孝文帝汉化后所创制的文物，其渊源一部分来自前期南朝，一部分来自“五胡乱华”时代河西区域（即诸凉国）所保存的汉族旧有文化。至于西魏北周的一支文物，实际上仍是鲜卑人的习俗和制度，不过缘饰以汉族制度的名目；本是取给一时的措施，并没有长久存在的价值。因此北周在灭北齐以后不久，便已采用北齐的制度。隋文帝即位后，最初也是采取北齐的制度，其后因不敷应用，又兼采后期南朝（梁陈）的文物。举凡隋的礼仪、职官、刑律、财政的各项制度，其来源大率如此，只有兵制是大体承袭北周的。［参看陈寅恪《隋唐制度渊源略论稿》“一、叙论”］

中央官制，隋承袭了北齐的三省制。三省指尚书、中书、门下三省，同为国家最高行政机关。这种制度本是自秦汉下至魏晋经长期演变而成的，南朝是其直接承袭者；北朝则自魏孝文汉化以后开始采用，直传到北齐；隋代周后，便直接采用北齐的这种制度。尚书自东汉灵帝时成为独立机关，称尚书台或中台，掌握政治实权，但名义上仍属少府。至魏，尚书台脱离少府，渐变为最高行政机关；尚书令便是宰相，其下的仆射便是副相。其后尚书台一直是政治的中枢，南朝至梁时开始称省，北朝则从北齐开始。尚书于魏时即成为国家行政机关，但皇帝不能没有私人秘书，于是产生了中书。

东汉时并无中书，到曹操秉政，专以尚书令参决国家大计，而另设秘书令起草诏令。到魏文帝受禅，改秘书为中书，用以出纳王命，敷奏万机，自此中书与尚书并置，而称中书省。魏时的中书之于尚书，颇像东汉的尚书之于三公，前者渐次夺取后者的职权，而成为政治中枢。至西晋时，政治中心由尚书移至中书，中书省长官中书监和中书令成为实际的宰相和副相，决定政令，尚书不过是听命受事而已。东晋时，中书省又成为国家的行政机关而非皇帝的私人秘书，因而又有门下省的成立。门下省的长官为侍中，侍中一职，始建于秦代，本是皇帝侍从之臣，但以其职司顾问应对，又有参与国家机密的机会，因此汉魏以降，地位渐重。门下省成立后，侍中权任益隆。到南北朝，侍中又成为掌握实权的宰相，中书不过秉承侍中意旨，起草诏令。但尚书令及中书监令虽无实权，名义上仍是宰相之职。

隋建国后，对三省的内部组织曾加以整理，但三省的职权及其相互关系，尚没有明白厘定。尚书省的最高长官为尚书令，正二品；其下有左右仆射各一人，从二品；再下有六曹（吏部、礼部、兵部、都官、度支、工部），每曹有尚书一人，正三品；侍郎若干人，正四品。门下省最高长官为纳言（依北周制），共二人，正三品；其下有散骑常侍（从三品）、黄门侍郎（正四品）、谏议大夫（从四品）、散骑侍郎（正五品）等官。中书省隋时改称内史省，最高长官为内史令，共二人，正三品；其下有内史侍郎四人，正四品；再下有内史舍人（正六品）、通事舍人（从六品）等多名。炀帝时，职官的名称及员额颇多更改，兹不备载。官品创始于曹魏，用以区别政府官吏阶级的高下，共分九品，其法采自九品中正制。至北魏时，每品又分正从，凡十八品。同品则正高于从，不同品则从高于其次品之正。隋初，每品又分上下阶，炀帝时废除。

隋代掌握实权的官，官品并不最高，三省长官阶级最高的尚书令，不过正二品。品位最高的官，则用以优礼元老重臣，并无实权。如三公（司徒、司空、太尉）、三师（太师、太傅、太保），位皆正一品，但皆虚衔而不掌实政，其制则沿袭自汉。三省以外的重要机关又有九寺、诸监及御史台等。九寺为太常、光禄、卫尉、宗正、太仆、大理、鸿胪、司农、太府，每寺置卿（正三品）及少卿（正四品）各一人，其职掌类似汉的九卿。诸监有将作、少府、都水及国子等监，分掌营建、内府器物、水利及学校等事务。九寺诸监为六部的下级机关，均秉承六部的政令，加以执行。御史台为专门谏诤机关，长官为御史大夫，从三品，掌纠察弹劾。其属官有治书侍御史、侍御史、殿内侍御史、监察御史各若干人。至于专掌皇帝各种供奉和典辞翰备顾问的机关，则有殿内（炀帝时设）及秘书二省。

地方政区，自东汉末年州郡演变为地方最高行政区域后，原来的郡县二级制，遂成为州郡县三级制。其后直至南北朝时代，皆为三级制。魏晋以来，国内分裂，胡汉政权的版图，均远较统一时代为小，但为维持体面，州郡数目仍力求其多，因此州郡范围，愈分愈小。此外东晋南朝又有侨州侨郡的设置，即是某州或某郡的实有领土业已丧失，但政府仍保留其政区名称，并设置官吏，而借其他州郡的地方办公。这办法最初不外用以绥怀当时南渡的流民，但日子一久，寄寓者渐成土著，而州郡侨实相错，发生许多统属上的问题。这种陋习，一直沿习到陈。增设州郡的结果，南朝末期的州，其范围尚不及汉代的郡。北朝的州郡数目，虽也越来越多，但不像南朝那样错综复杂。

隋文帝代周后，鉴于州郡数目过多，于开皇三年（583）罢全国诸郡，以州统县，成为州县二级制。平陈后，又罢南方诸郡，南北遂趋一致。文帝又采北周之制，于重要的州设总管府，以刺史兼总管，统督其邻近数州，所以实际上仍是三级制。文帝时前后置总管府五十二个，平陈后经常不废的约有三十个。炀帝大业元年（605），废总管府。三年（607），改州称郡，改刺史为太守。但仍置十四刺史，专司巡察各地吏治，不理民事。文帝初分州县为九等（上上至下下），后改为四等（上、中、中下、下）；炀帝时则分郡县为上、中、下三等。

（三）田赋与兵刑

隋的田赋制度，大体采北魏的授田制。授田制又称均田制，即由政府将定数的田授予人民耕种，而课以租赋。这种制度本是儒家的传统经济理想，孟子所说的“井田”便是一种理想的均田制。汉儒董仲舒曾力主均田，王莽曾加以实施而失败，直至北魏孝文帝以胡人行之，始告成功。孝文于太和九年（南齐永明三年，485）开始行均田之法，当时北方经大乱之后，地旷人稀，田籍户口容易调查，遂能顺利成功。当时规定男丁年十五以上，受露田（种植五谷）四十亩，妇人二十亩，身死还田于政府；另给桑田（植桑及果树）每丁二十亩，不必归还。北齐、北周和隋均大体承北魏之制，仅若干小节略有出入。隋时规定男丁年十八受露田八十亩，妇人四十亩，身死还田；外给桑田每丁二十亩，不须归还。

至于租赋的征收，自曹操时于田租外加收绢绵后，历代因之。两晋、南朝均于田租之外，增收绢绵之类，以户为单位，称为“户调”。北魏租调，每户年征帛二匹、絮二斤、丝一斤及粟二十石；另征帛一匹二丈，入于州库。孝文时，复增课粟帛。北齐、北周虽承魏制，但征课数额颇有损益。至隋，规定每丁夫妇，每年向政府输纳田租粟三石；产丝之区户调绢一匹（四丈，后改为二丈）加绵三两；产麻之区则调布一端（五丈）加麻三斤。单丁及仆隶各半，未受地者不课。并规定民年二十一为成丁，每年须服力役二十日。

隋代兵制，大体依据西魏宇文泰所创的府兵制。府兵制是一种区域征兵制，只有政府指定的府兵区中的百姓，才有服兵役的义务。办法是以财产多寡为标准，把指定地区中的胡族百姓（至少都是胡姓），分为九等，在九等中的前六等（上上至中下）人家而家中有三丁的，选其最强健的一人，免其租调，充当府兵，衣食则须自备。这样组成一百府，每府由一郎将统领。这一百府分属于二十四军，每军的领袖为开府，二开府由一大将军统领，二大将军由一柱国大将军（以下简称“柱国”）统领；因此有十二大将军、六柱国。其实西魏时有八柱国，仅六柱国领军，六柱国表面是比附周官六军的制度，实际却是由鲜卑八部制度演变而来。府兵是一种特殊组织，有独立的统率系统，其分子自有兵籍而不属民户。他们每月值班十五日，司警卫巡逻，其余十五日则练武习战。至于武器，每个府兵只须自办弓、刀各一具，其他如甲、槊、戈、弩等皆由公家供给。总之，府兵是一个专司战斗的团体，在当时是与农民分离的。

宇文泰时的府兵，尚有浓厚的部落思想，自认为直接隶属于他们的军事领袖（柱国）而非君主。同时府兵的数目也甚少，其总额尚不到五万人。到周武帝，对府兵制作了两种改革：一是湔洗鲜卑人的部落思想。他把府兵军士改名为“侍官”，意思是“侍卫天子”，使府兵在观念上发生直属于皇帝的感觉。二是扩充府兵的名额，他把国内的若干汉人征为府兵，把他们的民籍改为兵籍。一方面把府兵扩大化，一方面把府兵平民化，自此周境内的汉人有一半做了府兵。武帝便凭了这个受过严格训练的庞大战斗组织，东灭北齐，南覆陈师。隋文帝辅周政时，也同样凭了它迅速地讨平反对势力。

隋文帝代周后，把府兵制作进一步的变革，由征调扩大化进而为兵农合一化。开皇十年（590），文帝下诏命军人的户籍，属于州县；受田办法，也与百姓相同，于是兵民合一。但这仍是局部的，只有兵府区中才实行这个办法，不设府的地方，根本没有正规的兵。至于府兵的组织，大体也是承袭周制，只是名目上略有改变。全国的府兵，分统于十二卫，即翊卫、骁骑卫、武卫、屯卫、御卫、候卫，每卫又分左右。每卫置将军一人，以统诸府之兵，每府的正副首长为郎将和副郎将。至于战时的指挥系统，最高的是行军元帅，如元帅有数人，则由其中的一人为节度，乃最高统帅。元帅以下为行军总管，每个行军总管是一个独立战斗单位。以平陈之役为例，当时隋军凡出动五十一万八千人，共有九十个行军总管，三个行军元帅，晋王广则以行军元帅为全军节度。从北周到唐朝中叶，武力重心一直在关中地区，唐中叶以前多次对内或对外战争的成败，都与这种形势有关。

隋代刑律承自北魏、北齐，北魏刑律则主要采用南朝所承袭的西晋旧律。东汉以后，曹魏用法甚严。至晋武帝平吴后，命贾充、杜预等定律令，轻平简易，颇具儒家精神，而为南朝所承用。北魏道武、太武二帝之世，曾先后命崔宏崔浩父子及高允等定律令。崔氏通汉律，高允亦当时通儒，因此他们参酌《晋律》而制成的刑律，甚为精当，但其中也颇注入胡族刑法的残酷精神。孝文帝时，又命高允及河西士族李冲等改定刑律，使从轻典，而《魏律》益称宏备。北齐承《魏律》而又加演进，至隋再加整顿。但《隋律》仍嫌过严，不足为法，例如文帝时曾订有“盗一钱以上弃市”的律条，其严酷可知。

开皇元年（581），隋文帝以高颎、李德林、裴政等共定律令，并置“十恶”之条。十恶多采北齐之制，而加以损益，即谋反、谋大逆、谋叛、恶逆、不道、大不敬、不孝、不睦、不义、内乱。十恶罪处分极重，例如谋大逆、谋叛罪的惩处是“父子兄弟皆斩，家口没官”。三年（583），文帝以旧律过严，命苏威、牛弘更定新律。凡除死罪八十一条，流罪一百五十四条，徒杖等千余条，定留仅五百条，共十二卷，炀帝即位后，以文帝禁网深刻，又命牛弘制新律。至末年，复尚苛法。

隋时刑罚可分四类，即徒刑、身体刑、流刑、死刑。徒刑分一年、一年半、二年、二年半、三年半五种。身体刑分两种：一曰杖刑，分五等，自五十至一百；二曰笞刑，分五等，自十至五十。流刑分三种，即一千里（居作二年）、一千五百里（居作二年半）、二千里（居作三年）。三流俱加役三年；近流加杖一百，其上一等加三十。死刑则分绞斩两种。此外又有减刑办法，分议贵（官吏的减刑）和赎罪（以铜赎刑）两种。文帝时曾废除前代酷刑如枭首、轘身及鞭刑等，但隋律犹称严厉。炀帝初虽改从轻典，但末年刑罚益酷，不但恢复枭首、轘裂之刑，对反叛者更诛及九族，甚至命朝臣啖叛者之肉，结果只有加速其政权的崩溃。

（四）运河的开凿

隋代所开的运河，共有五条，即广通渠、通济渠、邗沟、江南运河、永济渠。广通渠是文帝时开凿的，其他四条都于炀帝时完成。其实这些运河，大部分是利用自然河道，或是疏浚前代业已干枯的旧沟，只有一小部分才是真正以人力开凿的。总之，隋的开河，只是将若干自然河或旧沟连成一气，以延伸水上的交通线。这与秦代的修筑长城，情形有些相似。

隋京杭大运河示意图

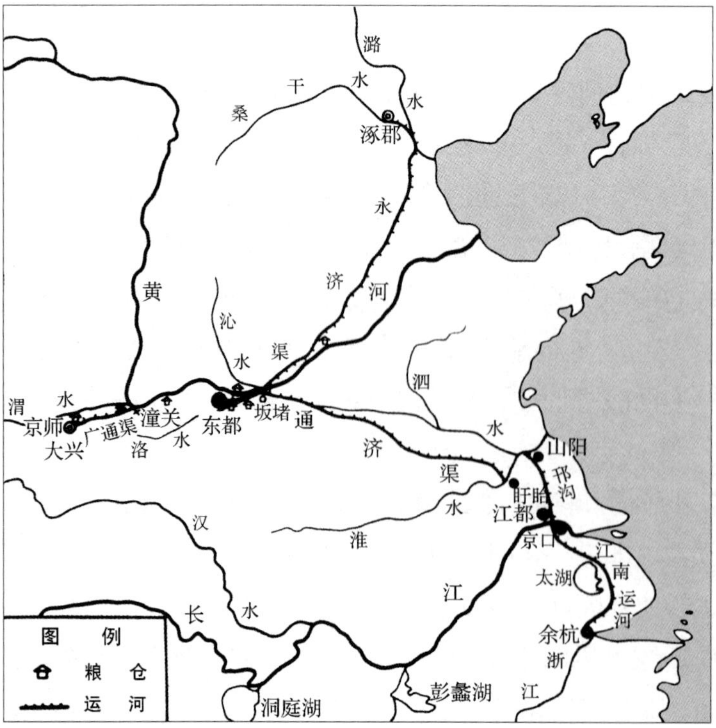

文帝开河的目的，是在便利关东诸州食粮向关内的输送。当时关中地区的农产物虽甚丰饶，但尚不能充分供应政府军公人员俸食之用，平时即须自关东地区输入食粮，如遇天灾，皇帝尚须移居关

东。如开皇十四年（594），关中大旱，文帝便曾率户口就食于洛阳，次年始返。当时关东地区与关中地区的交通，甚不方便。陆路要经过潼关以东和以西的山地区，水路虽有渭水经京师以北东入黄河，但水力大小无常，同时由于泥沙淤积，水又甚浅，不能负担大型的船只。因此文帝于开皇四年（584）命宇文恺督率水工，在渭水以南开一条渠，引渭水入渠内，从首都大兴（今陕西西安市）东流至潼关而入黄河，全长三百余里，与渭水南北平行，成为渭水的支流，名广通渠。它大体循着汉代所开的漕渠故道，而非完全以人力凿成。自广通渠完成后，关中的交通大为改进，大兴城的重要性益见增加，直到唐代，还利赖这条运河。

炀帝时所开的运河，大部分动机是为了游乐，并且还遗留下些悲惨的开河故事；但至少在无意之中，使后世得到不少便利。炀帝于大业元年（605）开通济渠，从洛阳的西苑引穀洛二水绕洛阳城南，东到洛口（今河南巩县北）入黄河；然后沿黄河东到坂堵（今河南汜水县东），从那里引黄河经荥泽（今河南郑县西北）以北入汴水；再从浚仪（今河南开封县）之东，引汴水经梁郡（今河南商丘县）和彭城郡南境（今安徽宿县一带），至盱眙（今安徽盱眙县）入淮水。（旧说引汴水入泗水，然后入淮）这段工程，前后征用河南、淮北诸郡民夫达百余万。

同年，炀帝又征发淮南百姓十余万，把旧日沟通江淮的邗沟加以疏浚。此沟原为春秋时吴王夫差所开，自秦汉至南北朝，一向为江淮要道。文帝时曾加工疏治，名山阳渎。炀帝时再加修浚，其水自山阳（今江苏淮安县）南流，经江都（今江苏江都县）附近入长江。这样一来，把谷洛水、黄河、汴水、淮水、邗沟、长江连成一线，对南北交通的增进，自不待言。炀帝时所开的几条运河，以通济渠和邗沟两段最费工力，这两条河的标准宽度是四十步，沿河筑有御道，并栽种柳树，其壮美可以想见。

大业四年（608），炀帝又征发黄河以北诸郡男女百余万人开永济渠，其工程纯然是几条自然河的连贯疏浚。一面疏浚沁水下流，使与黄河畅通（沁水发源于今山西沁源县，经太行山谷，于今河南武陟县以东入河，但因沙多水浅，必须加以修治）；一面引沁水上流东北向，经获嘉（今河南获嘉县）、新乡（今河南新乡县）以北入卫水。再将卫水加以疏浚，北流经清河（今河北清河县北）、长河（今山东德县）、东光（今河北东光县）、长芦（今河北沧县）等地至今天津一带的沽河，然后沿沽河至涿郡（今北平）。总之，永济渠是把黄河、沁水、卫水和沽河连成一线。炀帝开这条河的目的，是以它作为远征高丽的运输线。其后炀帝征高丽凡出动军队及民夫达三百万人以上，他们的粮械被服，大都由永济渠输送；当时的涿郡，便是东征大军的集中地。

大业六年（610），隋又开江南河，自京口（今江苏镇江县）至余杭（今浙江杭县），共长八百里，其大部分仍是沿着古时的渠道加以疏凿。这条河的宽度达十余丈，以便通行龙舟，沿河并设立驿宫及粮秣站，这些都是为炀帝东巡会稽而准备的。隋代五条运河开凿成功后，使帝国内部南北东西的交通都大为增进，南方人可以从余杭乘船北行直达涿郡，西行直达洛阳和大兴。而运河所贯穿的地带，又皆是经济文化发达之区。南北朝以来南北横断的地形，至此打破，它们对统一基础的奠定，无疑有帮助。隋以后，它们更成为唐帝国的经济命脉。

二、隋的对外关系

（一）突厥

突厥是隋帝国的北邻，也是隋的所有邻国中幅员最大、势力最强的一个。中国旧史说它是匈奴的一支，确否虽不可考，但两者的习俗，则颇有相似的地方。东晋末年，突厥只是一个处于北凉、匈奴、沮渠氏势力范围（今甘肃张掖县一带）之内的小部落。宋文帝元嘉十六年（439），魏灭北凉，突厥首领阿史那率部族五百

突厥锻奴图，古纸牌水彩画。图中两个锻奴正在打制铁器。突厥人入居金山（今阿尔泰山）时，曾臣服于柔然，充当锻奴，由于掌握铁器的锻炼技术，突厥人因此而迅速强大。

家投奔当时的大国柔然，定居于金山（今阿尔泰山）下。据说“金山状如兜鍪，俗呼兜鍪为突厥，因以为号”［见《隋书》卷八十四《突厥传》］。就突厥的文化水准看来，它还不能算是野蛮民族，因为突厥人至少已使用一种类似文字的符号；在政治组织方面，他们共有二十八等的官阶；同时他们擅长铁工，他们最初便以这种技术为柔然服役。

突厥第二汗国创立者骨咄禄可汗纪功碑《翁金碑》拓片，蒙古翁金河流域阔顺鄂尔浑之南发现。

梁武帝中大同元年（546），铁勒欲攻柔然，为突厥酋长土门（即伊利可汗）所邀击，铁勒降者五万人，突厥实力大增。此后五年，突厥脱离柔然而独立。至梁敬帝绍泰元年（555），突厥木杆可汗攻灭柔然，并击败和并吞了若干邻国。它的领土，西到里海以东的乌浒河（Oxus）上，东到辽海（当指今渤海北部），北至今贝加尔湖，南至今内蒙古沙漠。当突厥开始强大，与中国也发生往来，那时正值魏分东西，内战不已，给予突厥一个有利的南进机会。其后齐周二国成立，双方都不惜付出极大代价来争取这个强大外援。突厥曾于周武帝初助周攻齐，但其后即依违于两者之间，坐收渔利。到周灭齐，突厥竟立齐宗室范阳王绍义为帝，与周抗衡。周武帝欲亲伐之，因病死而未果。其后周又修筑长城，以资防守。突厥见周不可侮，乃与周亲善，周以宗女千金公主嫁给当时的突厥可汗沙钵略（木杆可汗兄子），突厥则把高绍义送回，从此突厥对中国失去控制力量。

隋文帝时，开始采用一种离间政策对付突厥，用以促成其内部的分裂和不安。这个政策的主持人是鲜卑人长孙晟，他曾于周宣帝时，护送千金公主赴突厥，与突厥可汗诸子弟及贵人往还甚密，因而熟悉突厥的内部情形。当时突厥帝国的政治，尚没有达到中央集权的地步，只是分邦自治。其最高领袖可汗（大可汗）之下，尚有若干可汗（小可汗），他们各统有一定的地盘和武力，只是名义上服从大可汗，实际上是独立的。大可汗沙钵略以外，尚有三个重要势力：一是西面可汗达头，为沙钵略从父，自其父室点密起，即为西面可汗，与大可汗分庭抗礼，在诸小可汗中势力最强。一是阿波可汗，为木杆可汗之子，据突厥西北部。一是处罗侯，为沙钵略之弟，据突厥东部。三人均与沙钵略不协，因此长孙晟于开皇元年（581）上书文帝，献离间突厥之策。

文帝采纳长孙晟的建议，首先拉拢达头，派太仆元晖赐他“狼头纛”，那是一种突厥大可汗才可使用的旗帜。其后又于某次宴会中，故意把达头使者的席次，排在沙钵略使者之上。自此沙钵略与达头发生嫌隙。继而长孙晟又设计离间阿波与沙钵略的情感，结果阿波于开皇三年（583）西奔达头，达头以兵助阿波攻沙钵略，自此突厥正式分裂为东西二国。西突厥的地盘主要为今伊犁河流域及其附近之地，东至都斤山（今外蒙古杭爱山的一部），西至雷翥海（今咸海或里海），南至疏勒（今新疆疏勒县）、龟兹（今新疆库车县）一带，北至瀚海（今外蒙古沙漠西北部），并役属西域诸国。东突厥则掩有都斤山以东之地，双方不时发生战争。

突厥内乱既起，隋乃乘机进攻东突厥。东突厥两面受敌，屡次失利，遂于开皇五年（585）向隋屈服，愿为藩附；并遣子入朝，岁时贡献不绝。七年（587），沙钵略死，处罗侯继其位，击擒阿波。八年（588），处罗侯死，传位于沙钵略之子，是为都蓝可汗。长孙晟又设计离间都蓝可汗与其弟突利可汗，十七年（597），隋以宗女安义公主下嫁突利，都蓝怒与隋绝。既而长孙晟又劝突利率众南下，监视都蓝，为隋做耳目。十九年（599），都蓝与达头合兵攻突利，突利军败，只身随长孙晟入朝。隋封突利为意利珍豆启民可汗，在黄河南岸胜、夏二州（今绥远省东南部）之间，划出四五百里的地方，做其部落的畜牧地。此时安义公主已死，隋又妻以宗女义成公主。同年，都蓝为部下所杀，隋遣启民部下分道招慰都蓝部众，降者甚多。接着隋室对东西突厥同时做大规模的进攻，混战四五年，把东突厥逐出内蒙古沙漠；西突厥也发生内乱，达头出奔吐谷浑。仁寿三年（603），长孙晟迁启民可汗于塞外，接收达头的残部，正式成为突厥的大可汗。启民的地位，由隋一手造成，自然对隋唯命是从。

炀帝大业五年（609），启民可汗死，其子继立，是为始毕可汗，对隋仍表忠顺。后来隋用朝臣裴矩之策，以宗女嫁始毕之弟叱吉设，叱吉设不敢受；始毕怨隋，又恨裴矩擅杀其臣下，乃于十一年（615）开始叛乱。其年八月，始毕率骑十余万，乘炀帝北巡，围炀帝于雁门（今山西代县）。当时情势危殆，幸义成公主（那时她已顺从胡俗，改嫁始毕）遣使诈称北边有警，促始毕回师。九月，雁门之围始解。其时隋内部乱象毕呈，两三年后，便告覆灭。

西突厥则自达头奔吐谷浑后，又分为两个势力：一是最高可汗泥橛处罗，居伊犁河流域；一是射匮可汗（达头之孙，处罗之叔），据西突厥西部。隋室以婚姻为诱饵，劝射匮背叛处罗。大业七年（611），射匮击败处罗，处罗率数千人奔隋，炀帝赐号为曷萨那可汗，射匮遂取得西突厥的领袖地位。到隋灭亡，东西突厥均趋于极盛，在隋末唐初的十余年中，它们变成东亚大部民族的主人。

（二）西域与吐谷浑

前面已说过，北周对西域虽维持着交通，但并未积极经营。隋代周后，文帝也没有经略西域的意思，当时中国对西域内部的情形，相当隔阂，仅知那里有二十个左右的国家。至炀帝时，西域诸国胡人，有不少到张掖（今甘肃张掖县）做生意的。炀帝命裴矩加以管理，矩便引诱他们说出西域各国的山川风俗以及其国人的仪形服饰，根据这些资料，写成《西域图记》三卷，所记凡四十四国。并另制西域地图，将西域各国的要害，尽行画出，图中所包括的地区，有二万里之广。书中说，从敦煌出发，共有三条通路贯穿西域，直达西域西界的“西海”（今地中海或里海）。裴矩的书，引起了炀帝的兴趣，于是派矩利诱西域人入朝。从此西域人来隋京朝谒观光的，络绎不绝；所经过的郡县，迎来送往，靡费极大，竟至于民不聊生。

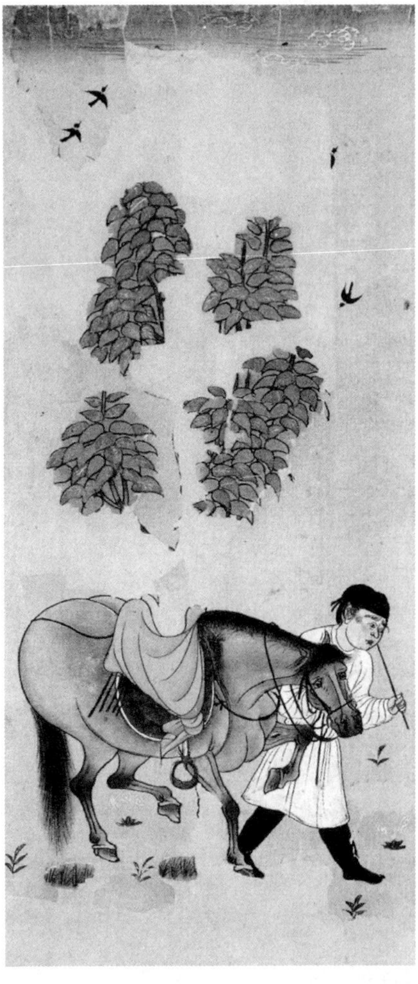

西域人侍马图，佚名绘，新疆吐鲁番阿斯塔那出土，新疆维吾尔自治区博物馆藏。

大业五年（609），炀帝西巡燕支山（在今甘肃武威市），高昌（今新疆吐鲁番县）王麹伯雅、伊吾（今新疆哈密县）王吐屯设和西域二十七国的使者，都迎谒道左，伊吾王并献西域数千里之地。炀帝也派遣使者韦节、杜行满宣慰西域，在各国取得玛瑙杯、佛经、舞女、狮子皮、火鼠毛等物而还。次年春天，炀帝于洛阳盛陈百戏，招待来京的西域诸国酋长和使节。剧场周围五千步，仅奏乐的便有一万八千人，演戏的时间，长达一月之久，其后年年如此。西域普通人来隋的，有时也可得到免费酒食的招待。这些都是炀帝为夸示富强而做的。

西域文化在隋时仍照旧输入中国，西域人除擅长音乐歌舞外，并有他们独特的工艺技术，他们的

灰陶武士俑，陕西省北部唐墓出土，似为唐代吐谷浑人形象。

这种奇技，对中国中古时代工艺的发展，有很大的贡献。隋代的三大技术家宇文恺、阎毗、何稠都含有西域人的血统，隋代许多宏丽精妙的制作，都是他们以西域的奇技来附合中国的规制造成的。宇文恺曾于文帝时筑大兴城，开广通渠，修仁寿宫；又于炀帝时筑洛阳城，穷极壮丽。炀帝北巡塞外，命他做大帐，下可坐数千人，又造“观风行殿”，上容侍卫数百人，下施轮轴，可以推移。阎毗曾主持开凿永济渠，何稠则曾设计炀帝及皇后的车舆仪仗及百官仪服。炀帝伐高丽时，命稠造辽水桥，二日而成，又造“六合城”，周围八里，高十仞，可以牵引而行。至于西域人在隋做大官的，也颇不乏人，例如隋末群雄之一的王世充便是西域人，他于炀帝时曾做过江都通守等大官。

吐谷浑于北魏末年，日渐强大，其酋长夷吕，自称可汗，定都于伏俟城（在今青海湖西）。北周时，其可汗夸吕，屡次寇掠边境。隋时，吐谷浑已沾染深度的汉化，其政府官员有王公、仆射、尚书、郎中、将军等称号，器械衣服，也与中国略同。文帝初年，曾派兵击败之，夸吕远遁。其名王十三人，均率部落投降，文帝以其中的高宁王移兹裒为大将军，封河南王以统降众。但夸吕仍寇掠不绝，直至平陈以后，始不敢寇边。不久，夸吕死，子伏立，向隋室上表称藩，隋妻以宗女光化公主。但伏接着死于内乱中，部下共立其弟伏允为可汗，隋依其俗，仍以光化公主妻之。自此伏允年年朝贡，暗中访察中国内部的情形，文帝对之甚为厌恶，但始终未采取行动。

炀帝时，派裴矩劝说铁勒部落击吐谷浑，铁勒果出兵攻之，隋又伏兵掩袭，结果伏允兵败，南窜入山谷中。隋军获得吐谷浑降人十余万口，六畜三十余万，并把吐谷浑的地盘接收过来。这块地盘东西约四千里，南北约二千里，隋于其地增设西海、河源、鄯善、且末四郡；前二郡大致辖有今青海湖以西和以南地区，后二郡则辖有今新疆的东南部。并发全国轻罪犯人，徙居其地。大业五年（609），炀帝西巡燕支山，本想对吐谷浑做再度的讨伐，但因中伏允之计，未能成功。炀帝又命刘权镇守河源郡积石镇（今甘肃临夏县西），大开屯田，防御吐谷浑，以保障通往西域的道路。

伏允败走后，率数千骑作客于今青海湖东南的羌族部落党项。当吐谷浑尚对隋称藩时，伏允曾遣其子顺入朝，为炀帝所留；至此隋室送顺返吐谷浑，统其余众，但因其内部不协，未能成功。到炀帝末年，中国大乱，伏允乘机恢复失地，并且重新开始他的寇边生活。

（三）海外及南方诸国

这里所说的海外和南方诸国，包括倭、流求、赤土、林邑四国。

倭奴国（以下简称“倭国”）自东汉对中国三度通使，至三国时，魏因控制朝鲜半岛之便，依旧与诸倭往来。魏时，倭国女王卑弥呼遣使入贡，魏封之为“亲魏倭王”，并派官吏前往其国答聘。中国的文字和古书（《论语》等），也于汉魏之交由百济传入倭国。其后因中国内乱，双方隔绝甚久，但倭曾与南朝的宋有往来，并受过宋的册封。至南北朝末叶（6 世纪中叶），佛教也经百济传入倭国；但同时中国的北方，周武帝正有灭佛之举。隋时，今日本诸岛列国并立，大都附庸于倭，新罗、百济，也奉之为上国。开皇二十年（600），倭女王阿每多利思北孤（即“推古天皇”）遣使来朝，据倭使说，其国“气候温暖，草木冬青”。又说：“倭王以天为兄，以日为弟。天未明时出听政，跏趺坐，日出便停理务，云‘委我弟’。”文帝认为“太无义理，训令改之”［见《隋书》卷八十一《倭国传》］。炀帝时，倭女王闻炀帝重兴佛法，于大业三年（607）再遣使者小野妹子（华名苏因高）朝隋，并以沙门数十人随行来学佛法。倭王在国书中有这样的话：“日出处天子，致书日没处天子无恙。”炀帝对这种称呼甚不高兴，但他为经营海外的浓厚兴趣所驱使，仍于次年派裴世清出使倭国。倭王甚表欢迎，并遣使随世清入朝，从此开始中倭通交的新页。倭国对中国文化不特做更大量而且开始作直接的吸收，自此以后，倭国不再完全依赖朝鲜半岛做输入中国文化的桥梁，而可以遣人向中国直接学习。

再说流求。据近世学者的考证，隋代的流求，就是现在的台湾；也有人反对这个说法，认为是现在的琉球群岛。根据中国旧史有关隋代流求国的记载，从它的位置、风土、气候和隋室对流求的进兵路线看来，隋代流求即现在台湾的说法，是大体可以成立的。在隋以前，流求与中国从没有交通。炀帝时，海师何蛮曾隐约瞭望到这片土地。大业三年（607），炀帝命朱宽入海求访异俗，何蛮告诉他这件事，于是相偕前往。二人到流求后，因语言不通，便掠了一个流求人回来。据说当时的流求，盛产木材，种类与中国江南地带所产的相同；风土气候，则与岭南相似。次年，又命朱宽前往抚慰，流求不从。六年（610），炀帝派陈稜、张镇周从义安（今广东潮安县）率兵渡海进攻，费时月余始达流求；其王欢斯渴剌兜派兵迎战失败，隋兵攻入流求都城，杀渴剌兜，俘其人民数千而回。经过这一次突然降临的浩劫后，流求在中国史书里，淹没了一个长久时期，直到南宋，才又出现。当朱宽二度赴流求时，曾携回一种流求布甲，据当时来朝的倭国使者说，这种布甲是“夷邪久国”人所用之物。由此可知，隋时倭国和流求之间，当已有直接或间接的交通。

林邑自经宋文帝讨伐，国势顿衰。梁陈之时，与中国信使往来，颇少入寇。隋文帝平陈后，林邑曾遣使朝贡，但不久又告断绝。文帝末年，听说林邑出产奇宝，因而命刘方率师经略林邑，既而文帝去世，军事乃告停顿。炀帝即位后，仍命刘督师前往。大业元年（605），隋军从海口登陆，林邑王范梵志派兵堵险，隋军败之；遂渡阇黎江（当在今越南顺化附近），并设计击破林邑的象阵，攻入其都城，梵志逃入海中。其后隋军回师，刘方死于道中，士兵也以患脚肿病死去一半。梵志遣使谢罪，炀帝许其自新，从此朝贡不绝。林邑初定时，隋室以其地设三郡，即比景（今越南顺化一带）、林邑（今中圻广南一带）和海阴（今金兰湾一带）。林邑王以余众建国于中南半岛的南端，隋兵退后，林邑收复一部分土地。直至唐高祖时（那时林邑已改名占婆），才完全恢复它旧有的疆域。

赤土是隋时“南海”中的一国，从中国前往，须航行一百余日，始可到达。因为在它境中的土壤多为赤色，故而称为赤土。至于它的地理位置，则说法不一，有的以为当在今马来半岛中部（今吉打 Kedah 以北一带），有的以为当在今苏门答腊岛东南部。炀帝时，招募通使绝域之人，常骏、王君政等应募。大业三年（607），炀帝命他们携带大批物品，出使赤土。他们从南海郡（今广东广州市）乘船出发，沿着现在的越南海岸南驶，过金瓯岬（Camau），驶入暹罗湾，共行二十余日，抵达赤土国界。赤土王派船三十艘迎接，又行月余，到达赤土首都。据说赤土王的宫室器用，极其华丽，对使者也甚为优礼。次年，赤土王派王子那迦邪随常骏等返国，于六年（610）谒见炀帝，炀帝对骏等及那迦邪均加官赏。

（四）契丹与高丽

契丹是中国东北草原上一个游牧的部落民族，它是东胡鲜卑的别支。“契丹”这个名词，始见于北魏时代的记载中，至于它的由来和涵义，因文献无征，至今尚不能十分确定。隋时，契丹的根据地在今辽河上游一带，东面受逼于高丽，西面见迫于突厥。文帝开皇四年（584），契丹因受突厥侵逼，投靠隋室，请求内属，隋室命他们仍居留于旧地。既而契丹各部相互攻击，许久不止，并与突厥抗衡。当时突厥因内部分裂战乱，不能以全力相敌，以是契丹日强。炀帝大业元年（605），契丹入寇营州（今辽宁义县与热河朝阳县间一带地），隋遣韦云起率领突厥启民可汗所属骑兵二万人讨之，击败契丹，虏获甚多。隋以所获契丹妇女及畜类的一半送给突厥，一半载回。经此一战，契丹的势力大衰，直到唐初才渐有起色。

高丽即高句骊，它于东汉后期及曹魏时，屡次入寇，为东北大患。魏帝芳时，魏将毌丘俭大破之，陷其都城丸都（今安东省通化县南）。至西晋末年，又为前燕所破，其王钊（朱蒙十世孙）降，迁都平壤（今朝鲜平壤）。北魏时，魏人简称之为高丽（一说在北齐时）。其时中国内部因长期分裂战争，无暇对外，高丽乃乘时扩张势力，把领土推进至辽水一带。至隋初，它的领土，除朝鲜半岛北部外，还包括今安东省全部及辽宁、吉林、松江等省的一部。

隋文帝初年，高丽王汤（或作阳）屡次遣使来朝，但一方面又与陈通好。到陈灭亡，汤恐隋督责其过，乃治兵积谷，作拒守之计。开皇十七年（597），汤病死，子元嗣立，于次年领靺鞨之众万余骑入寇辽水以西地区，为隋所败。文帝乃命汉王谅和王世积

契丹人引马图，内蒙古自治区赤峰市敖汉旗白塔子辽墓壁画。

南北朝时期高丽人生活图，吉林省集安市洞沟舞踊墓主室后壁壁画。图中为墓主夫妇在宴饮。

同为行军元帅，统水陆军三十万进讨高丽。陆军出临渝关（今河北山海关），水军由周罗睺率领，从东莱（今山东掖县）渡海击平壤。陆军出关后，因遇水潦，粮秣运输困难，军食缺乏，加以发生疾疫，士气不振；水军也因遇风，船只漂没不少。元见大军将至，惶恐谢罪，隋乃回师，隋军因疾疫饥困而死者十之八九。此后终文帝之世，未再东征。

炀帝初年，正值隋帝国极盛之时，帝命高丽王元入朝，元迁延不来，暗于辽水沿岸布防，炀帝乃于大业七年（611）下诏伐高丽。次年正月，大军集中涿郡（今北平市），分左右各十二军，共有士兵一百一十二万人，司运输的人夫更多一倍。继而诸军分道并出，强渡辽水，高丽拒战大败，隋军进围辽东城（今辽宁辽阳县北）。高丽自陈国灭亡，即开始增修守备，至此已二十余年，在辽东城布防，也有四五年的历史，因此防务坚强，隋军久攻不下。六月，炀帝亲临前线督师，亦无克获。这时由来护儿率领的江淮水军由海道至高丽，在距离平壤六十里处破高丽兵，乘胜入城；但因遇伏大败，逃回登陆的地方。另一支隋军约三十万五千人，由宇文述等率领，越鸭绿水，进迫平壤。高丽军诈降，宇文述因士卒疲敝，又见平壤城险固，不易攻下，乃许和退兵。七月，隋军退至萨水（今清川江），于半渡时为高丽所袭，诸军溃逃，将士逃回辽东的仅二千七百人，于是炀帝只得退师。此役隋的收获，只是取得辽水西面高丽的一个小据点武厉逻（今辽宁新民县一带）。

大业九年（613），炀帝再度亲征高丽，仍以宇文述主持军务，炀帝渡辽水，一面派宇文述等分道进击平壤，一面自统大军进攻辽东城，并下令诸将一切可以便宜从事。隋军四面围攻辽东城，昼夜不息，高丽兵坚守，相拒二十余日，终攻不下，双方死伤均重。这时国内传来杨玄感造反、东都危殆的消息，炀帝只得回师，军资器械，完全丢弃。次年，炀帝又征全国的兵讨伐高丽。这时国内已显出乱象，所征的兵多不能按时集合，已征集的也逃亡不少；高丽亦因战争关系，甚为困弊。七月，隋大军至怀远镇（今热河朝阳县西）。来护儿领兵由海道至毕奢城（即卑沙城，约在今辽宁庄河县一带），败高丽兵，直指平壤。高丽王元惧而乞降，炀帝乃遣使召来护儿退兵，他本人也自怀远回京，仍征高丽王元入朝，元终不肯来。炀帝本想再加挞伐，但结果未行。

炀帝的征高丽，目的不过是命高元入朝，实无若何重大意义。据他的自白，征高丽只是由于他偶然的兴会，但这几次军事的失败，却直接促成隋帝国的乱亡。以隋帝国的富强，败于一个“蕞尔小邦”，其原因实不简单。从三次战役看，高丽的准备充足、苦战不屈以及战术运用的灵活（如设伏和诈降等），固然都是制胜的原因；但隋军的战斗力也绝不弱，且以压倒的优势前来，何以总是战不数月，便急遽退师？这一点与气候有极大关系。原来中国东北部即今辽东半岛一带，在旧历六七月间是雨季，从八九月到次年二三月又是寒冻的时期；雨潦与冰雪对作战和运输都有极大阻碍，所以在这个区域中适宜于作战的时间很短，只有冻期已过雨季未到的两三个月的时间。因此必须速战速决，不能获胜便只好退兵，否则结果更不堪设想。综观炀帝的三次东征，除第二次因内乱而退兵外，其余两次撤兵都在七月，便显然可知与雨水有关。此外隋帝国的武力重心距离前线过远，关中地区与高丽，相距至少在三千华里以上，士兵长途跋涉，自然会影响士气；宇文述望见平壤而不敢攻，便可想见士卒的劳顿。以上两点，也是隋军不能获胜的重要原因。

三、隋帝国的乱亡

（一）炀帝的纵欲

文帝晚年，曾发生过一件极不愉快的家庭事件，就是他于开皇二十年（600）废黜长子太子勇而立次子晋王广为太子的事。文帝共有五子，即太子勇、晋王广、秦王俊、蜀王秀和汉王谅，五人都是皇后独孤氏所生。后为北周重臣鲜卑人独孤信之女，性格奇妒，不但文帝的私生活受其约束，据说她对臣下纳妾生子的都怀恨意。文帝曾以他的五子同母而自豪，认为不会有嫡庶之争。勇于文帝代周后以嫡长资格立为皇太子，并得参决国政；其他诸子，也都分据大镇，掌握重兵。

太子勇颇好学，性宽仁和厚，但率意任情，不好矫饰。他性喜奢华，并有不少内宠，致使尚俭的文帝和善妒的独孤后对之都表不满。晋王广美姿仪而有文才，曾出镇大藩，并做过平陈之役的统帅，他因太子勇的失宠，暗生夺嫡的企图。他竭力矫饰，屏除声色，以示无改于父母之道。对朝中用事的大臣和帝后左右，更尽力结纳，因此名誉鹊起，而以“仁孝”著称。他与朝中大臣杨素、宇文述、张衡等相互勾结，筹划夺嫡，并联络独孤后，对太子勇发动种种诬蔑陷害。长期的积毁，竟使多疑的文帝对太子发生疑惧，终于开皇二十年（600）废勇为庶人，而立广为太子。仁寿四年（604），文帝死，太子广嗣位，是为炀帝。史书曾隐约指出文帝为张衡所害，主使者自然是炀帝。至于炀帝几个兄弟的结局是：秦王俊于文帝时病死，故太子勇于炀帝嗣位时被害；蜀王秀于文帝时为杨素所谮废，汉王谅则于炀帝时谋反失败，两人都被幽禁以终其身。

文帝的易储，不但造成家庭的惨变，同时更促进隋帝国的迅速瓦解。炀帝觊觎已久的皇位既已到手，便完全暴露出本来面目；他父亲所遗留下的这么一大笔财产，正好供他恣意地挥霍。他兼有南朝昏主和北朝暴君的特性，一方面博学能文，奢侈放荡；另一方面又猜忌凶忍，果于杀戮。像建有大勋的高颎、贺若弼，为他筹划夺嫡的张衡，都先后被他处死，杨素也是仅保首领以终。甚至有人作一两句他认为好的诗，也会遭到他的敌视。朝臣薛道衡因事被处死，死后他还愤愤地说：“更能作‘空梁落燕泥’否？”他不听信任何人的劝谏，时时表露自己的聪明，他是永无谬误的。至于他的奢侈，则又非南北朝君主所能企及，他的大兴土木、到处巡幸以及屡次的用兵，场面的伟大可算得上前无古人。这里说他几件关于营建和巡幸的盛况。

隋炀帝杨广，唐阎立本绘。

炀帝嗣位后不久，因术士的劝告，迁居洛阳。为了巩固洛阳的防务，他征调民夫数十万人，在洛阳外围挖了一条将近两千华里的壕沟，围绕着洛阳的北、东、南三面，沿线设置关防。大业元年（605），他命宇文恺等主持修筑洛阳城，参与此役的民夫，每月有二百万人。这座新洛阳城便是隋帝国的东都，周围七十余里，位于汉魏洛阳城以西十八里。它的规制与文帝初所建的大兴城大致相同，宫城和皇城都在城的北半部，宫城在北，皇城在南；此外城中又有东、南、北三个市场，和一百零三个平民住宅区的“里”。炀帝为繁荣市面，把旧洛阳城的居民和各州的富商大贾数万家迁入东都。同时又命宇文恺等在洛水上造显仁宫（在今河南宜阳县西南），征发长江以南和南岭以北的奇材异石，以及各地珍异的花木禽兽，以充实苑囿。

同年，又修筑西苑，面积广达二百里。苑中有海，周围十余里；海中有人工修造的山，高出水面百余尺，山上广置台观宫殿。炀帝好在月明之夜与宫女数千人骑马在苑中漫游，他并且作了一首“清夜游曲”，游览时教人在马上吹奏。这时运河（通济渠与邗沟）已开凿完成，长安到江都，沿途设置离宫四十余所，于是炀帝开始了他的南游。他从洛口乘龙舟沿黄河及运河南下，龙舟高四十五尺，长二百丈，其他各式各样的船也有数千艘，仅挽船士即有八万人。这个伟大行列长达二百里，两岸并有骑兵夹辅着前进。凡距离所经路线五百里以内的地方政府，都得献食，所献的都是水陆珍奇的食物。

大业二年（606），炀帝命何稠设计他与皇后的仪仗以及百官的礼服，一切力求华丽，所用的工匠有十万多人。他并命州县奉献鸟兽的羽毛，以作羽仪，因此水陆鸟兽凡生有合乎制造羽仪的羽毛的，都被捕捉干净。他每次出外巡幸，仪仗队长达二十余里。同年，因突厥启民可汗行将入朝，他为夸示中国的富乐，下令征集旧日周、齐、梁、陈的乐家子弟，一律充当乐户；六品以下的官吏和平民有擅长音乐的，也可以赴太常报名；因此四方的音乐，都集中于京师。后来太常所辖的乐工，达三万余人。

虽然他在两京和江都的宫室已非常之多，但日子一久便感觉厌倦。因此他搜集了全国山川名胜的地图，亲自披阅，选择胜地以设置宫苑。大业四年（608），他又在汾水上源建汾阳宫（在今山西静乐县）。六年（610），因江南河的开凿，他又命从京口到余杭沿途设置驿馆，以备东巡会稽（今浙江绍兴县）。直到十二年（616），他还在毗陵郡（治所在今江苏武进县）东南部以士兵数万人起造宫苑，大致模仿东都西苑的规制，但奇丽又胜一筹。此后他又想在会稽筑宫，但因战乱关系使他没有来得及做这件事。他的后宫，估计至少在万人以上；而他本人的淫乱行为，更是不一而足。

他自大业元年（605）首次游幸江都后，次年返东都；从此江都的繁华美丽引起他的无限依恋，变成他梦寐以思的佳境。其后他于六年和十二年又两幸江都，最后一次有不少朝臣谏阻他，其中的好几位因而丧命，但他到江都后便没有回来。

（二）群雄的起兵

前面已说过，炀帝大业五年（609）是隋帝国富强的顶点。但也就从这年起，帝国内部开始发生不安的现象，因为炀帝经营西域过分浪费，帝国西部的人民首先感到失业与饥饿的痛苦。其后因筹备征伐高丽，调兵集饷，弄得全国骚动，结果大败而回。人民不特被徭役冻馁逼迫得无路可走，中央政府的威信，在他们的心目中也大为低落，当物质和精神两方面的依赖俱归乌有的时候，他们所能做的事便只有造反。

大规模叛乱的开始在大业七年（611）到九年（613）两次讨伐高丽的期间，叛乱的地区是今山东、河北二省一带，也正是东征大军行军路线所经或其附近之地。乱众分许多股，多者十余万人，少者数万人。因为国家安定了一个颇长的时期，人不习兵，郡县官兵与叛军作战，总是望风而逃。到九年（613），更大规模的叛乱发生，领导者是当时的礼部尚书楚公杨玄感（素子）。这年炀帝东征，命他在黎阳（今河南浚县东北）督运军粮，他乘中枢无主，以解救黎元为号召，起兵于黎阳，响应他的有十余万人。继而他率兵围迫东都，炀帝立即从高丽回师，派宇文述等统兵平乱。玄感见大军将至，麾军西走，准备夺取关中，但未到潼关就被隋军消灭。乱平后，炀帝并没有丝毫悔改，仍以杀人为对付叛乱的唯一手段，因此叛乱的范围益形扩大，至于帝国的每一部分，都有人起兵，据说叛乱先后有一百二十多起。

帝国东部最初倡乱的叛众，至大业十二年（616），大部为贼帅窦建德所并吞，他成为这个区域中的最大势力。次年，建德自称长乐王，定都乐寿（今河北献县），国号夏，黄河以北的郡县，多降附他。此外有鲁郡贼帅徐圆朗，盘踞今山东省南部和西部一带地。中部地区即今河南省境中的起兵者有许多起，而以盘踞瓦岗（在今河南滑县）的翟让为最强。有李密者，为北周元勋李弼的曾孙，曾从杨玄感造反，失败亡命。至大业十二年，密投翟让，为其划策。同年，翟让等南渡黄河，攻陷荥阳（今河南荥阳县东）。次年，攻破兴洛仓（在今河南巩县），开仓赈民，其势益炽。李密素以家世才略为群盗所敬服，至是，翟让推他为领袖，上号魏公。黄河南岸的郡县，大部为李密所得，他一面牵制住东都的隋室军力，一面梗阻炀帝的北归之路。

在南方最早的起兵者，要算余杭人刘元进，他于大业九年（613）占据吴郡（今江苏吴县），自称天子。同年年底，隋以王世充讨灭之。从十二年（616）起，南方的起兵者渐多，其重要者有：李子通据海陵（今江苏泰县）；杜伏威据历阳（今安徽和县），自称总管；林士弘据虔州（今江西赣县），最盛时掩有北到九江（今江西九江县）南到番禺（今广东广州市）之间的地盘，萧铣（后梁宗室）据巴陵（今湖南岳阳县），自称梁王，掩有今两湖的长江沿岸地区。关中地区大规模的叛乱，从大业十年（614）初开始，这一年关内的起兵者有扶风贼帅唐弼，延安贼帅刘迦论等。其后叛乱扩展至整个北方和西北方的边地，在边地起兵的以十三年（617）为最多，计有刘武周据马邑（今山西马邑县），自称太守；梁师都据朔方（今陕西榆林市西北），自称皇帝，国号梁；郭子和据榆林（今绥远鄂尔多斯左翼旗地），自称永乐王；李轨据武威（今甘肃武威县），自称河西大凉王；薛举据天水（今甘肃天水县），自称秦帝。刘、梁、郭都臣附于突厥。

至此要叙述一支最重要的起兵者，就是十三年五月在晋阳（今山西太原县）起兵的唐国公李渊，他也就是后来唐帝国的建立者。旧史说他的祖先是陇西狄道（今甘肃临洮县西南）人，东晋末年割据陇西的西凉国主李暠，便是他的远祖。但据近人考证，李氏的祖籍则是东部的赵郡（今河北赵县）。李渊的祖父李虎，与宇文泰等同仕西魏，贵为八柱国之一，赐胡姓大野氏；直到杨坚相周时，李氏才恢复本姓。北周受禅，虎被追封为唐国公。父亲李昞，也曾任显官。渊七岁袭唐国公爵，其后隋室代周，文帝的独孤皇后是他的姨母，因此特见亲爱，历任内外要职。李氏因累代与胡人共处，显然沾染了相当深度的胡化，同时李氏的女系母统也杂有胡族的血胤，例如李渊的母亲独孤氏，妻窦氏和次媳长孙氏，都源出于鲜卑。

唐高祖李渊，据南薰殿《历代帝王像》复制。

大业十二年（616）炀帝南游江都时，李渊正任太原留守。他的次子世民，素具雄心，见国家大乱，乃与晋阳令刘文静结纳，图谋大举，并厚结李渊的老友裴寂，劝渊起兵。次年，突厥来侵，李渊遣军拒之，未能取胜，深恐获罪。于是世民等乘机劝渊举事，经过屡次的催促，他才决心采取行动。这是李渊起兵最通行的说法，但从若干史事的迹象看来，李渊本人可能是这次起兵的发动者，他富于才略，久蓄叛志，世民只是为其效力建功而已［参看唐温大雅《大唐创业起居注》，罗香林《大唐创业起居注考证》（载罗著《唐代文化史研究》），李树桐《李唐太原起义考实》（载《大陆杂志》六卷十期及十一期）］。当时突厥雄踞塞外，北方群雄多恃为外援，李渊也于举兵后不久，派刘文静出使突厥，称臣于始毕可汗，以结盟好。突厥本想立他为帝，但他不从。他遥尊炀帝为太上皇，而立当时居守长安（即大兴）的代王侑（炀帝孙）为帝，并移檄各郡县，说明尊立代王之意。其年七月，他命四子元吉留守晋阳，亲与长子建成、次子世民率甲士三万人西行，以夺取隋帝国兵粮重心的关中。

李渊进军关中示意图。隋大业十三年（617）六月，李渊自晋阳南下，其时当道隋军有霍邑宋老生与河东屈突通二部。八月初，李渊到达霍邑，先以轻兵挑诱宋老生出迎，李渊与其正面交锋，世民、建成以精骑迂回攻其侧翼，斩宋老生于城下，进据霍邑。李渊军乘胜南下，克临汾、绛郡，部队一分为三：李世民北上，自壶口渡黄河；李渊自率主力西行，自龙门渡黄河；一部攻打河东屈突通军。李渊渡河后，以李建成部南下，经朝邑，进占永丰粮仓，切断长安、洛阳的联系，自领大军自潼关西行，从东面压迫长安。李世民渡河后，迅疾南下，自郃阳、澄城、蒲城进至泾阳，自北面进逼长安，并派刘弘基西进，进占扶风，随即东返，南渡渭水，占领长安故城；李渊在关中的亲属、女儿李氏在鄠县起兵，占住武功，并与自泾阳进至司竹园的世民会合；段纶亦在蓝田起兵，均属世民指挥。此时，李建成部亦进至灞上，长安合围，十一月，攻克长安。

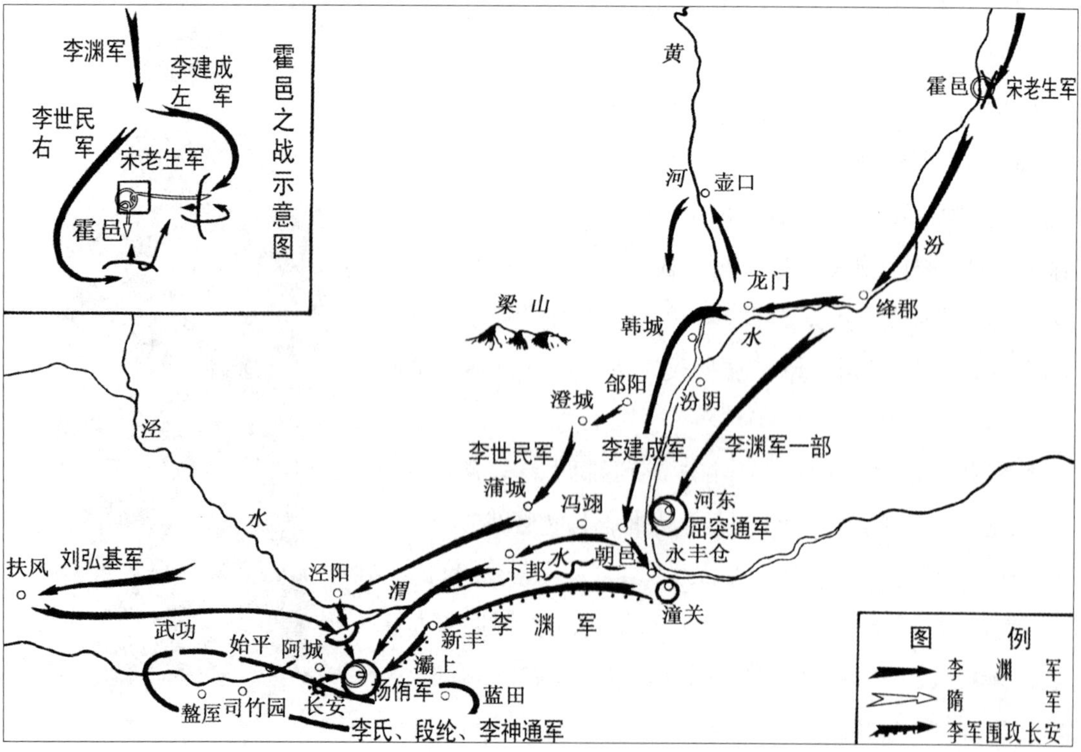

李渊西行后，并与黄河以南的李密联络，遥相呼应。他致书于密，备加推许，因此密专意与洛阳方面的隋军对抗，而不阻挠他的西进。他率军西南下，渡过黄河，向关中推进，沿途并未遭遇重大挫折。到关中后，他一面命建成、刘文静等屯永丰仓（在今陕西华阴县），守潼关以备御东方；一面以世民底定渭水以北地区。李渊的女儿（柴绍妻）和从弟神通，也在鄠县（今陕西鄠县）起兵响应，他们对长安的隋军，颇具有牵制作用。十月，李渊到达长安附近，部下已增至二十余万人。十一月，李渊攻克长安，尊代王侑为皇帝（后谥恭帝），改元义宁，而自为大丞相，封唐王。继而又派世民底定巴蜀之地。关中既陷，隋室也就注定了覆灭的命运。

（三）唐室的建立

炀帝自大业十二年（616）到江都后，较前更为荒淫。他见中原已乱，无心北归，于是下令修治丹阳宫，准备徙都丹阳（今南京市）。但他的卫队“骁果”，大部是关中人，都想还乡，因此逃亡者甚众。十四年（义宁二年，618）三月，也就是李渊打下长安后的第五个月，江都的骁果将领司马德戡、元礼等与朝臣宇文智及（宇文述子）共谋叛变，推智及兄右屯卫将军宇文化及为主；德戡等率兵入宫，缢死炀帝于寝殿上。政变告成后，化及立秦王浩（秦王俊子）为帝，其余宗室外戚，被叛军一起杀光，化及自称大丞相，他接收了十余万的隋军和炀帝的六宫粉黛，自奉一如炀帝。既而他命陈稜留守江都，自行率众北返。

四月间，炀帝遇害的消息传到长安。五月，代王侑“禅位”于李渊。渊即位后，改元武德，国号唐，是为唐高祖。同月，东都隋室官员奉炀帝孙越王侗为帝，改元皇泰，朝政由王世充等掌理。这时宇文化及率军西进，取得李密的地盘黎阳，但不久被李密的部将徐世勣击败，化及率残部北走魏县（今河北大名县）。九月，化及鸩杀秦王浩而自立，国号许。武德二年（619）正月，化及因受唐兵的攻击，从魏县逃往聊城（今山东聊城县）。二月，为窦建德所灭。四月，王世充废越王侗自立，国号郑。世充于前一年十月击破李密，密投降唐室，不久以谋反被诛。黄河以南的大敌既除，世充因而称帝自娱，至此隋室乃正式结束，国祚凡三十九年。

当隋朝在名实两方面均告终了后，与唐室并立的群雄，还有多处。当时唐室所有的地盘，是现在山西、陕西二省的中南部和四川省之地，隋帝国时代兵粮重心的关中地区，便在这个范围内。因此唐的实力，要较群雄中的任何一个为强大。同时唐室辖区内政治比较清明，群雄中虽也有一二人颇行善政（如杜伏威），但绝大多数不是不脱盗匪本色，便是承袭了隋室腐败残暴的作风，这也是唐室能够统一的重要原因。但这个统一工作，相当艰巨，是经过唐高祖和太宗世民十年来的征伐才完成的；直到太宗贞观二年（628），群雄才完全消灭。

群雄中最先被唐室消灭的，是薛举和李轨。当李渊父子入长安时，薛举的势力已接近长安西面的扶风（今陕西凤翔县南）。武德元年（618），薛举大败唐师，谋取长安，但因病死而未果。其子仁杲继位，因与诸将不协，兵势渐弱。唐乘机以秦王世民进讨，围仁杲于折墌城（今甘肃泾川县东北），仁杲投降，薛氏的秦至此灭亡。李轨起兵后，继而称帝，占有河西五郡之地，不从唐命。次年，轨为部将所擒，送往长安，他的凉也于此告终。

秦、凉消灭后，唐室开始经略东方，第一个用兵的对象是刘武周。刘于武德二年（619）命将南侵，并引突厥同进，连取并州（今山西太原县）、浍州（今山西翼城县），关中大震。唐以秦王世民拒之，次年，世民大破武周军于介休（今山西介休县），遂复并州。武周逃奔突厥，不久为突厥所害。继而唐大举进攻王世充，世充自立后，其势力范围，北至黄河，东至今鲁南、苏北一带，南至豫西、鄂北一带。但他为人残虐，众心乖离，又因洛阳食粮缺少，死者甚众。唐以世民讨之，河南州县，多相率降唐。四年（621），唐军围洛阳，世充求救于窦建德，建德亲率大军赴援，为唐军生擒，世充亦降，黄河南北两个最大势力，至此为唐室一鼓荡平。

窦王被灭的同一年，萧铣也为唐讨平。铣于武德元年（618）称帝，徙都江陵（今湖北江陵县），势力日张。当时他的地盘，东到九江，西到三峡，南到交趾，北到汉水，拥兵四十万，在南方群雄中算是最强大的。但他性情褊狭，猜忌部下，大臣被诛者甚多。四年（621），唐以赵郡王李孝恭与李靖自夔州（今四川奉节县）顺流而下，击破道经各郡县，进围江陵，萧铣投降，其地也入于唐。次年，唐平林士弘，东南亦告底定。

当武德四年（621）窦建德被灭后不久，建德旧部刘黑闼起兵据漳南（今山东恩县西北），半年之间，完全恢复建德的旧有地盘。五年（622），黑闼自称汉东王，建都洺州（今河北永年县）。唐以秦王世民、齐王元吉讨之，黑闼败奔突厥，既而又引突厥南寇，尽复故土。唐又以太子建成讨之，双方相持于昌乐（今河北南乐县西北）。次年，黑闼以食尽北逃，为部下擒送建成，斩于洺州。先是唐以淮安王李神通和李勣（即徐世勣）率兵攻徐圆朗，及黑闼灭亡，圆朗亦败逃被杀。至此北方的残余割据势力，只剩下朔方的梁师都和燕州（今河北顺义县）的高开道，高是于武德元年（618）起兵的。

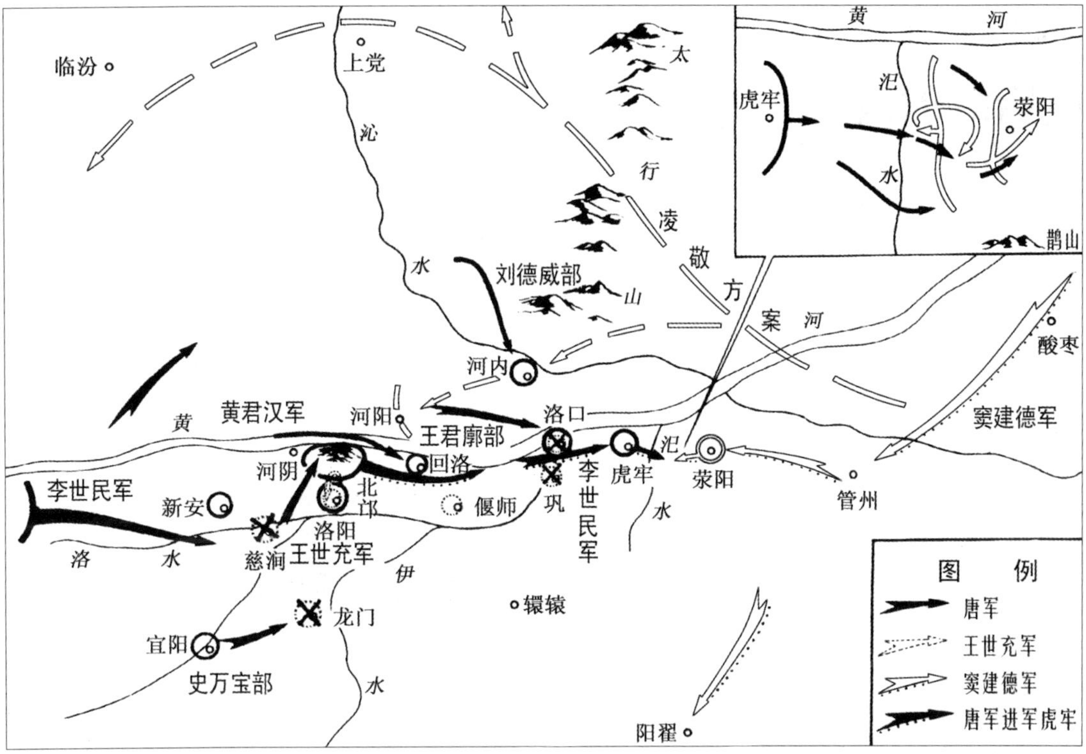

唐军于洛阳、虎牢败王世充、窦建德军之战示意图。唐高祖武德三年（620）七月，李世民在消灭刘武周后，率军东进，志在东都。于二十一日进至新安。二十九日，前军进至慈涧。李世民命各军向洛阳逼迫：史万宝自宜阳东进攻占龙门，断洛阳南面联系；刘德威自太行山南下，围攻河内，断洛阳北面交通；王君廓自洛口断王世充军粮道；黄君汉自河阳渡河，攻取回洛；李世民自率主力屯于北邙；至九月，洛阳外围要点尽被袭占。次年二月，攻城开始。王世充困守，向窦建德乞援。窦建德于是率军西进，连下管州、荥阳、阳翟，屯于虎牢以东的东原，欲解洛阳之围。二月三十日夜，唐军袭占虎牢。李世民命留兵一部围困洛阳，自率军进驻虎牢，与窦建德军相持。不久，唐军以军马诱窦建德全军出动，随后乘敌疲惫时，精骑发动，全歼其军，窦建德亦落马被俘。虎牢得胜后，主力回师洛阳，王世充外援尽失，城内粮草皆尽，被迫出降，洛阳被克。当初窦军与唐军在虎牢相持之际，曾有部下凌敬建议窦建德率主力北渡黄河，向东攻取怀州、河阳，与洛阳相呼应。再派大军向西北越太行，入上党，进占汾、晋等地，震骇关中，洛阳之围自解。但窦建德终于未能采用，不能逃脱与王世充军齐败的命运。

江淮地区的割据者，全为杜伏威所并吞，他的势力并伸展至江南一带。武德五年（622），伏威降唐，并入居长安。次年，他的好友辅公祏起兵于丹阳（今南京市），并称帝，国号宋。唐以李孝恭、李靖及李勣等讨之，至七年（624），唐师克丹阳，公祏逃走被杀，叛乱遂定。在辅公祏被灭前不久，高开道也为部下所杀，其地归唐。只有梁师都，因恃突厥为援，尚能苟延岁月。直到太宗贞观二年（628），唐以柴绍等讨之，突厥颉利可汗（始毕弟）来救，为唐所败。既而师都的堂弟洛仁杀师都降唐，至此全国完全统一。

第十四章
盛唐的内政

一、太宗贞观之治

（一）太宗的即位（玄武门之变）

这里所说的盛唐，大致指从太宗贞观初年，中经高宗、武后、中宗、睿宗，直到玄宗天宝末年的一段时间，共有一百二十多年之久，正是唐帝国的极盛时期。在这个时期内，唐帝国的文治武功，都足以震烁千古，太宗则是这个盛世的创始者。太宗在位不过二十三年（627 ~ 649），但他一方面结束了隋末以来率土分崩的乱局，一方面奠立了唐帝国长期富强康乐的基础，蔚成后世所谓的“贞观之治”。他虽是中国史上希有的贤君，但他的皇位，却是凭借着一次骨肉相杀的政变取得的。

唐高祖武德七年（624）以后，全国大致统一，但在唐室中央却又发生了一个严重的问题，那就是高祖的次子秦王世民与他的哥哥太子建成、弟弟齐王元吉间的冲突，冲突的主要原因是世民与建成的争夺皇位继承权。双方的摩擦，至迟开始于武德五年（622），其后日形尖锐化，到九年（626）终于发生了所谓“玄武门之变”。这次政变的发动者和胜利者都是世民，他因而得以继承高祖的皇位。至于这次政变的经过，流传的史料，有若干隐讳歪曲的地方，不能看作实录。经近人的研究，它的真相，才大致显露。［参看陈寅恪《隋唐政治史述论稿》“中篇、政治革命及党派分野”，拙著玄武门事变之酝酿（载拙著《汉史论集》页一四三至一五四）］

高祖的皇后窦氏共生四子，即建成、世民、玄霸、元吉；玄霸早死。此外还有一女，嫁给柴绍。世民才武出众，在晋阳起兵前，刘文静曾称赞他“豁达类汉高，神武同魏祖”。其后与群雄作战，屡建大功，唐室的江山，可以说大半是世民打出来的。高祖即帝位后，以建成为太子，世民为秦王，元吉为齐王。因为世民功大，不但声势足以威胁太子，而他本人也确有夺嫡的野心，建成的不安，自可想见。至迟从五年（622）起，建成和元吉联合，与世民对立。他们的办法，是曲意联络高祖的妃嫔，求他们为内助，尤以张婕妤、尹德妃与建成等来往最密。这办法甚为有效，高祖本来不喜建成、元吉而喜世民，至此大为改观。同年，建成采纳东宫属官魏徵的计策，亲自统兵击刘黑闼，以分世民之功。七年（624），庆州（今甘肃庆阳

昭陵六骏。昭陵是唐太宗李世民和文德皇后长孙氏的合葬墓，位于陕西省礼泉县。墓旁祭坛东西两庑原有“昭陵六骏”石刻，由阎立本画图，阎立德刻石。金代画家赵霖据此作有《唐太宗六马图》（又名《昭陵六骏图》），上图所示即此。六骏名称依次是：飒露紫、拳毛䯄、白蹄乌、特勒骠、青骓、什伐赤，它们曾是唐太宗在618 ~ 622五年间南征北战时所乘过的六匹战马。

唐太宗李世民，选自《乾隆年制历代帝王像真迹》。

县）都督杨文干叛变，有人告发建成与文干有所关连，建成几因此为高祖所废；经元吉与诸妃的求情，始得无事。杨文干事件的真相，至今已无法穷诘；但现有的史料，却隐约透露出世民也与这次事件有关，他极可能是告发建成的幕后主使人。

高祖对世民的大功是承认的，但他始终想保全建成，大概有鉴于隋文帝易储的教训。建成兄弟原来都居住于长安城中，大约在杨文干事件以后，高祖把世民迁到长安西郊的宏义宫，他显然想以隔离方法来消弭诸子间的争端。但事实上双方的明争暗斗仍在继续进行着，在斗争过程中，建成显占优势。因为他具有嫡长的名位，又有高祖和宫闱的支持，同时他握有精锐的部队，至少二千余人，而他的得力助手元吉，更素以勇武著称。所以建成方面的实力，远超过世民，在京城内，世民是无法与建成相抗的。建成似乎并没有杀害世民的意思，他只想把世民羁留于京师，逐渐消灭其实力，使其无所作为。他曾以财物收买秦府的骁将尉迟敬德、段志玄等，但没有成功。继而又向高祖进言排除秦府的智略之士房玄龄、杜如晦等。世民因在京师日益困迫，颇有出居洛阳经营东方的企图，武德九年（626），他曾派亲信张亮赴洛阳，结纳山东豪杰以待变。其后不久，高祖命他出镇洛阳，但因建成等反对而未果。世民既不能东行，最后便只有政变的一途，这政变终于那年六月四日在宫城的玄武门爆发。

玄武门是长安太极宫城的北门，它是宫廷卫军司令部的所在地，具有坚强的工事与雄厚的兵力。谁能据有这个地方并运用它的兵力，谁便可以控制整个宫廷乃至整个首都，因为玄武门驻军的实力远较首都城防的军力为大。这次政变，便是世民利用玄武门的地势，首先消灭建成元吉；然后利用它的守军，抵抗东宫和齐府的军队，终于获得胜利。至于世民所以能轻易据有玄武门，则是因为他与玄武门屯军将领夙有勾结的关系。事变时玄武门屯军的将领为常何、敬君弘、吕世衡等，常何本为建成旧属，被世民于暗中收买；敬吕两人也可能是世民一党。

六月三日，世民向高祖密奏建成元吉“淫乱后宫”，并诉说两人意图加害的情形，高祖回答明天处理这个纠纷。四日，世民与他的妻兄长孙无忌、府僚张公谨等九人埋伏于玄武门内，等待建成元吉入朝而突击之。世民告状的事，已被张婕妤通知建成（自然她不知伏兵的事），当日元吉劝建成不要入朝，勒兵以观动静。但建成认为随从的兵备已严，而玄武门守将又是他的旧部，料想无事，因而决定入觐。二人入玄武门，至临湖殿侧，才发觉有变。这时他们的侍卫，均在门外，二人想策马逃回，世民自后赶来，与元吉以箭互射，建成首先被射死。既而尉迟敬德率骑兵七十人赶来，与世民夹射元吉，元吉也被射死。接着东宫和齐府的精兵两千人，由建成的僚属冯立、薛万彻等率领，向玄武门进攻，守兵拒战，敬君弘、吕世衡战死，但宫府军始终无法攻入。最后尉迟敬德出示建成元吉的头颅，宫府兵才溃散，至此胜利完全归于世民。

建成元吉被杀后，世民派尉迟敬德入宫“宿卫”。那时高祖正在御湖中泛舟，当他听到建成元吉因“作乱”而被杀的消息，惊愕万分。在他身边的朝臣萧瑀、陈叔达告诉他把国务交给世民，便可无事；高祖说：“此吾之夙心也”，于是立即下令内外诸军，都听秦王的节度。当时尚有零星的战斗，这个敕令宣布后才完全平息。接着世民入见，号恸良久。三天后，高祖立世民为皇太子，处决一切军国庶务。建成元吉的诸子，都在这次政变中被诛杀净尽，但东宫和齐府的僚属，则大都得到宽赦。同年八月，高祖传位于世民，自为太上皇以终其身，他死于贞观九年（635）。

总之，玄武门之变实为世民一生最艰危的奋斗，从事变的过程中可以看出他的英勇与忍决，但也留给后世不良的影响。唐室的骨肉之变，几乎无代无之，世民应负首开恶例的责任。而此后唐室许多次的中央政变，其成败仍然维系在玄武门的得失上。

（二）太宗的优点

世民于武德九年（626）即位后，是为太宗，那时他只有二十九岁。次年，改元为贞观。唐帝国经这位少年皇帝的适宜领导，蔚成了中国历史上少有的盛世。贞观时代唐帝国的版图，大为扩展；社会秩序的安定，人民生活的美满，都不可多见。从唐初的各项制度看，太宗只是遵循前代的旧轨，但他在位时的唐帝国，仍然具有开国的新气象，这完全由于他的过人才识与气度所造成的。有人认为，太宗是胡族尚武精神和中国优美开明文化混合的条件下所产生的怪杰；而大唐帝国的事业，也是胡族与汉族合作而成的。［参看王国维《咏史诗》（载《观堂集林》卷二十四）］

太宗在个性上最可称述的优点是知人善任，用人不问出身而唯贤能是尚，并且在这一方面能够摒除私人情感的好恶。此外他虚心好学，容纳直谏；他不特选拔了多方面的人才，更能与这些人相互切磋，以求进步。在贞观许多名臣中，只有长孙无忌是他的亲戚，房玄龄、杜如晦是秦府旧属，可算是他的私人。其他如魏徵、王珪、薛万彻都是建成的旧属，尉迟敬德原是刘武周的部下，李勣、程知节原是李密的部下，戴胄原是王世充的部下，岑文本原是萧铣的部下，褚亮及其子遂良原是薛举的部下，温彦博原是罗艺的部下，（罗也是隋末群雄之一，且与太宗不合。）李靖原是高祖的仇人，封德彝、虞世南、裴矩都是隋的降臣。他们有的曾与太宗有仇，如魏徵、薛万彻，但他能捐弃前嫌，重加委任，也颇有几位堪称“佞臣”的，如封德彝、裴矩，但他也能弃其短而用其长；因此他的臣下包括不同的流品和各种的人才。此外他采纳封德彝的建议，命宗室登仕进之途，出任官吏，以革除他们坐享富贵的恶习。这办法自太宗创立后，历朝因之不替，因而唐朝宗室人才之盛，为古今所未有。

太宗的好学，也是值得赞扬的。在他做秦王时，因爱好文学而开一馆舍，名“文学馆”，用以延纳当时的文学知名之士。杜如晦、房玄龄、虞世南、褚亮、姚思廉、孔颖达等，都是文学馆的学士，他们分为三批，轮流在馆中值宿。他每当傍晚，到馆中与诸人讨论文籍，有时谈到夜半。他即位后，在宫中设置弘文馆，聚书二十余万卷于其中，

十八学士登瀛洲，清代年画。十八学士指唐代李世民为秦王时，于宫城西开文学馆，罗致四方文士，以杜如晦、房玄龄、陆德明等十八人，分为三番，每日六人值宿，讨论文献，商略古今，号为十八学士。

选任虞世南等各以本职兼学士。听朝余暇，他把学士们召至内殿，讲论前言往行，商讨治道。贞观君臣的论治，传为千载的美谈。在前人中，他最喜欢陆机的诗文和王羲之的字，他甚至遗命以王字陪葬。此外他并大兴国学，当时国学生徒将近万人，四夷君长，也多遣子弟前来留学，一时学术大盛。

容纳直谏也是太宗著名的长处，他即位后，每以隋炀帝的愎谏为戒，因而尽力求言。朝臣中最能直谏的是魏徵，徵巨鹿曲城（今河北平乡县）人，曾干李密，密不能用。其后随密投唐，建成引为僚属，建成死后，太宗仍加以重用。魏徵曾前后上疏数十，直陈太宗过失。他深明君臣一体之理，因此每谏必竭尽诚款，务求必行。他所谏诤的事，大致不外劝太宗实行仁政，偃息兵革，戒除奢侈，尊崇礼教等，目的在抑止太宗情感的放纵。有时气得太宗要找机会“杀此田舍翁（指魏）”，但结果每次他都容纳。史书曾有一段他们君臣间的有趣记录：太宗曾得到一只优良的鹞，时常加以调弄。一天，他正用臂架着他那只心爱的鹞，忽然看到魏徵走来，便赶忙把鹞藏在怀中。魏徵向他奏事，良久不止，等到魏徵离去，那只鹞已经死在他的怀里。［见《资治通鉴》卷一九三］

贞观十三年（639），魏徵上一疏，批评太宗志业比起贞观初年渐不克终者十余条，太宗也都接受。十七年（643），魏徵死，太宗叹道：“以铜为镜，可以正衣冠；以古为镜，可以知兴替；以人为镜，可以明得失。朕常保此三镜，以防己过，今魏徵殂逝，遂亡一镜矣。”［见《旧唐书》卷七十一《魏徵传》］其后太宗伐高丽无功，因而又思及魏徵，说道：“魏徵若在，吾有此行耶？”从这些话里，可以看出魏徵对他的影响力以及在他心目中的地位。太宗的才调，颇有与隋炀帝相似的地方，但他能容纳直谏，过而知改，乃有政治上的伟大成就。魏徵以外，朝臣如马周、王珪、褚遂良等，也都以论谏知名。

以上所说，都是太宗的优点，但他在大醇之中，也有小疵，例如奢侈便是其一。他曾坦白承认他的若干奢侈行为，诸如“锦绣珠玉，不绝于前；宫室台榭，屡有兴作；犬马鹰隼，无远不致；行游四方，供顿烦劳”［见《资治通鉴》卷一九八］等，并引为深过，劝太子治不可效法。此外他对臣下，虽然爱护备至，但举动有时未免过分。例如一次李勣突得急病，医生处方说须用须灰治疗，他便把自己的胡须剪下，为勣和药。又如伐高丽时，将军李思摩中箭，他亲自为思摩吮血，以去其毒。又如贞观初年发生蝗灾，他为了表示宁愿让蝗虫吃掉他的肺肠也不愿农作物受害的诚意，竟把几枚蝗虫，当众活生生地吞下肚去。这类举动，令人总觉得有些矫揉造作，甚至有些使用权术的意味。这也许因为他出身于胡化或半胡化的家庭，文化素养不深；虽然力求上进，一味仿效中国古代的贤君，却不能恰如其分，而致有矫枉过正之处。但大体说来，太宗仍是不可多见的令主，从他的毕生行事看，他的功是远多于过的。

（三）政治的改进

唐高祖武德时代，不但国家尚未完全统一，政治也似乎未上轨道。太宗曾批评武德时的政治是“货赂公行，纪纲紊乱”，这评语或许过苛，但与事实相去不会太远，只要从“玄武门之变”一事看来，便可想见当时的政治情形。到太宗贞观，国家虽然统一，但因新承大乱之后，民间残破已极，当时全国的户口，尚不满三百万户，较之隋极盛时，减少三分之二。因此太宗君臣，每以隋为鉴，励精图治。贞观初年，太宗所遭遇的最大难题是灾荒。元年（627），关中地区发生饥馑，斗米值绢一匹；二年（628），全国普遍发生蝗灾；三年（629），又有水灾。但太宗勤加安抚，人民虽流离失所，对政府并无怨言。到四年（630），全国丰收，灾民全归乡里，国内的秩序恢复，政治也开始走上完美之途。

唐的制度，虽大体承袭隋朝，但太宗君臣的朝气，却能使旧制的优点发挥尽致。同时在行政技术上也有不少的改进，有关这方面的重要改革方案，大都颁行于贞观元年至五年（627 ~ 631）的几年间。例如隋时对中央最高行政机关的尚书、中书、门下三省，并未能明白厘定其职权以及其相互间的关系；到太宗乃明白规定三省的职权，使其发挥制衡作用，以杜绝偏重的流弊。其后又创立三省首长联合议政的办法，以解决相互间的争执。这类改革，都是前代所没有的。又如太宗不但本身竭诚纳谏，更把谏官的职权扩大，在他即位之初，即制定中书、门下两省的首长和三品以上的官员入阁议事时，也要以谏官自随，遇有缺失，立刻谏正。

对于吏治，太宗也非常注意。他即位后不久，曾命房玄龄省并冗员，中央政府文武官员的名额，仅留六百四十三员，可想见其行政效率之高。他并命五品以上的京官，轮流值宿于中书省，以便随时延见，垂询民间疾苦和政事得失。对于都督、刺史一类的地方官，都亲自简选；他们在官时的善恶行迹，也都有详细的记录，以备黜陟。又命内外五品以上官保举县令，以便录用。此外他更经常遣使巡察四方，以黜陟官吏，省民疾苦。刑法方面，也宽省不少。他曾命长孙无忌与学士法官更定律令，改绞刑五十条为流徒。对于死刑的判决与执行，尤为审慎，凡死刑罪案，皆命中书门下两省四品以上的官员与尚书详加讨论，以免冤滥。在京师处决死刑罪犯，执行机关必须于行刑前覆奏五次，经批准后，始可执行。在地方处决者，则须覆奏三次。从这类改进，可以看出太宗的勤政爱民。他即位之初，曾有人劝他重法以禁盗，他回答说："朕当去奢省费，轻徭薄赋，选用廉吏，使民衣食有余，则自不为盗。"［见《资治通鉴》卷一九二］这几句话，也正是他处理国政所悬鹄的。

前面已说过，贞观四年（630）时，唐的政治已臻完美。史书记载这一年的米价每斗不过三四钱，社会秩序安定到"外户不闭"，被判处死刑的罪犯只有二十九人。这类记载，虽然不免令人感到有些溢美，但无可置疑的，当时的政绩定然在水准之上。此后政治日益进步，国势也更加昌隆。太宗所以能不断地开疆拓土，建立赫赫的武功，与国力的充实以及内部的稳定，自然有连带关系。贞观十年（636）以后，太宗的志业，似已略不如前。魏徵曾于十一年（637）上疏，说他"欲善之志，不及于昔时；闻过必改，少亏于曩日"。其后魏徵又列举他的若干有始无终之处，但直到十七年（643）徵去世以前，太宗并没有若何重大缺失。及徵死后，太宗才遭遇一些不快事件，其中最大的两件，一是十七年的废太子承乾为庶人，一是十九年（645）伐高丽的无功。这里谈谈太子承乾被废的经过，另一件将在别章详述。

太宗共有十四子，皇后长孙氏所生者三子，即太子承乾、濮王泰和晋王治。承乾幼甚聪敏，及长喜声色，又好效突厥语言及服饰，嬉戏无度。泰则好士爱文学，甚得时誉，为太宗所宠爱。泰也颇有夺嫡之意，因此与承乾各树朋党，渐生嫌隙，以致朝局不安，群臣日有疑议。但太宗最初并没有废太子之意，他于贞观十五年（641）特以魏徵为太子太师，以绝天下之疑。及魏徵死，局面大变，两派斗争益烈，承乾的荒唐也益甚。同时承乾因仇泰日深，渐有不轨的企图。十七年（643），有人告太子谋反，按验得实，承乾乃被废为庶人。为此事牵连而被诛者，有汉王元昌（太宗弟），朝臣侯君集和杜荷（杜如晦子）等。太宗原有立泰的意思，既而恶其凶险，也弃而不立；最后因长孙无忌的力赞，遂立晋王治为太子，时年十六。治当时有"仁孝"之称，其实为人懦弱，才智也甚差。其后数月，太宗又有悔意，想改立英果类己的吴王恪（恪母为隋炀帝女），但因长孙无忌的反对而未果。当承乾被废嗣位未定时，太宗的精神极为烦闷，曾当众表演自杀，这也许是他在位期间最感痛苦的一件事。

太宗晚年又感染上些迷信思想，对方士甚为崇信，命他们造"延年之药"，以求长生。此外对若干朝臣也颇为猜忌，例如大臣刘洎和秦府旧将张亮的被杀，都没有明显的罪状。对李勣尤为嫉视，他临终托孤于长孙无忌和褚遂良而贬勣于外，甚至有翦除的意思。这件事在他身后发生严重的后果，由于李勣与长孙无忌等的不协，曾掀起政治上的极大风波。他死于贞观二十三年（649），年五十二岁，据说他的死与食延年药有关。

二、武后的称帝

（一）高宗的易后

太宗死，太子治继立，是为高宗；长孙无忌、褚遂良受遗语辅政。太宗自然以为太子继位后，得此二人的辅助，政治当无大问题；却没有想到，因高宗的易后，竟使唐室江山短期的易主。

远在高宗做太子时，一次入侍太宗，看见太宗的才人武氏，对她甚为悦慕。太宗死后，武氏与其他宫人同被遣送于长安的感业寺中为尼。永徽五年（654），太宗五周年忌日，高宗赴感业寺行香，又逢见武氏，二人触景伤情，相对而泣。这件事被高宗的皇后王氏听到，那时她正与一位淑妃萧氏争宠，正想找一个人来转移高宗的意向，因此密令武氏蓄发。就在那一年，高宗因王后的敦劝把她从寺内召入宫中。武氏是并州文水人（今山西文水县），父武士彟，在隋末是一个以贩卖木材致富的商人，其后追随唐高祖入关，于武德时曾任内外要职［参看陈寅恪《李唐武周先世事迹杂考》（载“中央研究院”《历史语言研究所集刊》第六本第八分）］。母亲杨氏，为隋宗室杨达之女，笃信佛教而内行不检。武氏生于武德七年（624），于贞观十一年（637）她十四岁时，以貌美被太宗选为才人。再度入宫时，已有三十一岁，较高宗年长四岁。

武氏性巧慧多权术，入宫不久，便得到高宗的极度幸爱，拜为昭仪。王后、萧妃都因而失宠，于是二人又联合攻击武氏，但已无效。其后武氏又用一个残忍的计策，亲手将她在襁褓中的女儿扼死，诬指为王后所做，而致引起高宗废后的意思。但这件事首先遭到外廷大臣的反对，长孙无忌、褚遂良都公开表示异议，遂良争执尤烈。此外如大臣韩瑗、来济，也都力谏。迎合高宗和武氏的意旨而主张废后的，则有礼部尚书许敬宗、中书舍人李义府等，但他们的主张并没有发生多大作用。具有决定作用的则是李勣的意见，他于太宗死后不久被召回中央政府，当高宗以废后事征求他的意见时，他回答道："此陛下家事，何必更问外人？"于是高宗决定废后。李勣对废后事件抱这种态度，固然一方面为了持宠固位，另一方面也可能为报复心理所驱使，他与长孙无忌等显然是不协的。高宗意决后，褚遂良首被贬逐。永徽六年（655）十月，王后、萧妃以"谋行鸩毒"被废（后均被武氏惨杀），接着武氏被册立为皇后。其后数年间外朝的重要事件，便是长孙、韩、来等人的相继贬死和许敬宗等人的跃居高位。据旧史说，武氏做皇后后，王后、萧妃的鬼魂，时出为祟，逼得她不得不迁居。显庆二年（657），唐以洛阳为东都。四年（659），她与高宗迁居东都，此后她一直留在东都，仅于她的末年，曾返长安小住。至于她迁居的真正原因，近人也有不同的说法，有的认为关中食粮不足，迁居为了就漕运之便；有的认为是在掩盖她过去为尼的事迹，易地以恣行淫乐。这些理由，似乎都不太充分。比较接近事实的说法，是她为了摆脱关陇集团朝臣大本营的长安，迁居东都，一方面延揽拔擢关东籍的朝臣，以为己用，而排除朝臣中的关西分子。一方面以科举为手段，就近吸收关东的人才，造成其新政权的拥护势力。同时，她的迁居东都，也颇有一点儿"衣锦还乡"的意味。

武则天，选自《清刻历代画像传》。

高宗即位之初，因有太宗时将相大臣的辅佐，政绩媲美于贞观。武后立后，重臣多被排除，而高宗本人又因患风眩不能视事，政事便委托武后参决。武后天资明敏，通晓文史，处事甚为得当，渐而高宗把全部政务交给她。她专权后，便肆无忌惮，擅作威福。高宗对此也不免愤恨，他曾于麟德元年（664）命朝臣上官仪草诏废掉武后，但又畏惧未行。上官仪原为太子忠的僚属，忠为高宗后宫所生，于永徽三年（652）立；显庆元年（656），为武后所谮废，改立她的亲子弘为太子。至此武后又命许敬宗诬奏上官仪与废太子忠谋逆，结果忠赐自尽，仪下狱而死，朝士因此遭流贬者甚多。此后高宗每次上朝，武后总是垂帘于后，在内潜听，所有政事，她都预闻，这时她已隐然成为全国的政治中心，而高宗实际上是个政治傀儡。上元元年（674），高宗称"天皇"，她也称

“天后”，当时号为“二圣”。次年，太子弘以不满武后的行为而被后鸩死，更立次子雍王贤。但到永隆元年（680），武后又把贤废掉而立三子英王哲。

弘道元年（683），高宗死，太子哲即位，是为中宗。高宗遗诏命中书令裴炎辅政，军国大事，请天后参决。这时唐初的开国大臣，早已零落殆尽，继而登用的，道德才能都远逊于前。中宗即位后，想以其后父韦玄贞为侍中，与裴炎发生争执，炎告知武后，后乃于嗣圣元年（684）废中宗为庐陵王而立幼子豫王旦，是为睿宗。睿宗对政治并无兴趣，即位后，居于别殿，不问政事，由武后亲自接见百官，一切事务都取决于她。她继而杀掉废太子贤，迁庐陵王于房州（今湖北房县）。一面引用诸武用事，尤以她的侄儿武承嗣、武三思二人最受亲任，此外并追封她的父祖为王。

武后的这种做法，引起唐室旧人的不满，同年，乃有李敬业起兵扬州（今江苏江都县）的事发生。敬业为李勣之孙，曾任眉州刺史，与其弟盩厔令敬猷，长安主簿骆宾王等皆因事贬官，邂逅于扬州，共谋起兵。他们以计占领扬州，十来天募集十余万人。敬业以匡复庐陵王为辞，自称匡复上将领扬州大都督；并以骆宾王为记室，移檄州县，暴露武后的罪状，便是那篇千载传诵的“讨武曌檄”。武后派李孝逸率兵三十万以讨敬业，当时有人为敬业划策，有的劝他直指洛阳，以号召山东豪杰；有的劝他先取江南的常润二州，以为基础；敬业采纳后策，先将润州（今江苏镇江县）攻下。继而听到李孝逸兵来，乃率众渡江北上迎战，连败于淮阴（今江苏淮阴县）及高邮（今江苏高邮县），敬业为部下所杀，余党也均被荡平。总计这场叛变，前后不过三个月。

自李敬业起兵，武后为了镇压反叛，开始采取恐怖政策。她大开告密之门，以高官厚赏奖励告密者。同时任用索元礼、周兴、来俊臣等酷吏，用种种酷刑与罗织方法来对付异己，宰相裴炎、刘祎之和名将程务挺等，都是初期的牺牲者。垂拱四年（688），宗室韩王元嘉（高祖子）的儿子黄公譔，诈作中宗诏书，分告诸王，命他们起兵讨伐武后。于是瑯琊王冲（越王贞子）募兵击武水（今山东聊城县西南），越王贞（太宗子）闻讯也于豫州（今河南汝南县）起兵，均以失败遇害，宗室因此事牵连被杀者甚多。接着武后于永昌元年（689）和天授元年（690）两年间，大事屠杀宗室诸王，被害的达三十余人，还有不少流放岭南的。诸王亲党被杀的有数百家，大臣被杀的则有宰相魏玄同、名将黑齿常之等。与扫荡反对势力同时并进的还有其他种种措施，例如她建立崇先庙以享武氏祖考，自加尊号为“圣母神皇”，此外并改易历法，这些都是她称帝的准备工作。

（二）武周的代唐

天授元年（690）七月，有东魏国寺僧人法明等献《大云经》四卷给武后，经上说“太后乃弥勒佛下生，当代唐为阎浮提主”，武后命把这部经颁行全国。九月，又有侍御史傅游艺率领关中百姓九百人上表劝进；接着是中外百官、帝室宗戚、远近百姓、四夷酋长以及沙门道士等六万余人的同样陈请，睿宗也自请改姓。于是武后于同年九月九日，自即帝位，称“圣神皇帝”，改国号为周；以睿宗为皇嗣，改姓武氏。又立武氏七庙，以她的侄儿武承嗣为魏王，武三思为梁王，武攸宁为建昌王，此外诸武封郡王的有十来人。她不仅拥有皇帝的名号，同时去掉女人的装束，袭服冠冕，直接与群臣处理国政。此外在“后宫”的制度上，她也公开仿效男性帝王。她于圣历二年（699）设立一个名叫“控鹤监”的机关（后改名奉宸府），以容纳她的一大批男妾，他们的官定名号是“内供奉”，其中以张易之、昌宗兄弟最受武曌的亲幸。从这些事看来，武曌的称帝，是“名至实归”的。

武曌以一女流称帝，是史无前例的事。这固然由于她本人具有非常的才力和野心，同时又有兵权和政权的凭借，但除此以外，她还遇到一个特殊的时会。假如在儒家思想盛行、蔚成风气的时代，武曌的称帝野心是难以实现的；因为儒家对男女地位的看法，在许多方面足以阻挠或压制女子称帝的野心。但她适逢儒学衰敝的时代，自魏晋南北朝以来，便是玄学与佛学的世界，唐初佛道仍是思想的主流。太宗时一度提倡道教，但武曌因为她的母系杨氏累世奉佛，她本人自幼便受熏染，（据近人考证，她在十四岁入宫以前，即曾正式或非正式地做了沙弥尼。）年长又在感业寺为尼，所以到她掌握政权时，便重兴佛法［参看陈寅恪《武曌与佛教》（载“中央研究院”《历史语言研究所集刊》第五本第二分）］。当时僧尼的声势，可算得煊赫一时，洛阳白马寺主僧怀义，便是她的男宠之一。同时她更利用佛教经典做她称帝的理论根据，以之为普遍宣传，如上面所说以《大云经》颁布全国的事。她称帝后更公开宣称：“释教开革命之阶，升于道教之上。”

此外武曌又在政治上扶起一个新兴阶级，用以代替唐初的功臣集团。她首次与功臣集团发生冲突，是在高宗要册立她为皇后时，虽然她不久获得胜利，但当时整个功臣集团还没有崩溃，仍然是她发展野心的障碍，所以她再做进一步的破坏。唐初的功臣集团分子，大半是西魏北周和隋的统治阶级的后裔，这集团和它所拥护的皇室都具有浓厚的地域性，因此唐初关东江左的人士，在政治上甚受屏抑，武曌乃扶持他们，以与旧功臣集团对抗，作为发展她的政治野心的资本。她以皇后握政后，便以“进士科”的考试吸收新进人物，渐而造成一种新兴的统治阶级，进士科本是唐代取士的多种考试科目的一种，是隋炀帝时开始设立的。这种考试，主要试时务策，并试经和杂文。武曌本人喜爱文史，因而渐把进士科的考试变成完全着重文章。史称高宗永隆（680）时，开始以进士科的考试为取士的主要程序，到弘道元年（683），武曌以太后称制，朝中的主要官吏，无不由文章进身。因此造成了举国喜好文墨的风气，一直持续到唐亡。这个新兴的统治阶级，既是武曌一手造成，自然大体是忠于她的。

武曌称帝以后的政绩，因后代史家对她的行为表示厌弃，有意地不予记录，而致当时的政治情形和变革，均不能得知其详，所知道的仅是些官名、地名和服色的改易而已。就现有史料，虽看不出她在政治上有若何特殊成就，但可以断言，武曌帝制时代的政治不会在水准以下。因为她以太后临朝和称帝的时间，共有二十多年，在这么一个长久的时期中，如果政治不够水准，国家的乱象恐怕早已显出，她以后的开元、天宝的盛世也绝不会那么顺利出现。此外她对外族的驾驭以及对唐室声威和版图的保持，也还算得差强人意。但她的显著缺点，仍是滥刑滥赏。她仍采取恐怖政策以对付反对者或假想敌，在她帝制时期最有名的大狱，要推神功元年（697）的刘思礼一案。思礼是当时的箕州（今山西辽县）刺史，为酷吏来俊臣等诬告谋反而被杀，因受牵连而被族诛的有宰相李元素、孙元通等三十六家，遭流窜的有千余人。但到她的假想敌杀净以后，这批酷吏也都遭遇同样的命运。此外她仍以官赏来笼络亲附她的人，时人有诗道："补阙连车载，拾遗平斗量，欋推侍御史，盌脱校书郎"，可以看出当时官多且滥的情形。但据说不称职的官，也跟着便被罢黜或诛杀。

武曌也能引用正士，当时的将相如魏元忠、娄师德、狄仁杰等都是不可多得的人才，像玄宗时的名相姚崇、宋璟，也都是她所拔识的。她尤其信赖狄仁杰，常呼"国老"而不名，每能屈意听从仁杰的建议。仁杰对唐室最大的贡献，便是劝武曌迎立庐陵王（即中宗）为太子。当时豫王旦（即睿宗）虽是皇嗣，同时改姓武氏，但甚受诸武的嫉视，处境非常危险。武承嗣三思都有攘夺皇嗣地位的企图，尤以承嗣活动最力，武曌也有传侄之意。但她终于被仁杰用下面的话所感动："姑侄与母子孰亲？陛下立庐陵王，则千秋万岁后常享宗庙，三思立，庙不祔姑！"［见《新唐书》卷一一五《狄仁杰传》］结果武曌于圣历元年（698），派人到房州迎回庐陵王，立为太子，而改封豫王为相王。她的迎立庐陵王，外族的压力也是因素之一，突厥契丹的入寇，均曾以中宗被废的事为借口。狄仁杰又荐张柬之、桓彦范、敬晖等数十人于朝，这批人便是后来拥护中宗复位的人。

长安四年（704），武曌患病，不临朝者数月，只有张易之、昌宗兄弟随侍在侧，居中用事。宰相张柬之、崔玄暐和朝臣敬晖、桓彦范、袁恕己等想乘机拥中宗复位，他们与宫城卫军的领袖李多祚定谋后，通知中宗。次年（神龙元年，705）初，柬之、玄暐等率羽林兵五百余人至玄武门（洛阳宫城的北门），分兵迎中宗，斩关而入。首先杀掉张氏兄弟，进至武曌所住的长生殿，以兵环绕，报告张氏兄弟"谋反"，太子派兵诛叛的情形，并请她立即传位于太子。此后三天内的事，是武曌的退位和中宗的复辟，退位后的武曌被尊称为"则天大圣皇帝"，迁居上阳宫。唐的国号，至此恢复，朝政由张、崔等人掌握。同年十一月，这位旷世女杰死去，享年八十二岁。总计她掌握政权前后凡四十六年，以皇后预政者二十四年，太后称制者七年，称帝者十五年。

（三）武曌以后的女主余波

中宗对武家似乎并无恶感，因为他被武曌接回来做皇太子，皇帝是早晚可当的；事变的成功，不过使他提前些时即位，因此他对张柬之等也似乎并不十分感激。所以在他即位后，武家的势力并没有动摇。他极端宠信他的皇后韦氏，韦后虽然在能力上远不如武曌，但也要效法她的过问国政。每当中宗临朝，韦后总是坐在帷幔后面旁听，一切政事都要干预。中宗的女儿安乐公主，为韦后所生，嫁给武三思的儿子崇训，因此三思得以出入宫掖，据说他与韦后和婕妤上官婉儿有着不可告人的关系。因有宫廷的奥援，三思的势力复振（那时武承嗣已死），他以崔湜、郑愔为谋主，与韦后日夜向中宗谮毁张柬之等。中宗的昏愦，似乎较他的父亲高宗更胜一筹，因此三思在极短的期间便从柬之等手中夺回政治实权。神龙元年（705）五月，中宗封张柬之、敬晖、桓彦范、袁恕己、崔玄暐五人为王，罢除他们的政府职务。三思又进一步命百官修复武曌时的制度，并以亲附武氏与否为标准，对朝臣分别加以引用或排斥。次年，三思又贬窜五王于远州，他们的最后命运自不必问。朝臣中的异己既已完全排除，三思又在皇室中找寻迫害的对象。

中宗的太子重俊，因非韦后所出而不为后所喜，同时他更遭受武三思的嫉视和安乐公主、武崇训的经常侮辱。崇训又教安乐公主请求中宗废太子而立她为"皇太女"，这种想法自然仍是受武曌的影响。重俊积恨难消，于景龙元年（707）与左羽林大将军李多祚等定谋，发动政变。他们矫制发羽林兵和千骑（皇室卫队的一种）三百余人，先杀武三思崇训父子及其亲党十余人，然后勒兵入宫。中宗得知消息，立即与韦后等登玄武门楼（长安宫城的北门，中宗于神龙二年即706年由东都返长安）避难；以玄武门的屯兵迎战，结果多祚兵溃被杀，重俊亦遇害。李多祚曾前后两次参加中央政变，但拥立中宗的一次成功，这一次便失败，与政变时玄武门的占领与否有甚大关系。拥立中宗的政变，虽在洛阳发生，但洛阳宫廷的规制，与长安的相同；至于这次政变中的玄武门，正是当年太宗杀其兄弟的旧地。从这些事实，可以看出玄武门在唐室中央政变中的重要地位。

重俊失败后，韦后的气焰更盛，她的哥哥韦温和武三思党的宗楚客等专权恣横。同时韦后并引用许多妇女用事，除了安乐公主和上官婕妤以外，有韦后的妹妹郕国夫人，上官婕妤的母亲沛国夫人郑氏，女巫第五英儿等。她们营私受贿，鬻卖官爵；安乐公主尤为骄恣，宰相以下的官员，大半由她引用。重俊事变后的二三年间，可以说是武曌以后唐室妇女干政的极盛时期。后来中宗对这些现象渐不满意，引起韦后及其党羽的疑惧。韦后颇想积极仿效武曌故事，安乐公主也想达到做“皇太女”的目的，因此母女合谋，于景龙四年（710）将中宗毒死。中宗死后，韦后立温王重茂（中宗第四子，后宫所生）为太子，不久即位，是为少帝。韦后以太后临朝，韦温则掌握内外军权，军政要职皆以韦氏子弟充任，宗楚客并上书请韦后称帝。当时最为韦后及其党羽所嫉视的是少帝、相王旦和太平公主（武曌女）；前二者显然是韦后称帝的障碍，太平公主则素与安乐公主不合。在韦后还没有动手翦除他们的时候，又一次宫廷政变突然爆发。

相王旦的第三子临淄王隆基，在京师密结才力之士，以图推翻韦氏。当时宫廷的卫军，由诸韦统领，但因诸韦擅作福威而失众心。当宗楚客劝韦后称帝的事为隆基得知后，他便与太平公主及公主子卫尉卿薛崇简、宫苑总监钟绍京、前朝邑尉刘幽求等密谋发动政变；宫廷卫军的将校陈玄礼、葛福顺也都参加。那年六月的一个黄昏，参与密谋的羽林将领，先在玄武门集中，由葛福顺等率领，夤夜直入羽林营，斩诸韦的典兵者，宣示起兵的目的，士卒都欣然听命。然后隆基率羽林将士入玄武门，捕杀韦后、安乐公主、武延秀（安乐公主的第二任丈夫）和上官婕妤。当时相王旦对此事并不知情，次日，始由隆基迎他入宫辅政，一面收斩韦氏亲党。政变成功后，隆基受封为平王，掌理国政，余人也都分典要职；接着少帝传位于相王旦。睿宗复位，改元景云，立隆基为太子。太平公主的权势也日见增大，不久又发生公主与太子姑侄间的冲突。

太平公主为人沉敏多权略，有武曌之风，她对政治素有兴趣，拥立中宗和诛讨韦后的两次大政变，她都曾参与。睿宗对她言无不从，军国大事都由她来参决，她的几个儿子都封王爵，可以说已极人间的富贵。她渐渐发现太子隆基的英武，有意换一个庸懦的太子，以便久专大权，因此屡次在睿宗面前谗毁太子，但朝臣竭力为太子表白，以致计谋不行。太极元年（712），睿宗传位太子而自为太上皇。太子即位后，是为玄宗，并改元先天。这时太平公主以太上皇为后盾，仍专大权，当时的宰相七人，就有五个出自她的门下。她仍然不放弃对玄宗的敌视，和她的党羽大臣窦怀贞、岑义、萧至忠、崔湜等密谋废立，甚至有毒害玄宗的企图。玄宗的心腹王琚、张说等，都劝玄宗早自为计。开元元年（713），玄宗与他的弟弟岐王范、薛王业，宰相郭元振，宦官高力士等一同定计，又以宫廷卫军的力量，诛除太平公主，她的党羽被处死的有数十人。接着太上皇下诰道："朕将高居无为，自今后军国刑政，一事以上，并取皇帝处分。"[见《旧唐书》卷七《睿宗本纪》] 从武曌以来五十余年唐室妇女干政的潮流，至此告一结束。

三、玄宗的政治

（一）开元的兴革

开元是玄宗的第二个年号，共二十九年（713 ~ 741），它是太宗贞观以后唐朝第二个盛世。玄宗为人英断多艺，通晓音律，擅长书法。他自诛太平公主，政府已不再有政敌存在，乃得专意于政治的兴革。自高宗以降，经武后中宗，六十年间，唐的政治日趋败坏，其最大的病象，大致有三：一是政治上形成奢淫贪纵的风气，这种风气的形成，与武韦二后大有关系。二是科举制度过分膨胀，加上武后的滥赏以及韦后安乐公主等的卖官，因而形成官多的现象；官吏的素质，也自然日渐低落。三是因官多而且贪纵成风，必然的造成经济上的紊乱与财政上的危机。玄宗得志后，便针对着这三种政治病象，加以改善。

睿宗在位时，信用姚崇、宋璟，悉心革弊，政治本已颇有改观。二人因开罪太平公主而遭贬逐，玄宗即位后，又引用他们，开元之治，与二人有密切的关系。玄宗最初以姚崇为相，他敏于吏事，善于应变，后来辞职，荐宋璟继任相位。璟为人凝重，守法持正，遇事直言敢谏；二人性格虽异，但公忠体国则相同。除宋璟外，以清正著名的相臣尚有卢怀慎、张九龄、韩休等。怀慎与姚崇同时为相，为人清谨俭素，不营资产，所得的俸赐，经常周给亲旧，而妻子不免饥寒，所居也不蔽风雨。张、韩二人于开元后期为相，均方正敢谏。此外大臣如李元纮、杜暹等，也都以俭德知名。因这些正人的柄用，政治风气为之一变。玄宗本人也崇尚节俭，对后宫和百官的服饰器用，都有限制，并曾下令国内不准开采珠玉、织造锦绣等。

官多是盛唐政治上的最大缺点，造成这种现象的主要原因是唐代仕进之途过多。除了五花八门的科举考试外，尚有门荫、纳财、诠选等办法，因此官吏越来越多。高宗武后时官赏之滥，前面业已详述。到中宗韦后时，更变本加厉，正式官员外，又有所谓"员外官"，自京司至诸州共有二千余人；又有"斜封官"，任何市井小人，只要缴钱三十万，即由皇帝别降墨敕，斜封交中书省，委一官职。玄宗对于这种现象，并未能彻底改革，主要因为科举已成风气，无法取消。他即位后，只把斜封官废除，但员外官仍多；而由科举登进和以他途入仕版的，每年仍有数千人。太宗时，京官名额不过六百四十余员，至玄宗，京官竟多到一万七千六百八十余员［见《资治通鉴》卷二一三］。从这个数字，可以看出盛唐时代官员增加的速度。但玄宗对吏治甚为讲求，他下令加强而且严格执行官吏的考选办法；并经常以有才识的京官外放为都督刺史，又以有绩效的地方官调京任用，来增加他们的行政经验和办事能力。

经济方面，玄宗也曾加以整顿。开元九年（721），曾以宇文融清查逃亡户口和籍外田地，查获巧伪甚多，共得八十余万户，田亦相称。当时因玄宗勤于边功，用度甚广，赖宇文融的开发财源，始得随时供应，不虞匮乏。此外玄宗早年不信神仙，对儒术颇为爱好。开元初，他采纳姚崇的建议，对僧尼大加淘汰，以伪妄勒令还俗的达一万两千人。并禁止营建寺院，铸造佛像及写经等；百官亦不得与僧尼道士往还。同时他对中国正统文化的维护，也尽了一番力量，他下令搜访遗书，选吏缮写；先后命褚无量、元行冲主持这个工作，费时五年。至九年（721），凡上群书四万八千一百九十六卷。其后又命张说等修《五礼》，七年而成，定名为《开元礼》。由于玄宗君臣的悉心革弊，唐帝国再度进入一个富强康乐的时代。据说当开元盛世，米价便宜到每斗十三个钱，今山东省一带的青齐等州，斗米只要三钱；社会秩序也异常良好，行旅可以"行万里不持寸兵"。人口也急遽的增加，开元二十八年（740），全国共有户八百四十一万二千八百七十一，口四千八百一十四万三千六百九［见《资治通鉴》卷二一四］。较之贞观时代，几乎增加了两倍。

关于制度方面，开元时曾有一项重要变革，那就是废除府兵而改置"彍骑"，也就是废除征兵制而改采募兵制。唐自太宗以后，因国家承平，大举征兵的时候很少，府兵成了一种备而不用的庞大消耗。同时这个制度的本身，也因业务的停滞而生出许多弊病，诸如战斗力的衰退，军器的朽败以及府兵的逃亡等。因此唐室从开元六年（718）起，即开始有计划地逐渐废除府兵。这一年，玄宗下诏把府兵每年校阅一次的办法，改为六年一次。其后宰相张说以轮番宿卫的府兵不能按时到达，且逃亡过多，无法补充，因此奏请宿卫兵改用募兵。十一年（723），招募了十二万人，号“长从宿卫”。次年，改名“彍骑”。自此以后，各兵府的士兵空缺，不再补充，渐渐耗损下去。同时因社会重视科举，人民也都不愿再干府兵。十三年（725），唐室把彍骑分隶于十二卫，至此彍骑正式代替了府兵的地位，成了中央军队的主体。到天宝时代，兵府渐渐沦落到无兵可交的地步。

唐贴金彩绘武官俑

与废除府兵同时的另一大措施，是从开元九年（721）起，唐室于沿边各地陆续设立十大兵镇。兵镇的最高长官叫“节度使”（其中一个叫“经略使”），用以率军屯防边地，统理外族，保固疆土。这种屯防（即在某地长期驻防）办法，至迟在唐太宗时即已实行。因为边防地带，须要随时警戒，半农半兵是不行的；同时屯防的官兵又必须娴于战事和熟知地理，对外族作战始有制胜的把握，如此又非久历戎行的人不能称职。因此府兵在边疆地区不十分适用，政府乃用一批专司战斗的人，长期戍守于边防地带。唐初戍守的军区，大的叫“军”，小的叫“守捉”“城”和“镇”，而一律由道来统理。每道设大将一人，叫“大总管”，后改名为“大都督”。高宗永徽以后，都督兼有中央特殊派遣名义并持有中央所颁给权威凭证的节钺者，也就是所谓“带使持节”的，称为节度使，但只是一种特殊名义

唐带刀侍卫，李贤墓壁画。

而不是正式官职。到开元，十大兵镇成立，节度使乃成为正式的官，他们所辖的武力，也较从前的边将为大。这十大兵镇设在北边（包括东北、西北）的共有八个，西边一个，南边一个，共统兵四十八万六千九百人。当时府兵制已渐废弛，十镇兵员自然大都是招募来的。以十二万的首都卫戍部队，与四十八万多的边防军相较，显然是外重内轻，与府兵制全盛时代的局面，完全相反。这种形势的造成，终于在三十年后，发生严重的恶果。

（二）天宝的衰象

天宝是玄宗的第三个年号，上承开元，下接肃宗至德，共十四年（742 ~ 755）。从外貌看这个时期的唐帝国，仍是极其富强；实则内部的政治，日渐紊乱，危机四伏。终致“安史之乱”爆发，几乎招致亡国的惨痛。因为开元时代长期的治安，玄宗渐把从前励精图治的精神和兴趣，转移到宫廷享乐的生活上去。长期的太平，往往会使一个君主过分自信而忘却创业的艰难；同时就一个人的精力来说，也必然是后不如前，玄宗的政治由盛而衰，不是突然的转变，恰如一个少年慢慢地走向衰老一样。严格说来，开元末年的政治，已不如初年。例如玄宗本不信神仙，但后来崇信方士张果，渐好神仙；并尊奉道教，企慕长生，以是朝野争言符瑞。他本尚节俭，但后来行为渐奢，益务边功，以杨慎矜、韦坚、王鉷等人聚敛，民不堪苦。他本喜接近正士，因此开元前期名臣辈出，后来乃渐渐接近小人，宠任言利之臣，并亲信宦官杨思勗、高力士等，而奸臣李林甫的执政，尤为政治兴衰的关键。

李林甫是唐室疏属，他的进用是由于高力士的引荐，于开元二十二年（734）开始做宰相。他有相当的才能，但性格巧佞阴险，因此其才适足以济其恶。他善于揣测皇帝的意思，并勾结宦官妃嫔之流，刺探玄宗的动静，每次奏对，都很称旨，因此大得玄宗的宠信。他得势后，凡朝臣中方正有学问的，无不被他陷害，致遭贬斥或诛杀。二十四年（736），他首先排除当时的宰相张九龄，和以能干气节著称的中书侍郎严挺之。天宝五载（746），他陷杀宰相李适之。次年，又杀害济南太守李邕——一位四海仰慕的名士。此外还有不少贤能之士，被他逼得在中央政府无法立足，而致勾结或投奔当时的疆吏。安史乱后，在中央政府不得意的人，往往投奔河北藩镇，这风气应该说是从天宝初年开始。

除了排斥正士摧残人才以外，李林甫的另一过恶，便是以外族蕃人出任方面。初唐以来，唐室虽然用过不少蕃将，但从未委以方面之任。开元时设立的节度使，也都以汉人充任，其中且不乏文官。当时节度使有政绩的，并可以入为宰相。林甫为巩固权位，建议玄宗用寒微的蕃人为大将，因为蕃人勇敢善战，又以寒微而无党援，易于驾驭。其实他的主要目的，是在杜绝上述那种“出将入相”的办法，因为蕃人不识字，虽任大将，亦不可能入相。玄宗采纳了他的建议，从此以后，蕃人如高仙芝、哥舒翰、安禄山都任节度使而专掌一方。由于蕃人的握有地方军政大权，渐而养成他们的骄恣和非分的野心，终致发生安禄山的叛乱。

内廷方面，李林甫与玄宗的宠妾武惠妃（武曌侄攸止之女）勾结。惠妃生寿王瑁，为玄宗所钟爱，因而惠妃颇有夺嫡的企图；林甫因宦官传言于惠妃，愿尽力保护寿王。玄宗于开元二十五年（737），因武惠妃的进谗废杀太子瑛（赵丽妃所生），林甫力主立寿王为太子。但这次他猜错了玄宗的意思，玄宗于次年立忠王屿为太子，更名亨。林甫甚感恐惧，乃阴谋陷害太子，并屡兴大狱来威胁他，但太子慎重无过，终于无事。不久林甫又遇到一个有强大背景的政敌杨国忠，他是继武惠妃宠冠后宫的贵妃杨氏的堂兄，以聚敛受知于玄宗，加以宫闱的奥援，因而官运亨通，渐为林甫的劲敌。杨李相互争权的结果，是林甫于天宝十一载（752）忧懑而死。天宝政治的败坏，林甫是要负大责任的。林甫死后杨国忠继位宰相，此后的几年，是杨家“炙手可热势绝伦”的时代。

杨贵妃本是寿王瑁的妃子。开元二十五年（737），武惠妃死，玄宗对她非常悼念，后宫数千，无一当意。后来他看到寿王妃杨氏貌美，乃授意杨氏自请出为女道士，然后暗中将她接进宫来，这大约是开元二十八年（740）的事。杨氏姿质丰艳，性情警颖，通音律，善歌舞，入宫不到一年，便宠遇如惠妃。天宝四载（745），这幕喜剧公开，她被正式册立为贵妃。她的三个姐姐，都封国夫人，赐第于京师。三夫人也都具才色，同样受到玄宗的亲幸；贵妃的其他堂兄铦、锜等，也都因而尊显。他

唐玄宗李隆基，元任仁发绘。

杨贵妃上马图，南宋末钱选绘。

们对官府有所请托，官吏看得比“圣旨”还重要，四方的货赂，都集中在他们的府上。他们竞起宅第，以事炫耀。国忠尤其不可一世，对于公卿大臣，一律颐指气使；中央官吏凡有才行名誉而对他不亲附的，都被他外调。玄宗每有巡幸，贵妃总是随侍，乘马则高力士亲为执辔。宫中为贵妃院织锦刺绣的工人有七百人，司雕刻铸造的也有几百人。南方诸州的刺史，多求良工制造奇服异器，奉献贵妃，以求恩宠。

杨国忠为相后，政治益不可为。李林甫还有相当能力，他尚可使政治慢慢的坏下去，而不致有立时崩溃的危险。在林甫的执政期间，对官吏的迁除，尚按成规办理，虽然压抑了不少贤才，但还算得上是一种办法。对于边将，也颇能驾驭，安禄山便最怕他，对他奉命唯谨。杨国忠则连这两点都办不到，他除了宰相的本职外，并兼任四十几个职务，政府所有的重要部门，都为他把持。他自然不可能处理所有的公务，因此大都责成胥吏代办，以致贿赂公行，弊病丛出。同时他用人非常随便，曾为收人望而滥选官吏。更谈不到什么驾驭之才，安禄山的造反，便大半由他激成。至于他的骄奢淫乱，也是李林甫所望尘莫及的；而当时人对他二人的印象，也以林甫较佳。

就在玄宗君臣的纵情享乐声中，帝国东北角的范阳（今河北大兴县）传来了动地鼙鼓，安禄山的叛乱于天宝十四载（755）十一月爆发。这场叛乱，使这个承平百余年的大帝国，迅速地转向分裂与衰落。

（三）安史之乱

安禄山是营州的“杂胡”，也就是西域胡人与突厥人的混合种。他因通晓六种蕃语，曾于开元时在幽州边境上任翻译官（当时叫“互市郎”）。其后又在幽州（即范阳）节度使张守珪麾下充任讨击使，曾与奚、契丹作战失利，被守珪执送京师，因玄宗爱惜他的才具，得以不死。天宝元年（742），玄宗任命他为平卢节度使（治所在今热河朝阳县），其后又兼任范阳、河东（治所在今山西太原县）两节度使，掌握这三大边镇的军政全权。以胡人出任方面，在唐代他是第一人。

安禄山为人非常狡黠，他出任方面后，贿赂朝臣，一时声誉鹊起。他每次入朝，在玄宗面前故作戆直，做出种种可笑举动，使严肃拘礼的宫廷中，平添了不少乐趣；因此他不特为玄宗所钟爱，甚至据说杨妃与他也有微妙的关系。他看到唐室的腐败，渐萌异志，因此竭力扩军，以便待时而起。他招收了多种外族人，充任战士，并以他们逐渐代替他部下汉人军官的职位。他终于建立起一个独立而善战的军事集团，这个集团主要以胡人组成，包括突厥、奚、契丹、同罗、室韦等种人。他的阴谋，玄宗一点也没有觉察，对他仍异常宠信。天宝九载（750），唐封禄山为东平郡王，这是胡人空前未有的殊荣，也是唐代武将封王的第一人。自杨国忠执政，禄山对他甚为轻视，因而有隙，国忠屡次在玄宗面前说禄山要反，玄宗不听。国忠又提携哥舒翰，与之抗衡。直到十四载（755）十一月，禄山突然造反，以讨杨国忠为名，发兵十五万，自范阳南下，掀起了一场震撼全国的大叛乱。

禄山起兵后，黄河以北的州县，望风瓦解。消息传到京师，杨国忠认为不足为患。当时安西节度使（治所在今新疆库车县）封常清入朝，也认为不足忧，并请自往洛阳筹备战守。封是当时的名将，到洛阳后看形势不对，便把黄河上的河阳桥（在今河南孟县）拆断以为守御。接着唐室以郭子仪为朔方节度使（治所在今宁夏灵武县），命他率军由北边东征；又拜荣王琬（玄宗庶子）为元帅，以名将高仙芝为副，统兵自京师东出潼关。既而叛军渡河南下，封常清在虎牢（今河南汜水县西北）接战大败，十二月，洛阳不守。常清又在洛阳附近进战，也连连失败，因而率众西逃。行至陕县（今河南陕县），遇见高仙芝的大军，他建议仙芝急弃陕郡，退保潼关，以防叛军奔突入关，危及京师。仙芝乃退到潼关，缮修守具，叛军继至，因关上有备而无法进入。又因安禄山筹划称帝，停留于洛阳不进，给予唐室一个喘息机会。但封高二人，因受监军宦官边令诚的陷害，为玄宗下令斩于军中。

唐大军退潼关后，黄河以南的州郡大半沦陷，唐又以哥舒翰为兵马副元帅，率军进驻潼关备战。当时潼关守军号称二十万人，但因翰不恤士卒，而致士气低落。这时常山郡（治所在今河北正定县西南）太守颜杲卿起兵，暗与弟平原郡（治所在今山东陵县）太守真卿联合，河北诸郡，大都声援他们。次年（至德元载，756）正月，禄山自称大

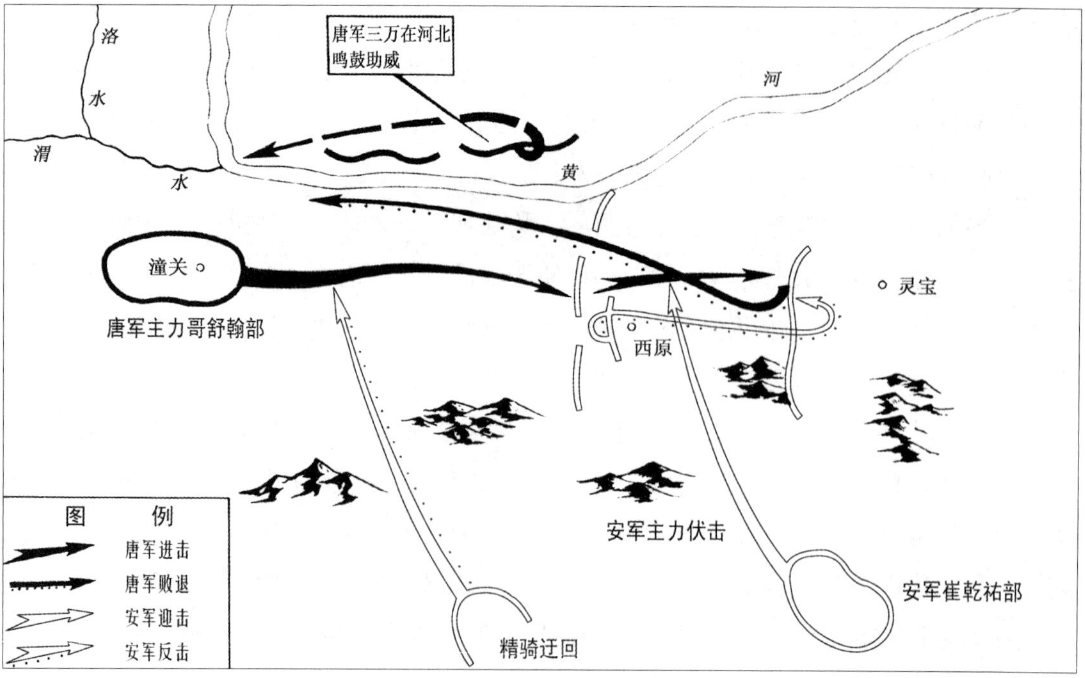

灵宝战役示意图。天宝十五年（756）六月，玄宗轻信安军“无备，可图”，在兵力尚未集结，准备很不充分的情况下，强令潼关守将哥舒翰向敌攻击。哥舒翰力争未果，不得已领兵出关。六月初七，唐军前锋进至灵宝西南之西原。灵宝南面靠山，北临黄河，中有七十里狭长隘路。崔乾祐以大兵伏山后，以散乱兵阵布于唐军阵前，唐军见有机可乘，除分兵三万于黄河北岸击鼓助攻外，其余十五万主力悉数攻击前进。当行至隘路，安军伏兵尽出，猛烈攻击，唐师大败，仅八千余人返回潼关。次日，安军攻陷潼关，长安震动，玄宗仓皇出奔，不久安禄山即占领长安。至此，两京失守，唐室流亡。

燕皇帝，改元圣武；并遣其将史思明赴河北击擒颜杲卿，黄河以北的地盘，几乎全为禄山所有。但接着郭子仪自朔方统军东征，与其将李光弼连败史思明军，河北十余郡都杀禄山守将降唐。这时安禄山的地盘，不过黄河以南数郡，进退失据，军心大为动摇。正值紧急关头，禄山在潼关方面获得一次大胜利，扭转了危殆的形势。

潼关方面，哥舒翰原采坚守战略，绝不出击；但杨国忠怀疑他别有企图，因此力请玄宗促他出兵，恢复陕洛。翰不得已于六月率师出关，与叛军战于灵宝（今河南灵宝县），大败被擒，潼关因而失守。京师闻警后，杨国忠首建幸蜀之策。于是玄宗以亲征为名，在一个细雨的清晨，离京师西行，随行的人除了宰相韦见素、杨国忠、贵妃姊妹和少数禁卫军外，王公妃主及大臣们大都没来得及跟随。次日，车驾至马嵬坡（在今陕西兴平县境），将士饥疲，在愤恨声中杀掉杨国忠，并逼迫玄宗将贵妃缢死，然后才肯前进。但关中父老，遮道请留太子以取长安，结果玄宗命太子前往朔方军总部所在地

明皇幸蜀图，唐李昭道绘（传），台北“故宫博物院”藏。

的灵武（今宁夏灵武县），而自行入蜀，这件事颇有些政变的成分存在其中。接着叛军攻下长安，杀唐室妃主皇孙数百人，大臣也有不少投降禄山，但叛军过于残暴，人心不附。禄山部将又没有远虑，只知一味纵情于声色货利，而不以全力急速西进，因此玄宗与太子都没有受到追迫。七月，太子到灵武，不久因部下的劝进并获得玄宗的允许而即皇帝位，是为肃宗。

肃宗即位后不久，以他的儿子广平王俶为兵马元帅，统率诸将，以李泌佐之。一面派敦煌王承采与仆固怀恩出使回纥，请兵入援。当时情势仍甚危殆，河北诸郡，又陷于史思明；而宰相房琯，自请率军收复两京，为叛军大败于长安附近的陈涛斜，死四万人。同时唐室财政，也极为困难。至德二载（757）正月，安禄山被他的儿子庆绪刺杀于洛阳，帝位也为庆绪所得。二月，肃宗至凤翔（今陕西凤翔县），准备反攻。继而唐以郭子仪东进，回纥援兵四千人也于这时到达。九月，唐军克长安。叛军乃改变方向，南击江淮地区。十月，屏障江淮的重镇睢阳（今河南商丘县）失陷，守将张巡、许远被害。幸而郭子仪进攻洛阳，才牵制住叛军，使他们未再南进。同月，唐军克洛阳，安庆绪北逃至邺（今河南临漳县西），至此两京都告克复，肃宗与太上皇先后返抵长安。史思明见势不佳，投降唐室，唐以他为归义王范阳节度使。这时河南关中地区的叛军，已全被肃清；黄河以北则只有安庆绪盘踞邺城及其附近数郡，此外至少在名义上大体归唐。

至德三载（即乾元元年，758），唐命郭子仪、李光弼等九节度使讨安庆绪，庆绪困守邺城，并求救于史思明。这时思明已再度叛变，乃于次年三月率军南下，大败唐师于邺城以南。思明击败唐军后，又把安庆绪杀掉，收其余众，派人驻守邺城而自回范阳。四月，史思明称燕帝，改元顺天，以范阳为燕京。九月，史思明率兵向河南地区进攻，李光弼放弃洛阳，移军河阳（今河南孟县），与思明相持年余。上元二年（761），光弼反攻洛阳大败，河阳等地亦陷，光弼退保闻喜（今山西闻喜县）。史思明获捷后，不久为其子朝义刺杀。思明部下，大都为安禄山旧将，对朝义并不信从，而洛阳及其四周数百里的地方，尽成废墟，空无所有；因而叛军气焰，大为低降。宝应元年（762）四月，太上皇与肃宗相继去世，太子豫（即广平王俶）立，是为代宗。既而代宗命其子雍

唐军围邺之战经过示意图。唐至德三载（758），肃宗命郭子仪、李光弼等九节度合攻安庆绪驻地邺城。因郭、李均为元勋，故不设统帅，仅以太监鱼朝恩监督全军。十月初五，郭子仪自杏园过黄河，进围卫州，接着，鲁炅、季广琛等节度前来合攻卫州。安庆绪急率七万大军南下进援，郭子仪于卫州城北设伏，大败安庆绪，遂克卫州。安庆绪败逃邺城，唐军随后北进追击，此后，唐其他节度亦赶到，遂合围邺城。安庆绪以让位为条件向史思明求救，史自范阳发兵十三万西进救邺，十二月底，攻陷魏州，随即按兵不前。唐军全力攻邺，次年二月，仍不能下。史思明见唐军师老，遂亲率主力西向援邺。两军战于邺城北，激战当中，狂风突起，天昏地暗，两军大惊，于是唐军南撤，史军北撤，各弃辎重无数。唐军溃退至洛阳，以一部扼守河阳桥，以保东都，其余节度各归本镇。围邺之战以失败告终。

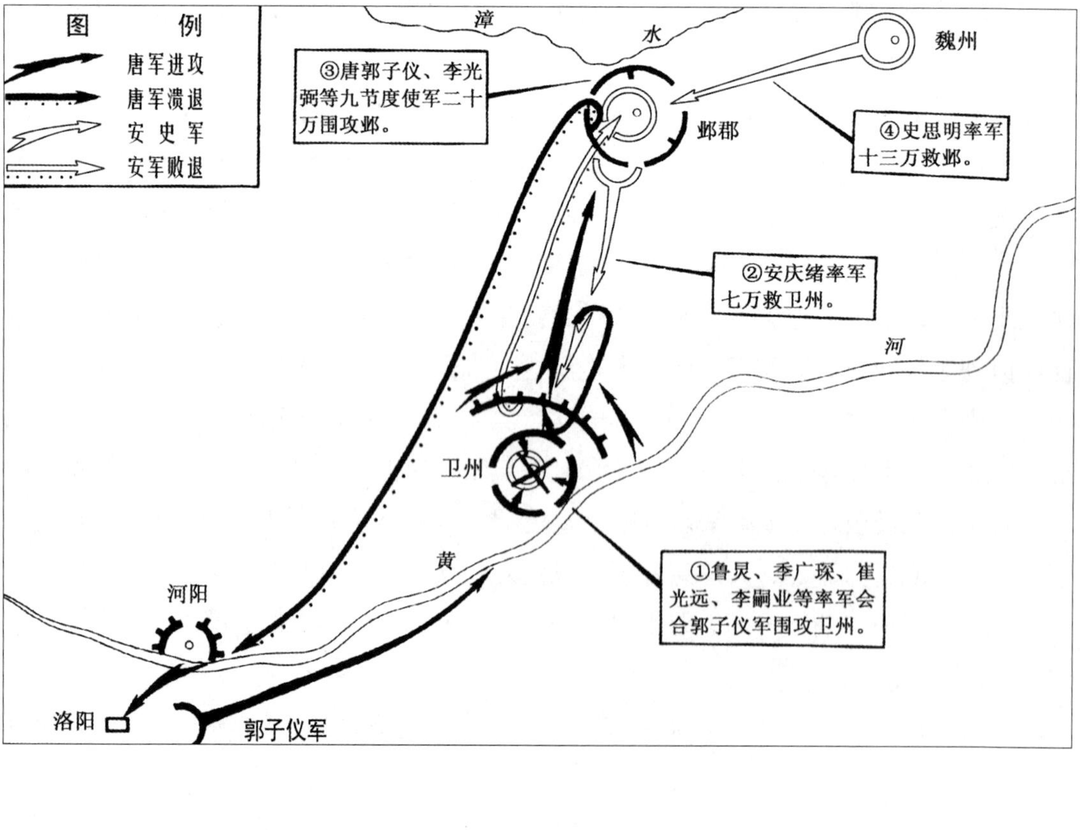

唐代宗战略反攻示意图。宝应元年（762）十月，唐代宗以其子雍王李适为兵马大元帅，命仆固怀恩出陕州东进，李光弼自陈留西进，李抱玉自河阳南下，合攻洛阳史朝义军，大破之，史朝义北逃，唐军收复洛阳和河阳城。十一月，唐军于下博再破史军，史朝义北逃到莫州，唐军又进围莫州，史朝义再率军东逃，到温泉栅林中自杀，安史之乱宣告结束。

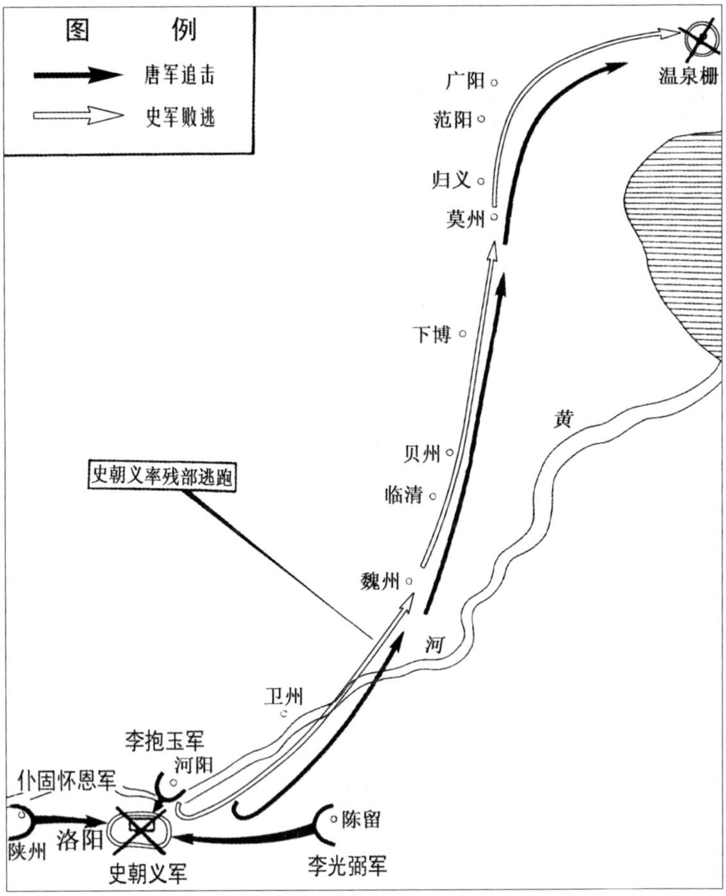

王适为兵马元帅，仆固怀恩副之，会诸道节度使与回纥援兵于陕县（今河南陕县），进讨史朝义。同年十月，唐克洛阳及河阳城。朝义北逃，仆固怀恩亲自领兵追逐，朝义至莫州（今河北任丘县），守将田承嗣以城降唐；于是北走范阳，守将李怀仙也降。广德元年（763），朝义想东奔奚契丹，为怀仙的兵所追杀。至此河北悉定，连亘八年的大叛乱，算是告一结束。

第十五章

盛唐的武功

一、突厥铁勒的平定

（一）东突厥

盛唐时代的对外战争，大体可以说总是胜利的；自然其间也不免遭受若干顿挫，但不足以影响唐帝国的整个成就与荣誉。凭了多次煊赫的武功，唐帝国的版图扩展到空前的大。这些武功的绝大部分是在太宗时代完成的，加以高宗时代的踵事增华，到达版图扩展的最高峰。其后帝国的北边与东边，发生剧烈的变动，一部国土丧失，但整个帝国版图，仍然庞大得可观。玄宗接收了这片经过变动后的庞大国土，使它成为定型，并维持了四十年之久。

在初唐时期的诸外族中，唐室的最大敌人仍是东突厥。隋末唐初的几年中，东西突厥同趋于极盛，但东突厥因接近中国本部，双方的关系更为密切。当时因中国内乱，中国人纷纷逃入东突厥避难，因此它的实力大增。当时它的势力范围，东到今东北诸省一带，西到今青海省和新疆省东部；东

便桥会盟，辽陈及之绘。图中左侧为太宗李世民单骑至便桥桥头，与突厥军队说话，右侧为突厥人，拜服于地者为颉利可汗。

西两方的许多民族如契丹、室韦、吐谷浑、高昌等，都臣属于它，国中胜战的人有一百多万。隋末中国北部起兵的群雄，连唐高祖在内，都向它称臣，因此东突厥是当时亚洲大部民族的主人。东突厥对中国也采取分化政策，它对每个起兵者都加以支持。唐的统一，不但为它所不愿，同时隋室余孽也抱着“宁赠外国，不予家奴”的心理，鼓励它予唐室以打击，此外群雄中的刘武周、梁师都等，也都向它借兵以抗唐师；为了这些原因，东突厥渐由唐室的支援者变为唐室的敌人。武德三年（620）以后，东突厥无岁不发兵入寇，每次都是饱载而归，逼得高祖几乎迁都。九年（626），太宗即位不久，东突厥的最高可汗颉利与其侄突利可汗（始毕之子），因梁师都的勾引，又领兵入侵，大军抵达长安西北渭水上的便桥。太宗冒险亲到渭水，与颉利订盟，并啖以金帛，突厥才退，这是唐室对东突厥最后一次的屈辱。

武德九年（626）以后，东突厥内因华人赵德言的乱政和贞观元年（627）的大雪灾，外因原来臣属于它的铁勒部落薛延陀的叛变，国势渐衰，对唐室的侵略才停顿下来。又因唐室离间政策的成功，颉利与突利发生冲突，突利于贞观二年（628）投降唐室，东突厥的实力，更为减损，乃授予唐室一个绝好的复仇机会。次年冬，太宗以李靖、李勣等率兵十余万，六道讨伐东突厥。四年（630）正月，李靖率骁骑三千突袭颉利所在地的定襄（今绥远归绥县南），颉利遁入阴山，唐师奇袭擒之。东突厥的残余部落，除北附薛延陀和西奔西域的以外，投降唐室的有十余万口。唐室把这批降众安置在东起幽州（今河北大兴县），西至灵州（今宁夏灵武县）的边塞地区。并以突利和阿史那思摩（即李思摩，颉利堂叔）为都督以统理之。此外东突厥诸酋长拜官在五品以上的有一百多人，突厥人入居长安的近一万家。太宗本人好与突厥人接近，甚至以他们充当侍卫；太子承乾，也沾染了突厥习俗；这些地方可以看出唐室中央胡化色彩的浓厚。

贞观十三年（639），突利的弟弟结社率谋反，攻九成宫（在今陕西麟游县），未成而死。唐室才感到突厥寄居中国内地的危险性，因此封李思摩为乙弥泥孰俟利苾可汗，命他率领部人，重返东突厥故地。但不过数年，俟利苾又因薛延陀的侵逼，率部南移，结果唐室又把他们安置于胜（今绥远托克托县西南黄河南岸）夏（今陕西横山县西）二州之间，俟利苾则入居京师。俟利苾南下后，东突厥故地为突厥酋长车鼻可汗所盗有。直至高宗永徽元年（650），唐擒车鼻，处其余众于郁督军山（今外蒙古杭爱山北），东突厥可以说全部降服。同年，唐室又设立单于瀚海二都护府，管理大漠南北地区。都护府以下的组织，有都督府和州，这些府州的都督和刺史都由突厥酋长来担任，并授予高度的自治权，只有最高长官的都护由唐人出任。自此以后，东突厥未发生问题者达三十年之久。

调露元年（679），正是高宗末年武曌当权的时候，单于大都护管内的东突厥首领阿史德温傅、奉职二部叛变，诸州的突厥酋长，群起响应，众至数十万。唐出师讨之，虽将温傅、奉职或擒或杀，但突厥余众的叛乱，仍此仆彼起。天授元年（890）武曌称帝后，东突厥的势力渐强。万岁通天元年（696），武曌拜东突厥默啜可汗为立功报国可汗，命其助伐契丹。次年，又被默啜骗去突厥降户数千帐、谷四万斛和铁数万斤，东突厥的实力大增，态度又转强硬。圣历元年（698），默啜入寇，大肆杀掠而去。此后终武曌之世，东突厥连年寇边，达十余年之久。

直到玄宗开元初年，默啜因衰老昏虐，国内渐有乱象，其部众降唐者甚多。开元四年（716），默啜死，其兄默棘连立为毗伽可汗，因其知人善任，国内复趋稳定，曾于八年（720）大败唐兵。但自此以后，与唐和平相处者十余年。二十年（732），毗伽为臣下毒死，国内时有政争，日渐衰乱。天宝元年（742），拔悉密（居今西伯利亚托木斯克 Tomsk）、回纥（铁勒部落之一）、葛逻禄（居今新疆喀喇额尔齐斯河流域）三部，共击东突厥。三载（744），拔悉密攻杀东突厥乌苏可汗，突厥人又立乌苏之弟为白眉可汗。三部以回纥为最强，唐于是册拜回纥酋长骨力裴罗为怀仁可汗，用以敌东突厥。次年，回纥攻杀白眉可汗，东突厥余众降唐。东突厥的阿史那王朝，至此终了，它的土地和权威都为回纥所取代。

（二）西突厥

西突厥自射匮可汗于隋炀帝时逐处罗可汗（即曷萨那可汗）取得领袖地位后，国势甚强。唐高祖武德元年（618），射匮死，其弟统叶护可汗继立，国势益强。当时西突厥的版图，西拒波斯（今伊朗），南接罽宾（今克什米尔 Kashmir 一带地），东与东突厥对峙。它拥有控弦之士数十万，于西域石国以北的千泉（苏联 Talass 东）建立王庭，臣服西域诸国，并向它们征课赋税。当时东突厥也正值极盛时期，如果不受西突厥的牵制，对唐的威胁必然更大。唐高祖对西突厥甚为笼络，武德三年（620），双方曾约定于五年（622）冬合兵攻东突厥；东突厥颉利可汗大恐，因而与统叶护讲和。贞观二年（628），统叶护为其伯父所杀，此后连年内乱，终于贞观十二年（638）西突厥又分裂为东西二部，原来西突厥十个政治区域的“十箭”（又名十姓），由东西分辖五箭，以热海（苏联 Issyk Kul）为界。西域诸小国，也分附于两部。

贞观十五年（641），西突厥西部的沙钵罗叶护可汗为东部乙毗咄陆可汗所击杀。次年，乙毗咄陆灭西域国家吐火罗（今阿富汗北境），拘唐使者，并进寇伊州（今新疆伊吾县），结果为唐兵所败，乙毗咄陆逃奔吐火罗。他的叶护阿史那贺鲁，原居多逻斯水（今新疆喀喇额尔齐斯河）沿岸，于贞观二十二年（648）率众数千帐内属，唐室把他安置于庭州（今新疆迪化市）。高宗永徽二年（651），阿史那贺鲁拥部众西走，重新统一了西突厥的东西两部，并回兵入寇。显庆二年（657），唐擒贺鲁，把今伊犁河、吹河（Chu）流域的西突厥基本地盘，分置昆陵、濛池二都护府。以突厥酋长阿史那弥射为昆陵都护兴昔亡可汗，管理东部五箭；以阿史那步真（弥射族兄）为濛池都护继往绝可汗，统治西部五箭。至于原来阿史那贺鲁所统多逻斯水上的种落和他所役属的西域诸国，西至波斯，皆设州府，一起置于安西都护府（时设西域龟兹，今新疆库车县）的治下。

高宗龙朔二年（662），继往绝可汗和兴昔亡可汗相继死去，十箭无主，由部酋阿史那都支及别帅李遮匐收拾余众，附于吐蕃。咸亨二年（671），唐给予阿史那都支官职，以安集突厥余众。调露元年（679），阿史那都支与李遮匐连合吐蕃，侵逼安西。唐以裴行俭计擒阿史那都支，并招降李遮匐，自此西突厥日益衰落。到武曌垂拱元年（685），西突厥两部人众日益离散，唐以弥射之子元庆袭兴昔亡可汗，统东部五箭。次年，又以步真之子斛瑟罗袭继往绝可汗，统西部五箭。当时东突厥值默啜可汗在位，国势正强，西突厥十箭人众，被他侵略得死亡殆尽，最后于天授元年（690）由继往绝可汗收集余众六七万人，入居内地，改号竭忠事主可汗。久视元年（700），唐又以斛瑟罗为平西大总管，镇碎叶（苏联 Tokmak 南）。又过三年，西突厥别种突骑施的酋长乌质勒，攻破碎叶，把斛瑟罗赶回中国。乌质勒移牙帐于碎叶，西突厥的阿史那王朝，至此灭亡，十箭故地，遂为突骑施所有。既而，唐封乌质勒为怀德郡王。

中宗景龙二年（708），乌质勒子娑葛自立为可汗，杀唐使者，唐讨之失败，娑葛遂攻陷安西都护府所在地的龟兹。次年，娑葛遣使请降，唐拜之为钦化可汗，赐名守忠。睿宗景云二年（711），守忠之弟遮弩，因怀恨所分部落少于其兄，叛入东突厥，请为向导以伐守忠，东突厥默啜可汗乃遣兵攻杀守忠。默啜兵退后，守忠部酋苏禄召集余众，自立为可汗，有众二十万人。开元七年（719），唐拜苏禄为忠顺可汗，双方大体相安者十余年。二十三年（735），苏禄大举入寇。次年，苏禄为唐兵所破，因而请降。二十六年（738），为其部下所杀，其子继立为吐火仙可汗，据碎叶城，仍与唐抗。次年，唐将盖嘉运击擒之。二十八年（740），唐立阿史那昕（斛瑟罗孙）为十姓可汗，以统西突厥余众，但不久便为突骑施所杀。以后十余年，西突厥故地的主人是突骑施。肃宗至德（756 ~ 757）以后，突骑施因内乱渐至衰落，唐朝也以内乱无暇过问他们的事，但突骑施酋长有时尚遣使入朝。代宗大历（766 ~ 779）以后，突骑施已衰微不堪；而葛逻禄强盛，徙居于碎叶水（即吹河），突骑施乃臣役于葛逻禄，此外尚有一部归附了回纥。

（三）铁勒诸部

铁勒是突厥的北邻，它的部落达十五种之多，著名于史书的，有薛延陀、同罗、仆固、回纥、拔野古等种。它们的主要活动地区，在今西伯利亚及外蒙古北部一带，突厥强盛时，它们臣属于突厥。东突厥颉利可汗时，薛延陀与回纥、拔野古等部一起叛变。当时铁勒诸部中最强大的是薛延陀，它的版图，东至靺鞨（今松花江下流一带地），西至西突厥，南接沙碛（今外蒙古沙漠），北至俱伦水（可能属于今鄂尔浑河）。

贞观二年（628），太宗册封薛延陀酋长夷男为真珠毗伽可汗，与之共图颉利。夷男受封后，建牙帐于郁督军山（今外蒙古杭爱山北），回纥诸部都臣属于他。颉利既亡，他率部落移庭至独逻水（今外蒙古土拉河）南的都尉楗山（即乌德鞬山，当属今都兰哈拉山），有胜兵二十万，其势甚强。十三年（639），唐命李思摩率突厥降众徙居“河北”（今套外地）；太宗并赐真珠可汗玺书，命他与思摩各守疆土，不可逾越。但到十五年（641），真珠可汗以三十万人渡沙漠南击李思摩，思摩率众逃入长城。唐派李勣等击破真珠，但李思摩终不敢再回河北。其后真珠贡献相继，并向唐求婚，结果未能如愿。

贞观十九年（645），真珠死，其子拔灼继立，是为多弥可汗。多弥猜忌好杀，不为部人所附。同年，他乘唐伐高丽而南侵，为唐兵大败于夏州。次年，回纥酋长吐迷度乘机与仆固、同罗共击薛延陀，杀多弥。回纥于是占领薛延陀的地盘，并与铁勒其他部落，相继入贡于唐。薛延陀余众七万口向西奔逃，又为唐将李勣等击杀五千人，俘虏老弱三万，薛延陀至此可以说完全灭亡。唐室并遣使招谕铁勒诸部，诸部酋长皆请入朝。薛延陀灭亡后，太宗曾有诗以记其事，并把其中的警句："雪耻酬百王，除凶报千古"，刻石于灵州（今宁夏灵武县），以扬其烈。二十一年（647），唐改铁勒诸部为府州，各以其酋长为都督刺史。诸酋长并请于回纥以南，开一"参天可汗道"，（"天可汗"是太宗平东突厥后，西北诸外族君长向他所上的尊号。）置六十八驿，以便朝献，太宗许之。同年，唐置燕然都护府于故单于台（今绥远归绥县西），以统其地。唐的北边，至此名义上算是完全平定。但回纥吐迷度对唐阳奉阴违，私下里自称可汗，政治组织也一律仿效突厥。

其后回纥与唐室保持了十余年的和平关系，并曾于高宗永徽时派兵帮助唐朝讨伐西突厥叛酋阿史那贺鲁和高丽。但到高宗龙朔元年（661），与唐亲善的回纥酋长婆闰死去，他的侄子比粟毒代领其众，会合同罗、仆固等部前来犯边，唐派郑仁泰、薛仁贵等伐之。次年，铁勒诸部合众十余万以拒唐师，结果大败。仁贵等并北越沙漠，追击余众，但因深入敌境，粮尽遇雪，士卒冻饿而死者甚多，仁贵等所部一万四千人，生还者仅八百人。至三年（663），铁勒诸部始完全平定。同年，唐徙燕然都护府于回纥，更名瀚海都护府，（后又改为安北都护府，其所在地约在今外蒙古库伦附近。至永徽元年即650年所设的瀚海都护府，则改称为云中都护府，其所在地在今绥远归绥县境。其时永徽初所设的单于都护府已废，唐室乃于麟德元年即664年改云中都护府为单于都护府。）管理沙漠以北的所有州府；回纥酋长相继受都督官号，以统理蕃州。

武曌时，东突厥势力复强，回纥又臣属于突厥。但回纥本身的力量也颇强大，曾于玄宗开元中杀唐凉州都督王君㚟，断安西诸国入长安的通路。唐派兵讨逐，回纥退保乌德鞬山。开元末，东突厥内乱，唐朔方节度使王忠嗣乃招谕回纥、葛逻禄、拔悉密诸部，共攻东突厥。天宝初，唐封回纥酋长骨力裴罗为怀仁可汗。到天宝四载（745），回纥尽有东突厥故地，立牙帐于乌德鞬山，它的地盘是"东际室韦（今松花江上游一带地），西抵金山（今阿尔泰山），南跨大漠"，成为当时中国北方的第一强国。其后回纥与唐的邦交尚称敦睦，双方大体相安者达十年之久，及安史乱起，回纥更成为唐室平乱的一大助力。

二、西域与西南诸国的用兵

（一）西域

前面已经说过，在隋末唐初，西域诸国原是西突厥的臣属。但自贞观十二年（638）西突厥因内乱分裂为东西二部，国力大衰，因此唐室得以乘机经营西域。又因西域各国国小力分，唐室没有费多大力量便把它们收入版图。唐的经营西域，可分二期：一是太宗时代，二是高宗至玄宗时代。太宗时在西域所辟的土地，仅及今新疆省的东部和中部，但开辟西域的基础，则自太宗时奠定。到高宗时，唐室向西拓展至波斯（今伊朗），直到安史之乱，唐才丧失西域的霸权。

太宗在经营西域的过程中，仅与其中较强的高昌、龟兹等国发生过战争，其余的可以说是望风降服。高昌本汉车师王廷旧地，在今新疆吐鲁番县一带，地当西域各国入唐的必经之路。唐初，其王文泰在位，与唐室亲善。太宗曾赐文泰姓李氏。后来文泰偶有断绝贡道的事，并勾结西突厥，企图攻击请求内属的伊吾（今新疆哈密县），因唐室的切责而止。其后又与西突厥攻破焉耆（今新疆焉耆县），焉耆求援于唐，太宗乃于贞观十三年（639）遣侯君集、薛万彻等率兵击之。次年，文泰忧惧而死，子智盛继立，向唐投降。唐把智盛君臣，皆迁至京师，而于其地设置西州，并置安西都护府，留兵镇守。最初，西突厥可汗曾遣兵屯于可汗浮图城（今新疆孚远县），与高昌相呼应，至此也恐惧投降，唐室又把这片

高昌仕女图，新疆维吾尔自治区吐鲁番市阿斯塔那古墓出土。描绘的是高昌贵族妇女，体态略胖，有唐人风格。

土地划为庭州。

龟兹在高昌西，其地当今新疆库车县。唐高祖时，其王苏伐勃駃遣使入朝，其后他的儿子苏伐叠献马于唐，岁贡不绝，但同时也臣属于西突厥。贞观二十一年（647），苏伐叠死，弟诃黎布失毕继立，对唐渐失藩臣礼，并侵略邻国。太宗乃派阿史那社尔（突厥人）与郭孝恪等将兵击之，并命铁勒、突厥等部连兵进讨。次年，阿史那社尔引兵自焉耆西部，进攻龟兹北境；焉耆王薛婆阿那支弃城奔逃，保其东境，唐师追斩之，并立其堂弟先那准为焉耆王。继而唐师攻下龟兹都城，并追擒布失毕。其相那利潜引西突厥之众及其国兵共万余人，突袭唐师，杀郭孝恪，但终为唐师击定。社尔将布失毕送至京师，而立其弟叶护为王，于是西域震骇，诸国相率奉唐。

高宗永徽元年（650），唐以龟兹内乱频仍，酋长争立，乃复以布失毕为龟兹王，命他返国抚慰其众。至显庆二年（657），唐平西突厥，于其地置昆陵、濛池二都护府；大敌既除，唐室遂独霸西域。自龟兹以西，直至波斯，皆设州府，置于安西都护府的治下。次年，龟兹内乱又起，唐再平之，并徙安西都护府于龟兹。这时唐在西域的威势，已达于极点。但好景不长，高宗末年，吐蕃（据今康藏高原）炽盛，时常寇侵安西辖区；而西方的大食（据今阿拉伯半岛）也于此时勃兴，东向发展，侵逼西域。唐在西域，开始遇见了劲敌。

玄宗开元末年，大食已进据妫水（即乌浒河 Oxus，今阿姆河 Amu Darya）流域，吐蕃则突入印度河流域，西至妫水上流，与大食联合，打击唐室的西域霸权，葱岭以西受制于吐蕃而与唐断绝关系的，有二十余国。绝唐的诸国中，最受吐蕃亲重的是小勃律（今克什米尔 Kashmir 的吉尔吉特 Gilgit 区域），它不特是唐帝国的西方门户，而且是吐蕃与大食通援的要冲。吐蕃并在小勃律西北的连云堡（今巴基斯坦的 Chitral）设置重兵，以掩护这些国家。天宝六载（747），唐以高仙芝率步骑一万人伐小勃律，以保固安西，并切断吐蕃与大食的交通。仙芝自龟兹出发，经一百多天至吐蕃连云堡，遣兵击取之。乃越坦驹岭（今兴都库斯山脉 Hindu Kash 中的 Dankat，海拔近 4700 米），进抵小勃律，虏其王而回。这次用兵路线的艰险，是中国自古战争中所没有的。因仙芝的远征，唐帝国在葱岭以外，重振声威，降附的有七十二国。

天宝九载（750），唐以石国（今塔什干 Tashkent）王车鼻施谋叛，再派高仙芝往讨。车鼻施约降，但仙芝把他俘献京室，因而被杀，由是西域各国对唐甚为怨恨。次年，石国王子远恩向大食借兵以拒唐，大食援兵与仙芝所率的蕃汉步骑三万人相遇于怛罗斯（哈萨克斯坦 Talass），相持五日，仙芝部下突厥人叛变，与大食内外夹攻，唐师大败，生还者仅数千人。其后不久，安史乱起，唐帝国内部陷于战争之中，唐室的西域霸权，乃为吐蕃所攘代。

（二）吐蕃

吐蕃的国土在吐谷浑西南，主要部分是现在的康藏高原。这片土地和它的民族，因与中国本土距离遥远，同时又因吐谷浑的阻隔，在唐以前，与中国没有交通。关于吐蕃民族的来源，中国旧史的说法有二：一说吐蕃属于西羌种，它是羌族一百五十个种落之一的“发羌”的后裔。这些种落散处在长江黄河的上源以及湟水、岷江的沿岸，后来大致统一于发羌的部酋鹘提勃悉野，因为“发”字和“蕃”字声音近似，所以他们的子孙自称吐蕃。另一说法，吐蕃是东晋末年南凉国主鲜卑人秃发利鹿孤（即秃发乌孤）之后，利鹿孤的儿子樊尼因失国辗转奔窜，在羌中建国，改姓“勃窣野”，以“秃发”为国号，因语讹而称“吐蕃”。［见《新唐书》卷二一六上《吐蕃传》］

据西藏人自己的历史说，他们是观世音菩萨与一女魔结婚所生的子女六人的后裔；他们的王室，则是印度阿育王的后裔。第一个王是仰赐赞普（赞普是吐蕃的王号），与中国的汉文帝同时，据说他的形貌如鸟雀。仰赐下传三十一代到弃宗弄赞（西藏人称他为松赞干普），是吐蕃第一个与中国往来的赞普，他是陈宣帝初年到唐高宗初年一段时

吐蕃弄赞派禄东赞向唐太宗请求通婚，唐阎立本绘。

文成公主进藏图，青海省湟中县塔尔寺正月十五酥油花。

间（569 ~ 650）的人。弃宗弄赞时代的吐蕃人，过的是畜牧生活，他们大部还没有定居，但也有若干城郭，国都叫逻些城（今拉萨）。[参看李霖灿《西藏史》（载《边疆文化论集》下）]

贞观八年（634），弃宗弄赞开始遣使朝贡，唐室也遣人前往慰劳，弄赞向唐求婚，唐室不许。吐蕃怀疑吐谷浑从中破坏，因而发兵攻之，吐谷浑不支，逃奔青海湖以北，人畜多为吐蕃所得。继而吐蕃又攻破党项诸羌，拥众二十万，进攻松州（今四川松潘县）。十二年（638），唐以侯君集督率诸军讨之，败吐蕃于松州城下。弄赞谢罪，并求婚，唐室始答应他。十四年（640），弄赞派他的大论（吐蕃的宰相有"大论""小论"之称）禄东赞献纳聘礼。次年，唐以宗女文成公主下嫁弄赞，弄赞为她另筑城郭宫室以居之。公主厌恶吐蕃人以红色涂面的陋习，弄赞下令暂时停止；同时他本人也脱去毡裘，被服中国的绸缎，渐渐染上华风。他派遣豪酋子弟，入唐国学，以习诗书，并聘请中国士人，为他典掌表疏。

高宗初即位，封弄赞为西海郡王，不久死去。其孙继为赞普，因幼弱不能亲政，国事全交禄东赞掌理；禄东赞善于用兵，因而吐蕃雄霸西土。禄东赞死后，其子钦陵等专政，与吐谷浑不和，互向唐室表奏，请论曲直，唐室不于裁夺，吐蕃乃发兵击破吐谷浑。高宗咸亨元年（670），唐以薛仁贵督师往讨吐蕃，大败于大非川（在今青海湖南，共和县境），士卒死伤殆尽。吐谷浑全境陷于吐蕃，其可汗诺曷钵仓皇内属，唐室把他迁到灵州（今宁夏灵武县）。从此吐蕃连年入寇，唐室驻兵洮河以资镇守，但无以制胜，党项诸羌遂尽为吐蕃所并，吐蕃四境开辟达万余里，时常联合西突厥来侵夺安西都护府的辖地。调露元年（679），赞普死，子器弩悉弄立，时年八岁，仍委政于钦陵。次年，文成公主死，吐蕃对唐帝国西陲的寇扰，从此变本加厉。

武曌时，吐蕃寇边，甚为猖獗。至长寿元年（692），原于高宗时沦于吐蕃的安西辖区中的龟兹、于阗（今新疆和阗县）、疏勒（今新疆疏勒县）、碎叶四镇，又为中国收复，用以牵制吐蕃。吐蕃遣使求和，请撤销安西四镇戍兵，并请分割西突厥地盘，武曌不许。不久吐蕃内乱，边境得以暂安。中宗时，吐蕃赞普弃隶宿赞（今译尺带珠丹）请婚于中国，唐以宗女金城公主妻之。

玄宗时，吐蕃自恃强大，与唐室的函件用平等称谓，玄宗甚怒。开元十五年（727），河西节度使王君㚟请深入讨伐，恰值吐蕃进寇甘州（今甘肃张掖县），焚掠而回，君㚟率军追蹑，一直追到青海湖以西，击破吐蕃后军，俘获甚多。后来君㚟为回纥所杀，吐蕃进寇益炽，攻陷石堡城（今青海西宁市西南），侵扰河西。十七年（729），唐军克复石堡，吐蕃又求和亲，唐室仅赐给它些诗书一类的典籍。二十九年（741），吐蕃又陷石堡。天宝八载（749），唐以哥舒翰再克石堡，但唐兵牺牲数万人，以致关中的军力大亏。天宝末年，金城公主死，而吐蕃赞普娑悉笼腊赞适于公主死后不久继立，又遣使亲唐。唐也派人答聘，但等使臣回来时，安史之乱已爆发。其后唐帝国内部陷于战乱之中，吐蕃乘机占据帝国西部的广大地区，成为中唐以后唐室的最大敌人。

（三）吐谷浑、党项和天竺

吐谷浑可汗伏允，自乘隋末之乱恢复故土，据地数千里，大致包括今青海省巴颜喀拉山以北及新疆东南隅之地。伏允从前派往隋室的质子顺，也于唐高祖即位后由江都辗转到长安。高祖曾遣使与伏允连和，要他攻打李轨，并送顺返国。太宗时，伏允屡次入寇。贞观八年（634），太宗命李靖率侯君集等讨之。次年，唐师败吐谷浑于库山（今青海湖西和硕特旗境），伏允轻兵逃入碛中，靖与君集率军分南北两路推进，搜索伏允。侯君集自南路行无人之地二千余里，追及伏允于乌海（今青海湖南），大破之，伏允远遁。李靖率军历经吐谷浑西境，时伏允逃至突伦川（在今青海省西境），靖引兵击破其牙帐，斩首数千，获杂畜二十余万，并俘伏允妻子。伏允逃走，为部下所杀。

伏允既败，其子顺举国降唐，唐立顺为可汗以统其国。顺因久居中国，国人不附，不久竟为部下所杀，国内大乱。唐又派侯君集率兵赴吐谷浑，立顺的儿子诺曷钵为可汗。贞观十三年（639），诺曷钵入朝，太宗妻以宗女弘化公主。十五年（641），吐谷浑丞相宣王专权，阴谋袭弘化公主，劫诺曷钵奔吐蕃。诺曷钵闻知，出奔鄯善。既而宣王为唐将席君买所诛，其国乃定。高宗时，吐谷浑经常遭受吐蕃的侵逼，唐室对它未能做有效的救助，大非川之战后，吐谷浑的国土乃完全为吐蕃所并吞。

党项属西羌种，魏晋以后，甚为衰落，至北周，始渐强大。它居于今四川、西康、青海三省的边境交界地区，也就是今积石山黄河上源一带。其国土连亘三千里，北与吐谷浑为邻，西与吐蕃接壤。国内山谷崎岖，部落众多，不相统一，而以拓跋氏为最强。党项人过的是畜牧生活，但大都定居。他们的风俗尚武，好为剽劫，并重视复仇。他们并没有法令和赋役，也没有文字，只以草木的生长和凋谢来计算年岁。

党项自周隋以来，时叛时服，屡为边患。贞观三年（629），党项酋长细封步赖率部内附，其他酋长也相率归唐，唐各于其地设州，以诸酋为刺史。唯有诸酋之一的拓跋赤辞，因与吐谷浑可汗伏允亲善，拒不归附。李靖击吐谷浑，厚赂党项，使其为向导。及吐谷浑平，拓跋赤辞与唐将李道彦发生冲突，赤辞击败道彦，唐师死数万人。其后唐连次派人招抚，赤辞才率众内属；唐室以他为西戎州都督，赐姓李氏，从此职贡不绝。河首（黄河发源地）积石山以东地区，乃皆为唐所有。高宗时，吐蕃强盛，拓跋氏为吐蕃所逼，请求内徙，唐室把它的部落迁移于庆州（今甘肃庆阳县）。党项旧地乃陷于吐蕃，没有迁出的，都受吐蕃役使，党项之外又有黑党项、雪山党项等种落，也都沦为吐蕃的臣属。

天竺也就是汉代的身毒，现在印度半岛的北部地区，境内列国并立，不相统属。自东汉初年，佛法传入中国，双方渐有交通。和帝及桓帝时，天竺数遣使贡献。魏晋之世，双方隔绝了一个时期。从东晋末至南北朝时代，交通又趋频繁，天竺高僧来华者颇不乏人，东晋时的鸠摩罗什和梁时的菩提达摩，是其著者。中国僧侣也有远赴天竺习佛法的，晋安帝时的法显，可为代表。至于这个时期天竺诸国贡使的来华，也屡见不鲜。隋统一后，天竺复绝，炀帝曾命裴矩接待西方诸国，诱其入朝，唯天竺不至，炀帝颇以为恨。

唐时，天竺共分东西南北中五部，名曰“五天竺”，五天竺属国多至数十。中天竺都城叫茶镈和罗（在今印度西北部），国主姓乞利咥，一说姓刹利氏。唐高祖时，中天竺大乱，由嗣王尸罗逸多（Siladitya，又名戒日王，在位期间为 606 ～ 648 年）戡定，其他四天竺的君主，都臣服于他。太宗贞观初，玄奘赴天竺取经，尸罗逸多因而有朝唐之意。贞观十五年（641），尸罗逸多自称摩伽陀王，（摩伽陀 Magadha，地名，在恒河下流。）开始遣使朝贡，唐室也遣使抚慰之。二十一年（647），唐派王玄策使中天竺，其他四天竺也都入贡。既而尸罗逸多死，中天竺大乱，其臣阿罗那顺自立，发兵攻击玄策，玄策率从骑三十人奋战，全数被擒。玄策宵遁，至吐蕃，发精兵一千二百人，连同泥婆罗国骑兵七千余，进至中天竺国城，连战三日，大破叛众，擒阿罗那顺，叛众死者及被俘者各万余人，城邑聚落投降的五百八十余所。从此天竺震惧，直至玄宗时，仍朝贡不绝。此外位于今中南半岛一带的占婆、真腊、扶南等国，以及西南边徼诸蛮，也都归诚于唐室。

三、高丽、奚、契丹的征讨

（一）高丽

隋炀帝因讨伐高丽失败，而至国家乱亡。唐高祖时，高丽王高建武（前王高元异母弟）遣使来朝，高祖以隋为鉴，因而接受其称臣。太宗贞观十四年（640），建武又遣其太子来朝，贡献方物。到十六年（642），高丽“西部大人”泉盖苏文杀建武，立建武的侄儿藏为王，而自立为“莫离支”（统理军国大政的官）。次年，唐封藏为高丽王。继而高丽联合百济，侵略新罗，新罗求救于唐；唐劝阻无效，因而太宗决意对高丽加以讨伐。

贞观十八年（644）冬，太宗下诏亲征高丽，以张亮、李勣为行军大总管，张率战舰从莱州（今山东掖县）渡海；李率步骑兵由陆路进发，太宗也亲自率军与之会合。次年四月，李勣军渡辽水，攻下盖牟城（今辽宁盖平县）。张亮的副将程名振攻下卑沙城（今辽宁庄河县一带），李勣继又攻下辽东城（今辽宁辽阳县北）。六月，白崖城（辽阳县东北）降，乃进攻安市城（盖平县东北），高丽兵十五万来救，为唐兵击溃。安市城的高丽军与唐兵相拒六十日，坚守不下。唐军怕饷道被截，因此不敢舍安市直攻平壤；同时天气渐寒，势难继续作战，因此太宗于九月下诏班师。当唐军撤退时，安市城主登城拜送，太宗赠绢百匹，以嘉其坚守苦战的精神。唐军渡辽水后，业已风雪载途，士卒冻死不少。如再迟些时退兵，后果将不堪设想。此役唐师虽未能灭亡高丽，但也不是毫无收获；总计攻拔高丽十城，斩首四万级，迁移其户口入中国者七万人。唐军则死两千人，战马的损失尤大。

太宗回军后，高藏及泉盖苏文随即入贡，但仍侵略新罗，对唐使者态度亦甚倨慢。太宗又于贞观二十一年（647）及二十二年（648）遣将伐之，均无大功。及高宗即位，高丽立即入贡，但不久又与百济联合，侵新罗北境。新罗遣使求援，唐于永徽六年（655）派程名振等击之，于是战事又起。但最初唐军并未得手，其后唐室改变战略，决定先征服百济，在朝鲜半岛建立一个根据地，然后南北夹击高丽。显庆五年（660），唐派苏定方等讨百济，定方率军从成山（今山东文登县南）渡海直趋百济首都，百济迎战大败，其王义慈被擒，唐以其地设置熊津、马韩、东明、金涟、德安五都督府。龙朔元年（661）百济旧将福信据周留城（今全罗北道扶安），迎义慈之弟扶余丰于日本（即倭奴，唐时改名日本），立以为王，并围唐将刘仁愿于百济都城。当时日本天智天皇初即位，想在朝鲜半岛扩展势力，因而派水师援助百济，与唐抗衡。唐派刘仁轨率水师赴援，日本也增援百济，前后出动四万数千人。三年（663），唐军大破百济余众，并大败日军于白江口（今锦江口），烧其船舰四百艘。日本准备三四年的兵力，为唐军扫荡无余，因此不得不放弃其大陆政策，而仅求自保［**参看余又荪《白江口之战》（载《大陆杂志》十五卷十期）**］。经此一战，百济完全底定，唐室乃进而经略高丽。

百济平定后，高丽处于腹背受敌的形势，但仍不屈服。乾封元年（666），泉盖苏文死。其子男生继为莫离支，但不久被他的两个弟弟男建、男产所驱逐。男生投奔唐室，唐以他为辽东大都督，并派李勣出征高丽。次年，唐军渡辽水，连下高丽十余城。总章元年（668），唐军又下数十城，进围平壤。高丽王藏投降，李勣将高藏及泉男建等送至京师，于是高丽悉平。当时高丽共分五部，有一百七十六城，六十九万余户；唐以其地设置九都督府四十二州，并置安东都护府于平壤以统之。

唐室之所以屡征高丽，主要为了保护新罗，但高丽平定后，新罗却又猖獗起来，新罗王金法敏容纳高丽叛众，并占领百济故地。法敏弟仁问原在京师，唐室乃于上元元年（674）立仁问为新罗王，遣之返国。次年，刘仁轨大破新罗兵。其后李谨行继刘仁轨经营新罗，三战三捷，新罗谢罪，唐室乃复以法敏为新罗王，仁问中途而还。但唐室对整个朝鲜半岛的统治时间，是非常短暂的。因为吐蕃的炽盛，使唐室不能不以全力经营西北，对东北乃采取消极的维持现状的政策，新罗便在这种政策下坐大。仪凤二年（677），唐以高藏为朝鲜王，遣其返国，以统高丽余众；并移安东都护府于辽东（今辽宁辽阳县北）。那时大同江以南地区已非唐所有，唐室只保留着名义上的统治。同年，高藏因谋叛，流徙而死，高丽残余旧壤，乃渐为新罗所并。开元二年（714），唐室又连续内徙安东都护府于营州（今热河朝阳县）和平州（今河北卢龙县），辽水以东的地盘，至此名实均无。

（二）奚、契丹

奚为东胡别种，北魏时，自号为库莫奚。据近人考证，库莫奚乃“细沙”“沙土”之意，大抵因其居地多沙漠，而有此名［参看白鸟库吉《东胡民族考》（方壮猷译）页八八至八九“库莫奚”］。到隋时，去“库莫”二字，仅名曰“奚”。它居于契丹西南，大致在今热河省南部（赤峰县以南，朝阳县以西）。奚人大部过的是游牧生活，但也有极小部分的农业。其军队共分五部，每一部由一“俟斤”主之。唐以前，奚与中国甚少接触。唐高祖时，割据燕州（今河北顺义县）的高开道，曾借奚兵入寇幽州。到唐室完全统一，奚人始于贞观三年（629）来朝，其后又数度入贡。太宗征高丽，奚人从战有功。贞观二十二年（648），奚酋可度者率所部内属，唐以其地置饶乐都督府，以可度者为都督，赐姓李氏。高宗时，可度者死，奚叛，经唐室讨伐后投降。武曌时，奚酋李大酺与契丹俱叛，并与东突厥相表里；武曌讨之大败，死数万人。玄宗开元二年（714），唐封李大酺为饶乐郡王，并妻以宗女。其后奚屡与唐室的疆吏张守珪、安禄山等鏖战，后终为安禄山所击败。天宝十四载（755），安禄山叛变，他的军队中便有不少的奚人。

契丹于唐高祖武德初年，屡次寇抄边境。至武德六年（623），其酋长咄罗遣使贡名马丰貂，开始与唐建立和平关系。太宗贞观二年（628），契丹酋长摩会率部落降唐。东突厥颉利可汗遣使请唐把契丹部落让与突厥，并以梁师都为交换条件，太宗不许；自此契丹对唐感激，朝贡不绝。二十二年（648），契丹大酋窟哥等部均请内属，唐室乃以其地设置松漠都督府，使窟哥领之，并赐姓李氏。高宗时，窟哥死，契丹与奚联合叛变，为唐讨平。到武曌万岁通天元年（696），契丹因受边吏侵侮，愤而作乱。松漠都督李尽忠（窟哥孙）与契丹酋长孙万荣举兵攻下营州（今热河朝阳县），尽忠自称“无上可汗”，以万荣为将，纵兵略地，所向克捷。武曌发兵讨之，无法取胜。不久尽忠死，万荣代领其众，声势甚盛。神功元年（697），武曌遣王孝杰等率兵十七万讨之，结果孝杰败死，契丹遂乘胜屠掠幽州。武曌又派武懿宗、娄师德等率兵二十万讨之，并以奚兵掩击其后，万荣大败，为部下所杀，余众溃散。其时东突厥默啜可汗正强，契丹残部无以自立，因而归附了东突厥。

玄宗开元二年（714），契丹酋长失活（李尽忠堂弟）以突厥默啜可汗政衰，率众降唐。四年（716），唐复置松漠都督府，以失活为都督，并命其所统的八部部酋为刺史。六年（718），失活死，唐以其弟娑固代其位。八年（720），契丹将可突于叛攻娑固，娑固逃奔营州。唐边将派兵与奚王李大酺合助娑固平乱，结果兵败，娑固及大酺均死。于是可突于立郁于（娑固堂弟）为主，并遣使请罪，唐赦之，并妻郁于以宗女。十二年（724），郁于死，弟吐于袭位。既而吐于与可突于不合，于次年奔唐；可突于又立李尽忠之弟邵固为主，唐又以宗女妻之。十八年（730），邵固遣可突于入贡，唐宰相李元纮不加礼敬。可突于返国后，乃弑邵固，率其国人并胁迫奚众，投降东突厥。唐遣师讨之，争战连年，直至二十二年（734），可突于始为唐将张守珪所斩。其后契丹仍叛乱不已，但屡为守珪所破。天宝初年，安禄山出掌帝国东北方面的军政，他为了逢迎玄宗的意旨，于天宝四载（745）大举讨伐契丹，结果失败。其后屡次与契丹作战，互有胜负，直到十三载十四载（754 ~ 755）两年间，才获得决定性的胜利。有了这个胜利，禄山才敢举兵南下，发动对唐室中央的叛变。

盛唐时代帝国的兵员重心，大部时间在关中地区，因此对外战争的成就，以北方和西北方为大，东北方面，则成功不巨。高丽经太宗高宗两代的征伐，始得平定，但不久失去；而奚、契丹，也竟能倔强一时，这些都与帝国兵员重心距东北边疆过远有关。唐室对南方，并没有多少经营的兴趣，也可以拿这个原因来做解释。

四、帝国的版图与文化动态

（一）版图变迁与国际交通

从上面的记述看，显而易见的太宗高宗二代是唐帝国版图扩张的极盛时代。在这段时间内，唐室为了对所征服的异族土地做有效的控制，先后成立了七个都护府，即安西、瀚海（即安北）、单于、安东、昆陵、濛池、安南七都护府。（安南都护府于高宗调露元年即679年设置于交州，其地即今越南河内；统辖今越南东北沿海地区，并控制南海诸国。）到武曌长安二年（702），又于庭州设置北庭都护府，与安西分治天山南北路。这八个都护府所统辖地盘的广大，在中国史上是空前的。

因为盛唐时代的版图时有变化，所以颇难说出它的精确范围，这里只就高宗前期，也就是平灭西突厥、高丽后疆土扩展至最大时期的版图，做一大致描述。当时除了帝国本部（大致为长城以南玉门关以东地区）以外，边远地方在唐政府直接控制之下的，西有天山南北路和葱岭以西直到碎叶水（今吹河）的地区，西南有今青海中部、川康边区和云南东北部，东到今朝鲜半岛北部，南到越南东北部，北则有大漠南北地区。此外在唐室羁縻统治之下的，则有碎叶以西到波斯的地区和碎叶以东经巴尔克什湖（Balkhash）、西伯利亚，直到朝鲜半岛南部的一片广大地区。其他邻国如吐蕃、天竺、南诏（在今云南省），以及占婆、真腊等国，也都从风向化。

但这只是唐帝国版图扩张的最高点，这个状态并没有维持很长的时间，从高宗后期起，领土便开始削减。高丽平定后不过两年，唐师便有大非川之败（670），吐谷浑、党项（今青海省一带地）均陷于吐蕃。东北方面也因新罗的兴起，迫使唐室逐渐退出朝鲜半岛。高宗以后，东突厥和回纥相继复兴，时入长城，唐室无以制之。中宗景龙二年（708），唐室在河套以北筑中、东、西三受降城，以遏其锋。（中城在今绥远五原县，东城在今托克托县西，西城在今鄂尔多斯右翼后旗西北。）开元二年（714），唐将安北都护府移至三城之一的中城。自此终唐之世，帝国的北疆到此为止。玄宗时的东北国界，已撤至辽水以西，西疆则没有再生多大变化，南疆则从唐初到玄宗都大致相同。总之，唐帝国的版图，时有变迁，到玄宗时才成了定型，但较极盛时期已颇有逊色。其后安史乱起，吐蕃乘机攘夺了唐帝国西域的霸权和西部的广大土地，使唐的版图，大为削减。

唐帝国的对外交通也非常便利，当时主要的国际交通线，约有九条：1. 由营州（今热河朝阳县）东至安东都护府（今辽宁辽阳县北），再南行至高丽国都平壤。2. 由夏州（今陕西横山县西）东北行至古云中城（今绥远托克托县），与近塞蕃落相通。3. 由中受降城北八十里的呼延谷，西北行二千余里至回纥牙帐。4. 由安西西北行至碎叶，然后西行经怛罗斯城，至石国、康国及波斯、大食等国。5. 由鄯州（今青海乐都县）西南行至赤岭（今日月山隘道），然后入吐蕃。6. 自安南（今越南河内）西北行至柘东城（今云南昆明市），再西行至南诏首都（今云南大理县），然后西渡怒江，经骠国（今缅甸）而入天竺。7. 由登州（今山东牟平县，中宗时徙治今蓬莱县）浮海至今辽东半岛南部，再沿海至鸭绿江口，然后沿朝鲜半岛西部至日本。8. 由扬州（今江苏江都县）出长江口东渡至日本，亦有自明州（今浙江鄞县东）、温州（今浙江永嘉县）、福州（今福建闽侯县）等地出发者。9. 由广州出海，缘今海南岛及越南东海岸南至佛逝国（今苏门答腊），东至诃陵国（今爪哇）。又由佛逝国西北行至师子国（今锡兰），再西北行至拔飏国（印度河入海处），最西可至大食（今阿拉伯半岛）。[参看严耕望《唐代篇》“八、交通”（载《中国历史地理》二）]

唐朝前期的武功鼎盛，国际交通又非常便利，因此外族的降附者以及来华经商或求学的，为数甚多。同时唐室“夷夏之防”的观念不深，外人的来华，更加踊跃。这些来华的外族中，因战争为唐所俘虏而被强迫迁至中国的，占一相当大的数目。总计自太宗贞观四年（630）至玄宗天宝四载（745）的一百一十五年间，外族为唐所俘或降附唐室因而入居中国的，达一百七十万人以上，包括突厥、铁勒、高丽、吐蕃、党项、吐谷浑以及西域各国的人。来华经商传教的外人也极众多，波斯人、大食人以及西域贾胡等遍及于广州、洪州（今江西南昌县）、扬州诸地，其中扬州商业尤为繁盛，此外新罗人与昆仑人则多为国人用为奴隶。当时的国际商业都市，除以上诸地外，尚有益州（今成都），其地当唐、吐蕃、南诏三国的冲要，是帝国西部的最大都会。而帝国首都的长安，尤为华夷混淆之地，当时长安城的人口约在五十万上下，四夷降人及留学生多荟集于此。至于外族的人才，为中国效力，以武功著或以文名显的，也颇不乏人。

（二）文化的吸收与传布

由于唐室的不严“夷夏之防”，对外国文化的输入也采取放任的态度，因此外国文化在中国境内得以自由发展而不受排斥。自汉通西域以来，西域诸国所特有的音乐、技艺便源源输入中国；到唐时，胡乐更为流行，甚至开元末年，政府若干典礼所用的音乐，也以胡曲是尚。技艺方面如击鞠（又名波罗球，类似今之马球）、绳技、双陆（大食棋戏）等，舞蹈方面如柘技舞、胡旋舞等，都是唐人所普遍爱好的，也都自西域传来。以外胡食（如葡萄酒、烧饼、沙糖等）、胡服，也风靡于当时的贵族士女之间，由此可以想见唐人生活的胡化程度。

唐代外国文化的输入中国，除以上所说各项外，宗教也是重要的一项。佛教虽远在唐以前传入中国，但唐代佛教的盛行，达于空前未有的阶段，而佛教的若干宗派，也都于此时发展到极致。祆教（即拜火教）于南北朝末期传入，唐室于两京及西部诸州设庙，用以羁縻西域的祆教徒。唐代传入的外国宗教则有摩尼教、伊斯兰教及景教（基督教别派），关于它们在中国发展的情形，将于别章详述。当时的长安，不特是外国留学生的荟集地，外国宗教也多在长安建寺，所以长安是当时的国际文化都市。天竺（今印度）和拂菻（又名大秦即东罗马帝国）的医学，也于唐时传入中国。当时长生术甚为流行，皇帝多征求延年之药，天竺人便是这类仙药的炼制者。天竺人并擅治眼疾，中国的眼科医学，颇受他们的影响，拂菻人则擅长外科及眼科。此外许多特产的药物自西域、波斯、大食及拂菻等地输入中国。［参看陈邦贤《中国医学史》“第六章、外国医药的输入”］

至于中国文化的输出，在商货方面，仍以丝绢为主。丝绢由中国向西方输入，有两条主要路线：一是出康居（乌兹别克斯坦 Samarkand 及 Bukhara 一带地），也是最古的一路；一是经过印度洋诸港向西行的海路。当时丝绢的顾客，多为罗马人和波斯人，而居间贩卖的则是今中亚一带的西域商胡和印度洋的商船，而波斯人又为东罗马的丝绢掮客。远在 6 世纪中叶，突厥攻破乌浒河（今阿姆河 Amu Darya）北的国家嚈哒而据其地，康居本臣属于嚈哒，至是移属于突厥，因此西突厥成为中国丝绢输往欧洲的陆路转运地。西突厥与波斯接境，同时在里海之北，又可与东罗马帝国交通，因此和两国逐渐发生贸易关系。其后波斯人想完全垄断印度诸港的海上丝利，妨碍陆地运丝民族的贸迁。西突厥乃鼓动东罗马，与波斯展开历时二十年（571 ～ 590）的大战，结果两败俱伤，造成大食的勃兴。至唐初，外国宗教如祆教、景教僧徒的来华，以及中国僧侣（如玄奘）的赴天竺留学，也大都经过西突厥的国境［参看沙畹《西突厥史料》（冯承钧译）页一六六至一六八及页二一九］。除丝绢外，瓷器也是当时国际贸易的主要出口货。瓷器的制作，约始于晋，南北朝时始渐多。到唐时，瓷业成为最发达的手工业，其品质及技术的精良，均远过前代。当时中国的瓷器极为外人所赞赏，在国际市场上具有重要的地位。

中国的文物制度，也多为四夷所仿效；如新罗、吐蕃、日本、南诏以及西域诸国，莫不沾染华风。尤其是日本，其所有的典章制度，几乎完全由中国移植而去。即边远如大食，也受着中国文化的影响。同时四夷因倾慕中国文化，多派遣留学生来华，如高丽、百济、新罗、高昌、吐蕃诸国，相继遣子弟前来，就读于国学，日本学生及学问僧（专门研究学问的僧侣）随使臣来华者尤多，其姓名事迹至今可考者尚有一百数十人，可见其国的倾慕华化。中国的书法，尤为外国所宝重，中国文字的石刻碑版，流布于朝鲜半岛、漠北以及吐蕃、日本、西域，并远至吐火罗（今阿富汗北境）及拂菻。唐代最受外人敬重的书法家则有欧阳询（高祖时人）、柳公权（穆宗时人）等。新罗、日本等国的大量吸收中国文化，是在唐室中衰以后，由此可见中国文化具有真价值，并非完全依附国力而对外传播。

附带一提的，是唐玄宗天宝十载（751）唐师与大食的怛罗斯一役，在无意中推动了中国文明的传播，那就是世所艳称的中国造纸术的西传。中国的造纸术，发明于东汉和帝时（89 ~ 105），到魏晋时代，流传到天山南北路。唐时，大食人已使用中国麻纸，但不会制造。怛罗斯一战，在大食所虏获的数千唐兵中，有一部分是造纸工匠。大食把这批唐人，集中于撒马尔罕（Samarkand），设厂造纸，造纸业渐成为大食人的新兴工业。从 9 世纪到 12 世纪，撒马尔罕纸风行中东近东，并远至西班牙各地。12 世纪以后，欧洲各国才逐渐知道造纸。[参看姚从吾《唐客卿高丽高仙芝远征怛罗斯与中国造纸术的西入欧洲》（载《中韩文化论集》一）]

第十六章
安史之乱以后的唐帝国

一、 藩镇的割据

（一）藩镇的强大

唐的由盛世突然步入衰运，关键在于安史之乱。这场大叛乱虽被讨平，但它给予唐帝国的创痛，真是至深且巨。它直接间接遗留的若干困难症结，使唐室始终无法解决；不特促进唐帝国的衰落与乱亡，某些方面甚至影响唐以后数百年的政局。藩镇的跋扈，便是安史之乱留给唐室的若干重大难题之一。

唐室于安史之乱平定后最大的失策，是对安史的降众以及在战争期间过度扩充的政府军，没有一个适当的安排。政府军方面，除了开元时代所设的九节度使外，战争期间又在内地增设不少兵镇。乱平后，安史余孽并未完全消灭，仍然盘踞黄河下游南北地区，唐室为防备他们，也就不敢撤销内地的兵镇，因此兵镇几乎遍及全国。这不但使唐室的财政陷于困境，更平添若干据地自雄的军阀。

安史余孽之所以无法完全消灭，是由于他们的实力坚强，不易征服。在战争期间，唐师屡遭败创，赖回纥人的助战，才击败叛军，而回纥人的纪律极差，唐室又不敢过分倚任。加以肃宗、代宗，缺乏远见和魄力，只求早日结束战争，而不计后果。因此不惜付出极大的代价，以招降叛军。安史部将归降的，唐室并不惩处，也不解散他们的武力，反酬以广大的地盘和节度使的官位。安史余孽的实力，就这样被保全下来，终成为帝国内部的巨患。

叛乱的初期，安禄山部下平卢镇将刘客奴、王玄志、董秦等降唐，唐以客奴为平卢节度使，辖平卢旧境（今热河省南部及河北省东北部一带地），以抗禄山，他是安史降将为节度使的第一人。其后王玄志酖杀客奴，唐复于肃宗乾元元年（758）以玄志为平卢节度使。同年，玄志死，军士拥镇将侯希逸为主，唐室又委任希逸为节度使。这是节度使擅自攘夺和私相授受的开始。宝应元年（762），侯希逸因孤军无援，率所部二万人南下，渡海至青州（今山东益都县），据有其地。唐复以之为平卢淄青节度使（简称淄青节度使），辖有十州的地盘，成为黄河以南的强藩。

到代宗即位，史朝义失败，仆固怀恩进兵河北，安史部将薛嵩、张忠志、田承嗣、李怀仙等相率降唐。据说怀恩恐怕乱平宠衰，因而奏请以嵩等分帅河北，以为党援。唐室也因厌战，竟然允许。以张忠志为成德五州节度使（大致辖今山东省北部及河北省中南部地区），赐姓名李宝臣，治恒州（今河北正定县）；田承嗣为魏博五州节度使（大致辖今山东省西北部及河北省西南部地区），治魏州（今河北大名县）；李怀仙为卢龙六州节度使（大致辖今河北省北部、辽宁省东部、热河省南部地区），治幽州（今河北大兴县）；薛嵩为相卫六州节度使（即昭义节度使，大致辖今河南省北部及山西省东南部地区），治相州（今河南安阳县）。而淄青节度使侯希逸，于永泰元年（765）为部将李怀玉所逐，唐室乃以怀玉为节度使，赐名正己。以上五镇，都是安史余孽，他们占据了唐帝国的整个东北部地区，渐成为唐室的大敌。

五镇的首领，大都是胡人或胡化甚深的汉人，例如李宝臣为奚人，李怀仙为柳城胡人，李正己为高丽人，侯希逸母系出于高丽，田承嗣、薛嵩则为胡化的汉人。诸镇互为婚姻，与中央抗衡，渐至形成割据的局面。而诸镇将士，既多胡人，他们所控制的地区，也逐渐胡化。胡化的主要特征，是卑弃文教而崇尚武力，养成一种好勇斗狠的风气。所以当时军人第一的黄河下游南北与以诗赋取士的长安，文化上是两个截然不同的地区。上述安史系的藩镇区，不但土地肥沃，民风朴勇，自然形势也非常险要，唐帝国的东北天然国防线，便在这个地区中。这个地区与唐室对立，不但使唐室失去一个重要的战略地带，同时牵制住唐室大量的兵力和财力，几乎使整个关东地区，经常处于战争状态中。

安史系藩镇区中的统治组织，是军政合一的。节度使是其辖区中的军事统帅，也是最高行政长官。他的军队遍布全区，由其私人委任的镇将来统率。镇将有镇遏将、镇使、镇遏使、镇遏兵马使、镇遏都知兵马使等名目，其中镇遏使又常兼任州刺史。节度使的地位，并不巩固，常为他的部将所攘夺。如果节度使因死亡而出缺，便由他的子侄或为众所推举的部将继任为“留后”，等到中央的正式委任状到达，再称节度使。此外，节度使在他的辖区中可以自由委任官吏，扩充军队，征收赋税，中央政府一点不能过问。至于中央系的藩镇，在唐朝中叶，还没有这样凶横。

藩镇的兵，可以说完全是强迫征调的。藩镇区中的壮丁，大都被征为士兵，老弱则从事农耕。同时对人民的生活管制甚严，若干藩镇如卢龙、淄青等，甚至禁止人民偶语于途，夜间不准燃烛，并不准以酒食相过从。节度使从军队中抽调其精壮者，充当卫队，叫做“牙兵”；又有所谓“养子”，乃是精锐中的精锐。节度使对这类亲军，备极爱护，但他们日趋骄横，动辄发动叛变，驱逐主帅。这种现象在藩镇间愈演愈烈，直到五代。

（二）诸镇的连兵

安史诸镇，以田承嗣为最强。他有兵十万，对唐室也最无礼，代宗对他加意笼络，但他骄傲如故，大历八年（773），昭义节度使薛嵩死，唐以嵩弟崿为留后。十年（775），承嗣夺取昭义一部分地盘。唐遣兵伐之，不能取胜。次年，承嗣谢罪，唐赦免之，但承嗣所占的昭义地盘，并不交出。唐室另派李承昭为昭义节度使，统辖其余地方。至此，黄河以北的安史系藩镇，仅剩魏博、卢龙、成德三镇。这时黄河以南的淄青节度使李正己，已拓地至今山东省的西部及南部，他共辖十五州，也拥有强兵十万。这四镇名义上虽是唐室的藩臣，实际上等于敌国。十四年（779），承嗣死，由其侄田悦继承其位，藩镇世袭的恶例，由此开端。

同年，代宗死，子适继位，是为德宗。他即位之初，颇能励精图治，藩镇对之深为敬畏。但他为人刚愎忌刻，没有充分的知人之明。建中二年（781），他引用奸臣卢杞为相，政治日非，渐引起藩镇的轻视。因此在一段极短暂的安静之后，又掀起了战乱。同年，成德节度使李宝臣死，其子惟岳自称留后，田悦为其求节度使，唐室不允，悦乃联合惟岳及李正己，举兵叛唐。既而李正己死，其子李纳擅领军务，仍与田悦等联合。唐以马燧、李晟等讨田悦，悦败归魏州，唐军围之。李惟岳则为部将王武俊所杀。

卢龙节度使李怀仙，于代宗大历初为部将朱希彩、朱泚等所杀，二朱相继为节度使。大历九年（774），朱泚入朝。次年，泚自请留长安，唐乃以其弟朱滔为卢龙节度使。至田悦等叛，朱滔以讨叛有功，希望唐室增其辖地，未能如愿。王武俊则求为节度使，谋亦不遂。因此二人怨恨，乃发兵共救田悦，解魏州之围。既而三镇与淄青李纳联合，同时称王。朱滔称冀王，王武俊称赵王，田悦称魏王，李纳称齐王，共推朱滔为盟主。他们并与淮西节度使（治蔡州，今河南汝南县）李希烈勾结，希烈是安史降将李忠臣（原名董秦）的养子，忠臣于代宗时为淮西节度使，大历末为希烈所逐，唐室便以希烈继为节度使。德宗时，希烈因求增地不遂，乃与四镇相结，自称建兴王天下都元帅。淮西也可以算是安史系的藩镇，它仅辖三州之地（今河南东南部），形势也很孤立，但具有极强的战斗力。

建中四年（783），希烈遣兵四出抄掠，东都大扰，唐室派泾原等镇兵讨之。同年十月，泾原节度使（辖泾、原二州；治泾州，今甘肃泾川县北）姚令言率兵五千到京师。因未得赏赐，军士在进发至长安以东的浐水时哗变，鼓噪而还，德宗仓皇出奔奉天（今陕西乾县）。叛军入长安后，推举废处京师的朱泚为主，百官留在京师的，多受其委用。朱泚自称秦帝，不久改号为汉。当时中央大军正攻打魏博，闻变后由李怀光、李晟率师还救长安。朱泚率军自长安围攻奉天，幸李怀光赶至，击败叛军，朱泚始退回长安。奉天解围后，德宗听信卢杞谗言，竟不召见怀光，怀光乃顿兵抗表，论卢杞之罪，德宗不得已将杞贬逐，但怀光仍不满意。

兴元元年（784），德宗用朝臣陆贽之策，下诏赦免李希烈、田悦、王武俊、李纳等人之罪，唯朱泚不赦；并免除若干苛捐杂税。于是人心大悦，田悦、王武俊、李纳也都去掉王号，上表谢罪，唐室恢复田悦的官爵，并以王武俊、李纳分任成德、淄青节度使。只有朱滔、李希烈不听，滔仍引兵南攻，希烈则自称楚帝。李怀光屯军于咸阳（今陕西咸阳县东），暗与朱泚相通，并阴谋袭取奉天。德宗闻讯，又急忙逃到梁州（今陕西南郑县东）。既而李怀光以实力不足，决计先据河中（今山西永济县），于是大掠而去。同年，李晟收复京师。朱泚、姚令言率余众西走，均为部下所杀。德宗还长安后，命马燧、浑瑊等讨李怀光。贞元元年（785），马燧等进逼河中，怀光兵败自杀。次年，李希烈为其将陈仙奇所杀，唐乃以仙奇为淮西节度使。不久仙奇又为部下吴少诚所杀，唐室又以少诚继其位。

田悦于兴元元年（784）为田承嗣子田绪所害，唐室乃以绪为魏博节度使。朱滔则于朱泚称帝时，起兵南下，想西入潼关，但为王武俊所拒，败回幽州，上表待罪。贞元元年（785），滔病死，唐室以其将刘怦为卢龙节度使。同年，怦又死，唐复以其子济为节度使。

德宗返跸后，对藩镇采取姑息政策。当时全国藩镇共有四十余处，布列四方，大的辖有十州之地，小的也辖三四州，大都在半独立状态中。而德宗又以奸佞裴延龄用事，并昵近宦官贪吏，因此政绩日衰。贞元十四年（798），吴少诚于淮西举兵，侵掠邻州。唐室讨之不利，终于赦免其罪，因此藩镇的气焰更盛起来。

（三）宪宗的征讨

贞元二十一年（805）正月，德宗死，太子诵继立，是为顺宗。他因夙患风疾，于同年八月，传位于太子纯而自号太上皇，并改元永贞。太子纯即位，是为宪宗。次年，改元元和。元和共有十五年（806 ~ 820），在唐史上号为“中兴”时期。宪宗最可称述

宪宗初期主要藩镇

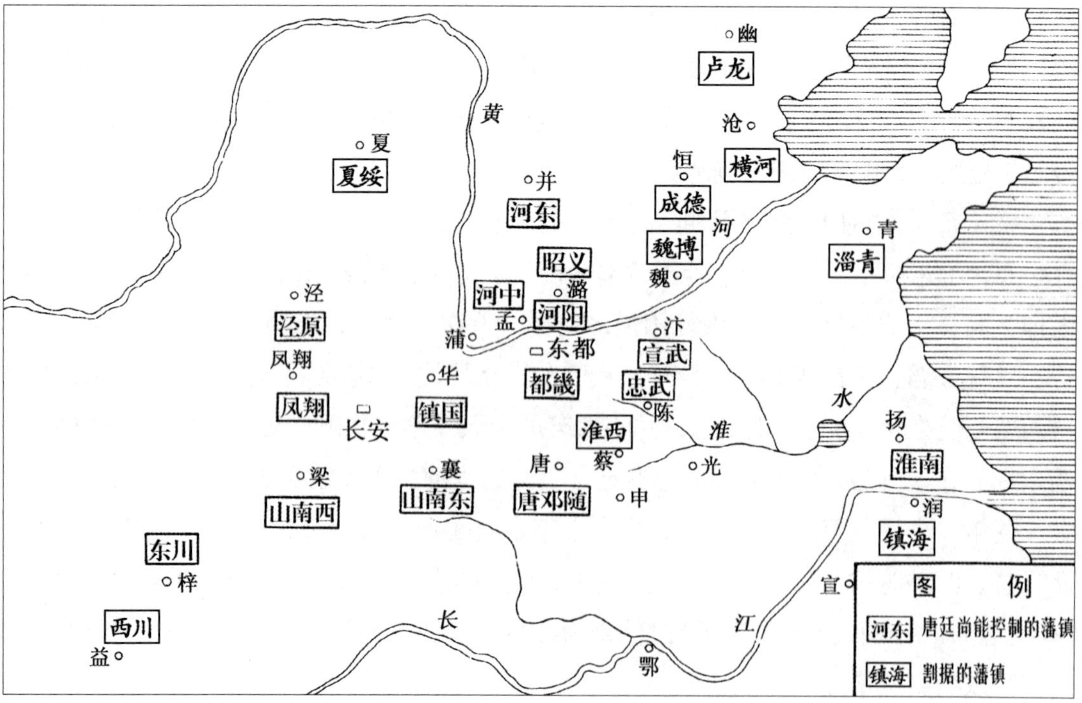

的中兴事业，便是打平若干抗命的藩镇，使国家再度统一。但这次中兴时期是非常短暂的，只与宪宗本人相始终。

宪宗初立时，与宰相杜黄裳谈到藩镇问题，黄裳认为要振举纲纪，制裁不法藩镇是第一要务。宪宗采纳其议，决心以武力解决骄蹇的藩镇。当时全国藩镇四十八处，凡辖州府二百九十五，县一千四百五十三，其中不向中央申报户口的达十五镇七十一州，每年向中央输入财赋的，只有浙江东西的八镇四十九州［见《旧唐书》卷十四《宪宗本纪上》］。诸镇仍以安史系的藩镇为最强，但宪宗对他们并不轻易起衅，而先拿较弱的“开刀”。

永贞元年（805），剑南西川节度使（辖今四川西部地区，治成都府。肃宗时，分剑南为东西两川，各置节度使）韦皋死，其部属刘辟自为留后。宪宗立后，以辟为节度副使，不久他又因兼领东川未遂而叛。唐以高崇文讨之，击擒刘辟，其乱乃定。这是元和元年（806）的事。同年，夏绥留后（治夏州，今陕西横山县西）杨惠琳抗命，唐室又讨斩之。次年，镇海节度使（辖今太湖流域地区；治润州，今江苏镇江县）李锜自请入朝，以试探中央意旨。宪宗征其至京师，锜乃反。唐遣兵讨之，锜部将擒锜而降。锜为唐远支宗室，卒被处死。三镇既平，中央的声威大震。

宪宗对藩镇最艰苦的战斗，要算元和十年至十二年（815 ~ 817）的讨伐淮西之役。此役以前，唐室曾于元和四年至五年（809 ~ 810）讨伐成德的王承宗（武俊孙），因未获胜利而予以宽贷，至淮西乱起，承宗又叛。这里先叙述宪宗讨伐淮西的经过。

唐室所以必欲讨伐淮西，主要目的是在解决兵财两大问题。因为淮西牵制住唐室数十万的军队，军费的消耗极大，同时它的形势孤立，较有战胜的把握。但淮西节度使辖区内的人民，受安史胡人的影响，风气异常犷悍；加以李希烈、吴少诚等人的长期割据，人民与中央的情感渐渐消失，竟至视同敌国。因此唐室调用十六镇的兵力，以三年的时间，才得平定。淮西节度使吴少诚于元和四年（809）死，大将吴少阳自立为留后，当时唐室正用兵河朔，不得已以之为节度使。九年（814），少阳死，子元济匿不发丧，自领军务。次年，元济纵兵旁掠，侵及东都。唐以李光颜、严绶率诸镇兵讨之，一时未能奏功。但宪宗用兵之意甚坚，以宰相武元衡主持军事。不久，元衡为贼党刺杀，复以裴度为相，专主讨淮西事。十一年（816），唐以李愬（晟子）率兵讨淮西。次年，李愬用计连擒淮西将丁士良、李祐等，委以腹心。既而李愬用李祐之计，于雪夜奇袭元济总部所在地的蔡州城（今河南汝南县），擒获元济，诸州相继归附，于是乱平。

淄青节度使李纳，死于德宗贞元中，传子师古。元和元年（806），师古死，部下拥

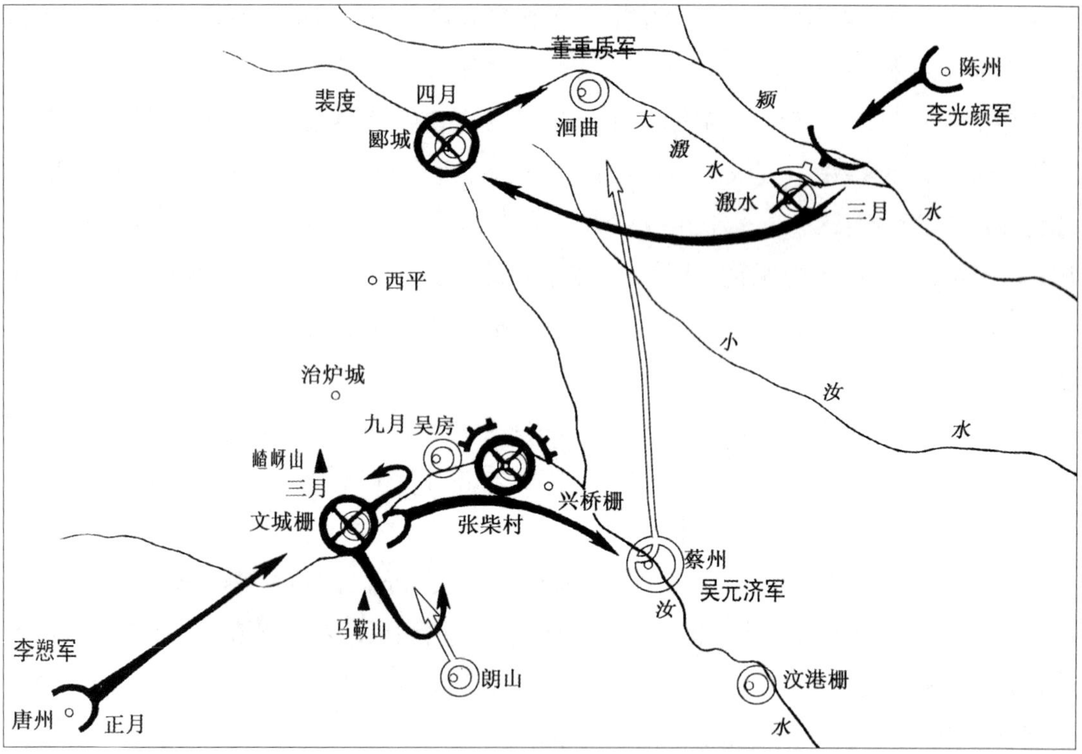

李愬袭蔡州作战经过示意图。自元和十年（815）十月始，朝廷对淮西用兵，但连连败绩。元和十一年（816），朝廷以李愬出任唐随邓三州节度使。次年正月，李愬到达唐州。此时唐北路军李光颜在溵水与淮西董重质相持，并于三月渡溵水西进，败淮西兵于偃城，董重质走洄曲，唐军蹑踪而至，吴元济被迫从蔡州调兵北援洄曲，蔡州城内空虚。李愬因此有袭蔡州之意。九月底，李愬攻占吴房外城。十月初十，阴晦风雪，李愬利用这一天候，自文城栅，以九千人东行。至夜袭占张柴村要点，分兵五百守之。余部继续东进，天明前抵达蔡州城下，随即登城攻击。吴元济猝不及防，又兼兵少，接战不久即被擒，随后洄曲守将董重质亦归降，淮西遂告平定。

立师古继母弟师道继位。当时宪宗初立，不得已承认之。及淮西乱起，师道暗中出兵助元济，并派人刺杀宰相武元衡。吴元济被擒后，师道才起恐慌，上表愿纳质献地，既而反悔。唐室决计用兵，以李光颜、李愬等统军进讨，屡败师道兵。十四年（819），师道为其部将刘悟所杀，淄青遂定，唐分其地为三镇。自李正己以来，割据五十四年的淄青节度使区，至此重新归命。

河北方面，魏博节度使田绪死于德宗时，节度使一职，经其子季安、孙怀谏，而于元和七年（812）落入田承嗣的侄子田兴之手。田兴对中央甚为恭顺，唐室便正式以他为节度使，赐名弘正。他喜好收藏图籍，时与宾佐谈论古今；馆宇服玩，也谨遵法度；这是胡化藩镇首领的创举。他又以兄弟子侄在中央任职，以防他们效法河北诸镇世袭的恶例。他对唐室的忠诚，是胡化藩镇中所仅见的。

成德节度使王武俊死于贞元末，由其子士真继位。元和四年（809），士真又死，子承宗自为留后，同年，承宗起兵叛唐，唐以宦官吐突承璀统军讨之。次年，承璀屡战屡败，承宗遣使谢过，唐乃赦之。十年（815），淮西乱起，武元衡被刺，王承宗亦阴与其谋。次年，唐以田弘正等讨之，但旋即罢兵，并力以取淮西。及淮西平，承宗惧而请罪，纳质献地，唐始复其官爵。不久承宗病死，唐室乃以田弘正移镇其地，而以李愬为魏博节度使。

卢龙节度使刘济，对中央甚为恭顺。元和五年（810），刘济为其子刘总所弑，唐室不知底细，复以总为节度使。其后王承宗再度抗命，总虽出师助征，但阴持两端。及吴元济平，李师道、王承宗相继死，总党援尽失，乃上表向唐室输诚，从此卢龙也接受中央的命令。

到元和十四年（819）春，全国的藩镇，至少在名义上都服从中央，这时可算宪宗中兴事业的最高峰。但宪宗对国事已有些荒怠，渐着意于池台馆宇的营建崇饰。同时他又染上迷信的恶习，祈求长生，服“不死”之药。他服药后，性情暴躁，常罪责近习，终于十五年（820）为宦官陈弘志所害。他死后，河北三镇（卢龙、成德、魏博）又乱，唐室从此未能收复。

（四）藩镇的复盛

宪宗死，子恒立，是为穆宗。他即位后不久，河北藩镇又叛，最先叛变的是卢龙。卢龙节度使刘总于穆宗长庆元年（821），请求弃官为僧，唐室许之，改派张弘靖继其位。弘靖出镇卢龙后，不知适应当地的风习，例如旧日的节度使，大都亲冒寒暑，与士卒同甘苦，弘靖则不常与部下接触；又如卢龙人习于早眠，夜不燃灯，而弘靖的僚佐，多嗜酒放纵，有时深夜归来，烛火满街。这些都是镇人所不习惯的。此外，安禄山、史思明在当地仍深受信仰，俗称“二圣”，弘靖到卢龙后，发墓毁棺。而弘靖的僚佐，又常以“反虏”诟骂当地军士，因此激起镇人的怨愤。同年，卢龙军叛，将士囚弘靖而迎立朱滔的孙子克融为留后，于是卢龙再与唐绝。

成德、魏博也接着叛变。田弘正移镇成德时，曾携带魏兵两千人以自卫，请中央供粮，中央恐开例而不给，弘正不得已遣回魏兵。长庆元年（821），卢龙叛后不久，成德旧将王庭凑乘机作乱，攻杀弘正。庭凑自称留后，唐遣兵讨之，并委朱克融为节度使，以分其势；但以进战无功，不得已于次年命庭凑为节度使。魏博方面，当王庭凑叛时，节度使李愬正谋出兵，因染病未果。唐室乃起用田弘正子田布为魏博节度使，并命其讨王庭凑，为庭凑所败。诸镇逼布“行河朔旧事”，布不从而自杀，部众乃拥戴牙将史宪诚为留后。宪诚所统为全军精锐，唐室怕他生事，乃以之为节度使。宪诚表面服从中央，暗中则与卢龙、成德相结。于是河北三镇又成割据之局。

河北乱事的无法收拾，与当时中央政府的裁军政策颇有关系。穆宗即位之初，两河平静。大臣萧俛、段文昌等认为国家安定，应大举裁军。唐室采纳其建议，密令全国军镇，每年将其部众每百人中，裁去八人。河北诸镇军士被裁者甚多，大都相聚为盗，终为朱克融、王庭凑等人用为叛乱的资本。及至遣兵讨叛，又派宦官监军，主将无法专决机宜。而中央又好遥授方略，朝令夕改，以致将士不知所从。河北便在这种情形下，再度失去。

自穆宗时河北再失，其后经敬宗（825 ~ 826）、文宗（827 ~ 840）、武宗（841 ~ 846）三朝的二十余年间，卢龙、魏博二镇，内乱相继。卢龙朱克融于敬宗时因乱被杀，其后节度使一职，更易频繁，但皆由镇将充任。他们对这个职位的获得，全靠军乱。魏博的情形，也大致相同。成德则最为稳定，王庭凑死于文宗时，其后节度使一职，始终由王氏子弟充任，直至唐亡。武宗以后，河北三镇虽然仍为中央政令所不及，但它们的首领，因受制于强兵，有些自顾不暇，已远不如初叛时跋扈。

河北诸镇虽叛，但其他各地的藩镇，依然听命于中央。武宗会昌三年（843），昭义节度使刘从谏死，其侄刘稹自立为留后，唐室于次年讨平之，中央的威令颇行。同时河北诸镇，又日渐衰弱，因此藩镇已不是严重问题。而武宗以后的宣宗（847 ~ 859），唐室更一度有复兴之象。但继之以懿宗（860 ~ 873）、僖宗（874 ~ 888）的狂暴童昏，加以宦官擅权，政治日益腐败，又造成普遍的流寇之乱，尤以僖宗时的黄巢之乱，为祸最烈。唐室利用外族沙陀的军队讨平黄巢，乱平后，又以节度使的名位和广大的地盘，来安置沙陀首领和黄巢降将。因此黄河南北，又崛兴了两大割据势力：黄河以北的是沙陀部酋李克用，以南的是黄巢降将朱温。黄河南北原有的诸镇，其后渐被这两大势力所并吞。

关中地区的藩镇，本是属于中央系统的，但到唐朝末年，其中若干藩镇也同样与中央对立。最著名的有长安西面的凤翔节度使（辖今甘肃省东部及陕西省西部、南部地区；治凤翔，今陕西凤翔县）李茂贞，北面的静难节度使（即邠宁，辖今泾水沿岸地区；治邠州，今陕西邠县）王行瑜，和东面的镇国节度使（辖今陕西省东部地区；治华州，今陕西华县）韩建。国都的四面，有了这么三个强大而敌对的藩镇，唐室的危殆自不难想象。中央政府的军权操在宦官之手，军力无法与藩镇抗衡。而宦官与外廷的士大夫，又相互水火，各以勾结藩镇为慑服对方的手段。最后，士大夫派的藩镇战胜了宦官派的藩镇，宦官终遭消灭，但唐室的政权也随即为藩镇所接收。这些还要在后面详述。

二、外族的猖獗

（一）回纥的渔利

回纥自天宝初年尽占东突厥故地，成为中国北方的第一强国后，与唐室大体相安。安史乱起，回纥曾四次遣兵入援，助唐收复两京。但回纥不能白替唐室打仗，因此每战必索报酬，甚至于克服城池后大肆杀掠。此外，回纥又与唐室成立一种国际贸易，以它特产的马，来换取唐室的绢。它以一匹马换四十匹绢，而马的体质弱劣，没有用处，但唐室以其助战有功，只好与之交易，于是回纥马便大量向唐倾销。据最慎重的估计，仅代宗一朝的十七年间，唐室因买马用去的绢，便有一千五百万匹以上。此外回纥并欠了许多马债，一直未能清偿。以四十匹绢换一匹马的规定来算，则代宗一朝，至少购进回纥马三十五万匹。但事实上唐室并没有买到多少有用的马，代宗大历中，号称“国之北门”的朔方节度使区（辖今宁夏省东部及绥远省西南部地；治灵州，今宁夏灵武县），仅有马三千余匹，由此可见回纥的欺人。但唐室仍不能不维持这项交易，一来唐帝国内部不产马，国外的来源只有回纥；二来安史之乱后，吐蕃猖獗，唐室必须以回纥为外援。因此从代宗时起，唐室就确定了一种外交政策，它的基本方针是联络回纥，抵抗吐蕃。这个外交政策的建立人，是朔方军人的领袖郭子仪。［参看拙著《回纥马与朔方兵》（载《边疆文化论集》中）］

开元时，铁勒尚臣服于唐，回纥等部，都隶属于河西节度使（辖今甘肃省西部及新疆省东部地；治凉州，今甘肃武威县）。它们又邻近朔方军区，因此与朔方的关系也很密切。肃宗时，唐以仆固怀恩主持向回纥借兵的事务，怀恩系出铁勒，同时是朔方的大将，因此唐室以他联络回纥。而郭子仪个人的德望，也极受回纥的敬仰。这些都可说明，朔方军人与回纥之间，有着相当浓厚的情感。安史乱时，吐蕃于数年之间，侵陷唐西北数十州，而与朔方比邻。朔方节度使的任务，本是“捍御北狄”，至此又添了一个“西戎”，责任更加沉重。而朔方军力更远不如吐蕃雄厚，当时吐蕃沿朔方边境的驻军，共有兵四万人，马十六万匹；而朔方仅有兵一万人，马三千二百匹。朔方军的战斗力虽然很强，但因双方的实力过分悬殊，以致与吐蕃对抗，时常失利。朔方统帅郭子仪（子仪于玄宗末年为朔方节度使，其后虽屡次升迁，朔方军始终受其节制），权衡时势，力主备御吐蕃，笼络回纥，以免使朔方陷于两面受敌的境地。这政策终于为代宗所采纳，因此唐室对回纥一切忍让，换取两国之间的和平，以专意对付吐蕃。而双方绢与马的交易，也就更加畅行无阻。

但到德宗时，这个政策一度受到阻碍。因德宗为雍王时，曾受回纥的侮辱，因此极恨回纥。同时一部分唐军将领，对回纥人在中国的骄横极感不满，也思加以制裁。建中元年（780），德宗即位之初，振武留后（辖今绥远省南部及陕西省北端）张光晟，即擅杀过境的回纥使者突董等九百余人。当时幸因回纥合骨咄可汗新立，不敢与唐为敌，才未成大衅。继而德宗一面与回纥绝交，一面归还吐蕃俘虏而与之议和。但吐蕃对和约绝不遵守，照样入侵，直到贞元三年（787）德宗吃过一次大亏后，才对吐蕃绝望，因而采纳宰相李泌的建议，恢复联回抗吐的政策。于是唐室又与回纥和亲，回纥上表对唐称“儿”及“臣”。次年，回纥改名为回鹘。由于回鹘与唐和好，吐蕃对唐帝国的寇扰，乃受到极大的牵制，有时回鹘并出兵助唐，唐对吐蕃的战争，才渐由劣势转居上风。吐蕃虽曾多次入寇，但始终未能再予唐室以严重威胁，直至其国家衰乱而后已。以代、德时期唐帝国内部的紊乱，如果唐室不把握这个政策，其结果将不堪设想。代德以后，唐室与回鹘的修好，历经顺、宪、穆、敬、文诸朝而不辍，前后数十年未启边衅；但唐室所付出的代价，也实在可观。

文宗时，回鹘因遭遇疾疫和大雪灾，羊马多死，国势大衰；又因外受黠戛斯部落的攻击，益趋没落。黠戛斯初居于西域伊吾（今新疆哈密县）以西，焉耆（今新疆焉耆县）以北的地区，古称“坚昆”，唐初叫“结骨”，后又改名为黠戛斯。它从肃宗时起便与回鹘为敌，为回鹘所败，其后双方连兵二十年，回鹘渐次失利。文宗开成五年（840），黠戛斯以十万人攻回鹘，回鹘诸部逃散。其众西奔者凡三支：一支奔葛逻禄（时居伊犁河与吹河之间）；一支奔安西，居于北庭（今新疆孚远县）及西州（今新疆吐鲁番县及鄯善县）；一支奔吐蕃，居于甘州（今甘肃张掖县）。另有一支南逃至今绥远省南部，武宗时，进窥边境，屡为唐兵所破，降者数万人。宣宗时，黠戛斯尽取南逃回鹘的残部，移至漠北。此后，回鹘与唐没有再发生什么重要外交关系。

（二）吐蕃的寇侵

安史乱起，唐帝国西北空虚，给予吐蕃一个寇侵的良机。它于数年间，把唐河西、陇右两节度使所辖的数十州的地盘，尽行占去，势力扩展至今陕西省中部，随时可以进攻长安。代宗广德元年（763），吐蕃率党项、吐谷浑等族二十余万人入寇，进陷长安，代宗逃至陕州（今河南陕县）。不久吐蕃自退，代宗始得还京。次年，朔方节度使仆固怀恩，因与河东节度使（辖今山西省北部地；治晋阳，今山西太原县）辛云京不合，愤而叛变，联络回纥吐蕃，自灵武南逼京师，因唐室有备而退。永泰元年（765），怀恩又引回纥吐蕃等数十万人分道入寇。怀恩中途暴死，吐蕃回纥合兵围泾阳（今陕西泾阳县），赖郭子仪冒死说服回纥，与之订盟，共击吐蕃，才解救这次危局。此后代宗始终把握着联回抗吐的外交政策，屡次坚拒吐蕃的寇侵，郭子仪麾下的朔方军人，乃成为吐蕃的死敌。

到德宗，因仇视回纥，转与吐蕃亲善。建中四年（783），唐与吐蕃盟于清水（今甘肃清水县西），唐室正式承认吐蕃对兰、渭、原、会、成等州（今甘肃省东南部）和维州（今四川理县西）一部土地的所有权。当时帝国的西部地区，只有安西、北庭二都护府，赖回纥的支援，尚能困守；其余地盘，大都为吐蕃所囊括。但吐蕃仍不信守条约，依然入寇。这时郭子仪已死，继起的名将有李晟、浑瑊、马燧等，吐蕃大臣尚结赞，对三人甚为畏忌，时思以计除去他们。当时李晟为朔方军统帅，对吐蕃主战最力，尚结赞乃首先散布谣言，中伤李晟，使多疑的德宗对他不敢信任。继而尚结赞向马燧求和，并表示愿于修盟后，归还所占去的唐室土地。马燧和宰相张延赏与李晟不合，均主张与吐蕃和亲，德宗也想联合吐蕃进攻回纥，因此解除李晟的兵权，决心与吐蕃结盟。贞元三年（787），唐派浑瑊与吐蕃盟于原州（今甘肃固原县）平凉川。其实吐蕃想在结盟时，乘机生擒浑瑊，然后进兵长安。幸而浑瑊自盟所单骑逃出，使吐蕃未能完全达到目的。但当时唐的官兵在盟所被杀的有数百人，被擒的达千余人，马燧也因而失掉兵权，这自然是吐蕃的极大收获。

此后德宗对吐蕃完全绝望，宰相李泌乘机进言，主张恢复联回抗吐的政策。德宗采纳这个建议，一面与回纥和亲，一面坚决抵抗吐蕃。贞元三年（787）以后，吐蕃仍有多次寇侵，唐室最大的损失，是安西、北庭两府于五年（789）为吐蕃所陷。从此唐帝国的西疆，仅及于今陕甘交界的陇山一带，陇山以西的领土，全部丧失。至于吐蕃向帝国内部寇侵的范围，除了北及长安外围的诸州，并南及今川康边区当时剑南西川节度使的辖区，不过始终未能给予唐室严重的威胁。从九年（793）起，唐室对吐蕃改变战略，北守南攻。一面命剑南西川节度使韦皋，联络云南（即南诏），捣吐蕃的腹心；一面命朔方大将杨朝晟等，在西北地区先后筑盐州（今宁夏盐池县北）、方渠、合道、木波（均在今甘肃环县一带）等城，扼吐蕃的东进要路，以资防守。此后唐与吐蕃虽然经常处于战争状态，但渐渐转居优势，战争的重心也自北方移到南方。韦皋自与云南合兵，共击吐蕃，总计前后破吐蕃四十八万，擒杀吐蕃军官一千五百人，斩首五万余。直到穆宗长庆元年（821），吐蕃又求盟于唐室，唐室允许，但结盟后，吐蕃仍做小规模的入寇。

文宗时，吐蕃开始衰乱。吐蕃彝泰赞普多病，委政于大臣，因而许久不为边患。开成三年（838），彝泰死，弟达磨立，荒淫残虐，国事益紊。武宗会昌二年（842），达磨死，无子，佞臣某立达磨妃綝氏兄子为赞普，由佞臣与綝氏共专国政。吐蕃边将论恐热因而叛变，从此连年构兵，国内大乱。到宣宗大中三年（849），吐蕃所有今甘肃省东部的秦、原、安乐三州和石门等七关，投降唐室；南方的维州，也为唐收复。五年（851），沙州（今甘肃敦煌县）人张义潮率众据沙州，奉表归唐。其后义潮并略定沙州四围的十州之地。这个地区包括今甘肃大部、青海北部和新疆东部，唐人称为“河湟”地区。但这个地区的居人，因为长期沦于吐蕃，业已染上深度的胡化［唐司空图（？～907）《河湟有感》诗云“一自萧关起战尘，河湟隔断异乡春。汉儿尽作胡儿语，却向城头骂汉人。”可为唐帝国西部胡化之证］。十一年（857），吐蕃酋长尚延心又以河（今甘肃临夏县）、渭（今甘肃陇西县西南）二州部落来降，吐蕃至此，业已衰微不堪。宣宗并派毕瑊招抚党项，帝国的西北边境，总算得以平靖。到懿宗咸通七年（866），唐擒杀论恐热，迁其部众于岭南。从此吐蕃衰绝，与唐室不再往来，而唐室也以内乱，无暇顾及边疆。唐末，河湟地区遂为寄居甘州的回鹘所占据。

（三）南诏的叛服

南诏即蒙舍诏，本是在今云南省西部居住的蛮族六部之一，这六部由六个渠帅分领，自号“六诏”（蛮语称王为“诏”）。六诏之地，两汉时虽列入版图，但其族在当时并无史迹可寻，旧史只说三国时，诸葛亮曾远征至此。至唐初，蒙舍诏兴起，才有较详的记载。蒙舍诏地居六诏的最南部（今蒙化县一带），故又称南诏，意思是“南方之王”或“南方王国”。旧史又说南诏为“乌蛮别种”（乌蛮即今乌爨族，以倮㑩为代表），近人则认为它是藏缅族的一种。[参看芮逸夫《南诏史》(载《边疆文化论集》下)]

南诏的国王姓蒙氏，唐初，其国主为蒙舍龙。下传至其孙细奴逻，曾于高宗永徽四年（653）遣使入朝。至玄宗时，南诏开始强大，其他五诏微弱。南诏国主皮逻阁（细奴逻曾孙），贿赂唐剑南节度使王昱，求合六诏为一国。唐室应允，于开元二十六年（738）封他为云南王，赐名归义。此后归义徙居太和城（今云南大理县南），威服群蛮，击破吐蕃，渐成为唐室南陲的边患。归义死后，子阁罗凤嗣立。天宝九载（750）因受云南太守（治所在今云南祥云县南）张虔陀的欺侮，发

《南诏图传》中的白蛮人形象，南诏中兴二年（899）南诏大臣王奉宗、张顺两人奉旨绘制，日本京都藤井有邻馆。此为宋摹本。

《南诏图传》中的乌蛮形象

兵反叛，攻陷云南，杀虔陀，取夷州三十二。次年，唐派剑南节度使鲜于仲通讨南诏，结果大败，死六万人。从此阁罗凤北臣吐蕃，吐蕃以他为“赞普钟”（“王弟”之意），号称“东帝”。鲜于仲通为杨国忠党，虽然兵败，国忠仍为他铺叙战功。其后唐室大举募兵，以击南诏，国忠更派人四出强行拉夫，但终不能取胜。十三载（754），唐又派剑南留后李宓，率七万人伐南诏，结果全军覆没。杨国忠又以捷闻，更发兵进讨，总计因伐南诏而丧失的士卒，前后达二十万人。不久安史乱起，南诏又乘机扩展了不少地盘。

代宗时，阁罗凤的孙子异牟寻立，因苦吐蕃赋重，乃脱离吐蕃而独立，但对唐也不恭顺。大历十四年（779），吐蕃、南诏合兵寇维（今四川理县西）、茂（今四川茂县）诸州，为唐将李晟等所败，异牟寻又附吐蕃。德宗贞元初，命剑南西川节度使韦皋招抚南诏，并诱之脱离吐蕃。至贞元十年（794），南诏与吐蕃交恶，归附唐室，此后南诏成为吐蕃的敌人。南诏自天宝中叛唐，与唐离绝者四十余年，至此再度附唐。异牟寻四传至丰佑，其间南诏向唐室朝贡不绝者凡二十年。文宗太和三年（829），唐剑南西川节度使杜元颖减削部下衣粮，戍卒衣食不足，多入南诏境内抄掠。这时丰佑在位，权臣王嵯巅谋大举入寇，便以这批戍卒为向导，连陷嶲（今西康西昌县）、戎（今四川宜宾县）、邛（今四川邛崃县）三州，进围成都。唐室贬元颖而以郭钊代之，南诏兵围成都十日而退，掠去男女百姓数万口及不少珍货。次年，李德裕继郭钊节度西川。德裕至成都后，练兵储粮，以备边患，并索还南诏所掠成都百姓四千人，此后南诏与蜀人相安无事者达三十年。

宣宗大中十三年（859），丰佑死，子世隆继立。唐室以他的名字与太宗、玄宗讳相近，因而不行册礼（唐人改称世隆为酋龙）。世隆乃于同年自称皇帝，国号大礼，并遣兵攻陷播州（今贵州遵义县）。懿宗咸通元年（860），唐克播州，南诏改向东南方发展，与安南人士合兵攻陷交趾。次年，唐夺回交趾。四年（863），交趾再陷于南诏。至七年（866），又为唐将高骈克复。十年（869），世隆又倾国入寇，连陷嘉州（今四川乐山县）、黎州（今西康汉源县）、雅州（今西康雅安县）等地，于次年进围成都，不克而退。其后南诏于僖宗乾符元年（874）再寇西川，唐以高骈为西川节度使，高抵任后，大修守备，南诏遂不再寇蜀。高骈以南诏崇信佛教，乃遣僧人景仙出使南诏，劝世隆归附中国，世隆从之。南诏于世隆在位期间，两陷交趾，两寇西川，因而国力疲敝，亟须休养，也是南诏不再入寇的原因之一。

乾符四年（877），世隆死。其后南诏与唐帝国一直保持着和平的关系。昭宗天复二年（902），南诏为其臣郑氏所篡，持续二百五十年的蒙氏王室，至此结束，而唐室也同样面临着最后的命运。

三、宦官与党争

（一）宦官权力的膨胀

大体说来，唐室中央的政治大权，从高祖武德到玄宗天宝期间，操于宰相。自然其间仍不乏专断独行的皇帝，如太宗、玄宗等（武后也包括在内），但他们与宰相是一体的，也就是说，国事虽由皇帝做最后决定，但仍少不了与宰相商讨，征求宰相的同意。同时执行之权，也操于宰相，因此宰相仍是当时的政治中心。天宝以后的中央政局，便与以前大不相同，大体可以说是皇帝与内廷宦官的联合。皇帝本是国家最高权力的象征，谁与他联合，谁便可以取得最大的政治权力，因此天宝以后的政治中心是宦官。外廷的宰相，变成政治上的二流角色，他们的权力，仅是一部分国事的执行，已无权参与国家的最后决策。

宦官势力的膨胀，主要由于宦官参与唐室皇位继承的政治斗争。唐朝的皇帝，从太宗起，直到最后的哀帝，几乎每一朝都发生皇位继承问题，甚至引起政变。盛唐时期皇位继承斗争的参与者，大半勾结宫廷卫军，在京师发动政变，虽然有成功的也有失败的，但大体不出这个办法。像太宗、中宗、睿宗都是以这种方式取得皇位的。玄宗以后皇位继承的斗争，大半由参与者与宦官合谋而达到目的。如肃宗之立，便由于宦官李辅国的效力。肃宗以后的皇帝，除德宗外，无一不由宦官拥立，因此宦官逐渐成为中央大权的掌握者。其次是宦官掌握中央的军权，这现象也是玄宗以后发生的。安史之乱造成若干武人的拥兵割据，唐室中央，不能不在首都建立一支坚强的嫡系队伍。对于统帅的选择，也不能不审慎从事，至于选择的标准，则不在才勇而在可靠程度，宦官较武人自然可靠得多，因此中央军权便渐渐转入他们的手中。军政两方面的大权既然都归宦官，中央政局遂为宦官所操纵。

唐室宦官的揽权，从玄宗的高力士起。他因参与诛除太平公主的政变，深受玄宗的宠信，当时的朝臣大都与他结纳，李林甫与他关系尤深，安禄山也是他引荐的。虽然他还不算强横，但不能不负一部分祸国之罪。此外宦官杨思勖，也为玄宗所亲信，曾数度掌专征伐。开元以后，因募兵制兴起，兵与将的关系较府兵时代密切得多，朝廷对握兵的将领不敢放心，遂有监军制度的出现。及安史乱起，政府积极扩军，监军制度也大为兴盛，大致每一个节度使的兵团中，便设有一个监军。这种制度，虽然对战争的进行有弊无利，宦官的气焰，却因而大张。

中央政府也于安史乱时渐为宦官所把持。原来肃宗的北走灵武以及即皇帝位，实是一种不露痕迹的政变，宦官李辅国便是这次政变的发动者。肃宗回长安后，命辅国专典禁兵，四方的章奏军符，都由他全权处理。既而肃宗又以辅国为太仆卿，他并与肃宗的张皇后勾结，权势益大。后来辅国渐与张后不合，当肃宗病危时，张后召越王係（肃宗次子）谋诛辅国及其同党程元振等，事为辅国所知，他伏兵宫中，迎接太子豫以待变，结果杀掉张后和越王係。肃宗死后，太子豫立，是为代宗。李、程二人联合，气焰更盛。代宗因辅国统领禁军，对之只好隐忍，事无大小都请他参决，并尊他为尚父，封博陆王，比之为吕尚霍光，真是宦官空前的荣宠。其后程元振对李辅国甚为嫉妒，代宗乃利用二人的不合，逐渐免除辅国的官爵，并命他出居外第，然后派人把他刺死。

李辅国死后，程元振代掌禁兵。他较辅国尤为凶决，握权后，以私嫌陷杀襄阳节度使来瑱，贬逐宰相裴冕，因此四方藩镇对中央都表不满。广德元年（763），吐蕃入寇，元振不及时奏闻，以致代宗狼狈幸陕（今河南陕县），诸镇因痛恨元振，大都抱观望态度。至此唐室才削除元振官爵，放归田里；后来又把他流放远州，途中死去。代宗离京时，仓促间禁兵不集，其时宦官鱼朝恩正统率神策军镇陕，闻讯亲自率军迎驾，声势始振。因此代宗对朝恩深加宠异，回京师后，列神策军为禁军，命他专典此军。他始终嫉视郭子仪，屡次与之为敌。此外他与另一宦官刘希暹合谋，在禁军中置狱，召集坊市凶恶少年，罗织诬陷城中的富人，以收没他们的财产。代宗忍无可忍，乃于大历五年（770），把朝恩召入宫中缢杀之，希暹也下狱赐死。

鱼朝恩死后，唐室暂时不以宦官典掌禁兵，宦官的凶焰，平息了一个很短的时期。但到德宗时，因泾原兵变，德宗不愿武臣典禁兵，改以宦官统率保卫宫廷的神策、神威诸军，于是禁军军权又归于宦官。代宗初年，曾置枢密使一官，以宦官任之。枢密使职司承受表奏，出纳王命，于是宦官获得参与国家大政的机会，其后逐渐成为中央政府的实际主宰者。他们又利用各地的监军，与藩镇勾结，因此权势更为稳固。

（二）宦官与外廷的冲突

由于宦官政治势力的日益膨胀，难免要与外廷士大夫发生权力的冲突。若干士大夫想从宦官手中夺回政权，使他们自身重新成为政治的中心。但敢与宦官冲突的，只限于少数有胆识的人；大多数朝臣，则怵于宦官的淫威，俯首听命而已。宦官既握有军政大权，又处于“挟天子”的优势地位，因此在与外廷的斗争中，占尽便宜。代、德以后，宦官与士大夫的最大冲突共有两次：一是“永贞内禅”，一是“甘露之变”，这两次事变的胜利者都是宦官。

“永贞内禅”发生于顺宗时，顺宗于贞元十一年（805）即位后，以旧日东宫僚属王叔文为翰林学士，参与大政。叔文好言治道，用事后，密结另一翰林学士韦执谊，以之为相，其本人则于幕后策划。他并汲引了一批朝中的名士陆淳、吕温、韩晔、韩泰、柳宗元、刘禹锡等。叔文等得志后，急于求功，举动不免操切，因此虽有不少善政，但终不得人心。继而叔文想夺取宦官的兵权，以韩泰等统率中央诸军，宦官大为不满。同年，叔文以丁母忧去职，宦官乃乘机施以反击。宦官的首领俱文珍利用太子纯想早日做皇帝的心理，外结藩镇韦皋等，先后上表，以顺宗有疾不能视事为辞，请太子监国。顺宗不得已传位太子，自称太上皇，并改元永贞。太子即位，是为宪宗。他即位后的第一件事，便是贬逐王叔文，于次年赐死；韩泰、韩晔、柳宗元、刘禹锡等，皆坐叔文党贬放远州。这是宦官与外廷斗争的第一次胜利。

宪宗对宦官相当亲用，对外廷大臣的选拔也很慎重，总之他对宦官和外廷颇有驾驭和调协的能力。但他晚年因性情暴躁，为宦官陈弘志所弑，这件事的主使者，则是郭妃（穆宗母）和宦官王守澄。宪宗死后，王守澄奉太子恒即位，是为穆宗。穆宗在位四年而死，子湛立，是为敬宗，仍由王守澄专权。敬宗待宦官甚严，在位二年，为宦官刘克明所弑。克明并矫制以绛王悟（宪宗子）暂掌军国事，准备夺取王守澄等人的权力。王守澄闻讯，以兵迎立江王涵（穆宗次子），杀克明及绛王。江王即位后，更名为昂，是为文宗。当时宦官中权势最大的，首推王守澄，其次为陈弘志、仇士良等人，都是弑害宪宗、敬宗的逆党。

文宗本人是深恶宦官的，他随时想联合外廷大臣以诛除宦官。太和五年（831），他曾与宰相宋申锡合谋行事，因谋泄失败，申锡被贬死，株连者数十人。其后文宗又与廷臣李训、郑注连络，准备发动政变，使他本人脱离宦官的控制。李、郑二人都富机智，李训尤有胆略，文宗曾称他是“天下奇才”。他们最初都为王守澄所引荐，因此宦官对之并不畏忌。二人为文宗划策，第一步先对宦官实行分化。王守澄与仇士良有隙，他们劝文宗进擢士良以分守澄之权，并杖杀元和逆首陈弘志，贬死若干秉权的宦官。九年（835），文宗以李训为宰相，并出郑注为凤翔节度使，内外呼应。继而文宗密遣中使酖杀王守澄，于是元和逆党被诛杀殆尽，宦官的势力稍衰。李训更积极扩充势力，以亲信郭行馀为邠宁节度使，王璠为河东节度使，命二人以赴镇为名，在京师招募壮士，待机而动。并以罗立言为京兆尹，韩约为左金吾卫大将军。至此，除了宫廷的禁旅依然为宦官所掌握外，都城的卫戍部队以及都城以外的一些据点，则为李系的人所控制。李训准备以这些力量来对抗宦官的军队，但皇帝在宦官手里，必须先将文宗抢出，然后一切行动才能名正言顺，因此发生了震动朝野的“甘露之变”。

这次政变，发生于太和九年（835）十一月二十一日，地点在大明宫中。大明宫位于长安城的东北近郊，南面紧靠着长安城，宫城的五个南门均直接与城内相通。那天早朝，韩约奏称甘露降于左金吾卫（在大明宫南不远）的石榴树上，李训率百官称贺，并劝文宗前往观赏。文宗先命李训去看，回来说不是甘露；于是又命宦官仇士良、鱼弘志往验。事实上这是李训预先布置的圈套，准备仇等到达左金吾卫，即加以逮捕，然后以兵抢出文宗。郭行馀、王璠并未赴镇，这时他们的兵已列于宫外，仇等去后，外兵随即入宫。仇等到达左卫，发现伏兵，因而迅速逃回，并率领宦官，急以软舆迎文宗回后宫。李训率金吾卫士与之争夺，罗立言也以京兆逻卒数百人助战，宦官死伤十余人，但文宗终于被宦官抢入后宫。接着宦官所统辖的神策卫士五百人赶来，杀金吾卫士及诸司吏卒千数百人，李训、郑注也先后被杀，郭行馀、王璠、罗立言等均被处决，亲属皆死。朝臣受牵连而遭诛贬的，为数极多。各地藩镇，除了昭义节度使刘从谏曾上表宣扬宦官之罪，其余大都无所表示。

甘露之变后，文宗心灰意冷，数年后郁郁而死。宦官的权势，则较前更为扩张，国家大事全由他们决定，外廷的宰相一点不能过问。文宗以后的武宗、宣宗、懿宗、僖宗、昭宗，莫不由宦官拥立，其中武宗和宣宗是唐室后期的令主，却无法消灭宦官的势力。宦官本来也分党派，互相攻击，因此皇帝和朝士尚可对其采用分化政策。宣宗以后，宦官自觉内部不合的危险，遂团结一致，对抗外敌。另一方面，国内寇乱迭起，皇帝时常出奔，中央的军力大损，宦官的势力也因而渐衰。但外廷仍无力与之抗衡，最后只有召藩镇入援的一途。这办法在昭宗时为宰相崔胤所采用，结果只是把皇帝从宦官手中，转让与藩镇军阀。

（三）外廷的党争

所谓党争，是指外朝士大夫之间的冲突。这种冲突，从唐初到唐末经常发生，但规模最大、时间最长的，要算“牛（僧儒）李（德裕）党争”。这次党争，起于宪穆，终于武宣，前后达四十年之久。党争的起因，虽是私利意气多于政见，但双方分子出身与习尚的不同，也是原因之一。在叙述这次党争之前，有几点须要注意：1. 这段期间的政治中心是宦官，整个外朝不论是牛党李党，都是政治上的二等角色，都没有对国家大事的最后决定权。2. 在宦官政治之下，外朝的士大夫如果不冒险与宦官斗争，便得依附宦官，因此牛、李两党各有自己的“后台”。3. 宦官也分派系，互相斗争，其结果往往直接影响外朝党争的胜负。

说到两党人士的出身，不能不上溯到唐初的政治情形。在武曌以前，外廷士大夫的分子，其主干是西魏周隋一脉相传的统治阶级的后裔，此外尚有一部是北朝以来的关东世族。唐初，关东世族的优美门风与家学仍然保持着，在政治及社会上仍有相当的潜势力。虽然唐初中央有意贬抑关东高门，但因关陇人士的文化水准较差，所以仍不能将关东世族完全排除于政坛以外。到高宗、武后时代，唐室又以进士科提携起一个新兴阶级。由进士科进身的士大夫，虽有许多是关东人，但与出身关东世族的士大夫，好尚大不相同。大体说来，在唐朝中叶以后的士大夫中，主张以经学为正宗而以进士为浮冶的，大抵出于北朝以来关东的世族旧家；以文采华丽、行为放浪著称的，多半属于高宗、武后以来由进士科出身的新兴统治阶级。李党的分子，大半出自关东世族，例如李党的领袖李德裕是赵郡（今河北赵县）人，郑覃是荥阳（今河南荥阳县东）人，两家都是北朝数百年来著名的世族。牛党的分子，则大部出身于进士科，他们以座师门生的关系，互相援引，造成新的政治势力。

政见方面，两党都没有系统的政纲，但也有若干歧见。例如李党对藩镇和外族（主要为吐蕃）主张用武，牛党则主和平。宪宗时，主张对藩镇用兵的士大夫，大抵属于后来的李党；反对用兵的，则多属于后来的牛党。内廷的宦官，也分为主战与主和两派，前者便是李党的支持者。双方的冲突，起于宪宗元和初年，当时李吉甫（德裕之父）为相，主张对藩镇用兵，有李宗闵者，于制举对策时讥讽吉甫。穆宗初，李德裕任翰林学士，李宗闵任中书舍人，德裕为报夙怨，因事攻击宗闵，结果宗闵被贬于外。从此双方各树朋党，互相倾轧。德裕一派的廷臣，有裴度、李绅等；宗闵一派，则有李逢吉、牛僧儒等。宪宗一代，主战派的宦官始终柄权，因此李吉甫派得势，用兵的政策也维持不改。

穆宗时，主战派宦官的首领吐突承璀为反对派的宦官王守澄所杀，外朝的反李吉甫派逐渐得势，因此宪宗时的用兵政策不但被取消，且有裁军的措施。牛僧儒也于此时做了宰相，他与李逢吉、李宗闵等联合，形成所谓“牛党”。李德裕势衰，被放为外官，历久不迁，党争乃愈演愈烈。两派既然势不两立，乃各就其气类所近，招求同党，于是两种不同的社会阶级对政治地位的竞争，越来越趋于表面化。当时的士大夫想置身局外，几乎是不可能的事。

敬宗时，内廷宦官仍是王守澄等柄权，因此外朝仍是牛党得势。文宗初年，王派宦官的权位仍未动摇。李宗闵、牛僧儒同居相位，李德裕、裴度等均被排斥于外。太和六年（832），牛僧儒因文宗的不满而罢相。次年，李德裕为相，李宗闵也遭罢免，这事显然与王守澄放弃支持牛党有关。其后守澄积极支持李训、郑注，二人想独霸朝廷，因此于得势后，对牛李两党同施攻击，两党的重要人士，皆被贬逐。到“甘露之变”，李、郑被杀，王守澄的势力也已消灭。王的敌对者仇士良继起秉权，因而武宗时，李德裕能再度入相。武宗把国事专付于德裕，李宗闵、牛僧儒均被贬于远方。武宗死后，宦官马元贽等拥立宣宗。宣宗名忱，宪宗子，武宗叔父，他是以“皇太叔”的名义即位的。但武宗并非无子，而其子所以不得立者，可知当时内廷宦官之间必有争执。而翊戴武宗即与外朝李党有连的一派宦官，必是当时政争中的失败者。因此宣宗即位后，相位政权便从李党转给牛党，李德裕被贬为崖州（今广东琼山县东南）司户，后来死于贬所。

综计两党的斗争，从宪宗到文宗朝，双方斗争虽烈而互有进退；武宗朝李党始终当国，宣宗时则牛党秉政。宣宗以后，唐室外朝便不再有剧烈的党争，那是因为宦官的派系间已不再生冲突，而不必与外朝的士大夫分别连结。士大夫的党派既失去各别的内援，其斗争也不得不归于消灭，因为他们本不过是宦官的从属而已。[参看陈寅恪《隋唐政治史论述稿》“中篇、政治革命及党派分野”]

四、唐帝国的灭亡

（一）懿僖时代的寇乱

唐自宪宗平定藩镇，已有复兴的气象。但唐室中央，内则宦官专权，外则朝士相争，整个朝廷忙于内讧，政治始终不能步入正轨。宪宗以后，武宗尚称有为，李德裕也颇有长处，因此政治一时甚有起色。但武宗在位仅六年，到宣宗立，德裕被贬，外廷大臣几乎无人才可言。宣宗为人多疑苛察，而致上下相率以诈，唯以粉饰太平为务。史书虽盛赞宣宗时代政治的修举，但无疑含有相当成分的虚美。因为宣宗晚年，国内已有乱象，他死后不久，寇乱即行爆发，这可充分证明宣宗时的政治基础并不稳固。

宣宗死于大中十三年（859），太子漼继位，是为懿宗，时年二十七岁。懿宗在位十四年，他为人好佞恶直，滥用刑罚；并且笃信佛教，不惜削减军费，搜括民财来崇饰佛寺。由于政治苛虐，他即位后不久，南方便发生寇乱。唐自安史乱后，中央的财赋收入，大部仰给东南。但懿宗时，南方叛乱迭生，彻底破坏了这个地区的经济，中央政府的收入，因而大受影响，唐室政权也自此开始动摇。

懿宗咸通元年（860），浙东人裘甫因为官府所虐，聚众作乱，连陷象山（今浙江象山县）、剡县（今浙江嵊县），中原震动。同年，唐以王式讨平之。到九年（868），又有桂州（今广西桂林县）戍兵的叛乱。懿宗初年，南诏陷交趾，唐室在徐泗（今江苏、安徽二省北部地）募兵两千人赴援，分八百人别戍桂州，戍期三年。到咸通九年，桂州戍卒的戍期已满六年，屡求北归，中央不许。戍卒怒而生变，推粮料判官庞勋为首，自动北还。他们沿湘江至长江，然后顺流东下至浙西，复北上渡淮，攻陷彭城（今江苏铜山县），彭城附近的盗匪群来归附。次年，唐以康承训讨之，承训奏乞沙陀部众，以其酋长朱邪赤心率领，随军助战。沙陀为西突厥别种，宪宗元和初，与吐蕃交战失败，其酋长朱邪执宜率残部归唐，唐室把他们安置于盐州（今宁夏盐池县北），设阴山都督府以统之，以执宜为府兵马使。其后唐徙之于定襄神武川（今山西朔县一带）。执宜死，子赤心继统其众，至是助讨庞勋。同年，唐军先取宿州（今江苏宿县），继取彭城，庞勋逃走，为沙陀骑兵追及，还战而死，乱事乃平。此役沙陀功劳最大，唐室赐赤心姓李名国昌，并以他为大同节度使（宣宗时分河东置，辖今山西省北端及察哈尔南隅地）。

咸通十四年（873），懿宗死，子俨立，是为僖宗，年仅十二岁。僖宗乾符二年（875），东南又发生大规模的变乱。当时浙西节度使赵隐的部将王郢等六十九人，立有战功，因嫌赏薄而叛，他们收众万人，攻陷苏州（今江苏吴县）、常州（今江苏武进县）等地。又泛江入海，转掠两浙，南及福建。至四年（877），始为唐师讨平。但规模更大的王仙芝和黄巢的叛乱，又发生于北方。

懿宗以来，关东地区连年水旱为灾，加以政治败坏，因而盗匪蜂起。僖宗乾符元年（874），濮州（今山东濮县东）人王仙芝，聚众起事于长垣（今河北长垣县西南）。次年，仙芝连陷曹（今山东曹县西北）、濮二州，继而流窜于河南淮南一带，声势益盛。

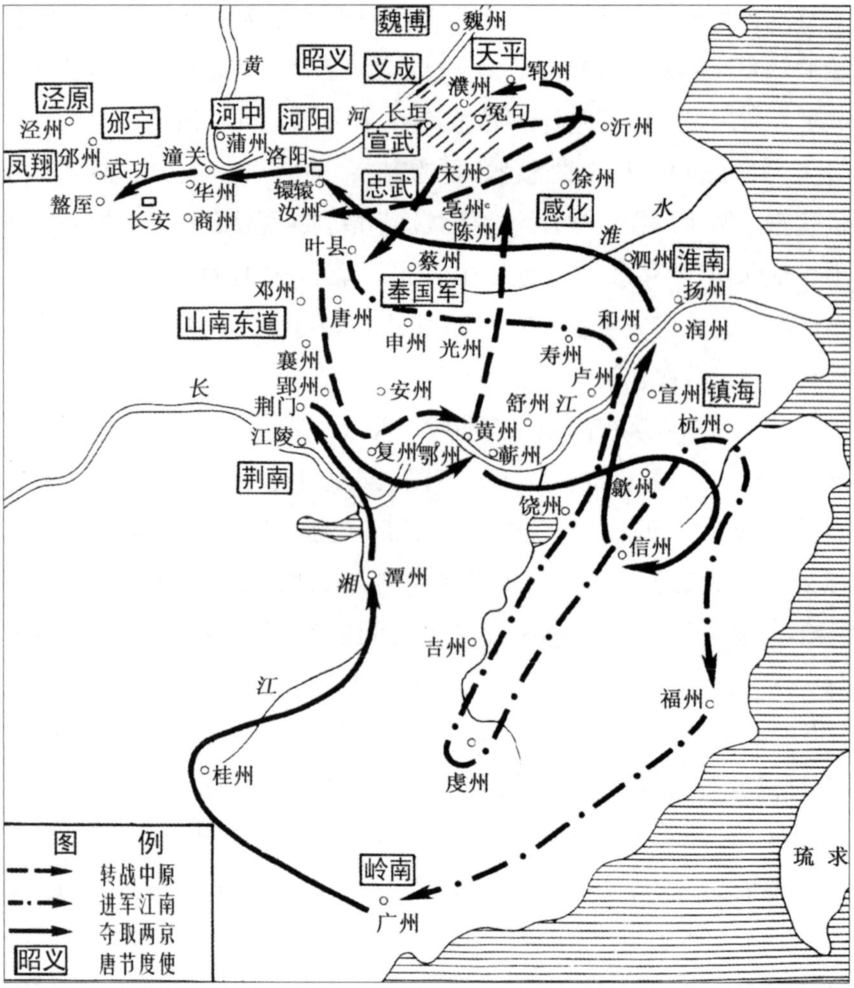

黄巢进军路线示意图。乾符元年（874），王仙芝在长垣起事，次年进占濮州，同时，黄巢也在冤句起事。两军合股后，在黄淮地区发展迅速，随后转战湖北、河南。乾符五年（878）初，王仙芝战死于湖北黄梅，余部北上至亳州与黄巢会合，公推黄巢统一指挥。于是年二月自亳州北上，下沂、濮，随即沿黄河西进进攻洛阳，失败后，转至淮南。在和州以西渡长江，下虔、吉、饶、信等州。八月，北攻宣州不利，于是经杭州趋越州，被唐军击败，遂转战福建，下福州。次年九月下广州，占领闽广地区。休整扩充后，于十月自桂州沿湘江北上，一日即克潭州。渡长江后，入江陵空城，在攻荆门时失利，立即放弃从荆襄北上的企图。返渡长江，攻鄂州不克，即沿江东进，下饶、信、歙、宣、杭等州后，准备伺机经江淮北上。广明元年（880）三月，朝廷以宿将高骈领诸道精锐在江淮布防，接连击败黄巢，黄巢军退回信州。黄巢见势不利，一面以财货贿唐将领，一面向高骈请降，趁高骈疏忽之机，突然发起进攻，在信州大破唐军精锐，乘胜渡过江淮。此前，朝廷对黄巢军布防全集于汉水、淮河一线，黄巢军既渡淮水，其势再不可当。十一月十七日迫降洛阳守敌，十二月初三下潼关，初五即入长安。僖宗逃入蜀中，唐廷再次流亡。

五年（878），仙芝战死于黄梅（今湖北黄梅县西北），余众溃散。但另一支以黄巢为首的叛众，却正在迅速地扩大叛乱中。

黄巢，曹州人，家世业盐。他曾屡应进士科不中，因而蓄养亡命，图谋不轨。王仙芝攻陷曹、濮时，他举众响应。其后他与仙芝分道窜扰，仙芝败死时，他正攻亳州（今安徽亳县），仙芝余众投奔他的甚多，因此势力大盛。继而他率众南下，攻夺江西诸州，转入浙东，剽掠福建，并南陷广州（今广东广州市）。乾符六年（879）夏，黄巢因部众遭遇瘟疾，复率众北还。自桂州（今广西桂林县）沿湘江而下，攻陷潭州（今湖南长沙市）。然后东向流窜于今湖北、江西、江苏诸省境。广明元年（880），黄巢北上，攻陷洛阳；接着突入潼关，进逼京师。这时宦官田令孜专权，闻讯奉帝逃往兴元（今陕西南郑县），其后又南避成都。黄巢入京师后，大肆屠掠，继而入宫即皇帝位，国号大齐。这时各地勤王之师赶到，于中和元年（881）克复长安。黄巢率众东走，途中探悉诸军号令不整，于是还师再陷长安。唐室无可如何，只得又借重沙陀兵。

黄巢反击长安示意图。黄巢进入长安后，以为两京既下，唐王朝已被摧毁，天下可传檄而定，遂于长安称帝，设置百官。对入蜀的僖宗及各地藩镇均未采取进一步行动，唐残余势力得喘息之机。中和元年（881）四月，唐廷在关中大集兵马：唐弘夫屯渭北，王处存屯渭桥，郑畋屯盩厔，拓跋思恭屯武功，由郑畋统一指挥，不断向长安进逼。黄巢见势，主动向东撤出长安，屯驻灞上。唐军见黄巢撤出，蜂拥而入长安，并四处抢掠，一片混乱。黄巢侦知唐后续各军离长安尚远，立即还师西返，从各门分道突入长安，唐军突遭打击，军人又挟带大量财物，行动不便，几被全歼于城内。黄巢重新控制长安及周边地区。

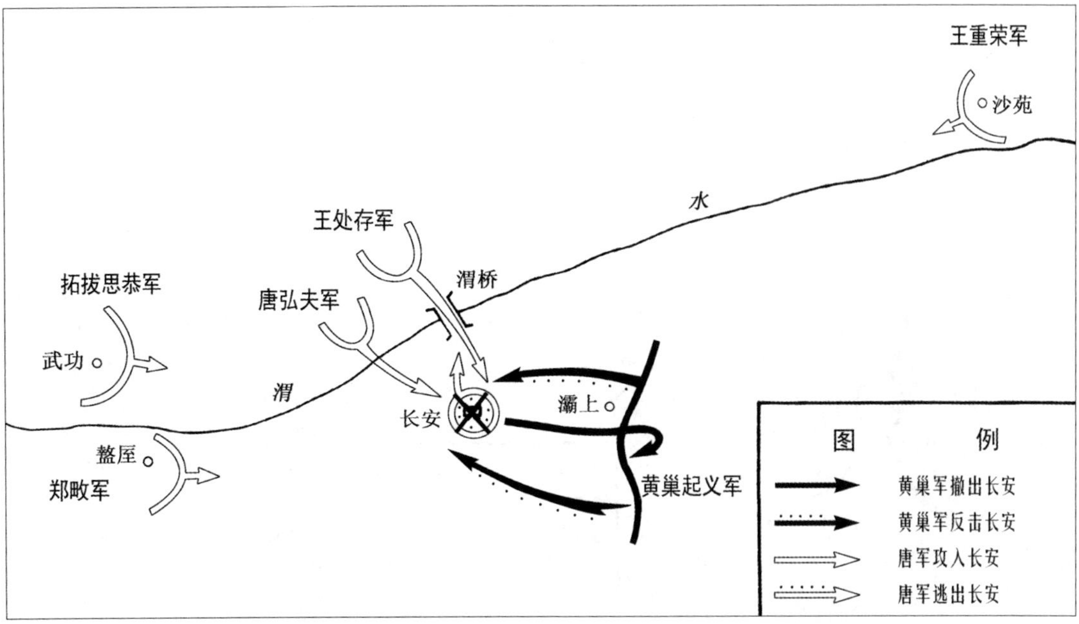

李国昌（即朱邪赤心）于咸通十一年（870）改任振武节度使，其子克用，则统兵戍蔚州（今察哈尔蔚县）。乾符五年（878），国昌父子因扩充地盘未遂，合兵叛唐，唐室讨之，国昌父子逃入达靼（属靺鞨种，时居阴山一带）。到黄巢陷长安，唐遣使赦克用之罪，并宠以官爵，命其入援。克用乃于中和二年（882）率沙陀兵一万七千人南下，会诸路援兵，进攻长安。克用入援前不久，黄巢部将朱温，以同州（今陕西大荔县）降唐，唐赐名全忠，其后唐室又以全忠为宣武节度使（辖今河南省东部、山东省西部、安徽省北部地；治汴州，今河南开封县）。次年，唐师克长安，黄巢东走，攻取蔡州（今河南汝南县），节度使秦宗权降。朱全忠的地盘陈州（今河南淮阳县），也为黄巢所围，贼势又盛。四年（884），李克用率兵赴援，解陈州之围，追击巢众，大破之。黄巢逃入泰山，其甥林言斩之降唐。

黄巢死后，秦宗权的势力日大，他遣将进寇荆襄，并曾一度攻陷东都，所至屠杀焚烧。当时关中及关东地区，因连年寇乱，残破不堪，竟至“极目千里，无复烟火”的境

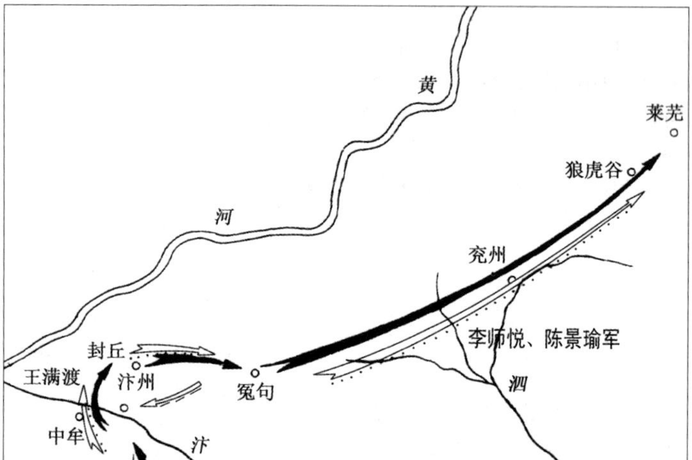

黄巢退出长安后行动示意图。自广明元年（880）黄巢入长安以来至中和三年（883）三月，态势颇有变故：唐廷启用善战的沙陀兵，黄巢军重要将领朱温投敌，再加关中粮食断绝，遂不能支持。四月，唐军攻入长安，黄巢力战不胜，撤出关中，进入河南。五月，黄巢前锋下蔡州，转攻陈州，进至项城时，遇袭覆没。黄巢闻讯，全军进围陈州，屯兵城周，三百余日不能下。此时唐廷以朱温、周岌、李克用各部救陈州。朱温于鹿邑败黄巢军，进占亳州，李克用在西华、太康亦连败黄巢军。次年四月，李克用会同各路合攻黄巢军，黄巢遂解围北撤，向汴州移动。五月，黄巢军行至汴州以西、中牟以北王满渡，李克用赶上，趁黄巢军半渡击之，黄巢军大败，余部往山东转移。李克用以精骑蹑踪紧追，在封丘又败黄巢军。追至冤句时，追骑粮尽回返。然又有李师悦部追来，六月败黄巢军于莱芜，黄巢仅与数骑逃入虎狼谷，为部将所杀。

况。光启元年（885），僖宗自成都返跸，怕宗权为患，下诏招抚，但他悍戾益甚。直到昭宗初，宗权才为朱全忠所消灭。

（二）藩镇的交兵

流窜遍全国的黄巢之乱甫告平定，继之而起的，便是藩镇的交兵。唐朝中叶的藩镇，大都互相联合，以抗中央；至此，藩镇之间又因利害冲突而展开恶战，中央政府虽居中调停，却不能息止。这是因为唐朝中叶的中央政府，还有相当的力量，可以与藩镇对垒；至此则连藩镇对手方的资格都失去，只能做藩镇战争的旁观者。

唐末藩镇的战祸，肇端于朱全忠李克用的交恶。李克用追击黄巢时，朱全忠款接之于汴州，克用因酒醉语侵全忠，全忠怀恨，夜间发兵围驿馆，克用发觉后逃出。当时克用任河东节度使，他逃回晋阳（今山西太原县）后，上表唐室，控告全忠。唐室不辨曲直，仅下诏和解。于是双方视如仇敌，待机而战，并各与其他藩镇联络，以增声势，因此危机日深。

僖宗于光启元年（885）返跸后，仍信任宦官田令孜。令孜与河中节度使（大致辖今山西省西南部地；治蒲州，今山西永济县）王重荣交恶，重荣上表数令孜十罪。令孜联邠宁节度使朱玫、凤翔节度使李昌符与重荣相抗，重荣则与李克用相结。同年，朱玫、李昌符出兵讨王重荣，李克用引兵救之，败二镇之众，进逼长安。次年春，田令孜挟僖宗幸宝鸡（今陕西宝鸡县）。朱玫、李昌符耻为令孜所用，转与克用等联合，追逼车驾，于是僖宗再幸兴元。二人于长安别奉襄王煴（肃宗玄孙）暂监军国事，以朱玫为宰相。既而二人发生裂痕，昌符暗中通表兴元，唐室乃乘机说王重荣讨朱玫，李克用也上表请讨长安的伪组织，以自湔洗，于是克用、重荣再度出兵西向。既而朱玫为部将王行瑜所杀，煴则为王重荣所杀。唐室以王行瑜为静难（原邠宁）节度使，以酬其功。三年（887），僖宗自兴元返长安，途经凤翔，李昌符与禁军发生冲突，起而叛乱，保据陇州（今陕西陇县）。同时河中军乱，王重荣为部下所杀，唐以其弟重盈代镇，而遣扈驾军将李茂贞讨伐昌符。昌符败死，茂贞代为凤翔节度使。文德元年（888）二月，僖宗始得回京。三月，僖宗死，宦官杨复恭拥僖宗弟寿王杰即位，更名晔，是为昭宗。而朱全忠、李克用也于这时展开恶战。

文德元年初，河南尹（治洛阳）张全义袭河阳节度使（治河阳，今河南孟县西）李罕之而并其地，罕之逃走，求救于李克用。这时克用雄踞河东，并有大同，势力甚强。

他遣将助李罕之反攻河阳，朱全忠也遣兵援张全义，结果河东军败，河阳、洛阳皆入于全忠的势力范围。继而全忠击灭秦宗权，土地大扩，与克用的对立，乃更形尖锐化。这时宦官杨复恭擅权，与宰相张濬不协，李克用与复恭相结，朱全忠则与濬交往。大顺元年（890），朱全忠上表请伐李克用，张濬力加赞同。昭宗乃以濬统军讨克用，结果大败于赵城（今山西赵城县）。唐室不得已复以克用节度河东，并贬窜张濬。克用并乘机并吞昭义节度使辖区的泽（今山西晋城县）、潞（今山西长治县）二州，声威益振。不久，昭宗因恨杨复恭专擅，乃信用复恭假子李顺节以分其权。次年，诏复恭致仕，复恭逃往兴元，依其兄子山南西道节度使（辖今陕西省西南部及四川省北部地）杨守亮，既而起兵叛唐。唐以李茂贞、王行瑜讨之，复恭等兵败，奔阆州（今四川阆中县东）。其后复恭欲北投河东，为镇国节度使韩建所擒斩，克用在唐室中央的势力，因而大弱。

杨复恭乱定后，李茂贞因求扩充地盘，未能如愿，乃上表责骂昭宗。景福二年（893），唐室遣军讨茂贞，茂贞与王行瑜合兵，大败唐师于兴平（今陕西兴平县）。继而茂贞等进逼京师，唐不得已以茂贞兼山南西道节度使，以行瑜兼太师。从此朝廷的动息，都得禀知二镇，宦官与外朝诸臣也往往依附二镇，以挟制朝廷。这时中央政府的地盘，仅剩一个首都，一出都门，便等于走入敌国。

乾宁二年（895），河中节度使王重盈死，王重荣子珂与重盈子珙争夺继承权，王珂求援于李克用，王珙则厚结关中的李茂贞、王行瑜和韩建。克用请以珂继任，唐室应允。三镇不服，王行瑜乃遣军攻河中，自与李茂贞、韩建入京，擅杀宰相韦昭度、李谿，并谋废昭宗，幸李克用入援，始得无事。克用自河中进克邠州，王行瑜为部下所杀，唐室以克用为晋王，罢归其军。事变后，唐室建立殿后四军，选补数万人，使诸王统领。李茂贞认为唐室有意对付他，又于三年（896）领兵进逼京师，昭宗逃奔华州，往依韩建，但建暗中与茂贞相结。次年，韩建逼昭宗免除诸王兵权，于是宿卫尽撤，皇弟通王滋等十一人，都为建所杀。既而韩建闻李克用、朱全忠均将西迎车驾，甚为恐惧，乃于光化元年（898）送昭宗返京。昭宗所以能脱离韩建的掌握，与当时藩镇相互牵制的形势颇有关系。

（三）中央政府的解体

昭宗自华州返京后，总算稍为安定了三四年，但到光化三年（900），唐室中央又发生剧烈的政变。当时的宰相崔胤，素以朱全忠为外援，昭宗与他谋去宦官，因而外朝与宦官如同水火。僖宗以前，宦官是唐室的主宰，绝对控制着中央政府。但自僖宗起，因内乱频仍，皇帝屡次出亡，中央禁军的军力大损，宦官的凭借渐失；加以藩镇的势力介入中央，宦官的势力乃大为削弱。是年，昭宗听崔胤的建议，杀掉专权的宦官宋道弼、景务修。既而宋等的党羽刘季述等谋乱，矫诏以太子裕监国而废昭宗。昭宗与皇后何氏被幽于东宫达两月之久。季述等畏惧朱全忠，不敢杀崔胤，仅免除其职务。胤致书朱全忠，请其入援，但全忠未能即时出兵，胤乃与神策军将孙德昭相结，谋使昭宗复位。天复元年（901），孙德昭联合一部分军将，迎昭宗及皇后复位，诛季述及其党二十余人。崔胤也恢复相位，较前更为专擅。

刘季述等被诛后，宦官用事者仍然不绝，其主脑人物为韩全诲等。他们对崔胤甚为敬畏，事无大小都禀命而行，但崔胤以宦官终为腋肘之患，想把他们完全消灭，因而与朱全忠相结益深。他建议昭宗尽诛宦官，并秘密准备一切，以待时机。事为宦官探知，乃联李茂贞以图抵制。崔胤密致朱全忠一信，称得昭宗密诏，命他以兵迎车驾，全忠果率兵自汴州西向。宦官听说全忠将至，便劫昭宗往凤翔，依李茂贞，崔胤则留居京师，朝臣亦多未从行。朱全忠大军进至华州，韩建出降，朱军于是顺利进入长安，西指凤翔。天复二年（902），朱军加紧围攻凤翔，茂贞无以取胜，乃于次年杀宦官韩全诲等七十二人，与朱全忠和解，既而全忠又捕诛九十人。昭宗返京师，仍以崔胤为相。崔朱二人又奏罢宦官的一切职务，再杀大小宦官三百余人，并命令全国藩镇，将监军的宦官就地正法。于是内外宦官屠杀殆尽，皇帝宣传诏命，以宫人担任。唐室并封朱全忠为梁王，全忠乃还军镇汴。

这时朱全忠的势力，远较李克用为大，他的性情也远较克用为狡狯。他密结中央政府的士大夫，致使唐室始终不敢亲任克用。同时他乘克用与关中藩镇对抗的机会，一意扩充地盘。在他统兵入关之前，业已威服河北诸镇，并于天复元年（901）并吞河中节度使王珂的辖地。三年（903），又攻取黄河以南的重镇淄青。此外，关中地区除李茂贞远处凤翔外，其余地区也大致是朱全忠的势力范围。李克用的军力虽强，但形势甚为孤立。他的东、西、南三面，都是朱全忠的势力，而北面又受契丹的威胁，可以说是四面受敌。所以就当时的形势看，李克用显然处于劣势，因此朱全忠遂有觊觎唐室政权的野心。崔胤发觉朱全忠对唐室有不利的企图，乃又密置兵备，以防万一。事为全忠得知，遂先发制人，于天祐元年（904），密表崔胤专权乱国，昭宗不得已免崔胤职，全忠乃将胤杀掉。同年，朱全忠迁昭宗于洛阳，并将昭宗的侍从皆换为己党，至此昭宗又落入军阀的掌握。

昭宗至洛阳后，李茂贞等各举兵讨朱全忠，均以兴复为辞。全忠出师西讨，以昭宗有英气，恐于中途生变，因而想立幼君以谋禅代。于是派人弑昭宗，废太子裕而立昭宗的另一儿子辉王祚，更名曰祝，是为哀帝，年仅十三岁。哀帝即位后，以昭宗何后为太后。天祐二年（905）二月，朱全忠又杀裕及昭宗诸子八人。全忠的幕僚李振，因曾屡举进士不中，深恨以科第或门阀进身的士大夫，至此乃劝全忠诛除有声望的朝士。同年六月，全忠杀朝臣裴枢、独孤损等三十余人，遭贬逐的为数更多，外朝的士大夫阶级，至此也步了宦官的后尘，归于消灭。此后唐室中央政权，便直接操在朱全忠以及他的部将和幕僚手中。十二月，朱全忠又把何太后杀掉，仅剩一个哀帝是皇室的孑遗。四年（907），哀帝下诏“禅位”于朱全忠，唐室乃正式灭亡。哀帝被废为济阴王，迁居曹州，于次年被害。

朱温篡唐后，改国号曰梁，并改元开平，定都大梁（今河南开封县），是为梁太祖。梁虽然推翻唐室，却无法取代它的共主地位，更谈不到恢复盛唐时代的功业与荣誉。梁的中央政府，是一个彻头彻尾的藩镇型政府，除了军队，并未具有一个中央政府所必要的其他条件。换句话说，它只是一个割据中原的藩镇。这种割据性的政府，自然无法来收拾唐末那种率土分崩的局面。

第十七章
唐代的制度

一、中央政府

（一）三省制的演进

初唐的各种制度，大体是承袭隋朝的，这一点颇像汉初的承袭秦制。中央政府的各种职官，诸如三公、三师、三省、九寺、诸监、御史台等，其组织及职掌，莫不沿袭隋制。高祖时固然是“率由旧章”，即使太宗也没有什么革命性的创作，只是把隋制加以充实或局部修改，使它更趋完善严密而已。

唐代的三省，仍是中央最高行政机关，三省的首长，均为宰相之职。隋时，三省的职掌尚没有明确的划分。直到太宗时，始告确定，以中书省制定法令，门下省审查法令，尚书省执行法令。但因权力的彻底分化，中书与门下，有时不免因成见的关系发生公务上的争执。太宗为补救这个流弊，因而设“政事堂”，作为三省首长联席议政的机关。最初政事堂设在门下省，后来移到中书省，改称为“中书门下”。

三省长官虽为宰相，但其他官吏也可由皇帝指派，参决大政。这个制度也承自隋朝。太宗时，命杜淹以吏部尚书参议朝政。此后任何官吏，只要在他的原有官衔之下，加上一个“参议朝政”或“平章政事”之类的名号，便是实际的宰相。这类名号最初甚为繁多，后来逐渐确定为“同中书门下三品”及“同中书门下平章事”两个名称。前者的意思是表示任何拥有这个名号的官吏，都具有与中书省首长中书令和门下省首长侍中相同的品级（三品）和权力；后者的意思是表示可以与中书令、侍中共同平章政事。到高宗以后，除三公、三师、中书令、侍中外，凡不加这两个名号之一的官吏，虽为尚书省的首长，也不得入“中书门下”议政，而致失去宰相的权力。

唐代三省长官的名称，屡有更改。尚书省的最高长官原为尚书令，高祖武德时，太宗曾为尚书令，其后无人敢任此职，因此自太宗时起，左右仆射变成尚书省的最高长官。至高宗龙朔二年（662），改左右仆射为左右匡政，咸亨元年（670），又复旧名。武后光宅元年（684），改尚书省为文昌台（其后又称文昌都省、都台及中台），左右仆射为文昌左右相。中宗时，复称尚书省及左右仆射。玄宗开元元年（713），又改左右仆射为左右丞相，天宝元年（742）复旧。其后直至唐末，均称左右仆射。门下省的最高长官，武德初称纳言，不久改称侍中。高宗时，一度改称左相。至武后，改门下省为鸾台，侍中为纳言。中宗时，又称门下省及侍中。玄宗开元初，改称侍中为黄门监，不久复称侍中。天宝初，又改称左相。肃宗至德二载（757），复称侍中，一直沿用到唐亡。中书省的最高长官，武德初称内史令，不久改称中书令。高宗时，一度改称右相。武后时，改中书省为凤阁，中书令为内史。中宗时，复称中书省及中书令。玄宗开元初，改称紫微令，不久复称中书令。天宝初，又称右相。至肃宗至德，复称中书令，直至唐亡。

三省的组织，与隋也大致相同。尚书省的长官，自左右仆射（从二品）以下，有六部（吏户礼兵刑工）尚书，正三品。每部又置侍郎一或二人，正四品上或正四品下。每部分四曹，各置郎中一或二人，正五品上或从五品上。此外又有左右丞各一人，左正四品上，右正四品下。门下省有侍中二人，正三品；门下侍郎二人，正四品上；左散骑常侍二人，从三品。此外又有左谏议大夫（正五品上）、给事中（正五品上）、左补阙（从七品上）、左拾遗（从八品上）等多名。中书省有中书令二人，正三品；中书侍郎二人，正四品上；中书舍人六人，正五品上；通事舍人十六人，从六品上。此外又有右散骑常侍、右谏议大夫、右补阙、右拾遗等多名，官品与左散骑常侍等相同。

由于三省首长以外的官员可以参议大政，因此唐代宰相数目之多，为历代所少见。西汉二百年间，宰相仅有四十五人，而唐代二百九十年间，宰相竟多至三百六十九人。唐代宰相员额最多的时期，为武后、中宗、睿宗三朝。武后时，宰相同列者常七八人，中宗朝达十余人，而睿宗景云时，一度至十八人。宰相的数目既多，其权力也自然因而削弱，所以唐代相权，平均不如西汉为重。但唐代也有掌握大权的宰相，因为同一时期，宰相虽有多人，其中受皇帝信任的，权力往往较他相为大。例如玄宗开元时，姚崇与卢怀慎同为宰相，而政事皆由崇裁决，怀慎只能“伴食中书”。又如天宝时的李林甫、杨国忠，其权威之重，也都不亚于汉代。

（二）相权的剥夺

唐代中叶以前，相权有时遭受剥夺，其原因在皇室自身的把持政权。武后、中宗、睿宗三朝三十年间，由于武后、韦后、安乐公主、太平公主等人的垄断朝政，以致三省无法充分行使其职权。当时的宰相，只能苟合取容，以保禄位而已。武后自高宗后期当国，竭力排斥前朝旧臣，起用新进；对旧有制度，也蓄意破坏。最初她引用文学之士，密参国政，以分宰相之权，渐至事无巨细，都由她本人决断。李敬业举兵后，她推行恐怖政策，恣意杀戮，宰相因细故而被杀的，先后达十六人之多。对亲附者则不次拔擢，例如首先向她劝进的侍御史傅游艺，于一年之间，由九品历升至三品。政事也由她独断专行，宰相并无置喙的余地，例如她的诏敕，不经鸾台、凤阁的审查颁布，即可行施。她对宰相的任遇既轻，礼数也薄，每当内庭宴乐，常命张易之兄弟，嘲戏公卿，以为笑乐。虽然她曾提携了不少贤士，但目的也只是供她本人的驱策而已。

到中宗睿宗时代，韦后和安乐太平二公主相继乱政，三省旧制，破坏愈甚。当时宰相的除拜，多出于安乐、太平之门，所除的宰相，也多不循资格。皇室狎戏公卿的风气，也愈演愈烈，中宗时，竟有命大臣做拔河游戏的怪事出现。大臣的尊严，可谓扫地以尽。当时一切政事，均须取决于宫中，政事堂诸相的联席会议，徒拥虚名，所议的仅是些极其琐碎的事。中宗更以婕妤上官婉儿专掌制命，皇帝的制敕，也不必经中书门下，径自施行，甚至安乐公主可以自制敕书。至此，三省可以说陷入瘫痪状态，政治的败坏，达于极点。直到玄宗，三省才恢复旧观。

安史之乱以后，相权又被削弱，中书省的职权首先遭到破坏。原来中书省的六名中书舍人，不但负责制诰的起草，且可对国家政事条陈意见。舍人每有建议，皆同押连署，称为“六押”，而由皇帝做最后的裁夺。及安史乱起，一切务从权便，因而废除六押的制度，舍人乃变成纯粹的文翰之臣，不再参与机务，其重要性乃大为降低。其后渐至舍人不设常员，中书省等于名存实亡。门下省也跟着变质，门下省的首长，有时独主大政；中书省的官员，有时又可在门下省兼职。两省职掌日趋紊乱，完全失去原来的立法意义，这种现象尤以代、德两朝为最甚。此外，政事堂（即“中书门下”）的制度，也发生变化。政事堂原为宰相议政之处，自开元末至天宝，李林甫杨国忠相继擅权，改于私家处决机务，政事堂之制尽废。肃宗时，为杜绝宰相专权，把宰相的联席议政改为轮流执笔，十日一更，结果变成宰相轮流负责。德宗时，宰相虽常有四五人，但皇帝有时只与其中最亲信的一人商决大政，他相竟不能预闻。

中书舍人的职务既废，代之而起的为翰林学士。唐初，皇帝常选拔文词经学之士，值于别院，以备宴见，有时召入宫中，草拟制诰，但当时并无特殊的名目。高宗时，号为北门学士。玄宗开元以后，始有翰林学士之号，但并非正官，也无品秩，只是一种加置的职名。他们的职掌，本与中书舍人不同，只掌理四方表疏，撰写应酬文字和将相制命，中书舍人则草拟和署行诏敕。安史乱后，诏敕有时不经中书，而由翰林学士起草。德宗因酷爱文学，与翰林学士益加亲密。他出奔奉天时，以翰林学士陆贽等参决大政，时人称为“内相”，与政事堂分庭抗礼。此后翰林学士日益亲重，成为宰辅的储备人员。从德宗到懿宗的九朝间，翰林学士凡一百五十四人；懿宗时最多，共三十人；顺宗时最少，仅二人；其中位至宰相的五十三人，约占总数的百分之三十四。但德宗以后，宦官的势力日益膨胀，翰林学士必须与宦官相结，才能居中用事，否则便无法久安其位。例如顺宗时的王叔文为翰林学士，但因受宦官的嫉视，终致失败；文宗时的李训，因有宦官的支持，而由翰林学士擢任宰相。

唐中叶以后，其他侵夺相权的力量，又有枢密使。枢密使初置于代宗永泰时，以宦官充任，最初仅于内廷承受表奏。德宗时，权势渐盛。到宪宗时，已能参与机密，左右朝政。文宗以后，枢密使更成为朝廷大臣，内可决定诏书，外可与宰相同议政事。战争时，皇帝诏令有时不经宰相，即由枢密使直接下达军前。因此唐室大权，操于内廷。宦官之所以凶横，虽然由于他们掌握禁军，也因为他们占据这么一个要职。外廷的宰相，变成傀儡，他们必须获得内廷宦官的支持，才能安于其位。直到唐末，藩镇的势力益强，外廷大臣借藩镇的力量消灭宦官，才结束这种政局，但唐室也跟着灭亡。[参看周道济《唐代宰相名称与其实权之演变》（载《大陆杂志》十六卷四期）；孙国栋《唐代三省制之发展研究》（载《新亚学报》三卷一期）]

二、地方政区

（一）府道的建置

唐代地方政区的划分，仍大体承袭隋制。隋制以州县为主，州以上又有总管府。炀帝时，撤销总管府，并改州为郡。到唐高祖武德元年（618），罢郡置州，复设总管府。七年（624），改总管府为都督府。玄宗天宝元年（742），又改州为郡。肃宗乾元元年（758），复改郡为州，其后一直沿用到唐亡。至于州县的数目，代有不同，开元末，全国共有府州三百二十八，县一千五百三十七，外族地区的“羁縻府州”，尚不在内。

都督府多设于国内冲要地区，每府督统数州。武德时，规定凡统十州以上者称大都督府。贞观时，全国共有四十一个都督府，三百五十八个州。除京畿九州外，其余各州，均隶属于都督府。其后府数时有增减，睿宗时，分都督府为大、中、下三等；玄宗时，又分为上、中、下三等。都督府的主要任务，为统理所属各州的军事，对于各州的政事，并不能完全控制。因为安史乱前，诸州政事均直接报告中央，中央的政令也直接下达各州。州刺史以下的重要官吏，有别驾、长史、司马各一人，录事参军事一人。又有六曹，即司功、司仓、司户、司兵、司法、司士，每曹有参军事一人，分掌各项政务。

都督府以外，还有两种府，一是设于外族地区的都护府，一是设于京都及行在的府。都护府一名，承自西汉，自太宗至武后时代，前后凡设八都护府，用以统理降附的外族。八都护的名称及范围，前面已有说明，不再赘述。都护府以下，也辖有若干都督府和州，称“羁縻府州”，以别于内地的府、州。羁縻府州的都督刺史，皆由异族充任。从贞观到开元，唐室于四裔所设的羁縻府州，多至八百五十六个，这可看出唐帝国疆域的辽阔。

在京都所设的府，前后共有七个。唐初，以长安为京师；高宗时，以洛阳为东都；武后时，又以太原为北都；玄宗开元时，乃于三地设府，以长安为京兆府，洛阳为河南府，太原为太原府。玄宗并一度以蒲州（今山西永济县）为中都，置河中府，不久罢府为州。肃宗时，又复设府。肃宗至德二载（757）以扶风郡（今陕西凤翔县）为西京，置凤翔府；蜀郡（今四川成都县）为南京，置成都府；不久罢京名，但仍置府。其后又以荆州（今湖北江陵县）为南都，置江陵府，不久又罢都而置府如旧。行在亦即皇帝临幸之地，所置的府有三，即兴元府，原梁州（今陕西南郑县），因德宗于其地避朱泚之乱而置；兴德府，原华州（今陕西华阴县），因昭宗于其地避李茂贞而置；兴唐府，原陕州（今河南陕县），因朱全忠挟昭宗幸其地而置。总计上述于京都、行在所设的府，共有十处。

至于道的建置，太宗曾于贞观元年（627）分全国为十道，其名称和辖区如下：

1. 关内道　今陕西省中北部（秦岭以北地区），绥远省南部，宁夏省东南隅和甘肃省东北隅。

2. 河南道　今黄河与淮水之间，西到潼关东到沿海的地区。

3. 河东道　今山西省及绥远省东部、察哈尔西部地区。

4. 河北道　今太行山以东，黄河以北，东到辽河一带的地区。

5. 山南道　今汉水流域及长江中游沿岸地区。

6. 陇右道　大致包括今甘肃、宁夏二省。

7. 淮南道　长江与淮水之间的地区。

8. 江南道　长江与南岭之间的地区。

9. 剑南道　今四川省。

10. 岭南道　五岭以南地区，包括今两广及越南一带。

十道并非实际的行政单位，也不是为巡察吏治而分，最初可能只是一种地理上的区划。到武后、中宗时，才渐成监察区。武后天授二年（691），设十道存抚使，督察各道政务，但不常置。中宗神龙二年（706），置十道巡察使，每道二员，二年一替，以按诸州，自此渐有定规。其后这种监察制度时废时复，名称也常有更改。直到玄宗开元二十年（732），才规定每道置一采访处置使，如汉刺史之职，三年一奏，永为常式。次年，又析关内道置京畿道，析河南道置都畿道，分山南道为东西两道，分江南道为东、西、黔中三道，共十五道。

（二）节度使区

节度使本是都督所兼有的一种特殊名义，始行于高宗永徽以后。凡都督持有中央所颁给的节钺者，称节度使，但最初只是一种重要名义而非正式官职。到玄宗时，由开元初年至天宝初年，先后在沿边成立十大兵镇，其最高长官称节度使，于是节度使成了正式的官。他们所辖的武力，也远较从前的都督为大。十镇的名称、任务和所辖兵力如下：

1. 安西节度使 治龟兹（今新疆库车县），抚宁西域，有兵二万四千人。

2. 北庭节度使 治北庭都护府（今新疆迪化市），防制突骑施、坚昆，有兵二万人。

3. 河西节度使 治凉州（今甘肃武威县），断隔吐蕃、突厥，有兵七万三千人。

4. 朔方节度使 治灵州（今宁夏灵武县），捍御突厥，有兵六万四千七百人。

5. 河东节度使 治太原府（今山西太原县），与朔方犄角，以御突厥，有兵五万五千人。

6. 范阳节度使 治幽州（今河北大兴县），临制奚、契丹，有兵九万一千四百人。

7. 平卢节度使 治营州（今热河朝阳县），镇抚室韦、靺鞨，有兵三万七千五百人。

8. 陇右节度使 治鄯州（今青海乐都县），备御吐蕃，有兵七万五千人。

9. 剑南节度使 治益州（今四川成都市），西抗吐蕃，南抚蛮獠，有兵三万九百人。

10. 岭南五府经略使 治广州（今广东广州市），绥靖夷獠，有兵一万五千四百人。

[见《资治通鉴》卷二一五，天宝元年]

总计十镇共辖兵四十八万六千九百人，马八万余匹。节度使的任务，本是纯军事性的，目的在防御外族，保固疆土。但至迟到天宝后期，节度使已俨然是地方最高行政长官，集军政大权于一身。例如安禄山任范阳节度使，不但可任意调换部将，并可保举其辖区内的官吏。常山太守颜杲卿原任范阳户曹参军，便是经禄山保举，转迁至太守的。节度使所以能掌握地方政权，与兼任采访处置使（简称“采访使”）有关，安禄山便曾兼任过河北、河东采访使。采访使职司监察，而以节度使兼之，权威益重，渐成州县的上官。由于节度使一面拥有庞大的武力，一面又掌握地方政权，因此他们的辖区，渐变成半独立的封建王国，终致酿成安史之乱。

安史乱后，唐的地方行政制度发生剧烈的变化。唐室于平乱期间，在内地又设了不少兵镇，权重者称节度使，权轻者称防御使，旧日内地的都督，乃渐为节度、防御所替代。又因武人势大，往往干涉地方行政，各道采访使无法行使其职权。肃宗不称已，于乾元元年（758）废采访使，既而又改置观察处置使（简称“观察使”），而以节度使兼之。于是内地节度使也成为地方最高行政长官，旧有的道制，因而沦替。安史乱后所谓的“道”，实际是指节度使的辖区。

安史之乱以后的节度使和防御使，大都兼有观察使之号。不设节度使的非军事地区，有时也设观察使，掌数州之政。西南地区，仍设有经略使与都护（如安南都护）的官，地位又在观察使之下。节度、防御、观察、经略诸使以及都护的辖区，通称“方镇”或“藩镇”，数目时有变化。宪宗元和六年（811）左右，全国共有二十九个节度使，三个防御使，十个观察使，两个经略使，一个都护。在二十九个节度使中，其辖区在淮水、秦岭以北的占二十二个，这与北方的战乱较多有关。到唐末，全国骚乱，节度使的数目增加到五十个，他们的辖区，错综零乱到不可究诘的地步。唐代藩镇中，除胡化诸镇肆意扩军搜括民财外，中央系的节度使也率多豪奢贪暴，不恤民力。加以战争频仍，因此不但使唐室中央的财政陷于绝境，而整个的社会经济也趋于破产，这现象以关中和关东地区为最甚。中国经济重心的逐渐南移，与此大有关系。唐室灭亡后，整个中国成为藩镇军阀的世界，五代与十国，事实上只是一些大型的藩镇。

三、财经制度

（一）田赋

唐朝前期的田制，大体承袭隋朝，由政府授田给人民而征其租赋。男子十八岁以上者授田一顷，即一百亩（高祖时规定，阔一步长二百四十步为一亩），其中二十亩为“永业”田，用以种植榆枣桑等类的树，身死可以传后，不须归还国家；八十亩为“口分”田，用以种植农作物，身死必须归还。年老以及残废或生重病的人，给田四十亩。寡妻妾三十亩，如是一个家庭的主持者，则另加二十亩。但这种授田办法，只限“宽乡”，“狭乡”则须减半。所谓宽乡，是田地足够当地人口分配的地区，狭乡则是人多田地不敷分配的地区。至于宽乡的工商业者，授田要较常人减半，狭乡则不给田。死者交还的田，再由政府授给无田者。政府于每年十月，办理田地的收授事宜。除平民外，政府官员自王公以下，也各有定额的永业田。

人民对于国家所应缴的赋税和应尽的义务，分租、庸、调三种。租是授田的男丁，每年须缴粟二斛或稻三斛（一斛十斗）。庸是每丁每年须为国家服劳役二十日，遇闰月则加二日，因故不能服役者，每日可折绢三尺；加役十五日者免调，加三十日者租、调全免。调是每丁按照当地的出产，每年输纳绢二匹，绫絁二丈，绵三两；缴布则加五分之一，并须缴麻三斤；不产绢麻之区，可折银十四两缴纳。这种征课，平均仅占当时人民总收入的四十分之一，免课的范围也很广，官吏九品以上及皇亲贵戚、官学生徒等，均免课役；此外如鳏寡孤独以及部曲、客女（豪族的仆妇）、奴婢等，也都不课。

租庸调制的精神，在于政府为民治产，然后因其产而课赋。这种办法，既没有重敛病民的弊病，又可以杜绝兼并，自是一种善制。但实行这种制度，必须有其特殊条件，即社会秩序必须安定，人口流动性不能太大，户籍和田籍又须清楚齐全，然后才能实行。这些条件，也只有一个具有高度行政效率的政府才能做到。唐自武后时起，政治渐不如前，加以突厥、契丹连年入寇，人民规避徭役，逃亡者渐多。玄宗开元时，曾力加整顿，检括逃亡户口。但到天宝时代，政事日坏，田地兼并之风大盛。据史书的统计，天宝十四载（755），全国人口为八百九十一万余户，五千二百九十一万余口。而不课赋役的户达三百五十六万余，占全国总户数的三分之一强；不课赋役的口达四千四百七十万余，占全国总口数的六分之五强［见《通典》卷七“食货七、历代盛衰户口”］。法令的废弛，可以想见。安史乱后，户口逃匿者益多，旧有的户口名籍，多非其实；租庸调制度，无法继续实行，因此到德宗时，乃有两税法的创立。

两税法是德宗时宰相杨炎制定的，于建中元年（780）颁布。颁布后，唐室设两税使以推行之。其办法是由政府将全国各地定居的人民，不论主户客户，一律以他们现有男丁与田地的数目为标准，划分等级，规定税额，分两次于夏秋两季输纳，夏输不能过六月，秋输不能过十一月。其余一切名目的租税，均予罢除。商贾则于其所在的州县课税，税率为其货物总值的三十分之一。两税法的税额，先以钱计算，再折合绫绢缴纳。最初物重钱轻，人民的负担不重，但不久变成物轻钱重，人民生计日艰。而豪家大贾，更一味积蓄金钱，操纵物价，以从中取利，于是农民益困。因此到穆宗时，改为缴纳布帛，以匹数计而不以钱计，这是两税法的一个重要修改。

唐自行两税法，旧有的租庸调制完全破坏，往日授田征租的办法，变为只征租而不授田。这不但使户籍、田籍益陷以紊乱，而兼并之风，更无法遏止。此后中国的田制，一直沿袭两税法的原则，最多只能做局部的修改，而无法恢复租庸调的旧观。

（二）杂税与币制

所谓杂税，大致是指盐酒茶关矿五种税课，这类杂税的征收，多半实施于安史之乱以后。因为当时战乱频仍，政府的收入较前锐减，唐室不得不于田赋以外，别开财源。

唐朝前期，虽也征课某些杂税，但并非政府的主要收入；中叶以后，才变成政府的大宗利源。

唐初，全国共有盐池十八座，盐井六百四十口，均由官办。但商民可以自由买卖，并不课税，因此盐价极廉。玄宗开元元年（713），始征盐税，但税率甚低，盐价仍贱。天宝时，每斗不过十钱。肃宗乾元元年（758），开始收归官卖，就出盐之地，设立监院，由盐铁使统辖之。百姓愿业盐者，政府免其徭役，隶于监院，谓之亭户，禁止百姓私自煮鬻。盐价则每斗卖一百一十钱。代宗时，刘晏为盐铁使，改为官卖商销，于产盐之处，仍置亭户，以之制盐，而由商人批发，往各地出售。僻远之地，则由政府在当地设常平盐仓，如商运不至，则减价出售仓盐，以济盐荒。这办法施行后，获利甚多。至代宗末年，盐税几占政府全部税收的一半。其后唐室仍行官卖办法，但盐价屡增。德宗时，官价每斗达三百七十钱，而商人售价，有时又超出官价一倍。

酒税唐时称榷酤，代宗时开始征收。广德二年（764），唐室命全国各州，自行规定其州“酤酒户”的酿酒数量，按月纳税，此外不问公私，一律禁止酿造。德宗建中三年（782），改为政府专卖，收利以助军费。其后有时由政府专卖，有时由人民经营而由政府征税，严禁漏税私卖。

茶税始于德宗贞元九年（793），其办法是于出茶州县和茶山附近的商旅要路，由政府设置关卡，估计茶价，分三等征税，税率为茶价的十分之一。宪宗时，置茶榷使以董其事。穆宗时，茶税每百钱增五十。其后茶税益重，茶商所过之地，上至节度、观察，下至州县，均有征课。因此私贩者渐多，政府对私贩的处分，则非常严厉。

关税也始于德宗时，其办法是于诸道冲要之地，设置关卡，过路商贾携钱者，每缗（千钱）税二十钱；商货如竹木茶漆之类，则税十分之一。其后关税一直维持，但税率和征课的范围，则时有不同，无法详考。此外唐于广州（今广东广州市）、泉州（今福建晋江县）、杭州（今浙江杭州市）等与外国互市之地，设市舶司，由市舶使主之，掌理互市事宜，并征课商税。

矿税始于玄宗开元十五年（727），但当时课税的仅为伊阳（今河南嵩县）五重山的银矿和锡矿，只是局部性的收税。到德宗时，把全国各地矿冶都改为官办，由盐铁使主其事。文宗时，矿冶改由地方自办，获利亦归州县政府。至宣宗，再度划归中央，仍由盐铁使统辖之。

除以上五种重要杂税外，尚有种种苛敛，大都为供应政府的急需。例如代宗时，曾增加田税，并征收户税；德宗时，也曾征收房屋税。但这类征敛，大都时征时免，并非常制。

币制方面，自隋文帝铸五铢钱，统一钱币。至隋末，全国大乱，民间私铸的钱极多，因此钱币的重量越来越轻。高祖初年，恶钱仍充斥全国。武德四年（621），铸“开元通宝”，每十钱重一两，严禁私铸。其后盗铸者渐多，至高宗时，恶钱又复充斥，政府不得已加以收购。乾封元年（666），改铸“乾封泉宝”，重二铢六分，以一当旧钱十，但市面拒用，仍通行开元通宝钱，而盗铸之风益烈。至肃宗乾元元年（758），铸钱使第五琦铸“乾元重宝”，每千重十斤，以一当开元通宝十，故又称“乾元十当钱”。继而第五琦为相，又铸“重轮乾元钱”，每千重十二斤，以一当开元通宝五十。当时三种钱同时通用，因币制屡更，物价腾贵，百姓贫饿而死者，充满道路。及代宗即位，改为无论大钱小钱，均以一当一，民始称便，其后乾元、重轮二钱，不再使用，只有开元通宝钱，一直维持到唐亡。但盗铸之风，始终不能戢止。

唐代货币，以钱为主，金银则不甚流行。当时全国大部地区，均通用钱币，唯边远如岭南地区，始以金银为货币。西南地区（今四川省南部及贵州省一带），则尚停滞于以物易物的阶段。

四、兵制

（一）府兵与彍骑

唐前期的兵制，仍是承袭隋朝的府兵制，而组织更为完密。高祖时，因国家草创，兵府只设在关内地区。到太宗，规模方才宏备，兵府也扩充到全国各地。当时全国凡设兵府六百三十四个，名曰折冲府，各有自己的名号。折冲府设于关内地区的有二百六十个，占全国兵府总数的五分之二以上。全国的折冲府，分属于十六卫，十六卫的名称是左右卫、左右骁卫、左右武卫、左右威卫、左右领军卫、左右金吾卫、左右监门卫、左右千牛卫。每卫置上将军一人，大将军一人，将军二人。十六卫中左右卫各辖六十府，其他各卫辖五十四十不等，剩余的府则隶属于太子东宫的六个率府。十六卫的总部皆在京师，它们的责任，是一面宿卫京城，一面统领全国的兵府。而宿卫京城的士卒，乃是自各地兵府轮流抽调而来。因此全国军队不但均由中央直接统领，同时中央军与地方军也没有严格的界限。加以兵府集中于关内，形成了绝对的内重形势。

折冲府共分三等，上府有兵一千二百人，中府一千人，下府八百人。估计太宗之时，全国的府兵当在六十万人以上，每府的最高长官是折冲都尉，其下有左右果毅都尉各一人，长史、兵曹别将各一人。士兵的编制是三百人为一团，团有校尉；五十人为一队，队有队正；十人为一火，火有火长。府兵的役龄是二十至六十。府兵能骑射的，名为越骑；其余的编为步兵，名目有三，即步兵、武骑排穳手、步射。府兵平时务农习武，每年冬天，由折冲都尉率领，做攻防演习。

凡调发府兵，必须有中央颁发的符契为凭，经过州刺史和折冲都尉勘验属实，然后发兵。如全府调发，则折冲都尉以下的官员全须随行；如调一部分，则视其数目的多寡，由果毅都尉或其他官员率领出发。折冲府均负有宿卫京师的责任，派兵分批前往，轮流服务，名曰“番上”。并以各府所在地距离京师的远近，规定其番上的次数。离京师五百里的府，将应服宿卫任务的兵分成五批，更番前往，每月一轮；一千里的分七批，一千五百里的分八批，二千里的分十批，二千里以外的分十二批，也都是每月一轮。换句话说，距京师五百里的府兵，每年至少要轮两次；二千里以外的府兵，每年只轮一次。

府兵制的优点，在于国家无事，府兵可以从事农耕，自给自足；有事则临时命将，事毕兵归其府，将上其印；国家既不必竭财养兵，又可杜绝武人的拥兵自恣。同时府兵只是由若干精选的农民来充任，由一批身心武健的人组成一个专司战斗的团体，其战斗力自然强劲。而大多数的农民则可安心务农，不必为兵役所困扰。盛唐时代的武功彪炳，无疑得力于这种兵制。

高宗武后时，府兵制渐坏。主要由于国家承平日久，府兵备而不用，日渐腐败，政府对之也日益漠视。太宗时，对宿卫的府兵，异常重视，专命他们练武习战，甚至与之共同习射。兵府的将卒，皆出身优越，其生时的褒赏和死后的哀荣，均足以令人歆羡。但后来宿卫的府兵多为京中贵势所役使，如同奴隶。政府对之也日益冷淡，军官历年不迁，士兵死事也不加存问。因此府兵渐为社会所轻，其素质也跟着大为降低，甚至贫弱到无力番上的地步。而府务的废弛，逃亡的众多，战力的衰退，自然也都是不可避免的结果。

玄宗时，宰相张说以府兵逃亡过多，不能按时番上，因此奏请改用募兵担任宿卫的任务。开元十一年（723），招募十二万人，号曰“长从宿卫”。次年，改名“彍骑”。此后，诸折冲府的士兵空缺，不再补充，任其耗损。十三年（725），唐室把彍骑分隶于十二卫。当时彍骑均是农民中所简拔的精壮，专司宿卫京城，而戍边的任务则委之于藩镇的士卒。因此中央军与地方军的界划，渐趋明显，其对立性也随之增加。

中央的彍骑，因始终屯驻京师，缺少战斗经验，加以养尊处优，士气日见衰颓。而藩镇边兵，则经常与外族接战，实力始终强劲。同时藩镇士卒的数目又远较中央为多，因此造成内轻外重之局。到安禄山造反，彍骑不堪一击，全面崩溃。唐室所仗以定难的，乃是藩镇的边兵和回纥人。乱平后，全国遍布藩镇，对中央形成重大的威胁，而中央所靠的武力，只剩下禁军。

（二）中叶以后的禁军

所谓禁军，乃是皇帝的侍卫亲军，它自成系统，不属于卫。其任务是保卫宫廷，侍从扈驾，与卫兵的防守京城不同。这种禁军在唐初就有，但在府兵制实行的时代，它并非唐室中央的主要武力。直至安史乱起，卫兵（彍骑）大衰，禁军才成为唐室的最后力量。而宦官握有禁军兵权，也就成为唐室的实际主宰。

唐代最初的禁军，是由追随高祖起义的士卒所组成的。高祖初以三万人自太原起事，进抵长安时，麾下已有二十万人。其后全国渐定，唐室乃遣散义军，而以留宿卫的三万人组成禁军，号“元从禁军”。后来这批人渐渐衰老，唐室乃以他们的子弟代之，因此又号“父子军”。贞观初年，太宗择其善射者百人，号为“百骑”，以从田猎。其后又置左右屯营，驻于玄武门，以诸卫将军兼领之，号曰“飞骑”。高宗时，扩充飞骑为“左右羽林军”，而百骑仍然存在。武后时，扩百骑为“千骑”；睿宗时，又扩千骑为“万骑”，玄宗便是以万骑讨平韦后的。玄宗即位后，又改万骑为“左右龙武军”，与左右羽林共为四军。至天宝末期，因承平日久，纪律松弛，禁兵空缺甚多，玄宗幸蜀时，从驾者不过千人。

肃宗初至灵武时，兵力异常单弱，因此积极扩充禁军。至德二载（757），置“左右神武军”，又称“神武天骑”，与羽林龙武，总称“北衙六军”。至代宗，又列“神策军”为禁军。神策军始置于玄宗天宝，因哥舒翰攻破吐蕃磨环川（今甘肃临洮县西），唐室即以其地置神策军，以成如璆为军使。及安禄山反，如璆遣其将卫伯玉率千人入援，屯于陕（今河南陕县）。其后因神策故地沦没，肃宗乃以伯玉所部兵号神策军，并以伯玉为节度使，而由宦官鱼朝恩监其军。其后伯玉罢职，军权落入朝恩手中，广德元年（763），代宗奔陕避吐蕃之难，朝恩率神策军迎扈。及京师平，唐室乃以神策军政隶禁军，其后声势渐盛，分为左右厢，渐居其他诸军之上。朝恩并要求京城以外的若干县邑隶于神策，于是其势力又扩展至京师以外的地区。

德宗时，又置“左右神威军”。神威军的前身是肃宗时代的“衙前射生手”。肃宗至灵武后，除置神武军外，又以善骑射者千人任侍卫，名曰衙前射生手，分左右厢。其后名号屡更，德宗贞元二年（786），改称“殿前左右射生军”。四年（788），又改称神威军，与羽林、龙武、神武、神策总称左右十军。肃宗以后唐室所建的禁军，除以上十军外，尚有若干其他番号的军队，但废置不定，只有十军为最盛。

肃宗、代宗时，宦官李辅国、程元振、鱼朝恩等虽均曾典掌禁军，但为时甚暂，其权势尚不十分巩固，因此唐室犹能加以诛除。至德宗，因惩于泾原兵变，不敢信任武人，于是把禁军再度交给宦官统领。贞元十二年（796），他于神策、神威等军，设置护军中尉、中护军等官，以宦官窦文场、霍仙鸣等任之，从此宦官常主禁军，直至唐亡。当时神策军待遇特优，高出边兵三倍，因此诸边将多请遥隶神策军，称神策行营，于是边兵亦多统于宦官。宪宗元和二年（807），省神武军。次年，合并左右神威军为天威军。八年（813），废天威军，以其兵隶神策军，于是神策之势益盛。

德宗以后，若干皇帝与外朝士大夫想夺回宦官的兵权，都告失败。顺宗时，王叔文用事，曾用宿将范希朝为左右神策京西诸城镇行营兵马使，以分宦官之权，结果酿成“永贞内禅”。文宗时，李训欲以京城卫军抢出皇帝，然后消灭宦官，但为宦官仇士良统领的神策军所破，而致功败垂成，发生“甘露之变”的惨剧。昭宗时，也曾以宗室典掌一部禁兵，以分宦官之权，又为藩镇李茂贞、韩建所破坏。直到朱温诛宦官，神策军才废，唐室也跟着灭亡。

五、法律

（一）法典的修撰

唐代法律，在形式上虽是因袭隋律而损益之，但在精神或实质上，却与隋律大不相同。隋律的精神是严酷的，而唐律则较仁厚。同时唐律经历朝修撰，其内容除因袭隋律外，更参以汉律，因此审慎精密，宽严适中，不但为当时若干外国所采用，且为唐以后历代法律的模范。

唐代法典的形式，共分四种：一曰律，是国家刑法的总则。二曰令，是国家制度的总则。三曰格，是政府各机关工作范围的条例。四曰式，是政府各机关的单行法规。而令、格、式又都以律做最后的标准，也就是说，任何令、格、式的内容，都不能与律有所冲突。

唐高祖于武德元年（618），命裴寂、刘文静等斟酌隋开皇律令，加以损益，颁新格五十三条，务从宽简。其后又命裴寂、殷开山、萧瑀等更撰律令，至七年（624）完成，共十二卷，颁行全国。十二卷的名目，全依隋制，即：1. 名例（刑法总目），2. 卫禁（警卫之法），3. 职制（职司之法），4. 户婚（户口婚姻之法），5. 厩库（公物保藏之法），6. 擅兴（国防军戎之法），7. 贼盗（防禁盗贼之法），8. 斗讼（防止斗讼之法），9. 诈伪（处理欺诈之法），10. 杂律（补充各律阙遗之法），11. 捕亡（捕系逃亡之法），12. 断狱（决断狱案之法）。此外又有令三十一卷，式十四卷，但与律均已亡佚。

《武德律》虽较宽简，尚未能大变隋律。到太宗贞观元年（627），命长孙无忌、房玄龄等，与学士法官厘改旧律，又接纳戴胄、魏徵的建议，务删前代酷法，凡成律十二卷，令二十七卷，格十八卷，留司格一卷。较隋代旧律，减大辟罪九十二条，徒流等罪七十一条，其他削繁去蠹、变重为轻之处，更不可胜记。高宗永徽二年（651），再命长孙无忌、李勣等修订律令，凡成律十二卷，式十四卷，式本四卷，令三十卷，散颁天下格七卷，留本司行格十八卷。三年（652），无忌等又撰《疏义》三十卷，解释法义。次年，颁行全国。《贞观律》久已佚失，但《永徽律》则因《疏义》而流传至今，它是现存唯一完整的中国最古法典。高宗以后各朝，也常删定律令，但大抵以《永徽律》为本而加以损益。

唐律也承袭前代的“十恶”之条，用以惩叛逆，禁淫乱。十恶据唐律的解释是：1. 谋反，谓谋危社稷。2. 谋大逆，谓损毁宗庙、山陵及宫阙。3. 谋叛，谓叛国从伪。4. 恶逆，谓殴打及谋杀祖父母、父母，杀伯叔父母、姑、兄、姊、外祖父母、夫之祖父母及父母。5. 不道，谓杀一家非死罪者三人，或肢解人，以及制造蛊毒厌魅等。6. 大不敬，谓盗取重大祀典器物或御用物品；盗取或伪造御玺；配制御药，与处方不合或封题有误；调制御膳，误犯食禁；御用舟船，误不牢固；指斥皇帝，悖乎情理；以及对抗制使，无人臣之理等。7. 不孝，谓讦告或诅詈祖父母、父母；祖父母、父母在，而别籍异财，供养有阙；居父母丧而身自嫁娶，或释服作乐；闻祖父母、父母丧，匿不举哀；以及诈称祖父母、父母死等。8. 不睦，谓谋杀及出卖缌麻以上亲（高祖父母、中表兄弟、妻父母、婿、外孙等）；殴打或讼告夫及大功以上尊（夫之祖父母及伯叔父母）长（堂兄姊），小功尊属（伯叔祖父母、姑、外祖父母、舅、姨等）。9. 不义，谓杀害直属长官、刺史、县令、现受业师等；闻夫丧匿不举哀，或释服作乐及改嫁等。10. 内乱，谓奸乱小功以上亲（堂伯叔母、已嫁堂姊妹、嫡孙妇、侄孙女、兄弟妻等）及父祖妾。凡犯十恶之罪者，皆从重量刑，不予赦免。但另一方面，唐代的减刑办法，其范围又远较隋代为广。

唐律的基本观念，简而言之，是以礼教为中心。因此许多礼教中最重要的事，都受到刑律的维护。例如“立嫡违法”或“有妻更娶妻”，皆为法律所不许，犯者须服徒刑一年。同时唐律中充满仁恕精神，这可以其“自首”法为证。犯人自首，可托他人代办，不限本人；同时自首不必向官府投案，凡犯窃盗诈取等罪的罪犯，只须向物主首露，便与向官府自首者具有同一效力。又如当时规定子孙不应讦告父母，告而属实，其父母之罪，亦按自首法办理，从轻处分。［参看徐道邻《唐律中的中国法律思想和制度》（载《大陆杂志》五卷一期）］

（二）刑法与司法机关

唐代的刑罚，分笞杖徒流死五种，其中笞杖徒死四刑，均同隋制，唯流刑的规定，略有不同。流分三等，即二千里、二千五百里、三千里，刑期均不超过三年。三流通常均配役一年，最重者为“加役流”，配役三年。

唐代刑罚虽与隋制大致相同，但其用法却远较隋为审慎。隋文帝用法已甚严急，炀帝末年，更尚酷法，冤滥已极。唐代则除武后、中宗时期，用法较滥以外，历朝刑律，均甚宽和。监狱中犯人的待遇，也很合理。唐代不少系狱的诗人，皆曾在狱中作诗，可知其环境并不太坏。流犯则准许妻妾或父祖子孙随行，前往徙地。当时官吏多流岭南，百姓则多流北边（如天德、振武节度使区）、西州（今新疆吐鲁番县）等地。对死刑的处理更为审慎，太宗时，凡处决死罪，在京师者须于行刑前五次覆奏，外地须三次覆奏，经皇帝批准后，始可行刑。

至于减刑办法，隋有“议贵”之法，唐则扩充至“八议”。八议是：1. 议亲，亲指皇亲国戚。2. 议故，故指皇帝故旧。3. 议贤，贤指贤人君子言行可为法则者。

4. 议能，能指能整练军旅、娴熟政事、恢宏帝道、表率人伦者。5. 议功，功指能杀敌制胜、立功万里，或率众归化、宁济一时者。6. 议贵，贵指职事官三品以上，散官二品以上及爵一品者。7. 议勤，勤指将吏居官勤恪、夙夜在公，或远使绝域、经涉险难者。8. 议宾，宾指周隋皇室后裔。凡身列八议的人，犯死罪的，皆先奏请，由皇帝与大臣议其所犯，做最后裁定。犯流罪以下的，罪减一等。但犯十恶条的，不用此律。

隋代以铜赎罪之法，唐时也有。唐制凡人九十岁以上，七岁以下，虽有死罪不加刑；老少废疾，则可准其赎刑。其办法大致为笞五十赎铜一斤，杖一百十斤，徒一年二十斤，流二千里八十斤，流三千里百斤，绞与斩均赎铜一百二十斤。此外又有“官当”之法，即官吏可以官抵罪，大致官吏犯罪属私人性质者，五品以上，一官可抵徒二年；九品以上，一官可抵徒一年；犯公罪者，均多抵一年；三流均以徒四年计，也可以官抵罪。至于自首法，前面已经说过，今不赘述。

中央政府的司法机关，主要为刑部及大理寺。刑部为大理寺的上级机关，掌全国律令刑法的颁布，覆审大理寺的判决，以及接受全国各地司法机关的判案报告。大理寺司审理罪案，凡罪至流死的案件，皆须呈报刑部，转至中书门下。凡鞫讯大狱，例由“三司”会审，三司是刑部尚书侍郎、御史中丞及大理卿。但平时刑部只掌按覆奏谳，并不亲理狱案。御史台兼掌纠察狱讼事，侍御史并可接受诉讼；同时御史台中也设置监狱，御史中丞及侍御史均可系人于狱。

至于地方，并无独立的司法机关，而由州县政府兼办。州刺史和县令皆有察听狱讼之权，每州的司法参军事，专主刑事案件，如鞫狱定刑，督捕盗贼，纠察贪污等事，均由他掌理。至于民事案件，如婚姻田地的争讼，则由司户参军事处理。此外府、都督府及都护府，也均有法曹参军事及户曹参军事，分掌刑事及民事案件。每县则有司法佐及司户佐分理之。地方诉讼，县不能决的可诉之于州府，州府不能决的可诉之于大理。普通的狱案，以大理的判决为最后判决，不得再行上诉。因此唐代的司法程序，可以说是采三级制度。

六、科举与学校

（一）明经与进士

唐代取士的主要途径有三：一是礼部主持的各地士人的考试，名为“乡贡”。二是中央官学毕业生的考试，名为“生徒”。三是皇帝下诏征求，名为“制举”。前两种考试是经常举办的，制举则依当时的需要举行，并无定期。所谓科举，主要是指乡贡。

隋文帝于开皇中取消九品中正制，改采荐举办法，即命京官及地方官保举人才。至炀帝，置进士科，开始改用以考试任官的办法，但其时尚不甚盛，科举出身的士人，在政治上也不占势力。到唐初，才为政府用为取士任官的主要方法。唐代的乡贡，是专为不由学馆出身的士人而设。凡欲应试者，可至其所在的州县报名，先由州县加以甄试，其合格者于每年仲冬送礼部，与学馆生徒一同考试（乡贡考试最初由吏部主办，玄宗开元二十四年，始移礼部，其后遂成定制）。由于参加乡贡的士人不拘资格，因此成为平民的进身之阶。

乡贡的科目甚多，有秀才、明经、进士、明法、明字、明算、道举、童子八科。当时士人所最感兴趣的，是明经、进士二科。高宗永徽以后，形成进士科独盛的局面，士大夫虽位极人臣，如不由进士出身，仍觉美中不足。

明经的主要考试项目为经义，应试者须精熟文注，明辨义理。当时政府规定的经有九：《礼记》《左传》为大经，《毛诗》《周礼》《仪礼》为中经，《周易》《尚书》《公羊》《穀梁》为小经。凡通二经者，即可为明经。二经是一大经及一小经，或两中经。试法是先行笔试，称为“帖经”；及格后，再行口试，称“经问大义”，凡十条；口试及格后，再试时务策，凡三题。有时尚须加试《孝经》《论语》《尔雅》等书。考试办法，也时有更动。

唐代科举，录取人数以明经为最多，平均每次约录取一百名，较之其他各科录取名额，常高出若干倍。但明经考试，多重记忆注疏，对于经书的义理旨趣，反不注意。因此明经渐不为人所重，加以政府的提倡文学，进士科乃为士人争趋的对象。

进士取“士可进受爵禄”之意，始创于隋炀帝大业中。唐代进士分甲乙两科，考试项目，最初以时务策为主，题五道；帖经为副，试一小经及《老子》，题十道，经注均试；此外又试杂文两首。策须义理惬当，文须洞识文律。经策全对者为甲科；策对四题、经对四题以上者为乙科。文士于经多不精熟，因此视帖经为难关。玄宗时，进士考试始尚诗赋，其试杂文，最初用赋，后增以诗。应试者有策文俱佳而帖经成绩过差的，也可以诗代替，谓之“赎帖”。试毕放榜，凡举进士，合格者谓之“及第”，及第后，尚须经吏部考试（又称“释褐试”），中试者始由政府授以官职。

进士科始盛于高宗时，至玄宗开元以后，益为社会所尊崇。开元以前，朝中名士，杂出他途者尚多；开元以后，进士出身者占十之七八。进士科取士之数，每年不过二三十人。宣宗以后，选拔尤严，非专精赡博之才，无法膺选。若干士人，屡试屡败，有垂老始中进士的，如昭宗时的王希羽，及第时已有七十三岁。明经考试则远较进士为易，因此当时有“三十老明经，五十少进士”的谚语。而进士之落第者，亦为人推重，有“白衣公卿”“一品白衫”的称号。

明经与进士，虽然同为科举，但应试者的社会背景，则有显然的不同。唐中叶以后，应明经试的，大多为北方的旧家子弟；应进士试的，则多为南方的平民阶级。牛李党争，便是这两派人士的冲突，但这只是个大致的划分。明经多薄进士为浮冶，诚然进士中颇多行为放浪的人，但并不尽然。唐代名臣，出身进士科者甚多，最著名的如房玄龄、来济、张柬之、姚崇、宋璟、张说、张九龄、张巡、颜真卿、裴度等。他们类皆公忠干练，勋绩彪炳。进士之所以人才众多，虽因政府选拔严格，与考试时务策和杂文也有相当关系。因为诗赋策论可使应试者的思想比较不受拘束，容易发挥才情，因此人才也比较容易被发现。

（二）中央官学

唐代的中央官学，最初成立的，有所谓“六学二馆”。六学是国子学、太学、四门学、律学、书学、算学，均由国子监管辖；二馆是弘文馆和崇文馆，不隶于国子监。玄宗时，又成立广文馆和崇玄馆，前者属国子监，后者不属。

诸学之中，以国子学、太学、四门学为最重要。太学始创于汉代，前面已经详述。国子学则始创于晋武帝咸宁二年（276），“国子”二字，据说是取“国之贵游子弟”的意思，可能因当时太学生流品过杂，才为贵族子弟特设这一学校。四门学创立于北魏孝文帝太和十九年（齐明帝建武二年，495），当时称四门小学，它的名字，据说是因为学校设于“四门”（当指首都洛阳的四门）而起的。设置的目的，可能为普及教育，以招收平民出身的学生为主，程度方面也可能较国子、太学为低。但到唐朝，四门学与国子、太学的不同处，只剩了学生家庭地位不同的一点。

隋代国子学、太学、四门学同时并立，但文帝以“生徒多而不精”，于仁寿元年（601）废除太学、四门学和全国的州郡学，只简留国子学生七十人，并改国子学为太学。当时仅国子学生就有一千人，其他各学学生为数更多，这一措施，真是当时教育界的浩劫。炀帝时，虽又恢复已废的学校，但当时旧儒多已凋谢，末年又以外战内乱，教育事业遭受严重摧残，所以谈不到什么成绩。

律、书、算三学，隋代也都设置过，但中间曾停顿了一个时期，至唐再行恢复。律学复置于贞观六年（632），书学复置于贞观元年（627），算学复置于显庆元年（656）。其后，三学时废时复，远不如国子等学来得稳定。至于弘文、崇文等馆，最初是一种特殊的研究机构，都在唐代开始设置，弘文馆设于武德四年（621），崇文馆设于贞观十三年（639），崇玄馆初名崇玄学，设于开元二十九年（741），广文馆则设于天宝九载（750）。

学馆生徒的录取资格，不在学生的教育程度，而在其父祖的政治地位。父祖政治地位最高的入崇文馆及国子学，其次入弘文馆及太学，再次入四门学，低级官吏及平民子孙则入律、书、算学。至于广文馆及崇玄学生徒的资格，则不得其详。

国子学生名额三百人，学生主要为三品以上文武官的子孙。太学生名额五百人，学生主要为五品以上官的子孙。四门学生名额一千三百人，其中五百名为中级官员（七品以上）子弟而设，其余八百名为平民的优秀子弟而设。律学生名额五十人，书学及算学各三十人，学生资格均为八品以下官吏或平民的子弟。六学的教师，有博士、助教、直讲等。广文馆学生名额为六十人，教师称博士。崇玄馆学生名额一百人，教师称学士。

弘文馆隶门下省，原名修文馆，高祖武德末年，改名弘文馆。太宗时，于太极宫的弘文殿置图书二十万卷，移弘文馆于殿侧，选朝臣中饱学之士，各以本官兼学士，轮流值宿馆中，以备咨询。并由学士一人主持馆务，号为馆主，其后渐成定制，但当时只是一个研究及顾问性质的机关。至玄宗开元七年（719），置学生三十八名，才成为学校。学生的资格，是五品以上京官的子弟。崇文馆隶属于东宫，原名崇贤馆，肃宗时，才改名崇文馆。高宗时，始置学士及生徒。学生名额二十人，都是皇族、皇亲以及大臣如同平章事、尚书的子孙。

课程方面，国子、太学、四门三学，弘文、崇文二馆及广文馆皆以经学为主。习经余暇，又须练习隶书，因为当时考试，特重书法。律学研习各朝法律的内容、格式和法例，如《贞观律》《永徽律》等。书学每日写字一幅，间或研习时务策论，并读《国语》《说文》《尔雅》等书。算学的课目分两组，甲组着重学习算学原理，乙组着重演习算式。崇玄学的课目，则有《道德经》《庄子》《列子》等。

修业期限，律学六年，玄学三年，其他各学则为九年。假期通常每十天放假一日，称为“旬假”。此外每年五月有“田假”，九月有“授衣假”，假期不详。每年仲冬，国子监派人考试所辖各学学生，就各生一年所修的课业，加以口试。成绩平庸而次年仍无进步者，停给公膳；成绩连续三年为下等者，开除学籍。学馆生徒毕业后想出仕的，先由国子监举行“简试”，应试者有时多至千人，被淘汰者占十之七八。简试及格的，由国子监呈报礼部，再由礼部加以考试，及格的才有做官的资格。

唐代官学，以太宗时为最盛。当时四方儒士，云集京师；四裔如高丽、百济、新罗、高昌、吐蕃等国，相继派遣子弟，来中国求学。六学二馆的学生，多至八千余人。高宗初年，唐以洛阳为东都，并于其地设六学。但因提倡进士科的考试，学校日就衰败。到武后时，学校等于完全荒废。中宗复位后，国学稍有起色。玄宗对学校颇加整顿，两京官学学生达二千余人，但已不及唐初之盛。及安史乱起，两京沦陷，官学生徒尽散，直至代宗时，学校仍是一片荒凉。同时进士科已为取士的主要途径，学校不复为世人所重视，但唐室为装潢门面，仍不能不维持官学。至宪宗，两京官学生不过二三百人，学风的败坏也日甚一日；但官学仍在奄奄一息的境况下，一直维持到唐末。［参看拙作《唐代的中央官学》（载《中国历代大学史》）］

第十八章
唐代的宗教与学术

一、佛教

（一）佛教的宏布

中国的传统思想，着重于解决现实的人生问题，出世的宗教思想，自古就不发达。古代的儒家竭力避免谈及天命鬼神一类的事。西汉儒家虽然喜谈天变灾异，但对于鬼神的崇拜，尚有一段距离。西汉以后的儒家，更完全屏除儒家思想中的宗教色彩，成为一种纯粹的学派。因此儒家不能称为宗教，也无法替代其他宗教。道教虽然相信神鬼，具有浓厚的宗教气氛，但道士的业务，诸如祈雨、治病、捉鬼、炼丹，都是为生人解决问题；其主要理论，亦是在教人如何养生；对灵魂问题，并无完满的解释。既然中国的学派宗教不能满足人们对死后的种种幻想，外国的出世宗教乃乘虚而入，这是佛教自东汉传入中国后，能够日益昌盛的主要原因。唐时，天竺的佛教已渐趋衰微，但佛教在中国的发展，则到达最高峰。而唐人对佛学的研究，更有极高的成就和深远的影响。

佛教虽于北周武帝时遭受禁断，但为时甚暂。宣帝时，又恢复佛教。到隋朝建立，皇室杨氏，笃信佛教，因而加意提倡。文帝即位之初，即下诏听任百姓出家，并计口出钱，营造经像；更命于京师及诸大都邑，由政府缮写佛教经典。于是全国风从，佛教大盛。炀帝虽然荒淫暴虐，但对佛教仍极其尊崇。他曾受佛门的戒法，对佛教经典的翻译整理也颇有贡献。由于文帝父子的尽力扶持，佛教得以迅速地恢复旧观。

菩萨与弟子，隋，敦煌莫高窟壁画。图中菩萨持柳枝、净瓶，宝冠上饰化佛，具备隋代以降观世音造像的特征，弟子为迦叶。

唐初，佛道二教都很盛行，并发生剧烈的争论。西晋王浮所作的《老子化胡经》，是道教徒攻击佛教的利器，其书捏造老子出函谷关西渡流沙之说，指佛陀为老子的弟子。佛教徒也著论对道教加以反击，如僧法琳的《辨正论》，缕述道教的荒谬举动。当时朝臣中有笃信佛教的，如萧瑀等；也有竭力排佛的，如傅奕等。高祖对佛道都不感兴趣，但最初仍抱容忍态度，直到武德九年（626），他下诏淘汰僧道。诏中列举僧道的过失，约有四点：1. 妄自尊高，苟避徭役。2. 耕织为生，估贩成业。3. 造作妖讹，交通豪猾。4. 招徕隐匿，诱纳奸邪。淘汰的办法是京城留寺三所，观二所，诸州各留一所；其余的寺观，都予罢除［诏载《旧唐书》卷一《高祖本纪》］。但不久玄武门之变发生，高祖被迫退位，因此未及实行。

太宗比较尊崇道教，这与李唐皇室与老子同姓有关。当时道士、女冠（即女道士）的法定地位，在僧尼之上。但太宗对佛教始终未加摧残，相反的，对佛教经典的翻译，曾经热心的赞助。贞观十九年（645），僧玄奘自天竺游学归来，携回佛经六百余部，太宗特在长安设立译场，命他译经，并命房玄龄、许敬宗等，广召硕学沙门数十名相助。高宗、武后时，佛教益盛，这与武后的提倡有关，《老子化胡经》便于高宗时被禁止流行。武后之所以崇佛，主要由于她出身于佛教家庭，最后她更利用某些佛经作为称帝

初唐佛像，敦煌莫高窟第 332 窟。

的理论根据。高祖、太宗、高宗时，有所谓“三教讲论”，也就是聚集儒、道、释三教的名流大德，同于皇帝或皇太子前相互讲述论难，以析理明教。其时集会的席次，皆以道士居首，沙门殿后。武后时，废除讲论，到玄宗，三教的理论渐趋调和。

玄宗时，虽曾淘汰僧尼，但民间信仰已坚，无法遏止。其后经肃、代、德、顺诸帝，佛教愈演愈盛。宪宗曾命人迎佛骨于凤翔（今陕西凤翔县），留宫中三日，以求福祉。朝臣韩愈上表论谏，被贬为潮州（今广东潮安县）刺史。韩愈辟佛的理论，主要以传统的儒家思想为依据，所以佛骨事件实是儒与佛的冲突。但韩愈对佛学并无深刻认识，因此所言甚为俚浅。他的结论，只是认为佛教来自夷狄，非先王之教，不宜崇信；对佛家的因果报应之说，表示怀疑而已。这类批评，自然不会发生多大影响。宪宗以后，穆、敬、文诸帝，都奉佛教，至武宗才又有灭佛之举。德、宪、文、宣、懿五帝，均曾有三教讲论的召集。但当时三教的论调，渐趋平淡，讲论不过徒具形式（宣宗时，讲论改以沙门居首席）。宋代理学的产生，受这种制度的影响不小。

武宗的灭佛，一来因为他本人奉道，亲近道士赵归真，对佛教早有成见；二来是想收没僧尼的产业，以裕财政。会昌五年（845），他下诏禁止道教以外的所有宗教，佛教自然首当其冲，除了在首都及诸州保留极少数的寺院，其余全遭拆除。总共拆毁寺院四千六百余所，僧尼勒令还俗的二十六万五百人，均收充两税户，按期纳税。此外拆毁招提兰若（私人建立的小型寺院）四万余所，没收膏腴上田数十万顷，僧尼所豢养的奴婢被收为两税户的十五万人［参看《旧唐书》卷十八上《武宗本纪》］。武宗时，政治所以颇有起色，与此举不无关系。当时的宰相李德裕，也是这次灭佛事件的赞助者。德裕出身北方世家，崇尚经学，自然厌恶佛教。所以这次事件，可以说是道教与儒家对佛教的合力攻击。

宣宗时，又恢复佛法，并杀掉劝武宗排佛的道士刘玄靖等十二人。懿宗佞佛益笃，施舍无度，政治因而日坏。其后直至唐亡，佛教未再遭遇任何严重打击，但武宗以前的盛况，则不可复见了。

（二）宗派的兴衰

佛教在南北朝时代，虽已有若干宗派，但大都在始创阶段，仅具雏形。到唐，佛教的成实、净土、三论、律、禅、天台六宗，都盛行于世。此外，又有不少新宗派兴起，重要的有法相、华严、密（即真言宗）、俱舍诸宗，前三者为大乘教义，俱舍则为小乘。这许多旧有和新兴的宗派，互争雄长，它们的兴衰起伏，把唐代的佛教，装点得空前灿烂。

唐代佛教各宗派的盛衰，可分前后两期，前期由唐初至玄宗，后期由安史之乱至唐亡。

前期佛教，极盛于北方。唐初，法相、华严二宗同盛于京师。法相宗又名唯识宗，其宗师为玄奘。玄奘俗姓陈，名祎，洛州偃师（今河南偃师县）人，十三岁时，出家于洛阳。贞观元年（627），他想赴天竺游学，当时严禁越境，他乃潜行出国［玄奘出国年代，据梁启超考证，见梁著《中国历史研究法》，页七七至七九］。他贯穿西域的伊吾、高昌和北道诸国，然后越葱岭至西突厥国境，再南下经西域西部诸国，终抵天竺。他游学凡十七年，历五十六国，于十九年（645）返国，其后译经说法，创立法相宗。他死于高宗麟德元年（664），年六十九［玄奘享寿年数，据

玄奘法师，选自清刊本《佛祖正宗道影》。

玄奘取经回长安，佚名绘。图为玄奘自天竺回到长安后，受到长安吏民的热烈欢迎。

罗香林考证，见罗著《旧唐书僧玄奘传讲疏》(载《唐代文化史》)]。法相宗的宗义在破除我执、法（诸事物）执，二者均为实有。二执既破，显示二空（我空、法空）。所谓唯识，乃指“识外无物”，宇宙万有，都是识的表现，必须用修行方法，方能“悟入唯识”，破除二执。它着重心理学（唯识）及论理学（因明）的研究，以因明的方法，分析心理，多至六百六十法，可以说是纯学理的探讨，全无宗教的意味。这派思想，在天竺有其甚久的渊源，玄奘则受教于天竺的戒贤大师。

玄奘又是俱舍宗的建立者，此宗得名于天竺佛徒世亲的《阿毗达摩俱舍论》(简称“俱舍论”)，俱舍为梵文音译，原义为“藏”，故俱舍论亦可译为“藏论”。此论倡行“无我”说，以为一切万有皆是因缘和合的假象，并非实在；既非实在，自然无我。由此推之，人死后亦无灵魂。陈时，真谛曾译《俱舍论》，但信者不多，至玄奘，复译此论，研究者日众，渐至蔚成宗派。但此派仅以注释《俱舍论》为务，未能发挥新义。

华严宗以研究《华严经》得名，这个宗派，始创于天竺佛徒龙树，他的时代，约当中国的曹魏和西晋。其后，世亲继之。隋时，华严宗传入中国，初祖杜顺（即法顺），甚受炀帝及唐高祖的敬重，并赐号为“帝心尊者”。二祖智俨，居于长安城南的终南山，努力弘扬师说。至三祖法藏（即贤首大师），与玄奘同时，华严宗趋于极盛。此宗亦以研究心理学为主，但持论与法相不同，主张立一常恒不变的真心，为一切现象的根本，世上每一事物，皆是真心全体的表现。但它认为客观的世界，可以脱离主观而存在。

当法相、华严二宗盛时，其他宗派均为之失色，只有天台宗流行于南方，但声势仍不足相抗。武后以后，法相、华严渐衰，大概因它们的理论过于深邃，常人不易领会所致。继二宗而起的，则有北派禅宗和密宗。禅宗的始祖为菩提达摩，到武后时，分为南北派，北派的宗师为神秀，南派为慧能。密宗以秘密“真言”（即咒语）立宗，故又名真言宗。玄宗开元时，天竺僧侣善无畏、金刚智及金刚智的弟子不空，相偕来华，世称“开元三大士”。他们携有不少密宗经典，加以翻译，因而一时称盛。至唐中叶，密宗由日本弘法大师（即空海）传入日本，世称“东密”。此外，律宗自唐太宗时，道宣大师依四分律树立佛徒生活规范后，基础渐固，此宗虽未能极盛，但持续的时间则甚久。它的理论，也于玄宗时由扬州的鉴真大师传入日本。

后期的佛教中心在南方。安史乱后，北禅衰微，而南派禅宗大盛于江南，天台宗受其侵逼，日趋没落。北禅的宗师神秀和南禅的宗师慧能都是禅宗五祖弘忍的弟子，而慧能又是弘忍衣钵的继承者，佛徒尊之为六祖。南禅的宗义，以顿悟为本，北禅则主渐悟，但两派思想的主旨，并没有多大差别。慧能和神会所提倡的修行方法，都以“无念”为主，亦即“于诸境上心不染”“常离诸境”。禅宗的要义，大致可分三点：1. 贵自求不贵他求。佛教的其他各宗，莫不重视拜佛，讲究礼仪，唯禅宗不然，它不但屏弃一切拜佛的礼节，有时甚至呵佛骂祖。它认为佛祖只是一种偶像，如对之礼拜，反为其迷惑。人人自有佛性，只须求诸自身，即可悟道成佛。2. 贵行解不贵知解。它认为见性悟道是一种神秘的境界，必须人身亲自体验，而不是知识的研究可以求得的。3. 贵超圣不贵住圣。它认为由凡入圣只是过程而不是终点。因为由凡入圣或由圣度凡，则凡与圣的对立依然存在，尚非博大完满的极致。而最高的“涅槃”境界，则是凡圣同泯，不见有佛可成，也不见有众生可度。［参看巴壶天《禅宗的思想》（载《中国文化论集》第一集）］

禅宗思想，与天竺佛教的出世思想颇不相同，与法相宗的科学思辨，更不相类，倒是与中国儒家和老庄思想，有其相近之处。禅宗思想的光大，可以说是佛教史上的一大革命。它使佛教从繁文缛节、烦琐的思辨和天竺的形式中解放出来，加以简易化和中国化。中国人最注重结婚生子，传流后代；同时读书人必须读儒家经典，以应科举。这两点成为佛教在中国传布的最大障碍。但禅宗主张不必出家，也不必诵读佛经，即可悟道成佛，以是中国人尤其是士大夫信者渐多。由此看来，禅宗的产生，可以说是佛教对中国文化的一种妥协，也可以说是佛教衰落的现象。前期的法相宗，因崇尚细密的思辨，其宗派又渊源于天竺，因此其工作着重于留学和佛经的翻译。到禅宗昌盛，佛徒们大规模的译经和留学的狂热都告终止，继之而起的，是心性的讲求和生活的体验。这种思想，可以说是宋代理学的先驱。唐武宗灭佛后，各宗衰微，唯有禅宗以秉守简朴的宗风，受祸较轻，仍为士大夫所普遍崇信，渐至儒学几乎完全禅化。此外，净土宗也以宗义简单，得以流传于民间。

（三）学术的贡献

佛教对中国学术的最大贡献，便是佛教经典的翻译，天竺的佛教思想，借着这些翻译的经典在中国散播，使中国人的思想和生活都发生了剧烈的变动。从东汉末年到盛唐时代的六百年间，因翻译佛经而创造的新字汇和成语，便有数万之多，对中国语文的词汇和内容，无疑大有助益。同时，佛教思想也渐渐注入中国的传统文化之中，形成一种新文化。唐人的诗，已含有浓厚的佛学色彩；宋代的理学，更是佛学与儒学的结晶。总之，在中国历史上，再没有另外一种外来思想影响中国人如此大而且久的了。

佛教徒的译经工作，从两晋南北朝直到唐朝，从没有间断过。而唐代的译经工作，其规模的庞大，成就的高超，又远过前代。唐代第一位译经大师是玄奘，他于贞观十九年（645）自天竺返国，携回佛经六百五十七部，五千二百卷，多为大乘经典。同年，太宗在长安弘福寺设立译场，命他主持译经工作。重要的助译人员有二十余人，都是当时的高僧。次年，他任长安大慈恩寺住持，继续译经。高宗显庆三年（658），他移居西明寺。次年，又移居玉华宫（在今陕西宜君县），但译事始终不辍。麟德元年（664），他死于玉华宫。总计他从事译经，前后历十九年，共译经律论七十五部，一千三百三十卷。从译经的数量，可以看出他的热诚和精力的超人。玄奘以鸠摩罗什等前人的旧译错误甚多，因此他译经专以传信为事。他的译品，文字不如旧译流畅，但忠于原著，务求存真，所以具有崇高的价值。华严宗的法藏，对译经则主张调和新旧译法，与玄奘的观点不同。

唐代的译经事业，在玄奘时代达到最高潮，其后译事少衰，但仍有不少成就。玄奘以后著名的译经者，有义净、实叉难陀、不空等人。义净，范阳（今河北大兴县）人，于高宗咸亨二年（671）赴天竺，武后证圣元年（695）返国，携回经典四百余部。他曾译律藏百数十卷，并续译法相宗诸论，补玄奘之不足。实叉难陀，于阗人，于武后时重译《华严经》。不空，北天竺人，开元时来华，曾译密部经咒一百四十余种。安史之乱后，禅宗兴起，译经之风渐衰。德宗以后，直到唐亡，译经事业可以说完全中断，注释经典的作品，则仍有出现，其中以宪宗时河中府沙门慧琳所作的《一切经音义》最著名。此书共一百卷，书中引载失传的古书甚多，对于古代中国文字的训诂音义，也保存不少。

除了经典的翻译注释，唐代僧侣在学术上尚有许多其他方面的贡献。由于他们的长途跋涉，远赴天竺求学，他们的亲身经历，便是极好的地理书。唐代有不少僧侣，曾把他们所经历的国家和见闻记录成书。这类书籍，不但对唐人的地理知识大有助益，更成为后世研究唐代国际交通的重要资料。例如玄奘的《大唐西域记》，义净的《大唐西行求法高僧传》和《南海寄归传》，都是这一类的名著。

唐代的天文学与数学，均受天竺的影响，而其媒介人仍是佛教徒。宗教与天文有密切关系，天文又与数学不可分，因此不少这类的书籍，随着佛教输入中国。唐代曾屡次改易历法，开元时，僧一行作《大衍历》，最称精密。医学也随着佛教输入中国，其中最为中国人士所赞许的是眼科医学。天竺的佛徒龙树大师，便擅长眼科医术，他并著有医论，流传中国。此外如催眠术、按摩法、长生术等，也都自天竺传入；并有不少天竺医籍，由佛教徒携带东来，译为汉文。绘画也受天竺画法的影响，例如天竺的晕染法（即阴影法）自南北朝时传入中国，对于唐代绘画的风格技巧，有甚大的影响。又如中国建筑中常见的牌楼，也仿自天竺。这类艺术，大都是随佛教东来的。

二、其他宗教

（一）道教与袄教

道教在唐代，大体说来，是始终为皇室所尊奉的。它虽然没有像佛教在社会上那样风行过，也没有遭遇像武宗时佛教所受的那种打击。李唐皇室之所以支持道教，一来因为皇室与老子同姓，甚至自谓是老子的后裔［参看唐太宗《令道士女冠在僧尼前诏》（载《隋唐文汇》页四七五）］。二来因唐代皇帝多喜食丹药，以求长生，而这类丹药的制造，正是道士们的专长，因此他们能与皇帝接近而受其宠信。道教的缺点，在其除《道德经》以外，缺少益人智慧的经典，较之佛藏的渊博精微，相去甚远。而其若干仪节，亦不如佛教为合理。例如道教“救苦”的办法是“解发系颈，以绳自缚，牛粪涂身，互相鞭打”[见傅勤家《中国道教史》，页二八七引《辨正论》]。这种荒诞举动，不但无法博取知识阶级的尊奉，也难以获得平民大众的信仰。因此道教虽有皇室为后盾，其流布仍远不如佛教之广。

隋文帝虽然信佛，对道教也甚尊崇，他曾下诏保护道教。唐高祖虽对佛道都不感兴趣，但也曾亲谒终南山的老子庙。太宗时，佛道都已盛行，太宗本人则对道教比较尊重。高宗乾封二年（667），追号老子为太上玄元皇帝，道教的地位益隆。到武后临朝，加意提倡佛教，她称帝后，更把佛教的地位提升至道教之上，道教的声势乃大为低降。

到玄宗，又提倡道教，他一面淘汰沙门，一面尊崇道士。他一度命道士、女冠隶属于宗正寺，简直把他们看做宗室；又设崇玄学，置大学士一人，以宰相兼任，并领两京玄元宫及道院。当时全国的道观，共一千六百八十余所，公主妃嫔，多入道院为女冠，受“金仙”“玉真”等封号，可以说是道教的极盛时代。玄宗后，佛教又盛，但道教一直未遭受挫折。肃代二宗时，因国内战乱，对佛道都没有加意提倡。德宗与宪宗，则采佛道兼信的态度。武宗在藩邸时，即好道术。他即位后，宠信道士赵归真、刘玄靖等，并因归真等人的怂恿，造成佛教的浩劫。其后不久，宣宗又崇佛教，道教的地位再度低降。但道教凭依其与皇室的关系，终唐之世，从未遇到严重的顿挫。

道教之所以能结欢帝室，主要原因是进献丹药。唐代食药之风甚为流行，中唐以后益盛。有好几位皇帝，做了这类丹药的牺牲品，太宗、宪宗、武宗、宣宗的死，都与食“长年药”有着直接或间接的关系。

祆教即拜火教，又名火祆教，为波斯人苏鲁阿士德（Zoroaster）所创，他大致是前六百年到前五百年之间的人。祆是“神”的意思，祆教是一种二神教，它把世上万物，分为善恶两面，有阴阳二神司之，阳神代表光明，为众善之本，阴神代表黑暗，为万恶之门，两神时常争斗，但善常能制恶。它认为火是阳神的象征，因而拜火，对太阳也加以崇拜。据说祆教的祭祷仪式非常简单，凡欲祭神的，只需携一牺牲，前往净地，便可谒祷天神。但只许为全体波斯人或波斯王祷祝，禁止祈祷私事。同时必须有祆教教士“穆护”（Magi）莅临其旁，祭祀才算合法。

祆教于公元3世纪末期，为波斯奉为国教，其后流行于今中亚区域的西域诸国。北魏末年，祆教传入中国，当时称之为“胡天”，北魏胡太后、西魏文帝和北齐后主，均信奉之。北周也有拜胡天的仪式，由皇帝亲自主持，其目的在招徕西域人。到唐时，传布益广。高祖武德四年（621），敕立祆寺于长安，并置萨宝、祆正等官，以掌教务，皆以胡人充之。其后东都洛阳以及碛西诸州，亦均有祆寺。唐平西域后，由政府每年两次派人祭祀两京及碛西诸州火祆，以羁縻教徒，但禁止汉人信奉。其教徒来中国的，也没有传教举动。武宗时，祆教与其他外教，同遭厄运，教徒被勒令还俗者二千余人。宣宗时虽弛教禁，但祆教日趋衰落，南宋以后，便不再见于中国的记载。

（二）新宗教的输入

外国宗教于唐代输入中国的，有景教、摩尼教和伊斯兰教。

景教，唐人或称为弥施诃教（弥施诃 Messiah 是叙利亚人、犹太人和阿拉伯人所称耶稣的名字，义为“救世主”），为基督教别派，其创始人聂斯托里（Nestorius），原为东罗马君斯坦丁（Constantinople）东方教会的大主教，他的时代，约当我国东晋末年至刘宋初年。他主张人神两性分离，认为耶稣兼具人神两性，其母仅产生耶稣的身体，不产耶稣的神性，因此不能称为神母。这种说法与正统派的理论发生冲突，而被视为异端。宋元嘉十二年（435），他被东罗马皇帝下令放逐。他与门徒逃往波斯，设堂传教，其后渐传至中亚一带。

太宗贞观九年（635），波斯人阿罗本（Alopen）携景教经典至长安，太宗命他译成华文。十二年（638），太宗下诏建景教寺，当时名波斯寺，并度僧二十一人。高宗时，诸州各建波斯寺。玄宗天宝四载（745），以景教出自大秦（即东罗马帝国），因而诏改波斯寺为大秦寺。德宗建中二年（781），大秦寺僧景净等，立“大秦景教流行中国碑”，陈述其教德业之盛。景教碑于明熹宗天启三年（1623）出土于西安，碑额两旁有基路冰（有翼的天使），正中有十字纹，都是基督教的特征。碑文除叙述自高宗至肃宗一段时间景教流布的情形，并言及若干教义及仪节，诸如“三一妙身”（三位一体），“娑殚（撒旦、魔鬼）施妄”，“室女诞圣于大秦”（“室女”指玛丽亚，“圣”指耶稣），“七日一荐”（礼拜）等。至于景教经典，唐时译成中国文字的，数达三十五种。武宗时，景教与其他外教同遭禁止。宣宗时虽弛禁，但其教务日渐衰微，至于废绝。

摩尼教为东汉末年波斯人摩尼（Mani）所创，其教义以祆教学说为基础，并参酌佛教和基督教的哲理，糅合而成，有二宗（明、暗）三际（过去、现在、未来）之说。摩尼最初颇得波斯王的崇信，四出布教，后遭祆教僧正的嫉妒，于西晋咸宁三年（277）被诛死，信徒四散，其教传播益广，传布的范围，大致在今地中海东岸及中亚一带。武后延载元年（694），波斯人拂多诞携《二宗经》来朝，是摩尼教传入中国的开始。玄宗开元十年（722），曾一度禁断，但仍准西域人信奉。其后安史乱起，回纥入援，回纥人多信摩尼教，因此其教日盛。代宗大历三年（768），敕令置摩尼寺于长安，名大云光明寺。其后回纥使者请于荆、扬、洪、越诸州置寺，宪宗时，又请于河南及太原二府置寺，均许之。摩尼教立法，有如下特点：1. 严行制欲，信徒不嫁娶，男女不交言语；2. 不祭祖；3. 不茹荤酒；4. 白衣白冠；5. 尸身裸葬；6. 能祈雨。

唐室的设置摩尼寺，纯为联络回纥。武宗初，回纥为黠戛斯所灭，唐室乃敕停江淮诸地的摩尼寺。至排佛事起，摩尼寺也随之罢废，摩尼及景、祆教徒，被勒令还俗的三千余人。摩尼教在诸新教中实力最强，其教徒也较为顽悍。自遭武宗禁止，各地纷起反抗，以致京城摩尼教徒死者七十二人，诸道死者过半。其后摩尼教与其他秘密宗教为唐室所特禁，但人民仍私组教会，相互传习，西北及东南地区信徒尤多。直至五代初期，仍有叛乱发生，而其秘密活动，到宋代仍未止息。

伊斯兰教（Islam）教主为阿拉伯人穆罕默德（Mohammed），约于陈宣帝太建初年（570）左右生于阿拉伯商业和宗教中心麦加（Mecca）城。当时犹太教及旧有的多神教和拜物教均流行于阿拉伯，基督教也开始在那里传布。他大概受了这些宗教的感染刺激，创立了一种严肃的一神教。其经典曰“古兰经”（Koran），其教旨是信奉宇宙间唯一的神阿拉（Allah），阿拉是全知全能大慈大悲的，而他本人便是阿拉在人世间的代表。同时更确证有来生之说，凡无信仰或为恶的人必受天罚，忠义的人必享极乐。他于唐高祖武德五年（622），以其宗教力量在麦地那（Medina）城建立政府，以神权手段统治人民。其后又征服麦加，于是伊斯兰教在阿拉伯急剧地发展。他死于贞观六年（632），其后数年间，他的继承者征服叙利亚及波斯，形成一个庞大的帝国，就是唐人所称的大食。

伊斯兰教约于高宗初年自海道输入中国，最初只在广州一带流行。安史乱后，大食人自海路来华经商者日多，请于互市地区建寺布道，于是传播益盛，但仍限于南方。另一方面，伊斯兰教随着大食势力的东渐，传入中亚及天山南路。唐末，回鹘（即回纥）灭亡，其残部避居西州者，逐渐发展至天山南路的西域诸国。唐以后，回鹘人多奉其教，回教即由此得名。从此伊斯兰教在天山南路，继佛教而日益流行。

三、经学与史地

（一）经学的演变

东汉以后，传统的儒学渐趋衰微，继之而兴的是玄学和佛学。虽然如此，儒学却始终有它自己的领域，仍有不少的人去研究它。玄学和佛学远不如儒学与政治的关系来得密切，儒家政治理论的完整，更非玄学与佛学所能及，因此它们无法取代儒学的政治地位。历代的中央政府，无论尊儒与否，总有借重儒家儒学之处。所以无论玄学或佛学如何在社会上流行，儒学终能衰而不绝。魏晋南北朝时代如此，隋唐也是一样。

东汉的儒学，以郑玄集大成，他治经兼重古文和今文。其后曹魏的王肃，极端相信古文，风尚所趋，所有古文家的学说，都有人研究，而汉代古文经学未立学官的，魏时也都列入学官。古文盛行以后，诸家又各分派别。例如《周易》有王弼、郑玄二家，《毛诗》有郑玄、王肃二家，《左传》有服虔、杜预二家，立说颇多不同。东晋以后，经学又分为南北两派，各有所宗。南派《周易》宗王弼，《尚书》宗孔安国，《左传》宗杜预；北派则《尚书》《周易》宗郑玄，《左传》宗服虔；《诗》则同宗毛公，《礼记》同宗郑玄。大体说来，南人多宗魏晋人的传注而其间杂以玄学者，北人则犹宗晚汉经说。两派的治学方法也不相同，大抵“南人约简，得其英华；北学深芜，穷其枝叶”。［见《北史》卷八一《儒林传上》］

隋统一后，南学渐盛。陆德明作《经典释文》，偏重南学，风行一时。至唐太宗，以经籍文字谬误甚多，乃于贞观四年（630）命颜师古考定五经。七年（633），颁行全国，是为五经定本。十二年（638），国子祭酒孔颖达撰《五经义疏》一百七十卷，太宗诏改名为《五经正义》。复经考正损益，至高宗永徽四年（653）始颁行全国。五经指《周易》《尚书》《左传》《毛诗》《礼记》，《正义》于前三者的注疏，均采南派，因此经学统一，北并于南。每年明经的考试，便以《正义》为依据。此外又有贾公彦的周礼、仪礼义疏，均宗郑玄注。

《五经正义》颁行后，经学定于一尊，明经考试，不能与《正义》的学说相违背。因有此拘束，反而阻碍经学研究的进步，因此唐代除孔、贾外，竟没有卓异的经学家。但一部书绝不可能毫无错误，也不可能永远为人尊奉，因此渐有反对《五经正义》的立论出现。武后长安三年（703），王元感上《尚书纠谬》《春秋振滞》《礼记绳愆》等书，皆与《正义》立异。武后命弘文、崇贤两馆学士，成均（国子学）博士等加以审查，以其书非诋先儒，多不以为然。但若干朝臣，喜其议论新奇，对其书评价甚高，武后下诏褒美。此后《正义》渐不为人所重，遂形成一种怀疑旧注、崇尚新说的风气。

代宗大历以后，经学者多标新立异，不守旧说。例如啖助作《春秋集传》，杂采三传，各取其长。陆淳作《春秋纂例》等书，抨击三传，自以臆说解经。此外如成伯屿的《毛诗指说》，李翱的《易铨》等，皆尚新说。这类著作，因过逞私意，本身并无多大价值，但影响所及，遂开宋人怀疑古经的风气。

唐代又有石经的刊刻，此举创议于太和四年（830），始事于九年（835），事成于开成元年（836），故名“开成石经”。石经包括十二经，即《易》《书》《诗》《周礼》《仪礼》《礼记》《左传》《公羊传》《穀梁传》《孝经》《论语》《尔雅》。共刻二百二十八石，计六十五万二千零五十二字。凡经文不从注疏的，皆有依据。其后五代雕印九经以及宋代石经，均以之为蓝本。

至于唐代的儒家思想，也呈现衰落状态，甚少创见。这主要由于佛学发达，才智之士，群趋佛学的研究，而对正统的儒家思想，反少兴趣。韩愈是中唐时代的大文豪，同时是儒家思想的忠实拥护者，他曾作《原性》一文，约略谈到人性问题，其持论主张发挥孔子性说之长，并无特殊的创见。同时文中对于杂用佛老学说而言性者，表示不满。其后他被贬至潮州，与高僧大颠往还，颇受影响，其排佛的态度，渐不如以前的强厉。但他对心性之学，仍没有显明的收获。他的弟子李翱，也曾与高僧惟俨论学，颇有警悟。翱曾作《复性书》，表面远攀儒家经典，不及佛书，实际其中已杂有许多佛家理论。这部书被认为下开宋代理学的先河，由此可以看出唐代儒家思想与佛学的关系。[参看罗香林《大颠惟俨与韩愈李翱关系考》（载《唐代文化史》）]

（二）史地的著作

史学自两汉以后，下至隋唐，始终发达。除了历朝官修的史籍，私人著作也异常繁多。魏晋南北朝时代完成的重要史书，有晋陈寿的《三国志》，宋范晔的《后汉书》，梁沈约的《宋书》，梁萧子显的《南齐书》，北齐魏收的《魏书》，都流传至今，列为正史。其中尤以《后汉书》《三国志》最称良史，与《史记》《汉书》合称“四史”，为后世所传诵。此外如宋裴松之的《三国志注》，裴骃（松之子）的《史记注》，梁刘昭的《后汉书注》，都是史注中的名著。

隋因国祚过短，并无重要的史书完成。到唐初，朝臣令狐德棻建议修撰前代历史，高祖从之，命朝臣分修南北朝各朝的历史，数年未成。太宗贞观三年（629），再度下诏修史，以令狐德棻、岑文本修周史，李百药修北齐史，姚思廉修梁陈史，魏徵、孔颖达修隋史。十八年（644），又命令狐德棻等改撰《晋书》。计先后修成《晋书》一百三十卷，《梁书》五十六卷，《陈书》三十六卷，《北齐书》五十卷，《周书》五十卷，《隋书》八十五卷。魏晋南北朝各代历史，连同前人所修者，至是全备。

以上诸史，唯晋、隋二书，出于众手。参加《晋书》修撰工作的朝臣，除令狐德棻，又有房玄龄、褚遂良、李淳风、许敬宗、来济、李义府、上官仪等。而晋宣、武二帝及陆机、王羲之四人的论赞，则出自太宗手笔，因此总题曰“御撰”。书中天文、律历、五行三志，为李淳风所著，淳风深明星历，善于著述，因此三志最为可观。至于《晋书》的缺点，则是好采诡谬碎事，内容颇嫌琐屑荒诞；其所评论，又竞为绮艳之词，而致失其平实。《隋书》的修撰者有魏徵、颜师古、孔颖达、李延寿等，其书也以志见长。其他四书，大体均够水准。至于私人所撰的前代历史，则以李延寿的《南史》《北史》为最著。以上八种史著，均为后世列为正史。但《北齐书》久已亡阙大半，今本是后人取《北史》及其他各书补缀而成的。此外，《周书》也残缺不全。

除了修撰前代历史，唐室并有自身的记述，如起居注、实录一类的著作。唐初，温大雅撰《创业起居注》三卷，述高祖自起义至代隋一段时间的史实，甚有价值。唐初的历史记录，因太宗加以窜改，若干事实颇有隐讳之处，《创业起居注》虽不知是否也被窜改，但它仍保留若干事实的真相。例如高祖起义，史书多谓系太宗敦促而成，唯有《创业起居注》说是高祖本人的意思。贞观时，许敬宗与敬播合撰《高祖太宗实录》，自创业至贞观十四年（640）。其后敬播又撰《太宗实录》二十卷，记贞观后期史事。播在当时有良史之目，但事实上《高祖太宗实录》，对“玄武门之变”仍不敢据事直书，于太宗曲加回护。后世撰修唐史，因根据实录，致使此一事变的真相，隐埋达千数百年，直到近代才被发现。太宗以后各朝，均有实录，可惜唐代历朝实录，因经安史、黄巢两次大乱，益以北宋的“靖康之难”，而致散失殆尽，唯有《创业起居注》流传至今。实录为编年体，至于纪传体的国史，亦代有修撰。到肃宗时的韦述，勒成一书，共一百一十三卷。其后唐室曾二修国史，仍以韦述的《国史》为蓝本，但《国史》亦以战乱关系，而告失传。

有关典章制度的记录，最著名的有玄宗时官修的《唐六典》，杜佑的《通典》，苏冕的《唐会要》，杨绍复的《续会要》等。唐时，门第仍为社会所重视，因此“谱学”甚盛。这方面的重要著作有：路敬淳的《著姓略记》，太宗命学者所撰的《氏族志》，柳冲、魏知古等的《姓族录》，韦述的《开元谱》等。关于史学方法的著作，则有刘知几的《史通》，其书凡四十九篇，评论史学典籍，商讨史体及史法，见解精辟，议论中肯，实为空前的创作。此外唐代为前史作注的风气也很盛，其书流传至今的，有司马贞的《史记索隐》，张守节的《史记正义》，颜师古的《汉书注》，章怀太子（名贤，高宗子）的《后汉书注》等，对古代典籍，均有辑录之功。

地理学方面，地图至迟起源于战国，地志则至迟起源于西汉。但古代地图大都粗具形式，直到西晋初期的裴秀，定立六种体例，而后制图始渐趋精审。裴秀的观点与今日的制图方法，在原则上已大体一致［参看《晋书》卷三五《裴秀传》］。汉成帝时，朱赣著《风俗记》，条录各地风俗，已具地志的雏形。东汉时，班固作《汉书·地理志》，对州国郡县的山川风习、区域户口，都有详细的叙述，至此始有比较完备的地志。至于汉时四裔诸国的地理状况，除《史记》《汉书》等史书附带述及外，尚无专著。魏晋南北朝时，地理的著作渐多，如西晋周处的《风土记》，东晋僧慧远的《庐山记略》，北魏郦道元的《水经注》等，是其著者。有关外国的地志行记，则有三国时康泰的《扶南记》，东晋僧法显的《佛国记》和僧道安的《西域志》等。

隋时，政府曾编制《诸州图经集》和《隋区域图》，此外裴矩曾作《西域图记》，地图之外，均附说明。地图与地志合流的新体例，自此创始。唐时因版图扩张，佛教流行，地理学大为发达。当时的定制，州府三年一造地图；域外国家，则由鸿胪寺派官讯问各国使臣侨民，记录其山川风俗，然后制图奏上。高宗时，许敬宗撰《西域图志》，详载风俗物产，凡六十卷。德宗时宰相贾耽，尤精地学，所绘的地图甚多，但多失传。他所制的《海内华夷图》，广三丈，长三丈三尺，率以一寸折成百里。他又作《古今郡国县道四夷述》，亦已亡佚，但从其他史籍，尚可窥见其书的一部分内容，至今仍是有关唐代对外交通的珍贵资料［见《新唐书》卷四三下《地理志》］。此外，宪宗时李吉甫曾撰《元和郡县图志》四十卷，图已佚失，但志至今犹存。

四、文学与艺术

（一）骈文与古文

魏晋时代的文学，在文章方面，因受汉赋的影响，渐有骈俪的体裁出现。这种文体，至南北朝时趋于极盛。当时的文章，无论抒情记事，甚至议论，大都以骈俪出之。所谓骈文，其特征约有三点：一是文中每一前句与其后句的字数，必须整齐划一，不可参差。二是前后句的内容，须有对仗，形成联语。三是前后句的声韵，必须协调。骈文的声韵，最初并无一定的规律，虽然若干作品，声韵协调，但只是自然而然，并无固定的格式。直到齐梁时代的沈约等人，标明四声（平、上、去、入），而后作者始有规矩可循。所以四声的定立，在当时确是一大发现，这件事不但掀起中国音韵学史上的巨变，也为中国的文学开拓了广大的领域。

魏晋南北朝时代以骈俪体写成的文章，主要有赋、论及笺牍等类。魏晋的重要赋家，有王粲、曹植、左思、陆机等。他们的作品，大都清丽流畅，繁简适中，可以王粲的《登楼赋》、曹植的《洛神赋》为代表。但其中仍不乏长篇的巨制，如左思的《三都赋》，曾构思十年始成，其雄浑闳博，可以上追两汉。而陆机的《文赋》，论列修辞布局之法，尤为后世所重视。到南北朝，汉魏的大赋不再出现，代之而起的，为一种轻松简短的小赋，如宋鲍照的《芜城赋》，谢惠连的《雪赋》，谢庄的《月赋》，梁江淹的《恨赋》《别赋》，庾信的《小园赋》《春赋》等，大都文笔轻倩，为前世所未见。论则以魏晋为最盛，如曹丕的《典论》，嵇康的《养生论》，干宝的《晋纪总论》，刘孝标的《广绝交论》，都是千古名作。至于笺牍一类的小品文，则以南朝人最为擅长。这类文字，通常不过百字至数百字，但流利俊逸，妍雅自然，梁代的吴均、庾信和陈代的徐陵，都是作这类小品文的能手。庾、徐二人的作品，可以说集骈文的大成，当时有“徐庾体”之称。他们的文笔，虽仍侧重轻倩，但能自创新意，不同流俗，用典属对，尤奇妙自然；而骈文中四六句属对的形式，也自他们所倡导。

南北朝时代，开始有文和笔的划分，文是指抒情写景的美文，笔是指立论述事的散文。梁昭明太子萧统（武帝子），曾根据这种观点，专辑古代美文，成《文选》三十卷。这部书为后世研习美文的人，奉为宝典。此外，梁代刘勰的《文心雕龙》，是中国最早的文学史和文学批评作品，以文笔论，也是骈文中的杰出著作。

北朝的文学，远不如南朝为盛。北魏自孝文帝励行汉化后，才崇尚文学。南方的文风，渐渐流播到北方。到北齐，文士多取法于江左，当时的文章名家如邢邵、魏收，都经常模拟南士的作品［参看《北齐书》卷三七《魏收传》］。北朝末年，绮靡的骈俪文辞，笼罩着整个北方文坛。西魏虽有苏绰等模仿《尚书》文体，提倡复古，但终无法抗拒来自南方的洪流。就政治而言，是北朝征服南朝；就文学而言，却是南朝征服北朝。隋代的文学，仍然承袭骈俪的风习，并无特殊的风格，知名的文人也不多，薛道衡是其中最有成就的一位。

唐代的文章，大体可分为三期：［参看《新唐书》卷二〇一《文艺传序》］第一期由高祖至睿宗（618 ~ 712）。这段时间内，仍以骈文为最流行，可以“四杰”的作品为代表。四杰指王勃、杨炯、卢照邻、骆宾王，他们的骈文，大都措词绮丽，对仗工整，平仄协调，并多用四六句法。其缺点则是过于堆砌雕琢，有时且不易索解。四人的作品，以王勃的《滕王阁序》和骆宾王的《讨武曌檄》，最为后世所传诵。

第二期由玄宗至德宗（713 ~ 804），可以说是由骈文转至古文的过渡时期。此期的作品以制诰文为代表，作家最负盛名的，首推玄宗时的张说、苏颋。二人均以名相而擅文章，所作雄浑凝重，虽骈俪的形式未除，但风格大为改变，当时号为“燕许大手笔”（张说曾受封为燕国公，苏颋曾为许国公）。此外，德宗时的陆贽，也擅长制诰。德宗在奉天（今陕西乾县）时，所颁诏敕，多出于贽手，皆曲尽情理，诚挚动人。据说当时的武夫悍卒，读之无不流泪。此外他的奏议，剀切详明，一扫前代浮靡的积习。

第三期由顺宗至唐亡（805 ~ 907）。顺、宪二宗以后，古文兴起，以韩愈、柳宗元为代表。所谓古文，乃是效法古代经典以及秦汉时代文章的体制，也就是非骈偶的散文。唐代古文的提倡，并不始自韩柳，唐太宗时的姚思廉，武后时的陈子昂，玄宗时的元结，代宗德宗时的独孤及、梁肃等，都曾力主复古。直到韩柳，这种复古运动日益兴盛，才为古文派奠定了基础。韩柳的古文，实际是一种新的创作，他们以纯文学的情趣，纳入短篇的散文中，与古代的学术著述和朝廷文字，在精神上大有不同。同时他们于短篇散文中，又自创许多新体，如赠序、杂记、杂说等，内容则纯凭作者的兴会，恣意发挥。他们的这种创作，为中国的文学开辟一个新园地。此外他们又主“文本于道”之说，但从他们的作品，并看不出其中有什么高深的道［参看钱穆《杂论唐代古文运动》（载《新亚学报》三卷一期）］。韩柳以外，如张籍、白居易以及韩的门人李翱、皇甫湜等，都以古文相尚，一时蔚成风气。

韩柳的古文运动，只是一种开风气的举动，实际并未能取代骈文的地位，骈文依然盛行不废。李德裕与武宣时代的大诗人李商隐、温庭筠，都是骈文的名家。而当时政府的文告和朝臣的章奏，仍多半采用骈体。唐末骈文益盛，专以典丽华艳为尚，格调益卑，其风至五代而不衰。古文的真正大盛，是北宋时代的事了。

（二）诗与词

东汉末年，北方的诗风大盛，名家辈出，而以曹操及其子曹丕、曹植为领袖。这时五言诗已至成熟阶段，他们所吟咏的方面，较前大增。其作品气味深厚，犹有古意，后世称之为“建安体”。建安诗大都为五言，四言、七言者甚少。魏晋时代的诗，也以五言为主，其风格也与建安诗相近。魏和西晋的著名诗人，有阮籍、左思、陆机、潘岳等。东晋一代，并无伟大的诗人出现。当时清谈盛行，风气所被，因而有所谓“清谈诗”。其内容或谈老庄，或谈佛理，读之令人乏味，如孙绰、许询等人，都好作这类诗。直到晋宋之交的陶渊明，诗风才为之一振。他的诗以描写田园景色见长，饶有风致。陶渊明以后，风景诗大为盛行，继起的诗家如宋的谢灵运、颜延之等，都以写景见长。

南齐著名的诗人有沈约、谢朓等，他们的诗，虽仍以五言为主，但用字华美，且讲求声韵对仗，世称“永明体”（永明为齐武帝年号）。唐代的律诗，便渊源于永明体诗。但当时诗的用韵，尚无一定的标准。到隋初，陆法言等参酌古今及各地方言，撰《切韵》一书，而后诗韵才渐统一。至于北朝的诗，和文一样，只是南朝的附庸。隋代仍承袭南北朝的诗风，诗人的杰出者，仍以薛道衡为最。

唐代诗风大盛，这与国家的安富和政府的提倡都有关系。唐诗大致可分古诗、律诗、绝句三大类。古诗主要分五、七言，篇章的长短和句法的结构，并无严格的规定。五言古诗，上承汉魏，其佳作较之古人，并不多让。七言诗最迟起源于曹魏，到唐时才大盛。唐七言诗内容的丰富，气势的雄浑，都非古人可及。此外又有乐府诗，五、七言都有，也有字句长短不齐的，是一种可以入乐的诗。律诗又称今体诗，有五、七言之分，每首限八句。这种诗有其一定的格律，必须平仄互调，用韵只限一种，不能转韵；其第三句与第四句，第五句与第六句，又必须对仗。此外又有一种不限句数的律诗，其布局与古诗相似，但除起头两句和结尾两句不必对仗外，其他各句，均须排成联语。这种律诗，后世称为排律。律诗虽渊源于南朝，但到唐才有完备的形式与格律，所以也可以说是一种创作。绝句每首限四句，也分五、七言，并有古体、今体的区别。“绝句”

一词起源于南北朝，为“短句”或“断句”之意，原是一种小型的古诗，并无一定的格律。到唐代，绝句的意义变成了小型的律诗，其格律与律诗的前四句或后四句相同。

根据明人的意见，唐诗可分为四期：[参看明高棅《唐诗品汇自序》]

1. 初唐，高祖至睿宗（618 ~ 712），共九十五年。唐初的诗，仍不脱六朝纤丽的余风，可以“四杰”的诗为代表。到武后时的陈子昂，仿效建安体，风气稍有改变。中宗时，沈佺期、宋之问首创唐诗的新声，从他们起，唐诗才有律诗及古今体之分。七言古诗，也于此时渐趋兴盛。

2. 盛唐，玄宗至肃宗（713 ~ 762），共五十年，是唐诗的极盛时代。这个时期的名家极多，各有所长。例如王维、孟浩然长于风格淡雅的田园诗；高适、岑参长于气韵悲壮的边塞诗；张九龄擅长古诗，诗格温柔敦厚；王昌龄擅长七绝，尤善作描写宫中情景的“宫词”；但最伟大的诗人则为李白、杜甫。李白擅长古诗和绝句，律诗甚少。他颇有道家思想的倾向，他的诗现存约七百七十余首，率多神仙饮酒之作，气势雄放，格调俊逸。由于他的诗才横溢，后世不易模拟，因而学者不多。杜甫为李白的好友，深受儒家思想的影响，忠君爱国、悲天悯人的情怀时常流露于诗中。杜诗描写的方面甚广，风格技巧变化无穷。他尤好吟咏时事，因而他的作品有“诗史”之称。他现存的诗共一千四百余首，诸体兼备，尤以古诗、律诗为最佳，而排律一体，更是由他首创。他对后世诗坛的影响最大，为后人尊为“诗圣”。

3. 中唐，代宗至敬宗（763 ~ 826），共六十四年。代宗时，诗风颇盛，著名的诗人有刘长卿、李端、韩翃、钱起、卢纶等。他们都善五言诗，诗格稳和清秀，号称“大历体”。大历以后的诗人，名家者也甚多，如韦应物、柳宗元，诗与王、孟同调；韩愈则追摹李杜，格调奇险，气势雄健。又如白居易、元稹的诗，皆平夷浅近，易于诵读。他们并有“新乐府”的创作，唐代中期以前的乐府诗，大都刻意摹古，内容狭隘；到元白，专以之吟

李白、杜甫，佚名绘。

咏当时的民情时事，境界乃大为拓宽。白诗流传极广，不但为当时国人所喜好，并远传至高丽、日本等国。此外孟郊、贾岛，诗体古奥，用字蹇涩冷僻。他们的诗，多咏叹穷苦之作，每有真性情流露其间，后世批评他们的诗格为“郊寒岛瘦”。又有李贺，其诗瑰奇而富想象，人称“鬼才”；刘禹锡和李益，则擅长七绝。

4. 晚唐，文宗至哀帝（827 ~ 907），共九十一年。这段时间，政治日非，风气浇薄，文学方面的表现，也远较盛唐、中唐为贫弱。当时绝少雄篇大作，诗格也日趋卑下，元气淋漓的作品，已不可复见。晚唐的大诗人有温庭筠、李商隐、杜牧等。温古诗多艳丽绮靡，今体则较清疏。李诗精于修辞，好用含义深奥的文字典故，因此读者常不知其意之所指；但他学杜甫，颇有神似之处。杜牧也学杜，其诗豪迈艳冶，兼而有之。他擅长绝句，其咏史怀古之作，最为人所传诵。此外，司空图诗格高雅，有承平遗风，但暮年因饱经丧乱，多寄慨之作。他的死与唐亡在同一年（907），可以说是唐代最后的一位大诗人。

词是一种长短句的组合，因为它综错诗句，配合乐谱，故而又称“诗余”。词的乐谱甚多，各有其一定的格律，作者必须按律填词，不可逾越。词的起源，说法不一，大概与乐府诗有着密切的关系。其兴起时代，约在中唐，如韩翃、白居易、刘禹锡、柳宗元，皆善创调填词。晚唐的温庭筠，尤为杰出，他的作品甚多，从他起，诗和词才有正式的区分。但词在唐代，始终不盛，到五代才大盛。五代词人，祖述温词的甚多，因此温在词史上的地位，无疑为唐代的第一人。

（三）小说与书画

先秦时代的学派中，虽有所谓“小说家”，但其作品久已全部亡佚。现存的汉人小说，也大都为后人所伪托，比较真实可靠的作品，最早只能上推到三国时代。魏时，邯郸淳曾作《笑林》三卷，魏文帝曹丕也曾作《列异传》三卷。两书今已不全，但由其残篇看来，可以知道全是些荒诞神怪的小故事。其后自两晋至南北朝，小说渐盛。最著名的作品，如西晋张华的《博物志》，干宝的《搜神记》，宋刘义庆的《幽明录》《世说》等，其中虽也不乏具有文学价值的作品，但大都是片断简记，疏于布局。到唐，小说的体裁才变得曲折而有组织，与律诗同为唐代文学的特有创作。就体裁而论，唐代的小说可分传奇与变文两大类。

传奇是一种有组织的短篇小说，文体虽仍倾向骈俪，但较规律严整的骈文已解放得多。传奇又可分三类：1. 神怪类，代表作有李朝威的《柳毅传》，李公佐的《南柯太守传》等。2. 艳情类，代表作有元稹的《莺莺传》，白行简（居易弟）的《李娃传》，蒋防的《霍小玉传》等。3. 豪侠类，代表作有杨巨源的《红线传》，杜光庭的《虬髯客传》等。其中又以艳情类的传奇最为精彩，而《莺莺传》更为后人谱为戏曲，传诵至今。

变文本是佛教僧侣用以宣传教义的一种文体，一篇之中，骈散诗歌杂而有之，率多俚俗口语，求其易于通晓。这种文体，可能来自印度文学，因为在中国的传统文学中，是前所未有的。这种文体，渐为文士所采用，以之讲唱民间故事。其起源的时代，约在中唐，但其作品流传于后者绝少。直到清末，才在敦煌大量发现，重要的有《列国志变文》《明妃变文》等。俗文是一种用俚言口语写成的散文，约起源于唐末或五代，可能自变文演化而成。以俗文写成的故事，在清末发现的有唐太宗《入冥记》等。这种文体，是宋代"话本"、元明"演义"的先驱。

秦统一后，盛行小篆及隶书。到汉，草书和楷书相继兴起。东汉时，杜度善草书，王次仲善楷书，其后日见风行。魏晋时代的善书者则有钟繇、卫瓘、王羲之等，其中卫瓘善草书，钟王则博精群法。到南北朝时，北方喜尚钟繇，其书方严遒劲，长于碑榜；南方喜尚王羲之，其书疏放妍妙，长于简札。隋统一后，书法的作风也渐趋融和。到唐，因政府的加意提倡，书道大兴；风格方面，也能推陈出新。

唐初，王羲之的字最为风行，这与太宗的酷爱王书有关。当时的书家如虞世南、欧阳询、褚遂良等，都学羲之，但皆兼寓北风。玄宗时，名家益多，最著者有贺知章、张旭、颜真卿等。知章善草隶，旭善草书，真卿则草隶之外，尤精楷书。穆宗时的柳公权也善楷书，与真卿并称"颜柳"，为后世所师法。颜柳的楷书，自创新格，以严整劲婉见长，与唐前期书家的风格大不相同。钟王的书法，也因颜柳的风行而渐趋衰落。

中国的绘画，起源极早，由近代发现的古代遗物可知，在商代即已有绘画。但古代图画多为壁画，常随宫室的倾圮而毁灭，因此周秦遗画，流传者极少。汉代亦多壁画，所绘多为人物故事。其绘于器物上的，近代间有发现，笔意简朴，稍嫌呆滞。到魏晋时代，绘画开始发达，绘于绢或纸上的也渐多。三国时，吴曹不兴以画名。东晋顾恺之，为不兴再传弟子，善绘仕女，其《女史箴图》在中国初期绘画史上极有地位。到南北朝时代，绘画趋于极盛，著名的画家，有宋陆探微、齐谢赫、梁张僧繇及北齐曹仲达等。谢赫并创"六法"，阐述图画的气韵、骨法、赋形、位置等理论，甚有创见。印度、西亚的画法，也于此时随佛教传入中国。西方的画法，着重明暗凹凸，对中国的人物画，影响甚大。又因佛教流行，佛像画也因而兴盛，张僧繇与曹仲达都善画佛像。

唐高祖、太宗以及玄宗等，都善书画，宗室擅绘事的尤多。由于皇室的爱好，因而绘画大兴。唐初，人物画仍极盛，名家有阎立德、立本兄弟。立德善写生，无论中外人物、奇禽异兽，绘来莫不精妙。立本曾任右仆射，善画像，曾绘太宗御容及凌烟阁功臣图等。至盛唐，山水画兴，名家有李思训、李昭道父子及王维。思训画尚工丽，善用青绿，杂以金色，号称“金碧山水”，开后世北宗一派。昭道稍变父法，以细致见长。思训曾于开元时任左武卫大将军，故时称昭道为“小李将军”。王维擅长水墨，笔意清润，以超脱秀逸为尚，号称“破墨山水”，开后世南宗一派。另一名家为吴道玄（字道子），他的画，山水人物，无所不工，号称“画圣”。此外曹霸、韩幹，皆以画马著名。

安史乱后，绘事仍发展不已，但造诣则不逮盛唐。名家有周昉、边鸾，皆德宗时人。周昉工于人物，衣纹简劲，色彩柔丽。边鸾长于花鸟，精于设色，秾艳如生。唐末，因国内战乱不已，绘事也随着步入衰运。

第十九章
五代与十国

一、五代十国的形成

（一）名称与地域

梁太祖朱全忠篡唐后，初都开封（即汴州，开平元年升为开封府；今河南开封县）。开平三年（909），迁都洛阳。当时关中地区，因连年丧乱，残破不堪，业已失去主宰全国的条件；政治中心，乃移到关东黄河以南的地区，但这时各地军阀，纷纷独立，南方的财富为若干割据者所囊括，不复为中央所用。而梁的政府，又是以军人为主体的藩镇型政府，缺乏宏远的建国规模与计划。因此梁帝国始终只能保持一个割据局面，其政权也不稳固，仅十数年便告覆灭。朱梁以后，继起者又有四朝，即唐、晋、汉、周，与梁合称为“五代”，共历五十四年（907 ~ 960），后人并把每代名字的前面，加上一个“后”字，以避免与它们之前同名的朝代相混。梁以后的四代，其政府状态和政治作风，大体与梁代无异，直到后周末年，才稍有改变。总之，五代只是唐代藩镇的延续，每代的创始者，都是前一代或两代的军人；每代的版图，也都是割据形式的，它们的主要领域，只是黄河下游和渭水下游之地。在它们的领域之外，还有许多其他的割据势力，那就是“十国”。

十国也都是由藩镇演变而成，梁太祖篡唐前后，各地节度使相继独立，建号称王，逐渐形成十国。但十国并不在同一时期兴起，它们是指唐末梁初兴起的吴、前蜀、吴越、楚、闽、南汉、荆南（后唐时改称南平），后唐时兴起的后蜀，后晋时篡吴而成立的南唐，和后周时建立的北汉。它们的灭亡时代，也前后不一，有的在后唐时即已亡国，有的直到宋太宗时才被灭。十国除北汉外，其他九国都在南方。其实五代时期的割据势力，并不止这十国，大概史家为求数目整齐，才有这种称谓。五代与十国，虽大致并立于相同的时代，但五代在史书上被列为禅递的正统。

五代是一个大动乱时代，也是唐宋之间的大分裂时代。每个朝代的历祚都非常短促，计梁十六年（907 ~ 922），唐十三年（923 ~ 935），晋十一年（936 ~ 946），汉四年（947 ~ 950），周十年（951 ~ 960）。其皇室则共历八姓十三君，八姓是后梁朱氏，后唐李氏、王氏，后晋石氏，后汉刘氏，后周郭氏、柴氏，此外后唐明宗，姓名不详；十三君计梁二，唐四，晋二，汉二，周三。这个记录，在中国史上找不出前例。五代时期，结束于宋的篡周，但当时十国尚未完全灭亡，要待宋建国后二十年（979），全国才告统一。因此如果抛开朝代而言，这场大动乱，实际持续了七十余年。

十国中将近半数的国家（楚、南平、南汉、吴越），其国祚都超过整个五代，其余的也都超过五代全期的一半。安史乱后，关东地区大部为藩镇所据，经常在战争状态中。到唐末，关中地区也残破不堪，整个唐帝国北方的文化经济水平大为低落。唐亡以后，北方的战争益烈，南方诸国则安定得多，因此其文化经济日益发达，渐渐超越北方。至于五代的政治中心，除后唐定都洛阳，其余梁、晋、汉、周均都开封（梁于太祖时一度徙都洛阳）。到宋，虽统一全国，但仍都开封，主要因为开封是运河上的大都市，与东南地区的交通，甚为便利，对东南的财货较易吸收。从这一点，可以看出北方政府对南方地区仰赖的程度。

五代十国所以能各自成为一个独立的政治单位，与它们所据的自然环境也有密切的关系。它们大都割据一个自然地理单位，自成一个局面，而每个国家的强弱治乱，也颇受其自然环境的影响。五代相继据河、渭下游，这个地区的地势坦荡，号为四战之区，因此战乱最多，易代也最速。太原的形势险固，在五代的政局中，占有极重要的位置；唐、晋、汉都兴起于太原，而北汉据之，也能撑持数十年。吴与南唐先后据淮南、江东和江西一带地，前后蜀据四川盆地和秦岭以南一部地，楚据沅湘流域，闽据闽江及九龙江流域，吴越据钱塘江流域，南汉据岭南地区，都各自成一自然地理单位，各有其自存的形势。而吴、南唐和前后蜀，更是地大物饶，人口众多，国势也比较强盛。只有荆南据有汉水长江之间地，其地四通八达，缺乏屏蔽，因此国势最弱。

就整个五代十国的形势来看，则可分为南北两大势力，北为五代，南为吴和南唐。这两大势力，实力相若，土地相接，因此采取绝对敌视的态度。同时，双方都以兼并邻近的弱小国家为务，又以联络接近敌方的国家为制敌之策。因此，与吴、唐邻近的吴越、闽、楚、南汉等，都常奉贡于中原；而吴也曾与晋（后唐的前身）联合，以谋制梁。五代末期，南唐为后周所败，疆土大削。这个南方的大国衰落后，南北的均势状态也因而改变，统一之局乃逐渐形成。[参看严耕望《五代十国篇》“一、列国割据之情势”（载《中国历史地理》二）]

（二）梁初的局势

梁初，中国内部分裂的情形，较唐末尤甚。梁以外的主要割据势力，约有十处，现分述于后：

1. 晋：李克用，原为沙陀部酋，唐末以讨平黄巢，受任为河东节度使，并封晋王，辖今山西省一带地。他与梁太祖私憾甚深，唐亡以后，他仍是朱梁最坚强的敌人。

2. 岐：李茂贞，唐僖宗时，任凤翔节度使。昭宗天复元年（901），受唐封为岐王。其后因宦官事件与朱全忠交战，结果失败。昭宗迁洛，茂贞与前蜀王建联合，与梁相拒。唐亡，他以兵弱地狭，不敢称帝，仍自称岐王，据有今陕西省西部和甘肃省东部之地。

3. 前蜀：王建，唐僖宗时为禁军军将，宦官田令孜的养子。昭宗大顺二年（891），任西川节度使。其后乘唐室内乱，逐渐取得今陕南、四川地。昭宗天复三年（903），他受唐封为蜀王，史称其国为前蜀。唐亡，他称帝于成都。其后与岐交恶，遣兵攻之，扩地至今甘肃省东部，国势甚盛。但他晚年多内宠，亲任宦官，以是不能大有作为。

4. 吴：杨行密，昭宗景福元年（892），任淮南节度使，据扬州。天复二年（902），受封为吴王，都于江都（今江苏江都县）。哀帝天祐二年（905），行密死，子渥嗣，唐封渥为弘农王。吴于行密时，即与朱全忠敌对，唐亡，渥仍与梁抗。吴最初辖有淮南江东之地，渥继位后，又击并江西，成为南方的大国。

5. 吴越：钱镠，唐昭宗景福二年（893）任镇海节度使，兼有两浙之地。天复二年（902），封越王。哀帝天祐元年（904），改封吴王。梁太祖即位，封吴越王，都杭州（今浙江杭州市）。吴越与吴接壤，又因亲梁，遂与吴为敌。双方屡次交战，直到梁末，才罢兵言和。

6. 楚：马殷，唐僖宗时，为蔡州节度使秦宗权部将。昭宗乾宁三年（896），任潭州刺史（治今湖南长沙市）。次年，任武安军节度使。梁太祖即位，殷入贡，封为楚王。楚地大致据今湖南省及广西省北部地，都潭州。

7. 闽：王潮，唐昭宗景福二年（893），任福建观察使，居福州（今福建闽侯县东北）。乾宁三年（896），唐升潮为武威军节度使。次年，潮死，弟审知继为节度使。梁开平三年（909），封审知为闽王，其国土略当今福建省地。

8. 南汉：刘隐，其父谦于唐僖宗时为封州（今广东封川县）刺史。谦死，隐继之。哀帝天祐二年（905），唐以刘隐为清海军节度使，镇广州。梁开平三年（909），封隐为南平王。乾化元年（911），隐死，弟龑立，于梁末帝贞明三年（917）称帝，国号大越。次年，改称汉，史称南汉。其国土大致有今广东省及广西省南部地。

9. 燕：刘守光，其父仁恭于唐昭宗时为卢龙节度使。梁开平元年（907），守光囚仁恭而继其位。三年（909），受梁封为燕王。乾化元年（911），自称大燕皇帝。燕的地盘，是唐的卢龙节度使区（今河北省北部及察哈尔省南部）。守光为人骄暴，但势力甚强，是晋的东方劲敌。

10. 荆南：高季昌（后改名为季兴），原为梁太祖部将，梁开平元年（907），为荆南节度使，镇江陵（今湖北江陵县）。乾化三年（913），受封为渤海王，大致辖今湖北省西部地。

以上十大势力，除晋（后唐的前身）、岐、燕以外，其余都属于十国。其中与梁敌对的势力有四，即晋、岐、前蜀和吴。其他六国皆与梁通好，受其册封。这十大势力，位于南方者有七，关东有二，关中则有岐。而岐的势力孤弱，仅能暂时自保，这可看出关中地区的残破程度。

唐亡，梁、晋仍处于战争状态中，而梁颇占优势。这时河北地区的重要割据势力，如燕王刘守光（原卢龙节度使）、赵王王镕（原成德节度使）和天雄节度使罗绍威（原魏博节度使），都服从梁，而天雄尤为恭顺。此外，契丹也与梁亲善。这些势力，对晋的威胁甚大，但晋仍苦战不屈。梁太祖即位后不久，即遣大军攻晋潞州（今山西长治县），但一时无法攻下，因此筑一长围，环绕潞州，名曰“夹寨”，以内防奔突，外拒援

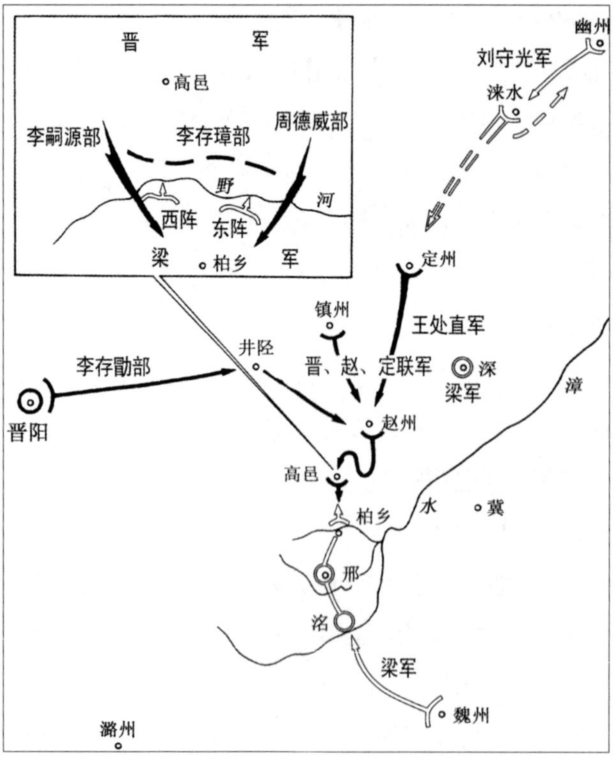

梁晋柏乡之战示意图。开平四年（910）十一月，幽州燕王刘守光屯兵涞水，拟南下进攻赵王王镕辖地镇、定二州。朱温见有机可乘，以一部迫近深州，扬言助赵御敌，王镕中计，命开关延入，梁乘机进占深州。十二月，朱温又令王景仁率数万精锐自魏州北上，经邢、洺，进至柏乡。王镕势危，向晋王李存勖求救，存勖不欲梁吞并赵，遂自晋阳出兵东进，屯于赵州。同时定州王处直亦派兵五千南下助战。十二月底，存勖自赵州南下，经高邑向南推进至柏乡，见梁兵势大，遂返军高邑，筑垒待敌。梁军蹑踪而至，晋军不与交战。次年正月初二，晋见梁军兵疲，遂以轻军出击，诱敌北进至高邑以南。战至日落，梁军饥渴劳倦，引兵稍退，晋国乘机生力尽出，李嗣源自西路、周德威自东路，猛攻梁东、西两阵。梁军猝然受敌，东军先败，西军随后不支，亦纷纷溃逃。晋军纵兵追击，梁师大败，仅剩数千人逃归。此役，由于梁师败绩，镇、定二州背梁投晋，晋军在河北取得前进基地，为尔后扫平河北奠定了基础。

兵。双方相持之际，而克用因忧劳致疾，于开平二年（908）病死。克用弟克宁及监军张承业、大将李存璋等，辅克用子存勖嗣晋王位。承业于唐末任李克用监军，昭宗时，朱全忠诛宦官，克用护之，得以不死。他颇有政治才能，存勖即位后，他竭力匡弼，甚著勋绩。但他实际忠于唐室，他所以为存勖效力，目的是在复唐，其后存勖称帝，他竟忧悒以死。

存勖为人有胆略，娴于军事。他嗣位后，与诸将谋救潞州，出梁不意，自率大军赴援，大破梁军，遂解潞州之围。此役梁军伤亡数万人，对梁是一个极大打击。开平四年（910），太祖疑赵王王镕与晋密结，遣军击之。镕求救于晋，存勖亲自率军救赵。次年，大败梁军于高邑（今河北高邑县）南，斩首二万。存勖自获得两次胜利，声威大震，奠定了日后并吞河朔的基础。

二、五代十国的战乱

（一）后唐的拓土与内乱

梁乾化二年（912），李存勖派周德威击刘守光。德威攻至幽州（今河北大兴县）城下，守光求救于梁。梁太祖自率大军救燕，晋将以计破之于蓨（今河北景县）。太祖烧营夜遁，惭愤发病，及返抵洛阳，病势益剧。他的长子友裕早死，养子友文特见亲爱，因此想把帝位传给友文。但次子友珪，却于他病危时率兵入宫，把他刺杀，并矫诏赐友文死，然后即位。三子友贞，时为东都（即开封）指挥使，闻变后潜结天雄节度使杨师厚，共讨友珪。三年，师厚遣军至洛阳，与禁军领袖袁象先合谋，以禁兵五千突入宫中，友珪自杀。既而友贞即帝位于开封，更名瑱，是为末帝。而晋也于这一年攻克幽州，俘刘守光及其父仁恭，斩于晋阳。

晋灭燕后，乘势拓地，河北诸镇，除了天雄节度使杨师厚所辖的六州，其余都服从晋。贞明元年（915），师厚死，梁室把天雄辖区分为两镇，以弱其势。魏人不愿，乃叛而附晋，于是河北悉为晋有。六年（920），梁河中节度使（治所在今山西永济县）朱友谦又叛而降晋。至此，梁人仅能扼守黄河以自保，情势非常危急。

龙德三年（923）三月，晋潞州守将李继韬附梁，梁势稍振。四月，李存勖称帝于魏州，国号曰唐，建元同光，是为后唐庄宗。庄宗即位后不久，即遣军袭据郓州（今山东东平县西北），梁以名将王彦章御之。彦章分兵围郓州，自与后唐军大战于杨刘（今山东东阿县北），战况极为激烈。不久彦章因谗征回，梁军无功。但与潞州邻接的泽州（今山西晋城县东），则为梁的另一支军队攻下。这时后唐仓储寡少，加以契丹逼其北，泽、潞梗其南，而梁人又将分道进兵，因此后唐的情势也很不利。诸将多欲与梁言和，庄宗不听。同年十月，庄宗自率大军渡河至郓州，纡道攻梁，连下中都（今山东汶上县）、曹州（今山东曹县西北）等地，直趋开封。这时梁大军屯据河北，京师空虚，无力抵御。于是末帝自杀，梁室覆亡，这是庄宗渡河后七天的事。

庄宗灭梁后，定都洛阳。他自以基业已固，转而肆情纵欲。他亲近优伶，甚至委以高官；皇后刘氏，则专以聚财为务；中原初定，而政治已紊乱不堪。但当时唐的兵力，仍甚雄厚，因此可以继续扩张地盘。他灭梁以后的最大军事成就，便是西进灭岐和前蜀。

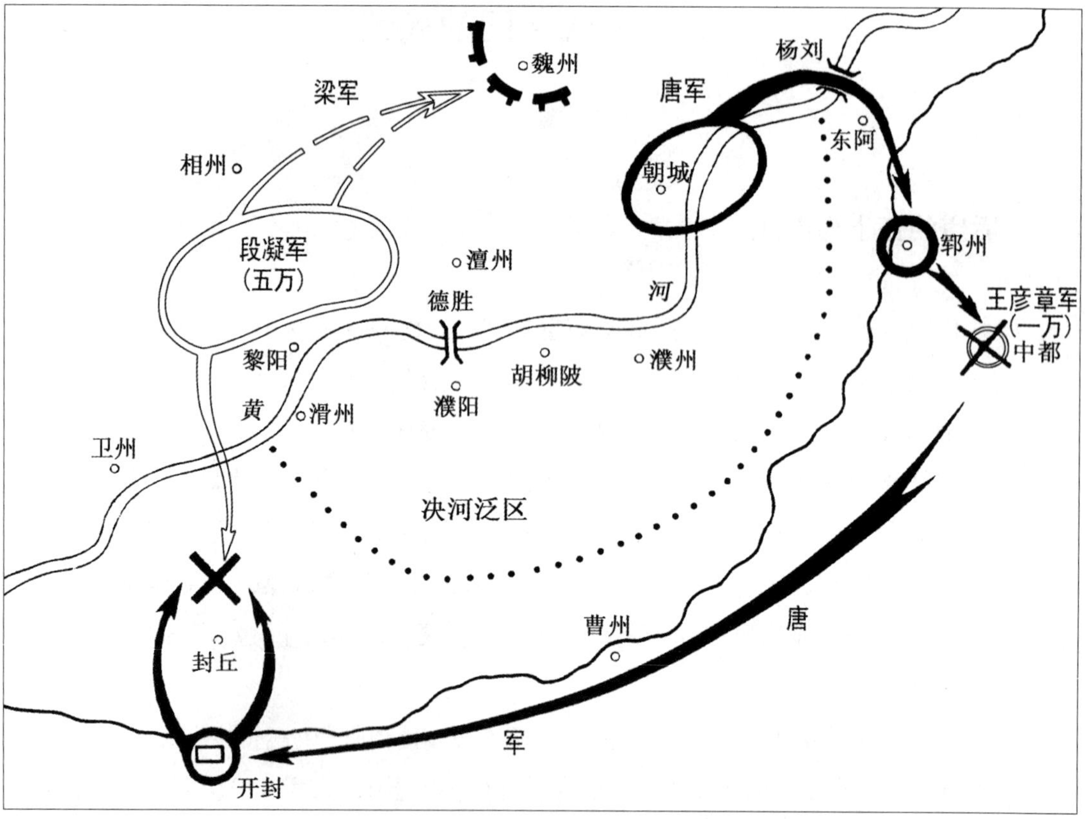

后唐军袭汴灭梁示意图。后梁龙德三年（923）三月，后梁以段凝率主力渡河北攻后唐都城魏州，都城开封空虚。后唐主李存勖知悉后，命一部驻魏州牵制段凝，自率精锐，于十月初二自朝城出发，沿黄河东进，至杨刘渡河南下，初三即至郓州城。前锋初四晨与梁大将王彦章遭遇，一战而胜，俘王彦章。当晚前锋沿河西进，直扑开封，李存勖率部继进。初七，唐军进抵曹州，守将出降。梁主朱友贞闻讯，急遣驰骑北上召段凝回救。但使者行至滑州时，被阻于黄泛区，不能前进。初八，朱友贞闻唐军逼近开封，自杀身死。初九，唐军抵开封城下，急攻北门，梁将开城出降，百官列队迎谒。十二日，段凝回军救梁，进至封丘，得知开封失陷，也投降唐军，后梁灭亡。

岐王李茂贞，本与梁有夙憾，曾于梁开平二年（908）联晋、蜀攻梁，大败而回。其后与蜀交恶，连年交兵，更无远图。及梁灭，茂贞上表称臣于唐，庄宗封他为秦王。同光二年（924），茂贞死，唐以其子继曮为凤翔节度使，遂并其地。

前蜀王建，死于梁末帝贞明四年（918），子衍继立，年少荒淫，政治日坏。同光三年（925），庄宗以其子魏王继岌统兵伐蜀，大臣郭崇韬辅之。唐军长驱直入，进至成都，王衍投降。此役从出兵到灭蜀，不过七十天，唐共得蜀地六十四州，二百四十九县。前蜀自王建任西川节度使，共历三十五年而亡。但接着伐蜀的唐军中便发生了事变。

李存勖，佚名绘，台北“故宫博物院”藏。

魏王继岌虽是唐军统帅，但军务全由郭崇韬处理，因此甚感不平。随军宦官李从袭密告刘后，谓崇韬专横难制，于是刘后擅自下令，命继岌速杀崇韬。同光四年（926），崇韬为继岌所杀，消息传出后，全国震动，流言四起，谣传庄宗为刘后所弑。魏博军卒皇甫晖，乘人心不安，聚众作乱于邺都（即魏州，今河北大名县），推军将赵在礼为统帅。庄宗命李绍荣击之，不克，继命李嗣源往讨。嗣源至邺后，军士哗变，拥嗣源入城，与叛军会合。嗣源无以自明，乃听从其女婿石敬瑭的劝告，决心谋反。他南下据开封，西攻洛阳，而伶人出身的禁军将领郭从谦乘机作乱，率兵攻入皇城，庄宗中流矢死。既而嗣源进入洛阳，自称监国。刘后及庄宗诸幼子，均为嗣源所杀，继岌则自杀于长安。

同年，嗣源即皇帝位，国号仍称唐，改元天成，是为唐明宗。明宗先世为胡人，姓氏不详，名邈佶烈。初以骑射事李克用，克用以为养子。他即位后，首先革除庄宗秕政，务从节俭，并撤销不少有名无实的机关。他在位八年，兵革粗定，连年丰收，人民得到暂时的休息。他在位期间的大事，是后蜀的建立。

前蜀既亡，庄宗以孟知祥为西川节度使。知祥至蜀时，郭崇韬已死，魏王继岌引军东还。不久明宗入立，知祥乃训练甲兵，阴谋据蜀。长兴三年（932），知祥并吞东川，明宗无奈，于四年封他为蜀王，史称后蜀。既而明宗死，知祥乃于次年称帝。他于称帝数月后死去，子昶嗣位，仍保持独立。

明宗死，子从厚继位，是为闵帝。这时明宗的养子李从珂镇凤翔，女婿石敬瑭镇河东，均拥重兵。宰相朱弘昭、冯赟忌之，乃移敬瑭镇成德，从珂镇河东。应顺元年（934），从珂以“入清君侧”为号召，率军东进，沿途各地皆降。闵帝出奔魏州，途中为石敬瑭所俘。从珂入京师后，自即帝位，是为废帝。闵帝不久遇害，接着便是废帝与石敬瑭的冲突。

（二）契丹的灭晋

后唐废帝本姓王，与石敬瑭同为明宗的得力部将，但素不相得。清泰三年（936），废帝下令徙敬瑭为天平节度使（辖今山东西南部地），并命张敬达率军促其赴任。敬瑭幕僚桑维翰劝敬瑭发兵拒命，并建议乞援于契丹。敬瑭从之，上表称臣于契丹国主耶律德光，并请事以父礼，约定事捷之日，割卢龙节度使区及雁门关以北诸州给契丹，契丹许之。

契丹自唐玄宗末年为安禄山所重创，至唐末，族众复盛，当时契丹诸部并立，每部君长曰“大人”，最多时达二十七人。诸部中以八部最强，相约共推一人为主，号令诸部，称“八部大人”，任期三年。当时唐帝国内部虽乱，但河北藩镇，尚可抵御契丹，昭宗时的卢龙节度使刘仁恭，尤为契丹所畏忌。其时契丹迭剌部长耶律阿保机有勇略，与李克用连结，于天祐二年（905）合兵击败仁恭。四年（907），阿保机被推为八部大人。同年，刘守光囚仁恭而继其位。守光为人残虐，其辖区中的百姓，逃入契丹者甚多，契丹的实力益增。其后阿保机尽杀诸部大人，成为契丹的永久领袖。

阿保机本与李克用约为兄弟，但不久背盟，转而附梁，致使克用含恨而殁。其后李存勖攻刘守光，守光遣其参将韩延徽求援于契丹，延徽通文墨，且有智略，阿保机乃以之为谋主。延徽教阿保机建筑城郭，设立市里，以居汉人；使其成立家室，垦殖荒田；于是汉人各安生业，对契丹日见亲附。梁末帝贞明二年（916），阿保机称帝，建元神册，自号天皇王，定都上京（今热河林东县）。他采用中国制度，设置百官，以延徽为宰相。后唐庄宗以叔父之礼事之，但他仍入寇不已。明宗天成元年（926），阿保机攻灭渤海国（唐武后时靺鞨人所建，据今松花江以南地），更名东丹，以其长子突欲镇之，号人皇王。这时契丹的版图，东至辽东，西有阴山及河套之地。同年，阿保机死，次子德光继立，是为契丹太宗。突欲愤而奔后唐，朝臣请立突欲为契丹王，以分化契丹，明宗不允，德光之势遂固。

敬瑭叛变后，张敬达率兵围攻晋阳，敬瑭大将刘知远坚守不下。耶律德光自率五万骑入援，大败后唐兵；敬达收余众走保晋安寨（今山西太原市南），契丹围之。德光于晋阳城南筑坛，立敬瑭为皇帝，国号曰晋，改元天福，是为晋高祖。并约定割十六州之地给契丹，十六州是：幽（今大兴县）、蓟（蓟县）、瀛（河间县）、莫（任丘县）、涿（涿县）、檀（密云县）、顺（顺义县）（以上在今河北省），新（涿鹿县）、妫（怀来县）、儒（延庆县）、武（宣化县）、蔚（蔚县）（以上在今察哈尔省），云（大同县）、应（应县）、寰（朔县东）、朔（朔县）（以上在今山西省）。此外营州（今河北迁安县一带）、平州（今河北卢龙县），则在后唐时，已被契丹占去［参看赵铁寒《燕云十六州的地理分析》（载《大陆杂志》十七卷十一期）］。除了割地，晋室每年尚须输帛三十万匹于契丹。

十六州一部分是李国昌、克用父子发祥之地，一部分是庄宗苦战所得的卢龙节度使辖区，在中国北方，是一个重要的战略地带。这地区自安史之乱起，相继为胡化藩镇和胡人王朝所割据，与中央隔离将二百年。当地的汉人，久已沾染浓厚的胡风，在精神上反与胡人接近，因此割让手续，能够顺利完成。这件事对后来的世局影响极大，北宋便因无法恢复燕云，终致遭受东北外族的侵逼，丧失了整个北方的土地。

张敬达困守晋安数月，为部下所杀，余众投降契丹。晋高祖偕契丹兵自晋阳南下，后唐军不战自溃，禁军将校都争迎新主，废帝自焚而死。高祖入洛阳后，诸镇皆奉表归命。天福二年（937），晋自洛阳徙都开封。次年，晋正式割十六州给契丹。

耶律德光于灭唐后，率兵北归，晋高祖对契丹奉事唯谨，贡献不绝，契丹小不如意，即遣使责让。成德节度使安重荣深以为耻，屡与契丹为敌。天福七年（942），高祖遣军擒斩重荣以谢，但契丹仍不谅解。同年，高祖忧愤成疾而死。

高祖死后，朝臣冯道、景延广以国家多难，宜立长君，乃以敬瑭兄子齐王重贵嗣位于邺都（今河北大名县），是为出帝。景延广也仇视契丹，出帝即位，他建议对契丹称孙而不称臣，出帝从之。契丹怒欲入寇，出帝乃还都开封。开运元年（944），契丹南侵，攻陷贝州（今河北清河县），晋军迎战，连破之于马家口（今山东东平县西北）等地，契丹退兵。次年，晋派杜重威督军北上伐契丹，耶律德光闻讯后，率八万骑南下迎战，又被晋军大败于白沟（在今河北定兴、新城二县境），狼狈逃回。

出帝自白沟大捷后，骄侈日甚，又以冯玉执政，贿赂公行，朝政日坏。开运三年（946），晋再以杜重威督军北伐，耶律德光也率军南下，进至恒州（今河北正定县），与晋军夹滹沱河相持。这时杜重威已萌异志，暗中通款于契丹，想效石敬瑭故事。德光假意应允，重威乃率军二十万投降，并随契丹南下，直逼开封，出帝投降。次年，德光建国号曰大辽（一说契丹于晋天福三年改称大辽）［参看《辽史》卷四《太宗本纪》；《新五代史》卷七二《契丹传》］，并把晋并入大辽，于是晋亡。

（三）汉周的代兴

耶律德光灭晋后，入居晋宫，他改服中国衣冠，并保存旧有的制度，以收汉人之望。但不久原形毕露，广受四方贡献，纵酒作乐。他仍依照契丹人的办法，不为部众筹备军食，而纵他们四出剽掠，谓之“打草谷”。东西两京（洛阳、开封）及其附近数百里之地，财畜一空；人民死亡流徙的，更不可胜计。由是内外怨愤，都想起而逐之。当时各地藩镇，大都上表称臣，唯彰义节度使史匡威据泾州（今甘肃泾川县），不受辽命；雄武节度使何重建，则以秦、成、阶三州（今甘肃省东南部地），投降后蜀。既而河东节度使刘知远举兵于晋阳（今山西太原县），邻近州镇，群起响应。而东方盗匪大起，攻陷数州。德光深感汉人难制，又因天气渐热，决意北归。他在开封居住凡三个月，临行以萧翰（德光母述律太后兄子）为宣武节度使，留守开封，然后驱掠晋诸司吏卒数千人及府库珍宝北行，所过城邑，皆为残破。德光行至栾城（今河北栾城县北），死于栾城附近的杀胡林。其兄子兀欲嗣位，是为辽世宗。

刘知远本沙陀部人，初为石敬瑭亲将，敬瑭称帝后，以他镇守河东。辽攻晋时，他困守晋阳，并未出师邀击，辽既灭晋，知远奉表称臣，但意存观望，耶律德光甚恨之。他的将佐都劝他称帝以号令四方，于是知远即帝位，但仍用晋天福年号。辽主北归后，知远以其弟崇留守晋阳，亲自率兵南下。萧翰以知远将至，也想北返，乃劫后唐宗室李从益（明宗子）称帝于开封，然后北去。知远先至洛阳，遣使杀李从益，继至开封，诸镇相继款附。知远遂改国号为汉，是为汉高祖。杜重威自降辽后，辽主以之镇邺都，至此知远命重威移镇他地，他拒不从命，知远亲征平之，中原大致底定。其后不久，知远死，大臣郭威、史弘肇、杨邠、王章等奉知远子承祐嗣位，是为隐帝。

隐帝即位之初，诸大臣颇为尽职，国家粗安。但王章掌财政，聚敛刻急，甚招民怨。隐帝渐长，左右嬖幸用事，杨邠等屡加裁抑，因而隐帝对诸人渐生恶感，乃于乾祐三年（950）杀史、杨、王三人，并灭其族。这时郭威任邺都留守，家属留在京师，也全部被害。隐帝并密诏邺中诸将以图郭威，事泄，威乃决心反叛。他留养子荣镇邺，自率大军南下，军至封丘（今河南封丘县），隐帝亲自督军迎战，结果失败，为乱兵所杀。郭威入京师，晋谒太后，请立徐州节度使刘赟（崇子，知远侄）为帝，并遣太师冯道赴徐州（今江苏铜山县）迎接。赟未至京师前，暂由太后临朝。但郭威部下将士，因曾屠陷京城，对刘赟的嗣立，甚怀疑惧。

这时恰值辽人入寇，太后命郭威率师出御。大军至澶州（今河北濮阳县），将士哗变，拥郭威为帝，并裂黄旗被威体，权充御服，然后回军南行。大军至开封，太后下诏，废刘赟为湘阴公，以郭威为监国。次年（951）初，郭威称帝，国号曰周，是为后周太祖，并改元广顺。于是汉亡，刘赟也不久遇害。威，邢州尧山（今河北尧山县）人，出身募兵。自后唐庄宗以来，沙陀种人据中国帝位凡二十八年，至此复归汉人。刘崇在晋阳，闻郭威自立，乃以河东十二州之地独立，即皇帝位，仍以汉为国号，史称“北汉”，以别于岭南的“南汉”。崇并依辽人为援，以叔父之礼事之。刘崇虽据河东，建北汉以与周抗，但不过困守一隅，仅延刘氏数十年之祀。自此以后，中原帝位，沙陀不能再行问津。

沙陀的衰微，主要由于实行“汉化”。李克用镇河东时，即开始沾染汉俗。及庄宗灭梁，徙都洛阳，沙陀种人相率入居汉化中心的河南地区，展开大规模的汉化，愈演愈烈。沙陀入中国后所以迅速汉化，原因不外五点：1. 沙陀人数过少，因战争频繁而大肆扩军，其军队吸收不少汉人。2. 沙陀所建的唐、晋、汉三朝，所采的制度全袭汉制，政府官员也多为汉人。3. 沙陀酋长多娶汉女为妻。沙陀士众之与汉人联婚，虽史无明文，想亦为数不少。4. 沙陀酋长因受环境影响，也好尚汉化。5. 沙陀种人自相残杀，其众愈少，受汉化的感染也因而愈速。汉化的结果，沙陀与汉人几乎没有明显的界限，因此郭威举兵，沙陀无法团结抵抗，遂取汉的帝位如拾芥。到宋，沙陀可以说完全同化于中国。[参看拙著《沙陀的汉化》（载《华冈学报》第二期）]

周太祖对政治颇有改善，曾减除前代若干苛法。晋汉时，刑法极为严酷，例如晋法奸有夫妇人，无论强和，男女均处死；汉法窃盗一钱以上者皆死；此外罪非反逆，往往诛及亲族，籍没财产。太祖即位后，首革其弊，规定犯盗窃及奸淫罪者，全依晋天福元年以前的刑律处分；罪人非反逆，不得族诛籍没。他励行节俭，四方贡献的珍食美物，均予罢除。但当时国内尚不安定，刘赟被杀后，其部将巩廷美等拒守徐州，周遣兵平之。泰宁节度使（治兖州，今山东滋阳县西）慕容彦超，因曾与太祖作战，心怀疑惧，亦图谋叛变，并召北汉、契丹及南唐入侵，均为周人击退。广顺二年（952），太祖亲征彦超，平之。

广顺四年（954），太祖死，养子荣即位，是为世宗，并改元显德。世宗本姓柴，太祖内侄，汉隐帝诛杨邠诸人时，太祖的几个儿子都在京师被杀，只有他跟随在邺。太祖称帝，封他为晋王，至此乃继承帝位。世宗为人英武，在位虽仅数年，但文治武功，都很可观，为宋朝奠定了统一基础和建国规模。

（四）周世宗的恢复

周太祖既死，北汉主刘崇想乘机南下，乃求助于辽，辽主派大将杨衮率万骑助之。崇自将三万人，南趋潞州，周昭义节度使李筠迎战而败。这时周新遭大丧，又有强敌压境，因而中外汹惧。世宗毅然下诏亲征，率诸军自开封出发，兼程而进，大败北汉军于高平（今山西高平县）以南的巴公原。汉主仅以百余骑逃回晋阳，杨衮不敢救，全军而退。此役世宗并斩临阵后退的禁军将校樊爱能、何徽等七十余人，军纪大整。

五代时期的中央禁军，可以说是政治上的一个毒瘤。这支禁军的原始组织，本是朱全忠时代的宣武镇军，其后各朝加以补充，但素质甚差，士卒老弱相半，良莠不分，且军纪败坏，动辄倒戈，每一朝代的变乱倾覆，大半由他们造成。世宗于高平之役后，即大加简校禁军，斥去羸弱；并下诏全国，招募壮士，以充禁旅。于是中央军力，精强无比。此外，世宗对政治也加意整顿。五代的政治，可以说是彻底的武人政治，中央政府，上至皇帝，下至将相大臣，率多武人出身，地方政府首长，更几乎全是武人，整个五代，文人曾任节度使的，只有赵凤、冯道、桑维翰等数人。当时中央威令不行，藩镇跋扈，藩帅的贪残，有时更甚于盗贼。同时武人恃权任气，往往凌辱文人，甚至非理杀害。到世宗，才开始重视文人，他可以说是五代唯一有计划的消灭武人政治的君主。他延聘不少儒学之士，考察制度，订正礼乐刑法，这些都不是五代的其他君主所能梦见的。

世宗既败北汉，颇有统一之志。这时周以外的国家，北有北汉，南有后蜀、南平、南唐、吴越、南汉，共计六国，闽、楚则已先为南唐所灭。显德二年（955），他遣军讨伐后蜀，蜀军迎战大败，失掉今甘肃东南部和陕西西南部的秦、阶、成、凤四州。

显德三年（956），世宗又亲征南唐。南唐的前身是吴，弘农王杨渥于梁开平二年（908）为部将徐温所杀，温继立渥弟隆演，复称吴王，大权遂操于温。吴自杨行密起，即一意保境安民，不以战争为乐，徐温也颇能遵循这个政策。他最初屡与吴越交兵，至梁末帝贞明五年（919），双方言和，休兵息民者二十余年，因此江淮地区渐成为当时的乐土。六年，隆演死，弟溥继立。后唐明宗天成二年（927），徐温死，养子知诰（原名李昪）继专吴政。同年，杨溥即皇帝位。晋天福二年（937），徐知诰篡吴，国号曰唐，史称南唐，并徙都于金陵（今南京）。吴自杨行密据扬州，凡四十六年而亡。四年（939），知诰复姓李名昪。

天福八年（943），李昪死，子璟嗣位。这时南唐国力甚为充沛，而与它邻近的闽楚二国，政乱势衰，南唐乘机向外扩张，于晋开运二年（945）灭闽。闽王王审知于后唐同光三年（925）死于福州，子延翰立。次年，延翰为其弟延禀、延钧所杀，延钧继立。长兴四年（933），延钧即皇帝位，更名鏻，国号大闽。清泰二年（935），鏻为臣下所害，子继鹏即位，更名昶。晋天福四年（939），昶又为其叔父延羲所杀。延羲继立，更名曦。曦骄淫苛虐，与其弟建州刺史（治所在今福建建瓯县）延政不合，双方治兵相攻，互有胜负。八年（943），延政称帝于建州，国号殷。开运元年（944），曦为臣下所杀，国内大乱。次年，延政改国号曰闽。既而南唐来伐，围建州数月，延政出降。闽自王潮任福建观察使，共历五十三年而亡。周广顺元年（951），南唐又灭楚。楚王马殷死于后唐长兴元年（930），子希声、希范相继立。希范时，拓地至今广西东北部，国势颇盛。汉天福十二年（947），希范死，弟希广立。乾祐三年（950），希广为其兄希萼所杀，希萼自立。次年，希萼弟希崇囚希萼而继其位，楚地大乱，南唐乘机进伐，希崇降。其后不久，南汉取楚桂州（今广西桂林县），尽有岭南之地。楚自马殷据湖南，凡历五十六年而亡。

李璟性柔和，擅文辞，但好佞恶直，以是群小竞进，政事日非。他虽灭闽、楚，但不久大部丧失。闽的泉（今福建晋江县）、漳（今福建龙溪县）二州，为闽将留从效所据，福州为吴越所取；南唐所得者，仅建、镡、汀（今福建省西北部）数州而已。湖南地则为故楚诸将所分割，最后定于周行逢，遥受周命。璟仍思吞并中原，并约契丹、北汉以图周。显德三年（956），世宗亲伐南唐，交战三年，尽取南唐江北之地。五年（958），璟去帝号，奉周正朔，世宗始罢兵。次年，南唐徙都南昌（今江西南昌市），以避周逼。

世宗既服南唐，继而北向伐辽。当时辽穆宗璟（德光长子）在位，荒淫纵酒，政事不举。世宗于显德六年（959）四月，下诏亲征。他亲率步骑数万，从沧州（今河北沧县东南）直趋辽境，连下瀛、莫二州，瓦桥关（在今河北雄县南易水上）以南之地，完全恢复，距离出师不过四十二天。关南之地既定，世宗与诸将议取幽州。正当出师之际，他突染重病，因此不得不停止前进，但周军的前部已攻拔易州（今河北易县，晋出帝开运二年失于契丹）。世宗下令班师。他返回开封后，立即死去，享年仅三十九岁。

世宗的死，不但使北伐大业为之停顿，他所遗留的庞大军力也失去控驭。结果又由禁军发动政变，使他辛苦经营的国家，迅速易主。

三、五代十国的结束

（一）宋的代周

世宗死后，子宗训嗣立，是为恭帝，年仅七岁。显德七年（960）初，镇、定二州奏北汉引辽人入寇，周室命禁军领袖殿前都点检赵匡胤率兵御敌，慕容延钊以前军先发。匡胤，涿郡（今河北涿县）人。其父弘殷，少事赵王王镕，后唐庄宗爱其勇，留典禁军，其后历晋、汉、周三代，均任禁军将领。世宗时，匡胤与其父分典禁军。世宗伐北汉、南唐及辽，匡胤均与其役。至此，周室命其率师御辽。当时主少国疑，匡胤握兵权而得众心，都下谣传，出兵之日，将以“点检作天子”。因此士民恐怖，都做逃难计，内廷却晏然不知。

次日，匡胤以大军继进，当晚至开封以北不远的陈桥驿（今河南开封县东北四十里），兵士大噪，匡胤的弟弟匡义和掌书记赵普入帐报告，但匡胤已因酒醉入睡。黎明，士众逼匡胤升帐，一齐喊道：“诸将无主，愿册太尉为天子！”匡胤未及回答，黄袍已加在他的身上，这比郭威仓卒裂黄旗被体的事，要从容得多了。群众拥立匡胤后，便簇拥着他还京师，将士听从他的告谕，肃队而入，他遣裨将潘美把这事通知宰相，这时早朝还未罢朝。不久，翰林学士陶穀到达，从袖中取出一纸，那是已撰就的禅位诏书，周帝国就在这样简单的方式下，换了主人。于是匡胤正式即皇帝位，改国号为宋，是为宋太祖，并改元建隆，周恭帝则被废为郑王，居于房州（今湖北竹山县）。这就是所谓“陈桥兵变”的经过，历史上的“五代”时期，也随着这次兵变而告结束。

宋太祖赵匡胤，选自《乾隆年制历代帝王像真迹》。

陈桥兵变显然是一次有计划的政变，绝不是突发事件。旧史对这件事深加隐讳，以致后世无法知其真相，但从当时的若干迹象，可以看出不少的破绽。至少有五点，足以说明这次事变是事先有准备的：1. 镇、定奏辽人入寇，其进兵的情形，旧史全无记载，仅言辽人遁去。当时周内部有事，辽人何以不战而退？因此辽人入寇的事，可能是伪造的。2. 匡胤出兵之际，都下即已谣传“点检作天子”。当时又有军校苗训，自言见“日下复有一日”，可知京中人士对这次事变，已先有风闻；苗训的话，也可能是受人指使而说的。3. 兵变之时，秩序井然；而仓卒之间，黄袍从哪里得来？若非事先有备，临时恐怕无法办到。4. 匡胤母杜氏听说匡胤篡周，曾说：“吾儿素有大志，今果然。”可知匡胤对自立的事，蓄意已久。5. 匡胤在赴陈桥之前，曾焚毁一批文书，自然有其重大的意图。

至于匡胤所以能操纵禁军，也有其特殊的原因：一因匡胤父弘殷久掌禁军，匡胤的部属，多是其父旧日的袍泽，彼此之间已有多年的情感。二因匡胤与禁军将领石守信、王审琦等结为兄弟，当时称为“义社十兄弟”，这个小组织便是匡胤发动政变一大助力。但禁军中仍有非匡胤派的将领，如韩通、李重进等人，他们的位望都在匡胤之上，又与匡胤不甚相得。韩通于兵变时，谋率众抵抗，为匡胤部下所杀。李重进时镇扬州，于匡胤称帝后，请求入朝，匡胤拒之，重进因而谋叛，终为匡胤消灭。［参看蒋复璁《宋代一个国策的检讨》（载《大陆杂志》九卷七期）］

禁军是匡胤的政治资本，但他也怕禁军再为别人利用，因此他即位之初，便整顿禁军，先消灭禁军中的异己将领，继而解除义社兄弟们的兵权。此外，五代的禁军将校多兼领方镇，重要的方镇又皆典禁旅，内外相连，时生事端。这种惯例，不久也被匡胤废除。总之，匡胤时禁军的危险性，已较前大减，黄袍加身的事，不再出现于宋代的历史上。

匡胤即位之初，各地的割据势力还有六处，换句话说，十国之中，还有六国存在。在北方的有北汉，南方则有后蜀、南唐、吴越、南汉和南平。当时南唐衰微，统一的形势已大致成立，但终匡胤之世，只讨平四国，统一的大业，要待他的弟弟匡义（即宋太宗）去完成。

（二）宋的统一

宋太祖时，先后讨灭南平、后蜀、南汉、南唐。到太宗，吴越和北汉归顺，全国统一。现在依照这个顺序，说明这些国家灭亡的经过。

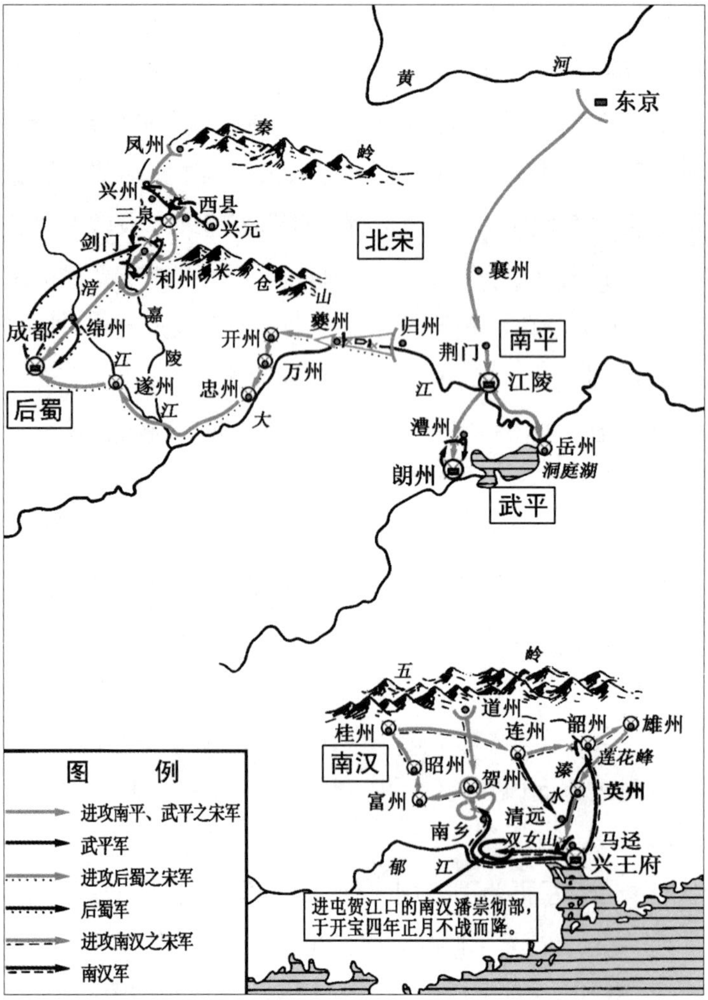

北宋灭南平、武平、后蜀、南汉作战经过示意图。乾德元年（963）正月，北宋以帮助武平平乱为名，从东京出兵南下，借道南平，趁南平出城劳军之际，袭占江陵，南平被迫投降。这时武平内乱已平，但宋军仍分两路南下，分攻岳州、朗州，三月陷朗州，武平灭亡。

南平、武平既灭，后蜀东、北两面处在北宋的瞰制之下。乾德二年（964）十一月，北宋两路伐蜀：北路王全斌出凤州，沿嘉陵江南下；东路刘光义出归州，溯长江西上。北路连克蜀兴州、西县、剑州等地，次年正月抵达成都，接着，东路军也顺利到达，蜀主孟昶出降，后蜀灭亡。

开宝三年（970）九月，北宋命潘美自道州南下，从中部突入南汉，月底克贺州。扬言要沿贺水顺流而下，直取兴王府，主力却向西展开，十月克富州，转向北，克桂州、昭州。十二月，克昭州后东进攻，陷广州北大门韶州。次年正月，又克英州、雄州，迫使南汉主力投降。二月，攻克兴王府，南汉主刘鋹出降，南汉灭亡。

南平的创建者高季昌，梁时任荆南节度使，封渤海王。后唐同光三年（925），庄宗封他为南平王，大致辖今湖北省西部地。其后季昌与后唐有隙，乃称臣于吴，吴封他为秦王。他死于天成三年（928），子从诲嗣立，向后唐谢罪，复封为南平王。及至南汉、闽、后蜀诸国称帝，从诲所向称臣，以邀赏赐，诸国称之为“高赖子”。汉乾祐元年（948），从诲死，子保融立。宋建隆元年（960），保融死，弟保勖立。三年（962），保勖死，保融子继冲立。同年，周行逢死，湖南乱。乾德元年（963），宋师伐湖南，假道南平。宋师于过境时据江陵，继冲投降，南平共历五十七年而亡。同年，湖南亦平。

后蜀主孟昶晚年性喜奢侈，政治不修。宋师既定南平，他联络北汉，相约出兵拒宋。乾德三年（965），太祖遣王全斌、崔彦进出凤州（今陕西凤县），刘光义、曹彬出归州（今湖北秭归县），东北两面同时进攻，蜀兵所在奔溃。结果孟昶投降，离宋出兵不过六十六日。后蜀自孟知祥镇蜀，至昶投降，共历三十四年而亡。

南汉主刘龑，于梁末帝时称帝，他为人残酷奢侈，亲信宦官，以致政事不举。晋天福七年（942），龑死，子玢立。次年，为弟晟所害。晟继位，恐众不服，严刑立威，于是政治益坏。周显德五年（958），晟死，子鋹继位，委政于宦官，日事淫乐。太祖命南唐主李煜作书，谕其称臣，鋹不从。开宝三年（970），宋遣潘美伐之。次年，鋹降。南汉自刘隐镇广州，凡历六十七年而亡。

南唐主李璟，死于太祖建隆二年（961），子煜嗣位于金陵（今南京市）。他是词坛圣手，但没有处理国家大事的能力。他虽然日以国蹙为忧，但他所能做的，只是与臣下酣宴，愁思悲歌而已。开宝七年（974），太祖召煜入朝，煜称疾不行。次年，宋派曹彬南伐，煜降。南唐自李昪篡吴，共历三十九年而亡。

北宋五路出师，灭南唐示意图。宋灭南汉后，不仅拥有长江上、中游和下游江北地区，又占领珠江下游地区。这使立国于金陵的南唐，失去了长江天险，在战略上处于宋的三面包围之中。开宝七年（974）十月，宋军兵分五路：曹彬率荆湖水军自荆南顺流而下，攻取池州以东长江南岸各要点；潘美军出东京南下后，集结于和州，自和州、采石渡江，会合曹彬东下直取金陵；京师水军自汴水取道扬州入长江，会合吴越军攻取润州，尔后进攻金陵；钱俶军从东面攻取常州，配合水军夺取润州，会攻金陵；王明军自黄州向武昌方向进击，牵制唐军赴援。各路进展顺利，于次年正月十七日，开始攻打金陵。尔后，采取围城打援的战略方针，大破南唐主力。十一月二十七日，南唐主李煜出降，南唐灭亡。

吴越王钱镠，自受梁封，其势甚盛。他曾遣使册封新罗、渤海等国王，海中诸国都奉他为君长。他死于后唐明宗长兴三年（932），子元瓘、孙佐以次继立。钱佐并曾乘闽王氏之乱，攻取福州。但其国赋税苛杂，民不堪苦。汉天福十二年（947），佐死，弟倧立。同年，倧为其将胡进恩等所废，弟俶立。宋兴，俶对宋室非常恭顺，因此太祖并没有夺取他的土地。直到太宗太平兴国三年（978），才纳土归国。吴越自钱镠据两浙，共历八十六年而亡。同年，泉、漳二州也归附宋，泉、漳的割据者留从效死于建隆末，其牙将陈洪进继之，虽受宋封拜，但割据如故。及吴越亡，洪进亦献地来归。

北汉主刘崇（后改名旻）自被周世宗大败于高平，忧闷成疾，于显德二年（955）死，子承钧继位。承钧仍父事辽，但行事多不相告，辽人恨之，不予援助，承钧遂无力

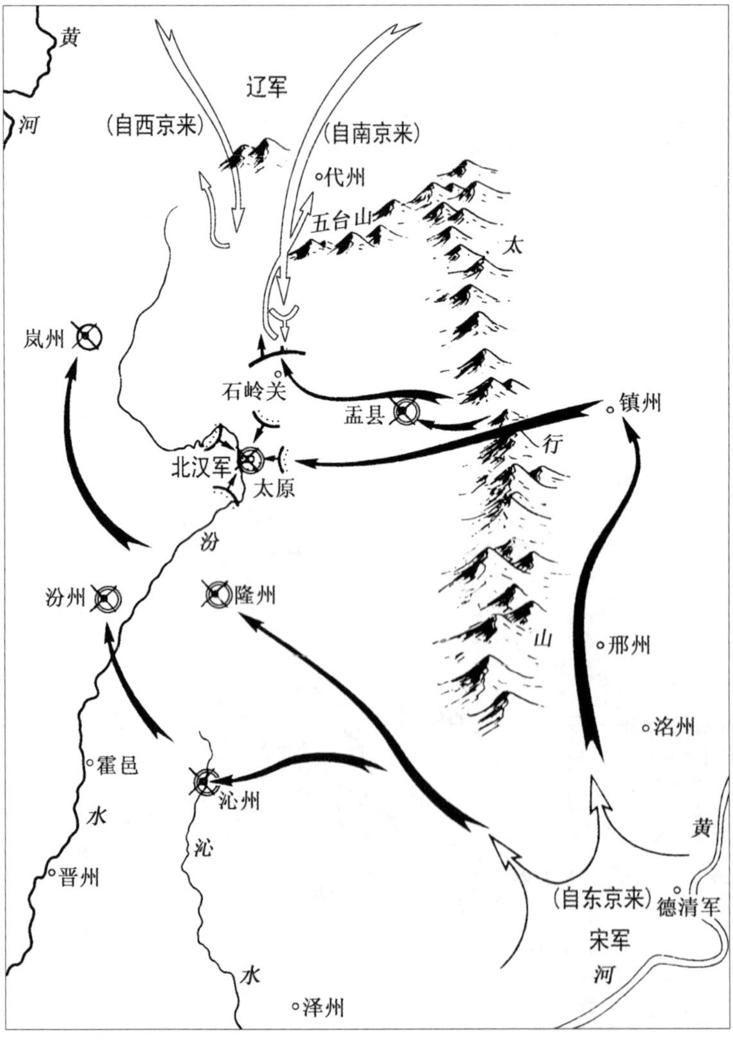

宋灭北汉示意图。太平兴国三年（978），北宋完成南方的统一，便开始集中力量准备消灭北汉和收复燕云十六州。次年初，宋太宗赵光义亲率大军从东京出发，二月抵达德清，分部将解晖向西北攻隆州，自率主力北进。三月初，进至镇州，加派兵力进攻隆州，又分兵攻盂县、沁州、汾州、岚州，以牵制这些地区兵力，不使援北汉都城太原。三月中旬，辽分东、北两路军南下赴援。辽东路军在石岭关遭宋军伏击，大败北返，北路见势不利，被迫收军，至此北汉援军断绝。四月，宋军攻取盂县、隆州、岚州等地后，围攻太原，宋主力也越太行山西进，与其他宋军合攻太原。五月初，北汉主刘继元出降，北汉灭亡。

南侵。宋兴，承钧曾遣谍者至宋，诉说不得已自立的原因。太祖甚表同情，因此终承钧之世，未大用兵。开宝元年（968），承钧死，养子继恩立。同年，继恩为部下所杀，承钧的另一养子继元立。太宗太平兴国四年（979），宋师伐之，继元降。北汉自周初建国，共历二十九年而亡。

宋太宗统一之初，全国人口约有三百七十九万余户，不但较之盛唐时代的人口数目，远有不及，即较唐后期的文宗、武宗时代，亦有逊色。玄宗天宝十三载（754），全国有九百六十余万户。安史乱后，人口锐减，但宪宗以后，又日见上升。文宗开成四年（839），全国有四百九十九万余户。至唐末，战乱蜂起，人口又减。到宋朝再度统一，上距开成一百四十年，而人口减少达一百二十万户，可以想见唐末五代战乱的剧烈和民生的痛苦。至于人口的分布，则以南方地区较密。五代十国末期，周和北汉的人口，总共不过一百万户，南方诸国，则多至二百七十余万户。南方国家人口最多的为南唐，有户六十五万余；其次为吴越，有户五十五万余；再次为后蜀，有户五十三万余。三国的人口总和，将及当时全中国总人口的一半，这一点又可作为南方人文经济比较发达的一个明证。[唐及五代的人口数目，见《旧唐书》卷九《玄宗纪》下，卷十七下《文宗纪下》；《宋史》卷八十五《地理志》。]

第二十章
北宋与外族

一、北宋的外患

（一）宋的国策及其影响

宋自太祖代周，定都开封（今河南开封县），下传八帝至钦宗，于靖康二年（1127）为金人俘虏北去。同年，高宗即位于南京（今河南商丘县），改元建炎。其后，又徙都于临安（今浙江杭州市）。高宗下传九帝至帝昺，于祥兴二年（1279）为元人所逼，蹈海而死，宋也跟着灭亡。后世史家，把宋的历史分成两个时期：从太祖建隆元年（960）到钦宗靖康元年（1126），称北宋，凡一百六十七年；从高宗建炎元年（1127）到帝昺祥兴二年（1279），称南宋，凡一百五十三年；合计三百二十年。

宋朝虽然大致统一了中国的本部，结束了五代十国七十余年的分裂割据之局，却从来没有强盛过。它受着若干外族的侵略，历尽迫害屈辱，最后更亡于外族。这固然由于历史给予它的负担过分沉重，诸如契丹人的炽盛，十六州的丧失等；但主要还在宋人的无法振作，这又与宋的国策有极密切的关系。因此在谈到宋的外患之前，必须先说明宋的国策和它的影响。

宋的国策，简言之是“强干弱枝”。其基本原则，约有二端：一是中央集权，使中央的各项权力如军、政、财、法等权都超越地方。二是提倡文人政治，严禁武人干政，其目的在痛纠唐末五代武人乱国的弊病。周世宗是这个政策的草创者，宋太祖则把它推行得更为彻底。从太祖起，这个政策一直是宋的国策，为宋室所谨慎遵行，直到灭亡而后已。至于太祖为厉行国策所做的重要工作，则是整顿禁军和削弱藩镇。

禁军是太祖攫取皇位的工具，深怕其他将领也加以利用，因此他即位后的第一件事，便是整顿禁军。他首先排除禁军中异己的重要将领李重进等，并撤销“殿前都点检”一类的要职，改以其弟匡义（后改名光义）为殿前都虞候，统领禁军。但当时他的故人石守信、王审琦、高怀德等人，都分典禁兵，在禁军中颇有潜势力。建隆二年（961）七月，太祖于酒宴间婉劝他们辞职，诸人从命，均改授节度使。至此禁军中的可虑分子，完全肃清。其后太祖更积极整饬禁军军纪，严惩其中的不法之徒，禁止组结义社。并大加简校，淘汰冗弱；招集全国各地的精兵，以为补充。此外更定禁兵分番戍守郡县，以防士卒骄惰。禁军自经这番整顿后，成为一支精强而可靠的队伍，不再是野心军人倡乱的资本。

与整顿禁军并行的，是削夺藩镇的权力。太祖最初的办法，是凡遇节度使来朝，即把他迁移别处，使其脱离原有的地盘凭借。五代时，藩镇处理军务的文官，多以武人充任，至此也改用文人。税收方面，则由中央派官至镇，分主其事，以杜过去重敛人民的弊端。此外对藩镇军人的滥用刑罚，也力加纠正。到禁军彻底整顿后，对藩镇的管制，益趋积极。五代时，节度使多枉法杀人，中央置而不问，刑部几乎无事可办。建隆三年（962），太祖命诸州对死刑案件，行刑之前，必须将案由奏闻中央，交刑部详覆。财赋方面，太祖于乾德二年（964），命诸州所收的赋税，除供给本州的用度外，其余钱帛，均须辇送京师。吏治方面，太祖严禁诸州首长以私人典掌要职，每州并置通判，以监察州政，而旧有节度使出缺时，更渐以文人代之。于是各项大权，悉归中央。开宝二年（969），宋室把若干五代残余的藩镇，加以撤销，“强干弱枝”的国策，至此完全实现。［参看蒋复璁《宋代一个国策的检讨》（载《大陆杂志》九卷七期）］

太祖的这套办法，在当时的确不失为救时良药，它把五代的扰攘之局，一变而为太平之世，自有其不可抹杀的价值。但太祖以后的皇帝们，只知墨守成法，不能因时制宜，因此末流所及，生出许多弊端。太祖虽以加强禁军为“强干”的要务，但当时藩镇的武力犹强，节度使大多数仍为武人，地方的武力虽不足与中央抗衡，但保境御敌，尚不必全赖禁军。到太宗即位，继续削弱藩镇，太祖时所建的藩镇，大都于太宗初年撤销。太宗并下诏规定节度使所辖的土地，只限一州，余土均直隶中央。从此中央益强，地方益弱，渐至失去平衡。其后太宗以禁军伐辽，两度失败，全国遂无可用之兵，乃至国势骤弱，外患益深，最后不得不屈膝求和。太宗以后诸帝，仍然坚守这个政策，一味扩充禁军，但只着重数目的增加，而不重素质的改进，渐至中央与地方并弱。神宗虽然变法，但已积习难改，徒自造成政治上的党争，而国事益不可为。

"强干弱枝"的国策造成的另一病象是重文轻武，这病象自太宗时起日益显著。由于宋室信用文人，科举为世所重，成为士人竞趋的对象；相反的，军人遭受卑视，其素质及社会地位，也因而日益低落。宋代的兵多而弱，与此大有关系。此外宋室对统兵将帅的猜防，也始终不懈，对于具有勇略的将领，疑忌尤深。所信用者大都才调平庸，不足制敌。而统兵大员，也多用文官，以没有战阵经验的文人主持军事，自然败事者居多。北宋以文人统兵的，最著名的要推韩琦、范仲淹，但韩、范主持对西夏用兵，事实上并无功效。有时宋室更用近臣及宦官领兵作战，结果自然更糟。

总之，"强干弱枝"的国策，对宋初的国情是适合的，但因宋室墨守旧规，一成不变，渐至发生重内轻外、重文轻武的流弊，终致无法应付强邻环伺的局面，造成偏安亡国的悲剧。

（二）宋辽的战和

宋太祖时，因致力内部的统一工作，对辽采取守势，听任辽人与中国自由贸易，辽人之来华者，也甚受优待。当时辽穆宗在位，他为人荒乱嗜杀，政治不修。开宝二年（969），穆宗为近侍所杀。景宗（名贤，世宗次子，969 ~ 982）继位，国力一时尚难恢复，因此颇能与宋相安。七年（974），辽要求与宋修好，太祖许之。次年，双方互遣使节，但太祖对燕云失地，并未忘怀。这块土地对宋的国防，具有无可比拟的重要性，它的丧失，使宋的东北国防线，露出一个大的漏洞。敌人可以随时自这个漏洞，冲入宋的内地，直接威胁宋的首都。太祖曾致力于积贮财帛，以为来日收复失地之用。不过终太祖之世，宋辽并无大规模的冲突，直到太宗时，双方才展开大战。

太宗于太平兴国四年（979）正月，亲征北汉，辽遣师援之，为宋所败，两国之好遂绝。五月宋灭北汉。太宗欲乘胜恢复燕云，乃于北汉灭亡后，立即率军伐辽。宋出师

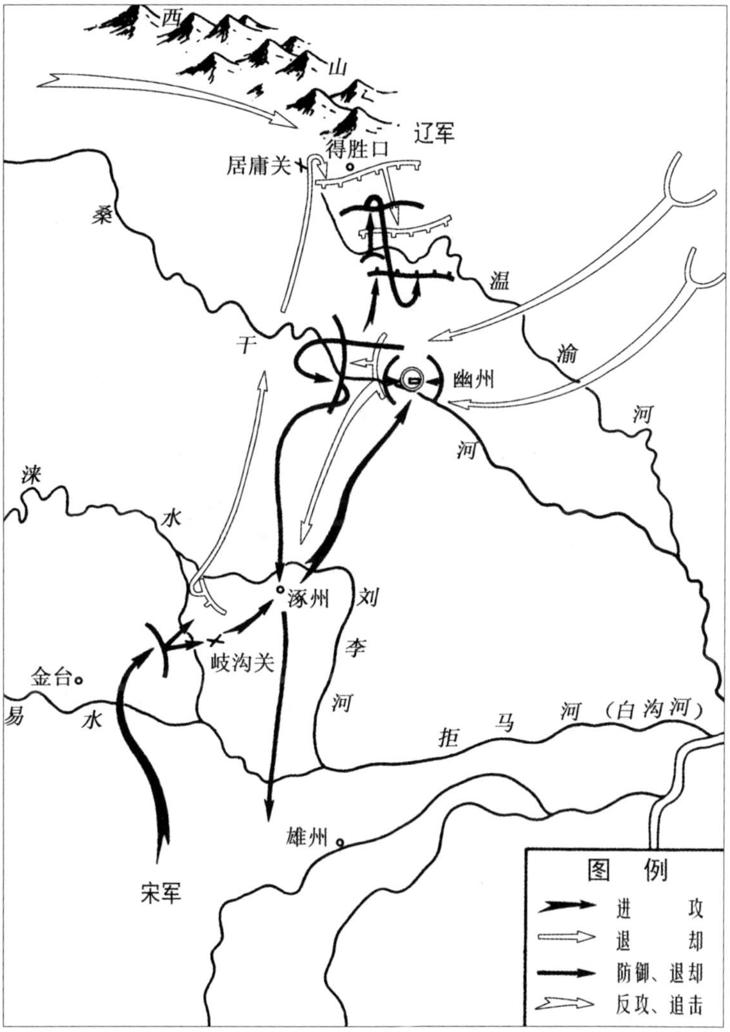

宋辽第一次幽州之战作战经过示意图。宋太平兴国四年（979），北宋灭北汉后，宋辽直接对峙。灭北汉时，宋军数十万屯兵太原，宋太宗决定乘胜收复燕云十六州，主攻重镇幽州，企图一下幽州，其余各州震动，然后再行全部收复。他亲率大军于五月越太行山东进，六月进占金台，辽岐沟关、涿州守将投降。六月二十一日宋军进抵幽州城南，一部北进到得胜口，初战歼敌千余，但遭辽军袭后背，宋军失利南辙。六月二十五日，宋军四面围攻幽州城。七月初，辽军两路进援，第一路援军与宋军在高梁河激战，辽军失利；第二路援军继至，城内辽军亦出城列阵，宋军不能支持，军溃南还，辽军追至涿州，不能及，返回。宋辽第一次幽州之战以宋的失败告终。此役，宋军出兵方向单一，未能出兵幽州北面配合牵制辽军；又对幽州坚城估计不足，未能控制一部预备兵力，没有完备的打援准备，只顾全力攻城，终遭辽军掎击，全军溃败。

后，连下东易州（约在今河北徐水、定兴二县界内）及涿州（今河北涿县），直至幽州（今河北大兴县）城下，围攻踰旬。辽以大将耶律休哥赴援，大败宋师于高梁河（今北平西直门外），太宗乘驴车逃遁，为流矢所中，仅以身免。十八年后，太宗便因箭创发作而死。

高梁河之役后，宋辽在边境上的冲突，仍不止息，但双方都无多大进展。雍熙三年（986），太宗再度伐辽。这时辽景宗已死，圣宗（名隆绪，景宗长子，983 ~ 1031）幼弱，宋因而伐之。宋师分三路挺进，东路曹彬、米信出雄州（今河北雄县），中路田重进出飞狐（今河北涞源县），西路潘美、杨业出雁门（今山西代县）。最初三路均获克捷，得地甚多，计东路克新城（今河北徐水县西南）、固安（今河北固安县）、涿州，中

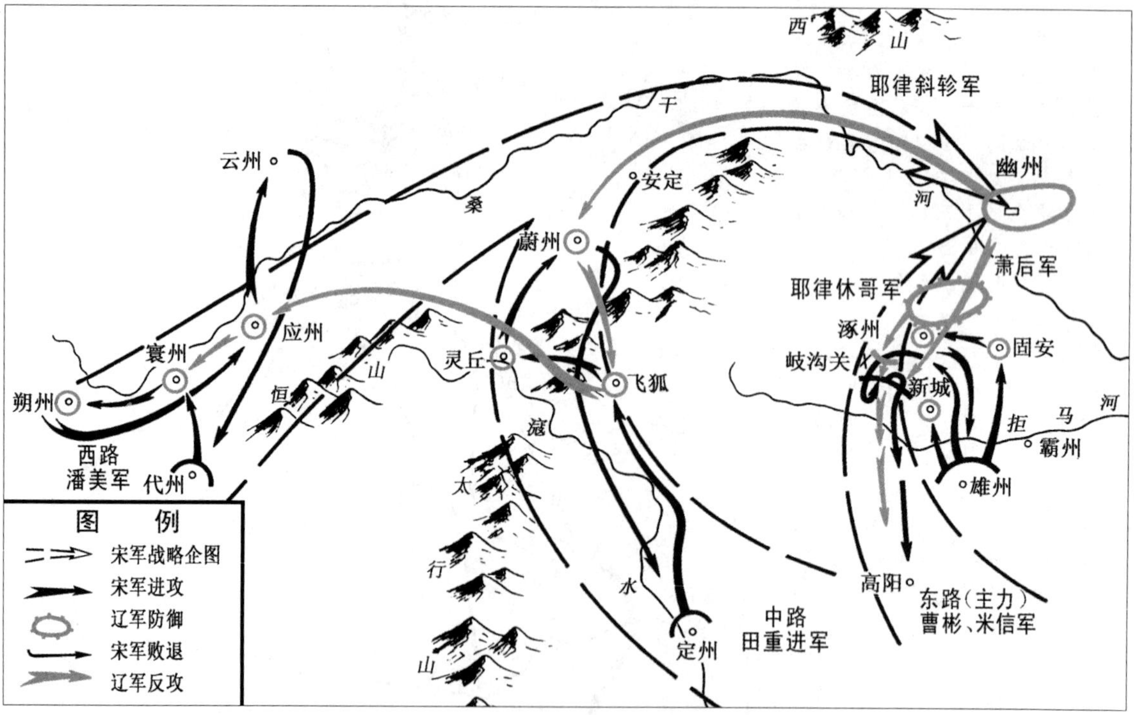

辽宋第二次幽州之战作战经过示意图。雍熙三年（986）正月，宋趁辽幼主在位，萧后执政，大起三路攻辽：东路曹彬、米信率主力趋涿州、新城；中路田重进自定州北上趋飞狐口；西路潘美自雁门趋云州。宋意图西路取云、应诸州，主力向幽州佯动，趁辽重兵备御，中、西路军全力发动，东进会师，再迂回至幽州之北，合攻幽州。辽方面，出一部西线牵制，主力寻宋军决战。部署如下：耶律休哥南下阻击东路曹彬；耶律斜轸一部出幽州西进援山后，阻击中、西路宋军；耶律勤德守备平州海岸，备宋水师。

宋三路初均顺利：中路自定州沿滱水（今河北唐河）北上，连克飞狐口、灵丘、蔚州；西路先在寰州破辽军，迫降朔州、应州守将，四月克云州；东路主力一部由米信率领，自雄州渡拒马河，破辽军于新城，一部曹彬率领，克固安、涿州。辽耶律休哥采取守势，消耗宋军，同时派兵至宋后方，断其粮道。曹彬军屯涿州十多天后，粮尽南辙，退回雄州，补充后，见西、中两路顺利，又北渡拒马河，向涿州进攻。到达后，闻萧后大军南进，害怕被辽钳击，向西南撤退，耶律休哥纵军追击。五月初大败宋军于岐沟关，再败宋军夜涉拒马河之时，宋残部退回高阳。辽军腾出兵力长驱西进，转攻宋西路军，收复被宋占领的诸州，全歼宋杨业一部。宋中路田重进部顺利返回。

此役宋军失利，原因有多个方面：战争在辽境内进行，宋以客犯主，且幽州又为辽土田丰饶、人口稠密地区，辽军既有坚城可资固守，又有地利可依，宋未能尽绝辽增援道路，导致遭敌夹击；宋主出于对武将的猜忌，未能尽予兵权，致使面对强敌，实将不前；东路主力初则轻敌冒进，退则举止失措，各路亦未能协同；宋军缺乏在大平原上和辽骑兵对决时的装备、训练与经验，虽有打援预备，但未能阻止敌骑兵突击。终导致第二次幽州决战失利。此后至宋灭亡，再未有北伐之师，终未能收复燕云十六州。

路克飞狐、蔚州（今察哈尔蔚县），西路克寰（今山西朔县东）、朔（今朔县）、云（今山西大同县）、应（今山西应县）四州。继而东路自涿州直捣幽州，又为耶律休哥大败于岐沟关（今河北易县拒马河北）。东路既败，中西两路也被迫退师，所得之地，复陷于辽。而宋的名将杨业，也于此役阵亡。宋的国势大挫，从此无力再做大规模的北伐。

五代末期，辽因穆宗失政，国势稍弱。因此，周世宗得以克复三州，宋也得以整顿内部，致力于统一大业。及景帝立，留心庶政，任用贤臣，国运又趋隆盛。而宋因多年修养，势亦不弱，两强相遇，遂有高梁河的决战，结果宋败。太平兴国七年（982），辽景宗死，圣宗继位，时年十二，由帝母萧太后主政。萧太后颇有才识，内则选贤任能，修明法度，外则委任耶律休哥，主持南面军事，专意对宋。她又于汉地施行科举，简拔人才，并劝课农桑，表扬孝友；以推行汉化为手段，博取汉人的拥戴。其后岐沟关再败宋师，其势至于全盛。而宋则一蹶不振，主和之议渐盛，终致对辽订下屈辱的条约。

岐沟之役后，辽采取报复手段，时常遣兵寇宋，河北河东之地，屡被其祸，宋曾两次向辽乞和，均为所拒。至道三年（997），太宗死，子恒即位，是为真宗。真宗即位之初，主和之论益盛，真宗曾命疆臣为辽试探和议，未得要领。景德元年（1004），辽圣宗奉萧太后大举入侵，自瀛州（今河北河间县）南下，直抵澶渊（今河北濮阳县西南）。澶渊距开封仅三百里，因此朝野震动，纷议迁都，真宗为人怯懦，不能自决。当时唯宰相寇准、毕士安主张亲征，真宗采纳他们的建议，渡河至澶州（今河北濮阳县），宋师士气大振。其实真宗并无作战的决心，仍随时相机求和。既而辽大将挞览，以轻骑略地，中伏而死，辽人气亦稍夺。萧太后乃听宋降将王继忠的劝告，与宋言和。继忠为真宗在藩邸时的亲信，于咸平六年（1003）为辽所俘，甚为萧太后所器重。他一心想使宋辽和好，因而力主罢兵。宋方则由毕士安（也是真宗藩邸旧人）主持一切，并派曹利用赴辽帐议和。结果宋许岁遗辽绢二十万匹，银十万两，辽主呼真宗为兄，其议始定，这就是所谓的“澶渊之盟”。寇准初即反对和议，继则主张提出有利的条件，均未为真宗采纳，事实上，他并不是这次盟约的主持人。这次和议，宋的损失虽不算大，却是有宋以来空前未有的对外屈辱。［参看蒋复璁《宋真宗与澶渊之盟》（载《大陆杂志》二十二卷八、九、十期）］

澶渊之盟后，宋辽双方保持和平达一百一十七年（1005 ~ 1121）。辽于订盟后，大举华化，内政进步甚速。而真宗听信谗言，罢斥寇准，对此次结盟，亦深感耻辱。但他的雪耻方法，只是自制符瑞，表示天命所归，用以博取辽人的恭敬。大中祥符元年（1008），有“天书”下降，书中略谓真宗至大至孝，能承祖先之业。同年，真宗到泰山行封禅礼，往返四十七日，费钱八百三十万缗。封禅后，又建玉清照应宫以安置天书，日役数万人，历时七年始成。这种自欺欺人的举动，结果并未博得辽人的尊重，却把太祖太宗两朝的积蓄，耗费净尽。

宋辽的和平时期，虽然维持甚久，其间也曾发生两次小的纠纷，每次纠纷的结果，总是宋方吃亏，不过还没有兵戎相见。第一次纠纷在仁宗（真宗子，名祯）时。仁宗于乾兴元年（1022）继真宗而立，他在位期间，西北的夏兴起，连年寇边。这时辽兴宗（圣宗子，1032 ~ 1055）在位，国内承平，因而时思南侵，希望夺回为周世宗所取去的瓦桥关以南之地。庆历二年（1042），辽遣使索地。宋以新败于夏，北边武备又废弛已久，势难用兵，因此举朝惶恐。宋遣富弼赴辽答聘，弼见兴宗后，力言败盟的非计，结果宋增岁币银十万两，绢十万匹，盟约才得维持。

至神宗时，纠纷又起。熙宁七年（1074），辽道宗（兴宗子，1056 ~ 1101）遣使至宋，谓宋河东路沿边，增修戍垒，侵入蔚、应、朔三州界，请求重新划界。宋遣官会勘三州地界，议久不决。次年，辽又遣使催促，宋室让步，疆界始定。沿蔚、应、朔三州边境，东西数百里间，界限不明处，宋地均有损失。此后双方又保持了二十年的和平，直到徽宗宣和四年（1122），始再度掀起战争。

（三）西夏的兴起

夏是党项人所建的国家，因位于宋的西北，故通称西夏。西夏王室的远祖为拓跋赤辞，据黄河上源之地。唐贞观初，赤辞率部归唐，太宗赐姓李氏，从此职贡不绝。高宗时，因受吐蕃侵逼，请求内徙，唐居之北边。其后裔有居夏州（今陕西横山县西）者，号平夏部。唐末，平夏部酋拓跋思恭以讨黄巢有功，授定难节度使，镇夏州，所辖地区，有银、夏、宥、静、绥五州，约当今陕西省北部（延水以北）及绥远省南部（鄂尔多斯右翼前旗）。唐并赐思恭姓李氏，封夏国公。其后思恭子孙皆以李为姓，世有其地，历五代直至宋初，均受中国羁縻。太宗太平兴国五年（980），其国主李继捧立，因与宗族不协，无法抚辑，乃于七年（982）入朝，留居京师，并献五州之地。李氏族人不愿，继捧族弟继迁，率其族人窜至地斤泽（在夏州东北），屡次寇扰银夏，宋师讨之不克。雍熙三年（986），继迁降辽，辽封之为夏国王，并妻以宗女。其后数年，继迁挟辽人之势，时为宋患。宋于是复以继捧为定难军节度使，委以旧地，以招继迁。并赐继捧姓赵，更名保忠。

其后继迁诈降于宋，宋以之为银州（今陕西米脂县西北）观察使，并赐姓名曰赵保吉。不久继迁复叛，继捧为其所诱，亦有叛意，但为宋师所擒。至道二年（996），宋遣李继隆等大举讨继迁，继迁败遁。次年，太宗死，真宗继位，继迁上表求银夏故地，愿为宋备边；宋复授继迁为定难节度使，但继迁寇掠如故。咸平五年（1002），继迁攻陷灵州（今宁夏灵武县）。次年，攻西番（即吐蕃），取西凉府（今甘肃武威县）。同年，继迁为西番所败，中流矢而死。其子德明继立，于景德三年（1006）奉表归顺，宋封之为西平王。但德明仍与辽交通，受辽封为大夏国王。德明在位三十年（1003 ~ 1032），一意休息，事宋颇谨，以是宋西陲暂安。至其末年，因国力已足，乃西向发展。当时河西地区，大部为回鹘人所据，仁宗天圣六年（1028），德明子元昊击败回鹘，取甘州（今甘肃张掖县），于是西夏益强。

明道元年（1032），德明死，子元昊继立。元昊雄毅多略，曾劝德明勿臣事宋，德明不许。到他嗣立，乃大肆拓土。他西击回鹘，尽取河西之地，东则掩有河套地区的大部。其境域东据黄河，西至玉门关，南临萧关（今甘肃固原县东南），北至沙漠，约有今宁夏的全部，甘肃、绥远二省的大部和陕西、青海二省的一小部。元昊深慕汉化，他即位后，模仿中国制度，改革政府的组织。命官则蕃汉并用，曾有不少汉族士人，因在国内不得意而投效于他。他命人创制夏国文字，并以夏文翻译汉文及佛教经典。宝元元年（1038），元昊称帝，国号大夏，定都于兴庆府（今宁夏银川市）。此后，他竭全力以侵宋，终于发生大规模的战争。

西夏武士，彩绘木板画，甘肃武威市西郊林场出土。

元昊称帝后，宋命夏竦、范雍经略西夏，并削除元昊的赐姓及官爵。康定元年（1040），元昊攻延州（今陕西肤施县），大败宋军，宋改派韩琦、范仲淹等主持对夏军事。最初二人战略不同，韩主张深入直捣，速战速决，范则

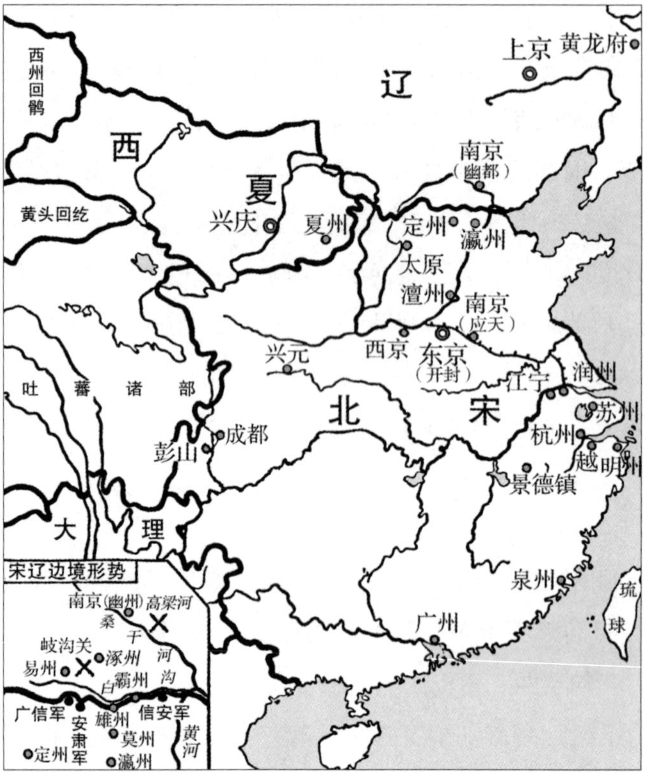

宋、辽、西夏疆域图

主张营田屯兵，做持久战。庆历元年（1041），韩琦遣大将任福讨元昊，至好水川（今名甜水河，在甘肃隆德县东），陷入夏人包围，全军尽没，宋军死者万余人。此役之后，西夏气焰大盛，剽掠不已。韩范乃同心协力，专意拒守，边防始渐巩固。元昊虽屡胜宋师，但国土贫瘠，人财俱乏，也不堪久战，又贪宋的岁赐，因此于三年（1043）向宋乞和，宋许之。次年，元昊上表称臣，宋封其为夏国王，并岁赐夏银七万二千两，绢十五万三千匹，茶三万斤［见李焘《续资治通鉴长编》卷一五二“庆历四年十月”］。此后西夏虽名义上为宋的臣属，事实上仍是一个完全独立的国家，而宋于战争期间，大肆扩军，禁军从四十余万增至八十余万，兵费与战费，把宋室弄得府库空竭，造成财政上的严重危机。

西夏自李继迁降辽后，累世受辽册封，岁时贡献，臣事甚谨，夏的猖獗，与辽的支持大有关系。德明时，辽兴宗以公主下嫁元昊，及元昊嗣位，对辽渐不听命，待辽公主亦甚薄，因此积成嫌隙，渐至决裂。庆历四年（1044），辽兴宗亲征元昊，深入夏境，夏人坚壁清野，大败辽军。八年（1048），元昊为太子宁令哥所弑，宋复封元昊幼子谅祚为夏国王。皇祐元年（1049），辽兴宗又自将伐夏，仍无法获得决定性的胜利。次年，辽夏讲和，夏仍向辽称臣。

谅祚虽受宋册封，仍侵扰宋境，但甚少收获。治平四年（1067），谅祚死，子秉常立，又复寇宋，亦无大功。当时神宗初立，颇思伐夏，因此加意储积，待机大举。元丰四年（1081），宋遣大军五路攻夏，夏人仍采坚壁清野的战略，宋军虽深入，终于无功而还。次年，宋又以徐禧筑永乐城（今陕西米脂县西），以困夏人。夏人来攻，数日城陷，徐禧败死。此役凡死将校数百人，士卒役夫二十余万，西边军备，损失殆尽，从此宋人无力再对夏用兵。

哲宗元祐元年（1086），秉常死，子乾顺立。夏仍以辽为援，屡寇宋边。徽宗政和五年（1115），宋遣刘法、刘仲武等大举伐夏，为夏所败。其后数年，宋夏连兵不解，互有胜负。及至宋室南渡，宋夏之间，因有金人的阻隔，从此不再有和战的关系。

二、宋室的图强

（一）变法的酝酿

宋代对外的战争，屡次失败，至于纳币饵敌，勉强维持一个暂安的局面。而其内部的经济危机，也日深一日，政府终年闹穷，渐至无法支持。这种危机的造成，并非由于皇室的穷奢极欲，最主要的原因，是财政的入不敷出。政府最庞大的支出，约有三项，即岁币、军费和官俸，尤以后两项浪费最大。换句话说，冗兵和冗吏，造成宋室财政上的严重危机；而冗兵和冗吏的产生，又与宋室“强干弱枝”的国策，有着密切的关系。

冗兵的情形，是兵的数目越来越多，而素质越来越差。太祖末年，全国有兵不过三十七万，到仁宗时，全国兵数增至一百二十五万，其中禁兵占八十二万。英宗时，兵数略减，但仍有一百一十六万，其中禁兵占六十六万。从太祖到仁英时代的百年间，兵额竟增加三倍以上［见《宋史》卷一八七《兵志》“禁军上”］。军队的来源，绝大部分来自招募，其分子多半是无业游民和负罪的亡命者，每遇荒年，朝廷更以招兵为救荒的手段。以这类分子组成的军队，又不勤加简校，其素质的低劣，自可想见。宋代军队之多，固然由于外患，而宋室为推行国策，一意扩充禁军，也是主要原因之一。据宋人的统计，英宗时的军费，约占中央政府全部岁入的六分之五。

冗官由于宋室的重文轻武而造成。宋代科举，以进士科为主，及第者立即任官，待遇远较唐代为优，录取名额也远较唐代为多。唐代进士科岁取不过数十人，宋代虽为三年一试，但录取多至数百人，其高第者，多仕至公辅。至于官吏的俸禄，宋初甚薄，真宗以后，逐渐增添，渐至异常优厚，此外更时有额外的恩赏。又有所谓恩荫，某人任大官，其子孙甚至异姓亲属及门客，均可获得官禄，因此官吏越来越多。真宗时，全国的官不过一万余员。到英宗，增至二万四千员；宗室吏员，也有一万五千人。官吏的俸禄既厚，员额又多，自然造成财政上的沉重负担。宋室外困于敌国，内困于兵财，逼得它不得不寻求解决之道。

宋室的大举变法，在神宗时，新法的主持者是当时的宰相王安石。但在神宗以前，尚有一段酝酿时期。至迟在仁宗庆历时，就有人主张革新政治，但因士大夫积习已深，群起反对，转眼便烟消云散。到神宗时，由于神宗本人的决心，加上王安石的学识魄力，才展开大规模的改革。这里先说庆历变政的经过。

庆历变政的发动者，是当时的大臣范仲淹。仲淹，苏州吴县（今江苏吴县）人，少孤贫，读书于僧寺，每以天下为己任。他于真宗时举进士，仁宗初，任大理寺丞，即曾上书倡言改革，但未为朝廷所采纳。其后西夏叛乱，宋派他主持军事。庆历三年（1043），夏事稍缓。八月，他受任为参知政事（副相），与韩琦、富弼共同执政。仁宗屡次催促他们条陈革新政治的意见，仲淹因此提出十项改革原则，那就是有名的“十事疏”。他所说的十事，归纳起来，可分三项：一是澄清吏治，包括五事，即明黜陟，抑侥幸，精贡举，择官长，均公田。二是强兵富民，包括三事，即厚农桑，修戎备，减徭役。三是厉行法治，包括二事，即覃恩信，重命令。他认为欲求攘外，必先安内，安内的办法，必须从澄清吏治下手。

宋代的吏治，有两项极不合理的制度，即磨勘与任荫。磨勘是一种官吏升迁的办法，规定文资三年一迁，武资五年一迁，不限内外，不问劳逸，均可循资晋级。这种办法的最终结果，是贤与不肖并进，甚至贤者被排挤以去，不肖者坐至高官。至于任荫制度之滥，已在前面说过。仲淹所说的明黜陟，抑侥幸，便是指这两种制度而言。因此他主张严订考绩之法，无功不擢；各项恩荫，也主张大加减损。精贡举，主张于各地广兴学校，作育士人；应试者不仅须艺业及格，并须稽考其平日行谊；试进士者以试策论为主，其次始试诗赋。择官长，主张先从遴选各路的按察使入手，再以按察使甄别各路的官吏。均公田，主张对政府颁给州县的职田，平均分配，使地方官无论大小，均得以厚禄而尽职。厚农桑，主张由政府帮助农民兴利除害，如开河渠，筑堤堰等。修戎备，主张恢复府兵制，先于近畿实施，然后渐及于诸路。减徭役，主张省并户口稀少的县邑，以减省其地人民的徭役。

仁宗对仲淹的建议，甚表采纳，却引起士大夫的绝大反感。自宋兴到仁宗的百年间，士大夫受政府种种优待，变成特权阶级，大家都安于现状，以保持其既得权位。仲淹的革新计划，等于完全剥夺他们的特权，自然群起反对，因此仲淹在怨谤丛集的情势下，仓皇求去。他于庆历三年（1043）八月任参知政事，次年六月，即被迫离职，出巡西北边。五年（1045）初，罢参知政事，实际在职尚不到一年。他的改革方案，在他的任内所略能实行的，只有改善科举、选择官吏等一二项。其余或甫有端绪，或未及经办，即告搁置。到他罢职后，连他在任时所实现的，也一起恢复原状。他曾有两句传诵至今的名言："士当先天下之忧而忧，后天下之乐而乐。"从这两句话，可以看出他的抱负，可惜当时与他具有同样抱负的人太少了。他的不能尽用其才，固然是他个人的不幸，也是宋室的不幸。

（二）王安石变法

仁宗死于嘉祐八年（1063），侄曙继位，是为英宗。仁宗在位四十一年，英宗在位四年，在这四十五年间，宋帝国表面像是治世，其实内部的危机日深，财政的拮据，使中央政府简直无法支持。虽然仁宗英宗都不失为贤君，但因理财无力，又无大刀阔斧的改革魄力，乃至"虽俭约而民不富，虽忧勤而国不强"。到神宗时，宋的政治已至非变不可的地步。神宗的个性，远较仁宗为强毅，因此他能独排众议，任用王安石，对政治做全盘的改革。

宋神宗，佚名绘。

神宗名顼，英宗子，于治平四年（1067）继位。他在藩邸时，已对当时种种政治积弊，深感不满。他对王安石心仪已久，因此即位后便重用安石，商讨变法。安石，抚州临川（今江西临川县）人。仁宗时，举进士上第，曾知鄞县（今浙江宁波县），屡迁至度支判官。他不独以诗文名世，德行政事也莫不为当时人所推服。他除了读书论政外，对一切嗜欲都非常淡薄，他曾上万言书于仁宗，痛陈时政之弊，但未被采纳。英宗时，安石屡辞美官不拜，行谊高于一

王安石，佚名绘。

世。神宗即位后不久，便以安石知江宁府（今江苏江宁县），既而召为翰林学士。他与神宗论及政治，以变风俗、立法度为当时的急务，神宗深为契许。熙宁二年（1069），神宗以安石参知政事，进行变法。次年，升任平章政事。他既居相位，推行新法益力，前后五年间，新法次第成立。新法的要点，可分三项：一是开辟财源，二是实行国民军事训练，三是推广教育。其理想则是造成一个公私俱赡，兵农合一，教育普及的社会。至于新法的重要项目，大致如下：

财政方面：1. 设置"制置三司条例司"，制定全国一年用度的预算，颁布施行，以节省开支。2. 遣使考察全国的农田、水利和赋税，另订管理办法，以尽地利而增税收。3. 青苗法：把诸路救济贫民用的常平、广惠等仓的积谷，变钱借给贫困农民，秋收加息二分收回，以免其受豪富的盘剥。因于每年禾苗方青时施行，故号"青苗钱"。4. 免役法：以贫富为标准，分百姓为五等，按等输"免役钱"。本来没有差役的"单丁""女户""官户"等人家，则出"助役钱"。政府即以此钱募役，不再签差，使百姓免去徭役的痛苦。5. 均输法：旧制各路上供之物，均有定数，年丰不能超过，年歉不敢减少。至此政府以钱交发运使，令其在江浙荆淮地区，调查当地出产，对中央所需要的物品，便宜蓄买。上供之物，不是中央所需用的，发运使可用之经营商业，转运有无，以抑制商贾，救济生产者及消费者。6. 市易法：设置"市易务"于京师，凡货物可买而滞销的，由政府平价收购，或易以官物。其后诸州皆设市易务。又听任人民以田地或金帛为抵押，向县官贷款，取息十分之二。7. 方田均税法：令县官于每年九月遣吏丈量田地，按土质的高下而定赋税，以革除豪强隐税的积弊，平均百姓的负担。

军政方面：1. 整顿军队，禁军之不胜任者，降为厢军（地方军）；不任厢军的，则取消兵籍。2. 保甲法：为逐渐实行征兵制而设。以十家为保，公选一人为保长；五十家为大保，有大保长；十大保为一都保，有都保正及都保副，也都是公推的。百姓家有二丁的，以其一为保丁，每日练武习战，兼备盗贼。自熙宁二年（1069）起，八年之间，得民兵七百余万。3. 保马法：命人民畜养官马，政府以马一匹或二匹交百姓饲养，或给钱令其自行买马，用以逐盗驱寇。每年由政府派人阅视一次，死病者均须由人民补偿。4. 改良武器，置军器监于各地，设官领之，以制造武器，供其附近数州之用；并募良工为匠，务求精利。

教育方面：1. 更贡举法：宋代科举有进士、明经两科，至此废明经科，进士科免试诗赋，专试经义策论，以通经有文采者为合格。并颁安石所著的《三经新义》（“三经”指《诗》《书》《周礼》）于学官，以为经义考试的标准。又设明法科，试律令及刑统大义，以待不能业进士者。2. 太学三舍法：神宗以前，太学生仅三百人，有名无实，至此立三舍法，学生仍限官宦子弟。新生入外舍，名额七百人；外舍升内舍，额二百人；内舍升上舍，以一百人为限。各舍除月考外，年有总考。凡上舍生成绩列上等者，由政府授以官职；中等也可获得进士及第的同等资格。三舍法的主要目的，是逐渐以学校代替贡举。

安石的新法，大都切中时弊，亟应实行。但他推行新法的手段，则颇有失策之处。他具有浓厚的法家气质，例如财政方面，他着重开源，这与当时受儒家思想影响着重节流的士大夫，观点大不相同。他本人的个性又极执拗，无法接纳不同的意见，凡是反对新法的，都被他目为不读书的俗流。当时反对新法的士大夫有司马光、韩琦、富弼等，他们的思想虽然比较保守，但大都负有时誉，朝野目为君子。他们有的是安石的好友，有的本来也赞成变法，但因安石的狷急少容，都不愿与之合作。这使安石的信誉，大受影响，新法的推行，也因之遭遇许多困难。反对新法的人，事实上对政治问题，并无若何卓见，他们的攻击安石，大都基于意气，对人而非对事。他们反对新法最主要的理由，是新法扰民，祖宗之法不可废，却没有其他改革政治的办法。较有时望的士大夫既不与安石合作，因此安石不得不起用新进。但他过分着重法制而忽略人事，他似乎只求新法的推行，而不注意这批新进者的品格，结果为群小如吕惠卿之流所包围，因而益失社会的同情，终致不得不引身而退。

安石于熙宁二年（1069）二月任副相，次年任正相，至七年（1074）四月罢政。次年二月复相，因与吕惠卿交恶，惠卿讦其过，于九年（1076）十月又罢，前后为相将近七年。他去职后，寄居江宁，过着朴素的平民生活。他个人在政治上虽然失败，但无可否认的，他对政治自有一套高远的理想。他的倡行新法，目的绝不是只在应付现实，或是为个人建立功名。他任事的勇敢，操守的廉洁和学识的渊博，都是难得的。安石罢政后，新法依然通行，其结果除了中央政府的收入较前充裕外，并没有其他显著的功效，这自然与安石以后推行新法的人有关。最不幸的，是因新法而引起朝廷的朋党之争，反对新法的士大夫，联合一致，形成所谓“旧党”，与以安石为首的“新党”相抗衡。神宗以后，双方斗争益烈，而国事也益不可为。

（三）新法与党争

宋代的政治，是纯粹的士大夫政治。士大夫的荣誉既高，责任感也随之加重，他们之中，有些抱着经国济世的大志，如范仲淹、王安石等。次焉者也好论列时政，以博取高名。由于论政风气的盛行，朝臣往往为某一件事争辩不休，他们又各自寻求志同道合的人，以为声援。因此渐分派系，造成朋党的对峙。他们的争辩，最初也许都出于爱国热诚，但积嫌既久，不免流于倾轧报复。当时朝臣间冲突最甚的，无过于执政大臣与谏官之间的敌对。宋初，因防制大臣专擅，委御史台以重权，谏官可随时弹劾执政，并许以风闻言事。因此谏官往往放言无忌，恣意攻击，而致掀起政潮。但宋代党争与唐代党争，虽同是士大夫之间的斗争，却也有不同之处。宋代的党派，比较具有独立性，并没有幕后操纵者；而唐代的牛李党，只是宦官的工具而已。

真宗时，王钦若伪造天书，并谗毁寇准，为士大夫目为奸邪，这时朝廷已隐然有朋党之分。仁宗时，吕夷简执政。明道二年（1033），仁宗废郭皇后，吕夷简赞成其事，御史中丞孔道辅与谏官范仲淹等反对废后。结果夷简胜利，孔范诸人，均被贬黜。次年，仲淹被召回京任官，仍讥评夷简，于景祐三年（1036）再遭贬放。朝臣尹洙、欧阳修为仲淹不平，也均坐贬。至此双方仇隙益深，互相排挤。朝士如韩琦、富弼等，均党于范氏；党于吕氏者，则有夏竦、王拱辰等。他们的斗争，历时达十余年，史称“庆历党议”。到英宗时，又因所谓“濮议”，再度引起党争。仁宗无子，以从兄濮王允让之子曙入承大统，是为英宗。治平二年（1065），英宗诏议崇奉濮王典礼。当时朝臣的意见分为两派：一派为司马光、吕诲、范纯仁（仲淹子）、吕大防等，主尊濮王为皇伯；一派为韩琦、曾公亮、欧阳修，皆当时的执政，主尊濮王为皇考。英宗从执政说，结果吕、范等人，纷纷引去，两派的成见日深。至神宗，又因变法掀起另一场烈而且久的党争。

神宗最初想以王安石为相，朝中大臣韩琦、吕诲等，都表反对。他们大都认为安石议论迂阔，不足以胜任宰辅，他们的评语，充满党同伐异的成分。到安石为相，当时的名流，都不与之合作，因此安石不得不任用新进，如吕惠卿、曾布、章惇、韩绛等，于是有新旧党之分。安石所接引的新党分子，学识能力，都有可取之处，但操守气度，均嫌不足。例如吕惠卿便是一个颇为反覆的人，曾布则对异己者，竭力排斥。安石握政后，反对新法的旧党分子，如富弼、韩琦、文彦博、欧阳修、程颢、吕公著、刘挚、范纯仁、苏轼等，皆被贬斥，吕诲、司马光自行引去。但他们并不甘心，一遇时机，便起而攻击新党。他们之中，只有吕诲、司马光反对全部新法，其他大都反对新法中的某一部分。新旧党的冲突，其中也含有地域的因素，旧党分子大多为北方人，新党分子则多为南方人。宋时，南方的经济文化条件，已远超过北方；南方人的政治势力，也日益扩张；自然为北方人所忌视。同时由于双方地理环境和社会风习的不同，其思想言论，自然易生抵触。新党的作风，代表着南方知识分子的激进思想；旧党的行事，则代表着北方知识分子的保守态度。[参看钱穆《国史大纲》下册，页四一四至四二〇]

安石新法，立意虽佳，但其办法自不可能绝对周密妥当，加以官吏奉行不善，难免有扰民的地方。又因对辽夏外交的失败，更贻旧党以口实。同时旧党分子多负时望，他们不但获得朝野的景仰，甚至连太后、皇后，也都同情他们。熙宁七年（1074），久旱不雨，饥民流离道路，旧党乘机攻击新法，太后也痛言“安石乱天下”。于是神宗罢免安石，以之知江陵府（今湖北江陵县）。安石临去，乞召韩绛代己，又荐吕惠卿为参知政事。二人对于新法，谨守不失，因此安石虽去，新法并未受影响。次年，安石复入相。九年（1076），又坚决求去，从此不再问政。但此后直至神宗去世，新法仍继续推行。

元丰八年（1085），神宗死，子煦继立，是为哲宗。帝时年十岁，太皇太后高氏（英宗后）听政。她同情旧党，委司马光以要职，旧党连翩登用，开始废除一部分新法。元祐元年（1086），司马光、吕公著为相，新法遂被全部推翻。当时旧党分子如苏轼、范纯仁都反对尽废新法，认为其中一部分如免役法等，应予保留，但光不听。同年，王安石、司马光相继死。光死后，旧党分子苏轼、程颐等，互争意气，其门人朋友，各结党相攻，于是旧党又分为洛、蜀、朔三党。洛党以程颐为首，蜀党以苏轼为首，朔党以刘挚、梁焘等为首。三党之名，乃是由三党领袖的籍贯而来，其中朔党并无交哄的事实可考，洛蜀两党，则专在若干细节上寻觅瑕疵，相互攻击。

元祐八年（1093），太皇太后死，哲宗亲政。元祐时，旧党得势，新党分子皆退休闲地，对旧党衔恨次骨。及至太皇太后死，旧党失去后援，又因旧党自行分化，新党乃再度得势。绍圣元年（1094），哲宗以章惇为相。章就任后，恢复一部新法，美其名曰

元祐党籍碑。宋徽宗即位后，宠信蔡京。蔡京以个人好恶，先后三次炮制出党人碑，分别为120人版、98人版、309人版，尤以第三次所立309人版最为传世，党人后裔反以先人名列此碑为荣。其碑立后不久，徽宗旋因星变异常而下诏毁碑，南宋时，此碑已难觅。今世存者有二，一在广西桂林龙隐岩，为南宋梁律据家藏重刻；一在广西融水真仙岩，为南宋沈暐于嘉定四年（1211）据家藏重刻。图中拓本即后者。

“绍述”。新党重要分子如吕惠卿、曾布、蔡京、蔡卞等，都据要津，对旧党发动激烈的报复。当时司马光、吕公著已死，均追夺赠谥，其余贬逐殆尽。

元符三年（1100）正月，哲宗死，弟端王佶立，是为徽宗，太后向氏（神宗后）听政。同年七月，徽宗亲政。当时论者谓元祐绍圣之政，得失互见，因此徽宗主调停之说。次年，改元建中靖国，便是取“执两用中”之意。同时他用人也新旧并进，以韩忠彦、曾布为相，前者为旧党，后者为新党。崇宁元年（1102），韩忠彦因与曾布不协而罢相，曾布又为蔡京所排。同年，京继任宰相，他得志后，对于旧党恣意报复。他以徽宗的名义，立党人碑于开封的端礼门，把旧党重要分子一百二十人刻名其上，胪列罪状，谓之“奸党”。他除了竭力排斥旧党外，对于新法，并没有理解和实行的诚意。徽宗具有极高的艺术天才，是中国史上一流的书画家，但对政治既无能力，也无兴趣。

《五色鹦鹉图》，宋徽宗赵佶绘，右侧有其瘦金书诗序并诗，美国波士顿美术馆藏。

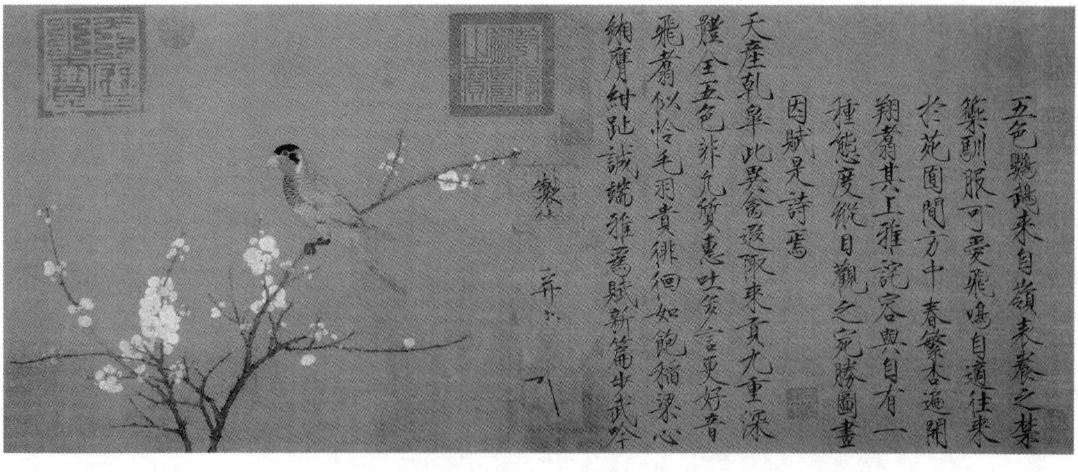

蔡京投其所好，一味掊克聚敛，引导徽宗奢侈淫靡，用以持宠固位。所以到徽宗时，只有新党和旧党之争，已谈不到新法和旧法的异同了。

由于蔡京视官爵财物如粪土，结果把累朝的积蓄，挥霍净尽。崇宁五年（1106），徽宗采纳言事者的建议，毁党人碑，恢复被谪贬者的仕籍，蔡京也因之罢相。但徽宗对蔡京异常宠眷。次年，复以之为相。此后十数年，蔡京三度罢政，均能起复，但其贪渎浪费的作风，始终不改，遂使政治败坏到不可救药的绝境。

三、宋室的偏安

（一）宋的联金灭辽

宋自徽宗信用蔡京，专务奢侈，内政日坏。蔡京为宦官童贯所进，贯也受徽宗亲任，掌握兵权。政和五年（1115），与西夏之战，宋师大败，童贯却以捷闻，可以想见他的骄恣。徽宗好花石，以朱勔主其事，至两浙采办。当时载运花石的船只，络绎不绝，号“花石纲”。这类花石，大都强取于民间，官吏乘机为奸，民不堪苦，因而盗贼蜂起。宣和二年（1120），摩尼教方腊起兵于睦州（今浙江淳安县西），以讨朱勔为名，聚众数万，连陷州县。宋以童贯讨之，次年乱平，但地方的损害极大。总计此次叛乱，凡破六州五十二县，杀义军十五万人，平民二百余万。徽宗虽罢除花石纲，但对当时的局势，并没有深刻的认识和惕厉，政事一直败坏下去。这时的辽，也和宋一样，日趋衰落。

辽于兴宗和道宗时，国势渐弱。兴宗尚称有为，但始终不能克服西夏。道宗在位四十七年，他的才具平庸，信用奸幸，晚年尤为昏聩，以致诸部离心，渐至跋扈。同时兴道二宗，都崇信佛教，寺院遍布于全国。僧尼的数目极多，他们都是不耕不织的纯消费者，受着种种优待，甚至有官至三公的，因此严重地影响了社会生产力。此事在兴宗时，已成为社会问题，而道宗推波助澜，更加深经济的危机。由于社会的崇佛，使契丹民族的强悍风气，也日趋消沉。建中靖国元年（1101），辽道宗死，孙延禧立，是为天祚帝。他为人昏乱荒淫，政治益不可为。就在辽日就衰微之时，东北的女真族乘时崛起，成为辽的大敌。

套马图，金人绘，辽宁博物馆藏。图中所绘金代女真骑士剽悍非常，胯下坐骑与所套骏马奔驰若风，画面极具张力。

据旧史说，女真的祖先，是隋唐时代居于今东北地区的靺鞨，其族原有七部，世居混同江（今松花江）以东，长白山及鸭绿水上源一带。唐初有黑水靺鞨及粟末靺鞨，其他五部无闻。粟末靺鞨初附高丽，武后以后，建渤海国，黑水靺鞨受其役属。五代时，契丹取渤海地，黑水靺鞨服属于契丹，分为二部。其居地在北者号生女真，不隶籍于契丹；其在南者号熟女真，隶籍于契丹。契丹对女真，本来控制极严，及辽天祚帝立，荒于畋猎，每年遣使至海上采办名鹰，道出生女真，使者贪纵征索，激起女真的反感。宋徽宗政和四年（1114），生女真完颜部酋长阿骨打起兵，攻下宁江州（今吉林扶余县东南），辽伐之，大败。次年，阿骨打称帝，国号曰金，是为金太祖。并取辽黄龙府（今吉林农安县），辽伐之，又败。六年（1116），金取辽东京（今辽宁辽阳县）诸州县，势力遂达于辽河一带，对辽的威胁日亟。次年，金遣使求封册于辽，辽许之。既而金主乞辽主以兄礼事之，辽人不愿，迁延久之，于是兵争又起。宣和二年（1120），阿骨打自将伐辽，取辽上京（今热河林东县），辽人大震。

宋室听说金兵攻辽，每战辄胜，蔡京、童贯便怂恿徽宗，联金攻辽。徽宗从之，于重和元年（1118）遣马政等自登莱浮海使金，相约合力攻辽。宣和二年（1120），又遣辽降人赵良嗣（原名马植）使金。良嗣至金后，与金人约定，金兵攻辽中京（今热河平泉县东北），宋攻辽燕京（即辽南京，今河北大兴县），灭辽之后，宋只求收回五代时石晋赂辽的故地，而将输辽的岁币，转输给金。约议既定，金遂于次年出兵攻辽。四年（1122），金破辽中京，天祚帝逃至夹山（今绥远萨拉齐县西北），既而金又克辽西京（今山西大同县）。辽臣耶律大石（辽太祖八世孙）拥立秦晋王耶律淳（天祚堂弟）于燕京，自称天锡皇帝。同年，宋遣童贯率兵十五万伐辽，大败而回。其后不久，耶律淳死，辽人遥奉秦王定（天祚次子）为帝，而由淳妻萧氏主政。于是童贯再度出兵，辽将郭药师以涿（今河北涿县）、易（今河北易县，宋太宗时为辽所得）二州降。宋师继攻燕京，又为辽人所败，弃尸百余里，结果燕京反为金人攻下。

燕京既下，宋遣使至金，除索石晋赂辽故地外，并求增地。金人不许，并责宋出兵失期。经往返交涉，金人始于宣和五年（1123）以燕京及蓟、景（辽置，今河北遵化县）、檀、顺、涿、易六州二十四县地归宋。宋除给金岁币银绢四十万外，又以金兵克燕，租税应归金有，因而每岁再加钱一百万缗，谓之“代税钱”。但燕京及六州财富，尽被金人席卷而去，宋所得的，只是几座空城。同年，阿骨打死，弟吴乞买立，是为金太宗。

金人取燕京后，辽西燕东之地俱下。金人自阿骨打叛辽，前后不过十余年，尽有辽的故境，而与宋比邻。宣和七年（1125）二月，金人擒天祚帝于应州（今山西应县）以东的余睹谷，辽乃正式灭亡，历祚二百十九年。耶律大石于金兵取燕时，西依天祚帝。大石因曾立耶律淳，为天祚所责，内不自安，乃于宣和六年（1124）率铁骑二百宵遁，集各部精兵万余人，假道于回鹘（即宋高昌国，今新疆吐鲁番县），西向进军，准备先在西域觅一安身之地，然后再图复国。他率兵行经万里，沿途奋战，后至寻思干（即今中亚撒马尔罕 Samarkand），大败西域诸国联军，降花剌子模（即回回国，位于阿姆河 Amu Darya 下游）。宋高宗绍兴二年（1132），大石称帝于起儿漫（Kermaneh，在撒马尔罕与布哈尔 Bukhara 之间），号葛儿汗（华言“普遍汗”），又称天祐皇帝，建都于虎思斡耳朵（在吹河 Chu 之南，今 Tokmak 附近），国号仍称辽，史称“西辽”。其国土东北至叶密河（今新疆额敏河），东有今天山南路之地，西至今咸海（Aral Sea），南至今阿姆河，为西域的最大强国。大石称帝时，宋帝国的北部已陷于金人，宋室正在南方建立起偏安政权。

（二）宋室的南渡

金人取燕后，益知宋的衰弱，亟谋南侵，但最初尚无借口。金归地后，迁燕京大家富室东去，燕人长途跋涉，不胜其苦，因而于过平州（今河北卢龙县）时，劝守将张瑴（原辽将）据地抗金，援助他们重归故土，瑴乃以平州降宋。金攻平州，宋杀张瑴以谢，但金仍以背盟纳叛责宋。宣和七年（1125）十月，金发兵侵宋。金军分两路南下，东路斡离不（即宗望，金太祖子）由平州入燕京，西路粘罕（即宗翰）自云中（今山西大同县）攻太原（今山西太原县）。当时童贯驻兵太原，仓皇逃归，幸知府张孝纯力守，金兵不得逞。东路攻燕京的金兵，则因郭药师迎降，为金先导，而致金人长驱渡河。徽宗惶恐，传位于太子恒。太子即位，是为钦宗，并尊徽宗为“教主道君太上皇帝”。

钦宗靖康元年（1126）正月，金人围攻开封，朝臣李纲率兵坚守。但四方援兵，遇敌辄败，宋室不得已与金议和。金人所提的议和条件，甚为苛刻，其要点为：1. 宋输金五百万两，银五千万两，表缎百万匹，牛马万头。2. 尊金主为伯父。3. 归燕云人之在宋者。4. 割太原、中山（今河北定州市）、河间（今河北河间市）三镇。5. 宰相亲王为质。钦宗应允，搜括京城民间藏金二十万两，银四百万两与金人，遣张邦昌赴金营议和，斡离不乃解围北还，金兵凡围京城月余而退。既而粘罕也遣使求赂，宋执其使。粘罕遣兵攻陷城邑，宋人以为背盟，令三镇固守，且派兵往援，因此和议不成。同年八月，金兵再度南下，渡河围京师。十一月，京城失陷，钦宗亲赴金营请和，尽割河北河东之地与金。

靖康二年（1127）正月，金人复拘钦宗于金营，勒索金银。宋人大搜京师，又得金三十余万两，银七百余万两，表缎一百余万匹，仍不能满足金人的贪欲。二月，徽宗及诸王后妃，也被掳入金营。三月，金人立宋臣张邦昌为楚帝。四月，金人劫徽钦二帝以及皇后、太子、亲王、妃嫔、宗戚及诸臣等三千余人北去。皇室的舆服礼器，秘阁藏书，州府图籍以及府库积蓄，都被金人洗劫一空。男女百姓被裹胁而北者，达十余万人。二帝至金上京（今吉林阿城县南），徽宗被封为昏德公，钦宗被封为重昏侯，所有帝子王孙，宦门士族，都充做奴婢，供应使役。这场悲剧，史书称之为“靖康之难”，真是千古的民族奇耻。北宋时代，虽然实际结束于靖康二年，但史书通常把这一年算做南宋开始的一年。这时的宋，虽然尚未至于亡国，但京都沦陷，二帝蒙尘，其惨状与亡国也差不多。

金人北去后，张邦昌自动退位，迎元祐皇后（哲宗废后孟氏）入宫，垂帘听政。五月，康王即位于南京（即应天府，今河南商丘县），是为高宗，并改元建炎。高宗名构，徽宗第九子，金人首次围京师，他随张邦昌赴金营为质，因举动镇定，金人怀疑他不是亲王，乃放他南归，以是得免北徙。京师沦陷后，他就任大元帅于相州（今河南安阳县），虽曾遣师入援，但无济于事。张邦昌退位时，他在济州（今山东济宁县），元祐皇后遣使赴济州劝进，他听从部下的建议，赴南京即位。他即位后，以李纲为相，纲首论张邦昌僭逆之罪，乃贬邦昌于潭州（今湖南长沙市），不久赐死。纲并积极筹备战守，以谋恢复。这时宗泽留守开封，屡出师挫敌，声势颇振。但朝臣黄潜善、汪伯彦又主和议，高宗信之，因而疏远李纲。八月，李纲罢相，所有措施，一时俱废。当时河北河东地区，仅一小部为金所陷，而各地盗贼蜂起，秩序混乱，但高宗并不乘时进攻，反于十月南幸扬州。不久，金人又大举南下。

金人以高宗即位，并贬死张邦昌，因而遣军分道侵宋，东路讹鲁朵（即宗辅，太祖子）、兀术（即宗弼，太祖子）渡河攻山东，中路粘罕渡河攻河南，西路娄室渡河侵关中。建炎二年（1128），金人长驱直入，河南州镇多破，唯开封由宗泽坚守。此外黄河

金军第一、二次南下作战经过示意图。靖康二年（1127），金兵三路攻宋，中路粘军自河阳渡黄河南下，攻河南；东路宗辅自沧州南渡河，攻山东；西路娄室渡河西向，攻陕西。金西路自慈州、隰州两地南下至河中府，由于宋军扼守，金兵北返，自上流西渡黄河，南下袭占韩城，再破同州，进围长安。次年，破长安，分兵袭扰延安、陕、华等州；中路渡河后，一部攻宋东京开封，一部南下，席卷汝、均、房、邓、唐、蔡诸州；东路渡河后，亦以一部指向东京，与中路夹攻开封，一部东向，下潍、青二州。宋老将宗泽多谋略，东京城未被攻下，金东西大军未能联成一气，又惧宋与各地义军联络，南北夹攻，至五月，三路返回河北。
建炎二年（1128）八月，金兵分东西两路再次南下：西路娄室攻陕西，牵制西夏，掩护东路主力南下；东路主力由粘罕指挥，自黎阳津渡河南下。西路在磁州以北西渡黄河，破延安，再北上破晋宁，三年（1129）三月，又回师南下陷鄜州；东路渡河后，东进连下濮州、澶渊，再南下破袭庆、彭城，并以轻骑五千自滕县进袭临淮，一部经泗州趋扬州，韩世忠部溃败。韩弃军自海路逃往盐城，宋高宗亦南逃至杭州，金兵破扬州后，无舟师，不能渡江，又受淮西军民袭扰，遂率兵北返。
金第一次南下，宋虽在黄河一线布防，但终无坚守黄河一线的决心，又无统一指挥与部署，致使宋诸多要点均为三路金兵占领。金第二次南下，宋对整个战局判断不明，又在防淮还是守江一线犹疑不决，致使金兵得以深入淮南，饱掠而去。

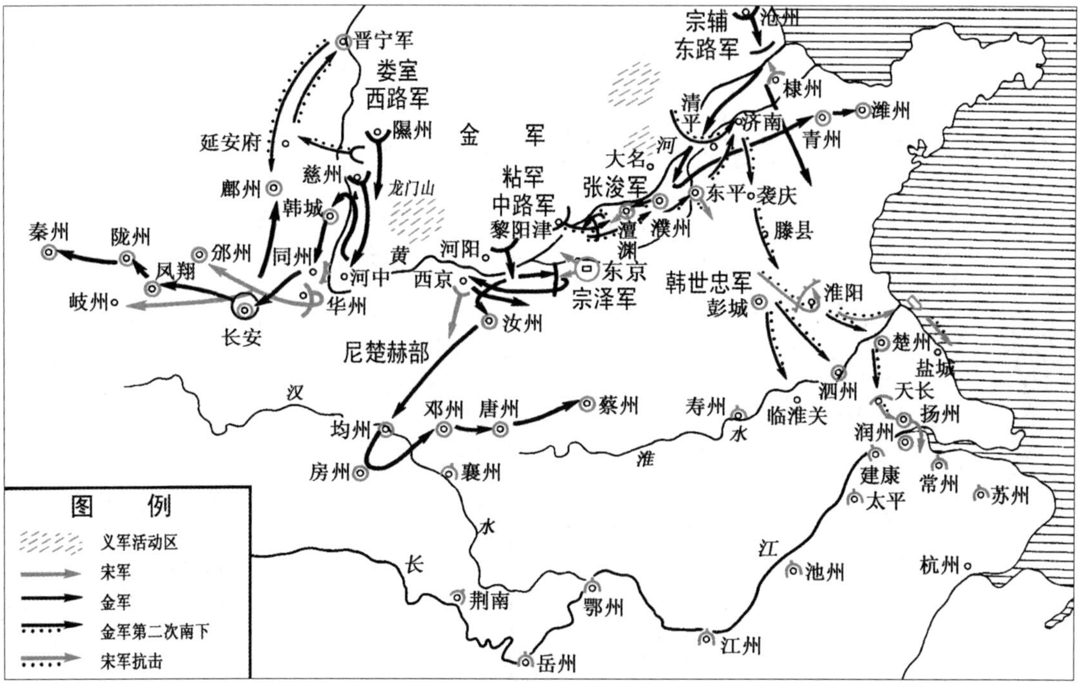

以北的重要州府，也多为金人略取。七月，宗泽死。泽志切恢复，招集两河群盗十余万人，图谋大举，但屡为黄潜善、汪伯彦所抑，忧愤成疾而死。他死后，主和派的势力益炽，而时局益危。次年初，金人连取淮南江北之地，扬州危急，高宗渡江至杭州（今浙江杭州市）。七月，升杭州为临安府，以备建都。十月，金兀术率兵渡江，分兵两路，一支取江西地，一支陷建康（今南京）。这时高宗已逃至越州（今浙江绍兴县），金人继进，高宗又逃至明州（今浙江鄞县东）。金人遂陷临安，并遣兵渡浙追之，高宗逃入海。四年（1130），金人入海追击，高宗逃至温州（今浙江永嘉县）。二月，兀术率大军自临安回师北上，宋将韩世忠以八千人扼守焦山（在今江苏镇江县东长江中），阻其归路。

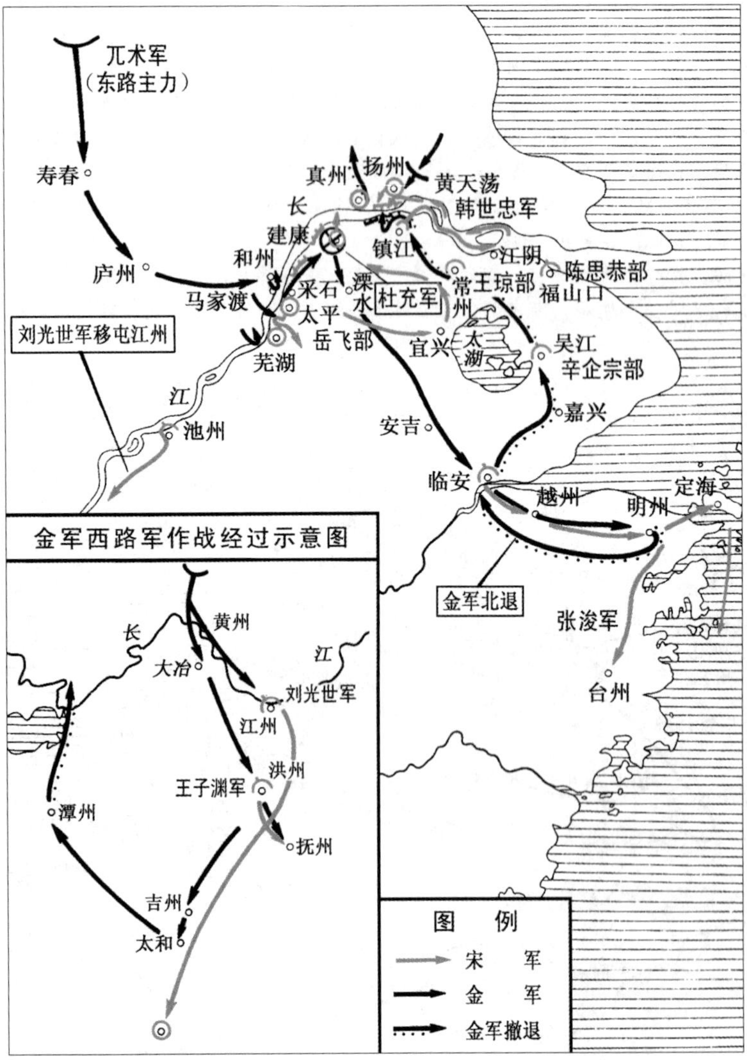

金军第三次南下示意图。宋高宗逃至杭州后，升杭州为临安，放弃淮河一线，退守长江，设立江防。建炎三年（1129）十月，金趁南宋江防未备，两路南下：西路自黄州渡江南下，江州守将刘光世引兵逃向南康，金军自大冶直下洪州，南攻抚、吉、太和，又西攻潭州。东路主力陷寿春、庐州、和州，渡江后，向东北陷建康，韩世忠所守镇江形势孤危，退保江阴。金兵由溧水南下，进陷临安，高宗自定海逃往海上，漂泊于温、台海区。金兵深入以后，受长江南北军民打击，中原义军也纷纷出动。金兵被迫于次年，自临安，经吴江北返，韩世忠急率水军自江阴先期到达镇江，截击金军。金军只好沿长江南岸强行西上，又被韩军阻于黄天荡，金兵连夜挖掘水道，又火烧宋水师船舰，才得以渡江北撤。

双方激战于长江中，金人不得渡，遂相持于黄天荡（今江苏江宁县东），其后金人设计以火攻宋船舰，宋师大败，兀术始得渡江。世忠以八千人拒兀术十万之众，相持四十八日，虽终于失败，但金人自此不敢轻易渡江。金兵北去后，高宗也返回越州。江西地区的金兵，一度攻入湖南，闻兀术去，也继之北归。这时金兵虽退，而开封失陷，荆湖两淮地区，盗贼蜂起，形势益危。兀术北上后，引兵入陕，会娄室军，大败宋将张浚于富平（今陕西富平县东北）。绍兴元年（1131），兀术攻和尚原（今陕西宝鸡县西南），欲长驱入蜀，为宋将吴玠、吴璘兄弟所败，蜀地始得保全。

金人于建炎四年（1130）南下大军北返后，在北方又立了一个傀儡皇帝。那年九月，金立刘豫于大名府（今河北大名县），国号大齐。刘豫曾任宋济南（今山东历城县）知府，于建炎二年（1128）降金，后以重宝赂金将，得立为帝，金以河南陕西之地予之。绍兴二年（1132），豫徙居开封。次年，刘豫遣李成率兵南侵，连陷邓（今河南邓县）、随（今湖北随县）、郢（今湖北钟祥县）等州及襄阳府。金人遣使欲宋齐画江为界，为宋所拒。四年（1134），宋将岳飞克复郢州、襄阳等地。豫求援于金，金派兀术助之，与宋将韩世忠等相持于淮南，金人不得逞，因而退兵，宋的声势一振。六年（1136），刘豫以兵三十万，再度南寇，又为宋军所败。次年，金以刘豫屡次失败，决意废之，乃遣将以南伐为名，至开封，废豫为庶人。刘豫既废，岳飞、韩世忠均奏请北伐，恢复中原，高宗不纳。这时金人也颇想与宋议和，更增长高宗的苟安之心。八年（1138），宋正式定都临安，遂成偏安之局。

第二十一章
南宋与外族

一、宋金的和战

（一）高宗的乞和

徽宗宣和末，各地人民困于苛政，时有暴动。其后金人入寇，京师沦陷，到高宗南奔扬州时，黄河南北以及陕西之地，几乎全陷于金；而南方地区，盗匪猖獗，秩序极其紊乱。当时宋的政权，可以说不绝如缕。幸金人以刘豫为傀儡，统治北方，而豫庸驽无能，南侵屡次失败，才给宋室一个喘息的机会，得以从事内部的戡定。当时盗匪最强悍的，如襄阳的张用，洞庭湖的杨么，湖南的曹成，先后为岳飞所平；福建的范汝为，也被韩世忠讨灭。还有若干投降刘豫的（如李成），豫以他们为前驱，屡次入寇，都为岳、韩所挫。金人的援兵，也屡次败退。金废刘豫后，金宋间的缓冲地区撤除，于是局面又形紧张。但宋人因累获胜利，声势与士气，已远较往昔为盛。

当群盗平定，岳飞、韩世忠、张浚诸将，皆图恢复中原；诸将以岳飞最为新进，而主战也最力。飞，汤阴（今河南汤阴县）人，少时即有殉国死义的志节，他曾任宗泽部将，以勇敢善战闻。南渡之后，迭平寇乱，甚受高宗的倚任。他曾屡次上奏，力主恢复，但高宗对收复失土，并无兴趣，相反的却颇倾心于和议。这固然由于高宗于败丧之余，对金人深怀恐惧，以致不敢轻启战端，但还有两点重要的原因：一是因为主战派的口号是“还我两宫，复我疆土”，如果战而获胜，二帝得还，则必然会发生皇位问题。即使钦宗宁愿让位，其发生纠纷的可能性仍然存在，如果有人煽构其间，则冲突随时可起。万一在交战之时，金人立钦宗于北方，则其皇位仍然感受威胁。因此必须与金议和，使二帝不能南归，其皇位才能巩固。二是因为主战者皆为武人，在高宗心目中，如果一旦战而获胜，则武人必将跋扈难制。朝中的士大夫，于猜忌将领，削弱藩镇，也早有传统的成见，对高宗的主和，自然赞助。因此高宗信用主和的朝臣秦桧，专意向金乞和。

岳飞，选自《历代名臣像解》。

正在宋人酝酿乞和的时候，金方也换了新主。金太宗死于绍兴五年（1135），侄孙亶继立，是为熙宗。熙宗即位时，年仅十六，大臣挞懒、蒲鲁虎（即宗磐，太宗子）、斡本（即宗幹，太宗子）等辅政，各怀异志。七年（1137），金废刘豫，宋遣王伦使金乞和，当时挞懒守开封，欲结宋为外援，因而力主和议。次年，挞懒回朝，与蒲鲁虎等合议以伪齐之地归宋，熙宗许之。九年（1139），正式交割，以河南陕西之地归宋，宋室为之大赦。同年，蒲鲁虎及挞懒以谋反被诛，兀术执政，反对归地，于是战端再起。次年，兀术兴举国之兵，分道南侵，渡河陷开封，为宋将刘锜败于顺昌（今安徽阜阳县）。既而兀术自与岳飞战于郾城（今河南偃城县），又大败，飞进军至朱仙镇，离开封仅四十五里，河北豪杰，多暗中与飞相通，以待王师。金人连败之余，军心极为不稳，但由于秦桧的积极谋和，使这种有利的局面，迅速改观。同年，高宗命岳飞班师，于是河南又陷于金。

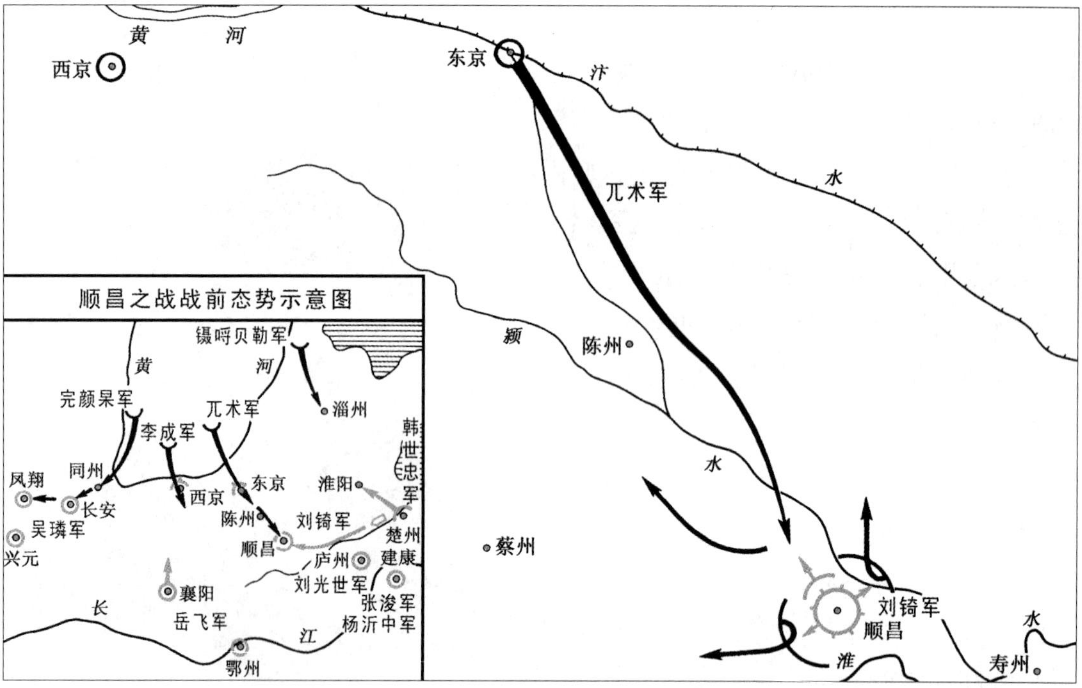

顺昌之战示意图。绍兴十年（1140）五月，金遣四路大军南下。其中兀术主力陷宋东京开封，继续进攻淮西。宋将刘锜率兵防守顺昌，整顿城防后，即与金军交锋。宋军先主动出击，败金前锋，兀术主力继至。刘锜示敌以弱，诱兀术弃攻城器械，轻军进迫。刘锜率全城军民，乘敌远道而来，以逸待劳，又在城外多方机动，对敌多有杀伤。金兵遭遇重大伤亡后，被迫率军北返，顺昌保卫战胜利结束。

绍兴十一年（1141）春，兀术再度南侵，连陷淮南重镇，又为宋将刘锜败于柘皋（今安徽巢县西北）。既而锜奉诏班师，金人也渡淮北去。这时宋室决计求和，乃诏韩世忠、岳飞诸将至临安，拜世忠为枢密使，飞为副使，均解除兵柄。十二月，岳飞以“拥兵逗留”等罪而被杀，死时年三十九，其实他被杀的主要原因，是因为他始终反对乞和。旧史记岳飞为秦桧所害，自属可信，但秦桧如果不经高宗允许，而敢擅杀一位像岳飞那样重要的人物，根本是不可能的事。岳飞是唐代李靖、李勣以后最伟大的军事天才，而忠义文采，更有过之。他御军严而有恩，善以少击众，剿贼破虏，战无不胜，是宋将中最为金人所畏惧的一位。他有几句名言：“文臣不爱钱，武臣不惜死，天下平矣。”［见《宋史》卷三六五《岳飞传》］这对宋代政治的积弊，真是一针见血之论。自他被杀后，宋室的武力，从此不振，结果只能称臣纳币，取媚于敌，过其苟延残喘的岁月。

同年十一月，宋金和议成，和约的重要条款有：1. 宋称臣奉表于金，金册宋主为皇帝。2. 宋岁贡银绢各二十五万两匹，每年春季在泗州（今安徽盱眙县东北）交纳。3. 金主生辰及正旦，宋遣使致贺。4. 金归还徽宗梓宫（徽宗死于绍兴五年）及韦太后（高宗

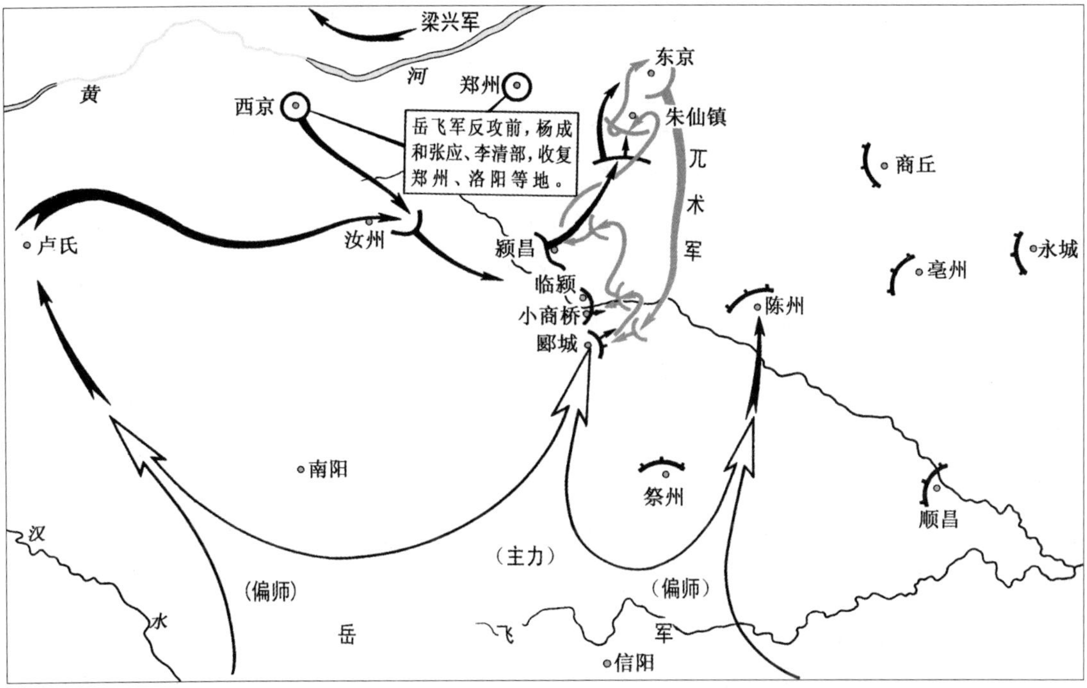

岳飞反攻中原作战经过示意图。绍兴十年（1140），在宋军节节胜利的情况下，岳飞派偏师连下西京洛阳、汝州、郑州、颍昌、陈、蔡等地。为诱敌南下，岳飞置主力于颍昌，自率轻骑驻守郾城。金果然派大军进攻郾城，岳飞以步卒对敌精骑，先挫其锋锐，再大兵投入，大破兀术精锐亲兵与拐子马。郾城会战后，宋将杨再兴在小商桥与敌遭遇，歼敌二千。随后，岳飞料金兵必攻打颍昌，遂先集重兵待之，金果以十万步骑来犯，岳飞再次大破金军，并乘胜推进到距东京开封仅四十五里之遥的朱仙镇。金军溃败，狼狈撤回开封，准备北逃，岳飞反攻中原的战争，取得了重大胜利。

生母）。5. 宋金国界，东以淮水，西以大散关（在今陕西宝鸡县西南）为界。这个条约，对宋来说，其屈辱与损失，是无法估计的。这时的疆土较北宋时代大为削减，徽宗宣和时，全国共有二十三路，一千二百三十四县。至此只剩下十三路，七百零三县。而以东南半壁供应庞大的岁贡和政府开支，经济的危机自然无法避免。南宋的日趋贫弱，终于造成亡国于外族的悲剧，也无疑大部受这个条约之赐。以这么大的代价所换来的，只是钦宗的羁留北国以及高宗皇位的保全而已。

（二）金亮南侵与孝宗北伐

金宋和约，维持了将近二十年，到高宗末年，双方又发生战争，而挑起战端的，则是金方。金熙宗初即位时，年事尚轻，既长，酗酒好杀，朝政日非，赖兀术以元老重臣，勉支大局。绍兴十八年（1148），兀术死，熙宗诛杀益甚，因而人心汹惧，皆思为乱。次年末，熙宗为其从弟亮（本名迪古乃）所弑，亮自即帝位，是为废帝（又称“海陵庶人”）。亮残暴猜忌，较熙宗尤甚，即位后不久，便大杀宗室。他酷好中国文物，于二十三年（1153）徙都燕京；继而有南侵之意，于二十九年（1159）大肆抽调女真、契丹、奚等部丁口，得二十四万人。三十一年（1161），金徙都汴京，遂即大举分道伐宋。亮自率兵六十万，渡淮而南，直抵采石（今安徽当涂县西北）对岸，宋江北守军，望风奔溃。高宗遣虞允文犒师，允文至采石，收集败兵，重新布防。金主率舟师绝江而来，宋师拒之于江中，金兵不得逞而退。当金主亮南侵以后不久，金人愤其暴虐，乘机拥立亮族弟乌禄于辽阳（今辽宁辽阳县），是为世宗。同年，世宗自辽阳徙居燕京。亮既遭采石之败，又闻世宗即位，欲先悉众渡江，然后还师平难，乃改趋扬州（今江苏江都县），行至瓜洲（今江苏江都县），为臣下所杀，金大军遂退。宋乘时恢复失土，取得淮北数州，声势复振。但高宗经此风波，对帝位已不再眷恋，乃于次年传位于太子昚而自为太上皇，太子即位，是为孝宗。

孝宗为太祖子秦王德芳的六世孙，高宗以嫡子早死，近支宗室又皆为金人所俘，因而养之于宫中。绍兴三十二年（1162）五月，他被立为太子。次月，高宗便传位于他。他即位后，锐意恢复，想一战而雪祖宗之耻。他追复岳飞官职，并下诏中外，陈朝政缺失，一时甚有清明之望。但当时的形势，已非昔比。自金宋媾和，秦桧专相权者十五年，忠臣良将，被他诛杀殆尽；一般士大夫，苟且偷安，早已失去恢复的勇气。高宗时代的大将，只剩下一个张浚，他虽然忠诚谋国，但其勇略较之岳飞、韩世忠等人，相去甚远。而金自世宗登位，任用贤能，国势甚强。因此孝宗虽然发动北伐的壮举，却未能取得预期的收获。

孝宗即位时，宋金尚在战争状态中。金主以宋不称臣，以大将仆散忠义赴汴京，节制河南诸军，积极备战。隆兴元年（1163），宋以张浚统领江淮地区诸军，布防于淮水南北。五月，张浚遣李显忠、邵宏渊率师攻金，连下灵璧（今安徽灵璧县）、虹县（今安徽泗县）及宿州（今江苏宿县）。既而李邵不合，为金人所乘，大败于符离（今江苏宿县北），军资器械，委弃殆尽，幸金军未再南攻，局面始未大坏。至此朝臣之主和者，对张浚大肆攻击，孝宗不得已下诏罪己，并贬浚官。次年，宋遣使与金议和。既而孝宗有悔意，金人再度遣兵渡淮，连陷要地。这时张浚已死，朝无重臣，人情惊骇，孝宗乃决意请和。同年，和议告成，其重要条件有：1. 金宋为叔侄之国，宋主称金主为叔父。2. 两国往来文书称为“国书”（在此以前，两国文书往来，用君臣之礼，金称“下诏”，宋称“奉表”)。3. 宋岁输银绢，各减五万两匹，改称“岁贡”为“岁币”。4. 双方疆界，与高宗绍兴时相同。对宋来说，这个条约的最大收获，是两国外交立于平等地位，不再向金称臣。此后，双方大体相安者四十余年。

金自灭辽败宋以后，西方的夏与东方的高丽先后称藩。到世宗，金的疆域，东至今俄属东海滨省及朝鲜半岛北部，西至今甘肃省东部，北逾阴山，南至淮水，成为东亚最大的强国。世宗为金的贤君，有“小尧舜”之称。当时女真人因入居中国日久，汉化的程度业已很深，而世宗对于汉族文化，颇能取长舍短。他研习汉文的经典与历史，常与执政大臣讨论前言往行，竭力仿效，但对中原汉人的苟安萎靡，游惰狡诈，则深恶痛绝。他常思保持女真人淳朴尚武的风习，以补汉族文化的不足，因此他提倡文武合一，重视射猎。金据中原后，沿袭辽制，设进士科以笼络汉人；至世宗，又设立女真进士科，试以策论，限用女真文字。他的用意，是一方面以考试选取女真的人才，另一方面使女真人通习国字，不致荒废。总之，他对汉化能择善而从，而又不忘其本族的优良传统，再加上他本人的勤求治理，遂造成金代的盛世。[参看姚从吾《金世宗对于中原汉化与女真旧俗的态度》(载《东北史论丛》下)]

孝宗也是南宋有数的贤君，他伐金虽然失败，但在外交上与金人力争，终于除去对金的臣属关系，不能说是毫无收获。约成之后，他仍主备御金人，无晏安之意，假若不是金世宗在位，金势极强，他必不甘于信守这个不平等的条约。内政方面，也没有多大缺失。他以远支宗室，继承大统，对高宗能竭尽孝道，这一点也是值得称道的。淳熙十四年(1187)，高宗死，孝宗欲退位，以毕三年之丧，为朝臣所劝阻。至十六年(1189)，孝宗传位于太子惇，自为太上皇。由于继承非人，宋室从此步入衰运。

(三)开禧用兵的再挫

太子惇即位后，是为光宗，皇后李氏干政。李后性悍妒，光宗畏之，又以帝染心疾，常不视朝，政事多决于后，后益骄恣。她并与左右近习，离间光宗父子间的情感，谓孝宗有废立意。光宗信之，定省之礼多缺，甚为臣下所不满。绍熙五年(1194)，孝宗死，光宗不出宫成礼，中外汹汹，宰相赵汝愚与朝臣韩侂胄请命于高宗后吴氏，拥立皇子嘉王扩，是为宁宗，尊光宗为太上皇。侂胄为北宋名臣韩琦五世孙，又为宋室外戚，宁宗立后，他出入宫掖，居中用事。不久侂胄排斥赵汝愚而自专大政，朝廷的党争随之而起。

宋室南渡之初，朝臣之言经学政术者，分为两派：一派倡程颐之学，一派倡王安石之学。两派以见解不同，相互倾轧，渐至形成政治斗争。孝光之世，儒者朱熹宏扬程学，谓之“道学”，甚有时望。宁宗初即位，赵汝愚荐朱熹为侍讲，并召贤士之在外者，任以职事，一时中外望治。熹以韩侂胄用事为虑，劝帝勿令左右窃柄；侂胄谓熹迂阔不可用，遂罢熹侍讲。庆元元年（1195），汝愚亦为侂胄排挤而去，汝愚党彭龟年、吕祖俭等均遭罢斥。侂胄欲根绝异己，乃倡“伪学”之禁。所谓伪学，是指学者的“言行相违”者，其标准异常空洞。士大夫凡不附侂胄的，都被加上伪学的罪名，而遭贬逐。三年（1197），宋室公布伪学者姓名五十九人，以为世诫。其后数年，侂胄以权威已固，为平息众愤，乃于嘉泰二年（1202）弛伪学党禁。这时侂胄爵为郡王，又加太师，朝政皆出其手，宰执无不从命，但因伪学之禁，颇为清议所不容，因此想立大功，以塞众口。又因使者邓友龙自金还，言金困弱，击之势如拉朽，侂胄遂决意伐金。学者叶适诸人，多所赞助，爱国词人辛弃疾、诗人陆放翁均亲附之。

金世宗死于宋淳熙十六年（1189），皇太孙璟继位，是为章宗。章宗即位之初，政治尚称清明。但他喜好文辞，极力提倡汉学，重视翰林之选，于是女真汉化益深，往日勇猛犷悍的风气，渐至消失殆尽。其后，元妃李氏与佞臣胥持国擅权，政治渐衰，但缺点一时尚未显露。当时宋方传闻金为北边鞑靼（即蒙古）等部所寇扰，国势日弱，实则不甚正确。而韩侂胄误信流言，遂至轻击妄动。嘉泰四年（1204），侂胄决意伐金，乃追封岳飞为鄂王，以激励将士；又命吴曦（璘孙）练兵于蜀，准备大举。开禧元年（1205），金派大臣仆散揆至河南，集中兵力以备宋。次年，宋出兵伐金，连复泗州（今安徽盱眙县东北）、虹县（今安徽泗县）等数城。宋军继攻宿州（今安徽宿县）、寿州（今安徽寿县）等地，均遭失败；而吴曦又复降金，求为蜀王，形势大为不利。既而仆散揆统兵分道南下，迭陷淮南重镇，兵锋直至江北，宋人大震。三年（1207），吴曦为部下所杀，四川得以保全，局面稍安。侂胄自悔失策，遣使赴金营议和，金人求侂胄首级，侂胄大怒，复有用兵之意。

宁宗皇后杨氏及礼部侍郎史弥远，均素怨韩侂胄，因此力请杀侂胄以谢金人，宁宗许之。弥远俟侂胄早朝，伏兵杀之。嘉定元年（1208），宋金和议告成，其重要条件有：1. 依靖康故事，金宋世为伯侄之国。2. 增岁币为银绢各三十万两匹。3. 宋别以犒军银三百万两与金，金亦尽以所侵淮陕地归宋。此外宋把韩侂胄的首级，函送于金。

韩侂胄北伐失败，其轻举误国之罪，虽不可辞，但不忘仇敌，志切恢复，其勇气亦非当时一般苟安的士大夫所能比拟。他的倡“伪学”之禁，最为当时清议所不容，他所以被一世的恶名，起因全在于此。南宋时代，道学盛行，道学家隐然为物望所归，太学生从而和之，声势益炽。他们的论调，每能左右时局，执政者更是他们经常攻击的对象。其实当时所谓贤者，行为不免矫伪，议论也嫌空疏，至于一般太学生，更多骄横不法。总之，南宋的士大夫，仍然蹈袭着北宋党争的恶习，形成政治上的一大病根。自韩侂胄死，宋室于败丧之余，不敢再战，国势益形不振，而金也因蒙古勃兴，屡遭侵略而日趋衰微。因此双方相安无事者，又有六七十年。

二、蒙古的强大

（一）蒙古的兴起与南进

蒙古族的起源，说法不一，或谓出于鞑靼（鞑靼的种属，又有二说：一说属于靺鞨，一说属于沙陀突厥），或谓出于室韦，此外尚有出于匈奴、吐蕃等说法。至于哪一种说法最为正确，则难以断言。蒙古先世的居地，也有多种传说。中国史书谓蒙古祖先渡腾吉思海，徙于斡难河（今鄂嫩河）源的不儿罕山（今肯特山）下［参看林惠祥《中国民族史》，页五〇至六一；《新元史》卷一《序纪》］。腾吉思海在今何地，无法确断，因此蒙古先世究自何地徙至今外蒙地区，也不可知。蒙古人的情形，最初异常茫昧，到南宋初年，才有较多的史迹可寻。宋高宗时，其酋合不勒可汗在位，势力始强。绍兴十六年（1146），金熙宗遣兵伐之，大败而还。金不得已与之议和，割西平河（今克鲁伦河）以北之地与之，并岁给牛羊米豆等物。这时大漠南北，部落错列，号令并不统一。至合不勒孙也速该，曾并吞若干附近的部落，但他不久为邻部所杀，所统的部落也因之离散。

也速该既死，长子铁木真继立，年仅十三。铁木真勇武有雄才，宋孝宗淳熙十六年（1189），他被推为蒙古本部可汗。其后他锐意拓土，邻近诸部大都为其征服，只有乃蛮与之敌对。乃蛮属突厥族，统有斡儿寒河（今鄂尔浑河）上流至大金山（今阿尔泰山本脉）之间地，国势雄强。宁宗嘉泰四年（1204），铁木真与乃蛮战于沆海山（今杭爱山），杀其部长太阳汗，太阳汗子屈出律奔西辽，于是乃蛮灭亡，蒙古统一大漠南

成吉思汗，佚名绘。

北。开禧二年（1206），铁木真会诸部于斡难河，诸部共推他为大汗，上尊号曰“成吉思汗”（成吉思原义为“海洋”，延伸为“强大”之意）。六十余年后，他的后裔建立元朝，他被谥为“太祖”。他称大汗后，便南向发展，与夏、金展开激烈的战争。

夏于北宋时称臣于辽，徽宗宣和四年（1122），金人破辽，天祚帝出奔阴山，夏曾遣兵救辽，为金人所败，既而议和。至六年（1124），夏正式称藩于金，其后双方相安无事者达八十年。宋宁宗嘉定二年（1209），成吉思汗率师进入河西，时夏主安全在位，遣世子拒战，结果失败。安全不得已，纳女请降于蒙古，夏从此益衰。

蒙古于服夏后，继而伐金。金自海陵南迁，世宗定都燕京后，部族大部移徙到中原富庶之区，汉化日深，将士流于骄惰，往昔勇悍之风，日见消失，战斗力逐渐降低；而蒙古初兴，强盛无比，因此金人无法抵御。金章宗死于嘉定元年（1208），帝叔卫绍王永济继立，他为人昏懦，蒙古对之甚为轻视。四年（1211），成吉思汗伐金，大破金兵于宣德（今察哈尔宣化县），入居庸关（在今河北昌平县西北），直薄燕京而还。六年（1213），卫绍为臣下所弑，昇王珣（章宗兄）立，是为宣宗。成吉思汗乘金室内乱，再度进围燕京，并分兵寇掠河北河东及山东各地，数千里内，人民杀戮几尽，城郭为墟。次年，金宣宗请和，送卫绍王公主，连同童男女各五百人，马三千匹及金银财物等，以为犒劳，蒙古军始退。

蒙古退军后，金宣宗以河北残破，财用匮乏，于嘉定七年（1214）迁都汴京。次年，蒙古再度南伐，进克燕京，府库储积，洗劫一空。既而蒙古西攻潼关不克，遂由嵩山小路进窥汴京，金师力战却之，虽汴京无恙，但金的损失甚大。这时金的疆域，较前大为减缩，河北之地，大部丧失，西则扼守潼关，东阻黄河以自固，南以淮水与宋为邻。金把大军集中于河南，并力而守，当时河南地区的金军，精兵不下三十万，民兵不计其数，因筹措粮饷，重敛于民，结果农村破产，所在盗起。而金又与夏、宋交恶，于是形势益趋不利。

蒙古伐夏时，夏人曾求救于金，金人未能赴援，夏人恨之。嘉定四年（1211），夏主安全死，族子遵顼立。这时金为蒙古所侵，国势益衰，夏乃乘机伐金，取金西偏地。金自迁汴后，疆土日狭，颇思辟地南方，而宋亦以金势日蹙，罢其岁币，因此双方关系恶化。金于十年（1217）兴兵分道南侵，宋亦下诏伐金，连兵数载，互有胜负。金兵财俱困，愈觉不能支持，而山东大盗李全，又率众降宋，予金以甚大牵制，但宋军战力薄弱，始终不能对金人做致命的打击。十六年（1223），宣宗死，子守绪立，是为哀宗。次年，金遣使至宋请和，榜谕军民，更不南侵；并与夏修好，称兄弟之国。当金宋交战时，蒙古的成吉思汗正展开西征的壮举，因此金人才没有遭遇夹击的危险。金与宋议和后不久，蒙古的侵迫又接踵而来。

蒙古军第一次进攻中都作战经过示意图。蒙太祖六年（1211）二月，成吉思汗"誓师伐金"，以兵力十万南下，先诱降金北境汪古部。修整至七月，向东南开进，攻陷乌沙堡，再陷乌月营。金守将千家奴、完颜承裕等弃抚州，南奔会河堡。此时蒙军一部连克昌州、桓州等地，并以一部乘胜南下，克白登，进围金西京，以保障主力侧后。西京守将突围逃往宣德，千家奴等亦向宣德奔逃。蒙军全力追击，经翠屏山，至会河堡，大败金军。至宣德后，千家奴等又不敢抵抗，继续东逃。蒙军乘机进占宣德、德兴。九月，蒙军哲伯部进迫居庸关，金守将弃关而逃，蒙军进抵中都城下。金中都经营多年，城大且坚，蒙军攻城，遭遇重大伤亡后不能下，遂在城外四处饱掠而去。此役是蒙军向金发动的第一次大规模进攻。成吉思汗准备充分，进兵灵活，进攻中都失利，立即放弃，转为袭扰中都附近防守薄弱地区，以削弱金朝实力，孤立中都，取得重大战果。而金方面，金帝和战无主，战将畏敌如虎，终致重大损失。

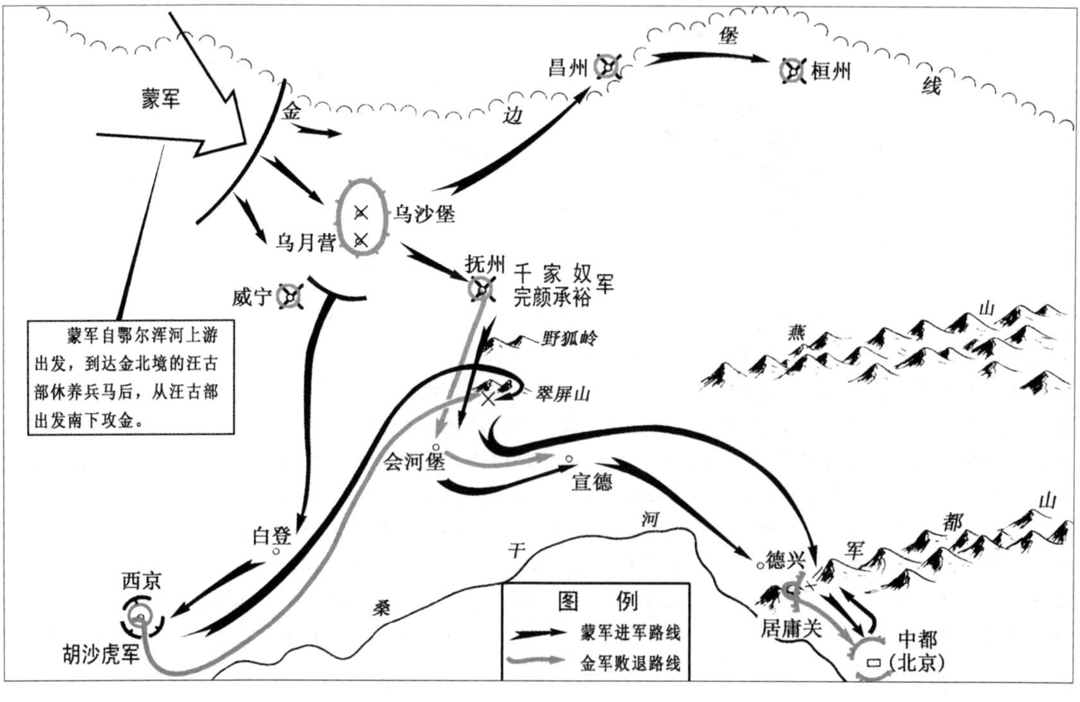

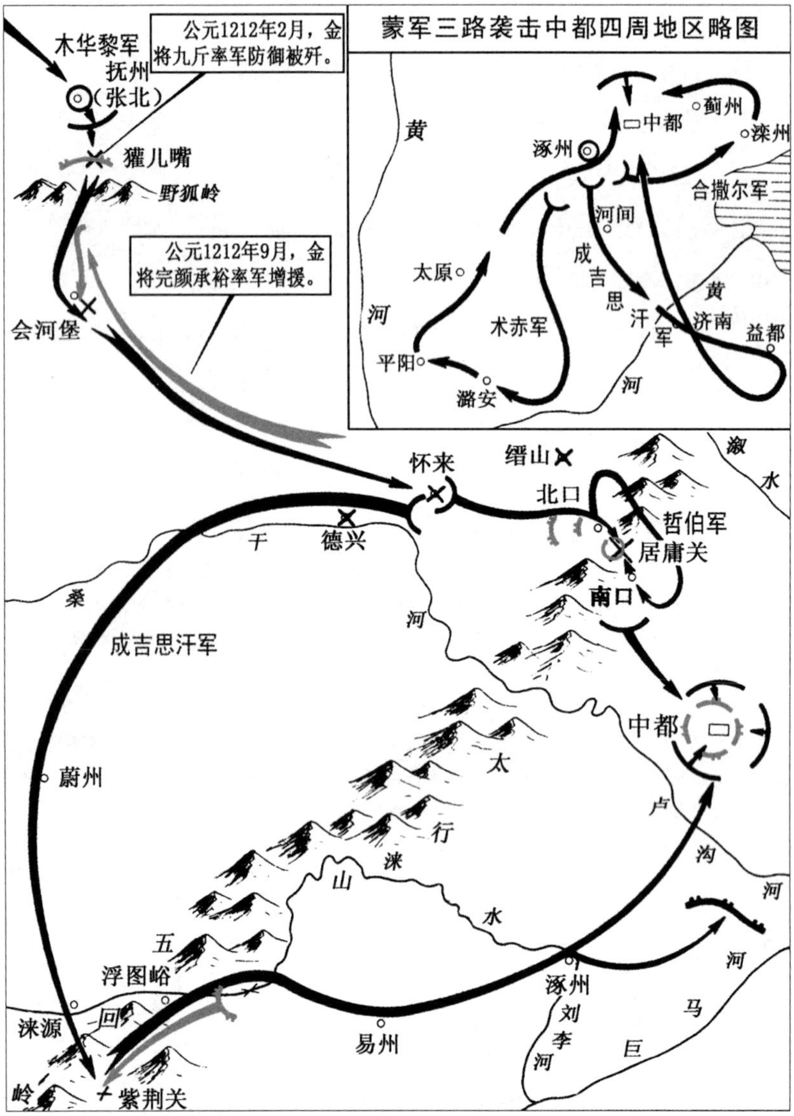

蒙古军第二次进攻中都作战经过示意图。蒙太祖七年（1212）正月，蒙军攻掠云中、九原，进围抚州，金派大军前往野狐岭应战，并派完颜承裕率军随后增援。两军战于獾儿嘴，蒙以少胜多，大破金军，承裕后续部队南逃往会河堡，蒙军追击，再破金军。九月，成吉思汗率军围攻金西京时负伤，蒙军北返。

蒙太祖八年（1213），成吉思汗再次向中都发动进攻，出兵后连克德兴、怀来、缙山，进逼居庸关。这时居庸关有金精兵把守，成吉思汗派一部在居庸关北口与敌相持，并令一部由哲伯率领，由间道奔袭居庸关南口，自率主力西行，绕出紫荆关，在五回岭大败金兵后，进入中都西南。此时哲伯部亦下居庸关南口，与北口蒙军南北夹击，下居庸关。十月，蒙主力包围金中都；十二月，自料不能下，即兵分三路：右路沿太行山南下，折向山西，袭击潞安、平阳、太原等地；东路袭破滦、蓟等州；中路南下袭河间、济南、益都等城。蒙军所向披靡，连下金九十余城，大掠之后，又回兵进逼中都。蒙太祖九年（1214），迫金献上子女玉帛后，然后北返。此役，蒙军发挥野战特长，大破金主力，攻坚城不下后，随即夺占中都两翼要点，横扫大量州县，使中都成为一座孤城，战略战术上取得极大成功。

（二）蒙古的西征

成吉思汗自以全力伐金，几乎囊括整个黄河以北的土地，照理应继续用兵，吞并中原，但他忽然放弃南进，转而西征。揆其原因，约有二端：一是成吉思汗灭乃蛮时，乃蛮太阳汗之子屈出律出奔西辽，西辽主古儿汗以女妻之，委以国政。既而屈出律联合中亚大国花剌子模，攻灭西辽而瓜分之，并有东进复仇之意，因而成吉思汗先发制之。二是花剌子模杀戮蒙古使臣，并劫掠蒙古派遣的商队。这时天山南路东部地区为畏兀儿所据，畏兀儿亦即唐时的回鹘，宋时建高昌国，主要根据地在今新疆哈密、吐鲁番一带。而伊犁河及吹河流域，则为哈剌鲁所据，它也就是唐时的葛逻禄。成吉思汗西征前，先招降他们。宋宁宗嘉定十年（1217），成吉思汗遣哲别、速不台讨屈出律。次年灭之，定西辽地，而与花剌子模接壤。当时有蒙古商队至花剌子模，花剌子模人指为间谍，拘杀蒙人，并夺其货物。蒙古遣使责问，也遭杀戮，因此成吉思汗于十二年（1219）亲率大军西征。

这时花剌子模的疆域，东限帕米尔高原，南抵印度河，西邻报达（今伊拉克的巴格达 Baghdad），北至咸海、里海，国势甚强。蒙古大军西进后，于嘉定十三年（1220）攻陷其国都撒马尔罕（Samarkand），国王穆罕默德逃至里海中，死于一小岛上。次年，王子札阑丁南走，成吉思汗追之，至印度河而还。另一支蒙古军则绕里海，逾太和岭（即高加索山），进攻钦察。钦察为突厥所建之国，在乌拉岭（Ural Mts.）以西，里海黑海以北。十五年（1222），钦察王乞援于俄罗斯（据今莫斯科及其附近之地）。次年，南俄诸侯兴兵赴援，与蒙古兵大战于阿里吉河（今喀尔喀河 Kalka，入阿速海 Sea of Azov）滨，俄军覆没，钦察遂定。蒙古军未再深入，东归平康里部（在咸海、里海以北，西与钦察、南与花剌子模接壤）而还。成吉思汗既定西域，设达鲁花赤（掌印办事之官）以治之。

宋理宗宝庆元年（1225），成吉思汗西征归，大封子弟。他遵照幼子守产的旧俗，以蒙古旧疆封给幼子拖雷，西征所得的土地，则封给年长诸子。他封长子术赤于咸海、里海以北，亦即康里及钦察旧壤，是为钦察汗国；封次子察合台于阿姆河以北，伊犁河西南，跨锡尔河上游，包葱岭内外，亦即西辽故地，是为察合台汗国；封三子窝阔台于金山（即阿尔泰山）东西，天山以北，巴尔喀什湖东南，亦即乃蛮故地，是为窝阔台汗国。至于花剌子模故地（今伊朗一带地），则于成吉思汗退师后，复为札阑丁所据。次年，成吉思汗遣师攻夏，以责罚夏的拒绝从征西域，夏主德旺（遵顼子）惊悸而死，国人立其弟晛。三年（1227）六月，晛力屈而降，于是夏亡。十月，成吉思汗死于清水（今甘肃清水县西），年约七十一岁。

成吉思汗死后，汗位虚悬甚久。照蒙古旧俗，汗位的继承者，须经“忽里勒台”（宗亲大会）的推戴，才算有效。因此最初由拖雷监国，至绍定二年（1229），始由诸宗亲大将共戴窝阔台继位，是为元太宗。他定都于和林（在今外蒙古库伦西南。成吉思汗时，尚无固定的国都，但其晚年渐以和林为固定驻帐所），营建城郭宫室。既而遣将讨伐花剌子模余部，札阑丁走死，其地遂定。四年（1231），又遣将伐高丽，取四十余城。端平元年（1234），蒙古灭金，掩有黄河流域之地。既而钦察及俄罗斯诸部不靖，窝阔台乃于次年命兄子拔都（术赤子）率众西征。嘉熙元年（1237），拔都平定钦察，直入俄境。次年，焚兀拉的米儿（Vladimir）、莫斯科（Moscow）等城，然后转锋南下，掠俄罗斯南境。四年（1240），蒙古焚毁基辅（Kiev），然后分道西攻匈牙利（即马扎儿），北军取道波兰（即孛烈儿），南军取道罗马尼亚，拔都自率中军直捣匈京布达佩斯（Budapest）。次年，北军歼波兰、日耳曼联军于利格尼兹（Liegnitz，今波兰 Legnica），南入匈境。拔都攻陷匈京，匈王贝拉四世（Bela IV）遁走，南北两路蒙军皆来会师。拔都并分军徇奥地利（Austria）境，直至意大利的威尼斯（Venice）。适值窝阔台死讯到来，蒙军乃于淳祐二年（1242）东归，拔都并承袭钦察汗位。这次西征后，钦察汗国的领土大为扩张，辖境东至叶尼塞河（Yenisey）以东，西至多瑙河（Danube）下游，南至高加索山。

窝阔台于淳祐元年（1241）死，由其后脱列哥那监国，继承人选，久议不决。至六年（1246），始由其子贵由继统，是为元定宗。八年（1248），定宗死，皇后斡兀立海迷失临朝。至十一年（1251），拖雷子蒙哥被推继位，是为元宪宗。次年，蒙哥遣其弟忽必烈远征大理（今云南），另一弟旭烈兀西征波斯北境的伊斯兰教国木剌夷。宝祐元年（1253），忽必烈灭大理，并击下吐蕃。五年（1257），遣将兀良合台击定交趾。同年，蒙哥亲自伐宋。这时，旭烈兀已平木剌夷，并戡定其旁诸国，移师伐大食。次年，陷报达（今译巴格达 Baghdad），杀伊斯兰教“哈里发”（教主）木斯他欣。复进兵定叙利亚及阿拉伯半岛，遣使招降埃及（即密昔儿），其王不听，率众抵抗，蒙古兵锋始被遏止。开庆元年（1259），蒙哥死于合州（今四川合川县）城下。次年，埃及苏丹库吐斯（Kutuz）集全国兵及叙利亚、大食等国之避难者，共得十二万人，进攻叙利亚的蒙军，蒙古守将怯的不花败死，会宪宗讣至，蒙军遂退。旭烈兀西征后，建国于阿姆河南，据波斯、叙利亚、小亚细亚之地，是为伊儿汗国。

蒙古三次西征，开疆拓土，其幅员的广阔，实古今中外所仅见；其间被征服的民族，也多至难以数计。自这个欧亚混同的大帝国建立后，中西交通，开往古未有之盛，东方中国系的文明和西方希腊、罗马系的文明，开始大规模的接触，发生复杂的关系。不独东西使节来往如织，而西方不知名的商贾、教士、学者、军人以及艺术家之东来者，更不可胜数。波斯的天文学、回回炮以及西域的医药，也于此时自西方大量输入中国。中国的印刷术（雕版印刷发明于唐代中叶，活字版发明于北宋）、火药（发明的时代不可考，南宋时已大量应用）等发明物，也因蒙古的西征而输入欧洲［参看曾问吾《中国经营西域史》，页二〇五至二〇八］，这是蒙古铁骑在屠杀焚掠蹂躏两大洲后，所发生的一点较好的影响。

三、金宋的灭亡

（一）宋的联蒙灭金

金自宣宗迁汴，国势益弱。他虽思励精图治，但既非拨乱反正之才，而又秉性猜忌，因此政治并无起色。自迁都后，河北地区的秩序大乱，州县官往往逃奔河南，于是盗贼蜂起，形势日益险恶。宋宁宗嘉定十二年（1219），太原不守。金室为挽救危局，曾封河北地区守将九人为公，赐号“宣力忠臣”，赋予重权，以坚其守土之心。但他们实力单弱，不相统摄，加以军纪废弛，粮运不继，结果无济于事。宣宗又好刑名之术，奖用胥吏以摧抑士大夫。他以术虎高琪为相，高琪喜吏恶儒，君相俱尚刑威，因此吏权大盛，政风甚为刻薄。当时赋役较迁都前增加三倍，而胥吏的贪纵，为害尤甚。最失策的，无过与宋夏交兵，其时金军的素质低落，且步多马少，连兵数载，不但无以克敌制胜，反弄得兵困财竭，使国家沦落到不可救药的地步。［参看林瑞翰《晚金国情之研究》（载《大陆杂志》史学丛书第一辑第五册）］

金宣宗死于嘉定十六年（1223），在位凡十年。子守绪继位，是为哀宗。哀宗继立后，与夏构和，并停止南侵。他鉴于国势危殆，乃简选各地精兵，组织“忠孝军”，直隶于中央政府。据说其军士的精锐，器仗的坚整，较全盛之时，犹有过之。当时蒙古正移师西征，无暇南侵，给予金人一个喘息的机会，若干金人甚至寄以中兴之望。但金的政治积弊已深，财政恐慌，民生艰困，这些都不是仅以军队便可解决的。何况国土局促，敌人环伺，忠孝军虽强，较之横扫欧亚的蒙古铁骑，其实力仍有一段距离。因此中兴的好梦，不久便成为泡影。

成吉思汗西征归来后，本思及时并吞金夏，但他于平夏后不久死去，以致灭金之志未伸。拖雷监国时期，曾于宋理宗绍定元年（1228）攻大昌原（在今甘肃宁县），金将完颜陈和尚督忠孝军奋战，以四百骑击败蒙古八千骑，造成金蒙军兴二十余年未有的大捷。自此金蒙在陕甘一带的战争，渐呈胶着状态。次年，窝阔台继大汗位，想打开蒙金的僵局，乃于三年（1230）自将伐金，皇弟拖雷等各以本部兵随从。蒙军入陕西，窝阔台命拖雷攻凤翔。次年，蒙军克凤翔。窝阔台决定分道大举伐金，期以明年会师于汴。议定后，并遣速不罕使宋，接洽假道，准备经宋境迂回伐金。这个战略，是成吉思汗最先发明的。史书说他临死时，曾对左右说，金精兵集中潼关，而北有黄河之固，难以遽破；如能假道于宋，自唐（今河南唐河县）、邓（今河南邓县）二州北向，直捣汴京，则金人可灭。［参看《元史》卷一《太祖本纪》］

当时宋对蒙古的假道伐金，持默许的态度。蒙古假道攻金的军队，由拖雷统率，准备自凤翔渡渭水，进入宋境，沿汉水而下。既而蒙古使者速不罕为宋地方官所杀，拖雷乃遣兵入大散关，攻破凤州（今陕西凤县），继屠洋州（今陕西洋县），围兴元（今陕西南郑县），直攻至西水（今四川南部县西北）而还。接着蒙古东向伐金，取饶风关（在今陕西石泉县西），自金州（今陕西安康县）而东，所过之地，军民望风奔避。五年（1232）正月，拖雷军自唐州趋汴京，金元帅完颜合达、移剌蒲阿合兵十五万，自邓州邀击蒙军，窝阔台也渡河至郑州（今河南郑县），遣速不台攻汴。适值大雨雪，金人僵冻无人色，几不能军。拖雷与金军大战于三峰山（在今河南禹县），金军大败，精锐尽丧，汴京四围要地，多为蒙古所得，于是形势益危。

同年四月，蒙古围攻汴京，金人固守不屈，相持十六昼夜。速不台知不能急下，乃与金议和，金以太子为质，并予金帛无数，蒙古兵遂解围，退师河洛之间。七月，金军卒杀蒙古使者唐庆等三十余人，金主不问，和议复绝。蒙军再围汴京，相持三四个月，汴京粮尽援绝，势益孤危，哀宗不得已，于十二月率军突围北走。绍定六年（1233）正月，哀宗渡河至蒲城（今河北长垣县西南），既而折返河南，弃军走归德（今河南商丘县南）。四月，金汴京守将崔立以城降蒙古，金宗室诸王均遇害，后妃均被掳北去。五月，哀宗南徙蔡州（今河南汝南县），从者仅二三百人，马五十匹。既而蒙古以塔察儿率军攻蔡州，并遣使至襄阳，约宋人出兵运饷，合攻蔡州。十月，宋以孟珙、江海率师二万，运米三十万石，以赴蒙古之约。金哀宗遣兵接战，屡败蒙兵，相持数月。至端平元年（1234）正月，蔡州已绝粮三月，而蒙宋联军进攻益急。哀宗决心殉国，乃传位于族子完颜承麟，是为末帝。这时南面宋兵，已攻入城内，哀宗自缢死，未几城溃，末帝也为乱兵所害。于是金亡，历祚凡一百二十年。

（二）元的灭宋

宋自韩侂胄死后，史弥远继之专权，政事益坏。嘉定十七年（1224），宁宗死，宁宗无子，生前以宗室子贵和为皇子，更名竑。竑与史弥远不合。宁宗既死，弥远矫诏立另一宗室子贵诚为帝，更名昀，是为理宗。这时金兵屡败于蒙古，宋也乘机罢岁币，与金开衅，并收抚山东群盗李全等，以谋规复北方。但群盗拥兵跋扈，叛服不常，对恢复大业，毫无帮助。端平元年（1234），宋与蒙古联合灭金，双方并划分河南地界，以陈（今河南淮阳县）、蔡（今河南汝南县）以北属蒙古，以南属宋。但宋宰相郑清之（其时史弥远已死），将领赵葵、赵范等，想乘机恢复中原，遂遣师取汴京、洛阳等地。不久宋师为蒙古所败，汴洛又复失守。次年，蒙古以宋背盟，大举伐宋，分道南下。三年（1236），蒙军连陷襄阳、郢州（今湖北钟祥县）、成都等要地。幸当时蒙古分兵西征，未以全力攻宋，所失土地，又于其后数年间为宋将孟珙等所收复。

宋所以能保持半壁江山，东恃江淮之险，西恃荆襄四川为保障，而宋的水师甚精，颇能对抗不擅水战的蒙古军。宋收复失土后，以孟珙镇江陵，余玠守四川。二人同是优秀的军事人才，加以忠义奋发，因此上流甚固，局面得以暂安。淳祐元年（1241），蒙古复陷成都。次年，又陷叙州。三年（1243），余玠听从幕僚冉琎、冉璞兄弟的建议，徙合州（今四川合川县）于州治东南的钓鱼山。钓鱼山形势险峻，仅一道通出入，而山顶平坦，周围十余里，上有“天池”，池水取用不竭，因此余玠筑城山上，以便据险而守。其后他又以同样办法，把顺庆府（今南充县）、阆州（今阆中县）、蓬州（今营山县）、渠州（今渠县）、剑州（今剑阁县）、巴州（今巴县）、夔州（今奉节县）等处的治所，都迁于其附近的山上。这种战略，给予蒙古入侵以极大的阻碍。余玠曾与蒙古大小三十六战，皆有劳效。六年（1246），孟珙死。宝祐元年（1253），余玠亦死。宋室于数年间失掉这两个柱石，其损失不可言喻。其后权臣贾似道当政，荒淫误国，政事益不可为。但孟珙所经营的襄阳，余玠所建筑的钓鱼城，都曾于抗蒙战役中，发挥了巨大的功效。

宝祐六年（1258），元宪宗蒙哥领兵十万南下侵宋，次年，进围合州钓鱼城。蒙哥亲自督军进攻，守将王坚及副将张珏率军民合力拒守，苦战数月，城终不下。七月，蒙哥死于钓鱼城下，传说中飞矢而死。这个举世无敌的蒙古大汗，居然死于一座孤城的攻防战中，真是一个奇迹，这可看出余玠山城设防战略的成功。这一战给予蒙古骑兵一个重大打击，它不但延长南宋二十年的国祚，而蒙古骑兵征服世界的活动，也至此告一段落［参看姚从吾《宋余玠设防山城对蒙古入侵的打击》（载《东北史论丛》中）］。蒙哥死后，忽必烈自河南进兵，渡江围鄂州（今湖北武昌市）。宋遣右丞相贾似道赴援，似道私自与蒙古议和，请称臣，割江南为界，岁奉银绢各二十万两匹。忽必烈因欲争夺汗

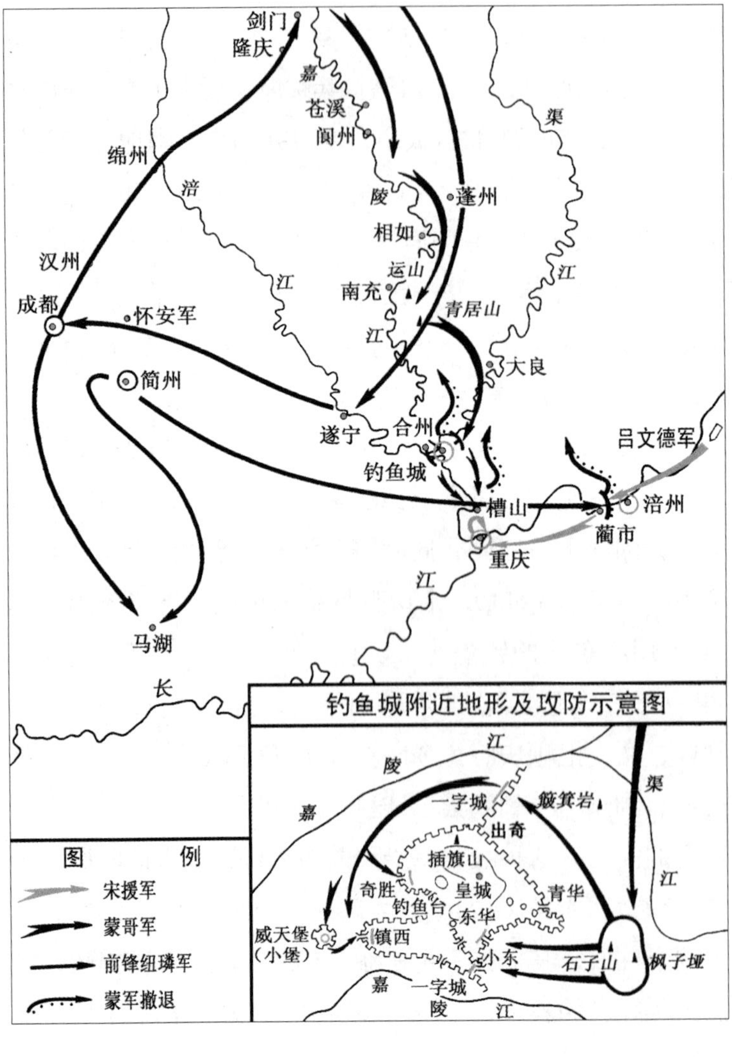

钓鱼城之战作战经过示意图。元宪宗八年（1258）二月，蒙哥督师南征，并亲率主力进攻四川。至十二月，川西、川北、川中大部被蒙军占领，蒙哥因此企图夺取重庆，东出夔门，与忽必烈所率中路会师鄂州，然后顺江东下，进占临安，但为重庆西北之钓鱼城所阻。为此，蒙哥决意攻下钓鱼城。元宪宗九年（1259）二月，蒙哥命一部于涪州之蔺市造浮梁，以阻长江下游南宋援军，并亲率大军攻城，数月不能下。南宋为确保上游，命吕文德率军逆长江而西，经力战，冲垮蒙军浮梁，溯嘉陵江而北，增援钓鱼城。蒙军兵分两翼，向南顺流纵击，在槽山大败宋军。但在围攻钓鱼城时，蒙哥中宋军飞矢，不久即死，蒙军因之北返。

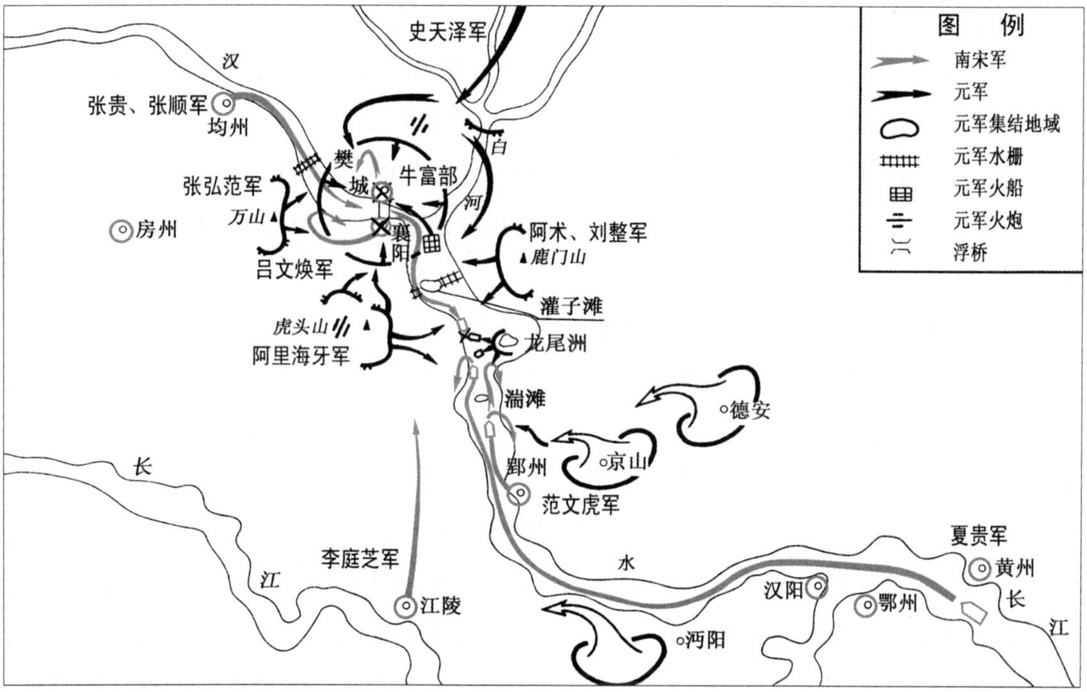

南宋军民保卫襄樊作战经过示意图。总结以往攻宋得失，忽必烈决定以主力攻襄樊，实施中间突破，然后顺江而下，直取临安。襄樊为鄂、豫、陕交通要冲，樊城居汉水北，襄阳居汉水南，两城隔水互为犄角。蒙至元五年（1268），忽必烈派诸将攻打襄阳，采取围城阻援待其自困而后夺取的作战指导：一是筑堡修垒，阻止襄阳宋军出击；二是在万山、灌子滩汉水中立栅，截断宋水军进援；三是命阿术、刘整等兵力集结于鹿门山、德安、京山等地，牵制和分散宋军，保障主力对襄阳的长期围困。南宋主政者贾似道昏聩无知，对蒙军在襄阳的军事行动无动于衷。至元六年（1269），宋将夏贵才主动率军自黄州沿江、汉而至龙尾洲袭击蒙军，但被击败；范文虎以舟师进援，又被击败；次年二月，襄阳守军万人出击万山堡，被击败；至元八年（1271）四月，范文虎统两淮诸军进援，于湍滩被阿术击败；六月，范又率舟师十万沿汉水北上增援，又被击败；至元九年（1272），均州、房州三千军队由张顺、张贵率领，沿汉水顺流而下，冲破蒙军封锁，进入襄阳，但在打通襄、鄂交通过程中，全军战死。至此，宋师进援襄阳的计划全部失败。蒙军遂全力攻伐襄樊，先切断两城交通，然后各个击破，十年（1273），襄樊终于告破。经过长达六年的围困，蒙军终于攻取了这一屏蔽江、汉的战略要地，为尔后沿江东下创造了有利条件。

位，乃许宋和，匆匆提兵北归。景定元年（1260），忽必烈自立于开平（今察哈尔多伦县），建元中统，是为元世祖。

蒙古既退，贾似道讳和为胜，以大捷闻，理宗乃诏其还朝执政。元世祖既立，遣使者郝经至宋，持书申好息兵，并索岁币。似道恐讳和的事泄露，乃拘留郝经于中途。世祖复遣使追问，宋仍不答。景定三年（1262），世祖以阿术统征南军事，但适值蒙古内部不靖，并未积极进兵。而贾似道专恣益甚，又猜忌诸将，多所罪责，因此军队离心，有以地降敌者。五年（1264），蒙古定都燕京，更名大都，并改元至元。同年，宋理宗死。理宗无子，生前纳贾似道之策，立侄禥为太子。禥继位，是为度宗。似道进位太师，威权益盛。度宗咸淳三年（1267），蒙古再派阿术南下。次年，进围襄阳，守将吕文焕力战拒守，宋屡次遣将救襄阳，均遭失败。七年（1271），蒙古改国号元，历史上的元朝自此开始。九年（1273），元兵攻下樊城。这时襄阳已被围六年，援兵不至，吕文焕遂降。这个军事重镇的沦陷，使长江中游失去屏障，元军乃得以长驱东下，直捣宋的首都临安。

咸淳十年（1274），度宗死，子㬎继位，是为恭宗。同年，元派伯颜总率诸军，大举南下，攻陷鄂州。然后顺流东下，沿江城邑，望风而降。德祐元年（1275），宋以贾似道率军十三万溯江迎敌，至鲁港（今安徽芜湖县西南），不战自溃，元兵遂下建康（今南京）。至此，宋室始将似道免职。次月，元兵陷临安，掳恭宗北去。朝臣陈宜中、文天祥、张世杰、陆秀夫等立益王昰（度宗庶子，恭宗兄）于福州，改元景炎，是为端宗。景炎三年（1278），端宗为元兵所逼，走死碙洲（在今广东吴川县南海中），文天祥等又立卫王昺（端宗弟）为帝，改元祥兴，迁于南海中的厓山（在今广东新会县南海中）。既而元师进逼，文天祥兵败被擒。祥兴二年（1279），元军攻厓山，张世杰以舟师迎战失败，陆秀夫负帝蹈海而死，从死者数万人，其壮烈可谓史无前例。总计自金亡至宋室倾覆，宋人与蒙古苦战凡四十五年，较之蒙古的横扫欧陆，所向无前，实不能同日而语。南宋既亡，蒙古以外族并吞中国的创举，也至此完成，这时已是元世祖称帝后的二十年，也就是至元十六年。文天祥被俘后，送至燕京，元人屡次劝降，天祥严拒，遂被幽囚。天祥被囚凡三年，于狱中作《正气歌》，列举古代忠臣义士的事迹，认为他们皆秉有正气，为天地栋梁，其忠节义行，如日星河岳，亘古不磨。至元十九年（1282），天祥被杀，临行从容谓吏卒曰："吾事毕矣！"其衣带中并有赞曰："孔曰成仁，孟

文天祥，选自《历代名臣像解》。

曰取义，唯其义尽，所以仁至。读圣贤书，所学何事？而今而后，庶几无愧。”他是宋室的最后孤臣，他的死，象征着正气的销歇，以及黑暗时代的接踵而至。[参看《宋史》卷四一八《文天祥传》]

（三）元的其他对外战争

蒙古与金、宋交战，只是它对外战争的一环。除去三次西征，自窝阔台时代起，直至元世祖末年，六十余年间，曾先后征讨过高丽、大理、吐蕃、交趾（安南）、占城、日本、缅甸等国。这些战争大多数是蒙古人获胜的，但也遭遇过几次败创。现在对这类战争的经过，做一简略叙述。

高丽自唐高宗时被灭，不久，唐因专力抵制吐蕃，退出朝鲜半岛。其后新罗坐大，其王室金氏，统一半岛。至唐末，新罗政乱，国内盗贼蜂起。盗魁甄萱，据完山（今韩国全州）称王，国号“后百济”。另一盗魁弓裔，盘踞于大同江及汉江一带，建国曰“摩震”，都于松岳（今韩国开城），于是半岛复成鼎足之势。弓裔为人暴虐，不为众所服，于五代初期为其部将王建所杀。王建自立为王，复号高丽，仍都松岳，而以平壤为西京，国势日盛。既而新罗为后百济所破，国都失陷，其王乃于后唐末帝清泰二年（935）投降高丽。次年，王建伐后百济，灭之，于是半岛复归一统。其后，高丽先后称臣于辽金。及蒙古兴起，初与高丽结好，后因高丽杀蒙古使者，窝阔台遣兵征之，高丽请和，蒙古于占领区设达鲁花赤七十二人，以监督其行政。然高丽叛服不常，贵由、蒙哥之世，曾四度征伐。高丽屡受兵祸，乃于蒙哥末年遣世子入朝，臣于蒙古，到世祖至元二十年（1283），元于高丽设立“征东行中书省”，从此高丽内政，也为蒙古人所操持。

大理即唐代的南诏，据今云南省地。唐懿宗时，改国号为大礼。昭宗时，其王室蒙氏为其臣郑氏所篡，改国号大长和。其后篡夺频仍，国号屡更。后晋时，其国主段氏始改号大理国。宋统一后，与之绝少往来。元宪宗蒙哥于宋理宗淳祐十二年（1252），命忽必烈征大理，次年灭之。蒙人虽仍用段氏治其地，但已不复独立。吐蕃于唐末国势顿衰，但其境内喇嘛教（佛教密宗的一支，约于唐中叶传入吐蕃），则日盛一日。喇嘛（僧侣领袖，原意为“无上者”）的势力，甚至超过吐蕃的赞普。忽必烈伐大理时，分兵征吐蕃，当时喇嘛扮底达威行全国，与吐蕃赞普同时出降，于是吐蕃亦定。

日本于唐时与中国通使甚频，五代及宋时，使聘中绝，来华的仅是些僧侣、商贾。高丽降蒙古后，蒙古的侵略目标乃转向日本。世祖初年，曾六次遣使，赴日招降，均告失败，遂于宋度宗咸淳十年（1274）三月，遣战船九百艘，载士卒一万五千人，自高丽进发，远征日本，高丽也以兵数千助征。至十月，始入其国，击败日军。但元军队伍不整，箭又用尽，因此只掳掠四境而回。灭宋后，世祖又于至元十八年（1281），再遣军十数万征日本，分由高丽及江南进发。元军入海后，士气不振，不肯立即进攻。移泊五龙山（今日本九州东北鹰岛），遇飓风，统帅忻都、范文虎等弃军先走，弃士卒十余万于山下，尽为日人所歼。世祖两征日本，都遭失败，自与蒙古人的不擅海战有关。他本拟再度出师，因群臣谏阻，又以用兵安南，遂不再讨伐。

交趾为今越南北部地，唐代隶属于中国版图。五代时，受南汉控制。及宋灭南汉，交趾请内附，宋封其国主为交趾王，其内政完全自主，宋不过受其朝贡，有时甚至与中国交兵。蒙哥时，招降交趾未成，乃于宋理宗宝祐五年（1257）遣兀良合台征之，破其国都而还。元世祖即位后，其王陈光昺乞请入贡，世祖封之为安南国王。今越南南部，当时还有一个国家，名曰占城，不从元命。至元十九年（1282），元遣水陆军分道伐之。水师自广州浮海进讨，连战破之，占城降。而陆路元军，因假道问题，与安南发生冲突。元军攻入安南，陷其国都，而元军遭遇疫疾，死伤亦重。二十二年（1285），元军退，又遭安南人追击，死者过半。二十五年（1288），元大举讨伐安南，结果又败。世祖谋再举，而安南奉表请降，战事乃告停顿。三十一年（1294），世祖死，成宗嗣位，罢安南之征。至此安南始奉职责，占城也内附于元。

缅甸即唐时的骠国，宋以后称缅，其国之部落曰甸，有大甸、中甸等名，故又称缅甸。元初，缅甸国势甚强，西并阿剌干（孟加拉湾 Bay of Bengal 沿海地），南并白古（仰光 Rangoon 北境），并进占暹罗。世祖遣使招谕其王内附，缅甸不从，反遣师侵云南。至元二十年（1283），元师伐之，攻取其地。二十二年（1285），缅甸乞降，世祖许其悔过。二十四年（1287），缅甸内乱，元再平之，缅甸始贡方物。暹罗本为二国，在缅甸东南，即今泰国之地。暹国国土贫瘠，不宜耕种，而仰给于其南邻的罗斛国。元世祖末年，罗斛遣使入贡。成宗时，暹人亦入贡。到元末，暹国降于罗斛，乃合并为暹罗国［见《新元史》卷二五二《暹罗传》］。一说暹罗之名，始见于11世纪，其意为“黑色之国”或“黄金之国”；12世纪，暹罗已建为君主国。［参看程光裕、李作华《东南亚史》页六〇至六一及页七一］

南洋群岛诸国，也多朝贡于元，其著者有马兰丹（今马六甲 Malacca）、苏木都拉

（今苏门答腊 Sumatra）等。至元二十九年（1292），元派兵击爪哇，并降其邻国葛郎（在今爪哇岛东部）。此外，世祖并曾遣使招谕琉求（今台湾），使者至彭湖（今澎湖）而返。

元的疆域，在中国历史上是空前的。它“北逾阴山，西极流沙，东尽辽左，南越海表”，它极盛时期的版图，不仅超越清代全盛时期的疆域，还包括今朝鲜半岛、鄂毕河以东的西伯利亚地区。但这只是元室的直辖地区，至于它的藩属，则南有南洋诸国，西有四大汗国，势力远及亚洲的大部和欧洲的一部。

第二十二章
宋的制度与学术

一、政府与军队

（一）中央政府

宋初的中央官制，名义上承袭唐制，诸如三省、九寺、诸监、御史台等重要机关，表面莫不与唐代相同。但这些机关首长的实权，有的却名不符实，与唐代前期三省制在正常实施状态下的各机关的职权，大有不同。这种现象的造成，乃是由于宋室的竭力推行中央集权，而以前代的制度勉强适应这种政策，因此若干地方，不免“削足适履”，而致发生许多不良的影响。

三省是唐代最高的行政机关，各有专责；三省的首长，都是宰相之职。宋时，三省虽同时并立，但尚书、门下两省的职权，趋于废退，只有中书省独为宰相机关，居于禁中，单独取旨；尚书、门下，都设于宫禁以外，无法预闻大政。三省的首长中书令、尚书令和门下侍中，都不常置，有时虽以他官兼领，只是徒拥虚名，不预国政。而真正统理百官、居宰相之位的，则是“同中书门下平章事”（简称同平章事）。其下设“参知政事”，为宰相之副。同平章事的人数，并无定额，通常为二三人，都是宰相之职。但同平章事仍无与皇帝或同僚议政之权，凡事须以劄子向皇帝请旨，由皇帝做最后裁决，他们只是听命执行而已。同时他们所得预闻的，只限于政治方面，军事和财政，都无权过问。掌理全国军事的机关是枢密院，首长称枢密使，枢密院与中书省分主军政，号为“二府”。至于全国财赋，则全归“三司”掌理，三司是户部司、盐铁司和度支司，由三司使总领之。所以宋初的政治制度，是军、政、财三权分立的，而大权统于皇帝。加以言官权重，宰相又须接受台谏的讽议，因而相权益弱。

由于宋室以唐代的政治制度配合新的中央集权政策（实际是皇帝集权），两者不能完全适应，而致发生若干弊病。除了宰相权弱，不能有所作为外，若干机关也有名无实，形同虚设。例如尚书省在唐代是国家最高的行政机关，到宋则沦为闲曹。因此真仁之际，即有人主张改革官制，但一直到神宗时，才见诸实行。元丰五年（1082），废同平章事及参知政事，而以尚书省的左右仆射为宰相。左仆射兼门下侍郎，以行侍中之职；右仆射兼中书侍郎，以行中书令之职（当时三省虽仍置侍中及尚书、中书二令，但不除人）。又别置中书侍郎、门下侍郎及尚书左右丞，以代参知政事。徽宗政和中，蔡京以太师总领三省，号“公相”；并废尚书令，改侍中、中书令为左辅右弼，也都虚而不除；又改左右仆射为太宰、少宰，仍兼两省侍郎。三省旧制，至此可以说完全破坏。钦宗时，太宰少宰复称左右仆射。

宋高宗初年，因朝臣吕颐浩之请，左右仆射均加同平章事衔；中书门下侍郎，改为参知政事；并废尚书左右丞。孝宗乾道八年（1172），又改左右仆射为左右丞相，删去中书令、侍中、尚书令的虚称，门下省也大约在此时废除。从此左右丞相为全国最高行政长官，掌中书省；尚书省唯余六部，奉命执行政务；左右丞相之下，则有参知政事，为丞相之副。至此三省之制，合而为一，完全失去原来的面目。战时宰相可兼任枢密使，这办法始自仁宗庆历时。高宗绍兴时，也曾由宰相张浚兼枢密使。其后有时兼，有时不兼，直到宁宗开禧时，才以宰相兼枢密使为永制。

从北宋末年起，宰相之上，又设有一种尊贵的官衔，称“平章军国重事”或“同平章军国事”。哲宗元祐时，太师文彦博、司空吕公著相继为“平章军国重事”。这种头衔，特为荣宠老臣硕德而设，位列宰相之上，但并无实权。宁宗时，韩侂胄获得这种头衔，改称“平章军国事”，因为省“重”字则所预者广，去“同”字则所任者专。从此“平章军国事”成为权臣所必加的头衔，自侂胄起，史弥远、贾似道，莫不拥此称号而专政，丞相竟变成他们的僚属。

三省以外的重要行政机关，又有寺和监。寺有太常、宗正、光禄、卫尉、太仆、大理、鸿胪、司农、太府九寺，监有国子、少府、将作、军器、都水五监。它们职掌的范围，与唐代相同，但其中不少机关的职权，为三司所剥夺。由于三司的职掌，范围过于广泛，太府寺、将作监、都水监甚至军器监的权力，都受其蚕食，尚书省的户部、工部，亦复如此。到神宗时，罢三司使，其业务并归户部，才矫正了这种现象。从此军、政、财分立的局面，变成文武的对立。至南宋后期，军政权始告统一。宋代的政治制度，还有一种怪象，即官职之外，另有所谓“差遣”。也就是说，有官职者未必有权，必须由皇帝别敕“差遣”，才能治其职掌范围以内的事。纵使是宰相的分内之事，皇帝也可以别遣他官办理。因此许多官职，只是坐拥虚名，徒耗国家的俸禄而已。[参看萨孟武《中国历代中央政制》“四、由政军财三权分立到文武对立”（载《中国政治思想与制度史论集》二）]

监察机关，主要有谏院和御史台。谏院有司谏、正言共六人，以他官兼领者，称知谏院。御史台虽设大夫，但不除人，因此中丞遂为首长。御史分侍御史（一人）、殿中侍御史（二人）、监察御史（六人）三种，而监察御史之权尤为重要。宋代台谏官均由皇帝亲擢，谏官职权也大有改变。唐代谏官的主要任务，为纠正皇帝的过失；到宋，台谏监察权力的行使，均以宰相为主要对象。而宋室又对此种作风，多方鼓励，从不罪责言官。因此监察权力超过相权，宰相受言官的牵制，不能有所作为，宋的积弱，与此大有关系。

此外的重要官吏，有翰林学士和馆阁学士。翰林学士掌制诰，自唐中叶以后，权位渐隆，但唐时多以本官兼任，并无一定的品秩。宋时始有定制，其资历较浅者，称“直院学士”；他官入翰林院暂掌文书的，称为“权直”；因此翰林学士愈加显贵。翰林学士之侍从皇帝者，又有侍读、侍讲等名目，其秩卑资浅者，则称“说书”。太祖时，曾设史馆、昭文馆、集贤院，延集文学之士，监修国史，研究学术。太宗时，又置秘阁，以收藏图书。馆阁皆设大学士及学士，大学士除秘阁外，率以宰相领之。此外又有殿学士，资望极峻，无职守典掌，只是侍从皇帝，以备顾问。殿有观文殿、资政殿、端明殿等，其中观文殿大学士，非曾为宰相者不除，其余也率以大臣之去位者充任。馆阁号为储才之地，学士皆当时俊彦，朝臣一经此职，便可列为名流，因此宋代最重馆职。

（二）地方政区

宋初，地方政区主要为州县二级制。虽然设有少数节度使，但到太宗初年，限定节度使只辖一州，因此有“节度州”“刺史州”之分。太宗末年，分全国为十五路，各置转运使以统之，于是地方政区，变成路、州、县三级制。

此外尚有少数的府，其建置除由于政治原因外，有时更于军事及经济重要地区置府。北宋初，府辖县的数目，往往较州为多；于末叶增置者，统县与州略同。至南宋，府的数目大为增加，府与州之间，等于没有什么差别。府州县之外，另有两种特殊地区，即军和监。军由唐代藩镇的军号演变而来，是一种屯驻军队的地区，其首长治军以外，兼理民事，地位大都与州相等，但也偶有与县相等的。监是一种特殊业务机关所辖的地区，如冶铁、冶铜、铸钱、制盐等。主持此类机关的首长，也兼理其辖区的民事。监多属于州，地位大都与县相等，但也偶有领县比州的。西北及西南边疆，又有砦、城、堡等名目，是一种军事性的城池或堡垒，地位或与县等，或隶于县。

太宗初年，即有路的设置，但最初只是中央政府监理地方财政的临时区划，以转运使主之。到至道三年（997），始定全国为十五路，而转运使也以财政官兼理军政、民政及监察事务。十五路的名称及大致范围如下：

1. 京东路　统府一、州十六、军四、监二。今河南省东部，山东省大部及江苏、安徽二省淮河以北之地。

2. 京西路　统府一、州十六、军二。今河南省西部，湖北省北部，安徽省西北隅及陕西省东南隅地。

3. 河北路　统府一、州二十四、军十四。今河南省北端，河北省中南部及山东省黄河以北地。

4. 河东路　统州十七、军六、监二。今山西省大部，及山西、绥远、陕西三省交界地。

5. 陕西路　统府三、州二十四、军二、监二。今陕西省大部，甘肃省东南部，山西省西南隅及河南省西端。

6. 淮南路　统州十七、军四、监二。今湖北省东北部，河南省东南隅及安徽、江苏二省中北部地。

7. 江南路　统州十四、军六。今江西省全部，安徽省南部，湖北省东南隅，江苏省西南部地。

8. 湖南路　统州七、监一。今湖南省大部及广西省一小部地。

9. 湖北路　统府一、州九、军二。今湖北省大部及湖南省北部地。

10. 两浙路　统州十四、军二。今浙江省全部及江苏省东南部地。

11. 福建路　统州六、军二。今福建省全部地。

12. 西川路　统府一、州二十四、军三、监一。今四川省大部，西康省东部地。

13. 峡西路　统府一、州二十、军二、监一。今四川省东部，贵州省东北部，陕西省西南隅及甘肃省南端地。

14. 广东路　统州十六。今广东省大部地。

15. 广西路　统州二十六。今广西省大部，广东省西部地。

以上十五路，共辖府九，州二百五十，军四十九，监十一，县一千一百六十二，较五代十国时期的整个疆土，略有增加。神宗元丰八年（1085）更定全国为二十三路，即京东、河北、淮南、江南四路各分东西，凡八路；京西路分为南北二路；陕西路分为永兴、秦凤二路；西川、峡西二路改划为成都、梓州、夔州、利州四路；合河东、荆湖北（原湖北）、荆湖南（原湖南）、两浙、福建、广南东（原广东）、广南西（原广西），共二十三路。而京师所在的开封府（统十六县），不在二十三路之内。徽宗时，以开封府及其附近数州为京畿路；伐辽之后，又设云中府路（今山西省北部及察哈尔省南部地）和燕山府路（今河北省北部地），号称二十六路。但云中地始终为金人所据，而燕山府路诸州，归宋未久，又陷于金。

南宋国土大削，仅有浙西、浙东、江南东、江南西、淮南东、淮南西、荆湖南、荆湖北、京西南、成都、潼川、利州、夔州、福建、广南东、广南西十六路。其中浙西、浙东二路自北宋的两浙路分化而成，潼川路即北宋的梓州路，京西南路的一部分领土丧失。其余各路，名称均与北宋相同，辖区范围也大致相若。度宗咸淳元年（1265），十六路凡统府三十六，州一百二十六，军三十九，监一。

宋初因后周之制，分建东西两京，东京开封府（今河南开封县），西京河南府（今河南洛阳县）。其后又置南北两京，北京大名府（今河北大名县），系五代时的邺都，南京应天府（今河南商丘县南），五代时本称宋州，因宋太祖于周恭帝时，曾任归德军节度使于此，因此也建为陪都。路的最高长官，最初只有转运使。真宗时，于各路置“提点刑狱公事”（简称提点刑狱），以掌狱讼，稍夺转运使之权。又于西川陕西二路置安抚使，以理军事。仁宗以后，各路均置安抚使，但废复无常。此外宋室因与契丹西夏交兵，曾于河北、陕西边境增设不少安抚使，其辖区也称为路，但是纯军事区，与政区不同。南渡以后，各路仍置转运使、安抚使和提点刑狱，但其职掌与北宋稍异。转运使通称“漕司”，掌一路财政，兼掌监察。安抚使又称“帅司”，掌一路军事，兼及民政，其职权远较北宋为重，俨然为一路的军政长官。提点刑狱又称“宪司”，掌一路讼狱。此外又有“仓司”，即“提举常平茶盐公事”，主持各路常平义仓以及若干经济业务，如水利、开矿、煮盐等。以上四司，都是奉中央派遣监督地方政事的，严格说来，并非地方官。南宋时，曾于安抚使上加设宣抚、制置二使，不领府州，但位在诸路帅臣之上，如张浚曾任四川宣抚使，余玠曾任四川制置使。

府州军的政务，自宋取消节度使后，均以中央文臣代行。府的长官，除京师设置府尹外，其余皆称“权知府事”，简称“知府”。各州皆置“知州事”，简称“知州”。军监则各置“知军事”和“知监事”，简称“知军”和“知监”。这些地方官，仍具有他们在中央时的本来官职，表面上虽隶属于路，但他们可以直接禀奏政务于中央。而府州均置通判，为知府、知州的副贰，也以京官任之。府州长官的命令，必须通判副署，方能生效。这种制度，可以说极尽互相牵制的能事。此外每县有“知县事”，简称“知县”。

附带一提宋代的人口。宋太祖时，全国户数不过三百余万，其后代有增加，到徽宗大观四年（1110），全国共有二千八十八万余户，四千六百七十三万余口，是宋代人口的极盛时期。及至宋室南渡，人口锐减，宁宗嘉定十一年（1218），全国共有一千三百六十六万余户。［宋代人口，见《宋史》卷八五《地理志一》］

（三）军队的种类

宋行募兵制，军队分禁兵、厢兵、乡兵、蕃兵，大部是招募而来，分隶于殿前、侍卫二司。有关招募、廪给、训练、屯戍、拣选、补充等事项，则由枢密院掌理。

禁军为皇帝的卫队，也是宋帝国最精锐的部队。由于宋室推行“强干弱枝”的政策，因此对禁军的拣选训练，最为注意。同时宋室并积极扩充禁军的兵额，太祖初年，禁军不过二十万人，到仁宗时，已增至八十二万余人。禁军的任务为保卫首都，兼备征伐，他们约有半数驻于京城及其附近地区，其余则分戍边境及若干内地重镇。外戍的禁军，每一年或二年必换防一次，以使士卒习于劳苦；戍地统帅则不随兵易防，以免武人拥兵自专。厢兵是诸州的地方军，“厢”为“城厢”之意。厢兵有时一军分隶数州，他们的任务是在诸州担任畜牧和修缮之役，极少用于作战。太祖时，命选厢兵的壮勇者，送京师充禁卫，其余则留驻本州，因此厢军的素质甚劣。加以他们专供给役，缺少训练，自然也谈不到战斗力。仁宗时，厢兵多达四十三万余。至于禁兵与厢兵的饷给，相差甚多，禁兵饷给尚可赡养家室，厢兵则待遇微薄，故多兼营他业。

乡兵即民兵，并非国家的正规军。这种兵的来源，一部分出自招募，一部分自民户征调。后周太祖时，曾征秦州（今甘肃秦安县东）税户为兵，号“保毅军”。宋沿其制，真宗咸平四年（1001），令陕西税户，家出一丁，号曰保毅，由政府发给粮饷，分番戍守边地。次年，陕西沿边保毅，扩充至六万八千余人。其后若干地区均建置乡兵，名号繁多，而以河北、河东、陕西三路为最著。仁宗时，仅河北、河东义勇即达二十六万余人。蕃兵为外籍兵团，也可以说是边塞上的乡兵，为内属的外族组织而成。这种兵以西北地区为多，西北边疆的羌戎种落，不相统一，政府对其附塞者施以军事组织，给以旗帜器械，使其守边，一切制度与乡兵相同。

乡兵和蕃兵，只限于少数地区才有，厢兵虽遍布各州，但也缺少校阅；真正符合兵的标准的，只有禁兵，其招募和训练，都有定规。太祖时，曾拣军中勇壮者，号为“兵样”，分送各地，命如样招募。后改用木梃，标以尺寸高下，以为募兵体高的标准，谓之“等长杖”，其标准高度为五尺五寸至五尺八寸。其后因国家渐安，募兵乃不如初年的严格，素质日渐低落。此外，宋室为防止士兵逃逸，有刺面涅手之法，也就是在士兵的脸上或手背上刺字，以为标志（仁宗时，禁兵脸上刺“指挥”字样，其他时代刺字是否相同，不得而知）。士兵刺面的办法，始于唐末，朱全忠是其创始者。至宋，刺面以外，又有涅手之法。宋时禁兵刺面，乡兵蕃兵涅手，厢军可能刺面。这种办法，无异视士兵为罪犯，影响所及，使军人的地位，日趋低落。

兵种方面，则以步兵为主，骑兵仅占一小部。此外又有水师，始建于太祖时，最初目的在用以平定江南。其后各路厢军中，多置水师。宋室南迁后，因保卫江淮，水师大为扩充，其规模远过北宋，操演也甚勤。韩世忠困金兀术于黄天荡，虞允文拒金主亮于采石矶，都得力于水师。至于制造船舰，中央政府特置“造船务”，各路厢军中亦多有造船机构。当时有所谓“车船”，是一种以车轮推进的船，为当时的水师普遍采用。

宋太祖时，因精选勤练，禁军的战斗力甚强，故能平定群雄，造成大致统一的局面。太宗承其余绪，也能扫平北汉，两伐契丹。到真宗时，冗兵日增，渐至造成宋室财政上的绝症。澶渊之盟后，真宗更致力于封禅符瑞以自高身价，边务为之废弛。仁宗时，因西夏叛乱，大肆招募，并征调民兵，冗兵之患遂日益严重。当时禁军多怯懦畏战，主要的作战任务乃转移到乡兵身上。因乡兵生长边鄙，熟知边疆地形及敌情，又以爱护家乡，每战必出死力。此外蕃兵也强劲任战，仁宗皇祐五年（1053），宋以狄青讨平广源州（今安南谅山西北）蛮酋侬智高，即得力于蕃兵。但宋室对边将钳制过甚，加以不得久任，以是虽有良兵，仍不足以捍御外寇。

宋代的冗兵，与募兵制的本身也有连带关系。宋代募兵，并没有完善的退役制度，士兵可以老死行伍，但其胜战的时期不过十数年，其余时间，等于养老。老兵既不可用，于是再募新的，军队乃愈养愈多。有时遇到天灾，更以招兵为救济灾荒的手段。用这种方式建立的军队，其素质不问可知。到神宗时，王安石变法，改革兵制乃为其中重要的一项。

王安石的改革办法，主要是以民兵代替募兵。哲宗时，旧党当政，废保甲，罢教阅，于是民兵亦衰。到徽宗时，宦官把持兵权，兵制益坏。当时宦官童贯，内则领枢密院，外则为宣抚使，由于他的偏私冒功，致使宋军士气低落。伐辽之役，宋室重兵大部集中北方，而京师禁军，因屡年逃亡，数目甚少。及金人南下，京师空虚，终致造成靖康的悲剧。

二、财政与法律

（一）赋税与货币

宋代赋税，主要有五种：1.“公田之赋”，即国有田地交人民耕种而收其赋。2.“民田之赋”，即百姓私田的租赋。3.“城郭之赋”，即宅税、地税之类。4.“丁口之赋”，即成年人口税。五、“杂变之赋”，即牛革、蚕、盐等类物品的税课。租赋所征的物品，又分四大类，即谷、帛、金铁、物产，各按规定缴纳。至于缴纳的期限，则仍沿唐代的两税法，分夏秋两次征收。此外，又有所谓“折变”和“支移”的办法。百姓所输的物品，本有一定，如政府不需用，得临时命令，改输与原输物品价值相等的其他物品，谓之“折变”。百姓输纳租税，本有定所，如所输的地方，不需其所输之物，亦可命令百姓转输他地，并以户等的高下，定道里的远近，谓之“支移”；不愿支移者，须另交运费。这两种办法，极为扰民。

赋税之外，又有“差役”，也是宋代出名的秕政。差役是征调百姓，为地方政府服役，并分乡户为若干等，以定其服役的重轻。差役的名目，甚为繁多，诸如公物的供给运输，赋税的督课追偿，盗贼的逐捕，公家的给使等，莫不由乡户负担，人民不胜其苦。王安石变法，创免役法以革其弊。司马光执政，又复差役，即旧党中人也有对此举表示不满的。其后，役法屡有变更。孝宗乾道五年（1169），处州松阳县（今浙江松阳县）首倡“义役”，即由民户轮流充役，未充役的民户，须各出田谷以助役户。此法实行后，人民称便，因而推行日广。这种办法，后来经政府正式承认，凡不愿义役者，始行差役。但义役之法，是否一直维持到南宋末年，则不得而知。

宋时对若干产物也实行专卖制，以盐、茶、酒、香、矾为主，其余有曲、醋等。这些物产的专卖，为政府赚得庞大的利润，尤以盐、茶、酒获利最丰。

盐分两种，末盐及颗盐（又称解盐）。前者指海盐以及四川等地所产的井盐，系以盐水煮制而成；后者指今山西省解州及运城两盐池所产的盐，系以盐水经日晒而成。政府于末盐产地，设置盐场，并征百姓为亭户，户有盐丁，专司煮盐鬻盐事宜；每年由政府课税，严禁百姓私自煮鬻。颗盐则由政府于产地征民户为“畦夫”，从事制盐，予以廪给，并免其一家的赋役；所得之利，概归公库。全国盐务，由盐铁司主之，其下有京师榷货务，以掌首都盐政。每路盐政，则由提举常平茶盐公事主之。解盐产地，另设提举制置解盐司，直属三司，专主解盐事。茶的专卖办法，是在产茶区的要会之地，设场置吏，总名曰“山场”；人民之以采茶为业者，均隶属于山场，从事制茶工作，谓之“园户”。制成的茶，可以一部充租赋，其余由政府收买，然后再以高价出卖。酒则于各州城内，设厂酿酒出卖；县镇或乡村，则许民自酿，而定其岁课。矾由政府指定制矾者为“镬户”，一切制成品皆入官市，禁止私售。香即香料，又称“香药”，在指定地区中（如泉州等地），由政府专卖。

此外又有商税，诸州县皆置官征收，凡过路商货，谓之“过税”，每千钱课二十，如于当地出售，谓之“住税”，每千钱课三十。至于国际贸易，宋初曾置“市舶司”于广州，其后又于杭州、明州（今浙江鄞县东）、泉州（今福建晋江县）等地置司，专司与大食及今南洋地区国家的贸易。两宋国计，依恃市舶者甚多。宋末，阿拉伯人蒲寿庚掌市舶司达三十年，于端宗景炎元年（1276）在泉州降元，宋室的军资船舶因之大感缺乏，遂不能立足于闽土。北宋时代，曾于邻近辽夏地区，设置榷场，以便互市。南宋也曾于盱眙等地，与金互市。此外又有矿税，凡金、银、铜、铁、铅、锡等矿，均由政府设置“监冶场务”，监督开采，并加以征课。以上所说，只是最重要的几种赋税，其他苛杂，尚不在内。比较起来，北宋的赋敛，较南宋为轻。南宋时，国土减削一半，但财赋收入，较之北宋时岁入的最高额，犹有超出，可以想见其赋税之重。

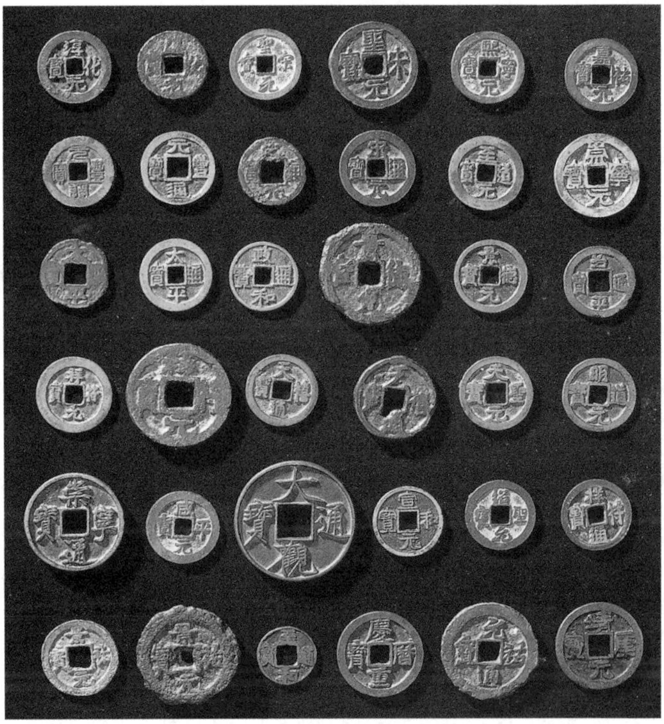

北宋钱币。宋钱以年号为主，每种年号钱有多种形式，按字体有楷、隶、草、篆；按钱文有元宝、通宝和重宝，是中国历代货币中品种最多、版别最繁复的钱币。

宋代货币，可分两大类：1. 硬币，有铜钱、铁钱、夹锡钱及金银等。2. 纸币，有交子、钱引、会子、关子等。硬币以铜钱为主，南宋时，铜钱数目渐少，交子、会子、关子乃继之通行。

五代时，多承用唐钱，又以铁钱与铜钱相辅而行。宋初，仍以铜铁钱为主。太祖初铸钱，文曰“宋元通宝”，重量以唐开元钱为准。太宗时，更铸“太平通宝”“淳化元宝”等钱。仁宗时，曾铸当十的铜铁钱，以助军费，而盗铸者甚多。神宗时，改为当二，盗铸始息，是为“折二”及“铁折二”。其后铜钱日少，铁钱滋多。徽宗时，蔡京主政，铸“当五铜钱”“折十铜钱”及“夹锡钱”。夹锡钱以铜夹锡合铸而成，以夹锡钱一折铜钱二，百姓多不愿用，因而严令通行。宋室南渡，颇少铸钱，仅宁宗曾铸“当五”钱。金银亦可通用，有时政府征收岁赋，若干地区限令缴银。

交子，北宋时期四川印刷的纸币。

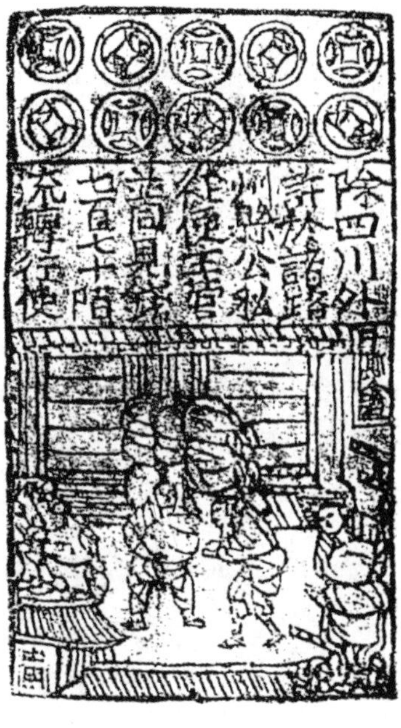

真宗时，四川始用纸币，名曰“交子”。当时张咏镇蜀，以蜀人嫌铁钱笨重，不便贸易，因而召集富民十六户，发行纸币，是为交子。一交值一缗，以三年为一期而兑换之。其后富民乏赀，不能兑现，转运使薛由、张若谷乃建议中央，于益州置“交子务”，主管其事。仁宗从其议，规定每期发行交子，以一百二十五万六千三百四十缗为额。其后陕西等地，也渐通行交子，但因钱少，无法兑现，以致交子的价格大跌。徽宗时，又发新钞，名曰“钱引”，流通甚广。高宗末年，政府又发行“会子”。会子又称官会，兑换期仍为三年，其票额有一贯（千文）、二贯、三贯三等，后又增发二百文、三百文及五百文者。其发行额，孝宗时不过一千万贯，理宗时竟增至三亿二千九百万贯，可见发行之滥。关子是“见钱关子”的简称，最初是沿边榷场与京师间的汇票，后来也做纸币之用。北宋末期，陕西一路发行关子四百万贯。其后又发行金银关子、铜钱关子，但因滥发，不能十足兑现，价格亦低。

（二）法典与刑法

宋的法律，表面完全承袭唐法，但实质上远较唐法为严厉。这是因为宋承五代之后，依然不能完全脱离五代严酷野蛮的作风，例如惨绝人寰的“凌迟”，便始创于宋代（一说始自五代）。又如“黥刑”，也于宋代普遍应用，甚至用为士兵的标识。这两种刑罚，对后世有甚大的不良影响。

宋代法典之多，超越前代。宋以前各朝，最多每易一君，修撰法典一次，宋代则每年必有一次或数次的修撰。但宋代法典，大都佚失，就现存的一小部分看，其内容可以说完全抄袭《唐律》。但事实上宋法不尽依唐法，行施时如遇扞格滞碍之处，则以皇帝的敕令为准，随时加以更改。神宗时，正式规定凡律不载的，皆以敕为判断标准。此后直到南宋都遵行这种制度。

宋代刑法，仍分笞、杖、徒、流、死五种。笞分五等，十至五十。杖分五等，六十至一百。徒分五等：一年、一年半、二年、二年半、三年，并分别加脊杖十三、十五、十七、十八、二十。流分三等：二千里，脊杖十七；二千五百里，脊杖十八；三千里，脊杖二十；并均配役一年。又有加役流，脊杖二十，配役三年。死刑分三等：绞、斩、凌迟。唐代流刑，止于远徙配役，宋代则除此以外，并加杖刺面，列于军籍，这又是《宋律》酷于《唐律》的明证之一。至于凌迟的办法，则是“先断斲其支体，次绝其吭”。[见《文献通考》卷一六七《刑六》]

司法方面，五代时，藩镇跋扈，率以专杀为威，中央则以姑息为事，大都置之不问。到宋初，中央政府始统一全国的司法权，规定诸州所处的死刑案件，必须呈报大理寺详断，再交刑部覆查。因此宋代司法，远较五代持平。地方的司法机关，每县的知县，有评决狱讼之权。州则除知州、通判掌刑狱外，并仿唐制，设司法、司理二参军，前者掌议法判刑，后者司勘鞫讼案。府则知府可兼掌司法，属官有判官、推官、法曹参军等。每路则有提点刑狱公事，主一路的司法。中央方面，除大理寺、刑部外，太宗时，曾设审刑院，司审理大理寺所断的案牍，并奏知皇帝，其职掌与刑部相似。神宗时，并入刑部。此外，门下省司按覆刑部、大理寺所断的狱案，审其轻重枉直，不当者则以法驳正，这又是与唐制不同的地方。

宋代的法学思想，甚为发达，当时的政要学者，对法律有所撰述的，颇不乏人。如王安石、曾布、吕公著、欧阳修、洪迈、朱熹、马端临等，对法律均有精辟的见解。王安石、洪迈反对赦罪，认为多赦则惠奸长恶，无补治道。曾布反对以赃论罪，认为如此则“劫贫家情虽重，而以赃少减免；劫富室情虽轻，而以赃重论死”。所论均具卓见。

附带一提的，中国之有法医学，是从宋代开始。理宗淳祐时，湖南司法官吏宋慈，研究法医学，著有《洗冤集录》一书，详述官府验尸时的手续和方法，诸如鉴定被害者的伤毒及证物等，多由实际经验得来。虽然其中也有相当一部分不合事实及学理，但这部书可以说是中国最早的法医学专著，对刑案的处理无疑大有帮助。[参看杨鸿烈《中国法律发达史》上册，页六三五至六四六]

三、科举与学校

（一）贡举与制举

宋代的科举，共分两种，即贡举和制举。前者经常由政府主办，后者则因需要，由皇帝临时下诏举行。这两种考试的名目和办法，都大体沿自唐代。

贡举由礼部主办，有进士、九经、五经、开元礼、三史、三礼、三传、学究、明经、明法等科。投考的士子，必先经过其本州的考试，及格后，由州政府送至京师，参加礼部试，谓之“发解”。礼部考试及格后，再参加殿试（即由皇帝亲试），殿试及格，方为“及第”。士子发解均在每年秋天，冬天集中于京师，次年春始应礼部试。及第者，列名放榜于尚书省。考试内容，各科多有不同，例如进士试诗、赋、论各一首，策五道，论语十题，口试《春秋》或《礼记》墨义（章句的解释）十条。其余各依其科目，分别其考试内容，大致亦分笔试及口试两种。

宋代的贡举，与唐代贡举不同的地方，约有三点：一是殿试之法的实行，这个办法，创始于太祖时。最初殿试颇有黜落，或三人取一，或二人取一，或三人取二，因此有屡中礼部试而屡受黜于殿试的。到仁宗时，下诏凡进士参与殿试的，概不黜落，其后一直不改。唐则没有殿试。二是科举的举行，宋初并无定制，有时每年举行一次，有时隔一年或二年举行，直到英宗时，才定为三年一试。唐则逐年举行。三是举子殿试及第后，由政府授以官职。唐代举子，则须应礼部及吏部试，及格后除官。至于每科及第的人数，也远较唐代为多。

宋代科举的名目虽多，但以进士科为最盛，若明经诸科，并不为人所重。因为当时崇尚文学，士人视经学为记诵之学，多无兴趣，朝廷对进士又倍加宠重，因此进士科成为士人竞趋的对象。由于朝廷重视进士，考试的制度，也益趋详密。太宗时，分进士为三等，谓之“三甲”。真宗时，分进士为五等，前二等曰“及第”，三等曰“出身”，四等五等曰“同出身”。至于考场规则，宋初颇宽，后为防弊起见，乃有弥封、誊录等法。弥封是考卷上编列号码，而将与试者的姓名加以封掩，等试卷阅完，再行开封。誊录是举子交卷后，由政府命人照原卷誊录一遍，以防阅卷者认识举子的笔迹，而予以偏袒。

仁宗时，范仲淹执政，以科举多不切实用，主张于州县立学校，士子必须在学三百日，始准参加秋试。但因格于旧例，未能实行。到王安石变法，改革科举制度，罢除诸科，独存进士。此外又立明法，作为不能业进士的举子的进身之地。考试内容，则废掉帖经墨义，改试诸经大义，必须通经而有文采者，才能中格，与帖经墨义的粗解章句者不同。此外自州县至京师，均设学校，宦家子弟，可免试入学，以在学成绩的优劣，评定等绩。最优的为“上舍”，可免除发解及礼部试，直接参加殿试，这办法无疑对进士科的水准，大为提高。其后党争剧烈，办法屡有更易，但经试大义，则相沿未改。徽宗时，曾一度废除科举，专以学校取士，但不久又行恢复。

南渡以后，科举仍重进士，考试内容则分为两科，一以试经为主，一以试诗赋为主，但前者仍兼试诗赋，后者仍兼试经义。这种办法，初行于哲宗元祐四年（1089），南渡后始成定制。进士之所以分科，实因当时北方人素好经学，南方人擅长词藻，不得不实行分科办法，以为调剂。

制举自北宋至南宋，历朝多曾举行。太祖时，始置“贤良方正，能直言极谏”，“经学优深，可为师法”及“详闲吏理，达于教化”三科，无论官吏平民，均可应诏对策三千言，词理俱优者中选。仁宗时，制举甚盛，凡开十科，以征求各项人才。哲宗时，置宏词科，以收文学博异之士，但须进士及第者，始得请试。徽宗时，置词学兼茂科；高宗时，置博学宏词科；均用以待文学之士。当时社会重进士科，因而应试者不多，但应制举而得大用者，仍不乏人。

（二）官学与书院

宋代的中央官学，主要有国子学、太学、四门学以及律、算、书、画、医、武等学。其中除国子学学生多高官子弟外，其他诸学学生，大都是低级官吏及平民子弟，因此宋代官学，远较唐代为平民化。而画、医、武三学，均为前代所无。国子学建于宋初，太学、四门学、武学建于仁宗时，律学和医学建于神宗时，书、画、算三学建于徽宗时。课程方面，国子学、太学及四门学，均以研习经学为主。武学习诸家兵法，并讲授历代用兵的得失及前人的忠义节行等。律学研习法律，分断案、律义二科，南渡后，并兼习经义。医学分三科，即方脉科、针科、疡科。书学习篆、隶、草三体及文字学，兼习经义。画学分佛道、人物、山水、鸟兽、花竹、屋木等门，并兼习经义、法律、书法及文字学。算学除讲解算法外，也兼授经义。

诸学之中，以国子学和太学最受国家重视，但宋初由于社会崇尚科举，学生大都把学校视同旅舍，因此官学并不甚盛。如太祖时，国子学生最多只有七十人。仁宗时，兴建太学，学生人数激增，社会的观感一新。到神宗时，王安石大举兴学，太学大为扩充。神宗初年，太学生不过三百人，但到末年，增至二千四百人。安石并创三舍法，想以学校养士来代替科举取士，其办法已于前面说过，不再赘述。徽宗崇宁三年至宣和三年（1104 ~ 1121），曾废除科举，专以学校取士，学生最多时达三千八百人。这段时期，可以说是宋代太学的黄金时代。但好景不常，靖康之难，学校全被摧毁。南宋于高宗绍兴中始建太学，太学生七百人，仍用三舍之法。学生的待遇，也甚优渥。其后太学日益扩充，中叶以后，因受政治和科举的影响，而日渐颓坏。

除中央官学外，宋州县均有官学。宋初，州县学甚少。到仁宗时，由于范仲淹、宋祁、欧阳修等人的建议，宋室才提倡学校，于是州县学大兴。其教学内容，大致以“讲求经旨，明礼躬行”为本。神宗时，对学校尤为注意，并置学官于重要州府，凡五十三员，以便管理当地的官学。哲宗时，并于州县学推行三舍法，规模益臻完善。徽宗时，州县学生绩优者，有免役的优待，因此不免发生若干弊病。

此外尚有“书院”，是一种私人讲学的处所，其组织类似学校，但所授课目及校规等，均不似官学的硬性规定。其教学宗旨，做人重于求知，教师必须为学行并茂的硕儒，而不仅是做知识的传授。书院一名，唐代已有，但仅是一种官立图书馆，并非学校。五代时，始有学校式的书院。至宋，书院制度完全确立。书院有官立的，也有私立的，但不论官立私立，其主持人均可自订教材，加以讲述，而不受官府条文的拘束。书院与官学的不同，主要在此。

宋初，有四大书院，即白鹿洞、岳麓、应天、石鼓四书院［据《文献通考》卷四六《学校七》］。白鹿洞书院在今江西省庐山，本唐德宗时李渤兄弟隐居之地，南唐时始建为书院，宋初有学生数千人。岳麓书院在今湖南省长沙县西岳麓山下，始建于宋太祖时。应天书院在今河南省商丘县，原为后晋末年戚同文讲学之所，真宗时建。石鼓书院在今湖南衡阳县北石鼓山，本唐宪宗时李宽讲学之地，太宗时建。此外又有嵩阳书院（在今河南登封县）、茅山书院（在今江苏句容县东南）等，亦甚著名。

宋代书院，既有官立私立之分，其经费来源也因之不同，有的取于田租，有的取于官费，也有赖私人捐助维持的。书院学生，均免食宿费用，成绩优良者，尚可得到奖金，因此贫寒学生，受惠甚多。书院的主持者，多为一代大儒，名称有洞主、洞正、堂长、山主、山长等，又有副山长、助教、讲书等辅助之。书院的业务，可分三项：一是藏书，以备学者阅读。二是供祀先儒之有功德者。三是讲学，或由官吏延师，或由主者自教，或别请大儒做临时讲学，并无一定的规则。教学的主旨，在指导学生修养方法，致力于躬行实践而不尚空谈。北宋时，书院尚习治事，如治民安生，讲武御寇，堰水利田等。到南宋，学风大变，书院成为极其宁静的讲读之所；国难愈亟，士子的持敬持静也愈甚，而致学术与现实环境，发生脱节的现象。

书院大盛于北宋前期，这是由于五代学校不修，士人无讲习学术之所，因而相与选择胜地，建立书院。继而宋室提倡科举，士人争趋名利，如此官学渐盛，书院遂日益衰落。南宋时，书院又兴，至末年，全国书院之可考者，达四十余所。南宋书院兴盛的原因，不外三点：1. 官学败坏，经费不足，因而书院代之而起。2. 南宋屡禁周程之学，目为“伪学”，理学家乃不得不自立书院，以传其学。3. 南宋政治，日益败坏，对政治灰心的士人，大都遁迹于书院。

宋代实行文治，因而倡行科举，普及教育，政风也因之有所改善。宋初，大臣多袭五代陋俗，务殖货财。真宗以后，士风渐变，多知以名节廉耻相尚，而太学生关心国事，抨击时政，颇有东汉的遗风。徽宗时，太学生反对花石纲，攻击蔡京、童贯等，甚为激烈，尤以太学生陈东，曾于徽宗末至高宗初的一段时间，屡次上书，反对和议，请诛奸臣，最为后世所称道。其他或面辱金人而被害，或以武力抗敌而殉难者，为数亦多。南宋后期，韩侂胄、史弥远、贾似道等相继擅国，专横异常，谏官噤不敢言，唯太学生敢与之相抗。宋代太学生的意见，极为朝野所重视，有时可左右朝政，因此太学生被目为“有发头陀寺，无官御史台”，以形容太学生的清苦鲠亮。但这种现象，也发生不少流弊，不肖的学生，招权受赂，毁谤善良，甚至欺凌百姓，包庇奸邪，而政府不敢过问，因此政治始终不能步入正轨。

四、学术思想

（一）经学与理学

唐中叶以后，研究经学的风气大变，学者多抛弃传统的注疏，而自以新说解经。这种疑古的风气，到宋代仍然盛行。王安石训释《诗》《书》《周礼》，号称“新义”，可知其解释与传统的注疏不同。此外如欧阳修、苏轼等，对古代某些经典的部分内容，抱怀疑态度，自然也都是受这种风气的影响。这种风气的持续，所以如此之长，主要由于唐宋时代的政府和社会，崇尚文学，明经并非士人的唯一出路，加以当时思想比较自由，学者不愿死守传统的经注，而思自创新见。另一个重要原因，是佛学深入中国的学术思想界，而使之发生变化。这种风气，最初是怀疑古经，渐而形成一种新学派，即所谓“理学”或“道学”。理学也可以说是一种新儒学，理学家的最初目的，本在中兴儒学，抵制佛道。但他们所讨论的若干问题，如心性和宇宙问题，都是先儒所不常谈的，因而无形中蹈袭了佛道的理论和方法，尤以佛家的禅宗理论，对理学的影响最大。

宋代理学的初兴，约在真宗与仁宗之际。初期的理学家，以周敦颐、邵雍、张载为最著。周是宋代理学的开山祖，从他起，宋儒才开始谈宇宙问题，就宇宙的本体，而推到人生的正道。他以《易》《中庸》二书为骨干，杂以佛老，建立其本体论。他的《太极图说》，可称为代表作。此外，邵的《皇极经世》、张的《正蒙》，都是这方面的名著。周邵之学，渊源于五代末年的道士陈抟；张载少时，对佛老曾用过功夫；他们的著作，无疑已注入不少佛道的精义。周于讨论宇宙问题之外，更阐发心性义理的奥秘。他所谓的“人极”亦即做人的最高理想，是仁义中正。修养的方法，在静与思，静始能无欲，思始能通微。通微可以渐达于无思，无思始合于诚，合于诚者便是圣人。张载在这方面，也有甚多的发挥。他认为圣人视万物为一体，破除我与非我的界限，亦即是天人合一的境界。以此推之，人体即宇宙之体，人性即宇宙之性。吾人应以宇宙为父母，众人做兄弟，万物为同类。自亲亲之道，扩充至大公无我，泛爱一切，始为对宇宙万物应有的态度。周，道州（今湖南道县）人，学者称濂溪先生。邵，洛阳人，学者称康节先生。张，郿县（今陕西郿县）人，学者称横渠先生。

继起的理学家，以程颢、程颐兄弟为首。二程洛阳人，少时曾受学于周敦颐，博览诸家，出入释老者，将近十年，然后研习六经，发为学说。他们都不喜探讨宇宙问题，而着重于内心的直证。因为人对宇宙的了解有限，由宇宙论转到人生论更觉牵强，不如直接从人生的实际经验，来建立人生的理论，这是二程在理学上的最大贡献。他们以“持敬”“致知”两点为学说的主旨，主张存养在诚敬，致知在格物。他们都在人的实际生活上和内心的经验上，以教人在修养上选择自己的方向，而求身心与道一致。宋代理学，到他们才开始确立系统。二程的学说，大同之中，也有小异。例如程颢主张“敬以直内，义以方外”，以为学者须先认识“仁”的原理，然后以诚敬保持之，自可到达“仁”，亦即天地万物合一的境界。这种理论，实开南宋陆象山心学的端绪。程颐则主张“涵养须用静，进德在致知”，比较注重格物穷理，可以说是南宋朱熹一派学说的先驱。二程均有语录，程颐并有《易传》一书，为毕生精心之作。学者称程颢为明道先生，颐为伊川先生。

朱熹，佚名绘。

到南宋光宁时代，理学趋于极盛，最著名的理学家为朱熹。他是婺源（今江西婺源县）人，学者称晦庵先生。少时从大儒李侗问学，侗学则渊源于程颐。熹平生著述极富，包罗至广，为学侧重致知，认为求学必先穷理，穷理至于其极，则可豁然贯通。他所谓的穷理，乃是“推究天下万事万物的究竟”，亦即《大学》所谓“致知在格物”，程颐“进德在致知”之意。他又以为天下的物理精蕴，已具于圣贤之书，因此教人以信古人、读古书为格物穷理的入手方法。古书又以《论语》《大学》《中庸》《孟子》为最重要，定为“四子书”，他的退五经而进四书，实是当时学术界的空前创举。

与朱熹同时而学说立异的，有陆九渊。九渊金溪（今江西金溪县）人，学者称象山先生。他特别注重持敬的内向工夫，主张心即是理，不容有二；教人要先发明其本身，而后博览，以应万物之变。他的修养方法，以为人性至善，首应明白本心，然后加以发挥，即可到达至善的仁的境界。至于穷理工夫，并不必要。他曾说：“学苟知道，六经皆我注脚。”［见《宋史》卷四三四《陆九渊传》］与朱子读书穷理的见解，大异其趣。朱学博大精微，而教人的方法，则极平易浅近，因此能集宋代理学的大成，为众流所归，历元至明初，学者不能出其范畴。直到明代中叶的王守仁出，陆九渊的思想，才发扬光大。

南宋理学，又有“道统”之说，所谓道统，亦即是“道”的一脉相传，犹之政治上的所谓正统。朱熹定《论语》《大学》《中庸》《孟子》为四子书，特为作集注与章句，认为以下直接周、张、二程。他的道统说，虽是继韩愈《原道》一文的主旨而扩延之，但从他起，道统说才正式确立。

理学对当时和后世的影响，可归纳为下列几点：1. 宋儒因专讲修养，砥砺名节，至有“饿死事小，失节事大”之说，这个说法，对后世影响极大，不特男子重视节操，女子夫死而守节不嫁者，也自此而盛。2. 宋儒对个人修养，主躬行实践，但把道与事分开，除个人修养外，对世事并不注意，对政治社会，更无远大的计划和理想，正如韩愈所说的“治其心而外天下国家”。宋代理学家之居官者，莫不洁身自好，操守出众，但大都反对政治的革新，主张保持现状；对外虽亦有浓厚的民族意识，但反对战争，仅求苟安。因此节操虽励，无益于政治的进步，夷夏之辨虽严，而不能报仇雪恨，恢复故土。3. 理学者重思考，不受古代经典文字的拘束，此种实事求是的精神，纠正前人盲目尊古的弊病，对后人也有所启发。4. 书院因理学而发达，直至元明，愈演愈盛，为教育史上的大事。5. 金人因受宋儒的感染，也崇尚理学。

宋代学术，除以理学为正宗外，尚有主张“经世致用”的学派，以薛季宣、吕祖谦、陈亮、陈傅良、叶适为领袖。因为他们都是浙东人，故称“浙东学派”。他们反对理学家的高谈心性，认为不切实用，而以经纶当世之务相号召。此派对朝廷的偏安一隅，士大夫的晏安苟且，深为不满。叶适、陈亮，尤主恢复金瓯，以雪国耻。他们的议论虽较为笃实，但在学术思想上的影响，远不及理学。

（二）文学

这里所说的宋代的文学，包括文、诗、词、小说四类。

宋文主要分古文、骈文两种。唐末，骈文复盛，下至五代，格调卑弱。到宋初，有柳开者，开始提倡古文，排斥骈俪，继起者有穆修等人，但并无多大效果。同时他们的作品，因矫枉过正，文字流于艰涩。至仁宗时，欧阳修、尹洙等，均以古文相尚。修曾于嘉祐二年（1057）主持贡举，当时士子竞为险怪奇涩之文，号“太学体”，他痛加排抑，因而文风大变。他并好奖引后进，曾巩、王安石、苏洵和洵子轼、辙，都曾受他的延誉，显名于世，他们都是宋代最著名的古文家。此后古文大盛，曾、王、三苏的文章，风行一世。南宋专以文名的古文家不多，朱熹的文，效法韩愈、曾巩，格调雄奇，此外叶适、陈亮、吕祖谦等，也都是古文的能手。古文从宋起，才开始奠立不可动摇的基础。

骈文方面，宋初著名的作者有杨亿、刘筠及宋庠、宋祁兄弟等，均以沉博艳丽著称。宋代皇帝的制诰以及臣工的笺表，仍沿用骈文，工于此道者，每能得盛名显位，因此擅长骈文者仍多。欧阳修、苏轼、王安石等，虽以古文名世，但均擅长骈文。他们以古文的气势，运骈文的词句，具有独特的风格，有“宋四六”之称。南宋古文稍衰，骈文仍具有相当的地位。

宋初的诗，承晚唐遗风，当时的诗人，大都模拟李商隐、杜牧等人的诗。以李商隐为宗的，有杨亿、刘筠、钱惟演等，他们的作品有《西昆酬倡集》，因号为“西昆体”。西昆体诗，在宋初最为盛行，这种诗辞意纤艳，音调铿锵，并好用冷僻典故，但气势较弱，缺乏神韵。此外如寇准、林逋等，则学杜牧。其后梅尧臣、苏舜钦等，极力掊击西昆体，作诗务求平淡俚俗，世称“苏梅体”，但和者不多。及至欧阳修、王安石、苏轼等人出，诗风才为之大变。欧王均宗杜甫、韩愈，但欧诗明白畅达，王诗则精严深刻。苏轼不主一格，诗格豪迈爽朗，内容则包罗万象。他的诗波澜壮阔，宛如行云流水，舒卷自如，无雕琢刻画的痕迹，打破了唐诗的规模。此外，游于苏门的若干文人，也颇有善诗的。如黄庭坚、秦观、张耒、晁补之，号“苏门四学士”，而以庭坚最为杰出。庭坚以陶潜、杜甫为宗，并推崇李白、韩愈，荟萃诸家，孕育甚广。其诗奇崛傲兀，意味隽永，能从艰深造平淡，化腐朽为神奇。庭坚，修水（今江西修水县）人，后世称其诗为“江西派”。又有陈师道、陈与义，诗格与庭坚相近，并称为江西诗派的“三宗”。江西派诗，对后世影响甚大，南宋诸大家，多与之有直接或间接的关系。

南宋的诗人，以尤袤、杨万里、范成大、陆游为最著，称“四大家”。尤袤诗多散佚，传者甚少。杨、范均为田园诗人，长于写景；杨诗恣放自由，独辟蹊径；范诗清新淡雅，直追陶潜。陆诗才思壮阔，气魄雄浑，值国家多难，其忠愤忧国的热忱，时时流露于篇什，故多慷慨激昂之作；晚年趋于恬淡，啸吟湖山，风格大变。他的诗多至一万四千余首，集为《剑南诗稿》，可以说是古今诗人中作品最多的。南宋末年，国势既危，诗也不振，当时以诗名的，有谢翱、文天祥、谢枋得、郑思肖等。他们大都是孤臣孽子，忧伤国事，歌哭河山，有不少佳作，传于后世。

词起源于唐，到五代而大盛，尤以前后蜀南唐，词家最多。词可以入乐，与歌舞宴飨，有着密切的关系。蜀唐割据南方，民康物阜，其君主及士大夫，沉湎于享乐，醉心于文艺，因此词风大兴。蜀唐的君主，如前蜀主王衍，后蜀主孟昶，南唐中主李璟，后主李煜，均雅擅文词，尤以李后主词，哀感顽艳，堪称千古独步。此外，如前蜀的韦庄，南唐的冯延巳，都是五代最著名的大词人。五代词多简短的小令，但精巧高丽，气格浑成，为后世所不及。到宋，乃步入词的极盛时代。

宋初的词人，仍习用五代的小型词体，风格也与五代相近。词人如晏殊、欧阳修、晏几道（殊子）等，均受冯延巳的影响。到仁宗时，乃有所谓“慢词”的出现。慢词是一种“慢声而歌”的长词，其结构远较小令为复杂。当时慢词的主要作家，有柳永、张先、秦观等人。柳永虽倡慢词，但风格哀婉悱恻，仍袭唐末五代的遗风。首先扫除此种旧习而以豪放沉浑见称的，则为苏轼。苏门词人，除秦观外，以黄庭坚最为出色，其词亦颇有苏风。苏黄等人的词，虽淋漓恣放，但不喜剪裁，难以入乐，乃至不复可歌。因此又有熟谙音律的词人，专重声律格调，以使词与乐府合而为一。首倡此体的为宋徽宗，此外如周邦彦、李清照，也都是杰出的作家。邦彦言情体物，穷极工巧，为一代词宗。清照是宋代最伟大的女词人，其词虽经音律的锤炼，仍能出之自然，清丽凄婉，朴而弥雅。

南宋词的风格，与北宋稍有不同。大体说来，北宋词较为含蓄冲和，有浑成之致；南宋词则清新刻露，微嫌堆砌。南宋词人，大致可分为两派：一派不重音律，但以发挥情感为事，以辛弃疾、陆游、刘过、刘克庄、朱淑真等人为代表；一派以词句华丽，音节精妙见胜，以姜夔、吴文英、周密、张炎等人为代表。辛弃疾为人富爱国思想，生值宋室南渡之初，因力主北伐，终不如愿，于是满腔悲愤，发为声歌。他的词具备多种风格，虽以悲壮苍凉见称，但也颇多哀艳、放浪、游戏、诙谐之作，允称南宋第一大家。陆游词方面亦广，其作品艳丽、豪放、闲适，兼而有之。刘过、刘克庄则都属辛派。朱淑真为南宋有数的女词人，多幽怨之作。姜夔词喜雕琢，但格调高远。吴文英、周密的词，也专在声调字句典故上用功，而伤于造作。

宋代的小说，以“平话”为代表，可以说是宋代文学中的特产之一。它是一种用民间白话写成的小说，其形式自唐代的变文俗文演化而来，为未来小说的成长与发展，开辟一条新途径。宋时有所谓“说话人”，如今日的说书者，其所说的故事底本，称为“话本”。宋仁宗时，国家粗安，由于皇室的提倡，平话乃日渐盛行。平话故事的组织，大致是每一故事，成为独立的一篇，前有“引子”，或用诗词，或用简单故事，然后转入正文，也常杂以诗词俪语，最后仍以诗作结束。平话又分小说、讲史两类，前者谈恋爱、神怪、侦探、武侠等类故事，现存的话本有《京本通俗小说》《大唐三藏取经诗话》等；后者讲述历史故事，话本可考者有《五代史平话》《大宋宣和遗事》及《梁公九谏》等。

（三）史学与书画

宋代的史学，极为发达，其特点有二：一是史学的著述丰富，诸体具备。以前的各代，史学虽也很发达，但名著之多，都远不及宋代。当时除官修的前史外，国史亦有成书，加上私人的著作以及野史笔记、掌故轶闻等，种类异常繁富。至于史书的体裁，宋以前不外纪传、编年二体，通史之书，则除《史记》及南北史外，大都为断代史。到宋，纪传编年而外，又有纪事本末体，即以事实为纲领，叙述其首尾起讫，是一种新创的体裁。而通史之作，更有成就。二是史学方法的进步。宋以前的史书，多着重记载事实，对史料的取舍分析，尚不十分严密。到宋，史家对史料的处理方法，已有显著的进步。例如司马光的《资治通鉴》，先纂辑史料为长编，然后考订异同，加以删节，始成本书。同时于本书之外，另附考异，比较两种以上不同的记载，说明所以去取的原因，这种客观的考证方法，是宋代史家所始创的。

宋人所修的前代历史，断代史方面，有《新唐书》、新旧五代史等。唐代因屡次修撰国史，业已粗具规模，后梁后唐又续加征集补缀。至后晋，以刘昫、张昭远等监修唐史，出帝时书成，凡二百零三卷，即所谓《旧唐书》。宋仁宗时，以《旧唐书》阙漏甚多，命宋祁、欧阳修等重加删撰，历时十七年而成，凡二百二十五卷，世称《新唐书》。

司马光，选自《历代名臣像解》

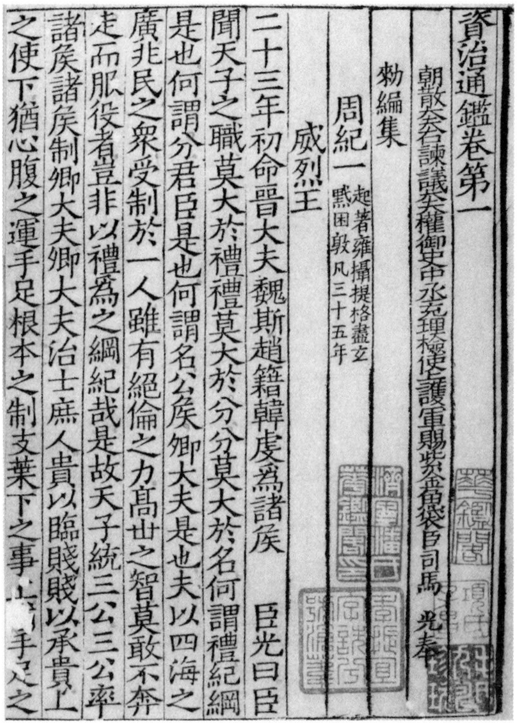

資治通鑑卷第一
朝散大夫右諫議大夫權御史中丞充理檢使上護軍賜紫金魚袋臣司馬光奉
勑編集
周紀一 起著雍攝提格盡玄黓困敦凡三十五年
威烈王
二十三年初命晉大夫魏斯趙籍韓虔為諸侯　臣光曰臣聞天子之職莫大於禮禮莫大於分分莫大於名何謂禮紀綱是也何謂分君臣是也何謂名公侯卿大夫是也夫以四海之廣兆民之衆受制於一人雖有絶倫之力高世之智莫敢不奔走而服役者豈非以禮為之綱紀哉是故天子統三公三公率諸侯諸侯制卿大夫卿大夫治士庶人貴以臨賤賤以承貴上之使下猶心腹之運手足根本之制支葉下之事上猶手足之

《资治通鉴》，宋刻本，中国国家图书馆藏。

旧书错误重复以及回护之处甚多，但见闻较近，易得其真，且材料丛杂，取舍方便。新书的志较旧书为详，其他史事也增加不少，但文字力求简省，不免有因文害史之处。又以欧宋不喜骈文，诏诰章奏，多有删改，致使一代的典制不传，是其缺点。《旧五代史》为宋太祖时宰相薛居正所修，凡一百五十卷，因成书过速，有烦琐失实处。其后欧阳修重加修订，稿藏于家，神宗时，其家上之朝廷，颁行于世，凡七十四卷。其书书法谨严，文笔简劲，但纪事颇嫌缺略。以上诸史，后世均列为正史。

通史方面，则有《资治通鉴》《通鉴纪事本末》《通志》等。《资治通鉴》为司马光所撰，凡二百九十四卷，所记史事，上起周威烈王二十三年（前 403），下至后周显德六年（959），共一千三百六十二年。光自英宗治平三年（1066）开始修撰，至神宗元丰七年（1084）书成，费时凡十九年，助修者有刘攽、刘恕、范祖禹等。其书的优点，在能贯穿一千数百年的史事，成为有系统的编年史，内容虽杂取各书，但皆经司马光删修，故其文章前后一致。此外光又撰目录三十卷，考异三十卷，皆为本书的附录。《通鉴纪事本末》，宋孝宗时袁枢所撰，他把《资治通鉴》的史事，区别门类，详其首尾，始于三家分晋，终于周世宗征淮南，共二百三十九目，四十二卷。其书虽取材于《通鉴》，但体裁则是新创的。此后，纪事本末体乃与纪传、编年鼎立，后人仿效者甚多。《通志》为宋高宗时郑樵所作，共二百卷，分本纪、列传、年谱、略等节目。本纪、列传，叙历代帝王后妃以及将相名人的事迹。年谱自春秋起至隋恭帝止，逐年系录其大事。又有世谱，述三皇五帝及夏、商、周、秦的世系。略为作者毕生精力所萃，凡二十目，综辑历代典章制度，旁及天文、地理、氏族、都邑，甚至金石、图谱、草木、昆虫等，莫不搜罗。关于典制史者，则有《唐会要》，宋初王溥撰，凡一百卷，乃补辑唐人苏冕、杨绍复等人所著的会要而成。同时溥又搜集五代典章制度，成《五代会要》三十卷。此外，南宋末年马端临所撰的《文献通考》，网罗古今典章，凡三百四十八卷，其中所载宋制最详，可以说历代典制的通史。

至于宋代国史，也极为繁富。宋仍唐制，历朝均有起居注、时政纪、日历等记录，史官根据以上史料，撰成实录。由太祖至理宗凡十四朝，均有实录。宋代国史及实录，准许人民传抄，因此宋代私人所修的本朝史，为数极夥。最著名的，有南宋李焘的《续资治通鉴长编》，自太祖建隆至高宗建炎，凡一千零六十三卷，史料最为详赡。熊克的《中兴小纪》四十卷，李心传的《建炎以来系年要录》二百卷，均记录高宗朝的事迹。徐梦莘的《三朝北盟会编》，则叙述徽、钦、高三朝与金人的外交关系。至于学术史以及有关历史考证的著作，更不胜枚举。[参看李宗侗《中国史学史》，第九章及第十一章]

宋室对地图的绘制，也甚注意。由兵部职方郎中，掌全国图籍，各州须按时绘制地图。太宗时，曾绘制全国地图，用绢百匹，其巨大可想，其后又屡次重修。外国地图，亦有绘制。此外，宋室于边防地理亦甚注意，经常由疆臣或使臣绘制地图，尤以绘写北边者居多，称“北面地图”。绘制边防地图的主要目的，在明了邻国形势，以利防务。地理学的著述也甚多，诸如乐史的《太平寰宇记》，王象之的《舆地纪胜》，皆其名著。而地方志之类的著作，尤为发达。

艺术方面，宋代君主，多嗜书画，因此宋代书法与绘画，极为昌盛。太宗、仁宗、徽宗时，均曾选古今名人书法，刻成法帖。徽宗尤喜艺术，曾置书画学以培植人才。他本人的书法，孤峭秀逸，世称“瘦金体”。高宗习王羲之，书法亦佳。此外以书名的，有苏轼、黄庭坚、米芾、蔡襄，号“四大家”，四人大致同时。北宋末年，蔡京亦以书法名世。绘画方面，徽宗也是当时的奇才，山水、人物、花鸟，无不精绝，尤以花鸟最为后世所称赏。黄居寀、徐崇嗣，各承家学，也都擅长花鸟。此外，如米芾、米友仁父子，均擅山水，其画水墨淋漓，妙于渲染，世称“烟云山水”。南宋时也置御前画院，延揽名家，其中李唐、刘松年、马远、夏珪有“四大家”之称。

第二十三章
元帝国的组织

一、开国规模

（一）中央政府与地方政府

元朝的政治规模，大致是在世祖时奠定的。世祖以前的太祖、太宗、宪宗时代，蒙古人忙于南进西征，日以开疆辟土为务。虽然太宗信任辽人耶律楚材，定立若干典制，但事实上其政治组织及精神，仍含有相当部族化的成分。至世祖，局面已大致稳定，因此开始比较注意政治的规划。他较能任用汉人，吸收汉化，创立了元帝国的开国规模。元代的制度，一部分袭取汉制，诸如皇位世袭制，中央及地方官制、财制（钞法）等，采纳汉制之处甚多；一部分则保持蒙古旧法，诸如以喇嘛教为国教以及扩大“站赤”（驿站）制度等。但蒙古人吸收汉化的态度，并不积极，汉化的程度，也不深厚。世祖自灭宋以后，便渐渐疏斥汉臣，其后诸帝，对汉人更为忌视，因此元室始终未能大规模地接受中国文化和传统政治思想，也始终未能完全脱离游牧民族的本色。元代的政治，无论其效能或目的，都没有达到统治汉人的标准，其迅速崩溃，自是必然的结果。

元代的中央官制，仍然承袭宋代文武分权的制度，以中书省总理政务，枢密院执掌兵权。其不同于前代的，是中书省成为唯一的中央最高政务机关。门下省早于南宋时撤销，元仍不置。尚书省则时置时罢，世祖时曾两度设置，不久罢除，前后不过数年；其后武宗时又一度恢复，但也只有二三年，所以元代等于没有尚书省。尚书省的职权，因此划归中书省，六部也随着改统于中书省。三省制演变至元，最高政务机关已由多元化变为一元化，这是明清两代内阁制的先驱。至于中书省的组织，大体仿南宋之制。宰相仍是多元的，而其名目的庞杂，则为历代所少见，计有：中书令，司统率百官，总理政务，常以皇太子兼之；左右丞相，位居中书令之次，令缺则总领省事；平章政事，位次丞相，凡军国重事，无不参决。又有左右丞、参政，均为副相之职，但前者地位较高；六部（吏、户、礼、兵、刑、工）则各有尚书、侍郎。其他机关，如枢密院、御史台，其职掌及组织，亦大略同于宋代。此外又有集贤院（掌学校）、宣徽院（掌御膳）、太常礼仪院、太史院、太医院、将作院、通政院（掌驿传）等，略同于前代的九寺诸监。诸院中又有宣政院，掌佛教僧徒，兼治吐蕃，则是前代所没有的。

地方政区，仍保存宋代的路、府等旧称，但在路之上，又设有“行中书省”（简称“行省”），作为地方区划的最高单位。这种制度，承袭自金。世祖中统元年（1260），于国内置十路宣抚司，次年罢之。三年（1262），改置十路宣慰司，渐成定制。同年，置陕西、四川行省。其后直至灭宋，十七年间，元的地方行政，采宣慰司与行省并行的制度。行省续有增设，其设省的地区，多为西夏、大理旧壤，以及南宋新失之地。当时行省长官的称号，是“中书省臣出行省事”，并非定制，至灭宋以后，其制才确定不移。元自灭宋，至英宗至治元年（1321），先后设十一行省。此外尚有中书省直辖的路、州，号称“腹里”。至元朝末年，行省增至十五。每省置丞相一员，为最高长官。其下有平章、左右丞及参知政事等官，名称大略与中书省同。兹将腹里及十一行省的范围，表列于下：

1. 中书省（腹里） 治大都（今北平），凡辖路二十九，直隶州八，属府三，属州九十一（直隶府州为直属于中书省的府州，属府州为属于路的府州）。约有今河北、山东、山西、察哈尔四省，热河省西部，绥远省河套以北地及河南省黄河以北地。

2. 岭北行中书省 治和林（今外蒙古库伦西南），统路一。有今外蒙古及西伯利亚南部地。

3. 辽阳行中书省 治辽阳（今辽宁辽阳县），辖路七，直隶府一，属州十二。有今东北九省大部（西北部属岭北省）及朝鲜半岛北部。

4. 陕西行中书省　治奉元（今陕西西安市），辖路四，直隶府五，直隶州二十七，属州十二。有今陕西省全部，绥远省南部，甘肃省东南部，四川省西北部，以及青海、西康二省东隅。

5. 甘肃行中书省　治甘州（今甘肃张掖县），辖路七，直隶州二，属州五。有今宁夏省全部、甘肃省西北部及青海省东北隅地。

6. 河南江北行中书省　治汴梁（今河南开封县），辖路十二，直隶府七，直隶州一，属州三十四。有今河南省黄河以南，江苏、安徽、湖北三省长江以北地。

7. 江浙行中书省　治杭州（今浙江杭州市），领路三十，直隶府一，直隶州二，属州二十六。有今江苏、安徽二省长江以南，浙江、福建二省全部及江西省东北隅地。

8. 江西行中书省　治龙兴（今江西南昌市），辖路十八，直隶州九，属州十三。有今江西、广东二省大部地。

9. 湖广行中书省　治武昌（今湖北武昌市），领路三十，直隶府三，直隶州十三，属州十七。有今湖北省东南隅，湖南、广西二省全部，贵州省大部及广东省西南部。

10. 四川行中书省　治成都（今四川成都市），辖路九，直隶府三，属府二，属州三十六。有今四川省大部及陕西省西南隅地。

11. 云南行中书省　治中庆（今云南昆明市），辖路三十七，直隶府二，属府三，属州五十四。有今云南省大部，贵州省西端及西康省东南部。

12. 征东行中书省　与高丽国同治开城（今韩国开城）。有今朝鲜半岛中南部地，以高丽王为左丞相以治之，内政仍其旧，仅置府二。

以上十二行政区，凡辖路一百八十五，府三十三，州三百五十九，县一千一百二十七。此外于湖广境内，设安抚司十五，以统理外族。又于湖广、四川境内冲要之地，分置军四［参看《元史》卷五十八至六十三《地理志》］。地方行政首长，类皆蒙汉兼置，蒙人掌握大权，汉人为其副贰。每路设达鲁花赤及总管各一员，前者以蒙人充任，后者为前者的副贰，多以汉人充任。府、州、县均以达鲁花赤为正官，尹副之。州、县均分上中下三等，中下州则改州尹为知州。此外，边区的军和安抚司，约当内地的下州，也置达鲁花赤，其副贰则兼用当地的土人。

（二）政治阶级的划分

元人入主中国后，自居于战胜者的地位，歧视外族最甚，对待汉人尤其苛刻。元室分全国人民为四个阶级：一为蒙古人，又称“国人”。二为色目人，包括西域各部族，共三十余族，又称“诸国人”。三为汉人，即原受辽金统治的黄河流域的中国人。四为南人，即原受南宋统治的长江流域及其以南的中国人。这四个阶级在政治上所受的待遇，极不平等，无论中央或地方政府，正官必用蒙古人，次用色目人，汉人、南人最多只能做到副贰。总计终元之世，汉人做到丞相的只有二人，就是世祖时的史天泽和顺帝时的贺惟一。

世祖对学校甚为注意，他在位期间，曾设立国子学、蒙古国子学、回回国子学以及许多地方学，此外又有医学、阴阳学及蒙古字学等。制度虽甚完备，但仍免不了种族的歧视，国子学生考试成绩优良的，政府可授以官职，但待蒙古、色目人远较汉人、南人为优。例如武宗时，蒙古人试法最宽，绩优的授六品官；色目人稍严，绩优的授七品官；汉人、南人最严，绩优的仅授从七品官。仁宗时，开始以科举取士，考试以经义为主，也有乡试、会试、御试之分。进士分左右榜，蒙古、色目为右榜，汉人、南人为左榜。考试的科目和出身的待遇，也有难易厚薄的不同。例如蒙古、色目每试二场，只考经问及策；汉人、南人则试三场，除试经及策外，并试古赋、诏、诰、章、表等。凡蒙古人由科举出身的，授从六品官，色目、汉人则递降一级。[参看《元史》卷八十一《选举志一》]

元政府对汉人的管制，也异常严密。立里甲之制，以二十家为一甲，以蒙古人为甲主，汉人唯命是从。此外更多立防禁，以限制汉人的行动，如禁止田猎以及习武艺、持兵器、集众、夜行等。又屡次搜括民间的马匹，世祖一代，即搜括民马达二十余万匹。灭宋之初，元室曾以江南民户分赐诸王、贵戚、功臣数十人，每人所得民户，少则数十数百，多则数千数万，甚至有多达十万户的，于是无数汉人，沦为奴隶。蒙古人既拥有大批奴隶，更复强占田地，作为牧场，因此他们不但是政治上的主人，也是经济上的特权阶级。

蒙古人长于战争，却不善于理财，因此赋敛的事，多委之于色目人。蒙古人最信任回人（包括波斯、大食、突厥、回鹘等族的伊斯兰教徒），以他们代为经营银钱，而取其息。回人从中图利，或以高利转贷于人，或从事各种贾贩，甚至诈称财货被劫而责偿于民。因此回人致富者极多，相率殖产，卜居于中国，以江南为最盛。而元室对回人的待遇，也较对汉人优厚许多。[参看钱穆《国史大纲》下册，页四六三至四六六]

汉人中地位较高的，只有工匠，蒙古人对他们甚为重视。因为蒙古起于草原，文化水准甚低，工艺的知识与技巧，等于没有，但为战争需要，不能不注意武器的制造。其后国土大扩，其族人日渐富庶，文化生活水准也随之提高，为充实其起居玩好，因而需要精巧的工艺品。这些都是蒙古人始终重视工艺的主要原因。依蒙古的旧制，攻城不降者即屠之，但当屠城之际，只有工匠，可以幸免。灭宋后，元室曾籍江南民为工匠者三十万户，选其有业艺者十余万户为匠户，不与平民为伍。元人所设的官吏中，有所谓“匠职官”，如大都及各路，均有诸色人匠总管府；此外又随处设局，各置专官，以制造各种工艺品。色目人以善造器械如甲、炮等而任要职的，为数甚多。军中因需造甲箭，所需工匠更多，因此工匠遂成为兵种之一，称为“匠军”。至于绝大多数务农的汉人，其生活的苦况，是可想而知的。[参看孙克宽《〈元史·百官志〉的工匠组织》(载《大陆杂志》史学丛书第一辑第六册)]

（三）财政与兵刑

元室的统治中国，缺少一种合理的政治理想，同时也不知道所谓政治责任。它的政治要务，只有两项：一是征敛财赋，以满足统治阶级的欲望；一是防制反动，以维持其继续的征敛。由前者形成的，是极其繁重的税课；由后者形成的，是庞大的镇压武力和不平等的法律。

世祖时，先后任用阿合马、卢世荣、桑哥等计臣，以聚敛为务。灭宋后不久，便制定若干税法，异常繁重。当时的税法，南北不同。北方地区，分地税、丁税两种，地税按地亩计算，丁税计丁缴纳，皆输粟为税。但地税丁税不并纳，丁税多地税少的纳丁税，反之纳地税。税户分全科户、减半科户、协济户等。丁税全科户每丁纳粟三石，驱丁（男性奴隶）一石；减半科户每丁一石；协济户每丁一石。地税全科户每亩税粟三升，协济户同。江南地区，世祖初灭宋，仍仿唐宋两税法，分夏税、秋税，均输粮。数年后，改为折输绵绢杂物。既而又改令以三分之一输米，其余折合钞价交纳。

常赋以外，又有“科差”，亦即以财物代役。科差有丝料、包银二项，也是依税户的等第，定科纳的数目。例如全科户当出丝一斤六两四钱，包银四两。又有“额外课”，名目多至三十二种，民间的一草一木，几乎都是征课的对象。此外各种商货及冶铁，也都征税；盐、茶、酒、醋，则由政府专卖。种种搜括，可以说无微不至。中叶以后，税课所入，又较世祖时增二十余倍，于是民生益困。

元室又采行钞法，以钞票代现钱。世祖中统元年（1260），始造交钞。其法系以丝为本，每银五十两，可兑换丝钞一千两，一切物价，皆以丝价为标准。民间流行的，均为钞票，现款则存入各路的官库。既而又造“中统元宝钞”，元宝钞为钱票，以文计者七种，即一十文、二十文、三十文、五十文、一百文、二百文、五百文；以贯计者两种，即一贯文、二贯文，每一贯同交钞一两。至元十二年（1275），添造“厘钞”，分二文、三文、五文三种，数年后，以使用不便而废止。二十四年（1287），改造“至元钞”，自二贯至五文，凡十一等，与中统钞并行。其后发行渐滥，钞票价格日益低落。又因旧钞破烂，不能换取新钞，人民的损失甚大，而奸民又常造伪钞，于是钞法大乱，贬值益甚。元末钞票十锭（五十贯为一锭），尚不能易粟一斗。

元代中统元宝交钞，此钞面值为一贯。

元朝的军队，也分四个等级：一是蒙古军，是以蒙古人组成的军队，也是元室军队的主干。蒙古人凡年十五以上七十以下者，皆服兵役，其童子稍长者也隶兵籍，称“渐丁军”。二是探马赤军，始建于太宗时，它是蒙古以外的诸边疆部族所组成的。三是汉军，是蒙古入中原后，发民为兵而组成的。四是新附军，是由南方的宋人所组成的。此外又有匠军及质子军（将校子弟之从军者，又名秃鲁华军），但非常制。领兵之官，长万夫者为万户，千夫者为千户，百夫者为百户。皇帝另有宿卫之士，由贵族子弟充任，名“怯薛歹”，以四“怯薛”领之。世祖统一中国后，更定制度，内则禁军置前、后、左、右、中五卫，各置亲军都指挥使，外则万户之下置总管，千户之下置总把，百户之下置弹压，而以枢密院总领之。有征伐则置行枢密院，事已则罢。为防制汉人起见，地方冲要之地，皆以蒙古军及探马赤军戍守，江淮以南始以汉军及新附军屯驻。军士的册籍，掌于枢密院，除一二长官外，他人皆不知其实数，以防汉族窥其虚实。但各地驻军长官，世守不易，多与富人结党，侵渔百姓，因此将卒流于骄惰，武力乃日就衰落。

蒙古入中原后，最初沿用金的刑法，甚为严苛。元世祖灭南宋，开始制定新律，名曰《至元新格》。元律仍因循前代刑法，备笞、杖、徒、流、死五刑之制，用法则颇从轻典，对死刑的判决，可称审慎。但其弊生于宽纵，以致凶顽不法之徒，不知戒惧，而善良百姓，反无以申其冤抑。同时因元室尊崇宗教，僧道在法律上享有特权，僧道犯轻罪者，有司可以不问。而法律对待蒙古人及汉人，更不平等，例如蒙古人因争斗或酒醉殴死汉人，不过罚其出征，并征其烧埋银而已。

二、社会情况

（一）宗教

蒙古大帝国（包括元及四汗国）跨有欧亚两洲，幅员极广，而其版图内的民族，也异常复杂。他们各自信仰不同的宗教，用以维持其政治及社会秩序。西方各汗国，多崇信基督教和伊斯兰教，而东方大汗的元，则以喇嘛教为国教。同时，蒙古人对于宗教，采取宽容的态度，即以元室而论，他们虽崇信喇嘛教，但对其他宗教，也任其存在。因此不论中国固有或是外国传入的宗教，都能自由发展，一时称盛。

喇嘛教为佛教密宗的一支，约于唐中期传入吐蕃，专以祈祷禁咒为事。佛教自唐代遭会昌法难，其后宣宗虽恢复佛法，但盛况已不如昔。后周世宗时，佛教再度遭受打击。至宋，佛教在累代帝王的保护下，颇有复兴之象。当时禅宗及其他诸宗，均大师辈出，但人才之盛，已远不如唐代。北宋末年，因徽宗笃信道教，也曾一度排佛。南渡以后，理学昌盛，佛教益趋不振。元世祖时，喇嘛教传入中国。这时密宗在中国衰微已久，喇嘛教既入中土，由于元室的崇奉，在政治及社会上，均占有极高的地位。

世祖初伐吐蕃时，曾与喇嘛扮底达讲和，可见当时喇嘛教在吐蕃的势力之大。吐蕃既服，世祖携喇嘛八思巴而归，即位以后，尊为国师，号为“大宝法王”。他曾为蒙古创制新字，在此以前，蒙古并没有文字，文书多借用畏吾儿文。其后八思巴返回吐蕃，世祖授以吐蕃的统治权，以酬其劳绩，这是以宗教领袖统治吐蕃的开始。而喇嘛教在中国的流布，也日益广大。世祖以后，历朝皇帝即位时，俱受喇嘛教戒律，渐至蒙古各部族，都奉其教。皇室用于佛事的钱财，要占国家政费的泰半。寺院拥有庞大的产业，而番僧更是骄纵不法，为害社会。例如世祖时，番僧杨琏真伽为江南释教总统，曾发掘宋室诸陵，及其大臣冢墓百余所；包庇平民不输租赋者，达二万三千户。其余如夺人产业、奸污妇女等类的事，更为习见。[参看《元史》卷二〇二《八思巴传》；余元厂《西藏喇嘛教史》(载《现代佛教文选》)]

宋代尊奉道教，以真宗、徽宗为最。宋室姓赵氏，不能以老子为祖，真宗乃别造一道教之主，名赵玄朗，号为“玉皇大帝”。又赐信州道士张正随（汉张道陵后裔）号为“虚静先生”，为立授箓院及上清观（今名太上清宫，在江西贵溪龙虎山上），免其租赋。其后张氏历世相传，皆由宋室赐号，是为正一教，世称其教主为“正一天师”或“张天师”。此外并于京师大建宫观，以宰相领之；各路也遍置宫观，以侍从诸臣的退职者领之，号为“祠禄”，至南宋不改。徽宗信道益笃，自号“教主道君皇帝”，道教因而益盛。南宋诸帝，虽未加以提倡，但道教仍为民间所普遍信仰，张天师也仍旧是道教的宗主。北方在金人的统治下，道教的新宗派先后建立，最著者有全真教、太一教及真大教三派。全真教为金世宗时道士王喆所创，此派主“修命”之说，先使人修孝谨纯一之德，然后学道。太一教为金熙宗时道士萧抱真所创，因传太一三元法箓之术而得名。真大教为金季道士刘德仁所创，其教以苦节危行为宗旨，不妄取于人，不苟侈于己。

蒙古初盛时，全真教道士邱处机（自号“长春子”）甚受成吉思汗的礼遇，命其掌管全国宗教。真大教自刘德仁五传至郦希诚，见知于宪宗蒙哥，始名其教曰真大教，授希诚太玄真人，掌管教务。太一教自萧抱真五传至李居寿，世祖于京师建太一宫，命居寿居之，并赐以太一掌教宗师印。但元室崇信喇嘛教，僧徒气焰极盛，相形之下，道教的光彩大减。世祖并曾命烧去若干“捏合不实”的道教经典如《老子化胡经》等，禁止官民人等收藏此类文字。但除此之外，并没有其他迫害行为［参看傅勤家《道教史》，页二〇七至二〇九］。世祖以后的各代君主，对于各派首领，也都加以封号。道教在民间，极为流行。

元代基督教通称“也里可温教”，“也里可温”约有三解，即“福分人”“徒众”及“上帝之子”。唐时，基督教支派的景教（即聂斯托里派），曾经流行中国，后因武宗的禁止而至绝迹。到元，基督教再度传入中国。当蒙古人数度西征时，正值欧洲人组织十字军讨伐西亚的伊斯兰教徒。蒙军于西征途中，击破不少伊斯兰教国家，因此欧洲的基督教徒，颇想与蒙古联盟，以夹击伊斯兰教徒。定宗贵由时，罗马教皇曾派遣使者，谒之于和林。世祖时，教廷又派法兰西斯克派（Franciscans）教士东来，由海道至大都，世祖许其设堂传教，信徒达数千人。南方的扬州、杭州、镇江、泉州等地，则为聂斯托里派布道之区，其后基督教传布日广，今华北、西北、西南地区，均有教徒居住，时与佛道教徒发生冲突。而法聂两派，也自相倾轧，以致始终未能奠定稳固的基础。元末，罗马教皇曾选定教士，委任主教，准备来华整顿教务，但以主其事者漠不关心，遂无结果。不久，元帝国崩溃，东西交通断绝，基督教在中国也随之消灭。

伊斯兰教元时称“木速蛮教”，自唐武宗时遭受打击，其后虽在中国日渐销歇，但流布于天山南路地区。成吉思汗兴起后，西域伊斯兰教国畏吾儿率先归服，畏吾儿人且有从军助征者。其后蒙古数度西征，西域伊斯兰教徒仕于蒙古者益众。世祖统一中国后，更盛用西域人，当时蒙古的王公大臣，也有信奉伊斯兰教的。因此伊斯兰教流传中国，尤以西部边地为盛，西南方的广州、泉州、杭州、扬州以及云南等地，也是伊斯兰教徒集中之地。

（二）工商业与交通

唐代手工业已甚发达，主要的产品，则有苎布、纸及丝织品等。宋代手工业更有进步，且有分工专门的趋向，制造技术，也因之益加精巧。宋代的手工业品，最普遍的为衣料，其种类则异常繁多。如丝织品，即有绫、罗、绌、纱、绝等类，每类又分若干细目。其他如纸张、瓷器、漆器，都是当时著名的产品，与丝织品同为重要的出口货，甚受外国的欢迎。元自太祖起，即奖励工艺，每于战争中俘获工匠，必予以优待。世祖仍然重视工艺，因此当时工部的组织庞大，设官特多，也可想见当时手工艺的兴盛。意大利威尼斯人马可·波罗（Marco Polo），于世祖时来中国，仕于元廷，累官至枢密副使。他在中国居留达十七年，始返意大利。返国后，著《马可·波罗游记》一书，盛道中国的富庶。据游记中说，当时中国手工业的发达以及产品的精良，都远过欧洲。这部书不久轰动全欧，激起欧洲人对东方的兴趣，他们争来东方，以达成其通商、传教和其他种种目的。

由于手工业的兴盛，商业也随之发达。唐末藩镇及五代割据诸国，均重征商税，以自赡给，因此商业遭受严重的摧残。宋太祖开国之初，即厘定税则，积极整顿，商业的发展，才步入正轨。其后商业日益发达，社会风气也日趋奢侈。北宋的开封，南宋的临安，都是当时大商业都市，其繁华绮靡，为史书所盛称。南宋时，同业商人已有“团”“行”的组织，类似现代的同业公会，用以保障其自身的利益，抗拒外来的侵犯，这是商业发达后的必然现象。元代的国际贸易，其盛况更超越宋代。

北宋时，西夏崛起，中国与西域的交通为其断隔，双方的贸易也因而停顿，但南方海港的贸易，仍不逊于唐代。南渡后，海上贸易益繁，泉州（今福建晋江县）、秀州

（今浙江嘉兴县）、温州（今浙江永嘉县），均为当时著名的通商口岸。及至蒙古大帝国兴起，地兼欧亚两洲，其间若干小国，都被消灭，因此中西交通，较前便利得多。而蒙古人又为了军事的和政治的原因，异常重视交通的设施，诸如建筑官道、设置驿站以及增修交通线上的守备等，更加增进交通的畅达。因此西域人及欧洲人由陆路或海路来华的，络绎不绝。元世祖时，泉州、庆元（今浙江鄞县）、上海、澉浦（今浙江海盐县南）、杭州、广州、温州等地，均设有市舶司，而以泉州的商业为最盛。当时的出口货物，仍以绸缎、瓷器、漆器等为大宗，入口货则有香料、珍珠、宝石、毛毡及波斯绘画等。

元代交通的发达，与驿站制度的完善有关。元代驿站，创于太宗窝阔台时，蒙语称为“站赤”。其法于道路沿线设站，每站设置夫马，以供政府运输。其时察合台、钦察诸汗国，也于境内设驿站，相互衔接，交通称便。世祖灭宋后，更通盘筹划，制度益臻完备。除原有的驿站外，更设一种“急递铺”，专司递送中央政府与地方政府的急速文书。又创海上运输的办法，自江南运粮，以给京师，每年运粮达三百余万石。国际交通，约有三线。海道自泉州出口，远航爪哇、马来、印度、锡兰、波斯及君斯坦丁等地。陆路有二道：一自敦煌经哈密及天山北路的察合台汗国境，然后贯穿钦察汗国，西至克里米亚（Crimea）半岛诸港；一自敦煌经天山南路，越葱岭，然后至波斯诸城。这三条路，维持着东亚与西亚乃至欧洲间的交通，其盛况是空前的。

三、帝国的瓦解

（一）汗位继承的斗争

蒙古的大汗，是各部族的共主，要由各部族公推，铁木真的称成吉思汗，便是各部族共上的尊号。其后太宗窝阔台之立，虽未先经部众大会公推，但因有成吉思汗的遗命，部众始无异议。到定宗贵由继位，已有争端。定宗殁后，太宗及拖雷后人，各欲争立，宪宗蒙哥（拖雷长子）因拔都及兀良合台的援助，始得嗣位。宪宗嗣位后，分遣宗室诸王于边远地区，而以其弟忽必烈领治汉地民户，由是太宗子孙与拖雷子孙，相互仇恨。

宪宗死后，世祖忽必烈更打破公推的惯例，于宋理宗景定元年（1260）自立于开平（今察哈尔多伦县），世祖季弟阿里不哥不服，自即汗位于和林，世祖自将击定之。继而太宗孙海都叛于海押立（今巴勒喀什湖东南），元师讨之，虽获克捷，但以其地险远，未能深入穷追，因此师还之后，海都势力复炽。至元二十四年（1287），海都复诱镇守辽东的宗室乃颜叛变。同年，世祖亲征平之。二十六年（1289），海都犯边，进至和林，世祖自将讨之，海都退走。其后世祖常以亲王宿将，统重兵驻守和林，而海都猖獗如故。世祖鉴于以前汗位继承的纷争，乃仿效汉制，定传子之局。因其长子早死，乃立次子真金为太子。但自海都叛后，大汗的命令，不能推行于各汗国，蒙古大帝国因以解体者达五十年。而世祖以后皇位继承的斗争，仍不因传子之局已定而稍减。

至元三十一年（1294），世祖死。而太子真金先死，因此诸王中颇有觊觎帝位者。重臣伯颜，奉世祖遗命，立真金第三子铁穆耳，是为成宗，诸王始无异议。成宗大德五年（1301），海都大举入寇，成宗命兄子海山击之，海都走死，子察八儿立，其势遂衰。成宗在位十三年而死，太子德寿早卒，左丞相阿忽台等谋奉皇后临朝，并以宗室阿难答（世祖三子忙哥剌之子）辅政。而海山弟爱育黎拔力八达与右丞相哈剌哈孙遣使迎海山于漠北，并杀阿忽台等。海山至大都（今北平），杀皇后及阿难答，然后即位，是为武宗。武宗至大三年（1310），察八儿入朝，蒙古大帝国经五十年的分裂，至是再告统一。但诸汗国皆渐趋衰乱，元政也日益败坏。

至大四年（1311），武宗死，弟爱育黎拔力八达继立，是为仁宗。仁宗本有传位武宗子和琜之约，因奸相铁木迭儿进言，乃有传子之意，因于延祐二年（1315），出和琜镇云南。武宗旧臣皆感愤怒，遂于次年奉和琜谋叛，事败走漠北，依察合台汗国，仁宗乃立皇子硕德八剌为太子。七年（1320），仁宗死，太子即位，是为英宗。至治三年（1323），英宗为臣下所弑，诸王迎立也孙铁木儿（成宗侄）于北边，是为泰定帝。

致和元年（1328），泰定帝殁于上都（即开平），太子阿速吉八继位，是为天顺帝，年方九岁。大臣燕帖木儿时在大都，尝受武宗恩宠，因而思立其子，既闻泰定帝死，乃迫胁百官，迎武宗长子和世琜于漠北，次子图帖睦尔于江陵（今湖北江陵县）。同年，图帖睦尔先至大都，即皇帝位，是为文宗。天顺帝遣兵来伐，为燕帖木儿所败，天顺帝不知所终。次年，和世琜也即位于漠北，是为明宗。文宗逊位，并遣燕帖木儿往迎明宗，明宗乃立文宗为皇太子。既而明宗暴死，文宗复即帝位。至顺三年（1332），文宗死。其后立明宗次子懿璘质班，是为宁宗，时年七岁，在位仅两月而死。文宗后复立宁宗兄妥懽帖睦尔，是为顺帝。

自成宗（1294年即位）至顺帝（1333年即位），前后四十年间，竟更易了十个君主。他们至少有一半于嗣位时发生纠纷，掀起政变或战争；同时每次皇位继承的争执，多由臣下发动，真是历代少有的怪现象。由于臣下操纵皇位继承的斗争，常造成权臣的擅柄，如仁宗时的铁木迭儿，文宗时的燕帖木儿，均专权骄恣，诸多不法。因此元的政治，始终无法步入正轨。

（二）顺帝的失政

元朝的政治，始终没有清明过，这方面的原因很多，归纳起来，约有以下几点：1. 皇位继承制度不健全，而致时生皇位继承的斗争，造成政治局面的不稳。同时权臣每乘此种机会兴起，专权跋扈，益增政治上的危机。2. 君主们没有接受汉族传统的帝王教育，率多荒纵嗜利，穷奢极侈。他们任用计臣，搜括人民，造成政治上普遍的贪污风气。3. 过度的种族歧视，压迫汉人，但其行政效率和组织，又不足以控制汉人，因而乱事时起，末年尤甚。4. 崇信喇嘛，耗财过巨，而喇嘛又多骄纵不法，恣意扰民，社会为之骚乱。以上各点，只是元室表面上的政治缺失，至于造成这些缺失的根本原因，则与蒙古的民族性有密切的关系。蒙古人虽以善战震惊世界，但就文化水准而言，仍不脱游牧民族的本色。他们的保守性甚强，元代的皇帝，大都不懂汉文，对汉人的一切，也不求了解，只知以压制、歧视作为统治汉人的手段。以部落社会的政治技术，去统治农商业社会的人群，自然是行不通的。蒙古自铁木真称大汗（1206）始，中经三次西征，建四汗国，直至忽必烈吞并南宋（1279），其间不过七十四年；灭宋之后，不过九十年（1279 ~ 1368），元帝国便归于瓦解。其起灭的迅速，正是蒙古人“马上得之，马上治之”的结果。

元世祖后期，重用计臣，以事聚敛。他初以阿合马掌财赋，兴办铁冶，增加盐税，并调查江南各地户口，以增税课。卢世荣继之，凡利之所在，莫不尽量争取，后以贪横伏诛。继而世祖又宠任世荣党桑哥，桑哥既用事，遣使清理诸路钱谷，法令苛急，四方骚动，其后也获罪而死。元代政治的不良，在此时业已奠下基础。成宗即位后，政治仍无起色，因缅甸内乱，用兵数年，死士卒及民夫数十万人。政治上仍贪黩成风，曾有一次罢黜赃污官吏一万八千四百七十三人，查出冤狱五千一百七十六事的纪录。武宗好酒色，尤崇信番僧，番僧侵渔百姓，甚至殴打官吏王妃，武宗均置之不问，当时的政治如何，可以想见。仁宗最初颇有改革之志，武宗方死，即诛乱政大臣脱虎脱等，并引用旧臣程鹏飞等十余人，共议大政，一时政治颇有改观，但不久即宠信奸臣铁木迭儿，并以计臣张闾检括民田，务为贪刻，以致民不聊生，盗贼蜂起。仁宗以后，皇位继承的斗争益烈，政治也更加紊乱。元中叶以后，国家税收，较世祖时增加二十余倍，但国用仍患不足。由于元室不能量入为出，而致佛事的靡费，诸王贵戚以及恩幸的赏赐，均漫无节制，因此虽尽量搜括，收支仍不能平衡。[参看《元史》卷九十三《食货志一》,《新元史》卷六十八《食货志一》]

顺帝即位后，以权相伯颜（与元世祖时的伯颜同名）秉政，而自居深宫之中，不亲政事。这时水旱疫疾以及地震山崩等灾害，相继而作，民生大困。至元三年（1337），广东、河南、四川等地，发生民变。元廷愈忌汉人，禁止汉人南人携带军器，伯颜更有尽杀张、王、刘、李、赵五姓汉人的建议，幸而未成事实。叛乱虽不久平定，但政治的颓风仍丝毫未改。六年（1340），伯颜因罪窜死，顺帝继以伯颜侄脱脱为右丞相，政治略有改革，但各地天灾频仍，叛乱不绝。

至正七年（1347），沿江盗起。这时的蒙人，早已失去昔年的勇武，因此无力平乱，甚至有时官军万数，反为劫贼数十人所败。次年，方国珍起兵于台州（今浙江临海县），攻陷温州（今浙江永嘉县），各地叛乱，日益扩大。十年（1350），元室更定钞法。元自世祖以后，钞票愈发愈多，币值日低。至此更印新钞，行之不久，物价腾贵，郡县皆以货物相交易，钞票不能通行，国用大感困乏。次年，元室以黄河屡次溃决，命贾鲁为总治河防使，加以修治。鲁征用黄河南北军民十七万人从事修河，历时八个月而就。鲁治河颇有成绩，但劳民动众，益增百姓的反感，因此并未能发生安定民生的作用。相反的，乱事日趋严重，终使元室走上倾覆之途。

（三）群雄起兵与元室颠覆

元末，因政治腐败，民乱四起，其中有一支专以宗教迷信惑众作乱的，名白莲会（又称白莲教）。元末有韩山童者，栾城（今河北栾城县）人，自其祖父，即以白莲会烧香惑众。至山童，倡言天下大乱，弥勒佛下生，河南及江淮地区的愚民多信奉之。其信徒有刘福通者，颍州（今安徽阜阳县）人，更为山童鼓吹，谓山童为宋徽宗八世孙，当主中国，并谋起兵，以红巾为标志。事为官府发觉，捕诛山童，山童妻及子林儿逃走。福通乃于至正十一年（1351）纠众而反，攻破颍州，连陷汝宁府（今河南汝南县）及光州（今河南潢川县）、息州（今河南息县），声势日盛。十五年（1355），福通迎立韩林儿为帝，又号小明王，国号宋，都亳州（今安徽亳县），并建元龙凤。韩氏在下层社会中本有甚大魔力，又自称宋后，以复兴民族为号召，因此林儿称帝后，各地起兵者，大都奉之为主。这时反元的势力极盛，黄河南北以及陕西、宁夏、四川等地，莫不被其兵锋，甚至一度攻陷上都。但他们各自为政，不易统率，力量既难集中，又无久远的计划，因此终不能颠覆元室的根本。

南方的起兵者，也有多起。长江下游及浙江地区以张士诚、方国珍势力较大。士诚本以运盐为业，于至正十三年（1353），结合盐丁举事。最初他据高邮（今江苏高邮县），称诚王，国号大周，其后移都平江（今江苏吴县），并自称吴王。他的地盘，最盛时南至绍兴（今浙江绍兴县），北至徐州，东至海，西至今皖西豫东一带。国珍也以贩盐为业，起兵于至正八年（1348），他割据浙东，扰乱江南方面的海运。长江中部的起兵者有徐寿辉，他于十一年（1351）称帝蕲水（今湖北浠水县），国号天完，据有江西湖广之地。二十年（1360），寿辉为部将陈友谅所杀，友谅自称皇帝，国号曰汉，定都于武昌（今湖北武昌县），尽有寿辉之地，势力甚强。长江上游，则有明玉珍，他最初起兵于随州（今湖北随县），响应徐寿辉，其后改向西北发展，转战于川陕之间。十七年（1357），乘川中空虚，守将内讧，乃攻陷重庆。最初他仍奉徐寿辉为主，二十二年（1362），始称帝于重庆，国号曰夏。

明太祖朱元璋像

以上所说的群雄，虽然地大势强，却都不是最后的成功者。最后的胜利归于朱元璋，他是恢复汉族故土，把元顺帝赶到塞外去的英雄，也是后来大明帝国开国的皇帝。元璋，濠州钟离（今安徽凤阳县东北）人，幼年家贫，父母兄相继病殁，因孤独无依，曾入当地的皇觉寺为僧，并常行乞于合肥（今安徽合肥县）及其附近诸州。至正十二年（1352），郭子兴起兵于濠州，元璋从之，屡立战功。次年，元璋取滁州（今安徽滁县），而子兴势力日弱，以所部万余人就元璋。十五年（1355），子兴病死，元璋得统其余众。次年，元璋攻下鄱阳湖之战作战经过示意图。元至正二十三年（1363）四月，陈友谅趁朱元璋主力在外，江南空虚，集六十万大军围攻江南要地洪都。朱元璋一面令洪都守将坚守，一面调主力回返。七月，朱元璋亲率舟师到达湖口，同时命两部分据泾江口与南湖嘴，以切断陈军水上归路。陈闻朱军来，撤洪都之围，东出鄱阳湖应战。首战康郎山水域，朱军虽数次不利，但拼死力战，陈军不支，北逃至渚矶，朱元璋则驻左蠡。两军再战，陈军再败。八月，陈友谅率舟师冒死向北突围，在南湖嘴遇朱元璋早先部署的伏兵，兵败身死。此役，陈友谅不能以一部监视洪都之敌，主力直攻朱重地应天，而顿兵坚城，连月不下。在鄱阳湖中决战失利，又不能及时舍舟登岸，终难逃败亡命运。朱元璋料敌机先，危机时刻又能挥军力战，终能全歼强敌。

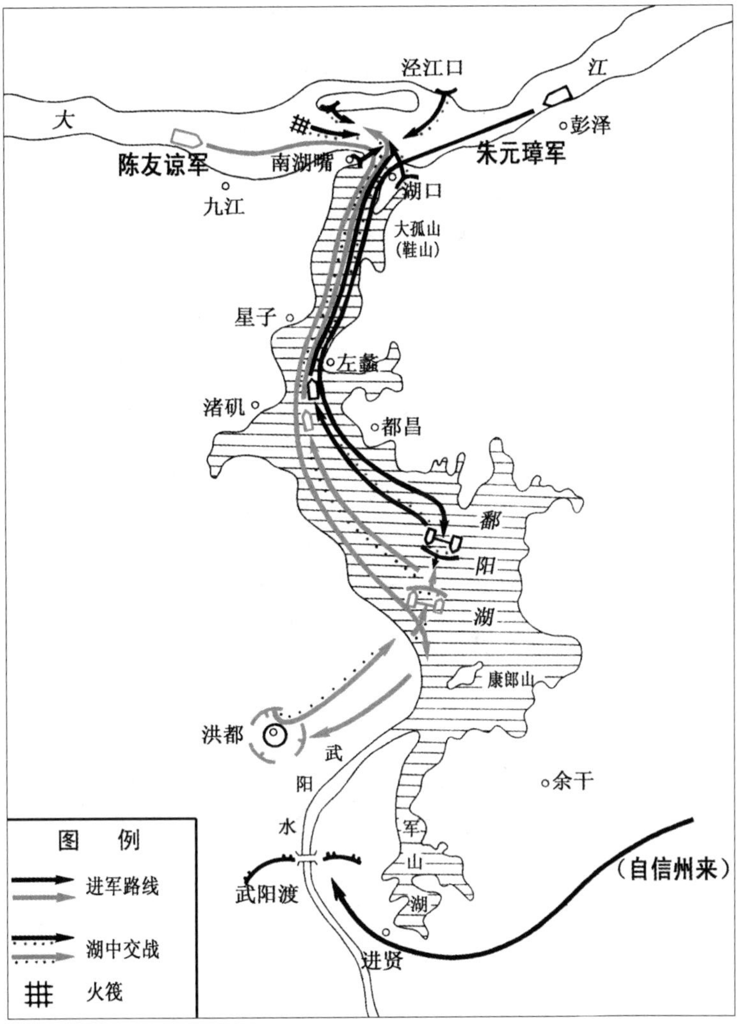

集庆路（治今南京），自号吴公，并称臣于韩林儿，奉龙凤年号。他的地盘介于张士诚、徐寿辉之间，东西应战，异常艰苦。

当刘福通等人初起时，元丞相脱脱亲自率兵征讨，连战皆捷。既而顺帝信纳谗言，流脱脱于云南，国事乃益不可为。赖有颍州沈丘（今河南沈丘县东南）人察罕帖木儿起兵扶元，转战黄河南北，所向克捷，元室始得苟延岁月。至正二十二年（1362），察罕帖木儿遇刺，子扩廓帖木儿继统其兵，扫平山东地区的反元势力，北方稍得宁静。至于南方群雄，元室却无可如何，而朱元璋的势力，日见膨胀，成为元室的最大敌人。

至正二十三年（1363），张士诚部将吕丰攻杀刘福通于安丰（今安徽寿县西南），朱元璋遣将击走吕丰，迎韩林儿至滁州，仍奉其年号。同年，陈友谅率军东下攻元璋，

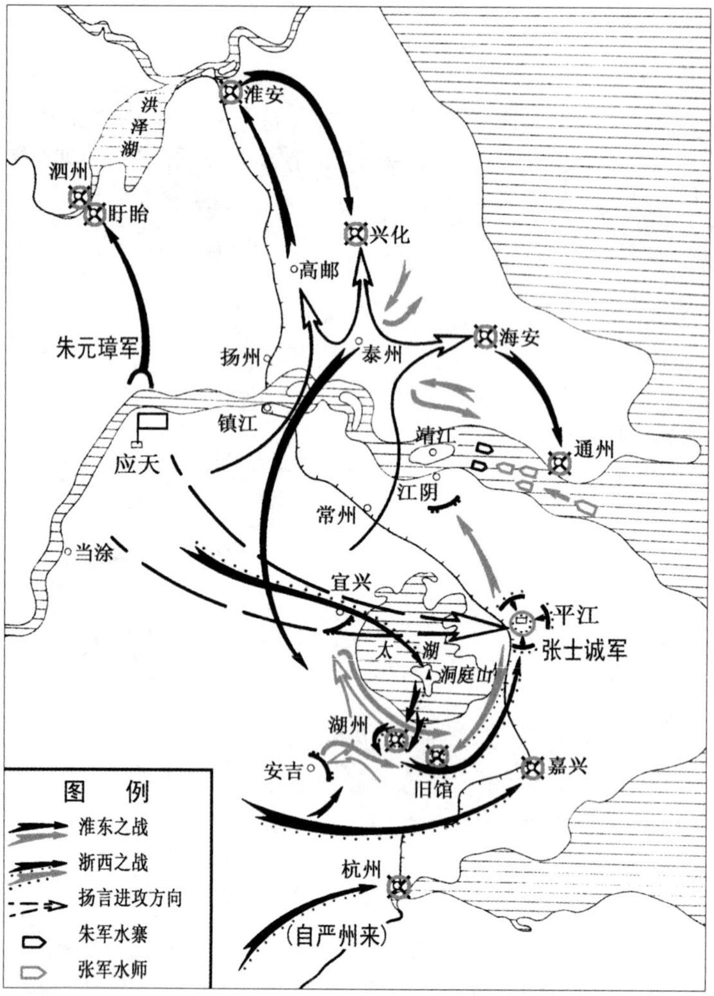

平定张士诚示意图。元至正二十五年（1365），朱元璋尽有陈友谅之地，全控长江中游，随即东下，准备消灭张士诚。考虑到张所据地南北有长江相隔，兵力不便支援，朱将进攻分为三个步骤：先淮东，次湖、杭，后平江。

淮东：元至正二十五年（1365），朱命徐达、常遇春水陆并进，北渡长江，抵海安，围泰州。士诚以水师一部游弋靖江北，又一部分攻宜兴、吉安、江阴，企图调动朱军。朱以少数兵力增援长江水寨以应靖江，又亲率部队以应江阴之敌，以保障主力在江北作战，于是张北援之计划全部不能得逞。同年三月，徐达攻克泰州，次年三、四月间，相继攻占高邮、淮安、兴化、通州、濠州、徐州等地，全据淮东。

浙西：元至正二十六年（1366）八月，朱元璋挟淮东之胜势，再攻浙西。扬言进攻平江，主力由应天出太湖，折而向南，突然进围湖州，张士诚派大军六万自平江进援。援军迫于明军势力，停驻旧馆，筑寨自固。明军在旧馆东南筑十垒，切断援军与平江的联系，湖州、旧馆两处均处孤立。朱又命李文忠一部自严州进攻杭州，以牵制张士诚兵力。张士诚数路援军被明军击退后，湖州、旧馆、杭州三地守将被迫投降。

平江：湖、杭既下，明军已然形成北、西、南三面包围平江之势。元至正二十六年（1366）十一月，平江外围要点尽下，明军于是包围平江孤城。次年九月，城破，张士诚被俘。不久朱元璋又迫降浙东方国珍，江南基本统一。

此役，朱元璋兵力占优，但并不因之而分兵，仍采取集中优势兵力，先去敌羽翼，再取腹心，稳步进取的方针，因之在整体、局部均未曾失利。

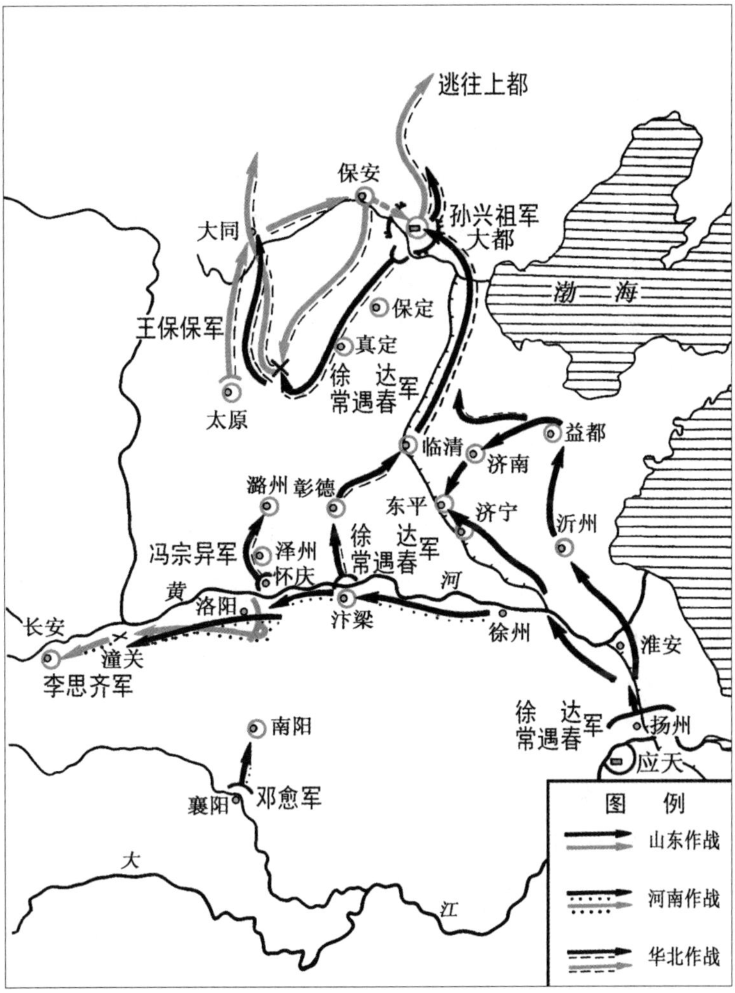

明军北上灭元作战经过示意图。元至正二十七年（1367），朱元璋制定北伐方略，即在山东、河南、华北逐次歼敌，先剪元室羽翼，再捣其腹心大都的方针。十月，徐达、常遇春率主力自淮安北上，孙兴祖部沿大运河北攻，以策应主力。十一月，徐、常克沂州、益都。十二月下济南。同时孙兴祖也下东平、东阿、济宁等地，山东之敌肃清。次年二月，徐达率山东兵力溯黄河西进，攻汴梁，邓愈一部则出襄阳，北攻南阳，配合徐军。三月，徐军迫降汴梁守军，再西进下洛阳。元将李思齐部弃潼关西逃关中，明军乘势占领潼关，关中之敌因之不能东出向大都进援。同时，邓军也占领南阳，河南之敌由此肃清。同年七月，徐达集结各军，自汴梁北渡黄河，攻下彰德等要地，进入临清。二十六日，诱歼元军主力于通州城下，顺帝北逃，徐军于八月初二进入大都，元朝灭亡。九月，命常遇春下保定、真定。十月，冯宗异军亦北渡黄河取怀庆，进入山西。又攻克泽州、潞州。此时元军王保保率山西元军北出大同，企图经保安进袭大都。徐达军遂西出井陉攻打王巢穴太原。王急回师，两军于太原附近遭遇。徐出兵夜袭，王仅率数骑窜逃，明军乘势攻占太原、大同，继又进入陕甘。至此，元室主力消灭殆尽，明统一天下已然在望。

大战于鄱阳湖，友谅中流矢死。次年，元璋进克武昌，湖广江西诸州县，相继归降。二十六年（1366），元璋遣将攻张士诚，并害死韩林儿。次年，元璋平张士诚及方国珍，进克福建，并以徐达、常遇春统兵北伐。二十八年（1368）初，元璋称帝，定都应天（今南京），国号明，建元洪武，是为明太祖。明北伐之师，连陷山东河南，八月，明师入大都，顺帝北逃开平，历史上的元代，到此结束。同年，明师破扩廓帖木儿于太原，遂定山西；两广之地，也为明所得。洪武二年（1369），常遇春克开平，顺帝再走，明师并击定陕甘。次年，元顺帝死于应昌（今热河经棚县西）。四年（1371），明遣汤和、傅友德征四川，明昇（玉珍子）出降。十四年（1381），明以傅友德、蓝玉、沐英讨伐盘踞云南的元室余孽梁王，次年平之，至此中国完全统一。二十年（1387），又遣冯胜、傅友德、蓝玉讨灭为患辽东的元丞相纳哈出。

元顺帝死后，其子爱猷识里达腊继位。明将李文忠进克应昌，元嗣君北走和林。明师俘其后妃诸王官属数百人，兵民五万余人。太祖对元俘甚为优待，对漠北元裔也未深入穷追。洪武十一年（1378），爱猷识里达腊死，子脱古思帖木儿嗣位，屡次犯边。至明师平纳哈出，太祖乃命蓝玉乘势北讨，败脱古思帖木儿于捕鱼儿海（即今外蒙古与兴安省交界的贝尔池），俘其众八万余人，蒙古经此打击，其势益弱。其后蒙古内部不安，部帅时起纷争，自脱古思帖木儿五传至坤帖木儿，均为臣下所弑。坤帖木儿死后，部将鬼立赤自立，改称鞑靼可汗。蒙古大汗的系统，从此中绝，这时已是洪武末年。

至于蒙古所建的四汗国，自元初起即相互攻战。元武宗时，窝阔台汗国为察合台汗国所并，其主察八儿降元。明太祖洪武初，察合台汗国的臣下帖木儿，崛起于撒马尔罕（Samarkand），灭察合台汗国。洪武末，又并伊儿汗国，建立帖木儿大帝国；钦察汗国也臣事之。明成祖永乐三年（1405），帖木儿死，帝国又告分裂，形成群雄割据的局面。是时钦察汗国既衰，所统俄罗斯诸侯渐谋独立。明宪宗成化十六年（1480），莫斯科大公伊凡三世（Ivan Ⅲ）独立，连败钦察汗军。此后莫斯科公国逐渐扩展，至 16 世纪中叶，遂灭钦察汗国，四汗国至此全部沦亡。

第二十四章
明代的政治

一、明初的政局

（一）太祖的规划

明是唐以后中国的自治统一时代，其国势的强盛，远非宋代可比。北宋时，东北则燕云未复，西北则夏人崛强，北方的关塞之险，整个落入异族之手，乃至不得不纳币媚敌，以求苟安。南宋的衰弱，更不必论。到明代，不特燕云关陇之地尽复，北方塞外若干形胜地区，也大都收入版图。这种局面，前后维持了二百多年。但明的大部分时间，内政方面是异常腐败黑暗的，若干秕政，从明初便奠下基础。如果不是明朝前期的几位皇帝，尚能励精求治，而蒙古衰落后，其他外族还没有强大，明室恐怕无法维持那样长久的国祚。

明代政治的不上轨道，明太祖要负大部分责任。他兼有圣贤和暴君的双重性格，因此他的政治措施，有些极可称赞，有些又极不合理。他出身微贱，因而深知民隐，即位后严惩贪污，大大整刷了元末以来的政风；他也颇知前代宦官、外戚、军阀的为祸之大，因此他严禁中官预政和母后临朝，并以文臣掌理军政，这些都是太祖政治的好的一面。但他“家天下”的思想极浓，益以猜忌残忍的性格，使他做出许多荒谬残暴的举动，足以抵消他的善政而有余。下面谈谈他对国家的几项重要规划。

分封诸王，是太祖时的一件大事。太祖鉴于隋唐时代，宗室权轻，君主孤立，因此选择名城大都，分封子弟。他于洪武三年（1370）到二十四年（1391）间，先后分封了二十五个王，其中有一个是他的侄孙，其余全是儿子。诸王的封地，遍布全国，尤以北方为多，重要的王有秦王樉（封于西安）、晋王㭎（封于太原）、燕王棣（封于北平）、代王桂（封于大同）、宁王权（封于大宁，今河北平泉县东北）、肃王楧（封于甘州，今甘肃张掖市）等。诸王各设官属，俸禄甚为优厚。虽然规定不能过问地方政事，但他们各有护卫的军队，少者三千人，多者至一万九千人，实力相当雄厚。此外太祖每遇战争，常令诸王总领军事，并得节制诸将，因此秦、晋、燕、宁诸王，遂当守御北边的大任，权势尤重。当时有人上书，恐诸王将来有尾大不掉之祸，太祖认为“离间骨肉”，结果上书人下狱而死。太祖死后不久，燕王棣便发动篡夺皇位的战争。

另一件大事是废宰相。中国旧制，宰相是全国的政治中心，综理大政，对皇帝负责。明初设官，仍沿袭元制，以中书省总政务，左右丞相主之，下设六部。洪武十三年（1380），左丞相胡惟庸以“图谋不轨”被诛，太祖认为相权过重，乃罢中书省，废丞相，以六部直隶于皇帝。这个办法，固然可以防止权臣弄柄，但兼任宰相，却不是每个皇帝都可以胜任的事。以太祖的坚毅辛勤，自可日理万机，但他的生于深宫中的后裔，却大多没有总揽国政的能力和兴趣，因此他们不得不把国务交给他们所亲信的人，这样便形成了后来的宦官政治。

太祖的实行君主独裁，是不信任臣下的表现，这种表现，并不止废宰相的一端。他对臣下控驭极严，极尽摧辱的能事，可以两事为例：一是廷杖。朝臣奏对忤旨时，即当廷加杖，甚至有被杖死的。朝臣的人格，为之扫地以尽，这是明代特有的酷政，也是中国政治史上的一大污点。二是滥兴文字狱。明代以前历朝的文字狱，多是因为有人公开讪谤朝政或诋毁皇帝而发生，但明初的文字狱则大不相同，有人往往为了一两个毫不相干的字，而被处死。例如有人因奏表中有“光天之下，天生圣人”的字句而被杀，因为“生”与“僧”同音，而“光”又是僧人头颅的写照，以致使他怀疑上表者在讽刺他的出身。这样的文字狱，真是极尽无理取闹的能事。

太祖的猜忌性格，到晚年更变本加厉，他晚年曾有两次对朝臣做集体的屠杀。一次是洪武二十三年（1390）的胡惟庸之狱。惟庸于十三年（1380）被诛，但他的“逆谋”，直到二十三年才完全显露，太祖怒而肃清“逆党”，因此案牵涉而被杀的达三万人，其中封侯的功臣，就有二十余人。二十六年（1393），又有蓝玉之狱。蓝玉是北征沙漠扫荡元室余孽的名将，因恃功粗暴，为人控告谋反而被诛，牵连被杀的达一万五千人，元勋宿将，极少幸免。太祖对臣下这样恣意杀戮，心理显然有些变态，其根本原因，仍是“家天下”的思想在作祟。太祖晚年，以太子标柔仁，而朝臣之有材武者，为数甚多，深恐自身死后，太子无力驾驭群臣，因此想于生前加以翦除，以绝后患，遂有胡党之诛。二十五年（1392），太子标死，标子允炆立为皇太孙，年仅十岁，这件事更加深太祖的忧虑，于是又兴蓝玉之狱。虽然功臣们为他诛除净尽，权臣的篡夺是防止了，却没有料到在他死后，朱氏本身竟发生骨肉的惨变。

另一方面，太祖在政治上也有优异的表现。除了前面说过的几点，其他如重视人才的培养与选拔，因而广设学校，并推行察举制度；又如奖励人民上书言事，赋予谏官重权，以求政治的改进，其用意都很可取。最值得称道的，无过于重惩贪污和厉行法治。据说当时官吏贪赃在六十两以上者，即枭首示众，并剥皮实草，悬之官府，以为贪污者戒。至于他的厉行法治，可以下面一事为例：太祖大将胡大海的儿子，在京师违犯酒禁，按法应处死。当时胡大海正在前方作战，有人劝太祖考虑，太祖说：“宁使大海叛我，不可使我法不行。”并亲手把胡大海的儿子杀死［见《明史》卷一三三《胡大海传》］。由于太祖的严惩不法，明初的吏治，澄清了一个相当长的时期。

（二）成祖的事功

洪武三十一年（1398），太祖死，太孙允炆继立，是为惠帝。惠帝仁柔乐善，但英断不足，即位后，信用东宫旧臣齐泰、黄子澄及大儒方孝孺。当时诸王跋扈，惠帝与齐、黄密议，决计加以削弱，于是周王橚（封于开封）首先被废。惠帝建文元年（1399），湘王柏（封于荆州，今湖北江陵县）因罪自杀。同年，齐王榑（封于青州，今山东益都县）、代王桂（封于大同）及岷王楩（封于岷州，今甘肃岷县，后镇云南），均被废为庶人。由于诸王的相继被废，久蓄逆谋的燕王棣，借口发动叛变，掀起一场连亘三年的战争。

燕王棣，太祖第四子。太祖时，以首都南京，去边塞六七千里，元室余孽时常出没塞下，因此太祖委近边诸王以重兵，命其兼负防御之责。燕王以勇敢善战为太祖所喜，屡次命他率诸将出征，甚有威名。自惠帝为皇太孙，中外属望，唯有燕王心怀不平。及惠帝即位，削藩议起，燕以雄藩最为朝廷所忌。燕王乃听从其谋主僧道衍的劝告，于建文元年（1399）七月举兵，以诛齐泰、黄子澄为名，史称“靖难之役”。燕王称兵后，北平附近要地，多为所陷，声势日盛。惠帝命耿炳文率师进讨，炳文军十数万至滹沱河，为燕军所败，丧师三万。惠帝闻败，以李景隆代炳文，景隆实不知兵，率诸路军五十万，直薄北平城下，筑垒围之。燕王自外赴援，内外夹攻，诸军皆溃，士卒死者十余万。次年，景隆誓师于德州（今山东德县），合军六十万人，进至白沟河，又为燕军所败。燕军乘胜南下，进攻济南（今山东济南市），景隆南奔，守将铁铉、盛庸固守，燕军久攻不下，解围而去。既而燕军又为盛庸、铁铉大败于东昌（今山东聊城县），燕王乃回师。

建文三年（1401）春，燕师再出，与盛庸遇于夹河（今河北武邑县南），庸军大败。惠帝乃贬窜齐泰、黄子澄于外，并谕燕王罢兵，燕王不听。同年冬，燕王得中官的密告，知京师空虚，乃大举南犯。次年，燕军连破山东淮北要地，长驱渡淮，攻陷扬州（今江苏江都县），京师危急。惠帝不得已下诏罪己，并遣庆成郡主（燕王从姊）赴燕军，请割地罢兵，燕王不许。六月，燕军渡江，败盛庸及徐辉祖（达子）军，进攻京师，谷王橞及李景隆开城门迎降，京师遂陷。而宫中火起，惠帝不知所终，其后有许多关于他的传说流布世间。接着燕王自立为皇帝，是为成祖，杀齐泰、黄子澄、方孝孺，皆夷其族，死者数百人，朝臣自杀死节的也甚多。成祖永乐元年（1403），复周、齐、代、岷四王国，并改北平为北京，徙富民以实之。至十九年（1421），成祖徙都北京。

明成祖，选自《乾隆年制历代帝王像真迹》。

成祖的为人，有些地方颇有父风。他具有太祖同样的长处，诸如整饬吏治，躬行节俭，以及勤于政事等，但他对异己者手段的残酷，杀戮的冤滥，都不让太祖。而他的宠信宦官，更造成后来的宦官政治，终于把明朝引上灭亡之途。至于他武功的彪炳，也不让太祖专美于前，他在位期间，曾建

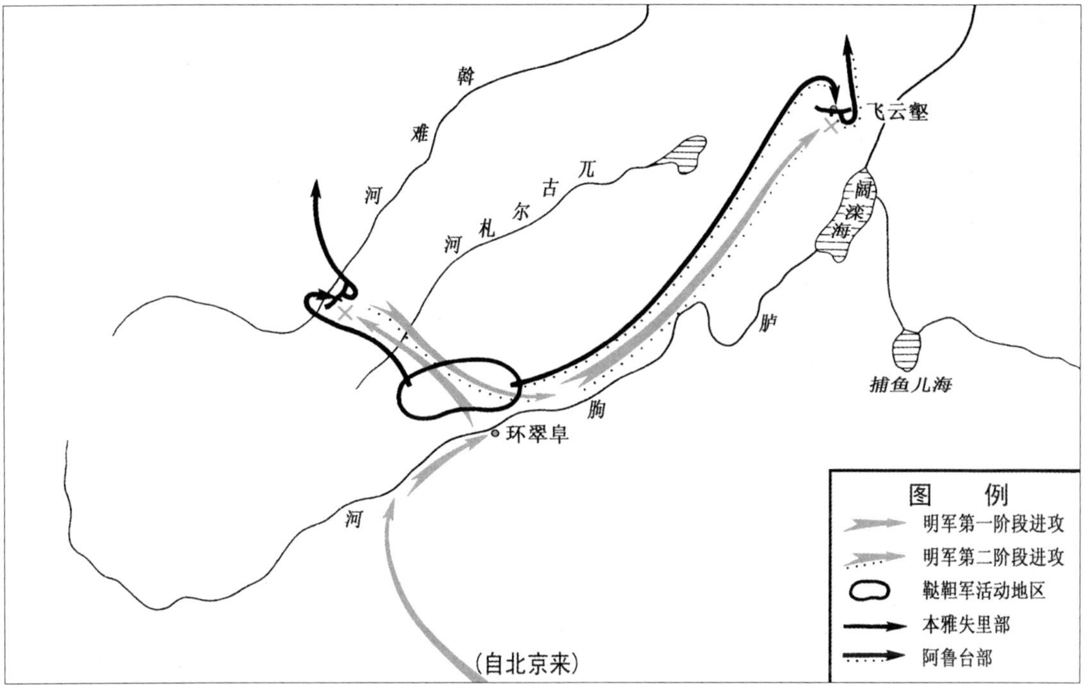

斡难河之战示意图。永乐八年（1410）二月，明成祖以丘福之败，亲自督师北征鞑靼，五月到达胪朐河南岸。其时鞑靼可汗本雅失里与知院阿鲁台闻明军出塞，非常恐慌，分奔东西以避明军。成祖进至环翠阜时，悉知情状，决意先打击其西路鞑靼可汗本雅失里，遂命一部筑城于河畔，控制渡口，确保后路安全后，亲率精骑急进，在斡难河追上本雅失里，随即挥军奋击，大破鞑靼，本雅失里仅率数骑北遁。击败鞑靼西路后，明军回返胪朐河，然后成祖又亲率骑兵沿胪朐河东进，至飞云壑追上阿鲁台部，阿鲁台请降，成祖恐其有诈，严兵以待，尔后乘阿鲁台在战、降之间游移不定之机，亲率精锐突阵，鞑靼兵大溃，阿鲁台携眷远逃，明军因缺粮、缺水，撤军西返。

立五件辉煌的事功，就是：征鞑靼、瓦剌，讨安南，平西南蛮，御倭寇和通“西洋”，在此先叙述前面的四件。

前章已说过，洪武末年，鬼力赤篡元裔，自称鞑靼可汗。成祖起兵时，鬼力赤曾出兵相助，永乐四年（1406），鬼力赤为臣下阿鲁台所杀。阿鲁台迎立元裔本雅失里，居胪朐河（今外蒙古克鲁伦河），遂与明绝。七年（1409），成祖遣丘福征之，大败而死。次年，成祖亲征破之，本雅失里西依瓦剌，阿鲁台降明。瓦剌为蒙古别部，居天山北路，共分三部，以马哈木部最强，屡与鞑靼交战，鞑靼既为明所败，瓦剌势益强。十一年（1413），马哈木杀本雅失里。次年，更谋内犯，成祖亲征，大破之于和拉和锡衮（故和林东），追奔至图拉河（在今外蒙古北境）。马哈木既败，阿鲁台部又盛，日渐骄蹇。二十年（1422），成祖亲征之，阿鲁台遁去。次年，成祖复亲征阿鲁台，出塞后，闻阿鲁台已为瓦剌所破，遂班师。二十二年（1424），阿鲁台又内犯，成祖再度亲征，统军深入，前锋至答兰纳穆尔河（和林东北），以不见敌而还。回至榆木川（今察哈尔多伦县西北），染疾而死。成祖五次亲征，虽未能彻底消灭蒙古余孽，但边氛为之一靖。到宣宗宣德九年（1434），阿鲁台为瓦剌酋长脱欢（马哈木子）所杀，其子降明，鞑靼遂衰。

安南于五代末年脱离中国独立，宋时无力收复。元宪宗时，遣兀良合台攻之，破其都城。世祖时，称臣入贡，但常不听朝命，世祖又两度伐之，始再款附。明太祖时，遣使招之，安南入贡，封其主陈日煃为安南国王。数传至日焜，于惠帝初为其臣黎氏所弑，明室不知。成祖立，封黎氏为安南国王，既而陈氏宗亲陈天平奔明，明遣军护送天平归国，为黎氏所杀，成祖乃决意讨之。永乐四年（1406），明以张辅、沐晟统兵进讨，大败安南军，次年，安南平，明于其地置交趾布政使司。六年（1408），陈氏故官简定纠众作乱，僭号大越，复为张辅所讨平。十六年（1418），交人黎利复倡乱，成祖出师破其众，黎利逃至老挝。成祖殁后，寇掠更甚。宣宗即位，命将往征，大败。明室厌苦兵事，乃于宣德二年（1427），赦黎利罪，罢交趾布政使司，并以陈氏后裔为安南王，自是安南世为明藩臣。

元代经营西南，于其地置府、州、县及宣慰、宣抚等司，以土酋充任长官，世袭不替。明初也大致沿袭这个政策。明太祖既克陈友谅，声威远播，居今贵州省地的思南宣慰田仁智、思州宣抚田仁厚，率先归附，及太祖称帝，贵州宣抚霭翠等也先后来降。太祖命他们皆以原官世袭，不置州县，赋税也自由输纳。明室仅于其地筑城驻兵，以资防守。永乐十一年（1413），思南田宗鼎（仁智孙）与思州田琛（仁厚孙），相互仇杀，不听禁令。成祖命顾成击之，执二酋送京师，并于其地设贵州布政使司以治之，自此贵州始为内地。至于云南地区的蛮族，则早于太祖时内属于明。

倭寇本是日本的海盗。元自征日失败后，双方互禁通商，但其莠民常私自往来中国，日久遂于海上劫掠。元末，日本分裂为南北朝，同时有两天皇。明初，日本南朝倾覆，遗臣逃入海中，与海盗联合，剽掠中国和朝鲜沿海，便是明人所谓的“倭寇”。而张士诚、方国珍的余党，又与日寇相结，出没海上，北自山东，南至浙江、福建，时有寇警。太祖虽尝遣使赴日本诘问，但不得要领，乃于浙闽沿海筑城数十，分遣戍卒数万屯防，海疆渐固。日本统一后，将军足利义满，专断朝政，颇欲与中国互市。成祖时，遣使至明，明许其贸易，并在浙江、福建、广东沿海设三市舶司，管理通商事务。义满也时捕海盗以献，倭寇之祸稍止，但终不能根绝。永乐十七年（1419），倭寇复扰辽东，总兵刘江大败之于望海埚（今辽宁宁海县东南），倭寇始不敢东窥。直到世宗时，倭寇的祸乱才又炽盛。

（三）海外的经营

明统一后，中国西北和欧洲大陆之间的交通，因蒙古余部和帖木儿帝国的阻隔，无法畅通，但南方海上的交通，其盛况则在宋元之上。明在海外的拓展，南宋遗民的后裔，实为前导。南宋灭亡后，爱国义士，相率逃亡海外，与中国邻近的安南、占城等地，都成遗民世界。元代，安南、占城叛服无常，当与这批南渡的华侨有关。到明，国人久已闻知海外的富庶，自动泛海经商的，越来越多，而明室又努力从事海外通好，因此中国的海上事业，日趋繁盛。明太祖鉴于元人征日失败，颇知笼络四夷，遣使招徕西域及南洋诸国。成祖的态度更为积极，他屡命宦官出使异域，如侯显使乌斯藏（即西藏），马彬使爪哇、苏门答腊，李兴使暹罗，尹庆使满剌甲等，但最著名的，则无过于郑和的下“西洋”。他的出使次数之多，所带船只兵丁数目之大和航程之远，在当时都可以说是最伟大的事业。

郑和，云南人，世称“三保太监”（三保可能为和小字），原姓马，世奉伊斯兰教，做太监后，赐姓郑。他自成祖永乐三年（1405）开始出使，至宣宗宣德七年（1432）最后归国，前后二十七年间，凡七次出海，历五十余国，遍至南洋群岛及印度洋西岸各地，最西到达非洲东部。至于他出使“西洋”的原因，近人归纳为下列数点：1. 成祖怀疑惠帝未死，匿迹海外，因而派和统兵出国找寻。2. 元亡后，帖木儿帝国强盛，对明的西北边防，威胁甚大，太祖时，即曾遣使与海外诸国联络，成祖仍本既定国策，遣和出使诸国，组织海上联盟，使帖木儿帝国不敢轻启战端。3. 发展国际贸易，以国产的锦绣、瓷、漆等物，换取南洋的香料宝货。4. 耀兵异域，以夸示中国的富强。［参看徐玉虎《郑和下西洋原因之新探》（载《大陆杂志》史学丛书第一辑第六册）］

郑和七下西洋的舰队，异常庞大，船只最多时达百余艘，少者也有四五十舱，最大的船，长达四十四丈余，宽达十八丈。每次远航，所带的士兵和随员，多则三万人，少则二万人，其盛况在历史上是少见的。随员中包罗各种人才，组织也非常严密。因此七次航海均能不辱君命，扬国威于海外。至于七次航海的往返年代，据近人考订，旧史颇有错误。今据新说，略述郑和七次出使的经过。［参看徐玉虎《〈明史〉中郑和下西洋年代之谬误考》（载《大陆杂志》史学丛书第一辑第六册）］

第一次，永乐三年（1405）冬，自苏州刘家港泛海至福建，复自福建五虎门（在今福建闽县东南大海中）起航，首达占城（今越南南部），历满剌甲（今马来半岛南端西岸）、古里（今印度半岛西岸）诸国。六年（1408）九月还，诸国遣使随和入朝。（旧说同。）

第二次，永乐五年（1407），统舟师往爪哇（今印尼雅加达）、古里、柯枝（今印度半岛西南端）、暹罗等国，代表明室颁赐其国王诰命、银印，诸番王各以珍禽异兽贡献。七年（1409），归国。（旧说六年九月出海，九年六月还。）

第三次，永乐七年（1409），统舟师前往各国，道经锡兰山（今锡兰岛），其王烈苦奈儿不恭，明师擒之，并持诏封满剌甲国王。此次最远的航程，至波斯湾的忽鲁谟斯（岛名）及阿拉伯半岛西南端的阿丹等地。九年（1411），归国。（旧说十年十一月出海，十三年九月还。）

第四次，永乐十一年（1413），统舟师往忽鲁谟斯等国，途中生擒苏门答腊国伪王苏幹剌。此次最远的航程，至非洲东岸的木骨都束等国。十三年（1415），归国。（旧说十四年冬出海，十七年七月还。）

第五次，永乐十五年（1417），统舟师至忽鲁谟斯、阿丹、木骨都束、卜剌哇（在今非洲东岸）、爪哇、古里等国，各国竞进方物。十七年（1419）七月，归国。（旧说十九年春出海，二十年八月还。）

第六次，永乐十九年（1421），统舟师送忽鲁谟斯等国使臣返国。及和归国，成祖已死，其时当在二十二年（1424）冬。（旧说二十二年正月出海。）

第七次，宣德五年（1430），宣宗以践阼已久，而诸番国远者，犹未朝贡，乃再命和出使。历满剌加、苏门答腊、南渤利（今苏门答腊西北部）、阿鲁（今苏门答腊中部偏西）、柯枝、锡兰山、阿丹、剌撒（阿拉伯半岛东部）、忽鲁谟斯等十七国。八年（1433）七月，归国。（旧说同。）

郑和的出使，不特是明朝的大事，也是近古以来中国的大事。中国舰队航程的辽远和声威的南播，都为前古所未有。此外值得注意的，就是激起了国人向海外发展的更大兴趣。由于他的出使，海外的情况益为国人所了解，因此福建、广东地区的居民，纷纷移殖于南洋。明中叶以后，国威渐替，但国人前往南洋的始终不绝。有的经商开矿，奠定日后华侨的经济基础，而其中若干冒险家，攻占土地，自立为王，他们的后裔，便是后来西班牙、荷兰等国人经略南洋时所遇到的劲敌。西洋人虽然终于统治南洋，却无法动摇华侨的经济实力，这可看出华侨在南洋地位的稳固，其基础则是在明代奠立的。

二、宦官与明政的败坏

（一）宦官专权的由来

明代宦官政治势力的抬头，始于成祖时代。太祖时，曾立铁碑于宫门，严禁宦官干政。惠帝继立，驭宦官益严，引起宦官的不满。靖难师起，燕军逼江北，宦官多逃附燕军。成祖以为忠，对宦官异常信任，以他们出使外国，或统兵镇边，或出任监军，因此宦官的权势大盛。永乐十八年（1420），设置东厂，以宦官主之，专以之刺探外事。它可以不经政府的司法机关，便擅自鞫讯朝臣，甚至非刑虐杀。太祖时，曾置锦衣卫，也是皇帝的私设法庭，但并非由宦官掌理；到东厂成立，宦官遂手握生杀之权，其气焰也益张。不过当时的宦官，尚未能掌握大政，来操纵整个国家的命运。

成祖死，太子高炽即位，是为仁宗。仁宗在位一年而死，太子瞻基立，是为宣宗。宣德元年（1426），帝叔汉王高煦反于乐安（今山东惠民县），宣宗亲征平之。宣宗为明代令主，但他对宦官的得权，也要负一部分责任。明初定制，内臣不得读书识字。宣宗时，于宫中设书堂，选年幼内侍数百人，读书其中，令朝臣教习之，此后遂成定制。宦官既多通晓文墨，熟知古今，对政治的兴趣益浓，作恶的手段也益精。但他们的干政握权，固由于皇帝的信任，而明代政治制度本身的缺陷，也是造成这种现象的主要原因。

明初废相后，把中书省的大权划归六部，以六部尚书分理全国政务。六部之上，更无领袖，而由皇帝总其成，另设殿阁大学士，为皇帝襄理文墨。大学士的官位，不过正五品，朝会的班次，在尚书、侍郎之下。当时大学士的责任，是随侍皇帝左右，以备顾问，至于奏章的批答，则必须有皇帝的命令，且须在御前执笔。成祖以后，大学士渐受亲任，始有“内阁”之称。成祖和仁宗，每召阁臣密议国家大事，但奏章的批答，仍出自皇帝，不委他人。宣宗时，阁权渐重，杨溥、杨士奇、杨荣，皆以三孤（少师、少傅、少保）、尚书等官而兼大学士，因而地位日隆。宣宗开始命内阁用小票墨书，具陈意见，贴于奏疏表面，由皇帝裁夺，谓之“条旨”（又称“票拟”）。如皇帝同意，即以红书照条旨批出，但遇大事时，犹命大臣面议。宣宗以后的皇帝，日渐颓废，不亲政事，他们深居内殿，不复常与大臣相见，若干皇帝如世宗、神宗竟至二十余年不视朝。

皇帝既不亲政，乃一方面专命内阁条旨，一方面又命宦官代为批决，因此给予宦官专权的机会。

宣宗以后的内阁，渐居于宰辅的地位，但其权力，最高仅止于条旨，亦即仅能条陈对国政的意见或办法。最后的决定权虽在皇帝，但由宦官代为批决，于是国家大权，渐落入宦官手中。至于握持大政的宦官组织，则为司礼监。司礼监始设于太祖时，最初不过掌理宫中各项礼仪、宴会以及御赐书画一类的事。宣宗以后，其职权渐变，内外章奏，皆由司礼监的掌印太监管理，而章奏文书的批决，则由秉笔太监及随堂太监担任。皇帝降旨，也由司礼监的宦官在旁写出项目，然后交阁臣拟稿。因此，明代的司礼监，权力超过宰辅，阁臣想把握实权的，必先结纳宦官；即使忠实干练的阁臣，如想有所建

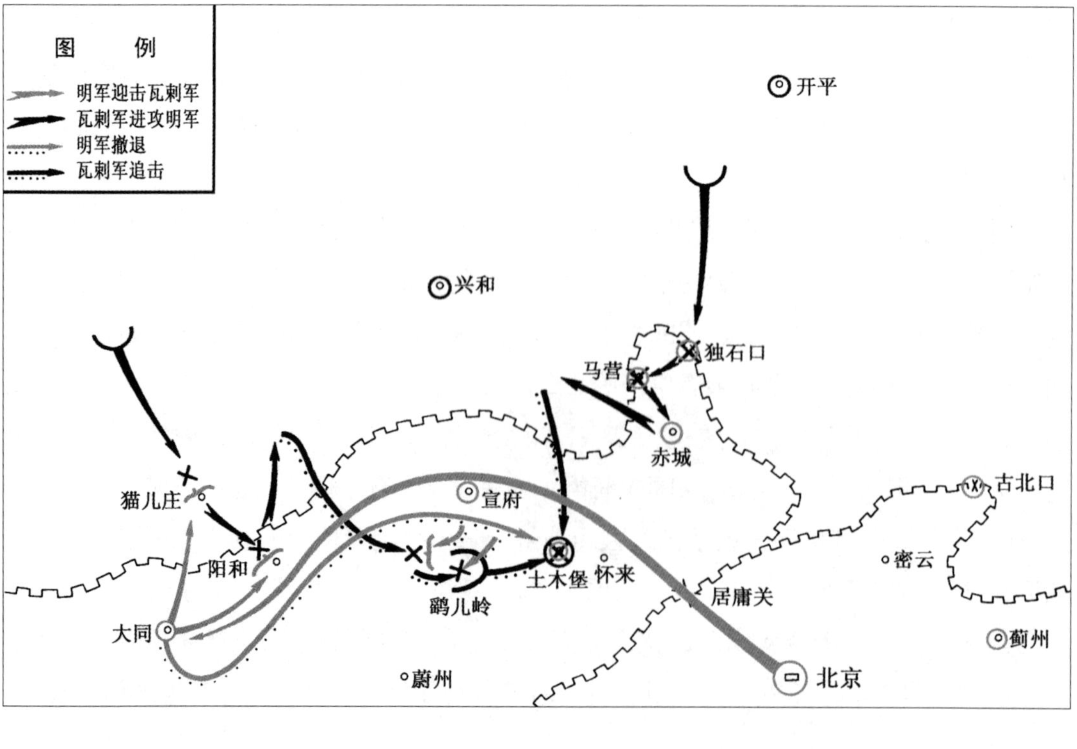

土木堡之战经过示意图。明正统十四年（1449），瓦剌部首领也先以贡使未受明朝廷礼待为由，四路进袭。主力由也先亲率，进攻大同，其余三部分攻赤城、辽东、甘肃，以牵制明军兵力，保障主力作战。七月初，明大同守将北出长城迎敌，先败猫儿庄，再败阳和口。同时，瓦剌北路也自独石口南下，马营守备弃堡逃走，一时边警频起。权阉王振力主英宗亲征。七月十五日，英宗自北京北出居庸关，一路西进至大同，见瓦剌势大，仓促决定撤军。本拟自紫荆关，再由离敌较远的蔚州回返，但王振恐于大军过境损坏其在蔚州的庄园，临时命全军北上，改由离敌较近的宣府回京。这样一来，明军侧翼暴露于瓦剌军攻击之下。也先听闻，立即率军突入长城，先在宣府附近大败明军后卫，再在鹞儿岭伏兵败明援军。八月十四日，在怀来城以西二十里的土木堡追及明军。也先先许以言和，然后趁明军懈怠，骑兵分数路发动，明军大溃，英宗被俘，史称“土木堡之变”。

树，也必须与宦官交好，以防其掣肘。又因内阁的大权，并非国家正式授与，阁臣的作为，缺乏名正言顺的根据，而致时常遭受攻击。因此明代阁臣，一方面受宦官的钳制，一方面又须防台谏的纠弹，对政治极难有所改善。至于不肖的阁臣，则唯有谄事宦官，狼狈为奸而已。

明代第一位弄权的宦官，是英宗时的王振。王振于宣宗时为宦官，被选入内书室，并侍太子祁镇于东宫。宣德十年（1435），宣宗死，太子继位，是为英宗，年仅九岁。王振以狡黠为英宗所喜，遂以之掌司礼监。但英宗初年，三杨辅政，而太皇太后张氏（仁宗后）贤明，英宗尚有所畏惮，王振也不敢过分放恣。正统七年（1442），太皇太后死，三杨或已去世，或老耄不任事，大权乃尽归于振。他擅作福威，移去太祖所立禁宦官预政的铁碑，朝臣谄事他的，可立得美官，小有牴牾，便逮捕下狱，有不少正士，死于他的手中。至于他的贪得嗜利，更无法细说。

此外，王振为了建立功名，曾两次发动对外战争。正统六年（1441），他兴兵十五万，讨伐麓川（今云南腾冲县）土酋思任发，结果损失士马数万，而西南蛮族，反因之相继叛乱。十四年（1449），又发生"土木之役"，几乎断送了明室的半壁江山。这年七月，瓦剌酋长也先（或称乜先）入寇大同，王振挟英宗亲征，以皇弟郕王监国。明师进战无功，于八月班师，至土木堡（今察哈尔怀来县西），为瓦剌所袭，明师大溃，英宗被俘，王振为乱兵所杀。这次事变，逼得明室几乎南迁，后来英宗虽为也先放回，但国家的体面，丧失殆尽，接着又演出一幕英宗兄弟争位的丑剧。从明代开国到土木之役，前后八十余年，正是明帝国的鼎盛时期，但这个鼎盛之局，被王振轻易的断送。王振以后，宦官之祸，几乎无代无之，直至国家乱亡而后已。［参看吴缉华《明仁宣时内阁制度之变与宦官僭越相权之祸》（载《"中央研究院"历史语言研究所集刊》第三十一本）］

（二）宦官政治的流毒

英宗被俘后，京师震动，朝臣有主张南迁的，兵部侍郎于谦反对，始定固守之策。皇太后孙氏（英宗母）命立英宗子见深为太子，以郕王祁钰监国，并族诛王振亲属，籍没其家。继而于谦等拥立郕王，是为景帝，并遥尊英宗为太上皇帝。也先挟英宗进攻京师，于谦固守，也先不得逞而退。其后屡次犯边，均告失利。景泰元年（1450），也先归还英宗，与明议和。英宗返京后，仍为太上皇，退居南宫，他的左右，则无时不想拥上皇复辟。

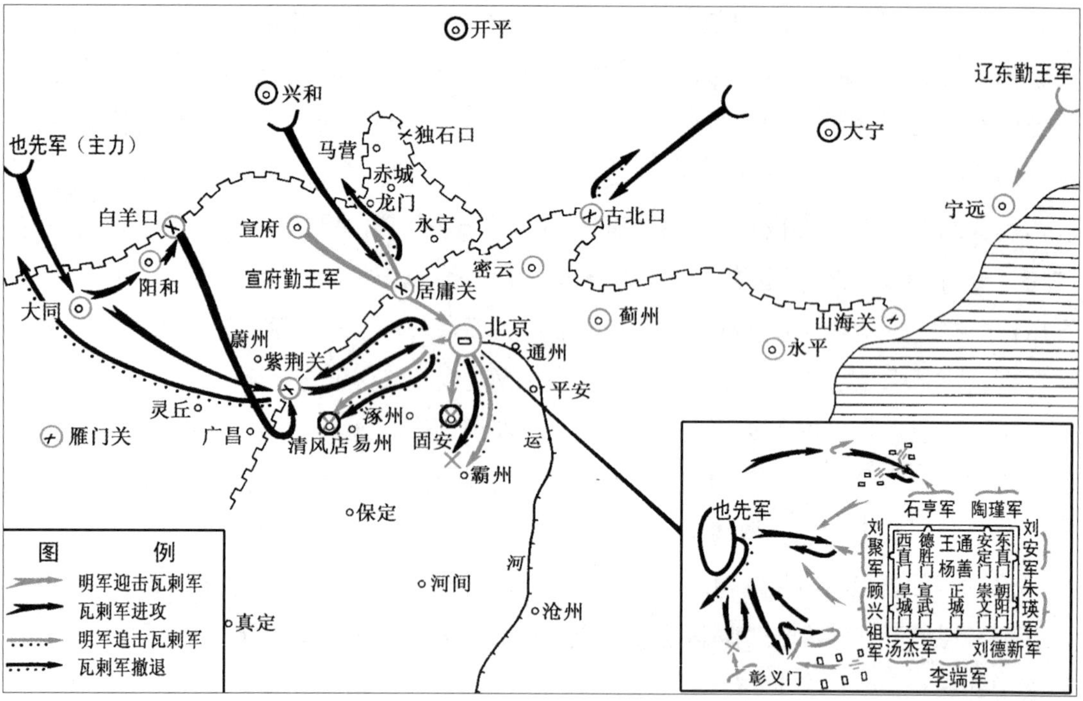

北京保卫战示意图。正统十四年（1449），土木堡战后，京师震动，也先企图以英宗为质，迫明廷投降。朝廷以于谦为首的主战派在京城立景帝，诛除宦党，举贤授能，调兵筹饷，严兵待之。也先见明不为所制，遂三路进兵：东路进逼古北口，中路进攻居庸关，也先自率主力自大同东下，破白羊口、紫荆关，长驱进入京畿。随即环攻北京城门，均被明军击退。此时瓦剌中路攻打居庸关不克，遂北退，明军追击，俘斩良多。也先见前有坚城，后有险关，深怕归路断绝，遂向紫荆关西撤。于谦发觉，即命纵军追击，于清风店、固安大破瓦剌。宣府派一部向北京进援，但此时也先已退，遂自北京折而向南，追歼瓦剌军于霸州。十月十七日，也先狼狈撤出紫荆关，随即退出塞外。瓦剌东路军见中、西两军失利，未及古北口，亦即撤退，至此，北京保卫战胜利结束。

景帝在位八年，并无多大建树，他对宦官仍相当亲任，宦官兴安尤受宠信。兴安虽无显著的祸国行为，但他笃信佛教，劝景帝及皇后度僧建寺，靡费甚多。景泰三年（1452），景帝改封太子见深为沂王，而立己子见济为太子，并废皇后汪氏，以妃杭氏（见济母）为后。次年，见济死，景帝无他子，左右恐见深复立，大肆煽构，英宗也受群小包围，以致兄弟间裂痕日深。八年（1457）初，景帝染重病，宿南郊斋宫。朝臣石亨、张軏、徐有贞及宦官曹吉祥等谋立上皇，以邀功赏。诸人纠众至南宫城，破门而入，共拥英宗入大内，宣布复位，改景泰八年为天顺元年；景帝则被废为郕王，迁居西内而死，史称这次事件为“夺门之变”。英宗复辟后，大封有功，杀兵部尚书于谦及大学士王文，复立见深为皇太子，赐王振祭葬，为之立祠，并贬窜攻击王振的若干朝臣。曹吉祥也因功封伯爵，与石亨相朋比，权势甚炽。天顺三年（1459），石亨因罪死，吉祥不自安，渐蓄异谋，与其养子钦谋废立。五年（1461），吉祥与钦反，钦败死，吉祥伏诛。

天顺八年（1464），英宗死，太子继立，是为宪宗。他宠信万贵妃，佞幸皆凭万氏以进。嗣位不久，即以内批授官，不经政府，而由宦官传旨，直接任命官吏，有时一次命官至百余人，谓之“传奉官”。同年，政府把收没曹吉祥的田地，改为皇家的私产，称为“皇庄”。此后贵戚及宦官，群起效尤，夺民地为庄田。宪宗对于宦官，也信任有加。成化十三年（1477），设置西厂，以太监汪直领之。西厂与东厂性质相同，所领的缇骑，更较东厂多一倍，踪迹遍于各地，可以不待奏请，径自逮捕臣民。又有宦官梁芳，与万贵妃相结，进方士李孜省、僧继晓等，导帝淫乐，共为奸利。宪宗因受这批宦官和佞幸的蛊惑，对朝政不复措意，直到他死。

成化二十三年（1487），宪宗死，太子祐樘即位，是为孝宗。孝宗即位后，梁芳诸人，或贬或诛，并罢禅师真人等千余人，传奉官二千余人，朝廷为之一肃。他任用徐溥、刘健、李东阳、谢迁等为大学士，皆公忠体国。他尤其注意民生问题，曾令全国设仓贮粮，每十里预积粟万石，以积谷的多少，定州县官吏的升黜，并曾兴修东南地区的水利。孝宗用法颇能持平，他未曾廷杖朝臣，厂卫也不敢过分横虐。但对于宦官，仍采宽容态度，朝臣奏请裁抑宦官的，他大都不听，甚或治罪。而宦官仍有居中用事的，如宦官李广，专以符箓祷祠，蛊惑孝宗；有时矫旨授传奉官，收受货赂，并擅夺民田，垄断盐利。廷臣虽交章论劾，孝宗均置之不问。由此可知宦官的政治权位，在孝宗时并未受到丝毫的动摇。

弘治十八年（1505），孝宗死，太子厚照即位，是为武宗。武宗为太子时，即好逸乐，宠信宦官刘瑾、马永成、谷大用、高凤、罗祥、魏彬、邱聚、张永等，尤以刘瑾最为狡黠。武宗即位后，瑾等用事，时称“八虎”。他们每日引导武宗嬉游，不理朝政，以便乘机揽权。正德元年（1506），武宗以刘瑾掌司礼监，马永成、谷大用分掌东西厂，其余也各据要津，从此中外大权，悉归宦官。刘瑾等得势后，专以诛除正士，杜塞言路为务。大学士刘健、谢迁，因抗疏论谏，均遭贬逐；瑾等并以刘谢等五十三人为“奸党”，榜示朝堂。三年（1508），设立内厂，由瑾自领之，用以刺探外事，虽东西厂也在伺察之列，其刑罚尤为残酷，每办一案，株连无数。朝臣凡不附瑾者，莫不斥去，纳贿攀附者，则不次超升。某次有人写匿名书攻击刘瑾，瑾竟矫旨罚百官跪宫门前，自午至暮，有因而致死者，这可看出宦官气焰的熏炙。大学士焦芳、吏部尚书张彩等，与宦官朋比为奸，刘瑾的种种恶行，大都为焦等所引导。

正德五年（1510），宗室安化王寘𫔶反于庆阳（今甘肃庆阳县），以讨刘瑾为名，明以朝臣杨一清及太监张永讨平之。这时张永与刘瑾不合，回师后，乘机密奏瑾谋反，武宗信之，遂杀瑾，朝臣因瑾党而降谪的六十余人。刘瑾死后，张永用事，宦官的权势虽然如故，但张永远不及刘瑾跋扈，阁臣素质也较刘瑾时代为优。但武宗并未因此变好，他自刘瑾败后，虽不全昵宦官，而其荒嬉淫乐则未稍改。同时更有一批佞幸，应时而起，他们导武宗远游，其荒唐的程度，较前益甚。从武宗起，明朝的皇帝，无论才智或品格，都是每况愈下，加上宦官的弄权，政治只有一直败坏下去。

（三）宦官政治下的士大夫

明代自宣宗以后，可以说完全是宦官政治。内阁虽由皇帝的文学侍从，渐变为宰辅，但无法发挥真正的相权，而宦官把持的司礼监，因有批决章奏之权，加以皇帝的支持信任，成为政治的中心。阁臣无论贤与不肖，必须与宦官联络，始能安于其位，顺利办事。间或也有一二君主，不十分相信宦官，而宠任阁臣，但这是绝少的特例。阁臣擅权的，不论行为如何，又常被目为权臣。

明代内阁，虽受制于宦官，但当时一般士大夫，尤其是言官，则以敢言为荣，对宦官权臣，常做激烈的攻击。明自太祖广开言路，此风历久不衰，加以士大夫崇尚理学，注重气节，因此敢于不惜性命，与恶势力奋斗。但文人见解，有时不免迂阔，所争论的事，不免小题大做。例如宪宗成化中，钱太后殁，宪宗以自有生母，议行别葬，而礼部尚书姚夔，竟率群臣伏哭于宫门，请将钱太后与英宗合葬。此外士大夫之间，也互争意气，而致演成朋党的倾轧，反足以误国害政。由于武宗以后的政事日益败坏，士大夫的这类表现也愈趋激烈，他们一面攻击宦官权臣，一面又自相攻击，虽屡遭挫折，终不反顾。直到明末，士大夫中的正人，为宦官魏忠贤诛除净尽，明室也走上灭亡之途。

武宗初，因刘瑾的乱政，各地盗贼蜂起，数年始平。刘瑾被诛后，大同游击江彬，又导武宗出游宣府（今察哈尔宣化县）。正德十四年（1519），宗室宁王宸濠反于南昌（今江西南昌县），为王守仁所讨擒。十六年（1521），武宗死，无子，大学士杨廷和以皇太后命，迎立宗室厚熜，是为世宗。世宗即位后不久，便发生所谓“大礼议”，引起朝臣间朋党的斗争。世宗以兴献王（名祐杬，孝宗弟）世子入承大统，即位之初，即下诏议兴献王的祀典及专称。杨廷和议称孝宗为皇考，兴献王为皇叔父，世宗不从。

进士张璁希世宗旨，主尊兴献王为皇考，廷臣不可。最后议定仍以孝宗为皇考，兴献王及王妃蒋氏（世宗生母）则追尊为帝后，不称皇。嘉靖三年（1524），张璁与南京刑部主事桂萼，上书请改称孝宗为皇伯考，兴献帝曰皇考。廷议反对，大学士杨廷和、礼部尚书汪俊相继罢职，结果追称兴献帝为"本生皇考"，王妃为"本生皇母"，谏者皆下狱，张桂二人则擢为翰林学士。既而世宗又命去"本生"字，朝臣纷纷上章力争，世宗不听，于是朝臣杨慎等二百余人，痛哭于宫门，声震阙庭。世宗怒，二百余人均治罪，或遣戍，或夺俸，而被杖死者达十九人。同年，更定大礼，称孝宗为皇伯考，皇太后为皇伯母，兴献帝为皇考，王妃为圣母。从这件事，可以看出当时士大夫的迂执。

世宗以明察自矜，对内侍裁抑颇严，但性格刚愎，不纳忠言，以是政事并无可观。中岁以后，又好神仙，屡年不亲朝政，日以醮祷为事。嘉靖二十一年（1542），以严嵩为大学士，嵩本以善撰醮祀青词而得帝宠，入阁后，谄媚蒙蔽，把持朝政达二十年之久。其子世蕃，也为世宗所信任，父子相助为恶。朝臣中与严氏有隙者，莫不置之死地，直臣如杨继盛、沈炼、叶经、徐学诗等，均遭杀戮。四十一年（1562），严嵩以罪状暴露而罢，世蕃伏诛。但明帝国承累朝奢侈之后，上下困竭，而外患炽盛，北方常受鞑靼族的侵扰，南方江浙沿海，又有倭寇为患。幸而不久世宗死去，新君继位，国事才有了转机。

嘉靖四十五年（1566），世宗死，太子载垕即位，是为穆宗。穆宗在位仅六年，政事倚成于内阁，阁臣徐阶、高拱、张居正等，皆有政事才，因此吏治颇见澄清。隆庆六年（1572），穆宗死，太子聿钧即位，是为神宗，年仅十岁。以张居正为首辅，宦官冯保掌司礼监，居正与保相结，内外协调，始得展其长才。居正为政，以尊主权、裕钱谷、严考成、固疆圉为要务，吏治大为整顿。当时鞑靼屡次入侵，居正举李成梁镇辽，戚继光镇蓟，边疆以安。但居正个性褊急，不恤与言路为仇，朝臣恨之者极多。万历十年（1582），张居正死，因受人诬告，竟被追夺官爵，籍没家产。其后阁臣率多随俗浮沉，政事又渐败坏。而神宗既长，荒于酒色，加重赋税，并遣宦官四出开矿，扰民达于极点，遂种下亡国的因素。

神宗中年以后，竟至二十余年不视朝，群臣奏章，多不省览。朝臣又各结朋党，以排斥异己为事，当时有所谓齐、楚、浙、宣、昆五党。齐党以亓诗教为首，楚党以官应震为首，浙党以姚宗文为首，宣党以汤宾尹为首（宾尹宣城人），昆党以顾天俊为首（天俊昆山人）。五党之外，在野的又有所谓"东林党"。有吏部文选郎顾宪成者，于万历中罢职归无锡（今江苏无锡县），与高攀龙、钱一本等，讲学于当地的东林书院，议论时政，臧否人物，若干朝臣与之遥相呼应。其后孙丕扬、邹元标、赵南星等相继讲学，自负气节，与政府相抗，依附者日众，因而渐成社党。他们的言论，颇有左右舆论的潜力，当时称为“党议”。朝中五党，皆以东林为公敌，于是政治上分为东林与非东林两派。而神宗和以后的光宗、熹宗三朝间，恰好有所谓“三大案”发生，遂成为两派相互攻击的依据，党争乃愈演愈烈。

所谓三大案，即“梃击”“红丸”“移宫”三案，原都是宫廷细故，却成为党争的资料。三案的大致经过是：1. 梃击：神宗初宠郑贵妃，欲立其子常洵为太子，后以廷臣反对，乃立长子常洛。万历四十三年（1615），有男子张差持梃闯入太子宫，因而被捕，自言为郑贵妃宫内太监所指使。于是舆论大哗，东林党主严究，非东林党则以张差为疯癫，结果郑妃得以无事。2. 红丸：四十八年（1620）七月，神宗死，太子常洛嗣位，是为光宗。既而光宗有疾，九月，鸿胪寺丞李可灼进红丸，而疾益剧，次日遂死。东林党主张严办，非东林党反对，争论不已。3. 移宫：光宗死，皇长子由校继位，是为熹宗。而光宗所宠的选侍李氏，意欲听政，仍留居乾清宫。御史左光斗、给事中杨涟等，以选侍既非熹宗嫡母，又非生母，不应居正宫，上疏力争。当时东林党主移宫（左杨均被目为东林党），非东林党反对，结果李选侍移居别宫。

熹宗时，宦官魏忠贤与熹宗乳母客氏有宠，非东林党依附忠贤。天启三年（1623），顾秉谦、魏广微为大学士，皆谄事忠贤。同年，忠贤掌东厂，跋扈日甚。次年，杨涟劾忠贤二十四大罪，诸臣相继上疏劾忠贤者七十余人，帝皆不听。魏广微及御史崔呈秀，乃导忠贤兴大狱。五年（1625），杨涟、左光斗、魏大中、高攀龙、周昌期等十二人，先后被忠贤诬害，下狱惨死。忠贤并废毁国内所有书院，榜示东林党人的姓名，永久禁锢，于是朝廷善类一空。其余朝臣，类皆忠贤党羽，各省督抚更多为忠贤建立生祠，以颂功德。七年（1627），熹宗死，弟信王由检继立，是为思宗。思宗虽窜诛忠贤，并黜其党羽，但对宦官仍相当信任。这时明帝国经过神宗、熹宗两朝的虐政，内忧外患，交相侵迫，而思宗又无彻底改革的决心，终致使国家沦落到无可救药的地步。

三、明室的倾覆

（一）中叶以后的外患

明中叶以后，重要的外患有三，即鞑靼、日本和满洲，同时海上西洋人的势力，也日见扩大。这四个势力，都具有摧毁日益衰败的明帝国的力量，而最后成功的则是满洲。当时西洋人经营的主要地区，是美洲、印度和南洋，其视线还没有集中于中国。鞑靼的势力较弱，受中国的笼络，未成大患。至于日本，曾在朝鲜与明师发生历时七年的战争，最后日兵虽退，明也为之困敝。满洲虽是女真后裔，但实际等于是一个新兴的民族，明室最初对它未曾介意，而它就在明人的忽视中壮大起来。它以新兴民族的勇略，与衰颓腐烂的明帝国对抗，经数十年的恶斗，终获最后胜利，成为中国的主人。现在把鞑靼、日本、满洲三大势力为患中国的经过，分述于后。

瓦剌酋长脱欢于宣宗时攻破鞑靼，统一瓦剌三部，国势甚强。脱欢拥立元室后裔脱脱不花为可汗，自为丞相。脱欢死，子也先继位，东降兀良哈（今热河一带），西略哈密（今新疆哈密县）及河西地区，兵力益强。英宗时，与明冲突，遂有土木之役。其后，也先送还英宗，复杀脱脱不花，自立为可汗。景帝景泰五年（1454），也先为大臣阿剌所杀。既而鞑靼部长孛来攻杀阿剌，瓦剌部众分散。孛来立脱脱不花子麻儿可儿为鞑靼可汗，号小王子，于是鞑靼之势复炽。

英宗复位后，鞑靼别部部长斡罗出，入据河套地区。既而小王子、孛来及另一部酋毛里孩皆来河套，屡次入寇，为患甚烈。宪宗成化三年（1467），孛来为毛里孩所杀，鞑靼仍入寇不已。八年（1472），明将王越大破鞑靼，鞑靼北徙，边患稍止。孝宗时，鞑靼复盛，其酋仍称小王子，又号达延汗。达延汗有雄略，统一沙漠南北，复居河套，于是寇患转烈，直至世宗初年，北边几无宁岁。达延汗后以年老厌兵，徙幕于东方（今察哈尔省），号土蛮（即土默特，又称察哈尔部），而别部酋长俺答入据河套，连年寇边。嘉靖二十六年（1547），边臣曾铣建议恢复河套，大学士夏言力主其说。次年，夏言、曾铣为严嵩诬陷论死，复套之议遂止。俺答又大举入寇，前后十数年间，数度剽掠京畿，明廷无如之何。到穆宗隆庆五年（1571），与之议和，明封俺答为顺义王，河套之患始除。神宗初，鞑靼东部的土蛮部转盛，屡寇辽东，迭为明将李成梁所败，至神宗后期，其势始衰。

倭寇的骚扰，到世宗时，又炽盛起来。当时日本专政将军足利氏衰微，国内群雄割据，政府无力控制，若干不法之徒，遂为害于朝鲜及中国沿海。嘉靖初，明废市舶司，禁止对外贸易，倭人流落不能回国的，都变成海盗。嘉靖中，其势渐盛，中国海寇徐海、汪直等，复与之勾结，为祸益烈。当时沿海防务废弛，倭寇纵横千里，如入无人之境，江南两浙地区的沿海城镇，多被攻陷。又值严嵩当国，命将非人，寇焰益炽。其后明以胡宗宪总督浙江军务，先平徐海、汪直，倭寇失掉耳目，转掠闽广，直到嘉靖末，始为明将俞大猷、戚继光讨平。但东南沿海，经倭寇骚扰，先后达二十年，民生已疲敝不堪。

明室除遭倭寇的侵扰，也曾与日本发生正式的战争，便是神宗时的朝鲜之役。日本自足利氏衰微后，国内四分五裂。神宗万历初，日本军阀丰臣秀吉统一全国，意图侵明，强迫朝鲜为向导，朝鲜不从，秀吉乃于万历二十年（1592）攻入朝鲜。朝鲜于明初继高丽而兴，高丽既于元时受蒙古人的控

（上）抗倭图卷（局部），明人绘。图中倭寇为明军所获，绑于船头，情状颇为狼狈。

（右）戚继光，选自《历代名臣像解》。字元敬，明代名将、民族英雄。生于官宦世家，嘉靖二十八年（1549）参加武举，之后参与抗击鞑靼与倭人入侵，其中抗倭战绩尤著。曾招募新军，精心训练，严明纪律，英勇善战，时人誉为“戚家军”。转战于闽浙粤沿海诸地，历十余年，八十余战，倭寇平息，多赖其力。

制，明初又遭倭寇骚扰，国势日衰。有大臣李成桂者，以防倭寇有功，于洪武二十五年（1392），自立为王，明更其国号曰朝鲜，定都于汉阳（今汉城），高丽至此灭亡。神宗时，其王李昖在位，及丰臣秀吉入侵，攻陷京城，昖北奔乞援于明。明派李如松（成梁子）等率师往援，大破日军于平壤，日军南退，和议遂起。万历二十四年（1596），明遣使册封秀吉为日本国王，秀吉不受。次年，秀吉挥师北攻，破明经略杨镐于蔚山（今韩国庆州西北），明军反攻，亦告失利。二十六年（1598），秀吉死，日军始退，明军邀之于釜山以南海上，大破日军，死者万余，遂规复朝鲜全境。明室因战争七年，困象渐呈；日本也因伤亡众多，国力枯竭，以致终明之世，不敢再与中国为敌。

努尔哈赤，清人绘。

满洲为女真的后裔，明人又称之为"建州女真"。自金亡于元，女真衰落，遗族散布于今东北地区，分为建州（约据今松花江与牡丹江之间地）、海西（约据今松花江上游地）、野人（约据今黑龙江下游地）三部。明室于建州部地区内，先后设立三卫，以治其地，三卫即建州卫、建州左卫及建州右卫。成祖时，建州女真酋长猛哥帖木儿，曾任左卫指挥使，他便是满洲的祖先。英宗时，野人女真南迁，逐海西女真而据其地，分为叶赫、哈达等部。神宗初年，李成梁镇辽东，叶赫、哈达都服属于明，为明捍边。建州女真猛哥帖木儿的后人叫场、他失父子，据今安东新宾县一带，也效忠于明，但叫场父子，因受女真别部尼堪外兰的陷构，均为明军所误杀。他失子努尔哈赤，雄武有才，起兵复仇，攻破尼堪外兰，明为开关市以谢之。继而努尔哈赤统一建州，野人女真诸部，泰半为其所并，势力大盛。万历四十四年（1616），努尔哈赤自称可汗，国号金，建元天命，都于兴京（今安东新宾县）。到他的儿子皇太极时，改国号为清，他被追谥为太祖。清室姓爱新觉罗，其部族又号"满洲"，在皇太极时才被通用。满洲一词的来源，说法不一。一说自“满住”转变而来。满住为建州最尊贵的称号，努尔哈赤曾袭用之；皇太极所以用满洲尊称其部族，目的在掩饰其祖先曾为明室的属夷。一说满洲自“婆猪”转来。婆猪，江名，是清室先世的居地。［参看李学智《清朝姓氏考》（载《大陆杂志》史学丛书第一辑第七册）；陈捷先《说“满洲”》（载《幼狮学志》第一卷第一期）］

万历四十六年（1618），努尔哈赤以七大恨告天，起兵叛明，进陷抚顺（今辽宁抚顺县）。次年，明以杨镐统兵分道伐之。明师号四十余万，大败于萨尔浒（今安东新宾

萨尔浒之战作战经过示意图。努尔哈赤称汗后，多次进攻明军与叶赫部。明本拟以叶赫部屏障辽东，因此决意出兵。明万历四十六年（1618），明辽东经略杨镐集中四十万兵力，分四路直指后金巢穴赫图阿拉，企图一举围歼后金主力：马林部出开原南下，经三岔儿堡东北进，自北进攻；杜松部由沈阳东出抚顺，自西面担任主攻；李如柏部经清河堡、鸦鹘关东进，自西南进攻赫图阿拉；刘綎部经宽甸北上，自南进攻赫图阿拉；官秉忠驻兵辽阳，以为机动。后金窥破杨镐部署，决定以精锐先破明主力杜松部。三月，杜松“违期先出”，进至萨尔浒，主力驻扎萨尔浒，以一部向东北进攻吉林崖。努尔哈赤乘杜松孤军突出，即以主力西进，以一部北援吉林崖，一部西进向明军攻击，在萨尔浒突袭成功，杜松主力被击溃，吉林崖守军与援军配合，也大败明军。时马林进至尚间崖，闻主力摧败，即就地防御。后金军转锋北上，一部向北迂回至马林军后方，一部出马林南面，然后两相夹击，大败马林军。刘綎部未知信息，仍然北上。后金主力随即南下，至阿布达里岗设伏。又持马林令箭，假命诱刘綎轻军迅速北进，然后伏兵发动，全歼刘綎前锋，又乘胜击败其后续部队。李如柏部闻讯胆破，狼狈东返。萨尔浒之战结束。萨尔浒之战是明、后金之间具有决定性意义的一战，明军统帅颟顸，主将轻敌冒进，而后金熟悉地形，又能知己知彼，故能集中优势兵力，各个击破。

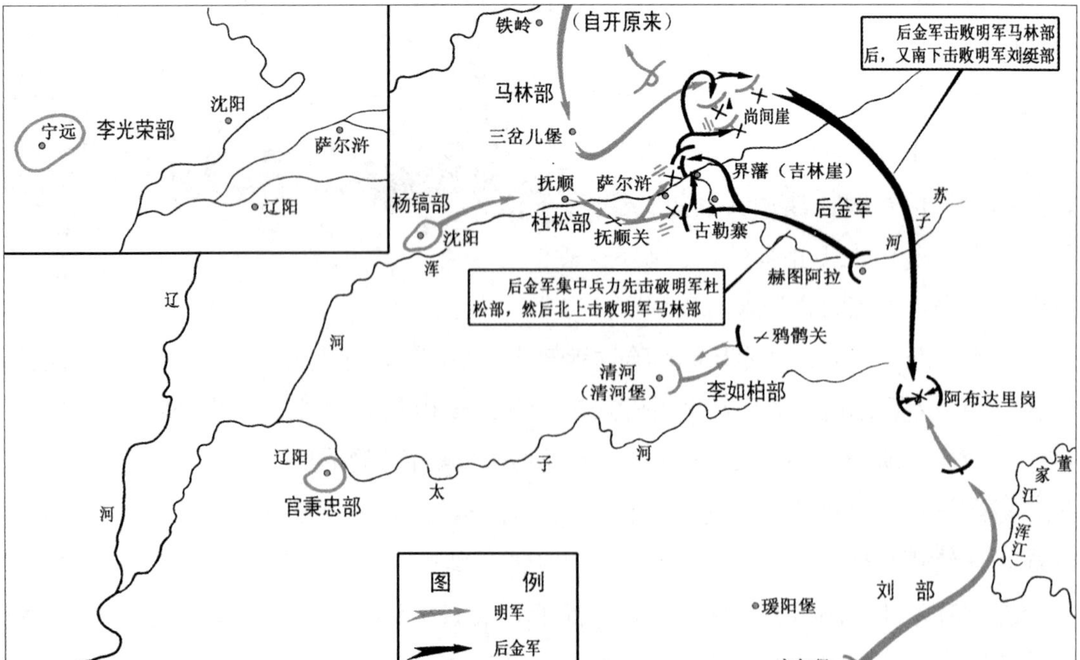

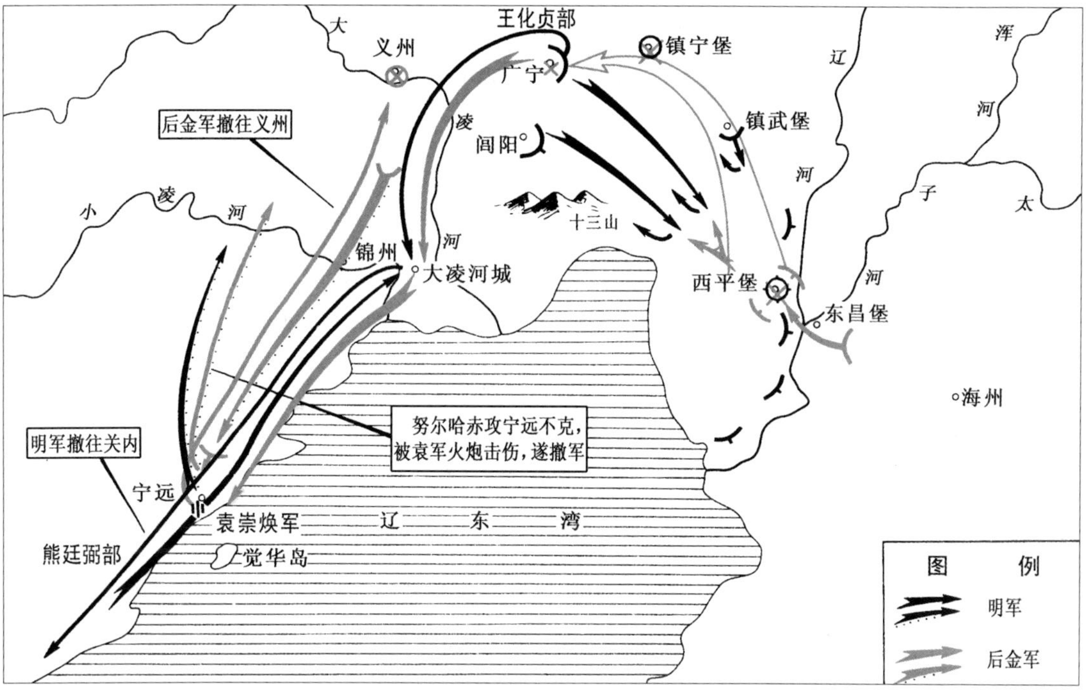

宁远之战作战经过示意图。天启二年（1622），后金军由东昌堡越辽河西进，进围西平堡。辽东巡抚王化贞拥兵广宁，不敢出击，直到西平堡失陷后，才调广宁、闾阳、镇武兵力往援，旋被后金精骑在西平堡西北击溃。后金军随即向西北直趋广宁。王化贞大惧，弃城守南逃，部将献城投降，广宁遂告失陷。辽东经略熊廷弼自山海关率军进援。行至大凌河，遇溃军，知大势已去，遂护军民撤入山海关。后金军追至宁远，因兵力不支而撤退。至此，辽河、大凌河之间城堡全被占领，辽河以西军民聚集于十三山展开抗金斗争。广宁失陷后，后金把战线从辽河以东推进到辽西走廊。

五年（1625），明以魏忠贤的党羽高第经略蓟辽。他主张尽撤山海关外守备，即“屯兵入关”。但袁崇焕坚决反对，遂留袁镇守宁远孤城。六年（1526）正月，努尔哈赤乘高第向关内撤军时，倾全力进攻宁远。袁崇焕奋起守城，并用城上大炮击伤努尔哈赤，后金军被迫撤兵。袁崇焕乘势北追，将防线推进到小凌河，宁远之战遂告胜利结束。

县西），努尔哈赤遂陷开原（今辽北开原县）、铁岭（今辽宁铁岭县）。明以熊廷弼经略辽东，廷弼设防坚守，形势渐固，边疆无事者岁余。既而熹宗即位，廷议责廷弼不战，以袁应泰代之，应泰不知兵，御敌无方。天启元年（1621），努尔哈赤连陷沈阳（今辽宁沈阳市）、辽阳（今辽宁辽阳县），辽河以东七十余城尽失。努尔哈赤定都沈阳，改名盛京。明再起用熊廷弼，而广宁（今辽宁北镇县）巡抚王化贞与之不协。次年，努尔哈赤率兵渡辽河，明兵大溃，化贞、廷弼退走入关，辽西城堡多陷，二人后均被诛。明继以孙承宗为经略，承宗使袁崇焕守宁远（今辽宁兴城县），盛修守备，努尔哈赤按兵不敢深入者数年，辽西失地几全部收复。其后孙承宗与魏忠贤不合，因而罢去，明以高第继之。第尽撤守备入山海关，独袁崇焕死守宁远不去。六年（1626），努尔哈赤大举攻明，进至宁远，崇焕凭城固守，努尔哈赤负伤，其围遂解。同年，努尔哈赤死，子皇太极立，是为清太宗，此后与明室展开更激烈的恶战。

（二）流寇的猖獗

明思宗即位之初，诛魏忠贤，举国寄以莫大的希望，其时虽然外患已炽，内政的积弊亦深，但东北有袁崇焕的坐镇，局面已渐稳定；内则元恶已去，政事也颇有转机；如能大刀阔斧地积极改革，则国事依然大有可为。但思宗为人刚愎多疑，仍然重用宦官，以之提督东厂、京营及出任监军等。他在位十七年中，更易宰辅，多至五十三人。阁臣之贤者，如孙承宗、文震孟，都旋用旋罢；而他较为信任的，如温体仁、周延儒等，又皆迎逢取宠，无所树立。一般士大夫也只知意气用事，做门户的斗争。因此政治积弊，始终未能彻底改革，遂至盗贼蜂起，国内大乱。而袁崇焕也受朝议的牵制，不能尽展其才，最后竟为清人反间而死，外侮遂不可收拾。明室的危亡，终于无法挽救。

明武宗时，因建筑宫室，世宗时，因边境用兵，均曾加征田赋。神宗时，征敛杂税，名目繁多；末年用兵辽东，又加收“辽饷”。思宗时，流寇事起，又因练兵剿匪，加征“剿饷”“练饷”。人民因重税压迫，不堪其苦，神宗时已屡生变乱。熹宗时，魏忠贤专政，党羽遍全国，到处侵渔百姓，于是白莲教乘时而起，蔓延于北方。到思宗，更有大规模的流贼之乱，愈演愈烈。思宗时的流贼，分子甚为复杂，有白莲教的余党，历次援辽之役的逃兵，哗变的边兵，被裁撤的驿卒以及由于虐政灾荒造成的饥民等。他们在外患猖獗、内政黑暗的环境下，到处蔓延滋长。流寇初起于陕西，崇祯元年（1628），陕西大饥，民众掠食四方；而固原（今甘肃固原县）边兵，又因缺饷哗变，与饥民合势，到处啸聚。其中以在安塞（今陕西安塞县）自号闯王的高迎祥为最强，各地饥困军民都依附他。次年，朝廷为筹军费，裁撤陕西各驿站的驿卒，这批驿卒，又大大助长了流寇的威势。三年（1630），延安（今陕西肤施县）贼张献忠起兵，自称八大王。次年，米脂（今陕西米脂县）贼李自成也自称闯将，与张献忠等联合。其余零星小股，多至不可胜数。

流寇初起时，边臣杨鹤不能制，因主招抚。但流贼抚而又叛，其势日盛，逐渐蔓延至山西。明乃以洪承畴代杨鹤，承畴督总兵曹文诏连破关中贼，迎祥等逃入山西，文诏追剿，又连战破之。六年（1633），文诏他调，贼势复炽，流窜河南、湖广、四川。次年，明以陈奇瑜率诸军进讨，奇瑜偕卢象昇连战破贼，贼众分途流窜，高迎祥、李自成为明军困于车箱峡（在今陕西兴安县境内），贼众死者过半，自成请降，奇瑜轻敌许之。贼出峡后又叛，复自陕西进犯河南，明乃逮奇瑜下狱，再以洪承畴代之。八年（1635），诸贼酋大会于荥阳（今河南荥阳县），然后合势东掠，攻陷凤阳（今安徽凤阳县）。既而自成与献忠不合，分为两股。高、李复入陕，张献忠继之，会于凤翔（今陕西凤翔县），并破杀曹文诏，气焰大盛。其后张献忠复窜河南，盘踞商洛山中（今河南西部山区）。明廷以洪承畴主持西北军事，卢象昇主持东南军事，分当剿匪之任。

崇祯九年（1636），高迎祥、李自成为洪承畴所败，乃东窜与张献忠合势，既至河南，又为卢象昇所败。迎祥等南窜淮南，象昇又败之，于是高李又折而入陕。明将孙传庭击擒高迎祥于盩厔（今陕西盩厔），诸寇无主，乃共推李自成为闯王。张献忠则困居商洛山中，流寇声势大减。适值清兵入塞，卢象昇奉诏入卫，南方空虚，寇势复炽。次年，张献忠自襄阳（今湖北襄阳县）东犯安庆（今安徽怀宁县），连陷州县，既而又窜回湖广。时熊文灿奉诏督师，一意主抚，献忠遂伪降于文灿。李自成自陕西犯四川，进窥成都，明师来援，自成遁走甘肃。十一年（1638），自成再犯四川，继而为洪承畴大破于潼关，自成遁走商洛。是时献忠已降，自成又败，流寇颇有肃清之望，而清人又于此时分道入犯，连陷近畿州县，兵锋直指济南（今山东历城县）。孙传庭、洪承畴先后入卫京师，西北又告空虚，而寇势遂不可制。

崇祯十二年（1639），张献忠叛于谷城（今湖北谷城县），明将左良玉击之，大败，明乃逮治熊文灿，以杨嗣昌代之。次年，张献忠入蜀，左良玉追击，大破之。既而良玉与嗣昌不合，不肯尽力，于是献忠之势又盛，四川诸州县俱为所陷；李自成也乘时猖獗，于十四年（1641）攻陷河南（今河南洛阳县）。献忠亦自四川东出，陷襄阳，嗣昌行师至沙市（今湖北沙市），忧惧自杀，明以丁启睿往代，贼势益炽。既而李自成连陷南阳（今河南南阳县）、开封（今河南开封县），河南州县，多为残破；张献忠则为左良玉所败，远窜东南。十六年（1643），李自成陷襄阳，僭号“新顺王”；献忠亦自安徽回陷武昌（今湖北武昌县），称“西王”。不久，武昌为左良玉克复，献忠乃窜扰湖南、江西。李自成自襄阳攻潼关，孙传庭战死，西安不守。次年，自成建国号曰顺，改元永昌；张献忠则复入四川，自称大西国王。这时洪承畴早为清人所俘，山海关外之地，全部沦陷，而流寇的势力，已非明室所能抵御。就在这一年，流寇攻陷北京，清人也接着入关。

（三）满人的入关

金自皇太极继位后，明廷以袁崇焕主持东北军事，崇焕乃乘机修复守备，并遣使吊努尔哈赤之丧，假和议以缓其师。天启七年（1627），皇太极复大举入侵，进攻锦州（今辽宁锦县）、宁远，失利而退，时称“宁锦大捷”。但崇焕不为魏忠贤所喜，乞休而去，明以王之臣代之。及思宗即位，忠贤伏诛，复以崇焕督师蓟辽。是时总兵毛文龙镇皮岛（今名海洋岛，位于渤海湾北部），暗与满洲交通，骄纵不听节制，崇焕设计诛之。文龙交结宦官，每年军费，大半用于贿赂，文龙既死，宦官失去财源，于是阉党恨崇焕次骨，合谋倾之，种下崇焕日后被杀的祸根。[参看李光涛《毛文龙酿乱东江本末》（载《“中央研究院”历史语言研究所集刊》第十九本）;《袁崇焕与明社》（载《大陆杂志》史学丛书第一辑第六册）]

皇太极以辽西扼于袁崇焕，不能得手，乃改变战略，采汉奸高鸿中的建议，取道内蒙古，以拊北京之背。崇祯二年（1629）十月，皇太极以蒙古为向导，由喜峰口（今河北遵化县东北）毁边墙而入，进逼北京。明急起用孙承宗，使守通州（今河北通县）；袁崇焕亦兼程赴援，力战挫敌，金兵退数十里。皇太极因纵反间，谓与崇焕有密约，朝臣遂诬崇焕引敌胁和，将为城下之盟，思宗惑之，下崇焕于狱。阉党高捷、袁弘勋等，又以擅主和议、专戮大帅（指毛文龙）二事为崇焕罪，竭力攻击。次年，满兵退去，明遂磔崇焕于市。满人的劲敌既除，其后遂屡次入犯，明的边防，完全失去作用。

袁崇焕既死，明以关内外军事付孙承宗。崇祯三年（1630），皇太极复侵明边，围攻明将祖大寿于大凌河城（今辽宁锦县东），并大败明援军于长山（今辽宁锦县东南）。大寿伪降，脱身至锦州，皇太极乃毁大凌河城而返。其后双方相持者数年，至九年（1636），皇太极始建国号曰清，是为清太宗。同年，清太宗复以兵入喜峰口，剽掠京畿而去。当时朝鲜尚忠于明，皮岛仍在明手，为清人东方及海上的牵制力，加以明于宁远、锦州一带，驻有重兵，清人迂道入侵，虽屡次得利，但因有后顾之忧，终不敢久驻关内。因此清军退去后，专力以取朝鲜。次年，朝鲜降清，皮岛亦陷。

崇祯十一年（1638），清太宗以多尔衮（太宗弟）、岳托分道侵明，自率大军赴山海关。多尔衮等进窥畿辅，凡下四十八城，卢象昇督师迎敌，战死于巨鹿（今河北巨鹿县）。太宗一路，则为祖大寿所败，未能得逞。次年，清军南下，攻入山东境，陷十六县，然后退去。清军退后，竭力图山海关外诸城。以宁锦守备甚严，乃采长期围困的战略。十三年（1640），清兵围锦州，祖大寿坚守不屈。次年，明经略洪承畴派吴三桂松山之战作战经过示意图。崇祯十四年（1641）正月，清兵围困锦州。三月，蓟辽总督洪承畴亲率十万大军救援。先派兵一部护送粮饷辎重，自宁远出发，本拟运到锦州以西，以备大军逐次推进，但进到杏山、松山一线时，受清军伏击，被迫撤退。这时锦州守将祖大寿告急。五月，洪亲统六万明军驰援，屯兵松山，掘壕与清军对峙。清以一部围锦州，主力阻击洪承畴。皇太极闻明军大至，率兵自沈阳昼夜兼行，急行进抵松山，随即部署兵力：主力在松山、杏山之间，绵亘扎营，包围松山；一部向南深入塔山西北之笔架岗，断明军后路、粮道；一部在松山以南、塔山以北要口设伏，绝明军归路。明军粮尽，洪承畴将实情告与各军，预备孤注一掷，但一军“怯甚，先遁”，全军遂混乱，又因明军内应发动，崇祯十五年（1642）三月，松山告破，洪承畴被俘。祖大寿计穷，也开城出降，松山之战结束。此一役，明军进据松山时，未能乘皇太极大军未至之机，与祖大寿内外夹击，解锦州之围，而一味据城坚阻，终被清军分割包围，而致明不但失去整个辽东，进而失去了恃以阻扼清军入关的辽西走廊。此役为清军尔后进图中原打开了通路，为清军入主中原的关键一战。

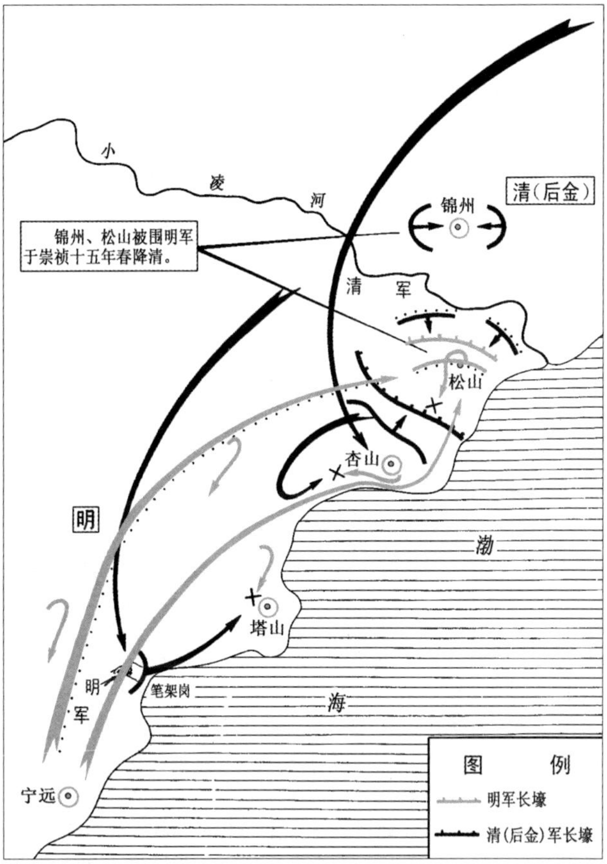

等八大将援锦州，结果失败；承畴坚守松山（今辽宁锦县西），清太宗自率大军围之。十五年（1642），承畴被擒，所部十三万人整个崩溃。这支军队，是当时明室的最大兵团，也是最后的作战资本，它的瓦解，注定了明室的覆亡。既而承畴降清，其后更为清室经略南疆。接着祖大寿以锦州降清，明乃以吴三桂守宁远，山海关外，只余数城。

这时明室极为危殆，而清因连年战争，损失亦大，因此屡次贻书于明，以申和议。兵部尚书陈新甲亦主和，思宗命其秘密进行。既而谋泄，言官哗然，思宗怒诛新甲，议遂不行。崇祯十五年（1642）冬，清又入侵，毁长城南下，直至山东，凡陷八十八城，至次年四月始退。十七年（1644），清太宗死，子福临继位，是为清世祖，并改元顺治。世祖年幼，由多尔衮摄政。这时流寇之势又炽，同年，李自成自陕西东进，攻下太原，继而攻下宁武关（在今山西宁武县），连陷大同、宣府及居庸关（今河北昌平县西北）。沿途唯宁武关守将周遇吉战死，余皆望风降贼。三月，自成逼京师，太监曹化淳启城门纳之，京师遂陷，思宗登煤山自缢死，后妃亦皆自尽，大学士范景文以下，死者数十

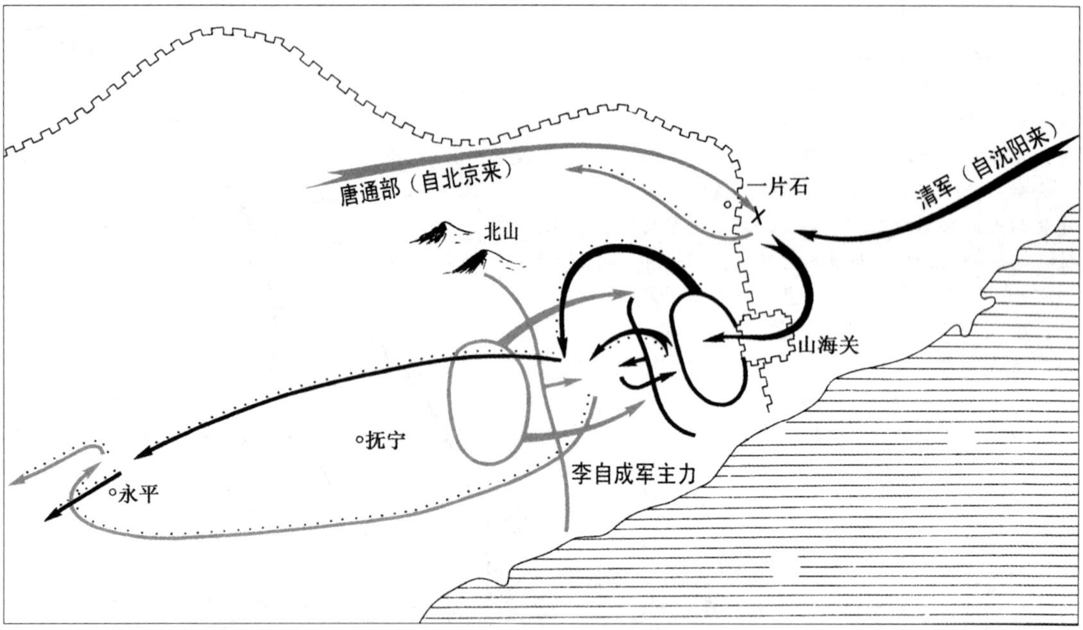

山海关之战作战经过示意图。李自成入北京后，吴三桂勾结清兵入山海关，崇祯十七年（1644）四月，李自成亲率二十万大军东进迎击。之前，自成先以唐通部二万骑兵东出一片石，拟绕道关外抄吴军后路。多尔衮闻讯，率军自沈阳连夜西进，于四月二十一日大破唐通，解决吴三桂后路之忧。二十二日，大战在山海关前展开，李自成势众，自北山到海，一字排列。多尔衮先以吴三桂军出战，自成军南北两翼发动，吴军被全部包围。自成急于全歼明军，遂将机动兵力全部投入。战至中午，多尔衮见时机已到，以精骑突出吴军右翼，自成军遭此突袭，又无生力与清优势骑兵相抗，因此陷入混乱，向西败退至永平，再战再败，退回北京。此役之先，农民军入北京后，未能派有力部队夺占山海关要地，而将注意力全放在招降吴三桂之上。战役发动时，对清军防备不够，机动兵力过早投入，遭清军突袭后，全军溃败，士气大受影响，终致失败。

人。历史上的明朝，便结束在这一年，但这一年又是历史上的清朝的开始。明朝的亡，思宗不能不负责任，但他的壮烈殉国，又引起后世的无限同情。

当李自成进逼北京时，思宗急诏吴三桂入援。三桂率师自宁远入关，行至丰润（今河北丰润县），而京师已陷，遂顿兵山海关，观望形势。李自成执三桂父襄，令作书招之，三桂欲降。既而听说爱姬陈沅（又名圆圆）为贼所掠，怒而据关固守。自成亲率十余万人攻关，三桂惧，乞救于清，约以合兵灭贼，事成后定有厚报。是时多尔衮方督军于关外，闻讯偕洪承畴急驰而进。清兵至关后，以吴三桂先驱试敌，与贼激战良久，清兵乘势冲突，贼军大败。自成逃回京师，先称帝于明宫中，然后挟太子西走。清军获胜后，多尔衮封吴三桂为平西王，三桂遂变成清国的臣僚。崇祯十七年（1644）五月，清兵入京师。六月，清世祖入关，遂定鼎于北京。清人虽然占据了明的首都，但流寇未灭，而南方又拥立明宗室，与清抗衡，尚须清室用长时间加以收拾。

第二十五章

清的入主及其盛世

一、清的统一

（一）南明的灭亡

清室入北京后，立即遣将追击流寇，李自成率众西窜，由山西至陕西，据潼关以自保。清以英亲王阿济格及豫亲王多铎分途追击，先定畿南及山西地。顺治二年（1645），多铎等攻破潼关，自成弃西安，逃往湖北。清室命多铎移师征江南，而以阿济格、吴三桂追讨余寇。自成至武昌，部众尚有五十余万，但不久为清兵所迫，部众星散，自成率十余骑逃至九宫山（今湖北通城县南），为乡民所杀。张献忠自入四川后，即大肆屠杀，川中百姓几乎被他杀光。次年，他焚毁成都，率众北走，谋窥西安。是时清肃亲王豪格方定汉中，献忠部将刘进忠降清，为清军向导；清军与献忠遇于西充（今四川西充县），献忠为清军射杀，余党溃入川南。至此，猖獗二十年的流寇，大体平定。

崇祯十七年（即顺治元年，1644）三月北京陷落后，明福王由崧（神宗孙，福王常洵子），避难至淮安（今江苏淮安县），因凤阳总督马士英等的拥戴，于五月即位于南京，并于次年改元弘光。士英以功入理机务，他握权后，一味排斥正人，于是阁臣姜曰广等引去，兵部尚书史可法也被迫赴江北督师。他并起用魏忠贤余党阮大铖，以致朝政日非。而福王昏愚无知，犹一味修治宫室，纵情声色，置军国大事于不顾。顺治二年（1645），多铎率兵南侵。当时长江上游，赖左良玉坐镇武昌，以为捍蔽；下游则仗史可法督师江北，分江北为四镇，规划战守。但四镇守将，相互争斗，不听可法节制；而左良玉又痛恨马、阮，时思起兵，因此局势毫无转机。同年，良玉以"清君侧"为名，统军东下。至九江（今江西九江县），良玉病死，其子梦庚继续东进，为明所败，后降清。这时清兵已渡淮水，史可法急檄诸镇入援，无一至者。四月，扬州陷落，可法殉国，清军屠杀极惨。可法为督师，行不张盖，食不重味，夏不执扇，冬不衣裘，寝不解衣。为人廉信，能与下均劳苦。军行士不饱不先食，衣未授不先御，以是能得士卒死力。可法既殉，因时值盛暑，其遗骸与众尸蒸变，至于不可辨识。自古忠臣义士，为国牺牲，甚少如可法的惨烈。［参看《明史》卷二七四《史可法传》］接着清军渡江，五月，陷南京，福王逃至芜湖（今安徽芜湖县），为清军所擒。马士英、阮大铖逃至浙江，其后士英为清军所杀，大铖投降。

多铎入南京图，清人绘。顺治二年（1645）五月，多铎率军自镇江进抵南京，当时南京尚有守军二十三万，但南明皇帝朱由崧不敢抵抗，清军遂不血刃进入南京。至此，仅存一年的弘光政权宣告覆灭。图为豫亲王多铎入南京后，接受南明将领投降。

南京陷落后，明臣张国维等奉鲁王以海（太祖九世孙），称监国于绍兴（今浙江绍兴县）。而明唐王聿键（太祖八世孙）走福建，依总兵郑芝龙，为明臣黄道周等拥立，称帝于福州（今福建闽侯县），并改元隆武。道周虽力谋恢复，但政在郑氏，不能有为。芝龙不久通款于清，唐王仅拥虚位。当时局势极危，而鲁王又与唐王冲突，互不合作。顺治三年（1646），清兵陷绍兴，鲁王逃入海中，闽中大震。既而清兵攻入福建，擒唐王于汀州（今福建长汀县），王不屈而死。郑芝龙降清，其子成功不从，据厦门以抗清。鲁王与其臣下，流徙海上，屡以水军犯浙闽等地，后至舟山，与郑成功相呼应。

唐王死后不久，明臣瞿式耜等又拥立桂王由榔（神宗孙）于肇庆（今广东高要县），以明年为永历元年。而阁臣苏观生别立唐王弟聿𨮁于广州，桂王遣师伐之，为观生所败。既而清将李成栋自福建南下，进攻广州，城陷之日，聿𨮁、观生均自杀。成栋继攻肇庆，是时桂王信任太监王坤，政事不理，及清军将至，乃出奔梧州（今广西梧州）。顺治四年（1647），清兵下肇庆，桂王奔桂林（今广西桂林县），既而又奔全州（今广西全县），桂林赖瞿式耜坚守，得以不陷。这时明降将孔有德、尚可喜、耿仲明等已攻陷湖南，进攻全州，为守将何腾蛟所败。次年，明降将金声桓以江西，李成栋以广东，先后叛清，何腾蛟也分兵夺回湖南的大部，桂王复至肇庆，兵势渐振。这时桂王的号令，至于云南、贵州、广东、广西、湖南、江西、四川七省，一时颇有中兴的希望。但明室诸臣，不识大体，仍然各树朋党，互做权利的争夺，因此国事终不可为。

顺治六年（1649），清廷以尚可喜、耿仲明等攻江西、广东，郑亲王济尔哈朗、孔有德等攻湖南、广西；金声桓、李成栋、何腾蛟相继战死，湖南、江西复为清有。次年，孔有德攻陷桂林，瞿式耜亦死，桂王逃往南宁（今广西邕宁县）。八年，清军攻舟山，鲁王走依郑成功，后死于金门。明室的海上势力，也因而大见削弱。桂王至南宁后，招降盘踞贵州的张献忠余党孙可望，封为秦王。同年，广西诸府多陷，桂王奔广南（今云南广南县）。次年，可望劫迁桂王于安隆（今广西西隆县），并遣其将刘文秀、李定国等分道出师伐清。文秀入四川，袭陷成都；定国攻湖南、下桂林，孔有德自杀。此后二三年间，李定国转战两广，苦撑危局；桂王愤孙可望跋扈，遣使与李定国联络。十二年（1655），定国兵败，两广悉为清有。次年，定国奉桂王奔云南。十四年（1657），孙可望攻桂王于云南，为李定国所败，投降清室，桂王的势力益弱。

这时四川已大部失去，桂王号令所及，不过云、贵及四川东南之地，而清自孙可望投降后，尽知明室虚实。顺治十五年（1658），清以罗托、洪承畴自湖南，吴三桂自四川，赵布泰等自广西，三路攻明，并以信郡王多尼为三路统帅，明不能抗，清军遂会师于贵州。次年，云南不守，永历帝自腾越（今云南腾冲县）逃入缅甸。十八年（1661），吴三桂率师攻缅，缅人执桂王送三桂军前。康熙元年（1662），桂王为三桂所害，李定国亦走死于猛腊（今云南思茅县东南）。这时除郑氏据台湾，继续抗清外，明室在中国大陆上的残余势力，业已完全消灭。自福王即位南京，到桂王被害，前后凡十八年，史书把这段时间明室在南方所建的政权，称为“南明”。

（二）三藩的戡定

清兵入关后，剿灭流贼，征服南方，多赖明降将之力，因此清室最初不惜以高爵厚禄，来笼络他们。清兵初入关，便封吴三桂为平西王。及至定鼎北京，以大学士洪承畴督率若干降将，经略南方，又封了一批降将为王，计孔有德为定南王，尚可喜为平南王，耿仲明为靖南王，他们都是于顺治六年（1649）受封的。同年，耿仲明死，子继茂袭爵。既而继茂与可喜入广东，有德入广西，两广渐平。九年（1652），孔有德为明军所败，自杀于桂林，广东震动，朝命可喜与继茂同镇广州。至十七年（1660），郑成功自台湾攻福建，清廷乃移继茂镇福州。吴三桂奉命攻云南，逐桂王入缅甸，洪承畴以边疆未靖，请以三桂移藩久镇，于是清室命三桂镇云南（驻今云南昆明市）。吴与耿尚号称“三藩”，他们同是清室统治下汉人的实力派，他们的辖地，也是清帝国中的特殊势力范围。

三藩之中，以吴三桂的兵力最强，也最跋扈。当他进攻桂王时，清廷予以便宜行事之权，云贵的督抚，须听他节制。他并且可以自由委任文武官员，不受吏兵两部的调度，号称“西选”；用财也不受户部的稽核。他夙有野心，镇云南后，便积极扩充实力，内则开矿榷盐，广征关市之税；外则通使联络西藏的达赖喇嘛，购买蒙古及西番名马，并与耿尚二藩相交通，互为声援。同时他驭下得法，兵民对他都甚亲附，因此势力日张，颇为清廷侧目。顺治十八年（1661），清世祖死，太子玄烨继位，是为圣祖，年仅八岁。圣祖初年，清室对三藩仍采羁縻政策；直至圣祖成年，才决心改正这种局面，因而有撤藩之举，激起了为时八年的“三藩之乱”。

三藩之乱，由尚可喜引起。可喜子女众多，但因不善教育，大都骄恣不法，其长子之信，尤酗酒嗜杀。而可喜属下兵丁，又多扰害地方。圣祖康熙十年（1671），可喜有疾，请令长子代理军事，清室从之。十二年（1673），可喜因为之信所制，上书请归老辽东，清室又许其撤藩。这时耿继茂已死，子精忠袭爵，与吴三桂均不自安，也疏请撤藩，以探朝旨。当时朝臣多恐撤藩激起事变，唯户部尚书米思翰等力请徙藩。圣祖本人，也决心加以整顿，因此特允三桂、精忠之请，徙藩于山海关外。同年冬，吴三桂反，以复明为号召，数月之间，贵州、四川、湖南、广西等省，皆叛应三桂。次年，耿精忠亦反，陷福建全境，唯尚可喜犹为清守。

清室闻吴三桂叛，立遣大军至湖北守御。其时三桂势强，清大军在湖北省，不敢渡江。而三桂亦以年老，过于持重，不欲轻去其云贵老巢，只想清室裂土以和，造成划江分立的局面。因此既得湖南，便不肯全力北进，也不肯东下取南京，清军乃得以从容布置。他曾讬达赖喇嘛（五世）与清室洽和，但清不许。继而清以重兵攻湖南，三桂分兵两路，一由长沙出江西，与耿精忠合势；一由四川进窥陕西，陕西提督王辅臣叛应三桂。康熙十四年（1675），辅臣陷甘肃。耿精忠自叛变后，分兵攻浙江、江西，与清军相持于浙东，互有胜负。这时的形势，显然有利于吴三桂。

康熙十五年（1676），尚之信亦叛，三桂的声势益震。清以大学士图海率军讨王辅臣，辅臣穷蹙乞降，陕甘全定。江西的清兵，也连克要地，三桂在湖南与清军相持，无以取胜，败象渐露。而耿精忠与台湾郑经（成功子）交恶，经遣师攻福建，精忠无法兼顾，于是浙东、江西之师，均告挫败，福建又多入于郑氏。精忠知大势已去，遂降清。次年，郑经退守厦门，福建复为清所有。既而尚之信亦降，广东平定，尚可喜则于之信降清后不久死去。至此三藩之中，只剩吴三桂犹倔强于湖南，他虽据有湖南、云南、贵州及四川、广西的一部，但在清大军的重压下，已没有北伐中原的能力。

吴三桂势既不振，乃思称帝以维系人心。康熙十七年（1678）三月，他称帝于衡州（今湖南衡阳县），国号曰周，并颁布新历，举行乡试，以为号召。八月，三桂病死，其

蔡毓荣南征图卷（局部），清人绘。图为清廷水师与吴三桂水师大战于洞庭湖时的情形。

孙世璠继立。世璠退居贵阳（今贵州贵阳县），兵势益衰。次年，清军攻湖南，连下长沙、衡阳等要地。其时三桂从孙世琮守广西，清军攻之，世琮战死。十九年（1680），清将赵良栋等略定四川，清军分别自湖南攻贵州，自广西攻云南；吴世璠自贵阳奔云南，贵州遂为清军收复。次年，清大军会于曲靖（今云南曲靖县），进逼云南城（今昆明市）。世璠遣将出战不胜，调川南军队入援，而赵良栋亦跟踪而至。世璠以援绝自杀，四川、贵州、云南皆定。总计这场乱事，前后达八年之久。耿精忠、尚之信虽已降清，但不甚听驱遣，圣祖乃召他们至京师。之信于十九年赐死，精忠则于二十一年（1682）伏诛，于是三藩完全消灭。

三藩平定后，清室收没三藩的产业，所部藩兵也都撤回京师；并遣满洲旗兵，驻防福建、广州、荆州（今湖北江陵县）等地，以防再乱。这时除了台湾郑氏犹抗清不屈外，整个中国本部，都为清室所直接统治，其政权也较前大见稳固。此后不久，清室又吞灭了台湾的郑氏。

（三）台湾的平服

台湾也就是隋代的流求（亦作瑠求、琉求或琉球），自隋炀帝于大业三年（607）遣陈稜伐流求，其后数百年，流求不再见于中国的史书。南宋孝宗时，流求人曾猝至泉州（今福建晋江县）若干村落杀掠。元世祖至元二十九年（1292），遣杨祥招谕瑠求，不得达而还。其后成宗大德元年（1297），又遣张浩等击瑠求，擒其生口一百三十一人而归。顺帝时，于澎湖置巡检使，属同安县（今福建同安县）。到明太祖时，琉求乃是指现在的冲绳岛（Okinawa）。太祖洪武五年（1372），遣使诏谕之，从此向中国朝贡，明并封其王察度为中山王。至于台湾，明时则称“东番”或“小琉求”。明神宗初，葡萄牙航船途经台湾，名之曰“科摩沙”（Formosa），译言“美丽”。也大致在此时，台湾的名称正式出现。台湾土著民族的来源，唐以前已不可考；唐以后，其中一部可能自马来群岛及菲律宾群岛移来。［参看连横《台湾通史》上册卷一“开辟记”］

明朝后期，台湾北部成为倭寇窟穴之地，汉人也以国内政治紊乱，大量移殖于台湾。汉人最初多寄居南部，其后渐向北移，追逐土著入深山，而占据平地。南洋各国的商船，也纷纷前来贸易。熹宗时，海盗郑芝龙曾经盘踞台湾南部。思宗时，芝龙受抚离台，而荷兰人的势力日大。当时国内不靖，汉人来台者益多，荷兰人乃广加招纳，并与土著联络。崇祯末，荷兰人驱逐台湾北部的西班牙人，声势益盛，俨然成一独立国。清

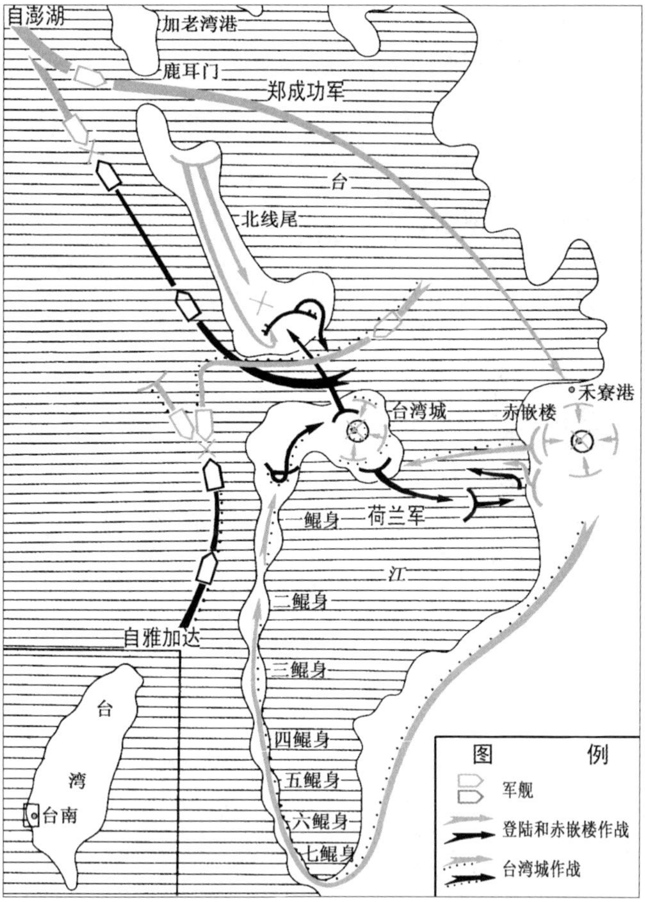

郑成功收复台湾作战经过示意图。顺治十六年（1659），郑成功率兵进攻南京失败后，清兵乘势南下进逼，郑成功孤守金门、厦门，地狭难以久持，遂决意驱逐荷兰殖民者，收复台湾，以资继续抗清。十八年（1661）三月初一，郑成功出师金门，于二十四日进占澎湖。四月初一，郑军出彭湖南下，避开一鲲身北、北线尾岛南侵略军重兵把守的南航道，乘潮渡狭窄难行的鹿耳门，南下进入台江，在禾寮港登陆。并命一部控制鹿耳门海口，以接应后续部队；一部防守北线尾，保障主力侧后；一部进入台江，切断赤嵌楼与台湾城联系。当晚，敌海军与郑军在北线尾附近海域展开激战，被郑军歼灭。初三，敌派一部向北线尾进攻，郑军一部迎击，一部向南迂回至敌侧后，敌大部被歼；一部自台湾城渡海东进增援赤嵌楼，被郑军大刀队击退；郑军主力随后围攻赤嵌楼。初四，赤嵌楼守军投降，明师正面进逼台湾城，又命一部自七鲲身迂回从侧翼进围台湾城。七月，荷兰自雅加达派海军一部北进援台湾城，在一鲲身附近海域被郑军击败，十二月，郑全军向台湾城发起总攻，侵略军再难支持，向郑军投降，台湾光复。

兵南下，郑芝龙曾拥立唐王于福州，但不久降清。芝龙子成功不从，据厦门、金门以抗清，并与鲁王残部张煌言等合力，以图恢复。明桂王封成功为延平郡王，许其便宜封拜。顺治十六年（1659），成功乘清兵攻云南，统兵溯江而上，直抵南京城外，既而为清军所败，复回厦门。十八年（1661），成功率兵二万五千人攻台湾，自鹿耳门（在今台南市西北）登陆，先取荷人所筑的普罗民遮城（即赤嵌楼，在今台南市），继围热兰遮城（今安平，在今台南市西）。荷兰人不敌而降，成功悉逐之，于是台湾复为郑氏所有。

成功入台后，清廷以其难制，乃严禁通海，并勒令沿海居民，内徙三十里，列兵戍守，防其侵扰。成功既有台湾，置承天府（今台南市），驻居其地，并以兵戍守金门、厦门二岛，监视大陆。成功士众精强，号令明肃，他颇思南取吕宋，惜因病未能如愿。康熙元年（1662），成功死，年三十九。长子经自厦门入台嗣位，仍奉永历年号，但势

招抚郑成功部下诏书。诏书右部为汉文，款署“顺治十八年闰七月十三日”，钤“皇帝之宝”朱印。1659年，郑成功、张煌言合师北入长江，破瓜州、镇江，围困南京，声势浩大，朝廷震惊，因此颁发这一“招抚”诏书，拟招降郑成功部下。

力渐衰。十三年（1674），三藩乱起，郑经与耿精忠联合。既而发生嫌隙，乃乘精忠后方空虚，夺其漳（今福建龙溪县）、泉（今福建晋江县）等州地，精忠两面受敌，遂于十五年（1676）降清。郑经也无力独抗清军，于次年退守厦门，所得之地，旋入清手。十八年（1679），郑经遣部将刘国轩等分道攻闽，击败清总督朗廷相，攻下海澄（今福建海澄县），清军死者甚众，清廷以姚启圣代廷相，当时吴三桂已死，清并调湖南水师赴闽，与启圣合师。次年，清军克海澄，逼厦门，郑经、刘国轩等无力抵御，遂弃金、厦归台湾。二十年（1681），郑经死。

郑经生前，因连年用兵大陆，听其部将陈永华之言，以其长子克壓为监国。克壓临事明达，但系庶出，群小畏其明察，阴谋去之。经既死，侍卫冯锡范等先以计罢除陈永华兵柄，永华郁闷死；继而袭杀克壓，而立次子克塽。克塽幼弱，一切取决于锡范，于是政事大乱。清总督姚启圣奏郑氏主少国乱，时不可失，并荐水师提督施琅（郑氏降将）主持征台军事。启圣复乘间贿赂郑氏臣僚，因此颇有为清做内应的。康熙二十二年（1683），施琅率军攻台，郑氏将刘国轩守澎湖，琅攻下之，台湾大震，刘国轩、冯锡范乃以克塽降清。台湾自为郑成功所据，至克塽前后凡二十三年而亡。清定台湾后，以其地置台湾府及诸罗（今嘉义县）、台湾（今台南县市）、凤山（今高雄及屏东县）三县，并于澎湖设厅，驻军守之。台湾平定后，沿海居民虽复理旧业，但犹禁商舶出洋。施琅屡请解禁，荷兰及其他西洋各国商人，也纷请互市，于是海禁始开。

二、清前期的政治

（一）清室的统驭策略

这里所说的清朝前期，是指清世祖初年，经圣祖、世宗，直至高宗末年的一段时间，共一百五十二年。除去世祖一代的十八年，圣祖、世宗、高宗三朝的一百三十四年，是清朝的盛世。这自然是个大致的分法，因为圣祖初年，国内尚未完全平靖，而高宗末年，国内已渐有乱象。但这三朝至少有一百年以上，是富强治安的。在中国历史上，只有汉唐盛世，可以与之媲美。圣祖的年号曰康熙，世宗的年号曰雍正，高宗的年号曰乾隆，因此史书又称这段时间为“康雍乾时代”。

清室以外族入主中国，统治极难驾驭的汉人，其国祚能长达二百六十八年，更能造成一百年以上的盛世，这种成就，绝不是偶然的。满族是一个具有颇多优点的民族，它的最大长处，是勇武善战而又有政治才能，并有高度的模仿能力，肯虚心吸收外来的文化和人才。这些地方，与蒙古人大不相同。中国历史上促成改朝换代的内在因素，不外四端，即外戚、宦官、权臣和藩镇，但满人能使这四种因素的危险性，减到最低的程度。对外方面，在清的前期，曾建立多次彪炳的武功，对边疆民族也能施以有效的统治。但满族也有它的缺点，它缺乏创造力，一味吸收汉人的文化，结果沾染了汉人的性格，成为汉化的极端崇拜者。清代后期，遇见西洋的强国，但它仍以中国传统对待外族的办法，来对待西洋人，而且几乎毫无变通，虽屡遭败创而不悟。因此它的政权，终于在内忧外患中倾覆，甚至整个满族，几乎完全与汉人同化。这里先谈谈清初满人统治中国的若干策略。

清室统治中国的手段，可以说是宽猛相济，也就是怀柔与高压并行。无论清室的手段或宽或猛，其对汉人的基本态度，是十分猜防的。清太祖虽为明室大患，但他本人尚无吞并中国的野心，也不知笼络汉人，因此他所俘获的汉人，大部充作奴隶，对儒生更恣意杀戮。到太宗，才改用怀柔政策，命汉满分居，另设官吏治理汉人，从此汉人得以稍免满人的欺凌。他对于明室降臣，尤能加意利用，清的入主中国，大部得力于他们的帮助。世祖入关之初，仍继续这种政策，其实际执行者是多尔衮。政策的内容，大体可归纳为下列数点：1. 礼遇明室君臣，为明思宗发丧，以礼改葬；明臣的死难者，均予题谥，生存者仍予以录用；明遗民为清望所归的，也都加以征辟。2. 举行科举，以笼络汉族的士人。考试办法，仍沿用明代的“八股文”，使士子的精力，消耗于空洞形式的文体及口头禅中，而无暇想到其他。3. 对于汉人百姓，也做了几件收买人心的事，如废除明末的苛捐杂税，撤销东西厂、锦衣卫一类的特务机关等。

与怀柔政策并行的，便是高压政策，其目的在于消灭汉人的民族意识以及仇清复明的思想。这种政策的主要对象，则是怀念故国，义不与清廷合作的士大夫阶层。明代士风，崇尚节义，清入关后，南方的文人书生，愤极而起兵者，比比皆是。南明颠覆后，明朝的遗老如顾炎武、黄宗羲等，都力谋恢复，屡次企图举兵，但因清廷防范严密，皆无所成。此外一般文人，多喜结盟社，把民族的悲哀，寄托于诗文的吟咏，这类文社遍于东南，以复社最为有名，其分子有许多是明末的东林党人。这种举动，也是对清室的一种消极抵抗。士大夫仇清复明的思想不去，自然有害于清廷的统治，因此清室采取严厉的手段，以对付那些科举与征辟无法网罗的士大夫。其办法也可以归纳为下列几点：1. 禁结盟社。顺治九年（1652），由礼部颁布条例，禁士子立盟结社及建白军民利病等，其后更屡伸禁令。2. 摧抑绅权。明代士绅的社会地位甚高，经常干预地方政务，清室于大局平定后，即着手摧抑绅权。顺治十八年（1661），江宁巡抚朱国治奏报江南欠粮士绅一万三千人，清室皆治以抗粮之罪。世祖死后，苏州诸生以不满吴县知县，聚哭于文庙，结果诸生以“大不敬”而被杀者十七人。3. 兴文字狱。文字狱是清室摧残士气的一种利器，士大夫往往为了片语只字，身遭屠戮，同时任意株连，极其冤滥。文字狱在康、雍、乾时代为最盛，但顺治时已开其端。顺治十七年（1660），朝臣张晋彦为已革职的阁臣刘正宗序诗，中有“将明之材”等语，世祖以其言“诡谲不可解”，绞正宗而斩晋彦。4. 下剃发令。顺治二年（1645），开始下令剃发，令汉人剃发留辫，不准蓄发，并限于旬日内实行，违者格杀勿论，汉人死者甚众。这个命令虽是对全体汉人而发，但主要目的仍是在摧折汉人的士大夫，因为士大夫民族意识较浓，自尊心也较强，而剃发令也就是对这两种性格最残酷的打击。

怀柔与高压政策并用的结果，清初的士大夫，大多数为清室所用。因为自唐宋以来，中国的士大夫便以应举做官为唯一的出路，也只有应举做官，才能维持其优越的生活和社会地位。至于一小部分仇清的，在严密的法网下，也无法反抗，最多只能不入仕途，以求良心之所安。他们过着出家、行医、务农、教书、隐居、游幕、经商一类的生活，而这类生活也大都及身而止，到他们的子孙，仍然大部分以应举出仕为业。因为清初的政治社会机构，大体仍沿袭明代，并无剧烈的变动，士大夫自然无法完全变更其传统的生活方式。但明末遗民坚贞不拔的志操，以及他们综博笃实的学风，对后世却有极大的影响。［参看钱穆《国史大纲》下册，页六一二至六一三］

（二）康雍时期的政绩

圣祖即位时，以年龄幼小，不能亲政，由鳌拜、索尼、苏克萨哈、遏必隆共同辅政。鳌拜凶险好杀，对汉人厉行高压政策，因此康熙初年，曾发生大文字狱。浙江人庄廷鑨刊行《明史》，其中有涉及满洲史事者，皆直书无讳，于康熙三年（1664）为人告发，清廷乃乘机屠戮士类。时廷鑨已死，诏戮其尸，并杀其弟廷钺，其余为此案株连而死者七十余人。五年（1666），鳌拜诬杀苏克萨哈，独揽政权。八年（1669），圣祖囚禁鳌拜，开始亲政。当时三藩形同割据，局势甚为不稳，但圣祖毅然撤藩，终平大难，从这件事可以看出他的胆略。三藩乱起时，他极力笼络明末遗民和知识分子。他于十二年（1673）下诏全国，荐举山林隐逸。十七年（1678），诏征博学鸿儒，授翰林者五十人。次年，开明史馆，命他们纂修《明史》。从这些地方，又可看出他的政治手腕。五十年（1711），有戴名世之狱。名世著《南山集》，叙述明朝史事，触犯忌讳，结果名世论斩，受牵连而被杀者甚众。但大体说来，圣祖的政治作风，较之他的子孙，还算是宽和的。

康熙皇帝，清人绘。

圣祖亲政后，颇能节俭爱民，除因灾荒蠲免租税外，末年更屡次普免钱粮。对民事也很留心，康熙二十三年（1684）以后，他曾经六次南巡，亲查黄河及淮水工程，自然其中也含有对汉民示威市惠的意思。清人自入关后，政府特许宗室及八旗将士，占有百姓田地，谓之“圈地”，这种秕政，也为圣祖取消。五十年（1711），更规定百姓虽添丁而永不加赋。此外明代蓄奴之风，也在圣祖时大致戢止。元代蒙古将吏横暴，竞掠中国良民为奴，又以大兵之后，贫弱百姓，依附豪强，岁久乃变为家奴。这种风气，以江南为最盛，豪富有蓄奴至万家的。明承其敝，未尝积极革正，中叶以后，政治黑暗，百姓多自鬻于达官豪门，以求全活，谓之“投靠”。自北宋以后，经济文化重心南移，因此明代江南宦族最多，投靠之风也最盛。明末清初，江南奴仆，纷起为变。清室对江南豪绅，复加意打击，绅权既衰，蓄奴之风也渐趋消灭，但卖女为婢的习俗，依然存在。

圣祖虽然励精图治，但他的宽大政策，对当时的政风，反有坏的影响。朝中大臣，多结为朋党，相互倾轧；地方官吏，也多玩法舞弊。诸皇子则各招党羽，做皇位继承的斗争，终致在他的身后，演出骨肉相杀的惨剧。圣祖有子三十五人，长子胤禔，但非嫡出；次子胤礽为嫡出，因而得立为皇太子。胤礽性情暴戾，所为多不法。康熙四十七年（1708），圣祖下诏废之，并幽禁于宫中。此后诸王多营求为太子，尤以胤禔及胤禩（圣祖第八子）图谋最力。圣祖以诸子纷争，乃于次年复立胤礽，但胤礽顽恶如故，又于五十一年（1712）废之，从此储位虚悬。六十一年（1722），圣祖死，四子胤祯继位，是为世宗。世宗的继统，传说是用非法手段取得的，宫廷隐秘，现已无法究其真相。但世宗为皇子时，即与大臣隆科多等相结，与胤禩等暗斗甚烈。即位后，胤禩及其同党胤禟（圣祖第九子），皆因罪削去宗籍，加以幽禁，旋即死去（传为世宗所害）。世宗并更胤禩、胤禟名为“阿其那”“塞思黑”（猪、狗之意），以示不齿于人类。胤禔及世宗诸弟胤䄉、胤禵等，也遭禁锢。从这些地方，却也不无蛛丝马迹可寻。［参看孟森《清

雍正帝，选自《雍正帝行乐图》，清宫廷画家绘，故宫博物院藏。

世宗入承大统考实》(载《明清史论著集刊》)]

世宗为人精明刻薄，即位后，对宗室痛加裁抑，并以严厉的手段，整饬吏治，清理财政，因此臣下莫不奉公守法，至于弊绝风清。他在位仅十三年，但为后世奠立良好的政治基础，虽然屡次用兵，而财用不虞匮乏。内政方面，也颇有值得称述的。明代蓄奴之风，虽在康熙时已大为戢止，但若干地区，仍有所谓贱民阶级。贱民的起源，不得而知，以南方为最多，例如浙江绍兴的“惰民”，常熟（今江苏常熟县）的“丐户”，都世执贱役，不得与平民为伍。雍正时，屡次下诏废除贱民，许其人籍为良民。

另一方面，世宗对知识分子的钳制，较前更变本加厉，由他所兴起的文字狱，也较康熙时为多。雍正二年（1724），有浙人汪景祺、查嗣庭之狱。景祺曾为大将军年羹尧记室，著有《西征随笔》，称誉羹尧，及羹尧得罪赐死，景祺也因而被诛。嗣庭曾为江西考官，考试出题为“维民所止”，世宗以“维止”二字，暗射“雍正无头”，因而杀之。四年（1726），有浙人吕留良之狱。留良为明末遗民，著书排满，湖南人曾静服膺其说，劝川陕总督岳钟琪叛清，为钟琪告发。时吕留良已死，与已故长子葆中、弟子严鸿逵均戮尸；次子毅中处斩；曾静免死，至乾隆时始被杀。七年（1729），又有广西陆生枬之狱。生枬著《通鉴论》，主复封建，并论及立太子、兵制、君权等问题，为人告发，世宗以其借古非今而杀之。世宗以后，这类吹毛求疵的冤狱，仍然层出不穷。

（三）乾隆时期的文治

雍正十三年（1735），世宗死，子弘历即位，是为高宗。高宗在位六十年，是清室的全盛时期。虽然这时汉人的反满心理，业已消失殆尽，但高宗仍采用高压与怀柔并行的政策，并加以巧妙的运用。他对汉人的摧抑玩弄，较之他的父祖，更胜一筹。

高宗高压政策的要点，是对朝臣恣意摧辱，使臣下丧失自尊心，务使其绝对成为君主的奴才而后已。清代朝臣的地位，还较明代为低。明代臣僚朝见皇帝，不过四拜或五拜；清则必须三跪九叩首。明代大臣奏对，尚可侍立，清则官无论大小，奏对时必须下跪。明代皇帝对六部首长的答诏，均称为“卿”；清则一律称之为“尔”[参看柳诒徵《中国文化史》下册，页七一至七二]。但高宗对此仍嫌不够，他对朝臣的奏章，寻瑕觅疵，恣意谩骂，出言的丑恶，有时较市井为尤甚。此外他对大臣任意贬斥，乾隆一代，大学士、尚书、侍郎一类的大员，无不遭受黜辱。至于他所兴的文字狱，较之雍正时期更为琐碎，可以胡中藻、王锡侯、徐述夔三案为例。中藻曾任内阁学士，著有《坚磨生诗钞》，其中有“一把心肠论浊清”等句，高宗以其加“浊”字于国号之上，有意讥刺，因而杀之。锡侯著《字贯》一书，高宗指其凡例中直书圣祖、世宗庙讳及高宗御名为大不敬，锡侯也因而被杀。述夔著《一柱楼诗》，其中《咏正德杯》一首，有句云：“大明天子重相见，且把壶儿搁一边”；又有“明朝期振翮，一举去清都”句。高宗以其诋毁清朝，其时述夔已死，诏戮述夔及其子尸，其孙及校对者皆坐死。

至于怀柔政策，从康熙时起，不外一方面利用科举功名为诱饵，以牢笼士大夫；一方面以奖励学术为名，召集文人，编纂卷帙浩繁的巨书，以消磨其精力。康熙时，除开馆修《明史》外，并编成《佩文韵府》《渊鉴类函》《康熙字典》等书数十部。此外纂辑《古今图书集成》一书，至雍正初始成，共一万卷。圣祖并提倡理学，刊行《朱子全书》及《性理大全》，借宋儒的伦理学说，来控制士大夫的思想行动。他所用的大臣，也有不少理学家。至于乾隆时所纂修的书籍，其数量更远过于康雍时期。

乾隆时代编书的盛举，要算修《四库全书》。乾隆三十八年（1773），因安徽学政朱筠的奏请，特开四库全书馆，以纪昀、孙士毅等为总纂官，分任编纂的有戴震、邵晋涵、姚鼐等人，皆当时著名学者，由政府搜集古今已刊未刊的书籍，命他们加以校订。四十七年（1782），全书告成，凡包罗书籍三千四百五十七部，七万九千七十卷。缮写七部，分藏各地。每书并作提要，述其内容，评其得失。但高宗修《四库全书》的另一目的，是借修书的机会，大规模的搜求遗书，以根绝汉人的排满思想。修书的十年间，先后销毁违碍的书籍共五百八十三种，一万三千六百八十二卷。收入《四库全书》的书籍，其中不但对有关明清之际的事实，任意窜改，甚至关涉辽金元史事的记载，也多所删削。

清的乾隆，正如唐的开元、天宝一样，是由极盛转趋衰落的时期。乾隆时，国库的充裕，远胜于康雍时代，国势也到达巅峰状态。但高宗为人好大喜功，因务立边功，消耗了庞大的军费。此外他奢侈多欲，巡游的频繁，寿典的铺张，也虚糜了无数的库帑。虽然当时国家的财富，足以支持他的挥霍，但对政治和社会的风气，则有非常恶劣的影响。他的行为，象征着清室甚至整个满族奋发精神的消失，也象征着清帝国的国运开始走下坡路。由于清政权的日趋稳固，满人自身的缺点也逐渐显露，满族官僚的贪污，日甚一日，高宗晚年的宰辅和珅，便是当时最大的政蠹。和珅为高宗所宠信凡二十年，擅权纳贿，私产多至数万万两，由于他的倡导，内外官吏也贪黩成风。而国家因长期安定，户口激增，民间的经济情形已不如前，再加上政治败坏，社会乃渐趋凋敝。乾隆末，国内已开始发生叛乱。

乾隆时代的变乱，由苗民首先发动。苗民自改土归流以后，地方官的贪污者，经常对之敲诈剥削。加以移殖苗区的汉民，因言语习惯的不同，与苗民时生冲突，苗民反感日深，乃发起驱逐汉民的运动。乾隆六十年（1795），贵州省东部及湖南省西部的苗民，先后叛变，四川、湖南、贵州三省边境，同时戒严。清室派兵进剿，历久无功，而调兵转饷，数省骚动；各地失业者增多，人心浮动，因此苗事未平，白莲教的叛乱又起。明熹宗时，曾有白莲教徐鸿儒之乱，虽经平定，但其党徒仍秘密传教。乾隆四十年（1775），白莲教首领安徽刘松被捕，其党刘之协、宋之清等，分赴四川湖北等省传教，煽动百姓，准备乘机起事。五十八年（1793）事觉，其党全被捕获，唯刘之协逃逸。清廷严缉之协，河南、湖北等省，按户搜缉，各地汹汹者数岁。六十一年（1796）正月，高宗禅位于皇子颙琰，自为太上皇。颙琰即位，是为仁宗，并改元嘉庆。就在这一年，湖北荆州（今江陵县）、宜昌（今宜昌县）一带的白莲教徒，公开叛变。满洲的旗兵，因累世养尊处优，渐流于骄奢颓靡，早已于三藩之乱时，失去战斗力；其后汉人组成的绿营代之而兴，至此也渐趋腐败。乱事一起，军队毫无削平的能力，战争动辄蔓延数省。乾隆以后，清帝国便在一连串的内乱下，步入衰运。

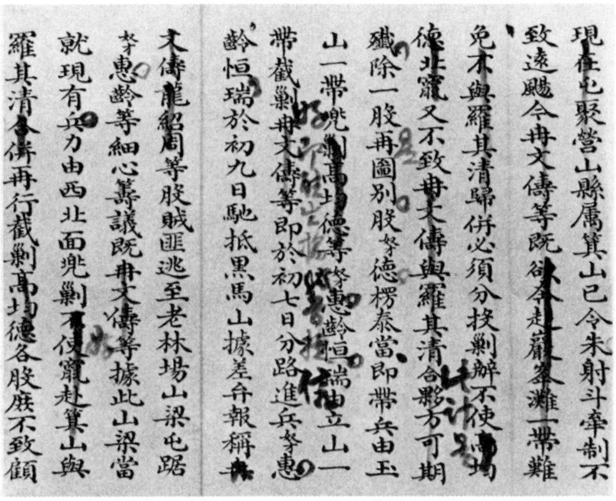
現在已聚營山縣屬箕山已令朱射斗牽制不
致遠颺今冉文儔等既欲奔赴巖峯灘一帶難
免不與羅其清歸併必須分投剿辦不使高均
德北竄又不致冉文儔與羅其清合夥方可期
殲除一股再圖別股奴才德楞泰當即帶兵由玉
山一帶兜剿高均德等奴才惠齡恒瑞由立山一
帶截剿冉文儔等即於初七日分路進兵奴才惠
齡恒瑞於初九日馳抵黑馬山據差弁報稱冉
文儔龍紹周等股賊匪逃至老林場山梁屯踞
奴才惠齡等細心籌議既冉文儔等據此山梁當
就現有兵力由西北面兜剿不使竄赴箕山與
羅其清合併再行截剿高均德各股庶不致顧

惠龄关于镇压白莲教叛乱奏折（局部）。奏折记载湖北巡抚惠龄等清军大将采取围堵的战术清剿白莲教徒众，其中夹有嘉庆帝的朱批。

三、清前期的武功

（一）蒙族及回部的征服

明末蒙古族势力蔓延的地区，共分为四大部：1. 漠南蒙古，又称内蒙古，分布于今热河、察哈尔、绥远及辽北四省境内。2. 漠北蒙古，又称喀尔喀蒙古，分布于今外蒙古及兴安省境内。3. 漠西蒙古，又称厄鲁特蒙古，分布于天山北路。4. 青海蒙古，分布于今青海境内。漠南蒙古，早于明末为清室所吞并，其余三大部，是在清室统一中国后，经康雍乾三朝陆续征服的。

漠南蒙古最东的一部为科尔沁部（今热河省东北部及辽北省中西部一带），因邻近满洲，双方曾于明神宗时发生冲突。科尔沁为努尔哈赤所败，遂遣使通好。这时内蒙察哈尔部的林丹汗，士马强盛，横行漠南，并东侵科尔沁，于是科尔沁部降清，漠南诸部也相率与清通款。明室岁赂林丹汗，命其夹攻辽东，但因林丹汗诸部不协，终于无济于事。明思宗崇祯十一年（1638），清太宗会合蒙古诸部，突袭林丹汗，林丹汗走死青海，其子额哲降，漠南悉定。其后三藩抗清，察哈尔复谋独立，圣祖发兵平之，并徙其余众于大同（今山西大同县）、宣化（今察哈尔宣化县）边外，设都统以辖之，号内属游牧部，其地遂空为牧场。

漠北喀尔喀蒙古又分三部，即土谢图，据今土拉河流域；车臣，据今克鲁伦河流域；札萨克图，据今杭爱山以西、阿尔泰山以东地。清平漠南后，喀尔喀三部震于清的兵威，也遣使朝贡。内外蒙古诸部的酋长，大都是明代蒙古达延汗的后裔。

漠西蒙古分布于今新疆省天山北路地区，为明代瓦剌的后裔。自瓦剌衰落后，其族分为四部，即和硕特（据今迪化县一带）、准噶尔（据今绥定县一带）、杜尔伯特（据今承化县一带）及土尔扈特（据今塔城县一带），清人称之为厄鲁特四部。清初，漠南及漠北蒙古相继归降，唯厄鲁特以地远不服。康熙十二年（1673），准噶尔汗噶尔丹即位，统一四部，兼并青海蒙古及天山南路的回部，势力大盛。二十七年（1688），噶尔丹突击漠北，喀尔喀三部，同时溃散，奔至漠南，于是漠北亦为噶尔丹所有。二十九年（1690），噶尔丹复率兵南侵，圣祖亲征败之。其后圣祖又于三十五及三十六年（1696 ~ 1697），两度亲征漠北，噶尔丹兵败自杀，阿尔泰山以东皆平，喀尔喀三部均还旧地。

噶尔丹兵败时，准部的根据地伊犁（今绥定县），为其兄子策妄阿拉布坦（以下简称策妄）所夺，回部及青海也都叛变。噶尔丹既死，策妄请降，准部暂时归附。十数年后，准部复盛，乃再度为患。康熙五十四年（1715），策妄东侵哈密（今新疆哈密县），清廷屯军于哈密附近以防之。次年，策妄又遣兵突入西藏。这时和硕特部据西藏，准部兵遂袭杀和硕特部的拉藏汗。五十九年（1720），清军由青海、四川两路进兵，逐准部兵出西藏，并拥立达赖六世，西藏遂定，但清军对准部并未能深入攻击。

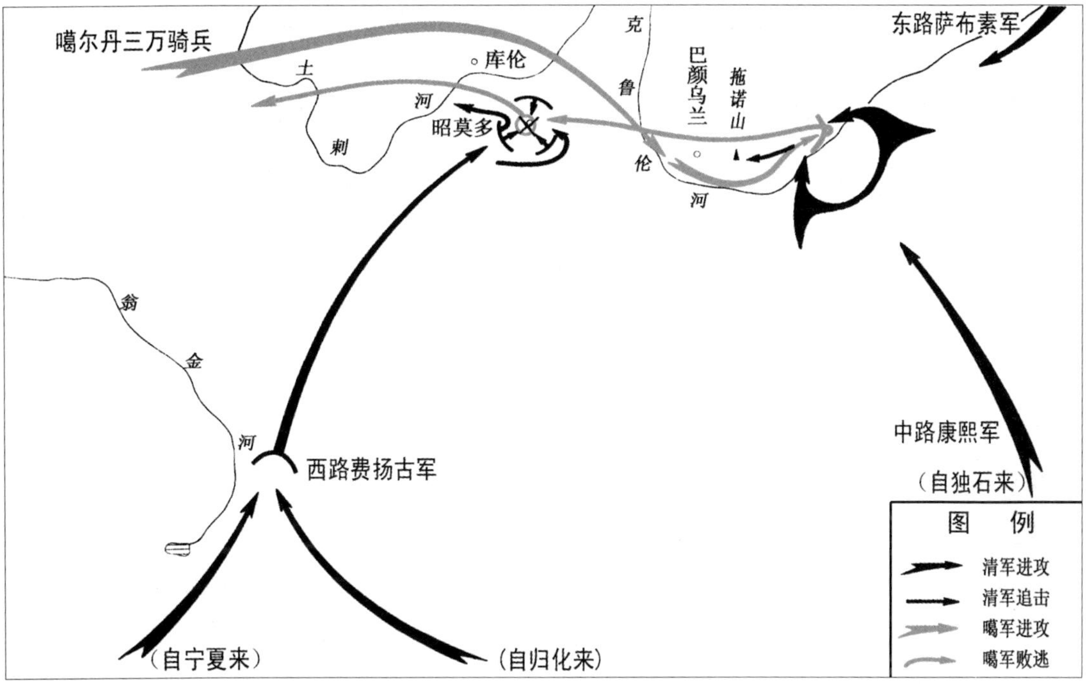

昭莫多之战作战经过示意图。康熙三十四年（1695），准噶尔汗噶尔丹率三万骑自科布多东进，侵至车臣汗部后，沿克鲁伦河东下，进抵巴颜乌兰一带，停顿不前。清军遣使往诱不逞，康熙遂决定亲征。三十五年（1696）二月，康熙集九万大军，分东、中、西三路进击：东路萨布素西出克鲁伦河牵制性侧击；西路以费古扬、孙思克分出归化、宁夏，于翁金河会合后北上，拟断噶尔丹西逃之路；中路主力由康熙亲率，出独石，拟于东、西两路合歼噶尔丹于克鲁伦河一带。五月，康熙闻知东、西两路不能如期至，但判定噶尔丹会负克鲁伦河抵抗后，仍决定主力向北突进，并兵分东西两路，企图钳击噶尔丹军。噶尔丹军不敢应战，连夜西逃。康熙前锋向西追至拖诺山而返。噶尔丹逃遁至昭莫多时，西路军及时赶上，采用以逸待劳、设伏截击的方针，先以轻兵诱敌，待噶尔丹主力赶上时，伏兵发动。并以一部向东迂回至噶尔丹阵后，攻击其家属、辎重。噶尔丹军大乱，噶尔丹仅率数十骑西逃，后在清兵追击之下，自杀身亡，准噶尔平定。

世宗时，策妄之子噶尔丹策零（以下简称策零）嗣准噶尔汗位，复东侵喀尔喀，连为三音诺颜部酋策凌所重创。三音诺颜部原属土谢图部，世宗以策凌击败准噶尔，封之为亲王，使独立为一部，牧于杭爱山以南，自是喀尔喀蒙古乃有四部。雍正十二年（1734），准部请降。至乾隆二年（1737），清室始议定以阿尔泰山为喀尔喀与准部的分界。十年（1745），策零死，因诸子争立，准部渐衰。十九年（1754），策妄外孙阿睦撒纳率二万余人降清。次年，清遣军偕之西征，遂定准部。其后阿睦撒纳欲总长厄鲁特四部，清廷不许，乃举兵反。乾隆二十二年（1757），清以兆惠讨之，阿睦撒纳败死，天山北路底定。清室于伊犁、乌鲁木齐（今迪化县）等地派兵驻防，并设伊犁将军以统治之。阿尔泰山以北的乌梁海部（即明的兀良哈部），也自此内附，清分其地为三部，即唐努乌梁海、阿尔泰乌梁海、阿尔泰诺尔乌梁海。而准部以西的哈萨克部，也大部臣属于清。

青海蒙古是厄鲁特蒙古和硕特部的一支。明末，和硕特部甚盛，其酋固始汗进占青海地。清世祖时，封之为汗。圣祖时，又封固始汗子达什巴图为亲王。世宗时，达什巴图子罗卜藏丹津谋并西藏，于雍正元年（1723）叛清独立，世宗命年羹尧、岳钟琪讨之。次年，丹津众溃，逃往准部，于是青海平定，清于西宁设置办事大臣以统治之。

回部在天山南路，这个地区，元时本属于察合台汗国，其人民则多信伊斯兰教。明中叶时，伊斯兰教穆罕默德的后裔马默特，逾葱岭东来布教，得喀什噶尔（今新疆疏勒县及疏附县）汗的信仰，于是伊斯兰教益盛。后喀什噶尔部又以兵力平定诸部，伊斯兰教势力遂遍及天山南路，渐代元裔而握政教之权，通称回部。清初，伊斯兰教分为白山宗、黑山宗（俗称白帽回、黑帽回）两派，互相攻击。康熙时，准酋噶尔丹助白山宗，攻破黑山宗，尽捕元裔诸汗，并以准部人征收诸城赋税，威行回部。其后准酋策妄又排白山宗，并拘留白山宗首领玛罕木特（马默特曾孙）二子大小和卓木。乾隆初，准部内乱，回部黑山宗乘机独立。乾隆二十年（1755），清军定伊犁，释大和卓木，并以兵助其平定回部，而以小和卓木居伊犁，掌北路的伊斯兰教。其后，小和卓木曾助阿睦撒纳为乱。二十二年（1757），清兵既平阿睦撒纳，大小和卓木于回部继续抗清，清遣兆惠、富德进讨。二十四年（1759），大小和卓木败死，回部遂平。清设参赞大臣于喀什噶尔，以节制诸城。二十九年（1764），乌什（今新疆乌什县）回民又叛，但不久即平。自是清的声威及于葱岭以西，浩罕（在今中亚锡尔河流域）、阿富汗等国，都通贡内附。

（二）西藏的内属与苗疆金川的开辟

西藏也就是唐宋时代的吐蕃。自唐代喇嘛教传入吐蕃，日益盛行，喇嘛渐至干预政事。元室崇奉喇嘛教，赋予喇嘛对吐蕃的统治权，于是吐蕃成政教合一的国家。元时，吐蕃又称乌斯藏（乌斯指今前藏，藏指今后藏）。明代乌斯藏一词更为流行，至清始称西藏，其范围除今前后藏外，尚包括今青海、西康二省及后藏以西的拉达克部（今西藏噶大克一带）。元时，于西藏本部设乌斯藏宣慰使司以统之，但事实上西藏的内政是自治的。明代沿袭元代的办法，尊崇其宗教，许其自治。当时西藏的喇嘛教，分红黄二教，红教据后藏，黄教据前藏。明末，黄教首领达赖五世在位，大臣桑结主政，招引厄鲁特蒙古和硕特部的固始汗，与红教为敌。固始汗发兵入后藏，驱逐红教，而奉黄教的另一领袖班禅统治后藏。于是黄教统一全藏，固始汗则因而据有青海及喀木（今西康省）之地。

清崛起东北，达赖五世曾与清太宗通使；世祖入关后，达赖并曾入朝。清室仍思以喇嘛教怀柔蒙藏，封达赖为“西天大善自在佛”，礼遇甚隆。圣祖时，桑结厌恶和硕特部干涉藏事，召准部酋噶尔丹，暗袭青海，杀达颜汗（固始汗子）。康熙二十一年（1682），达赖五世死，桑结秘不发丧，操纵藏局，并嗾使噶尔丹内犯。噶尔丹败后，桑结为和硕特部的拉藏汗所杀，清遂以拉藏汗镇藏地。其后拉藏汗所拥立的达赖六世，与青海藏族所拥立的达赖六世争位，相持不下。当时准部酋策妄的兵力正强，突于五十五年（1716）引兵入藏，杀拉藏汗，西藏大乱。五十七年（1718），

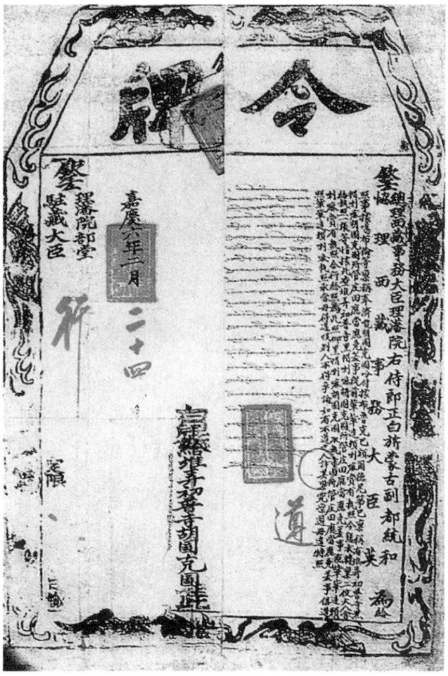

驻藏大臣令牌。驻藏大臣始设于雍正五年（1727），代表清廷同达赖喇嘛监理西藏地方事务。图为嘉庆六年（1801）驻藏大臣令牌。

抚远大将军西征图卷（局部），清人绘。这是一幅描绘康熙五十九年（1720）清朝出兵平定准噶尔军队在西藏叛乱的画卷。图中所绘为平叛大军强渡拉萨河后，大军进入拉萨，出现在布达拉宫与大昭寺之前。

清室命皇子允禵等，统大军入藏，驱逐准部，并迎立青海所拥戴的达赖。世宗初年，置驻藏大臣于拉萨，统兵分驻前后藏，自此西藏正式成为中国领土的一部。乾隆五十五年（1790），西藏的南邻廓尔喀（今尼泊尔）入侵西藏。五十七年（1792），清以福康安击破之。此后清室禁止藏人与四境交通，并提高驻藏大臣的地位，一切与达赖班禅平等，政务的办理，必须禀命于驻藏大臣。清室对西藏的控制，乃益趋巩固。[参看周昆田《汉藏两族的传统关系》(载《西藏研究》)]

苗族分布的地区，主要在湖南贵州二省的沅江流域，尤以沅江上游为中心，此外更散处于云南及两广境内。沅江流域本汉时武陵蛮地，下至唐宋，逐渐开辟。元时，于其地设立府、州、县及宣抚司，以苗族酋长为世袭长官，自理其政。明清均沿袭元制，所有苗地，悉属土官。苗有熟苗生苗之分，熟苗多与汉人杂居，生苗则居于深山，与汉人甚为隔阂，时生叛乱。康熙四十三年（1704），湘西苗人为乱，清发兵平之，并于其地设乾州（今湖南乾城县）、凤凰（今湖南凤凰县）二直隶厅，以招徕汉人。至于苗人聚集之地，则仍归土官统辖。雍正间，永顺（今湖南永顺县）等地的土官，自请纳土，清籍其地为一府四县，并增设永绥厅（今湖南永绥县东）及松桃厅（今湖南乾城县西），于是沅江流域，几于全辟。贵州的苗族，分布于东南部与湖南、广西交界之地，以古州（今贵州榕江县）为中心，周围三千里，统称苗疆。此外，广西、云南地区的苗人，也时常杀人掠货；而云南南部各地的苗人土官，又与缅甸及老挝等种人勾结，时为边患。雍正四年（1726），云贵总督鄂尔泰，建议"改土归流"，即以流动的官吏，治理苗地，以代世袭的土司，世宗从之。鄂尔泰于两三年间，招服黔边生苗二千余寨，开辟苗疆二三千里，并平定云南澜沧江以东的苗区，建普洱府（今云南普洱县）以治其地。广西诸土司，也都缴印归附，三省苗区粗定。这次改土归流的运动，大大促进了西南边疆地区的内地化，使它成为中国本部的一环。

苗疆平定后，鄂尔泰去职，贵州苗人因不堪地方官吏的压制剥削，再度叛乱，至乾隆初，始以张广泗平之。清室并豁免新辟苗疆的赋税，以笼络之。其后至乾隆末年，苗乱始再起。

金川本四川西边土司，居今四川省小金、金川二县境，旧属于吐蕃。明时，以其俗信喇嘛教，乃封其酋哈伊拉本为演化禅师，以镇抚其众。其后分为大金川（在今四川靖化县一带）、小金川（在今四川懋功县一带）两部。清初，两金川归顺。世宗时，大金川酋长莎罗奔（哈伊拉本孙）从征西藏有功，清以之为金川安抚使。高宗时，莎罗奔渐强，于乾隆十一年（1746）夺小金川土司印，并侵吞邻部，攻击清军。次年，清以张

平定两金川得胜图，清乾隆四十二年（1777）至四十六年（1781）内府铜版画，故宫博物院藏。

广泗及纳亲合力进讨。金川地势险阻，加以土人善守，以致久攻不下。十三年（1748），张、纳以无功被诛，高宗继命傅恒督岳钟琪往讨，清军深入，声势大振。次年，莎罗奔降。至十九年（1754），大金川首领郎卡（莎罗奔兄子），复与邻部构衅，当时清廷方有事于西北，无暇兼顾，郎卡遂日益猖獗。其后郎卡死，子索诺木与小金川首领僧格桑，联合入寇。三十六年（1771），清以温福讨之，于三十八年（1773）败死。清以阿桂继其任，至四十一年（1776）始平。金川之役，可以说是清代最艰巨的开疆战争，其地不满千里，人口不满五万，而清室用兵五年，兵费逾七千万两，然后平之，其损失也不为不大。

（三）藩属的经营与对俄的交涉

清代与中国邻近的诸国中，东方的朝鲜，早于明末臣服于清。其后经康雍乾三世，西北蒙回诸部敉平，中亚诸国，相率通使纳贡。至于南方印度支那半岛的缅甸、暹罗、安南等国，西藏以南的廓尔喀以及东南海中的琉球，也都称臣内属。这里略述南方诸国内属的经过。

缅甸古称骠国，与云南交界。元时曾数度征之，未能得志。明末，颇为边患。清初，吴三桂镇云南，以桂王在缅，以兵迫之，缅酋莽应时执桂王以献，三桂以其恭顺，始终未加侵扰。高宗初，缅甸入贡称藩。乾隆十九年（1754），缅甸发生内乱，土司瓮籍牙自立为王，建新缅甸国。其子莽纪觉、孟驳相继嗣位，声势日盛，屡次侵掠滇边，虐杀华人。三十二年（1767），云南总督杨应琚征缅失利，清以明瑞代之，师亦无功。次年，明瑞战死，清乃命傅恒、阿桂等大举深入。三十四年（1769），清军进至缅甸首都阿瓦，但不能取胜，许和而还。不久，缅人又与清抗，当时清室正讨大小金川，无暇南顾。四十一年（1776），金川平，清再命阿桂赴云南，筹划征缅。这时缅甸又乱，并与暹罗交恶，新缅甸王孟云遂遣使入贡。五十五年（1790），清封孟云为缅甸国王，规定十年一贡，自此缅甸遂为中国的藩属。

暹罗即今泰国，其地原为罗斛及暹二国。元时，二国常入贡。后罗斛强，并有暹地，遂成暹罗国。明时，暹罗曾入贡。暹罗与缅甸为世仇，清高宗时，暹罗为缅酋孟驳所破，首都陷落，国王被逐。暹罗旧臣郑昭，本广东澄海人，于乾隆四十五年（1780）起兵驱逐缅人，自立为王，都于曼谷，并遣使来华告捷。其后不久，郑昭死，其婿华策格里嗣位。五十一年（1786），遣使入贡，表称郑华，清封之为暹罗国王，于是暹罗亦为中国的外藩。

安南为今越南地，自秦汉以来，久为中国的领土。唐时曾于其地置安南都护府，安南即由此得名。五代以后，叛服不常。明宣宗时，有黎利者，起兵叛明，建大越国。明世宗嘉靖六年（1527），为其臣莫氏所篡。而黎氏之臣阮氏，拥黎氏之后，割据南方，成南北朝并峙之局。北朝莫氏都河内，仍号大越；南朝黎氏都顺化，号广南；相持六十余年。明神宗万历二十三年（1595），黎氏灭莫氏，恢复河内。而阮氏子又据顺化自立，仍号广南，与黎氏互不相下。清军定云南，黎氏遣使劳军。康熙五年（1666），清封大越国王黎维禧为安南国王。高宗时，广南土豪阮文岳及其弟文惠等举兵灭广南。乾隆五十一年（1786），阮文惠逐安南国王黎维祁，安南大乱。清室命两广总督孙士毅出师讨之，先胜后败，改以福康安代之。这时阮文惠正与暹罗构兵，恐两面受敌，乃奉表乞降，并改名光平。五十四年（1789），高宗封阮光平为安南王。

廓尔喀即唐代的尼婆罗，今尼泊尔之地。乾隆中，为廓尔喀人所并。其后廓尔喀势力日炽，渐有侵略西藏之意。乾隆五十五年（1790），廓尔喀乘后藏内乱，举兵入寇，班禅等告急于清，高宗遣福康安、海兰察率兵往讨。五十七年（1792），福康安等自青海至后藏，深入敌境。廓尔喀大惧，一面遣使乞降，一面派人至印度，乞援于英人。英军未至，而清军继进，廓尔喀遂降清，从此成为中国的藩属。

琉球（今冲绳岛），自明代为中国藩属，定时朝贡。及明亡于清，琉球又受清册封，称琉球国中山王，定二年一贡。此后每当琉球新王即位，清室即派使者前往册封。但琉球自明以后，又与日本交结，实行两面外交，其后日本吞并琉球，即伏机于此。

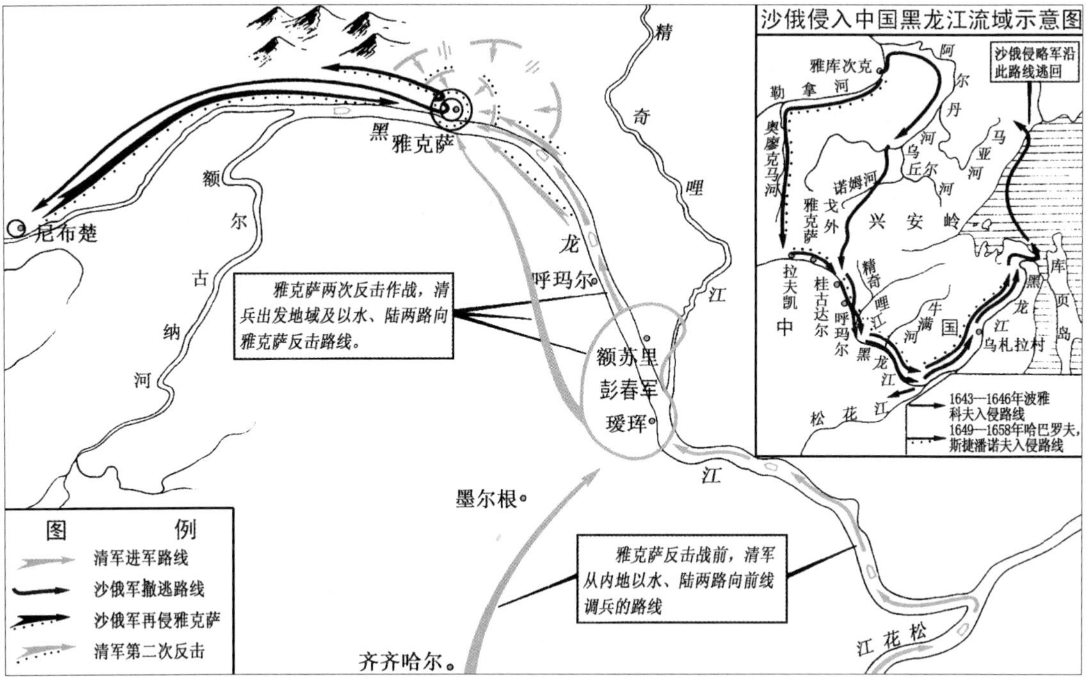

雅克萨反击作战经过示意图。自明崇祯十六年（1643）开始，不断有沙俄侵略者侵入我国领土，后在雅克萨筑城盘踞，预备长期掠夺。清政府多次与沙俄交涉未果，决意进兵清剿。经过数年的准备与侦察，于康熙二十四年（1685）四月，清军三千多人在彭春的率领下，自瑷珲出发，五月兵临雅克萨，置陆师于城南，战船集于城东南，激战不久，侵略军不支乞降，彭春平毁雅克萨城，并准许他们返回尼布楚。同年秋，侵略者不甘失败，又重筑雅克萨，再度盘踞。次年七月，清军再临雅克萨，于城南、北、东三面掘壕围困。次年，侵略军不支请降，清帝答应其请求，侵略军残部退回尼布楚，雅克萨反击战胜利结束。

明末，欧洲人多由海道东来；其由陆路东向发展，渐与中国发生交涉的，则为俄罗斯国。俄人原居东欧，为蒙古所征服。明末，俄人乘蒙古中衰，逐之而复国。其王伊凡四世（Ivan IV），锐意经营西伯利亚，发展甚速。至清初，俄人已进至黑龙江沿岸，清人称之为罗刹人。顺治八年（1651），俄人在雅克萨河口筑城（城在黑龙江北岸），屡次劫掠黑龙江沿岸诸民族。十五年（1658），俄人又建城于尼布楚河口，以为经营黑龙江上游的根据地。次年俄人为清宁古塔（今松江省宁安县）将军巴海所败，相率逃去，至康熙四年（1665），俄人又集中于雅克萨，积极经营。八年（1669），尼布楚城复为俄人所占，对黑龙江地区蚕食日甚。清室既平三藩，乃积极备战，以御俄人。二十一年（1682），清室命黑龙江将军萨布素，击俄将于瑷珲（今黑龙江瑷珲县）附近，尽俘其众。二十四年（1685），复命都统彭春，水陆并进，直抵雅克萨，俄将不支而降，清兵毁其城而还。既而俄人又于雅克萨复筑新垒。次年，清军又围之。

是时俄皇彼得大帝（Peter The Great）在位，以战地辽远，不便应援，亟思媾和。清廷也久厌兵事，乃听从荷兰人的斡旋，与俄议和。康熙二十八年（1689），清以索额图等为使，与俄使费要多罗（Feodor Alexivitch Golovin）会议于尼布楚。同年，和议成，双方订约，是为《尼布楚条约》。条约的要点如下：1. 东以外兴安岭，西以额尔古纳河（黑龙江上源之一）为界。2. 毁除雅克萨城，所居俄罗斯人民及诸物，尽行撤去。3. 凡猎户人等，断不许越界，违则以其人数多寡及情节轻重，分别予以惩处或正法。4. 中国所有的俄罗斯人，俄罗斯所有的中国人，不必遣还。5. 以后一切行旅，有准令及往来文书者，许其贸易。中俄数十年的纷争，至是始告平息。雍正五年（1727），又与俄订《恰克图条约》，以恰克图（即买卖城）为两国通商之地，许俄商三年一至北京贸易。并划定蒙古与西伯利亚的疆界，西起沙毕纳衣岭（萨彦岭的主脉），东至额尔古纳河，南属中国，北属俄国。至乾隆二年（1737），停北京贸易，集中于恰克图。清并设库伦办事大臣以理之。其后恰克图贸易时开时停，直至五十七年（1792），中俄增订《恰克图续约》五款，始重开互市，于是两国相安无事者垂六十年。

第二十六章
清帝国的乱亡

一、清室的衰落

（一）嘉道时期的内乱

嘉庆时期（1796 ~ 1820），是清帝国衰落的起点，但其种因则始自乾隆的后期。前面已经说过，清高宗晚年，因信任和珅，政治日益腐败，苗乱及白莲教之乱接踵而起；而满洲八旗的士兵，因长期的养尊处优，战斗力已完全消失，乃至祸乱一发而不可收拾。高宗把皇位传给仁宗，同时也把一个动乱的局面移交给他。仁宗及其以后的九十年，内乱此仆彼起，列强交相侵迫，清帝国在内忧外患的夹击下，终于走上覆亡之途。

乾隆以后，内乱所以日益扩大，除了政治和军队的腐败，还有两个重要原因。其一是人口的急遽增加。中国人口，自西汉末年达到五千九百五十九万余人，其后各代，大都不及此数。元世祖至元二十八年（1291），全国人口共有五千九百八十四万八千九百六十四人，始超过汉代。至明太祖洪武二十六年（1393），更增至六千五十四万五千八百十二人。但元明的人口，均与汉代相差无多。至清，由于康雍乾三朝长期的安定，人民的繁殖率加速，乾隆五十九年（1794），全国人口竟达三万一千三百二十余万，较明代激增五倍。国民生产不能追随人口上升的速度，生活遂日益困苦，加以贪官污吏的侵渔，自然容易发生叛乱。至宣宗道光十四年（1834），中国人口开始超过四万万，叛乱也越来越大［参看《新元史》卷六八《食货志一》；《明史》卷七七《食货一》；罗尔纲《太平天国革命前的人口压迫问题》（载《中国近代史论丛》第二辑第二册）］。另一原因是汉人的排满。清入关后，对汉人的反对势力尽力摧残；一面又以科名笼络汉族的知识阶级，以消除其反感。但若干有志之士，仍不放弃其排满企图，因而潜结会社，散布复明思想，在中下级社会，甚有势力。最早的反清组织为天地会，陈近南所创，初行于台湾，渐及于闽浙两广及湘赣之地。康熙时，浙东有张念一之乱，台湾有朱一贵之乱。乾隆五十二年（1787），台湾又有林爽文之乱。三人均为天地会党人，虽然都被平定，但党人的活动，始终未完全停止。天地会以外，又有白莲教，本是宋亡以后，忠宋人士所组织的秘密团体。元末，白莲教大盛。明建国后，其党人潜伏于民间者，仍甚众多，每乘政治混浊之际，起而为乱。到清乾隆末年，遂又伺机而起。但白莲教的民族思想，因日久年深，不如天地会的浓厚，影响力也较弱，而清朝末期的几次内部大动乱，莫不直接间接与天地会有关。

嘉庆时期的内乱，以苗人和白莲教的叛乱为最大。苗乱始于乾隆六十年（1795），这一年，贵州铜仁、湖南永绥的苗民先后叛变，清室命福康安、和琳等合兵剿之。次年，仁宗继位，福康安、和琳相继死，而湖北白莲教为乱，清大军北去，苗疆无法平定。清继以傅鼐总理边务，鼐修筑边墙，广置碉堡，并训练乡勇，以代不能任战的官军，经营屡年，渐着成效。至嘉庆十二年（1807），苗境全平。二十五年（1820），仁宗死，皇子旻宁嗣立，是为宣宗。宣宗道光十二年（1832），湖南永州（今湖南零陵县）及常宁县的瑶人又叛，广东散瑶应之，骚扰两广湖南三省边境，但不久即为清室讨平。

白莲教徒的叛乱，起于嘉庆元年（1796）。湖北地区的教徒，首先发难，四川继之，势力并蔓延至河南、陕西等省。当时和珅依然主政，贿赂公行；而官军怯懦，不能应战，将帅唯知养寇冒功，因此乱久不平。四年（1799），高宗死，和珅伏诛，军事始有转机。清室仍以乡勇为主要战斗力，并以兴筑碉堡，坚壁清野之法，以困教徒，同时命额勒登保、德楞泰等，分途剿抚，于是四省教徒，势力渐衰。至九年（1804），才完全肃清。

当白莲教徒骚扰内地之际，安南阮氏因国用匮乏，乃召集东南沿海亡命，助以船械，命其入海劫掠商船，以充国用。沿海的奸民盗匪，附之者甚众，号称“艇盗”，福建、浙江、广东三省的沿海地区，均受其害。若干海盗，甚至受安南总兵及王侯敕印。清室因专意剿办教匪，无暇兼顾，因此为患日烈。嘉庆七年（1802），安南广南王的后裔阮福映以法国的援助复国，缚献海盗，向中国输诚。艇盗既失后援，渐合并为蔡牵、朱濆两股，以蔡牵为首，骚扰如故。浙江提督李长庚，得巡抚阮元的资助，造大船入海剿之，屡获胜利，贼势日衰。十二年（1807），长庚战死，艇盗亦精锐尽丧，无力再振。长庚部将王得禄、邱良功复统兵进剿，朱濆、蔡牵均死，余众出降。至十五年（1810），全部肃清。

嘉庆十八年（1813），京师又有天理教之变。天理教本是白莲教的支裔，原名八卦教，党徒多至数万，以滑县（今河南滑县）李文成、大兴（今河北大兴县）林清为首。大兴邻接京师，林清一面联合文成，一面交结内监，准备乘仁宗幸热河，于是年九月十五日，举兵袭京师。但先期事泄，李文成为滑县知县强克捷逮捕。教徒乃于九月七日聚众三千，攻破滑县，放出文成，直隶及山东各地的教徒，皆同时响应。京师林清的党徒，以太监刘全为内应，于十五日，直攻宫禁，为禁旅击溃；林清潜伏于近畿的黄村，也被捕获。李文成据滑县，清以那彦成讨之，文成兵败自杀。至十二月，滑县始下，教徒被杀者二万余人，乱事乃定。是时天地会党人，亦乘机为乱。天地会自台湾林爽文失败后，党人转向内地，尤以两广及湖南、江西等省为盛。二十二年（1817），广州三合会（即天地会）党人为乱，为清廷捕获二千余人。至道光时，国势日衰，其活动也益力。

清宣宗道光初年，西北又有回乱。天山南路的回民，因受清廷官吏的压榨勒索，积忿难平，于嘉庆末奉张格尔（大和卓木之孙）为首，屡次犯边。道光六年（1826），张格尔陷喀什噶尔、英吉沙、叶尔羌、和阗四城，群回响应。清遣长龄、杨遇春等往讨，于八年（1828）擒张格尔，回部复定。张格尔的家属，寄居浩罕，清廷命其献出，浩罕不听，清廷乃绝其互市。次年，浩罕又助张格尔兄玉素普入寇，未几解去。十年（1830），浩罕求和，清廷许其互市。至二十七年（1847），和卓木的后裔加他汉等七人，又以复仇为名，纠众入寇，因回民颇少响应，不战而遁。

（二）鸦片战争与《南京条约》

鸦片战争是中国与英国的战争，谈到这个战争的起因，必须上溯到明清之际欧洲人向东方拓展的情形。自明朝中叶（15 世纪末）起，欧洲的航海术渐次昌明，各国政府多能奖励航海事业，以葡萄牙政府最为尽力。明孝宗弘治十一年（1498），葡人发现自欧洲绕非洲南端东航至印度的新航线，遂积极东进，并置印度总督，以经营印度。明武宗正德五年（1510），葡人略取印度半岛西岸的卧亚（Goa），以为其主要根据地。不久又占领马来半岛的马剌加（Malacca），势力远及苏门答腊、爪哇诸岛。自九年（1514）起，葡人即屡至广东屯门（今广东宝安县南）经商，获利颇厚。十二年（1517），葡印度总督遣使至广东，要求缔约通商，明室不许，但葡人盘踞屯门不去。其后葡人续至者颇多，行为多不法。十六年（1521），明以武力驱逐葡人，既而令弛，葡人来者益增，多居于澳门、泉州及宁波等地。泉州、宁波的葡商，后为当地官民所逐，于是澳门独为葡人远东贸易的要港。明世宗嘉靖三十六年（1557），葡政府在澳门设官置戍，视之为殖民地，明室亦不拒绝，仅收其地租而已。澳门处于这种变相放弃的态势下，直至清宣宗时，没有变更。

西班牙人也于明朝后期东来，经营贸易。世宗嘉靖四十四年（1565），西人始至菲律宾，其后数年，尽占菲律宾群岛。当时中国商船，往菲律宾贸易者甚多，神宗初，明室亦许西人在厦门互市。既而西葡两国合并，又以参加外战，在东方的势力渐衰，荷兰、英吉利乃继之兴起。荷兰本西班牙属地，于万历九年（1581）独立。二十四年（1596），荷兰商船初至苏门答腊、爪哇等地。三十年（1602），荷兰东印度公司正式成立，并得政府允许，有于殖民地设官置兵及与所在国宣战媾和之权。其后不久，荷人遂占领马来群岛。荷人曾于二十九年（1601）至澳门，要求通商，因葡人的阻挠而未成。熹宗天启二年（1622），荷攻澳门，未能取胜，乃转而东侵，进据澎湖、台湾，极力经营。到清初，台澎又为郑成功所夺。

英人的东方拓殖事业，与荷兰同时。英国自万历十六年（1588）歼灭西班牙无敌舰队后，海上的势力骤增。二十八年（1600），伦敦商人组成东印度公司，与荷商竞争，并经略印度，屡败葡人。思宗崇祯十年（1637），英舰队至澳门，要求互市，葡人不纳；英人继与广东地方官吏交涉，亦因葡人挑拨，未得要领。于是英舰进攻虎门（在今广东东莞县西南珠江口），结果炮台被陷，明官不得已允其在广州贸易。既而明室倾覆，清室严禁通海，外国贸易因而中辍。及至台湾平定，清室于康熙二十三年（1684）开放海禁，设海关于广州、厦门、福州、宁波等地，欧洲诸国，相继通市。但清室对海上贸易，采取一贯的压制政策。至乾隆二十五年（1760），清室对外商务，集中于广州一港，以为唯一合法的贸易口岸，其后相沿不变。当时广东的国际贸易，为“公行”所垄断。公行制度始于康熙末年，为中国商人组成的团体，专门负责办理中国官吏与外商间的事情，并有管理外商之权。而官府于海关正税外，又需索规费；限制外商的条例，又非常严厉，例如夷商只许居于广州城外的商馆，不准乘轿等。乾隆五十七年（1792），英政府遣马戛尔尼（George Lord Macartney）使华，请求改善英商待遇，减轻税额，并听任英人传教，清室不许。嘉庆二十一年（1816），复派亚墨哈斯（William Pitt Lord Amherst）来华交涉，依然没有结果。

鸦片于唐德宗时即经大食商人输入中国，但最初只当药用，以之治疗胃疾。至明神宗时，葡商又从印度输入，国人才有吸食的风气。清世宗时，一度禁吸鸦片，其后禁令渐弛。至乾隆末，英人以印度盛产鸦片，遂尽量输入中国，于是吸食者愈众。仁宗即位后，重申禁令，严禁鸦片入口，但沿海奸商与英商勾结，秘密转销，其输入额反而增加。清初，鸦片输入每年不过二百箱左右，到道光中叶，竟增至二万八千余箱。而中国白银之出口，也日益增加。宣宗道光初，广东海口每年漏银数百万两，至道光中叶，每年漏卮达三千余万两，因之内地银荒日甚。清室听从朝臣黄爵滋等的奏请，严禁人民吸食，并于道光十八年（1838），以湖广总督林则徐为钦差大臣，前往广东查禁鸦片。

道光十四年（1834），英派律劳卑（William John Lord Napier）为商务监督，与清吏交涉，扩张贸易，改善待遇。清吏以其致书不用禀帖，且擅入广州，违反规则，因而停止英国通商。不久，律劳卑死，通商恢复，但交涉毫无进展。十六年（1836），英废商务监督，以义律（Captain Charles Elliot）为领事，但仍不能与清吏直接交涉。义律乃暗中建议政府，以武力解决商务问题，恰值鸦片事件发生，两国的冲突遂起。

鸦片战争中英军战舰“奈米西斯号”向中国战船开炮，油画，佚名绘。

道光十九年（1839），林则徐至广州，迫令英商交出鸦片二万余箱，悉数焚毁；并令各国商船，出具甘结，言明嗣后如挟带鸦片，船货充公，人即正法。葡、美诸国商人，都签字具结，唯英国不肯，则徐乃下令断绝英商的供给，义律及英商，全撤至澳门。同年，又因英水手殴死中国村民林维喜，义律不肯交出凶犯，则徐乃驱逐英人离澳门，义律及英商漂泊海上。次年，英政府遣陆军四千人，船舰数十艘，由懿律（George Elliot）率领东来。英军至广东，则徐严加戒备，英军遂北上陷定海，继进至大沽河口，与直隶总督琦善交涉。琦善竭力主抚，宣宗乃革林则徐职，派伊里布赴浙江与英人商议休战，琦善赴广东进行和议。琦善至粤后，尽撤守备，许赔偿英人烟价六百万元。英人更要求割让香港，琦善拒绝，英又发兵进攻，琦善不得已应允。宣宗闻讯大怒，革琦善职。二十一年（1841），清命奕山、隆文、杨芳率兵赴广东进剿。英军乘清军未至，先陷虎门炮台。奕山继至，为英军所败，英军遂攻广州。奕山求和，先偿军费六百万元，割让香港事，允于异日协商，英军始退。既而英政府要求增加赔偿，给予将来通商的确实保证，并改派朴鼎查（Henry Pottinger）为全权专使，率军东来，连陷厦门、定海（原已归还）、镇海、宁波，以为要挟。清室遣师赴援，连战皆败。次年，英军陷上海等地，溯江而上，又陷镇江诸城，进迫南京，清廷大震，始派耆英、伊里布至南京，与英人媾和。

道光二十二年（1842）七月，中英在南京的和议告成，订立条约，凡十三款，其重要者有：1. 中国政府赔款二千一百万元，限四年交清。2. 开广州、厦门、福州、宁波、

在英国舰“康华利”号舱里，中英双方签定《南京条约》。约翰·普拉特绘，约翰·伯内特刻。

上海为通商港口，许英人自由居住贸易，英国并得派领事居住其地。3. 香港永远让与英国。4. 废止行商制度。5. 中国公布公平的税率，贩入内地的英货，不得加税。6. 两国公文往来，均用平等格式。次年九月，又在虎门订立《善后条约》，其重要条款，包括协定关税与最惠国待遇（中国如有新惠施于各国，英国亦得分沾），对于鸦片禁革问题，反一字不提。英人恣意输入，烟毒遂日益弥漫。

《南京条约》公布后，欧美各国商人，争请订约通商。清廷于国际事务，懵然无知，于是不平等条约陆续出现。道光二十四年（1844），清廷与美、法两国，分订商约，又将对外商的民刑事裁判权，轻易断送。

（三）太平天国及捻回的叛乱

太平天国是清文宗时代汉人洪秀全在南方所建立的反清政权，持续达十五年，战祸遍十八省，是有清以来规模最大时间最长的一次内乱，也是白莲教以外另一次以宗教迷信号召群众的抗清运动。秀全，广东花县人，家世务农。道光中，曾应广州府考，屡试不中，甚为愤恨。他在广州时，曾听西洋教士讲道，颇受影响，归而创立上帝会。他自以为是上帝次子，以耶稣为天兄，除上帝外，不拜他神，其教义虽渊源于基督教，但渗杂许多个人的曲解。凡入会的，男称兄弟，女称姊妹，并无尊卑等差。道光二十四年（1844），秀全与信徒冯云山等赴广西传教，往来于桂平、武宣二县乡间，信徒渐众。其死党除云山外，有杨秀清、萧朝贵、韦昌辉、石达开、秦日昌等，三合会的分子，也为

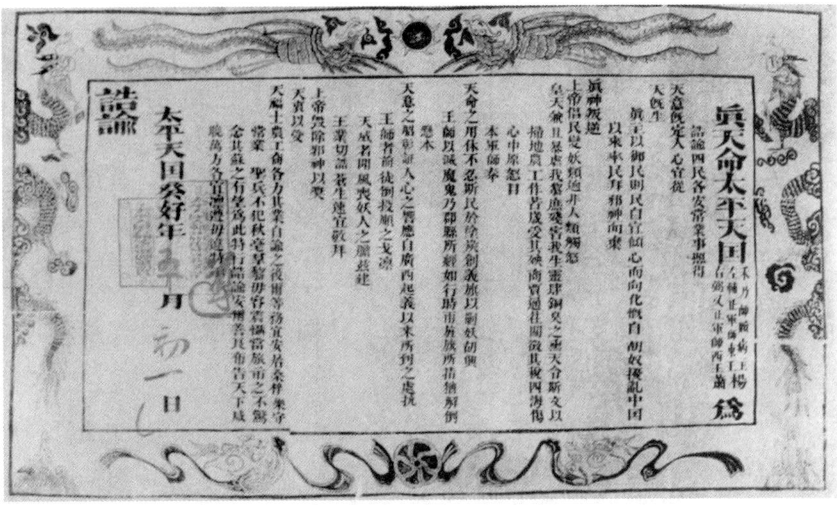
真天命太平天国
诰谕
太平天国癸好年　月　初一日

东王杨秀清西王萧朝贵安抚四民诰谕，黄纸精印，英国伦敦不列颠博物馆藏。这是太平天国开国后首次宣谕四民各安常业的告示，文辞兼用俪语，甚具典则。

清军克复武昌城图，清人绘，《清军奏报与太平军交战图》之一，中国国家博物馆藏。

其吸收不少。

道光末，广西大饥，盗贼蜂起，贫民依附秀全者益众，其势力遂弥漫于广西。道光三十年（1850），秀全起事于桂平县的金田村，部众皆蓄长发，服明代衣冠。清廷以赛尚阿督向荣、乌兰泰诸将进剿，屡为秀全所败。同年，宣宗死，子奕詝立，是为文宗。文宗咸丰元年（1851），秀全陷永安（今广西蒙山县），建号太平天国，自称天王；封杨秀清等为王，次者为丞相、军师。清军围攻永安历久不下。次年，秀全等溃围北走，突入湖南，攻陷岳州（今湖南岳阳县）；继而连取汉阳、武昌（旋为清军收复），沿江东下。三年（1853），太平军陷江宁（今南京），改称天京，定为国都。遂即定立官制，并以基督教义，教育人民，以巩固其对新政权的信仰。其土地制度和经济政策，以公有为原则，按人口分配，剩余的财物归公。其他政令比较可称述的，有下列数端：1. 男女平等，禁止贩奴、蓄妾、卖娼、缠足等陋俗。女子得参加考试，出任官吏。2. 禁吸鸦片，违者处死。3. 鳏寡孤独及幼弱者，由国家维持其生活。

洪秀全既克南京，即遣林凤祥、李开芳等分道北伐，并遣军西攻皖赣。这时清将向荣，驻兵于南京城外，号称“江南大营”；琦善统兵驻扬州，号称“江北大营”；但并无多大作用。北上的太平军，由安徽经河南、山西，攻入直隶（今河北省），直逼天津；西上的太平军，自安徽攻入江西、湖北、湖南，连陷九江、汉阳、武昌、岳州等重镇；一时清廷形势，极为危殆。

这时八旗满兵，腐败已久，绿营汉军，也不可恃，因此清廷一面派兵进剿，一面下诏奖励各省，举办团练。太平军初起时，湖南新宁人江忠源率湘勇助战，屡立军功。至此湖南湘乡人曾国藩，也以在籍侍郎，在长沙督办团练，并练水军，号称“湘军”。咸丰四年（1854），国藩进军湖北，攻入武汉，进围九江，为太平军所败。次年，太平军又陷武汉，但就是这一年，北伐的太平军，为清将僧格林沁所破，全军覆没。六年（1856），江南江北两大营，先后为太平军击溃。但接着天国诸王内讧，清将胡林翼遂得收复武汉，曾国藩也尽复江西州县。林翼坐镇武昌，筹划饷源，曾国藩等赖其支援，军势始盛。

太平军初起，以推翻清廷，解救人民为号召，百姓附之者甚众；各国对之也表同情，因而严守中立。但他们的政权，神权的色彩太浓，若干行动，如天父天兄下凡等，过分荒诞，而其排斥儒家经典，尤为崇拜中国传统文化的士大夫阶级所不能忍受。至于焚毁庙宇神像，也同样激起民众的不满。曾国藩起兵时所发布的檄文，即以破坏中国传统文化，毁坏庙宇，为太平军的重大罪行，可以看出当时一般人反对太平军的主要原因。再加上后来太平军的焚杀劫掠，而致国人的恶感日深，外人也不予同情。又因诸王争权，发生内讧，遂促成太平军的衰败。

洪秀全自定都南京后，生活日渐淫奢，大权落于杨秀清之手。咸丰六年（1856），秀全愤秀清跋扈，乃与韦昌辉合谋，袭杀秀清，其党死者二万余人。既而秀全又杀昌辉，以石达开主政。同年，达开复为秀全所忌，率军出走，驰驱各地，数年后，在四川为清军所获。石达开既走，天国大权，为秀全兄仁发、仁达所掌握，二人贪污无能，政治大坏。军事方面，也迭失要地，幸后起将领陈玉成、李秀成忠勇善战，赖以撑持危

洪福瑱被擒图，清人绘，中国国家博物馆藏。图中所绘为南京城破后，幼天王洪福瑱被清军所擒时的情形。

局。清自江南江北两大营崩溃后，结集军队，再逼南京。江南大营由张国梁统领，于七年（1857）进抵南京附近；江北大营则由德兴阿、胜保统领，屯驻浦口。次年，李秀成自南京进攻江北清军，江北大营再度瓦解。十年（1860），李秀成又攻破江南大营，进克常州（今江苏武进县）、苏州（今江苏吴县）等要地，声势大振。清廷以曾国藩为两江总督，全力进讨。安庆（今安徽怀宁县）为太平军重要据点，湘军自克武汉，屡次图取安庆不成。次年，曾国荃（国藩弟）克安庆，进围南京。李秀成自江西转趋浙江，击下杭州，并遣兵攻上海。清乃以左宗棠抚浙，命李鸿章招募淮勇，以图规复。同年，文宗死，子载淳立，是为穆宗。

穆宗同治元年（1862），李鸿章率淮勇数千至上海。先是上海各国侨民，以太平军屡次来攻，因而组织队伍，以保护其利益，由美人华尔（Frederick Townsend Ward）统率，号“洋枪队”。其后招募华人，扩充至四五千人。至此与李军合作，改号“常胜军”，战绩甚著。同年，华尔战死，英人戈登（Charles George Gordon）继任统领。次年，李鸿章克苏州。三年（1864），左宗棠定浙江，李鸿章克常州。同年六月，曾国荃攻下南京，太平军死者十余万。洪秀全先已自杀，其子福瑱及李秀成逃走，均被擒获。次年，闽粤太平军余党悉平，太平天国至此灭亡。

捻匪起源于淮北地区。当地乡人，常于农隙捻纸燃脂，举行龙戏，以逐除疫疾；其后结众日多，渐流为盗寇，号称捻子。嘉道以来，党羽日盛。及太平军起，安徽北部捻众，举兵响应，以张洛行为首，清军剿之，岁久无功。同治二年（1863），张洛行为清将僧格林沁所杀，侄总愚继之，与任柱分统捻众。次年，太平天国余党赖文光、陈得才等与捻会合，其势复盛，转入山东。四年（1865），僧格林沁率众穷追，败死于曹州（今山东菏泽县），捻势益炽，清命曾国藩剿之。次年，捻众分东西逃窜。西捻由张总愚统率，西趋陕西；东捻由任柱、赖文光统率，窜扰山东。同年，国藩去职，李鸿章继任。六年（1867），李鸿章破杀任柱、赖文光，东捻悉平。同年，西捻由陕西至山西。次年，窜入直隶，进逼天津。陕甘总督左宗棠率兵追蹑，与李鸿章合力进击，张总愚兵败自杀，西捻亦平。

当清室与太平军、捻匪恶战之际，西南西北地区的回民又先后叛变。咸丰五年（1855），云南回民与汉人争夺矿产，发生冲突，官吏左袒汉人，大杀回众，因此激起变乱。回酋杜文秀袭据大理，攻略附近州县，另一回酋马现则进攻省城（今昆明市）。十一年（1861），清招抚马现，改名如龙，并以岑毓英主持平回事。至同治十二年（1873），云南回乱才完全平定。同治初，太平军一部曾流窜至陕甘，当地伊斯兰教徒纷起响应。及西捻入陕，与叛回联合，以马化龙为首，乱势益炽。天山南路回众，也举兵反清，而回酋和卓布素鲁克（张格尔子）又引浩罕将阿古柏入寇，尽占天山南北路。左宗棠平西捻后，旋师剿回。至同治十二年（1873），陕西、甘肃省回乱，全部肃清。这时阿古柏仍据回疆，交通英俄，声势甚盛，朝议以远征劳费，多主放弃天山南北路，宗棠坚主进兵。德宗光绪元年（1875），清命宗棠进讨，先定天山北路，次定南路。三年（1877），乱事全平。至八年（1882）遂以天山南北路，改置新疆省。

二、列强的交侵

（一）英法联军之役与俄国的侵略

中英《南京条约》成立后，广州被列为通商口岸，但广东民众坚拒英人入城。两广总督耆英，与英人约定，至道光二十九年（1849），开放广州。至期，英香港总督文翰（Samuel George Bonham）率军舰闯入内河，欲践前约。当时的两广总督徐广缙、巡抚叶名琛，均坚决排外。广缙闻讯，密集诸乡团练十余万于广州，夹河而列，而自乘小舟至英舰，告以绅民态度可虑，英人乃放弃入城的请求。宣宗闻之，对徐、叶均予褒赏。咸丰二年（1852），徐广缙他调，叶名琛升任总督，照例以顽强傲慢的态度，处理外交事务。英人对名琛极感不满，每思借端起衅。这时中国的不法商船，多悬挂英旗，以借其庇护。六年（1856），有亚罗（Arrow）号悬英旗入口，巡河水师疑为奸民，登船大索，并拔下英旗，捕去水手十余人。船主诉于英领事巴夏理（Harry S. Parkes），英人提出抗议，要求放还水手，向英道歉，并担保以后尊重英旗。叶名琛虽遣还水手，但不道歉，于是英军炮击黄埔炮台，攻陷广州，既而因兵数过少，又未奉政府命令，自动退出。英军既撤，粤民遂纵火焚毁美、法、英各国商馆，以泄其愤。英廷闻讯，决意诉诸武力。而法帝拿破仑三世（Napoleon Ⅲ），正思扩张势力于东方，又以广西西林县发生戕杀法教士事，遂于次年与英国组织联军，相继东来。

英使率军至香港，致书叶名琛，要求会商赔款，改订商约，否则以兵戎相见，名琛不覆。英使俟法军至，联合进逼广州，名琛毫无准备，广州迅即陷落，名琛被俘。

八年（1858），英法联合俄美，向清廷提出照会，要求修约。未得要领，联军舰队遂北上，攻陷大沽炮台。清廷不得已，派大学士桂良、吏部尚书花沙纳，驰往天津，与英法会商，遂即订立条约，是为《天津条约》。其中有关英国的条款，共计五十六款，要款有：1. 中英两国互派公使，驻于北京及伦敦。2. 增开牛庄、登州、台湾、潮州、琼州五口为通商口岸。长江一带，俟太平天国平定后，许选择三处为商埠。3. 中国准许英人至内地自由游历，及英国传教士自由传教。4. 英国侨民犯罪，由英领事惩办；中英人民发生交涉，由中国官吏及英国领事会同审理。5. 减低关税，另订新税则。6. 赔偿英军费及英商损失银各二百万两。法国共计四十二款，内容大部与英相同。但增开的商埠，易牛庄为淡水，并俟太平天国平定后，开放南京；军费及损失赔偿费，则共为二百万两。继而清廷又与英、法、美、俄四国订通商税则，协定洋货入口，每百两纳税银二两五钱。

咸丰九年（1859），英法美三国使节率舰队赴北京换约，道经大沽，与守军发生冲突，清军开炮击沉数舰，英法兵死者数百人。十年，英法再组联军，先占定海，继陷大沽炮台，进据天津。文宗遣桂良赴津议和，亦无结果。八月，联军入北京，文宗逃往热河。九月，联军焚毁北京西郊的清室行宫圆明园，珍物洗劫一空。清派恭亲王奕䜣（文宗弟）与联军议和，同月，双方重订和约，是为《北京条约》。其内容除《天津条约》

圆明园，清宫廷画师绘，故宫博物院藏。

继续有效外，续增要款如下：1. 增开天津为通商口岸。2. 割九龙司地一部与英。3. 设使馆于北京。4. 准许法教士在各省租买田地，建造房屋。5. 改增英法军费各八百万两。于是英法联军，退出北京。

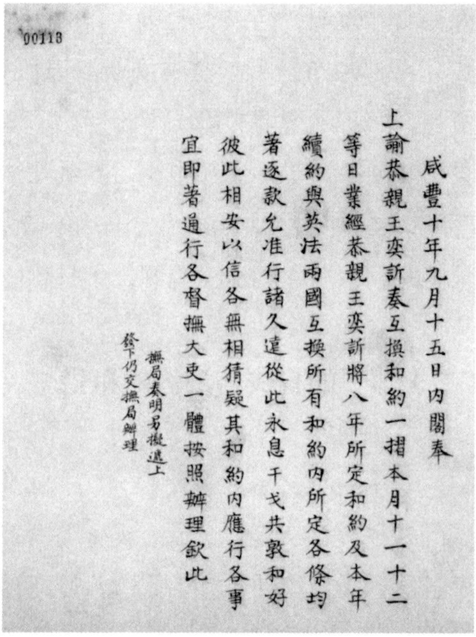
00113

咸豐十年九月十五日內閣奉
上諭恭親王奕訢奏互換和約一摺本月十一十二
等日業經恭親王奕訢將八年所定和約及本年
續約與英法兩國互換所有和約內所定各條均
著逐款允准行諸久遠從此永息干戈共敦和好
彼此相安以信各無相猜疑其和約內應行各事
宜即著通行各督撫大吏一體按照辦理欽此
撫局奏明另擬進上
發下仍交撫局辦理

内阁明发已与英法签订和约上谕，中国第一历史档案馆藏。

鸦片战争后，俄国也积极向中国展开侵略。道光末，俄皇尼古拉一世（Nicolas I）以木里裴岳辐（Muravief）为东部西伯利亚总督，经营东方，于黑龙江口建尼古拉福斯克（Nicolaievsk）城，为海军根据地。咸丰初，俄以中国内乱，乘机在黑龙江北岸乌苏里江口大事殖民。清廷遣使诘责无效，遂于咸丰八年（1858）派黑龙江将军奕山，与木里裴岳辐会于瑷珲，勘定界限，订立《瑷珲条约》。重要条款有：1. 黑龙江以北之地，划归俄有。2. 乌苏里江以东至东海岸之地，两国共管。3. 中俄两国人民，均得于黑龙江、乌苏里江及松花江通航贸易。于是黑龙江北岸地域，全归俄国。及至《天津条约》订立，俄国也援例与中国订约，除允俄国陆路通商外，并许其由海路至上海、宁波、福州、厦门、广州、台湾、琼州七处贸易。其后英法联军攻陷北京，俄使曾居间调停，事后要求将中俄两国共管的乌苏里江以东地，让与俄国，以为报酬。清室遂于咸丰十年（1860）与俄订《北京条约》，承认割地。结果近百万方公里的土地，为俄占去，从此东北边务，危机日增。

19 世纪初，俄侵波斯，并里海沿岸地。其后东进略地，渐并清室藩属哈萨克（据今伊犁河下游一带地）及布鲁特（据今那林河 Naryn 流域），遂与新疆接壤。咸丰元年（1851），伊犁将军奕山与俄国订约，许开伊犁、塔尔巴哈台（今新疆塔城县）为商埠，俄人的势力，遂侵入北疆。至中俄《北京条约》订定后，清室始开放喀什噶尔。同治十年（1871），俄人乘新疆回乱，以保护商务为名，出兵占领伊犁。及回乱平，清室于光绪四年（1878）派崇厚使俄，交涉归地。崇厚被俄愚弄，于次年与俄订约，除赔偿军费五百万卢布外，更将伊犁以南帖克斯河西岸的广大土地，割让与俄，以为归还伊犁的条件。清廷不愿践约，将崇厚革职拿问，一面派左宗棠规复伊犁，一面遣曾纪泽使俄，交涉改约。结果于七年（1881）改订新约，其要点为：1. 中国收回伊犁。2. 偿俄军费九百万卢布。3. 割霍尔果斯河以西地与俄。4. 俄人于蒙古各盟及天山南北两路各城贸易，概不纳税。5. 俄国得于伊犁、塔尔巴哈台、喀什噶尔、库伦、肃州（今甘肃酒泉县）及吐鲁番等地设领事馆。新约虽减少割地，但利权的损失仍大。而俄人于占据伊犁期间，更乘势并吞中国朝贡国的布哈尔（今锡尔 Syr、阿姆 Amu 两河中游之间地）、浩罕（两河下游之间地）等国，于是中国的西北边境，益形孤露。

（二）藩属的丧失与港湾的租借

安南自阮文惠灭广南后，广南后裔阮福映逃入暹罗。嘉庆七年（1802），福映以法国的援助复国，继而入贡于清，仁宗封之为越南王。咸丰八年（1858），法人以越南屠杀各国教士，出兵干涉，于次年攻下西贡。同治初，法人继占越南南部诸州。其后法人发现红河（即富良江）可通云南，遂逼越南政府开放红河。这时中国太平余党刘永福率众数万人入越寄居，号黑旗军，法人北进，为永福所败。同治十三年（1874），法胁越南缔约，法以承认越南为独立国，换取越南外交商务诸权利以及南部土地的正式割让。

其后越南不堪法人压迫，求中国保护，并引黑旗军，猛攻法军。法人借口越南背约，于光绪八年（1882），攻占越都顺化。次年，法越言和，越南沦为法保护国。清廷闻讯，一面进兵镇南关（今广西凭祥县西南），以助刘永福，一面命驻法公使曾纪泽提出抗议。十年（1884），中法在北越发生冲突，清军略退。清命李鸿章与法国订约于天津，承认越南归法国保护。既而两军又于谅山（在镇南关东南，今越南地）交战，法军大败。法以海军攻台湾、福州，毁福州船政局及马尾炮台，台湾方面则不得逞。北越法军，又连为清将冯子材等所败。但清廷畏战，于十一年（1885）与法重订和约。中国承认越南归法保护，开谅山以北二处为通商口岸，且许西南各省建筑铁路时雇用法人。其后清廷又开广西的龙州（今龙津县），云南的蒙自、蛮耗为商埠，并允法自越南筑路，可接至中国境内。于是法人势力，逐渐侵入中国内地。

缅甸与印度接壤，时生纠纷，而英国自据印度后，更谋侵略缅甸。道光初，英军攻占缅甸仰光，缅甸割地以和。至咸丰初，缅甸南部，全为英人占领。光绪十年（1884），缅王与法订同盟条约以抗英，并许法以土地，英人得知，侵缅之谋益急。次年，英乘法有事于越南，大举攻缅，缅王不支而降。十二年（1886），英占缅甸全境。清廷抗议无效，遂与英订约，承认英在缅甸有最高主权，而英人仅许代缅甸入贡，缅甸遂亡于英。

其后因滇缅划界，中国又丧失不少土地。

自越南、缅甸相继灭亡后，暹罗介于两大之间，处境甚危。其王目击时艰，乃变法图强，整刷军政。英法为避免冲突，也思以暹罗为缓冲地带。光绪十九年（1893），英法订约，以湄公河上游为中立地区，彼此不得侵犯，并承认暹罗为独立国，双方均不得在其国谋求特别权利。从此暹罗也与中国脱离宗属关系，不复为中国藩部。

自中国南方藩属相继丧失后，东方的琉球、朝鲜，也为日本所夺。清廷与日本，素无国交。同治六年（1867），日本明治天皇即位后，锐意维新。十年（1871），日本遣使与清修好，并订约通商。琉球虽久为中国藩属，但亦兼事日本，日本遂以藩属视之。同年，琉球人数十，航海遇风，漂流至台湾，为土人所杀。十二年（1873），日本遣使向清廷抗议，清廷拒绝处理。次年，日本出兵台湾，声言惩治生番，清廷亦派舰赴台，以为防备。既而因英使调停，达成协议，由中国偿银五十万两，等于承认琉球为日本的藩属。光绪五年（1879），日本遂并吞琉球，改为冲绳县。

琉球事件解决后不久，中日又在朝鲜发生冲突。朝鲜自明末降清，臣事甚谨，到清末，国政渐乱。同治二年（1863），朝鲜王李熙即位，熙父大院君罡应摄政。罡应畏恶西人，倡“锁国”政策，不愿与外人交通。日本明治维新后，亟谋侵略朝鲜，曾于光绪二年（1876）压迫朝鲜，订立商约。李熙亲政后，王妃闵氏族党握权，聘日人代为练兵，以谋整顿军备。大院君不满，遂于八年（1882），煽动士兵作乱，排除闵氏，再掌政权。日本出兵问罪，清廷亦派吴长庆、丁汝昌等率兵至朝鲜。清军先至汉城，执大院君而归。乱定后，长庆留镇朝鲜，日本亦不退兵。这时朝鲜政界，有独立及事大两党，前者亲日，后者亲华。十年（1884），日军助独立党作乱，又为清军讨平。次年，日本派伊藤博文来华，与李鸿章定约于天津，约定两国各自撤退朝鲜驻军，以后如须派兵至朝鲜，事先应互相照会。至此，朝鲜遂成为中日两国的共同保护国。

光绪二十年（即甲午年，1894），朝鲜又有内乱，向清乞援。清遣军至朝鲜，日本亦派大军前往。乱平后，日军仍不肯撤退，双方相持，形势日紧。同年七月，日军约两万人突击清军于牙山（在今韩国忠清南道北部），牙山清军叶志超部约三千人，众寡不敌，死伤数百，叶遂率残部走平壤，汉城以南之地，全为日有。八月一日，两国同时宣战。日军继攻平壤，时平壤一带清军约一万五千人，而进攻的日军则在四万人以上。九月，日军陷平壤，清将左宝贵战死，清军遂退出朝鲜。既而清海军舰队大败于大东沟（今安东省安东县西南），提督丁汝昌率余舰退守威海卫。日陆军继渡鸭绿江，连陷大连、旅顺。次年二月，日海军进攻威海卫，丁汝昌自杀，舰队全覆。日陆军复乘胜西攻，尽陷辽河以东之地；海军则南陷澎湖，威胁台湾。清廷不得已，派李鸿章为全权大臣，赴日议和。同年四月，与日订约于马关。其重要条款如下：1. 中国承认朝鲜为独立自主之国。2. 赔偿日本军费二万万两。3. 割让辽东半岛、台湾及澎湖列岛与日本。4. 开苏州、杭州、沙市、重庆为通商口岸。5. 日本得于各通商口岸，开设工厂，制造货物。

《马关条约》缔结后，俄国以辽东半岛如归日有，则其东进政策，必受阻碍，因而邀同德、法两国，出面干涉，迫日将辽东退还中国，俄国且准备与日一战。日本不得已，允退还辽东，但中国须增赔款银三千万两。台湾则因台人不愿属日，建"台湾民主国"，推巡抚唐景崧为总统，以抗日本。既而日军来攻，五月，日军陷基隆，景崧潜逃至厦门。刘永福守台南，也战败内渡。十月，战事结束，台湾遂为日本所有。

甲午战后，朝野愤恨，清廷遂谋联俄以制日。光绪二十二年（1896），李鸿章奉使赴俄，贺俄皇尼古拉二世（Nicolas II）加冕，遂与俄人订立密约，许俄在东三省敷设铁路。同年，清驻俄公使许景澄根据密约，与俄订约，许俄延伸西伯利亚铁路，贯穿吉林、黑龙江二省至海参崴，并许以铁路沿线的采矿权及警察权。这条铁路，便是"东省铁路"，其后又称"东清"或"中东"铁路。次年，山东省曹州府巨野县游勇，戕杀德国教士，德派舰据胶州湾。二十四年（1898），和约成立，清允将胶州湾租借于德，为期九十九年。此外德人并取得胶济铁路（青岛至济南）的建筑权，以及铁路沿线地区的开矿权，于是山东成为德国的势力范围。同年，俄国也强借旅顺、大连，订期二十五年；并许俄修筑东省铁路的南满支路，通至旅大；于是南满亦入俄国的势力范围。既而英人借口与俄抗衡，迫清租借威海卫，订期二十五年。次年，法国借口军官教士在广东被杀，遂据广州湾，迫清租借，为期九十九年；并要求两广云南，不得割让他国。而英国也以长江流域，日本也以福建为其势力范围。

由于列强纷纷在中国租借军港，划定势力范围，不特中国面临瓜分之祸，国际间的危机也日益增加。美国以列强在华的竞争，妨碍商业的进展，因而有"中国门户开放"的主张。光绪二十五年（1899），美国国务卿海约翰（John Hay），向英、俄、德、法、日、意等国提出照会，主张各国在华工商业机会均等，并维持各国势力范围内的中国主权。其原则分三点：1. 各国在中国的势力范围或租借地，以及所有的既得权利，均互不干涉。2. 各国势力范围内的港口，不论何国货物入口，均由中国政府按照现行税率征税。3. 各国势力范围内的港湾铁路，对他国船舶及货物所征的入港费及运费，不得较向其本国船货所征者为高。各国为保持其在华权益，相继表示赞同，中国在这种列强的均势政策之下，才免去遭受瓜分的命运。

（三）外患中的革新运动

清穆宗即位时，年仅六岁，尊母后钮祜禄氏（文宗后）为慈安皇太后，生母那拉氏（文宗妃）为慈禧皇太后，共同听政。慈禧才力颇优，政务多由其裁决，到同治十一年（1872），才归政于穆宗。穆宗亲政二年而死，慈禧想久专政权，乃立醇亲王奕譞（文宗弟）子载湉为帝，是为德宗，年仅四岁。于是两宫再度垂帘。光绪七年（1881），慈安死，慈禧独掌大政。同治一朝，号称“中兴”，实则政治并无重大的改进。至此，吏治日益腐败，而慈禧本人也渐趋骄奢，兴建颐和园，专图享乐。她并宠信宦官李莲英，以致小人竞进，货赂公行。十三年（1887），她归政于德宗，但实际仍干涉朝政，时常予以掣肘。

鸦片战争以后，中国屡受列强的侵略，朝野上下，渐知中国固有的知识技术，不足以应变图存，于是有效法西洋文明的革新运动发生。鸦片战后不久，魏源便倡“师夷长技以制夷”之说，林则徐也倡译西报，以期明了泰西各国的状况，这些可以算是清末革新运动的起点。但他们的影响力极其微弱，其后二十年，国人仍一切守旧，并无显著的变更。英法联军之役后，清廷深感外交及通译人才的缺乏；又以太平军之役末期，洋将助战，清廷对西洋武器的坚利，亦有进一步的认识，因此当时大臣如曾国藩、李鸿章等，均倡行西法，举办新政。新政的要点有二：一是培养外交和工业人才，二是仿西法制造船炮，以充实军备。

咸丰十年（1860），清廷设置总理各国通商事务衙门（简称总理衙门）于北京，专办外交，并于上海、天津分设南洋及北洋通商大臣（简称南北洋大臣），管理对外通商事务。同治元年（1862），总理衙门奏设同文馆，训练翻译人才。次年，李鸿章于上海设广方言馆，广州也设立此类学馆。到光绪初，中国才有正式的驻外使节。军备方面，清廷曾于太平军之役期间，购买新式武器及轮船，以供军用，曾国藩、李鸿章遂有意仿造。四年（1865），设立江南制造总局于上海，制造枪炮；其后并造轮船，且附有译书局。次年，左宗棠于福建设马尾船政局，制造轮船，亦附设学堂，教习驾驶及制造等。十年（1871），曾等又纳容闳的建议，奏派幼童赴美留学，学习军政、船政及制造等科。其后直至光绪二十年（1894），矿务局、织布局、电报局以及水师学堂、武备学堂，相继开办，铁路也开始铺设。海军衙门和南洋、北洋等舰队，也在这段时期内成立。

曾李的筹办“洋务”，在当时颇为一般守旧大臣所反对，幸执政大臣文祥及恭亲王奕䜣等力予赞助，始得顺利进行。但当时的风气，知识分子仍迷恋于八股举业，不特守旧者仇视西学，即使提倡新政的人，对于西洋文明，也无充分的认识。因此他们只知仿造西洋的船炮，而极少注意到西洋的政治及教育制度，以求根本的改革。及至甲午一战，为后起的小国日本所败，若干士大夫，始知非革新政治不足以图存。德宗也以外患日亟，决心变法。由于新旧两派人士的冲突，遂酿成光绪二十四年（1898）的“戊戌政变”。

戊戌政变的主角是康有为，广东南海人。光绪十四年（1888），他曾以生员上书德宗，请取法泰西，改革内政，但为朝臣所阻挠，未能上达。甲午战后，他以举人入京会试，又屡次上书，请求变法，德宗深以为然。时帝师翁同龢主政，赞助尤力。既而有为中进士，授工部主事。有为并与其弟子梁启超加入朝臣文廷式所创的强学书局（即强学会），准备翻译外文书籍，出版报纸，设立图书馆及政治学校等。有为复南下，设立强学分会于上海，由于守旧朝臣的反对，不久均遭封闭。这些都是二十一年（1895）的事。但有为所倡导的革新运动，渐为社会所注意。次年，黄遵宪、梁启超等创《时务报》于上海，鼓吹改革，一时风靡海内，各省有志之士，也纷组学会，加以响应。二十三年（1897），有为复至京师，又上书德宗，主张取法俄日以定国是，大集群才而谋变政，并听任疆臣各自变法。德宗决计变法，于次年召见有为，命其在总理衙门行走，策划新政。慈禧于同治及光绪初年，本赞成革新，归政以后，号令不由己出，转而厌恶变法。而守旧大臣如荣禄、刚毅等，均依恃太后，竭力反对，于是慈禧首先逼帝免翁同龢官。但德宗变政之心，益加勇决，他以梁启超主持译书局事务，并命新党杨锐、林旭、刘光第、谭嗣同为四品卿，参与新政。慈禧及守旧党，更为愤恨。

光绪二十四年（即戊戌年，1898 年）四月，清室开始颁行新政，直至八月，诏旨凡数十下，针对时弊，做全盘的改革。其重要措施如下：1. 选举及教育方面有：废八股文，考试经义策论。设大学堂于京师，各省、府、州、县的书院，分别改为高等、中等及小学堂，均令中西兼习。改上海《时务报》为官报，并在京师筹设报馆等。2. 政治方面有：撤销闲散衙门，裁汰冗官，澄清吏治，引用新人，广开言路等。3. 军事方面有：武科考试枪炮（原试弓矢刀枪等），军队改习洋枪，并裁减冗兵，力行保甲等。4. 实业方面有：筹办铁路开矿，促进农工商业以及奖励制造发明等。

这时荣禄为直隶总督，慈禧与之密谋废立。直隶按察使袁世凯，时练兵于天津附近的小站，平日言论，颇倾向革新。德宗乃擢升袁世凯为侍郎，专责练兵，欲以夺荣禄之权。谭嗣同复与袁世凯联络，请其以兵力保护德宗，世凯密告荣禄，荣禄遂自天津来京上变，谓新党将不利于太后。慈禧大怒，遂于同年八月，三度临朝听政。她幽囚德宗，捕杀新党杨锐、林旭、刘光第、谭嗣同、杨深秀、康广仁（有为弟）六人，朝臣因与新党有关而遭禁锢谪戍或降革的，达数十人。康有为、梁启超闻讯先逃，亡命海外。其后不久，一切新政，全被慈禧取消，革新运动完全失败，而清廷的反动，也益趋激烈。

（四）八国联军之役与东北危急

英法联军之役后，清廷许外人在内地传教，因此外国教士来华者甚多，于各地遍设教堂。基督教的教义及仪式，与中国传统习俗及旧有宗教（如佛教、道教），颇多不合之处，因此一时无法为国人所接受。而少数教徒，又时与当地居民发生冲突，教徒因有外国教士的庇护，每占上风。加以对外屡次战败，人民的愤懑日增，仇教的情绪也因之愈烈。同治初年，湖南、江西、四川诸省，均有教案发生，拆毁教堂，杀害教士，皆由政府惩凶赔银了事，但各地教案，仍层出不穷。同治九年（1870），天津居民，聚众焚毁教堂，杀伤教民数十人，并殴死法国领事。清廷命曾国藩查办，捕杀凶犯多人，府县官亦交刑部议罪，并为修复教堂，但法人仍不满意。清廷以李鸿章继续交涉，适值普法战起，此案始得解决，这是同治时代最大的一次教案。

光绪时，外患益亟，国人仇外也益甚。戊戌政变后，慈禧也因外国不肯引渡康、梁，痛恨外人，以端王载漪、大学士刚毅为首的守旧朝臣，均迎合其意。于是排外之风，弥漫朝野，遂有"拳乱"的发生。拳乱指义和团发动的乱事，这种组织起源于山东，原是白莲教的余部。它本来是反清的，但因痛恨外人，遂以"扶清灭洋"为号召。它的分子，日以练拳降神为务，自谓不畏枪炮，因此又称"拳民"。义和团初盛于山东，由于巡抚毓贤的奖励，时常仇杀教士。光绪二十六年（即庚子年，1900 年），袁世凯继任巡抚，严加剿办，拳民相率逃入直隶，总督裕禄信其说，表荐其头目于朝廷，朝臣刚毅、徐桐、赵舒翘等力加赞助，认为拳民忠勇有神助，可灭洋人；慈禧乃召之入京，拳民至者数万人。于是拆毁铁路电线，焚毁教堂，杀害教士教民，京师陷入极端的混乱与恐怖中。清廷并召原驻京郊的甘肃提督董福祥军入京，与义和团合势，气焰益炽。日本使馆书记杉山彬及德公使克林德（Ketteler），相继被杀。五月，英、法、德、日、俄、奥、意、美八国，组成联军，攻陷大沽炮台，继向北京推进，以营救其使节。同月，慈禧下令与各国宣战，命董军与义和团围攻使馆，并令各省搜杀洋人，朝臣许景澄、袁昶，均以力谏而死。于是直隶、山西、东三省、内蒙古等地的官民，纷起仇教，屠戮甚惨。唯两广总督李鸿章、两江总督刘坤一、湖广总督张之洞、闽浙总督许应骙等，均不

八国联军进入大清门旧照

奉乱命，形成东南自保之局。联军陷大沽后，继取天津，于七月攻入北京，慈禧与德宗出奔西安。联军继陷山海关、保定、张家口等地，所至焚杀，唯东南各省，未被兵祸。清廷以李鸿章及庆亲王奕劻为全权代表，向各国求和。外人要求先惩罪魁，清廷从之，肇祸诸人，或流或杀。光绪二十七年（即辛丑年，1901年）七月，和议告成，是为《辛丑和约》。其重要条款有：1. 派亲王大臣，赴德、日致歉。2. 赔偿各国银四万五千万两。3. 划清各国使馆境界，界内由公使管理，不许华人居住，并可自行防守。4. 拆毁大沽至北京间的所有炮台，允许列国驻兵京、津及其外围各要地。5. 改总理衙门为外务部，位于六部之上。6. 改订通商行船各条约。八月，各国退兵。

拳乱既起，黑龙江将军寿山，奉旨驱逐外人，率兵攻入俄境，为俄军所败。俄乘势派大军南下，以保护东清铁路为名，占领东三省全境。《辛丑和约》订立后，俄拒不撤兵，迫胁中国另订特约，结果引起英、美与日本的不满。于是英日结为同盟，以俄为假想敌，美国也出面干涉。俄国允于光绪二十九年（1903）尽撤东三省驻军，及期，俄不遵约，反向清廷提出新要求，并积极图谋朝鲜。日本交涉无效，遂对俄宣战。次年，两国于东三省境内鏖战，清廷宣布中立。结果俄军大败，辽阳、奉天（今辽宁沈阳市）、旅顺相继失陷，海军舰队亦告覆没。三十一年（1905），因美国的调停，日俄订和约于美国朴茨茅斯（Portsmouth）。其重要条款有：1. 俄国承认日本在韩国（即朝鲜）有政治、军事及经济上的卓绝利益，并有对韩的指导、保护及监督之权。2. 俄国定期撤退满洲驻军，并放弃在满洲的一切权利。3. 除旅顺、大连租借地外，日本所占满洲土地，均归还中国。4. 俄国将旅大租借权及其关联的一切利益，让与日本。5. 俄国将由长春至旅顺的铁路（即南满铁路），及附属铁路的一切权利及财产，均让给日本。6. 俄国将库页岛的南半部及其附近岛屿，让与日本。

同年，中日又于北京订立《满洲善后条约》，承认《日俄和约》中俄国让与日本的各项权利。并订附约十二款，要款有：1. 中国增开商埠，计盛京（当今辽宁、辽北、安东三省地）六处，吉林六处，黑龙江四处。2. 日本所造由安东至奉天的行军铁路，仍由日本继续经营。3. 中国允许南满铁路与中国各铁道接续联络。4. 营口、安东、奉天各商埠，划定日本租界。5. 中日合办采木公司，采伐鸭绿江西岸的森林。宣统元年（1909），日本又在东北取得不少权利，诸如加开商埠，开采抚顺煤矿，以及安奉和南满铁路沿线矿产由中日合办等。至此日本的势力，深入东北。

日俄战后，长春以南，尽入日本的势力范围，俄国遂积极经营长春以北的地区。日俄虽有深仇，但为防止第三国侵入东北，乃成立谅解。宣统二年（1910），日俄签定协约，约定满洲现况如遇危险，二国随时商议必要的办法。此外并订密约，相互承认维持两国的势力范围。同年，日韩合并，东北局势，益形危急。

三、清室的覆亡

（一）清末的革命运动

甲午之战以后，国人逐渐了解，欲挽救中国的危亡，非仅船坚炮利即可济事，而必须谋求政治的基本改革。这种政治改革论者，可分君宪和革命两派。前者的代表人物为康有为、梁启超等，他们希望以君主立宪的手段，达到改良政治的目的。戊戌政变后，康、梁亡命海外，仍保持这种见解。革命派的领导者则为孙文，他认为中国政治的病根为君主专制，而清政府已至不可救药的地步，非根本推翻君主制度，建立民主共和政体，无法挽救中国的命运。

孙文，号逸仙，广东香山县（今广东中山县）人。清末旅居日本时，曾署名中山樵，世遂称中山先生。他生于清同治五年（1866），幼时对于太平天国的遗事，甚感兴趣，已有光复汉族的革命思想。既长，曾先后在广州、香港习医。他目击清政府的腐败，于中法战后，即有志推翻清廷。光绪二十年（1894），中日战起，他北走天津，上

孙中山像

书李鸿章，条陈救国大计，鸿章拒而不纳。遂转赴檀香山，与同志组织兴中会。次年，设兴中会总机关于香港，以“驱除鞑虏，恢复中国，创立合众政府”为宗旨。并谋袭取广州，因事泄为清吏破获，同志被逮捕及杀害者数十人。其后他周游日本、檀香山及美国，沿途联络华侨，倡导革命。二十二年（1896）八月，由美至英，被清吏诱禁于清使馆，经英政府强硬交涉，始获释放。遂暂留英国，从事研究工作，其三民主义的思想，至此渐成体系。次年，自欧经加拿大赴日，策划革命，并与日本民党的重要分子联络。二十五年（1899），命陈少白在香港创办《中国日报》，鼓吹革命；史坚如、毕永年等联络长江及两湖各地会党；并命郑士良在香港设立招待机关。于是哥老会、三合会等反清会党，大部为兴中会所吸收，革命的势力日张。［参看罗家伦《国父年谱》上册，页一至八七］

光绪二十六年（1900），中山先生命郑士良在惠州（今广东惠阳县）举事，连战获胜，终因无援而败。同年，史坚如在广州谋炸两广总督署，不成被害。此外湘人唐才常组自立军，准备于汉口等地起事，亦被清吏破获。二十九年（1903），湘人黄兴、宋教仁等组织华兴会于长沙。次年，谋举事于湖南，亦告失败。但国人反清的情绪，益趋激烈，参加革命团体者日众；暗杀清吏的事件，屡次发生；鼓吹革命的报刊，也越来越多，尤以东京的《国民报》及上海的《苏报》为最著。《国民报》为沈翔云等所创，与梁启超在横滨所创倡保皇论调的《清议报》，相互对峙；《苏报》为章炳麟、蔡元培、吴敬恒所主持的爱国学社的机关报，刊行于租界中。时川人邹容，著《革命军》一书，倡排满之说，《苏报》为之鼓吹，章炳麟亦于《苏报》攻击清室。清吏与租界当局交涉，查封《苏报》，逮捕章、邹，但革命的言论，反益风行。

光绪二十九年（1903），中山先生自日本赴美。次年，转赴欧洲，宣传革命，留学生加盟者渐多。三十一年（1905），返回日本，与黄兴等组织中国同盟会于东京，定立中华民国的名称。同年，创办《民报》，正式揭出“三民主义”，并分遣同志，回国工作。革命势力，逐渐弥漫于全国，各地举义者，此仆彼起。三十三年（1907），中山先生至越南，遣黄兴等返国，策动革命。党人于两广云南，数次举兵，均告失败。宣统二年（1910），倪映典、胡汉民、朱执信等，策动广州新军举事，结果失败。次年三月二十九日，黄兴率同志于广州发难，进攻总督署，又为清军所败。此役党人战死者甚多，姓名可考者七十二人。但此时清廷大势已去，终于在这年秋天，为革命势力所推翻。

八国联军之役后，清室以内外情势危迫，乃标榜推行新政，企图挽回人心。自光绪二十七年（1901）起，三四年间，所举办者，不下数十事。诸如改书院为学堂，废止科举，西法练兵以及裁汰冗员等，大抵不出戊戌变法的范围。但慈禧缺乏改革诚意，因而收效不宏。日俄战后，说者皆谓日以立宪而胜，因此清廷于三十一年（1905），派载泽、戴鸿慈、端方、尚其亨、李盛铎五大臣出洋，考察日本及欧美诸国宪政。次年，五大臣归国，力陈立宪之利。其时朝臣及各省疆吏、驻外使节，也多主张变法，清室乃下诏预备立宪，先从改革各项官制入手。三十四年（1908），清室宣布九年预备立宪期限。同年，德宗及慈禧太后先后病死，由醇亲王载沣（德宗弟）之子溥仪入嗣，年仅三岁，载沣以摄政王监国。宣统元年（1909），各省谘议局成立。次年，设立资政院，由清廷遴选宗室王公百余人为议员。又因各省代表请愿，把九年的预备期限缩短为五年，但事实上满族亲贵，绝无放弃垄断朝权的意思。三年（1911）四月，清廷颁布内阁官制，国家大权仍操诸皇帝，而内阁十三大臣中，满族竟占八人，其中五人更系皇族。至此清室的伪装立宪，大白于世，而革命运动，益无法遏止。

（二）中华民国的建立

宣统三年（即辛亥年，1911），邮传部尚书盛宣怀倡铁路国有之议，主张由清廷向外国借款，将全国铁路干线收归国有。川汉、粤汉二路，原经清政府批准为商办，至是首被取消。于是川、鄂、湘、粤四省民众大为反对，四川尤烈。清廷态度坚决，派军入川查办，枪杀请愿者数十人，遂致激成民变，愈演愈烈，各省革命党人，皆思乘机而起。同年八月十九日（阳历十月十日），驻防湖北武昌的新军，与党人联络，首先发难。总督瑞澂及新军统制张彪，仓皇逃逸，革命军遂克武昌，公推新军协统黎元洪为都督，组织军政府。既而革命军连克汉口、汉阳。

清廷闻变，起用袁世凯为钦差大臣，并以袁旧部冯国璋、段祺瑞统军南下，击败革命军，连复汉口、汉阳。但各省响应革命，相继宣布独立，清廷仅拥有直隶、河南、吉林、黑龙江数省。清廷不得已下诏罪己，宣言开放党禁，实施宪政。由资政院制定宪法信条，举袁世凯为内阁总理大臣，载澧退位，于是清室大权，落于袁世凯手中。十月，世凯派唐绍仪与革命军代表伍廷芳议和于上海，革命军坚持改建共和政体。各省代表并议决组设临时政府于南京。十一月，中山先生自欧洲返国，被举为临时大总统。同月十三日，中山先生就任临时大总统于南京；改用阳历，以是日为民国元年一月一日。既而黎元洪当选为临时副总统，并成立临时参议院，起草约法。清室见大势已去，与临时政府订立优待条款十九条，遂于二月十二日，宣布退位，历祚二百六十八年的清朝，至此倾覆。

清帝所以迅速退位，固然因为革命势力的浩大，同时也由于袁世凯的逼迫。世凯夙具野心，他于光绪末任直隶总督，练兵于天津小站，隐操北方军队的实权。他竭力交欢亲贵，布党羽于要津。宣统初，载澧当国，以世凯曾出卖德宗，罢黜回籍。及武昌事起，清室以军队多其旧部，不得已再起用之。他取得政权后，一面授意部下，通电赞成共和，迫清室退位；一面要挟临时政府，以选举其为总统做议和的条件。是时世凯手握强兵，临时政府为避免内战、促进统一起见，乃接受其要求。清帝既退位，中山先生向参议院辞职，举袁世凯自代。民国元年（1912）二月十四日，参议院选举袁世凯为第二任临时大总统，黎元洪仍为副总统，并派蔡元培迎世凯南下就职。世凯以北方为其势力重心，不愿远离，乃唆使北京等地驻军哗变，遂借口维持北方治安，迁延行期。参议院允其于北京就职，并公布《中华民国临时约法》。四月，临时政府迁至北京。次年四月，国会成立。十月，国会选举袁世凯为正式总统，日本及欧美各国，先后承认。

民国成立，采民主立宪政体，实行立法、司法、行政三权分立的制度。最高立法机关为国会，分参议及众议两院，以制定法律，督导政府。最高司法机关则有大理院及总检察厅，总理全国司法业务。行政采责任内阁制，以国务院为最高行政机关，其首长为国务总理。国务院下设外交、内务、陆军、海军、财政、司法、教育、农商、交通九部。每部有总长一人，主持部务。总统为国家元首，按规定政治权力甚微，但事实上，袁世凯仍掌握大权。

各省设有省议会，为一省的立法机关。行政方面，则有都督及民政长，分掌军政及民政，但实权操于都督。民国三年（1914），改民政长为巡按使。次年，改都督为将军。五年（1916），又改将军为督军，巡按使为省长。省以下的地方政府，清代旧有的府、州、厅，于二年（1913）一律撤销，改置为县。复于省下设道，每道统若干县。道的长官为道尹，县的长官为县知事。直到十六年（1927），才废除道制，改为省县二级制。司法机关，每省设高等审判厅及检察厅，每县设地方审判厅及检察厅，未设地方厅之县，仍由县知事兼掌司法。此外各省省会及重要县邑，则分设警察厅局，维持治安。

法律方面，清末为配合时势，已将旧律中若干残酷条文如枭首、凌迟、戮尸等，予以废除，并着手编纂新式法典。民国成立后，仍沿用清代刑律，唯删除其中与民国国体相抵触的部分。其后陆续制定各种法令，以除旧布新。军事方面，大体仍沿清末新军的编制，但名称多有更易。而袁世凯所掌握的北方军队，更直接承袭清末新军的系统，实力最强。它是世凯最大的政治资本，也是民国初年内乱的祸源。海军则自甲午之役后，精锐尽失，直至民国，仍未能恢复旧观。

第二十七章
明清的制度

一、中央政府与地方政府

（一）内阁制的演进

明代的中央官制，可以简称为“内阁制”。这种制度，形式上虽是上承宋元而加以损益，但其精神却是划时代的。它的特点，是在维持君主的绝对专制，把旧日的相权，完全剥夺。它使君主的权威，发展到极点，也使臣下的地位，益趋低落。清廷承袭了这种政治精神，做更进一步的发挥。前后五百数十年间，士大夫受着这种政治作风的熏陶，外加八股文的桎梏，弄得人格沦丧，智慧闭塞。他们除了以效忠一姓，猎取功名富贵为职志外，对国家社会，已谈不到理想与抱负。像宋代王安石那样的人物，在明清的历史上便未曾出现过。这可看出一种政治制度，对于整个国家民族关系的密切。

明初的中央政府，大体承袭元制，以中书省总理政务，以左右丞相主之，下统六部（吏、户、礼、兵、刑、工）。洪武十三年（1380）正月，诛丞相胡惟庸，遂罢中书省，废丞相之职，由皇帝亲统六部。同年九月，置“四辅官”，以为皇帝的辅弼。四辅官是春官、夏官、秋官及冬官，其中春夏官每官有数人，秋冬官则以春夏官兼任。四辅官秩正三品，多以当时宿儒充任，其职掌在与君主讲论治道，衡鉴人才；对刑案疑谳，有封驳之权；但不过问实际政事。这类老儒，多淳朴无他长，甚至连以上所说的几件工作，也无法胜任，因此到十五年（1382）七月，罢四辅官。十一月，仿宋制设殿阁大学士，内阁制的政体于此开始。[参看吴缉华《明代四辅官考》（载《大陆杂志》史学丛书第一辑第六册）]

明朝所设的大学士，计有华盖殿、武英殿、大华殿、文渊阁、东阁等大学士，他们多出身于翰林院官，也有以朝中大臣或硕德宿儒充任的。但地位不高，秩不过正五品，其职掌也只是随侍皇帝左右，以备顾问而已。成祖时，开始选儒臣入直文渊阁，参与机务，至此才正式有内阁之名。当时初入内阁者，其官衔仅是“入阁办事”或“入阁预机务”，须经升迁，才能任大学士。仁宗以后，大学士专任票拟，事权益重，其地位也渐崇，班次在六部之上。大学士虽有多人，而以其中一人为首揆，权位同于首辅。但终明之世，其秩止于正五品，因此大学士权位虽重，究不如旧日丞相的名正言顺。从英宗时起，宦官权盛，司礼监渐夺内阁之权，成为太上内阁。大学士既须听命于宦官，与真正的宰辅地位，相去更远。因此明代内阁的地位，始终表现着一种畸形的状态。

清代官制，虽多沿袭明朝之旧，但满汉畛域之见甚深，不肯独假汉人以重权，因此中枢的官吏，大都满汉并设。清初，置内阁大学士（包括文华、武英诸殿及文渊、东阁诸阁大学士）四人，满汉各二，秩正一品；以赞理机务，表率百僚，其首揆例由满官充任。世宗时，增置协办大学士二人，满汉各一，秩从一品。大学士下有学士，满六人，汉四人，秩从二品，典掌章奏诏旨。大学士的品秩，虽较明代提高，但权力犹有不逮。明代，大臣的任命由廷议推举，其次由吏部选拔；清代罢廷推之制，用人大权，全操于皇帝，内外大员，皆由特旨简授。此外又设议政大臣数员，均为满人，凡军国重务，皆交其议奏，因此内阁权力，实甚有限。世宗雍正十年（1732），因用兵西北，设军机房（后改名为军机处），选王大臣为军机大臣，掌理机密重务。事平后仍不撤销，渐至取代内阁之权，凡大学士不入军机者，几与冗员散吏相同。议政王大臣之制，也于乾隆时废除。但军机处与内阁一样，并无直接向各部及各省发布命令之权，因此严格说来，仍不能算做国家的最高行政机关。

六部设官均如明旧，但尚书及左右侍郎，均满汉并置，而以满尚书为一部之首。清代六部的权任，也较明代大为削减。明代吏、户、兵三部权重，掌理全国的兵财及吏政，对各省的文武长官，并有考核之权。到清代，六部在名义上虽仍然掌管全国行政，但实际只是中央行政机关，对各省不能直接发布命令。尚书虽是一部之首，但侍郎亦有单独上奏之权，因此实际上尚书并不是一部唯一的长官。六部以外的机关，最重要的为理藩院，职司管理藩属，也设尚书及左右侍郎；尚书限用满人，侍郎则由满人或蒙古人充任。吏、户、礼、兵四部及理藩院，又各设管理部务（或院务）大臣一人，以为监督。鸦片战争前，清廷与西洋各国的各项交涉，均由理藩院办理，至咸丰十年（1860），特设总理各国通商事务衙门，主持外交事务，《辛丑和约》成，改为外务部。光绪三十二年（1906），改定官制，设外务、度支、礼、陆军、法、邮传、理藩、民政、农工商、学、吏十一部。每部设尚书一人，侍郎二人，名义上虽不分满汉，实际上满人尚书较汉人为多。宣统元年（1909），又增设海军部。

明代言官的数目，较前大增，这可说明明室对臣下钳制的加甚。太祖时，改御史台为都察院，以左右都御史及左右副都御史掌之。其下有左右佥都御史及监察御史，专司纠弹百官，为天子耳目。监察御史多至一百十人，经常奉命出巡，地方官吏，无论职位大小，均听其举劾。此外又设六科，名同六部，每科设都给事中一人，左右给事中各一人，给事中四至八人。他们的职掌是侍从规谏，稽察六部百司，凡制敕及章奏有不便者，给事中得加以封还及驳正。至清，仍以都察院掌纠察。高宗时，并六科给事中于都察院，给事中遂无封驳诏旨之权，职务与御史相同。

明代六部及都察院以外的中央机关，大体可分四类：一类称院，如翰林院、太医院等。一类称寺，如大理、太常、光禄、鸿胪、太仆等寺。一类称监，如国子、钦天、上林苑诸监。一类称司，如通政使司、行人司、尚宝司等。这些机关，多承自前代，职掌与前代相同，清代也大部沿袭不废。附带一提的，是明自成祖迁都北京，以南京为陪都，仍于其地设六部诸寺，但其长官均为闲散之职，并不过问实际政治，其目的是在培养臣僚的清望，此后成为定制，直到明亡。

（二）行省制的变迁

明太祖建国后，地方行政区域，最初仍因袭元代的“行中书省”制，除以应天（今南京）等府直隶中书省外，凡置十二行省。至洪武九年（1376），始改行省为“承宣布政使司”（简称布政使司），计有浙江、江西、福建、湖广、山东、山西、北平、河南、陕西、广东、广西、四川十二布政使司，各辖若干府州。十三年（1380），罢中书省，以其所领府州，改隶六部，称直隶府州。十五年（1382），增置云南布政使司。此外又分封子弟于冲要之地，凡二十余国，因诸王权大，终于造成“靖难之变”。成祖时，迁都于北京（即顺天府），罢北平布政使司，以其所领府州，直隶六部。而南京六部所辖的州府，仍然保存，因此有南北两“直隶”。永乐五年（1407），置交趾布政使司。十一年（1413），又置贵州布政使司。宣宗时，撤销交趾布政使司。此后终明之世，全国有两直隶，十三布政使司。明自改设布政使司，行省之名，不再见于官书，但民间仍以行省称之。全国的府州县，皆属于两京及十三布政使司。州分两种：一为直隶州，直属于两京或布政使司，与府的地位平等，但为数甚少。一种为散州，直属于府。这两种州，都统领若干县。府除辖散州外，也有其自己所辖的县。神宗末年，全国共有府一百六十二，直隶州三十四，散州二百一十五，县一千一百六十九。当时的版图，南北东西，均约一万里。[参看杨予六《中国历代行政区划》，页二八六至二九一]

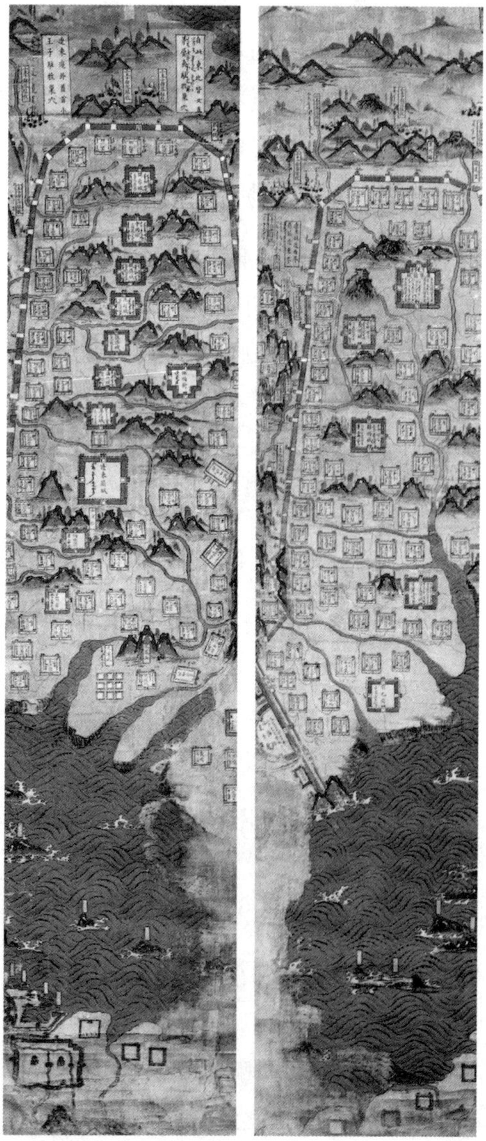
彩绘九边图（辽东镇），明嘉靖年间绘制。

布政使司（又称藩司）的长官，有左右布政使各一人（正二品），掌民政及财政。此外又设都指挥使司（简称都司），长官为都指挥使（正二品），掌军政；提刑按察使司（又称臬司），长官为按察使（正三品），掌刑名按劾。明室鉴于元代行省首长，权位过隆，因此不设最高长官，而以三司并立，相互牵制。三司分别听命于吏、户、兵、刑等部，遇有大事，由三司会议处理，或由中央裁决。府分上、中、下三等，以产粮多寡而定。府的长官，除顺天应天两京府称尹（正三品）外，其余均称知府（正四品）。州的长官为知州（从五品）。县分三等，也以产粮多寡为准，其长官为知县（正七品）。

明初为防御蒙古南侵，曾于北边设立九个兵镇，即辽东、蓟州、宣府、大同、太原、陕西、延绥、宁夏、甘肃九镇，又称“九边”。九边各屯重兵，分统于总兵。其后边警日急，明室时派中朝大臣巡抚各边，兼理军务。自宣宗至宪宗，先后设九巡抚，分掌九边军事。孝宗、世宗之世，又于北边置三总督，分统九边，即陕西三边总督（统陕西、甘肃、延绥、宁夏四镇，驻固原，今甘肃固原县），蓟辽总督（统蓟州、辽东二镇，驻密云，今河北密云县），宣大总督（统宣化、大同、太原三镇，驻怀来，今察哈尔怀来县）。明代巡抚，原为奉使性质，中叶以后，渐趋地方官化，乃至每省均置巡抚，俨然三司的长官。至于总督，其职责主要在于军事，并不过问地方行政。

清初的地方制度，大体仍沿明代之旧。顺治时，改南直隶为江南布政使司，于是有一直隶，十四布政使司。康熙初，改称行省，并调整其区域，自陕西析置甘肃，分湖广为湖北、湖南，分江南为江苏、安徽。于是全国有十八行省，即直隶、山东、山西、河南、陕西、四川、江西、浙江、福建、广东、广西、云南、贵州、甘肃、湖北、湖南、江苏、安徽，其名称与界限，到乾隆时才完全确定。光绪八年（1882），增建新疆省。十一年（1885），增建台湾省，甲午战后，割与日本。三十三年（1907），以满洲之地分建奉天、吉林、黑龙江三省，号东三省。至此全国共有二十二行省。

清代行政区划，采省、府、县三级制。此外并设州和厅，有直隶州、厅及散州、厅之别；前者地位同于府，后者同于县。清末二十二行省，凡统府二百一十六，直隶州八十，直隶厅六十三，县一千零三十一，散州一百五十，散厅十。长官则省有巡抚（正二品），府有知府（唯顺天、奉天两府称尹），州有知州，县有知县，品秩大率与明制相同。清代巡抚既为一省首长，主一省之政，布政使遂专主财政。乾隆时，巡抚之外，又置八总督，分辖各省。有辖一省的，如直隶及四川总督。有辖两省的，如闽浙、两湖（即湖广）、陕甘、两广及云贵总督。有辖三省的，如两江总督，辖江苏、安徽、江西三省。辖一省的总督，例兼巡抚；辖两三省的，或兼或不兼。总督虽为巡抚的长官，但职权并无明显的划分，乾嘉以后，督抚争权失和的事，时常发生。清末，又于东三省设总督。

（三）外族地区的治理

明代，蒙古猖獗，明室虽曾屡次挞伐，但始终不能郡县其地。到清，蒙古地区全被征服，清室因其部落故俗，分其地为若干盟旗，以理其政，并赋以高度的自治权。盟旗的划分，兼有行政和军事两种性质，盟的地位略等于省，旗略等于县，但也有旗之上不设盟而直隶于理藩院的。每旗辖若干苏木，清制以一百五十个壮丁为一苏木，如以每户一丁计之，则一苏木平均辖一百五十户左右。若户口不及法定数目，则组成半苏木。兹将内外蒙古及西蒙古所设的盟旗，列明于下：

内蒙古指戈壁沙漠以南的地区，共分六盟：1. 哲里木盟，辖十旗，二百三十四苏木，散布于今辽北、吉林、嫩江三省境内。2. 卓索图盟，辖五旗，三百二十二苏木，散布于今热河省东南部。3. 昭乌达盟，辖十一旗，二百九十八苏木，散布于今热河省北部。4. 锡林郭勒盟，辖十旗，一百一十三苏木，散布于今察哈尔北部。5. 乌兰察布盟，辖六旗，五十六苏木，散布于今绥远省北部。6. 伊克昭盟，辖七旗，二百七十四苏木，散布于今绥远省南部。此外尚有若干不属于盟的旗和零星部落。

外蒙古指戈壁沙漠以北的地区，旧有喀尔喀（外蒙大部地）、科布多（外蒙西端地）、唐努乌梁海（外蒙西北隅地）三部。喀尔喀部共有四盟：1. 克鲁伦巴特和屯盟，即车臣汗部，辖二十三旗，四十九苏木。2. 汗山盟，即土谢图汗部，辖二十一旗，五十七又半苏木。3. 齐齐尔里克盟，即三音诺颜部，辖二十三旗，三十九又半苏木。4. 毕都哩雅诺尔盟，即扎萨克图汗部，辖十九旗，二十四又半苏木。科布多部两盟：1. 三音济雅图左翼盟，辖十二旗，二十二苏木。2. 三音济雅图右翼盟，辖七旗，二十四苏木。唐努乌梁海部共辖五旗，五苏木。

西蒙古包括套西蒙古、青海蒙古及新疆蒙古。套西蒙古分布于今宁夏省河套以西地区，有独立旗二：1. 阿拉善和硕特旗，辖八苏木，今宁夏省中部地。2. 额济纳旧土尔扈特旗，辖一苏木，今宁夏省北部地。青海蒙古分布于今青海省北部，共两盟：1. 青海左翼盟，辖十三旗，四十九苏木。2. 青海右翼盟，辖十六旗，五十一苏木。新疆蒙古分布于天山南北路，共三盟：1. 乌纳恩素珠克图盟，即土尔扈特部，辖十旗，七十九苏木，分布于伊犁河以东及珠勒都斯河一带地。2. 巴图塞特奇勒图盟，辖三旗，十一苏木，分布于珠勒都斯河流域。3. 青塞特奇勒图盟，辖三旗，四苏木，分布于布尔根河流域。此外尚有阿尔泰乌梁海部七旗，游牧于阿尔泰山一带。

清代蒙古的政治组织，除少数地区外，均施行封建制。封爵共分六等，即亲王、郡王、贝勒、贝子、镇国公、辅国公。此外有“汗”，在王、贝勒之上，但不轻易封赠。旗的领袖称扎萨克，均由王公贵族兼任，大都世袭罔替，但也间有中央简放的。盟有盟长、副盟长各一人，盟长为终身职，但非世袭，由本盟的扎萨克或闲散王公充任。每盟所属各旗，三年会盟一次，由盟长主持。各盟内政，清廷例不过问，仅遣大员，驻居各地，加以监督，其名目有都统、办事大臣、参赞大臣、将军等。青海蒙古，不设盟长，仅各旗置扎萨克，会盟则由西宁办事大臣主持。天山南北路，自光绪时设省后，以巡抚主持省政，建制同于内地，但少数地区，仍置将军及参赞、办事等大臣。［参看杨予六《中国历代行政区划》，页三一八至三二五］

回族分布于天山南路，明室在西域的势力，仅及哈密，回疆的大部地区，为明室的势力所不能达。对西藏也未能做直接的控制，仅因元旧制，利用宗教加以统御，并于其地设都指挥使司、宣慰使司等，以西番首领充任长官。至清，回藏诸部先后内附，清室以理藩院治其事，比于藩属。至于统制手段，仍是因其俗而治之。回疆方面，清于哈密、吐鲁番设扎萨克以治其地，世袭罔替。其他各城，则设阿奇木伯克，不世袭，由办事等大臣加以考课。西藏方面，仍是政教合一，以达赖喇嘛治前藏，班禅喇嘛治后藏。清廷则设驻藏办事大臣于前藏，帮办大臣于后藏，以监督之。［参看曾问吾《中国经营西域史》，页二六九至二七三］

对于西南边区（包括湖北、湖南、云南、贵州、广西、四川六省）的外族，明代仍仿元制，设宣慰使司、宣抚使司、安抚使司、招讨使司及长官司等，以土酋充任长官，并准世袭。明代此类土司，总数多至二百数十。设置既繁，其中颇有不法之徒，加以内地莠民的煽诱，因而时生叛变，中叶以后，猖獗益甚。满清入关后，明朝土司来降者，皆授以原职，仍准世袭。至康雍两朝，改土归流者甚多；光宣之世，更有不少停袭的。土司小者有地不过数里，大者有地至数千里，均自成一区域。土司在其领土内，具有莫大的权威。清代土司官吏有文武之分，重要武职有指挥使、指挥同知、宣慰使等；重要文职则有土知府、土同知、土通判等；称号虽有高低，但大都不相隶属。清制土官无论大小，遇流官时即低一级，以防其跋扈。至于清代“改土归流”的政策，多行于接近内地的区域，边远之区的土司，则大多保存，因此终清之世，西南边省仍有不少的土司。

二、兵制

（一）卫所制

明代的兵制为卫所制，所是一种统兵的机构，遍设于各省，卫则是由所组合而成。卫所的士兵，皆有军籍，与百姓分离，这一点有些像唐代的府兵制。但府兵是由政府征调府兵区中富有人家的壮丁，组织而成，并有规定的退役年龄。卫所兵最初的来源，则异常庞杂，有的是太祖起兵时从征的部伍，有的是群雄士卒的归附者，此外还有因罪谪而隶兵籍的。士兵及卫以下的低级军官，均为终身职，且父死子继，世袭罔替，这又是两种兵制大不相同的地方。

卫所初设于太祖时，太祖起兵后，诸将攻城略地，随处以其部下兵士组成卫所，担任各地屯垦戍守的事。统一后，又分百姓为民籍军籍两类；以布政使分领府州县，管理民政；别置都指挥使司，统卫所诸军。卫所的组织是一百十二人为百户所，一千一百二十人为千户所，五个千户所亦即五千六百人为一卫。都指挥使司则统领若干卫所，隶属于京师的前、后、左、右、中五军都督府。成祖迁都后，两京各设都督府，而以兵部掌调发之权。卫所的兵，无事则屯田练武，保固防地；有事则朝廷命将出师，随宜调发；战争结束后，统帅卸任回朝，士兵各归卫所。

都指挥使司，设于各省或其他冲要地区。明代除十三省均置都司外，并设有辽东都司（治所在今辽宁辽阳县）、万全都司（治所在今察哈尔张垣市）及大宁都司（治所在今热河平泉县东北）。此外又有行都指挥使司（简称行都司）及留守司。凡地区过大，卫所分散之省，即于都司外设行都司，分统卫所，以增进军政的效率，如陕西（包括今陕甘二省）、四川等省，均设有行都司。留守司则置于皇陵的所在地，明廷因保护陵寝，故于其地多设卫所，而以留守司统辖之。洪武二年（1369），太祖以其故乡凤阳（今安徽凤阳县）为中都，并置中都留守司。其后世宗以藩王入统，父祖陵墓均在安陆（今湖北安陆县），乃于嘉靖十八年（1539），在其地设兴都留守司。至于南北两直隶地区的卫所，则不设都司，而直隶于两京都督府。世宗时，全国共有都指挥使司十六，行都指挥使司五，留守司二；所属卫四百九十三，所二千五百九十三，守御千户所（直隶于都司的千户所）三百一十五。［参看胡耐安《明清两代土司》（载《大陆杂志》史学丛书第一

辑第七册)；程光裕、徐圣谟《中国历史地图集》二，页九一至九二]

都司卫所之在内地者，纯为军事机构，但边区的卫所，则多兼理民事。凡兼掌民政的卫所，多辖有实土，成为地方的行政区域；不辖实土者，则仅管军事。如辽东都司，其卫所均领有实土；万全、陕西两都司的卫所，也大都为实土。这种措施，目的在求军政统一，便于作战。

京师驻军，司宿卫宫禁的，统称上直卫亲军。太祖时，置锦衣、旗手、金吾、羽林等上十二卫，成祖时，增十卫；宣宗时，又增四卫；共二十六卫。保卫京师的军队，统称京卫。太祖时，置留守等四十卫；成祖时增至七十二卫。上直卫及京卫的士兵，皆自各卫所征调而来。成祖时，设立五军、三千、神机三大营，统称京营，其中三千营由边外降丁组成，五军神机两营则由京卫军组成。成祖北征沙漠，均以京营取胜。景帝及宪宗时，京营制度曾两次改易，到世宗时，又复旧制。

太祖鉴于前代宦官掌握军权的流弊，因而特禁宦官典兵。至成祖，宠信宦官，使之监军，甚至奉使专征，因而宦官的势力大张。成祖以后，兵事日渐废弛。京师的兵，多为权贵所隐占役使；各省的兵，也缺少训练。宪宗时，开始以宦官汪直典掌京营。其后宦官之势益盛，营将大多为宦官私人，平时不理兵务，唯以虚报员额，侵吞饷糈为事，因此军队更加腐败。世宗时，遇有警急，乃不得不招募民兵，以任战事。倭寇之乱，即赖戚继光于浙江募勇，训练成军，而后始得讨平。自此以后，有事唯赖民兵以及四川、广西、湖广三省的士兵，卫所兵则徒有虚籍，已毫无战斗能力。

（二）旗兵与汉兵

清代的兵，大体可分旗兵与汉兵两大类。旗兵是清人入关前的原始兵制，清太祖时创立的，士兵大都为满人。太宗时，大量吸收蒙古人及汉人，纳入旗兵组织。太祖、太宗及世宗时代的武功，大都是旗兵所建。汉兵又可分绿营、乡勇和新军，其建立的时代，先后不同。绿营是清入关后最早的汉人军队，也是旗兵腐败后清室的战争主力。到高宗末期，绿营也告衰敝，于是乡勇继之而起。太平天国之役后，清室开始以西法练兵；甲午战后，更积极训练扩充；但新军对外战争，并无绩效，反成为野心军阀攘夺政权的资本。这可说明，仅凭军队的改进，并无法解决整个国家的问题。兹将以上各种兵制的内容及其兴衰的经过，做一简略的叙述。

八旗最初是一种军政合一的制度。清太祖时，分全国为正红、正黄、正蓝、正白及镶红、镶黄、镶蓝、镶白八旗，全国人民皆分隶旗下，以八和硕贝勒（和硕，满语部落之义；贝勒，部长之义）为旗主，旗下人谓之属人。属人之于旗主，分属君臣，有纳税、服役及当兵的义务。八旗旗主，并公推其中一人为首长，如八家意有不合，可以更换。至太宗，为推行皇帝集权，渐渐抑制旗主的权力，并逐次更换各旗旗主；使各旗属人，除皇帝外，不再认他人为其主人。入关以后，清室采行汉制，八旗制渐失原来的面目；到世宗，仅成为一种军事制度。［参看孟森《八旗制度考实》（载孟著《清代史》）］

清初定制，八旗男子皆服兵役。其制每三百人设一佐领，五佐领设一参领，领一千五百人；五参领设一都统，领七千五百人。都统总一旗军政，其上又设总管大臣一人，佐管大臣二人以统领之；都统以下，则有左右二副都统。八旗次序，以镶黄、正黄、正白为上三旗，余为下五旗。太宗时，蒙古降服，汉人归附者亦多，因而增编蒙古八旗及汉军八旗，共二十四旗。旗兵的任务有二，一为充任禁旅，一为驻防各地。禁旅司保卫京师，其组织有骁骑营、护军营、前锋营、步军营、火器营、健锐营、虎枪营等名目，兵额约十万余人。驻防旗兵，则遍及畿辅以及各省形胜之地，兵额亦约十万余人，最高长官为将军，其下有都统等官。

绿营兵士全为汉人，以绿旗为识别，驻扎各省及边疆之地，兵额约有五六十万。军官有提督、总兵、副将、参将、游击、都司、守备、千总、把总等名目，受督抚的节制。清初征伐，多用旗兵，其后日渐腐化；康雍以后，作战以绿营为主。及至乾隆末，川楚教匪乱起，绿营兵亦不堪一击，唯赖乡勇应战。太平军起，清室全仗乡勇组成的湘军和淮军，始得戡平大乱。

自咸同时代湘淮军先后建立，勇营遂与八旗绿营，鼎足而三，其后清室威内御外，全仗勇营。八旗绿营，向恃刀矢弓矛为利器，火枪不过为补助品，勇营也不全恃火器。太平军之役末期，李鸿章驻军上海，始以外人组织常胜军，采用西式武器，克服苏、常，颇赖其力；其后淮军平捻，也多采用洋枪。同治末，李鸿章任直隶总督，模仿西法练兵，购置新械，设立军事学堂，颇能耸动一时。但所学的仅是西人的皮毛，加以将士骄惰，暮气已深，遂有甲午之战的大败。

甲午战后，清廷以袁世凯练兵于小站，号新建陆军，由直督荣禄统辖。光绪二十四年（1898），荣禄入为军机大臣，尽握北方诸军节制之权。既而编宋庆、董福祥、聂士成、袁世凯四军为前、后、左、右四武卫军，另募万人为中军而自领之。八国联军之役，聂士成战死，所部全溃，董部也逃散殆尽。光绪二十八年（1902），袁世凯任直隶总督兼北洋大臣，加意练兵。次年，清廷设立练兵处，主持全国练兵事宜。数年之间，世凯所练之兵，颇有成绩。新军的编制，以军为最高单位，每军辖两镇，每镇辖两协，每协辖两标，每标三营，每营四队，每队三排，每排三棚。官长则军有总统官，镇有统制官，协有协领官，标有统带官，营有营带官等。每镇官兵，共有一万二千五百十二名。清廷本拟置三十六镇，但限于经费，未能完全成立。其后清廷并练兵处、兵部为陆军部，北洋各镇归部直辖。但世凯仍隐然为新军领袖，具有极大潜力，终致利用新军，逼迫清室退位，继而攫取了民国总统的地位。

水师自清初即有，自台湾平定后，以海疆无事，其势渐衰。嘉道时，仅能捕逐海盗，中英战起，水师毫无应战能力。太平军之役，曾国藩创长江水师，当时颇得其力，但事后也腐败不堪用。新式海军，创始于中法战争之后，甲午之战，北洋舰队几至全覆。宣统初，诸亲贵竞言扩建海军，以期乘机搜括，清室乃以善耆等为筹办海军处大臣，命载洵、萨镇冰专司筹备，并以镇冰为海军提督。其经费则由各省分认，略有成效。宣统二年（1910），设海军部，以载洵为海军大臣。辛亥革命，清廷命海军赴汉口助战，不久即全体响应民军。

三、财政与法律

（一）赋役与币制

明初于赋役制度，规划甚为精密。太祖曾下令详查全国户口田地，编制“黄册”和“鱼鳞图册”。黄册详载百姓人口及田产，官府据之以定赋役，举凡人丁的增减，田地的更易，官府均登记于册。并逐年修订，每十年清造一次，因此人民无产去税存之患。鱼鳞图册记载土田的良窳、位置、面积以及产权所有者，官厅以之判决产权的争执诉讼。百姓的负担，有田租和力役两种。田租仍行两税法，夏税不过八月，秋粮不过明年二月。田有官田、民田两种，官田每亩课税五升三合，民田减课二升。田租由布政使司及州县征收，而由户部总其成。明初定税，轻重甚不一律。苏州、松江、嘉兴、湖州（今浙江吴兴县）诸府，原为张士诚的根据地，曾顽抗明师；因此太祖于张氏败灭后，收没当地诸豪族及富民田，以为官田，并重课其税，以示惩罚，每亩有课至二三石者。其后虽屡次裁减，但较他地犹重。征租以米麦为主，但亦可代以银钞。英宗时，规定米麦每石折银二钱五分，输米麦者谓之“本色”，折银者谓之“折色”。役有甲役及徭役，前者以户计，后者以丁计；民年十六为成丁，即须服役，六十而免。其法有“力差”和“银差”两种，前者为亲身服役，后者为输银代役，各听百姓自便。

其后黄册及鱼鳞图册因年久失修，征课不能得实，赋役之法渐坏。世宗以后，因国用不足，屡有额外征课，谓之加派。神宗万历九年（1581）以后，改行“一条鞭法”。它的办法是清查各州县的地丁，把人民应出的租税和免役的代价，均一并于田赋中征收。百姓虽免除差役，田赋则暗中增加。神宗末，辽东事起，于是再加田赋。又以诸役繁兴，随时征发人民服役，一条鞭法乃完全破坏。思宗时，又数度加赋，名曰辽饷、练饷、剿饷，终致流寇四起，国家随之灭亡。

清初行两税法，但缴纳的期限及税率的高低，各省并不完全相同。田赋之外，又有丁税，缴银以代力役，与田赋同时征收。康熙五十二年（1713），清室特诏以后滋生人丁，永不加赋。雍正五年（1727），并丁银于田赋，因此没有田产的人，可以终身不纳赋税。征赋的办法，除江苏、安徽、浙江、湖北、湖南、河南、山东、江西八省，其余各省，一概征银。八省租赋则有本色、折色之分，前者征米，后者征银。此外地方官吏，每于租赋定额以外，浮收米银，请之“耗羡”。州县转运粮米，不能无亏损；而银须下炉销熔重铸，然后解部，亦不能无折耗；因此必须额外加收，以补耗损。这种办法，起于明代。清初，各州县随意征收耗羡，甚有流弊。世宗时，规定羡余全交藩司，然后酌给大小官员，以为养廉之资，其弊才稍见革除。

田赋丁税以外，又有杂税，最主要的为盐税和关税。明代盐由政府收购专卖，称为官盐，严禁百姓贩运私盐。太祖时，命百姓纳米换盐。其后又有纳马、钞、铁、布换盐的办法，概以政府的需要而定。此外成祖时又有计口配盐的办法，以每月大口食盐一斤，小口半斤计，配盐于各户，每斤纳钞一贯。这类办法，到明朝后期，大都废止，而限定以钱购盐。明初，商货规定三十税一。宣宗时，始设钞关，于京省商业繁华之地设关，往来车船商货，均须纳钞，甚为病民。清代仍由政府专盐利，分全国为若干盐区，视一地食盐的多寡，由政府或委托特许商人如额运销其地，严禁私贩。税关设于内地者为常关，以征收土产商品的通过税；在沿海及各商埠所设者为海关，其征课对象，为国际贸易的出入货物。海关收入最丰，但至天津、北京两条约订立后，中国关税失去自主权，外货畅销无阻，国货受其排斥，日渐萎缩，而致连年入超，国家遭遇严重的经济危机。至清末，又有厘金之制，太平军之役时，清吏雷以诚于淮安、扬州地区，设立厘卡，对过往商货，抽损百分之一，以佐军用，各省纷纷仿效。事平之后，仍不废止，厘卡反陆续添设，其收入则大部为官吏所中饱。

币制方面，明初沿习元制，仍用钞法。太祖时，发行大明通宝，自百文至一贯，共分六等。钞一贯抵钱千文，银一两，四贯抵金一两。其后造小钞，自十文至五十文。又因民间重钱轻钞，禁止用钱，但钞价日益低落，孝宗以后，钞制遂废。钱币则太祖时曾铸大中及洪武通宝，各分当一、当二、当三、当五、当十五等，重量自一钱至一两。从太祖到武宗，前后仅铸钱四次，其后每朝一铸，而以神宗时的万历通宝最为精良。清代大部分时间，不用钞法，直到末年，才有钞票的发行。钱币则历代均有铸造，世宗时，规定每钱的重量为一钱二分。此外并许以银块代货币，因重量不一，流通不畅。海禁开放后，沿海商埠，多通用外国银币，德宗时，遂设厂仿铸银币。清末发钞铸币的事，还要在后面详述。

（二）法典与刑法

唐朝以后，自五代下至宋、辽、金，诸朝法律，皆以《唐律》为宗。唯《元律》充满外族风格，不为《唐律》所囿，而支离破碎，不能自成系统。至明，又模仿《唐律》。明太祖于元末称吴王后，便开始议定律令，以丞相李善长主其事。至洪武六年（1373），定《大明律》，篇目全准于唐，凡三十卷，六百零六条。至二十二年（1389），改以六部分类，即吏律、户律、礼律、兵律、刑律、工律六类，凡三十卷，四百六十条。古律的面目，至此一变，但其重要内容，仍不出《唐律》范围。三十年（1397），颁布《大明律诰》（简称“大诰”），综辑各种官民过犯，以补律的不足。《明律》虽沿袭《唐律》，但亦做若干局部的更改，有时且不甚合理。例如《唐律》盗园林草木者，徒二年半；《明律》则比照盗大祀神御物，而处斩刑。又如《唐律》无骂人罪，《明律》则骂人者笞一十，互相骂者，各笞一十。

司法机关，地方则府州县官，均兼掌狱讼。轻微案件，大都一审了结；较大罪案，始呈报按察使覆讯，再呈刑部详议，交大理寺覆审，而后定谳；遇有大狱重囚，则由刑部、大理寺及都察院会审。刑部掌全国司法行政，兼理京府直隶的部分刑案。大理寺为最高法院，凡刑部、都察院所受理的案件，均移至寺覆审。都察院的主要职责为纠察百官，并有会审大案之权。这三个机关，合称“三法司”。此外尚有皇帝私设的法庭，可以不经政府的司法机关及诉讼程序，即行逮捕处决人犯，其刑罚的残虐，诛杀的冤滥，为历代所少见。明代司法权的不统一，是造成司法黑暗腐败的主要原因。

明代皇帝的私设法庭兼特务机关，有锦衣卫、东西厂及镇抚司，皆掌缉捕刑狱。其所捕治者，刑部大理寺不能过问，而滥用非刑，备极惨毒。锦衣卫又称诏狱，设于太祖时，当时的大狱，多由其承办，杀人甚多。太祖晚年，曾命大小狱案，均经法司审理。但到成祖时，又命锦衣卫典刑狱，其后终明之世，不再改变。成祖以篡窃得位，用法极酷，又以宦官为鹰犬，设立东厂，以宦官掌之，缉访谋逆、妖言及大奸恶等，刑狱遂滥。宪宗时，又设西厂，以宦官汪直主之。其后西厂一度取消，但到武宗时，因宠信宦官刘瑾，再度恢复；而瑾又设内行厂，亲自领导，官民冤死者数千。及刘瑾被诛，西厂及内行厂均被取消，宦官的威虐稍杀。到熹宗时，魏忠贤用事，而厂卫之祸又炽。思宗虽诛魏忠贤，但其天性猜忌，仍信用厂卫，推行恐怖政治，直至国家灭亡而后已。镇抚司原隶锦衣卫，职司狱讼，宪宗时，成为独立机构，其后与宦寺勾结，制造许多冤狱。厂卫的横行，益以廷杖的威虐，构成明代法治的最大污点。[参看徐道邻《中国法制史论略》，页九〇至一〇四]

清军入关后，最初仍沿用《明律》。顺治二年（1645），始命官修律。次年修成，是为《大清律》；又经康雍两朝的修订，始成定本。《清律》凡四百三十六条，其篇目全袭《明律》，但条文则略有增减改易，且颇能矫正前失。至于司法机关的名称职掌，大体与明朝相同，但也有稍异之处。中央司法机关，仍以刑部、大理寺为主。重大罪案或皇帝特交的案件，则由三法司会审，或由刑部尚书、侍郎率属员加以审判，然后定谳。大理寺的职权，较明代减削，只有会审重大罪案之权，而不能单独审判。地方的刑案，例由州县审判，遇有重大案件，始由府、按察使、巡抚、总督，层层覆讯。刑案的判决，自督抚达于刑部后，如无异议，即为定谳。供词不符者，可发回更审；不服者可以上诉，但不得越诉。至于明代的厂卫廷杖，到清代则完全取消。

外国人在中国犯罪的，最初也依律处置。英法联军之役后，外国人在中国享有领事裁判权，犯罪者由其领事自行处理，于是中国的法权，遭受破坏。清末的社会情形，较前有显著的改变，与外国的交涉，也日益频繁；旧有的法律，已不能配合当时环境，因此清室有修改法律之举。光绪三十一年（1905），开始修改若干不合时宜的条文，并增添新条，如鸦片禁例、电报、铁路等事，以及买卖人口、贩卖毒品、伪造货币邮票等罪刑，皆列入法典。并删除凌迟、枭首等刑，笞杖也改为罚金。一面命沈家本、伍廷芳等参酌西方法理，编订新律。三十四年（1908），新律修成，名曰“大清现行刑律”，至宣统二年（1910）末颁布。此外宣统时代编成的商律、民律及海船法等草案，均未及实行。司法官制方面，光绪三十二年（1906），改刑部为法部，专掌司法行政；大理寺为大理院，下设各级审判厅，专掌审判，各省按察司改为提法司，承法部及本省督抚之命，管理一省的司法。

四、科举与学校

（一）常科与诏举

明代的科举制度，大体沿袭宋元旧制，分乡试、会试、殿试三阶段。乡试三年一次，每逢子、卯、午、酉之年，由皇帝选派主考，至各省试士，因于秋天举行，又称秋试。与试者必须为府州县学的生员（俗称秀才），且成绩优良者。乡试及格的，称为举人。举人可以参加会试，会试于乡试的次年亦即丑、辰、未、戌之年，在京师举行，由礼部主持，因于春天考试，又称春闱。会试中试者曰进士，再由皇帝亲试，是为殿试，又称廷试。殿试于会试发榜后不久举行，其主要目的，在评定进士的等第，不再淘汰。其等第有三，称一、二、三甲。一甲三名，名曰状元、榜眼、探花，统称“赐进士及第”。二甲若干名，统称“赐进士出身”。三甲若干名，统称“赐同进士出身”。一甲状元授翰林院修撰（从六品），其余授编修（正七品）；二、三甲优者，授翰林院庶吉士（食七品俸）。不入翰林者，授其他京官，如给事中、御史、六部主事等，外官则授府推官、知县等。翰林院为国家储才之地，修撰、编修，或侍皇帝讲筵，或纂修国史，品位虽不高，资望却极清贵，随时可受重任。庶吉士多入内阁办事，用以增加实际的行政经验，以备大用。此外有武举，制度与文举同，也有秀才、举人、进士等名称。所试的科目为弓矢刀石之类，获选的可授武官。

明代的考试科目，主要为八股文，通称制义。命题专取四书五经，文分八段，每段各具一定的格式，并须起承转合，前后呼应。文体既如此板滞，又只许代圣贤立言，而不能发表个人的见解，知识分子埋首于空洞的形式和口头禅中，以猎取功名，日久年深，至于民族的智慧，为之蔽塞。明清五百年间，大思想家与大政治家的几至绝迹，与八股文有直接的关系。此外又有试帖诗，限五言八韵，其形式及内容，也僵化空洞。

清代的科举制度，与明代略同，兹不赘述。常科以外，清初屡有诏举，由皇帝下诏征求人才，计有博学鸿词、孝廉、方正、直言、山林隐逸、孝子等科，其目的在笼络汉族的士大夫。诸科之中，以博学鸿词科恩遇最隆。康熙十八年（1679），诏举博学鸿词者，试于体仁阁，录取十五人，俱授翰林院官，纂修《明史》。乾隆元年（1736），复开博学鸿词科，亦取十五人，授翰林院官。次年又取五人，授官如前。清末有识之士，已深感八股文的斲丧人才，因而主张废除。戊戌变法，曾废八股，改试策论，但未及施行，而新党已败。光绪二十八年（1902），始以策论、经义代替八股。三十一年（1905），并废科举取士之制，但终无补于危亡。

官吏由科举进身者，最为当时所重。至于不由科举而登仕版的，其途径大致有四：1. 捐纳，即输粟纳财，以博一职，俗称“捐官”。这种制度，始于康雍乾时代，咸同以降，其途益滥。2. 因军功保举为官，如太平天国及捻回诸役，立功将校被保举为官者，比比皆是，其中冒滥者甚多，吏治愈坏。3. 任荫，即达官贵戚子弟，由皇帝恩赏功名或官职。此辈类多纨绔，大都坐靡廪粟，鲜能称职。4. 吏选，即胥吏经政府选拔，升任为官，此中分子极为庞杂。科举出身的，虽号为正途，但多无实际行政经验，且好高自标置，不亲政务，诸事大都委之胥吏，胥吏则多蒙蔽上官，竞为奸利。这种现象，以清末为最甚。杂途出身的，更难望其有良好的表现，因此政治的积弊日深，终致于亡。

（二）官学与书院

明初，官学盛而书院衰。太祖洪武初，即于南京设国子学，至十五年（1382），改称国子监（简称南监）。成祖永乐元年（1403），又于北京设国子监（简称北监）。此外太祖曾于凤阳设中都国子学，至洪武末，并入南监。国子监的重要官员，有祭酒、司业、监丞、博士等。祭酒总理国学之政，司业副之，监丞司训导，博士五人司分经讲授。祭酒官从四品，但须硕学耆德，始可膺任，位望甚为隆重。

国子监肄业年限，通常为四年。课程规定每生专治一经，并习礼、射、书、数。学生通称“监生”，其入学资格，最初分三种：1. 举监，即举人会试下第，因而入监读书的。2. 贡监，即府州县学生员的优秀者，被保送入监的，为监生的主要分子。3. 荫监，即品官（一品至七品，后改为三品以上）子弟，被特许入监的。明初，监生甚受政府重视，其优异者可任布政使、监察御史、知府等官。景帝景泰元年（1450），因与瓦剌交战，需财甚急，乃下令凡纳粟、纳马者，得入监读书，称为例监，前后施行四年而止。但其后每遇边警灾荒，或大兴土木时，即援往例而行，始终未能取消。由于例监生品流过杂，监生素质大为低落，国子监也渐为社会所轻视。仁宣以后，取士偏重科举，学校渐衰，而书院讲学之风转盛。[参看杨云萍《明国子监考》(载《中国历代大学史》)]

地方学校，有府学、州学和县学。府学置教授一人，训导四人，生员四十人。州学置学正一人，训导三人，生员三十人。县学置教谕一人，训导二人，生员二十人。学童须经考试，始可入学为生员。生员分三等：一等为廪膳生员（简称廪生），由公家每年给予廪饩银；其次为增广生员（简称增生）及附学生员（简称附生）。府州县学，彼此不相统属，其资深的生员，均可升入国子监。卫所也设学校，由二卫或三四卫合设一所，名曰卫学。此外中央又有宗学，专收宗室子弟；武学，训练军事人才等。中叶以后，地方学校徒具虚名，不过为孔子释奠之所，一般学者讲学的地方则在书院。

清的学制，大部沿袭明朝，京师仍设国子监，以教满、蒙、汉军各旗及各省的贡监生，其组织与明代略同。此外又有四种学校：1. 觉罗学，教皇室子弟。2. 宗学，教宗室子弟。3. 八旗官学，教八旗子弟。4. 景山学，教内府子弟。四者皆派大臣，加以管理。但清代士人竞趋科举，学校不为社会所重，几至名存实亡。

国子监生徒，可分贡生、监生两大类。贡生又有七种：1. 岁贡，府州县学的资深生员，按岁保送入监者。2. 恩贡，国家遇有庆典，即以其年岁贡生之优者为恩贡，次者为岁贡。3. 拔贡，生员之学行兼优，经遴选后入监者，每十二年选拔一次。4. 优贡，优秀之廪增生而入监者，每三年选拔一次。5. 副贡，乡试取得副榜而入监者。6. 功贡，廪生之有军功而入监者。7. 例贡，生员之纳捐而入监者。监生又分五种，即恩监、荫监、优监、例监、举监。恩监为八旗官学等校学生之入监者，优监为优秀之附生而入监者，其余性质与明代相同。国子监课程，分经义及治事二科。肄业者谓之坐监，时间长短不同，以入监的资格而定，长者两年，短者三个月，此外还有免坐监的[参看林瑞翰《清代之大学及书院制度》(载《中国历代大学史》)]。至于府州县学的制度，也大致与明代相同。

书院为私人讲学之所，宋元以来，日益兴盛。明初稍衰，至中叶，因国学之制渐坏，一般士大夫（如王阳明、湛若水等）又提倡讲学，书院乃再度发达。其上者讲求心性之学，下者究习制义，为科举的附庸。神宗初年，张居正当国，厌恶讲学，因而尽改各省书院为公廨。居正死后，其风又盛。熹宗时，魏忠贤秉权，政治极其腐败，于是书院除讲学之外，更为士大夫讽议时政之所，以无锡东林书院为最著。既而忠贤尽毁国内书院，书院遂由盛而衰。清初，恐书院讲学，培养民族意识，因而不许建立书院。其后复提倡官办书院，以便控制，于是书院又盛。凡官立书院，均由政府发给帑银，置产收租，以充师生膏火之费。另有半官立的书院，由地方政府集资或富绅捐款建立，地方政府并酌拨公款资助。此外尚有纯由私人出资创办的，但为数甚少。书院的主持人，明清皆称山长，地位为时所重，因此任山长者，多当时名儒。清初的书院，仍以讲求理学与制义为主。中叶以后，书院多崇尚经史词章。嘉庆时，阮元建诂经精舍于杭州，延王昶、孙星衍等主讲，以博考经史为课业，兼及天文、地理、算法；姚鼐主讲南京钟山书院，提倡古文，均开一时的风气。［参看盛朗西《中国书院制度》，页七七至一七五］

清室自英法联军之役后，为应合时代需要，于同治初建同文馆于北京，专授外国语文。其后西式学校，渐次成立，至光绪末，始制定有系统的新式学校制度。这些新式学校，在清末并未发挥多大功效，但与民国时代的学校教育，则有密切的关系，因此留待别章一并叙述。

第二十八章

明清的宗教与学术

一、宗教

（一）佛道与伊斯兰教

佛教至唐末五代，诸宗衰微，唯禅宗以不重形式，而能避过唐武宗、后周世宗的两次浩劫，独步于晚唐五代。至宋，佛教在历朝帝王的保护下，禅宗及其他诸宗均大师辈出，颇有复兴之象。但在徽宗时，因其本人笃信道教，佛教遂再遭排斥。南宋时，佛教益微，禅宗与诸宗合流，独立的佛教宗派已不多见。及至元世祖攻吐蕃（即西藏），偕喇嘛八思巴而归，喇嘛教遂传至蒙古。世祖即位后，定喇嘛教为国教，尊八思巴为帝师，命其统监全国佛教，喇嘛教乃日趋兴盛。世祖以后，喇嘛教始终为元室诸帝所崇奉，于各种宗教中，一直占有首要的地位。原有的佛教，除禅宗尚能维持昔日的局面，其他宗派都一蹶不振。

明太祖幼年曾出家为僧，即位后提倡佛教，对喇嘛教也加以崇奉，封喇嘛为国师，其后历朝皆崇喇嘛。成祖起兵时，曾得禅僧道衍的辅佐，因此禅宗仍能维持其盛况，与喇嘛教并立，直到明末。武宗也好佛，曾学习经典梵语，自称大庆法王。除喇嘛教及禅宗外，唯净土宗尚能流行于世，其他旧有佛教的各宗派，都未能恢复旧观。

明初，喇嘛教发生巨大的变革。喇嘛教僧人，本着红衣红帽，以娶妻传子为惯例，且多玩弄幻术，沉溺酒色。至明初，有僧徒宗喀巴（1357 ~ 1419）者，主张实行严格的戒律，禁止饮酒娶妻，于教义和仪式，也多有改善。教徒均着黄衣黄帽，俗称黄教，以示与红教有别。其后黄教于西藏的甘丹建庙，以为据点，逐渐传播，渐及于西藏全境，因此黄教又称甘丹派。宗喀巴死后，传衣钵与其二大弟子，根敦珠巴（本吐蕃赞普）和凯珠巴。

明宪宗成化十年（1474），根敦珠巴圆寂。据说他的灵魂又转附于某一婴孩体中，教徒便以这个婴孩做他的后嗣，名根敦嘉穆错。这种转世办法，此后遂定为永制。第三世名锁南嘉错，为明世宗至神宗初年的人，这时黄教声望益著，蒙古俺答亲赴西藏，把他迎至青海，建寺以奉养之。俺答并赠以"达赖喇嘛、瓦答拉"的尊号，其意为"包罗万象的喇嘛，执掌雷电的大法师"。从此黄教教宗始有"达赖"之名（达赖为蒙古"大海"之意），红教诸领袖，皆对达赖称弟子，改从黄教，化行诸部。第四世名云丹嘉穆错，黄教益盛，蒙古、西藏、青海等地居民，莫不奉之。达赖喇嘛为黄教教宗，驻锡于拉萨，与班禅同为西藏宗教及政治的领袖。班禅也就是宗喀巴的另一弟子凯珠巴的转世者，他在喇嘛教中，与达赖同具最高权威，政治势力则不及。从政治上看，他只是西藏的副王，名义上虽统治后藏，实际仍从属于达赖，但教民对他尊崇的程度，并不低于达赖。[参看余元厂《西藏喇嘛教史》（载《现代佛教文选》）]

清自圣祖至高宗，均着意于儒学的复兴，对佛教并不关心。佛教诸宗，禅宗虽仍盛行，但其精神日趋世俗化，宗风亦随之衰落。此外如净土宗、律宗，也仅能保持典型。乾隆时，曾禁各地建立新寺院，民间出家为僧的也受限制。士大夫虽喜谈佛学，但只是究心佛理，并无兴隆佛教的意图。至于喇嘛教，内地人甚少信奉，清室以其流布于内外蒙古及青海、西藏，为柔远起见，加以保护尊崇，以理藩院兼理其教，并于北京建雍和宫，奉养喇嘛。雍正时，清室又为内外蒙古各立活佛，以为其区内喇嘛教的领袖，合达赖、班禅，共为四系。清代喇嘛教，表面上虽受帝王的优遇，实则其势已不如昔日的旺盛，渐走上衰落之途。

道教在宋代甚为盛行，尤以徽宗崇信最笃。南宋时，道教稍衰。元室虽奉事喇嘛，但对道教仍甚优遇。明室对道教益加尊重，洪武初，正一教领袖张正常入朝，太祖封之为真人，官正二品，世袭罔替。从此龙虎山张氏，成为道教正统。其后宪宗、世宗均笃信道教，世宗更躬亲斋醮，不理朝政。他曾封道士陶仲文为真人，授礼部尚书，封恭诚伯，可想见当时道教之盛。清室虽然也奉道教，但不如前代之甚，始则降正一真人为五品，其后又不许朝觐，仅由礼部带领引见。乾隆时，更禁正一真人传度俗人为道，道教遂日见衰落，但民间的奉道者，仍比比皆是。[参看傅勤家《中国道教史》，页二三一至二三二]

元代，因重用回人，西域伊斯兰教徒大量来华，遍及中国各地。元末，天山南路各城的居民大都信奉伊斯兰教，势力日益扩张，伊斯兰教领袖逐渐取代察合台后裔的地位，握有南路政教之权。明代伊斯兰教分白山、黑山两宗（俗称白帽回、黑帽回），各承师说，相互攻击。明室对天山南北路虽不能直接控制，但蒙回诸部，遣使入贡者甚多。清初，回部为蒙古准噶尔部所并，至乾隆时，准、回两部均为清室平定。清室对伊斯兰教取放任态度，许其自由信仰；诉讼的判断，以教规为根据，不用国家法律，以此笼络回人。至于内地如甘肃、陕西、四川、山西、河北、福建、广东、云南等省，均有伊斯兰教信徒居住。清末，陕、甘、云南的伊斯兰教徒，均曾叛乱，可想见其势力之大。

（二）基督教

自蒙古大帝国瓦解后，元代输入的基督教（也里可温教）也趋于衰落。明朝中叶（16 世纪初），欧洲基督教发生革命运动，新旧两派至以兵戎相见，结果旧教为新教所挫。旧教中若干有志之士，组织耶稣会（Jesuit），内谋改革旧教本身的缺失，外谋发展其传教事业。适值非洲好望角的新航路发现，葡萄牙人在东方积极扩展殖民事业，耶稣会教士也陆续东来。明孝宗弘治十三年（1500），耶稣会教士随葡人至印度布道，传播渐盛。嘉靖三十一年（1552），耶稣会东方布教总长方济各（Saint Francois de Xavier，西班牙人）欲来中国传教，因道死未能如愿。其后，又遣教士利玛窦（Matteo Ricci，意大利人）等来华。

明神宗万历十一年（1583），利玛窦至广东肇庆（今广东高要县），学习中国语文，以便传教，其后北上至南京，游说于搢绅之间。他于传布教义之外，并介绍西方的天文、地理、算学、兵器等学科于国人，更设立病院，为人治病，因而渐得国人的信仰。二十九年（1601），他与教士庞迪我（Didacus de Pantoja，西班牙人）同至北京，上书神宗，献天主经典，基督、圣母图像以及自鸣钟、万国图志等物。神宗准其在京师建堂传教，不数年，信徒至二百余，国人统称其教为天主教。廷臣如徐光启、李之藻等，均服膺天主教旨，从之习天算历法。当时中国士大夫学习西洋科学的兴趣甚浓，利玛窦乃利用此种心理，以传授学术达成其布道的目的。其教义与中国传统文化相互冲突之处，也加以调和折衷，因此甚得朝野人士的赞许，信徒日增。

万历末，利玛窦死，其后继者拘执教义，不知变通，致与中国若干传统习俗相冲突（如禁止教徒祭祖等），因此引起国人的不满，反对者渐多。明室遂于万历四十四年（1616）下令禁止传教，教士均逐回澳门。既而满人崛起，边患日亟，明廷需要改良兵器，乃于熹宗天启二年（1622），命澳门教士罗如望（Joannes de Rocha，葡人）、阳玛诺（Emmanuel jeune Diaz，葡人）等制造铳炮。次年，又召用教士艾儒略（Giulio Aleni，意人）等，教禁遂解。此后外人来华者益众，传教事业更为发达。思宗崇祯初，徐光启受命监修历法，并征教士汤若望（Johannes Adam Schall Von Bell，德意志人）等译书演算。崇祯十四年（1641），新历告成。十六年（1643）颁布，是为《大统历》。既而明室覆亡，竟未及施行。

满清入关后，汤若望上书自陈，清室以之任钦天监监正，制定新历。若干反对西法的钦天监旧人对之甚为痛恨。康熙四年（1665），钦天监旧人杨光先首先攻击新历，于是汤若望及其属员均罢黜治罪。清室以杨光先继任钦天监监正，仍用旧法，其后光先推闰失实，清室改任南怀仁（Ferdinand Verbiest，比利时人）为钦天监监正。圣祖深知西洋科学的精妙，乃引用教士徐日升（Thomaz Pereyra，西班牙人）、白晋（Joachin Bouvet，法兰西人）等，轮流进讲，并以他们担任通译及若干外交事务。又命白晋、德玛诺（Romain Hinderer，法人）等分赴各省，测绘全国地图，历时十年而成，圣祖命名为《皇舆全览图》，它是中国第一部用经纬度测绘的地图。

耶稣会士的来华布道，对中国固有的风俗习惯，每抱容忍态度。教徒有崇拜祖先或孔子的，虽与其教义相冲突，也大都予以默认。但明末清初，旧教的其他若干宗派也相率东来，对耶稣会的传教方式，甚不谓然，因此屡向罗马教皇陈诉，以耶稣会之容许教徒祭祖为违背教义。教皇乃于康熙四十三年（1704）遣使携密旨来华禁革，使者与圣祖讨论传教事宜，意见不合。四十六年（1707），使者公布教皇密令，令教士不服从者，尽行远离；对圣祖的神学意见，亦有指斥。圣祖大怒，囚使者于澳门，并下令凡传教士无中国政府的许可证者，一律不准在中国传教。

世宗继位后，对来华教士取缔益力。规定除任职京师钦天监或其他要职者外，其余教士悉送澳门安置。世宗以后，教禁时宽时严，并未能彻底禁绝。至嘉庆十三年

（1808），新教教士英人马礼逊（Robert Morison）始至广东布教。鸦片战争后，欧美各地的基督教会纷纷派遣教士来华传教。英法联军之役后，清廷正式撤销禁令，于是新旧教派传播益盛。若干教会更于传教之外，设立医院和学校，对中国文化和社会的演进，发生巨大的影响。

二、儒学与史地

（一）理学

元代理学，仍承宋人余绪，当时的大儒金履祥、许衡、吴澄等，其学都不出朱陆范围，尤以程朱一派的学说最为流行。明初大儒方孝孺、薛瑄、吴与弼等，亦皆谨守程朱之学。孝孺，浙江宁海人，他的学问传自宋濂，以明王道致太平为己任。濂，金华（今浙江金华县）人，故号金华学派。孝孺曾仕于惠帝朝，其信道的笃诚，操守的严正，都与朱子相似。靖难之变，孝孺殉节，金华学统也因而中绝。瑄，山西河津人，是成祖到英宗一段时间的人。他为学着重言行的检点，于义理则少所发挥，号河东学派。与弼，抚州崇仁（今江西崇仁县）人，为学以安贫乐道为主，并着重身体力行，一切玄远之言，绝口不谈，门人甚盛，号崇仁学派。三人虽为当时大儒，但均不能摆脱程朱而有所创辟，直到英宗时的陈献章出，理学中的反朱学派才告出现。

王守仁，佚名绘。

陈献章，广东新会人，初从吴与弼游，博读群书。其后舍繁求约，认为学问

劳扰，无由见道，因而不事著述，但教人端坐澄心，于静中养出端倪。其学与陆九渊相近，学者称白沙先生。其弟子增城（今广东增城县）湛若水，学者称甘泉先生，讲学则以“随处体验天理”为宗旨，并不尽守其师说。他以为所谓“心”，不应只指方寸而言，而应“体万物而不遗”。若水与王守仁同为当时大师，但其学的流传，不及王学的广远。

王守仁，字伯安，浙江余姚人。少习词章，继而致力于格物，其后更出入佛老，但均无所发明。武宗时，因忤权宦刘瑾，谪龙场驿（在今贵州修文县）丞，忽悟格物致知之道，认为当自求诸心，不当求诸事物，遂立“致良知”及“知行合一”之说。其说与朱学立异，而独尊陆九渊，以为陆学简易直捷，可以上接孟子的学统。所谓良知，是人类先天知善知恶的是非之心，也就是天理。只要发挥良知，使知与行合而为一，便自然合于天理，不用外求；良知发挥到极致，则人人可以为圣人。圣人的条件，不在事功，而在心性，因此不一定先要立大事业，而后才能做圣人。其直指人心，颇与禅学相近。守仁曾筑室习静于其故乡的阳明洞，因此学者称他为阳明先生。其学自成系统，号姚江学派。

阳明之学传播极广，其弟子遍及全国，而以钱德洪、王畿、王艮、邹守益、罗洪先等为最著名，终明之世，几成王学世界。宋元以来盛极一时的朱学，至是而衰，其所讲求的格致工夫，也渐不为学者所重。但王学虽能充分发挥个性，其弊则易使人流于放浪自恣。因此王派学人，不守礼法者甚多，如何心隐、李贽等，言行均过于荒谬，为世骇怪；而束书不观，专谈心性，思想也难免流于空疏贫乏。明末，顾宪成、高攀龙讲学于东林书院，其学综合朱王，而以风义节操相砥砺；此外刘宗周虽绍述阳明，但为学主诚敬，立身重操守。他们都在有意矫正王学的流弊。

明末的阳明学派，流于空疏狂肆，而为学者所厌弃。清初大儒，北有李颙、孙奇逢、颜元等，南有王夫之、黄宗羲、顾炎武等，他们对王学大都不满，或做有限度的修正，或做猛烈的抨击。李孙之学，与陆王相近，但兼采程朱，以为调和。颜元根本否认读书说理为学问，而以实用实践为宗。他反对宋儒主静之说，以为“养身莫善于喜动”，教人“振起精神，寻事去做”；并以为学问必须以施诸政治、有益人生为主。其弟子李塨，恢张师说，但也有补偏救弊之处，世称他二人的学说为“颜李之学”。王夫之则力辟致良知之说，而推崇朱子。黄宗羲虽宗阳明，但主张多读书以穷理之变化，并以实践为归。顾炎武不谈心性，但以博学有耻为人生鹄的。他的治学范围，以典章制度、社会经济为主，方法则注重归纳考证。诸家以顾氏对后世的影响最大，清代的朴学，实以他为前驱。

王学至清初，既为学者所诟病，程朱一派的理学因而代兴。清廷也加意提倡朱学，不但以“朱注四书”为取士的标准，并于康熙朝刊刻《朱子全书》《性理精义》诸书。当时著名的理学家，有李光地、陆陇其、张伯行等。其后朴学兴起，理学日衰。朴学着重经史的训诂考据，又称汉学；理学着重儒家的义理，又称宋学。理学虽不及朴学为盛，但仍代有学人，清季曾国藩、罗泽南，均为理学大儒，为中兴名臣。但清代的理学，只重谨言慎行，既不能博综群学，更谈不到思想上的树立。

（二）经学

元代科举，以“朱注四书”及宋人经注为经义考试的标准。但元室对于经学并未加意提倡，因此亦无成绩可言。至明成祖，命胡广等编撰《五经大全》《四书大全》及《性理大全》，解缙等纂辑《永乐大典》，想借此类工作，冲淡文士们对他篡位的反感。三大全蹈袭程朱经说，实无创见，但因用以取士，对当时的学术思想具有甚大的影响，治经者大多不能跳出宋人的范围。《永乐大典》凡二万二千八百七十七卷，是一部庞大的类书。其书以韵为目，而以古书字句分别排列于下，甚无条理；但其中所收的古书甚多，若干佚书，得以复见于世。当时南北两京，仅有写本三部，始终未能镌印，至今几已完全散失。

明人治经，虽然承袭宋人的余绪，但也有少数著作，抒发己见，不为前人所囿。如梅鷟（武宗时人）的《尚书考异》，力攻《古文尚书》之伪。汉武帝时，孔安国献《古文尚书》，并作传加以诠释。会巫蛊之狱起，未能列于学官，其书不久佚失。成帝时，张霸伪作《古文尚书》百二篇以进，未为汉廷所采。东晋初，梅赜自谓得孔安国所传《尚书》五十八篇，进于朝廷，而得立于学官。至唐，孔颖达为之作疏，其书大行。南宋时，朱熹已对之怀疑，至是梅鷟更力辩其伪。此外如陈第（神宗时人）的《毛诗古音考》《屈宋古音义》等书，于先秦古音，多所发明。但大多数的学人，都迷恋科举，埋首于制义的讲求。因此整个说来，明人治经，并无卓越的成就。

清代学术研究的风气大变，着重于经史的考据训诂，号称“汉学”或“朴学”。这种学风，萌芽于清初，而极盛于乾隆、嘉庆时代。清初学者，以黄宗羲、顾炎武为大师，他们同是明末至清康熙前期的人。宗羲字太冲，号梨洲，学者称为南雷先生，浙江余姚人。他以史学见长，为浙东史派的开创者。经学方面，他对《尚书》和《易经》也有深邃的研究，他的两部重要著作，《授书随笔》一卷和《易学象数论》六卷，实为后来阎若璩、胡渭等精研《尚书》和《易经》的先导。炎武字宁人，学者称为亭林先生，江南昆山（今江苏昆山县）人。其学方面甚广，治经则倡经学即理学之说，教人摆脱宋明理学的羁绊，直接研治六经；并提倡“经世致用”，于修己之外，尤重安人。他著有《日知录》三十二卷，是他生平的得意之作。书中前七卷皆论经义，其余则兼及政事、世风、礼制、科举、艺文、史法、兵事、外国事、天象、术数及地理等，他的学问心得，可在这部书中见其梗概。这部书的影响很大，它为后人开辟了分科研究的途径。此外他的治学方法，力主客观，诸如搜罗资料，做综合的研究，参验见闻，以求实证等，都为后来的汉学家所取法。与黄顾同时而年辈稍晚的经学家，又有阎若璩、胡渭等。阎著《古文尚书疏证》，于《古文尚书》矛盾错讹之处，尽行标举，古文之伪，始得大明于世。胡曾著《易图明辨》《洪范正论》等，也以客观的考证方法，扫除若干附会变乱的谬说。黄顾诸人，虽下开学术界尊古宗汉的风气，却没有明揭汉学旗帜以自立门户的意思。

自康熙至乾隆，清室屡兴文字狱，士大夫为隐身远祸，遂群趋考证之学，至乾嘉，臻于极盛。乾嘉时代的学术研究，以经学为主，兼及文字及音韵之学。此外于古代史地、诸子、历算等典籍，也都重加注释校订，成就甚巨。当时的经学家，可分两派：一派为惠栋，字定宇，江苏吴县人。祖周惕、父士奇均为著名经学家，与栋号称“吴中三惠”。此派治经，笃守汉儒家法，专宗马融、服虔、郑玄等人的经说，门户森严。其后江声、余萧客、王鸣盛、江藩等，都承其学风。汉学之名，也由此派而起。另一派为戴震，字东原，安徽休宁人。其治学虽宗汉儒，但并不墨守汉人学说，而重客观及实证，更从文字音韵上，开辟治经的新途径。他的弟子孔广森、段玉裁、王念孙等，都精通文字音韵之学。孔的《诗声类》，段的《说文解字注》，王的《广雅疏证》，均以考证详密、识断精辟见称。念孙子引之，著《经义述闻》，引用汉代训诂，于诸说中采其可通者，给后世研经者以莫大的便利。这派学风的影响极大，直至晚清，仍有学者继续兴起，如俞樾、孙诒让等，皆其著者。

道光之后，经学的研究方向又告转移。乾嘉时代的经学，本是远承东汉的古文诸家，着重文字的考据训诂，而不重思想的探求。由于其研究范围过狭，若干学者乃转入西汉的今文学派，着重寻求经书中的微言大义，而不斤斤于名物的考究。这派的开创者为庄存与，刘逢禄、龚自珍、魏源等继之，其学渐盛。他们有时也做考据工作，甚至指若干古籍（如《左传》）为伪作，说法虽新颖，但缺乏实证。清末，康有为作《孔子改制考》及《新学伪经考》等书，谓六经皆孔子所作，古文经为王莽、刘歆所伪造。其说虽甚离奇，但对近代辨伪疑古的学风，颇有倡导之功。

（三）史地

史学极盛于宋代，至元明，其学渐衰，但亦不能说毫无成绩。正史中的宋辽金三史，都成于元代。三史自元世祖时即开始修撰，其后又经历朝的经营，至顺帝，再命脱脱等重修，始成定本。三史中唯《金史》尚能叙事详明，具有条理。《宋史》则编次不善，伤于繁冗，错误不可胜数。《辽史》又病在简略，芜陋不堪。明初，命宋濂、王祎等修《元史》，以《元十三朝实录》为根据，其列传及诸志，也大都有元人的成书，以资采择。《元史》于洪武二年（1369）二月开局，八月成书。又因顺帝无实录，元末的事迹也甚缺少，乃于次年二月重开史局，加以补辑，至六月书成。由于成书过速，疏漏错误之处，自然无法避免。例如书中对蒙古人在西亚及欧洲事迹的记载，过于简略；列传的次序，也稍嫌紊乱。其他著名的史学著作，则有薛应旂的《宋元通鉴》，陈邦瞻的《宋史纪事本末》及《元史纪事本末》，但体裁因袭前代，并无创例。此外明代文士，颇能留心于本朝史实，加以记录，这类著作，其中不乏有价值的史料。

清人治史，重在考订训释，至于史事的记录，其成绩不及宋明。清初的史学，开拓于黄宗羲，其后万斯同、全祖望加以光大，至章学诚而集大成，蔚为著名的浙东史派。宗羲著《明儒学案》六十二卷，为学术史的名著。斯同，浙江鄞县人，字季野，宗羲弟子。他自幼便有志于明史的撰述，康熙时，开明史馆，他曾以布衣参与修撰明史的工作，在北京十余年，所著《明史稿》五百卷，甚为识者所称许。他治史以求史实的正确为首务，力避空洞的议论和轻率的臆测，所以他的工作，大部为史料的搜集和鉴别。这种着重实证的治史方法，对清代史学界发生很大的影响。斯同死，其稿为王鸿绪所得，鸿绪冒为己作，妄加窜易，以致面目全非。乾隆初，张廷玉奉诏刊定《明史》，以王鸿绪史稿为底本，加以增损，实则其稿大半出于斯同之手。而当时的史臣，有所顾虑，每多更换原文，以媚时君，因此乾隆时所修的《明史》，不如斯同史稿的信实。祖望亦鄞县人，字绍衣，他继黄宗羲未竟之志，续成《宋元学案》一百卷，叙述宋元学术的渊源派别，极为详实。学诚字实斋，浙江会稽（今浙江绍兴县）人，才识尤高，所著《文史通义》一书，言史学方法及理论，见解超特，发前人之所未发。他并提倡撰修方志，对方志的取材及编纂之法，也多有论列，其义例甚为后人所取法，渐至方志成为专学。

清初，私人修史之风甚盛，但因庄廷鑨、戴名世两次史案，均兴大狱，清人撰集近代史实的风气，以是遽衰。史家如全祖望，虽于其文集中记载明末名贤遗事，但亦不敢刊刻。乾嘉时代的史家，以钱大昕、王鸣盛、赵翼为最著。钱有《廿二史考异》，王有《十七史商榷》，赵有《廿二史札记》，均为一代名著，但都不出考订训释的范围。嘉庆以后，清室文网渐疏，于是研究明史之风又盛，重要著作有陈鹤的《明纪》，夏燮的《明通监》等。对于南明史的撰写，也于此时开始，如温睿临的《南疆逸史》，徐鼒的《小腆纪年》，钱绮的《南明书》，都专记南明史实。到清末，学者更群趋于明清之际及太平天国历史的研究，以发泄其排满思想。这种风气，直传到民国。[参看李宗侗《中国史学史》，页一三七至一五〇]

至于清代官修的本朝历史，主要有《实录》及《国史》。《实录》自太祖至穆宗，均成于清代；德宗一朝，则于民国修成。《国史》分本纪、传、志、表四大目，其下又分若干细目，体制甚详。光绪时，王先谦私据《实录》，删节而成《十朝东华录》(自太祖至穆宗)。宣统时，朱寿彭根据邸抄及报章，续成《光绪东华录》。此外又有"方略"一类，专记历朝用兵事迹。道光以后，与西洋各国交涉频繁，亦有专书记载其事，是为"三朝(道光、咸丰、同治)筹办夷务始末"。

地圆之说和经纬线的地图绘制法，均于元代输入中国。但当时国人了解而同意的，可谓绝少，因此并未发生任何影响。元代地图，以朱思本的《舆地图》最为著名，其图布置精到，于前代地图的错误，多有改正。明世宗时，罗洪先因朱图改制为《广舆图》，其图传播始渐广，而为后人所取法。到明神宗时，利玛窦来华，屡次绘制世界地图，国人对世界地理的新知识始有较多的吸收，诸如经纬度的测量，地名的译定，五大洲的观念，地圆说及五带(二温、二寒、一热)的划分，均由其正式介绍给国人。当时虽受一般士大夫的欢迎，但能接受这种学识的人仍然甚少，因此利玛窦死后不久，国人即不再重视这种制图法。其后清圣祖末，也曾命教士以西法测绘地图，但其图由清室秘藏，且国人科学知识水准过低，因此仍不能普及。直到清末，西学大量输入，西式绘图法才渐为国人所普遍了解。[参看王庸《中国地理学史》，页八五至一二六]

方志的著作，明清两代均甚繁富，至于不可胜记。此外清代史家，多喜兼治与史学有关的地理学。清初，顾祖禹著《读史方舆纪要》，论述各地的山川险隘、攻守形势，极为详尽；并根据史实，推论若干战役得失成败的原因。其组织和方法，可为地理学研究的楷模。又如顾炎武的《天下郡国利病书》、胡渭的《禹贡锥指》、赵一清的《水经注释》等，都是这方面的名著。道咸以后，学者多致力于边疆地理的研究，重要著作有徐松、何秋涛的《新疆识略》、张穆的《蒙古游牧记》等。此外若干学者，进而研究世界地理，如魏源的《海国图志》，徐继畬的《瀛海识略》，虽然成就不伟，但其志趣及识见，则甚可佩。清末，杨守敬综合诸史地理志，绘成《历代地图》，详记疆域的变迁，可谓集沿革地理学的大成。

三、文学与艺术

（一）文与诗词

元代文风，仍因袭宋人，受理学的影响尤大。元初姚燧、虞集，以古文名世，其文均质实无华。明初散文的作者，以宋濂、刘基为著。濂曾于太祖朝典掌制诰，为文雍容浑穆；基为开国功臣，为文雄奇豁达。从成祖到宪宗末的八十余年间，文体趋于平易，代表的作家为杨士奇。士奇自成祖时任大学士，历宣英之世，典掌机要数十年。其文从容闲雅，醇朴无疵，时人竞相仿效，号“台阁体”。但其末流，变成空泛冗长，凡庸无生气。孝宗武宗时，乃有复古运动的发生，其倡导者为李东阳、李梦阳等。东阳论文主宗唐宋，为复古运动的前导。梦阳则主张“文必秦汉，诗必盛唐”，学者从之者甚多，风气因而渐变；其文雄奇高雅，但因刻意效古，不免模拟剽窃。世宗时，归有光复主宗唐宋，其作品颇多名篇，为时所重，清代的桐城派，对他尤为推崇。主法秦汉者，则有李攀龙、王世贞等。由于古文的流行，明代的骈文，已不占重要地位，作品大多不免陈腐之病，极少佳构。

清初古文，以侯方域、魏禧、汪琬三家为最著。康熙末，方苞倡古文义法，非事关人伦风化者不苟作，涉笔必寓六经精华；举凡语录中语，六朝人的藻丽俳语，汉赋中的板重字法，诗歌中的隽语，南北史的佻巧语，都在禁用之例。其文清淡简远，为清代桐城派古文的开山者，但因严守义法，而致缺乏雄伟博大的气象。乾隆时，刘大櫆、姚鼐也以古文名。刘力追韩愈，文章以才气见长；姚则远宗唐宋八家，近法归有光、方苞，所作法度谨严，理文兼胜。方、刘、姚均桐城（今安徽桐城县）人，故世称桐城派。稍后有阳湖（今江苏阳湖县）恽敬、武进（今江苏武进县）张惠言等，为文具法家及策士风格，别树一帜，号阳湖派。道咸以后，曾国藩以中兴名臣，兼擅古文，对桐城派极为推重，于是一时文章，莫不模效方、姚。骈文的著名作者，清初有毛奇龄、陈维崧等，中叶有胡天游、洪亮吉、汪中等。清末，因世局的影响，文体也发生变化。梁启超办《新民丛报》于日本，评论时政，其文介于文白之间，平易畅达，富于情感，极具鼓动的能力，号“新民体”；严复仿诸子文体，翻译西洋社会科学的书籍；林纾则以桐城古文，翻译西洋小说，也均能风行一时。

诗至唐宋，到达登峰造极的境界，后世作者，无法企及。元代著名的诗人，首推元好问。好问金人，因值易代之际，诗多感怆。其后有虞集、杨载、范梈、揭傒斯，号称四大家，诗均宗唐。元末诗人有杨维桢，尤以乐府擅名。明代诗人特多，但值得称道的则甚少。明初，高启独步诗坛，所作隽逸清丽。至中叶，李东阳、李梦阳均以诗名。稍后李攀龙、王世贞为诗坛盟主，但也只能模拟盛唐而已。

清诗的成就远过元明。开国之初，以吴伟业、钱谦益为大家。吴诗苍凉凄楚，最擅歌行，钱诗则沉郁华丽。稍后有王士祯，标神韵之说，主张乘兴而写，言外有意，领袖诗坛者数十年。乾隆时，袁枚主性灵之说，谓诗为作者性情的表现，性情以外无诗。其诗才思盈溢，运用自如。与袁同时的著名诗人，又有赵翼、蒋士铨等。乾嘉之际的诗人，郑燮、黄景仁为最著。燮诗奔放真实，充满人道主义的色彩；景仁生平遭遇坎坷，其诗雄健悲壮，追拟李白。道咸时，龚自珍、曾国藩、吴敏树，均以古文家兼有诗名。同光以来，陈三立、陈衍等专宗宋诗，号“同光体”。清末，黄宗宪首倡诗坛革命，认为作诗当以我手写我口，不受古人的拘牵。其诗镕新思想入旧风格，间杂以新名词，为崇古者所不敢用，开后日新诗的先河。此外王闿运、樊增祥、易实甫、康有为等，也都以诗名。

词盛于两宋，至金元，几成绝响。元代著名的词人，有刘因、张翥、赵孟頫等。明代词人，多宗唐末五代，但格调卑弱，能称大家者甚少。明初刘基、高启擅于词，前者以雄放见长，后者以芊丽取胜。永乐以后，盛行小令，作者唯杨慎、王世贞、文徵明、唐寅等人可称。明末则夏完淳、陈子龙为一时之选，二人均为抗清的义士。夏词凄婉，陈词则清丽缠绵。

清初词人，仍多宗晚唐五代。至朱彝尊、陈维崧改宗宋词，其风始变。彝尊追模姜夔、张炎，维崧取法苏轼、辛弃疾，而以彝尊词的影响较大，号称浙派。其后浙派词以厉鹗为大家，雍乾以降，词人多奉为宗师；但其末流，不免失之堆砌。至中叶，张惠言宗周邦彦，所作沉着丽厚，自成一家，号常州派。这一派的词人，尚有张琦（惠言弟）、周济、荆济等。两派之外，则有纳兰性德（康熙时人），其词哀感顽艳，得南唐二主的遗意。清末著名词人则有郑文焯、朱祖谋、王国维等，郑朱宗宋，王则直师五代。总之，清代词人，大都只能遵循古人规矩，而不能有所创造。

（二）散曲与戏曲

元明的古文与诗词，虽不逮唐宋远甚，但曲的方面，则光焰万丈，构成元明文学史上的主流。曲是用俚俗言语，依照乐谱编撰而成的，可以清唱或扮演，其佳作具有崇高的文学价值。曲分散曲与戏曲两大类，前者无论记事言情，均不须科（动作）白（道白）以为联贯，适于清唱；后者大都加入科白，记事必有首尾，适于扮演。曲于南宋时最先起于北方，到元朝统一后，才遍及江南。

散曲又有小令与套数之分。小令又称小曲，每首只用一曲牌，与词的小令相似，写景言情，饶有情致。套数又称套曲或大令，是用同一宫调内的多种曲牌，合叙一事，全套首尾一韵，其长短因情节的繁简而定。元代的散曲作家，以马致远、张可久最为杰出。致远，大都（今北平市）人，约生于南宋末年。其散曲的作品，现存小令百余首，套数十余首，风格豪放，兼具清逸，颇似词中的苏轼。可久，庆元（今浙江庆元县）人，其时代较马致远稍后，现存作品七百余首，以清丽蕴藉见长。明代散曲，仍极一时之盛，大致可分三派：一派为冯惟敏、王九思等，格调承马致远。一派为王磐、金銮等，作风师张可久。一派为梁辰鱼、沈璟等，以文雅工丽是尚，与元曲的苍凉飒爽大有不同，可谓自创新格。清代的散曲作家，为数甚多，但其成就则无法与元明并论。［参看冯沅君《中国文学史》，页一八九至二〇八］

戏曲是以科白与曲文组织而成，分为杂剧和传奇两种。杂剧的歌曲部分，是以散曲中的套曲组成的，曲一套为一折，每剧折数不多，每折大都由主角一人独唱，配角则只能对白。杂剧最初流行于北方，又称北曲。传奇折数较多，歌唱不限主角一人，最初流行于南方，故又称南曲。杂剧的出现，最早约在金末，地域则不出大都附近。元灭金后，杂剧始盛，名家辈出，尤以关汉卿、王实甫、白朴、马致远四家为最著。关，大都人，为元剧的开山者，生平事迹无法详知，有的说他曾为“太医院尹”，有的称他为“解元”。他秉性风流自赏，肆意于声色耳目之娱。他的作品约六十种，今仅存十七种，所写皆曲尽人情，明畅如话。其杰作《窦娥冤》，故事哀切感人，人物个性生动，并对官场的黑暗做大胆的揭发。此外如《救风尘》等，描写亦极深刻。王，大都人，约与关汉卿同时，生平事迹不可考，可能出任官职，后退休家居。他的《西厢记》，风格雅艳婉媚，词藻清丽缠绵，后世推为北曲第一。白作有《梧桐雨》，马作有《汉宫秋》，均情词凄切，为著名的悲剧。元统一后的著名作家，有郑光祖、乔吉等，但他们的作品，均不足超越前人。元末，杂剧渐衰，仅秦简夫、萧德祥两家，尚具典型。

明初的杂剧作者，大都由元入明，风格与元末无异。作品多取材于神仙释道，甚少佳制。至朱权（明太祖子）及其侄有燉出，杂剧始有大家。中叶以后，杂剧发生剧烈的变化。元代杂剧，内容通俗，但规律甚为严整；至此一变而为文人专有的文艺作品，对规律亦不甚遵守。正德、嘉靖间，徐渭、康海、王九思等人的作品，均卓荦不凡。嘉靖以后，传奇日盛，杂剧乃渐趋消沉。

传奇为长篇巨制，只分出而不限折数，角色无论主配，均有其科白唱。传奇初起于元朝中叶，发展至清代，约有四百年的历史。自元中叶至明惠帝的一百年间，传奇渐兴，名家有施惠、高明、徐畛、朱权等，多尚质朴。自明成祖至光宗约二百年，为极盛时期，作风渐趋典丽。前半期作家的代表有邵璨堪等，后半期则有梁辰鱼、王世贞、汤显祖、沈璟等。自明熹宗至清圣祖的一百年间，传奇行将没落，但明末的冯梦龙、范文若、阮大铖、吴伟业和清初的李渔、洪昇、孔尚任等名家，仍为曲坛放出异彩。

传奇的腔调，以昆腔（昆指昆山，今江苏昆山县）为主，故又称昆曲。清入关以后，昆曲渐衰，而“乱弹”兴起。乱弹包括多种腔调，如京腔（北京）、秦腔（陕西）、弋阳腔（江西）、梆子腔（河南，又称南梆子）、高腔（河北）、二黄腔（起于湖北黄陂、黄冈二县）、甘肃腔（即西皮调）及皮黄（即西皮调、二黄腔相合而成）等，其中皮黄因能容纳各种腔调，成为乱弹的主流。咸同以来，皮黄逐渐取代昆曲的地位，清末风行一时的“京戏”，其乐曲即以皮黄为主。[参看李曰刚《国学概要》，页一四九至一六四]

（三）小说与书画

明清的小说，由宋元的平话，演变成章回体的小说，可以说是明清文学的精华。其结构大致是每书分若干回，每回故事的重心缩成对联一副，冠于篇首；每回之末，也缀以诗句，并以“欲知后事如何，且听下回分解”作结，千篇一律。此外开篇常有“楔子”，以总述故事的来源。

明代的章回小说，最著名的为《水浒传》《三国志通俗演义》（简称《三国演义》）、《金瓶梅》及《西游记》，世称“四大奇书”。《水浒传》为中国章回小说最早的长篇巨著，作者施耐庵，元末人。它是宋元数百年间梁山泊英雄故事的结晶，描写人物，如生龙活虎；内容曲折复杂，文笔细腻活泼，是一部富于创造性的文学巨著。《三国演义》传为罗贯中所作，其内容系依据陈寿的《三国志》，并杂以宋元流传的故事而写成，是一部规模特大的军事政治小说。现存的一百二十回本，已非罗氏原稿，而是经过清人所改定的。这部书流行极广，对中国民间思想的影响也极大。它不特阐扬忠义，且能益人智谋，但因限于史实，不能任意构造，故写人叙事，不如《水浒传》的生动。《金瓶梅》传为王世贞所作，一说笑笑生（真姓名不可考）作。全书凡一百回，书名是由潘金莲、李瓶儿及春梅三位女主角的名字，各取一字，拼合而成。其内容则根据《水浒传》中西门庆与潘金莲的艳史，加以扩大，描写当时豪绅的淫奢以及社会的黑暗。此书文笔畅利，对人情世态刻画尤工，以其间涉猥亵，一向被目为淫书，但从写实的观点看，则是一部不可多得的社会小说。《西游记》，吴承恩作，记述神魔故事，现今通行者为一百回本。它的内容系依据元明两代有关唐三藏（玄奘）西天取经的戏曲，再加上新奇想象创作而成。把唐三藏师徒西行取经，历八十一难的神怪故事加以艺术化及趣味化。构想神奇，风格诙谐，创造的人物也亲切脱俗，因而备受大众的欢迎。此外又有《封神演义》，作者名姓不可考，也是神怪小说中的名著。

清代，历史及神怪的长篇章回小说已不多见，而言情、社会及侠义等类的小说则佳作迭出。言情小说最负盛名的为《红楼梦》，凡一百二十回，作者曹霑，字雪芹，雍乾时人。这部书的主要内容，在描写宦门公子贾宝玉，与其表姊妹薛宝钗、林黛玉三角恋爱所造成的悲剧。书中人物，多至四百四十余人，规模的伟大，结构的细密，以及情节的错综变化，实为古今中外不可多见的言情佳作。社会小说多以讽刺的笔法，抒写社会的黑暗，名著有《儒林外史》，乾隆时吴敬梓作，原书凡五十五回，今本作六十回，乃由若干短篇故事联贯而成。作者对科举时代士大夫的种种丑态劣行尽情描绘，笔意生动深刻，为清末谴责式小说的前驱。《镜花缘》，乾隆时李汝珍作，凡一百回。以唐代海外诸国为背景，用小说的方式，叙述海外奇闻异事，兼寓讽刺中国制度及风俗习惯之意；对女子所受的种种不平待遇尤致不满，实为当时少有的见解。《官场现形记》，清末李宝嘉作，描写官场的腐败现象，痛快淋漓，但含蓄蕴藉，不及《儒林外史》。《二十年目睹之怪现状》，清末吴沃尧（即我佛山人）作，凡一百零八回。以自号“九死一生者”为主人翁，历记其二十年间所遇所闻的光怪离奇的故事。《老残游记》，清末刘鹗（即洪都百炼生）作，凡二十章，叙一号老残者游行各地的见闻，对官吏的顽固腐败，颇多攻击。侠义小说则以《儿女英雄传》（文康作）、《七侠五义》（石玉昆作）、《小五义》（石玉昆作）、《七剑十三侠》（唐芸洲作）、《施公案》（作者不详）、《彭公案》（贪梦道人作）为最著名，但较之《水浒传》，远为逊色。

清代除长篇的章回小说外，尚有短篇的笔记小说，以蒲松龄的《聊斋志异》，享誉最高。其书凡十六卷，四百三十一篇。所叙皆仙狐鬼怪之事，构想玄妙，文辞也甚华丽。此外如纪昀的《阅微草堂笔记》、袁枚的《子不语》，也都是志怪的名著。

书法自唐以后，北朝碑版的一派衰微，元明人的书法，大多以唐宋为宗。元代书家，以赵孟頫、鲜于枢为最著。明初，名书家甚少。至中叶，大家有祝允明及文徵明，祝擅狂草，文擅行草。明末则有董其昌，初学米芾，其后兼习晋唐诸家，独具风格。清代书法名家甚多，中叶以前，如刘墉、钱澧、翁方纲诸人，皆取法唐宋。嘉道以后，碑学大兴，邓石如、伊秉绶以隶篆名。其后工书者，类皆熔合碑帖，兼习篆隶行楷，而以何绍基、赵之谦为大家。清末，康有为的书法气势磅礴，也为世所重。

绘画以宋代为极盛，元初仍承宋余绪，谨遵前人法度，尤以赵孟頫主张复古最力，因此临摹之风大盛，毫无创造的精神。到元末，黄公望、倪云林、王蒙、吴镇诸家，才稍变风格，画法以写意为主，着重情趣，但少有宏伟壮丽的结构。明初绘画，以王冕、夏昶、陈汝言等为著。中期有沈周、仇英、唐寅、文徵明四大家，于山水、花鸟、人物，各有所长。明末，则以董其昌的成就最大，他于山水崇南宗（王维一派画法）而黜北宗，以为前者有文人气，而后者有工匠气。因附和者众，遂造成一时的风气，其影响并下及清代。万历以降，因耶稣会士的来华，西洋画法也随之传入中国。当时虽未能流行，但其讲求明暗的烘染技巧，对中国的人物画颇有影响。明末有曾鲸（字波臣）者，每画一像，烘染至数十层，称“波臣派”。他的画，无疑参用了西洋人物画的技术。

清初绘画，以王时敏、王鉴、王翚、王原祁、吴历、恽恪为大家，六家均以山水见长，而恽兼工花卉。他们大都受董其昌的影响，作风并无显著的改变。此外道济（又名石涛）、朱耷（又号八大山人），均明末遗民，所作山水花鸟，皆能自创新意，不拘绳墨。稍后又有罗牧、金农、华嵒、陆昉、郑燮、沈铨诸名家。清代内廷画院颇尚西画，西洋教士的善画者多被延揽。康雍乾之世，西洋教士郎世宁、艾启蒙等，供奉画院，参合中西，为中国画辟一新境界。但当时一般文人画家，仍主气韵神味之说，视西法的写实逼真为匠气，因此西画流行不久，即趋于消沉。清代的大部分时间，仍以文人画最占势力。至清末，画家渐以疏放雄犷相尚，风气才为之一变。

* 本书最后部分有所删减。——编者

附录一：

中国古代历朝世系表 *

夏朝（姒姓）

（约前 2070 ~ 前 1600）

①禹——②启（禹子）——③太康（启子）

②启（禹子）——④仲康（太康弟）——⑤相（仲康子）

⑤相——⑥少康（相子）——⑦予（少康子）——⑧槐（予子）——⑨芒（槐子）

⑨芒——⑩泄（芒子）——⑪不降（泄子）——⑭孔甲（不降子）

⑩泄——⑫扃（不降弟）——⑬廑（扃子）

⑭孔甲——⑮皋（孔甲子）——⑯发（皋子）——⑰癸（夏桀，发子，一说发弟）

---

* 本表主要依据中华书局点校本“二十四史”和方诗铭《中国历史纪年表》等制作而成。

商朝（子姓）

（约前 1600 ～前 1046）

①商汤履 —— 太丁（未立而卒）—— ④太甲至（太丁子）—— ⑤沃丁绚（太甲子）

②外丙胜（太丁弟）

③中壬庸（外丙弟）

⑥太庚辨（沃丁弟）

⑦小甲高（太庚子）

⑧雍己伷（小甲弟）

⑨太戊密（雍己弟）—— ⑩中丁庄（太戊子）

⑪外壬发（中丁弟）

⑫河亶甲整（外壬弟）—— ⑬祖乙胜（河亶甲子）

⑭祖辛旦（祖乙子）—— ⑯祖丁新（祖辛子）—— ⑱阳甲和（祖丁子）

⑮沃甲逾（祖辛弟）—— ⑰南庚更（沃甲子）

⑲盘庚旬（阳甲弟）

⑳小辛颂（盘庚弟）

㉑小乙敛（小辛弟）

㉒武丁昭（高宗，小乙子）—— ㉓祖庚曜（武丁子）

㉔祖甲载（祖庚弟）—— ㉕廪辛先（祖甲子）

㉖康丁嚣（廪辛弟）

㉗武乙瞿（康丁子）—— ㉘文丁托（武乙子）—— ㉙帝乙羡（文丁子）

㉚帝辛受（商纣王，帝乙子）

西周（姬姓）
（约前 1046 ～前 771）

文王昌 —— ①武王发（前 1046 ～前 1043） —— ②成王诵（前 1042 ～前 1021） —— ③康王钊（前 1020 ～前 996）

—— ④昭王瑕（前 995 ～前 977） —— ⑤穆王满（前 976 ～前 922） —— ⑥共王繄扈（前 922 ～前 900）
　　　　　　　　　　　　　　　　　　　　　　　　└ ⑧孝王辟方（前 891 ～前 886）

—— ⑦懿王囏（前 899 ～前 892） —— ⑨夷王燮（前 885 ～前 878） —— ⑩厉王胡（前 877 ～前 841）

—— 共和行政（前 841 ～前 828）
　　└ ⑪宣王静（前 827 ～前 782） —— ⑫幽王宫湦（前 781 ～前 771）

东周（姬姓）
（前 770 ～前 256）

①平王宜臼（前 770 ～前 720）——（泄父）——②桓王林（前 719 ～前 697）——③庄王佗（前 696 ～前 682）——④釐王胡齐（前 681 ～前 677）

——⑤惠王阆（前 676 ～前 652）——⑥襄王郑（前 651 ～前 619）——⑦顷王壬臣（前 618 ～前 613）

——⑧匡王班（前 612 ～前 607）

——⑨定王瑜（前 606 ～前 586）——⑩简王夷（前 585 ～前 572）——⑪灵王泄心（前 571 ～前 545）

——⑫景王贵（前 544 ～前 520）
- ——⑬悼王猛（前 520）
- ——⑭敬王匄（前 519 ～前 476）——⑮元王仁（前 475 ～前 469）

——⑯贞定王介（前 468 ～前 441）
- ——⑰哀王去疾（前 441）
- ——⑱思王叔（前 441）
- ——⑲考王嵬（前 440 ～前 426）——⑳威烈王午（前 425 ～前 402）

——㉑安王骄（前 401 ～前 376）
- ——㉒烈王喜（前 375 ～前 369）
- ——㉓显王扁（前 368 ～前 321）——㉔慎靓王定（前 320 ～前 315）

——㉕赧王延（前 314 ～前 256）

秦 朝

（前 221 ～前 207）

- ①昭襄王嬴则（前 306- 前 251）
  - ②孝文王嬴柱（前 250）
    - ③庄襄王嬴子楚（前 249 ～前 247）
      - ④始皇帝嬴政（前 221 ～前 210）
        - ⑤二世皇帝胡亥（前 210 ～前 207）
        - 扶苏
          - ⑥秦王子婴（前 207 ～前 206）

注：周赧王 59 年乙巳（前 256），秦灭周。自次年（秦昭襄王 52 年丙午，前 255）起至秦王政 25 年己卯（前 222），史家以秦王纪年。秦王政 26 年庚辰（前 221）完成统一，称始皇帝。

西 汉

（前 206 ～ 8）

- ①高祖刘邦（前 206 ～前 195）
  - ②惠帝盈（前 195 ～前 188）
  - ④文帝恒（前 180 ～前 157）
    - ⑤景帝启（前 157 ～前 141）
      - ⑥武帝彻（前 141 ～前 87）
        - 戾太子据
          - 史皇孙进
            - ⑨宣帝询（前 74 ～前 49）
              - ⑩元帝奭（前 49 ～前 33）
                - ⑪成帝骜（前 33 ～前 7）
                - 定陶王康
                  - ⑫哀帝欣（前 7 ～前 1）
                - 中山王兴
                  - ⑬平帝衎（前 1 ～ 5）
              - 楚王嚣
                - 广戚侯勋
                  - 广戚侯显
                    - ⑭孺子婴（6 ～ 8）
        - 昌邑王髆
          - ⑧废帝贺（海昏侯）（前 74）
        - ⑦昭帝弗陵（前 87 ～前 74）
  - ③高后吕雉（前 188 ～前 180）

东 汉
（25 ~ 220）

- ①光武帝刘秀（25～57）— ②明帝庄（57～75）— ③章帝炟（75～88）
  - ④和帝肇（88～105）— ⑤殇帝隆（105～106）
  - 清河王庆 — ⑥安帝祜（106～125）— ⑧顺帝保（125～144）— ⑨冲帝炳（144～145）
  - 济北王寿 — ⑦少帝懿（125）
  - 千乘王伉 — 乐安王宠 — 勃海王鸿 — ⑩质帝缵（145～146）
  - 河间王开
    - 蠡吾侯翼 — ⑪桓帝志（146～167）
    - 解渎亭侯淑 — 解渎亭侯苌
      - ⑫灵帝宏（167～189）
        - ⑬废帝辩（189）
        - ⑭献帝协（189～220）

三国魏
（220 ~ 265）

- 武帝曹操
  - ①文帝丕（220～226）
    - ②明帝叡（226～239）— ③废帝芳（齐王）（239～254）
    - 东海王霖 — ④废帝髦（高贵乡公）（254～260）
  - 燕王宇 — ⑤元帝奂（陈留王）（260～265）

三国蜀汉
（221 ～ 263）

- ①昭烈帝刘备（221～223）
  - ②后主禅（223～263）

三国吴
（222 ～ 280）

- ①大帝孙权（222～252）
  - 南阳王和
    - ④末帝皓（归命侯）（264～280）
  - ②废帝亮（会稽王）（252～258）
  - ③景帝休（258～264）

西　晋
（265 ～ 316）

- 宣帝司马懿
  - 景帝师
  - 文帝昭
    - ①武帝炎（265～290）
      - ②惠帝衷（290～306）
      - 楚王玮
      - 长沙王乂
      - 成都王颖
      - ③怀帝炽（306～313）
      - 吴王晏
        - ④愍帝邺（313～316）
    - 齐王攸
      - 齐王冏
  - 汝南王亮
  - 琅邪王伷
    - 琅邪王覲
      - 琅琊王睿
  - 赵王伦
- 安平王孚
  - 太原王瓌
    - 河间王颙
- 东武城侯馗
  - 高密王泰
    - 东海王越
    - 新蔡王腾
    - 南阳王模
      - 南阳王世子保

东　晋

（317 ～ 420）

- ①元帝睿（317～322）
  - ②明帝绍（322～325）
    - ③成帝衍（325～342）
      - ⑥哀帝丕（361～365）
      - ⑦废帝奕（海西公）（365～371）
    - ④康帝岳（342～344）
      - ⑤穆帝聃（344～361）
  - ⑧简文帝昱（371～372）
    - ⑨孝武帝曜（372～396）
      - ⑩安帝德宗（396～418）
      - ⑪恭帝德文（419～420）

南朝宋

（420 ～ 479）

- ①武帝刘裕（420 ～ 422）
  - ②少帝义符（422 ～ 424）
  - ③文帝义隆（424 ～ 453）
    - ④孝武帝骏（453 ～ 464）
      - ⑤前废帝子业（464 ～ 465）
    - ⑥明帝彧（465 ～ 472）
      - ⑦后废帝昱（472 ～ 477）
      - ⑧顺帝準（477 ～ 479）

南朝齐
（479 ~ 502）

- 萧承之
  - 道生
    - ⑤明帝鸾（494 ~ 498）
      - ⑥废帝宝卷（东昏侯）（498 ~ 501）
      - ⑦和帝宝融（501 ~ 502）
  - ①高帝道成（479 ~ 482）
    - ②武帝赜（482 ~ 493）
      - 惠太子长懋
        - ③废帝昭业（郁林王）（493 ~ 494）
        - ④废帝昭文（海陵王）（494）

南朝梁
（502 ~ 557）

- ①梁武帝萧衍（502 ~ 549）
  - 昭明太子统
    - 豫章王欢
      - ③豫章王栋（551 ~ 552）
  - ②简文帝纲（549 ~ 551）
  - ④元帝绎（552 ~ 554）
    - ⑤敬帝方智（555 ~ 557）

南朝陈
（557 ~ 589）

- 陈文赞
  - 始兴王道谭
    - ②文帝蒨（559 ~ 566）
      - ③废帝伯宗（566 ~ 568）
    - ④宣帝顼（568 ~ 582）
      - ⑤后主叔宝（582 ~ 589）
  - ①武帝霸先（557 ~ 559）

北 魏
（386 ~ 534）

①道武帝拓跋珪（386 ~ 409）——②明元帝嗣（409 ~ 423）——③太武焘（423 ~ 452）

太子晃——④文成帝濬（452 ~ 465）——⑤献文帝弘（465 ~ 471）——⑥孝文帝元宏（471 ~ 499）——⑦宣武帝恪（499 ~ 515）——⑧孝明帝诩（515 ~ 528）

⑥孝文帝元宏——广平王怀——⑫孝武帝修（532 ~ 534）

⑤献文帝弘——广陵王羽——⑪节闵帝恭（531 ~ 532）

⑤献文帝弘——彭城王勰——⑨孝庄帝子攸（528 ~ 530）

太子晃——南安王桢——扶风王怡——⑩长广王晔（530 ~ 531）

注：从孝文帝始改姓元

东 魏
（534 ~ 550）

孝文帝元宏——清河王怿——清河王亶——①孝静帝善见（534 ~ 550）

西 魏
（535 ~ 556）

孝文帝元宏——京兆王愉——①文帝宝矩（535 ~ 551）——②废帝钦（551 ~ 554）

①文帝宝矩——③恭帝廓（554 ~ 556）

北　齐
（550 ~ 577）

- 高欢
  - 高澄
  - ①文宣帝洋（550 ~ 559）
    - ②废帝殷（559 ~ 560）
  - ③孝昭帝演（560 ~ 561）
  - ④武成帝湛（561 ~ 565）
    - ⑤后主纬（565 ~ 577）
      - ⑥幼主恒（577）

北　周
（557 ~ 581）

- 宇文泰
  - ②明帝毓（557 ~ 560）
  - ①孝闵帝觉（557）
  - ③武帝邕（560 ~ 578）
    - ④宣帝赟（578 ~ 579）
      - ⑤静帝阐（579 ~ 581）

隋　朝
（581 ~ 618）

①文帝杨坚（581 ~ 604）——②炀帝广（604 ~ 618）——太子昭——③恭帝侑（代王）（617 ~ 618）

注：617 年农历十一月，李渊在长安立炀帝之孙代王杨侑为帝，尊炀帝为太上皇。618 年农历三月，炀帝死于江都。农历五月，李渊称帝，建立唐朝。

唐朝
（618 ~ 907）

①高祖李渊（618 ~ 626）——②太宗世民（626 ~ 649）——③高宗李治（649 ~ 683）

③高宗李治——④中宗显（683 ~ 684）

③高宗李治——⑤睿宗旦（684 ~ 690）

③高宗李治——⑥则天皇后武曌（684 ~ 705）

⑥则天皇后武曌——⑦中宗显（705 ~ 710）——⑧少帝重茂（710）

⑥则天皇后武曌——⑨睿宗旦（710 ~ 712）——⑩玄宗隆基（712 ~ 756）

⑪肃宗亨（756 ~ 762）——⑫代宗豫（762 ~ 779）——⑬德宗适（779 ~ 805）——⑭顺宗诵（805）

⑮宪宗纯（805 ~ 820）——⑯穆宗恒（820 ~ 824）

⑯穆宗恒——⑰敬宗湛（824 ~ 827）

⑯穆宗恒——⑱文宗昂（827 ~ 840）

⑯穆宗恒——⑲武宗炎（840 ~ 846）

⑮宪宗纯——⑳宣宗忱（846 ~ 859）——㉑懿宗漼（859 ~ 873）

㉑懿宗漼——㉒僖宗儇（873 ~ 888）

㉑懿宗漼——㉓昭宗晔（888 ~ 904）——㉔哀帝柷（904 ~ 907）

注：武则天于 684 年称制，690 年改唐为周，上尊号曰圣神皇帝。705 年，中宗李显复位，唐朝复辟。

五 代

后 梁
（907 ~ 923）

①太祖朱温（907 ~ 912）
- ②郢王友珪（912 ~ 913）
- ③末帝瑱（友贞）（913 ~ 923）

后 唐
（923 ~ 936）

李克用
- ①庄宗存勖（923 ~ 926）
- ②明宗嗣源（李克用养子）（926 ~ 933）
  - ③闵帝从厚（933 ~ 934）
  - ④废帝从珂（明宗养子）（934 ~ 936）

后 晋
（936 ~ 946）

臬捩鸡
- 石敬儒
  - ②出帝重贵（高祖之侄，收养为子）（942 ~ 946）
- ①高祖石敬瑭（936 ~ 942）

后 汉
（947 ~ 950）

①高祖刘知远（947 ~ 948）
- ②隐帝承祐（948 ~ 950）

后周
（951 ~ 960）

①太祖郭威（951 ~ 954）——②世宗柴荣（太祖养子）（954 ~ 959）——③恭帝宗训（959 ~ 960）

十国

吴国
（902 ~ 937）

①杨行密（902 ~ 905）
- ②杨渥（905 ~ 908）
- ③杨隆演（908 ~ 920）
- ④杨溥（920 ~ 937）

注：唐景福元年（892），杨行密为淮南节度使，据淮南。902 年，进封吴王。937 年，杨溥禅位于徐知诰。

南唐国
（937 ~ 975）

①李昪（徐知诰）（937 ~ 943）——②李璟（943 ~ 958）——③李煜（961 ~ 975）

注：975 年，为宋所灭。

吴越国
（907 ~ 978）

- ①钱镠（907 ~ 932）
  - ②钱元瓘（932 ~ 941）
    - ③钱弘佐（941 ~ 947）
    - ③钱弘倧（947）
    - ③钱弘俶（947 ~ 978）

注：唐景福二年（893），钱镠为镇海节度使，据吴越。902 年，进封越王。904 年，改封吴王。907 年，受梁朝册封为吴越王。978 年，钱弘俶纳土归宋。

楚　国
（907 ~ 951）

- ①马殷（907 ~ 930）
  - ②马希声（930 ~ 932）
  - ③马希范（932 ~ 947）
  - ④马希广（947 ~ 949）
  - ⑤马希萼（950 ~ 951）
  - ⑥马希崇（951）

注：唐乾宁三年（896），马殷为潭州刺史，据湖南。907 年，受梁册封为楚王。951 年，为南唐所灭。

闽　国
（909 ～ 946）

- ①王潮（892 ～ 897）
- ②王审知（潮之弟）（897 ～ 925）
  - ③王延翰（925 ～ 926）
  - ④王延钧（鏻）（926 ～ 935）
    - ⑤王继鹏（昶）（935 ～ 939）
  - ⑥王延羲（曦）（939 ～ 943）
  - ⑦王延政（943 ～ 945）

注：唐景福元年（892），王潮为福建观察使，据闽。909 年，王审知受梁朝册封为闽王。945 年，为南唐所灭。

南汉国
（917 ～ 971）

- 刘谦
  - ①刘隐（905 ～ 911）
  - ②刘龑（岩）（911 ～ 942）
    - ③刘玢（942 ～ 943）
    - ④刘晟（943 ～ 958）
      - ⑤刘鋹（958 ～ 971）

注：唐天祐二年（905），刘隐为清海节度使，据岭南。907 年，受梁朝册封为大彭郡王，909 年改封为南平王，911 年，改封为南海王。917 年，刘龑称帝，国号大越，次年改国号汉，史称南汉。971 年，为宋所灭。

前蜀国
（907 ~ 925）

①王建 —— ②王衍
（891 ~ 918） （918 ~ 925）

注：唐大顺二年（891），王建为剑南西川节度副大使，据蜀。903年，受唐朝册封为蜀王。907年，王建自立为帝，国号蜀，史称前蜀。925年，为后唐后灭。

后蜀国
（934 ~ 965）

①孟知祥 —— ②孟昶
（934） （934 ~ 965）

注：后唐同光三年（925），孟知祥为剑南西川节度副大使，据蜀。934年，孟知祥即皇帝位，国号蜀，史称后蜀。965年，孟昶降宋，后蜀国亡。

南平国（荆南国）
（924 ~ 963）

①高季兴（924 ~ 928）—— ②高从诲（928 ~ 948）—— ③高保融（948 ~ 960）—— ⑤高继冲（962 ~ 963）

②高从诲 —— ④高保勖（960 ~ 962）

注：后梁开平元年（907），高季兴为荆南节度使，据荆南。924年，受后唐册封为南平王，史称南平或荆南。963年，高继冲纳地降宋。

北汉国
（951 ~ 979）

①刘旻（又名崇，后汉高祖刘知远之弟）（951 ~ 955）—— ②刘承钧（钧）（955 ~ 968）—— ③刘继恩（承钧养子）（968）

②刘承钧 —— ④刘继元（968 ~ 979）

注：后周广顺元年（951），刘旻在太原称帝，建北汉国。979年，为宋所灭。

北 宋
（960 ~ 1127）

- ①宋太祖赵匡胤（960 ~ 976）
- ②太宗光义（太祖弟）（976 ~ 997）
  - ③真宗恒（997 ~ 1022）—— ④仁宗祯（1022 ~ 1063）
  - 商王元份 —— 濮王允让
    - ⑤英宗曙（仁宗养子）（1063 ~ 1067）—— ⑥神宗顼（1067 ~ 1085）
      - ⑦哲宗煦（1085 ~ 1100）
      - ⑧徽宗佶（1100 ~ 1125）—— ⑨钦宗桓（1126 ~ 1127）

南 宋
（1127 ~ 1279）

徽宗佶 —— ①高宗赵构（1127 ~ 1162）—— ②孝宗昚（高宗养子，太祖七世孙）（1162 ~ 1189）

—— ③光宗惇（1189 ~ 1194）—— ④宁宗扩（1194 ~ 1224）—— ⑤理宗昀（宁宗远房堂侄，太祖十世孙）（1224 ~ 1264）

—— ⑥度宗禥（理宗之侄，养子）（1264 ~ 1274）
- ⑦恭宗㬎（1274 ~ 1276）
- ⑧端宗昰（1276 ~ 1278）
- ⑨末帝昺（1278 ~ 1279）

辽 朝
（907 ~ 1125）

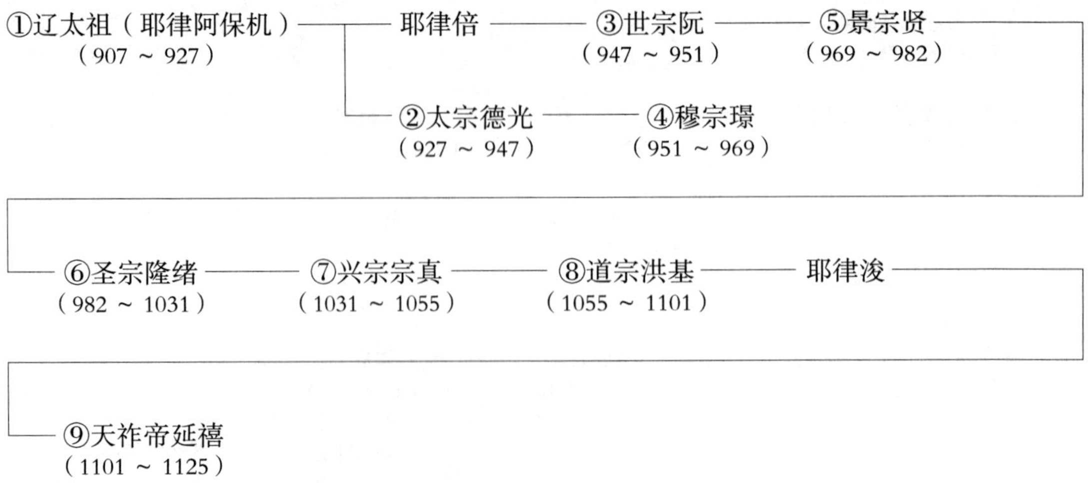

金 朝
（1115 ~ 1234）

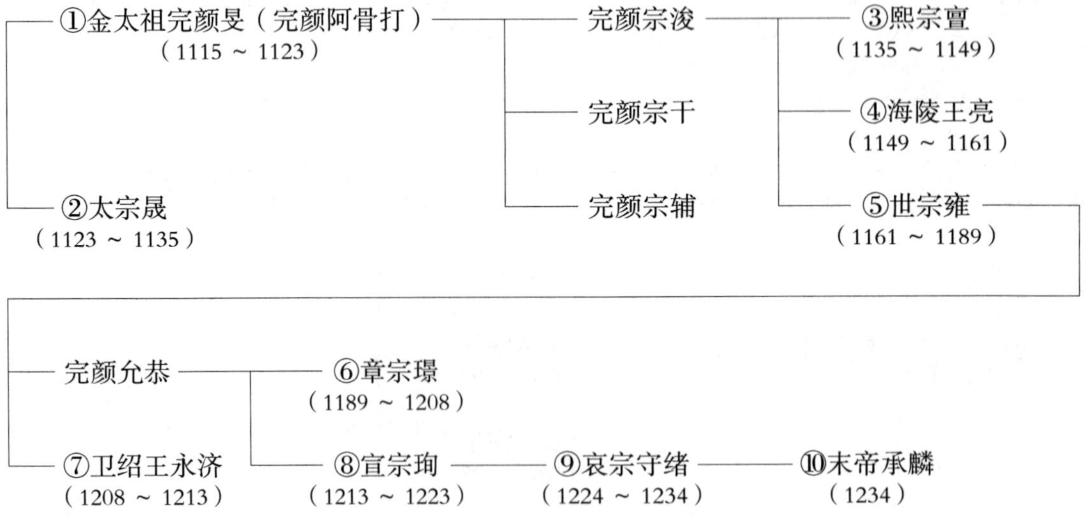

元　朝

（1271 ～ 1370）

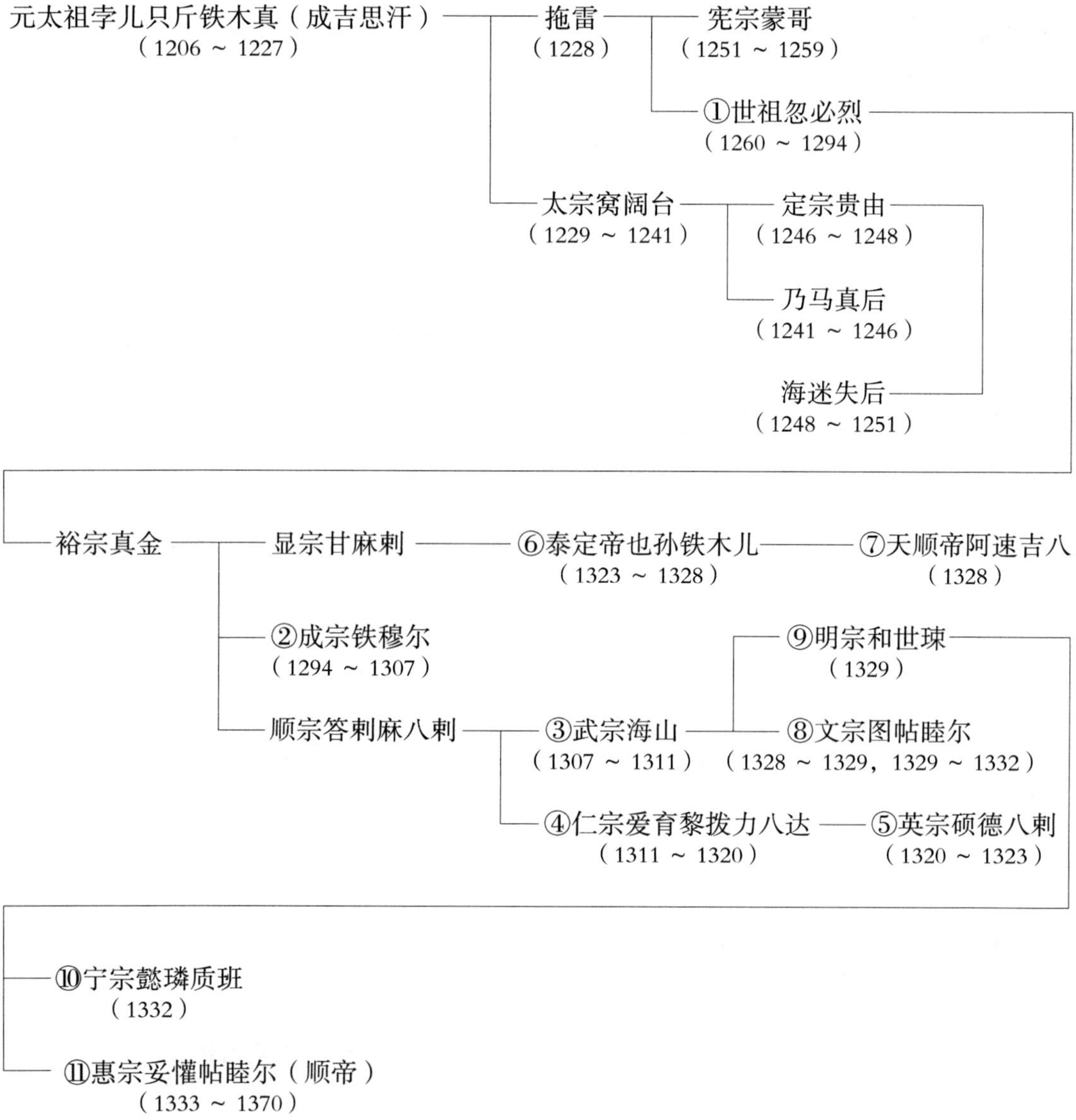

注：1206 年，铁木真被蒙古贵族上尊号为“成吉思汗”，建立大蒙古国。1271 年，忽必烈建国号为大元。

明朝

（1368 ~ 1644）

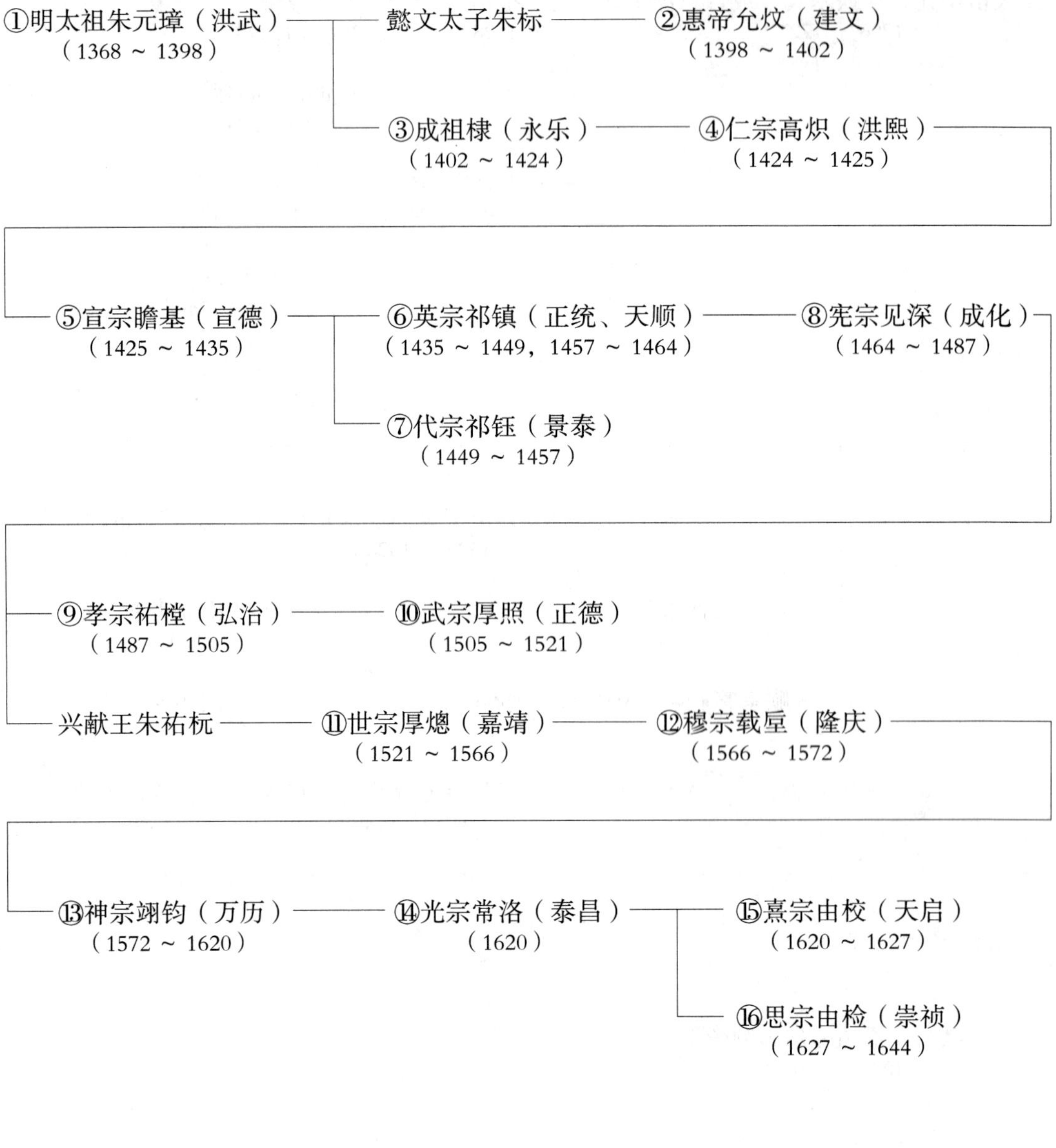
①明太祖朱元璋（洪武）
（1368 ~ 1398）
懿文太子朱标
②惠帝允炆（建文）
（1398 ~ 1402）
③成祖棣（永乐）
（1402 ~ 1424）
④仁宗高炽（洪熙）
（1424 ~ 1425）
⑤宣宗瞻基（宣德）
（1425 ~ 1435）
⑥英宗祁镇（正统、天顺）
（1435 ~ 1449，1457 ~ 1464）
⑦代宗祁钰（景泰）
（1449 ~ 1457）
⑧宪宗见深（成化）
（1464 ~ 1487）
⑨孝宗祐樘（弘治）
（1487 ~ 1505）
⑩武宗厚照（正德）
（1505 ~ 1521）
兴献王朱祐杬
⑪世宗厚熜（嘉靖）
（1521 ~ 1566）
⑫穆宗载垕（隆庆）
（1566 ~ 1572）
⑬神宗翊钧（万历）
（1572 ~ 1620）
⑭光宗常洛（泰昌）
（1620）
⑮熹宗由校（天启）
（1620 ~ 1627）
⑯思宗由检（崇祯）
（1627 ~ 1644）

清 朝
（1616 ~ 1911）

①太祖爱新觉罗努尔哈赤（天命）（1616 ~ 1626）——②太宗皇太极（天聪、崇德）（1626 ~ 1643）

——③世祖福临（顺治）（1643 ~ 1661）——④圣祖玄烨（康熙）（1661 ~ 1722）——⑤世宗胤禛（雍正）（1722 ~ 1735）

——⑥高宗弘历（乾隆）（1735 ~ 1795）——⑦仁宗颙琰（嘉庆）（1796 ~ 1820）——⑧宣宗旻宁（道光）（1820 ~ 1850）

——⑨文宗奕詝（咸丰）（1850 ~ 1861）——⑩穆宗载淳（同治）（1861 ~ 1874）

——醇亲王奕譞——⑪德宗载湉（光绪）（1874 ~ 1908）

——摄政王载沣——⑫溥仪（宣统）（1908 ~ 1911）

注：1616 年，努尔哈赤建立大金，史称后金。1636 年，皇太极改国号为“大清”。

附录二：
傅乐成先生年谱简稿

1922年农历6月29日，傅乐成（字秀实）生于山东聊城。

先祖以渐（字于磐，号星岩），清初顺治三年（1646）状元，亦清朝开国首位状元，仕至太子太保、武英殿大学士，曾任《明史》修纂官、《太宗实录》纂修官，著有《易经通注》等。康熙帝南巡途经聊城时，曾为傅府题联曰："传胪姓名无双士，开代文章第一家"。

高祖继勋（字述之，号湘屏），道光五年（1825）拔贡，历任安徽庐江等县知县，后升至安庆知府、安徽布政使，清季显宦李鸿章、丁宝桢等皆其门生。

伯高祖绳勋（字接武，号秋屏），嘉庆十九年（1814）进士，道光末，历任江西、江苏二省巡抚。

曾祖淦（字笠泉），同治十二年（1873）拔贡，少负才名，文武兼具，工诗善画，尤擅书法，不乐仕进，不慕荣利，任侠仗义，以至贫不举炊。据《傅孟真先生的先世》言，清末武术家"大刀王五"曾拜其为师。早年多出游四方，待三子先后去世，长孙斯年稍长，乃家居课孙，不再出游。1922年6月，卒于家。

曾祖母陈氏，名梅，山东潍县人。陈氏之父，名阡，字云谷，曾任江西巡抚。陈氏出身名门，饱读诗书，十九岁来归时，妆奁甚富，后因家贫，典质一空。生子三，长曰旭安，次曰鬲安，季曰春安，三子皆早逝，家道益落。

祖父旭安（字伯儁，又字东芝，号晓麓），光绪二十年（1894）顺天举人，曾任山东东平龙山书院山长，著有《东平教案记》。光绪甲辰（1904）五月逝于任所，年三十九。

祖母李氏，名叔音，出身富农，识字不多，但“贤孝识大体”，胆识过人。

伯父斯年（字孟真），1896 年 3 月 26 日出生，1909 年考入天津府立中学堂，1913 年夏考入北京大学预科乙部，1916 年秋升入北京大学文科国文门。1919 年 5 月 4 日，北京各校学生代表公推傅斯年为主席，并任游行总指挥，率众游行，前往赵家楼。1919 年夏，卒业于北京大学文科国文门；秋，考取山东省官费留学。冬，赴英留学。1920 年夏，入伦敦大学学习。

父亲斯岩（字孟博），1903 年出生。1919 年 5 月 4 日下午，时为北京大学预科学生的傅斯岩，私自率人爬墙进入赵家楼曾汝霖宅，并打开大门，致使曹府被打砸，和平示威演变为暴力示威。事后，傅斯岩等二十余位学生被捕，次日由北大校长蔡元培保释。

［按，祖父旭安去世时，伯父斯年年仅九岁，父亲斯岩年仅七月。幸赖曾祖傅淦晚年以课孙为乐，教以传统经史和忠孝节义；祖母李氏克勤克俭，贤孝持家，督教二子；门生故旧侯延塽（傅旭安门生）等抚育关照，傅斯年与傅斯岩乃得长大成材。］

1923 年，2 岁。

夏，伯父斯年由英至德，入柏林大学哲学院学习。

1924 年，3 岁。

2 月，曾祖母陈氏卒。

1926 年，5 岁。

冬，伯父斯年由德国回乡省亲。12 月，伯父前往广州中山大学执教，父亲斯岩同行。

此年，胞弟乐德出生。

1927 年，6 岁。

春，伯父斯年任中山大学国文和历史两学系主任，兼文学院长；秋，在中山大学创立语言历史学研究所。同年，父亲斯岩参加北伐战争。

1928 年，7 岁。

夏，中央研究院（简称“中研院”）成立。年底，伯父斯年任历史语言研究所（简称“史语所”）所长。

1929年，8岁。

春，伯父斯年迁史语所至北平；秋，兼任北京大学教授。

同年，土匪攻陷聊城，入傅家抢劫，祖母李氏临危不乱，与匪理论，幸未被害。匪乱之后，祖母携两媳（伯父斯年第一任夫人丁氏和傅乐成母亲）及孙辈迁至济南。去济南前，曾入读私塾。至济南后，入山东省立第一师范学校附属小学。

1931年，10岁。

"九·一八"事变发生后，伯父斯年曾于一次会议上提出"书生何以报国"的问题，讨论结果即编一部中国通史，此后北大历史学系乃以此为己任。

1933年，12岁。

夏，毕业于山东省立第一师范学校附属小学。在小学时，对绘画"有些兴趣"，曾利用寒暑假去美术学校学习炭画，专画人像。

1934年，13岁。

夏，伯父斯年与丁氏离婚。8月5日，伯父与俞大綵在北平结婚。同年，跟随祖母迁居北平，就养于伯父斯年，住在前铁匠营二号傅宅。

同年秋，就读于辅仁大学附属中学。"仍然喜欢绘画"，崇拜徐悲鸿和齐白石，擅长画虾和人像。其后不久，绘画兴趣渐淡，转而喜欢文学，读了不少新旧小说。当时新文学作家中，最佩服林语堂。因受林语堂文章格调的影响，作文力求幽默，但因年少涉世未深，反而有些油腔滑调，充满尖酸讽刺，屡遭老师恶评。

其时，琼瑶之父、史学家陈致平担任辅仁附中初一本国史教师，曾让全班同学"各言其志"，傅乐成率尔对曰："要做一个文学家。"陈致平则说："文学家不能不懂历史，你的历史只有六十分，怎能做文学家呢？"傅乐成后来回忆说，"也许由于陈老师那番话，我对历史也有了点儿兴趣"。

1935年，14岁。

9月15日，伯父斯年之子仁轨出生。12月9日，作为辅仁附中学生代表参加"一二·九"运动，被捕入狱。旋赖伯父斯年保释出狱。

在北平期间，伯父斯年和伯母俞大綵常亲自教傅乐成英文，并教以勤俭和礼节。但因幼时深受祖母疼爱，养成骄纵的习惯，好打架和乱用钱。又因少时读《世说新语》和《庄子》，深受"江东步兵"张翰"人生贵适志"和庄子愿处"材与不材之间"等思想的影响，养成了一种疏懒放浪的人生观。直到晚年，仍以辛弃疾的词句"味无味处求吾乐，材不材间过此生"为座右铭。

1936 年，15 岁。

2 月，与祖母跟随伯父一家迁居南京。

在南京继续读初中，但因语言和习惯差异，在学校与老师、同学相处不洽，常受“老师恶毒的讽刺和不合理的责罚”，所以对学校生活极其厌倦，“行为日趋荒嬉，性情也变得十分乖戾，以致滋生了不少事端，结果竟没有得到正式的初中毕业证书。”

1937 年，16 岁。

抗战以前，在北平及南京，与伯父斯年一家同住一起有两三年，生活较为舒适。7 月，抗战爆发后，在伯父安排下，与祖母一起跟随史语所一位陈姓先生前往安徽，寄寓陈家；伯母俞大綵和堂弟仁轨前往江西庐山牯岭俞大綵父母的寓所。伯父斯年则仍留居南京，处理史语所事务；秋，迁史语所至长沙；冬，乃前往牯岭与家人相聚。同年胞弟乐仁出生。

1938 年，17 岁。

1 月下旬，农历春节之前，从安徽到汉口。1 月 30 日除夕，在朋友家中简单过年。2 月初，到长沙，登记为国立贵州中学高中部的学生。3 月初，准备到贵州去上高中。临走前，父母由浙江来到长沙，母亲在车站被日机炸伤住院。探望母亲后，匆匆离开长沙，前往铜仁。不料，离开当天，母亲即去逝。4 月，入读国立贵州中学，周邦道为校长。几个月后，才得知母亲去世的消息。[按，据付宏《抗战时期贵州的国立中学》和余子侠《抗战时期国立中学的创办及其意义》可知，1937 年 12 月，“国立贵州临时中学”成立。1938 年 1 月，改称“国立贵州中学”，开始在汉口、南昌、长沙等地办理沦陷区流亡师生登记，合格教员 110 人、职员 38 人、学生 1065 名，1938 年 4 月 20 日正式上课。1939 年 4 月，改称“国立第三中学”。据《周庆光校长六十寿序》和《铜仁风光简述》的落款时间分别为“1958 年 4 月 20 日国立第三中学二十周年校庆之吉日”和“1978 年 4 月国立第三中学四十周年校庆”，可知 4 月 20 日为国立三中校庆纪念日，则傅乐成应该是在 4 月 20 日前到达铜仁入校。又《傅斯年遗札》卷 2 之 1938 年 3 月《傅斯年致傅乐焕电稿》云：“告博弟妇伤可到湘雅妥治”。可知傅乐成母亲到长沙时应在 3 月初，则其离长沙赴铜仁，亦在 3 月初。]

母亲去世后，父亲斯岩率胞弟（乐德、乐仁）随“资源委员会”迁居重庆牛角沱，伯父斯年则派人把祖母李氏接到重庆，与斯岩一家生活。

同年春，伯父斯年迁史语所至昆明。秋，伯父移家昆明。

1939 年，18 岁。

在“国立三中”高中部就读。（4 月，国立贵州中学改称“国立第三中学”，周邦道任校长。）秋，入读高三，金桂荪为其国文教师。

1940 年，19 岁。

7 月，毕业于“国立三中”高中第三班。［按，根据《铜仁一中校友名录》可知傅乐成毕业于 1940 年 7 月。又傅乐成《金桂荪老师的诗》一文载：“二十九年夏，我在三中高中部毕业”。韩复智《傅乐成先生事略》谓“二十九年，先生高中毕业后，以第一志愿考取国立西南联大历史系。”高明士《傅乐成先生传略》和《傅乐成先生年谱》亦皆谓 1940 年毕业于国立第三中学高中部，并以第一志愿考取西南联合大学历史系。但是三中建校于 1938 年 4 月，而傅乐成《我怎样学起历史来》谓“三中的三年”，则其在三中仅两年零三个月，实无“三年”之谓。］毕业之后，欲赴重庆探望家人。离校前夕，恩师金桂荪赠以未刊诗稿，其中有专门写给傅乐成的三首诗，录之如下。《题傅乐成纪念册》（二首）：“我亦伤漂泊，萍踪托远游，有儿皆死剩，无往不勾留；泪竭天难问，时危宅任浮，放身栖绝壤，憔悴作心囚。”“之子来邹邑，赏心孔氏言，攻勤遮董帐，立雪到程门；竟业随尘骏，收神敛放豚，前程千万里，吾道几多存。”《题傅乐成日记本》：“绝妙编年史，牛刀小试才，愿君留信笔，待取子长来。”

在高中时，特爱文学。继林语堂之后，又崇拜起周氏兄弟（鲁迅和周作人）喜欢大周的小说、散文和杂感，但对其见解和作风渐感不满，于是便很少再读他的书；喜欢小周乐天知命的自然主义气质和文字平淡而意味隽永的文风，但自其当了汉奸后，便不再读他的书。其后，兴趣渐由新文学转到旧文学。其间，曾主持校内墙报和编辑校刊，积极宣传抗日救国。

据傅乐成晚年回忆，在三中的岁月，是其平生读书最愉快、获益也最多的一段时光。校长周邦道和国文教师金桂荪对其影响尤大。周邦道是位忠厚长者，办事精勤，爱护学生，“道德学问，为一时冠冕”，傅乐成常受其引导和劝勉。金桂荪是位博学能文的通儒，亦是位愤世嫉俗的狂士，具有强烈的正义感，傅乐成的品性、学识和文章都深受其影响。他曾教授写古文、作旧诗，讲解诸子，推介《昭明文选》和《资治通鉴》，使傅乐成打下了较好的文史基础，并引发了其对历史的兴趣。

此时，震于伯父斯年、陈寅恪和顾颉刚诸先生的高名，顿兴“步武前修”的雄心，乃填报西南联大历史系为高考第一志愿。9 月，入读昆明西南联大。

1941 年，20 岁。

10 月 21 日，祖母李氏于重庆中央医院去世，享年 75 岁。

冬，伯父斯年移家于四川南溪李庄。

1943年，22岁。

春，胞弟乐德改姓名为李乐，参加青年远征军，赴印度与日军作战。［据《中国远征军将士名录》载，乐德参军后，曾隶属于孙立人新38师和总部战车第一营，担任过车长、战车助教和情报军官，曾驾驶坦克开赴缅北战场。胜利凯旋后，被保送黄埔军校学习，毕业于第21期。］

1945年，24岁。

夏，毕业于西南联大历史系。

据傅乐成后来回忆说，他在联大曾修过且印象较深的历史系课程有：吴晗的“中国通史”、姚从吾的“史学方法”和“史学史”、郑天挺的“隋唐五代史”和“明清史”、邵循正的“中国近代史”、皮名举的“西洋通史”、雷海宗的“西洋中古史”、刘崇鋐的“欧洲近代史”和“美国史”等。另外，因为联大学风自由，还选修了不少中文、外文和哲学系的课，如刘文典的“昭明文选”和“温李诗”、罗常培的“音韵学”、唐兰的“甲骨文”、毛子水的“左传”、陈梦家的“文字学”、沈从文的“铜器”、闻一多的“唐诗”、朱自清的“宋诗”、吴宓的“中西诗比较”和“文学与人生”、冯友兰的“中国哲学史”等。其中，最佩服刘文典，其次是吴宓、冯友兰和唐兰。西南联大的济济良师和自由学风令其毕业之后时常怀念。［联大的伟大，不仅在于其众多的名师，更在于它的学风。“清华严谨，北大自由，南开活泼”，联大则融合了三校的传统精神，形成了“教授治校，学术自由，科学民主，著重实干”的学风。］

在联大期间，曾担任“诗学会”主席，还曾组织领导“倒孔（祥熙）会”，经常发表文章抨击贪官污吏。其间，还与哲学研究所的研究生殷海光结识，并成为挚友。

毕业后，返回重庆家中，进入“中央图书馆”工作。

秋，伯父斯年任北京大学代理校长。

同年，小弟乐治生于重庆，乃其异母弟。［傅乐治毕业于台湾辅仁大学历史系，曾为台北“故宫博物院”文献处处长，两岸著名文物专家，专攻秦汉史和玉器。］

1946年，25岁。

春，自重庆到南京，继续在“中央图书馆”工作。

秋，北京大学由昆明迁返北平；9月，伯父斯年卸任代理北大校长职。

1947年，26岁。

春，在南京珠江路私立弘光中学（天主教会学校）担任语文和历史教师。“因为多种原因”，生活“异常放荡怠惰，虽经许多亲友劝导，始终未能改善”。其时，傅乐成“结识了一位美丽的女友H小姐”，并已论及婚嫁，她也曾给予不少鼓励。某日，时任南京“中央日报”主笔的殷海光前来宿舍闲谈，H小姐在旁倾听，殷海光走后，H小姐突然说：“假如你有殷先生那样好的学问，我一定会嫁给你！”经过此事的刺激，傅乐成渐渐有些醒悟，并从事翻译一部英文的西洋史，以表示对H小姐的谢意。虽然H小姐最终没有嫁给他，但此后的生活逐渐步入正轨，并得到一位贤淑的伴侣。[见傅乐成：《悼念殷海光兄》，《时代的追忆论文集》第243页。]

6月，伯父斯年赴美治病，伯母俞大綵与堂弟仁轨同往。

1948年，27岁。

夏，应聘到迁设于苏州的河南大学担任助教，乃稍有振奋之志。但旋因战事，江南渐危，每晚只是与同事大唱京戏，以遣愁怀。据后来回忆，他“大学毕业后的三四年，可以说没读什么书。兼以国事蜩螗，前途茫茫，更谈不到什么志向，因此生活日渐颓惰，不能自振，与家庭也发生许多不快，大有当年苏秦归洛的况味”。

8月，伯父斯年与伯母俞大綵由美返回上海，堂弟仁轨留美求学。

冬，曾与其伴侣一起到南京北极阁赏雪。

年底，父亲斯岩率家人（不包括傅乐成）随“资源委员会”迁台，因机构变迁，父亲改隶经济部属下的国营事业公司。

1949年，28岁。

1月14日，告别他贤淑的伴侣，[按，高明士等人皆言傅乐成终身未婚，但《年的幻变》一文记载先生随伯父斯年赴台之前，曾“向她告别，她抱着孩子，低低的说了几句话，平静中透露几分幽怨，两人都没有掉一滴眼泪，就这样轻易的分别了。”这个“她”可能就是《悼念殷海光兄》（《时代的追忆论文集》）一文中提到的那位继H小姐之后，所得到的那位“贤淑的伴侣”。“她”所抱的孩子，不知是否为傅乐成之子。傅乐成在若干回忆文章之中，未曾提起赴台后与他的家人相处的事情，大概自他与家庭发生许多不快之后，便与伯父、伯母同住。]跟随伯父斯年和伯母俞大綵乘火车到达上海。1月19日，伯父携秘书那廉君乘飞机赴台，20日就任台湾大学校长。1月20日，傅乐成与伯母乘船驶往台湾，23日，抵台。任台湾大学历史系助教，与伯父、伯母、那廉君、胡适夫人、钱思亮夫妇一家等十余人住在台大校长宿舍。[参看《国立台湾大学校长傅斯年由南京带眷赴沪转台湾旅费清单》（《傅斯年遗札》第3卷）和俞大綵《忆孟真》（《傅斯年全集》第7册）。]

其时，傅乐成颇有“日月逝矣，岁不我与”的恐惧，“因此决心忘去大陆一切的不快，努力读几年书。”最初研习秦汉史，得到伯父斯年的鼓励和指导，“读书有了不少进境”。直到此时，才算研究历史的真正开始。

1950 年，29 岁。

春，撰写论文《西汉的几个政治集团》，伯父斯年对此文颇感满意。

12 月 20 日，伯父斯年因脑溢血病逝于台湾省参议会会场。12 月 31 日，在台湾大学法学院礼堂举行傅斯年追悼会，各界人士前往致祭者五千余人，傅乐成与伯母俞大綵、父亲傅斯岩均在祭堂答礼。[见傅乐成《傅孟真先生年谱》。]

1951 年，30 岁。

8 月 30 日，完成论文《孙吴与山越之开发》，12 月，发表于《台湾大学文史哲学报》第 3 期，后收录于《汉唐史论集》。

1952 年，31 岁。

6 月，在《台湾大学傅故校长斯年先生纪念论文集》中发表《西汉的几个政治集团》，后收录于《汉唐史论集》。

8 月，完成论文《荆州与六朝政局》，12 月，发表于《台湾大学文史哲学报》第 4 期，后收录于《汉唐史论集》。

1953 年，32 岁。

2 月，发表《杜甫的死》(《大陆杂志》第 6 卷第 4 期)，后收录于《汉唐史论集》。

12 月，发表《突厥的文化和它对邻国的关系》(《边疆文化论集(中)》)和《回纥马与朔方兵》(《边疆文化论集(中)》)，后均收录于《汉唐史论集》。

此年以后，兴趣转向隋唐史，并受姚从吾影响，喜欢讨论外族问题。

1954 年，33 岁。

在伯父去世之后，仍与伯母俞大綵住在一起。但是此年伯母胞兄俞大维任台湾“国防部长”，家中宾客如云，傅乐成自觉身在其中诸多不便，因此迁入台大宿舍居住。

6 月，发表《杜甫与政治》(《台大“事与言”》1 卷 4 期)，后收录于《汉唐史论集》。

9 月，前往美国耶鲁大学进修求学。其间，曾去哈佛大学拜访劳榦。

同年，发表《中国历史地理——三国篇》和《中国历史地理——南北朝篇》(《中国历史地理》，台北：中华文化)，后收录于《中国史论集》。

1955 年，34 岁。

春，时于哈佛大学做访问学人的殷海光在离美之前，前来耶鲁探望，盘桓两三天，白天一起参观耶鲁大学图书馆、艺术馆以及当地博物馆，夜晚则促膝畅谈，泛论古今。

8 月，离美返台。

1956 年，35 岁。

此年，时任台湾大学代理历史系主任的李宗侗（字玄伯），将其由助教升为讲师。其时，傅乐成已在台大做了七年半的助教。1974 年，他在《追念玄伯先生》一文中感念说："如果不是先生的提拔，我可能作助教至十年以上！也就从那年起，每年旧历除夕，先生总是邀我到他家作客，年年如此，直到去年，算来已有十八年了。"

1957 年，36 岁。

2 月，台北中华文化出版事业委员会出版《隋唐五代史》。

1958 年，37 岁。

4 月 20 日，撰写《周庆光校长六十寿序》。

7 月，发表《玄武门事件之酝酿》（《台湾大学文史哲学报》第 8 期），后收录于《汉唐史论集》；同月，发表《唐代的中央官学》（载《中国历代大学史》，台北中华文化出版事业委员会），后录于《中国史论集》。

1959 年，38 岁。

晋升为台湾大学历史系副教授。

4 月，发表《突厥大事系年》（《幼狮学报》1 卷 2 期），后收录于《汉唐史论集》。同月，完成《近代西洋名词流传中国考》，后收录于《中国史论集》。

1960 年，39 岁。

台北大中国图书有限公司出版两卷本《中国通史》（夏德仪校订）。

1961 年，40 岁。

完成《傅孟真先生年谱》（初稿）。

1962 年，41 岁。

10 月，发表《唐代夷夏观念之演变》（《大陆杂志》25 卷 8 期），后收录于《汉唐史论集》。

1963 年，42 岁。

5 月 6 日，发表《傅孟真先生的民族思想》（《传记文学》2 卷 5、6 期），后收录于《时代的追忆论文集》。

9 月，发表《唐代宦官与藩镇的关系》（《大陆杂志》27 卷 6 期），后收录于《汉唐史论集》。

11月，发表《诗人的短笺》（《传记文学》3卷5期），后收录于《时代的追忆论文集》。

1964年，43岁。

晋升为台湾大学历史系教授。

4月25日，台北文星书店出版《傅孟真先生年谱》。

1965年，44岁。

3月，发表《傅孟真先生与友人论学书——纪念乐成七十诞辰》（《文星》89期），后收录于《时代的追忆论文集》。

12月，发表《沙陀之汉化》（《华冈学报》第2期），后收录于《汉唐史论集》。

1966年，45岁。

2月，曾在一篇日记中写道："余今年四十有五，其不足畏也久矣。如苍天再假我廿年之寿，当以此二十年作为下之分配：一、以五年时间，写成先伯传记，至少五六十万言。二、以十年之力，写一有关中国文化之书，暂定名为'中国文化史'。以毕生学力，萃于此书，约一百五十万至二百万言。三、剩余五年，稍享'清福'；有力则环游世界，无力则栖迟山林，陶然忘机，以待死生。区区三愿，未知能达成否？今惟尽力人事，按既定之计划进行，生死委请天命可也。"

同年，撰写《陈寅恪岑仲勉对唐代政治不同见解之比较研究》，后收录于《中国史论集》。

1967年，46岁。

2月，香港九龙世外图书公司出版《隋唐五代史》。

3月24日，发表《我撰写傅斯年传的构想》（《大华晚报》），后收录于《时代的追忆论文集》。

1968年，47岁。

台北大中国图书公司出版两卷本《中国通史》（增订版）。

1969年，48岁。

11月，发表《悼念殷海光兄》（《传记文学》15卷5期），后收录于《时代的追忆论文集》。同月，发表《中国民族与外来文化》（《中山学术文化集刊》4集），后收录于《汉唐史论集》。

1970年，49岁。

9月，发表《清末的金本位计划》（《幼狮杂志》第9卷第2、3期），后收录于《中国史论集》。

1971年，50岁。

此年，曾因肾脏病入住台大医院。

3月，华冈出版有限公司再版《隋唐五代史》。同月，发表《近代中国经济形态的演进》(《中山学术文化集刊》第7集)，后收录于《中国史论集》。

7月，台湾大学文学院成立图书馆后，历史系研究室有所调整，傅乐成被分配到第七研究室，但此后大都在温州街的台大宿舍里做研究。

1972年，51岁。

10月，完成论文《唐型与宋型文化》，12月，发表于《国立编译馆馆刊》(1卷4期)，后收录于《汉唐史论集》。

11月，发表《近代中国交通的发展》(《中山学术文化集刊》第10集)，后收录于《中国史论集》。

此年，患心脏扩大症。

1974年，53岁。

1月2日及3日，发表《天宝杂事》(《中国时报》副刊《人间》)，后收录于《时代的追忆论文集》和《汉唐史论集》。

3月，李宗侗(字玄伯)去世，为其撰挽联曰："昔年豺狼当道，狐鼠横行，微公垂怜成逐客；身后诗礼不传，箕裘难绍，使我叹恨伤精魂"。

5月，发表《唐人的生活》(《食货复刊》4卷1、2期)，后收录于《汉唐史论集》。

12月，发表《追念玄伯先生》(《传记文学》25卷6期)，后收录于《时代的追忆论文集》。

此年，兼任台湾中兴大学历史学系系主任。冬，第一次中风。

1975年，54岁。

8月，兼任台湾中兴大学文学院院长。

1976年，55岁。

1月，发表《傅孟真先生的先世》(《传记文学》28卷1卷)，后收录于《时代的追忆论文集》；发表《汉法与汉儒》(《食货复刊》5卷10期)，后收录于《汉唐史论集》。

7月，辞去中兴大学文学院院长。在台湾大学研究所教授"秦汉史专题研究"，选修者16人，其中颇有优者，令其甚感欣慰。

12月，发表《汉代的山东与山西》(《食货复刊》6卷9期)，后收录于《汉唐史论集》。

1977 年，56 岁。

1 月 17 日，发表《梦里的典型——回忆先伯傅孟真先生生活的几个片段》(《中国时报》)，后收录于《时代的追忆论文集》。

2 月 20 日，发表《年的幻变》(《中国时报》)，后收录于《时代的追忆论文集》。

5 月 12 日，发表《悼念俞大纲先生》(《中国时报》)，后收录于《时代的追忆论文集》。

6 月 20 日，发表《中国传统文化与现代文化》(《史系通讯》第 8 期，辅仁大学历史学会)，后收录于《中国史论集》和《汉唐史论集》。

9 月，联经事业出版公司出版《汉唐史论集》，此书奠定其台湾汉唐史名家的地位。

此年，带领数名弟子开始编著《中国通史》(八卷本)。

1978 年，57 岁。

4 月，在《国立第三中学四十周年校庆纪念特刊》上发表《周庆光校长六十寿序》《金桂荪老师的诗》和《铜仁风光简述》三篇文章，后均收录于《时代的追忆论文集》。

5 月 7 日，发表《我怎样学起历史来》(《中国时报》)，后收录于《时代的追忆论文集》。25 日，发表《做到唯才是用发展人文科学》(《台湾日报》)，后收录于《时代的追忆论文集》。同月，发表《隋唐时期在中国史上的地位》(《幼狮月刊》第 47 卷第 5 期)，后收录于《时代的追忆论文集》。

6 月，发表《西汉文景时代政情之分析》(《台大历史系学报》)，后收录于《时代的追忆论文集》。

1979 年，58 岁。

3 月，台湾长桥出版社出版其主编的《中国通史》(共八卷，分别为：萧璠著《先秦史》、邹纪万著《秦汉史》、邹纪万著《魏晋南北朝史》、傅乐成著《隋唐五代史》、王明荪著《宋辽金元史》、姜公韬著《明清史》、段昌国著《近代史》、段昌国著《现代史》。)

4 月发表《傅孟真先生与五四运动》(联合报)，后收录于《时代的追忆论文集》。

5 月 1 日，台北传记文学出版社再版《傅孟真先生年谱》。

7 月，发表《论汉唐人物》(《食货复刊》9 卷 4 期)，后收录于《时代的追忆论文集》。

9 月，发表《唐人独特的精神》(《青年中国》1 卷 2 号)，后收录于《时代的追忆论文集》。

1980年，59岁。

1月，第二次中风，先在中心诊所救治，后转入台大医院治疗。同月，发表《李唐皇室与道教》(《食货复刊》9卷10期)，后收录于《时代的追忆论文集》。

7月，台北中国文化学院出版《隋唐五代史》精装版。

1981年，60岁。

7月，从台大医院出院。住院期间，由台大历史学研究所的诸位学生轮流看护。

此年，韩国忠南大学百济研究所《百济研究》12期转载《隋唐时期在中国史上的地位》，后收录于《时代的追忆论文集》。

1983年，62岁。

3月，第三次中风。3月27日深夜，因流鼻血不止，在凌晨被送往台大医院急诊室急救，医生诊断为"脑血管障碍并呼吸窘迫及高血压"诸症。

1984年2月29日晚9点病逝，时年未满63岁。

3月10日，时报文化出版事业有限公司出版《时代的追忆论文集》。

参考文献：

1. 傅乐成：《中国通史》，台北：大中国图书公司2017年4月38版。

2. 傅乐成：《汉唐史论集》，台北：联经出版事业公司1977年版。

3. 傅乐成：《时代的追忆论文集》，台北：时报文化出版事业有限公司1984年版。

4. 傅乐成：《傅孟真先生年谱》,《傅斯年全集》第七册，台北：联经出版事业公司1980年初版。

5. 俞大綵：《忆孟真》,《傅斯年全集》第七册，台北：联经出版事业公司1980年初版。

6. 王汎森、潘光哲、吴政上主编《傅斯年遗札》，台北：中央研究院历史语言研究所2011年初版。

7. 傅乐成教授纪念论文集编辑委员会：《中国史新论》，台北：台湾学生书局1985年8月初版。

8. 韩复智：《傅乐成先生事略》,《国史馆现藏民国人物传记史料彙编》第十五辑，台北：国史馆1996年12月。

9. 萧子明撰：《周邦道先生事略》,《国史馆现藏民国人物传记史料彙编》第七辑，台北：国史馆1992年7月。

10. 李泉：《清代聊城傅氏家族文化研究》，北京：中华书局2013年12月版。

11. 高明士、古伟瀛：《战后台湾的历史学研究1945～2000》第一册《总论》，台北：行政院国家科学委员会2004年版。

12. 王晴佳：《台湾史学五十年（1950-2000）：传承、方法、趋向》，台北：麦田出版2002年。

13. 易社强著、饶佳荣译：《战争与革命中的西南联大》，台北：传记文学出版社2010年版。

14. 西南联大北京校友会编：《国立西南联合大学校史》，北京：北京大学出版社1996年10月版。

15. 高明士：《傅乐成先生传略》，《中国唐代学会会刊》2007年第14期。

16. 高明士：《傅乐成先生年谱》，《文汇报·文汇学人》2016年12月30日。

17. 高明士：《傅乐成先生的留影与书札》，《文汇报》2016年12月30日。

18. 刘文钊：《论傅乐成史学》，淮北师范大学硕士学位论文2017年。

19. 付宏：《抗战时期贵州的国立中学》，《贵阳学院学报（社科版）》第12卷第3期，2017年6月。

20. 余子侠：《抗战时期国立中学的创办及其意义》，《近代史研究》2003年第3期。

（步印文化）